LES

PETITS BOLLANDISTES

VIES DES SAINTS

D'APRÈS LES BOLLANDISTES, LE PÈRE GIRY, SURIUS, RIBADENEIRA, GODESCARD, LES PROPRES DES DIOCÈSES ET TOUS LES TRAVAUX HAGIOGRAPHIQUES PUBLIÉS JUSQU'A CE JOUR

PAR Mgr PAUL GUÉRIN

CAMÉRIER DE SA SAINTETÉ PIE IX

SEPTIÈME ÉDITION

REVUE ET CORRIGÉE AVEC LE PLUS GRAND SOIN ET CONSIDÉRABLEMENT AUGMENTÉE

(Troisième tirage)

TOME DEUXIÈME

DU 27 JANVIER AU 23 FÉVRIER

Etiam defunctus adhuc loquitur. (Heb., XI, 4.)

La vie des Saints est une prédication perpétuelle.

Vita sanctorum cæteris norma vivendi est. AMBROSIUS.

La vie des Saints doit être la règle de la nôtre.

BAR-LE-DUC. — TYPOGRAPHIE DES CÉLESTINS. — BERTRAND

36, RUE DE LA BANQUE, 36

PARIS. — BLOUD ET BARRAL, LIBRAIRES

30, RUE CASSETTE, 30

1876

LES PETITS BOLLANDISTES

VIES DES SAINTS

TOME DEUXIÈME

LES

PETITS BOLLANDISTES

VIES DES SAINTS

de l'Ancien et du Nouveau Testament

des Martyrs, des Pères, des Auteurs sacrés et ecclésiastiques

DES VÉNÉRABLES ET AUTRES PERSONNES MORTES EN ODEUR DE SAINTETÉ

NOTICES SUR LES CONGRÉGATIONS ET LES ORDRES RELIGIEUX

Histoire des Reliques, des Pèlerinages, des Dévotions populaires, des Monuments dus à la piété
depuis le commencement du monde jusqu'aujourd'hui

D'APRÈS LE PÈRE GIRY

dont le travail, pour les Vies qu'il a traitées, forme le fond de cet Ouvrage

LES GRANDS BOLLANDISTES QUI ONT ÉTÉ DE NOUVEAU INTÉGRALEMENT ANALYSÉS
SURIUS, RIBADENEIRA, GODESCARD, BAILLET, LES HAGIOLOGIES ET LES PROPRES DE CHAQUE DIOCÈSE
tant de France que de l'Etranger

ET LES TRAVAUX, SOIT ARCHÉOLOGIQUES, SOIT HAGIOGRAPHIQUES, LES PLUS RÉCENTS

Avec l'histoire de Notre-Seigneur Jésus-Christ et de la Sainte Vierge, des Discours sur les Mystères et les Fêtes
une Année chrétienne
le Martyrologe romain, le Martyrologe français et les Martyrologes de tous les Ordres religieux
une Table alphabétique de tous les Saints connus, une autre selon l'ordre chronologique
une autre de toutes les Matières répandues dans l'Ouvrage, destinée aux Catéchistes, aux Prédicateurs, etc.

Par Mgr Paul GUÉRIN

CAMÉRIER DE SA SAINTETÉ PIE IX

SEPTIÈME ÉDITION, REVUE, CORRIGÉE ET CONSIDÉRABLEMENT AUGMENTÉE

TOME DEUXIÈME

DU 27 JANVIER AU 23 FÉVRIER

BAR-LE-DUC. — TYPOGRAPHIE DES CÉLESTINS

36, RUE DE LA BANQUE, 36

PARIS. — BLOUD ET BARRAL, LIBRAIRES

30, RUE CASSETTE, 30

1876

VIES DES SAINTS

XXVIIe JOUR DE JANVIER

MARTYROLOGE ROMAIN.

A Constantinople, saint JEAN, évêque, à qui son admirable éloquence fit donner le surnom de CHRYSOSTOME. Ce grand Saint soutint beaucoup la religion chrétienne par sa parole et ses exemples ; et, après de grands travaux, finit sa vie dans l'exil. Son saint corps, transféré en ce jour, sous Théodose le Jeune, à Constantinople, et plus tard de cette ville à Rome, a été déposé dans la basilique du Prince des Apôtres. 407. — A Sora, saint Julien, martyr, qui, ayant été arrêté dans la persécution d'Antonin, eut la tête tranchée, parce qu'un temple d'idoles était tombé pendant qu'on lui donnait la question, et remporta ainsi la couronne du martyre. IIe s. — En Afrique, saint Avite, martyr. IIIe s. — Encore en Afrique, les saints martyrs Dace, Réâtre et leurs compagnons, qui souffrirent dans la persécution des Vandales. — De plus, saint Datif, saint Julien, saint Vincent et vingt-sept autres martyrs. — A Rome, saint VITALIEN, pape. 671. — Au Mans, la sépulture de saint JULIEN, premier évêque de cette ville, que saint Pierre y envoya prêcher l'Evangile. — Au monastère de La Val-Benois, saint MAURE ou MAIRE, abbé. Vers 555. — A Brescia, sainte Angèle de Mérici, vierge, institutrice de l'Ordre des Ursulines, dont le principal emploi est de diriger les jeunes filles dans les voies du Seigneur. Pie VII a permis de célébrer sa fête le 31 mai[1]. 1540.

MARTYROLOGE DE FRANCE, REVU ET AUGMENTÉ.

De plus, au diocèse de Nice, sainte DÉVOTE, vierge et martyre, qui souffrit sous Dioclétien ; elle est patronne de l'île de Corse, sa patrie, et de Monaco, où son corps fut enterré. — A Bordeaux, le dernier dimanche de janvier, la fête du *très-doux saint Véry*, dont le corps fut extrait du cimetière de Saint-Cyriaque à Rome, le 27 janvier 1835, et dont la translation solennelle dans l'église collégiale de Saint-Seurin de Bordeaux eut lieu le 5 novembre 1840. — A Thérouanne, saint JEAN DE VARNETON, évêque de ce siége. 1130. — A Châlon-sur-Saône, saint Leu [2], évêque et confesseur. Vers 610. — A Saint-Michel, près de Tonnerre, saint THIERRY II, évêque d'Orléans. Il mourut en ce lieu pendant qu'il allait à Rome. 1022. — A Chartres, saint GILDUIN, chanoine de Dol en Bretagne, qui, ayant été élu évêque, refusa constamment cette dignité et obtint enfin du Pape de n'être pas consacré. 1077. — Au monastère de Bagnoles, près de Girone, en Catalogne, saint Eméré, confesseur, qui passa de France en ce lieu, et fonda ce monastère. Son corps est en l'église paroissiale de Saint-Estève de Guialbes. VIIIe s. — En un village voisin, sainte Candide, sa mère. 798. — En Basse-Normandie, saint Sulpice de Baye, solitaire, dont le corps est honoré à Saint-Ghislain, en Hainaut, où l'abbé Simon l'apporta au retour d'un pèlerinage qu'il avait fait au mont Saint-Michel. — A Auray, en Bretagne, saint Gulstan ou Goustan, frère lai de l'abbaye de Rhuys. Ses reliques sont à Rhuys et à Saint-Gildas-d'Auray. XIe s.

1. Voir au 31 mai. — 2. Voyez la *Légende de saint Leu*, le 19 février.

MARTYROLOGES DES ORDRES RELIGIEUX.

Martyrologe de l'Ordre de Saint-Basile. — A Constantinople, saint Jean, évêque et docteur de l'Eglise [1], de l'Ordre de Saint-Basile, etc., comme ci-dessus au Martyrologe romain.

ADDITIONS FAITES D'APRÈS LES BOLLANDISTES ET AUTRES HAGIOGRAPHES.

En Afrique, outre les saints martyrs mentionnés d'après le Martyrologe romain, les saints Donat, Missurien, Publie, Victor, Quinctille, Publien, Feste, Félix, Bonose, Processe, Vénérie, Marine, Fortunée, Técusse, Goddite, Seconde, Epictule, Rogat, Prime, Aurèle, Hilaire, Perpétue, Julienne, Luce, Honoré, Matrose, Célien, Sature, Second, Fortuné, et cinquante-six autres martyrs ; la plus grande partie au IIIe siècle. — En Syrie, saint Pierre l'Egyptien, anachorète ; il habita la montagne qui dominait la ville d'Antioche. Vers l'an 400. — En Judée, saint Domitien, moine et diacre ; disciple et compagnon de saint Euthyme dans la solitude, il instruisit à son tour saint Sabas dans la science de la vie ascétique. 473.— En Bavière, saint GAMELBERT, qui fut curé de la paroisse de Michelsbuch, sa patrie. Fin du VIIIe siècle.

SAINT JEAN CHRYSOSTOME,

PATRIARCHE DE CONSTANTINOPLE ET DOCTEUR DE L'ÉGLISE

344-407. — Papes : saint Jules Ier; saint Innocent Ier. — Empereurs : Constance II et Constant; Arcadius.

> Il avait pris pour devise ces paroles de saint Paul : Soit que vous mangiez, soit que vous buviez, ou que vous fassiez autre chose, faites tout pour la gloire de Dieu.
> Et encore : Ce qui ne peut être fait pour Dieu, il ne faut pas le faire.
> Dans la joie comme dans la douleur, il répétait : Dieu soit loué pour toutes choses ! que le nom du Seigneur soit béni à jamais !

Saint Jean, surnommé Chrysostome [2], c'est-à-dire *Bouche d'or*, à cause de la force et de la beauté de son éloquence, naquit à Antioche vers l'an 344. Son père, nommé Second, d'une naissance illustre, était maître de la cavalerie ou premier commandant des troupes de l'empire en Orient. Sa mère, Anthuse, ne le cédait en rien à son mari, ni pour la grandeur de la naissance, ni pour la piété et la vertu. Devenue veuve à vingt ans, elle ne voulut point passer à de secondes noces; elle se chargea elle-même de faire l'éducation chrétienne de ses deux enfants [3]. Jamais femme ne fut plus

1. Docteur de l'Eglise est un titre que l'Eglise seule confère ; les conditions pour l'obtenir sont : la sainteté, la science, l'importance des écrits et la parfaite pureté de la doctrine. Ce titre est d'autant plus honorable, qu'il est jusqu'ici réservé au petit nombre de dix-huit personnages, qui sont : saint Athanase, saint Basile, saint Chrysostome, saint Grégoire de Nazianze, pour les Pères grecs ; pour les Latins anciens, saint Ambroise, saint Augustin, saint Grégoire et saint Jérôme ; et pour les modernes, saint Thomas d'Aquin, saint Bonaventure, saint Anselme, saint Isidore de Séville, saint Pierre Chrysologue, saint Léon le Grand, saint Pierre Damien, saint Bernard, saint Hilaire de Poitiers et saint Alphonse de Liguori.

2. Ce surnom lui fut donné peu de temps après sa mort, puisque nous le trouvons dans les écrits de saint Ephrem d'Antioche, de Théodoret et de Cassiodore.

3. Saint Chrysostome avait une sœur aînée dont on ne sait pas le nom.

digne du nom de mère. Les païens eux-mêmes ne pouvaient se lasser d'admirer ses vertus; et l'on entendit un sophiste célèbre s'écrier en parlant d'elle : « Quelles merveilleuses femmes se trouvent parmi ces chrétiens ! » Sorti de l'enfance, Jean étudia les belles-lettres et l'éloquence sous les maîtres les plus illustres de ce temps; il finit par les égaler et les surpasser bientôt. Libanius, le plus célèbre orateur de son siècle, voulant un jour donner une idée de la merveilleuse capacité de son disciple, lut dans une assemblée de connaisseurs une déclamation que Jean avait composée à la louange des empereurs lors de son début dans le barreau (369). Cette lecture fut écoutée avec les plus grands applaudissements et avec ces transports qui sont le langage de l'admiration. « Heureux l'orateur tel que toi, qui sait louer ainsi », disait Libanius. « Heureux les princes qui trouvent de tels orateurs pour panégyristes ! » Le sophiste païen avait rendu à notre Saint ce glorieux témoignage qu'il surpassait tous les orateurs de son temps. En effet, à son lit de mort, Libanius, interrogé par ses disciples qui lui demandaient : « Quel sera votre successeur ? » avait répondu : « Je vous proposerais Jean si les chrétiens ne nous l'eussent ravi ». Notre Saint étudia la philosophie avec le même succès que l'éloquence sous Andragathius. Il ne quitta l'école que pour entrer au barreau qui était l'indispensable préparation à toutes les fonctions publiques.

Absorbé par les occupations de sa nouvelle position et livré avec ardeur à la poursuite de la gloire et des plaisirs, comme il le dit lui-même, Jean Chrysostome, arrivé à sa vingt-cinquième année, n'était encore ni catéchumène, ni chrétien. Jouissant de ses premiers succès, il songeait à s'en préparer de nouveaux dans la carrière qui s'ouvrait devant lui sous d'heureux auspices. Il délaissait Basile, un fidèle ami de sa jeunesse, devenu chrétien fervent. Mais celui-ci ne l'abandonnait pas. De condition égale, ils avaient suivi les mêmes cours, avaient eu les mêmes maîtres, la même passion pour les belles-lettres et l'étude, la même soif d'avancement et de progrès, le même amour pour une profession brillante et un noble état de vie. « Mais », dit notre Saint, « vint un jour où Basile, ce bienheureux serviteur de Jésus-Christ, résolut d'embrasser la vraie philosophie de l'Evangile, la vie monastique. Alors l'équilibre fut complétement rompu entre nous deux. Le plateau de sa balance s'élevait léger vers le ciel, le plateau de la mienne, tout chargé des passions mondaines et des ardeurs de la jeunesse, retombait lourdement vers la terre. Cependant, comme Basile était bon par excellence et que son affection pour moi ne connaissait pas de bornes, il s'obstina à rester mon ami ». Telle était la lutte entre les attraits de la grâce et les charmes de la gloire mondaine. Peu à peu néanmoins, le plateau supérieur de la balance attira celui qui s'inclinait vers la terre. Jean Chrysostome subit l'influence de son vertueux ami; il prêta l'oreille à ses tendres exhortations; il commença à goûter les charmes de la doctrine évangélique; il l'étudia et se fit chrétien. Ce fut le saint pontife Mélèce, évêque d'Antioche, qui lui conféra le sacrement de baptême (370). « Depuis ce jour », dit Palladius, « je défie qui que ce soit de prouver que Jean Chrysostome ait prononcé une parole de blasphème, de médisance ou de mensonge, se soit livré à un seul mouvement de colère, ou ait souffert qu'on tînt devant lui, même sous forme de plaisanterie, des propos injurieux contre le prochain ».

« Quand Basile me vit chrétien », dit saint Jean, « ses vœux parurent satisfaits, comme après un long et laborieux enfantement. Il ne me quittait plus un seul instant. Il m'exhortait à quitter la maison paternelle, résolu de son côté à en faire autant, afin de vivre ensemble de la vie commune sous le même toit. Il finit par me persuader. Notre projet allait aboutir; mais les touchantes instances de ma mère m'empêchèrent de donner cette joie à mon ami, ou plutôt me privèrent du bonheur qu'il voulait me procurer. Ma mère avait soupçonné quelque chose de notre résolution. Elle me prit par la main, me conduisit dans son appartement, et m'ayant fait asseoir près du lit où elle m'avait donné le jour, elle se mit à pleurer. Puis, en sanglotant, elle me dit des choses plus attendrissantes encore que ses larmes. Mon fils, disait-elle, je n'ai joui que bien peu de temps de l'appui que me donnait votre père. Dieu me l'a enlevé au moment où je vous mettais au monde. Sa mort prématurée vous laissait orphelin, et moi veuve. J'avais à peine vingt ans. Ce qu'une jeune femme de cet âge, sans expérience des affaires, sans appui dans le monde, livrée à elle-même et à la faiblesse de son sexe, doit affronter de tempêtes et dévorer de chagrins, celles-là seules peuvent le comprendre qui en ont fait la triste expérience. Ma seule consolation parmi ces misères inexprimables était, ô mon fils, de vous voir sans cesse et de contempler dans vos traits l'image de votre père qui n'est plus. J'ai pris peine à conserver le bien qu'il m'a laissé, je l'ai même augmenté de beaucoup, pour vous élever en l'état où je vous vois aujourd'hui par la grâce de Dieu. Ce que je ne vous dis point, mon fils, pour vous reprocher les obligations que vous avez envers moi, mais seulement afin de vous persuader de ne pas me laisser veuve une seconde fois; c'est la seule grâce que je vous demande; ne ranimez pas une douleur assoupie; attendez au moins le jour de ma mort. Peut-être ne tardera-t-il guère ! Ceux qui sont jeunes peuvent espérer de vieillir; mais, à mon âge, on n'attend que la mort. Quand vous m'aurez fermé les yeux, quand vous m'aurez rendu les devoirs d'un bon fils, vous pourrez choisir alors telle façon de vivre qu'il vous plaira, personne ne vous en empêchera. Mais pendant que je respire encore, supportez ma présence et ne vous ennuyez pas de vivre avec moi; ne causez point une douleur si sensible à votre mère, à une mère qui ne l'a point mérité et qui ne vous a jamais donné le moindre déplaisir ». — Jean, vaincu par les larmes et les supplications de sa mère, ne quitta point sa ville natale; il resta sous le toit maternel et accepta du bienheureux pontife Mélèce l'ordre de lecteur qui l'attachait au clergé séculier d'Antioche. Son ami Basile lui reprochait de s'éloigner plus que jamais par là de la vie monastique; Chrysostome lui répondait que dans le monde il avait plus souvent l'occasion de s'exercer à la vertu que dans la solitude, et que s'il avait à choisir entre l'administration d'une église et la vie monastique, par goût, par volonté et non par orgueil, il préférerait la première. Le prêtre a l'occasion de pratiquer à chaque instant la douceur, l'humilité, la circonspection, au milieu des difficultés de son ministère; mais le solitaire n'a personne pour l'applaudir ou pour l'outrager, il n'a ni homme, ni choses à administrer, et par conséquent, il n'a jamais l'occasion de mettre à l'épreuve sa modestie, sa mansuétude, sa prudence.

Devenu clerc de l'église d'Antioche, Chrysostome renonça complétement aux vanités du siècle et à cette gloire mondaine qu'il avait poursuivie jusqu'alors. On ne le voyait plus paraître qu'avec une tunique fort pauvre. Il employait la plus grande partie de son temps à la prière, à la méditation et à l'étude de l'Ecriture sainte. Il jeûnait tous les jours et prenait sur le plancher de sa chambre le peu de sommeil qu'il accordait à son corps après de longues veilles. Enfin, il employa tous les exercices propres à détruire l'empire des passions. La vaine gloire lui suscita bien des combats; mais il terrassa cet ennemi par la pratique des humiliations volontaires. Vivant dans la société de l'évêque, il l'aidait dans ses travaux et lui servait de secrétaire comme ceux de son ordre. La fonction des lecteurs ne consistait pas seulement à lire en public, pendant l'office divin, le texte sacré; on leur confiait aussi la garde des saints livres, qui, dans les temps de persécution, ouvrait aux lecteurs le glorieux chemin du martyre, comme aussi l'école des catéchumènes souvent dirigée par des hommes éminents. Jean s'acquitta de ces fonctions en vrai serviteur de Jésus-Christ et de son Eglise. A une grande douceur il joignait une aimable modestie, une tendre et compatissante charité pour le prochain, et une conduite si pleine de sagesse, qu'on ne pouvait le connaître sans l'aimer. Il demeura trois ans (370-372) dans la société assidue du bienheureux confesseur Mélèce, lequel, épris d'amour pour la beauté d'un tel génie et d'un si grand cœur, prévoyait dans un esprit prophétique les glorieuses et saintes destinées de ce pieux lévite, et formait avec une tendresse particulière et un sentiment de prédilection la jeunesse de Chrysostome.

L'empereur Valens, attaché à l'hérésie d'Arius, persécutait les catholiques; l'évêque Mélèce fut traîné en exil et les fidèles conduits au martyre ou contraints d'aller chaque dimanche assister aux saints mystères dans les campagnes isolées (372). Jean Chrysostome demeura avec le prêtre Flavien qui remplaçait le pasteur près des ouailles abandonnées, consolant les affligés, encourageant ceux qui marchaient dans la vérité, employant son ardeur, sa charité et son zèle à préserver de l'erreur les fidèles confiés à ses soins. Toujours en relation avec son saint ami Basile, il gagna à Jésus-Christ de nouveaux disciples, qui avaient été comme lui élèves de Libanius, tels que Maxime, devenu depuis évêque de Séleucie, et Théodore, évêque de Mopsueste. Ce dernier, après y avoir réfléchi longtemps, se détermina à embrasser la vie monastique. Mais il ne persévéra point dans sa première ferveur et rentra peu de temps après dans le siècle. Jean lui adressa alors une lettre qu'on eût pu croire dictée par un ange. En la lisant, Théodore sentit son âme comme percée par les flèches du repentir. Il abandonna soudain sa fortune et ses espérances terrestres, et courut se jeter dans les bras de notre Saint.

Jean avait passé plus de quatre années dans l'église d'Antioche et il en avait trente (370-374). Tout à coup, dit-il, le bruit se répandit dans la ville qu'on nous cherchait, Basile et moi, pour nous élever tous deux à la dignité épiscopale. Effrayé et tremblant à cette nouvelle, il ne pouvait s'expliquer que les regards du clergé et du peuple se fussent tournés vers lui; plus il se considérait, plus il se trouvait indigne d'un tel honneur. Il décida avec son ami qu'ils ne feraient rien l'un sans l'autre. « Basile », dit Chrysostome, « était prêt à suivre le parti que je prendrais moi-même, c'est-à-dire à fuir ou à céder selon que je le jugerais à propos. De mon côté, je réfléchissais sérieusement aux qualités éminentes de Basile, je considérais devant Dieu que j'allais faire un tort immense à l'Eglise, en privant le troupeau de Jésus-Christ d'un pasteur si admirable et si bien fait pour le gouverner. Alors, pour la première fois de ma vie, je dissimulai ma pensée à ce saint ami, habitué depuis si longtemps à lire jusqu'au fond de mon cœur. Je lui répondis que rien ne pressait encore, que nous aurions le temps d'y réfléchir et de nous déterminer au moment opportun. Enfin, je lui fis entendre que, le cas échéant, je serais absolument du même avis que lui. Quelques jours après, l'évêque qui nous devait imposer les mains arriva à Antioche, et je me cachai si bien qu'on ne me trouva pas. Basile, ignorant ma fuite, demeurait en repos. On vint l'appeler dans sa maison, sous prétexte d'une affaire quelconque à traiter. Il sortit sans défiance : on s'empara de lui, on l'entraîna à l'église et on le conduisit aux genoux du pontife consécrateur. Il résistait, il voulait protester. Les assistants lui dirent : Eh quoi ! vous vous montrez si opiniâtre et si rebelle, quand votre ami, Chrysostome, dont la répugnance pour l'épiscopat était si connue, s'est soumis avec une docilité parfaite au jugement des Pères ? — Ces paroles désarmèrent Basile. Il courba les épaules et se laissa imposer le fardeau redoutable, persuadé que j'en avais déjà fait autant. Mais, après sa consécration, quand il sut que j'avais pris la fuite, il me vint trouver dans ma retraite. Son visage reflétait l'abattement et la consternation de son âme. Il s'assit à mes côtés, et essaya de me raconter la violence dont il venait d'être l'objet. Les larmes étouffaient sa voix, la parole expirait sur ses lèvres, sa poitrine éclatait en sanglots. Quant à moi, triomphant du succès de mon stratagème, je me mis franchement à rire, et l'entourant de mes deux bras, je voulus l'embrasser. Mon éclat de rire lui fit comprendre que je l'avais trompé ; il me repoussa, et, du ton le plus indigné, m'adressa d'amers reproches[1] ». Ce fut alors que s'établit entre les deux amis ce dialogue immortel qui forme le traité *De Sacerdotio*, le plus beau peut-être des ouvrages de Chrysostome qui a laissé tant d'autres chefs-d'œuvre. Nulle part tant d'élévation ne fut unie à tant de charme et de grâce[2]. Sous l'influence de cette éloquence pleine de douceur et d'onction, le courroux de Basile se dissipa peu à peu, sans que son émotion fût moins vive. Car, à la fin de cette conversation, il fondit de nouveau en pleurs. « Par la charité de Jésus-Christ notre Dieu », dit-il à Chrysostome, « s'il te reste encore quelque vestige de la tendresse d'autrefois, par pitié pour l'état où je suis, je t'en conjure, tends-moi la main, aide-moi de ta parole et de ton exemple. Jure-moi de ne plus me quitter ; vivons ensemble plus étroitement unis que jamais ». — Jean lui répondit avec un affectueux sourire : « De quel secours te serai-je, parmi cette foule immense d'occupations et de devoirs qui vont t'absorber désormais ? Cependant, ô mon bien-aimé, puisque tu attaches quelque prix à mon dévouement, prends courage. Tous les instants dont tu pourras disposer, après les travaux d'un grand ministère, je les passerai près de toi : je te soutiendrai de mes consolations. Ma tendresse ne te fera jamais défaut ». — « A ces mots », poursuit Chrysostome, « il se leva, le visage inondé de pleurs. Je le serrai sur ma poitrine et le baisai au front. Puis l'accompagnant, je l'exhortai à porter avec courage la dignité qui lui était imposée. Oui, lui dis-je, j'ai pleine confiance en la miséricorde de Jésus-Christ. C'est lui-même qui t'a appelé à la conduite de son troupeau. En récompense de ton saint ministère, tu jouiras d'un assez grand crédit auprès de lui pour me sauver moi-même, m'obtenir une sentence favorable au jour solennel de sa justice, et m'introduire avec toi dans les tabernacles éternels[3] ».

Basile était donc devenu évêque de Raphanée, petite ville située à quelques lieues d'Antioche. On ne sait pas le nom de la cité qui avait élu Chrysostome pour son premier pasteur. Le fugitif, craignant de se voir à son tour enlevé de vive force comme Basile, alla se réfugier dans l'asile inviolable d'un monastère. Sa mère, la pieuse Anthuse, venait de mourir. Rien ne le retenait plus à Antioche. Le vénérable Mélèce était toujours en exil. Cependant Chrysostome éprouvait une immense angoisse à la pensée d'aller se confiner dans la solitude. D'une santé, d'une complexion assez délicate, il se demandait comment il pourrait se procurer tout ce qui lui était néces-

1. Chrysostom., *De Sacerdot.*, lib. I, cap. 6. — 2. M. Martin d'Agde, *Hist. de S. Joan. Chrysost.*, p. 40.
3. *De Sacerdot.*, lib. VI.

saire, et se réduire au pain et aux légumes que mangeaient les moines, et aux humiliantes fonctions dont ils s'occupaient. Enfin, quand, pour se dérober à l'épiscopat, il eut pris cette grande détermination, il quitta la ville qui l'avait vu naître, où il avait enseveli sa pieuse mère et où il laissait tant d'amis, et alla frapper à la porte d'un des monastères du mont Casius [1]. Il y fut admis en qualité de cénobite. Dès le premier soir, à la fin du repas pris en commun, son âme nageait dans l'allégresse, quand il entendit les frères réciter l'admirable prière d'actions de grâces qu'il nous a conservée dans ses œuvres [2]. S'élevant bientôt au-dessus des cris de la nature, il méprisa sa délicatesse et ses répugnances, et alla se ranger sous la conduite d'un vieillard syrien qui pratiquait de grandes austérités. Il lui fut soumis comme un disciple parfaitement docile et se rendit son imitateur en pratiquant toutes sortes de vertus. Il apprit alors par une heureuse expérience, que les idées que l'on se forme quelquefois de la vie pénitente, ne sont rien moins que justes. Il trouvait, dans la société des hôtes illustres du mont Casius, un charme et une douceur qui le ravissaient. Chrysostome en vint à aimer de toute la puissance de son grand cœur cette vie cénobitique qui l'avait d'abord effrayé et dont il goûta pour la première fois les charmes à l'âge de trente

1. Le Liban et l'anti-Liban, dit M. Martin d'Agde; l'Amanus, qui sépare la Syrie de la Cilicie; le Casius, qui domine Antioche du côté du Midi et que les anciens appellent aussi le mont du Soleil, parce le grand astre, d'après eux, y était visible trois heures avant de se montrer à l'horizon de la plaine; le Telmissus, dont les bras allongés, couverts de lauriers, de myrtes, de térébinthes, enceignaient de leur vaste croissant une plaine superbe où de nombreuses villas et une admirable végétation rivalisaient de splendeur et de luxe; tout cela était couvert de monastères et de cellules, et, suivant l'expression de Théodoret, émaillé, comme une prairie, de fleurs célestes (*Hist. de saint Jean Chrysostome*, p. 53, 54). Ce point de la Syrie était devenu une seconde Thébaïde.

2. Voici cette prière : « Béni soit le Dieu qui a pris soin de moi dès ma jeunesse, et qui donne à toute chair sa nourriture! Seigneur, abreuvez-nous au torrent de vos délices, et qu'ainsi fortifiés par votre grâce, nous abondions en œuvres de sainteté, en Jésus-Christ Notre-Seigneur. A lui la gloire, l'honneur et l'empire dans les siècles des siècles. Gloire à vous, ô Tout-Puissant! Gloire à vous, ô Saint! Gloire à vous, Roi des rois, qui nous donnez notre pain de chaque jour dans une joie pure! Donnez-nous aussi votre Esprit vivifiant, afin que nous soyons agréables à vos yeux, et que nous n'ayons point à rougir devant le tribunal où vous viendrez rendre à chacun selon ses œuvres ». Cet hymne d'actions de grâces avait fait une si profonde impression sur l'âme de Chrysostome, que plus tard il l'apprenait à ses auditeurs de Constantinople, et leur recommandait de le réciter eux-mêmes, dans leurs demeures, après le repas.

Les solitaires du mont Casius se levaient au premier chant du coq ou à minuit; c'était leur supérieur qui se chargeait du soin de les éveiller à cette heure. Après la récitation des hymnes et des psaumes, ou de Matines et de Laudes, chacun s'occupait dans sa cellule à lire l'Ecriture sainte et quelquefois à copier des livres. Ils allaient tous ensemble dire à l'église Tierce, Sexte, None et Vêpres, puis ils retournaient en silence à leurs cellules. Jamais il ne leur était permis de parler entre eux, même sous prétexte de délassement : toute leur conversation était avec Dieu, avec les prophètes et les apôtres, dont ils méditaient les divins écrits. Leur nourriture consistait en un peu de pain et de sel; quelques-uns y ajoutaient de l'huile, et les infirmes un peu d'herbes et de légumes. Le repas fini, ils prenaient quelques moments de repos, selon la coutume des Orientaux, et retournaient ensuite à leurs exercices ordinaires. Le travail des mains emportait une partie considérable de leur temps; mais ils avaient soin de s'attacher à celui où la vanité ne pouvait se glisser et qui était le plus propre à les entretenir dans l'humilité. Ils faisaient des paniers et des cilices, labouraient la terre, coupaient le bois, apprêtaient à manger, et lavaient les pieds des hôtes, qu'ils servaient ensuite avec une grande charité, sans examiner s'ils étaient riches ou pauvres. Ils n'avaient d'autre lit qu'une natte étendue sur la terre. Leurs vêtements étaient faits de poil de chèvre et de chameau, ou de peaux si grossièrement travaillées que les plus misérables mendiants n'auraient pas voulu s'en couvrir. On en trouvait pourtant parmi eux qui étaient nés au sein de l'opulence et qui avaient été délicatement élevés. Ils ne portaient point de chaussure, ne possédaient rien en propre, et mettaient en commun ce qui était destiné aux besoins indispensables de la nature. Il est vrai qu'ils recueillaient la succession de leurs parents; mais ce n'était que pour la distribuer aux pauvres. Tout ce qu'ils pouvaient épargner du produit de leur travail était encore employé au même usage. Ils n'avaient tous qu'un cœur et qu'une âme. On n'entendait jamais parmi eux les termes de *mien* et de *tien*, qui brisent si souvent les liens de la charité. Il régnait dans leurs cellules une paix inaltérable et une joie pure que l'on chercherait en vain dans la plus grande fortune du monde. Ces anachorètes terminaient la prière du soir par de sérieuses réflexions sur le jugement dernier, afin de s'exciter à la vigilance chrétienne et de se préparer de plus en plus au compte rigoureux que nous rendrons tous au Seigneur. Saint Chrysostome retint toujours cette pratique, dont l'expérience lui avait démontré l'utilité; et il la recommande fortement dans ses ouvrages, ainsi que celle de l'examen du soir. Outre les solitaires dont nous venons de parler, il y en avait encore d'autres, sur les montagnes, qui menaient la vie érémitique. Ils couchaient sur la cendre, portaient de rudes cilices, et s'enfermaient dans des cavernes profondes, où ils pratiquaient tout ce que la pénitence a de plus austère.

et un ans. Obligé de la défendre contre les lois tyranniques de l'empereur Valens, il le fit avec ce zèle et ce talent que nous avons à admirer dans toutes ses œuvres. Mais bientôt la paix fut rendue à l'Eglise par la mort du persécuteur (378), et l'avénement de Théodose. Les cénobites choisirent alors Chrysostome pour leur supérieur; mais celui-ci ne voulait pas plus des honneurs du monastère que de ceux de l'épiscopat; il résolut d'entrer plus avant dans le désert, afin de vivre dans une plus complète solitude et de n'être connu que des Anges et de Dieu, auquel seul il voulait plaire; il se retira cette fois dans une caverne du mont Casius et y vécut comme vivaient Arsène, Macaire ou Sérapion dans les Thébaïdes. Chaque jour, un frère du couvent voisin lui apportait un pain pour sa nourriture. Chaque dimanche, le reclus venait avec les autres cénobites s'asseoir à la table eucharistique. C'était là le seul commerce qu'il eût avec les hommes. Ce fut dans cette grotte qu'il apprit par cœur le texte entier des Ecritures. La plupart du temps, il ne s'accordait même pas une minute de sommeil. Mais, incapable de supporter ce genre de vie et ces veilles ininterrompues, il fut pris d'une maladie d'estomac, et le froid lui causa un rhumatisme sur les reins; il fut obligé, après deux ans de sa vie d'ermite, de retourner à Antioche. C'était un effet de la providence du Sauveur qui, pour le bien de l'Eglise, ménageait dans son serviteur cette faiblesse organique et cette impuissance à supporter les rudes privations des ascètes. Dieu le forçait ainsi à renoncer à la solitude des cellules.

De retour à Antioche, il fut ordonné diacre par Mélèce et servit en cette qualité le pieux évêque pendant cinq ans (380-385). Son éloquence et ses hautes vertus jetèrent un éclat incomparable durant cette période. Les multitudes se pressaient pour l'entendre, et, charmées de la douceur de sa parole, le voulaient voir élever au sacerdoce. L'évêque Flavien lui imposa donc les mains et l'ordonna prêtre (386).

Antioche était une ville de plaisir et de dissolution; on le voit en particulier par les discours de saint Chrysostome. Sur une population de deux cent mille âmes, les chrétiens formaient un peu plus de la moitié. Ils applaudissaient à l'éloquence de Chrysostome, mais n'en devenaient pas beaucoup meilleurs. Plusieurs n'avaient jamais vu l'église; d'autres quittaient les assemblées saintes pour aller au théâtre voir des prostituées, donnant les représentations les plus obscènes. Le 26 février 387 changea la ville tout d'un coup. A l'annonce d'un nouvel impôt, il y eut une sédition terrible parmi le peuple. On insulta le nom de l'empereur Théodose, on déchira ses portraits, on renversa ses statues, celle de son père, de sa femme, de ses enfants, on les mit en pièces et on en traîna les débris par les rues. Tout cela fut l'affaire d'une matinée. L'émeute avait commencé au point du jour, à midi tout était calme. Mais ce calme n'avait rien que de sombre et de lugubre. L'empereur Théodose était bon, mais terrible dans ses premiers mouvements; on trembla bientôt qu'il ne ruinât la ville de fond en comble. On pouvait reprocher aux magistrats de n'avoir rien fait pour empêcher le crime; ils se montrèrent d'autant plus implacables. Antioche n'était plus la même ville; on ne voyait plus de jeux, plus de festins, de débauches, de chansons et de danses lascives, de divertissements tumultueux; on n'y entendait plus que des prières et le chant des psaumes. Le théâtre était abandonné: on passait les journées entières dans l'église, où les cœurs les plus agités se reposent dans le sein de Dieu même. Toute la ville semblait devenue un monastère.

Le peuple s'adressa à l'évêque Flavien, afin qu'il intercédât pour lui. Il partit en effet pour Constantinople, afin de fléchir la colère de l'empereur et obtenir le pardon d'Antioche. En attendant, le prêtre Chrysostome continua de prêcher au peuple, dont il sut calmer les craintes et essuyer les larmes, et c'est à lui principalement qu'on dut la tranquillité où la ville se maintint au milieu des diverses alarmes qui survinrent. Il prononça dans cet intervalle vingt discours, comparables à tout ce qu'Athènes et Rome ont produit de plus éloquent. L'art en est merveilleux. Incertain du parti que voudra prendre Théodose, il mêle ensemble l'espérance du pardon et le mépris de la mort, et dispose ses auditeurs à recevoir avec soumission et sans trouble les ordres de la Providence. Il entre toujours avec tendresse dans les sentiments de ses concitoyens; mais il les relève et les fortifie. Jamais il ne les arrête trop longtemps sur la vue de leurs malheurs; bientôt il les transporte de la terre au ciel. Pour les distraire de la crainte présente, il leur en inspire une autre plus vive; il les occupe du souvenir de leurs vices, les presse de s'en corriger, en particulier du blasphème, et leur montre le bras de Dieu levé sur leurs têtes, et infiniment plus redoutable que celui du prince.

Dans cette calamité, le peuple d'Antioche vit arriver des consolateurs inattendus. Ce n'étaient pas les philosophes païens; ils s'étaient enfuis dès le premier moment, pour n'être pas enveloppés dans la ruine commune. C'étaient les anachorètes des montagnes voisines; ils entrèrent alors dans la ville, afin d'obtenir le pardon du peuple, ou bien de mourir avec lui. Ils intercédèrent auprès des magistrats, et, avec les prêtres et les évêques, s'opposèrent aux exécutions, jusqu'à ce qu'on eût reçu la réponse de l'empereur. Cette réponse arriva enfin : Théodose, pour l'amour de Dieu et à la prière de l'évêque, pardonnait à la ville entière.

Jean passa douze années à Antioche (386-398) : il s'y montra le modèle des vrais serviteurs de Dieu et la règle vivante du clergé. Toutes les âmes s'élançaient à sa suite dans la pratique de la vertu et dans la route de la foi. Lui-même il donnait l'exemple d'une vie divine dans un corps mortel, et sa vue seule enflammait d'ardeur pour la perfection. On eût dit que sa parole, qui ravissait pourtant tous les cœurs, était sans apprêt et sans art. Il exposait les saintes Ecritures avec une simplicité touchante, uniquement préoccupé de la vérité, jamais de l'effet. Il reprenait, avec une indépendance et une vigueur intrépides, les pécheurs publics. Une injustice faite à autrui semblait devenir la sienne propre. Par ce côté, Jean avait mérité toutes les sympathies de la multitude. Mais il se faisait aussi des inimitiés terribles parmi des personnes riches et puissantes dont il flétrissait l'oppression et les désordres. Cependant la renommée de son éloquence et de ses vertus avait dépassé les bornes de sa patrie. Il n'était pas une contrée de l'empire romain qui ne retentît de la gloire de Jean Chrysostome. Lors donc qu'à Constantinople, le chambellan impérial Eutrope eût prononcé son nom dans l'assemblée réunie pour choisir un successeur au patriarche Nectaire, mort le 27 septembre 397, clergé et peuple, d'une seule voix, l'acclamèrent. L'empereur Arcadius approuva ce choix et envoya chercher le nouvel élu. Les messagers impériaux s'adressèrent d'abord au comte d'Orient, Astérius, et lui confièrent l'objet de leur mission. Celui-ci usa de surprise; il invita Chrysostome à l'accompagner comme pour une promenade; l'homme de Dieu y consentit. Bientôt on arriva à Parga, où attendaient les officiers impériaux qui emmenèrent le Saint à Constantinople. Ces précautions n'étaient pas inutiles; car jamais, sans cela, le peuple d'Antioche n'eût consenti au départ de Chrysostome, que tous regardaient comme la gloire, le trésor et le bonheur de leur église. Cependant cette élection déplaisait au patriarche d'Alexandrie, Théophile, qui aurait voulu, on ne sait trop pour quel motif, mettre sur le siége vacant un de ses prêtres, nommé Isidore. Mais il céda devant l'influence d'Eutrope, qui lui signifia d'avoir à se ranger de l'avis de ses collègues, ou à faire connaître publiquement les griefs qu'il pouvait avoir contre l'élu du clergé, du peuple et de l'Orient tout entier. Théophile n'insista pas davantage : accompagné d'un grand nombre d'évêques, il sacra lui-même Jean Chrysostome au milieu de l'allégresse universelle (26 février 398).

Dès la première entrevue qu'il eut avec l'empereur et l'impératrice, Jean Chrysostome leur parla de pénitence ; il leur donna des avis sérieux sur les désordres qui régnaient dans une cour où les femmes et les eunuques semblaient être les maîtres. « A peine assis sur la chaire épiscopale », dit Sozomène, « il consacra tous ses soins à la réforme du clergé de Byzance. Il s'informait de la conduite de chacun de ses prêtres, les reprenant, les corrigeant, quelquefois même les chassant de l'église. Le zèle qu'il avait toujours montré contre les désordres et le vice s'accrut encore, depuis sa promotion à l'épiscopat. Son ardeur pour le bien, l'indépendance de son langage, l'indignation qu'excitait dans son âme le spectacle des mœurs dégénérées de son temps, parurent plus vives à Constantinople qu'elles ne l'avaient été à Antioche. Il convertissait des multitudes de païens et d'hérétiques. On affluait autour de lui sans vouloir le quitter : les fidèles, pour profiter de ses instructions ; les autres, dans l'espoir de le prendre en défaut. Mais Chrysostome les séduisait les uns et les autres par le charme de ses mœurs et de sa parole ; il les conquérait tous à la foi véritable. Le peuple était avide de ses instructions et ne pouvait s'en rassasier. L'empressement était tel qu'on s'étouffait au pied de la chaire épiscopale, se portant les uns sur les autres au risque de s'écraser pour mieux l'entendre. Jean Chrysostome fut obligé de renoncer à un usage suivi jusque-là par ses prédécesseurs de parler du haut de leur trône. Il se plaçait sur l'ambon destiné aux lecteurs, et de là, dominant la foule, ses discours arrivaient plus facilement à ses milliers d'auditeurs. La chrétienté de Constantinople était donc dans l'état le plus florissant : elle croissait chaque jour en fruits de grâce et de salut. La cité tout entière était devenue un vaste théâtre de piété et de vertus. Les âmes s'élevaient dans la chasteté au chant des hymnes saintes. On voyait de jeunes hommes, de jeunes femmes jusque-là passionnés pour l'hippodrome et les spectacles, se presser au bercail de Jésus-Christ, séduits comme irrésistiblement par la voix du bon pasteur.

Dès que le nouvel évêque eut parlé dans son église, il s'établit entre lui et son peuple une affection réciproque. « Je ne vous ai parlé qu'une fois encore », dit-il dans son deuxième discours, « et déjà je vous aime comme si j'avais été élevé au milieu de vous depuis mon enfance ; déjà je vous suis uni par les liens de la charité comme s'il m'avait été donné depuis longtemps de jouir des douceurs de votre intimité ; non que j'aie un cœur trop prompt aux affections, mais c'est que vous êtes aimables au-dessus de tout. Car qui n'admirerait votre zèle de feu, votre charité sans feinte, votre attachement pour vos maîtres dans la doctrine, l'union qui règne entre vous, choses qui suffiraient pour vous concilier une âme de pierre ? C'est pourquoi nous ne vous aimons pas moins que cette église où nous sommes né, où nous avons été élevé et instruit. Celle-ci est la sœur de celle-là, et vous prouvez leur parenté par vos œuvres. Si l'autre est plus ancienne pour le temps, celle-ci est plus fervente dans la foi ; là il y a une assemblée plus nombreuse, un théâtre plus célèbre; mais on aperçoit ici plus de constance et de courage. Je vois ici les loups rôder autour des brebis; mais le bercail ne diminue pas ». Ces loups étaient les diverses espèces d'hérétiques et surtout les Ariens et les Novatiens encore en grand nombre à Constantinople; il y avait aussi beaucoup de païens.

Ce qui formait entre l'évêque et son peuple ces liens d'une union en quelque sorte indissoluble, c'est que Chrysostome portait dans son cœur, en faveur des âmes confiées à ses soins, d'inépuisables trésors d'affection. Il n'eût pas reçu du ciel le génie de la parole, que la sienne n'eût pas été moins puissante. Il était éloquent, parce qu'il était saint et qu'il aimait comme savent aimer les saints. Quelquefois, pour rendre l'auditoire plus attentif, il l'interrogeait ou menaçait de l'interroger. Selon ses propres paroles, son troupeau était sa famille; il lui tenait lieu de tout ici-bas, et jamais père ne fut absorbé par l'intérêt et l'affection de ses enfants, autant qu'il l'était par l'intérêt et le salut de ces âmes aimées et bénies qu'il avait à gouverner dans les voies de Dieu. Sa pensée, ses sollicitudes, son cœur, tout était là. Constatait-il un progrès moral, la défaite d'un vice et d'un préjugé, avait-il réussi à ramener une âme, une seule, au devoir et à Dieu, sa joie s'épanchait publiquement en douces effusions dans le sein de son auditoire, il était heureux. « L'empereur », disait-il, « est moins satisfait de sa puissance que moi de vos vertus. Il reviendrait de l'armée vainqueur de ses ennemis, portant au-dessus de son diadème les couronnes symboliques de la victoire, il aurait moins de joie de ses triomphes que j'en ai de vos progrès». Mais rien n'égalait la tristesse du pasteur quand il apprenait la chute d'une brebis. Il croyait son salut attaché à celui des autres, et se reprochait leurs égarements comme sa propre faute, comme s'il eût été coupable des péchés de tous. « Je voudrais qu'il me fût possible », disait-il, « de vous mettre mon cœur sous les yeux... Rien ne m'est plus cher que vous, pas même la lumière, car je voudrais devenir aveugle, si je pouvais, à ce prix, convertir vos âmes. Oui, votre salut m'est plus précieux que la vue du jour. A quoi me serviraient, en effet, les rayons du soleil, si la douleur que vous me causez couvre mes yeux de ténèbres? La lumière plaît quand elle vient en compagnie de la joie; à l'âme affligée elle est importune... Or, si quelqu'un de vous vient à pécher, c'est une douleur qui me poursuit jusque dans le sommeil. Quelle espérance puis-je nourrir en vous voyant ne pas faire un pas dans la vertu? Mais quel chagrin pourrais-je éprouver si vous vous conduisiez dignement? Je me sens soulevé comme sur des ailes quand on me dit quelque bien de vous. Comblez ma joie. Je n'ai qu'un désir, votre avancement. Ce en quoi je l'emporte sur tout le monde, c'est que je vous aime et que je vous tiens tous embrassés dans mon cœur. Vous êtes tout pour moi: père, mère, frères, enfants. Ne croyez pas que les paroles sévères que je vous adresse quelquefois partent d'un sentiment de courroux: je ne vous avertis, je ne vous gronde que pour vous rendre meilleurs... Ainsi ne m'en veuillez pas et faisons tout pour la gloire de Dieu ».

Jamais l'amour des âmes ne s'est plus tendrement révélé; jamais la charité n'a tenu un plus noble langage. Ce que ce grand apôtre enseignait si bien, aux applaudissements de tout son peuple, il ne pouvait oublier de le pratiquer lui-même. Il pensait avec raison que sa dignité d'évêque n'était qu'un engagement plus étroit d'être saint; que le talent le plus nécessaire au gouvernement des âmes est la sainteté; que l'être privilégié, qui a reçu d'en haut la sublime mission de conduire ses frères au bonheur éternel, doit expliquer l'Evangile bien plus par ses œuvres que par sa parole, en offrir dans sa personne le vivant résumé, en reproduire si bien l'esprit que sa seule apparition au milieu des hommes soit une révélation aux yeux et aux cœurs de la présence intime et permanente de Jésus-Christ dans son Eglise. Quand il avait employé le jour aux œuvres de charité, il passait une grande partie de la nuit à l'étude des saints livres qu'il avait déjà profondément médités dans les six années de sa solitude. Il aimait surtout à lire saint Paul. Il exprimait si souvent et si haut son admiration pour lui, il l'expliquait si parfaitement, que l'opinion s'était accréditée dans le peuple que Paul visitait souvent sous une forme visible son éloquent commentateur et lui découvrait le sens caché de ses écrits, l'un dictant, l'autre écrivant. Le prêtre Proclus, qui fut le secrétaire de Jean et plus tard son successeur, prétendait l'avoir vu plusieurs fois prêtant l'oreille à un personnage mystérieux qu'il reconnut pour saint Paul.

Une vie si occupée, si remplie, semblait demander une santé robuste; mais Jean n'était point d'un tempérament à toute épreuve. D'un état maladif permanent, il n'en avait pas plus d'indulgence pour lui-même et traitait son corps sans trop de ménagement. Son sommeil était court, de trois ou quatre heures chaque nuit. Il ne mangeait qu'une fois par jour vers le soir; encore regrettait-il les quelques minutes accordées à cet unique repas qu'il oubliait parfois de prendre. Tout mets un peu soigné était proscrit de sa table. Il ne buvait que de l'eau, à laquelle, pendant les grandes chaleurs, il ajoutait quelques gouttes d'un vin médicinal où l'on avait macéré des roses. On eût dit que le besoin de manger l'humiliait; il eût voulu s'y soustraire, comme si l'invisible aliment de la contemplation eût suffi à nourrir son corps aussi bien que son âme. Cette aversion de la table, effet de sa constitution délicate et d'une extrême frugalité, l'avait déterminé à manger toujours seul et à ne se trouver jamais aux festins auxquels il était prié. Il garda toujours cette manière de vivre, sans avoir égard aux calomnies des personnes qui s'en scandalisaient, et conserva toute sa vie cette sainte avarice de son temps et du bien des pauvres, sans néanmoins méconnaître les devoirs de l'hospitalité vis-à-vis de ceux qui le venaient voir.

Persuadé que les biens de l'Eglise sont le patrimoine de ceux qui se trouvent dans la nécessité, il retrancha tout le luxe et les dépenses dont ses prédécesseurs avaient cru devoir parer la maison du pontife pour augmenter le revenu des hôpitaux. Il n'eut dans son cabinet qu'un seul tableau, le portrait de saint Paul devant lequel il travaillait. L'esprit élevé de Chrysostome, son cœur aux nobles dévouements répugnaient aux détails matériels de l'administration; ses autres occupations l'en détournaient aussi. Il s'en remit à un économe du temporel de son diocèse. Tout fut soumis à une active surveillance et à de sévères réformes. Constantinople n'avait consacré que trois édifices à la pitié publique : un pour les malades, un autre pour les pauvres passants et un troisième pour les orphelins. Mais ces trois hôpitaux ne suffisaient pas pour une ville où l'on comptait au moins cinquante mille indigents.

Chrysostome multiplia les asiles du malheur, asiles qui se firent remarquer entre les autres par une organisation plus parfaite et une charité plus délicate. Non content de ces maisons destinées à la charité publique, le saint évêque engageait à former dans chaque maison riche un petit hospice, c'est-à-dire une chambre consacrée aux malheureux, asile voilé, où la pauvreté timide et honteuse pourrait s'abriter sans être obligée de déclarer son abaissement et son désespoir devant la cité tout entière. Mais cette divine vertu de la charité lui fit encore porter ses vues beaucoup plus loin; il voulait refaire à Constantinople ce que les Apôtres avaient fait à Jérusalem ; et si son épiscopat eût été plus paisible et de plus longue durée, le projet qu'il avait formé de nourrir tous les pauvres en commun eût été quelque chose de plus qu'une belle et noble idée. Les persécutions et l'exil emportèrent les pensées et la vie de Chrysostome.

A l'époque où ce saint évêque arriva à Constantinople, la ville était partagée en plusieurs partis religieux, dont les principaux étaient : celui des païens qui tentèrent alors les plus grands efforts pour relever l'idolâtrie ; celui des Novatiens, dont l'évêque titulaire, Sisinnius, trônait sur sa chaire pontificale et se prétendait le seul évêque légitime de Byzance ; celui des Ariens qui n'avaient plus d'évêque, il est vrai, mais dont la puissance et le nombre s'étaient accrus par l'invasion des Goths dans toutes les charges et les principales dignités de l'empire. Jean Chrysostome avait à porter, d'une main ferme et intrépide, le drapeau de la vraie foi. Il fallait prêcher le nom de Jésus-Christ aux païens, la véritable doctrine aux hérétiques, résister aux attaques des uns et des autres, et enfin préserver le troupeau fidèle du double danger de la séduction et de l'erreur. Dans cette œuvre, Chrysostome n'était pas aidé autant qu'il pouvait l'attendre de la part de son clergé dont beaucoup des membres étaient aussi déréglés que certains personnages de la cour et du peuple. Le relâchement et la mondanité avaient pénétré dans le sanctuaire. Beaucoup des prêtres ne travaillaient que pour s'enrichir dans le ministère sacré ; d'autres aimaient la bonne chère et fréquentaient trop la table des grands. Mais l'abus qui le révoltait le plus et qu'il eut plus de peine à déraciner fut celui des *sœurs adoptives*, contre lequel les conciles eux-mêmes furent plusieurs fois impuissants. Sous prétexte d'assister les vierges chrétiennes et de les défendre contre la violence ou la rapacité des hommes puissants, les prêtres les logeaient avec eux sous le même toit et recevaient d'elles ces mille soins qui leur assuraient, disaient-ils, une plus grande liberté de servir Dieu. Notre Saint composa, contre ce désordre, deux livres qui nous restent encore aujourd'hui ; il y reprend avec beaucoup de piété et d'éloquence ces amitiés indiscrètes et scandaleuses même pour les païens.

Il y avait à Constantinople un collége de vierges et de veuves dont Chrysostome entreprit aussi la réforme avec ce mélange de prudence et de force qui caractérisa toujours son ministère. Un grand nombre de ces pieuses femmes, issues des plus nobles familles, consolèrent la vie et ajoutèrent à la gloire de notre Saint. Une d'entre elles surtout, sainte Olympiade, occupa toujours et mérita le premier rang. Nièce de la femme d'Arsace, roi d'Arménie, célèbre pour sa beauté et sa vertu, elle avait été élevée par la sœur de saint Amphiloque, et saint Grégoire de Nazianze avait complété son instruction. Ayant perdu, à l'âge de vingt ans, son mari, Nébridius, préfet de Byzance, elle garda la viduité chrétienne. Maîtresse d'une immense fortune, elle l'administra en qualité d'économe des pauvres. Quand saint Chrysostome succéda à Nectaire, Olympiade avait cinquante ans ; il y en avait trente qu'elle vivait de pain, de légumes et d'eau, passant les journées à soulager toutes les douleurs et toutes les misères spirituelles et corporelles. Le fleuve de sa charité, dit saint Jean, avait répandu ses flots sur tous les rivages de l'univers. Ce fut Olympiade qui pourvut aux frais des missions envoyées par Chrysostome en Phénicie, en Syrie, chez les Goths et chez les Scythes. Par elle, l'évêque de Constantinople rétablit dans l'ordre des diaconesses la régularité de vie et la sainteté primitive de l'institution ; par elle aussi, il fonda dans sa ville épiscopale beaucoup d'établissements de bienfaisance pour les malades, les vieillards et les orphelins. « Telle fut », ajoute Pallade, « cette héroïne de la foi chrétienne. C'est à juste titre que son nom est inscrit parmi ceux des confesseurs et des martyrs. Elle est morte dans les souffrances, mais elle triomphe avec les élus dans un bonheur inaltérable[1] ».

Le pieux pontife profita de l'amour de son peuple pour recommander et populariser le chant sacré. Voici à quelle occasion. Les Ariens, auxquels Théodose avait enlevé les églises de la ville, tenaient leurs assemblées hors des murs. Gaïnas, goth d'origine, de simple soldat parvenu par sa bravoure à la tête des armées d'Orient, était arien comme ceux de sa nation ; il favorisait donc le parti de cette hérésie. Dans un but plutôt politique que religieux, il osa demander à l'empereur Arcadius une église dans Constantinople, où ses coréligionnaires pussent s'assembler librement. Arcadius n'osant prendre sur lui de le refuser, promit à Gaïnas de réfléchir à sa demande ; il consulta le saint patriarche qui se chargea de faire la réponse dans une assemblée convoquée à cet effet. Après avoir dit à Gaïnas que les temples catholiques étaient ouverts à tous ceux qui voulaient y venir prier, il lui représenta que ses services avaient été assez récompensés par les honneurs dont on l'avait comblé et par tout ce que l'empire avait fait pour lui. L'archevêque lut alors l'édit de Théodose qui prohibait l'exercice public de l'Arianisme dans l'intérieur des villes. Puis se tournant vers Arcadius, il ajouta : « Prince, vous êtes le dépositaire des lois. Dieu vous a constitué pour veiller à leur exécution. Il vaudrait mieux descendre du trône que de livrer la maison de Dieu à ses ennemis et de trahir la justice, la religion et la vérité ».

La cour applaudit et donna raison à l'archevêque. Gaïnas se retira, l'âme ulcérée, bien résolu à prendre sa revanche ; les Ariens lui promirent leur concours. La veille des dimanches et fêtes, ils s'attroupaient au milieu de la nuit sous les portiques des palais, et, se groupant en chœur, chantaient les hymnes de leur secte en y ajoutant des expressions injurieuses pour les catholiques. A l'aube du jour, ils se mettaient en marche, parcourant les rues de la ville et répétant ce refrain d'un de leurs cantiques : *Où sont-ils ceux qui prétendent que trois ne font qu'un ?* Chrysostome, craignant l'impression que pouvaient faire, sur l'esprit mobile des Byzantins, ces chants hérétiques, dont la mélodie simple et gracieuse devint bientôt populaire, essaya de leur opposer des hymnes catholiques au Verbe incréé. Il y réussit. Le matin des dimanches et des fêtes, les orthodoxes se rendaient processionnellement à la basilique où la station (office solennel) devait avoir lieu. Chemin faisant, ils chantaient les hymnes composées par Chrysostome. L'impératrice et toute la cour, en haine de Gaïnas, favorisèrent ces manifestations imposantes. On portait des croix d'argent précédées de torches allumées. Un chambellan de l'impératrice dirigeait les chœurs. Dans cette lutte de psalmodie, la victoire demeura aux catholiques. Mais les Ariens, vaincus sur ce terrain pacifique, eurent recours à leurs violences habituelles. Ils se jetèrent un jour sur la procession des orthodoxes et tuèrent plusieurs personnes. Arcadius crut devoir intervenir et supprima les processions des hérétiques. Les orthodoxes, restés en possession de leur liberté, continuèrent à cultiver, avec un zèle heureux, le chant sacré popularisé par Chrysostome et devenu pour lui un auxiliaire précieux de son apostolat.

Avec l'amour du chant sacré, le pieux pontife inspira à son peuple celui de la prière ; on vit revivre à Constantinople les veilles saintes de la primitive Eglise. La prière est le canal des grâces, c'est un moyen efficace de purifier

1. L'Eglise célèbre la mémoire de sainte Olympiade le 17 décembre.

les affections de l'âme et de mener une vie angélique dans un corps mortel. L'évêque insistait sur la nécessité de ce saint exercice et sur la manière de s'en acquitter dignement. Il exhortait les laïques mêmes à se lever durant la nuit, afin d'assister à l'office avec le clergé. « La nuit », dit-il, « n'est pas faite pour la passer tout entière dans le sommeil et le repos ; les artisans, les négociants, les marchands en sont une preuve. L'Eglise de Dieu se lève au milieu de la nuit. Lève-toi aussi et contemple le chœur des astres, ce silence profond, ce calme immense ; la distraction, la frivolité ne s'emparent plus alors de ton âme, car tant de choses imposantes la saisissent et la tiennent attentive. Admire la providence de ton Maître. Pendant la nuit l'âme est plus pure, plus légère, elle s'élève plus haut avec moins d'efforts ; les ténèbres mêmes et ce grand silence la disposent à la componction. Si tu contemples le ciel parsemé d'étoiles qui ressemblent à des yeux ouverts sur nous, la pensée du Créateur te viendra de suite à l'esprit et te pénétrera d'une joie parfaite. Si tu songes à tous ces hommes qui pendant le jour crient, s'amusent, dansent, s'abandonnent à la colère, à l'injustice, à la cupidité, commettent mille péchés, et qui maintenant endormis sont absolument semblables à des morts, tu condamneras l'arrogance humaine. Le sommeil est venu et il a démontré ce que nous sommes ; le sommeil est l'image de la mort, l'image du néant. Regarde dans les rues : tu n'entends pas une voix. Regarde dans la maison, tu les vois tous gisants comme dans le sépulcre. Est-ce que tout cela n'est pas propre à éveiller l'âme, à nous faire songer à l'heure suprême ? Je m'adresse aux femmes et aux hommes. Fléchissez le genou, gémissez devant Dieu, demandez-lui qu'il vous soit propice. Il se laisse toucher plutôt par les prières de la nuit, quand vous donnez à la pénitence le temps du repos ».

Quant aux femmes qui ne pouvaient aisément aller à l'église pendant la nuit, il leur recommandait d'interrompre pour quelques moments le sommeil de leurs enfants, afin qu'ils élevassent leur cœur à Dieu par une courte prière, qu'ils contractassent insensiblement l'habitude de veiller, et que les maisons de chrétiens devinssent autant d'églises. Mais Chrysostome ne s'exprime jamais avec plus de force et d'onction que quand il parle de l'amour infini que Jésus-Christ nous témoigne dans l'Eucharistie et qu'il exhorte les fidèles à s'approcher fréquemment de cet auguste Sacrement. Au reste, on ne doit point être surpris de cette effusion de cœur pour la divine Eucharistie ; une foi vive en était le principe. Nous apprenons de saint Nil que notre Bienheureux eut plusieurs fois le bonheur de voir une multitude d'anges environner l'autel pendant la célébration des saints mystères et à la communion du peuple. Le Saint lui-même donne comme un fait certain la présence des esprits célestes dans ces précieux moments ; ce qu'il confirme par les visions de plusieurs solitaires.

Un prodige que nous allons raconter ne servit pas peu à confirmer les catholiques dans leur foi. Deux époux attachés à la secte des Macédoniens, vivaient alors à Constantinople. Le mari, ayant entendu exposer par Chrysostome la doctrine catholique, se convertit et abjura son erreur. Dès lors il entreprit de ramener l'esprit de sa femme à la vraie foi ; mais toutes ses exhortations furent inutiles. Un jour enfin il lui dit : Consens à ma prière, ou bien je cesserai tous rapports avec toi. — Cette menace fit son effet. La femme se prêta en apparence à ce qu'on demandait d'elle et, le jour où elle devait communier, elle se rendit à l'église avec les catholiques. Au lieu de porter à sa bouche le pain eucharistique, elle inclina profondément la tête sous son voile comme pour adorer Notre-Seigneur et glissa le sacrement à une servante qu'elle avait avertie et qui se tenait aux côtés de sa maîtresse. Rien ne fut remarqué par les assistants. De retour dans sa maison, la femme voulut consommer son crime et manger les espèces sacramentelles comme un pain ordinaire. Elle les porta à sa bouche et y imprima ses dents. Ce n'était plus du pain, mais une véritable pétrification dure et résistante comme la pierre. Epouvantée de ce prodige, la femme courut au bienheureux évêque, se frappant la poitrine, confessant sa faute au milieu d'un torrent de larmes et implorant son pardon. En même temps elle montrait le pain pétrifié où l'empreinte de ses dents était marquée. Chrysostome l'admit à la pénitence. Depuis lors cette femme est restée une catholique fervente. C'est un historien contemporain et vivant à Constantinople qui nous raconte ce miracle, en ajoutant que l'on conservait dans l'église de cette ville le pain eucharistique pétrifié.

Vers l'an 400, un tremblement de terre épouvantable renversa un tiers de la capitale de l'Orient. La mer violemment soulevée inonda le faubourg dit de Chalcédoine et les quartiers bas de la cité, pendant que la flamme dévorait les édifices bâtis sur les hauteurs. Des misérables, comme il s'en trouve toujours dans les calamités publiques, profitèrent de la désolation universelle pour s'enrichir de la ruine de tous. La ville entière avait fui. Seul, dans la panique universelle, le pasteur était resté debout à son poste. Il rétablit l'ordre et força les ravisseurs à rougir de leur lâcheté et à rendre les trésors qu'ils avaient volés. Le grand évêque se constitua le gardien de ces dépouilles et les rendit avec ses consolations au peuple de Constantinople, quand il revint prendre possession de la ville. Un mois après ce désastre, un nouveau cirque était inauguré au milieu d'un concours immense et aux applaudissements frénétiques d'un peuple inconstant et léger, trop tôt oublieux de ses maux. Le Pontife en eut l'âme percée de douleur. « Trente jours sont à peine écoulés depuis nos malheurs », s'écriait-il, « depuis cette épouvantable catastrophe, et vous voilà revenus à vos folies ! Comment vous excuser ? Comment vous pardonner ?... Je suis désolé que rien ne vous corrige, ni l'expérience du présent, ni la crainte de l'avenir... » Chrysostome préparait d'autres fêtes plus dignes de sa foi et de sa piété. Les saints martyrs Sisinnius, Alexandre et Martyrius, mis à mort en Italie (29 mai 397) par les païens de Trente, étaient tous trois originaires de Cappadoce. Chrysostome avait réclamé pour l'Asie les reliques de ces héroïques enfants de l'Asie. Saint Vigile, évêque de Trente, écrivit au grand docteur qu'il partagerait ce trésor avec lui. On déploya pour la translation solennelle de ces reliques une magnificence incroyable. A leur débarquement elles furent déposées dans un oratoire de Saint-Thomas, au bourg de Drypia sur la Propontide, à neuf milles de Constantinople. La nuit suivante, une procession aux flambeaux sortit de Byzance, en chantant des hymnes sacrées. A gauche de l'archevêque, l'impératrice Eudoxie sans escorte, sans diadème, marchait modestement, suivie de tout un peuple. Chrysostome, prenant la parole, fit éclater sa joie et ses espérances, tour à tour glorifiant l'Eglise et les Saints, et remerciant le peuple et l'impératrice du zèle qu'ils avaient montré. Quelques jours après, une solennité du même genre avait lieu pour la translation des reliques de saint Phocas, humble jardinier de Sinope, qui pendant soixante ans avait renouvelé les merveilles de charité, de dévouement et de mortification des plus illustres solitaires.

Il était tombé depuis plusieurs jours une si grande pluie, que l'on commençait à désespérer pour la moisson prochaine. On était au mercredi de la semaine, 6 avril 399. Le peuple consterné se voyait déjà en proie aux horreurs de la famine. Le saint archevêque ordonna une procession à l'église de Saint-Pierre et Saint-Paul de l'autre côté du Bosphore pour remercier Dieu de la cessation du fléau. Il semblait au pasteur indulgent que ce peuple, si pieusement ému, était revenu pour longtemps aux choses sérieuses et à ses devoirs. Mais, dès le lendemain, jour du Vendredi Saint, des courses avaient lieu à l'hippodrome, sans que l'on s'inquiétât du deuil de l'Eglise ni du grand anniversaire qui l'occupait. Pour comble de scandale, le samedi, la foule encourageait de ses frénétiques applaudissements les représentations les plus obscènes. L'indignation du saint archevêque éclata le jour de Pâques. « Après tant de discours», s'écria-t-il, « après de si graves enseignements, plusieurs nous ont quittés pour aller voir courir des chevaux. Ils ont fait rire, ou plutôt ils ont attristé la cité tout entière par leur dissipation et leurs cris. Je les ai entendus du fond de ma demeure, et j'en étais humilié... Ils n'ont pas même respecté le jour où furent accomplis les mystères de notre salut... Comment désormais apaiser le courroux céleste? Il n'y a pas encore trois jours, quand cette grande pluie, entraînant tout, enlevait le pain de la bouche du laboureur, vous avez recouru aux supplications, aux processions; la ville s'est portée au temple des Apôtres, elle a traversé les flots, cherchant partout des médiateurs auprès de Dieu. Et à peine quelques heures se sont écoulées, vous oubliez votre terreur, votre reconnaissance, vous poussez des cris indignes, vous déshonorez votre âme... Ce n'était point assez d'avoir agi de la sorte un jour; le lendemain, sans donner de relâche à votre malice, vous courez au théâtre, c'est-à-dire à un abîme plus affreux! Là, les jeunes gens viennent perdre leur jeunesse, les vieillards déshonorer leurs cheveux blancs. Là, des fils sont conduits par leurs pères, bourreaux plutôt que pères. — Quel mal y a-t-il? dites-vous. — Voilà ce qui m'afflige le plus: c'est que malades comme vous l'êtes, vous ne vous doutez pas de votre état! Vous sortez de là pleins d'adultères, et vous demandez quel mal il y a... » Puis Chrysostome retrace avec sa sainte éloquence l'immoralité du théâtre et les funestes ravages qu'il exerce dans les familles. Il déplore la perte des âmes, et fait à son peuple de salutaires menaces. « Ainsi, je le proclame à haute voix, si quelqu'un, après ce que je viens de dire, retourne à cette peste du théâtre, je lui interdirai l'enceinte sacrée, je lui refuserai les saints mystères... » Les paroles si pleines de charité du saint orateur firent impression sur ce peuple frivole, mais bon, qui ne voulait ni l'affliger, ni être privé de l'entendre.

Ce que nous avons à dire de la conduite du saint archevêque touchant la chute d'Eutrope, exige que nous reprenions les choses d'un peu plus haut. Le vieil eunuque Eutrope, quoique esclave d'origine, avait réussi, par son audace et son hypocrisie, à s'insinuer dans les bonnes grâces de Théodose le Grand et d'Arcadius; le premier le fit grand chambellan. En 395, il succéda au traître Rufin dans la charge de premier ministre et fut même, quelque temps après, élevé à la dignité de consul. Il devint si puissant qu'on lui éleva des statues d'or dans plusieurs endroits de Constantinople. Mais son orgueil, son ambition, son avarice, le rendirent bientôt plus odieux que son prédécesseur. Fermant l'oreille aux avis de saint Jean Chrysostome, il n'écoutait que ses flatteurs. Quoique l'empire retentît partout de cris d'indignation contre lui, il ne les entendit point; mais parmi ses nombreux ennemis, deux étaient redoutables: Gaïnas, commandant des Goths attachés au service de l'empire, et l'impératrice Eudoxie. Cette princesse, ayant reçu de l'insolent ministre un nouvel outrage, ne put retenir sa haine: elle court chez l'empereur avec ses deux enfants dans les bras, et demande justice contre Eutrope. Arcadius, qui ne savait pas mieux garder ses ministres que les choisir, donna des ordres pour l'exil d'Eutrope et pour la confiscation de tous ses biens. Ce malheureux vit en un instant s'éloigner tous ses faux amis avec sa fortune. Abandonné, sans ressources, il se réfugia dans une église, cherchant auprès des autels un asile qu'il avait si souvent violé. Cependant toute la ville, toute l'armée demandaient sa mort. L'église fut investie par des soldats dont les yeux étincelaient de fureur ; l'autorité de l'empereur n'eût pas suffi pour les arrêter sans les remontrances du saint archevêque. Le lendemain, le peuple accourut en foule à l'église pour contempler à son tour avec des yeux terribles celui qui, deux jours auparavant, faisait de son regard trembler l'univers ; il tenait l'autel embrassé, il grinçait des dents ; tous ses membres tremblaient agités par l'effroi. C'était le jour du dimanche. Jean Chrysostome parut à l'ambon pour y faire l'homélie, selon sa coutume. Commençant par ces paroles : *Vanité des vanités, tout n'est que vanité,* il peignit, de la manière la plus touchante et la plus vive, le faux éclat, le vide, le néant des honneurs du monde ; il sut reprocher au peuple ses basses adulations et sa déplorable mobilité, tout en désarmant sa colère. Bientôt la pitié succéda à l'ardeur de la vengeance ; le saint orateur avait attendri les cœurs et calmé les transports de l'indignation ; les larmes coulaient des yeux. En sortant de la basilique des Apôtres, évêque et peuple se rendirent au palais et obtinrent d'Arcadius la grâce du ministre déchu qui resta néanmoins dans son asile sacré. Mais s'ennuyant de cette espèce de captivité, il voulut s'enfuir, et Eudoxie lui fit trancher la tête (17 janvier 399).

Après la mort d'Eutrope, ce fut l'impératrice Eudoxie qui succéda au pouvoir tyrannique de l'ennuque. Gaïnas en fut jaloux. Rassemblant ses barbares, il marcha sur Constantinople, prêt à la traiter en ennemi si on ne lui livrait le comte Jean, favori de l'impératrice, Saturninus, homme consulaire et sénateur et le consul Aurélien. Un seul homme parut propre à lutter contre la barbarie de Gaïnas, c'était l'archevêque. L'impératrice le supplia d'aller trouver le chef des Goths. « Votre éloquence triomphera de ce cœur farouche », lui dit-elle. « Il a beau être arien, vous êtes un saint et nul ne résiste à l'accent de votre vertu ». Jean Chrysostome se dévoua et partit avec les trois victimes désignées à la mort. Quand ils se présentèrent à Gaïnas, celui-ci, à cheval, passait une revue de ses troupes. Jetant un regard irrité sur les trois proscrits, il donna l'ordre de les décapiter sur-le-champ. Mais Chrysostome prit la parole. Il s'exprima avec une telle véhémence que le barbare se sentit ému. Gaïnas commua la peine de mort en un exil perpétuel. Les trois sénateurs ne rentrèrent à Constantinople qu'après la fin tragique de Gaïnas. La cour sut presque mauvais gré à Chrysostome du service qu'il venait de lui rendre. Il ne s'en émut pas plus que de raison. Le dimanche suivant, rendant compte à son peuple de l'absence qu'il venait de faire, il disait : « J'ai dû me séparer de vous pour quelques jours. Je suis allé conjurer des orages et tendre la main à des naufragés sur le bord de l'abîme. Je suis le père commun de tous ; il me faut veiller au salut non-seulement de ceux qui sont encore debout, mais de ceux qui tombent; suivre de l'œil tous les navires lancés sur l'océan du monde, pour aider ceux que pousse un vent favorable, pour arracher aux écueils ceux que bat la tempête. C'est pour cela que je vous ai quittés, ces jours derniers. J'ai multiplié les prières, les remontrances, les supplications, afin d'arracher d'illustres victimes à la mort. Et maintenant, me voici au milieu de vous, dans cette paisible enceinte. Ici tout est calme, et votre barque semble glisser sur une mer tranquille. Songez-y pourtant. Rien n'est stable pour personne dans les choses humaines. Pas d'édifice si solide qui ne puisse à son tour être ébranlé. Ai-je besoin de vous rappeler ces choses ? Jetez un regard sur le monde. Partout confusion et tumulte, partout écueils et précipices, récifs cachés sous la vague ; partout la terreur, les périls, les soupçons, les terreurs, les angoisses. La guerre civile est partout, non pas ouverte, mais voilée. Sous la peau des brebis se cachent des loups cruels. Les ennemis déclarés sont moins à craindre que les amis. Ceux qui vous adulaient hier et vous baisaient la main sont aujourd'hui vos adversaires les plus terribles. Hier, ils vous remerciaient d'un bienfait, aujourd'hui ils vous en font un crime [1] ! »

Cependant Gaïnas, enhardi par la faiblesse de l'empereur, devenait de jour en jour plus insolent. Ses prétentions ne connaissaient plus de bornes. Il demanda pour ses troupes des sommes exorbitantes. Chrysostome fut obligé de donner les vases d'or et d'argent des églises de Constantinople, dans l'espoir, par ce moyen, de sauver la ville des horreurs du pillage. Gaïnas voulut encore pour lui les titres de consul et de généralissime de l'empire d'Orient. Le barbare, comme tous les Goths convertis au christianisme, était arien ; ce fut alors qu'il demanda une église pour ses coréligionnaires, comme nous l'avons raconté plus haut. Chrysostome osa la lui refuser. Le tyran jeta le masque et fixa un jour à ses légions de Goths pour le pillage de Constantinople. Ses ordres furent mal exécutés, on s'aperçut de son dessein pendant qu'il était sorti de la ville avec une partie de son armée. Plus de sept mille barbares furent massacrés par les habitants (12 juillet 400). Gaïnas ne désespéra point. Il alla réunir une nouvelle armée et revint vers Constantinople. La terreur qu'il inspirait était telle que nul ne voulut se charger d'une mission près de lui. L'impératrice ne rencontrant partout que des cœurs lâches et tremblants, manda l'archevêque et lui proposa cette ambassade. Chrysostome, oubliant qu'il y avait plus de danger pour lui que pour tout autre à cause de sa lutte précédente contre Gaïnas, accepta héroïquement et partit aussitôt pour la Thrace. On vit alors une fois de plus, dit Théodoret, auquel nous empruntons ce récit, quelle est la puissance de la vertu et comment elle subjugue ses plus violents ennemis. Gaïnas, apprenant l'arrivée d'un tel ambassadeur, ému de sa piété autant que de son courage, vint à sa rencontre à une grande distance de sa tente, et, prenant la main droite du pontife, l'appliqua sur ses yeux ; puis il lui présenta un siége et fit prosterner ses deux enfants aux genoux sacrés de l'homme de Dieu. Chrysostome réussit à retarder de quelques semaines l'invasion de la capitale de l'Orient qui profita de ce délai pour assembler ses forces et les confier à Fravita. Celui-ci remporta une victoire complète sur Gaïnas, le 3 janvier 401 ; le vaincu alla mourir chez les Huns, sur un autre champ de bataille.

L'année précédente (mai 400), plusieurs évêques de la province d'Asie vinrent à Constantinople pour différentes affaires relatives à leurs diocèses, et y séjournèrent quelque temps. Un synode fut tenu où Antonin, évêque d'Ephèse, fut accusé de plusieurs crimes, en autres, de simonie. Les chefs d'accusation étant très-graves, on ne pouvait prendre trop de précautions pour s'informer exactement des faits. Chrysostome offrit alors d'aller à Ephèse pour recueillir juridiquement les témoignages ; l'archevêque fut retenu dans sa ville épiscopale par les événements dont nous avons parlé plus haut, et trois autres évêques le remplacèrent. Pendant ce temps, Antonin d'Ephèse était mort. Chrysostome céda aux instances du clergé et du peuple de cette

1. S. Joan. Chrysost., *Homilia de Saturnino et Aureliano ; Patr. græc.*, t. LII, col. 415.

ville ; il partit sans avoir égard ni à la rigueur de la saison, ni au mauvais état de sa santé. Soixante-dix évêques étaient réunis. Six évêques ordonnés par le métropolitain simoniaque d'Ephèse furent déposés par le conseil et remplacés par des clercs dont la vie et la doctrine étaient irréprochables.

Le voyage de saint Chrysostome avait duré cent jours, car le peuple de Byzance comptait par jour et par heure l'absence de son pasteur bien-aimé. « En effet, l'un venait l'appeler pour secourir une misère urgente », dit Théodoret ; « un autre lui demandait sa protection pour faire triompher le bon droit devant les tribunaux. Aux affamés, il distribuait des vivres ; il revêtait la nudité des indigents ; il allait implorer près des riches les secours qu'il partageait entre les pauvres. Tous les affligés le voulaient pour consolateur. Les prisonniers lui remettaient leurs mémoires justificatifs et le constituaient leur avocat d'office. Pas un malade pour lequel on n'implorât la faveur de sa visite. L'étranger sans asile lui demandait l'hospitalité ; le débiteur poursuivi par un créancier impitoyable s'adressait à sa bourse toujours vidée par l'aumône et toujours remplie par la charité des fidèles. Arbitre des querelles domestiques, pacificateur de toutes les dissensions civiles, on le voulait partout pour juge. Les esclaves menacés par la rigueur d'un maître impitoyable se réfugiaient près de lui ; il parlait aux maîtres le langage de la charité évangélique et obtenait, d'un côté la soumission, de l'autre l'indulgence. Les pauvres veuves, les orphelins dans la détresse l'entouraient en criant : Père, ayez pitié de nous ! Oui, vraiment, il était père dans toute l'étendue du mot. Il acceptait toutes les charges, il remplissait tous les devoirs si variés, si multiples de cette infatigable paternité ».

Au retour de Chrysostome, il y eut une explosion d'enthousiasme qui se produisit par les démonstrations les plus touchantes. Quand il reparut à l'ambon de la basilique des Apôtres, la foule immense éclata en applaudissements prolongés. Emu de cet accueil si profondément sympathique, Chrysostome parla en ces termes : « Aux pieds du Sinaï, après quarante jours seulement d'absence, Moïse, ce grand serviteur de Dieu, le chef des prophètes, l'homme incomparable, retrouva son peuple en pleine révolte et occupé à se forger des idoles. Je reviens, moi aussi, non point après quarante, mais après plus de cent jours d'absence, et je vous retrouve fidèles à Dieu et à sa loi sainte. Est-ce donc que j'aurais la folie de me comparer à Moïse ? Non, mais il m'est permis de dire que mon peuple vaut mieux que le peuple juif. Le législateur des Hébreux, en descendant de la montagne, n'avait sur les lèvres que des paroles de reproche et de blâme, et moi j'arrive pour distribuer des éloges à la vertu, des couronnes à la persévérance ! Comment vous exprimer la joie qui déborde de mon cœur ? J'en appelle à vous-mêmes, vous que je vois si heureux de mon retour. Ce que vous éprouvez individuellement, je le ressens multiplié par le nombre des milliers de fils qui m'acclament. Vous êtes resté bien longtemps séparé de nous ! me disent tous les yeux et tous les cœurs. — Mes bien-aimés, je vous dois compte de mon retard, je vous dois compte des heures de cette séparation. Si vous envoyez quelque part votre serviteur et qu'il tarde à revenir, vous en demandez la raison. Or, je suis votre serviteur, je suis votre esclave. Vous m'avez acheté, non à prix d'argent, mais par votre tendresse, cette monnaie des âmes. Et je me plais à ma servitude, je souhaite n'en être affranchi jamais : je la trouve plus belle que la liberté. Qui donc ne serait heureux de vous servir, de servir des amis tels que vous ? Mon cœur eût-il été de pierre, vous l'auriez attendri et imprégné de dévouement et d'amour. Hier en rentrant au milieu de vous parmi ces acclamations qui montaient jusqu'au ciel, au milieu de cette cité transformée en un temple à l'approche de son pasteur, j'ai retrouvé un paradis de délices mille fois plus doux à mon âme que l'antique Eden. Dieu était glorifié, l'hérésie confondue, l'Eglise couronnée! C'est une grande joie pour une mère que la joie de ses fils; c'est une vive allégresse pour le pasteur que l'allégresse de son troupeau. — Mais vous trouvez encore d'autres sujets de plainte. Vous me dites : Un grand nombre de catéchumènes ont été baptisés durant votre absence, et ce n'est pas votre main qui a fait couler sur leur front l'eau régénératrice! —Mes bien-aimés, ne parlez point ainsi. Est-ce que la grâce sacramentelle a souffert la moindre diminution? Si je ne fus point présent à leur baptême, Jésus-Christ y était. Est-ce donc l'homme qui baptise? L'homme tend la main, c'est Dieu qui la dirige. Quand vous avez obtenu pour un bienfait quelconque un diplôme impérial, est-ce que vous cherchez à savoir de quelle plume, de quelle encre, de quelle qualité de parchemin l'empereur s'est servi en apposant sa signature? Non. L'empereur a signé; c'est tout. Eh bien! dans le baptême, le parchemin c'est la conscience, la plume c'est la langue du prêtre, la signature c'est la grâce du Saint-Esprit, grâce invisible mais toute-puissante, dont l'évêque et le prêtre sont les instruments, non la source. Arrière donc ces vaines récriminations! Me voici tout entier au bonheur de vous revoir. En partant pour l'Asie, j'avais imploré le secours de vos prières, aujourd'hui je le demande encore. Vos prières m'ont accompagné pendant la tempête; elles ont protégé le navire et nous ont guidés au port. De mon côté, jamais un seul instant ma pensée ne s'est séparée de vous. Avec vous je mis le pied dans la barque, avec vous j'abordai sur la rive. A travers les plaines silencieuses, parmi le tumulte des cités, j'étais avec vous. Telle est la puissance de la charité, de l'amour chrétien. Aucune entrave ne saurait captiver son essor. Même sur les flots je vous voyais, j'assistais à vos assemblées, j'étais debout à l'autel, j'offrais vos soupirs et vos vœux. Seigneur, disais-je, conservez l'église que vous m'avez donnée! — Il m'a exaucé, le Dieu des miséricordes. Votre affluence en ce moment en est la preuve. Je retrouve ma vigne florissante, les ronces et les épines ne se montrent nulle part. Le loup dévorant n'a point troublé le repos du bercail, ou du moins, s'il l'a tenté, ses efforts ont été impuissants. Je le savais même avant mon retour. Au fond de l'Asie, les voyageurs qui revenaient d'ici me l'apprenaient. Ils me disaient : Vous avez enflammé la cité de Constantinople tout entière : elle brûle d'amour pour vous! — Ainsi, mes bien-aimés, le temps qui use toutes les affections ne fait que raviver celle que vous voulez bien me porter. Puis donc qu'en mon absence vous m'en avez donné tant de gages, j'ai lieu d'espérer que vous me la conserverez maintenant que je suis au milieu de vous. Votre amour est après Dieu mon unique trésor. Voilà pourquoi je réclame vos prières. Elles sont pour moi un rempart et une forteresse inexpugnable [1] ».

Nous avons voulu ne rien ôter à cette paternelle effusion; elle montre sous son vrai jour la tendre charité qui existait entre le pasteur et le troupeau. Du reste, c'est ici son dernier chant de joie. Il ne restait plus à notre Saint qu'à glorifier Dieu par ses souffrances; et pour peu que nous examinions les choses avec les yeux de la foi, il nous paraîtra plus grand dans les persécutions qu'il eut à essuyer, que dans toutes les autres circonstances de sa vie. Voyons-le donc victime des passions de ses ennemis.

Le premier qui se déclara ouvertement contre lui fut Sévérien, évêque de Gabales en Syrie. Son procédé renfermait d'autant plus d'indignité, que c'était à lui que Chrysostome avait confié le soin de son église durant son

1. S. Joan. Chrysost., *De regressu ex Asia*; *Patr. græc.*, t. LII, col. 421-424, passim.

voyage à Ephèse. Ce prélat, qui s'était acquis une certaine célébrité par ses prédications, avait trouvé le moyen de se rendre agréable à l'impératrice Eudoxie et à tous ceux que blessait la parole chrétienne de saint Jean. Il mit tout en œuvre pour supplanter celui-ci dans l'esprit du peuple et se substituer lui-même au légitime pasteur dont il tenait la place. Mais l'arrivée du saint archevêque et les paroles que nous avons rapportées un peu plus haut eurent bientôt effacé les impressions qu'avaient pu faire les discours de Sévérien qui fut contraint de sortir ignominieusement de la capitale. Jean oublia tous les torts de l'évêque de Gabales et, dans un beau discours sur la paix et l'obéissance que Jésus-Christ est venu apporter sur la terre, il pria son peuple de lui pardonner.

Notre Saint avait un autre ennemi dans la personne de Théophile, patriarche d'Alexandrie. Si l'on résume les diverses appréciations dont cet évêque fut l'objet, il faut dire qu'il était orgueilleux, emporté, plein de rancune, mobile et opiniâtre à la fois, ami du bruit et de l'éclat, et de l'or peut-être encore plus que de l'éclat. Ces vices souillèrent le zèle qu'il montra pour l'intégrité de la foi et l'abolition des temples païens en Egypte, et ternirent l'éclat des vertus qu'il pouvait avoir d'ailleurs. Il avait chassé de leur solitude les quatre principaux chefs des monastères de Nitrie, Dioscore, Ammonius, Eusèbe et Euthyme, vieillards vénérables, frères selon la nature et selon la grâce, et qu'on appelait les *Grands-Frères* à cause de leur taille majestueuse. Ces abbés avaient reçu dans leurs monastères un saint prêtre d'Alexandrie, nommé Isidore, injustement persécuté par son patriarche. Ils attirèrent sur eux et sur tous leurs moines les colères de Théophile. Obligés de s'enfuir, ils se réfugièrent à Constantinople et demandèrent la protection de saint Chrysostome qui les admit à la communion, après toutefois qu'il eut fait juridiquement leur apologie. Théophile en fut vivement piqué et résolut de s'en venger. L'occasion ne tarda pas à se présenter.

Mais comme l'impératrice Eudoxie fut le mobile secret de tous les complots qui se tramèrent contre notre Saint, il faut au moins donner une idée de son caractère. Cette princesse, depuis la chute d'Eutrope, gouvernait despotiquement son mari et l'empire. Elle était, au rapport de l'historien Zozime, d'une avarice insatiable; ses injustices et ses rapines ne connaissaient point de bornes. Elle avait rempli la cour de délateurs qui s'emparaient, à son profit, du bien des riches après leur mort, au préjudice des enfants ou des autres héritiers légitimes. Le saint pasteur gémissait sur tous ces abus, et personne n'ignorait quelle était sa façon de penser. Plusieurs fois il avait pris hautement la défense de ceux que poursuivaient les concussions de l'impératrice. Un gouverneur d'Egypte, nommé Paulace, devait cinq cents écus d'or à la veuve Callitrope, qui le poursuivit en justice. Eudoxie se posa en médiatrice et tira du mauvais débiteur cent écus sur lesquels trente-six seulement furent remis à la veuve. Celle-ci recourut à Chrysostome dont les démarches pieusement obstinées mirent l'avare princesse hors d'elle-même. Paulace fut retenu jusqu'à l'acquittement de toute sa dette.

L'impératrice, prenant cela pour un affront, envoya des soldats délivrer de force celui que l'on avait mis en justice; mais comme ces hommes d'armes se mettaient en état d'exécuter ce mandat, ils aperçurent des anges qui les menaçaient, l'épée à la main. Ils renoncèrent à leur entreprise. Et cependant le charitable pontife était obligé de revenir chaque jour à la charge pour délivrer de nouvelles victimes. Un riche patricien, nommé Théodoric, voyant la cour acharnée à lui disputer sa fortune, invoqua l'appui du pasteur que les prières des opprimés ne trouvaient jamais insensible, mais qui cette fois ne put sauver le malheureux dont la perte était jurée, qu'en lui conseillant de distribuer aux hospices tous ses biens. « Pratiquez », lui dit-il, « le conseil de l'Evangile; donnez vos biens aux pauvres et amassez un trésor dans le ciel, et personne ne vous le pourra ôter ». L'avis fut suivi. Eudoxie, frustrée de sa proie, s'emporta jusqu'à accuser le noble et saint prélat d'avoir abusé de la confiance du patricien et de s'être emparé de ses richesses sous prétexte de charité.

Une autre veuve avait perdu son mari, nommé Théognoste, pieux et fidèle catholique de la cour de l'empereur, mais qui, par l'envie d'un arien, Gaïus, avait été accusé et banni injustement. La sentence portait confiscation des biens de la victime et comprenait sa femme et ses enfants dans le décret d'exil. Il mourut en se rendant au lieu du bannissement. Sa veuve revint à Constantinople et implora le secours de saint Chrysostome. Véritable imitateur de Jésus-Christ, miséricordieux comme son maître, l'archevêque accueillit cette infortunée et lui prodigua les consolations d'une paternelle tendresse. Il chercha à la faire rentrer dans une partie de sa fortune; mais, comme si le démon eût lutté de malice avec la bonté du grand archevêque, la cour ne répondit à la demande du pasteur que par une injustice nouvelle. La veuve de Théognoste possédait une vigne près de Constantinople; dans une de ses promenades l'impératrice entra dans cette vigne, elle en trouva le site délicieux et voulut la posséder. Alléguant une loi en vertu de laquelle il suffisait aux princes de mettre le pied sur une terre ou d'en goûter les fruits pour que cette terre leur appartînt, moyennant indemnité au propriétaire, Eudoxie cueillit une grappe et déclara que la vigne faisait partie de son domaine. Le noble pontife fit parvenir à l'impératrice les supplications les plus touchantes, faisant appel à la clémence, non à la loi. Il lui écrivit plusieurs lettres dont l'une est arrivée jusqu'à nous. « Je le sais », disait-il, « vous êtes la loi vivante par cela seul que vous exercez l'autorité impériale. Mais à côté de votre pouvoir qui vous permet tout, il y a la conscience qui vous avertit intérieurement et vous fait discerner le juste de l'injuste. Je vous en supplie donc, ne donnez pas aux méchants un prétexte à des comparaisons odieuses. Ils citeront l'histoire de Jézabel et de la vigne de Naboth. Ils trouveront dans l'Ancien Testament des allusions pleines pour vous d'outrages et d'injures ». Plus le médecin spirituel multipliait la douceur et les exhortations, plus cette femme s'acharnait dans son ressentiment. Elle interdit à Chrysostome l'entrée du palais; et toute la ville fut remplie des éclats de sa colère. « Or, la fête de l'Exaltation de la Sainte-Croix étant venue, après que l'empereur Arcadius et sa suite eurent pris place dans la basilique au milieu du peuple fidèle, Chrysostome monta en chaire selon sa coutume et parla sur la solennité du jour avec une éloquence et une onction admirables. Quand il eut terminé son homélie, l'impératrice entourée de ses gardes d'honneur et des officiers du palais arriva au seuil de l'église. Mais Chrysostome en avait fait fermer les portes, avec défense de les ouvrir sous aucun prétexte à Eudoxie. Il me serait impossible de décrire la rage dont cette femme fut alors saisie. Elle vomit un torrent d'injures contre le saint archevêque, ou plutôt contre Dieu même dont il était le fidèle et courageux ministre. Enfin elle ordonna aux soldats de briser à coups de hache la porte de la basilique. L'un d'entre eux s'élança le premier; il levait déjà le bras, mais à ce moment, frappé d'une paralysie soudaine, le bras sacrilége demeura immobile et le malheureux poussa un cri de douleur. Cet événement extraordinaire jeta le trouble dans l'imagination de l'impératrice. Elle reprit sur-le-champ la route du palais.

Quant au malheureux soldat dont la main était desséchée, il attendit que les saints mystères fussent célébrés, et courut se jeter aux pieds de Chrysostome, le priant d'obtenir de Dieu sa guérison. Le saint archevêque intercéda pour lui; aussitôt le bras reprit sa souplesse et son mouvement habituels. Cependant, Eudoxie persistait dans ses projets de vengeance. Elle voulait l'exil de Chrysostome. Arcadius, c'est une justice que je dois lui rendre, s'y opposa énergiquement et continua à témoigner la plus haute estime pour la vertu de Chrysostome [1] ». Ainsi parlait un historien couronné, l'empereur Léon le Sage. Son récit nous fait admirablement comprendre les dangers affrontés si résolument par le grand cœur de saint Jean Chrysostome. L'orage s'amoncelait sur sa tête. Le moindre choc allait faire jaillir la foudre.

Pour l'impératrice et pour le patriarche d'Alexandrie, le moment était venu de se venger de Chrysostome. Le pape saint Innocent Ier, sur la demande des deux empereurs, convoqua un concile à Byzance pour juger la conduite indigne de Théophile dans l'affaire des moines de Nitrie. Les légats du pape furent envoyés pour présider ce concile; mais avant leur arrivée, Eudoxie et Théophile avaient eu le temps de préparer leurs embûches; ils arrêtèrent les envoyés de Rome; on leur prit leurs lettres de force, et on les conduisit en Thrace, sans que personne sût ce qu'ils étaient devenus. De soixante-seize évêques assemblés, trente-six étaient parmi les ennemis de Chrysostome et se montraient disposés à favoriser les passions du patriarche d'Alexandrie. Théophile les réunit en conciliabule près de l'église du Chêne, au faubourg de Chalcédoine. On produisit contre notre Saint plusieurs accusations qui étaient autant de calomnies ou de frivolités; on lui fit même un crime de son dévouement pour ceux dont il avait eu l'occasion de protéger la personne ou les biens. Le concile était irrégulier, il n'avait aucun droit en l'absence de l'autorité légitime. Chrysostome, quoique cité, refusa de comparaître devant ceux qui avaient été appelés comme accusés et qui s'étaient fait ses accusateurs. On le déposa et Arcadius, qu'Eudoxie gouvernait absolument, fit exécuter cette inique sentence et signa le décret d'exil du saint archevêque.

Le peuple de Constantinople protestait contre ces attentats par une invincible fidélité à son archevêque. Durant ces tristes jours où l'on attendait d'heure en heure le dénoûment fatal, Chrysostome ne quitta pas la basilique sans cesse remplie par une foule sympathique et émue. Comme autrefois à Milan, les fidèles passaient la nuit à la porte de l'église ou du palais épiscopal, prêts à repousser l'agression, veillant à la sécurité de leur pasteur et de leur père. Nous avons encore deux ou trois discours prononcés alors par le grand orateur. On y sent comme un frémissement de l'anxiété générale. « Les flots sont soulevés », disait Chrysostome, « la tempête gronde. Mais ne craignons pas d'être submergés, car nous sommes établis sur la pierre ferme. Avec toute ses fureurs, la mer n'ébranle pas le rocher; les vagues peuvent bondir en écumant, la barque de Jésus-Christ ne sombre jamais. Et que puis-je donc craindre ? La mort ? Mais le Christ est ma vie et mourir m'est un gain. L'exil ? Mais la terre, avec toute son étendue, appartient au Seigneur. La perte des biens de ce monde ? Mais je n'ai rien apporté ici-bas, et je ne saurais rien emporter au tombeau. — A ceux qui prétendent m'accabler, ma réponse est bien simple. Vous croyez n'attaquer que moi, leur dirai-je, mais c'est l'Eglise que vous attaquez. Vous ne réussirez qu'à illustrer le nom de votre victime, sans avoir rien gagné pour

1. Leo Philosoph., *Laudat. S. Joan. Chrysost.*, loc. cit.

vous-mêmes. O homme ! sois-en sûr, rien n'est plus puissant que l'Eglise. Fais ta paix avec elle, ne déclare pas la guerre à Dieu ! — Donc, mes bien-aimés, conservez le calme et la paix au milieu de cet orage. Je vous en conjure, demeurez inébranlables dans votre foi. Souvenez-vous de Pierre marchant sur les flots. Sa confiance faisait son unique force, le moindre doute l'eût exposé à périr. Sont-ce des calculs humains qui m'ont fait arriver ici ? Est-ce la main d'un mortel qui m'a élevé sur ce siége épiscopal, pour que la main d'un mortel puisse m'en précipiter ? Quand je parle ainsi, Dieu m'est témoin que ce n'est ni par un sentiment de vaine gloire, ni par aucune recherche d'amour-propre. Non. Je veux seulement affermir en vous un courage qui pourrait chanceler. Cette église de Constantinople prospérait dans la paix et la grâce du Seigneur. Le démon a voulu y jeter le désordre et le trouble. Mais rassurez-vous. L'Eglise ne consiste pas dans les murailles d'un édifice. Ce sont les fidèles qui la composent. Or, un seul fidèle suffit à déjouer tous les efforts d'une armée de persécuteurs. — On pourra me bannir, me tuer même, on ne me séparera jamais de vous. La mort n'atteindrait pas mon âme, et mon âme se souviendra toujours de son peuple. Et comment vous oublierai-je jamais, vous, ma famille, vous, ma vie, vous, ma gloire ? Pour vous, je suis prêt à répandre jusqu'à la dernière goutte de mon sang. « Le bon pasteur donne sa vie pour ses brebis ». Qu'ils m'égorgent, qu'ils me tranchent la tête ! Une telle mort est le gage de l'immortalité, l'assurance d'une union éternelle ! Disons avec le patriarche antique : Béni soit le Seigneur dans les siècles des siècles [1] ! »

« Cependant », dit Sozomène, « quand la sentence eut été prononcée par le conciliabule, la nouvelle s'en répandit vers le soir dans la ville et y souleva une véritable sédition. Le lendemain, au point du jour, un attroupement se forma aux alentours de la basilique. Le peuple faisait entendre des clameurs irritées. On demandait un concile plus nombreux pour réformer l'inique jugement d'une poignée d'évêques. Les officiers impériaux, chargés d'arrêter Jean pour le conduire en exil, furent repoussés une première fois. Ils revinrent à la charge. Une mêlée terrible s'engagea, et le peuple encore cette fois resta vainqueur. Cette situation dura trois jours. Mais Chrysostome était plongé dans la douleur la plus amère. D'une part, il ne voulait point donner le scandale d'une résistance factieuse aux décrets de l'empereur; d'autre part, il rejetait absolument la responsabilité d'une émeute sanglante [2] ». Enfin, le troisième jour, vers l'heure de midi, comme les rangs de la foule s'étaient éclaircis un peu, il réussit à quitter secrètement la demeure épiscopale et vint se livrer lui-même aux soldats d'Arcadius. Ceux-ci attendirent la nuit pour essayer de sortir de la ville avec leur illustre prisonnier. On le recouvrit d'un manteau qui dissimulait complétement les traits de son visage, et l'escorte se dirigea vers la Corne-d'Or, où un navire était préparé. Malgré ces précautions, le peuple soupçonna la réalité. En un clin d'œil, une foule immense se mit à poursuivre le groupe suspect. Mais les soldats accélérèrent leur marche et purent gagner le navire. On leva l'ancre, et, remontant le Bosphore, on aborda le lendemain au port d'Hiéro, à l'entrée du Pont-Euxin. L'auguste proscrit devait être conduit dans la petite bourgade de Prœnetos, en Bithynie, pour y être interné.

Le départ de Chrysostome ne fit que redoubler la fureur populaire. Cette fois, dit l'historien Socrate, ce fut un tumulte effroyable [3]. La multitude se

1. S. Joan. Chrysost., *Homiliæ ante exitum; Patr. græc.*, t. XLVII, col. 427-438.
2. Sozomen., lib. VIII, cap. 18.
3. Socrat., *Hist. eccles.*, lib. VI, cap. 16.

porta en masse sur le palais impérial, vociférant des malédictions contre Arcadius, le conciliabule impie et surtout contre Théophile et Sévérien de Gabala. L'attaque fut vive; il fallut toute l'énergie des soldats et des gardes pour protéger la demeure, et peut-être la vie des souverains, dans ce premier moment d'effervescence. « Ainsi qu'il arrive d'ordinaire dans ces sortes de révolutions », ajoute Socrate, « ceux mêmes qui précédemment n'avaient eu pour l'archevêque que des sentiments d'indifférence ou même de jalousie secrète, prenaient hautement son parti et s'apitoyaient sur son sort. Ils se joignaient à la foule pour réclamer contre l'injuste sentence du synode et pour flétrir la violence d'Eudoxie. Théophile était devenu surtout l'objet de l'animadversion publique. C'était sur lui qu'on faisait retomber la responsabilité de tous les événements. Il faut dire qu'en effet ce patriarche ne prenait guère la peine de dissimuler sa fourberie. Car, aussitôt après l'exil de Jean, on le vit rétablir dans sa communion Dioscore et les Grands-Frères. Il était donc évident que ces moines n'étaient pas à ses yeux des hérétiques. Dès lors, l'accusation d'origénisme intentée primitivement contre eux, n'avait été qu'un faux prétexte imaginé par Théophile pour obtenir la déposition de l'archevêque. Cette conclusion se présentait naturellement à tous les esprits ».

Sévérien de Gabala voulut braver le courant d'opinion, et entreprendre la justification du conciliabule sacrilége. « Il parut dans la basilique », continue Socrate, « et, du haut de l'ambon, prononça un discours où il ne craignit pas d'insulter l'archevêque déposé. Quand même, disait-il, Jean n'aurait pas été très-légitimement condamné pour beaucoup d'autres forfaits, son insolence était à elle seule un crime impardonnable. Dieu lui-même, Dieu dont la miséricorde infinie se montre indulgente pour tous les autres péchés que peuvent commettre les hommes, Dieu résiste aux superbes. C'est la parole de l'Ecriture ». — A ces mots, le peuple éclata en cris de fureur et d'indignation. Théophile, averti du danger que courait l'orateur téméraire, se mit à la tête d'une escouade de soldats pour venir le défendre. Son apparition aux portes de l'église fut le signal d'une lutte acharnée où le sang coula des deux parts. Cette fois, il ne fut plus possible d'apaiser la fureur du peuple ni de tromper sa vigilance. Résolue à obtenir satisfaction ou à renverser le trône d'Arcadius, la multitude vint de nouveau envahir les abords du palais. Déjà les portes ébranlées cédaient sous les efforts de mille bras. L'impératrice, éperdue, sentait toute l'horreur du danger. « C'en est fait de nous ! » disait-elle toute en pleurs. « Qu'on ramène Jean. Autrement l'empire nous échappe ! » En ce moment, comme si le ciel lui-même eût pris parti pour l'innocence persécutée, un orage épouvantable, accompagné de secousses de tremblements de terre, éclata sur la cité. Le peuple s'écriait que la vengeance divine allait enfin punir tant d'orgueilleux scélérats.

Eudoxie se mit à une table et écrivit de sa main à l'illustre proscrit. « Je conjure votre sainteté », disait-elle, « de croire que je ne suis pour rien dans ce qui s'est passé. Tout a été fait à mon insu. Je suis innocente du crime qui a été commis. Des pervers avaient juré de répandre votre sang; seuls, ils ont tramé tout ce complot. Dieu voit les larmes que je répands et que je lui offre en sacrifice. Revenez au milieu de nous. C'est vous qui avez baptisé mes enfants, venez leur conserver le trône et la vie ! »

Eudoxie ne se repentait pas devant le ciel et la terre; elle tremblait pour son trône et voulait le conserver par un mensonge. Le peuple fut averti que son pasteur allait être rappelé et il se porta en foule vers le port au-devant de celui qu'il attendait avec impatience. Les quarante évêques demeurés fidèles à Chrysostome pendant les jours d'épreuve, avaient été conduits au bord de la mer pour recevoir l'illustre proscrit. Enfin le vaisseau qui portait tant de joie et d'espérances parut dans le détroit, et des acclamations enthousiastes s'élevèrent jusqu'aux cieux. Quand le saint patriarche mit pied à terre, les cris de joie redoublèrent et les larmes coulèrent de tous les yeux. On se prosternait pour baiser la frange de son manteau, le sable du rivage où il avait posé le pied. Des torches de cire, des cierges furent allumés, et, au chant d'un hymne de joie interrompu par les acclamations, une procession spontanément organisée se dirigea vers Constantinople. En vain l'archevêque voulait ne pas rentrer dans la ville jusqu'à ce qu'un concile plus nombreux eût reconnu son innocence et levé l'interdiction prononcée contre lui par le synode du Chêne. Il fut contraint de se rendre à la basilique et de prendre la parole devant cette multitude qui était comme enivrée du bonheur de le voir.

« Que dirai-je ? » s'écria-t-il. « Quels mots puis-je avoir sur les lèvres ? Que le Seigneur soit béni dans les siècles des siècles ! Ce fut mon adieu au départ, c'est ma salutation de bienvenue en ce retour inespéré. Je n'ai pas d'ailleurs cessé de répéter cette parole sur la route de l'exil. Je vous l'avais léguée comme un gage de consolation, je vous la rapporte comme une action de grâces. « Béni soit donc le Seigneur dans les siècles des siècles ! » Les situations sont différentes, l'hymne est le même. Fugitif et proscrit, je bénissais; revenu de l'exil, je bénis encore. Béni soit le Dieu qui a permis mon expulsion; béni soit le Dieu qui a préparé mon retour ! Béni soit le Dieu qui avait déchaîné les tempêtes; béni soit le Dieu qui les a calmées. Oh ! puissé-je vous apprendre à le bénir toujours ! Bénissez-le dans les épreuves, pour en abréger la durée; bénissez-le dans la prospérité, pour la rendre durable ! Job lui avait rendu grâces dans l'opulence, il le glorifia dans l'adversité. Qui suis-je donc pour vous parler ainsi ? Mais il n'importe, et quelle que soit ma faiblesse personnelle, je puis du moins vous dire que, dans les conjonctures si diverses qui viennent de se succéder pour moi, la disposition de mon âme est restée constamment la même. Le courage de votre pilote n'a été ni brisé par la tempête, ni amolli par le retour du calme. En m'éloignant de vous, je bénissais le Seigneur ; en vous contemplant de nouveau, mes bien-aimés, je le bénis encore. On m'avait séparé de vous par la distance, on ne vous avait point ravis à mon cœur. A quoi donc ont abouti les intrigues des méchants ? Elles ont redoublé l'affection de mes anciens amis ; elles m'ont créé des amis nouveaux. Autrefois, dans cette enceinte, mes regards ne tombaient que sur des chrétiens. En ce moment, je vois des païens, des juifs, qui pleurent de joie en me contemplant. Autrefois nous n'avions d'auditoire que dans l'intérieur de l'église, aujourd'hui la place publique continue l'église, et du fond de la place jusqu'ici on dirait une seule tête ! Nul ne commande le silence, et tous sont silencieux et recueillis. Qui se doute seulement en ce jour qu'il pourrait y avoir des jeux au cirque ? Tout le monde est ici. Constantinople tout entière s'est donné rendez-vou à la maison de Dieu. On s'y précipite comme un torrent, avec le fracas de grandes eaux. Le torrent, c'est votre zèle ; le bruit des eaux, c'est votre voi répétée par cent mille bouches et faisant monter jusqu'aux cieux le témoignage de votre filiale tendresse. Vos prières sont ma couronne, plus précieuse que tous les diadèmes. Je vous revois dans cette basilique sacrée, o reposent les reliques des Apôtres. Banni comme eux, je reviens près de ce illustres bannis de l'antiquité. Là sont les cendres de Timothée, ici celles d Paul, ce stigmatisé de Jésus-Christ. Courage donc, et ne laissez jamais votr âme succomber devant les difficultés de la vie. C'est par le chemin de l'épreuve qu'ont marché tous les saints. Plus ils ont souffert dans leur corps, plus la paix de leur âme était parfaite. Et plût à Dieu que nous fussions toujours dans l'affliction ! Le pasteur se réjouit quand il souffre pour son troupeau. Quelle joie n'est donc pas la mienne ! Je rentre au milieu de mes brebis, le loup a disparu. Il a pris la fuite. Qui l'a chassé ? — Le pasteur ? — Non, le pasteur était exilé. Ce sont les brebis qui ont écarté le ravisseur ! Nobles brebis ! En l'absence du berger, elles ont repoussé la bête cruelle ! Chaste épouse, en l'absence du mari, elle a éconduit l'adultère ! — Et comment cela s'est-il fait ? Par les armes, la lance ou le bouclier ? — Non, mais par la force de la vertu, par la puissance de la prière. Les brebis ont témoigné leur docilité; l'épouse, son amour fidèle. Et cela suffisait. Maintenant où sont-ils, les ennemis, les ravisseurs ? Enveloppés dans leur manteau de honte, ils tremblent et se cachent. Cependant nous triomphons en plein jour. L'empereur, la noble Augusta, les princes sont avec nous et pour nous. Que vous dirai-je donc ? Je ne sais qu'une seule parole. Que le Seigneur soit béni; qu'il répande sa bénédiction sur vous et sur vos enfants. A lui la louange et la gloire dans les siècles des siècles. *Amen* [1] *!* »

Le lendemain, la foule aussi nombreuse que le jour précédent envahit la basilique. On voulait revoir Chrysostome, on voulait l'entendre. Il prit de nouveau la parole, et, dans une homélie plusieurs fois interrompue par les acclamations du peuple, il compara l'Eglise de Constantinople persécutée par Théophile à Sara tombée un moment au pouvoir de Pharaon, et rappela sans le nommer l'indigne conduite de l'évêque d'Alexandrie ; puis il félicita son peuple et remercia ceux qui avaient pris part à son retour. Les ennemis de Chrysostome s'étaient dispersés devant la colère du peuple, mais sans renoncer à leur vengeance. L'archevêque de Constantinople eût bien voulu se justifier devant un concile légitime, et soixante évêques réunis cassèrent les décrets injustes rendus par le conciliabule du Chêne.

Malheureusement ce calme ne fut pas de longue durée. On avait élevé sur le forum, en face de la basilique de Sainte-Sophie, une statue d'argent en l'honneur de l'impératrice ; la dédicace en fut célébrée par des jeux de gladiateurs, des courses de chars, des spectacles qui troublèrent l'office divin et entraînèrent le peuple dans des superstitions aussi impies qu'extravagantes ; c'était un renouvellement des usages païens. Le Saint, qui craignait qu'on ne prît son silence pour une approbation, s'éleva contre de tels abus avec son courage et son intrépidité ordinaires. On fit croire à l'impératrice que l'archevêque avait outragé publiquement sa majesté souveraine et cherché à soulever le peuple contre elle. Il n'en fallut pas davantage pour rallumer les feux de sa colère, qui n'étaient qu'assoupis. Elle rappela les ennemis de Jean, qui se rendirent à Constantinople et y reprirent leurs poursuites contre lui. Théophile craignait de reparaître en cette ville, il envoya à sa place trois députés avec ses instructions. Cet éclat n'intimida point l'homme de Dieu. Il parlait toujours avec la même indépendance. Ce fut alors qu'il commença une de ses homélies par ces paroles : *Hérodiade est encore furieuse, elle recommence à danser, et demande encore une fois la tête de Jean.* Après une infinité de violences faites à l'Eglise et mille outrages commis contre le saint prélat et ceux de sa communion, jusqu'à suborner des assassins pour le tuer, on demanda son exil à l'empereur qui y consentit. On était alors en Carême. L'archevêque déclara qu'il n'abandonnerait point l'Eglise confiée à ses soins par la Providence, à moins qu'on

1. S. Joan. Chrysost. *Post reditum ; Patr. græc.* t. III, col. 439-442.

ne l'y forçât. Les quarante évêques réunis autour de Jean se rendirent près de l'empereur et de l'impératrice, les conjurant avec larmes de ne pas causer une si grande douleur à l'Eglise de Jésus-Christ. On ne daigna pas les entendre. L'un d'eux, le bienheureux Paul, évêque de Craté, saisi d'une généreuse indignation, s'approche de l'impératrice et lui dit à haute voix : « Eudoxie, il en est temps encore, songez à la justice de Dieu et à l'avenir de vos enfants. Gardez-vous d'ensanglanter ce grand jour où le Christ est ressuscité pour le salut du monde ! » Cette menace prophétique n'eut pas plus d'effet que les prières. Le Samedi Saint, une troupe de soldats se précipita sur les fidèles dans la basilique Constantinienne ; ils profanèrent et ensanglantèrent les lieux saints ; le lendemain les mêmes violences recommencèrent dans un lieu où les chrétiens s'étaient retirés hors de la ville pour célébrer la fête de Pâques.

Cependant le saint archevêque écrivit au pape Innocent Ier, pour le prier de déclarer nulles toutes les procédures faites contre lui, puisqu'on y avait violé toutes les règles de la justice [1] ; il implora aussi le secours de plusieurs saints évêques d'Occident. Théophile, de son côté, envoya au Pape les actes du conciliabule du Chêne. A la seule inspection de ces actes, Innocent découvrit qu'ils étaient l'ouvrage de la cabale ; il manda donc à Théophile de venir à un concile, où l'on jugerait l'affaire conformément aux canons de Nicée. Il en disait assez pour annuler la prétendue autorité des canons du conciliabule. Il eût bien voulu, ainsi qu'Honorius, empereur d'Occident, qu'on assemblât un nouveau concile pour réparer tout le mal qui s'était fait ; mais Arcade et Eudoxie trouvèrent le moyen d'en éluder la tenue. Théophile, Sévérien et leurs complices s'y opposaient aussi sourdement, pour les raisons qu'il est aisé d'apercevoir.

Jean était toujours à Constantinople ; mais le jeudi de la semaine de la Pentecôte, l'empereur lui envoya un ordre exprès de partir pour le lieu de son exil. Le saint pasteur, auquel on le remit dans l'église, dit, en le recevant, à ceux qui étaient autour de lui : « Venez, prions et prenons congé de l'ange de cette église ». Ensuite, après avoir salué les évêques qui lui étaient attachés, il entra dans le baptistère pour dire adieu à sainte Olympiade et aux diaconesses, qui toutes fondaient en larmes ; il sortit après cela secrètement, de peur que le peuple ne se révoltât (20 juin 404). Peu de temps après son départ le feu prit à l'église de Sainte-Sophie et au palais où s'assemblait le sénat. Ces deux édifices, les plus beaux de Constantinople, furent réduits en cendres [2]. Les flammes cependant épargnèrent le baptistère et les vases sacrés qu'on y gardait. On ne manqua pas de rejeter l'incendie sur les amis du Saint. On en mit même plusieurs à la question, dans l'espérance de découvrir les coupables ; mais ils soutinrent tous, au milieu des tortures les plus barbares, qu'ils étaient innocents du crime dont on les accusait. Les principaux d'entre eux furent Tigrius, prêtre, et Eutrope, lecteur et chantre de Sainte-Sophie. Le premier fut dépouillé, fouetté sur le dos, et tourmenté si cruellement que ses os en furent disloqués : on l'envoya ensuite en exil. Le second, après avoir été fouetté, eut les joues déchirées avec des ongles de fer, et les côtés brûlés avec des torches ardentes. Il mourut en prison de ces tourments. Ils sont nommés tous deux dans le Martyrologe romain, sous le 12 janvier. Pallade attribue à la vengeance

1. Saint Chrys., *Oper.*, t. III, p. 515. Pallad. *Dial.* Stilting, § 58, p. 578.

2. Plusieurs chefs-d'œuvre, entre autres les belles statues des muses de l'Hélicon, périrent avec le palais. C'est ce qui a fait dire à Zozime, en parlant de ces monuments, que l'incendie dont nous parlons était le plus grand malheur qui fût jamais arrivé à la ville de Constantinople.

divine l'incendie dont nous avons parlé, ainsi que les ravages des Isauriens et des Huns, la mort d'Eudoxie [1], et la grêle qui causa un horrible dégât cinq jours après le départ du saint archevêque.

Arcade ayant écrit à saint Nil, afin de lui demander l'assistance de ses prières, tant pour sa personne que pour l'empire, le solitaire lui répondit avec cette généreuse liberté digne d'un homme qui ne craint ni n'attend rien du monde : « Comment », lui dit-il, « espérez-vous voir Constantinople délivrée des coups de l'ange exterminateur, tandis que le crime y est autorisé, et après le bannissement du bienheureux Jean, cette colonne de l'Eglise, ce flambeau de la vérité, cette trompette de Jésus-Christ [2] ! Vous avez exilé Jean, la plus brillante lumière du monde..... mais du moins ne persévérez pas dans votre crime [3] ». L'empereur Honorius et plusieurs autres personnes écrivirent aussi à Arcade sur le même sujet, et dans les termes les plus forts [4]. Mais toutes ces lettres ne produisirent aucun effet. Le malheureux Arcade, trompé par les calomnies de quelques dames de la cour, qu'un archarnement opiniâtre à perdre leur archevêque avait endurcies contre tous les remords, ne changea point de sentiment. Arsace, homme sans vigueur et sans capacité, fut placé sur le siége du légitime pasteur, dont il était l'ennemi.

Le Saint ne resta pas longtemps à Nicée, où il se trouvait assez tranquille. Dès le mois de juillet on le fit partir pour Cucuse, petite ville d'Arménie dans les déserts du mont Taurus, lieu désigné par l'impératrice. Il eut beaucoup à souffrir de la chaleur et des fatigues du voyage, de la brutalité de ses gardes et de la privation presque continuelle du sommeil. Il succomba, et fut pris de la fièvre et d'un grand mal de poitrine. On n'en continua pas moins de le faire marcher jusque bien avant dans la nuit. On porta l'inhumanité jusqu'à lui refuser les choses les plus nécessaires, telles qu'un lit, un peu d'eau claire, et de bon pain. Cependant son état l'affligeait encore moins que les criminelles dispositions de ses ennemis. Enfin, après une marche de soixante-dix jours, il arriva à Cucuse, où l'évêque et le peuple le reçurent avec les plus vives démonstrations de charité et de respect. Il dut être extrêmement touché de l'attachement de plusieurs de ses amis, qui vinrent exprès d'Antioche et de Constantinople pour le consoler. Son zèle ne put rester oisif à Cucuse : il envoya des missionnaires chez les Goths, dans la Perse et la Phénicie, et procura, par le moyen de ces hommes apostoliques, la conversion d'un grand nombre d'idolâtres. Il nomma Constance, prêtre d'Antioche, supérieur général des missions de la Phénicie et de l'Arabie [5].

Ce fut du lieu de son exil que le bienheureux archevêque écrivit ses dix-sept lettres à Olympiade : on doit les regarder toutes comme autant de traités de morale. Voici comment il s'exprime dans la huitième : « Mon cœur goûte une joie inexprimable dans les souffrances ; il y trouve un trésor caché. Vous devez vous en réjouir avec moi, et bénir le Seigneur qui m'accorde dans un tel degré la grâce de souffrir pour lui ». Il revient souvent sur les dangers de la tristesse de l'âme. « Elle est », dit-il dans la troisième lettre, « le plus funeste des maux de l'homme. C'est un bourreau domestique qui le tourmente, une tempête qui le plonge dans les ténèbres, une guerre intestine qui le déchire, une maladie qui le mine et le consume ». Il donne, dans la quatrième, d'excellents avis aux personnes mala-

1. Cette princesse mourut en couche le 6 octobre suivant.

2. L. II, ep. 265. — 3. L. III, ep. 279. — 4. Saint Chrys., t. III, p. 525.

5. Nous avons quelques lettres de ce Constance ; on les trouve parmi celles de saint Chrysostome.

des : il convient que la maladie est une rude épreuve et un temps d'inaction ; mais il montre ensuite qu'elle est l'école de toutes les vertus, un source féconde de mérites et un véritable martyre lorsqu'on sait en faire u bon usage. Il veut que l'on ait recours aux médecins, de manière toutefoi que l'on reste avec résignation sous la main de Dieu. Il accuse de crim ceux qui ne désirent la mort que pour ne plus souffrir. Dans une autr lettre il déplore la chute de Pélage, et marque toute son horreur pour le dogmes impies de cet hérésiarque. Ce fut aussi à sainte Olympiade qu'i adressa le traité intitulé : *Que personne ne peut nuire à celui qui ne se nuit pa à lui-même.*

Arsace étant mort en 405, on lui donna pour successeur Atticus, l'u des ennemis de notre Saint. Cependant le Pape refusa de communique avec Théophile, ou du moins avec quelques-uns des persécuteurs de Jear Il envoya aussi, de concert avec Honorius, cinq évêques à Constantinopl pour demander un concile qui pût rétablir sur son siége le pasteur exil dont la déposition avait été contraire à toutes les lois de l'Eglise ; mais o emprisonna ces députés en Thrace, sur le refus qu'ils firent de commun quer avec Atticus. Cette violence fut exercée à l'instigation des ennemis d saint archevêque, qui ne voulaient point d'un concile où l'on ne manque rait pas de les condamner ; aussi faisaient-ils jouer tous les ressorts imag nables pour qu'il ne pût avoir lieu. Mais il est temps de revenir à notre Sain

Les incursions des Isauriens, qui ravageaient l'Arménie, l'ayant oblig de sortir de Cucuse, il se retira dans le château d'Arabisse, sur le mo Taurus. Il se porta assez bien durant l'année 406, et l'hiver de l'année su vante, malgré le froid excessif qui régnait dans ce lieu. Les Arméniens eu mêmes étaient surpris qu'un homme d'une complexion aussi faible n'en f pas incommodé. Le Saint retourna à Cucuse lorsque les Isauriens se furen retirés ; mais il n'y resta pas longtemps. Ses ennemis, furieux de le vo honoré de tout le monde chrétien, résolurent enfin de se défaire de lui à quelque prix que ce fût ; ils engagèrent donc l'empereur à donner un ord pour le transférer à Arabisse, et de là à Pityonte, sur le bord du Pon Euxin, près de la Colchide [1]. Deux officiers furent chargés de le conduire un certain nombre de jours, malgré la difficulté des chemins, et on le promit de les avancer, si, à force de mauvais traitements, il pouvait mou entre leurs mains. L'un de ces officiers conservait encore quelques sent ments d'humanité ; pour l'autre, il était si brutal qu'il s'offensait même tout ce qu'on pouvait dire pour l'adoucir. Tantôt on exposait le saint arch vêque, qui était chauve, aux ardeurs brûlantes du soleil ; tantôt on le fais sortir par la plus forte pluie, et on le faisait marcher jusqu'à ce que s habits fussent percés et tout dégouttants d'eau. Sa santé se trouva entièr ment épuisée à Comane, dans le Pont. On ne laissa pas de passer outre ; le fit encore marcher plus de deux lieues : mais il ne put aller plus loin, sa faiblesse devint si grande, qu'il fallut absolument revenir au lieu où reposaient les reliques du saint martyr Basilisque, évêque de Comane, déc pité pour la foi sous le règne de l'empereur Maximin [2]. On le logea da

1. Pityonte était à l'extrémité de l'empire, sur les frontières des Sarmates, peuples les plus barba d'entre les Scythes.

2. Le Père Stilting a démontré que le passage de Pallade, où saint Basilisque a le titre d'évêque Comane, a été falsifié par les copistes. Il prouve encore que saint Basilisque fut martyrisé, non à Ni médie, mais auprès de Comane, à l'endroit où reposaient ses reliques. Ce saint Basilisque est le m que celui dont on honore la mémoire le 3 mars. Tillemont, t. v, note 4, sur saint Basilisque, le P Le Quien, etc., distinguent deux Martyrs de ce nom, l'un soldat, qui souffrit à Comane sous Maxim Galère, et l'autre, évêque de la même ville de Comane. Mais leur opinion n'est appuyée sur aucun fon ment solide. Voyez le Père Stilting, § 83, p. 665.

l'oratoire du prêtre ; là, saint Basilisque lui apparut pendant la nuit, et lui adressa ces paroles : « Courage, mon frère, demain nous serons ensemble ». Cette vision le remplit de joie, et quand le jour fut venu, il pria ses gardes de le laisser en ce lieu jusqu'à onze heures. Sa prière fut pour eux un nouveau motif d'accélérer le moment du départ. On l'obligea donc encore de marcher près de deux lieues : mais le mal s'accrut au point qu'il fallut le ramener au lieu d'où il était parti. Dès qu'il y fut arrivé, il quitta ses habits, et en prit de blancs, comme pour se préparer aux noces célestes de l'Agneau. Il reçut la communion, étant encore à jeun, fit sa prière, qu'il termina, selon sa coutume, par ces paroles : *Dieu soit glorifié de tout ;* puis ayant dit *Amen*, et formé sur lui le signe de la croix, il remit tranquillement son âme entre les mains de Dieu. Sa mort arriva l'an 407, le 14 septembre, jour de l'Exaltation de la sainte Croix. Il avait été archevêque de Constantinople neuf ans et environ sept mois [1].

On enterra son corps auprès de celui de saint Basilisque. Il y eut à ses funérailles un concours prodigieux de vierges, de moines, et de personnes de tout état, qui étaient venues de fort loin. Plusieurs prélats s'étant obstinés à ne pas mettre son nom dans les dyptiques [2], le Pape refusa de communiquer avec eux. Atticus l'y mit à Constantinople en 417, et saint Cyrille à Alexandrie en 419.

En 438, saint Procle fit transporter solennellement le corps de saint Chrysostome à Constantinople. L'empereur Théodose et sa sœur Pulchérie assistèrent à la cérémonie de cette translation, avec de grands sentiments de piété, demandant miséricorde pour leur père et leur mère, qui avaient eu le malheur de persécuter le saint archevêque. On déposa ses reliques dans l'église des Apôtres, où l'on enterrait ordinairement les empereurs et les archevêques de Constantinople. Ceci arriva le 27 janvier, jour auquel le Saint est honoré par les Latins. Pour les Grecs, ils en font la fête le 13 novembre ; ils en font encore mémoire, ainsi que de saint Basile et de saint Grégoire de Nazianze, le 30 janvier. Les reliques de notre Saint furent ensuite portées à Rome, où elles reposent sous l'autel qui porte le nom de saint Chrysostome, dans l'église du Vatican.

Saint Chrysostome avait la taille petite, et le visage maigre et décharné ; ce qui venait surtout de sa vie mortifiée et pénitente. Les austérités de sa jeunesse, le séjour qu'il fit dans la caverne dont nous avons parlé, ses prédications continuelles, avaient entièrement ruiné sa poitrine, qui depuis lui causa des maladies fâcheuses. Du reste, eût-il été de la plus forte complexion, il aurait succombé sous les indignes traitements qu'il eut à souffrir dans son exil. Le pape Célestin, saint Augustin, saint Nil et saint Isidore de Péluse, le regardent comme le plus illustre docteur de l'Eglise : ils disent que sa gloire brille partout ; que la lumière de sa science profonde éclaire toute la terre, et que l'on est dédommagé de ne plus entendre les sons efficaces de sa voix, par la lecture de ses admirables ouvrages qui instruisent les régions les plus reculées. Ils l'appellent *le sage interprète des secrets de Dieu, le flambeau de la vertu*. Ils le comparent au soleil, cet astre brillant dont tout l'univers ressent les plus heureuses influences. Ces éloges ne sont point outrés, et l'on en sentira toute la vérité, pour peu que l'on se soit familiarisé avec la lecture des incomparables écrits du saint archevêque de Constantinople [3].

1. Saint Chrysostome, selon le chevalier Henri Saville, n'était âgé que de cinquante-deux ans lorsqu'il mourut. Nous lui en donnons 63, parce que nous le supposons né en 344.
2. C'étaient les registres où l'on écrivait le nom des évêques morts dans le sein de l'Eglise.
3. Voyez la notice des ouvrages de saint Chrysostome, après sa vie.

Rien de plus énergique, rien de plus tendre que les expressions dont s sert saint Chrysostome toutes les fois qu'il parle de sa charité et de sa solli citude pour son troupeau. Quand il est sur cette matière, ses paroles so toutes de feu ; et il semble que les cœurs brûlants d'un Moïse et d'un Pa soient passés en lui. Comme ces grands hommes, il eût souhaité deven anathème pour le salut de ses frères : mais dans quelle source puisait-il d sentiments aussi héroïques ? Dans un ardent amour pour Dieu et po Jésus-Christ son Fils unique, qui ont opéré tant de prodiges pour sauver l âmes. O le beau modèle pour les pasteurs ! A cette première dispositic saint Chrysostome en joignit une seconde, un souverain mépris de tout les choses de la terre ; et ces deux dispositions sont tellement inséparable , que l'une ne peut aller sans l'autre. « Ceux », dit le Saint[5], « qui sente les impressions de l'amour divin, regardent comme un vil néant tout ce q la terre offre de plus précieux. Ce langage est peut-être inintelligible po nous. Ne soyons point surpris, c'est une suite du peu d'expérience que no avons de cette sublime vertu. Qui serait embrasé du feu sacré de l'amour Jésus-Christ, n'aurait que de l'indifférence pour les honneurs et les oppr bres ; il ne serait pas plus touché de ces bagatelles, que s'il était seul sur terre. Il méprisait les tribulations, les fouets, les cachots comme s'il sou frait dans un corps étranger : insensible aux plaisirs et aux folles joies d monde, il serait à leur égard ce que nous sommes à l'égard d'un corps mor , ou ce que les morts eux-mêmes sont à l'égard de leurs propres corps ; affranchi du joug des passions, il serait aussi pur que l'or qui a passé p le creuset. Que dis-je ? semblables à ces insectes qui s'éloignent de la flamm de peur d'être brûlés, les passions n'oseraient approcher de lui ».

On représente saint Jean Chrysostome avec les attributs de l'épiscopa . Quelquefois on le peint cassé de vieillesse et porté sur un âne, au milieu soldats qui le conduisent en exil ; quelquefois aussi on voit à côté de lui u ruche d'abeilles pour rappeler son incomparable éloquence ; ou bien il e accompagné de saint Basile de Césarée et de saint Grégoire de Nazianz , deux autres Pères illustres de l'Eglise grecque.

Cette Vie de saint Jean Chrysostome a été entièrement refaite d'après les travaux récents de M. Mar (d'Agde) et de M. l'abbé Darras sur ce grand et illustre serviteur de Dieu. Ces auteurs ayant eux-mêm puisé aux sources les plus authentiques, nous nous sommes conformé à leurs renseignements. Toutefo on peut consulter sur ce grand Saint : Pallade, évêque d'Hélénople, son ami, Socrate, Sozomène, Théodor évêque de Cyr, et Théodore, évêque de Trimithunte (Chypre), dont l'ouvrage intitulé : *Vie, exil et sou frances de saint Jean Chrysostome*, a été découvert et traduit du grec par le savant cardinal Maï, il y quelques années. (*Patrolog. græc.*, t. XLVII, col. 56-87.

NOTICE SUR LES ÉCRITS DE SAINT JEAN CHRYSOSTOME.

En indiquant les ouvrages de saint Chrysostome, nous suivrons l'ordre que le P. de Montfauc n a adopté dans son édition, dite *des Bénédictins*.

Le tome Ier contient : 1° *les deux exhortations à Théodore*. Ce Théodore, qui fut dep s évêque de Mopsueste, avait embrassé la vie monastique dans sa jeunesse, mais il rentra ensu e dans le monde avec l'intention de s'y marier. Saint Chrysostome, qui l'aimait tendrement, lui adre a les deux exhortations dont nous parlons, afin de le ramener au genre de vie qu'il avait quitté ; il emploie pour cela les puissants motifs que fournissent les vérités terribles et consolantes de la re i- gion, et détruit toutes les difficultés qu'on pourrait opposer. Le mariage, dit-il, est saint par l i- même, mais il est devenu illicite à celui qui a fait à Dieu le sacrifice de sa propre personne. C s deux exhortations, qui furent écrites en 369, produisirent leur effet. Théodore fut élevé sur le siè e de Mopsueste en 381. Il eut le malheur, en combattant les Apollinaristes, de jeter les premiè s semences du nestorianisme dans un livre qu'il composa sur l'Incarnation, ainsi que dans d'aut s ouvrages qui sortirent de sa plume. Julien le Pélagien s'étant réfugié en Orient, il le protégea c t- vertement ; il fit même un traité contre le péché originel, et soutint le pélagianisme dans plusie s écrits, qui furent tous condamnés après sa mort, arrivée en 428 : il nous en reste encore des fragments dans Facundus, Photius et plusieurs conciles [1]. Le duc d'Orléans, qui mourut à Paris en 1752, a démontré, dans une dissertation, que Théodore de Mopsueste était l'auteur du commentaire sur les psaumes qui porte le nom de Théodore dans la Chaîne du P. Cordier [2]. Nous remarquerons, avant de finir cet article, que Théodore de Mopsueste mourut dans la communion de l'Eglise catholique, ses erreurs n'ayant point été condamnées de son vivant.

2° *Les deux Livres de la Componction.* Saint Chrysostome les écrivit lorsqu'il vivait dans les montagnes voisines d'Antioche, pour répondre à deux fervents solitaires qui l'avaient prié de leur indiquer les moyens d'acquérir la componction ; le premier est adressé à Démétrius, et le second à Stéléchius. Le Saint, dans cet ouvrage, traite parfaitement tout ce qui concerne la nécessité, les motifs et les caractères de la componction. Il donne aussi les moyens de conserver et d'entretenir cette vertu.

3° *Les trois Livres de la Providence.* Stagyre, d'une famille très-illustre, avait embrassé la vie monastique malgré son père. Etant ensuite tombé dans la tiédeur, le démon s'empara de lui sans qu'il fût possible de le délivrer de ce cruel ennemi. Accablé sous le poids de son mal, il s'abandonna à une tristesse mortelle et à un abattement désespérant. Saint Chrysostome, touché de son état, lui adressa ses trois livres de la Providence, peu de temps avant l'an 380, pour ranimer son courage. Il lui montra que Dieu gouverne tout par sa Providence, que les afflictions entrent dans l'économie de sa miséricorde à l'égard des élus, et que les plus rudes épreuves sont des moyens de salut pourvu que l'on en fasse un bon usage.

4° *Les trois Livres contre les Ennemis de la vie monastique.* Ils furent composés vers l'an 376, lorsque Valens eut donné une loi portant que les moines seraient enrôlés dans les armées comme les autres sujets de l'empire. Le but du saint docteur était de les venger des titres injurieux qui leur étaient donnés, même par des catholiques. Il fit voir que leur état était saint, puisqu'il fournissait les moyens les plus efficaces d'acquérir la vraie vertu, qu'ils ne s'enfuyaient dans la solitude que pour pratiquer d'une manière plus parfaite les conseils évangéliques, et qu'ils ne se retiraient du monde que pour ne point participer à la corruption qui y règne. Dans le second livre, le saint docteur prouve à un païen, par des raisonnements et par des exemples, que la pauvreté volontaire renferme les plus grands avantages, et que ceux qui l'ont embrassée goûtent une félicité plus pure que s'ils étaient sur le trône. Il s'élève, dans le troisième, contre les parents qui inspirent à leurs enfants le goût de la vanité, et qui, par leur conduite non moins que par leurs discours, jettent dans leurs cœurs encore tendres la funeste semence de tous les vices. Il revient ensuite aux moines, qu'il compare aux anges, dont l'unique occupation est de penser à Dieu et de le louer.

5° *La Comparaison d'un Roi et d'un Moine.* Il est prouvé que l'état du second est préférable à celui du premier. En effet, le véritable moine jouit des faveurs célestes ; il exerce un empire absolu sur tous les mouvements de son cœur, et commande en maître à toutes ses passions ; il possède les plus précieux trésors de la grâce, triomphe de tout par la vertu de la prière ; il n'y a personne à qui il ne fasse du bien ; il regarde la mort, ordinairement si redoutable aux rois, comme le passage d'une vie pleine de misères à la bienheureuse éternité. Le pieux Louis de Blois et le P. de Montfaucon estiment singulièrement ce livre.

6° *Le Livre contre ceux qui avaient des femmes sous-introduites*, c'est-à-dire contre les clercs qui retiraient chez eux des diaconesses, sous prétexte qu'elles avaient soin de leur ménage. Saint Chrysostome reprend vivement ces clercs, en leur montrant qu'ils s'exposent à perdre leur innocence et qu'ils scandalisent leurs frères. Ce livre fut composé en 397.

7° Le saint docteur reprit aussi les femmes qui logeaient des hommes chez elles, et les condamna fortement dans le livre intitulé : *Que les femmes régulières ne doivent point habiter avec les hommes.* Les femmes trouveront dans ce traité d'excellentes instructions contre les parures vaines et indécentes.

8° *Le Traité de la Virginité.* On y trouve l'éloge de la virginité, vertu que l'on chercherait en vain hors de l'Eglise catholique. Elle est autant au-dessus du mariage que l'ange est au-dessus de l'homme. Mais, dit saint Chrysostome, l'excellence de la virginité se tire de la consécration que l'on fait à Dieu de son âme. Que l'on ôte le désir de plaire à Dieu, il n'y aura plus de véritables vierges.

9° *Les deux Livres à une jeune veuve.* Ils furent adressés à une jeune dame qui venait de perdre son mari. Dans le premier, saint Chrysostome lui fait le détail des avantages spirituels que procure l'état de viduité. Le second est employé à dissuader les secondes noces à ceux qui ne s'y conduiraient que par des motifs humains.

10° *Les six Livres du Sacerdoce.* Ils sont écrits en forme de dialogue. Saint Chrysostome et Basile, son ami, en sont les interlocuteurs. Nous avons observé, dans la vie de notre Saint. qu'il les composa pour justifier le pieux artifice dont il s'était servi afin de faire élever son ami à l'épiscopat. L'excellence du sacerdoce chrétien, la sublimité de ses fonctions, la sainteté requise en ceux qui les exercent, la dignité de l'épiscopat, la grandeur et la multiplicité des devoirs qu'il impose, le zèle, la prudence, la capacité, enfin toutes les qualités qu'il exige de ceux qui y sont élevés, voilà

1. Voir Tillemont, t. XII. — 2. Voir le *Dictionn. hist.* de M. l'abbé Ladvocat.

les objets qui occupent saint Chrysostome dans cet ouvrage. En fut-il jamais de plus intéressa t, soit pour le fond des choses, soit pour la manière dont elles sont traitées ? Les ecclésiastiques ne sauraient trop le lire ; ils y puiseront la connaissance de ce qu'ils sont devenus par leur ordinati n, et de ce qu'ils doivent faire pour répondre aux desseins de Dieu.

11° *Discours prononcé le jour de son ordination.* Saint Chrysostome le prononça en 386, ap ès avoir été ordonné prêtre par Flavien. Il y témoigne sa crainte et sa surprise d'avoir été élevé à u ne dignité aussi sublime, et demande au peuple le secours de ses prières. Je comptais, dit-il, vous e n-tretenir des merveilles de Dieu, mais j'en ai été détourné par le Prophète, qui assure qu'il n'app ar-tient pas aux pécheurs de louer le Seigneur.

12° *Cinq Homélies de la nature incompréhensible de Dieu, contre les Anoméens.* Ces hé ré-tiques, sectateurs d'Eunomius, soutenaient que les bienheureux, dans le ciel, et les hommes, sur la terre, connaissent Dieu aussi parfaitement qu'il se connaît lui-même. Saint Chrysostome, sach ant qu'ils venaient l'entendre, profita de cette circonstance pour combattre leur impiété fanatiq ue. C'est ce qu'il fit dans les cinq homélies dont nous parlons : il y prouve l'incompréhensibilité de la nature divine par l'Ecriture sainte et par l'infinité essentielle aux attributs de Dieu.

13° *Sept autres homélies contre les Anoméens.* La principale fin que s'y propose le sa int docteur est de prouver la consubstantialité du Fils de Dieu ; on y trouve aussi des exhortations f rt pathétiques à la prière, à l'humilité et à la pratique des bonnes œuvres.

14° *Panégyrique de saint Philogone*, qui fut prononcé le 20 décembre de l'an 386. Ce sa int était le vingt-unième évêque d'Antioche ; il mourut en 323, après avoir montré beaucoup de z le contre l'arianisme naissant. Comme l'évêque Flavien devait parler le même jour de saint Philogo e, notre Saint ne s'étendit pas beaucoup et entretint son auditoire des dispositions requises pour cé é-brer dignement la fête de Noël.

15° *Traité contre les Juifs et les Gentils.* La vérité de la religion chrétienne y est démont ée par l'accomplissement des prophéties, par la merveilleuse propagation de l'Evangile, par les so f-frances des martyrs, et par le triomphe universel de la croix. Cette croix, dit le Saint, est pla ée partout avec honneur ; elle brille sur le diadème des empereurs ; on en imprime le signe sur on front ; on s'en sert pour guérir les animaux malades. De toutes parts on s'empresse de venir v ir le bois sur lequel Jésus-Christ a été attaché. Les hommes et les femmes en portent à leur cou es parcelles enchâssées dans de l'or.

16° *Les huit Discours contre les Juifs.* Ils sont destinés à prouver que les Juifs ont été é-prouvés de Dieu, et que Jésus-Christ a aboli les cérémonies légales.

17° *Le Discours sur l'anathème.* Le but de ce discours était de réunir les Méléciens et es Pauliniens, divisés par le schisme.

18° *Le Discours sur les étrennes.* Le saint docteur s'y élève fortement contre les désor es qui se commettaient le premier jour de janvier ; il exhorte ensuite les fidèles à le passer dans es œuvres de piété, et à consacrer à Dieu tout le cours de l'année.

19° *Les sept Discours sur Lazare.* On y trouve d'excellentes instructions sur divers points de la morale chrétienne.

Il y a encore, dans le premier tome, quelques ouvrages faussement attribués à saint Chrys s-tome, comme un septième livre du sacerdoce, une homélie sur les plaisanteries, un traité co re les Juifs, les gentils et les hérétiques, etc.

Le second tome contient : 1° *Les vingt-une Homélies sur les statues*, ou sur la sédition d' n-tioche. La première fut prêchée quelques jours avant la sédition qui s'éleva à Antioche le 26 fév ier de l'an 387. Le saint docteur y parla fortement contre l'ivrognerie et les blasphèmes. La cons er-nation générale qui suivit la sédition lui fit garder le silence pendant sept jours ; après quoi il prêcha son second discours, où, après avoir représenté au peuple toute l'indignité de sa cond te, il l'exhorte à pratiquer l'aumône et à mettre sa confiance en Jésus-Christ. Le troisième is-cours fut prêché au commencement du Carême : on y voit que les chrétiens gardaient, pendant ce saint temps, l'abstinence du vin, du poisson, et de toute espèce de chair. Saint Chrysostom y recommande surtout le jeûne spirituel, qu'il fait consister dans la fuite du péché et dans la m ti-fication des sens. Les quatrième et cinquième ont pour objet principal de prouver l'utilité les afflictions et l'énormité des blasphèmes. Le sixième démontre que la mort est désirable pour un vrai chrétien. On trouvera, dans le treizième, une vive peinture de la consternation qui s'em ara d'Antioche à la vue des troupes envoyées par l'empereur. Le vingtième est une exhortation se préparer dignement à la communion pascale. Le vingt-unième fut prêché le jour de Pâques, a rès le retour de Flavien. On y trouve une grande partie du discours du patriarche à Théodose, et un bel éloge de la clémence de ce prince. Le saint docteur prêcha tous les jours de ce carême-à ; mais il ne nous reste que vingt-une de ces homélies ou discours. Ce qui est dit dans le troisiè ne, p. 35, de la harangue de Flavien à Théodose, ne permet pas de douter qu'elle n'ait été conce tée entre le patriarche et notre Saint.

2° *Les deux Catéchèses*, ou instructions aux catéchumènes.

Il y en avait un plus grand nombre, mais elles ne sont point parvenues jusqu'à nous. Dan la première des deux qui nous restent, le saint docteur s'élève contre ceux qui différaient de rece oir le baptême, et il passe ensuite à l'énumération des fruits que procure ce grand sacrement. Da s la seconde, il exhorte les catéchumènes à répéter souvent ces paroles : *Je te renonce, Satan*, et à conformer toujours leur vie à l'engagement qu'ils auront contracté.

3° *Les trois Homélies sur le démon.* On y trouve d'excellentes choses sur le prix de la rédemption, sur l'excès de la miséricorde divine dans le châtiment du péché, sur les bornes de la puissance du démon, qui ne nous nuira qu'autant que nous le voudrons.

4° *Les neuf Homélies sur la Pénitence.* On y relève surtout l'efficacité de la pénitence, de l'aumône et de la charité. Il y a, dans la sixième, p. 316, un très-beau morceau contre le théâtre, qui est qualifié d'école de la volupté, de chaire empestée, de fournaise de Babylone.

5° *Une Homélie sur la Nativité de Jésus-Christ.* Les païens, qui se moquaient de l'incarnation, et les manichéens, qui en niaient la réalité, y sont réfutés. Il y est encore prouvé que la miséricorde divine éclate surtout dans ce mystère.

6° *Une Homélie sur le baptême de Jésus-Christ.* On y trouve, outre l'explication du mystère, d'excellentes instructions pour ceux qui fréquentent rarement les églises.

7° *Les deux Homélies sur la trahison de Judas.* La présence réelle de Jésus-Christ dans l'Eucharistie y est établie de la manière la plus claire et la plus solide. La douceur envers les persécuteurs et le pardon des injures y sont aussi fortement recommandés.

8° *Les Homélies sur la Croix et sur le bon Larron.* Elles contiennent de fort belles choses sur la conversion du bon larron, sur le pardon des injures et sur la puissante vertu de la croix.

9° *Une Homélie sur la Résurrection des morts.* Il y est prouvé que le dogme de la résurrection est le fondement de la foi et la règle des mœurs.

10° *Une Homélie sur la Résurrection de Jésus-Christ.* Les avantages que l'on doit retirer de cette fête y sont fort bien détaillés.

11° *L'Homélie sur l'Ascension.* La grandeur de cette fête y est prouvée par les avantages qu'elle nous a procurés.

12° *Les deux Homélies sur la Pentecôte.* Nous apprenons, dans la première, que le Saint-Esprit descend invisiblement dans nos âmes, où il apporte la paix et la charité. Il est dit dans la seconde que le Saint-Esprit ne vient qu'en ceux qui l'ont désiré longtemps, et que s'il descendit sur les Apôtres sous la forme de langues de feu, c'était pour nous faire connaître qu'il avait la vertu de consumer tout ce qu'il y a de terrestre dans nos âmes.

13° *Les sept Panégyriques de saint Paul.* On y voit jusqu'où allait la vénération de saint Chrysostome pour saint Paul, et de quels sentiments d'admiration il était pénétré pour les vertus toutes divines du grand apôtre. Qu'on lise surtout le troisième, où le saint docteur se surpasse en quelque sorte lui-même.

14° *Les Panégyriques des saints Mélèce, Lucien, Babylas, Juventin et Maximien, Pélagie, Ignace, Eustathe, Romain, martyrs ; des Machabées et des saintes Bernice, Prosdoce et Domnine.* Le saint docteur y recommande fortement la vénération des reliques.

15° *L'Homélie sur les martyrs d'Egypte.* La vertu des saintes reliques y est clairement établie.

16° *L'Homélie sur le tremblement de terre.* Elle fut faite à l'occasion d'un tremblement de terre arrivé à Antioche.

On trouve dans le même tome plusieurs autres homélies qui sont évidemment supposées.

Le troisième tome peut être divisé en deux parties, dont la première contient trente-quatre belles homélies sur divers textes de l'Ecriture et sur plusieurs vertus chrétiennes. On doit lire surtout celles qui traitent du pardon des injures, de l'aumône, de la prière, de la viduité, du mariage, etc. La seconde partie contient des homélies sur différents sujets et des lettres du Saint. Les dix-sept qui sont adressées à sainte Olympiade méritent plutôt le nom de traités que celui de lettres, tant à cause du style que des matières qui en font le sujet.

La lettre au moine Césaire a toujours porté le nom de saint Chrysostome depuis Léonce et saint Jean Damascène. Le P. Hardouin, *Dissert. de Ep. ad Cæsar. Monac.*; Tillemont, t. XI, art. 130, et Tournely, *Tract. de Euchar.*, t. Ier, p. 282, et *Tract. de Incarn.*, p. 486, l'ont regardée comme l'ouvrage de saint Chrysostome. Mais le P. Le Quien, *Diss.* 3 *in Joan. Damasc.*; le P. de Montfaucon, *in Op. S. Chrys.*, t. III, p. 737 ; D. Ceillier, t. IX, p. 249 ; le P. Merlin, jésuite, *Mem. Trev., an.* 1737, et le P. Stilting, *Comment. in vit. S. Chrysost. Act. Sanct.* t. VI, *septemb.* § 82, p. 636, ont démontré qu'elle ne pouvait être attribuée au saint docteur, et qu'elle était la production de quelque Grec ignorant. Cette lettre combat l'eutychianisme, qui n'était pas encore né du temps de saint Chrysostome.

Le quatrième tome contient : 1° *soixante-sept Homélies sur la Genèse*, qui furent prêchées à Antioche pendant le Carême. Selon Photius, le style de ces homélies est moins correct que celui des autres écrits de saint Chrysostome. Les parenthèses sont quelquefois si longues, que le saint docteur perd totalement de vue son sujet. C'est qu'il parlait sans beaucoup de préparation, et que souvent il se laissait entraîner par de nouvelles pensées qui le frappaient subitement. Cela n'empêche pas que l'on y remarque cette pureté de langage, cette clarté d'expression, cette abondance de similitudes, cette vivacité d'images qui caractérisent toujours saint Chrysostome.

2° *Les huit Discours sur la Genèse*, prêchés à Antioche pendant le Carême. On y trouvera d'excellentes choses sur l'utilité du Carême, sur l'efficacité des jeûnes, des prières et des aumônes de l'Eglise en ce saint temps.

3° *Les Homélies sur Anne, mère de Samuel, sur Saül et sur David.* Les homélies sur Ann furent prêchées à Antioche en 387. Il y est principalement traité du jeûne, de la vénération du aux martyrs et à leurs reliques, de la pureté, de l'éducation des enfants, des avantages de la pau vreté, de la ferveur dans la prière, etc. Le saint docteur s'y élève encore contre le théâtre, ains que dans les homélies sur David. On trouvera aussi, dans ces dernières, les plus belles choses su la patience et le pardon des injures.

Le cinquième tome contient *cinquante-huit Homélies sur les Psaumes.* Saint Chrysostome e avait sûrement composé un grand nombre, puisqu'il avait donné l'explication de tout le Psautier On ne saurait trop regretter la perte de celles qui ne sont point parvenues jusqu'à nous, les homé lies sur les Psaumes étant un des plus beaux ouvrages de ce Père. Il y marque les variantes d texte hébreu, écrit en caractères grecs, comme dans les hexaples d'Origène, et les différences qu se trouvaient dans les versions d'Aquila, de Symmaque et de Théodotion. Cette variété de leçons que l'on trouve encore dans les homélies faussement attribuées à saint Chrysostome (dans l'appen dice du même tome), et qui sont l'ouvrage de quelque prédicateur grec, servent merveilleusemen aux critiques pour rétablir les trois anciennes versions dont nous venons de parler.

Le sixième tome contient : 1° *d'excellentes Homélies sur les sept premiers chapitres d'Isaïe* 2° *les Homélies sur quelques passages de Jérémie, sur Daniel, sur saint Jean, etc.*, 3° *deux beaux discours sur l'obscurité des Prophètes, obscurité qui démontre la sagesse de la Provi dence*; 4° *les Homélies sur Melchisédech, contre les spectacles et sur quelques autres sujets* 5° *la Synopse de l'Ancien Testament.* Elle met, dans le catalogue des saintes Ecritures, le livres deutéro-canoniques de la Sagesse, de l'Ecclésiastique, d'Esther, de Tobie et de Judith, mai elle ne compte que trois épitres catholiques, savoir : celle de saint Jacques, une de saint Pierre et une de saint Jean, quoique l'Eglise en compte sept. Cela vient de ce que les Eglises de Syri n'en recevaient que trois dans ces temps-là. Cosme l'Egyptien, qui écrivait sous le règne de Justi nien, le dit expressément.

L'ouvrage imparfait sur saint Matthieu n'est point de saint Chrysostome, comme tous les critiques en conviennent ; il est sorti de la plume d'un arien [1], qui enseigne encore avec les Donatistes [2] qu'il faut rebaptiser les hérétiques. Cet auteur écrivait vers le commencement du septième siècle. Il fallait qu'il fût latin, puisqu'il cite l'Ecriture suivant les Bibles latines. Son ouvrage, divisé en cinquante-quatre homélies, a le titre d'imparfait, parce que la dernière homélie n'explique qu'une partie du chapitre 25 de saint Matthieu, et qu'il n'y a rien, dans les précédentes, sur les chapitres 14, 15, 16, 17 et 18 du même évangéliste.

Le septième tome contient *le Commentaire sur saint Matthieu,* distribué en quatre-vingt-dix homélies. L'ancienne version latine en compte quatre-vingt-onze, parce qu'elle partage en deux la dix-neuvième. Toutes ces homélies furent prêchées à Antioche, probablement dans l'année 390. On a, dans ce commentaire, outre une explication littérale du texte évangélique, un traité complet de la morale chrétienne ; c'est une source féconde où les prédicateurs ne sauraient trop puiser. Saint Thomas d'Aquin, qui n'en avait qu'une mauvaise traduction latine, disait qu'il ne voudrait pas la donner pour la ville de Paris. On ne peut douter que saint Chrysostome n'ait apporté à l'étude de l'Ecriture sainte les dispositions qu'il exige des autres : je veux dire la simplicité et la pureté du cœur, l'esprit de prière et la méditation fréquente des divins oracles. Ce fut ce qui lui mérita cette sagacité nécessaire pour découvrir les richesses infinies cachées dans la parole de Dieu, et l'inestimable talent de développer les vérités du salut avec cette facilité, cette clarté, cette élégance et cette énergie de style qui ravissent le lecteur. Ce talent paraît surtout dans les instructions morales qui terminent chaque homélie.

L'ancienne traduction latine des homélies de saint Chrysostome sur saint Matthieu est diffuse et souvent peu exacte ; elle paraît être l'ouvrage d'un diacre pélagien nommé Anien, qui assista au concile de Diospolis en 1415.

Il y a plus d'exactitude dans la nouvelle traduction, mais elle ne rend ni l'élégance ni la force de l'original. Saint Chrysostome n'est véritablement lui-même que dans sa propre langue.

Le huitième tome contient les *quatre-vingt-huit Homélies sur l'Evangile de saint Jean.* L'édition latine de Morel n'en compte que quatre-vingt-sept, faisant une préface de la première. Toutes ces homélies furent prêchées à Antioche vers l'an 394. On y admire, comme dans les homélies sur saint Matthieu, la beauté du génie, l'élévation des pensées, la vivacité de l'imagination, la solidité des raisonnements ; mais la méthode en est différente. Après une courte explication de la lettre, le saint docteur entre dans des discussions polémiques où il prouve la consubstantialité du Verbe contre les Anoméens. Les réflexions morales qui sont à la fin de chaque homélie ont peu d'étendue ; cela n'empêche pas que l'on y reconnaisse toujours l'incomparable Chrysostome. Il y a dans le même tome plusieurs autres homélies faussement attribuées au saint docteur.

Le neuvième tome contient : 1° *les Homélies sur les Actes des Apôtres,* qui furent prêchées à Constantinople en 401. Erasme, *Ep. ad Warham. archiep. Cantuar.*, les jugeait absolument indignes de saint Chrysostome, tandis que l'abbé de Billy les trouvait fort élégantes. Le chevalier Henri Saville a démontré qu'elles sont véritablement du saint docteur. Photius y reconnaissait aussi le

1. Voir les homélies 19, 22, 28, etc. — 2. *Hom.* 13 et 14.

génie de ce Père. Il est vrai que le style de ces homélies n'est pas également châtié partout, mais ceci vient de ce que la multiplicité des affaires et des troubles occasionnés par la révolte de Gaïnas ne permettaient pas au Saint de respirer.

2° *Les trente-deux Homélies sur l'Epître aux Romains.* Elles furent composées à Antioche, comme il est aisé de s'en convaincre par la lecture des homélies 8, p. 508, et 30, p. 743. Saint Isidore de Péluse en fait un magnifique éloge, qui sûrement n'est point outré, puisque tous les siècles y ont souscrit. Les erreurs que les Pélagiens répandirent quelque temps après dans l'Occident sont réfutées d'avance dans ces homélies, mais le but principal du saint docteur était de réfuter l'abominable hérésie des Manichéens ; il y confond aussi en plusieurs endroits l'aveugle opiniâtreté des Juifs. On est surtout frappé, en lisant ces homélies, de la sagacité avec laquelle ce Père développe le sens le plus profond du texte sacré, de la clarté, de l'onction, de l'éloquence avec lesquelles il présente les instructions morales.

Le dixième tome contient : 1° *les quarante-quatre Homélies sur la première Epître aux Corinthiens.* Cet ouvrage, composé à Antioche, est un des plus travaillés et des plus finis de saint Chrysostome. Ce Père y semble animé de l'esprit de saint Paul, tant il montre de pénétration à expliquer toute la force du texte sacré.

2° *Les trente Homélies sur la seconde Epître aux Corinthiens.* Elles furent aussi prêchées à Antioche, puisque saint Chrysostome parle, dans sa vingt-sixième, de Constantinople, comme n'y étant pas. On trouve dans ces homélies moins de feu que dans les précédentes, mais c'est toujours la même politesse de style.

3° *Le Commentaire sur l'Epître aux Galates.* Il n'est point divisé en homélies ; c'est une explication suivie du texte de l'Apôtre, avec des sorties fréquentes contre les Anoméens, les Marcionites et les Manichéens. On y trouve peu de réflexions morales. Il est probable que le saint docteur les ajoutait en chaire, car il paraît qu'il donna la forme de discours à cet ouvrage. On ne peut douter qu'il n'ait été composé à Antioche.

Le onzième tome contient : 1° *les vingt-quatre Homélies sur l'Epître aux Ephésiens,* qui furent prêchées à Antioche. On désirerait un peu plus de correction en quelques endroits, mais cela n'empêche pas que l'ouvrage ne soit excellent.

2° *Les Homélies sur l'Epître aux Philippiens.* Elles sont au nombre de seize, y compris le prologue, et furent prêchées à Constantinople.

3° *Les douze Homélies sur l'Epître aux Colossiens,* ainsi que les seize homélies tant sur la première que sur la seconde aux Thessaloniciens, furent aussi prêchées à Constantinople.

4° *Les vingt-huit Homélies sur les deux Epîtres à Timothée.* Il paraît qu'elles furent prêchées à Antioche. Elles sont excellentes, quoique le style n'en soit pas également soutenu partout.

5° *Les Homélies sur les Epîtres à Tite et à Philémon.* Elles sont au nombre de neuf.

Le douzième tome contient : 1° *Les trente-quatre Homélies sur l'Epître aux Hébreux,* qui furent prêchées à Constantinople.

2° *Onze Homélies,* prêchées aussi à Constantinople, et publiées pour la première fois par le P. de Montfaucon.

Dans le treizième tome, le P. de Montfaucon rend compte de son travail, puis il donne la vie de saint Chrysostome par Pallade. Il ajoute celle qu'il a faite lui-même. Vient ensuite la synopse des choses les plus remarquables dans les ouvrages du saint docteur.

On a toujours fait, dans l'Eglise, une estime singulière des ouvrages de saint Chrysostome, et surtout de ses commentaires sur les livres divins ; et ce qui prouve jusqu'à quel point il a réussi dans son travail sur l'Ecriture, c'est que Théophilacte, Œcuménius et les autres commentateurs grecs se sont contentés de l'abréger. Théodoret a fait aussi la même chose dans ses excellentes notes sur le texte sacré. Notre saint docteur servira toujours de maître et de modèle aux prédicateurs et aux théologiens, quand il s'agira d'expliquer l'Ecriture. Il suivait, dans cette étude, une méthode qui est sans contredit la meilleure, comme l'a observé M. Hare, évêque protestant de Chichester : c'était de méditer continuellement ces divins oracles, afin d'en bien pénétrer l'esprit, et d'acquérir une parfaite connaissance des préceptes qui y sont contenus. Ajoutez à cela les dispositions d'un cœur pur, docile, fermé à toute vaine curiosité, uniquement occupé du soin de sa propre sanctification et de celle des autres : voilà ce qui lui mérita de découvrir dans la parole de Dieu ce que les hommes vulgaires n'y voient pas. Il aperçoit une sainte énergie jusque dans un mot, jusque dans la moindre circonstance. Il développe avec une sagacité merveilleuse les grands principes de la morale chrétienne, et présente les vérités du salut avec cette force et cette onction qui caractérisent une âme parfaitement exercée à la pratique de toutes les vertus. Quel autre qu'un Saint pourrait aussi bien expliquer les propriétés et les effets de chaque vertu, en graver l'amour dans les cœurs, et indiquer les moyens de l'acquérir ? On remarque dans les autres moralistes une certaine sécheresse, lors même que par la beauté du langage ils flattent l'oreille et plaisent à l'esprit. Il n'y a qu'un Saint qui ait le privilége d'aller au cœur, de le remuer, de l'échauffer.

Il n'y eut peut-être jamais d'orateur aussi accompli que saint Chrysostome. Quelle clarté ! Rien chez lui n'embarrasse le lecteur ; on le comprend sans peine et sans étude. Qu'on cesse de nous vanter l'harmonie des périodes d'Isocrate : elle n'est, cette harmonie, qu'un assemblage puéril de mots artistement compassés, lorsqu'on la compare à la douceur incomparable qui résulte, dans saint Chrysostome, d'une expression aussi heureuse qu'aisée et naturelle. Qui connut jamais comme lui cette délicatesse et cet atticisme qui caractérisent plus ou moins les célèbres écrivains de la Grèce ? Quelle beauté et quelle élégance dans les tours ! Quelle fécondité dans le choix des mots, qui coulent comme d'une source intarissable ! Est-il obligé de traiter plusieurs fois le même sujet, jamais il ne se copie, il est toujours original. La vivacité de son imagination lui fournit une multitude d'images et de fleurs dont il embellit chaque période. Rien de tiré dans ses métaphores et ses comparaisons ; elles sortent du fond même du sujet, et ne servent qu'à donner plus de force au discours, et à l'imprimer plus avant dans l'esprit. Habile dans la connaissance des ressorts qui font mouvoir les passions, il les excite à son gré et selon la nature de la matière qu'il traite. Son style, toujours approprié au sujet, est, quand il le faut, simple, fleuri, sublime, tempéré. Si l'on disait que saint Chrysostome n'avait point le style épistolaire, nous le justifierions en disant qu'on doit regarder ses lettres comme de véritables traités, à cause des matières qui en font le sujet. Nous conviendrons encore que tous ses discours ne sont pas également châtiés, mais ceci venait bien moins du défaut de préparation que des langueurs de la maladie, de l'embarras des affaires et de ces inégalités qu'éprouvent quelquefois les plus beaux génies. Aux talents qui font le grand orateur, saint Chrysostome joignait la profondeur du plus habile dialecticien. De là cette supériorité avec laquelle il résout les difficultés les plus captieuses et pousse l'erreur jusque dans ses derniers retranchements ; supériorité qui éclate surtout dans les ouvrages polémiques que ce Père composa contre les Juifs, les Anoméens et quelques autres hérétiques. Disons-le cependant : les importantes matières que saint Chrysostome avait à traiter dans des discours lui donnaient un grand avantage sur les orateurs païens. On ne peut non plus lui comparer les plus célèbres philosophes de l'antiquité ; il l'emporte autant sur eux que la morale évangélique l'emporte sur celle qui part de l'esprit humain.

Les ecclésiastiques devraient se faire un petit recueil des ouvrages choisis de saint Chrysostome : il servirait merveilleusement à leur former le style, surtout s'ils le lisaient avant de se mettre à composer. Leur esprit et leur imagination se monteraient alors au ton de la véritable éloquence.

TRADUCTIONS LATINES DE SAINT CHRYSOSTOME.

De toutes les premières traductions de saint Chrysostome, il n'y a que celles du P. Fronton le Duc qui soient exactes. Le P. de Montfaucon les a adoptées dans son édition de ce saint docteur, et il n'y a traduit que les ouvrages qui ne l'avaient point été par le savant jésuite. L'édition de saint Chrysostome donnée par le P. de Montfaucon est la plus complète que nous ayons ; on désirerait seulement que la version latine fût plus élégante et approchât davantage de la beauté de l'original. Ceux qui sont en état de se passer du secours d'une traduction préfèrent l'édition du même Père par le chevalier Henri Saville. Elle est plus belle et plus exacte que celle du P. de Montfaucon. Elle fut imprimée à Etone en 1612 ; 9 vol. in-fol. — La *Patrologie grecque-latine* de M. Migne reproduit l'édition de Montfaucon avec des corrections et des additions, 18 vol., en 13 tomes.

TRADUCTIONS FRANÇAISES.

Nicolas Fontaine, de Port-Royal, ayant donné une traduction des homélies sur les épîtres aux Romains, aux Ephésiens, etc., fut obligé de se rétracter, parce qu'il avait fait parler le saint docteur en nestorien. L'abbé Le Merre a traduit les homélies sur saint Jean ; et l'abbé de Bellegarde, les homélies sur la Genèse et les Actes, ainsi que quatre-vingt-huit discours choisis. La traduction des homélies sur saint Matthieu, imprimée sous le nom de M. de Marsilly, est de M. le Maître et M. de Sacy, son frère. M. de Maucroix donna, en 1671, la traduction des homélies au peuple d'Antioche ; et le P. Duranti de Bonrecueil, de l'Oratoire, celle des panégyriques des martyrs, en 1735. Ce dernier a traduit encore les lettres de saint Chrysostome, avec le traité dans lequel le saint docteur prouve que *personne ne peut faire de tort à celui qui ne s'en fait pas à soi-même* ; Paris, 1732, 2 *vol. in*-8° ; l'abbé Auger, vicaire-général de Lescar, et ensuite prêtre constitutionnel en 1791, publia, en 1785, une nouvelle traduction d'une partie des œuvres du saint docteur, sous ce titre : *Homélies, discours et lettres choisies de saint Jean Chrysostome*, 4 vol. in-8°.

On trouve à l'Imprimerie des Célestins, successeurs de M. Louis Guérin, éditeur à Bar-le-Duc, la traduction française des *Œuvres complètes de saint Jean Chrysostome*, en 11 vol. grand in-8° jésus à deux colonnes. Pour ceux qui ne peuvent lire le grec couramment, la traduction française est, au dire de tous les connaisseurs, bien préférable à la traduction latine.

SAINT JULIEN, PREMIER ÉVÊQUE DU MANS

117. — Pape : Saint Alexandre. — Empereur romain : Trajan.

La seule raison des miracles, c'est la puissance de Dieu qui les opère.

Saint Grégoire le Grand, *Hom.* xx.

Si l'on en croit la tradition, saint Julien, apôtre et premier évêque du Mans, est le même que Simon le Lépreux, qui eut le bonheur de voir le Fils de Dieu fait homme manger à sa table. Il se fit depuis son disciple, et fut envoyé en France par le prince des Apôtres, saint Pierre. Mais il est plus probable que Julien (Julianus) naquit à Rome, d'une famille patricienne, et qu'il reçut du pape saint Clément, avec le caractère épiscopal, la mission d'évangéliser les Cénomans. Il avait pour compagnon de ses travaux apostoliques le prêtre Thuribe et le diacre Pavace, qui furent ses successeurs ; ils s'avancèrent tous trois vers la capitale de la province qu'ils devaient gagner à Jésus-Christ, *Suindinum*, ville forte, qui n'occupait qu'une partie de l'enceinte actuelle du Mans. Arrivés sous les remparts, ils trouvèrent les portes fermées, car la ville était en guerre avec ses voisins, et semblait se mettre en garde contre un coup de main. Ils furent donc obligés de prêcher d'abord dans les campagnes, où ils purent convertir et baptiser quelques idolâtres. Toutefois ils ne s'écartaient guère de la ville, épiant l'occasion d'y entrer. Julien, pour obtenir cette faveur, priait, pleurait devant Dieu et se livrait à de grandes austérités. Enfin, ses vœux furent exaucés. Les habitants étant un jour sortis en assez grand nombre, parce qu'ils manquaient d'eau, Julien profite de cette circonstance, se présente à eux, leur prêche le vrai Dieu et la rédemption des hommes par Jésus-Christ, et, pour montrer la vérité de sa parole et de sa mission, il plante son bâton en terre, se jette à genoux, prie, et fait jaillir une source abondante en un lieu où l'eau était naturellement rare, comme on s'en est assuré dernièrement en creusant un puits artésien tout près de là. Cette fontaine s'appela *Centonomius*, ou mieux *Sancti-Nomius*, le bienfait du Saint ; elle coule encore aujourd'hui et porte le nom de Saint-Julien ; on la montre sur la place de l'Eperon ; elle est décorée d'un bas-relief représentant le miracle : nouveau Moïse, saint Julien, en habits pontificaux, fait jaillir l'eau du rocher en le frappant de son bâton pastoral ; à ses pieds, une jeune fille remplit son urne dans l'eau miraculeuse.

Le bruit de cette merveille se répand ; on accourt de tous côtés pour en être témoin ; Julien est l'objet de l'admiration et du respect universel ; il est conduit comme en triomphe dans la ville et écouté d'abord avec curiosité. Mais, quand on vit combien il était difficile de pratiquer la nouvelle religion qu'il apportait, la plupart des cœurs se fermèrent. On ne voit pas que les magistrats romains, qui gouvernaient la ville au nom de l'empire, aient gêné la liberté de ses prédications. Mais les habitants riches et puissants, voyant dans sa doctrine la condamnation de leurs mœurs corrompues, le persécutaient. Heureusement l'homme le plus influent de la ville, un Gaulois honoré par les suffrages de ses concitoyens de la fonction de *défenseur*, qui consistait à veiller à la protection et à la sûreté du peuple, ayant appris la merveille opérée par cet étranger, désira le voir. Il le fit venir à son palais, situé dans la partie la plus élevée de la ville, à l'endroit où s'élève aujourd'hui la cathédrale. Julien ayant rencontré à la porte de ce magistrat un aveugle qui lui demandait l'aumône, lui rendit la vue. Ce nouveau prodige fit une vive impression sur le *défenseur ;* il accueillit notre Saint avec le plus grand respect, se fit instruire dans les vertus chrétiennes, reçut le baptême avec sa femme et toute sa famille, et donna, pour en faire une église, la plus grande salle de son palais, appelée, comme dans toutes les demeures des grands, chez les Romains, basilique. Cette cathédrale fut d'abord consacrée sous l'auguste titre de la sainte Vierge et du Prince des Apôtres, saint Pierre ; elle porta plus tard les noms des saints martyrs de Milan, Gervais et Protais, et enfin celui de saint Julien. Notre Saint, voulant réunir en une sainte assemblée les chrétiens, non-seulement pendant leur vie, mais aussi après leur mort, choisit pour leur sépulture un lieu peu éloigné, mais hors de la ville ; il le consacra et y éleva un oratoire en l'honneur des saints apôtres Pierre et Paul. Là s'élève aujourd'hui l'église Notre-Dame du Pré.

Deux choses contribuèrent surtout à la conversion des infidèles : la charité des chrétiens qui, à l'exemple du saint apôtre, secouraient les malades, les pauvres, les orphelins, et des miracles éclatants que nous ne pouvons pas raconter tous ici. Un des premiers citoyens de la cité, nommé Anastase, dont le fils venait de mourir, ayant recours à Julien, lui dit : « Si vous pouvez rendre la vie à mon fils, je confesse que Jésus-Christ est vrai Dieu, et je renonce pour jamais aux divinités que j'ai adorées jusqu'à ce jour ». Le saint pontife se rend en effet vers le mort, lui prend la main, lève vers le ciel ses yeux baignés de larmes, pendant que les assistants pleurent et prient comme lui, et conjure Celui qui a tiré Lazare du sein de la mort de renouveler ce prodige, afin que cette résurrection corporelle soit, pour un grand nombre, la cause d'une résurrection spirituelle. Bientôt l'enfant semble se réveiller, se lève, et ses parents le reçoivent plein de santé dans leurs bras. Anastase reçut le baptême avec toute sa maison, et beaucoup d'idolâtres l'imitèrent.

Après avoir triomphé de la religion romaine dans la cité, Julien entreprit de combattre celle des Gaulois (le druidisme), qui était bien plus puissante, car les druides avaient une grande renommée de science et, de plus, ils étaient persécutés pour avoir défendu l'indépendance de leur nation contre les vainqueurs : deux motifs qui les rendaient chers au peuple. On assistait avec empressement aux mystères qu'ils célébraient dans les forêts et les landes si communes en ces contrées. Mais, en dehors de ces réunions, chaque famille gauloise vivait séparée, dans des huttes formées de terre et de branchages. Il fut donc bien plus difficile d'évangéliser les campagnes que les villes. Julien et ses compagnons surent pourtant y gagner des âmes à Jésus-Christ et y former des églises. Leurs conquêtes s'étendirent jusque dans le pays des Arviens et des Diablintes [1]. Les prodiges furent plus que jamais nécessaires : près de Saint-Julien en Champagne, et de Neuvy, les pieds de l'apôtre laissèrent sur une pierre leur empreinte miraculeuse, que l'on montre encore. Rencontrant sur son chemin un cortége funèbre qui conduisait à sa dernière demeure un défunt illustre, nommé Jovinien, il s'adresse au père de l'adolescent mort, et à la troupe d'idolâtres qui l'ac-

1. Les Arviens avaient pour chef-lieu *Vagoritum*, Argentan, dans la partie N.-E. du Maine, et les Diablintes, situés entre la Loire et la rive gauche de la Seine. *Arcolica*, Aurilly, *Diablintes* ou Jubleins ; *Eburovices* ou Evreux. Les Cénomans faisaient eux-mêmes partie de la confédération des *Diablintes*.

compagnent, leur fait promettre qu'ils embrasseront la religion de Jésus-Christ s'il leur démontre sa divinité par la résurrection de celui qu'ils pleuraient, et adresse à Dieu une fervente prière. Le mort ressuscite et s'écrie : « Il est vraiment grand le Dieu que Julien annonce » ; puis il dit à son père : « Nous adorions les démons ; je les ai vus dans l'enfer, où ils souffrent des tourments éternels ». Au bruit de ces merveilles, une foule nombreuse accourait et suivait partout le Saint, comme autrefois Jésus-Christ. Un jour qu'il se rendait au domaine de Pruillé-l'Eguillé, le maître, qui était païen, le pria de loger chez lui. Mais au moment même où Julien arrivait, un jeune enfant, fils de son hôte, mourut. Cela ne l'empêcha point d'entrer dans cette maison pour y séjourner. Seulement il passa la nuit en prières, et, le lendemain, on trouva l'enfant plein de vie et de santé. Ses parents et les témoins de sa résurrection demandèrent à embrasser une religion qui s'annonçait par de tels prodiges et de tels bienfaits.

On vient de toute part vers l'homme de Dieu, on se presse sur ses pas ; plusieurs malades, n'osant lui demander leur guérison, se contentent de le suivre et attendent ce bienfait avec ardeur. Les disciples de l'apôtre s'en aperçoivent et le lui disent ; lui, sans rien répondre, se tourne vers la foule et donne aux assistants sa bénédiction : aussitôt tous les infirmes sont guéris. Pour perpétuer le souvenir de ce miracle, on établit plus tard, au même endroit, un chapitre de chanoines. Au bourg de Ruillé-sur-Loir, on présenta à Julien la fille unique d'un homme puissant, laquelle était cruellement possédée par le démon. Il la délivra publiquement et convertit aussi un grand nombre d'idolâtres, puis fonda une église dans ce village. Un nouveau prodige affermit la foi des néophytes. Un aveugle, ayant porté à ses yeux l'eau dont l'apôtre s'était lavé les mains, reçut en même temps la lumière du corps et celle de l'esprit.

Son zèle à détruire le culte des faux dieux suscita à Julien de grandes persécutions. Un jour, près d'Artins, une foule d'idolâtres s'assemblèrent furieux autour de lui, menaçant de le tuer ; loin de trembler, notre Saint entre dans leur temple, et, par la seule invocation du nom de Jésus-Christ, renverse et réduit en poussière une idole énorme ; il en sort un serpent qui se jette sur ses propres adorateurs et en fait périr un grand nombre. Alors les idolâtres, au lieu de menacer l'apôtre, implorent son secours ; celui-ci fait le signe de la croix et commande au reptile de s'enfuir sans faire de mal à personne. Il est obéi. Tout ce peuple se convertit, renverse lui-même ce temple païen, se fait instruire et baptiser. Le *défenseur*, étant venu trouver le saint évêque pour lui dire que la cité réclamait son retour, fut témoin d'un grand prodige. Comme ils parcouraient ensemble la campagne, ils rencontrèrent un enfant qu'un effroyable serpent avait enlacé dans ses anneaux, et se préparait à dévorer. Tous les assistants frémirent d'horreur. Le Saint s'approcha, fit une fervente prière et le reptile creva par le milieu du corps. Lorsqu'ils rentrèrent dans la cité, parmi la foule qui fêtait le retour de son pasteur, se mêlèrent beaucoup d'idolâtres, entre autres deux énergumènes qui se présentèrent à Julien pour être guéris. Celui-ci mit les démons en fuite au nom de Jésus-Christ. Après avoir pris part à un banquet avec les principaux fidèles, heureux de revoir leur père, et réglé ce que réclamait les besoins de son église, Julien, refusant l'hospitalité que lui offrait le *défenseur*, retourna à la pauvre habitation qu'il avait choisie près de la ville, et à ses travaux apostoliques. Lorsqu'il passa devant la porte de la prison, six malheureux qui étaient dans les fers jetèrent de grands cris, le priant d'en avoir pitié. Il alla, en effet, demander leur grâce aux magistrats ;

n'ayant pu l'obtenir, il ne prit aucune nourriture, garda le silence et ne cessa de gémir et de prier. Dieu, exauçant sa prière, envoya des anges qui ouvrirent les portes de la prison et brisèrent les chaînes des captifs. Ils publièrent partout les louanges de leur libérateur et vinrent le remercier. Julien, s'associant à leur bonheur, voulut qu'ils partageassent son repas.

Envoyé par le vicaire de Jésus-Christ, l'apôtre des Cénomans retourna à Rome pour lui rendre compte de sa mission, demander la confirmation de son œuvre et l'érection de cette nouvelle Eglise. Il en rapporta, avec d'abondantes bénédictions, des reliques qui, en fixant la dévotion des idolâtres fraîchement convertis, les détournèrent du culte superstitieux qu'ils rendaient encore aux fontaines, aux bois et aux rochers. Il est probable qu'il ramena aussi de Rome de nouveaux ouvriers évangéliques ; il ne négligea aucun moyen pour augmenter et instruire son clergé ; tout porte à croire qu'il établit à cet effet une école où il enseigna d'abord lui-même. Enfin, épuisé de fatigue, comblé de mérites, et sachant que sa fin était proche, il voulut s'y préparer dans la solitude. Il confia donc le soin de son église à Thuribe, et se retira, à une demi-journée de marche de la ville du Mans, sur les bords de la Sarthe, à l'endroit où s'élève aujourd'hui le bourg de Saint-Marceau. Au bout de quelque temps, une fièvre lente l'avertit de sa dernière heure. Il fit alors assembler autour de lui les clercs et les principaux fidèles, leur recommanda l'obéissance à son successeur, puis, pendant que les mains étendues vers le ciel il louait Dieu et lui rendait grâce, son âme se sépara doucement de son corps et s'envola vers le séjour qu'elle avait mérité, le 27 janvier 117, selon plusieurs anciens auteurs, après quarante-trois ans, trois mois et dix-sept jours d'épiscopat.

Le *défenseur,* qui n'assista point à cette glorieuse mort, en fut averti dans une vision ; il aperçut Julien, en habits sacerdotaux, venant à lui, accompagné de trois diacres qui portaient chacun un cierge. Ils déposèrent ces cierges sur une table et se retirèrent. Le *défenseur* fit part de ce prodige aux personnes qui étaient avec lui. Il leur dit que Julien venait de lui donner sa bénédiction, de lui montrer un rayon de la gloire dans laquelle il était entré. « Levons-nous », leur dit-il, « et allons ensevelir les dépouilles de notre maître ». Aussitôt il partit, suivi de toute la ville, et il ramena pompeusement le corps. L'endroit où il mourut n'en continua pas moins à être vénéré. La confiance des pèlerins y fut plus d'une fois récompensée par des prodiges. On y éleva une petite chapelle qui dépendit de l'abbaye de Saint-Vincent du Mans. Elle fut plus tard reconstruite en style gothique. Pendant la Révolution française, cet oratoire devint une propriété particulière, et aujourd'hui il tombe en ruines. « Cependant on y admire encore les restes d'une belle architecture : des vitraux peints qui retracent les principaux traits de la vie de saint Julien, une châsse ornée d'émaux qui contenait autrefois une partie de ses reliques, et enfin de très-anciennes statues. Sous la porte principale jaillit une fontaine d'eau vive dont les personnes attaquées de la fièvre boivent pour obtenir leur guérison ».

Le cortége qui ramenait les précieux restes de Julien dans la ville arriva vers la rivière de la Sarthe ; elle n'était plus guéable, les pluies de l'hiver l'avaient grossie. Ce fut pour Dieu une occasion de manifester la gloire de son serviteur. Les chevaux qui conduisaient le char funèbre marchèrent sur l'eau comme sur la terre ferme, au milieu de l'admiration universelle. Ce n'est pas tout : une femme qui lavait son enfant dans une chaudière placée sur le feu, l'oublie et court se joindre à la foule qui accompagne le corps de saint Julien. En son absence, la flamme grandit, enveloppe la chaudière, l'eau bouillonne et déborde. La pensée de son fils, qu'elle a laissé exposé à un si grand péril, traverse le cœur de la mère ; elle accourt et le trouve sans effroi et sans souffrance. Elle jette alors des cris et attire un grand nombre de personnes pour être témoins de son bonheur et de ce prodige. Saint Julien fut enseveli dans le cimetière des Chrétiens, probablement dans l'oratoire qu'il y avait élevé. Cette basilique, qui subsista jusqu'à la Révolution française, devint le rendez-vous d'un nombre si considérable de pèlerins, qu'il fallut construire plusieurs hôpitaux pour les recevoir.

On représente saint Julien chassant un dragon, figure de l'idolâtrie qui disparut devant sa prédication ; ou bien encore près de lui une jeune fille, portant une cruche d'eau, rappelle la fontaine miraculeuse que l'apôtre des Cénomans fit jaillir à l'entrée de leur ville.

ÉCRITS ET RELIQUES DE SAINT JULIEN.

L'apôtre des Cénomans laissa plusieurs écrits sur nos mystères, sur la divinité, les anges et le très-saint Sacrement de l'autel. La liturgie du Mans en loue beaucoup l'éloquence. On les conservait manuscrits dans la cathédrale du Mans, où ils périrent de la main des Calvinistes, en 1562.

Ses reliques ne restèrent pas entières dans le cimetière du Pré. Saint Aldric les transféra dans la cathédrale (840), où il les plaça sur un autel, à droite de l'autel principal, dédié à saint Gervais et à saint Protais. Longtemps après (1093), on les mit sur un grand autel élevé exprès, derrière l'autel des saints Gervais et Protais, dans l'endroit le plus apparent, de sorte que Julien n'eut plus l'air d'un hôte qui n'occupe point la place principale, mais d'un patron de la cathédrale. En 1136, ces saintes reliques furent sauvées de l'incendie qui dévorait déjà le toit en chaume de la cathédrale. Toutes les fois qu'on fit des translations des reliques de saint Julien, elles furent signalées par de nombreux miracles. Un prêtre paralytique, un enfant muet, un autre prêtre consumé par la fièvre, un homme ayant une tumeur qui lui rendait la main informe, des enfants tombés dans l'eau et pour lesquels leur père désolé implorait la protection de saint Julien, sont l'objet d'autant de miracles. Lorsqu'on porta le corps du Saint à Châteaudun, où il resta deux ans, toute la marche fut une suite de prodiges. Une célèbre translation eut lieu en 1254 : on en parla dans toute la France. A ce culte si solennel des reliques de saint Julien devaient succéder, dans les derniers siècles, d'horribles profanations. L'église cathédrale du Mans eut beaucoup à souffrir des Calvinistes et des Vandales de 1793. A cette époque, la châsse qui contenait ses restes précieux fut vendue à vil prix ; on a cependant retrouvé les ossements sacrés de l'apôtre du Mans, que l'on vénère encore avec le plus grand respect. Il est le patron de cette église.

Nous avons emprunté la substance de cette biographie à la savante *Histoire de l'Église du Mans*, par D. Piolin, 10 vol. in-8°.

SAINT VITALIEN, PAPE

657-671. — Empereurs de Constantinople : Constant II, le Monothélite; Constantin Pogonat.

L'espoir de l'hypocrite périra, sa confiance est comme une toile d'araignée. *Job*, VIII, 13, 14.

Vitalien était de la ville de Segni, en Campanie ; son père se nommait Anastase. Deux mois environ après la mort d'Eugène, premier du nom, il fut mis à sa place aux applaudissements de tous les gens de bien. Grand ami de la discipline ecclésiastique et son gardien vigilant, il la remit à son successeur aussi florissante qu'il l'avait reçue de son prédécesseur : et jamais il n'omit rien de ce qui pouvait en maintenir la splendeur.

Constant II, cet ardent fauteur de l'hérésie monothélite, le même qui avait envoyé le pape saint Martin [1] mourir de faim en Crimée, régnait à Constantinople. Ce tyran aussi cruel à lui seul que plusieurs Néron, et exécré de son peuple, voulait abandonner Constantinople, expulser les Lombards d'Italie, et rétablir à Rome le siége de l'empire, disant que *la mère méritait plus de considération que la fille*. Lors donc que, suivant la coutume, le pape saint Vitalien lui fit part de son élection, le fourbe accueillit fort bien l'ambassade romaine et offrit même en don à l'église de Saint-Pierre un livre d'Evangiles couvert d'or, enrichi de pierreries : c'était de la part de l'hypocrite monothélite une marque d'adhésion à la foi catholique. Ceci se passait en 657, année de l'élévation de saint Vitalien. Poursuivant son dessein, Constant prépara une expédition, et en 662 s'embarqua avec tous ses trésors pour l'Italie : il voulut emmener sa famille, mais les Byzantins s'y opposèrent. Ce refus ne le retint pas un moment : il monta sur le tillac de son vaisseau, cracha contre la ville et fit sur-le-champ mettre à la voile. Il arriva à Rome le 5 juillet de l'année 663 et y séjourna peu de jours. Le Pape alla au-devant de lui jusqu'à deux lieues de la ville, et le conduisit à l'église de Saint-Pierre, où, continuant à cacher ses mauvaises intentions, il laissa un riche présent. Il visita plusieurs autres églises et laissa partout des offrandes. Le douzième jour de son arrivée, il prit congé du pape. Jusque-là il n'avait donné que des marques de dévotion et de pieuse libéralité. Mais ayant appris que les Lombards venaient de battre son arrière-garde à Naples, il perdit l'espoir de se fixer en Italie. Alors se dépouillant de la peau de brebis qu'il avait revêtue pour tromper les Occidentaux, avant de partir il pilla les églises, reprit les présents qu'il avait offerts, et enleva tout ce qu'il y avait de plus précieux dans la ville : on lui avait proposé d'orner le Panthéon, disposé en église ; mais Constant II aima mieux le dépouiller de toutes les tuiles de métal dont il était couvert. On vit ainsi un empereur romain commettre plus de violences qu'on ne pouvait en reprocher aux Goths et aux Vendales. Incontinent il fit transporter toutes ces richesses à Syracuse. Une telle conduite ne pouvait que fortifier la puissance des Papes en Italie.

La justice de Dieu devait s'appesantir sur Constant II comme sur tous les princes qui ont persécuté les successeurs de Pierre. Le 15 juillet de l'an 668, l'empereur se rendant aux bains de Daphné à Syracuse, reçut la mort de la main d'un obscur garçon de salle qui, faisant mine de prendre un vase pour lui verser de l'eau, lui en donna sur la tête et s'enfuit. Comme l'empereur tardait trop, ceux qui étaient dehors entrèrent et le trouvèrent mort. Son successeur, Constant Pogonat, eut pour le saint Pape la plus grande vénération : il fit rétablir sur les dyptiques son nom que les Monothélites en avaient effacé.

L'empereur Constant II, en paraissant craindre les Lombards, n'avait pas semblé redouter un autre danger qui menacerait un jour ses successeurs dans leur propre capitale : nous voulons dire Mahomet et sa doctrine ; sa doctrine qui fut si fatale à celle de Jésus-Christ. Les Musulmans, qui ont causé tant de maux au Saint-Siége, firent de grands progrès sous le pontificat de Vitalien : ils vinrent jusqu'en Sicile dont ils emmenèrent la moitié des habitants à Damas (663). Mais respirons encore : nous n'aurons que trop de fois à déplorer des malheurs qui occasionnèrent les croisades, nous coûtèrent saint Louis et couvrirent de ruines l'univers chrétien.

Le soin pastoral qui occupa plus particulièrement saint Vitalien et qui, d'ailleurs, produisit d'heureux résultats, ce fut de relever en Angleterre la

1. Voir au 12 novembre.

religion qui tombait. Comme il y avait dans ce pays une grande pénurie de ministres sacrés, Vitalien y envoya le grand Théodore de Tarse et Adrien, abbé : le premier, pour être primat de l'Eglise d'Angleterre, et le second pour restaurer la discipline monastique. Enfin, ayant brillé et ayant occupé le siége pontifical pendant quatorze ans et cinq mois, il passa de cette vie à Dieu, l'an de Notre-Seigneur 671, et fut enseveli au Vatican.

Il nous reste de saint Vitalien six lettres : quatre sont relatives à l'affaire de Jean, évêque de Lappe en Crète. Ce prélat ayant été déposé sans raison par son métropolitain, celui-ci le fit emprisonner et condamner par un conciliabule qui était à sa discrétion, sans vouloir même permettre à Jean d'en appeler au Pape. L'évêque de Lappe ayant enfin pu s'échapper, vint à Rome où un concile assemblé par saint Vitalien cassa la procédure du métropolitain de Crète et rétablit l'innocent dans tous ses droits.

C'est de son temps, dit-on, que l'usage des orgues commença dans les églises, et lui-même les aurait introduites à Rome : mais ce fait n'est pas prouvé. Ce qu'il y a de certain, c'est que saint Vitalien s'appliqua avec le plus grand soin à maintenir les traditions du chant grégorien.

Pour l'érudition, Vitalien pouvait être comparé aux plus savants pontifes : il ne fut inférieur à aucun dans son zèle pour propager la religion et dans son courage pour la défendre.

Cf. *Histoire des Pontifes romains*, par le chev. Artaud de Montor.

SAINT THIERRY II, ÉVÊQUE D'ORLÉANS

1022. — Pape : Benoît VIII. — Roi de France : Robert le Pieux.

Thierry, fils du seigneur de Château-Thierry-sur-Marne, et petit-fils de celui qui donna son nom à cette ville, vint au monde dans le xe siècle. Il méprisa de bonne heure les avantages de sa naissance et les vanités du siècle, pour s'appliquer tout entier à l'étude des lettres, aux œuvres de miséricorde et aux exercices de piété. Afin qu'il pût mieux conserver son innocence et s'instruire davantage, ses parents le mirent au monastère de Saint-Pierre-le-Vif, à Sens, où, sous la conduite de son oncle Raynaud, abbé de cette maison, il embrassa la vie monastique et y fit de notables progrès. Sa réputation alla jusqu'à la cour. Le roi Robert, qui était pieux et lettré, et savait distinguer les talents, le fit venir et le garda près de lui pour se servir de ses lumières et de ses conseils. C'était l'époque où ce prince entreprit de répudier Constance, son épouse, sous prétexte qu'elle était sa parente. Une nuit que cette malheureuse reine était plus que d'ordinaire accablée d'amertume, elle vit en songe un vénérable prélat qui avait de longs cheveux et la barbe blanche comme la neige, et tenait sa crosse en main. Il regarda la reine et lui dit : « Constance, chasse de toi toute tristesse, je suis venu à ton secours. Je suis Savinien, l'un des prélats de ce royaume ; je te déclare que, dès à présent, par la grâce de Dieu, tu es délivrée de ton ennui ». La reine se réveilla en sursaut, et se sentit fort consolée ; puis elle alla demander aux personnes qui se trouvaient pour lors dans son palais si elles connaissaient un saint nommé Savinien. Thierry répondit que c'était le premier archevêque de Sens, martyr, dont le corps sacré reposait à

Saint-Pierre-le-Vif, à Sens, et que si elle s'adressait à ce saint, ses prières seraient sans doute exaucées. La reine reçut cet avis avec une joie et une dévotion extraordinaires, et se transporta soudain, avec son fils, au monastère de Saint-Pierre-le-Vif : là, se prosternant devant les saintes reliques, elle implora l'assistance du saint. Chose admirable ! cette dévote princesse ayant continué ses prières, au bout de trois jours un courrier arriva de la part du roi, apportant des nouvelles conformes à ses désirs. Le roi suivit de près son message et témoigna plus d'affection que jamais à la reine son épouse. Constance, pour remercier saint Savinien, fit mettre ses reliques dans de belles châsses d'argent, et se montra aussi très-reconnaissante envers saint Thierry, qui fut ainsi également aimé et estimé par le roi et la reine. Foulque, évêque d'Orléans, étant mort, Thierry fut élu par la plus saine partie du clergé et du peuple pour occuper ce siége : le roi Robert, qui connaissait sa science et sa vertu, et qui aimait la ville d'Orléans, maintint cette élection de tout son pouvoir (1016). Mais l'envie suit toujours la vertu, comme l'ombre le corps. Des malveillants cherchèrent à l'exclure et à nommer évêque Odolric, jeune ecclésiastique plein d'ambition, qui ne recula point devant le désordre et le scandale. Les brigues se changèrent en luttes violentes où il y eut du sang versé.

On inventa mille calomnies contre Thierry, de sorte que le Pape et les évêques, entre autres Fulbert de Chartres, firent d'abord difficulté de le reconnaître. Mais il se justifia dans toutes les formes. Son innocence fut reconnue, et Lehery ou Leothéric, archevêque de Sens, assisté de Fulbert et de quelques autres évêques, le sacra dans l'église d'Orléans. Pendant la cérémonie, Odolric, son compétiteur, vint avec une troupe de soldats armés, entra dans l'église et s'avança vers l'autel, le poignard à la main, menaçant d'assassiner Thierry sous la main de l'archevêque consécrateur. Mais qui peut traverser les desseins de Dieu ? Ni l'évêque consacré ni l'archevêque consécrateur ne tremblèrent ; la cérémonie ne fut point troublée : on se contenta de chasser ces furieux.

Dès que Thierry fut placé sur ce siége épiscopal, il y brilla comme un flambeau céleste ; il avait un soin extrême du troupeau qui lui était confié. Aux enseignements de la sainte Ecriture, il joignait l'exemple de ses vertus. Soulager les pauvres, réprimer les oppresseurs, secourir les opprimés, étaient ses œuvres de chaque jour. Jamais sa main ne reçut un présent : il cherchait ce qui était utile, non à lui, mais à tous. Odolric, toujours dévoré d'envie et d'ambition, ne cessa pas de le persécuter : il attenta même encore à sa vie. Le Saint fut un jour attaqué en chemin par une bande d'assassins que cet ennemi avait postés pour le tuer : ils le renversent de son cheval, l'étendent à terre, le frappent à coups de lances et d'épées, et le laissent pour mort, gisant sur le sable. Mais, ô prodige ! celui qu'ils croyaient sans vie n'avait pas reçu la moindre blessure ; ses habits seuls étaient déchirés. Quelle ne fut pas l'épouvante d'Odolric, qui croyait repaître ses yeux du sang de sa victime, lorsqu'il la vit se lever saine et sauve ! Touché de cette protection éclatante de la main de Dieu, il vient se jeter aux pieds du Saint et lui demande humblement pardon de tout le passé. Thierry le lui accorde sur-le-champ, sans aucune condition, et veut qu'il tienne le second rang parmi son clergé et lui prédit même qu'il sera son successeur.

Le reste de la vie de notre Saint n'est guère connu. L'hérésie manichéenne s'étant répandue dans son diocèse vers l'an 1017, il employa tous ses soins à l'étouffer. Le septième concile d'Orléans condamna ces pernicieuses erreurs, et le roi Robert punit les hérésiarques obstinés. Le roi

Robert, que l'histoire d'Orléans nomme le David français, *pour sa valeur et piété*, secondé en guerre et en paix du secours céleste, aimait beaucoup cette ville et son saint évêque. Comme il assiégeait la ville et le château d'Avallon en Bourgogne, forte place qui soutint le siége pendant trois mois, sentant approcher la fête de saint Aignan, il s'en vint à Orléans pour la célébrer à son aise, selon sa dévotion ordinaire. Pendant qu'il assistait à la grand'messe, revêtu d'une chape magnifique et dirigeant le chœur, selon sa coutume, il arriva qu'au moment où l'on chantait l'*Agnus Dei* les murailles de la ville assiégée s'écroulèrent. Il régnait entre ce bon roi et ce saint évêque une entente parfaite ; jamais les deux puissances, la pontificale et la royale, ne s'étaient mieux accordées pour procurer la gloire de Dieu et le bonheur des peuples. Les églises d'Orléans ressentirent par ce moyen les effets de la libéralité de ces deux grands personnages. Saint Thierry, désireux de rendre honneur à Dieu, et de signaler sa mémoire en l'église de Sainte-Croix d'Orléans, fit faire un fort beau calice de pur or, pour servir en ladite église, au sacrifice de la messe, à consacrer le sang de Notre-Seigneur Jésus-Christ, et le roi Robert, joignant sa dévotion à celle du saint évêque, fit faire la patène, aussi d'or fin, pour accompagner le calice, et servir à consacrer le corps du Rédempteur du monde, afin que le signe de la sainte croix lui fût un aide salutaire, et que la passion du Sauveur lui fût une parfaite rédemption pour l'âme et pour le corps, comme dit le moine Helgaud, en la vie du roi Robert. Ce prince rebâtit l'église de Saint-Aignan et augmenta son revenu ; il se montra aussi libéral envers beaucoup d'autres temples.

Nous avons déjà dit que Thierry avait de fréquentes relations avec Fulbert, évêque de Chartres ; on le voit par les lettres de ce dernier. Dans l'une d'elles il remercie l'évêque d'Orléans des avis qu'il lui a donnés, et le prie d'excuser le clergé de Chartres s'il ne peut, cette année, aller en procession selon sa coutume, à l'église d'Orléans, parce qu'il est tout entier occupé à relever sa propre église, détruite par un incendie. L'église de Chartres rendait à celle d'Orléans ce devoir de piété et de reconnaissance, en mémoire, sans doute, de ce que la grâce de l'Evangile était venue d'Orléans aux Chartrains, par la prédication du premier évêque d'Orléans, saint Altin.

Dieu exerça la patience de Thierry et purifia son cœur, sur la fin de sa vie, par diverses maladies, fruits de ses austérités et de ses travaux apostoliques. Pour reposer à la fois son âme et son corps, le Saint se retira dans le monastère de Saint-Pierre-le-Vif, à Sens. Il lui vint dans cette douce retraite le désir de faire un voyage à Rome pour visiter le sépulcre du prince des Apôtres et les autres sanctuaires de cette sainte ville. Avant son départ, une nuit, étant dans l'église, il entendit une voix venue du ciel qui lui dit : « Ne crains point, Thierry, ta demeure est préparée dans le ciel, où le martyr saint Sébastien triomphe glorieusement ». Or, c'était la veille de la fête de saint Sébastien. Thierry communiqua cette révélation divine au moine Adalbert, homme fort religieux, et à quelques autres serviteurs de Dieu, et leur dit qu'il croyait que l'heure de sa mort était proche et que s'il mourait dans son voyage de Rome, avant d'avoir passé les Alpes, il demandait que son corps fût rapporté dans ce monastère de Saint-Pierre-le-Vif, afin d'être inhumé auprès de ses oncles Séguin, archevêque de Sens, et Raynaud, abbé du même monastère. Après cela il se mit en chemin ; mais Dieu convertit ce voyage de Rome en voyage de l'éternité bienheureuse. Car arrivé à Tonnerre, petite ville du diocèse de Langres, il fut surpris par une grosse maladie qui l'emporta de ce monde le 27 janvier de l'an 1022. On se préparait à rapporter son corps à Saint-Pierre-le-Vif, mais Milon, seigneur de Tonnerre, qui était son parent, s'y opposa et le fit magnifiquement ensevelir dans le monastère de Saint-Michel qu'il venait de fonder. Les miracles que Dieu fit en ce lieu, par son intercession, furent si fréquents que la ville de Tonnerre le choisit pour son patron. La mémoire de ce Saint y est demeurée fort célèbre. Avant 1789, non-seulement on y célébrait sa fête solennellement chaque année, le 27 janvier, mais de plus, tous les mardis de l'année, en dehors de l'Avent et du Carême, on en célébrait l'office canonial, et tous les jours, à Laudes, à la messe et à Vêpres, on en faisait mémoire. Ses saintes reliques étaient conservées à Tonnerre avec beaucoup d'honneur et de soin ; l'église d'Orléans en possède qui lui furent données en 1660.

Nous nous sommes surtout servi, pour composer l'histoire de cette vie, omise par le Père Giry, de l'*Histoire de l'Eglise d'Orléans*, par Symphorien Guyon.

SAINT JEAN, TRENTIÈME ÉVÊQUE DE THÉROUANNE[1]

1130. — Pape : Honoré II. — Roi de France : Louis VI.

Saint Jean de Thérouanne a été, on peut le dire, le véritable réformateur, et comme le saint Grégoire VII d'une partie du nord des Gaules. Nos ancêtres le comparaient à saint Bernard et faisaient du grand abbé de Clairvaux, de Jean de Thérouanne et de Milon un rapprochement plein d'édification. La vie que nous donnons de ce grand évêque est la traduction abrégée de celle qui fut écrite neuf mois après sa mort par Jean Colmieu, son archidiacre. Elle a donc tout l'intérêt d'un document contemporain.

Saint Jean, l'homme de Dieu, naquit dans l'évêché de Thérouanne, en un lieu nommé Warneton que la rivière de la Lys baigne de ses eaux paisibles. Ses parents étaient des personnes honnêtes aux yeux du siècle, et craignant Dieu. Ils avaient grand soin de faire des aumônes, de donner des vêtements à ceux qui étaient nus et de pratiquer avec piété les autres œuvres de miséricorde. Ils imposèrent à leur fils, au saint baptême, le nom de Jean. Dès sa plus tendre enfance il donna des preuves de l'attention spéciale de la divine Providence à son égard. Ses progrès rapides dans les premières études littéraires lui attiraient l'admiration générale et faisaient présager qu'un jour il serait grand et élevé au-dessus des autres ; il avait, en effet, pour les jeux de son âge, beaucoup moins d'ardeur que les autres enfants, et il s'occupait sérieusement des choses qu'il avait à apprendre : assister aux pieuses réunions des fidèles, se conformer aux ordres de ses supérieurs, tel était l'objet de ses soins habituels. Quand il fut sorti de l'enfance et qu'il arriva à ce point où il s'agit de choisir entre les deux routes qui se présentent, il évita prudemment le sentier de gauche, et voyageur éclairé sur le but auquel il tendait, il entra résolûment dans la route étroite et difficile qui était à sa droite. Méprisant les vaines fictions des poètes, il appliqua toutes les forces de son esprit à la recherche des sens cachés des divines Ecritures, science qui nour-

1. Thérouanne a été ville épiscopale depuis l'an 500 jusqu'en 1553, où elle fut prise et détruite par les Espagnols.

rit et fortifie l'homme intérieur et le fait avancer dans l'amour de Dieu. Il eut surtout deux maîtres remarquables par l'intégrité de leur vie : l'un, Lambert d'Utrecht, maître de grande religion et de grande science ; l'autre, plus grand encore au jugement de tous, Yves, qui fut depuis évêque de Chartres, et qui a bien prouvé sa profonde religion et sa science sublime par les monastères qu'il a institués et par les livres qu'il a écrits. Jean fut leur élève si docile, il écouta en même temps avec tant d'attention la parole intime de celui qui, par son onction divine, sait faire pénétrer dans notre cœur tout enseignement parfait, que bientôt on trouvait à peine dans toute la France quelqu'un qui fût au-dessus de lui sous le double rapport des mœurs ou de la science. Alors il revint dans son pays, apportant avec lui des trésors plus précieux que l'or, plus estimables que les pierreries.

Il demeura quelque temps à Lille, ville célèbre où Baudoin venait de fonder une église. Il était membre du clergé nombreux de cette église, mais il n'y était guère que corporellement, car son esprit détaché du monde était toujours occupé des choses célestes ; il lisait, il priait, il demeurait dans sa chambre, il se rendait à l'église toutes les fois qu'il devait s'y trouver. Pendant que d'autres recherchaient des vanités, des spectacles, ou se donnaient en spectacle en jouant eux-mêmes devant le public, il fuyait avec soin toutes ces sottises, et s'il lui arrivait de les rencontrer sur son chemin, il passait avec gravité en accélérant sa marche et sans même vouloir les regarder. Aussi tous vénéraient sa sainteté, plusieurs s'efforçaient même de l'imiter.

Comme il ne devait rien manquer à cet assemblage de vertus parfaites, il résolut de quitter extérieurement le monde, que déjà il méprisait et foulait aux pieds dans son intérieur. Il alla donc trouver l'abbé Jean, homme d'une grande sainteté, qui en ce moment dirigeait le monastère du Mont-Saint-Eloi, distant d'environ trois mille pas de la ville d'Arras, et se mit humblement sous sa conduite. L'homme de Dieu le reçut avec une joie extrême et rendit beaucoup d'actions de grâces au Seigneur, qui lui envoyait une consolation si grande. Comme, en effet, il observait lui-même la règle de saint Augustin et qu'il l'avait imposée à ses religieux, il pensa que la religion et la prudence de Jean lui seraient d'une très-grande utilité pour parvenir à ses fins. En effet, la conduite de Jean dans le monastère fut telle, qu'il était utile à tous, et par la parole et par l'exemple.

Cependant le pape Urbain II, de sainte mémoire, siégeant sur la chaire du prince des Apôtres, l'église d'Arras recouvra la liberté dont elle avait joui autrefois et fut séparée de l'église de Cambrai. Alors, après avoir prié et jeûné, on assembla dans Arras le clergé et le peuple des autres églises du nouveau diocèse, et, avec la grâce du Seigneur et l'ordre du vénérable pape Urbain, on fit l'élection selon les canons. Le choix tomba sur Lambert, chanoine et grand chantre de l'église de Lille, homme digne d'être revêtu des insignes pontificaux. Lambert était parfaitement étranger à ce fait : il ignorait ce qui devait se passer quand il répondit à l'invitation qu'on lui fit de venir à Arras. On l'enlève donc, on le traîne malgré lui ; c'est en [illegible] qu'il s'oppose de toutes ses forces et qu'il fait entendre ses réclamations ; on le place sur la chaire épiscopale. Or, comme Raynauld, archevêque de Reims, différait de le consacrer, il profita de ce délai et se rendit à Rome avec quelques membres de son clergé, et là, prosterné aux pieds du Pape, il sollicita ardemment la faveur d'être déchargé du fardeau qu'on venait de lui imposer. Mais le Pape, bien loin d'accéder à ses désirs, voulut le consacrer de ses propres mains et le renvoya à son église comblé de priviléges apostoliques. Alors il se mit à parcourir avec beaucoup de vigilance le champ que le Seigneur venait de confier à sa garde. De nombreux désordres s'étaient introduits par l'incurie du père de famille. Les épines, les ronces croissaient en toute liberté ; l'ivraie inutile étouffait le froment ; la tâche était rude, il vit que seul il ne pouvait suffire. Il résolut, en conséquence, d'associer à sa sollicitude pastorale plusieurs hommes religieux et prudents, afin que, leur donnant à chacun une partie de sa lourde charge, il pût être soulagé et travailler sans être accablé sous le faix. Il choisit, entre autres, le vénérable Jean, avec qui il avait vécu de la manière la plus intime, et qu'il avait eu pour compagnon d'études des saintes Ecritures sous Yves, leur maître commun. Mais Jean se mit à refuser et à s'opposer de toutes ses forces à la réalisation du vœu de Lambert, tant il avait de peine à quitter, même pour un peu de temps, l'état de contemplation dont il faisait ses délices. Il fallut, pour l'obliger à céder, que l'évêque eût recours aux censures et imposât une peine à toute la communauté où il était. Il fut donc forcé de se rendre, et il s'acquitta de sa charge d'archidiacre avec tant d'équité et de désintéressement, qu'il s'attira l'estime et la vénération profonde de tous ceux avec qui il fut en rapport.

L'église des Morins se trouvait, depuis déjà vingt ans, dans un état affreux de persécution au dehors et de troubles au dedans. A l'évêque Drogon, d'heureuse mémoire, avait succédé Hubert, qui, après avoir reçu une blessure cruelle, avait cédé à la violence, et s'était réfugié dans le monastère de Saint-Bertin. Alors un intrus vint s'emparer de vive force du siége épiscopal. Cet homme se nommait Lambert de Belle. Aidé du comte de Flandres, il brise les portes de l'église de Thérouanne, et y pénètre malgré le clergé, qu'il disperse de côté et d'autre ; et pendant près de deux années, il possède, ou plutôt il tourmente et persécute cette église infortunée. Toutefois il fut puni de son audace sacrilége, et ceux-là mêmes qui l'avaient élevé furent les exécuteurs de la justice divine sur lui, car ils lui coupèrent la langue et les doigts de la main droite. On le chassa honteusement, et le clergé, d'accord avec le peuple, lui substitua Gérard, qui se mit à pratiquer ignominieusement la simonie, à distraire les biens de l'Eglise, et fut déposé par le pape Urbain. Alors la confusion fut à son comble ; les archidiacres et les membres du clergé de la cathédrale firent choix d'un chanoine de Saint-Omer nommé Erkembode ; mais l'élu refusa opiniâtrément, et l'élection fut à recommencer. Ils nommèrent alors Aubert d'Amiens, qui venait de recevoir un canonicat dans l'église de Thérouanne, malgré les canons qui défendent à un ecclésiastique d'être inscrit à la fois dans deux églises de ville. Mais les abbés, de leur côté, n'acceptaient ni l'un ni l'autre de ces choix, et, brûlant du zèle de la maison de Dieu, ils désiraient donner à ce diocèse un dispensateur digne et fidèle. Ayant donc invoqué le Saint-Esprit, et la crainte du Seigneur devant les yeux, ils choisirent Jean archidiacre d'Arras, pour le mettre à la tête de la sainte Eglise de Dieu, car ils savaient que sa vie était irréprochable, sa science reconnue partout, et ils le trouvaient doué de toutes les qualités convenables pour s'acquitter dignement d'une administration devenue si difficile. Bientôt, conduits par un instinct divin, les laïques se rangèrent à leur avis, et Jean fut aussi l'élu de leurs cœurs. Les autres, de leur côté, réclamaient avec beaucoup de bruit, et la chose en vint au point qu'on fut obligé de s'en rapporter à la décision du Pape.

Un concile général était en ce moment assemblé à Rome ; la cause du diocèse de Thérouanne y fut donc examinée. L'archidiacre Jean, dont la sainteté était connue partout, fut désigné par le concile et confirmé par le Pape évêque de Thérouanne. Tout cela se faisait à l'insu de celui que l'affaire regardait le plus, car on craignait avec raison qu'il ne vînt à se dérober par la fuite, et, afin de l'empêcher d'exécuter ce dessein, quand il viendrait à connaître son élection, on obtint du souverain Pontife des lettres dans lesquelles il lui parlait en ces termes :

« Urbain, évêque, serviteur des serviteurs de Dieu, à son fils bien-aimé Jean, archidiacre d'Arras, salut et bénédiction apostolique.

« Comme il nous a été rapporté que vous aviez été élu évêque de l'Eglise des Morins, par le commun suffrage de tous les hommes religieux, tant du clergé que du peuple, nous nous réjouissons grandement. Donc, par l'autorité du Siége apostolique, nous confirmons et nous corroborons cette élection, et par la même autorité nous vous défendons de vous y soustraire pour quelque raison que ce soit ».

On lui remit ces lettres au moment où il s'y attendait le moins, et quand il eut vu ce qu'elles contenaient, il fut frappé d'un si grand chagrin qu'il s'ennuyait et était las de vivre encore. Il considérait l'énormité du fardeau qui pesait sur lui, la difficulté extrême de gouverner une Eglise dont les affaires extérieures étaient en désordre, et dont l'intérieur surtout était dans l'indiscipline et le relâchement le plus complet.

Dans l'abattement où le plongeaient ses réflexions, il ne savait où se jeter. Enfin il prit un parti et se résolut à naviguer comme il pourrait, et avec l'aide du Seigneur, sur une mer orageuse, plutôt que de s'exposer à la désobéissance.

On était à l'an de l'Incarnation de Notre-Seigneur Jésus-Christ 1099. Cette même année, le 2 des nones de juin, il reçut l'ordre de la prêtrise, et le mois suivant, le 16 des calendes d'août, il fut sacré évêque dans la ville de Reims par l'archevêque Manassès. Il fut reçu à Thérouanne aux acclamations de joie du clergé, des grands et de tout le peuple, et solennellement intronisé dans la chaire pontificale le 9 des calendes du même mois.

Qui pourrait, je ne dirai pas énoncer, mais même rechercher d'une manière suffisante jusqu'à quel point il fut sobre pour lui-même, juste envers ses sujets et son prochain, pieux envers Dieu, dès qu'il fut revêtu de la dignité pontificale ? Moi qui parle ainsi, je ne dis que la vérité, car j'ai vécu près de quatorze ans avec lui, et je ne dis que ce que j'ai vu moi-même ou ce que j'ai appris des hommes très-dignes de foi qui l'ont connu dans l'intimité de sa vie.

Il obtint dès son enfance le don d'une pudeur si parfaite, il garda par la grâce de Dieu une chasteté si grande, que jamais il ne fut même soupçonné, bien que nous sachions qu'il ait eu à résister à plusieurs sollicitations de femmes qu'aveuglait la concupiscence. Il châtiait avec tant de soin ses autres sens, que jamais une parole impure ne tombait de sa bouche, jamais son regard n'exprimait l'orgueil ou la curiosité, jamais son oreille ne s'ouvrait pour écouter les choses vaines. Il mortifiait son goût et son odorat par les règles d'une abstinence sévère. Jamais il ne faisait usage de viande, pas même dans sa vieillesse. Trois ans seulement avant sa mort, un prêtre cardinal, légat du Siége apostolique, étant venu lui faire visite et le trouvant tellement faible qu'il pouvait à peine marcher et célébrer les saints mystères, se mit à le prier instamment de changer d'habitude et de se nourrir désormais de viande, au moins de temps en temps. Nous nous joignîmes humblement à ce prêtre, et nous ne pûmes rien en obtenir. Enfin il fallut un commandement exprès, au nom de Dieu et des Apôtres, et en vertu de l'obéissance, pour le contraindre à user quelquefois de viande en très-petite quantité. Quant à ses vêtements, il avait soin d'observer en cela une grande modestie, n'en portant point de trop précieux, ne les choisissant pas non plus trop vils.

Aussitôt qu'il fut élevé sur le siége épiscopal, il eut soin de s'entourer d'hommes d'une religion éprouvée, qu'il choisit pour travailler avec lui dans la vigne du Père de famille. Il avait, en outre, souvent auprès de lui plusieurs abbés religieux ayant le zèle de Dieu et s'efforçant de marcher sur ses traces : Conon d'Arrouaise, qui fut depuis évêque et légat du Siége apostolique en France ; Lambert de Saint-Bertin, Bernard de Waten, Gérard de Ham, et plusieurs autres. Telle était la société du serviteur de Jésus-Christ ; et, dans leur commerce, il trouvait des consolations et de la force pour supporter les chagrins et les ennuis de l'exil de ce monde. Ils étaient les témoins de sa conduite privée, ils étaient également les témoins de ses œuvres publiques ; et toujours ce qu'il disait aux autres de faire, il en avait le premier donné l'exemple dans ses œuvres ; sa prédication était toujours d'accord avec son action. Toujours il était occupé à la méditation spirituelle, ou bien à la lecture des livres saints, ou bien encore à des conversations sur le mépris du monde et l'amour de Dieu, ou bien, seul avec Dieu, il se répandait en prières ardentes pour lui-même et pour ceux qui lui étaient confiés. L'évêque était le premier aux veilles de la nuit, aux offices du matin ; il était dur pour lui-même et indulgent pour les autres, jusqu'au point d'éviter de troubler leur repos par le moindre bruit, quand il lui arrivait de devancer l'heure de la prière commune. Il se retirait ensuite dans le secret de son cœur, et là, après avoir chassé le trouble des pensées du siècle, il priait dévotement son Père céleste et demeurait dans cet exercice de la méditation ou de la lecture jusqu'à l'heure de Prime ; puis, après Prime, il faisait de même jusqu'à Tierce. Ensuite il se préparait à la célébration de la messe, devoir dont il s'acquittait par lui-même tous les jours, ou du moins très-fréquemment. A sa table on faisait chaque jour une lecture sacrée, de sorte que l'homme intérieur recevait sa nourriture en même temps que l'homme extérieur prenait la sienne.

Dans les premiers temps de son épiscopat, il commença par réparer extérieurement et intérieurement l'église de Sainte-Marie de Thérouanne, qu'il avait trouvée dans un état complet de délabrement. Il la rebâtit même en grande partie, et quand il eut, à l'aide du bois et de la pierre, réédifié ce temple extérieur, avec d'autres bois spirituels et d'autres pierres vivantes, il le rétablit d'une manière bien plus utile, car il fit venir tous les ecclésiastiques savants et de bonnes mœurs qu'il put trouver et qui n'étaient inscrits dans aucune Eglise, c'est-à-dire, qui n'avaient point de bénéfice, et il leur assura une pension convenable et suffisante prise sur les revenus de l'Eglise. Nous savons, et en toute vérité nous rendons témoignage que, dans tout le temps de son pontificat, il s'abstint tellement de tout esprit de cupidité, que jamais, ni par un moyen ni par un autre, il n'exerça la plus petite exaction sur ses sujets, clercs ou laïques. Jamais même il ne voulut percevoir les amendes que les lois imposent (dans certains cas de violation des constitutions ecclésiastiques), bien que plusieurs l'aient blâmé d'agir ainsi. Aussi arriva-t-il que le clergé fut plus utile et plus vénéré dans l'Eglise de Dieu, et que les malveillants n'eurent plus d'occasion de décrier les prêtres du Seigneur.

Il s'efforça, tant par ses paroles que par son exemple, de ramener dans la bonne manière de vivre d'autres ecclésiastiques de ce diocèse qui, depuis longtemps déjà, marchaient par les voies larges du siècle et suivaient les désirs de la chair. Il en trouva qui étaient infectés de la peste de la simonie, et il résolut d'employer toutes ses forces à la combattre et à l'anéantir. Les églises d'Ypres et de Formeselles étaient dans les mains d'hommes souillés par cette hérésie ; il les leur enleva par les voies canoniques, et loua la vigne du Seigneur à d'autres laboureurs. Quand il eut ainsi délivré l'église d'Ypres, après l'avoir tenue quelque temps sous sa garde immédiate, il la donna à des frères réguliers, mit à leur tête un abbé, et la leur confia pour toujours. Il réforma complétement Formeselles, et dans ces deux églises on suivit désormais la règle de saint Augustin, et tous les revenus furent mis en commun. Il institua en outre, en différents lieux, sept monastères et davantage même ; il y plaça des congrégations de moines ou de clercs résolus à vivre selon la règle des Apôtres. Quant aux autres ecclésiastiques qui avaient à régir le peuple de Dieu selon les différents degrés de la hiérarchie, il savait, ou les avertir, ou même les forcer de veiller avec soin à l'accomplissement des devoirs de leur charge et à la pratique des vertus.

Il nous souvient qu'un fils d'iniquité, poussé par le conseil de méchants hommes dans lesquels le démon agissait, voulut un jour lui ôter la vie. Dieu seul fut son protecteur et empêcha les rusés de l'ennemi de nuire à ce juste. Il traversait un petit village par lequel on savait qu'il devait passer. Voici tout à coup qu'un furieux se jette sur lui, une lance à la main, et cherche à le frapper. Le prêtre du Seigneur se retourne aux cris qu'il entend retentir derrière lui ; il regarde l'assassin sans trembler, sans chercher à fuir, bien qu'il fût alors à cheval et son ennemi à pied ; l'homme de Dieu ne craignait point la mort, il la désirait, afin d'être plus tôt avec Jésus-Christ. Alors arriva un prodige de la puissance divine : le trait lancé par le méchant s'arrête au milieu des airs et demeure suspendu au-dessus de la tête du pontife. L'ennemi n'a pour lui que la honte ; il s'enfuit, et le Saint défend de le poursuivre. Mais Dieu se chargea de la vengeance, et l'assassin, aussi bien que ses complices, moururent bientôt, après avoir été affligés de plusieurs châtiments.

Cependant les bonnes œuvres du saint évêque l'avaient rendu un objet de complaisance aux yeux de Dieu, et d'amour pour les hommes bons et vertueux. Ce que l'on apprenait de lui par la renommée était grand sans doute, mais on avait de lui une idée bien plus grande encore quand on se trouvait en sa présence. Son visage était orné d'une sorte de beauté angélique ; sur sa face rayonnait sans cesse quelque chose de divin ; il était comme entouré d'une sphère de respect, on ne pouvait le voir sans le vénérer aussitôt, sans se sentir entraîné vers lui par une irrésistible attraction du cœur. Il avait tant de familiarité et de crédit auprès du pape Paschal II, d'heureuse mémoire, qu'il le regardait comme un de ses plus chers amis. Aussi il obtenait de lui tout ce qu'il lui demandait, entre autres des priviléges pour les monastères qu'il avait fondés. Le même Pape avait tant de confiance dans son intégrité et dans sa sagesse, qu'il le délégua souvent pour traiter à sa place différentes affaires concernant des églises ou des personnes. Il lui confiait aussi le soin de gouverner d'autres églises privées de leurs pasteurs. Cependant Jean ne se glorifiait point de toutes ces prérogatives ; il n'en usait même ordinairement point, ou tout au plus agissait-il assez pour ne pas être exposé au péché de désobéissance. Nous pourrions en dire bien davantage sur ce sujet ; mais ce peu de détails suffira pour rappeler la mémoire des vertus de notre saint pasteur.

Il est cependant un fait qui ne doit pas être passé sous silence et que depuis longtemps on désirait voir tracé par écrit. Environ quinze ans avant sa mort, il parcourait son diocèse, selon ses habitudes de sollicitude pastorale, lorsqu'il arriva dans un endroit appelé Merckem (entre Dixmude et Ypres), où il reçut l'hospitalité. Il y avait auprès du parvis de l'église un ouvrage de fortification, sorte de château-fort très-élevé, bâti depuis longues années par le seigneur de cette terre. Un fossé large et profond entourait ce château qui n'avait de communication avec le reste du village que par un pont soutenu sur des poutres de distance en distance, appuyé d'une part au bord extérieur du fossé, et de l'autre au rempart même de la forteresse, où l'on ne pouvait ainsi pénétrer qu'après avoir monté le long de ce pont disposé en pente. Le pontife était logé dans ce château avec sa suite nombreuse et vénérable. Après avoir imposé les mains et administré l'onction fortifiante du chrême sacré à une grande foule de peuple dans l'église et dans le parvis, il retourna à son logement pour changer d'habits, parce qu'il avait ensuite à bénir un cimetière destiné à recevoir les corps des fidèles. Comme il descendait du château et qu'il était vers le milieu du pont, à une hauteur de trente-cinq pieds au moins, il s'arrêta ; il était alors entouré d'une foule nombreuse qui le précédait et le suivait, l'accompagnait à sa droite et à sa gauche. Tout à coup le pont fléchit, se brise, et, au milieu d'un craquement horrible et d'un nuage de poussière, tout ce peuple est précipité dans le fossé avec son évêque. Ici se présente à mon esprit le naufrage de l'apôtre saint Paul, quand Dieu accorda à ses prières la vie de toutes les personnes qui étaient avec lui. De même en fut-il cette fois, car, malgré le pêle-mêle de tout le monde, malgré la chute des poutres, des planches et de tant de matériaux de construction, personne ne fut blessé ; et Jean lui-même, le visage toujours aimable et gai, n'ayant de l'eau que jusqu'aux genoux, se débarrassa, rendit grâces à Dieu et s'écria : Le démon a voulu empêcher l'œuvre de Dieu, mais il ne prévaudra pas, car Dieu est toujours avec nous ; puis, sans s'arrêter un instant, il alla bénir le cimetière.

Des vertus si éclatantes, des témoignages si extraordinaires de la protection de Dieu, avaient déjà beaucoup contribué à répandre dans le pays la réputation de sainteté du digne évêque des Morins. Les œuvres qu'il opérait confirmaient chaque jour ce sentiment général. Sa sagesse se manifesta d'une manière éclatante dans différents conciles, en 1099 à celui de Saint-Omer, en 1114 à celui de Beauvais, 1115 à ceux de Reims et de Châlons. Parmi les églises qu'il a relevées ou édifiées, on cite sa cathédrale, qu'il reconstruisit de fond en comble. Il consacra en 1099 l'église de Loo, près de Dixmude ; en 1106 celle d'Arrouaise, destinée à devenir la maison-mère d'une nombreuse congrégation, et en 1123 l'église de Nonnenbosche, abbaye de Bénédictines, fondée dans un lieu champêtre, nommé Rumettre, auprès d'Ypres. A diverses époques il accorda des priviléges à l'abbaye d'Andres, établit des chanoines réguliers à Choques, près de Béthune, réforma l'abbaye de Saint-Pierre de Gand ou Blandenberg, fit en différents lieux des donations, ou porta des règlements pour maintenir la ferveur et l'esprit de régularité. Le zèle du bienheureux Jean n'était pas restreint aux bornes de son diocèse, et sa sagesse bien connue faisait que beaucoup recouraient à ses conseils, quelquefois même à son intervention dans leurs difficultés. Yves de Chartres lui-même réclama son concours dans une affaire importante, où il s'agissait de l'élection d'un évêque à Beauvais. Il s'adressa à lui comme à celui des évêques de la province de Reims qui pouvait le plus influer auprès de son archevêque, pour repousser un sujet indigne, que, contre la défense expresse du Pape, on voulait placer sur ce siége épiscopal. Le docte évêque de Chartres envoya sa lettre à Lambert d'Arras et à Jean de Thérouanne, tous deux ses anciens élèves et les plus chers de ses disciples. « Toujours », leur dit-il, « vous avez eu à cœur de repousser les loups qui voulaient entrer dans les bergeries du Seigneur, et, comme des gardiens fidèles dans la maison de Dieu, de les attaquer s'ils approchaient. Nous exhortons donc votre religion à faire aujourd'hui par obéissance ce qu'autrefois vous faisiez par amour de la justice. Vous donc qui êtes suffragants de l'église de Reims, avertissez votre métropolitain, afin que, selon la teneur des lettres que le Pape a envoyées aux habitants de Beauvais, il exhorte les clercs de cette église à faire, comme c'est leur devoir, une élection canonique ». Dans une autre circonstance, où il s'agissait de l'élection d'un évêque pour l'église de Tournai, qui depuis l'épiscopat de saint Médard était réunie à celle de Noyon, le bienheureux Jean se prononça encore avec une sainte liberté pour que l'on suivît les instructions données par le Pape. Cette confiance du souverain Pontife envers le vénérable évêque de Thérouanne se produisit dès les premiers temps de son épiscopat.

Il eut beaucoup à souffrir pendant les trois dernières années de sa vie. Il était chaque jour témoin de choses qu'il ne pouvait voir sans une extrême douleur. Car après la mort du glorieux serviteur de Dieu, Charles le Bon, comte de Flandre et martyr (1127), la terre fut abandonnée aux mains de l'impie, selon ce que dit l'Ecriture. Il n'y avait plus que vols et brigandages, fraudes et parjures, pillages et incendies, homicides et combats. Tout cela affligeait profondément le cœur si plein de charité de notre bon Père.

Deux mois avant sa mort, il commença à éprouver un grand dégoût pour la nourriture ; il ne pouvait plus prendre qu'un peu de lait. Des symptômes plus graves s'étant déclarés, il fit venir les prêtres de l'église, qui, selon l'autorité apostolique, l'oignirent d'huile sainte et répandirent sur lui la prière de la foi. Il avait d'abord confessé ses péchés, puis il reçut le corps sacré et le sang du Seigneur, donna à tous le baiser de paix et les congédia afin de s'unir plus étroitement à Dieu par la contemplation. Il fit donner aux pauvres tout ce qu'il avait, afin de suivre, pauvre, le Christ, son maître, pauvre lui-même, et n'ayant point eu sur la terre un lieu pour reposer sa tête. Il donna à l'église ses manuscrits, ses vêtements, les vases sacrés qu'il avait en grand nombre ; puis il ne songea plus qu'à prier et à converser doucement sur les choses du ciel avec ses amis intimes. Il nous prédit alors plusieurs choses que nous avons vues se réaliser depuis, et régla l'ordre de sa sépulture, gardant jusqu'à la fin l'usage de toutes ses facultés qui avaient toujours été si éminentes. Il avait défendu de laisser entrer personne, à moins qu'il n'en donnât lui-même la permission. Cependant une foule immense était à la porte, accourue de la ville et du dehors, des parties les plus éloignées du diocèse. Hommes et femmes de tout rang étaient là, attendant humblement qu'il leur fût donné de recevoir la bénédiction du saint prélat. Ils espéraient, disaient-ils, qu'on ne refuserait point à des enfants de voir une dernière fois leur père bien-aimé. Ils demandaient, ils suppliaient, ils se plaignaient et se lamentaient ; plusieurs même avaient fait le serment de ne point s'en aller sans avoir été admis. Vaincus par tant d'importunités, nous en dîmes quelques mots au saint évêque ; il fit un signe de tête qui leur permit d'entrer. Ils entrèrent alors dans le plus grand silence ; il ouvrit les yeux, leva la main et les bénit. D'autres personnes viennent alors de tous côtés ; nous les introduisons dans le même ordre à d'assez longs intervalles de temps, puis nous les congédions. Lui, cependant, persévérait dans son silence, les yeux presque toujours fermés ; il était livré à une contemplation et à une prière non interrompues. Ses douleurs étaient très-vives ; mais il avait tant de patience qu'il était là, étendu, tranquille et silencieux, sans proférer aucune plainte, aucun gémissement. Enfin, à la seconde férie de la semaine, à la première heure du jour, il commença à entrer dans l'agonie. Alors, suivant sa volonté, nous le posâmes sur un cilice recouvert de cendres ; on ouvrit les portes, les clercs et les moines accoururent et nous nous mîmes à psalmodier avec beaucoup d'attention et de ferveur. Mais tout le monde pleurait tellement, les gémissements et les lamentations des hommes et des femmes étaient si nombreux et si forts, que l'on ne savait plus distinguer les voix de ceux qui psalmodiaient d'avec les accents de ceux qui pleuraient. Nous parcourûmes ainsi la plus grande partie du Psautier ; nous répétions pour la seconde fois l'office de la recommandation de l'âme, lorsqu'enfin cette âme fidèle se dépouilla du fardeau pesant de son corps qui paraissait jouir d'un doux sommeil, et s'avança pour entrer en possession de ce repos de l'immortalité pour lequel il avait tant soupiré et tant travaillé. Il a toujours tenu la foi catholique, il a persévéré jusqu'à la fin dans les bonnes œuvres ; aussi la miséricorde du Seigneur lui a donné la couronne de gloire. Il sortit de ce monde l'an de l'Incarnation de Notre-Seigneur Jésus-Christ 1130, le 27 janvier, à la troisième heure du jour, après avoir gouverné l'église de Thérouanne pendant trente ans, six mois et trois jours.

Pendant plusieurs jours, son corps fut exposé publiquement à la vénération des fidèles.

Les évêques d'Arras et d'Amiens firent la cérémonie des obsèques avec une pompe extraordinaire. Le corps du Saint fut inhumé dans son église cathédrale.

Ste DÉVOTE, PATRONNE DE MONACO, VIERGE ET MARTYRE (300).

Dévote, vierge, née, comme on le rapporte, à Mariana, ville autrefois importante de l'île de Corse, souffrit sous les empereurs Dioclétien et Maximien le martyre pour Jésus-Christ. Elle avait eu le bonheur de rencontrer pour nourrice une femme chrétienne, qui lui communiqua avec son lait le précieux aliment de la religion. Ayant appris la prochaine arrivée dans la Corse d'un envoyé romain qui venait pour exciter la persécution contre les chrétiens, elle se retira dans la maison d'Eutice, patricien et sénateur ; et là, vaquant le jour et la nuit à la lecture des livres saints, à l'oraison et aux jeûnes qu'elle observait continuellement, excepté le jour de la résurrection du Seigneur, elle se préparait, comme si elle avait eu le pressentiment de l'avenir, au combat suprême qui l'attendait. Eutice l'avait souvent exhortée à tempérer quelque peu l'austérité de son genre de vie ; mais il finit par comprendre combien était vraie la réponse qu'elle avait coutume de lui faire, savoir : qu'elle trouvait une suffisante réfection dans les dons célestes que Dieu lui accordait ; sous la maigreur et la pâleur de visage de la jeune fille, il vit paraître une effusion de lumière divine dont il avait peine à soutenir l'éclat.

Il vint donc de Rome dans l'île de Corse un président du nom de Barbare, et la délation lui fit bientôt connaître qu'il y avait, cachée dans la maison d'Eutice, une vierge chrétienne à qui l'on ne pouvait persuader de répudier le Christ ni de vénérer les dieux. Le président propose alors à Eutice de la lui envoyer, certain de la faire changer d'avis par les menaces ou par les tourments. Eutice répond qu'il a une telle estime pour la vierge, qu'il ne saurait la livrer à aucun prix. Sur cela le rusé président suspendit l'exécution de son dessein, et craignant que l'affaire ne fût pas pour lui sans péril, s'il s'engageait dans une lutte avec un homme de ce rang et de cette autorité, il pensa qu'il valait mieux se débarrasser déjà d'Eutice. A quelque temps de là le sénateur succombait au poison, et incontinent Dévote était saisie et traînée devant le tribunal. Sommée de sacrifier aux dieux, elle répondit qu'elle rendait chaque jour, dans la pureté de son cœur, un culte au vrai Dieu ; quant à des dieux de cire, d'argile et de pierre, attendu qu'ils ne sont rien que des simulacres, ouvrages faits de la main de l'homme, qui n'ont ni raison, ni sentiment, elle les méprisait souverainement. A cela Barbare, transporté de fureur, ordonne qu'on la traine sur un sol rocailleux et inégal, enfin qu'on la suspende au chevalet, où, pendant qu'elle expirait, on vit sortir de sa bouche une blanche colombe qui prit son vol en haut et disparut dans le ciel.

Comme l'ordre avait été donné de brûler, le jour suivant, le corps de la vierge, deux clercs, qui se cachaient dans les environs par la crainte des païens, avertis par une vision céleste, l'enlevèrent la nuit, l'embaumèrent avec le secours de plusieurs jeunes filles chrétiennes et le déposèrent dans une embarcation pour le transporter en Afrique. Mais le vent étant devenu plus fort, et la barque, qui était restée assez longtemps à sec sur le rivage, s'affaissant un peu par l'eau qu'elle recevait, le batelier dut travailler beaucoup durant une bonne partie de la nuit, si bien qu'ensuite, vaincu par le sommeil et la fatigue, il s'endormit un peu. Et voilà qu'il lui sembla voir Dévote qui l'avertissait que le vent et la mer étaient maintenant calmes, et que la barque était et serait désormais impénétrable à l'eau; qu'il devait se diriger du côté où lui et le prêtre qui était avec lui verraient s'envoler une colombe sortant de sa bouche, jusqu'à ce qu'ils arrivassent en un lieu nommé *Monachon* [1], des moines. Alors le batelier se levant et obéissant à la parole qu'il avait entendue, parvint heureusement au port d'Hercule Monécus (Monaco), précédé de la colombe qui

1. *Etymologie de Monaco. — Les princes de Monaco*, seigneurs des Baux. — Tradition provençale sur les rois Mages, dont un des descendants fut fondateur de la ville des Baux.

Cette étymologie de *Monaco*, que le *Propre* de Corse fait venir de *Monacus*, moine, nous paraît un peu hasardée, surtout si l'on considère que le souvenir d'Hercule est mêlé à cette dénomination; car longtemps avant que le monde eût même l'idée de l'institution monastique, la ville s'appelait *Monos oikos*, *Herculis* ou *Herculis Monœci Portus*, ce qui nous semble vouloir dire maison unique ou isolée d'Hercule. La cité fut-elle appelée ainsi parce que, comme on l'a encore dit, Hercule, jaloux des autres dieux, n'y souffrit que son temple et que son culte à lui? Il suffit d'avoir énoncé cette supposition pour ranger le fait dans le domaine de la mythologie païenne. Il nous semble plus probable que des navigateurs grecs, frappés de l'étroitesse du passage de Gibraltar, dont la création était attribuée à Hercule, qui aurait fendu la montagne en deux pour permettre aux deux mers de se réunir; il nous semble plus probable, disons-nous, que ces navigateurs, se plaçant sous les auspices d'Hercule, lui auront consacré la colonie qu'ils fondèrent sur le microscopique promontoire de Monaco. Quant à l'idée d'isolement, pour qui a vu les lieux, elle vient naturellement à l'esprit : il serait difficile, en effet, d'asseoir une autre ville à droite ou à gauche de Monaco. La langue de terre sur laquelle elle est assise est environnée d'eau de trois côtés et adossée par le seul côté qui la rattache à la terre à une très-haute montagne. La principauté de Monaco appartient depuis la fin du xe siècle à la famille des Grimaldi, originaire de Gênes. En 1642, Honoré de Grimaldi secoua le joug des Espagnols avec l'appui de Louis XIII. En compensation des fiefs d'Espagne que cette rébellion lui fit perdre, le monarque français lui abandonna le duché de Valentinois, le comté de Carludez et la baronnie de Calvinet en Auvergne, la baronnie de Buis en Dauphiné et celle des Baux en Provence.

Notre intention n'est pas de dire comment les princes de Monaco ont perdu successivement tous leurs apanages et en sont réduits aujourd'hui au *seul* rocher dont ils tirent leur nom : tant il y a des noms fatidiques! Nous voulons seulement, puisque l'occasion s'en présente, dire un mot de la seigneurie des Baux, qui leur a jadis appartenu et à laquelle se rattache une tradition religieuse très-intéressante. En la consignant ici, nous la sauverons peut-être de l'oubli.

Derrière la petite chaine des Alpines ou, pour être plus précis, sur leur flanc méridional, en face de la plaine aride de la Crau et des campagnes marécageuses d'Arles, Dieu a taillé dans le roc, sur des proportions gigantesques, l'une des plus grandes scènes de désolation dont il ait été donné à l'œil humain de contempler les sublimes horreurs. C'est un cataclysme de la nature arrêté tout à coup à l'apogée de son développement et respecté dans tout son désordre depuis des siècles par l'action du temps et par la main de l'homme. Il n'y a là, en effet, que des collines horriblement tourmentées et des roches colossales entassées les unes sur les autres. Nous n'essayerons pas de décrire le spectacle qui s'y déroule à nos regards; nous aimons mieux renvoyer nos lecteurs à la *Divine Comédie* du Dante, qui avait, comme on l'assure, cette vallée de deuil sous les yeux quand il écrivait le douzième chant de son *Inferno*.

Or, à la cime du roc abrupt et escarpé, surplombant à l'orient tout ce pêle-mêle de montagnes et de collines renversées, s'élève la petite ville des Baux. Au xive siècle, la ville des Baux avait une population de quatre mille âmes; elle n'en compte plus aujourd'hui que cinq cents! Bâtie dès les premiers siècles de notre ère, en 388, dit-on, elle devint, à la fin du xe siècle, le fief principal d'une maison puissante dont le nom se rencontre à chaque page dans les *Annales du Midi de la France*. Son fondateur ne serait autre, à en croire La Pise (d'Orange) et autres historiens, qu'un prince, éthiopien de naissance, mais indien d'origine, Balthazar, arrière-petit-fils du Mage du même nom que l'étoile conduisit jusqu'à l'étable de Bethléem; aussi la maison des Baux, en souvenir de son origine, portait-elle sur son écusson *de gueules à l'étoile d'argent irradiée en seize rais*, et son cri de guerre était : *A l'azar, Bautézar!* (Au hasard, Balthazar!)

Hommes à l'humeur excessivement turbulente et remuante, les princes des Baux prirent une large part aux événements qui signalèrent le moyen âge en Provence. Il n'y a, en effet, en ces temps reculés, aucune guerre, aucune expédition, aucun combat où ils ne furent noblement représentés. Possesseurs de terres immenses, qui étaient disséminées par toute la Provence et qu'ils avaient appelées de leur propre nom *Terres Baussenques*, ils profitèrent des invasions barbares afin de former une puissance qui fût assez forte pour tenir tête durant trois siècles aux rois d'Arles et autres souverains de la contrée. Il fallut, en 1631, le canon de Louis XIII pour faire rendre le dernier soupir à la féodalité provençale qui s'était, pour lui montrait le chemin, et qui s'arrêta en cet endroit, c'est-à-dire entre Nice et Albintemelium (Vintimille). Depuis lors sainte Dévote est honorée avec une grande célébrité dans ce pays, où l'on rapporte qu'on l'a vue plus d'une fois apparaître au sommet de la citadelle pour la délivrer des ennemis. Cependant les Corses, pour n'être pas privés de tout gage de sainte Dévote, leur compatriote, qu'ils vénèrent comme la patronne principale de leur île, obtinrent des habitants de Monaco, en 1687, quelques-unes de ses reliques pour les conserver et les vénérer.

Une *colombe* qui guide l'esquif où se trouvent ses reliques, est l'attribut de sainte Dévote.

Brév. d'Ajaccio.

SAINT MAIRE, ABBÉ DE VAL-BENOIS[1] (vers 555).

Saint Maire était d'Orléans et d'une naissance honnête, quoique médiocre. Devenu moine dans un monastère de sa ville natale, il s'engagea avec zèle dans la milice de Dieu par la pratique du bien. Il se faisait remarquer entre tous ses frères par l'excellente pureté de ses mœurs et l'innocence de sa vie ; c'est pourquoi, avec l'assentiment de Gondebaud, roi de Bourgogne, les frères du monastère de Bodon ou Val-Benois, dans le diocèse de Sisteron, le choisirent pour leur abbé, élection qui fut confirmée par l'autorité de l'évêque Jean qui gouvernait alors cette église. La charité et la prudence de Maire répondirent admirablement à ce qu'on attendait de lui. Attentif à Dieu seul, il édifiait en lui et dans les siens le nouvel homme sur les ruines du vieux, étant pour tous un exemplaire de bonnes œuvres, comme dit l'Apôtre, en doctrine, en sainteté, en gravité. Le pouvoir des miracles se développa chez ce dispensateur fidèle en même temps que la sainteté. Il ordonna à un muet de parler, à un sourd de l'entendre ; il ouvrit les yeux d'un aveugle pour lui faire voir un paralytique qui marchait ; il arrachait aux maladies leurs victimes et à la mort sa proie ; il attirait sur les pécheurs le pardon de Dieu. Il s'endormit dans le Seigneur vers le milieu du VIe siècle, le 27 de janvier. Après l'heureux décès de Maire, lorsqu'un temps considérable se fut écoulé, que la cruauté de certaines nations (les Sarrasins et les Normands) eut presque dépeuplé la France, et que les monastères du Christ furent devenus des déserts, le corps de l'homme de Dieu dérobé par quelques hommes, fut porté, par une disposition de Dieu, dans la ville de Forcalquier, où il reçoit les hommages pieux du peuple et du clergé.

SAINT GAMELBERT[2], CURÉ EN BAVIÈRE (vers l'an 800).

Cet homme de Dieu naquit en Basse-Bavière, dans un village dont le nom moderne est Michaelsbuch[3], non loin de l'endroit où l'Isar, qui vient des Alpes du Tyrol, se jette dans le Danube. C'était au commencement du VIIIe siècle, c'est-à-dire à une époque où la religion catholique florissait déjà au milieu des races allemandes.

Les parents du jeune Gamelbert étaient des propriétaires auxquels leurs biens suffisaient et qui vivaient aussi saintement que le comporte le siècle.

ainsi dire, retranchée derrière les murailles de leur petite capitale. Les ruines des fortifications de celle-ci attestent hautement quels furent les efforts du roi très-chrétien et de ses troupes pour amener la reddition de cette place que la nature avait fortifiée plus encore que l'art lui-même. Ces ruines sont aussi imposantes que le site où elles se trouvent : ce ne sont que maisons gothiques abandonnées, murs à demi écroulés, voûtes ogivales disloquées, tourelles mutilées, créneaux brisés, colonnes renversées, en un mot dévastation partout et désolation de tous les côtés; aussi la population des Baux n'a-t-elle pour abri que les décombres des habitations princières et des demeures seigneuriales.

1. *Alias* Mary, Marius, Maure. — La-Val-Benois correspond au latin *Vallis Bodonensis*. Les auteurs qui ont traduit par Beuvons ou Beuvoux se sont donc trompés. Il n'y a point de lieu, dans l'ancien diocèse de Sisteron, qui porte exactement ce nom. Le village de Bevons, situé à une lieue de la ville, n'offre aucune trace de monastère, tandis que l'on voit les ruines de l'abbaye de La-Val-Benois dans le village de Saint-May : ce nom de Saint-May est évidemment l'altération de *Marus* ou *Marius*.

2. *Alias* Gamulbert, Amelbert, Amalbert.

3. En notre langue *hêtre Saint-Michel*, ce qui est la traduction exacte du *fagetum*, appellation moyen âge de cette localité.

Son père eût voulu faire de lui un soldat : pour lui faire prendre goût au noble métier, il s'amusait à le ceindre d'un sabre ou à lui faire endosser l'uniforme : l'enfant jetait l'armure dont on le revêtait et ne témoignait que du dédain pour ces habits guerriers. Ses frères et son père indignés le traitaient de lâche ; celui-ci le condamna même à garder ses troupeaux : le vertueux jeune homme s'y soumit avec résignation et même avec bonheur.

Un jour il s'était endormi à côté de ses moutons : à son réveil il trouva un livre sur sa poitrine. Il comprit qu'il lui était ordonné de s'instruire et alla trouver des prêtres qui l'initièrent à l'étude des saintes lettres. Ce qu'il lisait et apprenait n'était pas pour lui lettre morte. Ayant entendu ses pieux maîtres dire que *la vie et la mort sont en la puissance de la langue*, il défendit à tout jamais à ses lèvres de prononcer non-seulement une parole nuisible, mais encore une parole oiseuse.

Cependant il était parvenu à ce point où l'adolescent devient jeune homme. Sa vertu autant que sa piété excita l'envie de l'enfer. Comment le faire tomber?

Sobre à l'endroit du boire et du manger, fidèle au devoir de la prière, économe de paroles, Gamelbert veillait sur son corps aussi bien que sur son cœur. L'ennemi du salut l'attaqua de la même manière que plus tard Thomas d'Aquin, de la même manière qu'il attaque la plupart des jeunes gens. Et que ceci soit un avertissement aux parents. Saint Gamelbert vivait au VIIIe siècle, c'est-à-dire à mille ans de distance de nous. Eh bien ! le démon se servit pour le faire tomber des mêmes moyens qu'il emploie encore contre nos enfants aujourd'hui : de la séduction des mauvaises mœurs. Dans ces occasions la fuite est le seul moyen de salut : notre Saint quitta brusquement la personne qui le tentait et alla mettre sa chasteté sous la protection de Dieu.

Mais le berger de Michelsbuch avait été jugé digne du sacerdoce. Sur ces entrefaites son père mourut. Il reçut pour sa part d'héritage la maison où il avait vu le jour, avec les terres qui en dépendaient et l'église du village : il en prit possession comme pasteur encore plus que comme propriétaire.

Rome alors, peut-être encore plus qu'aujourd'hui, attirait les âmes pieuses : le saint prêtre entreprit donc un pèlerinage au tombeau des Apôtres. Sur sa route, dans une maison où il avait reçu l'hospitalité, il baptisa un petit garçon qui devait être saint Uthon.

Après son retour il prit lui-même la direction de sa paroisse et déploya à un degré héroïque, dans l'exercice du saint ministère, toutes les vertus nécessaires à un curé de village : la discrétion, l'esprit de retraite et de silence, l'hospitalité et surtout la charité. « Il était, dit son biographe, « le père des aveugles et des estropiés : sa porte était toujours ouverte aux voyageurs ; les malades et les pauvres trouvaient chez lui tous les secours possibles, et aux morts il accordait non-seulement la sépulture, mais ses prières ».

Telle était sa bonté d'âme qu'il rachetait les petits oiseaux pour leur rendre la liberté lorsqu'il en trouvait entre les mains des paysans. Il ne permettait pas non plus à ses propres domestiques d'aller travailler aux champs ou aux bois lorsque le temps menaçait d'être mauvais. Il affectionnait par-dessus tout la tranquillité et la concorde, rétablissant la paix entre ses paroissiens autant qu'il le pouvait.

Il était médiocrement instruit : mais il consacrait au service de Dieu tout ce qu'il savait. Après avoir passé cinquante ans dans l'exercice des fonctions sacerdotales, il voulut se préparer d'une manière plus prochaine au grand passage du temps à l'éternité. Il avait depuis longtemps quitté la maison trop somptueuse que lui avait laissée son père, pour une plus modeste. Sur la fin de sa vie, il planta à quelque distance, autour de sa demeure, quatre croix et se les proposa comme des limites à ne jamais dépasser. La charité seule lui faisait abandonner cette espèce de solitude. C'est ainsi qu'ayant un jour aperçu deux hommes qui se battaient en dehors de cette enceinte, il courut à eux et parvint non-seulement à les séparer, mais à les réconcilier.

Cependant l'heure de sa mort était arrivée : toute sa paroisse pleurait autour de son lit : « Mes enfants », leur dit-il, « ne vous affligez pas de mon départ. Le Seigneur a pourvu à mon remplacement : il vous donnera un saint pasteur ». Le mourant voulait désigner Uthon qu'il avait autrefois baptisé, lors de son pèlerinage à Rome. Celui-ci fut mandé : le saint curé l'institua son héritier, et le présenta à ses ouailles comme leur nouveau père spirituel.

Peu de temps après, il convoqua ses confrères dans le sacerdoce pour lui administrer les derniers sacrements et remit paisiblement son âme entre les mains de celui qu'il avait si ardemment et si constamment aimé toute sa vie (27 janvier 800).

Chacun le regretta comme un bienfaiteur, tous s'empressèrent de l'honorer après sa mort comme un Saint.

De nombreux miracles glorifièrent son sépulcre.

L'église qui reçut ses saintes dépouilles fut dès lors souvent visitée par les anges qui chantaient des hymnes sous ses voûtes, l'éclairaient de diverses splendeurs et la parfumaient de senteurs toutes célestes.

Là plus d'un estropié recouvra l'usage de ses membres ; là plus d'un affligé puisa la consolation nécessaire à l'homme voyageur ici-bas pour accomplir sans désespoir le pèlerinage vers l'éternité.

Nos voisins d'Outre-Rhin ont représenté saint Gamelbert : 1° baptisant saint Uthon ; 2° dans un oratoire environné de moutons. Ceux-ci rappellent sans doute la vie pastorale du futur pasteur d'hommes, et celui-là sa vie de retraite, sur la fin de ses jours.

Cf. *AA. SS.*, t. III, jan., p. 398, nouv. éd.

SAINT GILDUIN, CHANOINE DE DOL (1077).

Saint Gilduin ou Gildouin, chanoine de l'église cathédrale de Saint-Samson de Dol, fut fils de Rioualem ou Rudalen, surnommé Chèvre-Chenue, seigneur de Dol et de Combour ; sa mère était de la noble maison de Puyset, dans la Beauce, diocèse d'Orléans. Il vint au monde l'an 1052, sous le pontificat de saint Léon IX ; il fut baptisé dans l'église de Saint-Samson par son oncle paternel Junkeneus, archevêque de Dol. Ses parents s'occupèrent soigneusement de son éducation, et, autant qu'ils purent, ils le formèrent à la piété et aux bonnes mœurs, et l'instruisirent dans la religion et dans les belles-lettres. Après qu'il eut achevé le cours de ses études, ses père et mère le voulurent marier, et lui chercher un parti qui fût bon et avantageux ; mais le saint jeune homme n'y voulut rien entendre, et leur fit savoir son intention, qui était d'embrasser l'état ecclésiastique, ou, selon l'ancienne manière de dire, de se faire d'église. Les parents y consentirent volontiers, et dès lors[1], *ils le vêtirent de long*, le consacrant à Dieu entre les mains de son oncle Junkeneus.

Gilduin, avec la tonsure cléricale, reçut un esprit tout nouveau et fut entièrement changé en un autre homme. Sa vie sainte et exemplaire permit à l'archevêque de lui conférer, nonobstant sa jeunesse, un canonicat dans sa cathédrale. Il fut ordonné diacre au grand contentement du clergé et du peuple dolois, qui se promettaient quelque chose de grand de ce jeune homme. Cependant l'église de Dol, florissante et heureuse sous Junkeneus, eut le malheur de tomber entre les mains d'un mauvais pasteur, qui, selon les actes de saint Gilduin, méritait plutôt d'être appelé *archiloup* qu'archevêque. C'était un de ces évêques simoniaques qui donnèrent tant de peine à Grégoire VII, la plaie de l'Eglise en ce temps-là et qui l'auraient perdue, si elle pouvait l'être. Ce loup fut sept ans dans la bergerie de Jésus-Christ ; enfin, à bout de patience, le clergé et le peuple de Dol le chassèrent de la ville, et s'étant assemblés pour élire un autre évêque, réunirent tous leurs suffrages sur le jeune diacre Gilduin. Celui-ci ne voulant pas d'une charge qui le forçait à renoncer à la vie humble et retirée qu'il affectionnait par-dessus tout, d'une charge qui lui semblait d'ailleurs beaucoup trop lourde pour ses épaules de jeune homme, fit tout ce qu'il put pour obtenir que ses concitoyens revinssent sur leur décision ; mais, ses efforts étant inutiles, il en appela au souverain Pontife, qui était alors saint Grégoire VII. Il se disposa donc à partir pour Rome, et pria Even, ou Ivon, abbé de Saint-Melaine-les-Rennes, de lui tenir compagnie en ce voyage. Le chapitre de Dol envoya aussi ses députés pour supplier Sa Sainteté de confirmer l'élection qui avait été faite. Arrivés à Rome, ils comparurent tous à l'audience du Pape. Les députés représentaient à Sa Sainteté les belles qualités dont leur élu était doué, les nécessités de l'église de Dol, auxquelles nul ne pouvait mieux remédier que lui, non-seulement à cause de la sainteté de sa vie, mais aussi de la noblesse de son extraction, et ils concluaient qu'il plût à Sa Sainteté, sans avoir égard aux excuses de Gilduin, de confirmer l'élection qu'ils avaient faite de lui. De son côté, Gilduin supplia le Saint-Père de ne vouloir pas mettre une charge si pesante sur ses faibles épaules, fit valoir son âge peu avancé, son incapacité et les autres raisons que son humilité lui fournissait.

Admirant cette humilité, Grégoire VII en fit compliment à Gilduin : « Mon fils », lui dit-il, « votre conduite est sage, parce qu'elle est conforme aux saints canons. Loin de vous ingérer imprudemment, vous vous excusez par des raisons prudentes. Sachez donc que je ferai volontiers

1. Le Père Albert le Grand, de Morlaix.

ce que vous me demandez, pour ne pas vous accabler d'un fardeau supérieur à votre âge ». Puis le Saint-Père le pria de lui nommer celui de sa compagnie qu'il jugerait le plus capable d'occuper le siége épiscopal. Gilduin l'ayant remercié, s'en retourna vers les députés et leur déclara l'intention du Pape, suivant laquelle ils consentirent qu'il renonçât à son élection et qu'il nommât tel qu'il jugerait à propos. Lui, bien aise de cette résolution, alla trouver Sa Sainteté et la pria de consacrer Even, abbé de Saint-Melaine-les-Rennes, homme d'une vertu, d'une doctrine et d'une sainteté signalées. Le Pape approuva cette nomination et sacra Even archevêque de Dol, dans l'église de Latran, en présence des cardinaux et des prélats qui se trouvaient alors en cour romaine, l'an 1076. Le Saint-Père, en congédiant Even et sa compagnie, lui donna une lettre de recommandation pour tous les évêques de Bretagne, dont voici quelques passages :

« Grégoire, évêque, serviteur des serviteurs de Dieu, à tous les évêques de Bretagne, salut et bénédiction apostolique. Nous croyons que vous n'ignorez pas comment le clergé et le peuple de Dol nous ont adressé un jeune homme d'une naissance assez illustre, selon ce qu'on nous a dit, demandant qu'il fût ordonné par Nous pour être leur évêque. La cause étant examinée comme il convenait, Nous avons reconnu en lui les mœurs honnêtes, eu égard à son âge, mais non encore assez mûries et affermies pour soutenir le poids de l'épiscopat. C'est pourquoi Nous avons décidé qu'il ne serait prudent, ni pour lui-même, ni pour vous, de le charger d'un fardeau si lourd. Mais avec l'aide de Dieu, Nous avons trouvé parmi ceux qui l'accompagnent une personne beaucoup plus en rapport avec cette dignité par son âge, par sa science et par la gravité de sa conduite : c'est Yvon, abbé de Saint-Melaine, que Nous avons ordonné, bien que malgré lui et quoique astreint à l'obéissance, sur la demande, sur le choix du jeune homme et des autres. Nous lui avons aussi accordé l'honneur et l'usage du *pallium* pour votre direction et pour celle de toute la province, à la condition toutefois qu'il ne refusera pas de se présenter en temps opportun pour discuter la plainte que notre confrère Rodolphe, archevêque de Tours, fait depuis longtemps à l'audience de nos prédécesseurs et à la nôtre, touchant la soumission de ce siége de Dol à celui de Tours, et touchant le refus d'obéissance, etc... »

Avec ces lettres et plusieurs belles reliques dont le Pape leur fit présent, nos Bretons sortirent de Rome et s'en retournèrent en France. Lorsqu'ils eurent passé les Alpes, Gilduin se sépara de l'archevêque et se dirigea vers l'Orléanais pour visiter ses parents maternels. Il tomba malade à Puyseaux. Sentant sa fin approcher, il se fit porter à Chartres, pour faire sa prière à Notre-Dame. De là, il alla loger au monastère de Saint-Pierre-en-Vallée, situé au faubourg de Chartres ; il fut soigné par les religieux bénédictins pendant sa maladie, et Dieu l'appela à lui le 27 de janvier, l'an de grâce 1077. Il fut enterré au milieu du chœur de l'église du monastère. Des miracles s'étant opérés à son tombeau, ses ossements furent levés de terre quatre-vingt-dix ans après sa mort, transférés en une chapelle et renfermés dans une châsse par l'abbé Foulcher, quatorzième abbé de Saint-Pierre-en-Vallée. Une seconde translation des saintes reliques eut lieu en 1666; elles furent déposées très-solennellement dans la cathédrale de Chartres, où elles demeurèrent jusqu'à la Révolution. A cette époque désastreuse, les reliques de saint Gilduin ont disparu.

L'ancien diocèse de Dol en célébrait autrefois la fête le 27 janvier du rite double majeur, et le Bréviaire de Chartres en fait mention au 15 novembre, parmi les Saints de ce diocèse.

XXVIIIe JOUR DE JANVIER

MARTYROLOGE ROMAIN.

A Rome, sainte Agnès, pour la seconde fois [1]. — Au même lieu, saint Flavien, martyr, qui souffrit sous Dioclétien [2]. Vers 304. — A Apollonie, les saints martyrs THYRSE, Leuce et Callinique, qui, après avoir été tourmentés de diverses manières au temps de l'empereur Dèce, consommèrent leur martyre, le premier et le dernier par la décollation; le second rendit son âme à Dieu après qu'il eut entendu une voix céleste qui l'appelait. 250. — Dans la Thébaïde, les saints martyrs Léonide [3] et ses compagnons, qui remportèrent la palme du martyre au temps de l'empereur Dioclétien. Vers 304. — A Alexandrie, la mémoire de plusieurs saints martyrs [4], que Syrien, chef militaire et arien, fit périr de diverses manières ce même jour, les ayant surpris dans l'église pendant qu'ils célébraient la synaxe ou les saints mystères. 376.— En la même ville, saint CYRILLE, évêque de ce siége, défenseur très-illustre de la foi catholique, qui se reposa en paix aussi grand par sa sainteté que par sa science. 444. — A Saragosse, saint VALÈRE, évêque. 315. — A Cuença, en Espagne, la naissance au ciel de saint JULIEN, qui, après avoir distribué aux pauvres les revenus de son église, et vécu du travail de ses mains, à l'exemple des Apôtres, mourut en paix, célèbre par ses miracles. 1207. — Au monastère de Réome (Moutier-Saint-Jean), les funérailles de saint JEAN, prêtre, homme de Dieu. 545. — En Palestine, saint Jacques, ermite, qui demeura longtemps caché dans un tombeau, pour faire pénitence d'une faute qu'il avait commise, et émigra de ce monde vers le Seigneur, glorieux par ses miracles [5]. VIe s.

MARTYROLOGE DE FRANCE, REVU ET AUGMENTÉ.

A Cisoing, en Flandre, saint ARNOUL, écuyer d'un seigneur de ce pays, qui fut exécuté à un gibet par les ennemis de son maître, et souffrit volontiers la mort pour la piété et pour la justice. Ses reliques ont été entièrement dispersées par les hérétiques. VIIIe s. — Dans la même province,

1. Voir au 21 janvier. C'est l'apparition de sainte Agnès à ses parents que l'Eglise entend célébrer aujourd'hui en nommant sainte Agnès pour la deuxième fois au Martyrologe.

2. Saint Flavien était préfet de Rome. *AA. SS.*, t. III de janvier, p. 449.

3. Les Grecs font aussi mémoire de saint Léonide et de ses compagnons en ce même jour. Ils nomment parmi eux Asclas, martyr, que les Latins mettent à part au 23 de janvier. Leurs actes, recueillis par Métaphraste, se trouvent au tome Ve de Lipoman et au VIe de Surius. (BARONIUS.)

4. L'Eglise d'Alexandrie écrivit l'histoire du massacre de ces victimes de l'hérésie arienne dans une lettre-circulaire adressée à tous les fidèles du Christ. On y lit : « Ces choses se sont passées la veille des calendes de février, après le consulat d'Arbétion et de Lollianus ». Saint Athanase en parle aussi dans son *Epître à un solitaire*, dans l'*Apologie à Constance* et dans l'*Apologie de sa fuite*.

5. Il serait dangereux de laisser croire aux lecteurs de la vie des Saints que les héros du christianisme ont ignoré les faiblesses de notre pauvre humanité. Hélas! hélas! que d'astres sont tombés des hauteurs de la perfection et combien n'y sont pas remontés! Ceux-là, il faut les plaindre; mais il faut admirer et imiter ceux qui, après avoir failli, se sont relevés. Tel est saint Jacques, ermite. Depuis quinze ans, il vivait dans la retraite, priant, jeûnant et se mortifiant. Dieu lui avait accordé le don des miracles, et ce don même fut l'occasion de sa chute. Après avoir résisté à une malheureuse qui était venue le tenter dans le désert, il succomba de lui-même devant une jeune fille qu'on lui avait amenée pour la délivrer du démon impur, qu'il délivra en effet et qu'on lui laissa afin qu'il prévînt, par sa prière et sa surveillance, le retour du mal. Après la faute, Jacques tua celle à qui il avait ravi sa virginité : non-seulement elle, mais le jeune frère qu'un père trop confiant avait laissé comme sauvegarde à cette infortunée, puis il livra les deux corps au courant du Jourdain. Telles sont les œuvres du démon, telle est la *faute* que nous signale le martyrologe romain.

Le démon, suivant son habitude, se hâta de jeter le désespoir dans l'âme du pauvre Jacques : déjà il fuyait les lieux théâtre de quinze ans de pénitence et de trois crimes énormes; heureusement pour lui, il rencontra un vieil anachorète qui connaissait les abîmes de la malice de l'homme et les profondeurs de la miséricorde divine : il le retint sur le bord du précipice. Jacques s'enfonça plus avant dans le désert, loin le bienheureux Richard, célèbre abbé de Vaucelles [1]. 1160. — A Aix-la-Chapelle, le bienheureux CHARLEMAGNE, roi de France et empereur, qui ne s'est pas rendu moins illustre par son insigne piété que par la sagesse de son gouvernement et par ses grandes conquêtes. 814. — A Mond, au duché de Juliers, saint Irmonz, berger, sous le nom duquel l'ancienne église cémétériale de ce lieu était dédiée [2]. ve s. — A Tours, la fête de sainte MAURE et de sainte BRITTE, dont le décès est marqué le 15 janvier. — A Gap, la fête de saint PÉLADE, dont la naissance au ciel se trouve indiquée au 7 janvier. — A Arles, la fête de sainte Césarie [3], dont l'entrée au ciel est le 12 de janvier. — A Strasbourg, saint Prix et saint Marin, martyrs [4]. — A Nîmes, la fête de saint Julien et sainte Basilisse, dont il est fait mention le 9 janvier au martyrologe romain. — A Agen, sainte LIBÉRATE, vierge et martyre. — A Moutier-Saint-Jean, au diocèse de Dijon, saint JEAN DE RÉOME, l'un des patriarches de la vie monastique en France. Il avait coutume de dire, pendant le travail des mains qu'il présidait lui-même : O mon Dieu, j'aime mieux vos commandements que l'or et la topaze. 539 ou 545. — Au même lieu, saint Philomère, qui aida saint Jean de Réome, à son retour de Lérins, à rétablir l'autorité de la règle. VIe s. — Pour mémoire, saint Hilaire et sainte Quieta, le père et la mère de saint Jean de Réome.

MARTYROLOGES DES ORDRES RELIGIEUX.

Martyrologe de l'Ordre de Saint-Basile. — A Alexandrie, saint Cyrille, de l'Ordre de Saint-Basile, etc., comme ci-dessus au martyrologe romain.

Martyrologe des Chanoines réguliers. — A Rome, sainte Agnès, pour la seconde fois, etc., comme au martyrologe romain.

Martyrologe de l'Ordre de Saint-Benoît, des Camaldules et de la Congrégation de Vallombreuse. — Saint Paul, premier ermite, dont il est fait mention le 15 janvier.

Martyrologe de l'Ordre de Cîteaux. — A Lauzanne, saint AMÉDÉE, d'abord abbé de Haute-Combe, de l'Ordre des Cisterciens, ensuite évêque de la même ville, illustre par sa piété et sa science, et serviteur excellent de la bienheureuse Vierge, Mère de Dieu. 1158.

Martyrologe de l'Ordre de la Très-Sainte Trinité. — La fête de l'Apparition de sainte Agnès, vierge et martyre, qu'Innocent III, après l'apparition d'un ange qu'il vit en ce jour, pendant qu'il célébrait la sainte messe dans l'église de Latran, assigna à l'Ordre de la Très-Sainte-Trinité, institué pour le rachat des captifs, comme sa patronne principale et privilégiée.

Martyrologe de l'Ordre des Frères Prêcheurs. — A Toulouse, la translation de saint Thomas d'Aquin.

Martyrologe Romano-Séraphique. — A Palerme, le bienheureux MATHIEU D'AGRIGENTE, évêque de cette ville, confesseur, de l'Ordre des Mineurs, compagnon de saint Bernardin de Sienne, et l'imitateur très-illustre de ses vertus, et surtout de sa piété envers la Mère de Dieu et le Très-Saint Nom de Jésus. Après avoir géré saintement et puis ensuite déposé la charge épiscopale, il se reposa dans le Seigneur le 7 janvier, remarquable par la renommée de ses miracles et par un culte immémorial approuvé de l'autorité apostolique. 7 février 1451.

Martyrologe des Carmes Chaussés et Déchaussés. — A Alexandrie, saint Cyrille, évêque de cette ville, de l'Ordre des Carmes, etc., comme ci-dessus au martyrologe romain.

Martyrologe des Ermites de Saint-Augustin. — A Milan, au monastère de Sainte-Marthe, la

de tout regard humain. Il s'ensevelit tout vivant dans un sépulcre abandonné, et, comme un autre David, pleura jour et nuit sa faute pendant dix ans, au bout desquels le Créateur le rappela à lui. Il put, avant sa mort, espérer que Dieu lui avait rendu toute sa faveur, puisque la contrée voisine du désert où il vivait obtint, par ses prières, une pluie dont ses champs étaient privés depuis longtemps. — *AA. SS.*, t. III de janvier, nouv. éd., p. 484 et suiv.

1. Ce fut le grand saint Bernard de Clairvaux qui conduisit lui-même saint Richard à Vaucelles pour remplacer le bienheureux Raoul qui venait de mourir. Il n'avait point vu depuis longtemps cette communauté, fille de la sienne; aussi sa joie fut grande quand il y trouva réunis cent sept religieux, trois novices et cent trente convers. Telle était en 1152 l'abbaye de Vaucelles. Le dernier abbé, Alexandre Peuvion, mourut en exil à Francfort-sur-le-Mein, en 1797.

2. On voit encore à Mond la *fontaine de saint Irmonz*, qu'il fit jaillir de terre avec son pied à une époque de sécheresse, pour abreuver son troupeau. Les eaux en sont salutaires, surtout pour la guérison des animaux. Les Hollandais ayant brûlé, en 1602, l'église et les archives de Mond, on ne sait plus rien du Saint que ce qu'en rapporte la tradition. Une verrière de l'église, en 1639, représentait saint Irmonz en ermite, tenant d'une main sa houlette, et de l'autre un rosaire : un chien mené en laisse est à ses côtés; dans la campagne, des poulains qui bondissent, des bœufs, des ânes, des porcelets.

3. Voyez le 12 janvier.

4. Voyez le 25 janvier. Saint Prix et saint Marin sont honorés au diocèse de Strasbourg, parce qu'ils furent assassinés en Alsace au retour de leur voyage à la cour de Childéric, roi d'Austrasie, et parce qu'il y avait de leurs reliques au monastère de Marbay. Un collège de chanoines fut établi sur le lieu même où saint Marin avait demeuré; il fut dans la suite transféré à Thann par une décision du Concile de Bâle.

bienheureuse Véronique, vierge, de notre Ordre, illustre par sa sainte vie et par le don admirable des visions ; elle émigra de ce monde vers son céleste époux le 13 de janvier [1].

Martyrologe des Servites. — Saint Canut, roi et martyr, dont l'entrée au ciel est mentionnée le 7 janvier.

ADDITIONS FAITES D'APRÈS LES BOLLANDISLES ET AUTRES HAGIOGRAPHES.

A Corinthe, en Grèce, sainte Corinthie dont le nom est resté inconnu et que l'on a désigné sous le nom de sa ville natale. Elle pratiquait l'état de virginité tant recommandé par l'apôtre Paul qui évangélisa sa patrie, lorsqu'elle fut dénoncée comme chrétienne aux autcrités. Corinthie était si belle et si gracieuse que le juge auquel on la déféra résolut de la délivrer de la mort dans le but d'en faire sa victime ; mais tous ses efforts échouèrent devant l'inébranlable fermeté de la vierge de Jésus-Christ. Outré de fureur, ce juge abominable la condamna à être jetée dans une maison de déshonneur. Le Seigneur entendit les gémissements de la colombe prise dans les filets des oiseleurs. Poussé par l'esprit de Dieu, un jeune chrétien nommé Magistrin, obtint de s'introduire le premier auprès d'elle : là, se jetant à ses genoux, il la supplia de prendre sa vie. Elle accepta donc les vêtements de son libérateur et put sauver son honneur. Magistrin fut condamné aux bêtes qui, en le dévorant, lui procurèrent une double couronne dans le ciel. — A Ephèse, en Asie, saint Jean l'Ancien ou le Prêtre, l'un des soixante-douze disciples de Jésus-Christ ; l'un des témoins de ses prodiges et de sa prédication ; l'un des premiers prédicateurs de l'Evangile et des docteurs les plus estimés ; évêque d'Ephèse ; maître de saint Paphyas [2]. — En Grèce, saint Charite, martyr, qui périt après avoir eu les pieds coupés. — A Trévi, en Italie, les saints Emilien, évêque, Hilarien, moine, Hermippe et Denis, martyrs sous Dioclétien. — En Syrie, saint Pallade, anachorète, compagnon de saint Siméon, qu'il ne faut pas confondre avec l'auteur de l'*Histoire Lausiaque*. Il vécut près d'Antioche. Fin du IVe s. — A Aix-la-Chapelle, saint Spée, confesseur, dont les reliques furent emportées de cette ville dans celle d'Hartzbourg en 1072, puis à la destruction de celle-ci par les Saxons, deux ans après, dans un monastère inconnu. — A Pise, le bienheureux Barthélemy Aiutamicristo, religieux camaldule du couvent de Saint-Fridien. Son corps s'est conservé intact pendant plus de quatre siècles, jusqu'à l'incendie de l'église de Saint-Fridien en 1675. En 1799, on fit pendant trente jours des prières solennelles pour demander à Dieu, par la médiation de saint Barthélemy, le retour des Pisans que la République française gardait comme otages à Dijon. Le culte immémorial rendu au bienheureux, la confiance qu'ont eue de tout temps en son intercession plusieurs villes d'Italie, ont récemment déterminé la Congrégation des Rites à confirmer ce culte. 28 janvier 1224. — En Hongrie, sainte Marguerite, vierge, de la race de saint Etienne, roi de Hongrie, et religieuse de l'Ordre de Saint-Dominique, qui comptait quatre monastères de femmes dans cette contrée [3]. An 1271.— A Riva, dans le diocèse de Côme, le bienheureux Manfred, ermite. An 1430. — A Ravenne, la vénérable Gentille, veuve, qui fut l'élève de sainte Marguerite de Ravenne. An 1530. — Dans le comté de Fife, en Ecosse, saint Glastien, évêque. 830. — A Saragosse, en Espagne, le bienheureux Nicolas de Orbita, laïque, de l'Ordre des Frères Mineurs. Dieu seul connaît le détail de ses saintes actions. Son corps fut trouvé intact dix-neuf ans après sa mort. 1259. — A Capistran, dans l'Abbruzze, le bienheureux Ange de Canosa, aussi laïque de l'Ordre des Frères Mineurs. Un malade que l'on portait sur un brancard fut guéri en passant, le jour des funérailles du bienheureux Ange, près de son saint corps.

1. Voir au 13 janvier.

2. Saint Jean, surnommé l'Ancien ou le Prêtre, dans l'Eglise primitive, est différent de saint Jean l'Apôtre, comme l'ont reconnu les Pères et en particulier Eusèbe et saint Jérôme. Cette distinction est fondée sur la tradition des anciens, qui ont parlé de deux ministres de Jésus-Christ appelés *Jean*, et sur le témoignage authentique de saint Papias, disciple de saint Jean l'Evangéliste. (Cf. Euseb., *Hist.*, l. III, c. 33 ; S. Hiéron., *de vir. ill.*, c. 18, et *Hist. des soixante-douze disciples*, etc.

3. Voir au 26 janvier.

SAINT CYRILLE, PATRIARCHE D'ALEXANDRIE,

DOCTEUR DE L'ÉGLISE

412-444. — Papes : saint Innocent Ier ; saint Zozime ; saint Boniface Ier ; saint Célestin Ier ; saint Sixte III ; saint Léon le Grand. — Empereur d'Orient : Théodose II, *le Jeune*.

> **Ne faites pas aux autres ce que vous ne voudriez pas qu'on vous fît à vous-même : Si la main de Dieu ne vous atteint pas dès ce monde, *pour avoir touché à la prunelle de son œil*, le châtiment est réservé à vos enfants, à vos proches, à ceux qui vous sont plus chers que vous-même.**

Alexandrie d'Egypte et Constantinople se disputent la gloire d'avoir vu naître celui que le concile de Chalcédoine devait appeler plus tard l'*avocat de la foi orthodoxe et sans tache*.

Nourri dès l'enfance dans l'étude des livres sacrés sous les yeux de son oncle Théophile, le fameux patriarche d'Alexandrie qui se montra l'ennemi constant de saint Chrysostome, Cyrille y joignit ensuite celle de la tradition, et il fut toujours si attaché à la doctrine des anciens Pères, qu'il n'enseignait rien que d'après eux, ainsi qu'il nous l'apprend lui-même. Ses livres contre Julien l'Apostat font voir qu'il avait aussi une grande connaissance des auteurs profanes.

Mais à un certain point de vue l'éducation du cœur n'avait pas été aussi bonne que celle de l'esprit. Son oncle lui avait inspiré tous ses préjugés, toute sa haine contre saint Jean Chrysostome. Dieu qui n'épargne point la verge à ses saints permit précisément que Cyrille fût, comme saint Chrysostome, toute sa vie en butte aux plus atroces calomnies.

L'élection qui, après la mort de Théophile, le porta sur le siége d'Alexandrie, fut très-orageuse : une fois élu, il persista dans le schisme de son oncle que Rome avait excommunié à cause de sa coupable fureur contre saint Jean Chrysostome. Les calamités et les désastres ne manquèrent pas au jeune patriarche. La capitale de l'Egypte semblait un foyer d'émeutes et de séditions auxquelles son nom et sa personne étaient injustement mêlés.

Au commencement de son épiscopat, des mesures rigoureuses furent prises par le pouvoir politique contre les Juifs et les Novatiens. Les uns et les autres furent expulsés d'Alexandrie. On accusa saint Cyrille d'avoir poussé à cette mesure, tandis qu'en vérité les excès seuls de ces sectaires en furent la cause.

D'abord en ce qui concerne les Juifs, les édits proclamés contre eux à cette époque prouvent que leur animosité contre les chrétiens se portait à d'incroyables fureurs. Un jour, toute la multitude étant réunie à l'amphithéâtre, pour prévenir les collisions entre israélites et chrétiens, le gouverneur Oreste fit lire une ordonnance de police. Quelques familiers de l'évêque étaient là et parmi eux Hierax, professeur de grammaire. Aussitôt que les Juifs l'aperçurent, ils se mirent à crier qu'il venait à l'amphithéâtre pour exciter une sédition. Leurs vociférations durèrent longtemps et rien ne pouvait les apaiser. Le gouverneur fit appréhender Hierax que l'on flagella publiquement sur la scène. Il se vengeait ainsi de saint Cyrille à qui il en voulait. A cette nouvelle l'évêque manda les principaux d'entre les Juifs et leur signifia d'avoir à cesser de molester les chrétiens. Cette attitude énergique de saint Cyrille ne fit que redoubler la colère des enfants d'Israël. Une conspiration s'ourdit entre eux, dans le but d'organiser un massacre général des chrétiens. Les conjurés choisirent pour signe de ralliement un anneau d'écorce verte de palmier que chacun d'eux devait porter au doigt. Une nuit donc, à un signal donné, le cri *au feu !* se fit entendre dans toutes les rues de la ville. C'était, disait-on, la grande église d'Alexandrie qu'avait atteint l'incendie. Les chrétiens, sortant de leurs maisons, se précipitaient de ce côté. Mais les Juifs, embusqués au passage, égorgeaient tous ceux qui ne portaient pas l'anneau d'écorce verte. Au lever de l'aurore on constata un horrible massacre. Les auteurs du guet-apens furent bientôt découverts. Les chrétiens coururent aux synagogues qu'ils renversèrent. Quelques israélites furent tués et les autres chassés de la ville. Le gouverneur civil se montra vivement irrité de cet acte d'omnipotence de la part des chrétiens. Il en adressa ses plaintes à l'empereur. Saint Cyrille écrivit de son côté, et la chancellerie de Constantinople donna tort aux Juifs qui ne rentrèrent pas dans Alexandrie. Ce n'est pas tout : l'historien Socrate lui-même, celui qui a tant calomnié saint Cyrille, nous apprend que dans la petite ville d'Inmestar, située entre Antioche et Chalcis, les Juifs crucifièrent, en plein théâtre, un enfant chrétien et le firent mourir dans les tortures [1]. Une loi de Théodose le Jeune fut édictée à l'occasion de cet horrible attentat. A toutes les grandes solennités hébraïques, les fils d'Israël se donnaient le barbare plaisir de brûler triomphalement l'image révérée de la croix où Jésus-Christ avait été immolé par leurs aïeux [2]. A cette époque, ils essayaient simultanément sur tous les points de l'empire un de ces mouvements insurrectionnels dont la conjuration d'Alexandrie n'était qu'un épisode. Le début de l'épiscopat de saint Cyrille fut aussi marqué par la fermeture des églises que les Novatiens possédaient dans sa ville épiscopale. Ce fut encore un sujet d'accusations passionnées contre lui : et pourtant l'on agissait en vertu d'une prescription du pouvoir impérial qui était portée depuis longtemps.

Reste une troisième accusation dont on chargea la mémoire de saint Cyrille, je veux dire le meurtre d'Hypatia.

Hypatia était une jeune fille d'Alexandrie dont le génie supérieur s'était élevé au-dessus de tous les sages de son temps. Elle avait succédé au célèbre Plotin dans la chaire de philosophie platonicienne. Sans se restreindre aux limites exclusives d'une école, elle avait étudié à fond les divers systèmes philosophiques de l'antiquité et les expliquait à ses auditeurs. De tous les points du monde on accourait à ses leçons. La prudence et la gravité d'Hypatia étaient égales à sa modestie. Les hommes d'Etat avaient recours à ses lumières ; elle pouvait sans inconvénient professer un cours public, car sa haute vertu et le respect général formaient comme un rempart autour d'elle. Le gouverneur Oreste l'appelait à ses conseils. Sa mort fut résolue par quelques hommes du peuple sans qu'on ait jamais éclairé le motif vrai de ce drame. Ce fut la corporation des *Parabolani*, — association formée

1. Cf. Socrate, *Hist. ecclesias.*, lib. VII, cap. 16 ; *Patrol. græc.*, t. LXVII, col. 772, et la *Chronographie* de Théophane, ad ann. 408. La *Chronologie* de Théophane est en retard de sept ans sur notre ère vulgaire. L'année 408 répond donc très-exactement à l'année 415. (M. Darras, *Hist. de l'Eglise*, t. XII, p. 430.)

2. Le *Corpus juris civilis* porte mention de cette coutume hébraïque qui, dans nos mœurs, paraîtrait incroyable. (*Cod.*, lib. I, tit. 9, n. 11, col. 64.)

Honorius, en Occident, par une loi du 2 mars 418, interdisait aux Juifs les charges civiles et les fonctions militaires.

pour le transport des malades et des pestiférés au grand hôpital d'Alexandrie — qui se chargea de l'exécution de ce complot sinistre. Ils épièrent le moment favorable, et un jour que Hypatia rentrait chez elle, les *Parabolani* arrêtèrent son char, la saisirent elle-même et la traînèrent jusqu'au portique d'une église appelée le *Kæsarion*. Après l'avoir dépouillée de ses vêtements, ils lui arrachèrent les membres les uns après les autres et allèrent la brûler. Comme le gouverneur de la ville, Oreste, était mortellement brouillé avec saint Cyrille, on prétendit que Hypatia avait empêché par son influence la réconciliation entre l'un et l'autre : les ennemis de l'évêque l'accusèrent d'avoir trempé dans cette sanglante exécution populaire. Mais l'autorité impériale de Constantinople déchargea complétement l'évêque d'Alexandrie de toutes les accusations portées contre lui, inspirées par les passions politiques, et pour cela, il fallait qu'il fût innocent deux fois plutôt qu'une, car on sait que de tout temps l'autorité temporelle n'a pas été tendre envers l'autorité spirituelle. Nous avons encore aujourd'hui le rescrit de Théodose le Jeune relatif au meurtre d'Hypatia[1]. Des mesures rigoureuses furent prises contre les auteurs de cet attentat ; la société des anciens *Parabolani* fut dissoute, et la société des nouveaux placée sous la direction exclusive du patriarche d'Alexandrie.

La vérité a triomphé des calomnies intéressées que le judaïsme, le paganisme et l'hérésie ont accumulé à l'envi contre un grand et saint évêque. Les contemporains nous ont transmis le témoignage non suspect de leur estime et de leur admiration pour lui. Ils aimaient à le comparer à saint Athanase dont il faisait revivre l'éloquence, l'énergie et la sainteté ; auquel, chose digne de remarque, il ressemblait au physique par sa petite taille, sa démarche modeste et son air d'imposante majesté. Pendant trente-deux ans d'épiscopat, sa vie ne cessa d'être un modèle de foi et de piété.

Saint Cyrille eut à combattre les derniers restes du paganisme en Egypte. Ses armes, quoi qu'on en ait dit, n'étaient point de celles qui tuent les corps. Il n'employa dans cette lutte que la prière et l'intercession des saints. Voici le témoignage d'un chroniqueur contemporain : « A deux stades de Canope, se trouve une petite bourgade nommée Manutha. Les païens s'y étaient réfugiés comme dans un dernier asile. Le démon et ses mauvais anges avaient là une forteresse au cœur de l'Egypte. Les efforts du patriarche Théophile avaient échoué contre les païens de Manutha. Le bienheureux Cyrille se préoccupa vivement de cette situation. Un jour que dans sa prière il demandait à Dieu avec larmes de lui inspirer les meilleurs moyens de triompher d'une si longue résistance, un ange lui apparut et lui dit : Porte dans ce village des reliques du martyr Cyrus[2] et de l'évangéliste Marc. — Le bienheureux évêque suivit le conseil céleste. Le 28 juin 414, la translation solennelle des reliques eut lieu à Manutha, et fut accompagnée de nombreux miracles. A partir de ce jour, la petite bourgade fut tout entière convertie au christianisme, et la clémence de Jésus-Christ Notre-Seigneur continue à y opérer des merveilles par l'intercession des saints martyrs[3] ». Jean Moschus, dans les *vies des Pères*, nous a conservé un trait de la vie de saint Cyrille qui nous révèle à la fois sa douceur, sa prudence et son humilité. « Un vieil anachorète, habitant une solitude voisine d'Alexandrie, sur les bords du Nil, s'était, je ne sais trop comment, persuadé que le patriarche Melchisédech était fils de Dieu. L'évêque Cyrille, de bienheureuse

1. Voir Baronius, *Annales*, ad ann. 416, n. 38, 39, t. VII, nouv. éd.; Bar, 1869.
2. Saint Cyrus, médecin d'Alexandrie, martyrisé avec saint Jean, le 31 janvier 311, sous Maximin II.
3. Bolland., *Act. Sanct.*

mémoire, en fut informé. L'erreur du solitaire tenait à la simplicité de son esprit, mais n'altérait en rien la sainteté de sa vie, et le vénérable vieillard continuait à être l'objet des faveurs divines. Des grâces signalées étaient chaque jour obtenues par son intercession. Cyrille trouva moyen de le corriger de son erreur sans humilier son caractère. Il lui députa un de ses prêtres, chargé d'un message ainsi conçu : Mon père *(abba)*, je suis dans une certaine perplexité d'esprit. D'un côté il me semble que Melchisédech a été fils de Dieu ; de l'autre, des raisons non moins plausibles me détermineraient à penser qu'il ne fut qu'un homme revêtu de la dignité de prêtre du Très-Haut. J'hésite entre ces deux sentiments. Je vous conjure de consulter à ce sujet le Seigneur dans votre prière, et de m'apprendre ce qui vous aura été révélé.— Le vieillard répondit à l'envoyé : Je ferai ce que le saint évêque me demande, et dans trois jours je pourrai, j'espère, donner une réponse. — Il s'enferma dans sa cellule et passa tout ce temps en oraison. Le troisième jour, Cyrille vint en personne à la cellule du vénérable solitaire, qui lui dit en le voyant : Melchisédech n'était qu'un homme. — Comment le savez-vous, mon père ? demanda l'évêque. — Le vieillard répondit : Le Seigneur; dans une vision, a fait passer sous mes yeux tous les patriarches depuis Adam jusqu'à Melchisédech. L'ange qui me montrait ce dernier l'a désigné en disant : Celui-ci est Melchisédech. Il ne saurait donc y avoir de doute, Melchisédech fut un homme, ainsi que tous les autres patriarches.— Depuis lors, pour réparer l'erreur qu'il avait autrefois enseignée, il ne manquait jamais de la rétracter en présence de la foule qui assiégeait constamment sa cellule, et le bienheureux évêque remerciait Dieu dans son cœur [1] ».

Cependant six ans s'étaient écoulés depuis que saint Cyrille avait succédé à son oncle, et les relations entre lui et le Pape restaient toujours interrompues. Tout ce qu'il y avait de saints hommes en Orient gémissait profondément de cette scission et hâtait par ses vœux le moment de la réconciliation.

Ce moment si ardemment désiré arriva enfin.

Le point contesté, on s'en souvient, était l'inscription du nom de saint Jean Chrysostome sur les diptyques sacrés. En se refusant si longtemps aux vœux de l'Eglise romaine, Cyrille paya son tribut à l'humaine faiblesse qui, même dans les natures les plus élevées, est sujette à de lourdes méprises. En tout cas, nous ne devons pas oublier que la mère de Cyrille était la sœur de Théophile : le sang pouvait égarer sa charité. En repoussant la mémoire de Jean, il croyait protéger celle de son oncle. Habitué dès l'enfance à l'honorer comme un maître, à l'aimer comme un père, l'affection respectueuse qu'il lui portait l'empêchait de soupçonner les passions de l'homme dans le zèle du pontife. Jeune encore, il avait assisté à l'assemblée dite *du Chêne*, où les assertions de tant d'évêques avaient dû le frapper et l'impressionner contre le pasteur de Byzance, faussement représenté à ses yeux comme un hérétique, comme un homme ivre de lui-même, dont l'orgueil foulait aux pieds les canons et le respect dû à ses frères, et il ne pouvait se persuader qu'un prélat réprouvé par son oncle pût être autre chose qu'un grand coupable.

Il fallut donc à la vérité bien du temps pour traverser cette couche épaisse de préventions. Mais Dieu eut pitié d'une âme noble et pure et lui ouvrit les yeux. On raconte que Cyrille eut une vision dans laquelle il lui sembla voir Jean qui, suivi d'un nombreux cortége de saints et lançant des regards indignés, s'apprêtait à le chasser de l'Eglise, tandis que la Mère de

1. Bolland., *Act. Sanct.*

Jésus-Christ, envers laquelle saint Cyrille nourrissait la plus tendre vénération, intercédait pour lui et demandait son pardon. Cyrille médita cette vision et se reprocha de s'être scandalisé au sujet de saint Chrysostome.

L'ardente imagination des Orientaux a donné un caractère surnaturel à une conversion qui paraît s'être accomplie sans intervention miraculeuse. Mais on aime à voir sous cette allégorie de la vision, l'action des Saints partout présente dans les événements décisifs de la vie des hommes et des peuples. Ce fut un Saint en effet qui convertit cet autre Saint.

En ce temps-là, le monastère de Peluse, situé sur une montagne voisine d'Alexandrie, avait pour abbé le célèbre prêtre Isidore. On dit qu'il avait été disciple de saint Chrysostome, et il l'appelait volontiers l'*œil de l'Eglise*. Or, non-seulement saint Cyrille partageait la vénération unanime de ses contemporains pour l'illustre cénobite Isidore, mais encore il lui avait confié la conduite de son âme. Dans l'affaire de Chrysostome, l'obstination de Cyrille scandalisait Isidore. Il finit par lui adresser une lettre aussi touchante que hardie, dans laquelle il lui disait : « Si je suis ton père, comme tu le dis, je dois craindre d'attirer sur moi le supplice d'Héli, si terriblement châtié pour avoir négligé la correction de ses enfants... Fais cesser ces querelles, afin que je ne sois pas condamné, et que Dieu ne prononce pas contre moi un jugement effroyable. Ne cherche pas plus longtemps la vengeance d'une injure particulière et domestique... Ne la fais pas peser sur l'Eglise toujours vivante, etc... »

Cyrille se sentit vaincu : la vérité reprit son empire sur cette âme droite et pure. Il n'avait d'ailleurs aucun autre moyen d'obtenir la communion si désirée de l'Eglise romaine. Ayant donc assemblé les évêques de son patriarcat, il inscrivit solennellement le nom de Chrysostome dans les diptyques, et, à ce prix, rentra en grâce avec le Saint-Siége (418).

Mais, l'affaire capitale de la vie de saint Cyrille, ce fut la lutte contre Nestorius. Nestorius, moine et prêtre d'Antioche, avait tout ce qu'il faut pour en imposer au peuple, qui se laisse toujours prendre aux apparences. Il menait une vie retirée, avait un extérieur pénitent et mortifié, et joignait à quelques connaissances une grande facilité à s'exprimer ; mais il cachait sous ces dehors une profonde hypocrisie, un orgueil insupportable, un esprit faux et entêté de ses propres idées, qu'il préférait à la doctrine des anciens Pères [1]. Le siége de Constantinople étant devenu vacant, il y fut élevé en 428. Il commença son épiscopat par persécuter avec une espèce de fureur les Ariens, les Macédoniens, les Manichéens, les Quartodécimans, et il finit par les chasser de son diocèse. Il se trompa, s'il voulut s'attirer par une telle conduite la réputation de pasteur zélé : le vrai zèle ne donne point dans les extrémités. Au reste, dans le temps que Nestorius persécutait avec tant de violence les hérétiques dont nous venons de parler, il niait, avec les Pélagiens, la nécessité de la grâce, quoiqu'il reconnût, avec l'Eglise, l'existence du péché originel. On le vit même communiquer avec Célestius et Julien, ces deux principaux défenseurs de Pélage, et cela après que les papes Innocent et Zozime les eurent condamnés, et que l'empereur Honorius les eut chassés de l'Occident. Il ne s'en tint pas là ; il osa prêcher et faire prêcher publiquement qu'il y a deux personnes en Jésus-Christ, celle de Dieu et celle de l'homme ; que le Verbe ne s'est point uni hypostatiquement à la nature humaine ; qu'il ne l'a prise que comme un temple où il habite, et que par conséquent la sainte Vierge n'est point Mère de Dieu, mais seulement mère

1. Tel est le portrait que nous font de Nestorius les auteurs contemporains. On peut voir Socrate et Théodoret, qui d'abord s'en était laissé imposer par l'extérieur hypocrite de cet hérésiarque.

de l'homme ou du Christ. A la vérité il consentit dans la suite à donner à la sainte Vierge la qualité de Mère de Dieu ; mais ce n'était que dans un sens impropre qui détruisait toujours la vérité de l'Incarnation. Ces nouveautés impies excitèrent l'indignation des fidèles. Les prêtres attachés à la saine doctrine, entre autres saint Procle et Eusèbe, depuis évêque de Dorilée, réclamèrent en faveur de la foi, et représentèrent vivement à Nestorius l'horrible scandale qu'il causait dans l'Eglise. Ils eurent la douleur de le voir mépriser leurs remontrances ; alors ils ne balancèrent plus et se séparèrent de la communion de leur archevêque.

Cependant saint Cyrille reçut les homélies de Nestorius, et la lecture qu'il en fit lui prouva de plus en plus que cet hérésiarque était coupable de toutes les erreurs dont on l'accusait. Il lui en écrivit pour tâcher de le ramener à la vérité par les voies de la douceur; mais Nestorius, qui n'aimait point à être contredit, fut vivement piqué de cette lettre, et il y répondit avec la dernière hauteur. Cette affaire ayant été portée à Rome, le pape Célestin y convoqua un concile pour examiner la nouvelle doctrine. Tous les Pères s'étant écriés que Nestorius était hérésiarque, on prononça contre lui une sentence d'excommunication et de déposition; on l'envoya à saint Cyrille, en le chargeant de la faire exécuter, si dans l'espace de dix jours à compter de celui de la signification, Nestorius ne rétractait publiquement ses erreurs [1]. Notre Saint, pour dernière monition, lui écrivit une nouvelle lettre, à la fin de laquelle étaient douze *anathématismes* ou articles que l'archevêque de Constantinople devait souscrire, s'il voulait être reconnu pour orthodoxe : mais celui-ci refusa d'obéir, et se montra plus opiniâtre que jamais. Ce fut cette opiniâtreté qui donna lieu à la convocation du troisième concile général, dont l'ouverture se fit à Ephèse en 431. Il s'y trouva deux cents évêques, et saint Cyrille y présida au nom du pape Célestin [2]. Nestorius refusa d'y comparaître, quoiqu'il fût dans la ville. Sa doctrine, qu'on examina dans la première session, y fut condamnée, et après trois citations juridiques, on prononça contre lui une sentence de déposition, dont on informa l'empereur.

Six jours après arrivèrent Jean d'Antioche et quatorze évêques d'Orient : ils ne s'étaient pas rendus plus tôt à Ephèse, parce qu'ils favorisaient secrètement la personne de Nestorius, croyant qu'on lui imputait des erreurs qu'il n'enseignait pas. Au lieu donc de se joindre aux Pères du concile, ils excommunièrent saint Cyrille et ceux qui tenaient son parti. On réclama des deux côtés la protection de l'empereur, qui donna ordre d'arrêter saint Cyrille et Nestorius : mais le premier, quoique innocent, fut plus maltraité que le second; peu s'en fallut même qu'il ne fût exilé, tant son ennemi avait de crédit à la cour. Heureusement l'arrivée des évêques Arcade et Projecte, et du prêtre Philippe, tous trois légats du pape saint Célestin, fit prendre aux affaires un tour plus favorable pour saint Cyrille. Ces légats, pleinement instruits de ce qui s'était fait, approuvèrent la conduite de notre Saint, déclarèrent nulle la sentence prononcée contre lui, et confirmèrent la condamnation de Nestorius. Enfin la vérité ayant repris ses droits, saint Cyrille fut rétabli. Les évêques schismatiques se réconcilièrent avec lui en 433, souscrivirent à la condamnation de Nestorius, et donnèrent une confession de foi claire et orthodoxe. Quant à Nestorius, il se retira dans le monastère d'Antioche où il avait été élevé. Jean, patriarche de cette ville, l'en fit chasser quelque temps après par l'empereur Théodose, parce qu'il

1. *Conc.*, t. III, p. 343. Liberat, *in Breviar.*, c. 4. — 2. Saint Léon, *ep.* LXXII, c. 3. *Conc.*, t. III, p. 656, 980.

ne cessait de dogmatiser et de répandre ses erreurs. Cet hérésiarque fut relégué à Oasis, dans les déserts de la Haute-Egypte, où il mourut sans avoir rétracté sa doctrine impie. Le nestorianisme survécut à son auteur, et il subsiste encore aujourd'hui dans l'Orient [1].

On ne saurait assez louer la conduite de saint Cyrille dans l'affaire de Nestorius. Il employa d'abord les voies de douceur pour gagner cet hérésiarque; mais il s'arma d'un zèle intrépide lorsqu'il le vit opiniâtrément attaché à ses erreurs. En vain la cabale lui suscita des persécutions; il les regarda comme des épreuves que Dieu lui envoyait, et il eût volontiers répandu son sang pour la défense de la foi catholique [2]. Sa présence n'étant plus nécessaire à Ephèse, il reprit la route d'Alexandrie, où il arriva le 30 octobre 431. Il s'appliqua le reste de sa vie, avec autant de soin que de ferveur, à remplir les devoirs de l'épiscopat, à conserver dans toute sa pureté le précieux trésor de la foi, à rétablir et à cimenter la paix que l'hérésie avait troublée pendant plusieurs années. Il mourut le 28 juin 444 [3]. Le pape saint Célestin avait conçu pour lui la plus haute estime. Il lui donnait les titres de *généreux défenseur de l'Eglise et de la foi*, de *docteur catholique*, et d'*homme vraiment apostolique* [4]. Les Grecs l'honorent le 18 janvier et le 9 juin. Le martyrologe romain fait mémoire de lui le 28 janvier.

On voit, par les ouvrages de saint Cyrille, qu'il avait une grande dévotion envers le mystère de l'Incarnation. Il n'en avait pas moins pour la divine Eucharistie; de là ce zèle avec lequel il insiste si souvent sur les effets que cet auguste Sacrement produit dans ceux qui le reçoivent dignement. « Il guérit », dit-il, « les maladies spirituelles de nos âmes; il nous fortifie contre les tentations; il amortit les ardeurs de la concupiscence, il nous incorpore à Jésus-Christ [5] ». Le saint docteur honorait encore la sainte Vierge d'une manière toute particulière. Rien de plus énergique que ce qu'il dit de ses glorieuses prérogatives. Mais écoutons-le parler lui-même [6]. « Je vous salue, Marie, Mère de Dieu, trésor vénérable de tout l'univers, lampe qui ne s'éteint point, brillante couronne de la virginité, sceptre de la bonne doctrine..... Je vous salue, vous qui, dans votre sein virginal, avez renfermé l'immense et l'incompréhensible; vous par qui la Sainte Trinité est glorifiée et adorée, vous par qui la croix précieuse du Sauveur est exaltée par toute la terre; vous par qui le ciel triomphe, les anges se réjouissent, les démons sont mis en fuite, le tentateur est vaincu, la créature coupable est élevée jusqu'au ciel, la connaissance de la vérité est établie sur les ruines de l'idolâtrie; vous par qui les fidèles obtiennent le baptême, et sont oints de l'huile de joie; par qui toutes les églises du monde ont été fondées, et les nations amenées à la pénitence; vous enfin par qui le Fils unique de Dieu, qui est la lumière du monde, a éclairé ceux qui étaient assis dans les ombres de la mort.... Est-il un homme qui puisse louer dignement l'incomparable Marie ? »

On a dit que saint Cyrille était allé se former à la piété à Jérusalem et qu'il avait été moine du Mont-Carmel. Nous devons reconnaître que les

1. Les Nestoriens orientaux ont une liturgie qui porte le nom de Nestorius, et dans laquelle il est dit que le pain et le vin sont changés au corps et au sang de Jésus-Christ par l'opération du Saint-Esprit, et qu'on les offre en sacrifice. Outre cette liturgie, ils en ont encore deux autres qu'ils prétendent être fort anciennes. Voyez Renaudot, *Liturg. orient.*, t. II, et le Père Le Brun, *Liturg.*, t. III.

2. *Ep. ad Theopemp.*, t. III, *conc.*, p. 771.

3. C'est-à-dire le troisième du mois appelé *Epiphi* par les Egyptiens. C'est le sentiment unanime des Alexandrins, des Cophtes et des Ethiopiens, qui nomment saint Cyrille, *Kerlos*, par abréviation, et lui donnent le titre de docteur du monde.

4. *Conc.*, t. III, p. 1077. — 5. L. IV *contra Nestor.*, t. VI, part. 1, p. 110; l. VII *de adoratione in spir. et verit.*, t. Ier, n. 231; l. X *in Joan.*, t. IV, c. 13. — 6. T. V, part. 2, p. 380. *Item*, *conc.*, t. III, p. 583.

preuves positives font défaut [1] : mais on aimerait à le penser d'un si grand serviteur de Marie.

A l'époque où l'Iconoclaste Léon l'Isaurien déclara la guerre aux images des Saints et à leurs ossements, deux religieuses fuyant l'Orient apportèrent à Rome un grand nombre de reliques et entre autres quelques fragments de celles de saint Cyrille : ils furent recueillis à Sainte-Marie du Champ-de-Mars.

On représente saint Cyrille assis et bénissant : au-dessus de lui dans les airs est une vierge tenant un enfant Jésus sur son sein : cela rappelle le dogme de la maternité divine et de l'incarnation dont il se montra l'intrépide champion; on le voit encore avec un livre sur une page duquel est écrit en grec : *Mère de Dieu,* et avec une plume prêt à écrire. Cette plume est l'attribut caractéristique des écrivains ecclésiastiques.

Cf. Darras, *Histoire de l'Eglise,* t. XII et XIII; *les Œuvres de saint Jean Chrysostome,* traduction française, précédée de la vie du Saint, par M. Martin d'Agde, t. Ier, p. 501 et suiv., éd. de Bar, 1869; D. Ceillier, t. VIII, éd. Vivès; *AA. SS.*, t. III, p. 459 et suiv., éd. Palmé; Godescard et les autres hagiographes.

NOTICE SUR LES ÉCRITS DE SAINT CYRILLE.

Les ouvrages qui nous restent de saint Cyrille sont :

1° Le traité *de l'Adoration en esprit et en vérité,* divisé en dix livres. C'est une explication allégorique et morale de passages détachés du Pentateuque. Saint Cyrille ne s'est point astreint à l'ordre que Moïse a suivi dans sa narration.

2° Les treize livres appelés *Glaphyres*, c'est-à-dire *profonds* ou *élégants,* renferment une explication allégorique des histoires rapportées avec plus d'étendue dans le Pentateuque. Le saint docteur a choisi celles qui avaient un rapport plus visible à Jésus-Christ et à son Eglise.

3° *Les Commentaires sur Isaïe et sur les douze petits Prophètes.* On y trouve une explication de la lettre et du sens spirituel.

4° *Le Commentaire sur l'Evangile de saint Jean.* Il était divisé en douze livres, dont dix seulement sont entiers. Nous n'avons que des fragments du septième et du huitième. Les livres V, VI, VII et VIII manquant autrefois, Josse Clichtou les suppléa dans l'ancienne édition latine, d'après les écrits des autres Pères. Il s'est trouvé des auteurs qui ont cité ces suppléments comme étant de saint Cyrille. Ils ne seraient point tombés dans cette faute, s'ils avaient lu la préface qui les précède. Jean Aubert a donné le texte grec de ces quatre livres d'après les manuscrits. Pour revenir au commentaire de notre Saint, il y explique le sens littéral et spirituel de l'Ecriture, et y réfute les Manichéens et les Eunoméens; il y enseigne aussi, de la manière la plus formelle, la doctrine de la transsubstantiation.

5° Le livre intitulé : *Le Trésor,* à cause du grand nombre de vérités et de principes qu'il renferme, est divisé en trente-cinq *titres* ou *sections.* Saint Cyrille y renverse le système impie des Ariens et prouve la divinité de Jésus-Christ par l'Ecriture ; il se sert aussi de la même autorité pour établir la divinité du Saint-Esprit, dans les titres 33, 34 et 35.

6° Le livre *sur la sainte et consubstantielle Trinité* fut composé à la prière de Némésin et d'Hermias. Ce sont sept discours en forme de dialogue, tous destinés à prouver la consubstantialité du Verbe. A ces dialogues, le saint docteur en ajouta deux autres *sur l'Incarnation,* se proposant pour but principal de combattre les erreurs de Nestorius, qui toutefois n'était pas nommé, parce qu'apparemment son hérésie n'avait pas encore été condamnée. A la suite de ces dialogues sont des *scolies* ou éclaircissements *sur l'Incarnation,* avec un petit traité sur le même sujet. Il y est prouvé que la Sainte Vierge est véritablement Mère de Dieu, puisque Jésus-Christ est tout à la fois et Fils de Dieu et fils de l'homme.

7° *Les trois Traités sur la Foi.* — Saint Cyrille les composa à Ephèse. Il marque dans le premier, adressé à l'empereur Théodose, les différentes hérésies qui s'étaient élevées jusqu'alors sur l'Incarnation, celle de Manès, de Cérinthe, de Photin, d'Apollinaire et de Nestorius; puis il les réfute l'une après l'autre ; il s'applique surtout à combattre les erreurs du dernier. Il adressa le second traité aux princesses Pulchérie, Arcadie et Marine, sœurs de l'empereur, qui toutes trois s'étaient consacrées au service de Dieu. La foi catholique y est prouvée contre Nestorius. Le troisième traité détruit les objections des hérétiques.

8° *Les cinq Livres contre Nestorius* renferment la réfutation des blasphèmes contenus dans les

1. Baronius, à l'année 444, combat vivement cette opinion : les Bollandistes se rangent à son avis.

homélies de cet hérésiarque. Il n'est cependant nommé nulle part, ce qui fait croire qu'il n'avait point encore été condamné. Le style de cet ouvrage est plus clair et plus châtié que celui des autres écrits polémiques de saint Cyrille.

9° *Les douze Anathématismes* contre la doctrine de Nestorius. Ils ne contiennent rien que d'orthodoxe, et furent lus au concile d'Ephèse. Quelques personnes qui les entendaient mal, ou qui prenaient le parti de Nestorius, les attaquèrent comme favorisant la doctrine des Apollinaristes et comme contraires à la distinction des deux natures en Jésus-Christ. Tel fut, entre autres, Jean d'Antioche, qui engagea André de Samosate et Théodoret de Cyr à les réfuter. Saint Cyrille en donna *une explication* fort claire, qui satisfit les Pères du concile d'Ephèse.

10° Le saint docteur donna ensuite deux *Apologies des mêmes Anathématismes;* l'une contre André de Samosate, et l'autre contre Théodoret de Cyr. Il se justifia, dans une troisième apologie adressée à l'empereur, des calomnies répandues contre son catholicisme.

11° *Le Livre contre les Anthropomorphites.* Quelques moines d'Egypte, fort grossiers et fort ignorants, auxquels on avait dit de se représenter Dieu sous une forme sensible, et cela pour leur faciliter la pratique de sa divine présence, s'imaginèrent à la fin qu'il avait un corps comme les hommes, d'où leur vint le nom d'*Anthropomorphites;* ils se fondaient sur ce qu'il est dit que l'homme a été créé à l'image de Dieu. Une erreur aussi absurde et aussi monstrueuse fut condamnée dès sa naissance par Théophile. Le livre dont nous parlons est précédé d'une lettre à *Calosyrius d'Arsinoé.* Saint Cyrille convient que l'homme est fait à l'image de Dieu [1], mais il montre en même temps que cette ressemblance ne peut tomber sur le corps, Dieu étant un esprit qui n'a point de forme sensible. Ainsi, dit ce Père, être fait à l'image de Dieu, c'est être doué de raison et capable de vertu. Il réfute, dans la même lettre, d'autres moines aussi peu éclairés que les premiers, lesquels s'imaginaient que l'Eucharistie perdait sa consécration quand elle était gardée jusqu'au lendemain. Il répondit dans un autre ouvrage *à vingt-sept questions dogmatiques*, qui lui avaient été proposées par les Anthropomorphites.

12° *Les dix Livres contre Julien l'Apostat.* Julien, aidé de Maxime et de quelques autres philosophes païens, avait composé un ouvrage divisé en trois livres contre nos saints Evangiles. Quoiqu'il ne contînt rien autre chose que les objections de Celse, déjà solidement réfutées par Origène et par Eusèbe, il ne laissa pas de faire impression sur les esprits faibles. Ce fut pour arrêter le mal que saint Cyrille écrivit les dix livres dont nous parlons. Il les dédia à Théodose, ce qui donne lieu de croire qu'il avait regagné les bonnes grâces de ce prince. Il les envoya aussi à Jean d'Antioche, comme une preuve de la sincérité de sa réconciliation. Dans le premier livre, le saint docteur prouve la vérité du récit de Moïse touchant la création; dans le second, il fait le parallèle du récit de Moïse touchant la création, et des extravagances débitées par Pythagore, Thalès, Platon, etc., pour lesquels Julien avait une admiration ridicule. Le troisième livre est employé à défendre la vérité de l'histoire du serpent qui séduisit Eve, et de la chute d'Adam, histoire qui est bien moins incroyable que tout ce qu'Hésiode a écrit de l'origine de ses prétendus dieux. Le but du quatrième est d'établir la Providence et de montrer qu'il est indigne de Dieu d'avoir besoin de divinités subalternes pour le gouvernement de l'univers. L'utilité des préceptes du décalogue, l'incompatibilité de la jalousie, de la colère et des autres passions avec la nature divine, et l'unité du Dieu des chrétiens, sont le sujet du cinquième livre. Dans le sixième, saint Cyrille oppose les vertus des prophètes et des autres saints aux vices honteux dont les anciens philosophes n'ont pas rougi de se souiller; il justifie ensuite la coutume qu'avaient les chrétiens de marquer leurs fronts et leurs maisons du signe de la croix, et montre que la cessation des oracles a pour époque la venue de Jésus-Christ, dont la puissance a détruit la tyrannie du démon. Il prouve, dans le septième livre, que les plus célèbres héros du paganisme ont été fort inférieurs en vertu aux héros du christianisme. Le huitième et le neuvième livre font voir que Jésus-Christ a été prédit par les prophètes, et que les deux Testaments ne diffèrent point quant à la substance. Enfin, saint Cyrille prouve, dans le dernier livre, que saint Jean et les autres évangélistes rendent témoignage à la divinité de Jésus-Christ; il marque ensuite la différence qu'il y a entre l'adoration proprement dite, qui n'est due qu'à Dieu, et le culte que nous rendons aux martyrs.

13° *Les Homélies sur la Pâque.* Il avait été réglé, dans le concile de Nicée, que l'évêque d'Alexandrie, ville où florissait l'étude des mathématiques et de l'astronomie, examinerait avec soin quel jour il faudrait célébrer la Pâque, et qu'il l'annoncerait aux évêques voisins, nommément à celui de Rome, afin que ce dernier pût en instruire toutes les églises d'Occident. Il paraît que saint Cyrille fut fort exact à s'acquitter de la commission attachée à son siége. Possevin avait vu les épîtres ou homélies de ce Père, sur la Pâque, dans la bibliothèque du Vatican. Il n'y en a que vingt-neuf d'imprimées. Saint Cyrille marque dans chacune le commencement du Carême, le lundi, le samedi de la semaine sainte, et le dimanche de Pâques. Toutes ces homélies renferment encore d'excellentes instructions sur divers points de la morale.

14° Plusieurs *Lettres.* Elles ont toutes pour objet les affaires de l'Eglise, ou la défense des dogmes catholiques. Les conciles généraux d'Ephèse et de Chalcédoine ont adopté la seconde à

1. D'après saint Jean Chrysostome, l'image de Dieu dans l'homme est le pouvoir que celui-ci exerce sur les animaux et toute la nature.

Nestorius, et celle qui est adressée aux Orientaux. On trouve la sixième parmi les canons de l'église grecque, etc.

Ce n'est ni l'élégance, ni le choix des pensées, ni la politesse du style qui font le mérite des écrits de saint Cyrille, mais la justesse et la précision avec lesquelles le saint docteur explique les vérités de la foi et surtout le mystère de l'Incarnation. On estime particulièrement le *Trésor*, ainsi que les livres contre Nestorius et contre Julien l'Apostat.

Les anciennes traductions latines de saint Cyrille fourmillent de fautes. Jean Aubert, chanoine de Laon, publia les œuvres de ce Père en grec et en latin, à Paris, en 1638. Il y a six tomes *in-folios* qui font ordinairement sept volumes. Le P. Lupus et Baluze ont donné depuis quelques lettres du saint docteur qui n'avaient été connues ni de Jean Aubert ni du P. Labbe.

L'édition la plus complète des Œuvres de saint Cyrille est celle qu'on trouve dans la *Patrologie grecque* de M. Migne, du tome LXVIII au tome LXXVII.

SAINT JEAN DE RÉOME

545. — Pape : Vigile. — Roi de France : Childebert.

Qui fecerit et docuerit, hic magnus vocabitur in regno cœlorum.

Heureux celui qui aura tout à la fois pratiqué et enseigné l'Evangile, il sera appelé grand dans le royaume des cieux.

Saint Jean fut l'un des principaux instituteurs de la vie monastique en France avec saint Benoît. Il naquit à Dijon, alors du diocèse de Langres, vers l'an 425. Son père Hilaire, un des premiers sénateurs du pays, et sa mère Quiéta, vivaient dans une si grande sainteté, que l'Eglise honore leur mémoire le 28 novembre. Saints, ils élevèrent saintement leurs enfants. Jean, après avoir ainsi passé ses vingt premières années loin de la mollesse et des plaisirs de son âge et de sa naissance, résolut de se séparer encore plus du monde : il se construisit d'abord de ses propres mains une cellule avec un oratoire, et là, n'ayant avec lui que deux serviteurs, il vaquait entièrement à Dieu. Mais désirant imiter davantage la vie des saints solitaires, il se retira dans un désert, au territoire de la ville de Tonnerre, lequel nous appelons aujourd'hui l'Auxois. Le lieu qu'il choisit était plein d'eau et presque inhabitable ; il s'appelait Réome *(Reomaüs)*. Sa réputation y attira beaucoup de personnes qui vinrent se mettre sous sa conduite ; de sorte qu'il se vit bientôt obligé d'en former une communauté religieuse, et d'être comme le général de cette armée du Christ. Se défiant de ses propres lumières pour la conduite de ces âmes, il entreprit de recueillir les règles établies par les saints Pères et pratiquées par les autres moines. Il alla donc visiter les principaux monastères de France, et en rapporta ce qu'il y avait de meilleur dans les usages et les disciplines, comme l'abeille qui enlève aux fleurs de quoi composer son miel. Mais le nombre de ses religieux augmentant, le fardeau du commandement l'effraya : il s'enfuit en secret, accompagné de deux de ses disciples, et alla se cacher parmi les solitaires de l'île de Lérins. Il y vécut environ dix-huit mois pendant qu'on le cherchait par toute la France. Enfin, un voyageur ayant reconnu son visage et sa voix, se prosterna à ses pieds en disant : « Voilà sans doute le vénérable Jean, qui a fui les honneurs de la prélature ». Les religieux de Lérins furent tout honteux d'avoir tardé si longtemps à reconnaître la dignité d'un de leurs frères qu'ils avaient laissé vivre obscurément parmi les plus jeunes. Le voyageur retourna raconter sa découverte dans le diocèse de Langres, et l'évêque Grégoire écrivit à l'abbé de Lérins, Honorat II, et à Jean lui-même, pour qu'il revînt au plus tôt, sous peine de rendre compte au tribunal de Jésus-Christ des malheurs que causait son absence. En effet, le relâchement s'était introduit à Réome, et le nombre des religieux diminuait. Le retour de l'abbé fut un excellent remède à ces maux. Il rétablit la règle de saint Macaire qu'il avait établie douze ans auparavant, et sa présence, ses exemples, ses ardentes exhortations rendirent bientôt à cette communauté sa première ferveur.

Instruit par l'expérience, il ajouta quelques prescriptions à la règle ; il défendit l'entrée des séculiers dans l'église conventuelle, comme l'indique le fait suivant : Un homme de Mémont, Agrestius, entra dans le chœur, un jour de dimanche, afin de communier de la main de saint Jean. — « Sortez », lui dit le bienheureux, « vous ne le pouvez point ». — Et comme il insistait, disant qu'il était venu de loin : — « Ce n'est pas la malveillance qui nous fait agir ainsi à votre égard, nous voulons seulement observer notre règle et ne pas encourir de blâme ». Agrestius sortit, mais en blasphémant dans son cœur.

La nuit suivante, saint Jean lui apparut dans une vision, l'air calme et recueilli ; il tenait dans sa main droite « la perle très-précieuse de la divine Eucharistie [1] ». — « Sachez », lui dit-il, « que si vous n'eussiez point blasphémé, Notre-Seigneur vous eût donné spirituellement son corps et son sang, même en dehors de la communion sacramentelle [2] ; mais, en punition de votre péché, cette grâce vous est refusée ». Agrestius, confus et repentant, accourut dès le matin se jeter aux genoux du bienheureux, qui le bénit et le renvoya pardonné.

Il eut, à cette époque, saint Seine pour disciple [3].

Il aimait les pauvres et se plaisait à les soulager et à les instruire. Dans un temps de disette, il distribua toutes les provisions de l'abbaye, et Dieu, pour récompenser sa charité, multiplia miraculeusement le blé qu'il donnait en aumônes. — « Gardez-vous d'en parler », dit le bienheureux au frère témoin de ce prodige, « de peur que la tache de l'orgueil ne vienne flétrir la fleur de cette grâce ».

Il fit rencontre d'un pauvre à peine vêtu, qui cherchait dans la forêt des baies pour apaiser sa faim. — C'était un homme qui n'aimait pas le travail. — Le Saint lui dit : Mets ton espérance dans le Seigneur et lui-même te nourrira ; prends goût au travail, d'après ces avis de l'Apôtre, « qu'il est bon que tu aies de quoi suffire à tes besoins et fournir le nécessaire à l'indigent ». Ensuite, il fit le signe de la croix sur sa poitrine et lui ordonna de retourner chez lui. Cet homme obéit et se livra au travail avec tant d'ardeur, que jamais il ne manqua plus du nécessaire.

Dans une de ces courses apostoliques, il fut obligé de s'arrêter à Semur pour y passer la nuit ; là, une femme impudique ose l'insulter. Effrayé de cette audace, il la repousse et s'enfuit. La malheureuse eut alors confusion de sa faute et obtint, par les prières du bienheureux sans doute, la grâce de s'en repentir.

1. *Gemmam eucharistiæ.*

2. Cette distinction très-nette témoigne de la foi de l'église des Gaules au Ve siècle, et réfute l'ignorance criminelle des calvinistes.

3. Voir sa vie au 19 septembre.

Dans le désert presque sauvage de Réome on manquait d'eau potable. Il y avait bien un vieux puits d'une profondeur prodigieuse ; mais il était à moitié comblé de pierres, et un énorme serpent en avait fait son repaire. Touché du besoin de ses frères, ce saint homme, muni des armes de la foi, s'avance vers ce lieu parmi les siens qui font entendre des chants sacrés. Il descend le premier dans le puits, une pioche à la main, creuse la terre, pendant que les témoins de cette scène croient qu'il va trouver la mort. Toutefois, son exemple et ses paroles les rassurent ; ils travaillent à leur tour ; on trouve le serpent; la simple invocation du nom de Dieu le fait mourir ; on le rejette hors du puits qui s'achève et fournit une eau abondante et pure, dont on use encore aujourd'hui.

Jean prêchait les vérités du salut non-seulement à ses religieux, mais encore aux populations d'alentour. Sa mère, ayant appris qu'il évangélisait une contrée, s'y rendit pour le voir et l'embrasser. Mais lui, prenant à la lettre ce conseil de l'Evangile : « Celui qui ne quitte pas sa mère et son père n'est pas digne de moi », refusa de lui parler. Craignant toutefois d'ébranler par trop de dureté la foi de cette sainte femme qu'il savait pleine d'amour de Dieu, il consentit à passer devant elle parmi la foule, afin que ses yeux maternels pussent contempler de près ce cher enfant ; mais il ne s'arrêta point pour lui parler. Il lui fit dire de mener une vie sainte ici-bas, afin qu'ils eussent le bonheur de vivre ensemble dans le ciel.

Comme les solitaires d'Egypte, ceux du Réome mortifiaient la chair par le travail des mains. Un jour qu'ils élaguaient les arbres de la forêt voisine du monastère, le travail fini, ils laissèrent là leurs cognées et s'en retournèrent. Un homme des environs profita de leur absence pour voler ces instruments de travail. Quand les Frères s'en aperçurent, ils furent pleins de désolation, et allèrent aussitôt confier leur douleur à l'abbé qui leur dit d'être pleins de confiance et de prier. Pour lui, il se rend à la forêt, et après s'être adressé à Dieu selon sa coutume, il voit accourir vers lui, à toutes jambes, un homme qui se jette à ses pieds et lui demande pardon d'avoir pris les haches du monastère. Jean le relève, lui accorde non-seulement le pardon de sa faute, mais encore sa bénédiction et des eulogies.

Il serait trop long de raconter les autres miracles dont l'histoire de Jean est pleine. Un esclave s'étant réfugié dans le monastère, pour échapper à la fureur de son maître irrité contre lui, Jean écrivit à ce dernier en faveur du fugitif. Le maître ayant reçu ce message avec colère et même poussé le mépris jusqu'à cracher sur la lettre du Saint, il fut à l'instant puni du ciel ; sa bouche devint incapable de prendre aucune nourriture, pas même l'Eucharistie, pendant neuf années. Jean avait un grand pouvoir sur les démons, et les chassait des personnes qu'ils possédaient. Les maladies ne lui étaient pas moins obéissantes. De l'eau, du pain, en recevant sa bénédiction, recevaient la vertu de guérir. Sa charité pour les pauvres mérita aussi d'être récompensée par des prodiges. A sa voix, les aliments se multipliaient pour sauver la vie des malheureux. Les rois, entre autres Clovis Ier, et beaucoup de seigneurs imitaient la Providence et prenaient plaisir à augmenter les ressources du Saint, à combler son monastère de richesses. Jean au milieu de ces libéralités et de ces honneurs, toujours humble et mortifié, empêcha aussi les siens de tomber dans l'orgueil, l'ambition, l'avarice et la mollesse. Ses austérités ne l'empêchèrent pas de parvenir jusqu'à l'âge de cent vingt ans, comme Moïse, toujours plein de vigueur et de santé : ni sa vue, ni sa mémoire, qui avaient toujours été excellentes, ne s'étaient affaiblies ; il n'avait pas perdu une seule dent ; et, en un mot, chose extraordinaire, il eut jusqu'au dernier instant de la vie, l'esprit et les sens aussi sains qu'à la fleur de son âge. Selon l'opinion la plus probable, il mourut l'an 545, et fut enterré dans son monastère qui, plus tard, ayant passé aux mains des Bénédictins, s'appela Moutier-Saint-Jean, ainsi que la ville qui s'est formée autour.

On représente saint Jean de Réome près d'un puits, tenant enchaîné une espèce de dragon.

RELIQUES DE SAINT JEAN DE RÉOME.

Ses reliques furent transférées d'abord, sur la fin du VIe siècle, du lieu de sa sépulture, dans l'église de Saint-Maurice, dont le village s'est appelé depuis Corsaint (corps saint); une seconde translation eut lieu du temps de Charlemagne; une troisième l'an 888. — Vers la fin du règne du roi Charles le Gros, on porta ce précieux trésor dans le château de Semur-en-Auxois, pour y être à l'abri des insultes des Normands. On le rapporta enfin dans son monastère de Réome vers l'an 911.

L'église paroissiale de Moutier-Saint-Jean possède une relique insigne de saint Jean de Réome : c'est le chef vénérable de ce grand serviteur de Dieu. Il repose dans une petite châsse avec cette inscription : *Os capitis sancti Joannis Reomensis*. Son authenticité a été reconnue par Mgr l'évêque de Dijon en 1842. Des personnes soit de la paroisse, soit d'ailleurs, viennent encore individuellement se prosterner devant cette précieuse relique ; mais depuis la dispersion des religieux bénédictins, lors de la Révolution de 93, il n'y a plus eu de fêtes publiques pour honorer le Saint.

De toute la magnifique et splendide chapelle de l'abbaye, il ne reste plus que la porte latérale d'entrée, par où passaient les religieux, encore est-elle toute mutilée et comme encadrée dans un mur de grange. Mais n'importe, ces précieux restes nous donnent une idée des richesses symboliques qui autrefois faisaient la beauté de cette porte. Sauf une aile de la maison qui a été abattue, et quelques changements opérés à l'intérieur, le corps de bâtiment est à peu près ce qu'il était, et toujours en bon état d'habitation [1].

Nous avons ajouté cette vie au recueil du P. Giry, en nous servant surtout des Bollandistes, de Grégoire de Tours, de Baillet et des *Saints de Dijon*, par M. l'abbé Duplus.

SAINTE MAURE ET SAINTE BRITTE, VIERGES

(Epoque inconnue.)

A l'extrême limite du territoire de Tours, s'élevait une petite colline, couverte de ronces et de vignes sauvages, qui formaient un taillis si touffu qu'un homme pouvait à peine s'y frayer un passage. La tradition populaire racontait que deux Vierges, consacrées à Dieu, reposaient dans cet endroit. Aux vigiles des grandes fêtes les fidèles y voyaient très-souvent briller une lumière extraordinaire. L'un d'eux, plus osé et plus courageux, ne craignit point dans l'obscurité de la nuit de s'aventurer dans ce lieu. Il y vit un cierge d'une merveilleuse blancheur, qui jetait autour de lui une grande clarté ; il admira longtemps ce prodige et il retourna annoncer aux autres ce qu'il avait vu.

Ce fut alors que les deux Vierges apparurent à l'un des habitants du pays : elles lui dirent qu'elles étaient ensevelies dans ce lieu, mais que dépourvues d'une tombe, elles ne pouvaient ainsi rester plus longtemps exposées aux injures du temps. Elles lui conseillent d'enlever les ronces et de placer au-dessus de leur corps l'abri d'un monument funèbre. A son réveil, cet homme absorbé par mille autres soins, oublia cette vision. La nuit suivante, elles lui apparaissent de nouveau, avec un visage menaçant et

1. M. Jarant, *curé de Moutier-Saint-Jean*. — Moutier-Saint-Jean, le 30 août 1862.

terrible, et lui annoncent que s'il ne satisfait pas leurs désirs, il mourrait dans l'année. Cette fois, notre homme fut effrayé, il prit une hache, se rendit sur le monticule, arracha les ronces, et, après avoir déblayé le terrain, il découvrit les deux tombes, sur lesquelles il trouva de grosses gouttes de cire qui exhalaient les plus suaves parfums. Ayant amené un char attelé de bœufs, il ramassa toutes les pierres, et, à l'été, il éleva un petit oratoire sur les corps des deux saintes.

Son ouvrage étant achevé, il pria le bienheureux Eufrône [1], qui gouvernait alors l'église de Tours, de vouloir bien bénir ce sanctuaire. Le saint évêque refusa et s'en excusa sur son grand âge :

« Vous voyez, mon fils », lui dit-il, « que je suis vieux, l'hiver sévît avec plus de rigueur que de coutume : les pluies sont abondantes, les vents sont impétueux et violents, les fleuves grossissent, et les chemins eux-mêmes, délayés par la pluie et la boue, sont impraticables. A mon âge, il ne serait pas prudent d'entreprendre un tel voyage ».

Ces paroles affligèrent ce bon chrétien, et il quitta l'évêque, le cœur bien triste. La nuit suivante, le pontife s'était à peine endormi que les deux Vierges se présentent à lui, et la plus âgée lui adresse les paroles suivantes avec un profond accent de tristesse :

« Très-saint évêque, en quoi avons-nous pu vous déplaire ? quel mal avons-nous fait au peuple que Dieu vous a confié ? Pourquoi nous méprisez-vous ? Sous quel prétexte refusez-vous de venir consacrer l'oratoire qu'un homme de foi nous a élevé ? Venez donc, nous vous en supplions, au nom du Dieu tout-puissant dont nous sommes les servantes ».

En prononçant ces paroles, de grosses larmes arrosaient son visage.

Aussitôt l'évêque s'éveille, appelle l'intendant de son palais, et lui dit : « J'ai péché, en n'allant point avec cet homme. Voici qu'en effet les deux Vierges viennent de m'apparaître, et je crains d'encourir la colère de Dieu si je diffère de m'y rendre ».

Eufrône se hâta donc de se mettre en route : aussitôt la pluie cessa et les vents s'apaisèrent. Le saint évêque fit heureusement son voyage, et, après avoir béni le sanctuaire, il revint en paix. Il parlait souvent de ces deux Vierges, il se rappelait leur visage et leur démarche. « L'une », disait-il, « était grande ; l'autre petite, de taille seulement, car ses mérites étaient grands. Toutes les deux étaient plus blanches que la neige, et il avait appris d'elles que l'une se nommait Maure et l'autre Britte ».

Ces deux Vierges n'ont cessé d'être vénérées dans le diocèse de Tours, et on célèbre leur fête le 28 janvier de chaque année. L'ancienne ville romaine, *Arciacum,* patrie des deux vierges, fière d'une telle richesse, a changé son antique nom contre celui de l'une d'elles, et elle s'appelle aujourd'hui Sainte-Maure [2]. L'église paroissiale possède depuis longtemps leurs reliques. En l'année 1666, dit dom Ruinart, avec la permission de Victor le Bouthillier, archevêque de Tours, on ouvrit la grande et riche châsse qui les renfermait. On y trouva vingt-cinq grands ossements, avec plusieurs autres petits, qui avaient été enveloppés, avec beaucoup de respect, dans des linges et des étoffes de soie. Divers authentiques, écrits sur parchemin, munis de sceaux, attestaient que cette châsse contenait réellement les reliques des deux vierges, Maure et Britte. Le plus ancien de ces titres était daté de l'an 1267.

Aujourd'hui l'église de Sainte-Maure, plus heureuse que tant d'autres,

1. Eufrône est mort après le milieu du VIe siècle.

2. La petite ville de Sainte-Maure est un chef-lieu de canton de l'arrondissement de Chinon, à 32 kilomètres de Tours.

possède encore les reliques de ses deux vierges : elles ont pu échapper à la profanation et aux fureurs des révolutionnaires, et elles sont toujours l'objet de la pieuse et confiante vénération des fidèles.

Les fidèles aiment à se rendre à la petite *chapelle des Vierges*, érigée de temps immémorial, à deux kilomètres de l'église paroissiale, à l'endroit où la tradition rapporte que leurs corps furent découverts. Une fontaine coule à côté, les infirmes et les malades viennent avec foi s'y laver et ils obtiennent très-souvent leur guérison. La piscine est presque entièrement remplie des linges avec lesquels ils se sont lavés et qu'ils ont l'habitude d'y jeter par reconnaissance.

Dans leurs peines, dans leurs doutes et leurs afflictions, les habitants de Sainte-Maure ont recours à leurs *Vierges* comme à des amies dont la protection et l'assistance ne leur font jamais défaut. Aussi célèbrent-ils avec empressement sa fête d'hiver au 28 janvier et celle d'été, le deuxième dimanche après Pâques, anniversaire de la translation de leurs reliques. Le clergé célèbre souvent la messe dans la petite chapelle, et le peuple s'y rend pieusement en récitant le saint Rosaire.

L'abbé Rolland, *Aumôn. du pens. des Frères de Tours.*

LE BIENHEUREUX CHARLEMAGNE,

ROI DE FRANCE ET EMPEREUR D'OCCIDENT

742-814. — Papes : Zacharie; Léon III.

> A asseoir les sociétés humaines, Dieu a voulu ces deux mains : le Pape et l'Empereur. D'accord, ces mains peuvent tout bien ; contraires elles sont impuissantes contre tout mal.
>
> Sans l'Empereur, le Pape n'est qu'un martyr immortel ; sans le Pape, l'Empereur n'est qu'un dieu de prétoriens, une idole souvent refondue.
>
> L. Veuillot, *Parfums de Rome*, ch. 22.

Quoique la canonisation de Charlemagne ne soit pas faite dans les formes ordinaires de l'Eglise romaine, néanmoins le culte qu'on lui rend en France et en Allemagne, soit en dédiant des églises en son honneur, soit en l'insérant dans les Martyrologes, soit en lui consacrant un office dans les Bréviaires, sans que le Saint-Siége y trouve à redire, nous oblige à lui donner place dans ce recueil pour contenter la piété des peuples qui ont tant de vénération pour sa mémoire.

Il était fils de Pépin, roi de France, et petit-fils de l'invincible Charles-Martel. Jamais on ne vit dans un prince de plus belles dispositions pour les armes, les lettres et la piété : d'un courage intrépide dans les expéditions militaires, d'une admirable vivacité d'esprit pour les sciences, il était capable par son grand cœur, du plus généreux et du plus beau dévouement pour la cause de Dieu et celle des hommes. Après la mort du roi son père, il succéda à ses Etats, avec Carloman, son frère, le 9 novembre 768. Dès qu'il fut monté sur le trône, il donna de belles marques de sa bravoure, car il commença son règne par la défaite de Hunauld, fils et successeur de Gaiffre, qui renouvelait la guerre en Aquitaine, et par celle de Loup, duc des Gascons, qu'il rendit ses tributaires ; son frère Carloman étant mort à Samoucy, le 4 décembre l'an 771, Charles prit possession de son royaume et resta monarque absolu des Francs. Il se vit par là plus en état de s'opposer aux rebelles et de réduire les ennemis de l'Eglise.

Il faudrait composer de gros volumes pour faire le récit de ses victoires et de ses conquêtes, partout où son courage, sa justice, sa piété et son zèle pour la religion l'obligèrent à porter ses armes, car Dieu le favorisa dans toutes les guerres qu'il entreprit. Dans celle qu'il fit au-delà des Alpes, il détruisit entièrement le royaume des Lombards, qui subsistait depuis deux cents ans, par la prise de Didier, le dernier de leurs rois ; il vainquit et repoussa les Grecs jusqu'au fond de la Calabre, et reçut enfin le serment de fidélité des Romains qui se donnèrent à lui. Ainsi, depuis les Alpes jusqu'à la basse Calabre, l'autre extrémité de l'Italie, Charlemagne était absolument le maître, aussi bien que dans les îles et les royaumes de Corse et de Sardaigne.

D'autre part, dans de fréquentes et fameuses expéditions qu'il fit en Allemagne contre les Saxons tant de fois rebelles, et les autres peuples qui s'étaient ligués contre lui, il subjugua toutes ces vastes régions qui sont entre le Rhin et la Vistule, la mer Baltique et le Danube ; soumit aux lois de son empire la Bavière, l'Autriche, la Hongrie, jusqu'à la Theiss, la Dacie, la Croatie, la Carinthie, le Frioul, et poussa même ses conquêtes, après avoir vaincu les Huns ou les Avares, jusqu'aux confins de la Bulgarie et de la Thrace.

Enfin, portant ses armes du côté de l'Occident, il fit la guerre au-delà des Pyrénées, aux Sarrasins, et conquit sur eux tous les royaumes et toutes les provinces qui sont entre l'Ebre et les Monts, l'Océan, la Méditerranée, avec les îles Baléares.

Il ne faut pas s'imaginer que l'ambition, si ordinaire aux conquérants, fût l'esprit qui animait notre Saint dans ces grandes expéditions. Le désir d'étendre les bornes de sa monarchie avait la moindre part à tous ses beaux exploits. Ce n'était pas non plus le titre d'Auguste et d'Empereur, qu'il reçut dans la suite, puisqu'il en était si peu touché qu'il le refusa d'abord par une humilité héroïque, et qu'il protesta, depuis son couronnement, que s'il eût pu connaître le dessein du Pape, il ne serait pas allé ce jour-là à l'église, quoique ce fût le jour de Noël. C'était donc un motif plus relevé qui poussait Charlemagne à ces glorieuses entreprises. Il savait que l'idolâtrie régnait encore en Allemagne, parmi les Saxons ; il voulut les amener à recevoir la foi catholique : aussi est-il appelé leur Apôtre. Le pape Adrien se plaignait des persécutions que lui faisaient les Lombards ; il se fit une religion de le délivrer de ces tyrans. Les Sarrasins, ennemis jurés de l'Eglise, occupaient presque toutes les Espagnes : son zèle le porta à employer ses armes pour les exterminer. Enfin, s'il mena tant de fois ses troupes en Italie, ce ne fut que pour secourir le pape Adrien dont nous venons de parler, ou pour se rendre comme pèlerin, aux tombeaux des apôtres saint Pierre et saint Paul, auxquels il avait une dévotion toute singulière, ainsi qu'il paraît par les grands présents qu'il a faits à leurs églises, en or, en argent et en pierres précieuses ; ou pour venger les injures qu'on avait faites à Léon III, à qui quelques Romains, par une horrible cruauté, avaient voulu crever les yeux et couper la langue. En un mot, il n'est jamais sorti des bornes de son empire que pour étendre en même temps la religion chrétienne ; et il n'a passé les Monts qu'à l'avantage du Saint-Siége et pour enrichir l'Eglise d'une bonne partie de la dépouille des Lombards et des Grecs, en l'élevant, de la bassesse de sa première pauvreté, à ce degré de grandeur temporelle d'où ses ennemis essaient de la faire déchoir, parce qu'ils savent que c'est la meilleure condition de son indépendance et de sa prospérité spirituelle.

Si des vertus militaires de Charlemagne nous voulions descendre dans le détail de toutes ses vertus morales, ce serait entreprendre un ouvrage entier, et non pas un recueil de ses plus belles actions; je me contenterai donc de dire que c'était un prince qui ne pouvait souffrir le luxe, et que sa modération paraissait jusque dans ses habits, quoique d'ailleurs sa magnificence fût très-grande lorsqu'il s'agissait du bien ou de la gloire de ses Etats. Il était extrêmement sobre dans son boire et dans son manger, estimant que la vie passée dans les délices est non-seulement contraire aux lois du Christianisme, mais encore indigne d'un courage héroïque que la délicatesse est capable d'énerver. Durant ses repas, il se faisait lire l'histoire, ou des livres de science, ou quelque livre de saint Augustin, particulièrement la *Cité de Dieu*. Il était éloquent, et son amour pour les sciences est assez connu par l'Université de Paris et les autres qu'il fonda. Il attira aussi les savants en France, et, entre autres, il fit venir d'Angleterre Alcuin, l'homme le plus docte de son temps, pour lui servir de précepteur. Pour être convaincu de l'érudition de notre prince, il ne faut que lire les belles lois qu'il a rédigées lui-même, sous le titre de *Capitulaires*.

Mais, entre toutes ses vertus, celle qui a éclaté davantage et qui fait comme le caractère de sa sainteté, c'est sa piété et son zèle pour la splendeur de l'Eglise. Nous avons déjà dit que ce fut l'âme de toutes ses entreprises, et que son principal dessein était d'établir ou de rétablir le culte divin partout. Il fit quatre fois le voyage de Rome par dévotion, et, selon quelques auteurs, il alla à Saint-Jacques, en Galice, par esprit de pénitence, et l'on peut dire que c'est lui qui a mis ce célèbre pèlerinage dans le grand lustre où nous le voyons. Durant ses conquêtes, il eut grand soin de chercher les reliques insignes dans les lieux que ses armes prenaient; on cite, entre autres, les corps de six Apôtres, savoir : de saint Simon, de saint Jude, de saint Philippe, des deux saints Jacques et de saint Barnabé, avec le chef de saint Barthélemi, outre une infinité d'autres de plusieurs Martyrs, qu'il fit transporter en France et déposer dans la basilique de Saint-Saturnin, à Toulouse; il faisait plus de cas de ces précieux trésors que de toutes les richesses des peuples qu'il subjuguait. Il distribuait libéralement aux temples les ornements et les vases sacrés nécessaires pour le service des autels. Il fit bâtir jusqu'à 27 églises, dont la principale est celle de Notre-Dame d'Aix-la-Chapelle, sans parler de celles qui étaient ruinées et qu'il a fait réparer. C'est lui qui a fondé et enrichi si prodigieusement tous les évêchés et toutes les abbayes d'Allemagne. Il rétablit le chant ecclésiastique, que l'on avait tellement négligé, qu'il était entièrement déchu de cette sainte harmonie qui porte la dévotion dans les cœurs des fidèles.

Il ne faut pas s'étonner, après cela, si cette insigne piété lui a mérité tant de faveurs extraordinaires du ciel; en effet, plusieurs Saints lui ont souvent apparu pour l'entretenir familièrement comme s'il eût déjà été de leur compagnie : on remarque, entre autres, saint Salve, évêque d'Angoulême, dont il avait fait mettre les reliques dans une belle châsse, et saint Suitbert, qu'il avait fait canoniser par Léon III; on peut joindre encore à ces apparitions celle de deux esprits bienheureux, qui, jetant l'épouvante dans l'armée des Saxons, les obligèrent de prendre la fuite et d'abandonner le siége de Fritzlar, qu'ils avaient entrepris pendant l'absence de Charlemagne. Enfin, on raconte que, faisant la guerre à ce peuple, il obtint de l'eau par ses prières, durant une grande sécheresse, pour rafraîchir son armée qui en manquait depuis trois jours.

La piété de notre Saint ne parut pas seulement par ce grand zèle qu'il eut pour la gloire et la majesté des temples matériels, mais encore par le soin qu'il prit des temples spirituels, qui sont les pauvres, soit en fondant des hôpitaux pour les abriter, soit en leur distribuant des aumônes capables de les faire subsister; et, comme si les vastes provinces de ses royaumes n'eussent pas renfermé assez de misérables pour leur faire ressentir les effets de sa charité, il envoyait de prodigieuses sommes d'argent en Syrie, en Egypte, à Jérusalem, à Alexandrie, à Carthage, pour y secourir les nécessiteux. Et afin d'étendre ses libéralités jusqu'au-delà du tombeau, il assigne, par son testament, de grands biens pour être distribués aux pauvres. Il ordonne même que sa bibliothèque soit vendue, et que le prix soit employé à les assister dans leurs besoins; et, pour montrer l'amour qu'il leur portait, il veut, par son même testament, que de quatre grandes tables, trois d'argent et une d'or, celle d'argent qui était la plus pesante, et sur laquelle, par un artifice admirable, le monde était représenté en trois grands cercles, et celle d'or, soient partagées entre eux et ses héritiers, selon la disposition qu'il en fait; pour les deux autres tables d'argent, il lègue à la basilique de Saint-Pierre, à Rome, celle sur laquelle était la description de la ville de Constantinople; et l'autre, sur laquelle était la figure de Rome, à l'évêque de Ravenne.

Durant le règne de Charlemagne, il s'éleva plusieurs hérésies dont il procura la condamnation par l'assemblée de quelques conciles. Le plus célèbre de tous fut celui de Francfort, où présidèrent Théophilacte et Etienne, légats du pape Adrien Ier; les erreurs d'Elipandus, archevêque de Tolède, et de Félix, évêque d'Urgel, touchant la filiation de Jésus-Christ, y furent proscrites par les évêques de France, d'Italie et de Germanie, qui s'y trouvèrent par ordre de notre bienheureux prince, qui employait ainsi tous ses soins à l'affermissement de la foi catholique dans ses Etats.

Ce qui est admirable dans la vie de notre Bienheureux, c'est qu'au milieu de ses grandes et importantes occupations, il était aussi réglé dans ses exercices de piété qu'un religieux dans son cloître : il assistait régulièrement à l'office divin, tant du soir que de la nuit, à moins que quelque indisposition ne l'en empêchât; il faisait ses prières avec tant de dévotion, qu'il en inspirait à ceux qui le voyaient : il paraît que, lorsqu'il fit son testament, quatre ans avant sa mort, il pensait à se démettre de la couronne impériale, afin que, n'étant plus chargé du poids des affaires de la terre, il ne s'occupât plus que de celles de son salut.

Enfin notre grand monarque, après avoir travaillé si utilement pour la religion, soutenu si souvent l'autorité des Papes, défendu l'Eglise, renversé l'idolâtrie et dissipé l'hérésie, tomba malade à Aix-la-Chapelle; il connut aussitôt, par la violence de la fièvre qui fut suivie d'une pleurésie, que son heure était proche; c'est pourquoi il employa le peu de temps qui lui restait à se préparer à ce dernier passage : et après avoir reçu les Sacrements avec une ferveur extraordinaire, il rendit saintement son âme à son Créateur l'an **814**, dans la soixante-douzième année de son âge, et la quarante-septième de son règne.

On représente le Bienheureux Charlemagne, couronné et tenant sur la main le plan de sa chapelle d'Aix dans laquelle il voulut être enterré.

CULTE ET RELIQUES.

Son corps fut solennellement enterré dans la cathédrale qu'il avait fait bâtir, et trois cent cinquante-un ans après, il fut levé de terre par les soins de Frédéric Ier, surnommé Barberousse, et son chef fut transféré à Osnabruck.

Sur le culte rendu à Charlemagne, voici ce que nous dit dom Guéranger, en son *Année liturgique* [1].

Au gracieux souvenir de la douce martyre Agnès, un grand nombre d'églises, surtout en Allemagne, associent aujourd'hui (28 janvier) la mémoire imposante du pieux Charlemagne. Le respect des peuples était déjà préparé en faveur de la sainteté de Charlemagne, lorsque Frédéric Barberousse fit rendre le décret de sa canonisation par l'antipape Pascal III, en 1165; c'est pourquoi le Siége apostolique, sans vouloir approuver une procédure irrégulière, ni la recommencer dans les formes, puisqu'on ne le lui a jamais demandé, a cru devoir respecter ce culte dans tous les lieux où il fut établi.

Dans nos églises de France nous ne nous faisons aucun scrupule de donner le titre de saints et d'honorer comme tels un nombre considérable d'évêques sur la sainteté desquels aucun décret n'a été rendu par personne et dont le culte n'est jamais sorti de la limite de leurs diocèses; les nombreuses églises qui honorent, depuis près de sept siècles, la mémoire du grand empereur Charlemagne, se contentent, par respect pour le Martyrologe romain, où son nom ne se lit pas, de le fêter sous le titre de *Bienheureux*. — Pour ne citer qu'un exemple, une église lui est encore dédiée dans l'ancien diocèse de Sarlat, en Périgord.

Avant l'époque de la Réforme, le nom du bienheureux Charlemagne se trouvait sur le calendrier d'un grand nombre de nos églises de France; les Bréviaires de Reims et de Rouen sont les seuls qui l'aient conservé aujourd'hui. Plus de trente églises en Allemagne célèbrent encore aujourd'hui la fête du grand empereur; sa chère église d'Aix-la-Chapelle garde son corps et l'expose à la vénération des peuples... Il est conservé dans une châsse de vermeil. Un de ses bras est dans un reliquaire à part. On trouve dans la grosseur des os de ce bras la preuve de ce que les auteurs racontent sur la haute taille et la force corporelle du grand empereur. Dans le trésor de la même église se trouve aussi son cor de chasse, et dans une galerie, le siége de pierre sur lequel il était assis dans son tombeau.

On sait que c'est sur ce siége que les empereurs d'Allemagne étaient installés, le jour de leur couronnement.

L'Université de Paris le choisit pour patron en 1661.

Plusieurs Martyrologes de France, d'Allemagne et de Flandre font mémoire de saint Charlemagne le 28 janvier. Ferrarius ne l'a pas oublié dans son supplément des Saints qui ne sont pas dans le Martyrologe romain, non plus qu'Usuard, ni Molan. Nous avons tiré ce que nous en avons dit en ce recueil, d'Eginhard, qui a été son chancelier et qui se fit religieux de l'Ordre de Saint-Benoît, après la mort de son maître, et des autres mémoires que Bollandus rapporte dans le second tome des *Actes des Saints*, où l'on peut voir quelques miracles qui ont été faits par les mérites de notre saint roi. Sur la vie de saint Charlemagne, on peut encore consulter ce qu'en a écrit le bienheureux Notker, moine de Saint-Gall, au IXe siècle.

LE BIENHEUREUX AMÉDÉE DE HAUTERIVE,

ÉVÊQUE DE LAUSANNE

1158. — Pape : Adrien IV. — Roi de France : Louis VII, *le Jeune*.

Le bienheureux Amédée, dont nous allons en peu de mots raconter la vie simple et précieuse aux yeux de Dieu, était né à Chatte [2], en Dauphiné, dans les premières années du XIIe siècle (1110 environ). Il appartenait à

1. Le temps de Noël, 2e partie (1847), p. 490 à 506.

2. Chatte, commune du canton de Vinay, dans l'arrondissement de Saint-Marcellin. Quelques auteurs, cependant, comme Moréri, le font naître à la Côte-Saint-André, s'appuyant sur une Vie manuscrite de notre Saint, composée vers 1185. Malgré de nombreuses recherches, il ne nous a pas été donné d'éclaircir

l'une des plus illustres familles du pays ; son père, nommé aussi Amédée, seigneur de Hauterive, était beau-frère du dauphin Guigues VII (1075-1125) dont il avait épousé la sœur Pétronille, et parent de l'empereur Henri V. Mais, ce qui était préférable à une si noble origine, c'est que le père pouvait offrir au fils un digne modèle de piété, et comme un héritage de toutes les vertus chrétiennes. Aussi le vit-on, en 1119, embrasser l'état religieux à l'abbaye de Bonnevaux, au diocèse de Vienne, fondée depuis quelques années seulement [1]. Sa généreuse détermination avait été partagée par seize autres chevaliers ses vassaux, ainsi que par son jeune fils, qui voulait aussi consacrer au Seigneur les prémices d'une vie à peine commencée.

Mais l'âge encore si jeune de ce dernier ne lui permit point d'être admis à prononcer les vœux sacrés de la religion. Il quitta donc la sainte retraite de la douce vallée de Bonnevaux, pour se rendre avec son père à la célèbre abbaye de Cluny, où les lettres étaient en grand honneur et où on les cultivait avec succès. Les bons religieux, persuadés que l'instruction qu'ils pouvaient donner à ce jeune enfant, quelque bonne qu'elle pût être en soi, serait cependant bien au-dessous de celle qui lui convenait à tous égards, crurent ne pouvoir mieux faire que de s'en décharger sur l'empereur Conrad, parent et allié de sa famille. Ce prince l'accueillit avec empressement et désormais le prit sous sa haute protection. Il ne négligea rien pour l'élever d'une manière qui répondît à la noblesse de son origine, et pendant plusieurs années il prit de lui le même soin que s'il eût été son propre enfant. Son instruction fut alors confiée aux maîtres les plus habiles et les plus expérimentés ; et, à mesure que son esprit se développait et acquérait cette maturité qui forme l'homme raisonnable, son âme, sous l'influence de la grâce divine comme d'une rosée céleste, s'épanouissait aussi devant le Seigneur, semblable à une fleur délicate qui s'entr'ouvre aux premiers rayons du soleil.

Lorsque son éducation fut terminée, brûlant d'un ardent désir de retourner auprès de son pieux père, dans la vie austère du cloître, il abandonna sans regret une cour somptueuse, d'où son cœur, si l'on peut parler ainsi, avait été toujours absent et éloigné. Résolu de se donner à Dieu sans réserve, il prit donc l'habit religieux à la grande abbaye de Clairvaux, en présence du dernier Père de l'Eglise, l'illustre saint Bernard. Il y passa quelque temps entièrement livré à la prière et à la méditation. Mais il quitta bientôt ce nouveau monastère pour se rendre à celui de Hautecombe, en Savoie, sur les bords accidentés du lac du Bourget [2]. A peine était-il installé, que déjà ses vertus éminentes l'avaient désigné à l'admiration de tous les autres religieux, et en l'année 1139, à l'âge de trente ans environ, il succéda, dans sa charge importante, à l'abbé Bibien. Son administration fut à la fois douce et ferme ; le maintien de la règle et de la discipline, la répression des moindres abus, mais, en même temps, la plus magnanime charité pour les autres, et pour lui-même la plus rigoureuse sévérité, voilà comment il s'acquitta des graves fonctions qu'on lui avait confiées, voilà aussi comment il sut s'attirer l'estime sincère et la véritable affection de tous ceux qui l'ap-

ce point d'une manière satisfaisante, ni de retrouver cette Vie manuscrite du XIIe siècle, qui serait d'un grand intérêt pour l'histoire hagiographique du diocèse. Nous avons donc cru pouvoir nous en tenir à l'opinion commune et traditionnelle.

1. En 1117, d'après M. Hauréau (*Gallia Christiana*, t. XVI, col. 207; *ibidem*, *Instrumenta*, col. 31-32), elle était sur le territoire de Saint-Symphorien de Marc. — Voyez Valbonnays, *Hist. du Dauphiné*, t. II, *Preuves*, p. 504-505. — La *Semaine religieuse*, 2e année, n° 31, p. 488-489, contient la charte de fondation traduite par M. le chanoine Auvergne.

2. Ce monastère, qui doit son origine aux religieux de l'abbaye d'Aulps, en Chablais, est depuis longtemps la sépulture des rois de Sardaigne. Tout en leur laissant le soin de veiller sur les tombeaux de ses aïeux, Victor-Emmanuel II a dépouillé les religieux de leurs biens.

prochaient. Cependant, cette direction si sage et si paternelle dura peu, car la Providence le réservait à une nouvelle destinée. En 1144, le siége épiscopal de Lausanne étant devenu vacant par la mort de son évêque, Gui de Matigny, notre saint abbé y fut nommé d'une voix unanime. Il répugnait, sans doute, à sa modestie et à son humilité si profondes, d'accepter une si haute dignité, avec un si lourd fardeau ; mais il dut céder aux instances réitérées du clergé et du peuple chrétien, et il vit là avec raison la voix de Dieu qui l'appelait à cette nouvelle vocation.

A peine fut-il sacré prince de l'Eglise, que son vieux père accourut auprès de lui, plein d'espérance et de joie, pour jouir une dernière fois, sur la terre, de la présence d'un fils qu'il allait bientôt quitter. Peu après, en effet, son existence mortelle eut son terme ; il mourut, du moins, avec la consolation d'avoir donné à l'Eglise de Jésus-Christ un saint religieux, qui bientôt allait être un saint évêque. Cette pensée dut naturellement réjouir l'âme du bon vieillard, et lui aussi pouvait s'écrier comme Siméon : « Seigneur, laissez maintenant aller en paix votre serviteur ». Ajoutons enfin que les anciens monuments de l'Ordre de Cîteaux le mettent au rang des saints que cet Ordre a produits.

Dès sa promotion, le nouvel évêque de Lausanne donna essor à son zèle. Il exerçait avec talent le ministère de la prédication, car il était éloquent et parlait avec onction. Il visitait les nombreux districts de son diocèse, dont quelques-uns, situés dans les contrées alpestres, étaient d'un accès difficile. A Grindelwald, dans l'Oberland, à 3,510 pieds au-dessus de la mer, il consacra une église construite en bois. Par la prière, il implorait la bénédiction divine sur ses travaux, et toujours il eut une tendre dévotion à la Sainte Vierge Marie. On raconte à ce sujet qu'il obtint de sa sœur une paire de gants que celle-ci avait reçus de Notre-Dame en échange des onctueuses homélies qu'il avait prononcées à la louange de la Reine des cieux. Ces gants ont été longtemps conservés à la cathédrale de Lausanne et y ont été l'instrument de nombreux miracles.

Les solides vertus qu'on avait remarquées en Amédée brillèrent alors avec plus d'éclat que jamais, et les grandes qualités administratives dont il avait fait preuve à Hautecombe, il les déploya surtout dans l'habile direction de son église et de son diocèse. L'éducation de la jeunesse et la formation d'un clergé pieux et éclairé, lui semblèrent toujours, et à bon droit, deux œuvres capitales pour le salut et la sanctification du troupeau confié à sa vigilance pastorale. Pendant qu'il remplissait avec tant de zèle et de piété les importants devoirs de son saint ministère, les honneurs de la terre venaient jusqu'à lui.

Pendant son séjour à Hautecombe, saint Amédée s'était acquis l'amitié et l'estime particulières du comte de Savoie, Amédée III, et des seigneurs du pays, comme le prouve l'emploi important auquel il fut appelé plus tard. En partant pour la croisade, le comte Amédée recommanda son fils Humbert à l'évêque de Lausanne et le chargea de veiller à l'honneur de la dignité de ce fils et à l'intégrité de ses terres[1]. A son retour de la Terre Sainte, le comte mourut à Nicosie, le 1er avril 1148. Son fils Humbert III lui succéda ; mais comme il était trop jeune alors pour gouverner seul, il tint conseil avec les membres de sa famille, et, à la suite, manda auprès de lui l'évêque Amédée. A son arrivée, on l'informa du but de cet appel : il sera le conseiller du jeune comte et le protecteur de ses Etats. Amédée refusa ; on fit des instances : « Si nous choisissons », lui dit-on, « un duc, un comte, ou une

1. Guichenon, *Hist. de Savoie*, IV, 38.

autre personne séculière, au lieu d'un tuteur fidèle, nous n'aurons peut-être qu'un homme méchant et avare, qui recherchera avant tout ses propres avantages et ne laissera à son pupille qu'un héritage ruiné ». Pressé par ces sollicitations et par l'amitié qui l'avait uni au père, et qu'il reportait alors sur le fils, Amédée accepta cette charge difficile et chercha à en bien remplir les fonctions[1]. Plus tard, Humbert III fut mis par l'Eglise au nombre des bienheureux[2]. Le royal pupille s'était montré digne de son tuteur.

Quelque temps après, l'empereur Frédéric Ier mit le comble à toutes ces faveurs en le nommant lui-même grand chancelier de l'empire. Mais, parvenu à un si haut point d'honneur et de dignité, il conservait toujours la même simplicité et la même modestie ; au milieu de cette grandeur et de cette gloire, c'était toujours la foi et la piété de l'enfant de Bonnevaux et du moine de Cluny ; sa vie extérieure avait subi de notables changements, et il pouvait marcher à l'égal des grands seigneurs, mais son cœur était loin de la terre et de ses fêtes pompeuses.

Les épreuves, cette pierre de touche de la sainteté, ne devaient pas manquer au bienheureux Amédée. Sous son épiscopat, l'Eglise de Lausanne fut en butte aux attaques du comte de Genève, celui-là même qui, en sa qualité d'avoué de cette église, devait en prendre la défense. Il éleva, au haut de Lausanne, un château fort destiné à dominer la ville, se révolta ouvertement contre l'évêque et entraîna dans son parti des sujets de l'évêché. Saint Amédée, ne se trouvant plus en sûreté à Lausanne, quitta cette ville et se réfugia à Moudon ; mais, là encore, il se trouva au milieu d'ennemis. On se porta contre lui à des voies de fait, sa vie fut menacée, ses habits furent déchirés par les armes ; on frappa, jusque dans ses bras, un de ses compagnons, dont le sang jaillit sur lui. Blessé lui-même et dépouillé, il s'enfuit du château de Moudon et s'enfuit à nu-pieds. Condamné ainsi à l'exil, il fut quelque temps éloigné de son église. Vers le temps de Pâques, il écrivit *à ses chers fils de l'église de Lausanne* une lettre dans laquelle il raconte les maux qu'il a soufferts, lance sa malédiction sur la ville de Moudon qui a trahi son évêque, fait des vœux pour la conversion du comte de Genevois et finit par des recommandations qu'il fait à ses chers fils, pour les préparer à célébrer saintement les fêtes pascales. Nous ignorons combien dura l'exil de l'évêque, et comment il parvint à vaincre le comte de Genevois ; le Cartulaire de Lausanne nous dit seulement que ce fut par sa prudence et qu'il força le comte lui-même à détruire et à raser jusqu'aux fondements les forteresses qu'il avait élevées (1156).

Il ne devait point parvenir à la vieillesse de son père, car bientôt le Seigneur rappela à lui ce bon et fidèle serviteur. Il mourut à l'âge d'environ cinquante ans, après une vie entièrement consacrée à Dieu et à la religion[3]. Par une coïncidence remarquable, il naquit le jour de sainte Agnès ; puis fut religieux, abbé et enfin évêque au même jour. Aussi prescrivit-il que la fête de cette Sainte fût célébrée dans son diocèse sous le rite double. Comme son père, il est mis au rang des saints de l'Ordre de Cîteaux ; et aujourd'hui, l'église de Grenoble, sa mère, le compte parmi ses puissants protecteurs auprès de la miséricorde divine.

Saint Amédée fut enseveli dans la nef de la cathédrale de Lausanne, devant le crucifix, à côté de l'évêque Henri. A sa mort il donna à son église un

1. Guichenon, *Hist. de Savoie*, IV, 39.
2. Sa fête se célèbre le 13 mars.
3. Sa mort arriva très-probablement en 1158 : cette date n'est pas plus connue et fixée que celle de sa naissance.

anneau d'or, orné d'un gros et très-beau saphir, dont ses successeurs devaient se servir lorsqu'ils officiaient dans la cathédrale, mais qui ne devait pas sortir de cette église.

A cause de sa dévotion envers Notre-Dame, on l'a représenté à genoux devant une statue de Marie et recevant des mains de sa sœur des gants que lui envoie celle qu'il avait louée et exaltée devant son peuple.

ÉLOGE ET ÉCRITS DU BIENHEUREUX AMÉDÉE.

Tous les écrivains qui ont parlé de saint Amédée ont fait l'éloge de ses talents et de ses vertus ; à la beauté du corps il joignait les qualités de l'esprit et les perfections de l'âme. Aussi, la vénération publique le mit au nombre des Bienheureux ; c'est avec cette qualification qu'il est mentionné dans le ménologe de Cîteaux, dans le *Journal des Saints* de cet Ordre, etc. La Congrégation des Rites permit aux religieux de Cîteaux de célébrer son office sous le rite double, et cette permission fut confirmée par le pape Clément XI, le 25 septembre 1710. A la demande de Mgr Hubert de Boccard, évêque de Lausanne, le pape Benoît XIV, par un bref du 12 décembre 1753, étendit au diocèse de Lausanne l'autorisation de réciter cet office, et depuis lors la fête de saint Amédée y fut célébrée le 28 janvier.

Il nous reste de ce saint évêque huit homélies en l'honneur de la sainte Vierge. Si elles ne peuvent pas être comparées aux chefs-d'œuvre des premiers Pères de l'Eglise, elles ne le cèdent pas cependant aux auteurs de son temps, soit par la noblesse et la piété des pensées, soit par l'élégance et la douceur du style. Elles se ressentent, il est vrai, des défauts de son siècle ; ainsi parfois on désirerait plus de simplicité et moins de recherche dans les idées et leur expression. Malgré ces défauts, elles ont été souvent réimprimées. La première édition parut à Bâle en 1557 ; elles ont été ensuite réimprimées à Anvers et à Saint-Omer, en 1613 ; à Cologne, en 1618 et en 1622 (*Biblioth. des Pères*, t. XV) ; à Douai, en 1625, avec d'autres Pères ; dans l'*Heptas presulum*, à Lyon, en 1633 et 1652, et à Paris, en 1639, 1661, 1671 et 1672 ; à Madrid, en 1648 (*Magnum Mariale*, t. Ier) ; à Lyon, en 1677 (*Biblioth. des Pères*, t. XX) ; à Paris, en 1855, dans le t. CLXXXIIIe de la *Patrologie* de l'abbé Migne. Le P. Combefis a publié quatre de ces homélies dans sa *Bibliotheca concionnatoria*), t. VI et VII (Paris, 1662). Le président Cousin les a traduites en français (Paris, 1698 et 1708). Quelques fragments en ont été insérés dans l'ancien bréviaire lausannais, ainsi que dans le nouveau de 1787. C'est ainsi qu'on les lisait publiquement autrefois dans la cathédrale de Lausanne.

Sur le bienheureux Amédée, consulter : Le Mire, *Chronic. cisterciens.*; Marracius, *Bibliothec. Mariana*; Du Saussay, *Martyrol. Gallic.*, add. au 27 sept.; Henriquez, *Menolog. cisterciense*; Manriquez, *Annales*, ad ann. 1158; *Gall. Christ.*, *Eccles. Lausanensis* (province de Besançon); Chorier, *Hist. génér. du Dauph.*, t. II, p. 32-33 (édition de Valence, 1869).

M. l'abbé Gremaud, professeur d'histoire au collége de Fribourg, a publié (1866) les *Homélies de saint Amédée*, texte latin et traduction française en regard : il les a fait précéder d'une notice historique à laquelle nous avons emprunté quelques détails pour les ajouter à la biographie qu'avait bien voulu nous fournir M. l'abbé Bellet, prêtre du diocèse de Grenoble.

S. JULIEN, ÉVÊQUE DE CUENÇA ET CONFESSEUR [1]

1207. — Pape : Innocent III. — Roi de Castille : Ferdinand II.

Saint Julien n'est pas tant une production de la nature qu'un présent de la grâce. Son père et sa mère, qui demeuraient en la ville de Burgos, furent longtemps mariés sans avoir d'enfant ; mais enfin, après plusieurs dévotions qu'ils firent pour obtenir cette bénédiction du ciel, ils eurent notre Saint qui naquit en la même ville, l'an de Notre-Seigneur 1127. En

1. Cuença, ville de la Nouvelle-Castille à 124 kil. de Madrid, appartint longtemps aux Maures. Acquise par Alphonse VI, en 1072, elle fut perdue par ce prince, puis reprise au XIIe siècle par Alphonse IX.

sortant du sein de sa mère, il leva son petit bras et donna la bénédiction à toutes les personnes qui étaient présentes, en faisant le signe de la croix, comme font les évêques quand ils bénissent le peuple. Lorsqu'on le baptisa, on entendit une très-agréable musique d'Anges qui chantaient: « Aujourd'hui est né un enfant qui n'a point son pareil en grâce » ; et quand on en fut à l'imposition du nom, il parut un homme vénérable, la mitre en tête et la crosse à la main, qui dit tout haut: « Il doit s'appeler Julien ». Ces prodiges étaient de grands présages de sa sainteté. En effet, il en donna des marques dès son enfance, pratiquant plusieurs mortifications, jeûnant trois jours par semaine et disant quantité de prières qu'il s'était prescrites pour chaque jour. Comme il avait une grande vivacité d'esprit, il se rendit en peu de temps très-habile dans les arts libéraux et dans la théologie, dont il fit des leçons publiques, après y être devenu un très-savant maître.

Ses parents étant décédés, au lieu de se marier, comme on le lui conseillait, il se retira dans une petite cabane qu'il fit bâtir près du monastère de Saint-Augustin de Burgos, et d'un ermitage où avait vécu autrefois saint Dominique de Silos. Là, il se prépara à recevoir les ordres sacrés jusqu'au sacerdoce. Quand il se vit honoré du caractère de la prêtrise, son occupation était l'oraison, la sainte messe qu'il célébrait tous les jours avec abondance de larmes à l'autel du saint Crucifix, la lecture de la sainte Ecriture et des saints Pères, la conversion des âmes, enfin, la prédication de l'Evangile dans plusieurs provinces du royaume.

Sa vertu fit jeter les yeux sur lui pour le faire archidiacre de la ville de Tolède, puis évêque de Cuença, nouvellement regagnée sur les Maures. Cette dignité, quelque élevée qu'elle fût, ne lui fit point perdre les sentiments d'humilité qu'il avait; il fit son entrée dans son diocèse, à pied et avec beaucoup de modestie, considérant que la charge que Dieu lui avait donnée était celle de pasteur et non de seigneur. Il dépensait tout le revenu de son église en œuvres pies et en aumônes. Sa charité le rendait l'œil de l'aveugle, la main de l'estropié, le pied du boiteux, le père des orphelins, le refuge des veuves, la consolation des affligés et l'asile de tous les pauvres nécessiteux. Il gagnait sa vie et celle de son domestique à faire des paniers qu'il vendait. Il visitait tous les ans son diocèse pour en bannir les abus et les ecclésiastiques scandaleux ou ignorants qui sont la ruine du peuple. Il avait un très-grand zèle pour racheter les captifs des mains des Maures. Enfin, tout lui était aisé quand il s'agissait de procurer quelque avantage à ses ouailles.

Il avait coutume de donner tous les jours à dîner à plusieurs pauvres. Il arriva qu'un jour il en vit un qui, à son air, paraissait être distingué, quoique plus mal vêtu que les autres; il le tira à part pour savoir qui il était; mais il parut aussitôt tout éclatant de lumière et dit au Saint: « Je vous remercie, mon cher Julien, du traitement que vous faites à mes pauvres; je vous promets, pour votre récompense, la vie éternelle ». Puis il disparut: ce qui fit croire à Julien que ce pauvre était Notre-Seigneur. La Providence divine pourvoyait miraculeusement à ses besoins pour lui donner moyen de faire ses charités, soit en multipliant le blé dans son grenier ou lui en envoyant par des voies extraordinaires, comme il arriva dans un temps de famine: le blé ayant manqué, on vit venir une longue file de mulets chargés de sacs de froment, sans qu'il se présentât personne pour en demander l'argent. Et après avoir été déchargées, les bêtes de somme s'en allèrent sans que l'on pût savoir ce qu'elles étaient devenues. On raconte que le Saint, ayant commandé à son maître d'hôtel, nommé Lerme, de faire distribuer ce blé selon la nécessité de chacun, celui-ci le fit avec tant de ferveur qu'il mourut de la peine qu'il s'y était donnée. Il fut enterré derrière le chœur de l'église de Burgos ; il est honoré comme Saint.

Sa charité ne parut pas moins dans un temps de peste qu'il fit enfin cesser par ses ferventes prières et son crédit auprès de Dieu ; on remarque que tous ceux qui pouvaient toucher de ces petits paniers qu'il faisait, se trouvaient aussitôt guéris, et même, depuis son décès, on a expérimenté l'efficacité de ce remède en plusieurs grandes maladies.

Le démon ne put souffrir une si éclatante vertu : il la combattit d'abord par des tentations de gourmandise, en lui présentant de bonnes viandes lorsqu'il jeûnait au pain et à l'eau, mais ce fut inutilement ; il se servit de l'avarice, en lui envoyant de l'or et de l'argent, mais ce fut sans effet. Enfin, il y employa la volupté, en lui faisant paraître des nudités pour le porter au péché, mais le démon fut toujours vaincu et trouva Julien invincible.

Ce grand Saint, menant ainsi une vie pleine de merveilles et d'actions héroïques de vertu, arriva jusqu'à l'âge de quatre-vingts ans. Notre-Seigneur lui envoya alors une grande maladie, que Julien connut le devoir conduire à la mort. Il s'y prépara par la réception des Sacrements et par des actes de pénitence, ne voulant point d'autre lit que la terre couverte de cendres, ni d'autre chevet qu'une pierre. Il était dans cette posture humiliée lorsque la divine Marie, accompagnée d'Anges et de plusieurs Vierges qui chantaient : « Voici ce grand prêtre qui, durant sa vie, a tant plu à Notre-Seigneur », le vint appeler de ce monde pour aller à Dieu, en lui disant : « Prenez, serviteur de Jésus-Christ, cette lampe, insigne de la virginité que vous avez toujours gardée inviolable ». C'est ainsi qu'il rendit son âme le 28 janvier, l'an 1207. Au moment qu'il trépassa, l'on vit sortir de sa bouche un rameau de palme, blanc comme de la neige, s'élevant jusqu'au ciel qui paraissait ouvert, et une musique céleste fut aussitôt entendue autour de son corps.

Il s'est fait de nombreux miracles à son tombeau ; les muets y ont reçu la parole, les sourds l'ouïe, les boiteux l'usage de leurs jambes, et toutes sortes de malades leur guérison. Trois cent dix ans après son décès, on leva son corps, qui fut trouvé sans aucune corruption, pour le transporter dans un autre endroit de la cathédrale, plus en vue.

Saint Julien est particulièrement honoré à Burgos et à Cuença. Ses attributs sont une *corbeille*, la lampe des Vierges, et autres symboles mentionnés dans sa vie.

Le P. Giry a abrégé les Bollandistes.

SAINT THYRSE, PATRON DE SISTERON,

SAINT LEUCIUS, SAINT CALLINIQUE ET SES 15 COMPAGNONS, MARTYRS (250).

De toutes les histoires des Martyrs, l'une des plus extraordinaires est, à coup sûr, celle de saint Thyrse, dont le martyrologe romain célèbre la mémoire le 28 du mois de janvier.

C'était à l'époque de la persécution de l'empereur Dèce. Un des lieutenants de ce prince venait de faire décapiter à Césarée de Bithynie un saint personnage, nommé Leucius, qui avait eu le courage de lui reprocher publiquement son zèle et son ardeur pour le culte des idoles. Tout à coup, un des païens, qui avait assisté et applaudi à l'exécution de cette inique sentence, se sent ému jusqu'au fond de l'âme à la vue de la constance du martyr, et ouvrant subitement les yeux à la lumière de la foi, se met, lui aussi, à reprocher publiquement son idolâtrie au proconsul impérial.

Irrité d'une telle hardiesse, celui-ci, qui s'appelait Combratius, livre aux bourreaux, sans autre forme de procès son courageux contradicteur. Thyrse (c'était le nom de ce dernier), au lieu de s'effrayer à l'aspect des instruments de torture que l'on prépare sous ses yeux, n'en persiste pas moins dans ses invectives contre le paganisme et ses infâmes pratiques. C'est en vain qu'on le frappe avec des lanières plombées ; c'est en vain qu'on le suspend à un arbre par les pouces avec une corde fine ; c'est en vain qu'on lui brise les bras et qu'on lui arrache les paupières. Il demeure inébranlable dans sa nouvelle foi de chrétien, et chose plus merveilleuse encore, il sort de ces supplices sans rien perdre de ses forces et de sa vigueur.

Alors Combratius le fait étendre sur un lit de fer, puis il ordonne qu'on verse sur sa tête du plomb fondu en état d'ébullition. Thyrse est invulnérable ; bien plus, le plomb fondu, au lieu de l'atteindre, se répand sur ceux qui sont chargés de le tourmenter et leur cause de douloureuses blessures. Furieux de voir le Saint à l'abri de ses coups, Combratius commande qu'on le dépèce ; mais celui qui s'apprête à porter sur lui une main sacrilége est tout de suite saisi de vertige, et fixe dans la muraille l'instrument tranchant qu'il allait enfoncer dans la chair du martyr. Au même instant, un violent tremblement de terre agite la contrée, les liens qui enchaînent les pieds et les mains de saint Thyrse tombent d'eux-mêmes, et force est pour le tyran de le jeter dans la prison publique.

C'est là que Dieu attendait l'invincible athlète pour couronner par la grâce du baptême sa constance à confesser son saint nom. Durant la nuit, un ange vient éveiller Thyrse, le dégage de ses chaînes, le fait sortir de son cachot, et le conduit à l'évêque Philias, qui le baptise, lui administre la confirmation et l'admet à la table sainte. Ainsi fortifié et devenu parfait chrétien, Thyrse reprend le chemin de la prison, dont l'ange lui ouvre miraculeusement les portes.

Le jour venu, il comparaît de nouveau devant son juge, qui s'est fait assister d'un misérable, nommé Silvain. Il tourne en dérision les idoles, il en attaque le culte, il cherche à dessiller les yeux de leurs sectateurs. Conduit au temple d'Apollon, il obtient du ciel, par ses prières, que la statue que l'on y révère chancelle sur ses bases, tombe par terre et se brise. Chargé pour ce méfait de chaînes plus nombreuses et plus pesantes, il voit ses liens se briser comme par enchantement. Condamné à être flagellé la tête plongée dans une cuve pleine de vin, il n'a pas encore touché la cuve que celle-ci éclate en mille morceaux. Précipité du haut d'un lieu élevé, il est soutenu dans l'espace par les anges, et le païen Vitalicus, qui veut l'attirer à terre, fait une chute épouvantable et expire sur le champ.

Voyant qu'ils n'en finiront pas avec Thyrse, qu'ils accusent de sortilége et de magie, Combratius et Silvain le font rouer de coups et charger de chaînes plus pesantes encore ; mais c'en va être fini avec eux : ils sont l'un et l'autre saisis d'un mal soudain ; ils se font conduire à Apamée pour être guéris, mais c'est en vain ; ils ne tardent pas à succomber, et leurs dépouilles mortelles, rejetées par la fosse, ne peuvent être inhumées que lorsque Thyrse, qu'ils ont traîné après eux, obtient du ciel que la terre les reçoive et se referme sur elles.

Il semble que tant de prodiges auraient dû apaiser la fureur des païens contre l'héroïque confesseur de la foi. Loin de là, leur rage n'en devint que plus grande. A Combratius succéda un homme encore plus féroce que lui, appelé Braudus. Ce misérable ordonne qu'on mette le Saint dans un sac et qu'on le jette à la mer ; mais les anges sont là qui le retirent des abîmes des flots et le ramènent sain et sauf sur le rivage. Braudus alors le fait exposer aux bêtes : neuf ours et six léopards viennent lécher ses pieds et ne lui font aucun mal.

Désespérant de le vaincre par les supplices, le persécuteur essaie de le prendre par la douceur. Il l'emmène avec lui au temple de Bacchus et l'invite à sacrifier à ce dieu. Pour toute réponse, le bienheureux patient obtient encore du ciel que l'autel de cette ignoble divinité s'écroule, et que, dans sa ruine, il entraîne celle de la statue elle-même.

De peur que ces merveilles ne concilient au saint Martyr le cœur des habitants d'Apamée, on se hâte de le conduire à Apollonie. Là il est fouetté jusqu'au sang et écartelé. Pendant qu'on lui fait subir ces supplices, Braudus est saisi tout à coup de violentes douleurs, les temples des idoles sont ébranlés par un tremblement de terre, et les images des faux dieux se brisent et volent en éclats. A cette vue, la population d'Apollonie est saisie d'épouvante et reconnaît enfin qu'il existe une puissance supérieure à celle des divinités qu'elle a redoutée jusqu'alors. Le grand prêtre de la ville, nommé Callinique, fait plus : il renonce incontinent au culte des faux dieux, et, éclairé par la grâce, il reproche à Braudus et sa cruauté et son idolâtrie. Rien ne peut le faire revenir à sa superstition première, ni les caresses, ni les menaces, ni les tourments, et il meurt, décapité par ordre du proconsul, avec quinze prêtres des idoles qui ont suivi son exemple et imité sa constance.

Le bienheureux Thyrse cependant n'était pas encore mort : comme il persévérait toujours dans la confession de sa foi, il est transféré à Milet où il ne tarde pas à succomber à ses souffrances multipliées.

Son corps fut pieusement recueilli par les fidèles, et remis à l'évêque Philippe, qui l'inhuma à quelque distance de sa ville épiscopale, dans le même sépulcre que Callinique et ses quinze compagnons de martyre. Des miracles éclatants ne tardèrent pas à avoir lieu auprès de cette tombe sacrée. Mais les plus remarquables furent la mort tragique de Braudus et la conversion en masse des habitants de Milet.

Les reliques de ce martyr ayant été apportées d'Apollonie à Constantinople, le préteur Césarius les plaça dans une superbe basilique vers la fin du IVe siècle. Sozomène rapporte que Thyrse apparut trois fois à l'impératrice Pulchérie, et qu'il lui fit la recommandation de placer dans sa basilique les reliques de quarante martyrs. Justinien, avant d'être empereur, fit élever une autre basilique en l'honneur de saint Thyrse. Oviedo, Gironne, Tolède, Sahagun, en Espagne, et Limoges, en France, se prétendent en possession des reliques du saint martyr. Son culte se répandit de la sorte des deux côtés des Pyrénées. Beaucoup d'églises furent construites en son honneur. Outre les villes d'Espagne que nous venons de nommer, la ville archiépiscopale de Braga, en Portugal, a une église qui porte son nom.

On croit qu'il y a quelques-unes de ses reliques à Forcalquier. Lorsque Gérard, évêque de Sisteron, forcé de quitter son siége, se fut retiré à Forcalquier, il se recommanda en mourant à Dieu, à la bienheureuse Vierge Marie, à saint Maire et à saint Thyrse, patrons de cette église. Mais on ne peut contester à l'église de Sisteron l'honneur de posséder un bras de saint Thyrse. C'est de là qu'est venue la grande vénération du clergé et du peuple de cette ville envers ce martyr illustre par ses miracles. L'existence de ce culte est attestée par les monuments les plus antiques, et s'il est impossible de dire le temps précis où saint Thyrse a commencé d'être invoqué comme patron de Sisteron, c'est l'antiquité même de son culte qui en est la cause.

Nous pouvons donc dire, en terminant, que si l'histoire de saint Thyrse est incertaine et par trop merveilleuse, sa victoire n'est pas douteuse, et sa mémoire célèbre à l'égal des plus célèbres.

Notes locales.

SAINT VALÈRE, ÉVÊQUE DE SARAGOSSE (315).

Valère, remarquable par sa piété et sa doctrine, naquit à Saragosse, de la famille consulaire des Valérius, comme l'atteste Prudence. Devenu évêque de sa ville natale, il se montra dans cette dignité tel que le peuple lui-même n'aurait pu souhaiter davantage. Comme on était au plus fort de la persécution de Dioclétien et de Maximien, il appliquait tout son courage et tous ses soins à la propagation de la foi chrétienne, combattant, selon le précepte de l'Apôtre, le bon combat de la foi, conquérant la vie éternelle et confessant courageusement sa croyance devant de nombreux témoins. Ne pouvant que difficilement, à cause de la lenteur de sa langue, s'acquitter du ministère de la prédication, et ne voulant pas priver son peuple des fruits qu'il devait en retirer, il confia ce soin à Vincent, son diacre et son disciple : de cette manière l'instruction de son peuple ne laissait rien à désirer. Grâce à l'exemple et à la pureté des mœurs de l'un et de l'autre, et aux prédications de Vincent, la religion des chrétiens était prospère et grandissait tous les jours. Dacien le comprit, Dacien, qui avait été envoyé comme gouverneur en Espagne pendant la persécution de Dioclétien et de Maximien, et qui poursuivait les chrétiens de toutes ses forces ; c'est pourquoi il ordonna d'arrêter Valère avec Vincent à Saragosse, et de les traîner tous les deux à Valence.

Ils allèrent donc de Saragosse à Valence, chargés de fers ; aussitôt arrivés, ils comparurent devant Dacien. Celui-ci, s'adressant d'abord à Valère à cause de son grand âge et de la haute estime dont il jouissait parmi les chrétiens, lui dit : « Quoi donc, Valère, penses-tu qu'il soit juste, sous prétexte de religion, d'enfreindre et de violer les décrets des princes ? » Alors Valère, dont le corps était affaibli par la vieillesse, mais dont l'esprit n'avait rien perdu de sa vigueur, répondit : « Nous, ô Dacien, qui professons la foi chrétienne, et qui nous tenons sur les traces de nos ancêtres, nous avons toujours eu pour maxime et pour principe, dans notre sainte religion, d'obéir à Dieu, qui a tout créé par sa volonté, plutôt qu'aux hommes ». Ayant entendu ces paroles, Dacien, qui ne se promettait aucun triomphe de la mort de Valère, parce qu'il était accablé d'une extrême vieillesse, que le président estimait devoir lui être plus à charge que n'importe quel tourment, décréta qu'il serait seulement envoyé en exil.

Valère choisit pour lieu de son exil la petite ville d'Anet, en Aragon. Là, il se faisait une loi de vivre loin du monde, afin que, délivré de tous embarras et de toutes affaires, il pût consacrer à Dieu sa vieillesse. La mort très-glorieuse que Vincent avait soufferte à Valence, par l'ordre de l'impie Dacien, lui revenait souvent à l'esprit, et il l'estimait très-heureuse : lui-même ne souhaitait que de sortir de cette vie ; il désirait de revoir dans le ciel celui qui avait été son compagnon sur la terre et qui avait partagé ses travaux. Pour mieux marquer ses sentiments envers Vincent, il lui fit élever en ce lieu une église aux frais des chrétiens. C'est la première qui ait été érigée en l'honneur de saint Vincent. Enfin les veilles, les jeûnes et les oraisons ayant occupé sa vie jusqu'au dernier moment, il rendit à Dieu sa bienheureuse âme, l'an 315. Les chrétiens ensevelirent son corps non loin de là, dans un château nommé Strada. Un insigne monument, contenant ses reliques et rappelant son nom, se voit maintenant au monastère de Saint-Vincent, à Rota. En Espagne, peuple et souverains ont toujours honoré saint Valère avec la plus grande dévotion. Aussi, très-souvent, Dieu a récompensé leur confiance et leur piété par les miracles les plus éclatants, et surtout par des guérisons miraculeuses.

Le culte de saint Valère, si célèbre dans les villes d'Espagne, a été introduit en Franche-Comté à une époque fort ancienne, que nous ne pouvons déterminer. Une paroisse du Jura, celle de Châtillon-sur-Courtine, rend à cet illustre confesseur un culte particulier. Elle possède depuis plusieurs siècles des reliques assez considérables, que la tradition a toujours regardées comme celles de saint Valère, évêque de Saragosse. On ignore le temps précis où elles ont été transportées à Châtillon [1] ; mais il est certain que cette translation est fort ancienne, car, à une époque reculée, saint Valère avait déjà en ce lieu une église consacrée en son honneur. Elle était située au milieu du cimetière actuel de cette paroisse, dans l'endroit qu'on appelle aujourd'hui *le cimetière et la chapelle de saint Valère*. En 1835, on en voyait encore les ruines couvertes de broussailles, lorsque les habitants travaillèrent à niveler le cimetière et à débarrasser le petit oratoire qui s'y trouve. De plus, une charte de franchise, accordée en 1341 par Jacques de Châlon, sire d'Arlay et seigneur de Châtillon, fait mention d'une ville appelée *Curtine*, bâtie aux environs du *cimetière de Saint-Valère*. Les reliques que possède aujourd'hui la paroisse de Châtillon étaient donc très-probablement déposées alors dans cette église, et en furent tirées pour être transportées dans la chapelle *de l'Aigle*, lorsque Jean de Châlon fit bâtir cette chapelle pour les habitants du bourg de l'*Arrénier*, qu'il établissait près de son château.

On voit par là que le culte rendu à Châtillon au saint évêque de Saragosse, remonte à plus de cinq cents ans. Ses reliques y sont en grande vénération, non-seulement pour cette paroisse, mais encore pour les paroisses voisines, qui, à différentes époques, y vinrent en procession pour obtenir un temps favorable aux biens de la terre, surtout dans les temps de sécheresse. Plus d'une fois, cette confiance des peuples a été exaucée d'une manière extraordinaire. Ces dépouilles sacrées furent renfermées, jusqu'en 1822, dans une châsse très-ancienne, qui contenait aussi d'autres reliques, qu'on honore comme celles de saint Grégoire le Grand, pape et docteur de l'Eglise [2].

Malgré le mélange de ces reliques appartenant à deux saints, l'usage a prévalu de les désigner sous le nom de *châsse de saint Valère*. C'est lui qui est le patron principal et le plus ancien de la paroisse [3]. Sa fête, qui se célébrait solennellement le 28 janvier à Châtillon, comme dans le reste

1. Ces reliques ont pu être demandées et obtenues par le crédit des princes de Bourgogne ou de Châlon, dont plusieurs habitèrent le château de Châtillon. L'*Histoire de la Franche-Comté* nous montre en effet la plupart de ces princes comme les bienfaiteurs des églises et des monastères.

2. D'après Baillet et Godescard, aucune église, pas même celle de Rome, ne peut prouver qu'elle possède la plus grande partie des restes de saint Grégoire. Ainsi, rien ne contredit d'une manière certaine la tradition de Châtillon, où l'on a toujours cru en posséder une partie assez importante, et en particulier un os du crâne. Il est vrai que Baillet dit que l'église de Sens croit avoir, depuis plus de huit cents ans, le *chef* du saint docteur. Mais on sait que les hagiographes s'expriment ainsi, même pour désigner une petite portion de reliques. Rien n'empêche que Châtillon ait obtenu quelques fragments de ce *chef* par le crédit de ses seigneurs, qui avaient des parents dans les postes les plus éminents de l'Eglise. Quant aux reliques de saint Valère, les Bollandistes (28 janvier) prouvent que depuis longtemps l'Espagne n'en possède que dix ossements, et qu'on ignore où ont été transportés les autres. Aucun document certain ne vient donc contredire la tradition de la paroisse de Châtillon. Malheureusement, cette église a perdu les titres constatant l'authenticité du précieux dépôt qu'elle possède. Mais la tradition constante, les registres, les cérémonies, les fêtes et les usages particuliers de cette paroisse témoignent qu'on y a depuis longtemps invoqué comme patron le saint évêque de Saragosse, et que la châsse conservée dans l'église a toujours été regardée comme renfermant ses dépouilles.

3. Saint Grégoire est honoré comme le second patron de Châtillon. C'était autrefois la coutume de ne

de l'Église, a été transférée au 23 octobre, en vertu d'une permission accordée par Mgr Claude Lecoz, le 23 septembre 1807. On voit encore, parmi les anciennes statues de l'église paroissiale, un buste en bois de saint Valère, absolument semblable pour la forme à celui qui est décrit par les Bollandistes, et qui fut donné par Pierre de Lune à l'église de Saragosse en 1397. Lorsqu'on portait en procession l'ancienne châsse du Saint, on enlevait quelquefois le couvercle qui la recouvre pour le remplacer par cette statue du saint évêque, qui semblait ainsi sortir vivant de son tombeau. De temps immémorial, les fidèles de Châtillon appellent ce buste le chef de saint Valère. Lorsque la chapelle de l'Aigle, démolie en 1805, eut été remplacée par l'église actuelle, les reliques du saint patron furent transférées dans le nouvel édifice, en 1807. Quelques parcelles en furent tirées en 1811 et placées dans le reliquaire portatif de la paroisse. Le 23 octobre 1822, M. Bourgeon, curé de Châtillon, retira la totalité des reliques de leur ancienne châsse, qui tombait de vétusté, et les déposa dans une nouvelle châsse de bois, où elles sont encore aujourd'hui.

Les fidèles de la paroisse ont toujours montré le plus grand respect pour les restes précieux de leurs saints patrons. C'est à ces puissants protecteurs qu'ils ont recours pour implorer, par leur intercession, la miséricorde divine dans les fléaux publics. La châsse est alors portée en procession, au milieu des marques de la vénération unie à la confiance. Les paroisses voisines, en particulier celles de Mirebel, Monnet-la-Ville, Crançot, Vevy, etc., se sont rendues processionnellement à différentes époques, à l'église de Châtillon, pour y invoquer la protection des deux saints pontifes Grégoire et Valère. Ces faits montrent le respect traditionnel que ces populations ont conservé pour les élus de Dieu. Aussi, malgré les fureurs de la Révolution française, la châsse de saint Valère est restée dans l'église paroissiale de Châtillon comme aux temps les plus paisibles, et les profanateurs n'osèrent pas toucher à ces reliques, défendues par la vénération des fidèles.

Saint Valère est encore particulièrement honoré à Castelnovo, lieu où le Saint s'arrêta en quittant Valence pour demander à manger ; mais les habitants, qui étaient païens, se moquèrent de lui. Saint Valère prédit alors que personne ne pourrait habiter ce lieu s'il n'était chrétien, ce qui arriva ; — à Anet, ou plutôt dans le diocèse de Rota, car c'est près de cette ville que se trouve aujourd'hui le petit village d'Anet, composé d'une vingtaine de maisons à peine, et c'est à Rota que ses reliques furent transférées après la ruine du château-fort de Strada, en 1065. L'église de Rota fait encore mémoire de cette translation le 20 octobre de chaque année ; — à Saragosse, où son chef fut transporté en 1170, par Alphonse II, roi d'Aragon.

Les auteurs de la *Vie des Saints de Franche-Comté* ont tiré ces détails d'une notice manuscrite sur les reliques de saint Valère, rédigée par M. Thurel, curé de Châtillon, et adressée à Mgr de Chamon, évêque de Saint-Claude.

SAINT PÉLADE, ARCHEVÊQUE D'EMBRUN (Ve siècle).

Pélade, archevêque d'Embrun, naquit à Embrun de parents nobles et catholiques, dans un temps où l'hérésie arienne exerçait de grands ravages dans cette cité et dans toute la Bourgogne. Encore enfant, il fut formé à la vertu par Catulin, archevêque de cette ville : de bonne heure, ses pensées et ses affections se tournèrent vers la vertu. Catulin, chassé de son siége par les hérétiques, s'étant réfugié à Vienne, auprès du bienheureux Avit, Pélade l'accompagna dans sa fuite et chercha à l'imiter par ses bonnes œuvres. Catulin mourut en son exil, et fut remplacé par Gallican, premier de ce nom. Après un pontificat très-court, il se reposa dans le Christ par une mort prématurée et pieuse, et alors la voix unanime du clergé et du peuple appela Pélade à venir servir de colonne à l'église d'Embrun, qui menaçait ruine. Il employa ses biens à soulager l'indigence des pauvres et le délaissement des veuves et des orphelins. Assidu à l'oraison, appliqué sans cesse à la lecture des textes sacrés, diligent à visiter son diocèse, domptant son corps par la macération, ayant les louanges des hommes en horreur, il menait une vie vraiment céleste.

pas aller au travail, le jour de sa fête, avant d'avoir assisté au saint sacrifice. Encore aujourd'hui, les fidèles qui assistent à la messe qui se chante ce jour-là, présentent du vin à bénir et le remportent dans leurs maisons, où il est religieusement partagé entre tous les membres de la famille. Cet usage, qui semble être une commémoraison de la communion sous l'espèce du vin, est trop ancien pour qu'on puisse en indiquer l'origine d'une manière certaine. Il est possible que cette pratique ait été introduite à Châtillon quand les reliques de saint Grégoire y furent apportées.

Des anges, ses compagnons assidus, il recevait la connaissance des choses à venir et cachées : il prédit à Sigismond, roi de Bourgogne, sa mort et la ruine de son royaume. D'un signe de croix il déjoua souvent la rage des démons et leurs vains épouvantails ; une fois, entre autres, il écarta de la sorte la masse énorme d'un rocher qui fondait sur lui. Le fils unique d'une veuve était atteint de paralysie : il lui rendit la santé par l'onction sainte. Dans l'espace de cinq ans qu'il fut évêque, il construisit cinq basiliques. Enfin, illustre par ses vertus et ses miracles, et ayant annoncé le jour de sa mort, il émigra vers le Seigneur le 6 janvier. Ses reliques, longtemps conservées à Embrun, puis emportées par un moine de la famille de saint Benoît dans la Catalogne, furent déposées dans le monastère de Saint-Pierre-de-Champrodon, du même Ordre.

Ce dépôt était là depuis longtemps, renfermé dans une châsse d'argent revêtue de ciselures en or qui représentaient les principaux miracles du Saint, lorsque, sur la fin du XVe siècle, la Catalogne ayant été conquise par les armes françaises, le monastère fut livré aux vainqueurs pour être pillé, et la châsse de saint Pélade fut prise. Mais Dieu, qui est admirable dans ses Saints, avait voulu que dans l'armée des Français se trouvât Jean Richier, bailli de Montgardin, homme religieux, qui racheta la châsse à ses frais et la rendit au monastère, ne demandant pour prix d'un si grand bienfait qu'une parcelle des saintes reliques. Un fragment considérable de l'os de l'avant-bras fut en effet cédé à sa demande, avec l'attestation authentique de ce qui s'était passé. Déposé, dès cette époque, à Montgardin, ce précieux souvenir fut examiné en 1764 par Bernardin François, archevêque d'Embrun, et fournit toutes les marques d'une authenticité incontestable. Le successeur du pieux Richier fit don de la moitié de son trésor à l'église d'Embrun, où ce gage sacré est encore honoré aujourd'hui.

On invoquait, en Espagne, saint Pélade pour les maux d'yeux et les maux de tête.

Propre de Gap.

SAINTE LIBÉRATE OU LIVRADE, VIERGE ET MARTYRE.

Virgineo metuens formosa puella pudori,
Nam nitet eximio pulcher in ore decor.

C'était une jeune fille charmante de sa beauté et charmante de sa pudeur, jalouse de conserver sa virginité.

Sautel. S. J., *Annus sacer poeticus.*

Libérate, vierge et martyre, fut très-célèbre dans toute l'Eglise, et plusieurs villes, particulièrement d'Aquitaine, l'ont choisie pour leur patronne et leur avocate spéciale auprès de Dieu et lui ont rendu un culte religieux ; plusieurs localités lui doivent leur nom, cela est constant. Mais les habitants de la ville de Sainte-Livrade, dans le diocèse d'Agen, se sont fait remarquer de tout temps par leur vénération envers sainte Libérate. Ils reçurent des moines de l'abbaye de Grand-Selve, vers le milieu du XVIIe siècle, comme l'attestent des monuments authentiques, une partie notable des reliques de sainte Libérate ; c'est pourquoi, enrichis de ce précieux dépôt, ils la déclarèrent la protectrice en titre de leur cité, et ils l'honorent encore comme telle. Quoique la fête de la réception des reliques de sainte Libérate se célèbre tous les ans dans la ville de Sainte-Livrade, le dernier dimanche du mois d'août, néanmoins, sa mémoire est rappelée par l'office de ce jour dans tout le diocèse d'Agen.

Le Bréviaire d'Agen, que nous venons de reproduire, ne dit rien de plus sur le compte de sainte Libérate : la mention qui lui est consacrée dans le martyrologe de ce diocèse ajoute seulement qu'elle était originaire de la Gascogne.

M. l'abbé Barrère nous écrivait d'Agen, le 11 août 1871, au sujet de sainte Livrade :

« Tout me porte à croire que notre sainte Livrade est la même que Vilgeforte, autrement *Liberata*, *Liberada* et *Livrada*, honorée en Espagne et en Portugal, et sous d'autres noms en Allemagne, en Flandre et en Angleterre, à laquelle le ciel aurait envoyé subitement une longue barbe pour l'aider à conserver sa virginité.

« Une vague tradition la fait sœur de sainte Quitère ou Quiterie. J'ai même vu ce point affirmé par un document que possédait l'ancien curé de Sainte-Livrade.

« *Tamayus*, cité par les Bollandistes, dit aussi que Vilgeforte, ou *Livrada*, était sœur de sainte Quiterie, ainsi que Dode et Genivère. *Tamayus*, citant les Bréviaires de Siguenza et de Palence, fait naître sainte Quiterie et ses sœurs de Catillius et de Calsia. Bien que cette origine ait quelque chose de fabuleux dans la forme, je ne la crois pas moins vraie dans le fond.

« Les manuscrits *Rubeæ Vallis* en Brabant, et *Bodecensium* en Westphalie, qui avaient adopté la version espagnole, ajoutent que Calsia était issue de la race de l'empereur Julien, et que sainte Quiterie aurait souffert le martyre en 477.

« Cette version porte que les filles de Catillius, pour se soustraire aux dangers de leur famille idolâtre, se retirèrent en divers lieux, où elles souffrirent le martyre. C'est ainsi que sainte Quiterie aurait été martyrisée près d'Aire, Dode dans le diocèse d'Auch, et sainte Livrade dans l'Agenais.

« Quant à la légende allemande, relative à la sorte de métamorphose qu'aurait subie notre Sainte, je ne la connaissais que par une communication venue de Munich [1] ».

Pour des Saints ou des Saintes dont l'histoire est obscure, mais le culte populaire, nous ne pouvons faire autre chose que de recueillir les traditions et de mettre, comme on dit, toutes les pièces du procès sous les yeux du lecteur. Nous insérerons donc encore ici une note sur sainte Livrade, que le R. P. Carles, missionnaire au Calvaire de Toulouse, a eu la bonté d'extraire pour nous d'une notice sur les reliques de Grand-Selve et qu'il nous a adressée le 1er mars 1872.

« Sainte Libérate, vulgairement Livrade, naquit au IVe siècle, en Espagne, de parents idolâtres. Son père, Catilius, roi de Galice, et sa mère, Callia, étaient ennemis acharnés du nom chrétien. Par un effet de sa miséricorde infinie, Dieu permit que Libérate reçût avec la lumière de la foi le bienfait d'un enseignement chrétien. Pressée de renier sa foi pour sacrifier aux dieux, Libérate s'éloigna secrètement de la Galice, avec ses deux sœurs Quiterie et Gemme, et alla s'établir dans l'Aquitaine. Ces trois jeunes vierges propagèrent la doctrine évangélique au sein des populations païennes et firent un grand nombre de prosélytes. Catilius, instruit de tout, dénonça ses trois filles au gouverneur de l'Aquitaine, Modérius, qui les soumit aux tortures usitées et leur fit trancher la tête. Sainte Libérate souffrit son martyre dans la forêt de Montus, au diocèse de Tarbes. Son corps fut primitivement recueilli dans l'église de Saint-Jean de Mazères, et transféré, en 1342, dans une chapelle de l'abbaye de Saint-Sever de Rustau, par Pierre-Raymond de Mode-Brûne, évêque de Tarbes, ainsi qu'il résulte d'une inscription gravée sur le couvercle de la châsse en marbre blanc où il est renfermé. Au temps des guerres de religion entre les catholiques et les protestants, le corps de sainte Libérate fut reporté à Mazères, où il est encore. L'abbaye de Grand-Selve possédait depuis plusieurs siècles une partie notable du corps de cette Sainte, et, au dix-septième siècle, l'abbé en donna une portion assez considérable aux habitants de Sainte-Livrade, dans l'Agenais, qui dès lors la prirent pour patronne de leur ville et lui donnèrent même son nom. Sainte Libérate est en grand honneur dans toute l'Aquitaine, comme sa sœur sainte Quiterie. Les femmes en couches l'invoquent pour leur délivrance. Plusieurs églises lui sont dédiées dans le midi de la France ».

Enfin le P. Cahier, à nul autre pareil quand il s'agit d'habiller à la moderne les légendes du moyen âge et de leur conserver en les traduisant tout leur inimitable charme; — le P. Cahier s'exprime ainsi dans ses *Caractéristiques des Saints :*

Sainte Libérate est représentée barbue et mourant en croix. On en raconte des choses tout à fait merveilleuses, mais qu'il faut voir surtout dans les vieux auteurs espagnols et portugais, qui ne ménageaient point l'extraordinaire à leurs saints privilégiés. Elle était, dit-on, fille d'un roi païen de Lusitanie qui, ayant eu ses Etats envahis par un roi de Sicile, lui promit Vilgeforte pour épouse afin d'avoir la paix. La princesse, ne sachant comment se soustraire à ce mariage, aurait prié Dieu de lui venir en aide, et une longue barbe garnit subitement son menton. Furieux de cette ressource inattendue qu'avait trouvée la Sainte, le père la fit crucifier. A ces faits déjà fort étranges, l'imagination des légendaires a voulu joindre encore bien d'autres embellissements que ne connaissait pas l'antiquité; de sorte qu'il en est résulté un composé de circonstances toutes plus singulières les unes que les autres. L'église de Siguenza, qui honore cette Sainte pour patronne sous le nom de *Liberata* (Librada), ne fait pas profession de croire à toutes les surcharges qui ont augmenté ce récit.

Selon d'autres, la ressource extraordinaire de sainte Vilgeforte avait pour but d'échapper aux sollicitations de son propre père; mais c'est surtout dans les pays du Nord que cette légende a fleuri. Là, le nom de *Liberata* donné à la Sainte à cause de la façon dont le ciel l'avait débarrassée du mariage, la fit appeler à peu près sainte *Débarras*. Cela est devenu en Allemagne : Ohnkummer, Ohnkummernuss, Kummernis, Kummernissa, Sanct-Gehulf; en Flandre : Ontcommera, Onkommera, Ontcommene, Regenflegis, Regnufledis ; en Angleterre : Sainte Uncumber ; en France : Sainte

1. Voir le Martyrologe romain du 20 juillet.

Livrade ; et en différents pays, pour les livres liturgiques : Liberata, Liberatrix, Eutropia, etc. Par suite de cette dénomination, était venue en Angleterre l'idée que la Sainte pouvait être particulièrement secourable aux femmes qui voulaient se débarrasser de leurs maris. La *Revue britannique* a consacré quelques détails à cette singulière dévotion anglaise et à la légende primitive.

« Pour moi, je penche à croire que cette couronne, cette barbe, cette robe et cette croix qui ont été prises pour les insignes d'une princesse miraculée, ne sont qu'un détournement de la piété envers le célèbre crucifix de Lucques. On sait que la dévotion à cette image de Jésus-Christ crucifié était fort répandue au XIIe siècle ; si bien que le roi d'Angleterre, Guillaume le Roux, jurait volontiers par le *saint voult de Lucques*. Or, ce fameux crucifix, comme plusieurs autres de ces temps-là, est entièrement vêtu et couronné. A distance de temps et de lieu, le long vêtement aura fait penser à une femme, et la barbe lui aura valu la qualification de *Vierge forte*. Ajoutons que le crucifix de Lucques ayant été chaussé en argent pour obvier à la détérioration que ses pieds pouvaient subir sous les baisers des nombreux pèlerins, cette circonstance nouvelle aura tourné encore à la plus grande gloire de sainte Vilgeforte. On a dit qu'un pauvre ménétrier étant venu jouer un air devant la statue de la Sainte, en avait été récompensé par une de ses riches pantoufles. Ce prodige, prêté aussi à un pèlerinage de la très-sainte Vierge, a tout l'air d'être né au sanctuaire du *santo volto di Lucca*, d'où il aura fait son chemin à travers les pays slaves et germaniques ».

HISTOIRE DU CHEVALIER SAINT ARNOUL DE CYSOING,

MARTYR EN FLANDRE (VIIIe siècle).

« D'Arnoul Porte-Dieu et soldat fidèle, voici l'histoire :

« Dans la fleur de l'âge, il servait Dieu dévotement, se laissant conduire par la grâce.

« Irrépréhensible et à tous aimable, tel s'efforçait-il de paraître.

« Sans nul souci du lendemain, pour l'amour de Dieu il vêtissait et nourrissait les mendiants.

« Une mûre gravité et la pureté, voilà ce qui le distinguait : la tempérance, voilà sa règle.

« Vivant, il était mort au monde ; sa sainteté éclatait, mais sa prudence le faisait se cacher.

« Il veillait sur lui-même, n'oubliait jamais Dieu présent et s'efforçait de lui plaire.

« Son innocence ne connut jamais rien de la folle sagesse du monde.

« Priant et jeûnant, il semait dans les larmes pour récolter dans la joie.

« Il avait garde surtout de se laisser embarrasser par les préoccupations de la terre.

« Or, il était l'écuyer fidèle d'un chef militaire riche et puissant.

« Haut de taille, plein de vigueur et de santé, c'était un vrai brave.

« La pureté de ses mœurs, autant que la parenté, le rendait cher à son seigneur.

« Mais ce qui est gracieux, ce qui dépasse le commun niveau, excite l'envie de la foule qui est en bas.

« Par des larcins furtifs, il dérobait, dit-on, à son maître pas peu de son bien.

« C'eût été un salutaire larcin, puisque ainsi il soulageait l'indigence des pauvres.

« Un jour qu'il portait du pain sous son vêtement les serviteurs l'arrêtèrent.

« On l'accuse, on l'entraîne, on le condamne, on le tiraille, on déchire son vêtement.

« Pour sa justification, des copeaux tombent de son sein devant tout le monde.

« Les soupçons s'évanouissent. Son seigneur lui confie le gouvernement de sa maison.

« Mais sachant bien par devers lui même ce qui en est, il s'éloigne au plus tôt, emportant ses copeaux.

« Pendant qu'il les distribue, il voit ceux-ci reprendre leur forme première.

« Sans aucunement s'enorgueillir il continue, comme auparavant, ses bonnes œuvres.

« Il évitait de nuire à personne et avait sans cesse présente à l'esprit la pensée du jugement dernier.

« Lorsque parfois son maître lui donnait l'ordre de dépouiller ses sujets,

« Il préférait épargner le pauvre peuple et puiser pour ses besoins dans les greniers du seigneur.

« Mais à force de puiser, le blé peu à peu décroissait.

« On rapporte au seigneur qu'à peine sa solde militaire lui suffira pour le lendemain.

« On s'assemble, on décrète des peines contre Arnoul comme coupable de ce forfait.

« Mais Dieu, témoin des bonnes œuvres de son serviteur, va prendre sa défense.

« Il répare le dommage et réjouit doublement l'âme du maître d'Arnoul.

« Toutes les voix s'élèvent pour le proclamer très-saint et ami de Dieu.

« L'officier veut que désormais Arnoul soit son fils et il l'embrasse.

« Renonçant à rien posséder en propre, il déclare que ses biens appartiennent aux pauvres et désormais on ne fera plus l'aumône en secret.

« C'est ainsi que la sainteté d'Arnoul et son admirable charité éclatèrent partout.

« C'est ainsi qu'il mérita de parvenir par le martyre à la félicité des Saints.

« Quoique laïque, il était parfaitement instruit de la loi du Seigneur.

« Un jour, s'étant mis en marche avec son maître, tous deux cheminaient gaiement sur la voie publique.

« Or, son maître avait des ennemis que de loin ils aperçurent venir à eux.

« La fuite est impossible, le jeune homme se tourne vers le vieillard et lui suggère ceci :

« Votre cheval, dit-il, ne vaut pas le mien qui est fougueux et agile : montez-le.

« Pour moi, je ne crains rien : que craindrais-je, ne leur ayant pas fait de mal?

« Son maître s'enfuit à toute bride : lui, les ennemis l'atteignent, le maltraitent, le déchirent.

« Ils lui reprochent d'avoir facilité la fuite à celui qu'ils haïssent mortellement.

« Ils lui passent autour du cou une forte corde pour ainsi mettre fin à ses jours.

« A un arbre ils le suspendent, et longtemps le laissent entre le ciel et la terre; mais, ô prodige, il ne ressent aucun mal.

« Le saint jeune homme invoque trois fois le nom ineffable, le nom divin, le nom terrible.

« La rage torture ses bourreaux quand ils le voient si calme suspendu à son arbre.

« Si nous quittons de la sorte, disent-ils, nous n'aurons pas la gloire de l'avoir fait mourir.

« Pendant que chacun parle ainsi, tous escaladent l'arbre en même temps.

« Sur les épaules du saint, les barbares posent leurs pieds et font les plus grands efforts.

« Ils étranglent l'innocent, ce que prouvent abondamment les miracles qui là s'opèrent incessamment.

« Plusieurs hommes de piété survivent qui ont parfaitement connaissance de l'histoire.

« Pendant longtemps, sur le même [illegible] on a vu des lumières étinceler.

« La corde qui a servi au supplice est un excellent remède contre les maux de gorge.

« Tout le peuple de Cysoing se réjouit de la présence d'un si grand martyr.

« Si quelqu'un atteint de la fièvre y vient prier, aussitôt il est soulagé.

« Plusieurs, nous l'avons vu, portent au cou des [illegible] d'argent en témoignage de leur dévotion ».

On a conservé précieusement les reliques de saint Arnoul dans l'abbaye de Cysoing, jusqu'à l'année 1566. Elles furent alors profanées et dispersées par les hérétiques; mais le souvenir du Saint est toujours vivant dans la mémoire des habitants du pays.

Il est le patron de Cysoing.

La Vie de saint Arnoul a été écrite en vers latins, sous forme de complainte, par un chanoine même de Cysoing. Nous avons cru faire chose agréable à nos pieux lecteurs en leur offrant une traduction aussi littérale que possible de cette légende naïve et vraie, naïvement écrite par un auteur sincère. *(Cf. AA. SS.)*

SAINT MATHIEU D'AGRIGENTE (1451).

Mathieu, natif d'Agrigente, en Sicile, d'une pieuse et honnête famille, étant prévenu de l'amour divin, et ayant passé son enfance et son adolescence dans une souveraine pureté de mœurs, dit adieu à son riche patrimoine et aux séductions du monde, pour s'unir plus intimement à Dieu qui l'appelait à une destinée plus haute, et s'enrôla parmi les Frères Mineurs conventuels. Après la profession solennelle des vœux, il se rendit en vertu de la sainte obéissance en Espagne pour s'y instruire dans les lettres divines et humaines. Les œuvres de piété et la pratique des vertus chrétiennes l'occupèrent entièrement. Ensuite, mû par le désir d'une plus haute perfection et par la renommée de saint Bernardin de Sienne, il embrassa l'institut plus rigide des Frères Mineurs de l'Observance; admis parmi les compagnons de Bernardin lui-même, il parcourut presque toute l'Italie, au nom de Jésus, qui était continuellement sur ses lèvres, et releva par les œuvres et la prédication la piété partout languissante. Le Seigneur fortifiait aussi sa parole par des miracles. Il restaura en Espagne l'Observance régulière, œuvre à laquelle il fit aussi faire de grands progrès en Sicile. Il brûlait pour la Vierge, Mère de Dieu, d'un extrême amour. Il propagea tellement parmi les Siciliens la dévotion au très-doux nom de Jésus, qu'on le lisait partout au frontispice des maisons. Par ses soins, beaucoup de monastères furent construits, surtout en Sicile, avec l'assentiment des souverains pontifes Martin V et Eugène IV, sous le nom de Jésus et en l'honneur de sa sainte Mère.

L'évêque d'Agrigente (*Girgenti*) étant mort, il fut, quoique malgré lui, mis à la tête de cette église aux applaudissements unanimes du peuple, avec le consentement d'Alphonse, roi d'Aragon, et l'approbation du pape Eugène IV. Ordonné évêque, brillant, comme le flambeau élevé sur le candélabre, de l'éclat de toutes les vertus, il se voua tout entier à la restauration de la discipline ecclésiastique. Dieu, pour l'éprouver comme l'or dans la fournaise, permit qu'il fût en butte à la calomnie ; il fit le voyage de Rome pour se justifier, fut déclaré innocent par le souverain Pontife, et par lui rendu à son église. Mais il en abandonna le gouvernement peu de temps après de son propre mouvement. Il se retira d'abord à Palerme, où les Conventuels de cette ville le reçurent très-affectueusement ; après avoir demeuré quelque temps chez eux, il rentra chez les siens, appelé par le vicaire provincial de l'Observance.

Ayant passé là quelques années pieusement et saintement, brisé par les travaux et épuisé par sa mauvaise santé, il fut reconduit chez les Conventuels par ordre des supérieurs ; enfin, usé par la vieillesse et par la maladie, il s'envola au ciel, le 7 février 1451. Sa dépouille, réclamée par ses frères, fut transportée non sans prodiges au monastère de Sainte-Marie-de-Jésus. Lorsque le cercueil fut amené dans l'église du monastère, le mort, se levant tout à coup sur son séant, joignit les mains, adora l'Eucharistie et se recoucha, à la stupeur de tous les assistants. La gloire des miracles, après avoir illustré sa vie, couronna aussi son tombeau ; doué de l'esprit de prophétie, portant l'auréole de la sainteté, il commença, dès qu'il fut mort, à jouir des hommages des hommes. Clément XIII ratifia son culte et permit de célébrer sa fête par un office ecclésiastique ; enfin le pape Pie VII approuva dans cet office la récitation de leçons particulières.

Leçons du Bréviaire franciscain.

XXIXe JOUR DE JANVIER

MARTYROLOGE ROMAIN.

A Lyon, en France, saint François de Sales [1], évêque de Genève, confesseur, dont il est fait mention le 28 décembre. 1622. — A Rome, sur la voie Nomentane, la naissance au ciel des saints martyrs Papias et Maur [2], soldats, qui, sous l'empereur Dioclétien, n'eurent pas plus tôt confessé

1. Nous donnerons sa biographie au 28 décembre, jour auquel le martyrologe romain marque son passage à une meilleure vie.

2. Ces deux soldats, témoins de la constance des saints martyrs Saturnin et Sisime, se convertirent à la foi, et aussitôt ordre fut donné par Laodicius, préfet de Rome, qu'on leur broyât la bouche à coups de pierres, puisqu'ils s'en servaient pour confesser Jésus-Christ, et qu'on les reconduisît dans la prison où ils avaient été baptisés par le pape saint Marcel. Ils en furent tirés douze jours après, étendus par terre et roués de coups de bâton ; puis, étant relevés de terre, ils furent frappés avec des lanières plombées jusqu'à ce qu'ils eussent cessé de respirer. Le prêtre Jean recueillit leurs corps et les enterra sur la voie Nomentane, près des eaux de Saint-Pierre, où cet apôtre baptisait (Adon). Au sujet de la bastonnade subie par nos deux Martyrs, Baronius remarque que c'était un châtiment militaire. Voici comment les choses se passaient dans ce supplice : le tribun, prenant un bâton, en touchait seulement du bout le condamné, et aussitôt ce geste fait, tous les soldats qui étaient dans le camp, tombant sur le malheureux avec des bâtons et des pierres, l'achevaient le plus souvent dans le camp même. Si quelques-uns survivaient, ils n'étaient pas sauvés pour cela ; et comment l'auraient-ils été, puisqu'ils ne pouvaient, la loi le défendant, ni rentrer dans leur patrie, ni être reçus par aucun de leurs proches ? On appliquait la peine du bâton pour un vol commis dans le camp, pour un faux témoignage, etc. Marcellus semble dire que le bâton était réservé pour l'homme libre, et le fouet pour l'esclave. Un autre supplice militaire consistait à ouvrir les veines. Il y avait aussi le pain d'orge, dont on nourrissait les lâches. Toutefois, il est constant qu'il

Jésus-Christ, qu'on leur cassa les mâchoires avec des cailloux, par ordre de Laodicius, préfet de la ville : en cet état il les fit jeter en prison, puis battre avec des bâtons, et enfin fouetter avec des cordes plombées jusqu'à ce qu'ils expirassent. IVe s. — A Pérouse, saint Constance, évêque et martyr, qui remporta la couronne avec ses compagnons, sous l'empereur Marc-Aurèle, pour la défense de la foi chrétienne [1]. Vers 178. — A Edesse, en Syrie, les saints martyrs Sarbèle et Barbée [2], sa sœur, qui furent baptisés par saint Barsimée, évêque, et furent couronnés du martyre dans la persécution de Trajan, sous le président Lysias. IIe s. — Au territoire de Troyes, saint SAVINIEN, martyr, décapité pour la foi avec un grand nombre de ses compagnons, par l'ordre d'Aurélien. 275. — A Milan, saint Aquilin, prêtre, qui, frappé à la gorge d'un coup d'épée par les Ariens, reçut la couronne du martyre. VIIIe s. — A Trèves, les funérailles de saint Valère, évêque, disciple de l'apôtre saint Pierre [3]. Ier s. — A Bourges, saint SULPICE SÉVÈRE, évêque, illustre par ses vertus et par sa doctrine. 591.

MARTYROLOGE DE FRANCE, REVU ET AUGMENTÉ.

Le même jour, sainte SABINE ou SAVINE, sœur de saint Savinien : les corps de l'un et de l'autre reposent dans la ville de Troyes. 313. — En Bretagne, saint GILDAS, surnommé le Sage, abbé de Rhuys, au diocèse de Vannes. 570.— A Huy, près de Liége, la translation de sainte Othilie, l'une des compagnes de sainte Ursule. — A Chelles, sainte Radégonde, vierge, fille adoptive de sainte Bathilde. 685. — A Tours, saint SULPICE SÉVÈRE, prêtre. Vers 420.

MARTYROLOGES DES ORDRES RELIGIEUX.

Martyrologe de l'Ordre de Saint-Basile. — A Rome, saint Zozime, pape et confesseur de l'Ordre de Saint-Basile, dont la naissance au ciel est célébrée le 26 décembre.

Martyrologe des Chanoines réguliers. — A Milan, saint Aquilin, prêtre, qui, de chanoine régulier de l'église de Cologne, fut élu évêque ; mais, redoutant le fardeau de l'épiscopat, il prit la fuite, et ayant demeuré dans le monastère des clercs réguliers de Saint-Laurent, à Milan, il lutta contre les Ariens par des discours pleins de véhémence, c'est pourquoi ils l'égorgèrent d'un coup d'épée et le firent martyr. VIIIe s.

Martyrologe des Frères Prêcheurs. — A Annecy, dans les Alpes, saint François de Sales, évêque et confesseur, qui institua l'Ordre nouveau des religieuses de la Visitation de Sainte-Marie, et réunit à la foi catholique plusieurs milliers d'hérétiques. Le jour de son entrée au ciel est le 28 de janvier. — A Rome, sur la voie Nomentane, la naissance au ciel des saints martyrs Papias et Maur, comme ci-dessus au Martyrologe romain. — A Pérouse, saint Constance, comme ci-dessus au Martyrologe romain. — Dans la Thébaïde, saint Paul, premier ermite, qui, depuis la seizième année de son âge jusqu'à cent treize ans, demeura seul dans le désert. Saint Antoine vit son âme emportée par les anges dans le ciel, parmi les chœurs des apôtres et des prophètes. Il mourut le 10 de janvier, mais sa fête a lieu aujourd'hui. — A Edesse, en Syrie, les saints martyrs Sarbèle et Barbée, comme ci-dessus au Martyrologe romain. — Le même jour, l'octave de saint Vincent, diacre et martyr.

ADDITIONS FAITES D'APRÈS LES BOLLANDISTES ET AUTRES HAGIOGRAPHES.

A Lucques, en Toscane, saint Valère, évêque et martyr, disciple de saint Paulin et son successeur. Il est distinct de saint Valère, évêque de Trèves, fêté le même jour, quoi qu'en aient dit quelques hagiographes. Fin du Ier s. — A Sainte-Sévère, en Toscane, sainte Sévère, vierge, ses parents, saint Maxime et sainte Seconde, et ses frères, saint Marc et saint Calendin, martyrs avec les mille soldats que Maxime commandait et qu'il avait convertis à la foi chrétienne ; commencement du IVe s. — A Todi, en Toscane, saint Seuste et quatre-vingts autres, martyrs, sous Dioclé-

n'y avait pas que des soldats chrétiens qui subissaient le châtiment du bâton : les autres chrétiens y étaient aussi exposés. D'après les lois romaines, on devait soumettre au bâton ceux qui se disaient pleins de l'esprit de Dieu. (Paul., liv. V, Sent., tit. 21. Voyez la lettre 77e de saint Cyprien à Némésien. Félix.)

1. Saint Constance fut d'abord jeté dans une fournaise, d'où il sortit sain et sauf. Après divers autres supplices, il souffrit la décapitation. Nous le trouvons honoré à Nocera, Orvieto et Pérouse, si toutefois il s'agit dans ces diverses villes du même personnage.

2. Le Ménologe des Grecs cite de même Sarbèle et Barbée, martyrs, avec cette mention : Sarbèle, prêtre des idoles, fut converti avec sa sœur Barbée à la foi du Christ par Barsimée, évêque d'Edesse, et pour cela tous les deux furent arrêtés. Après d'horribles tortures, Sarbèle fut lié entre deux morceaux de bois et scié par le milieu du corps ; sa sœur eut la tête coupée.

3. Voir la vie de saint Valère avec celles de saint Eucaire et de saint Materne, au 14 septembre.

tien. — En Grèce, les saints Philothée, Hypéréchius, Abibas, Julien, Romain, Jacob, Parégore, martyrs à Samosate. — En Afrique, les saints Paul, Victor et Honoré, martyrs. — A Sorrente, saint Bacule, évêque de cette ville et son troisième patron, après saint Valère et saint Athanase [1]. — A Agrigente, en Sicile, saint Potamion, évêque, qui baptisa saint Grégoire d'Agrigente. VIe s. — A Cysoing, saint Arnoul, martyr, père de Godefroi, évêque d'Arras et de Cambrai [2]. VIIIe s. — En Belgique, saint Julien l'Hospitalier, patron de la plupart des hospices fondés dans ce pays pour les voyageurs et les étrangers. Epoque inconnue [3]. — A Glastonbury, en Angleterre, saint Gildas l'Albanien, qu'il ne faut pas confondre avec saint Gildas le Sage. Le premier était fils de Conan Mériadec, premier roi des Bretons de France, et de Darera, sœur de saint Patrice. Il fut missionnaire, comme son oncle, et moine. 512.— Au monastère de Saint-Michel, dans le diocèse de Burgos (Espagne), la transplantation au ciel de la Bienheureuse Radegonde ou Wedegonde, religieuse de l'Ordre de Prémontré, qui fleurit comme un lis céleste au milieu des épines de la terre. 1152. — En Brabant, saint Charles, huitième abbé de Villare. Ce monastère, fondé par saint Bernard lui-même, était non loin de Gembloux. Commencement du XIIIe s. — En Espagne, saint Pierre Nolasque, fondateur de l'Ordre de Notre-Dame de la Merci, pour la rédemption des captifs. Vers l'an 1250 [4]. — En Chypre, saint Pierre Thomase, patriarche de Constantinople, de l'Ordre des Carmes [5]. An 1366. — A Cluny, en France, la bienheureuse mort du pape Gelase II, fuyant la persécution. Un grand nombre d'hagiographes le rangent au nombre des Saints. 1119. — A Rome, dans l'église Sainte-Croix de Jérusalem, en l'an 1492, invention d'une partie du titre de la vraie croix.

SAINT SAVINIEN OU SABINIEN, MARTYR A TROYES

275. — Pape : saint Eutychien. — Empereur : Aurélien.

Je suis venu au milieu de vous semer les semences du ciel.

Réponse de saint Savinien aux soldats qui vinrent l'arrêter.

Rilly, petit bourg sur la Seine, à quatre lieues de Troyes, en Champagne, sera éternellement renommé par l'illustre martyre de saint Savinien [6]. C'était un Grec de la ville de Samos, lequel, par une providence extraordinaire, vint comme arroser et engraisser les campagnes de France, par les agréables ruisseaux de son sang, pour donner de nouveaux enfants à Jésus-Christ. Son père s'appelait Savin, assez honnête homme, si ses mœurs n'avaient pas été souillées par le vice infâme de l'idolâtrie. Il eut soin d'avancer son fils Savinien dans les études des lettres humaines et de la philosophie, et ce jeune homme apprit si bien à raisonner par les principes de la nature, qu'il s'éleva, de la connaissance des créatures visibles, à celle du Créateur et d'un seul Dieu immortel et invisible. Comme il était dans ces pensées, il trouva, par bonheur, le livre des Psaumes de David, et l'ayant ouvert, il tomba sur ce verset du cinquantième : « Vous m'arroserez d'hysope, et je serai purifié ; vous me laverez, et je deviendrai plus blanc que la neige ». Mais, comme il n'en pouvait comprendre le sens, un ange de lumière lui apparut, et lui fit savoir que, par l'eau du baptême que recevaient les chrétiens, les péchés étaient effacés, et que leur âme devenait plus blanche que la neige.

Savinien, consolé par cette vision, commença à s'adonner avec ferveur

1. Voir les 16 et 26 janvier. — 2. Voir sa vie au 28 janvier. — 3. Voir sa vie au 12 février. — 4. Voir le 31 janvier. — 5. Voir sa vie au 6 janvier.

6. L'église paroissiale de Rilly est dédiée à saint Savinien. Le bourg porte aujourd'hui le nom de Rilly-Sainte-Syre.

à l'étude de la piété et à parler de l'Evangile. Son père s'aperçut bientôt de ce changement; il vit que son fils, négligeant le culte des faux dieux, semblait n'aspirer qu'au Christianisme, et, comme il était païen très-zélé, il s'en offensa extrêmement, et le menaça de le déférer au magistrat et de le faire punir. Mais cela émut peu Savinien : cependant, pour vivre avec plus de liberté, il résolut de s'éloigner de son pays, et d'abandonner ses parents, ses biens, et de suivre Jésus-Christ partout où il lui plairait de le conduire.

Son histoire porte que l'Esprit de Dieu le poussa du levant jusqu'au couchant, et de la Grèce jusqu'en France, où il s'arrêta en un lieu qui n'était pas beaucoup éloigné de Troyes, en Champagne; là, faisant sa prière, il se vit soudainement environné d'une nuée, d'où une personne inconnue lui conféra la grâce du saint baptême. Mais nous nous tiendrions plus volontiers à la tradition du pays, d'après laquelle notre Saint, arrivé à cet endroit, rencontra saint Parre, citoyen de la même ville, et, depuis, martyr de Jésus-Christ; celui-ci ou lui conféra de ses propres mains le saint Baptême, ou eut soin de le lui faire administrer. Quoi qu'il en soit, il est constant qu'il commenca à mener sur la terre une vie toute céleste. Se sentant poussé par le même Esprit qui l'avait amené en France, il se mit à prêcher l'Evangile avec tant de courage, qu'une infinité de gens, gagnés par ses prédications, que Dieu appuyait de la force des miracles, abandonnèrent le culte des idoles et se convertirent à la religion chrétienne : en une fois, il y eut près de onze cents personnes qui embrassèrent le Christianisme et furent baptisées par son ministère.

En ce même temps, l'empereur Aurélien était entré dans les Gaules, dans le dessein de repousser les Barbares qui les ravageaient, et de leur faire lever le siége de la ville d'Augsbourg. Ce prince, qui était extrêmement ennemi des chrétiens, passant par la ville de Troyes, apprit bientôt ce qu'y faisait Savinien, et le grand nombre de personnes qu'il gagnait chaque jour à Jésus-Christ. Après le martyre de saint Parre, ou Patrocle, il fit aussi saisir cet étranger de Samos, envers lequel il usa d'abord de belles paroles et de grandes promesses, s'il voulait quitter la religion des chrétiens pour adorer ses faux dieux; mais voyant que ses discours n'avaient nul pouvoir sur cette âme invincible, il tourna toutes ses pensées à la cruauté et aux supplices, afin d'emporter par la force ce qu'il ne pouvait obtenir par la douceur. Après cette première tentative, Aurélien envoya le Martyr en prison, où quarante-huit soldats, qui le gardaient, furent convertis à la foi et baptisés par saint Savinien; Dieu faisant voir par ses merveilles, que, si les membres de ses serviteurs peuvent être arrêtés par des liens et des menottes, la parole qu'il leur met à la bouche ne saurait être liée, comme parle l'Apôtre [1]. Telles furent les prémices du martyre de notre Saint, qu'il envoya, comme autant de victimes, pour être présentées devant la majesté du Dieu éternel; car ces quarante-huit néophytes scellèrent leur confession de foi par leur propre sang, qu'ils répandirent pour Jésus-Christ, l'empereur les ayant fait tous décapiter en présence de Savinien, afin de l'intimider; mais le trouvant toujours invincible, il se prépara à le traiter avec plus de rigueur.

Premièrement, il le fit battre nu, à coups de bâton et de grosses cordes, avec tant de cruauté, qu'il ne demeura pas d'endroit sur son corps qui n'eût sa propre plaie; et cependant le tyran se moquait de lui, et lui disait que tout cela n'était encore rien auprès de ce qui suivrait; mais le Martyr, comme si son corps eût été de bronze, répondait constamment que, la terre étant d'autant plus fertile qu'elle est labourée avec plus de soin, toutes ces

1. II Tim., II, 9.

cruautés ne feraient autre chose que de le rendre plus heureux et de produire de nouveaux fruits de l'Evangile. L'empereur, irrité de ces paroles, lui fit couvrir la tête d'un casque embrasé; mais Dieu le préservant de ce supplice, il n'en reçut aucun dommage; ce qui fut cause de la conversion de trois personnes qui assistaient à ce spectacle : car, remontrant hardiment à l'empereur le mal qu'il commettait en traitant de la sorte un si saint homme, pour récompense, ils reçurent eux-mêmes sur-le-champ la couronne du martyre. Notre Saint, encouragé par ces faveurs du ciel, reprochait à ce prince la faiblesse de ses tourments, et lui faisait voir quelle était la vertu de Jésus-Christ, lorsqu'il la voulait faire paraître en considération de ses serviteurs. Ces remontrances ne faisaient qu'aigrir l'empereur ; il fit mettre Savinien sur un lit de fer, sous lequel on alluma un grand brasier, afin de lui faire perdre la vie par la rigueur de cet élément; mais Dieu, qui conserva les trois enfants dans la fournaise, sous le roi Nabuchodonosor, délivra aussi le Saint de ce supplice, et le feu n'eut point encore, cette fois, de prise sur lui. Aurélien, bien loin de se rendre à ces prodiges, s'obstinant toujours de plus en plus en sa malice, fit attacher le Saint à un poteau, afin de le mettre en butte aux traits de toute son armée ; mais Dieu, par une continuation de ses merveilles, détourna tellement les flèches, que pas une ne porta sur son corps ; au contraire, il y en eut une qui blessa l'empereur à l'œil : alors, indigné jusqu'à la rage, et ne sachant plus que faire à Savinien, il le fit reconduire en prison, attendant qu'il lui vînt quelque nouvelle invention pour tourmenter cette innocente victime.

Cependant le Saint, désirant recevoir la couronne du martyre au lieu même où il avait reçu la grâce du baptême, fit sa prière à Dieu qui l'avait préservé du feu et des flèches, afin qu'il lui plût de le détacher des liens qui l'arrêtaient en prison, et aussitôt ses chaînes se brisèrent, et la prison s'ouvrit miraculeusement ; de sorte que, passant au travers de ses gardes, il s'en alla libre au lieu qu'il désirait. Dès le matin, Aurélien, ayant appris l'évasion de son prisonnier, envoya aussitôt une escouade de soldats après lui, avec ordre de le décapiter en quelque endroit qu'ils le rencontrassent. Ceux-ci, obéissant à leur cruel maître, poursuivirent de si près Savinien, qu'ils le rencontrèrent le long de la Seine qui était débordée. Alors Notre-Seigneur, pour faire voir que rien ne peut empêcher ses desseins pour la délivrance de ses serviteurs, comme il avait préservé le Martyr au milieu des flammes, le fit aussi marcher sur les eaux qui s'affermirent sous ses pieds. Mais ce qui rend le miracle plus surprenant, c'est que, étant de l'autre côté, et voyant que les soldats ne pouvaient passer, il fit sa prière à Dieu, et obtint le même privilége pour ses propres persécuteurs; parce que si notre Saint s'était sauvé de la prison, ce n'était pas à dessein d'éviter le martyre, mais plutôt afin de l'aller chercher et de se faire baptiser dans son sang au lieu même où le baptême de l'eau lui avait été conféré d'une manière extraordinaire, ainsi qu'il a été dit. Aussi encouragea-t-il les bourreaux à exécuter les ordres de l'empereur, qui étaient de lui couper la tête : ce qui fut fait à Rilly, le 24 janvier, quoique le Martyrologe romain ne marque sa mémoire qu'au 29, l'an de Notre-Seigneur 275, selon Baronius, suivi par Camusat et par des Guerrois, l'un et l'autre auteurs du pays.

Après cette exécution, le saint Martyr, pour vérifier en sa personne cette parole de Jésus-Christ : « Celui qui croit en moi vivra, même après sa mort », se releva de terre et porta sa tête l'espace de quarante pas, au lieu où il devait être enseveli, au grand étonnement des païens qui ne pouvaient assez admirer les merveilles que Dieu opère par ses Saints.

Saint Savinien eut une sœur appelée Savine, qui le suivit aussi en France jusqu'à Troyes, où, après une longue vie passée près du tombeau de son frère, elle finit si heureusement ses jours, qu'elle y est aussi reconnue et honorée comme Sainte le 29 août.

On le représente décapité ou plutôt la gorge percée d'un glaive.

RELIQUES ET MONUMENTS.

Longtemps le lieu de la sépulture de saint Savinien resta inconnu, à cause de la violence de la persécution. Cependant, une femme veuve, nommée Syre, que quelques-uns disent à tort être la sœur de saint Fiacre, mais qui demeurait aux environs de Troyes, entendant parler des nombreux miracles qui s'opéraient en faveur de ceux qui réclamaient la protection de notre Saint, se fit conduire à Rilly, où l'on savait qu'avait eu lieu son martyre, et conjura Savinien de lui obtenir la grâce de recouvrer la vue qu'elle avait perdue depuis de longues années. Elle n'avait pas achevé sa prière, que déjà elle était exaucée. Ce miracle attira de toutes parts à Rilly une foule de personnes. On fouilla la terre à l'endroit où l'aveugle s'était agenouillée, et l'on trouva le corps de saint Savinien, exempt de toute corruption et exhalant partout une odeur de parfums délicieux.

En reconnaissance du bienfait signalé qu'elle avait reçu de Dieu par l'intercession de son serviteur, Syre, aidée des offrandes des fidèles, fit bâtir une chapelle en l'honneur de saint Savinien et lui éleva un tombeau, auprès duquel elle passa le reste de ses jours dans les exercices de la piété. C'est de cette veuve que le village de Rilly porte aujourd'hui le nom de Sainte-Syre.

Le corps de saint Savinien fut transporté à la cathédrale par les soins de l'évêque Ragnégisile ; on n'en possède plus qu'une faible partie.

Quelques paroisses du diocèse de Troyes en ont aussi reçu de petites parcelles, entre autres celles de Sainte-Savine, de Saint-Parre-aux-Tertres [1] et de la Maison des Champs.

Saint Savinien est patron de Balnot-sur-Laignes et de Sainte-Syre dans le même diocèse. — Le moyen âge a confié aux admirables vitraux de la cathédrale de Troyes le soin de redire aux générations futures, dans un brillant et riche langage, la vie et la mort de saint Savinien, telles que nous venons de les raconter.

La vie de saint Savinien et de sainte Savine, qui a été recueillie des vieux manuscrits de l'Eglise de Troyes et de celle de Trèves, se voit au troisième tome des *Actes des Saints*, par Bollandus, comme aussi dans le livre de la *Sainteté chrétienne de l'Eglise de Troyes*, composé par Nicolas des Guerrois, que nous avons déjà cité. Le moine Goisbert, au commencement du XIe siècle, retoucha et amplifia les Actes de saint Savinien, dont le plus ancien texte est du VIIIe siècle. Comme on trouve dans cette seconde Vie des détails précieux, qui ne sont pas dans la première, nous croyons devoir les reproduire ici d'après la naïve traduction qu'en a donnée Desguerrois, au XVIIe siècle. *La Sainctcté chrestienne, contenant les Vie, mort et miracles de plusieurs Saints de France, et autres pays, dont les reliques sont au Diocèse et Ville de Troyes, avec l'Histoire Ecclésiastique, non encore imprimées, ni mises en lumière.....* (A Troyes, 1 vol. in-4o, 1687.)

« Ayant en cela consulté le vouloir de Dieu, par la grâce de Jésus-Christ et la conduite de son Ange, Savinien quitte son pays et son père, et, après avoir passé beaucoup de contrées de la Grèce, Dalmatie et Italie, arrive ès (*dans les*) Gaules et s'achemine à Troyes en Champagne, pour y faire sa résidence, selon la révélation du Saint-Esprit qu'il en avait eue. De ses mains il se dressa une petite maisonnette au bord du fleuve (de la Seine), ni trop loin, ni trop proche de la ville. Nos bons et véritables Pères nous ont laissé, par antique tradition, que saint Savinien étant de la Grèce arrivé à Troyes, environ l'an de grâce 271, ficha son bâton et dressa un petit logis près du lieu où est le monastère de Foycı, d'où il a pris son nom, — comme qui dirait Foy-ici (*fidiacum à fide*). Que s'il m'est permis de dire ma pensée, j'estimerais (*je penserais*) plutôt qu'étant venu en cette ville de Troyes, et s'étant retiré sur le bord de la Seine, son bâton là fiché en terre et par miracle reverdissant, comme fit autrefois la verge d'Aaron dans l'arche, ce Saint fut reconnu par saint Parre (*Patrocle*), son contemporain, reçu par lui en sa maison ; et comme saint Savinien s'aperçut que la foi chrétienne était en l'âme et en la famille de saint Parre, il en rendit grâces à Dieu, que la foi était ici, d'où le lieu a été nommé Foicy. Il y a en ces choses de bonnes rencontres et conjectures, car ces deux Saints florissaient en un même temps, et furent martyrisés en un même mois de janvier, l'an 275, par le même empereur Aurélien, d'un même supplice, de l'épée, — bien qu'en divers jours et lieux..... » Un couvent de religieuses hospitalières, sous la règle de saint Augustin, s'établit à Foicy au XIIe siècle : en 1475, elles s'unirent à l'Ordre de Fontevrault et en suivirent la règle jusqu'en 1793.

1. *Ex capite et brachio.*

RENVOI.

Voir au 28 décembre la VIE DE SAINT FRANÇOIS DE SALES, *composée d'après le pieux et savant ouvrage que M. Hamon, curé de Saint-Sulpice, a consacré à l'histoire de ce grand Saint.*

SAINT GILDAS LE SAGE, ABBÉ DE RHUYS

494-570. — Papes : saint Gélase; Jean III. — Rois des Francs : Clovis Ier; Chilpéric Ier.

Saint Gildas, surnommé *le Sage*, naquit en l'année où les Bretons remportèrent sur les Saxons la victoire du Mont-Badon, c'est-à-dire l'an 494 ; il était fils de quelque seigneur de la Grande-Bretagne. Il étudia sous saint Iltut[1] et il fut l'esprit le plus distingué de cette école ; et quoiqu'il fût aussi le plus jeune, il l'emportait sur tous par sa sagesse et sa retenue. Innocent et aimable comme un enfant, il avait déjà la prudence et la maturité d'un vieillard. Il s'appliquait avec la plus grande ardeur à l'étude ; de sorte que, s'il ne devint pas plus savant dans les lettres humaines, c'est que les livres et les maîtres lui ont manqué. Mais comme il n'étudiait que pour devenir parfait, chez lui la science ne nuisait point à la sainteté. Semblable à l'abeille qui sort au temps des fleurs, il sortit au printemps de sa vie pour aller recueillir en Irlande, dans les exemples et les instructions des solitaires formés par saint Patrice, le suc céleste dont il devait former son miel. Prenant partout ce qu'il y avait de meilleur, il égala bientôt, il surpassa même les plus parfaits. Voici ce qu'on raconte de son genre de vie : depuis l'âge de quinze ans jusqu'à la fin de ses jours, il se fit une règle inviolable de ne manger jamais que trois fois chaque semaine : encore mangeait-il si peu, qu'on aurait pu dire de lui, comme de saint Jean-Baptiste, qu'il ne buvait ni ne mangeait. Un rude cilice, caché sous une robe de l'étoffe la plus grossière, était son vêtement ; la terre dure, son lit ; une pierre, son chevet. Enfin, il usait de tant de moyens pour mortifier, pour crucifier sa chair, que sa vie était un martyre prolongé, ou plutôt un sacrifice continuel qu'il offrait tous les jours au Seigneur avec celui de l'Agneau sans tache.

Ce fut environ l'an 527, à l'âge de trente-quatre ans, que Gildas vint dans la province de l'Armorique, par le « commandement de Dieu ». Il choisit pour lieu de sa retraite la petite île d'Houat, près de la côte de Rhuys. Il vécut là, loin de toute consolation humaine, et d'autant plus consolé par le Saint-Esprit. La lecture de l'Ecriture sainte, la méditation, la prière étaient son unique occupation. Mais quelques pêcheurs qui demeuraient dans cette île, charmés de sa vie et de ses discours tout célestes, découvrirent aux habitants des côtes voisines le trésor qui était caché dans leur île. Il y vint de toutes parts un si grand nombre d'auditeurs et de disciples, qu'il lui fallut chercher un lieu de plus grande étendue et de plus facile accès, pour satisfaire ceux qui étaient avides de ses instructions. Il vint donc dans la presqu'île de Rhuys et y bâtit un monastère. On croit qu'il fut aidé dans cette pieuse entreprise par les libéralités de Guérech, seigneur des Bretons, qui habitait aux environs de Vannes. Il se vit bientôt entouré, non-seulement d'une nombreuse communauté, à laquelle il donna de sages règlements, mais encore d'une grande foule qu'y attiraient ses miracles, car il guérissait beaucoup de malades. L'amour de la solitude l'obligea de se retirer de l'autre côté du golfe de Vannes, au-delà même de la pointe de Quiberon. Il s'enferma dans une grotte que lui offrit un rocher situé sur le bord de la rivière de Blavet. Comme cette grotte s'enfonçait de l'Occident vers l'Orient, il eut la

1. Voir saint Iltut au 6 novembre.

pensée d'en faire un oratoire. Il creusa donc encore davantage le rocher, et l'on dit que Dieu lui donna miraculeusement du verre pour l'embellissement de cette chapelle, et une source d'eau vive pour la commodité de la demeure. Le don des miracles le suivant ainsi partout, le manifesta en cet endroit comme ailleurs, et il y vint une foule d'infirmes à qui il ne pouvait refuser leur guérison. Il visitait souvent l'abbaye de Rhuys et dirigeait aussi dans les voies de la perfection plusieurs personnes du monde, entre autres Trifine, fille de Guérech. Cette jeune princesse avait été demandée en mariage par le cruel Conomor, qui, non content de ne rechercher dans le mariage que la satisfaction de ses passions, plein d'horreur pour la noble fin de ce sacrement, poignardait ses femmes dès qu'il s'apercevait qu'elles avaient conçu. Il s'était déjà rendu veuf plusieurs fois de cette abominable manière. Comme il n'était pas moins puissant que féroce, et qu'il demanda plusieurs fois et avec la plus vive instance la main de Trifine, son père était dans le plus grand embarras, n'osant ni la refuser, ni l'accorder. Il prit le parti de la confier à Gildas, sachant que Conomor respectait beaucoup cet homme de Dieu. Gildas dit qu'il en répondait; et, plein de confiance en Dieu, pour éviter une guerre entre les deux comtes, il remit la jeune princesse à Conomor, après lui avoir dit que c'était Dieu lui-même qui la lui donnait, et lui avoir fait prêter serment qu'il ne la maltraiterait point. Mais, après plusieurs mois de mariage, la brutalité de ce seigneur lui fit oublier sa promesse : il tua Trifine avec l'enfant qu'elle portait dans son sein. Guérech, dès qu'il apprit cette nouvelle, redemanda sa fille à Gildas, qui la redemanda à Dieu. Le saint obtint qu'elle ressuscitât, et elle mit au monde un fils, à qui Gildas donna son nom dans le baptême, et qui fut surnommé Trech-Meur. Outre ses miracles, Gildas s'était encore acquis un grand ascendant sur les peuples par ses instructions pleines de vigueur. Il combattit avec force les déréglements des Bretons dans son discours *de la ruine de la Bretagne : de excidio Britanniæ.* Il leur rappelait cette multitude effroyable de crimes qui avait allumé contre eux la colère de Dieu et qui les avait livrés en proie à la fureur des barbares [1]. Il y décrivait aussi, dans le style le plus énergique, les abominations de plusieurs de leurs rois. Constantin, l'un d'entre eux, ouvrit les yeux, rentra en lui-même et se convertit sincèrement.

Le Saint reprend dans un second discours les désordres des ecclésiastiques : il les accuse d'offrir rarement le saint sacrifice de la messe, de vivre dans l'oisiveté et de déshonorer la sainteté de leur profession [2]. Gildas, outre son monastère de Rhuys et son ermitage de Blavet, habitait encore un petit monastère surnommé *des Bois*, en breton Coheslahen, ou Coetlahen, dans la paroisse de Saint-Démétrius. Il se retirait souvent aussi dans l'île d'Houat. Un jour qu'il y avait passé la nuit en prières, pour

1. Les habitants méridionaux de la Grande-Bretagne, divisés entre eux, et fatigués d'ailleurs par les Pictes et les Ecossais, qui, depuis le départ des Romains, ne cessaient de faire des incursions dans le midi de l'île, invitèrent les Saxons du nord-ouest de la Germanie. Ces alliés, les Saxons d'abord, puis les Jutes, les Danois, les Anglais, après avoir défendu le midi de la Grande-Bretagne contre le nord, y restèrent et y fondèrent les sept royaumes appelés Heptarchie anglo-saxonne. Les Bretons, chassés, se réfugièrent dans le pays des Galles, dans la Cornouaille insulaire; il en vint aussi dans la presqu'île de France, appelée jadis Armorique, puis Bretagne, depuis ces émigrations. Ce fut là la troisième émigration. La première avait eu lieu du temps de l'empereur Constance, et la seconde sous la conduite du tyran Maxime.

2. Gale a publié le premier discours, t. III, *script. Britann.* Bertianus l'a fait réimprimer avec des notes (*Hauniæ imp.*, an. 1757), ainsi que l'*Histoire des Bretons*, par Nennius, et le *Traité de Situ Britanniæ*, par Richard Corin, de Westminster.

Le second discours, *Castigatio cleri*, se trouve dans la bibliothèque des Pères, part. 3, p. 682, éd. Colon. Nous avons encore de saint Gildas huit canons de discipline, que Luc d'Achery a publiés dans le neuvième tome de son *Spicilège*.

demander à Dieu la grâce d'aller bientôt jouir de lui, un ange lui apparut et lui dit que ses vœux allaient s'accomplir; qu'il mourrait dans huit jours. Il fit annoncer cette nouvelle à ses religieux : ils vinrent en grand nombre recevoir ses dernières instructions, qui roulèrent principalement sur l'humilité et la charité. Gildas rendit sa belle âme à Dieu en 570, selon Usserius; en 581, selon d'autres. Pour sa sépulture, on se conforma à ses dernières volontés. Comme il savait que ses enfants se disputeraient la possession de son corps, il voulut qu'on le mît dans un esquif et qu'on le confiât à la mer : ce que l'on fit. Mais les religieux de Rhuys, qui firent de bonne foi ce sacrifice, restèrent toutefois pleins de confiance en Dieu, et se prescrivirent trois jours de jeûne et de prières pour obtenir ce précieux trésor. L'esquif disparut; seulement, au bout de trois mois, l'un d'eux eut révélation qu'on trouverait bientôt le saint corps proche d'une petite chapelle que Gildas avait autrefois bâtie à l'honneur de la sainte Croix, sur le bord de la mer, nommée *Eroest* (maison de la croix). Ils l'y trouvèrent en effet et le transportèrent pieusement dans l'abbaye de Rhuys, le 11 mai.

On invoque saint Gildas pour la guérison de la folie, à cause de son surnom de *Sage*.

RELIQUES ET MONUMENTS.

Dans le IXe siècle, Dajoc, abbé de Rhuys, craignant les ravages sacriléges des Normands, cacha sous l'autel de son église, dans le tombeau de saint Gildas, huit de ses plus gros ossements, qui sont encore conservés dans la même église, devenue aujourd'hui paroissiale, et emporta le reste avec lui dans le Berry, à Bourg-Déols, autrement dit Bourg-Dieu, aux portes de Châteauroux (Indre). Une église y fut bâtie, portant le nom de Saint-Gildas, pour les religieux de Rhuys et de Locminé, par Ebbon, seigneur de Châteauroux (Château-Raoul).

L'abbaye de Notre-Dame-de-Déols et celle de Saint-Gildas sont deux abbayes très-distinctes, mais fondées l'une et l'autre par le même seigneur, Ebbon, de Déols.

Les restes de l'abbaye de Saint-Gildas (Ordre des Bénédictins) existent encore aux bords de l'Indre sur le territoire de Saint-Christophe, un des faubourgs de Châteauroux.

Voici l'origine de saint Gildas : Comme nous venons de le dire, menacés par les Normands, les moines de Saint-Gildas de Rhuys, en Bretagne, avaient pris avec eux les reliques de saint Gildas, de saint Albin, de sainte Brigitte et de saint Paterne, et étaient venus en Berry, sous la conduite de l'abbé Dajoc, chercher un asile. Ce fut Ebbon, qui avait fondé dans la capitale de ses Etats, en 917, l'abbaye de Notre-Dame, qui les accueillit et les logea d'abord à Déols, dans un ermitage, puis il bâtit pour eux le monastère qui prit le nom de Saint-Gildas.

Le corps de saint Paterne fut porté à Issoudun, et donna son nom à une des églises de la ville.

L'abbaye de Saint-Gildas fut supprimée par une bulle de Grégoire XV, en date du 24 août 1622.

Les reliques de saint Gildas ne sont actuellement ni à Déols, ni à Saint-Christophe [1].

Dans le diocèse de Nantes, l'an 1026, fut aussi fondé, par les seigneurs de la Roche-Bernard, un monastère du nom de saint Gildas, où s'est établie depuis quelques années une société de sœurs institutrices. A Auray, une église paroissiale porte le nom de Gildas et possède de ses reliques depuis le 26 juillet 1809. Ce Saint est invoqué dans les litanies anglaises du VIIe siècle. Sa fête se fait le 29 janvier dans le diocèse de Saint-Brieuc, et le 11 mai dans le nouveau bréviaire de Nantes.

Nous avons composé cette vie, qui ne se trouvait point dans le Père Giry, avec Dom Lobineau, revu par M. l'abbé Tresvaux.

1. M. L'abbé DAMOURETTE. — Châteauroux, le 10 septembre 1862.

SAINT SULPICE-SÉVÈRE, DISCIPLE DE SAINT MARTIN

Vers 420. — Pape : saint Boniface Ier. — Roi des Francs : Pharamond.

L'historien de saint Martin, Sulpice-Sévère, fut un grand homme par sa naissance, son savoir et son humilité chrétienne. Saint Paulin de Nole en parle comme d'un prêtre orné des vertus les plus remarquables. Originaire de l'Aquitaine, il fut dans sa jeunesse une des gloires de la magistrature, et il comptait dans sa famille plusieurs consuls romains. Un avenir de gloire et de bonheur s'ouvrait devant lui, lorsque, douloureusement atteint dans ses plus chères affections par la mort de sa jeune femme, il résolut de quitter le monde, où il était heureux et honoré, pour vivre dans la solitude.

La renommée de saint Martin était parvenue jusqu'à lui, quelques-uns prétendent même qu'il fut converti par la prédication du saint évêque de Tours. Quoi qu'il en soit, il vint le trouver à Marmoutier pour être témoin de ses vertus, lui demander ses conseils, et aussi, paraît-il, dans le secret dessein de faire connaître par ses écrits la sainteté du grand évêque, si elle répondait à la hauteur de sa réputation. Saint Martin accueillit le jeune gentilhomme avec une grande bonté ; il le reçut à sa table, lui présenta l'eau pour se laver les mains, et le soir il voulut lui-même laver ses pieds. Sulpice, touché d'une si profonde humilité, déjà subjugué par une si grande sainteté, ne sut pas résister, et à partir de ce moment, son esprit et son cœur subirent avec la docilité d'un enfant, l'ascendant des vertus du saint évêque.

Leur entretien roula sur la vanité du monde et sur les avantages de le quitter pour suivre Jésus-Christ. A l'appui de ses paroles, saint Martin cita l'exemple de Paulin, qui venait d'abandonner de grands honneurs et des richesses immenses pour embrasser, dans toute leur rigueur, les conseils évangéliques.

Sulpice répondit avec empressement aux exhortations du grand évêque, et plus tard il se lia d'une sainte amitié avec celui qu'il lui proposait pour modèle. Ils entrèrent en relations et s'excitèrent mutuellement à la vertu et au mépris du monde. Mais cette affection ne l'emporta jamais sur celle qu'il avait vouée à saint Martin. Il revenait constamment à Marmoutier pour le voir, pour l'entendre, et il devint un de ses plus fervents et plus chers disciples.

Dans ces nombreuses visites il connut saint Clair, ce très-noble enfant, comme il l'appelle, que saint Martin aima d'un si profond et si pur amour.

Il raconte qu'étant un jour plongé dans un de ces demi-sommeils dans lequel on se sent dormir, saint Martin lui apparut, revêtu d'une robe blanche, le visage rayonnant et les yeux brillant d'un éclat inaccoutumé. Le saint évêque, dit-il, tenait à la main et me présentait, en souriant, le livre que j'ai écrit sur lui. J'embrassai ses genoux, et, selon ma coutume, je demandai sa bénédiction. Je sentis alors sa main s'appuyer doucement sur ma tête... j'entendis les paroles solennelles de la bénédiction, et, comme il traçait sur ses lèvres le signe de la croix qui lui était habituel, il disparut et, devant moi, il fut enlevé au ciel. Peu après, je vis le saint prêtre Clair, son disciple, mort depuis quelques jours, s'avancer par le même chemin que son maître. Je voulus les suivre, et, comme je faisais des efforts pour monter avec eux, je m'éveillai.

Sulpice était à peine éveillé, que deux moines, arrivant de Tours, sont introduits en sa présence, et lui annoncent la mort de saint Martin. « Les larmes me vinrent aussitôt aux yeux », écrit-il à Aurélius, « et à l'heure où je vous écris je pleure encore amèrement ».

A la mort de l'évêque de Tours, il demanda comme une grande faveur la permission d'habiter sa cellule. Il y demeura pendant cinq ans, dans la prière et la solitude, achevant d'écrire la vie de son maître et de son ami.

On sait quel succès obtint cette vie de saint Martin. Elle fut bientôt connue jusque dans les solitudes de l'Orient, et saint Paulin, qui la fit connaître à Rome, où on la lisait avec une pieuse avidité, écrivait à Sulpice : « Vos discours, aussi chastes qu'éloquents, montrent bien que vous êtes l'azyme du Christ, et jamais il ne vous eût été donné d'écrire si dignement de saint Martin, si votre cœur n'eût rendu vos lèvres dignes de célébrer ses louanges ».

En écrivant, le pieux auteur ne s'était point proposé d'attirer les regards des hommes et d'appeler leurs éloges. Il a voulu, comme il le dit avec une aimable franchise, montrer que le chrétien doit chercher la vie éternelle plutôt qu'une mémoire immortelle. Et ce n'est ni en écrivant, ni en combattant, ni en philosophant qu'on atteint ce but, mais par une vie sainte.

Saint Paulin, évêque de Nole, sollicita vivement Sulpice-Sévère de venir habiter avec lui. Deux fois, l'humble prêtre avait tout préparé pour le départ, et deux fois la maladie y avait mis obstacle. Un échange de correspondance eut lieu alors entre les deux amis. Rien n'est suave et affectueux comme ces pieux entretiens. On y voit leur tendresse mutuelle et la pureté de leurs cœurs, toujours avides de faire de nouveaux sacrifices et d'acquérir de nouvelles vertus. Paulin, plein d'admiration pour les mérites de Sulpice, se plaît à les rappeler, et il trouve ainsi moyen de s'humilier lui-même en se comparant à son ami qui, « après avoir été l'admiration du barreau et avoir remporté les palmes de l'éloquence, a tout à coup secoué le joug du péché et brisé les funestes chaînes de la chair et du sang ».

Saint Sulpice avait, en effet, grandi dans la pratique du renoncement et dans l'amour de la pauvreté. Il avait vendu tous ses biens et en avait donné le prix aux pauvres. Il s'était réservé une petite terre où il établit un monastère. Retiré dans cette solitude, il recevait les pauvres, les voyageurs, et il se plaisait au milieu de quelques disciples qu'il avait réunis en communauté sur le modèle de celle de Marmoutier. Ils menaient tous une vie pénitente et mortifiée, leurs vêtements étaient faits de peaux de bêtes, leurs cheveux rasés, et ils s'appliquaient à affaiblir leurs corps par les jeûnes et les veilles, afin de donner plus de vigueur et d'énergie à leurs âmes. Sulpice ne le cédait à aucun de ses disciples dans ces pacifiques et pénibles luttes de la perfection.

Il écrivait à Paulin pour l'initier à tous les usages qui se pratiquaient dans ce petit monastère, et il lui députa un jour un de ses disciples, nommé Victor, qui avait fait à Tours son noviciat à la vie religieuse. Il l'avait chargé de remettre au saint évêque un cilice. Paulin ne voulut pas le céder en générosité à son ami, et il lui retourna une tunique de laine qui avait été tissée par sainte Melaine. « Le jour où j'ai reçu ce vêtement », écrit-il, « je vous l'ai destiné. J'ai voulu cependant le porter avant de vous l'envoyer, afin d'en diminuer la rudesse.... Il m'a semblé aussi qu'en me servant d'un habit que je regardais comme le vôtre, j'aurais quelque part aux bénédictions que vous recevez du ciel et que je pourrais véritablement dire que j'étais revêtu de votre vêtement ».

Tels étaient les échanges que l'amitié suggérait à ces deux saints ! Une autre fois saint Sulpice a choisi un cuisinier pour son ami, et il le lui annonce dans un gracieux et charmant badinage : « J'ai appris », dit-il, « que tous les cuisiniers ont renoncé à vous servir. — Ils dédaignent sans doute de préparer de maigres ragoûts. — Je vous envoie, de mon office, un jeune garçon fort habile à cuire la fève, à assaisonner quelques herbes avec du vinaigre et à préparer des plantes aromatiques.

« Je vous le donne avec ses défauts et ses qualités, non comme un esclave, mais comme un fils... J'aurais voulu moi-même vous servir à sa place : tenez compte de ma bonne volonté et accordez-moi un souvenir au milieu de vos bienheureux repas ».

Saint Sulpice avait conservé une si douce mémoire et une si tendre affection pour son maître dans la vie spirituelle, que chaque année il revenait, du fond de l'Aquitaine, visiter le sépulcre de saint Martin et les lieux qu'il avait sanctifiés.

Une si constante et si affectueuse fidélité pour la mémoire du saint évêque n'empêcha point Sulpice de tomber dans l'hérésie des Millénaires, quelques-uns disent des Pélagiens. Il était alors avancé en âge. Son humilité et la grâce divine le préservèrent de l'opiniâtreté, il reconnut bientôt son erreur, la pleura amèrement, et il se condamna au silence jusqu'à la fin de sa vie, voulant ainsi expier la faute qu'il avait commise par ses discours. Il prouva ainsi que tout coopère au bien de ceux qui aiment Dieu : par sa pénitence, il s'éleva à un plus haut degré de vertu et il mérita de la sorte une plus brillante couronne [1].

A la saison des lis, Sulpice-Sévère avait la coutume d'en cueillir quelques-uns et de les suspendre aux murs de la cellule qu'il avait choisie pour son tombeau. Après sa mort, ses disciples respectèrent un de ces lis qu'il y avait lui-même placé. Il tombait déjà en poussière, lorsqu'au jour anniversaire de ses funérailles, on vit tout à coup sa tige se redresser, sa blanche corolle s'entr'ouvrir et s'épanouir comme aux plus belles matinées de l'été [2].

Saint Sulpice mourut vers l'an 420. Il composa plusieurs ouvrages pleins d'onction et qui respirent partout la sainteté de leur auteur. Son style est pur et élégant ; en le lisant, on sent que l'étude qu'il avait faite dans sa jeunesse des auteurs du siècle d'Auguste ne lui fut pas inutile. Outre la *Vie de saint Martin,* il écrivit une *Histoire sacrée* depuis l'origine du monde jusqu'à l'an 400 de Jésus-Christ. Il composa encore *Trois Dialogues,* dont les deux premiers traitent des vertus de saint Martin, et le dernier des merveilles des solitaires de l'Orient. Nous possédons aussi quelques *Lettres* dont la piété et la grâce feront longtemps regretter la perte des autres. L'élégance et la précision qui règnent dans tous ses écrits l'ont fait surnommer le *Salluste chrétien.*

On confondit longtemps l'historien de saint Martin avec saint Sulpice-le-Sévère, archevêque de Bourges. Les moines de Marmoutier eux-mêmes ne faisaient qu'un seul personnage de ces deux Saints dans leur office liturgique. Il n'en est rien cependant, et notre Sulpice ne fut jamais revêtu du caractère épiscopal. C'est l'opinion du cardinal Baronius, qui a prévalu partout aujourd'hui.

Une autre question peut se présenter ici : Sulpice-Sévère a-t-il obtenu légitimement les honneurs que l'Eglise rend aux Saints? Nous ne dirons

1. *Bréviaire de Tours*, 1785, partie d'hiver, 29 janvier.

2. *De Gloria confessorum, cap.* 41. Dom Ruinart prétend qu'il existait de son temps, dans le diocèse de Tarbes, un monastère de Saint-Sulpice-Sévère qui, au témoignage des habitants, aurait été le théâtre du miracle des lis que l'on y voyait d'ailleurs représenté dans un bas-relief.

point ici avec Dom Martenne [1], que si l'évêque de Bourges a obtenu un culte public, c'est « peut-être parce qu'on lui a attribué les actions et les vertus du disciple de saint Martin »; mais nous tenons à prouver que, de temps immémorial, Sulpice-Sévère a été honoré comme un saint par l'église de Tours. Guibert, abbé de Gembloux, près Namur, mort en 1208, a écrit sa vie, et après avoir raconté sa chute dans l'hérésie, son repentir et sa pénitence, il ajoute : « Qui donc pourrait douter, je ne dis pas de son salut, mais de sa sainteté, sans douter en même temps de la miséricorde de Jésus-Christ ? » Et il le montre dans sa solitude, expiant dans le silence et par ses larmes son moment d'égarement et d'erreur. Eprouvé dans le creuset par le feu de son amour, dit-il, purifié par l'abondance de ses larmes, il fut complétement lavé de son péché, car il devint plus blanc que la neige. Cet arbre qui avait donné tant de fruits excellents, fut un instant renversé par le vent de l'hérésie, mais il ne demeura pas à terre, et Dieu soufflant de nouveau sur lui, le releva; il tomba enfin, chargé de nouveaux fruits, et il est demeuré là où il est tombé.

« Si vous ne croyez pas à mon témoignage », continue-t-il, « croyez au moins aux habitants du saint monastère de Marmoutier. Chaque année, en effet, ils célèbrent solennellement sa fête. Moi-même, j'y ai assisté plusieurs fois le 29 janvier. Qu'on respecte donc comme elle le mérite la croyance d'une si grande église, et que l'iniquité qui voudrait enlever à notre Saint la gloire et la beauté que le Seigneur lui a données, ferme la bouche [2] ».

Le martyrologe de Du Saussay s'exprime ainsi au 29 janvier : « Le même jour, dans l'Aquitaine, au bourg de Primlau, fête de saint Sévère-Sulpice, prêtre et confesseur, remarquable par sa doctrine et sa sainteté. Il écrivit dans un style très-pur les actions de saint Martin, qu'il fit revivre non moins par ses actions que par sa plume. Il honora la pauvreté d'une manière admirable ; d'une humilité profonde, il mérita que saint Paulin de Nole fît un magnifique éloge de ses brillantes qualités et de la règle de vie qu'il s'était tracée ».

Pierre des Noëls et Godescard le placent aussi au nombre des Saints.

Dom Martenne dit : « Quand nous n'aurions pas d'autres preuves de la sainteté de Sulpice-Sévère que l'étroite union qu'il a eue avec saint Martin et avec saint Paulin, évêque de Nole, nous ne pourrions douter qu'il n'ait été un des plus grands saints de son temps [3] ».

Les éditions du martyrologe romain de 1591 et de 1613 confondent l'historien de saint Martin avec l'archevêque de Bourges. Voici comment elles s'expriment : « A Bourges, fête de saint Sulpice-Sévère, évêque, disciple de saint Martin, remarquable par ses vertus et par son savoir ».

Lorsque le pape Urbain VIII fit réimprimer le martyrologe en 1640, il ne laissa pas subsister cette erreur, et il fit effacer seulement ces mots : *disciple de saint Martin.*

C'est donc l'archevêque de Bourges, connu sous le nom de Sulpice-le-Sévère, que l'Eglise romaine entend uniquement honorer à la date du 29 janvier. Par le fait de cette suppression, Sulpice-Sévère fut-il réellement dépouillé des honneurs rendus aux saints? Nous ne le pensons pas. En effet, dans son bréviaire, imprimé en 1685, Mgr Amelot, archevêque de Tours, n'en continue pas moins de faire la fête de saint Sulpice-Sévère au 29 janvier; mais dans la légende il n'existe plus aucune confusion, le Saint est honoré comme *confesseur non pontife.*

1. *Histoire Ms. de Marmoutier,* t. 1er, *Saint Sulpice-Sévère.*
2. *Bollandus,* 29 janvier. — 3. *Loco citato,* p. 145.

Ne pourrait-on pas conclure de ce fait que le Pape, en retranchant ces mots : *disciple de saint Martin,* qui se trouvaient à la suite du nom du saint évêque de Bourges, a simplement voulu rectifier une erreur historique, et qu'il n'a nullement entendu priver l'historien et le disciple de saint Martin des honneurs que lui rendait l'Eglise de Tours? Cette supposition, que Benoît XIV paraît favoriser[1] dans son *Traité de la Canonisation*, semble d'ailleurs la seule justification possible de l'archevêque de Tours, maintenant dans ses livres liturgiques la tradition de son Eglise qui honorait d'un culte spécial saint Sulpice-Sévère depuis plus de cinq siècles.

Quoi qu'il en soit, nous pouvons en toute assurance suivre les exemples d'humilité, de renoncement et de piété du disciple de saint Martin, et nous pourrons nous-mêmes arriver ainsi à un éminent degré de sainteté. Concluons donc qu'il nous importe avant tout de l'imiter, et disons, en terminant cette courte dissertation, avec les Bollandistes : Ce que nous avons dit est suffisant pour qu'on ne nous accuse pas d'avoir voulu ravir à Sulpice-Sévère les honneurs célestes, et aussi pour qu'on ne nous reproche pas de les lui rendre s'il n'y a aucun droit.

L'abbé Rolland, *Aumôn. du pens. des Frères des Ecoles chrét. de Tours.*

SAINT SULPICE SÉVÈRE, ÉVÊQUE DE BOURGES (591).

Remi, évêque de Bourges, mourut en 584. Après son passage à une vie meilleure, la cité des Bituriges fut la proie d'un incendie qui en réduisit en cendres la plus grande partie ; ce qui avait échappé aux barbares y périt. Sulpice lui succéda, favorisé par le roi Gontran. Comme un grand nombre de prétendants offraient des présents pour briguer cette dignité sacrée, on rapporte que le roi leur fit cette réponse : « Ce n'est pas l'usage de notre gouvernement de vendre le sacerdoce à prix d'argent, comme ce n'est pas votre devoir non plus de l'acheter ; nous ne voulons pas, pour notre part, encourir le reproche honteux de cupidité ; évitez, de votre côté, d'être assimilés à Simon le Magicien; Sulpice sera votre évêque, parce que telle est la volonté de Dieu ». Sulpice fut donc mis en possession du siége de Bourges : c'était un homme de noble race, l'un des premiers sénateurs des Gaules, très-versé dans l'éloquence et dans la poésie. Il gouverna son église avec zèle, tant pour le maintien de la discipline que pour l'accroissement de la piété et de la ferveur. Il assista au second concile de Mâcon, où présida saint Prisque de Lyon, et mourut en 591, la septième année de son épiscopat. On l'enterra dans l'église de Saint-Julien de Bourges, d'où son corps fut ensuite transporté dans celle de Saint-Ursin, premier évêque de la ville. Il passait pour un des meilleurs poètes et des plus éloquents orateurs de son temps ; mais la pureté édifiante de ses mœurs donnait encore plus de poids à ses discours.

Voyez saint Grégoire de Tours, *Histoire française*, liv. VI, c. 39 ; la *Gallia Christiana,* et Benoît XIV, *Diss. seu præf. in Martyrologium rom.*

SAINTE-SABINE OU SAVINE, DE TROYES, VIERGE (313).

Sainte Savine était sœur de saint Savinien [2], mais Savin leur père l'avait eue d'une seconde épouse. Comme elle pleurait l'absence de son frère, un ange vint l'avertir en songe, bien qu'elle fût encore païenne, que si elle voulait chercher son frère, elle le trouverait jouissant des plus grands honneurs. Alors prenant avec elle Maximiniole, sa sœur de lait, et, quittant les idoles, son père et la maison

1. Benoît XIV dit que les rédacteurs du martyrologe romain n'ont point eu l'intention de s'occuper de Sulpice-Sévère, historien de saint Martin. Il ajoute d'ailleurs, mais à tort, que les anciens écrits ne lui donnent pas le titre de saint.

2. Voir saint Savinien ci-dessus, p. 101.

paternelle, elle entreprit un voyage bien long à la vérité, mais que le ciel avait ordonné. Elle vint d'abord à Rome, fut recueillie par une femme pieuse nommée Justine, qui l'instruisit dans la religion chrétienne et la présenta au pape saint Eusèbe (310) pour être baptisée. En même temps elle voua sa virginité au Christ. Elle demeura environ cinq ans dans la ville éternelle : elle y guérit deux malades perclus des jambes. Un second avertissement du ciel lui fit entreprendre le voyage de Troyes pour voir son frère. En passant à Ravenne, ayant reçu l'hospitalité chez un citoyen noble de cette ville, elle guérit sa fille qui était à l'extrémité, et donna cette vierge à Jésus-Christ.

Enfin, elle arriva à la distance d'un mille de la ville de Troyes, et, fatiguée de son long voyage, elle se reposa; ayant vu passer un homme du pays, nommé Lucérius, elle lui demanda où elle pourrait trouver Savinien, son frère, absent depuis si longtemps. Cet homme lui apprend qu'il a souffert le martyre dans la persécution d'Aurélien, puis il lui indique du doigt l'endroit de sa sépulture. Sainte Savine se rendit en ce lieu, et là, épuisée par la fatigue de la route et désireuse d'aller rejoindre son frère bien-aimé dans le sein de Dieu, elle se mit à prier et rendit son âme à Dieu au milieu des ardeurs de son oraison, âgée de quarante-huit ans, le 29 janvier. Lucérius étant revenu sur ses pas, la trouva sans vie ; il convoqua le clergé et la fit ensevelir dans un faubourg de la ville, situé à l'ouest. Peu d'années après, Maximiniole fut ensevelie à côté d'elle.

Une croix de fer placée sur le bord de la route de Sens indique, d'après la tradition, l'endroit précis où expira Savine. On l'appelle la Croix-la-Motte.

Le culte de sainte Savine s'accrut chaque jour dans de nouvelles proportions. Vers le milieu du VIIe siècle, Ragnégisile, dix-septième évêque de Troyes, fit bâtir une église en son honneur, au faubourg occidental de la ville, sur un terrain qui lui appartenait. Cette église n'existe plus ; celle qu'on admire aujourd'hui appartient à la dernière époque des constructions ogivales. Il voulut même reposer après sa mort à l'ombre de la protection de Savine, et l'on y voit encore son tombeau auprès du pilier de la chaire. Saint Frobert, fondateur de Montier-la-Celle, obtint pour ce monastère le corps de la vierge, et l'église, bâtie par Ragnégisile, fut privée de sa patronne, jusqu'à ce que, en 1655 et 1657, les religieux de Montier-la-Celle et les Chartreux du faubourg Croncels donnèrent une partie de ses reliques à l'église paroissiale de Sainte-Savine, qui en célèbre encore la translation le 29 août de chaque année.

L'église de Troyes fait l'office de sainte Savine le 28 janvier, mais le martyrologe romain en fait mention le jour suivant.

La piété des fidèles a multiplié, dans l'église paroissiale de Sainte-Savine, à Troyes, les images de la sainte patronne. Tantôt, sur un médaillon, autrefois ornement de clef de voûte, aujourd'hui fixé à la muraille du côté droit de l'autel de la Sainte-Vierge, on voit la Sainte debout au milieu d'une gloire, et tenant l'enfant Jésus sur ses bras ; tantôt, sur un autre médaillon placé à gauche du même autel, on la voit en voyage, cherchant son frère Savinien. Elle tient de la main droite un long bâton de pèlerin, et de l'autre un livre fermé, probablement l'Evangile. Sa tête est recouverte d'une espèce de capuchon, dont le bord inférieur descend sur les épaules, par-dessus le manteau. Maximiniole est près d'elle et semble la suivre ; mais elle est d'une plus petite taille et porte un tablier pour marquer la différence des conditions. Maximiniole porte aussi un long bâton de voyage et sa main gauche est appuyée sur une large escarcelle suspendue à sa ceinture.

L'église cathédrale aussi a voulu conserver aux générations à venir la mémoire de la sœur de saint Savinien, et dans la troisième fenêtre, près du chœur, on peut voir sainte Savine, le bâton dans une main, l'Evangile dans l'autre. Son manteau est rouge, et elle porte sur sa robe blanche une tunique flottante, couleur orange.

Dans la troisième chapelle qui se trouve au nord de l'église Sainte-Savine, un vitrail raconte la conversion de Sabinus, père de la Sainte. D'après la légende, le païen, privé de ses deux enfants par le Dieu des chrétiens, lui aurait adressé cette prière :

« Si c'est vous, Dieu tout-puissant, qui régnez au ciel et sur la terre ; s'il n'y a point d'autre Dieu que vous ; si vous avez seul la puissance de nous sauver, détruisez ces idoles que mes mains ont fabriquées, que jusqu'ici j'ai adorées, et qui n'ont pu me sauver, ni moi ni mes enfants ».

Tout à coup, un bruit semblable à celui du tonnerre se fait entendre du ciel, et les idoles sont réduites en poussière. Sabinus revint alors de son erreur, et plusieurs témoins de ce prodige furent détrompés et crurent au vrai Dieu.

Tiré d'un ancien *Propre de Troyes*, imprimé en 1648 et de l'*Hagiologie* de M. Defer.

XXXe JOUR DE JANVIER

MARTYROLOGE ROMAIN.

A Rome, saint MARTINE, vierge et martyre ; on fait mémoire de sa naissance au ciel le 1er de janvier. IIIe s. — A Antioche, la passion de saint Hippolyte, prêtre [1], qui se laissa entraîner dans le schisme de Novat [2]; mais par l'effet de la grâce de Jésus-Christ, il reconnut sa faute et revint à l'unité de l'Eglise, pour laquelle et dans laquelle il endura plus tard un martyre glorieux. Peu avant son exécution, ses amis l'ayant prié de leur dire quelle était la vraie doctrine, il répondit, après avoir exécré le novatianisme, qu'il fallait conserver la foi que gardait la chaire de Pierre ; après quoi il tendit sa gorge au bourreau. IIIe s. — En Afrique, la passion des saints martyrs Félicien, Philappien, et de cent vingt-quatre autres. — A Edesse, en Syrie, saint Barsimée, évêque, qui, ayant converti et envoyé devant lui dans le ciel nombre de gentils, les suivit sous Trajan, avec la palme du martyre. IIe s. — Au même lieu, saint Barsès, évêque, illustre par le don des guérisons, qui, ayant été, pour la foi catholique, relégué aux extrêmes frontières de ce pays par Valens, empereur arien, y finit sa vie [3]. 379. — De plus, saint Alexandre, qui fut arrêté durant la persécution de Dèce, et qui, dans le grand éclat que lui donnaient son âge vénérable et ses cheveux blancs, ainsi que l'honneur de confesser Jésus-Christ pour la seconde fois, rendit son âme à Dieu au milieu des supplices que les bourreaux lui faisaient souffrir [4]. 251. — A Jérusalem, la naissance au ciel de saint Mathias, évêque [5], de qui on raconte des choses merveil-

1. Ce que le Martyrologe romain rapporte de saint Hippolyte sommairement à l'ordinaire, le poëte Prudence le développe au long dans les *Couronnes des Martyrs*, hymne onzième; cependant, si l'on ne veut pas être induit en erreur sur ce sujet par cet auteur, il faut savoir que de trois Hippolyte, un soldat, un prêtre et un évêque, il n'a fait qu'un personnage; qu'il a réuni les actes de trois sur un seul, d'Hippolyte le soldat, baptisé par saint Laurent; d'Hippolyte, prêtre d'Antioche, celui dont fait aujourd'hui mention le Martyrologe, et d'Hippolyte, évêque de Porto. Ces trois hommes, qui portent le même nom, diffèrent par les lieux, par les temps, par les professions, et enfin par le genre du martyre. Le soldat souffrit auprès de Rome, sur la voie Tiburtine, sous l'empire de Valérien, le 13 d'août, traîné et mis en pièces par des chevaux indomptés. L'Hippolyte de ce jour fut un prêtre d'Antioche sous l'évêque Fabius. Il florissait au temps de l'empereur Dèce, comme il est constant par la chronique d'Eusèbe; cet historien cite encore, *Hist.*, liv. VI, ch. 35, des lettres de Corneille, pontife romain, et de Denys, évêque d'Alexandrie, à l'évêque d'Antioche, Fabius, qui était plus enclin qu'il ne fallait aux doctrines de Novat. Quant à l'évêque de Porto, très-célèbre par sa science, il périt sous l'empereur Alexandre, noyé dans les eaux du port de Rome, et remporta ainsi la couronne du martyre, le 22 d'août. (*Tiré de Baronius.*)

2. Voir les *Conciles généraux et particuliers*, par Mgr Guérin, t. Ier, passim.

3. Les Bollandistes font observer que Baronius, en plaçant le lieu de l'exil de saint Barsès dans le pays même où se trouvait sa ville épiscopale d'Edesse, c'est-à-dire en Mésopotamie, va directement contre le texte de Théodoret, à qui seul il a pu emprunter cette notice sur saint Barsès. Or, d'après Théodoret, l'évêque d'Edesse fut relégué en Egypte, non loin d'Oxyrrhinque, dans le château fort de Philon. Du reste, la forteresse de Philon fut la dernière étape du Saint : il en avait fait deux autres, Arad et Oxyrrhinque. Mais le bien qu'il y produisait attirait les peuples. Valens en prenait de l'ombrage et le faisait pour ainsi dire changer de garnison, chaque fois que le bruit des miracles et des vertus du Saint venait l'importuner.

4. Baronius, avec Bède et Adon, soutient que saint Alexandre, dont il est ici question, n'est pas le même que saint Alexandre, évêque de Jérusalem, mentionné le 18 mars. Un grand nombre d'autres martyrologistes soutiennent le contraire. Les Bollandistes, tout en déclarant ne savoir pour qui se prononcer, semblent pencher pour Baronius.

5. Cette persécution sous Adrien est comptée la quatrième par Sulpice Sévère, liv. II; mais, ni Paul Orose ni saint Augustin ne parlent de cette persécution, et pour eux la quatrième est celle d'Antonin. Ils se fondent peut-être sur ce que Tertullien, dans son Apologétique, dit que sous Adrien il n'y eut pas de décret publié contre les chrétiens; cependant, les lois de Trajan qui ordonnaient de mener au supplice les chrétiens lorsqu'ils étaient dénoncés, donnent lieu de penser que le glaive sévit encore sous Adrien. Si Trajan avait défendu de rechercher les chrétiens, ceux-ci ne manquaient pas d'ennemis juifs et païens pour les dénoncer et provoquer contre eux les rigueurs de la légalité. Ce qui prouve d'ailleurs suffisamment que la persécution sévit sous Adrien, ce sont les apologies composées sous ce règne par les saints Pères, notamment par Quadrat et par Aristide. A quoi pouvaient tendre ces apologies célèbres et si louées par saint Jérôme au livre des écrivains ecclésiastiques, sinon à écarter le glaive de la persécution de la

leuses et qui sont autant de preuves de sa grande foi. Après avoir beaucoup souffert sous Adrien pour le Christ, il se reposa enfin dans le sein de la paix. IIe s. — A Rome, saint FÉLIX, pape, qui travailla beaucoup pour la foi catholique. 526-530.— A Pavie, saint ARMENTAIRE, évêque et confesseur. 730. — A Maubeuge, en Hainaut, alors monastère, sainte ALDÉGONDE, vierge, qui florissait du temps du roi Dagobert. Vers 689. — A Milan, sainte SAVINE, femme très-pieuse, laquelle étant en prières au tombeau des saints martyrs Nabor et Félix, s'endormit en Notre-Seigneur. 311. — A Viterbe, sainte Hyacinthe de Mariscotti, vierge du Tiers Ordre de Saint-François, religieuse remarquable par sa pénitence et sa charité, mise au rang des bienheureux par Benoît XIII, et des saints par Pie VII[1]. 1640.

MARTYROLOGE DE FRANCE, REVU ET AUGMENTÉ.

A Limoges, saint Thyrse [2], martyr, dont la fête y est célébrée, à cause de ses reliques qui y ont été apportées. — Sainte Sérène, honorée comme martyre par les chanoinesses de Sainte-Marie de Metz, qui possédaient ses reliques, apportées autrefois de Spolète à Saint-Vincent de Metz (970), par l'évêque Thierry. 291. — A Chelles, la solennité de sainte BATHILDE, reine de France, veuve du roi Clovis II. 680. — Au monastère de la Chaise-Dieu, saint ELESME, ou ADELELME, ou ALEAUME, confesseur. Vers 1100.

MARTYROLOGES DES ORDRES RELIGIEUX.

Martyrologe de l'Ordre de Saint-Basile. — A Constantinople, les saints confesseurs Théodore et Théophane, frères de l'Ordre de Saint-Basile, qui furent élevés dès l'enfance au monastère de Saint-Sabas, combattirent courageusement contre Léon l'Arménien, pour le culte des saintes images, et furent par son ordre battus de verges et relégués en exil, mais, après la mort de cet empereur, ils eurent encore à résister avec la même constance à Théophile, possédé de la même impiété ; ils furent encore passés par les verges et envoyés en exil ; Théodore y mourut dans la prison : pour Théophane, la paix ayant été rendue à l'Eglise, il devint évêque de Nicée, et enfin se reposa dans le Seigneur. Leur jour natal est le 27 janvier. — A Rome, sainte Martine, vierge, comme ci-dessus au martyrologe romain.

Martyrologe de l'Ordre de Saint-Benoît, des Camaldules et de la Congrégation de Vallombreuse. — A Burgos, en Espagne, saint Adelelme, abbé, disciple de saint Robert, abbé de la Chaise-Dieu, qui guérit beaucoup d'infirmités par le signe de la croix et par la grâce de Dieu. — A Rome, sainte Martine, vierge, comme ci-dessus au martyrologe romain.

Martyrologe de l'Ordre de Cîteaux. — Au monastère de Clairvaux, saint Gérard, confesseur, frère de notre père saint Bernard, religieux du même monastère, rempli des dons célestes. — A Rome, sainte Martine, vierge, comme ci-dessus au martyrologe romain.

Martyrologe de l'Ordre des Frères Prêcheurs. — A Rome, sainte Martine, vierge, qui ayant été tourmentée de diverses manières sous l'empereur Alexandre, obtint enfin par le glaive la palme du martyre : son jour natal est le 1er de janvier. — A Antioche, saint Hippolyte, prêtre, comme ci-dessus au martyrologe romain. — De plus, l'octave de saint Raymond, confesseur.

Martyrologe Romano-Séraphique et de l'Ordre Séraphique. A Viterbe, sainte Hyacinthe de Mariscotti, comme ci-dessus au martyrologe romain.

tête des chrétiens? La persécution doit-elle surprendre de la part d'un prince qui vexa les chrétiens jusqu'à profaner et à souiller, par les abominations de l'idolâtrie, leurs lieux saints les plus respectés, ceux qui sont à Jérusalem? (A ce sujet, voir Sulp. Sévère, livre II ; Paulin à Sulpice Sévère, épître XIe ; saint Jérôme, épître XIIIe ; et saint Ambroise sur le psaume 47.) Comment se serait-il retenu d'user du glaive, l'homme qui, dans une lettre à Sévérius, proconsul d'Egypte, accumula tant de honteuses calomnies contre les chrétiens d'Alexandrie? (Cette lettre est citée par Spartianus.) Quand même toutes ces preuves manqueraient, ce serait assez de la lettre de Sérénus Granius, dont parle Eusèbe dans sa *Chronique* et dans le livre IV de son *Histoire*, et de laquelle il résulte que si les édits de l'empereur se taisaient sur la persécution, les clameurs des multitudes demandant le supplice des chrétiens éclataient bien haut, au point que des gouverneurs de provinces et des présidents, touchés de compassion pour ces hommes massacrés en grand nombre, en écrivirent à l'empereur, et que celui-ci donna des rescrits dans le but d'apaiser les fureurs populaires. Un rescrit de ce genre, adressé à Minucius Fundanus, proconsul d'Asie, se trouve rapporté dans l'Apologie de saint Justin et dans Eusèbe, au livre IV de son *Histoire*. Il est vrai qu'Adrien changea de sentiment, qu'il s'adoucit par la lecture des Apologies des philosophes chrétiens, jusqu'à concevoir l'idée de bâtir un temple à Notre-Seigneur Jésus-Christ, de le recevoir parmi les dieux, et jusqu'à construire des temples sans simulacre dans toutes les villes, comme l'affirme Lampride, dans sa vie d'Alexandre.

Quant à saint Mathias, on ne sait rien de lui, sinon qu'il était le huitième évêque de Jérusalem.

1. Voir au 6 février, jour auquel sa fête se célèbre dans les États Romains.

2. Voir au 28 janvier.

Martyrologe des Capucins — A Viterbe, la bienheureuse Hyacinthe de Mariscotti, vierge, religieuse du Tiers-Ordre de notre Père saint François, laquelle ayant triomphé courageusement des séductions du siècle et des délices de son sexe, par la force de la grâce divine, s'efforça constamment de plaire au céleste Epoux en charité, en humilité, en mortifications, et qui fut mise au nombre des Bienheureux par Benoît XIII, et des Saints, par Pie VII. — A Antioche, la passion de saint Hippolyte, prêtre, comme ci-dessus au martyrologe romain.

ADDITIONS FAITES D'APRÈS LES BOLLANDISTES ET AUTRES HAGIOGRAPHES.

A Plaisance, en Italie, saint Hippolyte, martyr en Apulie, distinct de saint Hippolyte d'Antioche, fêté le même jour. Règne d'Antonin. — A Caltabellotta, en Sicile, saint PÉRÉGRIN, confesseur. — En Souabe, la bienheureuse Habérille ou Habrilie, vierge, qui vécut saintement au monastère de Mereraw (*major insula*), sur les bords du lac de Constance. VIIe s. — A Fuldes, le bienheureux Amnichade, moine reclus, venu d'Ecosse et d'Irlande. 1043. — A Fiésole, saint André Corsini, évêque de cette ville [1]. — Au diocèse de Munster, sainte Thialdilde, abbesse du monastère de Freckenhorst. IXe s.

SAINTE MARTINE, VIERGE ET MARTYRE

226. — Pape : saint Urbain Ier. — Empereur : Alexandre Sévère.

> Ses trésors furent pour les pauvres, sa beauté pour Dieu et son cœur pour tous ceux qui vivaient dans les larmes.
>
> *Rome chrétienne*, t. 1er, p. 114, éd. de 1867.

Sainte Martine naquit à Rome de parents très-illustres et qui avaient occupé les premières dignités de cette grande ville. Son père avait été trois fois consul, et, ce qui est encore meilleur, *il était extrêmement miséricordieux envers les pauvres, et fort zélé pour la foi en la très-sainte Trinité.* Elle se vit bientôt pourvue de grands biens par son décès, et elle les employa libéralement en des œuvres de miséricorde et au soulagement des pauvres, afin qu'étant déchargée d'un si pesant fardeau, elle courût plus aisément au martyre. L'occasion ne devait pas se faire attendre : l'empereur Alexandre Sévère [2] suscita, en ce temps-là, la cinquième, ou, selon d'autres, la septième persécution contre l'Eglise, et fit faire une recherche très-exacte des chrétiens, pour les contraindre de sacrifier aux idoles, ou les condamner à la mort s'ils refusaient de le faire. Trois officiers, qui travaillaient à cette perquisition, rencontrèrent sainte Martine dans une église, où elle faisait sa prière, et lui commandèrent, de la part de l'empereur, de les suivre au temple d'Apollon, afin de lui offrir de l'encens comme à une véritable divinité. La Vierge leur fit réponse, d'un visage fort gai, qu'elle les suivrait

1. Voir au 4 février.

2. Alexandre Sévère succéda à Héliogabale. « Chaque jour », dit Lampride, « il adorait dans un temple où il avait mis les statues des meilleurs empereurs, des plus gens de bien, des âmes les plus saintes, Apollonius, *Christ*, *Abraham*, Orphée, qu'il honorait comme des dieux. La conclusion de ceux qui versaient le sang, de ceux qui le buvaient et de ceux qui raillaient, était déjà qu'il faudrait entrer en arrangement avec le Christ.

Sous cet Alexandre Sévère qui honorait le Christ, le sang chrétien coula dans les provinces. La paix dépendait de l'humeur des proconsuls. Les gens de loi tenaient pour la persécution. Les gens de loi veulent qu'on exécute la loi, parce qu'elle est leur chose. Ulpien, préfet de Rome, grand avocat, fit un traité du *devoir du proconsul*. Il eut soin d'y recueillir les édits contre les chrétiens, pour que le proconsul ne négligeât pas de les punir.

volontiers aussitôt qu'elle se serait recommandée à Dieu et qu'elle aurait pris congé de l'évêque. Ces archers extrêmement satisfaits, et croyant avoir fait une riche capture, en donnèrent avis à l'empereur. Alexandre la fit venir en son palais, fort ravi de voir, dans une telle résolution, une jeune fille si illustre et si bien alliée. Mais il se trouva bien loin de son compte lorsque, lui ayant ordonné de parler, elle lui dit constamment qu'elle ne sacrifierait qu'au vrai Dieu et jamais aux idoles, qui sont les ouvrages des hommes. L'empereur ne laissa pas de la faire conduire en ce temple de démons, avec ordre aux soldats de sa garde de la suivre pour voir ce qu'elle y ferait. Elle y entra donc, et s'étant armée du signe de la croix, elle fit sa prière à Jésus-Christ. A peine l'eut-elle achevée, qu'il survint un effroyable tremblement de terre par toute la ville ; une grande partie de ce temple d'Apollon tomba ; et la statue de l'idole, se brisant en pièces, tua tous les prêtres qui étaient présents avec plusieurs autres infidèles.

Alexandre, indigné de cet accident, et d'ailleurs aveuglé par sa malice, pour ne pas reconnaître la puissante main de Dieu, qui faisait ces prodiges, commanda que la Sainte fût frappée à coups de poing, et qu'après on lui écorchât tout le corps avec des ongles de fer. Quatre bourreaux travaillèrent à cette horrible exécution ; mais ce fut inutilement : quatre jeunes hommes, paraissant en l'air, encourageaient Martine et tournaient contre ces mêmes bourreaux toutes les peines qu'ils lui faisaient souffrir. Ceux-ci se confessant vaincus, l'empereur en appela huit autres, qui élevèrent la Vierge en l'air, afin de lui déchirer tout le corps avec des pointes fort aiguës. Mais que peut l'ingénieuse malice des hommes contre la puissance de Dieu ? Martine éleva les yeux au ciel, et il parut aussitôt une lumière qui renversa par terre ces ministres de l'impiété d'Alexandre, et, en les terrassant, les changea et les convertit ; d'où ils devinrent, en un moment, de glorieux confesseurs et martyrs de Jésus-Christ ; ce qui arriva le 28 d'octobre, au récit de Baronius.

Le lendemain, la Vierge fut conduite devant l'empereur, qui lui commanda de sacrifier à Apollon ; et sur son refus, il lui fit dépecer toute la chair ; puis on l'attacha contre terre par les pieds et par les poings à quatre pieux ; et, en cet état, elle fut fouettée si cruellement, et pendant un si long espace de temps, que sept bourreaux s'y lassèrent les uns après les autres, sans néanmoins ébranler la constance de Martine. Un parent de l'empereur, nommé Euménius, qui se trouva présent à cet horrible spectacle, bien loin d'être touché de compassion, lui persuada de faire reconduire la sainte fille en prison, et d'ordonner qu'on répandît sur ses plaies des gouttes d'huile bouillante, ce qui fut fait ; mais une lumière céleste qui parut aussitôt, et des voix que l'on entendit sensiblement chanter les louanges de Dieu parmi ces tourments, adoucirent toutes les douleurs de la Sainte.

Le jour suivant, le tyran la fit comparaître devant son tribunal, et commanda qu'on la conduisît dans le temple de Diane ; aussitôt qu'elle y entra, le démon en sortit avec des hurlements épouvantables ; et un feu tomba du ciel, parmi le tonnerre et les éclairs, et brûla avec une partie du temple l'idole qui, par sa chute, écrasa une foule de prêtres et de païens. L'empereur, effrayé de ces prodiges, abandonna la Sainte à un président appelé Justin, pour lui faire souffrir de nouveaux tourments. Celui-ci commanda d'abord qu'on lui déchirât tout le corps avec des peignes de fer, en lui disant par insulte, à chaque coup : *Que ton Dieu te délivre de nos mains ;* et avec ces instruments, on lui ouvrit le sein d'une si étrange manière, qu'elle n'y reçut pas moins de cent dix-huit plaies.

Le juge la croyant morte, commanda qu'on la laissât là ; mais reconnaissant après qu'elle était encore pleine de vie, il lui dit : « Martine, ne veux-tu pas sacrifier aux dieux, et te préserver des supplices qui te sont préparés ? — J'ai mon Seigneur Jésus-Christ qui me fortifie » ; repartit la Sainte, « et je ne sacrifierai point à vos démons ». Le président, transporté de rage, la fit détacher du poteau où elle était, et commanda aux bourreaux de la reporter en prison, ne croyant pas qu'elle y pût aller d'elle-même. Néanmoins, elle eut assez de force pour marcher constamment sans être soutenue de personne.

L'empereur, informé de ces faits, ordonna que Martine fût conduite dans l'amphithéâtre pour y être exposée aux bêtes : dès qu'elle y fut arrivée, on détacha un lion furieux pour la dévorer ; mais cet animal farouche, au lieu de faire aucun mal à la Sainte, se coucha à ses pieds comme un petit chien pour lécher ses plaies ; et, comme on le ramenait en sa loge, il égorgea en chemin Euménius, ce parent de l'empereur, qui lui avait suggéré un pernicieux conseil contre cette innocente. Elle fut ensuite traînée une autre fois en prison ; et de là on la conduisit à un autre temple des idoles. Mais ayant dit généreusement à l'empereur que jamais on ne la séparerait de Jésus-Christ qu'elle avait choisi pour son Epoux, il la fit attacher de nouveau à un poteau pour lui déchirer le corps qui ne consistait presque plus qu'en des os, puisque toute sa chair était consumée. Et comme un des bourreaux lui dit : « Martine, reconnais Diane pour déesse, et tu seras délivrée », elle repartit : « Je suis chrétienne et je confesse Jésus-Christ ». Alors le tyran la fit jeter dans un grand feu pour y être brûlée ; mais la divine Providence envoya une grosse pluie avec un grand vent, qui éteignit les flammes et dispersa les charbons de part et d'autre, d'où plusieurs Gentils qui assistaient à ce spectacle furent brûlés.

L'empereur, étonné plus que jamais de ce qu'il voyait, et s'imaginant que cela se faisait par quelques charmes que la Sainte portait en ses cheveux, puisque tout son corps était sans vêtement, commanda qu'elle fût rasée ; et, croyant ensuite qu'elle avait perdu toutes ses forces, il commença à se moquer d'elle, et la fit retenir l'espace de trois jours dans le temple de Diane, où elle demeura sans manger, mais non pas sans chanter continuellement les louanges de son Dieu. Enfin, Alexandre, désespérant de la pouvoir vaincre, usa du dernier effort de tous les tyrans contre les saints Martyrs ; ce fut de lui faire trancher la tête ; et par ce moyen, sainte Martine, triomphant du monde, des tyrans et de l'enfer, s'en alla glorieusement jouir de la présence de Jésus-Christ, son céleste Epoux, le 1er janvier, comme il est marqué en tous les Martyrologes, et la quatrième année de l'empire d'Alexandre Sévère.

CULTE ET RELIQUES DE SAINTE MARTINE.

Son saint corps demeura quelque temps exposé sur la place publique ; mais il y fut conservé et protégé par deux aigles jusqu'à ce qu'un évêque, nommé Ritorius, lui pût donner une honorable sépulture. Depuis, sous le pape Antère, il fut apporté en la ville et mis dans une vieille église, auprès de la prison Mamertine, au pied du mont Capitolin, où on le trouva l'an 1634 avec les corps des saints martyrs Concorde, Epiphane et ses compagnons. Urbain VIII fit reconstruire cette église sur l'emplacement d'un temple de Mars au pied du Capitole. C'est aujourd'hui la plus riche et la plus magnifique de toutes celles qui sont consacrées, à Rome, aux saintes martyres. Le même pape prescrivit que l'on fît sa fête, avec office semi-double, le 30 janvier, avec des hymnes et des leçons propres, où il est dit (outre les prodiges que nous avons remarqués dans le cours de son martyre) qu'elle fut vue élevée en l'air sur un trône royal, qu'on l'entendit chanter les louanges divines avec les bienheureux, et que des plaies de son corps il sortit du lait, tandis qu'une brillante clarté l'environnait de toutes parts et qu'une odeur très-agréable s'exhalait de ses membres. C'est Urbain VIII lui-même qui composa les hymnes que l'on chante au jour de sainte Martine et qui font partie des prières annuelles pour la délivrance de Jérusalem. C'est le dernier cri de la croisade.

Lorsque l'Europe s'endormit devant le péril, l'Eglise ne cessa pas de veiller. Non loin de l'arc de Titus, à deux milles de la prison où Pierre fut enchaîné, l'Eglise pousse encore ce cri vigilant :

« O Martine, de tes autels sur lesquels l'encens s'élève, montent vers toi nos prières assidues.

« Rassemble tous les rois avec leurs hommes de guerre sous l'étendard de la croix : délivre Jérusalem et renverse à jamais le rempart de l'ennemi... »

La crypte de sainte Martine est des premières entre les merveilles souterraines de Rome.

Sainte Martine est l'une des patronnes de la ville éternelle.

Les religieuses de Saint-Maur, à Davenescourt, possèdent une de ses reliques.

L'histoire de son martyre, tirée des manuscrits de saint Maxime, à Trèves, est rapportée par Surius et Bollandus, en leur premier tome des *Actes des Saints*. Le R. P. Louis de Grenade l'a traduite en langue espagnole dans la seconde partie de son *Introduction au Symbole de la Foi.*

SAINT FÉLIX, PAPE

526-530. — Rois d'Italie : Théodoric le Grand et Athalaric. — Empereurs d'Orient : Justin *le Vieux* et Justinien.

« Félix, né au pays des Samnites, était fils de Castorius..........

« Il éleva la basilique des saints Côme et Damien [1] sur la voie Sacrée, non loin de l'ancien temple de Romulus. Un incendie ayant détruit la basilique du saint martyr Saturnin [2] sur la voie Salaria, il la fit entièrement reconstruire.

« L'élection de Félix put s'accomplir sans trouble..........

« En deux ordinations faites à Rome, au mois de février et au mois de mars, il consacra cinquante-cinq prêtres, quatre diacres et trente-neuf évêques destinés à diverses églises ».

Complétons ces extraits du *Liber pontificalis :*

Félix succédait au pape saint Jean Ier, que le roi d'Italie, Théodoric, devenu cruel sur la fin de ses jours, avait fait incarcérer et laissé mourir dans sa prison. L'impression d'horreur produite à Rome et dans toute l'Italie par le supplice de Boèce et de Symmaque [3], les manifestations populaires causées par la mort de saint Jean Ier, à Ravenne, agirent sur l'esprit de Théodoric. La main qui venait de signer la confiscation de toutes les églises catholiques, se sentit impuissante à faire exécuter une telle mesure. Les sénateurs romains durent être fort surpris de recevoir une lettre royale ordonnant de procéder, sans crainte, à l'élection d'un nouveau Pontife, et recommandant à leurs suffrages un nom également cher au clergé et au peuple de la ville, celui du saint prêtre Félix. Certes, la liberté et la dignité de l'Eglise eussent exigé que Théodoric n'intervînt nullement; mais le roi goth nourrissait des sentiments si hostiles au catholicisme, qu'on dut se féliciter de n'avoir pas

1. L'Eglise Saint-Côme-et-Damien est aujourd'hui titre cardinalice. On y lisait une inscription dont voici le dernier distique :

Obtulit hoc Domino Felix antistite dignum
Munus, ut etherea vivat in arcepoli.

2. *Saint Saturnin*, surnommé *le Vieux*, à cause de son grand âge, souffrit le martyre avec le diacre Sisinnius, pendant la première persécution de Dioclétien. Il eut la tête tranchée, après avoir été piqué par des scorpions. Ses reliques et celles de saint Sisinnius se conservent aujourd'hui dans l'église San-Pammacchio.

3. Voir la vie de l'illustre Boèce, modèle des hommes d'Etat, après celle du pape saint Jean Ier, au 27 mai. On y trouvera aussi quelques mots sur Symmaque, honoré du titre de Saint.

de plus grands malheurs à subir. Cependant la justice divine, qui ne laisse jamais impunis en ce monde les attentats contre le Saint-Siége, allait frapper ce prince dont les mains étaient chargées du sang innocent. Trois mois s'étaient écoulés depuis son dernier forfait, la captivité et la mort du pape Jean. L'Italie était redevenue tranquille, mais son roi ne l'était plus. Le 26 août 526, Théodoric étant à table, on lui servit un énorme poisson. A cette vue, il frissonna d'une manière étrange; il avait cru voir se dresser devant lui la tête ensanglantée de l'une de ses victimes, celle de Symmaque, qu'il avait fait massacrer sous ses yeux. La victime ne quitta plus son bourreau. En quelques heures le frisson du malade devint une inflammation interne qui lui dévorait les entrailles et détermina les plus funestes accidents. Trois jours après il était mort. Son règne avait été glorieux aux yeux des hommes; mais deux années de crimes sur la fin de sa vie le désignèrent à la vengeance divine. Saint Grégoire le Grand raconte qu'un solitaire de l'île Lipari aperçut l'âme de Théodoric enchaîné, marchant pieds nus, comme un captif et un criminel, entre le pape Jean et le patrice Symmaque. Ils le conduisirent au cratère d'un volcan et là le précipitèrent dans le gouffre ardent [1]. — Plaise à Dieu que ce gouffre soit celui du purgatoire et que Dieu ait fait miséricorde à cet ennemi de ses Christs !

Le pontificat de saint Félix IV vit naître deux œuvres immortelles : le *Code Justinien* et les travaux de Denys le Petit sur l'ère vulgaire ou chrétienne. Par le *Code Justinien* le Christianisme triomphait définitivement dans les lois ; car cette création n'était pas la découverte fortuite de quelque esprit supérieur à son siècle ; c'était une œuvre chrétienne préparée depuis deux cents ans par le travail incessant du Christianisme et éclose à une époque où le Christianisme était tout [2].

En introduisant l'usage de compter les années à partir de la naissance de Jésus-Christ, le moine Denys le Petit a fait resplendir à travers les siècles la divine origine de nos espérances et a, pour toujours, assuré au catholicisme la suprématie de la science [3].

Pendant que le Christianisme pénétrait les mœurs et la législation de l'empire, le soleil de l'Evangile se levait parmi les peuples barbares. Les Hérules établis sur les bords du Danube, les Tzades, peuplade à demi sauvage du Mont-Taurus, le roi des Huns, Gorda, se convertissaient successivement à la foi.

En Italie, le successeur de Théodoric, Athalaric, tenant compte, quoique arien, de la dignité du Siége apostolique, confirma par un décret les priviléges du clergé. Aux termes de ce décret, quiconque avait une action à intenter contre un clerc de l'Eglise de Rome, devait premièrement s'adresser au Pape qui jugerait lui-même ou déléguerait des juges. Quiconque s'adressait aux tribunaux civils sans s'être d'abord présenté au Saint-Siége, devait perdre sa caution et payer une amende de 10 livres d'or applicable aux pauvres par les mains du Pape. De cette façon, le clergé n'était pas mêlé aux disputes du barreau et profané par le contact des affaires séculières.

Plusieurs conciles furent tenus sous ce pontificat, qui dressèrent les règlements les plus sages. Celui de Vaison, en Provence (7 novembre 529), créa les écoles presbytérales dans chaque village, sur le plan des écoles épiscopales dont jouissaient déjà les villes [4].

1. S. Grég., *Dial.*, liv. IV, ch. 30; *Patrol. lat.*, t. LXXVII, col. 369.
2. M. Troplong, *Influence du christianisme sur le droit civil.*
3. Voir sur Denys le Petit, à la table, l'article le concernant.
4. Il n'entre pas dans notre plan d'analyser les autres Conciles, ceux d'Arles, de Lérida, de Valentia, etc. Voir *les Conciles généraux et particuliers*, par Mgr Guérin; 3 vol. in-8°. Bar, 1869-1870.

Terminons par un trait d'humilité du saint Pontife :

L'erreur des semi-pélagiens ayant pris racine dans les Gaules, saint Césaire, évêque d'Arles, demanda des conseils et des lumières à Félix. Celui-ci ne trouva rien de plus à propos, pour préserver les fidèles de la séduction, que d'extraire des Œuvres de saint Augustin les passages les plus lumineux sur la grâce et le libre arbitre, et de les transmettre à Césaire, comme contenant avec précision et sans équivoque la doctrine traditionnelle de l'Eglise.

Charitable envers les pauvres, consolateur généreux de toutes les misères, il échangea cette vie misérable contre une plus heureuse et fut enseveli dans la basilique du bienheureux apôtre Pierre, le 12 octobre 530. Il avait augmenté la puissance du Saint-Siége.

SAINTE BATHILDE, REINE DE FRANCE [1]

680. — Papes : Martin Ier; Agathon. — Rois de France : Clovis II; Thierry III.

Mortis nos propriæ mors aliena monet.
Tout meurt autour de nous : N'est-ce pas assez nous dire que nous mourrons nous-mêmes ?
Saint Orens d'Auch, *Commonitorium.*

Il y avait à la cour du roi de France, Clovis II, une jeune et belle esclave, dont les vertus, plus encore que les agréments physiques, attiraient les regards et gagnaient tous les cœurs. Elle était fille du roi d'Angleterre et se nommait Bathilde. Enlevée sur les côtes par des pirates qui l'emmenèrent en France, elle avait été vendue à Erchinoald, l'un des favoris de Clovis II, et plus tard maire du palais. Son maître l'employa d'abord aux travaux les plus vulgaires ; mais devenu veuf, et frappé des qualités admirables qui brillaient dans cette jeune esclave, il voulut l'épouser. Bathilde répondit qu'elle désirait n'avoir d'autre époux que Jésus-Christ, et comme le maître insistait chaque jour davantage, la pieuse enfant se cacha dans une retraite sûre, dont elle ne sortit qu'au lendemain du second mariage d'Erchinoald.

Celui-ci, de plus en plus touché des rares vertus de son esclave, lui pardonna volontiers son refus et n'éprouva désormais pour elle qu'une affection toute paternelle qui permit à Bathilde de tenir à la cour du roi de France le rang que lui assignait sa naissance. Clovis, alors âgé de dix-sept ans, ne put, lui non plus, résister aux grâces et aux vertus de la jeune Anglaise, il voulut en faire son épouse.

— Je suis votre esclave, répondit Bathilde, et, de gré ou de force, il faudra que je me soumette à votre volonté.

— Une esclave, lui dit le roi, ne saurait s'asseoir sur le trône de France. Je vous déclare libre, et libre aussi de refuser ma main.

— Merci ! seigneur, repartit la jeune fille, merci de la grâce que vous m'accordez et de l'honneur que vous voulez bien me faire ; mais la liberté que vous me rendez me constitue de nouveau sous la tutelle de mon père, et je ne puis accepter vos offres qu'avec le consentement du roi d'Angleterre.

Or, parmi les conseillers du jeune Clovis II, se trouvait le comte Rigobert,

1. *Alias.* Baldechilde, nommée aussi autrefois par le peuple sainte Bauteur, sainte Baudour.

plus âgé, de quinze à vingt ans, que son souverain dont il avait la confiance et l'affection; celui-là même qui devait être père de sainte Berthe de Blangy. Rigobert était, à la lettre, ce que l'on peut appeler un homme accompli : bon chrétien, sujet dévoué, prudent dans les conseils et vaillant à la guerre. Le roi le chargea de passer en Angleterre et de négocier son mariage avec Bathilde. Le comte s'acquitta de cette mission délicate à la complète satisfaction des diverses parties. Il obtint pour son roi une épouse accomplie, et il dota la France d'une grande reine et d'une grande sainte.

Quelque temps après le mariage, Bathilde sentit qu'elle serait mère, et craignant de donner le jour à une fille et qu'ainsi le royaume ne vînt à tomber en quenouille, elle éprouva de vives et poignantes inquiétudes; les ayant communiquées à saint Eloi, évêque de Noyon, celui-ci la rassura en lui annonçant qu'elle mettrait au monde un fils, et lui dit même qu'il en voulait être le parrain : il le fut en effet, et le nomma Clotaire. Ce fils fut suivi de deux autres, Childéric et Thierry; tous trois ont été rois de France. Un si notable changement de condition, qui eût ébloui tout autre esprit moins fondé sur l'humilité, ne causa néanmoins aucune altération à ses vertus. Elle rendait également à chacun ce qui lui était dû, depuis le roi, son mari, jusqu'à l'enfant de la plus pauvre veuve du royaume, dont elle faisait profession d'être la protectrice et l'avocate. Il ne fallait point d'autre agent qu'elle à la cour pour les affaires du clergé; et nous voyons dans l'histoire qu'il y eut, de son temps, plus d'églises et de monastères bâtis, que l'on n'en avait vu jusqu'alors. Les affaires de la cour ne l'empêchaient pas de jouir des plus pures délices de la dévotion dans un grand repos d'esprit et une parfaite quiétude de toutes les facultés de son âme; il n'y avait point de jour où elle n'employât quelques heures à l'oraison, et sa prière était toujours accompagnée d'une grande abondance de larmes; de sorte que le temps de la vie du roi lui servit de disposition à la solitude qu'elle devait embrasser quelque temps après son décès. Elle prévit qu'il était fort proche, parce que le roi s'affaiblissait chaque jour sans aucune apparence de guérison. Aussi mourut-il bientôt après, en rendant ce témoignage de la vertu de la reine, que non-seulement elle avait fait pour lui tout ce qui était en son pouvoir, mais qu'elle avait même surpassé tout ce qu'on peut imaginer.

Cette mort, ainsi que tout ce qui arriva ensuite, lui avait été prédit par saint Eloi; conformément à cette prédiction, elle fut déclarée régente; en cette qualité, elle partagea la France et l'Austrasie entre les rois ses enfants. Clotaire fut assis sur le trône royal de ses aïeux; Childéric, son frère, fut couronné roi d'Austrasie, et Thierry, le troisième, fut déclaré roi de Bourgogne. Après cela, elle travailla à la réformation des abus qui perdaient le royaume, et elle commença heureusement par le châtiment des Simoniaques. Pour cet effet, elle fit un édit par lequel il était défendu aux prélats de rien recevoir pour la collation des ordres sacrés, ni pour aucune fonction épiscopale. Ensuite elle abolit pour jamais cet impôt personnel, qu'on appelle *capitation*, par lequel chacun était taxé par tête : cette taxe injuste et cruelle conduisait les Français à renoncer au mariage ou à vendre leurs enfants, parce qu'ils voyaient les exactions fiscales croître avec leur nombre. Elle défendit aussi la coutume barbare qui existait encore en France, de vendre aux étrangers des esclaves chrétiens. Elle racheta même de ses propres deniers plusieurs de ces infortunés. De la sorte, la France jouit d'un grand bonheur durant sa régence et sous les douces lois de son gouvernement; aussi les peuples lui donnaient mille bénédictions, et lui rendaient des honneurs extraordinaires.

La sainteté et les vertus de Bathilde ne la mirent pas à l'abri de la malice des méchants : Dieu le permit, pour offrir en elle aux Français un admirable exemple de patience et de douceur, et pour ménager dans le ciel à son humble servante une plus brillante couronne. La calomnie alla jusqu'à tenter de rendre suspectes son innocence et sa pureté : elle ne servit qu'à mettre en relief le noble cœur de Bathilde, et son indifférence pour l'estime des hommes. Mais, Bathilde fut plus sensible aux malheurs causés dans les Etats du roi son fils par la perfide administration d'Ebroïn; les persécutions que ce sanguinaire ministre exerça contre les plus saints évêques, et surtout, la mort violente de saint Annemond, évêque de Lyon, lui firent verser bien des larmes. Ayant été accusée d'avoir prêté la main à ce crime, elle eut besoin de son énergie, de sa foi, et de la grâce du Seigneur, pour sortir victorieuse de cette pénible épreuve.

Néanmoins, cette admirable reine, qui avait encore plus dans le cœur le royaume du ciel que celui de la France, méditait toujours sa retraite, afin de se mettre dans la liberté des enfants de Dieu, et de vivre dans le repos de quelque sainte solitude; mais elle était retenue par le bas âge de ses enfants, auxquels elle voulait auparavant assurer la couronne. Ainsi, attendant le temps de pouvoir jouir de ce bonheur, elle s'occupait entièrement au service de l'Eglise, ornait les autels, et établissait en divers lieux le culte de Dieu. Ce fut alors que plusieurs maisons de religieuses furent fondées, comme les abbayes de Corbie, de Jumièges, de Luxeuil, de Jouarre, de Sainte-Fare et de Fontenelles, témoins éternels de sa piété; et il est peu des anciens monastères qui s'élevaient autrefois autour de Paris qui ne la reconnussent pour leur fondatrice, ou tout au moins leur bienfaitrice. La ville de Rome ne fut pas privée de sa munificence, car elle y envoya des personnes exprès, afin de faire des prières à son intention dans l'église de Saint-Pierre et de Saint-Paul, avec des présents dignes de sa grandeur et de sa dévotion. Mais cette charité, qui était reçue des étrangers avec admiration, se répandait encore plus abondamment sur les Francs, particulièrement sur les Parisiens; de sorte qu'il semblait que l'argent se multipliait dans les mains de cette sainte princesse, et que, pendant qu'elle vidait les coffres de l'épargne pour remplir ceux de Dieu, qui sont les pauvres, Dieu même semblait vouloir épuiser les siens pour combler la France de bénédictions.

La sainte reine, travaillant ainsi à enrichir ou à fonder des maisons religieuses dans le royaume, voulut aussi en faire bâtir une pour elle-même, afin de s'y pouvoir retirer, lorsqu'elle serait déchargée de sa régence. Car, depuis que saint Eloi lui eut prédit la mort de son mari, et qu'ensuite il l'eut aussi avertie que sa vie et celle de ses enfants ne seraient pas de longue durée, ce qui lui fut encore confirmé par saint Vandrille, abbé de Fontenelles; depuis ce temps-là, dis-je, elle imprima si fortement dans son cœur le mépris des vanités du monde, qu'elle ne respira plus qu'après une douce retraite, où, vivant avec les anges, elle pût s'approcher de plus en plus de son souverain bien. Pour cet effet, elle fit chercher, aux environs de Paris, un lieu convenable à l'exécution de son dessein : « Allez », dit-elle, « cherchez-moi un lieu d'où l'on puisse contempler le ciel sans nul empêchement, afin d'y bâtir un monastère ». La terre lui semblait trop basse, et l'air de la cour trop épais pour y pouvoir considérer à son aise la beauté du firmament et y contempler les délices de l'autre vie. On alla donc et on chercha; et, enfin, on trouva un lieu assez propre au dessein de Bathilde : ce fut une petite colline au-dessus de la Marne, à quatre lieues de Paris, un peu au-delà de Lagny. Elle y avait déjà fait bâtir une maison auprès d'une chapelle dédiée à saint Grégoire, mais elle voulut que l'on changeât ce petit bâtiment en un grand monastère, qui fut depuis nommé Chelles, par la raison que nous dirons ci-après; et le tout fut exécuté en peu de temps, selon son intention.

La maison fut bien dotée, plusieurs villages et plusieurs forêts lui furent annexées pour l'entretien des religieuses que la reine avait l'intention d'y mettre. Et afin que rien ne manquât à un si juste dessein, elle fit que les trois rois, ses enfants, signèrent sa fondation de leur propre main et l'autorisèrent de leur sceau. Et comme si toutes ces assurances de la terre n'étaient pas encore assez efficaces pour l'affermir, elle y implora, de plus, le témoignage du ciel, faisant ajouter au bas du contrat de terribles menaces et de grandes imprécations, au nom de la très-sainte Trinité, contre ceux qui voudraient, dans les siècles à venir, y apporter du changement et de l'altération.

Tout étant ainsi disposé, la sainte princesse fit venir de l'abbaye de Jouarre une très-vertueuse religieuse nommée Berthille, pour être la mère et la supérieure des filles qui se présenteraient en ce nouveau monastère. Son plus grand désir était d'y prendre la première l'habit; mais l'intérêt commun de l'Etat, et l'obligation d'assister son fils, qui, à cause de sa jeunesse, n'était pas capable de gouverner seul la monarchie, la retinrent encore quelque temps à la cour. Enfin, les affaires ayant changé de face, et sa présence n'étant plus nécessaire, ni même désirée de la plupart des grands du royaume, elle profita de l'occasion, et demanda résolument la permission de se retirer. Elle se sentit d'autant plus portée à ce pieux projet que saint Eloi, qui venait de décéder et qui jouissait déjà de la gloire, l'avertit en vision, jusqu'à trois fois, qu'il était temps qu'elle déposât ses dorures, ses bagues et toutes les autres marques de sa grandeur et de sa souveraineté : elle suivit ce conseil de très-bon cœur, et employant toutes ses richesses à secourir les pauvres et à faire fondre une châsse pour enfermer le corps du même saint Eloi, son père spirituel.

Après avoir ainsi mis ordre à toutes choses, et les affaires de France le permettant, Bathilde partit de Paris pour n'y plus revenir, et laissa les Francs, qui avaient joui d'une paix florissante pendant les années de sa belle régence, dans une extrême douleur de sa retraite. Toute la cour la suivit depuis Paris jusqu'au lieu de sa solitude, où elle entra comme dans un paradis de délices ; et elle y fut reçue pour être, par la sainteté de sa vie, la gloire éternelle de cette nouvelle maison. Les historiens ne s'accordent pas sur le temps de cette retraite : les uns disent que ce fut après la mort de ses deux premiers fils, Clotaire et Childéric, et sous le règne de Thierry, qui était le troisième ; et les autres, que ce fut du vivant du même Clotaire, comme semble l'indiquer la vie de saint Eloi, écrite par saint Ouën.

La première chose que fit la sainte Reine après qu'elle fut entrée dans le monastère, fut d'assurer à ces bonnes religieuses qu'elle avait tellement renoncé au monde et à toutes ses vanités, que son séjour dans leur cloître ne leur serait nullement incommode ; que leur silence n'en serait point interrompu, ni leur solitude troublée, et que les heures de l'oraison et de l'office divin n'en recevraient nul préjudice, car elle avait mis si bon ordre à ses affaires, que leur porte ne serait point battue par trop de visites, ni leur parloir occupé à des entretiens inutiles. Cette assurance calma parfaitement ces saintes âmes, qui craignirent d'abord que la présence de la Reine dans leur cloître n'étouffât leur dévotion naissante. Apprenant le dessein de cette vertueuse princesse, leurs craintes se changèrent aussitôt en une parfaite allégresse ; et leur esprit étant pacifié, elles ouvrirent leur cœur à l'affection et à l'amour envers leur charitable maîtresse. Bathilde, pour prouver par les effets ce qu'elle promettait en paroles, ne rougit point, toute Reine qu'elle était, de se placer après la dernière des novices, et de se reconnaître la moindre de toutes. Certes, c'était une chose digne d'étonnement, de voir une reine de France et la mère de trois rois, n'avoir plus de soin que d'être la plus petite en la maison de Dieu ; être humblement soumise à la supérieure et recevoir les commandements de sa bouche, comme les oracles de Jésus-Christ même. Elle considérait toutes les sœurs comme autant de Saintes, et ne cherchait que les occasions de leur rendre service ; ce qu'elle faisait avec une complaisance admirable et comme si elle fût née leur sujette, et que tout son repos eût dépendu de leur satisfaction. Une fois qu'on lui demanda quel plaisir elle avait à servir ces filles, elle répondit très-sagement : « Hélas ! mes très-chères sœurs, quand je me souviens que mon Seigneur Jésus-Christ, le Roi des rois et le souverain Seigneur de l'univers, a dit dans son Evangile qu'il était venu pour servir et non pour être servi, et que je l'y vois laver les pieds de ses disciples, entre lesquels je découvre un traître, je ne sais plus où je me dois mettre, et il me semble que le plus grand bonheur qui me puisse arriver, c'est d'être foulée aux pieds de tout le monde ». Paroles, certes, dignes d'une grande princesse et d'une grande religieuse, car il y a deux choses que les rois et les souverains n'apprennent jamais ailleurs que sur le Calvaire et à l'école de la Croix : *Obéir* et *servir ;* parce qu'ils viennent sur la terre en recevant les hommages de leurs sujets, et lorsqu'ils croissent, ils jouissent du fruit de leurs travaux et de leurs services. Il n'y a que ceux qui apprennent la leçon de Jésus-Christ, lequel, étant Dieu, s'est abaissé pour nous élever, qui pratiquent l'un et l'autre par excellence.

Cette incomparable Reine servait les religieuses de la maison et les malades de l'infirmerie avec des sentiments d'une si profonde humilité, que si les religieuses eussent oublié ce qu'elle était, elle ne s'en fût jamais souvenue. Sa bouche était fermée pour parler de ses grandeurs passées, aussi bien que des manquements des autres ; s'il lui arrivait de faire allusion à des manquements, c'était pour les excuser : ses mépris étaient pour elle-même, ses louanges pour son prochain, ses services pour celles qui en avaient besoin, sa volonté pour la supérieure, et son cœur pour Dieu.

Pour son oraison et l'ordre qu'elle y observait, son confesseur en avait la direction ; mais elle gardait très-religieusement les heures de silence, et employait une partie du jour à la méditation; le reste était pour la lecture des livres spirituels et pour le recueillement intérieur dans sa cellule, afin de considérer attentivement ce qu'elle avait été, ce qu'elle était pour lors et ce qu'elle serait un jour. Aussi son cœur ne se sentit jamais enflé par le souvenir des grandeurs passées, mais tout son soin était de l'embraser des flammes du pur amour de Dieu. Cette charité se répandait après sur le prochain, et la rendait si serviable aux malades, qu'elle avait acquis un talent particulier pour les soulager. Elle était fort soigneuse d'obtenir ce qui leur était nécessaire, et bien souvent son affection lui révélait leurs sentiments et lui faisait mieux connaître ce qu'ils désiraient ou ce qui leur était convenable, qu'ils ne le savaient eux-mêmes. Dieu lui avait donné, outre cela, une merveilleuse douceur de paroles, et lui mettait des pensées si bénignes en l'esprit, pour rendre faciles les plus grandes difficultés, que ses discours portaient le miel de la consolation dans le cœur de ses sœurs, lorsque, étant tentées par l'ennemi, elles trouvaient du dégoût en leur vocation ou de l'ennui dans les exercices de la vie spirituelle.

Tels furent les exercices de la bienheureuse Bathilde, jusqu'à ce qu'il plut à Dieu de l'appeler à lui pour lui donner une couronne immortelle, en récompense de celle qu'elle avait méprisée pour son amour. Elle eut un brillant présage de ce bonheur : comme elle était un jour dans les douceurs de sa méditation, elle vit une échelle d'or qui avait le pied posé sur l'autel de la Sainte Vierge devant lequel elle priait, et de là atteignait jusqu'au ciel; une grande multitude d'anges montait par les degrés de cette échelle, sans que nul en descendît, et elle y fut elle-même élevée par les anges et conviée à les suivre. Cette vision arriva en présence de quelques autres religieuses qui tremblèrent que ce présage ne fût véritable ; mais Bathilde fut comblée de joie, lorsque l'Esprit de Dieu lui fit connaître que c'était un avertissement de son prochain décès, et une invitation d'entrer bientôt dans la vie éternelle. Alors sa dévotion lui tira des larmes d'amour et de douceur, pendant que ses sœurs étaient au contraire navrées de douleur, croyant déjà l'avoir perdue. Etant revenue à elle, elle les supplia de ne rien dire de ce qu'elles avaient vu ; mais si leur bouche garda le secret, leurs yeux ne purent le garder, et leurs larmes firent savoir sans parler ce qu'elles ne voulaient pas dire. Et de là est venu le nom de Chelles, que porte cette abbaye, comme qui dirait Echelle.

Sa maladie commença par une douleur d'entrailles, qui la fit souffrir avec tant de violence, que c'était une espèce de martyre ; ce n'étaient pas néanmoins les plaintes qui donnaient connaissance de son mal, car jamais sa bouche ne s'ouvrit pour se plaindre, et si elle recevait des consolations parmi ses douleurs, c'était le ciel qui les lui envoyait. On remarqua seulement ces paroles dans les plus fortes atteintes de son mal : « O bon Jésus ! je vous remercie de la grande miséricorde que vous faites à cette vile créature, de lui donner quelque petite chose à souffrir. Hélas ! celui qui vous regarde tout déchiré et étendu sur une croix si dure, peut-il avoir une bouche, un cœur et une âme pour se plaindre ? »

Elle nourrissait une petite fille, nommée *Radegonde,* qu'elle avait tenue sur les fonts de baptême, et elle l'aimait aussi tendrement que si elle l'eût enfantée. Cette enfant tomba malade en même temps que la Sainte se mit au lit. Bathilde, croyant que cette petite créature serait plus heureuse si elle mourait, que si elle demeurait au monde, pria Dieu que ce fût son bon plaisir de l'en retirer, afin qu'elle pût, avant de mourir elle-même, la mettre dans le tombeau et la voir parmi les chœurs des Vierges. Elle fut exaucée : la jeune fille rendit l'esprit entre les bras de sa royale protectrice, et on l'honora comme Sainte dans la même abbaye.

Toutes choses étant ainsi accomplies, sainte Bathilde vit bien que l'heure était venue de partir de ce monde pour aller à Dieu ; c'est pourquoi, en présence des ecclésiastiques qui lui avaient administré les derniers sacrements, et de quelques religieuses qui l'assistaient, elle se munit du signe de la croix, et, élevant les yeux au ciel, elle y envoya sa belle âme vers la fin de janvier, l'an de Notre-Seigneur 680.

Le savant Dom Pitra résume en ces termes les merveilles opérées par notre pieuse et sainte Reine : « Bathilde a mis la main, pendant son administration, à toutes les grandes choses de son temps : au clergé, qu'elle rend à la régularité ; à l'épiscopat, qu'elle glorifie par des Saints ; aux monastères, qu'elle fonde et relève ; au peuple, qu'elle nourrit, soulage et affranchit ; à la royauté, qu'elle affermit en concentrant son prestige et sa force. Elle touche à l'Italie et l'Espagne par ses ambassadeurs, à l'Angleterre par ses captifs, à l'Allemagne, par les moines missionnaires, à la France par les évêques, et, par les Francs, au monde. Dans les jeux du blason, on lui a donné pour emblème un aigle aux ailes déployées portant le rameau d'olivier avec ces mots : Paix et force. Ce signe n'a rien de trop ambitieux pour une humble femme, qui, sur les ailes seules de la foi, éleva la France naissante comme l'aigle emporte ses aiglons au soleil. Un mot d'un légendaire ancien nous révèle le secret de sa force et de sa fécondité : « L'amour divin l'embrasait de ses ardeurs, et la splendeur des Saints la ravissait jusqu'au ciel ». C'est le secret de la femme forte créée par le christianisme, et transfigurée selon son type le plus accompli, la Vierge, Mère de Dieu [1] ».

Son corps fut porté en terre sans pompe, les seules personnes nécessaires pour les cérémonies de l'Eglise y étant appelées : les religieuses faisaient toute la magnificence de ses funérailles ; elle l'avait ainsi désiré, et on le fit pour satisfaire à son intention. La réputation de sa sainteté et l'odeur de ses vertus héroïques durèrent longtemps à la cour, après son bienheureux décès.

1° Un des attributs de sainte Bathilde est le *balai*. Cet attribut peut avoir deux significations, l'une historique, l'autre symbolique. L'allusion historique se référerait aux premiers temps de sa captivité, alors qu'« elle se rendait la servante des servantes et faisait plus d'ouvrage à elle seule que toutes les autres ensemble ; en sorte que c'était merveille de voir combien cette pauvre étrangère était officieuse ». Dans ces conditions elle a dû tenir le balai plus d'une fois. — En tant que symbole, l'attribut du balai s'applique aux personnes qui ont quitté de grandes positions pour embrasser l'humble vie du cloître où celui qui était le premier devient le dernier. — 2° D'après sa statue provenant de l'ancienne abbaye de Corbie, elle porte une couronne et tient, comme fondatrice, le modèle d'une église ; 3° D'après la statue de son tombeau provenant de l'abbaye de Chelles, elle porte une couronne et l'habit de religieuse : la couronne serait mieux, ce nous semble, à ses pieds ; 4° On la représente encore debout ou à genoux, regardant une échelle mystérieuse par laquelle montent des anges. Est-ce une allusion au nom de son monastère : *Chelles ?*

ÉGLISE ET MONASTÈRE DE CHELLES, RELIQUES ET CULTE.

Deux cents ans après, l'empereur Louis le Débonnaire voulut aller lui-même à Chelles, pour honorer le tombeau de sainte Bathilde et faire transférer ses précieuses reliques, de la petite église de Sainte-Croix en celle de la Sainte-Vierge. Son corps fut trouvé entier et sans nulle marque de corruption. La nouvelle de cette merveille étant portée à Paris, on appela toute la cour pour en être témoin, et presque tout le peuple de cette ville se trouva à Chelles, pour voir plus de gloire dans ce monastère qu'il n'y en avait dans la vaste étendue de ses murs. Une religieuse fort ancienne de la maison, étant depuis longtemps privée de l'usage de ses membres, fut portée au sépulcre de la Sainte, où, après avoir fait sa prière, elle se trouva parfaitement saine, se leva sur ses pieds, et jeta un cri, disant : « O bon Jésus, je suis guérie ! O sainte Bathilde, je vous rends grâces de ce que vous m'avez rendu la vie ! »

L'abbesse supplia l'évêque de Paris, Erchenrad, de venir à Chelles, pour disposer des reliques que chacun voulait emporter, et pour faire un procès-verbal des miracles qui s'y faisaient. Cependant un homme, nommé Baudran, qui n'avait jamais eu l'usage de ses jambes et ne marchait que sur ses genoux, ayant appris ce qui se passait, et voulant participer aux bienfaits de la Sainte, se fit porter à l'église ; y ayant fait sa prière, il se sentit guéri et commença à marcher devant tout le monde. L'histoire porte aussi que les démons furent chassés des corps des possédés et que toutes sortes d'autres miracles furent faits à son tombeau.

L'évêque étant arrivé, et toutes choses étant disposées selon son ordre, il fit transporter le saint corps avec honneur, et ordonna qu'il fût enfermé dans une châsse. Il reposait, avant 93, sur le maître-autel de l'abbaye, ayant à ses côtés, d'une part saint Genèt, évêque de Lyon, son aumônier;

1. *Hist. de saint Léger*, par Dom Pitra, 146.

et, de l'autre, sainte Berthille, première abbesse de ce monastère, outre sa petite filleule Radegonde, que Dieu avait retirée de ce monde à son instante prière, ainsi qu'il a été dit ; mais son saint chef avait été mis à part dans un reliquaire d'argent.

L'an 1631, cette châsse de sainte Bathilde ayant été descendue et ouverte pour quelque occasion solennelle, six religieuses de la même abbaye, tourmentées depuis trois ans par d'étranges convulsions, furent toutes, en un moment, délivrées lorsqu'on leur appliqua les reliques de cette sainte reine ; ce fait étant reconnu pour un vrai miracle, Jean-François de Gondy, premier archevêque de Paris, consentit qu'on en fît la publication et donna permission aux religieuses d'en faire mémoire en l'office divin au même jour que cette merveille arriva, c'est-à-dire le 3 juillet.

Renseignements fournis par M. Torchet, curé de Chelles (30 août 1862). — I. *Monastère.* — Du monastère de Chelles, autrefois si célèbre et si vaste, il ne reste plus aujourd'hui que quelques débris qui ont subi bien des transformations : 1° Le pavillon abbatial servant d'habitation au propriétaire de la majeure partie de l'immense enclos du couvent. Point d'architecture remarquable. — La pierre de taille de bas en haut sans style. — Rien à l'intérieur digne d'être signalé, sauf quelques restes de décors ; 2° Quelques portions de l'ancienne construction bâtie pour les cellules des religieuses, et actuellement occupée par plusieurs habitants de la ville ; enfin 3° La ferme, avec son remarquable pigeonnier, contenant deux mille chambres et ses immenses bâtiments qui en font une ferme modèle.

II. *Eglise.* — Il n'y a jamais eu à Chelles d'église ni de chapelle sous le vocable de sainte Bathilde. Il y avait autrefois trois églises à Chelles : Saint-André, première paroisse ; Saint-Georges, deuxième paroisse, desservie par les Bénédictins attachés à l'abbaye ; troisième, Notre-Dame, primitivement Sainte-Croix, bâtie sur le tombeau de sainte Bathilde, église abbatiale. Cette dernière faisait l'admiration de tous les connaisseurs ; aujourd'hui, il ne reste plus pierre sur pierre. Il y a quelques années, on en voyait encore certains vestiges : une auberge avait été construite dans une partie du sanctuaire ; le marteau démolisseur a achevé son œuvre ; tout a disparu pour faire place, cette année, à un élégant hôtel de ville. Saint-Georges a été également détruit ; il ne reste plus pour église paroissiale que l'église Saint-André, située à l'extrémité de la ville sur un monticule. Le chœur et le sanctuaire du maître-autel et de la chapelle de la sainte Vierge sont du XVIe siècle ; la chapelle de Saint-Roch est du XIIIe et les trois nefs du XVIIe, plein cintre reposant sur des piliers ronds.

III. *Reliques.* — Les reliques de sainte Bathilde sont conservées avec une grande vénération ; elles ont été sauvées des fureurs révolutionnaires par la piété des Chellois. Quand les Vandales républicains firent le pillage du monastère, les habitants se portèrent en foule à l'église de l'abbaye, s'emparèrent des reliques et les transportèrent à l'église de Saint-André. Cette église a été tour à tour club révolutionnaire et grenier à foin : mais malheur à qui aurait osé mettre une main sacrilége sur la châsse ! Nous possédons le corps entier de sainte Bathilde, sauf quelques portions extraites à différentes époques et conservées religieusement dans la chapelle de Pie IX, à Rome, dans la cathédrale de Meaux et dans l'église abbatiale de Jouarre.

IV. *Culte.* — Sainte Bathilde est honorée à Chelles avec un religieux respect. Sa fête est célébrée, par un privilége et selon le calendrier de l'abbaye, le 30 janvier, tandis que, dans le diocèse comme à Rome, la fête est le 26 du même mois. L'affluence des fidèles est très-considérable ; les malades invoquent la bienheureuse sainte Bathilde ; on lui fait des neuvaines. La fontaine, qui fournit de l'eau à tous les particuliers, est appelée fontaine de sainte Bathilde ; elle se trouve juste au centre du pays. On dit que sainte Bathilde la fit couler par miracle, en frappant le sol d'une baguette. Cette fontaine n'a jamais tari ; dans une grande sécheresse, pour la curer, douze hommes ont été mis à l'œuvre : ils n'ont pu réussir qu'à opérer une baisse de trois pouces. Il a fallu y renoncer.

Le deuxième dimanche de juillet, on fait une procession solennelle des reliques, tant de sainte Bathilde que des autres saints. C'est la fête du pays.

L'église de Corbie possédait plusieurs reliques de sainte Bathilde, mais elles ont disparu à la Révolution. On en conserve de peu importantes à Bray-sur-Somme et à Mailly.

Outre le Père Giry que nous avons reproduit en grande partie, à cause de ce ton de piété suave qui est comme incarnée dans son style et qu'il est impossible de s'approprier, nous avons emprunté divers fragments aux ouvrages suivants : *Vie de sainte Berthe de Blangy*, par le R. Bion, prêtre de la Miséricorde ; *Vies des Saints de Beauvais*, par M. l'abbé Sabatier ; *Vie de saint Léger*, par Dom Pitra.

SAINTE ALDEGONDE, VIERGE

ET PATRONNE DE MAUBEUGE

689. — Pape : Sergius Ier. — Roi de France : Thierry III.

A la suite de sainte Bathilde, qui est venue de la Saxe anglaise, comme une belle rosée, orner les lis de la France, voici fort à propos une nouvelle fleur qui sort de ces mêmes lis, pour servir au diadème du Roi des cieux. C'est la très-illustre sainte Aldegonde, qui eut pour père le prince Walbert, issu en droite ligne des premiers rois de France, et pour mère la princesse Berthille, qui, selon quelques-uns, était fille de Bertaire, roi de Thuringe. Le mariage de ces deux illustres personnes fut béni du ciel par la naissance de deux filles : l'aînée, qui s'appelait Waldetrude, ou Vautrude, occupera aussi très-dignement sa place dans ce recueil de la Vie des Saints ; et la cadette, qui fut nommée Aldegonde, naquit dans un bourg de Hainaut, au Pays-Bas, l'an 630, sous le règne de Dagobert Ier.

Dieu fit paraître de bonne heure qu'il entreprenait lui-même la direction de cette sainte fille, lui envoyant exprès l'apôtre saint Pierre pour l'instruire de ce qu'elle devait faire pour la bonne conduite de sa vie ; elle fut aussi souvent consolée par la visite des Anges, et même par celle du roi des Anges, qui, dès lors, la choisissait pour sa chère épouse.

Ses parents, qui avaient d'autres vues sur sa personne, s'efforcèrent, par toutes sortes de moyens, de l'engager dans le monde ; et il arriva fort à propos, pour leur dessein, qu'elle leur fut demandée en mariage pour le fils d'un prince anglais nommé Eudon. Aldegonde fut extrêmement embarrassée, parce qu'elle appréhendait de fâcher ceux qu'elle honorait comme représentant la personne de Dieu sur la terre. Cependant, prenant courage, elle fit entendre généreusement à sa mère qu'elle ne voulait point avoir d'autre époux que le Fils unique de Dieu. Cette réponse ne plut pas à ses parents. Son père usa donc de son autorité et, sans avoir égard aux inclinations de sa fille, il la promit au jeune prince anglais, et commanda en même temps à la jeune princesse de se mettre en état de le recevoir. La pauvre fille, fort surprise, supplia sa mère de lui donner du moins quelques jours pour se résoudre, puisque, dans cette affaire, il y allait du repos de toute sa vie et du salut de son âme. Cela lui fut accordé, quoiqu'à regret, parce que ses parents voyaient bien que tous ces délais ne tendaient enfin qu'à une entière rupture. Le terme expiré, Aldegonde, ne sachant plus que faire pour reculer, eut recours à son Epoux céleste, qui, fortifiant son courage d'une sainte résolution (comme autrefois il remplissait de constance les vierges martyres au milieu des tourments), lui inspira de prendre la fuite. Elle se déroba donc, à la faveur de la nuit, des mains de sa gouvernante ; et, gagnant au travers des forêts, elle prit les sentiers les moins fréquentés, jusqu'à ce qu'elle fût arrivée sur les bords de la rivière de Sambre. Comme elle ne trouva point de bateau pour la passer, et qu'elle appréhendait d'être poursuivie, elle implora de nouveau le secours du ciel et la main du Tout-Puissant, afin qu'il la prît sous sa protection et ne souffrît pas que le courant de cette rivière arrêtât un moment le succès de sa généreuse entreprise. Sa prière fut exaucée, et Dieu envoya deux esprits célestes qui, soulevant visiblement cette princesse toute angélique, la passèrent légèrement à l'autre bord de ce fleuve, sans même qu'elle se mouillât les pieds ; puis les Anges disparurent aussitôt, et Aldegonde fut inondée de consolation à la vue de ces merveilles de son Dieu. Ensuite elle se retira dans une forêt, où elle fit une petite chapelle, résolue de ne point quitter ce lieu que ses parents ne lui promissent de ne plus lui parler de mariage. Le seigneur Walbert et la princesse Berthille, reconnaissant par là la volonté de Dieu sur leur fille, et certains qu'ils ne gagneraient rien sur son esprit, consentirent enfin à ce qu'elle gardât sa virginité.

Mais quelque temps après, l'un et l'autre étant décédés, notre Sainte se vit plus pressée que jamais par ses parents et ses amis d'épouser le jeune prince d'Angleterre, dont ils jugeaient l'alliance très-avantageuse. Que fera donc l'innocente Aldegonde, entre les mains de tant de gens qui veulent lui ravir sa liberté ? Comment se délivrera-t-elle des poursuites d'Eudon, qui, pour la gagner et l'obliger de correspondre à l'affection qu'il lui témoigne, emploie toutes les adresses de l'art et de la nature ? Elle prit une seconde fois la fuite, et demeura quelques jours cachée dans un bois, jusqu'à ce qu'elle apprit que saint Amand, évêque de Maëstricht, et saint Aubert, évêque de Cambrai, étaient pour lors au monastère de Hautmont, en Hainaut, où le B. Vincent, mari de sainte Vautrude, sa sœur aînée, s'était fait religieux ; elle résolut de les y aller trouver, afin de les consulter sur l'affaire présente. Elle s'y rendit nu-pieds, comme une pénitente, par respect pour leur caractère sacré ; et, après les avoir informés de l'état de sa vocation, des poursuites de ses parents et de la recherche du prince qui la demandait en mariage, elle les supplia de l'assister, afin qu'elle ne fût pas contrainte de se donner à un homme mortel, après s'être engagée par promesse à Jésus-Christ. Ces saints prélats approuvèrent le dessein d'Aldegonde, et, reconnaissant bien que tout cela était un coup de la main du Très-Haut, ils jugèrent à propos de lui donner, en ce même lieu, le voile sacré de virginité. Comme on était sur le point de faire cette sainte cérémonie, il arriva une grande merveille. Tous les habits nécessaires à la vêture étant disposés sur l'autel de saint Vaast, une colombe parut visiblement en l'air, et, voltigeant sur cet autel, prit de son bec le voile qui était préparé ; et, l'ayant quelque peu élevé, elle le laissa tomber directement sur la tête de cette sainte fille. Chacun demeura ravi d'une marque si extraordinaire par laquelle Dieu faisait voir évidemment qu'il approuvait l'offrande et le sacrifice que la jeune princesse faisait de sa personne ; quant à elle, elle demeura extrêmement satisfaite de se voir arrivée avec tant de facilité au comble de ses désirs.

Après cette sainte action, Aldegonde se retira, de l'avis des mêmes saints Prélats, dans le lieu solitaire où elle s'était cachée et qu'elle appela *Maubeuge ;* et, se servant des grands biens qui lui étaient échus par le décès de ses parents, elle y fit bâtir trois églises, par allusion au nombre des personnes de la très-sainte Trinité : la première fut dédiée à l'honneur de la Reine des Anges, la seconde à l'honneur de saint Quentin martyr, et la troisième à l'honneur des princes des Apôtres, saint Pierre et saint Paul. Ensuite, cette vertueuse princesse, pour honorer la mémoire de son père et de sa mère, fit enrichir de très-beaux bâtiments le lieu de leur sépulture, à Coursolre, et y fit une fondation pour l'entretien de douze religieuses à perpétuité. Quand elle fut retirée en son désert de *Maubeuge,* sa sœur Vautrude l'y alla visiter et lui laissa ses deux filles, Aldetrude et Maldebette, afin qu'elle les élevât dans la voie de la perfection; elle y réussit si heureusement, que ses nièces, l'ayant imitée, lui succédèrent en son abbaye, où elles attirèrent après elles un grand nombre de filles, pour y vivre religieusement, et devinrent enfin l'une et l'autre de très-grandes Saintes.

Mais, pour revenir à Aldegonde, le plan de ses bâtiments étant achevé, elle fit consacrer les églises et assura un revenu suffisant pour la subsistance des chanoines et des filles chanoinesses qu'elle avait fondées; c'est pourquoi elle voulut en passer les actes nécessaires, en présence de plusieurs grands personnages, sous l'autorité de saint Aubert, évêque de Cambrai, qui employa même son crédit pour faire approuver ces établissements par le Saint-Siége. A la suite de cela, elle ne pensa plus qu'à la conduite de ses chères chanoinesses. Elle commença par donner des exemples très-rares de toutes sortes de vertus, et ces exemples furent confirmés par plusieurs actions miraculeuses, qu'il est aisé de voir en sa vie, soigneusement écrite par les PP. Etienne Binet et André Triquet, l'un et l'autre de la compagnie de Jésus, et auparavant par le P. Basile de Vatonne, capucin.

Cependant, comme il n'y a point de lieu si sacré, ni de compagnie si sainte où la détraction ne trouve entrée, ni de vertu si éminente qui ne soit sujette à la censure des langues médisantes, quelques libertins eurent la malice de calomnier cette sainte vierge, et s'efforcèrent même de lui faire ressentir les effets de leur méchante volonté. Mais tout cela c'était battre un rocher que les flots et l'écume des vagues ne sont pas capables d'ébranler; car la sainte abbesse, jetant les yeux sur son céleste Epoux Jésus-Christ, s'estimait d'autant plus heureuse, qu'elle se voyait méprisée par les hommes; dans cette conduite, Notre-Seigneur même la confirma, lui faisant connaître que les mépris, regardés avec égalité d'esprit, étaient le grand chemin par où tous les Saints, après le Saint des Saints, avaient marché.

Aldegonde ayant passé sa vie dans une très-éminente sainteté, Dieu, par une faveur qu'il ne fait ordinairement qu'à ses bien-aimés, lui fit connaître le temps de sa mort. Comme elle était en prières dans l'église, à l'heure du décès de saint Amand, elle aperçut, dans un ravissement d'esprit, un vénérable vieillard, revêtu d'habits pontificaux et environné de gloire, qui montait au ciel, suivi d'un très-grand nombre d'esprits bienheureux. La Sainte considérait attentivement la pompe de ce triomphe; et désirant savoir ce que c'était, elle entendit la voix d'un ange qui lui dit: « C'est l'évêque Amand, dont vous avez chéri les vertus et le mérite pendant sa vie ». Aldegonde ayant déclaré cette vision au B. Guislin, qui l'était venu visiter, il lui dit que c'était un présage évident de sa mort prochaine. Elle n'en fut nullement surprise; mais, se soumettant au bon plaisir de Dieu, elle remercia le Saint de ce qu'il lui annonçait une si agréable nouvelle.

Une autre vision, quoique bien différente, ne la consola pas moins; Dieu lui fit voir l'ennemi du genre humain, sous une figure épouvantable, et qui paraissait extrêmement triste; la Sainte lui en ayant demandé raison, il répondit: « Que son plus sensible déplaisir venait de ce qu'il voyait chaque jour les hommes monter au ciel, d'où il était banni ». Ces paroles du démon, qui, forcé par la vérité, avouait le sujet de sa rage, embrasèrent d'autant plus le désir d'Aldegonde, de sortir de ce monde parfaitement purifiée, afin qu'à l'heure de la mort elle n'eût rien qui pût la retarder de jouir de la présence de son bien-aimé. Elle le demanda instamment à Notre-Seigneur, et l'obtint enfin de sa miséricorde; car, pour achever d'épurer sa vertu, il permit qu'un cancer se formât sur sa mamelle droite; ce qu'elle supporta avec beaucoup de patience et avec de grands témoignages de joie, louant et bénissant continuellement Dieu de ce qu'il lui plaisait de la visiter par des châtiments, qu'elle confessait être dus à ses offenses et à son manque de dévotion.

L'esprit de ténèbres, ne pouvant souffrir une telle sainteté, fit tout son possible pour la troubler et pour la faire tomber en quelque impatience ; mais, bien loin de réussir, il ne faisait que jeter les rets devant les yeux de celle qui avait des ailes de colombe pour se sauver, selon l'expression de l'Ecriture, dans les trous de la pierre et dans les plaies du crucifix, où était son asile ; elle se tourna vers ce monstre, qui se vantait de lui avoir excité une soif très-ardente, dans un accès de fièvre, et la menaçait de lui susciter encore de plus grands maux ; et, sans vouloir d'autre remède que celui de la prière, elle lui dit d'un accent tout plein de feu : « Le Seigneur est mon aide, je ne crains point tes menaces » ; ce qui remplit l'ennemi de confusion, et l'obligea de se retirer avec honte.

Ce fut à la vérité un orage, mais qui fut bientôt suivi d'un calme très-grand, parce que la Sainte se vit en même temps invitée par Notre-Seigneur à demander la persévérance en son amour ; et un prêtre, qui paraissait en la même vision, lui faisait signe que Jésus-Christ lui accordait sa demande. Enfin, pour une troisième consolation, il lui semblait voir l'apôtre saint Pierre, qui lui apportait un pain d'une blancheur admirable, qu'elle recevait très-joyeusement de sa main.

Un enfant malade et hors d'espérance de guérison lui fut présenté ; elle le fit porter au coin de l'autel, où, à l'heure même, il recouvra la santé ; et, comme chacun admirait cette merveille, la Sainte assura que c'était l'endroit où elle avait vu Notre-Seigneur. Un homme insensé lui fut aussi amené, qui n'était pas moins en danger de sa vie ; et il fut guéri de corps et d'esprit, aussitôt que la sainte malade eut fait le signe de la croix sur lui. Nous passons sous silence plusieurs autres merveilles, visions et apparitions ; soit qu'elles aient été faites à elle-même, ou à d'autres en sa considération : telle fut particulièrement celle d'un globe de feu, qui parut descendre du ciel sur sa tête ; et celle de Notre-Seigneur avec une troupe d'esprits célestes qu'un saint personnage vit autour de la malade ; nous laissons, dis-je, toutes ces merveilles, afin de venir à la dernière de toutes, qui commença trois jours avant sa mort, et ne cessa point jusqu'au dernier moment de sa vie : ce fut une splendeur et une clarté admirables, qui, paraissant dans le lieu où était la Sainte, rejaillissaient sur le lit où elle était couchée. Tous ceux qui étaient présents, et particulièrement sainte Vautrude, qui avait quitté sa maison, pour voir sa sœur malade, demeurèrent dans l'étonnement ; bientôt l'on vit cette lumière remonter vers le ciel, au moment où la belle âme d'Aldegonde sortit de son corps d'une façon si paisible, que l'on put à peine s'en apercevoir : ce fut vers l'an 689, quoiqu'il y ait là-dessus plusieurs opinions, fondées sur le temps de la mort de saint Amand, dont nous parlerons en sa propre vie, le 6 février.

Une ancienne peinture la représente avec le voile de vierge, un manteau violet semé de fleurs, une robe rouge et une tunique blanche ; ce qui indique une chanoinesse.

Les faits merveilleux qui remplissent la vie de sainte Aldegonde font conjecturer les autres manières dont elle a été représentée, sans que nous ayons besoin de les énumérer de nouveau.

On l'invoque contre le cancer.

RELIQUES DE SAINTE ALDEGONDE.

Son saint corps fut premièrement inhumé dans le tombeau de ses parents, à Cousolre ; peu de temps après, sa nièce, sainte Aldetrude, le fit transporter en sa maison de Maubeuge, où Dieu a fait plusieurs miracles, pour preuve de sa gloire dans le ciel.

A Cousolre et à Haumont, il n'en reste plus aucun vestige, sinon des souvenirs traditionnels de la maison natale de sainte Aldegonde, et de l'église abbatiale où elle se consacra à Dieu.

Sur le flanc d'un coteau qui domine Maubeuge, au milieu d'un de ses faubourgs, qui doit son nom à sainte Aldegonde, se voit encore la fontaine qui apaisa miraculeusement sa soif. Jamais ses eaux n'ont tari. A côté de cette fontaine s'élève une petite chapelle qui remplaça, en 1808, celle qui fut détruite pendant la Révolution française. Peu de jours se passent sans qu'elle reçoive quelque pèlerin.

A quelques pas et vis-à-vis coule la rivière qu'Aldegonde franchit à pied sec, soutenue par deux Anges qui la transportèrent à l'autre bord. Sa largeur, sans parler de sa profondeur, qui est assez considérable, n'a pas moins de quatre à cinq mètres. C'est en mémoire de ce passage, naturellement impossible à une jeune fille de quatorze ans, que, chaque année, lorsque la procession, dite de *Sainte-Aldegonde*, est arrivée en vue de la Sambre, le clergé chante le cantique de reconnaissance des Hébreux, sortis miraculeusement de la mer Rouge.

Le monastère que sainte Aldegonde fonda à Maubeuge, et qui fut l'origine de cette ville, plusieurs fois ruiné et réédifié, a été détruit pendant la Révolution française, ainsi que l'église du chapitre. Mais ce que contenait de plus précieux ce chapitre fut sauvé : le voile qu'une colombe déposa sur la tête de sainte Aldegonde au moment de sa consécration, transporté dans l'exil en Allemagne, par une chanoinesse, fut remis par M. le baron Blondel de Boiregard, en 1821, à M. Bevenot, curé de Maubeuge, et exposé à la vénération des fidèles. Peu de morceaux d'orfèvrerie sont comparables, pour la beauté, à celui qui renferme ce voile.

Les ossements sacrés de sainte Aldegonde perdirent, le 21 janvier 1793, leur magnifique reliquaire, mais ils furent religieusement conservés, et l'authenticité en fut reconnue par Mgr Belmas, évêque de Cambrai, le 26 juin 1808. Au siége de 1815, un incendie consuma l'église et la châsse, mais sans exercer sur ces reliques d'autre action que de leur donner une teinte bleuâtre. Deux fois l'année, elles sont exposées à la vénération des fidèles : le 30 janvier et le dimanche qui suit l'Ascension, jour où elles sont portées solennellement en procession.

Une chapelle, dans l'église actuelle de Maubeuge, vient d'être consacrée à sainte Aldegonde.

Le cardinal Baronius remarque qu'il y a encore un autre sainte Aldegonde, vierge, fille de saint Basin, lequel était aussi du sang royal, et avait fait bâtir trois églises en Flandre, sur la rivière de la Lys. Comme il en gardait une, dédiée à la sainte Vierge, contre l'invasion des Gentils, il fut martyrisé et inhumé à Dronghen, près de Gand, au même lieu où il y eut depuis une abbaye de l'Ordre des Prémontrés ; c'est là que cette bienheureuse avait servi Notre-Seigneur dans une grande sainteté. Son corps y fut aussi enterré auprès de celui de son père, saint Basin. On fait sa fête le 20 juin, et celle de son père le 14.

Les Martyrologes anciens, particulièrement le Romain, font mémoire de sainte Aldegonde au 30 janvier. Les renseignements modernes sont tirés de la *Vie de sainte Aldegonde*, publiée par M. l'abbé Delbos.

SAINT ALEAUME [1]

MOINE DE LA CHAISE-DIEU, ABBÉ DE SAINT-JEAN DE BURGOS, EN ESPAGNE

Saint Aleaume, qui vivait au XIe siècle, était fils d'un seigneur de Loudun, en Poitou. Ses parents l'appliquèrent dès ses plus tendres années aux études et bientôt aux armes. Après leur mort, il distribua tous ses biens aux pauvres, sortit secrètement de son pays, accompagné d'un seul valet, et, étant entré sur les terres de l'Auvergne, il prit l'habit de son domestique, lui donna le sien avec ce qu'il pouvait avoir pour le récompenser, et continua son chemin en mendiant son pain. Il se proposait d'aller à Rome. A

1. Ou Adelelme ; — en espagnol, saint Elesme, saint Olesme, ou saint Lesmez.

Issoire, il reçut du B. Robert, premier abbé de la Chaise-Dieu, de belles instructions pour bien régler sa vie et lui promit de se retirer dans son monastère dès qu'il serait de retour. Robert lui ayant exposé que souvent le voyage de Rome n'était qu'un prétexte de dissipation ou un but de curiosité, notre Saint, pour être sûr de le faire, lui, en vrai pèlerin, s'astreignit aux plus rudes austérités. La terre nue était son lit, une pierre son chevet, et les aumônes sa nourriture ; il refusait l'argent qu'on lui donnait, pour n'avoir pas occasion de penser au lendemain. Il employa trois ans à ce voyage, pendant lesquels il demeurait souvent plusieurs jours sans manger, visitant continuellement les églises et les lieux saints, et sa vie toute innocente était souvent suivie de miracles sur les malades qu'il guérissait au nom de Jésus. Il fit sortir du corps d'un homme un serpent qui s'y était glissé pendant qu'il dormait la bouche ouverte ; il rendit la santé à une femme qui avait aux seins une maladie regardée comme incurable.

A son retour de Rome, il alla droit à la Chaise-Dieu. Ses austérités et les fatigues du voyage l'avaient tellement défiguré, que Robert fut quelque temps sans le reconnaître. Quand il vit enfin que c'était ce bienheureux pèlerin qu'il avait rencontré et béni à Issoire, il l'embrassa avec tendresse et vénération comme un martyr de la pénitence et le revêtit de l'habit de Saint-Benoît. Aleaume fut bientôt regardé dans le monastère comme un modèle d'humilité, de mortification et d'obéissance. Il s'acquitta en saint de la charge de maître des novices qu'on lui conféra.

Il fallut faire violence à son humilité pour qu'il reçût la prêtrise ; mais ayant su que l'évêque de Clermont (probablement Etienne de Polignac), qui l'avait ordonné, était interdit par le Pape pour cause de simonie, il s'abstint de toute fonction sacerdotale jusqu'à ce que le successeur de ce prélat l'eût réhabilité. Je laisse à d'autres le soin de décider s'il accepta la charge d'abbé, et à qui il aurait succédé. Ce sont des points controversés. Ce qui est sûr, c'est que le bruit de sa sainteté vola jusqu'aux pays étrangers. La reine d'Angleterre, attaquée d'une maladie incurable, l'envoya supplier de lui envoyer du pain bénit de sa main. Elle en obtint, et à peine en eut-elle goûté qu'elle fut guérie : il lui en resta pour guérir un grand nombre de malades de son royaume. Aleaume fit beaucoup d'autres miracles, changeant quelquefois l'eau en vin, guérissant les fièvres avec du pain qu'il avait bénit. Quelques médisants ayant voulu forger des calomnies pour noircir son innocence, ils en furent miraculeusement punis.

Alphonse VI, roi de Castille et de Léon, entendant parler des vertus héroïques de ce grand religieux, désira le voir ; il lui fit écrire par sa femme, la reine Constance, qui pria Aleaume de venir purger l'Espagne des erreurs du mahométisme, et la peupler de bons religieux capables d'y rétablir le culte de Dieu. Le Saint, se soumettant à la volonté de Dieu, entreprit ce voyage. Arrivé en Espagne, il alla trouver le roi, qui commandait son armée sur les bords du Tage, en Portugal. Ce prince ne savait comment passer le fleuve, à cause du débordement, et il le fallait pourtant pour combattre les ennemis. Saint Aleaume, pour donner courage à cette armée catholique, récita le verset 8 du psaume XIX : « Les uns implorent la multitude de leurs chars, les autres la force de leurs coursiers, et nous, nous nous souviendrons du nom de notre Dieu ». Puis il monta sur son âne et passa le premier, traversant le fleuve en dépit de la profondeur et de la rapidité des ondes. Tout le reste de l'armée le suivit sans qu'une seule personne pérît. Le roi, ravi d'aise et d'admiration, se jette aux pieds du Saint, les baise et le prie de choisir une retraite dans son royaume. Aleaume ayant accepté, Alphonse lui bâtit aux faubourgs de la ville de Burgos un couvent qu'il dédia à saint Jean l'Evangéliste, avec un hôpital pour y loger les pèlerins de Saint-Jacques, que notre Saint servit désormais de ses propres mains. Il acheva là le reste de ses jours en prières, abstinences et bonnes œuvres, accompagnées d'un nombre infini de miracles. Plusieurs personnes embrassèrent sous lui la règle de Saint-Benoît, et voulurent qu'il fût abbé de leur monastère, qui dépendit de celui de la Chaise-Dieu jusqu'en 1436, auquel temps il en fut démembré pour être uni à celui de Saint-Benoît de Valladolid. Saint Aleaume mourut aussi saintement qu'il avait vécu, vers l'an 1100. Son corps fut enterré dans l'église du monastère de Saint-Jean. Mais l'an 1480, il fut transporté hors de la ville de Burgos, dans une église paroissiale appelée de son nom, Saint-Elesme, où la dévotion attire une foule nombreuse. La ville de Burgos a choisi ce Saint pour son patron, et elle célèbre sa fête tous les ans, le 30 janvier, avec beaucoup de solennité.

La hache qu'on lui met en main annonce qu'il aida saint Robert de la Chaise-Dieu à défricher les forêts, qui peu à peu firent place aux constructions subséquentes du monastère.

SAINT ARMENTAIRE, ÉVÊQUE DE PAVIE (730).

Les actes de la vie de saint Armentaire et d'un grand nombre d'autres évêques de Pavie ont péri par suite des bouleversements sans nombre dont cette malheureuse ville a été le théâtre : néanmoins le corps du saint évêque qui nous occupe a pu échapper à la dévastation : il est religieusement conservé dans l'église principale de la ville, et chaque année on fait sa fête le 30 janvier.

Il succéda à saint Damien, en 720, et siégea dix ans environ.

Son occupation principale était la prière. Il aimait à répéter ces consolantes paroles :

« Il est de toute impossibilité qu'une chose juste, justement demandée, ne nous soit pas accordée.

« La prière est plus efficace et plus puissante qu'un ordre pour obtenir ce que nous demandons.

« La prière éteint la violence du feu, ferme la bouche des lions, termine les guerres, chasse les démons, les maladies et les orages, brise les liens de la mort, détourne de nous la colère de Dieu et tous les maux ».

SAINT PÉRÉGRIN, DE SICILE (1050-1098 ?).

Saint Pérégrin est célèbre en Sicile pour avoir changé en pierre le pain d'une méchante femme qui avait offensé Dieu dans sa personne. Apôtre et patron de la contrée où se trouve aujourd'hui Caltabellotta, il y était autrefois l'objet d'un très-grand culte. Deux fois par an les solennités consacrées à sa mémoire réunissaient le peuple au pied des autels, le 30 janvier et le 18 août : le premier de ces jours, il y avait suspension de toute espèce de travail. La tradition seule, du temps des premiers Bollandistes, avait conservé le souvenir de saint Pérégrin : elle le faisait venir de Grèce et envoyer en Sicile par le Pape pour y annoncer l'Evangile, à *une époque où la foi renaissait*, ce qu'il faut probablement entendre de l'expulsion des Sarrasins par Roger de Normandie (1050-1098).

Cf. *AA. SS.*, t. III de janvier, p. 646, nouv. éd.

SAINTE SAVINE DE LODI (311).

Sainte Savine était une pieuse veuve de Lodi qui s'était vouée au service des martyrs du Seigneur : elle les visitait dans leur prison et leur rendait les derniers devoirs. Saint Nabor et saint Félix étaient deux soldats mis à mort sous Maximien dont elle conduisit le corps de Lodi à Milan dans un jardin, dit le *Jardin de Philippe* qui était consacré depuis le temps des Apôtres à la sépulture des martyrs. Saint Charles Borromée découvrit les restes de sainte Savine oubliés depuis longtemps . il en prit une dent qu'il porta toute sa vie suspendue à son cou dans un reliquaire. Les dames de Milan avaient autrefois une grande dévotion à sainte Savine, pour avoir éprouvé l'effet de sa protection dans des maladies propres à leur sexe.

XXXIe JOUR DE JANVIER

MARTYROLOGE ROMAIN.

A Barcelone, en Espagne, saint PIERRE NOLASQUE, confesseur, qui s'endormit dans le Seigneur, le 25 de décembre. 1256. — A Rome, sur la voie de Porto, les saints martyrs CYR et JEAN, qui, après beaucoup de tourments endurés pour le nom de Jésus-Christ, eurent la tête tranchée. IVe s. — A Alexandrie, la naissance au ciel de saint Métran[1], martyr, qui, sous l'empereur Dèce[2], ne vou-

1. On l'appelle aussi Métras. Les paroles impies dont parle le Martyrologe étaient des blasphèmes contre Notre-Seigneur Jésus-Christ. « Ces bêtes féroces de l'empereur Décius », dit un historien ecclésiastique (Nicéph. Callixte), « voulaient le forcer à prononcer contre le Christ des paroles qui allaient jusqu'où peuvent aller l'injure, l'outrage et le blasphème. Puis, le trouvant peu obéissant, ils lui déchirèrent tout le corps à coups de bâton, lui lacérèrent le visage avec des roseaux pointus, lui crevèrent les yeux, n'épargnant pas même les parties intérieures et secrètes de son corps, et enfin, étant à bout d'inventions barbares et de guerre lasse, ils l'écrasèrent sous un monceau de pierres. Saint Denys, évêque d'Alexandrie, a décrit son martyre dans une lettre qu'on trouve dans l'*Histoire* d'Eusèbe, liv. VI, ch. 34.

2. Après la mort des deux Philippe, le père et le fils, empereurs chrétiens, qui furent tués par les soldats, Décius, révolté contre eux et déjà reconnu par l'armée, demeura seul maître de l'empire avec son fils Décius Etruscus qu'il fit César. Se piquant de réformer les désordres introduits sous le règne de Philippe, il fit exercer une cruelle persécution contre les chrétiens. Saint Cyprien rapporte qu'un des Saints de l'église de Carthage en avait été averti dans une vision longtemps auparavant. Le saint évêque attribuait la cause de cette persécution au relâchement des chrétiens, qui venait de la longue paix dont ils avaient joui. L'édit sanglant de la septième persécution fut publié par tout l'empire, intimant aux gouverneurs l'ordre de commencer les supplices sans retard et partout à la fois. Il fut tel, que saint Denys, évêque d'Alexandrie, dit qu'on était tenté d'y voir l'accomplissement de la prophétie, *que les élus eux-mêmes en seraient ébranlés, si c'était possible* (Eusèbe, *Hist.*, liv. VI, ch. 34). Saint Jérôme parle de l'atrocité de cette persécution dans la vie de saint Paul, premier ermite, et dans les écrivains ecclésiastiques au sujet d'Origène, ainsi que saint Grégoire de Nysse, dans la vie de saint Grégoire Thaumaturge. Elle commença, dit Fleury, avec un effort terrible. Tous les magistrats n'étaient occupés qu'à chercher les chrétiens et à les punir. Aux menaces, ils joignaient un appareil épouvantable de toutes sortes de supplices : des épées, des feux, des bêtes cruelles, des fosses, des chaises de fer ardentes, des chevalets pour étendre les corps et les déchirer avec des ongles de fer. Chacun s'étudiait à trouver quelque nouvelle invention. Les uns dénonçaient, les autres cherchaient ceux qui étaient cachés; d'autres poursuivaient les fugitifs, d'autres s'emparaient de leurs biens. Les supplices étaient longs, pour ôter l'espérance de la mort et tourmenter sans fin jusqu'à ce que le courage manquât.

La persécution fut aussi longue que le règne de Décius, c'est-à-dire qu'elle dura trente mois. Enfin, ce prince étant allé sur les bords du Danube repousser les Carpes, espèce de Scythes qui pillaient la Thrace, Gallus, à qui il avait laissé la garde de Tanaïs, le trahit; et celui-ci étant d'intelligence avec les Barbares, l'engagea dans un marais où il s'enfonça avec son cheval et périt, en sorte qu'on ne trouva pas même son corps. Son fils mourut avec lui en cette occasion. Cette fin du persécuteur des chrétiens est rapportée par Aurélius Victor.

lant pas prononcer des paroles impies sur l'injonction des païens [1], eut tout le corps brisé des coups de bâton qu'ils lui donnèrent. Ensuite ils lui percèrent le visage et les yeux avec des roseaux extrêmement aigus, et, l'ayant chassé de la ville, sans cesser de le tourmenter, ils l'accablèrent de pierres et le tuèrent. 249. — Au même lieu, les saints martyrs Saturnin, Thyrse et Victor. — Dans la même ville, les saints martyrs Tharsice, Zotique, Cyriaque et leurs compagnons. — A Cyzique, dans l'Hellespont, sainte Triphène, martyre, qui, après avoir surmonté plusieurs tourments, fut tuée par un taureau et remporta la palme du martyre. — A Modène, saint Géminien [2], évêque, renommé pour ses grands miracles. Après 390. — Dans le Milanais, saint JULES, prêtre et confesseur, qui vivait du temps de l'empereur Théodose. ve s. — A Rome, sainte MARCELLE, veuve, dont saint Jérôme a écrit les belles actions. 410. — Au même lieu, la bienheureuse LOUISE D'ALBERTONE, veuve romaine, du Tiers Ordre de Saint-François, illustre par ses vertus. 1530. — Le même jour, la translation de saint Marc, évangéliste, de la ville d'Alexandrie en Egypte, que les Barbares occupaient, à Venise, où il fut déposé avec beaucoup d'honneur, dans la grande église dédiée sous son nom. 831.

MARTYROLOGE DE FRANCE, REVU ET AUGMENTÉ.

A Saint-Denis, en France, saint Parre ou Patrocle, évêque et martyr, dont le corps fut donné à cette abbaye, par les habitants de Toulouse, en échange de celui de saint Saturnin. — En Champagne, saint POUANGE (Potamius), confesseur, dont l'église de Troyes fait mémoire en ce jour. Fin du VIe s. — A Evreux, saint GAUD, évêque et confesseur, qui quitta son évêché pour mener une vie austère et retirée dans la solitude. 491. — A Troyes, saint Bobin, qui fut tiré de Montier-la-Celle, pour gouverner cette église [3]. — A Amiens, sainte Ulphe, vierge, disciple de saint Domice, dont le corps est honoré en l'église cathédrale d'Amiens [4]. VIIIe s. — A Saint-Gall, le bienheureux Landéol, évêque de Tarbes, en Bigorre. 878. — A Besançon, saint NICET, évêque de ce siége. 613. — En Poitou, sainte VIERGUE, déjà nommée au 7 janvier.

MARTYROLOGES DES ORDRES RELIGIEUX.

Martyrologe des Frères Prêcheurs. — A Barcelone, en Espagne, saint Pierre Nolasque, confesseur, qui, par l'avertissement de la Vierge, Mère de Dieu, avec la coopération de saint Raymond de Pennafort, institua l'Ordre nouveau de Sainte-Marie de la Merci, pour le rachat des captifs. — A Rome, sur la voie de Porto, les saints martyrs Cyr et Jean, comme ci-dessus au martyrologe romain.

Martyrologe Romano-Séraphique. — A Rome, la bienheureuse Louise d'Albertone, veuve, du Tiers Ordre de Saint-François, notre Père, illustre par sa vie et par ses miracles. 1530. — A Barcelone, en Espagne, saint Pierre Nolasque, confesseur, comme ci-dessus au martyrologe romain.

Martyrologe de l'Ordre des Capucins. — A Rome, la bienheureuse Louise d'Albertone, veuve, du Tiers Ordre de notre Père saint François, qui brilla d'un éclat remarquable, outre ses autres vertus, par une singulière charité envers les pauvres, par une vie exemplaire, et par ses miracles. — Au même lieu, sur la voie de Porto, comme ci-dessus, au martyrologe romain.

ADDITIONS FAITES D'APRÈS LES BOLLANDISTES ET AUTRES HAGIOGRAPHES.

Aux martyrs d'Alexandrie que mentionne le martyrologe romain, ajoutez Géminus, Gélase, Hippolyte, Ursin, Pélian et autres. — En Afrique, les saints martyrs Victor, Publius, Saturnin, Polycarpe, mentionnés dans le martyrologe de saint Jérôme. — Aux illustres martyrs Cyr et Jean, nommés ci-dessus, ajoutez sainte Athanasie et ses trois filles, Théodosie, Théoctiste et Eudoxie, dont nous racontons le glorieux combat. — A Novare, avec saint JULES, mentionné ci-dessus, saint JULIEN, diacre, son frère, et son compagnon de prédication. Commencement du ve siècle. — A Fernes, en Irlande, saint Aidan ou Médoc, évêque ; il se réfugia en Angleterre auprès de l'évêque saint David, pour échapper aux honneurs auxquels voulaient l'élever le roi Ædus et son peuple ; revenu plus

1. Le mot *paganus* a pour racine *pagus*, village, campagne. C'était primitivement un terme de mépris en usage parmi les soldats, pour désigner tout ce qui n'était pas militaire, comme en français *civil*, *pékin*. *Nisi vincitis pagani estis*, dit un général à ses soldats qui faiblissaient (Tacite, liv. III, des hist. 24). Il ne fut employé pour signifier païens ou non chrétiens que lorsque la religion chrétienne fut devenue dominante, au IIIe siècle.

2. Saint Géminien, évêque de Modène, assista au Concile tenu à Milan, contre Jovinien l'Hérésiarque; on le voit par la lettre synodale adressée à cette occasion au pape Sirice. Cette lettre se trouve parmi celles de saint Ambroise : c'est la septième du livre Ier. — Il est patron de Modène. (Voir, sur le Jovinianisme, *les Conciles généraux et particuliers*, par Mgr Guérin, 3 vol. gros in-8°, outre le *Concile du Vatican* qui forme un 4e vol. et sera continué à la reprise du Concile ; Bar, 1869-70.)

3. V. au 22 avril. — 4. Voir au 23 octobre.

tard en Irlande, il s'y rendit célèbre par de nombreux miracles. Commencement du VIIe siècle. — A Coldingham, en Ecosse, saint Adamnan, prêtre[1]. Fin du VIIe siècle. — En Grèce, saint Athanase, évêque de Méthone, dans le Péloponèse. Il était originaire de Catane d'où sa famille avait fui lors de l'invasion de la Sicile par les Sarrasins. IXe s. — A Saint-Gall, en Suisse, le bienheureux Eusèbe, moine dans la célèbre abbaye de ce lieu, et martyr. Il était né en Ecosse. S'étant retiré sur le mont Saint-Victor près de Saint-Gall, les habitants du lieu dont il reprenait les vices, lui coupèrent la tête avec le tranchant d'une faux. 884. — A Soure, en Portugal, saint Martin, prêtre ; pris par les Maures avec des chevaliers de l'Ordre du Temple, il consola ses compagnons de captivité, leur prédit leur délivrance, convertit un grand nombre d'infidèles, et mourut lui-même en prison à Cordoue. 1147. — A Vérone, saint Firmus et saint Rusticus, martyrs : ces deux athlètes du Christ étaient de riches citoyens de Bergame que l'un des conseillers de l'impie Maximien se fit d'abord amener à Milan, puis de Milan à Vérone, comme pour les offrir en spectacle aux foules : ils eurent la tête tranchée en dehors des murs de Vérone, sur les bords de l'Adige. On voit dans leurs Actes[2] avec quelle rage les persécuteurs détruisaient les saintes Ecritures et les relations authentiques des souffrances des martyrs. 303. — A Waldsée, en Souabe, la bienheureuse Elisabeth, du Tiers Ordre de Saint-François : elle entra dans cet Ordre à l'âge de quatorze ans. Pauvre, elle apprit à tisser la toile pour gagner sa vie. Cependant des personnes charitables lui procurèrent une maisonnette où elle se retira avec quelques compagnes. Elle passa trois années sans autre nourriture que le pain eucharistique. Le démon reçut le pouvoir de la maltraiter d'une manière horrible ; quand le démon la quittait, elle tombait en de longs ravissements : souvent il lui fut donné de ressentir dans son corps les douleurs de la passion. Dieu l'appela aux éternelles récompenses, en 1420.

SAINTE MARCELLE, VEUVE

410. — Saint Innocent Ier. — Empereur d'Orient : Théodose II, *le Jeune*.

> Heureux l'homme qui aime à s'instruire des choses du Seigneur et qui, jour et nuit, médite ses enseignements. *Ps.* I, 1 et 2.

Sainte Marcelle, que le grand saint Jérôme appelle « le modèle de la viduité et de la sainteté des Romains », naquit à Rome d'une famille si illustre, qu'elle ne reconnaissait que des consuls, des proconsuls et des gouverneurs de provinces pour ses ancêtres ; mais elle augmenta cette noblesse, lorsqu'elle voulut l'oublier pour suivre Jésus-Christ dans une parfaite humilité et pauvreté évangélique. Ayant perdu son père, et bientôt après son mari, avec qui elle ne vécut que sept mois, elle demeura veuve en la fleur de son âge et de sa beauté, dans l'abondance des biens et dans la splendeur d'une grande fortune, mais encore plus enrichie d'une vertu qui n'avait point de pareille. Céréal, qui était alors en possession de la première magistrature de l'empire, prétendit l'épouser, parce que, outre ses charges qui le rendaient considérable, il avait des biens et du crédit ; mais comme il était déjà avancé en âge, pour la gagner, il disait qu'il ne la voulait pas tant considérer comme sa femme que comme sa fille et l'héritière de tous ses biens. Albine, mère de Marcelle, en était d'accord, et priait sa fille d'y vouloir consentir à cause de l'appui qu'elle espérait d'un homme de cette considération ; mais Marcelle ne voulut jamais écouter cette proposition, disant que quand même elle ne serait point résolue de consacrer son veuvage à Dieu, et qu'elle aurait envie de se marier, elle prendrait plutôt un homme que des

1. Le vénérable Bède a écrit sa vie.

2. Ces Actes ont été retrouvés par Scipion Maffei au XVIIIe siècle. — Voir *Actes des Martyrs*, traduits par les Bénédictins.

biens. Céréal lui fit dire que les vieillards pouvaient vivre longtemps et que les jeunes gens pouvaient mourir subitement. Marcelle répliqua adroitement que ceux qui sont jeunes peuvent mourir, mais que les vieillards ne sauraient beaucoup vivre ; ainsi elle rompit ce pourparler et ferma sa porte à d'autres.

Elle vécut avec tant de conduite et de modestie dans la ville de Rome, que jamais personne n'osa ouvrir la bouche pour la calomnier ; et, si quelqu'un l'eût fait, on ne l'aurait pas cru, ni même écouté. Elle était le miroir des veuves chrétiennes ; la candeur de son âme et de ses œuvres servait de leçon aux dames de sa condition, et elle fut la première qui leur enseigna par son exemple le moyen de confondre par leur modestie les ennemis de la dévotion. Ses habits étaient simples, et elle n'en usait que pour défendre son corps de l'injure des saisons, ayant renoncé aux pierreries et aux ornements précieux, dont elle avait employé le prix à la nourriture des pauvres. Elle ne voulut jamais voir d'homme, de quelque qualité qu'il fût, qu'en présence de plusieurs personnes. Elle avait toujours à son service des veuves et des filles d'une vie irréprochable, parce qu'elle savait que les maîtresses portent tout le blâme lorsque leurs servantes font quelque faute. Elle ne se lassa jamais de lire, de méditer et d'étudier la sainte Ecriture ; et elle avait un désir extrême de vivre selon les lois qui nous y sont prescrites, croyant que ceux qui observent exactement ce que Dieu commande en la sainte Bible méritent qu'il leur en découvre la vraie intelligence. Saint Jérôme étant venu à Rome avec saint Epiphane et saint Paulin, quoiqu'il évitât la fréquentation des dames de la cour, fut néanmoins si souvent sollicité par cette vertueuse veuve et pressé par tant de moyens divers de lui expliquer les endroits difficiles de l'Ecriture sainte, qu'il ne put lui refuser ce service. Toutes les fois qu'il la voyait, elle lui proposait de nouvelles difficultés pour en avoir la solution, et usait de plusieurs moyens afin de mieux comprendre les éclaircissements qu'il lui donnait ; de la sorte, elle devint si éclairée que, quand saint Jérôme partit de Rome pour se retirer à Jérusalem, elle demeura comme l'interprète de ce qu'elle avait appris de ce grand docteur de l'Eglise. Quand il se présentait quelque difficulté sur un passage obscur de l'Ecriture, on avait recours à l'explication de Marcelle : elle s'en acquittait avec tant de modestie que, sans attribuer ce qu'elle disait à sa propre suffisance, elle en rapportait tout l'honneur à saint Jérôme ou à d'autres auteurs, sachant très-bien la doctrine de saint Paul, qu'il n'appartient pas à la femme d'enseigner, mais seulement d'apprendre.

Ses jeûnes, au rapport de saint Jérôme, étaient réglés ; elle ne mangeait point de viande, elle buvait néanmoins un peu de vin à cause de la faiblesse de son estomac et des autres infirmités auxquelles elle était sujette, mais elle le trempait si bien qu'il ne sentait plus rien. Ses visites chez les autres dames étaient fort rares, pour ne point voir chez elles ce qu'elle avait méprisé en sa personne. Elle allait aux églises des saints Apôtres et des Martyrs, mais secrètement et aux heures qu'elle était assurée de n'y rencontrer guère ou point de monde. Et pour vivre plus en la solitude, elle sortit de Rome et se retira dans une de ses maisons des champs. Son obéissance envers sa mère fut toujours très-grande ; elle forçait pour elle ses propres inclinations afin de s'accommoder aux siennes, et, par une admirable complaisance, elle la laissa la maîtresse de tous ses grands biens, afin qu'elle en pût disposer en faveur de ses parents, quoique ses vues fussent bien différentes.

Il n'y avait point alors à Rome de dame qui connût l'excellence de la profession religieuse : au contraire, les personnes de condition avaient en mépris le nom de religieuse. Mais Marcelle, après avoir appris de saint Athanase la manière de vivre de saint Antoine et la céleste conversation des Vierges et des veuves qui se sanctifiaient dans la Thébaïde sous la conduite de saint Pacôme, embrassa cette espèce de vie avec une telle affection, qu'elle prit l'habit de religieuse, n'ayant point honte de faire profession d'une chose qui était agréable à Jésus-Christ. Elle fut la première dans Rome qui se voila ; depuis, elle fut imitée par plusieurs dames, et grand nombre de maisons religieuses furent fondées pour servir de retraite aux vierges qui voudraient embrasser la piété ; de sorte que ce qui, auparavant, était estimé peu honorable, fut ensuite tenu pour glorieux et regardé avec vénération : la gloire en est due à sainte Marcelle, ayant été le guide et la maîtresse des veuves et ayant excité par son exemple les dames romaines à embrasser cette vie.

La vertu héroïque de cette généreuse veuve parut merveilleusement en la ruine épouvantable de Rome, lorsque Dieu permit que cette ville tombât entre les mains de ses ennemis : ils réduisirent en cendres la gloire de cette illustre cité et ôtèrent la liberté à celle qui, autrefois, avait mis toute la terre en servitude ; Alaric, roi des Goths, l'ayant assiégée et emportée d'assaut, la mit à feu et à sang et exécuta contre elle tout ce qu'un prince victorieux et irrité peut faire dans une ville où il est entré l'épée à la main et la rage dans le cœur.

Quelques soldats insolents étant entrés dans la maison de Marcelle pour la piller, elle les reçut paisiblement et sans s'étonner. Ils lui demandèrent où elle avait caché ses richesses : elle leur déclara, en leur montrant son pauvre habit, qu'elle avait de très-bon cœur choisi d'être pauvre pour l'amour de Jésus-Christ. Elle fut battue et fouettée par ces barbares, qui ne la croyaient pas ; mais elle n'avait point de ressentiment pour les coups qu'ils lui donnaient. Elle se jeta à leurs pieds pour les prier avec larmes de lui laisser une jeune-fille nommée Principia sa compagne, à laquelle saint Jérôme a dédié la vie de notre Sainte, et qui en avait été le témoin oculaire ; elle craignait que cette fille ne souffrît en sa jeunesse ce que son âge avancé ne lui faisait plus appréhender. Dieu amollit les cœurs endurcis de ces soldats, et la pitié trouva quelque place parmi les épées sanglantes de ces païens, car ils les menèrent toutes deux dans l'église de Saint-Paul ; elles ne savaient si c'était pour leur donner la vie ou pour les mettre au tombeau, mais lorsqu'elles virent que ces barbares les laissaient en liberté dans ce lieu, elles en furent extrêmement consolées et rendirent grâces à leur souverain Seigneur Jésus-Christ du soin qu'il avait pris de leurs personnes. La captivité ne la rendit pas plus pauvre qu'elle n'était auparavant ; car elle l'était déjà tellement, qu'elle n'avait pas de pain à manger ; mais, d'ailleurs, elle était si remplie et si rassasiée de Jésus-Christ, qu'elle ne sentait point la faim, et qu'elle pouvait dire avec vérité : « Je suis sortie nue du sein de ma mère, j'y retournerai avec la même nudité ; il ne m'est arrivé que ce qu'il a plu à Dieu : que son nom soit béni ! »

A quelques jours de là, la très-illustre veuve sainte Marcelle, étant encore pleine de vigueur, rendit paisiblement son âme à Notre-Seigneur, l'an 410, laissant Principia héritière de sa pauvreté. Tandis qu'elle était à l'agonie, elle souriait aux pleurs de Principia, sa bonne conscience lui rendant témoignage de sa vie passée et la remplissant d'espérance pour les biens de la vie future qu'elle attendait par la miséricorde de son Rédempteur.

Principia vécut alors seule, sous les regards et en la présence de Dieu, qui la garda comme la prunelle de son œil, et la combla de toutes ses faveurs. Elle continua la manière de vivre de sa sainte maîtresse, devenant à son tour un modèle pour ses compagnes, et amassant tous ses trésors dans le ciel. Mûre pour la récompense, elle s'en alla de cette terre pour monter au séjour des élus, le 24 janvier, vers l'an 418.

La lettre seizième de saint Jérôme à Principia, roule tout entière sur la sainteté et l'érudition de l'illustre Marcelle. Dans ses autres écrits, le grand docteur ne cesse de nommer Marcelle sans pouvoir assez la louer. Disciple de saint Athanase, non-seulement pour la pratique de la vie religieuse, mais pour la pureté de la foi, lorsque l'ouvrage d'Origène, *Periarchon*, traduit par Ruffin, eut été introduit à Rome, elle fut la première à découvrir les hérésies qu'il recélait et à en poursuivre la condamnation avec zèle et fermeté. — V. aussi *Annales de Baronius*.

SAINT PIERRE NOLASQUE,

FONDATEUR DE L'ORDRE DE LA MERCI

1189-1256. — Papes : Clément III; Alexandre IV. — Rois de France : Philippe II Auguste; saint Louis.

> La miséricorde[1] donne un *cœur* compatissant pour la misère, chasse du *cœur* toute dureté, inonde le *cœur* d'une admirable suavité.
>
> Saint Antoine de Padoue, *Serm.* XXII, *après la Trinité.*

C'est ici un de ces illustres fondateurs de congrégation que la France a donnés à l'Eglise. Il naquit au pays du Lauraguais, diocèse de Saint-Papoul, en un lieu appelé *le Mas des Saintes Puelles*, près de Castelnaudary, aujourd'hui diocèse de Carcassonne, d'une des plus illustres familles de toute cette province. Le lieu appelé aujourd'hui Le Mas-Saintes-Puelles s'appelait Recaud avant que trois jeunes filles de Toulouse, fuyant la persécution, vinssent s'y réfugier. Aussi a-t-on chanté jusqu'à l'introduction du rit romain (1854) au Mas-Saintes-Puelles, ces paroles d'un office approuvé spécialement pour cette paroisse par J. B. Marie de Maillé de la Tour Landry, dernier évêque de Saint-Papoul :

> Elève jusqu'aux cieux tes cantiques de fête,
> O peuple de Récaud[2] !

N'est-il pas bien juste, en effet, de se réjouir, et l'Eglise tout entière ne se réjouit-elle pas en ce jour où elle célèbre le triomphe de l'un de ces hommes que l'Ecriture appelle des *hommes de miséricorde*? Jeune encore, Pierre

1. *Miseria in corde.*

2. Nous lisons dans le Bréviaire romain que notre Bienheureux est né à *Recaudum, près de Carcassonne;* il est bon d'expliquer ici ces paroles de la liturgie sacrée.

Daniel-Bertrand de Langle, évêque de Saint-Papoul, dit en termes exprès, dans son supplément au Bréviaire romain : « Les saintes Puelles quittèrent Toulouse, et pour fuir cette persécution impie dont elles étaient l'objet, elles se réfugièrent dans le bourg de *Recaudum,* appelé aujourd'hui de leur nom *le Mas-Saintes-Puelles*. Quelques siècles après cet événement, ce lieu devint bien autrement illustre par la naissance de saint Pierre Nolasque, fondateur de l'Ordre de Notre-Dame de la Merci pour la rédemption des captifs ».

Les auteurs de l'*Histoire du Languedoc* ont avancé les premiers, et sans dissimuler l'embarras dans lequel ils se trouvaient, que « saint Pierre Nolasque est né proche de Carcassonne, dans la paroisse de Saint-Papoul », se fondant sur une note qu'ils avaient reçue, disent-ils, des Pères de la Merci, de la maison de Paris. Mais la note des Pères de la Merci, à moins d'être rejetée comme inexacte, doit être

Nolasque fit toujours paraître qu'il était né pour la miséricorde, et que cette vertu lui avait été donnée pour compagne dès le premier instant de son existence; à peine pouvait-il regarder un pauvre sans verser des larmes de compassion. Son père, qui s'appelait Nolasque, étant décédé, il demeura, âgé de quinze ans, sous la conduite de sa mère. Elle eût bien souhaité, pour le soulagement de sa vieillesse, de lui voir prendre un parti sortable à sa condition. Mais Dieu, qui l'appelait à des choses plus grandes, lui mit dans l'esprit une forte pensée de ne s'attacher jamais à aucune créature mortelle. Cependant, le jeune Pierre s'engagea à la suite de Simon, comte de Montfort, général de la croisade catholique contre les Albigeois. Simon de Montfort gagna la fameuse bataille de Muret, contre les comtes de Toulouse, de Foix, de Comminge, et Pierre, roi d'Aragon ; ce dernier y fut tué, et son fils Jacques fait prisonnier. Le vainqueur, qui avait été l'ami de Pierre d'Aragon, fut touché du malheur de son fils, âgé de six ans; il en eut le plus grand soin, confia son éducation à Pierre Nolasque, et les envoya tous deux en Espagne.

Le Saint n'avait alors que vingt-cinq ans; il vécut à la cour d'Aragon, à Barcelone, avec toute la régularité d'un religieux. Il s'acquitta de ses nobles fonctions avec le plus grand zèle, inspirant au jeune roi la piété envers Dieu et son Eglise, l'amour de la justice et de la vérité. Pour lui, loin des plaisirs de la cour, il vivait retiré dans un hôtel que le roi lui avait donné, sur la paroisse de Saint-Paul, après l'avoir naturalisé et incorporé à la noblesse de Catalogne. Il donnait à la prière, à l'étude des saintes Ecritures et aux exercices de la pénitence, le temps qu'il n'était point obligé d'employer auprès de la personne du roi. Il avait quatre heures d'oraison marquées, savoir : deux le jour et deux la nuit. En outre il se sentit si vivement touché de compassion pour les pauvres chrétiens qui, étant tombés par quelque malheur entre les mains des infidèles, gémissaient sous une si misérable servitude, qu'il se fût de bon cœur rendu de lui-même esclave pour en délivrer quelqu'un. Mais saint Raymond de Pennafort lui ayant fait modérer cette grande ferveur, il crut devoir au moins contribuer autant qu'il pourrait par ses biens et par des quêtes auprès de ses meilleurs amis, à un dessein si religieux. Dans le but d'y mieux réussir, il engagea quelques personnes de sa connaissance à faire une sainte alliance sous le nom de Congrégation de la sainte Vierge, pour travailler à la rédemption des esclaves et à former un

nécessairement expliquée. Sans cela, cette note aurait contre elle les traditions de l'Ordre fondé par saint Pierre Nolasque, et ces traditions, toujours unanimes et toujours invariables, sont conformes à l'histoire et aux traditions locales qu'on chercherait vainement ailleurs.

C'est la légende de l'ancien Bréviaire de Saint-Papoul qui nous donnera cette explication.

Le même Daniel-Bertrand de Langle coupe court aux difficultés, en conciliant tout à la fois le Bréviaire romain, la tradition unanime du passé, la note des Pères de la Merci et l'*Histoire générale du Languedoc*, dont il reproduit les termes en y ajoutant toutefois un mot qui rend le doute impossible. « Pierre Nolasque », dit le Bréviaire de 1772, est né près de Carcassonne, *in parochiâ Sancti Papuli*, dans le lieu qui porte le nom de *Mas-Saintes-Puelles* ».

On peut, après ce témoignage, émanant du défenseur le plus légitime des traditions locales d'un diocèse, chercher quelles significations diverses peuvent présenter les mots *in parochiâ ;* mais l'évêque de Saint-Papoul nous laisse uniquement ce droit, et il nous défend d'enlever au Mas-Saintes-Puelles la gloire d'avoir été le berceau de notre Saint.

Cette gloire, qui revient à l'antique *Recaudum*, et le changement du nom primitif de ce bourg en celui de *Mas-Saintes-Puelles*, sont en outre attestés par le manuscrit épiscopal du XVe siècle, conservé dans les archives de l'ancien évêché de Saint-Papoul ; par le Père Gaver, qui écrivait au XVe siècle ; par Guillaume de Catel, en 1633, sur la foi d'un vieux lectionnaire alors conservé dans les archives de Saint-Etienne de Toulouse ; dans l'*Histoire générale de l'Ordre de la Merci*, écrite en 1682 *par les religieux de l'Ordre* et approuvée par le *supérieur majeur ;* en un mot par *tous* les hagiographes et les historiens de l'Eglise.

Nous devons les utiles et même nécessaires éclaircissements que contient cette note à l'obligeance de M. l'abbé Redon, autrefois bibliothécaire au grand séminaire de Carcassonne, aujourd'hui curé des Crozes--Castelnaudary (Aude), qui a bien voulu, en outre, revoir pour nous, la vie de saint Pierre Nolasque.

fonds d'aumônes qui serviraient à cet usage. Cependant, de si heureux commencements ne furent pas exempts des médisances du monde, qui a coutume de traverser les plus saintes entreprises des serviteurs de Dieu. Mais celui qui en avait donné la première pensée au généreux Pierre, l'y voulut encore affermir par une vision céleste qu'il eut durant la prière ; car il lui sembla voir un olivier chargé de fleurs et de fruits au milieu de la cour d'une maison royale, et deux vénérables vieillards qui lui commandaient de s'asseoir au pied de cet arbre afin de le garder. Il crut que cela se rapportait à la petite congrégation qu'il avait déjà érigée dans la cour du roi et qu'il désirait étendre par toute la chrétienté. Aussi, était-ce la vraie interprétation de cette vision.

Une autre fois, le jour de la fête de Saint-Pierre-aux-Liens, la Sainte Vierge Marie lui apparut durant la nuit et dans la plus grande ferveur de son oraison, pour lui dire que c'était le bon plaisir de Dieu qu'il travaillât à l'établissement d'une congrégation, qui serait employée à la délivrance des captifs, sous le titre de *Notre-Dame-de-la-Miséricorde*, et qui ferait profession de retirer les fidèles, esclaves, des mains des barbares. Pierre, étonné de cette vision, prit la hardiesse de parler à Celle qu'il voyait et de lui dire : « Qui êtes-vous, pour savoir si bien les secrets de Dieu ? et qui suis-je, moi, pour remplir une si grande mission ? » La Vierge lui répondit : « Je suis Marie, Mère de Dieu, qui ai porté le premier Rédempteur du monde, et qui veux avoir parmi les chrétiens une nouvelle famille qui fasse en quelque façon le même office pour l'amour de mon Fils en faveur de leurs frères captifs ». Aussitôt Pierre, tout transporté de joie, s'en alla au palais pour informer le roi de ce qui s'était passé ; mais il fut encore plus consolé quand il apprit que ce prince avait été favorisé à la même heure d'une semblable vision, ainsi que saint Raymond de Pennafort, de l'Ordre de Saint-Dominique.

Le roi ayant fait appeler Bérenger de La Palu, évêque de Barcelone, et les principaux de son conseil, il fut arrêté que le jour de Saint-Laurent, l'habit de religieux serait donné à Nolasque, afin qu'il fût comme la première pierre de ce grand édifice. Ce fut donc en ce jour prescrit que le roi, suivi de saint Raymond, de notre Saint, de toute la cour et des échevins de la ville, se rendit en l'église de Sainte-Croix-de-Jérusalem, cathédrale de Barcelone, où l'évêque avec le clergé le reçut à la porte, en chantant le *Te Deum*, et célébra la messe pontificale. Après l'Evangile, saint Raymond monta en chaire, et fit savoir au peuple la volonté de Dieu, révélée au roi, à Nolasque et à lui, touchant l'institution de l'Ordre de *Notre-Dame-de-la-Merci* pour le rachat des captifs ; et après l'offrande, le roi et saint Raymond présentèrent le nouveau fondateur à l'évêque, qui, ayant béni la robe blanche, le scapulaire et les autres parties du nouvel habit religieux, en revêtit le bienheureux Pierre en présence de tout le peuple, et avec lui deux seigneurs de ceux qui avaient été ses premiers associés pour recueillir les aumônes destinées aux esclaves. Ils firent les vœux solennels de religion et en ajoutèrent un quatrième, par lequel ils s'obligèrent d'engager leurs biens et leurs propres personnes, quand il serait nécessaire, pour la délivrance des prisonniers ; et c'est ce qui distingue cet Ordre des autres. Le roi, en témoignage de sa bienveillance, lui fit présent de ses armes, qui sont d'or à quatre pals de gueules, et l'évêque à son tour demanda qu'on lui permît d'y ajouter celles de l'église cathédrale, qui sont une croix d'argent de Saint-Jean-de-Jérusalem, en champ de gueules ; afin que les armes royales étant, par ce moyen, unies à celles de la religion, fussent plus conformes à l'esprit de l'Institut. A l'issue de la messe, le roi prit le nouveau religieux et ses deux compagnons, et, suivi de l'évêque, de saint Raymond, de la noblesse et des échevins de la ville, il les conduisit en son palais, où il les mit en possession d'une partie des bâtiments qui devaient leur servir de premier logement : leurs successeurs en jouirent depuis.

Dieu, continuant de verser ses bénédictions sur ce nouvel Ordre, y attirait de jour en jour plusieurs personnes notables, qui, d'esclaves du monde, devenaient rédempteurs des captifs : et, comme le nombre des religieux commençait à croître, le bienheureux Pierre demanda au roi permission de choisir quelque place dans la ville pour bâtir un monastère ; l'église de Sainte-Eulalie, sur le bord de la mer, fut le lieu le plus convenable que l'on pût trouver.

Cependant, le roi d'Aragon ne diminuant rien de l'affection qu'il avait toujours eue pour son gouverneur, se fit faire un appartement auprès du couvent de la Merci, qui lui servirait de résidence ordinaire. Ainsi la vertu de ce bon religieux fut plus puissante pour attirer le roi de son palais au monastère, que le crédit du roi pour faire venir le religieux du cloître à la cour. Quoique ce prince, en effet, désirât qu'il lui tînt compagnie dans le voyage qu'il devait faire pour aller célébrer ses noces en la ville d'Agréda, il ne fut pas possible de lui faire abandonner sa cellule. Mais on remarque que ce qu'il avait refusé par modestie, il l'accepta une autre fois par charité : des querelles entre Dom Nugier Sanchez, cousin germain du roi, et Dom Guillaume de Moncada, vicomte de Béarn, avaient tellement divisé l'Aragon et allumé une si grande guerre, que le roi même, qui devait être juge de ces différends, était en danger de sa personne par l'artifice et par la violence des deux partis. Comme chacun d'eux voulait avoir le Saint de son côté, il vint vers le roi ; et, ayant reçu commission de Sa Majesté, il alla trouver les chefs des deux factions et négocia si prudemment cette affaire, qu'il contenta tout le monde et pourvut en même temps au soulagement du peuple. De plus, le roi étant comme prisonnier depuis trois semaines dans le château de Saragosse, le bienheureux Pierre s'y rendit, et, après avoir longtemps sollicité Dieu par ses prières, il traita l'affaire avec tant d'adresse, que le roi reçut la satisfaction qu'il désirait et eut moyen de retourner à Barcelone.

Après avoir donné ces preuves d'attachement à son prince, il en prit congé, pour aller en pèlerinage à Notre-Dame de Montserrat; et, afin de satisfaire plus secrètement sa dévotion, il alla à Manrèse, comme s'il n'eût pas eu dessein de passer à Barcelone; et, étant là, il se mit en l'état qu'il désirait et fit le voyage les pieds nus, après quoi il retourna en son monastère. Dès qu'il y fut arrivé, il assembla ses religieux et leur représenta que ce n'était pas assez pour la perfection de leur Ordre de racheter quelques captifs, comme ils faisaient, sans sortir des terres sujettes aux princes chrétiens, mais qu'il fallait aussi se transporter dans les pays infidèles, afin de retirer les agneaux de la gueule des loups et de délivrer les chrétiens leurs frères de la main de leurs ennemis. Comme ils n'y pouvaient aller tous ensemble, ils procédèrent à l'élection de ceux qui feraient les premiers ce voyage, et qui, pour ce sujet, furent appelés *Rédempteurs*.

Il fut lui-même nommé, afin, pour ainsi dire, qu'il rompît la glace et frayât le chemin aux autres. Et, regardant cette élection comme un commandement du ciel, il s'y disposa avec la diligence et la dévotion que l'on peut imaginer. Il entreprit donc ce voyage dans la résolution de n'employer pas seulement à la rédemption des fidèles les deniers qu'on avait amassés, mais aussi son sang et sa vie.

Il alla premièrement au royaume de Valence, occupé pour lors par les Sarrasins : bien loin d'y trouver le mépris que son humilité lui avait fait espérer, il n'y reçut que de l'honneur ; c'est pourquoi, après avoir exécuté son dessein avec presque tout l'avantage et toute la facilité qu'il pouvait désirer, il revint aussitôt à Barcelone, ramenant dans un humble triomphe un grand nombre de pauvres innocents, que le malheur avait réduits en servitude. Il ne fut pas plus tôt de retour, qu'il fit une nouvelle quête et partit une seconde fois pour aller au royaume de Grenade. Il retira des mains des infidèles, dans ces deux expéditions, environ quatre cents esclaves. Si sa charité remplit les captifs de consolation, elle ne causa pas moins d'étonnement aux Barbares à qui il prêchait généreusement les vérités chrétiennes et les mystères de notre religion. C'est sans doute à cause de ce grand zèle que Dieu donna une telle bénédiction à ses travaux, qu'il acheva avec une merveilleuse facilité tout ce qu'il entreprit.

Nolasque aurait bien souhaité de continuer ses charitables fonctions ; mais, comme le roi d'Aragon avait entrepris la conquête de Valence sur les Sarrasins, après leur avoir enlevé l'île de Majorque, l'an 1228, l'interdiction du commerce et les actes d'hostilité de part et d'autre contraignirent les Pères d'interrompre ce pieux exercice durant quelques années.

Cependant cela ne laissa pas d'être avantageux à la rédemption des captifs, soit par les victoires fréquentes et signalées que le roi d'Aragon remporta sur les infidèles, soit par la fondation de plusieurs monastères de la Merci qu'il érigea dans les terres conquises sur les ennemis. Le plus célèbre de tous fut fondé lorsqu'ayant gagné sur Zaen, roi des Maures de Valence, une grande victoire d'où suivit la prise de la montagne d'Unéza, le roi manda au bienheureux Pierre, qui était à Barcelone, de le venir trouver en diligence. Et, dès qu'il fut arrivé, il donna à son Ordre le château d'Unéza, en reconnaissance de la victoire qu'il avait plu à Dieu de lui faire remporter sur ces infidèles, et y fit bâtir un monastère et une église à l'honneur de Notre-Dame : en effet, devant le succès de ses armes à l'intercession de Marie, il était juste qu'il lui consacrât la gloire de ses conquêtes en lui érigeant ces illustres trophées.

Tandis que l'on travaillait aux fondements de cette nouvelle église que l'on nomme en Espagne Sainte-Marie *del Puche,* à cause du lieu, il arriva une chose digne de remarque : pendant quatre samedis, on vit paraître la nuit sept lumières brillantes comme des étoiles, qui, descendant du ciel à sept diverses fois, allaient se cacher sous la terre à l'endroit même où l'on creusait les fondations. On y prit garde et, en creusant plus avant, on trouva une cloche d'une prodigieuse grosseur, dans laquelle il y avait une très-belle image de Notre-Dame. Le bienheureux Pierre la reçut entre ses bras comme un riche don du ciel et lui fit dresser un autel au même endroit où elle fut trouvée ; et Dieu y a opéré, dès ce temps-là, de nombreux miracles.

Cette faveur céleste donna sujet au saint homme d'exhorter le roi à la poursuite du siége de Valence ; et, quoique le conseil fût d'avis contraire, néanmoins le prince se confia aux paroles de Nolasque, qui lui promettait le succès de la part de Dieu. Il continua le siége et emporta enfin la ville avec le secours du ciel et des armes de la noblesse française qui vint, sans être mandée, lui faire offre de ses services en une si sainte entreprise, où il y allait de la gloire de Dieu et de l'intérêt de la religion chrétienne.

La première action du roi, après son entrée dans la ville, fut de faire consacrer, par l'évêque de Narbonne, la grande mosquée en église cathédrale, sous le titre de Saint-André, et de donner aux religieux de la Merci une autre mosquée, où fut l'église et le monastère de l'Ordre. Notre Saint disposa cette maison et, après l'avoir remise entre les mains de quelques religieux, il retourna à Barcelone ; il n'y fut pas longtemps sans faire les préparatifs d'un troisième voyage pour une nouvelle rédemption. Comme il avait trouvé chez les Maures de Grenade et de Valence plus de douceur qu'il n'en désirait pour contenter son humilité, il résolut de tirer vers l'Afrique, et alla aborder à Alger, côte depuis longtemps oubliée des matelots européens, mais depuis fort fréquentée par les Pères de la Merci.

Il allait chercher les fidèles captifs dans les basses-fosses des Turcs, avec plus de soin et d'allégresse que les plus avares ne recherchent l'or dans les entrailles de la terre ou les perles dans le fond de la mer. Mais, tandis qu'il travaillait à délivrer les esclaves, les Turcs s'efforçaient de faire prisonniers ceux qui étaient libres. Un pirate, revenant de faire sa course, arriva à Alger avec une frégate remplie de chrétiens passagers, parmi lesquels il y avait une dame catalane nommée Thérèse de Vibaure : c'était une personne de haute qualité, accompagnée d'un de ses frères avec qui elle revenait de Rome recevoir de Sa Sainteté la conclusion d'un différend qu'elle avait avec le roi d'Aragon. Lorsque le pirate arriva au port, les hurlements extraordinaires de ces loups affamés firent bien juger au Père qu'ils avaient fait quelque nouvelle prise : c'est pourquoi il s'y rendit promptement, et, découvrant ces pauvres prisonniers, il s'approcha d'eux afin de mêler ses larmes avec leurs soupirs et d'adoucir leur douleur en leur témoignant le chagrin qu'il en avait, et en offrant à chacun d'eux sa liberté et sa vie pour leur délivrance. Mais quand il aperçut Thérèse, qu'il avait vue peu d'années auparavant dans la prospérité, il lui promit toute sorte d'assistance, et alla aussitôt traiter du rachat de tous ces captifs avec le pirate qui les avait amenés. Celui-ci ne sachant pas les qualités de ses esclaves, les laissa à un prix médiocre et, en ayant reçu le paiement, il les mit entre les mains du Père. Un matelot ayant découvert la qualité de cette dame et de son frère, le chef des pirates se saisit de nouveau de leurs personnes ; et, comme s'il avait été trompé par le Père, il le traita injurieusement et le menaça même de le faire mourir. Saint Pierre, pour arrêter le bruit, augmenta la rançon ; et, parce qu'il n'avait pas de quoi payer, il obtint du temps pour envoyer en Espagne chercher la somme nécessaire, à condition que les esclaves seraient mis en lieu de sûreté et qu'il aurait la liberté de les visiter. Il écrivit au roi d'Aragon, et les captifs écrivirent aussi à leurs parents ; mais la longueur qu'on apporta à faire réponse et les incommodités de la servitude, insupportables à des personnes délicates, les portèrent à chercher leur liberté à l'insu du Père ; et un juif du pays les enleva secrètement une nuit et les fit passer quelques jours après en Espagne.

Le lendemain, les pirates, ne trouvant plus le meilleur de leur butin, se saisirent du bienheureux Père, sans autre information, le chargèrent d'injures et de coups, le mirent dans une basse-fosse et le firent comparaître en justice comme un voleur, un séducteur, un faussaire et le seul auteur de la fuite des esclaves. Le cadi ou juge, ne trouvant aucune preuve contre lui, n'osa le condamner ; mais lui, désirant souffrir et craignant que l'on ne fît quelque mauvais traitement aux autres captifs, s'offrit pour être esclave à la place des fugitifs ou de ceux qu'on voudrait, pendant que le religieux qui était en sa compagnie irait en chercher la rançon en Espagne. Le pirate, avare et artificieux, voulant avoir de l'argent et se venger, aima mieux retenir en gage le religieux que le Père destinait à ce voyage et voulut que lui-même se mît en mer pour aller chercher la rançon des autres. Il fit mettre sur mer deux barques nommées tartanes : dans l'une, qui faisait eau de tous côtés, il fit embarquer le Père, avec ordre aux matelots, dès qu'ils seraient en pleine mer, de l'abandonner sans voiles ni gouvernail, et qu'au retour ils feignissent que la tempête avait perdu le vaisseau où était le chrétien. Son ordre fut exécuté, mais non pas avec le succès qu'il prétendait, parce que Dieu voulut garantir du naufrage celui qui n'allait que sous la conduite de sa grâce. L'orage que les Turcs avaient choisi pour exercer leur fureur cessa : le calme revint. Dieu même servit de guide à la tartane, et le Père, faisant mât de son corps et voile de son manteau, à la faveur d'un vent propice, traversa la mer et se rendit en peu d'heures aux côtes et enfin au port de Valence, au grand étonnement d'une infinité de monde qui le vit aborder.

Dès qu'il fut débarqué, il alla rendre grâces à Dieu en l'église de Notre-Dame *del Puche*, dont nous avons parlé ci-dessus ; il y fut suivi de tout le peuple, qui donna mille louanges à Dieu pour la merveille de ce succès et qui fit, sur l'heure, de grandes aumônes pour dégager au plus tôt le religieux et le reste des chrétiens captifs à Alger ; ils furent bientôt rachetés et amenés à Valence, où ce bienheureux Père les attendit et les reçut avec des tendresses que l'on ne peut exprimer par des paroles. Les religieux de Barcelone, ayant appris l'admirable retour de leur saint Père, l'envoyèrent supplier de les venir consoler par sa présence qui leur était très-nécessaire : il y alla ; mais, s'il leur donna cette consolation, il en reçut aussi beaucoup de voir le zèle qu'ils avaient pour se sacrifier entièrement aux œuvres de charité et chercher l'occasion du martyre. Quelque temps après, il assembla les principaux de l'Ordre pour se démettre de l'office de rédempteur, qu'on lui avait imposé, et procéder à l'élection d'un autre qui s'acquittât dignement de cette fonction : le sort tomba sur le P. Guillaume Bas. Il voulut en même temps renoncer aussi à la charge de général pour vivre le reste de ses jours en simple religieux ; mais, quelque raison qu'il alléguât pour faire agréer son dessein, personne n'y voulut consentir. Tout ce qu'il put faire par ses prières et par ses larmes, ce fut d'obtenir enfin l'élection d'un vicaire général qui le soulagerait en ses visites et dans les autres fatigues de l'Ordre ; et ce fut le P. Pierre d'Amour. Ainsi Nolasque, se voyant un peu plus libre, s'appliqua avec un nouveau zèle aux plus humbles ministères de la communauté et reprit les premiers exercices du noviciat. Entre autres choses, il se plaisait extrêmement à distribuer les aumônes aux pauvres, à la porte du monastère, parce que, durant ce temps, il avait le moyen de leur faire part de l'aumône spirituelle et de les exhorter à la patience et à l'amour de Dieu.

Il était souvent favorisé de visions célestes par lesquelles Notre-Seigneur lui faisait connaître les progrès de son Ordre et la meilleure manière de conduire ses religieux. Un samedi, qu'il assistait avec les autres au salut qui se chante le soir dans l'église, il considérait tous ses religieux, et comme il lui semblait que le nombre en était petit, tout ravi, hors de lui, il dit d'une voix intelligible et accompagnée de soupirs et de larmes : « Comment ! Seigneur, est-ce que vous serez avare envers votre mère, étant si libéral envers toutes vos créatures ? O Seigneur, si c'est mon insuffisance qui fait tarir la source de vos grâces, effacez du livre de vie ce serviteur inutile et donnez des enfants à la divine Marie ». Alors, on entendit dans l'église une voix qui prononça ces paroles : « Ne craignez pas, petit troupeau, parce qu'il a plu à votre Père de vous donner son royaume ». Ces paroles remplirent les assistants d'étonnement et le Saint d'allégresse, et il eut bientôt la consolation de voir cette promesse accomplie par l'augmentation des religieux et des monastères qui furent fondés en plusieurs endroits de la chrétienté.

Il avait toujours eu un extrême désir de faire le voyage de Rome pour y rendre ses vœux au sépulcre de saint Pierre, le prince des Apôtres, auquel il était très-dévot, parce qu'il en portait le nom. Cette dévotion se renouvela et même augmenta après l'établissement de son Ordre, et il résolut de faire le chemin les pieds nus. Un jour donc qu'il méditait sur cette entreprise, il entendit une voix qui lui dit par trois fois : « Pierre, puisque tu n'es pas venu me voir, je te viens visiter ». Et aussitôt il aperçut le prince des Apôtres au même état qu'il était quand il fut crucifié, qui lui dit : « Pierre, tous les bons désirs des justes ne doivent pas être accomplis en cette vie : j'ai voulu avoir la tête en bas à ma mort, pour faire connaître que les supérieurs doivent porter leur esprit et leur pensée aux nécessités de leurs inférieurs, à l'imitation de mon maître, qui, avant de mourir, porta sa tête à mes pieds afin de les laver ».

Depuis cette vision, il ne passait point de jour sans faire quelque dévotion particulière à saint Pierre ; ainsi il commandait à un religieux de le lier à une croix qui était au chevet de son lit, et passait des heures entières en la même posture qu'il avait vu cet apôtre. Ce qu'il pratiqua longtemps, jusqu'à ce que son père spirituel, s'apercevant que cette mortification portait un préjudice notable à sa santé, lui défendit de la continuer. Il avait une forte inclination pour la solitude ; c'est pourquoi il eût bien voulu passer le reste de ses jours au désert de Montserrat avec les autres ermites qui y vivaient, mais il en fut détourné par saint Raymond, son confesseur, qui l'assura que Dieu l'appelait à autre chose : ce conseil de son père spirituel fut confirmé par une voix qui lui disait : « Pierre, lève les yeux et regarde »; et il vit des personnes de toutes sortes de conditions qui entraient en paradis.

Il était si humble qu'il s'appelait au bas de ses lettres tantôt *Pierre Nolasque, serviteur inutile ;* quelquefois *les balayures du monde ;* d'autres fois *le vrai néant.* Et comme on lui remontra que ces titres semblaient ridicules, ou du moins peu décents à sa dignité, il répondit que les signatures étant inventées pour exprimer qui nous sommes, il se qualifiait tel qu'il voulait être estimé des autres.

Dieu l'avait favorisé de l'esprit de prophétie pour connaître les choses à venir, celles qui étaient présentes et cachées ; car il prédit, ainsi que nous l'avons vu, l'heureux succès du siége de Valence à dom Jacques, roi d'Aragon, et il reconnut que deux hommes, qui se présentaient à lui sous prétexte de lui demander l'habit de son Ordre, étaient des assassins qui venaient avec le dessein de lui ôter la vie.

Il ne fut pas seulement honoré des rois d'Aragon et d'Espagne, mais aussi du grand saint Louis, roi de France, qui, entendant parler de ses actions miraculeuses et de sa vie exemplaire, eut envie de le voir et lui fit savoir son désir. Le Saint prit occasion de lui venir baiser les mains, lorsque ce prince, pour arrêter les progrès de Raymond, dernier comte de Toulouse, fit un voyage en Languedoc environ l'an 1243. Le roi le reçut avec de grandes démonstrations de joie et le retint quelque temps en sa cour, où il lui communiqua les desseins qu'il avait pour le service de Dieu et particulièrement touchant la liberté des chrétiens qui souffraient en la Terre Sainte sous le joug des infidèles. Il contracta même avec lui une amitié particulière, et l'entretint depuis par des lettres qu'il lui écrivait souvent, recommandant ses Etats et sa personne à ses prières et à celles des religieux de son Ordre. Enfin, ce très-saint roi faisait tant d'estime des vertus et des mérites de saint Pierre Nolasque, que, se voyant sur le point de passer avec ses armées sur les terres des infidèles, il le pria, pour l'amour de Dieu, de vouloir être de la partie et de le suivre en la conquête qu'il espérait faire de la Palestine.

Notre Saint était déjà fort âgé et très-incommodé : néanmoins, comme si la pensée de cette entreprise qu'il croyait devoir être très-glorieuse lui eût donné de nouvelles forces, il sortit du lit et commença à se disposer à son voyage, mettant l'ordre nécessaire aux affaires de son monastère durant son absence. Mais les efforts de la vieillesse ne peuvent être de longue durée, surtout dans un corps que les grandes austérités n'ont pas moins cassé que l'âge. Son zèle et son extrême ardeur ne servirent qu'à le faire tomber en une plus grande faiblesse ; de sorte que, se sentant diminuer tous les jours, il se vit contraint avec douleur de se remettre au lit et se contenta de faire savoir au roi de France sa bonne volonté et le peu de forces qu'il avait pour la mettre à exécution.

Le jour de la naissance du Sauveur approchant, lorsque les fidèles conçoivent le plus de sentiments d'allégresse, les douleurs de sa maladie redoublèrent : il en fit paraître une joie particulière, étant ravi de prendre part aux souffrances de Jésus enfant couché dans la crèche. Et, quoique les médecins ne fussent pas d'avis qu'il sortît de sa cellule pour aller à l'église, il ne laissa pourtant pas de se trouver à sa place dans le chœur, sans savoir de quelle manière il y avait été porté. Le service achevé, il se leva tout seul et s'en alla en sa cellule comme si jamais il n'eût eu d'incommodités ; mais, aussitôt qu'il y fut, ses convulsions le reprirent, et les religieux, l'ayant remis sur son lit, le prièrent de leur dire comment il avait été transporté ; il fit réponse qu'il en fallait louer Dieu, Père de miséricorde et de toute consolation, et sa sainte Mère, protectrice de l'Ordre, et que c'était tout ce qu'il en pouvait dire.

L'incommodité qu'il ressentit cette nuit de Noël avança beaucoup le dernier jour de sa vie. Reconnaissant donc que sa fin était proche, il supplia qu'on lui donnât le saint Viatique. Quand il vit qu'on le lui apportait, la dévotion lui fournit de nouvelles forces ; et, sautant de son lit, il sortit de sa chambre, se traîna à genoux jusqu'à ce qu'il arrivât aux pieds de celui qui tenait le Saint-Sacrement à la main ; et là, répétant souvent ces paroles avec un grand transport de ferveur : « D'où me vient cet honneur que mon Seigneur vienne à moi ? » il tomba de faiblesse. Les religieux, le prenant sur leurs bras, le remirent dans son lit, où il reçut avec d'admirables témoignages de douceur et de consolation intérieure le corps précieux de son Dieu. Puis, faisant appeler tous les frères, il leur dit qu'il avait deux grâces à leur demander : l'une, de lui pardonner le mauvais exemple qu'il leur avait donné et sa négligence dans le gouvernement de l'Ordre ; l'autre qu'ils élussent en sa place un général, afin qu'il pût mourir avec le mérite de l'obéissance. Les religieux, préférant en cette extrémité sa consolation à la coutume des Ordres réguliers, consentirent à son désir, persuadés qu'il nommerait celui qu'il jugerait le plus propre à soutenir cette charge ; alors il déclara et assura que frère Guillaume Bas était celui que le ciel destinait pour la conduite de l'Ordre.

Les religieux, déférant à la nomination de leur saint patriarche, rendirent aussitôt au nouveau général les premiers actes d'obéissance. Lorsque le Saint se vit déchargé de ce fardeau et qu'il n'eut plus qu'à penser à l'affaire de son salut, il s'appliqua entièrement aux exercices de la dévotion ; tantôt il s'entretenait avec Dieu et avec la très-sainte Vierge ; tantôt il parlait au prince des Apôtres, d'autres fois à son ange gardien, et ses colloques étaient accompagnés des larmes d'une parfaite contrition et suivis d'extases qui le faisaient paraître comme s'il eût rendu l'âme. Une fois, entre autres, récitant le psaume L, *Miserere mei Deus*, etc., étant arrivé à ces mots : *Asperges me, Domine :* — « Oui, Seigneur, votre miséricorde me lavera dans le bain salutaire de votre sang, et je deviendrai plus blanc que la neige », il demeura si longtemps hors de lui, qu'il fut tenu pour mort, jusqu'à ce qu'enfin il reprit sa prière et continua les mouvements de sa ferveur. Le roi d'Aragon lui écrivit des lettres en cette dernière maladie, et l'évêque de Barcelone le vint voir et lui donna sa bénédiction pastorale. Ensuite le bon père, regardant ses enfants autour de son lit, et levant les yeux et les mains au ciel, leur donna la sienne, laquelle fut suivie d'une agréable odeur qui parfuma toute la chambre. Enfin, se munissant du signe salutaire de la sainte croix, il expira en leur présence, la nuit de Noël de l'an 1256, âgé de cinquante-neuf ans, ou de soixante-six, selon divers auteurs. Son corps fut inhumé dans la sépulture ordinaire des religieux, comme il l'avait ordonné ; mais, quatre-vingt-sept ans après, l'an 1343, il en fut levé par ordre du Pape et transporté dans une chapelle dédiée au Très-Saint Sacrement de l'autel, où le peuple chrétien, en honorant ses précieuses dépouilles, a souvent reçu de Dieu des grâces extraordinaires qui ont été tenues pour des miracles.

Voici comment on a représenté saint Pierre Nolasque : des *Anges* le portent au chœur pour qu'il puisse assister à l'office avec ses frères; cela suppose que le Saint était vieux ; — On place à côté de lui, comme du reste à côté de tous les saints de l'Ordre de la Merci, les armoiries d'Aragon ou plutôt de Catalogne, que les Espagnols appellent *les quatre barres sanglantes d'Aragon* : ces quatres barres sont surmontées de la croix blanche de l'Ordre. A propos des quatre barres sanglantes d'Aragon, certains héraldistes prétendent qu'après une grande bataille un de nos empereurs carlovingiens vint trouver le marquis français de Catalogne blessé grièvement dans l'action, et que trempant sa main dans le sang du guerrier, il traça sur le bouclier quatre lignes rouges, disant : Ce seront désormais vos armes. Quant à la concession du blason aragonais faite aux religieux de la Merci, elle s'explique par l'affection de Jayme 1er dont saint Pierre avait été le précepteur ; — On lui met entre les mains une branche d'olivier, symbole de sa mission de paix entre chrétiens et Musulmans : il faut avouer toutefois que cet attribut n'est point suffisamment caractéristique ; — On le peint souvent accompagné de prisonniers délivrés par lui : cachots et noires poternes, chaînes et galères peuvent figurer ici ; — A ses pieds est une cloche dans laquelle on voit une image de Notre-Dame, et sur laquelle descend une traînée lumineuse semée de sept étoiles : cela rappelle la fondation de Notre-Dame de la Merci près de Valence. Nous avons raconté le fait dans la vie du Saint ; — il tient à la main une croix à longue hampe : cette croix se donne assez souvent aux fondateurs d'Ordres religieux qui, n'étant pas abbés, n'ont pas le droit de porter crosse ; — A ce même titre de fondateur d'Ordre, on peut lui mettre le crucifix dans une main et un drapeau dans l'autre, ce dernier étant le symbole du recrutement ; — La sainte Vierge remet à Pierre Nolasque le scapulaire de Notre-Dame de la Merci.— Saint Pierre Nolasque est naturellement le patron de son Ordre : il est particulièrement honoré à Barcelone.

CULTE DE SAINT PIERRE NOLASQUE.

En 1628, le pape Urbain VIII permit aux religieux de la Merci de solenniser sa fête le 29 janvier, en récitant l'office divin et en célébrant la messe en son honneur. Par suite de cette permission, plusieurs églises cathédrales d'Espagne l'insérèrent dans leur calendrier, et en ordonnèrent l'office et la messe solennelle. Depuis, le pape Alexandre VII l'a fait mettre avec beaucoup d'éloges dans le martyrologe romain, et en a étendu l'office et la solennité à toute l'Eglise. Et Clément X, en étant supplié par la reine de France Marie-Thérèse d'Autriche, a commandé que cet office fût double. Il a été transféré du 29 au 31 janvier, qui est à présent son propre jour.

Le diocèse de Carcassonne célèbre cette fête sous le rite double majeur, et le Mas-Sainte-Puelle, privé depuis les jours néfastes de la Révolution française d'une communauté de l'Ordre de la Merci, n'en célèbre pas moins tous les ans, le 31 janvier, avec toute la pompe possible, la solennité de celui que l'office particulier à cette paroisse appelait *Saint Pierre Nolasque, fils de l'église du Mas-Saintes-Puelles*, et la population entière visite plus spécialement en ce jour les ruines du château de notre bienheureux. Enfin, comme pour marcher sur les traces du pape Clément VI, en 1343, Mgr de la Bouillerie, évêque de Carcassonne, a voulu que le 31 janvier, la paroisse du Mas-Saintes-Puelles célébrât en même temps la fête de l'Adoration perpétuelle du Très-Saint Sacrement, et celle de saint Pierre Nolasque.

Le R. P. François Zumel, général de l'Ordre de la Merci, et très-savant théologien, a écrit en latin la vie de ce saint fondateur. Ensuite d'autres l'ont composée en français, en italien et en espagnol; et ceux qui ont écrit l'histoire de l'Eglise de son temps en ont parlé avec beaucoup d'honneur. Le martyrologe d'Espagne en rapporte des choses très-dignes d'être lues par les savants. Pour en finir, j'ajoute qu'il est vrai que l'on a douté fort longtemps si saint Pierre Nolasque avait été prêtre ; mais les raisons rapportées par le R. P. Marc Salomon, général de cet Ordre et nommé à un évêché, sont entièrement convaincantes pour persuader qu'il l'a été, et qu'il célébra sa première messe dans la ville de Murcie, lorsque le roi dom Jacques en eut chassé les Mahométans.

Son Ordre s'est étendu dans toutes les provinces d'Espagne et est établi dans les meilleures villes d'Italie. Il y en a eu peu de maisons en France. Ces religieux sont les premiers prêtres qui aient passé dans l'île de Saint-Dominique, au Pérou et dans le Mexique ; ils ont été des plus zélés à annoncer l'Evangile et à travailler à la conversion des Indiens ; outre les couvents qu'ils possèdent dans le Brésil, ils ont eu jusqu'à huit florissantes provinces dans les autres parties de l'Amérique, avec un grand nombres de cures [1]. On ne peut dire le nombre de captifs que ces saints rédempteurs ont tirés des fers, de chrétiens ébranlés qu'ils ont soutenus, fortifiés et animés au martyre, d'idolâtres qu'ils ont éclairés de la lumière de l'Evangile, et de pécheurs qu'ils ont convertis. Comme leur institut les obligeait continuellement à se mettre à la merci des Turcs et des Barbares, il y en a beaucoup qui ont souffert de grands tourments et même qui ont été martyrisés pour le nom de Jésus-Christ. Plusieurs aussi se sont rendus illustres par leur doctrine, et ont été élevés à des prélatures très-considérables. Enfin, ce même Ordre s'est notablement augmenté au XVe siècle par l'érection d'une congrégation de Déchaussés de l'un et de l'autre sexe, qui, dans un grand nombre de couvents, en Espagne, en Italie et en Sicile, ont eu pour but, comme les Pères de la Merci, de racheter les chrétiens esclaves.

SAINT CYR ET SAINT JEAN,

Ste ATHANASIE, Ste THÉODOSIE, Ste THÉOCTISTE ET Ste EUDOXIE, MARTYRS

(Règne de Dioclétien.)

Cyr ou Cyrus était d'Alexandrie même ; il y exerçait la profession de médecin, guérissant les âmes des erreurs du paganisme, non moins que les corps de leurs maladies. Il fut dénoncé au gouverneur comme détournant les peuples du culte des idoles et leur persuadant d'adorer Jésus le crucifié. Le gouverneur donna ordre de l'arrêter. Le Saint se réfugia sur les frontières de l'Arabie, y changea de costume, se rasa la tête, prit l'habit de moine, et continua de guérir les corps et les âmes par la foi et la prière seules. Jean était d'une naissance illustre et occupait un poste élevé dans la milice séculière. Ayant été faire un pèlerinage à Jérusalem, il vint en Egypte, et se joignit à Cyrus, attiré par le bruit de ses guérisons miraculeuses. S'édifiant l'un l'autre, ils faisaient tous les jours de nouveaux progrès dans la vertu. La persécution ayant redoublé, trois vierges chrétiennes de Canope, consacrées à Jésus-Christ, furent arrêtées avec leur mère Athanasie, et présentées au gouverneur syrien. Saint Cyr, l'ayant appris dans sa retraite, craignit beaucoup que ces enfants, intimidées à la vue des supplices, ne vinssent à renier leur céleste époux, surtout à cause de leur grande jeunesse. Car Théoctiste, l'aînée des trois, n'avait que quinze ans, Théodosie, la seconde, en

1. Qui dit cure dit administration des sacrements à la ville comme à la campagne.

avait treize, et Eudoxie, la dernière, était dans sa onzième. Saint Cyr rentra donc dans Alexandrie, accompagné de Jean. Ils pénètrent dans la prison, ils exhortent les jeunes vierges à mettre leur confiance en Jésus-Christ, à qui elles se sont consacrées, et qui sera lui-même leur force au milieu des tourments ; ils leur inspirent ainsi un courage au-dessus de leur âge et de leur sexe. Le gouverneur l'ayant su, les fit amener tous deux devant son tribunal, ainsi que les trois vierges et leur mère. Il comptait entraîner ces dernières dans l'apostasie des deux hommes, ou les effrayer par leur supplice. Il essaya d'abord de gagner Cyr et Jean par des promesses ; leur offrit de l'argent, des honneurs, des places s'ils voulaient revenir à la religion du prince. Sur leur refus, il leur fit endurer toutes les espèces de tourments, les coups de fouet, le fer, le feu. Voyant ces deux hommes insensibles, comme s'ils avaient souffert dans un corps étranger, il les fit mettre à part, et se mit à tourmenter les jeunes vierges et leur mère. Comme elles demeurèrent inébranlables, il fit trancher la tête à la mère et aux trois filles. Après quoi il essaya de nouveau sur les deux martyrs, Cyr et Jean, toutes les espèces de promesses et de tortures, et finit par les décapiter. Les chrétiens transportèrent les corps dans l'église de Saint-Marc, et les placèrent, les trois vierges et leur mère dans un tombeau, les deux amis saint Cyr et saint Jean dans un autre. Plus tard, saint Cyrille, patriarche d'Alexandrie, transféra saint Cyr et saint Jean dans l'église des Evangélistes, sur le bord de la mer, où ils opérèrent une infinité de miracles [1].

Leurs corps furent plus tard transportés à Rome. Si donc Rome est citée dans la mention du martyrologe, c'est comme le lieu où ils sont honorés, et non comme celui de leur martyre. Il y a, dit Baronius, sur la voie de Porto, dans la région ou quartier de la basilique Saint-Paul, au-delà du Tibre, une vieille église nommée communément Sainte-Passara, mais que les anciens manuscrits appellent sainte Praxède ; on y lit ces deux vers gravés sur le marbre :

Ici brillent les saints corps de Cyr et de Jean.
Alexandrie la Grande les a donnés à Rome [2].

Sophrone, évêque de Jérusalem, prononça un beau panégyrique de ces Martyrs ; il est cité dans l'acte deuxième du concile de Nicée et par saint Jean Damascène, troisième discours sur les images.

Acta Sanctorum.

SAINT JULES ET SAINT JULIEN,

APÔTRES DES ÎLES DU LAC MAJEUR (commencement du Ve siècle).

Jules et Julien étaient frères : Jules était prêtre et Julien diacre. L'empereur Théodose ferma définitivement les temples des idoles, permit de les abattre ou de les transformer en églises, et fit appel aux hommes de bonne volonté pour aller évangéliser les contrées reculées de son empire, qui étaient devenues le dernier asile du paganisme. Les îles dont sont semés les lacs de la Haute-Italie étaient dans ce cas.

Les deux frères Jules et Julien, originaires de la Grèce, se dévouèrent à ce genre d'apostolat : ils vinrent demander leur mission au Pontife de Rome, et se dirigèrent vers le nord de l'Italie.

Les représentations qu'on a données de ces deux Saints rappellent leurs actions les plus éclatantes : ainsi on les a peints supportant de la main des édifices sacrés, car ils passent pour avoir élevé une centaine d'églises ; — ils traversent le lac d'Orta sur leurs manteaux, pour montrer la puissance de la foi aux bateliers qui leur refusaient le passage ; — saint Jules chasse d'un signe de croix des serpents qui abandonnent l'île où il allait construire sa dernière église, et se précipitent dans les eaux d'un lac. On invoque les deux Saints contre les loups, dont ils passent également pour avoir débarrassé les contrées qu'ils évangélisaient. Saint Jules est le patron spécial d'Orta, dans le Novarais.

1. Voir ci-dessus la vie de saint Cyrille : nous y parlons plus au long de cette translation.

2. *Corpora sancti Cyri renitent hic, atque Joannis,*
Quos quondam Romæ dedit Alexandria magna.

SAINT GAUD, ÉVÊQUE D'ÉVREUX (491).

Gaud ou Walde, comme écrivent quelques-uns, né à Evreux, de parents vertueux, fut soigneusement élevé par eux dans la foi chrétienne. Après la mort de saint Taurin, apôtre des Eburovices, cette église, à cause de la fureur des guerres, demeura longtemps privée d'évêque. Cependant Gaud venait souvent prier au tombeau du Saint. Il y conçut l'ardent désir de restaurer l'église et de propager la religion. Aussi, lorsque l'agitation causée par la guerre commença à s'apaiser, et que le comte Egidius eut ramené quelque tranquillité dans les Gaules par la défaite des Goths, notre Saint fit tous ses efforts pour que les fidèles, que le ravage des campagnes et la terreur des barbares avaient dispersés, revinssent dans la ville et se réunissent aux quelques prêtres ou clercs qui y étaient demeurés. Puis, s'adjoignant quelques citoyens, il se rendit auprès de Germain, archevêque de Rouen, lequel avait, trois ans auparavant, souscrit au premier concile de Tours, et il le pria instamment de vouloir bien, en sa qualité de métropolitain, pourvoir d'un pasteur une église qui en était depuis si longtemps privée. Emu des prières de Gaud, et remarquant dans son discours et dans toute sa personne un certain caractère de sainteté, l'archevêque convoqua une réunion d'évêques à Evreux, où, après une mûre délibération, il nomma, avec le commun suffrage du peuple et du clergé, Gaud pour successeur de saint Taurin, et l'ayant sacré solennellement avec le concours d'Ereptiole, évêque de Coutances, et de Sigisbode, évêque de Séez, il le fit asseoir sur le trône épiscopal.

Devenu évêque, Gaud se montra en toute occasion puissant en paroles et en œuvres, et, par ses miracles, sa doctrine et ses bienfaits, s'acquit une souveraine autorité auprès des peuples ; il s'en servit pour éteindre les restes de l'idolâtrie, construire des églises, et sustenter les pauvres jusqu'à la plus extrême vieillesse. Mais les Francs ayant ramené la guerre, le pieux prélat, qui était brisé par les travaux, craignant de ne pouvoir plus porter le fardeau de l'épiscopat, fit élire et ordonner à sa place le prêtre Marusion, dont il connaissait bien la vertu. Cela fait, on rapporte qu'il se choisit une retraite sur le penchant d'une colline, à quatre milles seulement de la ville, pour satisfaire au désir du peuple, qu'il eût affligé en s'éloignant davantage. Il existe encore au même endroit une chapelle nommée Sainte-Marie-de-Gaud.

Mais à cause de la multitude des visiteurs qui venaient le trouver là, il s'en alla au pays de Coutances et se fixa dans la solitude de Scicy, près de Granville, port de mer important de cette région. Cette solitude était alors habitée par plusieurs ermites, tels que saint Pair, saint Senier, saint Aroaste et saint Scubilion. Peu de temps après, il s'y reposa dans une sainte mort, plein d'années et de bonnes œuvres, le 31 de janvier 491. Son corps fut découvert pour la première fois l'an 1131, avec accompagnement de miracles, dans l'église paroissiale de Saint-Pair, avec cette inscription : *Ici repose le bienheureux Gaud, évêque d'Evreux*, laquelle avait été gravée sur son tombeau par Richard, évêque de Coutances. Il avait été enterré dans l'oratoire de Saint-Pair ou Paterne, avec lequel il avait travaillé à la conversion des idolâtres. Enfin, l'an 1664, le 11 de novembre, Eustache, évêque de Coutances, fit faire solennellement la levée de ses reliques. Trois chanoines d'Evreux, députés par le chapitre, assistaient à cette solennité. On leur céda un os de la jambe du saint évêque pour être apporté à leur église, où il est honoré jusqu'ici avec un grand respect.

Godescard ajoute que, en 1760, M. Lefebvre du Quesnoy, évêque de Coutances, donna un os entier du bras du même Saint à l'église paroissiale d'Acquigny, diocèse d'Evreux, en mémoire de ce qu'il y avait reçu l'onction épiscopale en 1750.

Propre d'Évreux. — Voir le *Supplément*, pour plus de détails sur les reliques.

SAINT POUANGE, SOLITAIRE A TROYES (fin du VIe siècle).

Il appartenait à la religion chrétienne de faire deux sœurs de l'innocence et de la pénitence. S'il faut en croire l'écusson qui surmonte la statue du Bienheureux dans l'église qui porte son nom près de Troyes, Pouange (Potamius), était un seigneur à qui sa fortune permettait les plaisirs de la chasse. Selon toute apparence, il habitait Troyes ou les environs : Pouange oublia quelque temps son Dieu et tomba dans une grande faute. La grâce de Dieu toucha bientôt son cœur, et loin de résister à ses inspirations salutaires, il embrassa généreusement les rigueurs d'une austère pénitence. Il ne crut pas trop faire que d'aller jusqu'à Rome implorer son pardon, sur le tombeau même des saints Apôtres.

A son retour de Rome, il résolut de passer le reste de ses jours dans une solitude complète. Il se retira à six kilomètres environ de Troyes et s'abrita sous une humble et pauvre chaumière. Il partageait son temps entre le travail et l'oraison, et, pour faire expier à son corps le péché dont le souvenir remplissait son âme d'une vive amertume, il portait sur la peau nue un rude cilice dont il dérobait la vue par une légère tunique : sa nourriture était de l'eau et du pain auxquels il ajoutait quelques herbes crues.

Son corps fut enseveli dans un oratoire voisin, placé sous le vocable de saint Marc, et qui depuis a pris le nom de Saint-Pouange. On l'y conserva religieusement jusqu'au XVIe siècle, mais alors, les hérétiques ne reculèrent pas devant un horrible sacrilége ; ils le brûlèrent et jetèrent ses cendres au vent.

Le seul monument qui reste aujourd'hui de saint Pouange est une fort belle statue, conservée dans l'église qui lui est consacrée. Elle est ornée à sa base d'un écusson..... *portant en chef deux cors de chasse*, emblème de sa noble condition, *et en pointe un coquillage*, souvenir de son pèlerinage à Rome.

Saint Pouange est le patron secondaire de la paroisse qui porte son nom ; sa fête s'y célèbre le 31 janvier.

Hagiographie de M. Defer.

SAINT NICET, VINGT-TROISIÈME ÉVÊQUE DE BESANÇON (613).

Saint Nicet ou Nizier, vingt-troisième évêque de Besançon, succéda à saint Sylvestre II, vers l'an 590. Par lui, le siége épiscopal fut rétabli dans la ville de Besançon, d'où, après la destruction de cette ville par Attila, il avait été transféré dans la petite ville de Nyon, sur les bords du lac Léman. L'église de Besançon était dans une situation déplorable : la province n'était pas encore relevée du passage d'Attila ; la métropole sortait à peine de ses ruines ; l'hérésie arienne s'était introduite dans le pays à la suite des Bourguignons ; le paganisme n'avait pas disparu entièrement et la simonie régnait parmi les clercs. Saint Nicet n'avait pas seulement à gouverner son église : il avait encore à la reconstruire. A force de vertus, il fut à la hauteur de sa tâche. Son désintéressement et sa charité étaient remarquables ; il avait coutume de dire qu'il faut obéir à Dieu et commander aux richesses. Le second concile de Mâcon, souscrit par son prédécesseur, prescrivait la charité aux clercs et leur défendait le luxe. Il fut d'autant plus facile à Nicet d'imposer ces ordonnances à ses clercs, qu'il les observait lui-même très-fidèlement. Dieu lui avait accordé une éloquence souple et facile, et il était très-assidu à la prédication. Il était d'une prudence rare, d'une volonté forte et d'une douceur exquise. En même temps que saint Nicet arrivait au gouvernement de l'église de Besançon, saint Colomban venait s'établir dans les Vosges, où il fondait la grande abbaye de Luxeuil. Lorsque les constructions furent terminées, saint Nicet, sur l'invitation de saint Colomban, en alla faire la bénédiction solennelle. Saint Nicet fut aussi en relation avec un autre contemporain encore plus illustre, le pape saint Grégoire le Grand. Saint Colomban ayant été chassé de Luxeuil par la reine Brunehaut, saint Nicet le reçut dans sa fuite et lui accorda une généreuse hospitalité jusqu'à ce qu'un nouvel ordre de la reine le forçât de quitter Besançon. Saint Nicet sortit de ce monde le 8 février 613, après avoir occupé le siége de Besançon pendant vingt-quatre ans. On célébra d'abord, sous le rite double, la mémoire de saint Nicet. Maintenant cette fête se fait le 31 janvier[1]. On honore avec une grande dévotion la mémoire de saint Nicet, dans la paroisse de Mailley (Haute-Saône), dont l'église est sous le vocable de ce saint évêque. L'église d'Augerans, dans l'arrondissement de Dôle, est aussi consacrée au même Pontife. Sous le régime féodal, le seigneur d'Augerans réglait lui-même la manière dont les jeunes gens devaient se récréer le jour de la fête de *Monsieur saint Nicet*.

1. Tiré de la *Vie des Saints de Franche-Comté*, par les professeurs du collége de Saint-François-Xavier.

SAINTE VIERGUE, VIERGE.

Sainte Viergue est appelée vulgairement sainte Vierge[1], et c'est le titre vénérable que porte une église paroissiale à une lieue au nord de Thouars (Deux-Sèvres), dans le diocèse de Poitiers. C'est dans cette même église que la bienheureuse Viergue fut enterrée près le grand autel : sous la pierre du tombeau, on voit sculptée une quenouille, munie d'une poignée de chanvre avec son fuseau, pour marquer qu'elle était bergère. Au reste, l'église dans laquelle elle repose a depuis longtemps reçu d'elle le nom qu'elle porte, puisque, par sa fondation même, elle portait le titre de *Notre-Dame des Hauts-Bois*, dans les Gaules. Les Hauts-Bois est le nom que portait le pays avant celui de Sainte-Verge. C'est ainsi que le raconte du Saussay à la fin du martyrologe de France.

Sainte Viergue était une simple bergère, qui se sanctifia comme sainte Germaine Cousin et d'autres par les vertus obscures d'une piété dont ses miracles révélèrent l'éminence sur son tombeau même. Ce tombeau fut vénéré dans l'église paroissiale jusqu'à la Révolution de 1793, qui le renversa et dissipa ses cendres. Ce qui reste de son tombeau dans l'église du village de Sainte-Verge, qui compte à peu près de 1,000 à 1,200 habitants, se réduit peu à peu en poussière, les fidèles la râclant pour en mêler les débris à l'eau d'une fontaine qui porte le nom de la Sainte, dans le parc du château voisin. Ce breuvage est donné contre la fièvre. La Sainte aurait vécu sur le bord même de cette fontaine, qui est à 100 mètres de l'église et qui maintenant porte également son nom ; la source paraît miraculeuse, car par les années de grande sécheresse elle coule toujours avec une invariable régularité, alors que les puits eux-mêmes tarissent.

Le peuple croit encore dans cette contrée que sainte Viergue était une grande demoiselle que les persécutions de sa famille forcèrent de s'aller cacher dans les bois, où une vache la nourrit longtemps de son lait, qu'elle lui apportait chaque jour. Sa fête se fait dans la paroisse le 7 janvier.

Ceci date d'une époque reculée, sans qu'on puisse constater le temps précis. L'église dans laquelle sainte Viergue a été enterrée, probablement par les religieux habitant le cloître y attenant, est du XIe siècle, et avait pour titulaire Notre-Dame avant les miracles opérés sur le tombeau de la Sainte : le tombeau lui-même paraît être du XIIIe ou du XIVe siècle.

D'après les archives poitevines, le corps de cette bienheureuse fut transporté dans l'église abbatiale de Saint-Vincent de Metz, témoin Meurisse, évêque suffragant de Théodoric, quarante-septième évêque, en son livre III des évêques de Metz (970). Nous avons fait les recherches les plus actives pour savoir ce qu'il en était de cette translation. Sainte Viergue est complètement oubliée à Metz, et le fait de la translation paraît controuvé à un hagiographe très-compétent de l'Est de la France, M. le chanoine Guillaume, aumônier de la chapelle ducale de Nancy, que nous avons consulté à ce sujet. Il existe dans le canton de Dieuze, diocèse de Nancy, une paroisse nommée Vergaville. D'aucuns ont pensé que cette localité avait emprunté son nom à la sainte du Poitou dont les reliques auraient enrichi une abbaye qui s'élevait autrefois sur le territoire de Vergaville et sur l'emplacement de laquelle la charrue se promène depuis longtemps. Or, si l'on remonte à la charte de fondation de cette abbaye, on voit que le lieu où elle s'éleva s'appelait, avant la fondation même qui eut lieu au Xe siècle : *Widirgodesdorf*, c'est-à-dire la vierge du village. Et de fait la sainte vierge était la patronne principale de l'abbaye.

M. L'abbé Auber, *chan. historiogr. du dioc. de Poitiers*, et M. Gouin, *curé de Sainte-Verge* : celui-ci a bien voulu nous traduire une ancienne légende d'un *Propre de Poitiers*.

LA BIENHEUREUSE LOUISE D'ALBERTONE (1534).

L'an de notre Rédemption 1474, Louise naquit à Rome d'Etienne d'Albertone et de Lucrèce de Thébalde, personnes des plus illustres par la noblesse du sang, mais plus illustres encore par leur piété chrétienne. Saintement élevée par ses parents, et prévenue des bénédictions de Dieu, à mesure qu'elle croissait en âge, on voyait briller en elle la pureté du cœur, la paix intérieure, des mœurs

1. *Alias*, Verge, Virgana, Virginie. — Sainte-Verge est le nom de la commune et de la paroisse où a vécu la Sainte.

candides, la modestie, l'innocence, l'humilité, la piété, une grande compassion pour les pauvres, une inclination étonnante aux choses spirituelles et divines ; ornée de toutes ces vertus, elle était le modèle accompli des vierges. Ses parents la donnèrent en mariage à Jacques de Cithara, jeune homme aussi noble que riche. Son désir eût été de garder la virginité, mais elle se résigna à ce mariage pour ne pas contrarier la volonté de ses parents. Dans l'état conjugal, elle ne fit que croître en vertus, attentive en tout à plaire à Jésus, son bien-aimé. Foulant aux pieds la vaine pompe et le luxe du siècle, vêtue modestement, elle recherchait volontiers tout ce que le faste du monde rejette comme choses viles et méprisables.

Elle mit tout son soin à élever, dans l'amour et la crainte de Dieu, trois filles que la bénédiction de Dieu lui donna. A l'âge de trente-trois ans, elle eut à supporter, ce qu'elle fit avec une admirable patience, la perte de Jacques, son époux, à qui l'unissaient les plus solides liens d'un chaste amour. Devenue, par cet événement douloureux, maîtresse d'elle-même à la fleur de l'âge, elle n'usa de sa liberté que pour s'occuper plus assidûment du service de Dieu, et pour choisir un genre de vie plus étroit, plus rigoureux et plus humble. C'est pourquoi elle reçut, avec de grands sentiments de dévotion, l'habit du Tiers Ordre de Saint-François, dans l'église des Frères-Mineurs, consacrée à ce grand Saint. Une fois entrée dans cet état de pénitence, il est difficile de rapporter ce qu'elle souffrit de douleurs pour la gloire de Dieu, combien de marques glorieuses de sainteté elle fit paraître. Elle déclara à sa chair une guerre acharnée, et, à force de flagellations, de cilices et d'autres moyens de pénitence, elle en fit l'esclave parfaitement soumise de l'esprit. Elle retenait ses sens dans les bornes de la modestie chrétienne, sans les en laisser jamais sortir. Elle avait pour habitude de se tenir attachée au Christ suspendu à la croix. Elle méditait assidûment les cruelles amertumes de la Passion, et la douleur qu'elle y puisait était si gra[illegible] larmes qu'elle versait si abondantes, que peu s'en fallut qu'elle ne perdît la vue dans la continuité de ses pleurs.

Elle quittait avant le jour le sac qui lui servait de lit, et, à peine levée, elle commençait sa méditation. Elle était très-assidue dans la visite des sept basiliques de Rome, ainsi qu'à la consolation des affligés. Dans sa sollicitude pour le salut du prochain, elle n'omettait rien pour être utile à tous. Parmi toutes les excellentes qualités de Louise, il n'y en avait pas de plus éclatante que sa charité envers les pauvres. Tous les grands revenus de son riche patrimoine, elle les distribua généreusement et les répandit parmi les pauvres. Dans la pratique de la charité, elle oubliait si peu l'humilité qu'elle s'étudiait à tenir cachée la main qui faisait tant d'aumônes. Dans les pains qu'elle donnait pour être distribués par le sort aux pauvres, elle cachait des pièces d'or et d'argent, et elle priait Dieu de faire arriver les plus grosses sommes aux mains des plus nécessiteux. On dit que jamais aucun pauvre ne s'éloigna d'elle emportant un refus. Lorsqu'elle eut tout dépensé ses biens à nourrir les pauvres de Jésus-Christ, et à marier les filles des pauvres, Louise ne conserva plus pour elle-même que la pauvreté. Réduite à la dernière indigence, devenue l'imitatrice véritable du Christ, c'est alors qu'elle reçut le don des miracles et des extases ; mais elle tomba bientôt gravement malade, souffrit assez longtemps, et le jour de sa mort, qu'elle avait annoncé, étant arrivé, elle se munit des sacrements de l'Eglise, et, les lèvres collées sur un crucifix, elle expira en disant : Entre vos mains, Seigneur, je remets mon esprit, à l'âge de soixante ans, le 31 de janvier. Son corps repose dans l'église de Saint-François des Rives du Tibre, et sa fête se célèbre tous les ans en grande solennité au milieu d'un grand concours de peuple.

Bréviaire franciscain. — V. pour plus de détails notre *Palmier séraphique.*

FIN DU MOIS DE JANVIER.

MOIS DE FÉVRIER

PREMIER JOUR DE FÉVRIER

MARTYROLOGE ROMAIN.

La naissance au ciel de saint IGNACE [1], évêque et martyr, qui gouverna l'église d'Antioche, le troisième après l'apôtre saint Pierre ; condamné aux bêtes pendant la persécution de Trajan, il fut, par l'ordre de ce prince, envoyé enchaîné à Rome, où, après avoir été tourmenté très-inhumainement et de diverses manières, en présence du sénat tout entier, il fut exposé aux lions [2], qui le broyèrent sous leurs dents, et en firent une victime de Jésus-Christ. 107. — A Smyrne, saint Pione, prêtre et martyr, qui, après avoir composé des apologies de la foi chrétienne, fut jeté dans une prison infecte, où, par ses exhortations, il encouragea de nombreux fidèles à subir dignement l'épreuve du martyre ; il endura ensuite d'horribles tourments, fut percé avec des clous et attaché sur un bûcher ardent, où il finit heureusement sa vie pour Jésus-Christ. Quinze autres martyrs souffrirent avec lui. 251. — A Ravenne, saint SÉVÈRE, évêque, qui fut élu, pour ses mérites éclatants, sur l'indication d'une colombe. 389. — En Gaule, dans la ville de Trois-Châteaux, saint PAUL, évêque, dont la vie a éclaté en vertus, et dont la mort est précieuse en miracles. Ve s. — Le même jour, saint EPHREM, diacre de l'église d'Edesse, qui, après beaucoup de travaux accomplis pour la foi du Christ, se reposa en Notre-Seigneur, sous l'empereur Valens, illustre par sa sainteté et sa doctrine. 378. — En Ecosse, sainte BRIGITTE, vierge, qui, ayant touché le bois de l'autel, en témoignage de sa chasteté, le fit sur-le-champ reverdir. 523. — A Castel-Florentin, en Toscane, sainte Véridienne, vierge recluse, de l'Ordre de Vallombreuse [3]. 1242.

MARTYROLOGE DE FRANCE, REVU ET AUGMENTÉ.

A Poitiers, saint Lienne (*Leonius*), prêtre, compagnon de saint Hilaire dans son exil et dans ses glorieux travaux pour la défense de la foi catholique. Vers la fin du IVe siècle. Sa fête se célèbre à Poitiers, le 13 février [4]. — Au diocèse de Bourges, saint Chartier, prêtre et confesseur, qui a donné son nom à une ville du Berri. VIe s. — Dans la ville d'Aoste, sur la Doire, saint Ours, prêtre [5].

1. Le panégyrique de saint Ignace d'Antioche fut prononcé à l'occasion de la translation des reliques du Martyr de Rome à Antioche.

2. On a pu remarquer que le supplice d'être livré aux bêtes revient souvent dans le Martyrologe. C'était un supplice que les lois réservaient aux condamnés de la plus vile condition. Or, les chrétiens étaient généralement traités comme tels, quelle que fût leur qualité. Saint Cyprien, évêque de Carthage, qui était très-distingué par sa naissance, dit, en parlant de lui-même, dans son épître LVe au pape Corneille : *Toties ad leonem petitus in circo : Tant de fois demandé dans le cirque pour être exposé aux lions;* et encore : *Clamore populorum ad leonem denuò postulatus in circo : Moi, récemment demandé pour le lion dans le cirque par les clameurs populaires.* Le cri populaire était : *Christiani ad leonem : les chrétiens au lion;* il y avait aussi une variante : *Christiani ad bestias : les chrétiens aux bêtes.* On tournait donc contre les chrétiens toute la sévérité des lois communes, toute l'iniquité des lois exceptionnelles sans leur laisser le bénéfice d'aucune. Ils étaient hors la loi.

3. Les Camaldules et les Franciscains se disputent l'honneur d'avoir donné cette Sainte au ciel : appuyés sur le Martyrologe romain et sur les Bollandistes, nous croyons qu'il faut, pour rendre à chacun son bien, la maintenir aux Camaldules. Nous donnerons la vie de sainte Véridienne plus loin.

4. Voyez ce jour. — 5. Voir au 17 juin.

VIe s. — A Quimper, saint Trajan ou Tuian, abbé de Braspart. VIe s. — Au diocèse de Valence, en Dauphiné, sainte GALLE, vierge. VIe s. — A Corbie, saint PRÉCORD, dont le corps ayant longtemps reposé à Vély, au diocèse de Soissons, fut transféré en ladite abbaye, l'an 940 environ. VIe s. — A Terrasson, en Périgord, sur la rivière de Vezère, aux frontières de Limousin, saint SOUR ou SORE, solitaire, particulièrement vénéré par le roi Gontran, et par le saint abbé Subran qui se trouva à ses obsèques. VIe s. — Au Puy, en Velay, saint AGRÈVE (*Agripanus*), évêque et martyr, qui défendit la religion chrétienne avec une vigueur apostolique contre les idolâtres, les ariens et les sectateurs d'Helvidius, et, prêchant l'Evangile, fut enfin décapité par le commandement de la dame du lieu, qui était païenne, en un endroit nommé alors Chimac, et qui a pris le nom du Saint. Avec lui fut aussi tué saint Ursicin, son serviteur, qui a donné son nom à une église du diocèse. Leurs corps sont honorés à Notre-Dame du Puy. VIIe s. — A Metz, saint SIGEBERT, roi d'Austrasie, dont le corps fut trouvé sans corruption plus de quatre cents ans après sa mort : il avait d'abord été enseveli dans l'église de l'abbaye Saint-Martin, fondée par lui. Cette abbaye ayant été détruite pendant les guerres du XVIIe siècle, les reliques de saint Sigebert furent transférées dans l'église Notre-Dame de Nancy [1]. 656. — A Sens, le vénérable Evrard, archevêque, honoré à Sainte-Colombe [2]. 888. — A Saint-Paul-Trois-Châteaux, saint TORQUAT, évêque, à qui cette ville est redevable de sa parfaite conversion au christianisme. Son corps, qui fut transporté en Vivarais, a été brûlé, ainsi que celui de saint Josserand, religieux du monastère de Cruas, par les hérétiques Calvinistes, fêté également en ce jour. — A Lille, en Flandre, saint EUBERT, évêque et confesseur, qui, étant venu de Rome avec saint Quentin, saint Crépin, saint Crépinien et d'autres, sous l'empire de Dioclétien, prêcha glorieusement en ce pays-là le mystère de Jésus-Christ et y mourut en paix chargé de mérites et de trophées. Vers la fin du IIIe siècle. — A Rennes, en Bretagne, saint Aubert (*Albertus*), moine de Landevennec, chapelain des religieuses de Saint-Sulpice, près de Rennes. 1129. — A Rouen, saint SÉVÈRE ou SEVER, évêque d'Avranches, dont les saintes dépouilles reposent dans la grande église de Notre-Dame de cette métropole. Vers la fin du VIIe siècle. — En Bretagne, saint JEAN DE LA GRILLE, évêque de Saint-Malo, qui avait été chanoine régulier et abbé de Sainte-Croix de Guingamp. Il s'employa beaucoup à la réforme de plusieurs monastères, il introduisit les religieux de Saint-Victor, de Paris, dans sa cathédrale. On a les lettres qu'il écrivit à saint Bernard. 1170. — A Seligenstadt, dans l'ancien archevêché de Mayence, saint Clair, moine et ermite [3]. 1043.

MARTYROLOGES DES ORDRES RELIGIEUX.

Martyrologe de l'Ordre Séraphique. — A Pileo, près d'Anagni, dans les Etats de l'Eglise, le bienheureux ANDRÉ, des comtes de Ségni, confesseur, de l'Ordre des Mineurs, illustre par sa renommée de sainteté, par ses miracles et, en particulier, par sa vertu à mettre en fuite les esprits immondes ; son corps repose au même lieu, dans l'église de Saint-Laurent de son Ordre, et il n'a pas cessé d'y recevoir les hommages des fidèles. — La naissance au ciel, etc.

Martyrologe de l'Ordre de Saint-Augustin. — La commémoraison des pères, des mères, des frères, des sœurs, des familiers et des proches de notre Ordre. — La naissance au ciel, etc.

Martyrologe de la Congrégation de Vallombreuse. — A Castel-Florentin, en Toscane, la bienheureuse Véridienne, vierge recluse. 1242.

ADDITIONS FAITES D'APRÈS LES BOLLANDISTES ET AUTRES HAGIOGRAPHES.

A Illibéris [4], saint Cécile, évêque, un des apôtres de l'Espagne, envoyé, ainsi que ses compa-

1. L'endroit où était située l'abbaye Saint-Martin conserve encore aujourd'hui le nom de *ban Saint-Martin*, que les désastres de l'armée française de Metz, en 1870, ont tristement rendu célèbre.

2. D'une ancienne famille de Sens, il fut moine et prévôt de l'abbaye de Sainte-Colombe, et obtint, par son mérite, de succéder à Ansegise sur le siége épiscopal de cette ville. Il fut sacré le 28 avril 884. Sous son pontificat, les Normands vinrent porter la désolation dans son diocèse. Ils assiégèrent Sens pendant six mois en 886, sans pouvoir triompher de la résistance des Sénonais ; mais, avant de se retirer, ils brûlèrent l'abbaye de Saint-Remi et rasèrent les monastères de Notre-Dame et de Saint-Gervais. Une maladie de langueur conduisit Evrard au tombeau le 1er février 888. On l'inhuma dans l'église de Sainte-Colombe, au milieu de la chapelle Saint-Martin, où il est honoré le 1er février.

3. La littérature faisait ses délices : il renonça à ce plaisir et se retira, avec la permission de ses supérieurs, dans une cellule, près du monastère de Seligenstadt, où il passa trente ans, livré à la contemplation. Il fut honoré du don de prophétie. A sa mort, quatre moines entendirent les chœurs d'allégresse des Anges. Tous le suivirent la même année dans l'éternité bienheureuse.

4. *Illiberis.* On n'est pas d'accord sur la traduction qu'il faut donner de ce nom de ville. Les uns disent Collioures, les autres Elne, les autres Elvire. Les deux premières de ces villes sont dans le Roussillon français (département des Pyrénées-Orientales). Elvire, connue par le Concile qui y fut tenu en 305, est maintenant si ruinée, qu'on ne connaît même pas son emplacement : quelques-uns pensent que Grenade s'est élevée sur ses décombres. Les Bollandistes se prononcent pour Elvire.

gnons, par saint Pierre et saint Paul, et mort dans cette ville [1]. Ier s. — Les saints évêques Polycarpe et Sévérien qui ont probablement occupé le siége de Brague, en Portugal, au IIe s. — A Monte-Falco, en Ombrie, saint Sévère, évêque de cette ville, qui a laissé son nom à Castel-San-Severo où il fonda un ermitage et reposa en paix dans le Seigneur. Vers 445. — En Afrique, les saints Publius, Saturnin, Maurien, Libose, Vincentia et vingt-quatre autres, martyrs, mentionnés dans le martyrologe de saint Jérôme. Et ailleurs, les saints martyrs Victor, Lucien, Apollinaire, Hilaire, Ammon, Zotique, Cyriaque et Eugène. — En Grèce, saint Carion, martyr, qui eut la langue coupée ; saint Théion et ses deux enfants, également martyrs. — A Lucques, saint Emile, officier romain, dont le corps fut retrouvé en cette ville, l'an 1200. — A Ravenne, avec l'évêque saint Sévère, mentionné ci-dessus, sainte Vincentia, son épouse, et sainte Innocentia, vierge, leur fille. 390. — En Orient, saint Timothée, dont on ne sait rien, sinon qu'il n'eut rien tant à cœur que la gloire de Dieu. — A Antioche, saint Pierre le Galate, ermite, qu'il ne faut pas confondre avec saint Pierre de Galatie, moine, fêté le 9 octobre. Théodoret, qui a écrit l'histoire de sa vie, dit que, après avoir visité les lieux saints, Pierre alla se fixer dans les solitudes d'Antioche de Syrie. Sa vie ne fut qu'un tissu de miracles. Il vécut quatre-vingt-dix-neuf ans et mourut en 429. — En Irlande, sainte Cinnie ou Kinnie, vierge, qui fut consacrée par saint Patrice, et dont le père fut ressuscité par le même pour être baptisé [2]. Ve s. — En Bithynie, saint Vendimien, ermite, disciple de saint Auxence, anachorète. Vers l'an 500. — En Ecosse et en Irlande, sainte Dardulaque ou Darludaque, vierge, qui fut guérie par sainte Brigitte. 524. — A Thessalonique, saint Basile, évêque de cette ville et auparavant de Crète. Il était particulièrement estimé du pape Nicolas Ier et remplit auprès de ce Pontife une mission de confiance de la part du patriarche de Constantinople, saint Ignace, qui avait été supplanté par Photius de fatale mémoire. — A Cham, dans le canton de Zug, un saint évêque belge, dont on ne connait pas le nom : il se rendait comme pèlerin à Rome, lorsqu'il mourut en ce lieu, au pied de l'autel après avoir achevé la célébration de la sainte messe. Les pèlerins et même les hérétiques l'invoquaient contre la phthisie, les fièvres des enfants, et la fièvre lente nommée en médecine fièvre hectique. Vers 870. — A Fiésole, en Toscane, sainte Brigitte, vierge, distincte de la Sainte du même nom, fêtée le même jour et qui fut religieuse en Irlande. Elle était née en Irlande, mais elle alla terminer sa carrière mortelle près de son frère saint André, archidiacre de Fiésole. On raconte que celui-ci ayant désiré voir sa sœur, elle se trouva tout à coup transportée en Italie. Fin du IXe siècle. — A Hohenwart, en Bavière, le bienheureux Wolfhold, prêtre. Vers l'an 1100. — En Espagne, le bienheureux Raimond, abbé, fondateur de l'Ordre de Calatrava [3]. 1163. — A Padoue, le bienheureux Antoine le Pèlerin, de la noble famille des Manzi, qui, en cinq ans, visita tous les lieux saints. 1267.

FÊTES MOBILES DE FÉVRIER.

Le vendredi après le premier dimanche de Carême, FÊTE DES SAINTES ÉPINES DE LA COURONNE DE NOTRE-SEIGNEUR JÉSUS-CHRIST.

Le vendredi après le deuxième dimanche de Carême, FÊTE DE LA LANCE ET DES CLOUS DE NOTRE-SEIGNEUR JÉSUS-CHRIST.

Le vendredi après le troisième dimanche de Carême, FÊTE DU SAINT-SUAIRE DE NOTRE-SEIGNEUR JÉSUS-CHRIST.

Le vendredi après le quatrième dimanche de Carême, FÊTE DES CINQ PLAIES DE NOTRE-SEIGNEUR JÉSUS-CHRIST.

Le dernier dimanche après l'Epiphanie, FÊTE DE LA BIENHEUREUSE VIERGE MARIE, sous le titre de REFUGE DES PÉCHEURS.

Le mercredi après la Septuagésime, FÊTE DE LA PRIÈRE DE NOTRE-SEIGNEUR JÉSUS-CHRIST SUR LE MONT DES OLIVIERS.

Le mercredi après la Sexagésime, COMMÉMORAISON DE LA PASSION DE NOTRE-SEIGNEUR JÉSUS-CHRIST.

En certains diocèses, le vendredi après le quatrième dimanche de Carême, FÊTE DU TRÈS-PRÉCIEUX SANG DE NOTRE-SEIGNEUR JÉSUS-CHRIST.

Le vendredi après le dimanche de la Passion, TRANSFIXION DE LA BIENHEUREUSE VIERGE MARIE.

1. Voir le Martyrologe romain au 15 mai.

2. Voir ce miracle et beaucoup d'autres dans le tome V des *Annales hagiologiques de France*, publiées par M. Barthélemy ; vie de saint Patrice.

3. Voir sa notice au 30 avril.

SAINT IGNACE, PATRIARCHE D'ANTIOCHE,

MARTYR

107 ou 116. — Pape : saint Evariste. — Empereur : Trajan.

Ce glorieux martyr ouvre dignement la marche des Saints et des Saintes qui passeront devant nous dans le cours du mois de février, comme un pontife auguste à la tête de son clergé.

Siméon Métaphraste et Nicéphore, parlant de saint Ignace, assurent qu'il fut ce petit enfant que Notre-Seigneur Jésus-Christ mit au milieu des Apôtres, lorsque pour leur donner une leçon d'humilité, il leur dit : « Que s'ils ne ressemblaient à de petits enfants, ils n'entreraient jamais dans le royaume des cieux ». Quelques autres auteurs attribuent cet honneur à saint Martial, qui a depuis été évêque de Limoges. Mais, quoi qu'il en soit, il est constant que notre Saint a eu une très-grande familiarité avec les premiers disciples de Notre-Seigneur, particulièrement avec saint Jean l'Evangéliste, dont même il a été le disciple. Il fut élu évêque d'Antioche après Evode qui avait succédé à l'apôtre saint Pierre ; et Eusèbe de Césarée, Socrate et après eux Baronius, disent que c'est lui qui a le premier institué les chantres en l'Eglise, et la manière de dire l'office divin par versets, et à deux chœurs; une grande multitude d'esprits bienheureux lui apparurent, qui chantaient les louanges de la sainte Trinité en se répondant alternativement, sur divers tons qu'ils donnaient à leurs hymnes célestes. Le saint Prélat, pensant que l'Eglise, qui combat sur la terre, devait tâcher d'être semblable à celle qui triomphe dans le ciel, établit des chantres dans son église d'Antioche, selon le modèle qui lui avait été montré dans la céleste Jérusalem.

La huitième année de son règne, Trajan, vainqueur des Daces et de quelques autres peuples du Nord, passa en Orient, portant la guerre chez les Parthes. Il fit une pompeuse entrée dans Antioche, accompagné des dignitaires et des grands corps de l'Etat.

Antioche, autrefois magnifique séjour des rois Séleucides, qui l'avaient fondée, fut, sous la domination des Romains, souvent visitée par leurs empereurs. Elle était, après Rome et Alexandrie, la ville la plus populeuse de l'Empire, et, à raison de sa situation et de ses relations commerciales, regardée comme la capitale de l'Orient. Dans un autre ordre d'idées, elle n'avait pas une moindre importance. Dès les premières prédications de l'Evangile, elle avait donné un éclatant exemple à toute la gentilité, en embrassant la foi avec empressement, et, depuis, elle s'y était de plus en plus attachée. C'était dans Antioche que le Prince des Apôtres avait d'abord fixé son siége. D'Antioche, le nom chrétien s'était répandu dans tout l'univers. Son église, la plus nombreuse de toutes, était, à l'arrivée de Trajan, gouvernée depuis quarante ans par Ignace, surnommé Théophore, l'évêque le plus vénéré de l'Asie.

Trajan, pendant son séjour à Antioche, voulut remettre en honneur le culte des faux dieux. Il leur offrit des sacrifices solennels pour les remercier de ses succès passés, et les rendre favorables à sa nouvelle expédition. Ignace avait prévu le danger dont le menaçait la présence de l'empereur; mais il n'avait voulu ni fuir ni se cacher, espérant que par son sacrifice il sauverait son troupeau. Il ne s'était pas trompé. Signalé à l'empereur, celui-ci le fit comparaître dans une audience solennelle, en présence du sénat; et, d'un ton qui s'accordait mal avec sa réputation de douceur et de bienveillance, il lui fit subir l'interrogatoire suivant :

« Est-ce toi », lui dit-il, « mauvais démon, qui oses violer mes ordres et en inspirer aux autres le mépris, en insultant à nos dieux? — Nul autre que vous, prince, n'a jamais appelé Théophore un mauvais démon », répondit Ignace. — « Et qu'entends-tu par ce mot Théophore? — Celui qui porte Jésus-Christ dans son cœur. — Tu portes en toi le Christ? — Oui, parce qu'il est écrit : J'habiterai en eux et je marcherai toujours avec eux. — Penses-tu que nous ne portions pas aussi nos dieux dans notre âme, ces dieux que nous remercions de leurs bienfaits, et que nous invoquons dans nos entreprises? — Des dieux! ce ne sont que des démons. Il n'y a qu'un seul Dieu, qui a créé le ciel et la terre; il n'y a qu'un Jésus-Christ, le Fils unique de Dieu, dont le règne n'a point de fin. Si vous le connaissiez, ô empereur! votre trône serait mieux affermi. — Laissons cela; veux-tu, Ignace, te rendre agréable à ma puissance, et être compté au nombre des amis de l'empereur? Change de sentiments, sacrifie aux dieux, et aussitôt, que ceux-ci le sachent bien, je te fais pontife du grand Jupiter, et tu seras appelé père du sénat. — Qu'importent ces honneurs à moi, prêtre du Christ, qui lui offre chaque jour un sacrifice de louanges, et me dispose à m'immoler à lui? — A qui? A ce Jésus qui fut mis en croix par Ponce-Pilate? — Oui, et qui crucifia avec lui le péché, et vainquit le démon, qui en est l'auteur. — Tu avoues donc que ton Dieu est mort », lui objectèrent quelques-uns des sénateurs, « et alors comment peux-tu l'adorer? Nos dieux, au contraire, sont immortels. — Jésus-Christ, éternel comme Dieu, s'est fait homme pour sauver les hommes. C'est pour eux qu'il est mort sur une croix; mais il est ressuscité le troisième jour, et puis remonté aux cieux, d'où il était venu, et dont il nous a rouvert l'entrée. Qui osera affirmer qu'aucun de ceux que vous rangez au nombre de vos dieux ait jamais rien fait de semblable et puisse lui être comparé? Après s'être rendus célèbres par leurs turpitudes ou leurs crimes, ils ont subi la mort, qui en était la juste peine; ils sont morts, et ils ne sont pas ressuscités ».

La sagesse des sages était déconcertée. Trajan, irrité, fit enchaîner et conduire en prison l'intrépide défenseur du Christ. La nuit ne porta pas conseil, ou plutôt elle en porta un funeste. Le lendemain, Trajan ayant fait encore appeler Ignace : « Sacrifie aux dieux », lui dit-il, « afin d'éviter les tourments et la mort. — A quel dieu sacrifierai-je? » reprit Ignace : « sera-ce à Mercure le voleur? à Mars, qui, à raison d'un crime infâme, fut condamné aux fers pour trente mois? — Je suis coupable de te laisser blasphémer contre nos dieux qui ne t'ont fait aucun mal. Sacrifie-leur à l'instant, sinon je ne t'épargnerai pas. — Je ne sacrifierai point; je ne crains ni les tourments ni la mort, parce que j'ai hâte d'aller à Dieu ». La dignité impériale se crut engagée dans ce débat; elle crut venger son honneur en condamnant à un supplice cruel et éclatant celui qui avait osé lui résister. Trajan prononça cette sentence : « Nous ordonnons qu'Ignace, qui se glorifie de porter en lui le Crucifié, soit mis aux fers et conduit sous bonne garde à la grande Rome pour y être exposé aux bêtes et servir de spectacle au peuple ». Quelle douceur dans un prince dont on a tant loué l'humanité! quelle société que celle à laquelle il fallait de tels amusements!

L'empereur courut aux conquêtes, le chrétien au martyre. Au départ du bienheureux prélat, il n'y eut point de fidèle qui ne versât des larmes : lui seul avait le cœur plein d'allégresse; ses ouailles pleuraient la perte d'un si aimable pasteur, et lui, avec un maintien grave et constant, les exhortait à mettre toute leur espérance en la protection du souverain Pasteur, qui n'abandonne jamais son troupeau. Il se mit lui-même les fers aux pieds et se livra gaiement aux soldats qui le devaient emmener. C'étaient des hommes cruels et si avares que pour tirer de l'argent des chrétiens ils le maltraitaient exprès, abusant ainsi de la libéralité des fidèles qui épuisaient tous leurs moyens afin de racheter le saint prélat de leur injuste vexation. Il alla par terre jusqu'à Séleucie, et de là, par mer, à Smyrne; cette ville avait pour évêque Polycarpe, qui avait été autrefois son ami et son condisciple à l'école de saint Jean, leur maître; aussi reçut-il de sa charité toutes les assistances et la consolation qu'il pouvait espérer d'un parfait ami en Jésus-Christ. Il y fut aussi visité par tout le peuple de Smyrne, qui eut une extrême satisfaction d'entendre les discours qu'il fit pour porter les chrétiens à persévérer dans leur fidélité.

Les habitants de la ville de Smyrne ne furent pas les seuls qui rendirent ce devoir au saint Martyr; toutes les églises d'Asie envoyèrent leurs évêques et leur clergé pour le voir, comme leur père spirituel et le directeur général de leurs consciences. On ne pouvait voir un si saint homme persécuté sans verser des larmes; mais lui, bien loin d'en être touché, lorsqu'il prit congé des fidèles qui fondaient en pleurs, les pria d'obtenir de Dieu la grâce de n'être point épargné des lions, mais d'en être déchiré avec toute la cruauté possible.

Mais ces pensées ne sont pas entendues des gens du monde et de ceux qui s'attachent aux plaisirs de la vie. Il faut un esprit céleste et divin pour comprendre les sentiments de ce grand homme transformé en Jésus-Christ.

Ce qu'il appréhendait surtout, c'étaient les prières et le trop grand amour des Romains pour lui. Ayant donc trouvé à Smyrne des chrétiens qui allaient directement à Rome, il leur donna pour ceux de la capitale une lettre qui n'a, pour ainsi dire, d'autre but que de les conjurer de ne pas retarder par leurs prières l'exécution de son martyre. Dans l'inscription de cette épître, on peut voir un témoignage illustre de la primauté de l'Eglise romaine. Quand le saint martyr écrit aux fidèles des autres villes, il dit, en y ajoutant beaucoup de louanges : A l'Eglise qui *est* à Ephèse, à l'Eglise qui *est* à Magnésie, à l'Eglise qui *est* à Smyrne. Mais aux Romains son langage est différent : A l'Eglise qui *préside* dans le pays de Rome. Rien n'est plus généreux, plus édifiant que cette lettre aux Romains; rien ne peint mieux cet amour passionné du martyre qui caractérise cet âge héroïque du Christianisme, que celle qu'il écrivit aux Romains pour leur annoncer sa prochaine arrivée :

« Dieu s'est rendu à mes prières; j'ai enfin obtenu de sa bonté de pouvoir jouir de votre présence. Chargé de chaînes pour l'amour de Jésus-Christ, j'espère, dans peu, être auprès de vous. Si, après avoir si heureusement commencé, je suis jugé digne de persévérer jusqu'à la fin, je ne doute pas que je n'entre bientôt en possession de l'héritage qui m'est échu par la mort de Jésus-Christ. Mais je crains votre charité; je crains que vous n'ayez pour moi une affection trop humaine. Vous pourriez peut-être m'empêcher de mourir; mais, en vous opposant à ma mort, vous vous opposeriez à mon bonheur. Si vous avez pour moi une charité sincère, vous me laisserez aller jouir de mon Dieu. Je ne puis, pour vous être agréable, consentir à éviter le supplice qui m'est préparé. C'est à Dieu seul que je veux plaire. Vous-mêmes vous m'en donnez l'exemple. Je n'aurai jamais une occasion plus heureuse de me réunir à lui, et vous ne sauriez en avoir une plus belle d'exercer une bonne œuvre. Vous n'avez qu'à demeurer en repos. Si vous ne m'arrachez pas des mains des bourreaux, j'irai rejoindre mon Dieu. Mais si vous écoutez une fausse compassion, vous me renvoyez au travail et vous me faites rentrer dans la carrière. Souffrez que je sois immolé tandis que l'autel est dressé. Rendez grâces à Dieu de ce qu'il a permis qu'un évêque de Syrie fût transporté des lieux où le soleil se lève, pour perdre la vie en une terre où cet astre perd sa lumière. Que dis-je? je vais renaître à mon Dieu. Obtenez-moi par vos prières le courage qui m'est nécessaire pour résister aux attaques du dedans, et pour repousser celles du dehors. C'est peu de paraître chrétien si on ne l'est en effet. Ce qui fait le chrétien, ce ne sont pas de belles paroles ni de spécieuses apparences; c'est la grandeur d'âme, c'est la solidité de la vertu.

« J'écris aux églises que je vais à la mort avec joie. Laissez-moi servir de pâture aux lions et aux ours. Je suis le froment de Dieu. Il faut que je sois moulu sous leurs dents pour devenir un pain digne de Jésus-Christ. Depuis que j'ai quitté la Syrie, n'ai-je pas à combattre contre les bêtes farouches? La terre et la mer sont témoins de leur fureur et de ma patience. Ce sont dix léopards sous la figure de dix soldats, auprès desquels je suis enchaîné et qui sont d'autant plus cruels, que ma douceur fait plus pour les apprivoiser. Leurs mauvais traitements m'instruisent, mais ne suffisent pas pour me justifier.

« En arrivant à Rome, j'espère trouver les bêtes prêtes à me dévorer. Puissent-elles ne point me faire languir! J'emploierai d'abord les caresses pour les engager à ne me point épargner; si ce moyen ne réussit pas, je les irriterai contre moi et je les forcerai à m'ôter la vie. Pardonnez-moi ces sentiments; je sais ce qui m'est avantageux. Je commence à être un vrai disciple de Jésus-Christ. Rien ne me touche, tout m'est indifférent, hors l'espérance de posséder mon Dieu. Que le feu me réduise en cendres, que j'expire sur une croix d'une mort lente; que, sous la dent des tigres furieux et des lions affamés, mes os soient brisés, mes membres meurtris, tout mon corps broyé; tous les démons se réuniraient-ils pour épuiser sur moi leur rage, je souffrirai tout avec joie, pourvu que je jouisse de Jésus-Christ. La possession de tous les royaumes saurait-elle me rendre heureux? Ne m'est-il pas infiniment plus glorieux de mourir pour mon Dieu que de régner sur toute la terre? Mon cœur soupire après celui qui est mort pour moi; mon cœur soupire après celui qui est ressuscité pour moi. Laissez-moi imiter les souffrances de mon Dieu. Ne serait-ce pas m'empêcher de vivre que de m'empêcher de mourir?

« Si, arrivé près de vous, j'avais la faiblesse de vous faire paraître d'autres sentiments, ne me croyez pas. N'ajoutez foi qu'à ce que je vous écris maintenant; car c'est dans une entière liberté d'esprit que parle aujourd'hui mon cœur. Et quel autre langage pourrais-je tenir à la vue de mon amour crucifié? J'entends au fond de mon cœur une voix qui me crie sans cesse : Ignace, que fais-tu ici-bas? Va, cours, vole dans le sein de ton Dieu. Les viandes les plus exquises, ni les vins les plus délicieux n'ont plus de saveur pour moi. Le pain que je veux est le corps sacré de Jésus-Christ, et le vin que je désire est son sang précieux, ce vin céleste qui excite dans l'âme le feu vif et immortel d'une charité incorruptible. Je ne tiens plus à la terre, et je ne me regarde plus comme vivant parmi les hommes. Priez, demandez, obtenez pour moi la paix, qui ne se donne qu'au bout de la carrière. Si je souffre pour Jésus-Christ, ma mémoire vous sera chère ; mais si je me rends indigne de souffrir, quoi de plus odieux pour vous que mon nom ?

« Souvenez-vous dans vos prières de l'église de Syrie, qui, dépourvue de pasteur, tourne ses yeux et ses espérances vers Celui qui est le souverain pasteur de toutes les Eglises. Que Jésus-Christ daigne en prendre la conduite pendant mon absence; je la confie à sa Providence et à votre charité.

« Je vous salue en esprit; toutes les églises qui m'ont reçu au nom de Jésus-Christ vous saluent aussi. Je n'ai pas été pour elles un étranger. J'en ai pour preuve la charité toute chrétienne avec laquelle elles m'ont fait accompagner dans les villes qui se sont trouvées sur ma route.

« Des Ephésiens de considération et de mérite vous remettront cette lettre. A l'égard de ceux qui sont partis de Syrie pour Rome, vous m'obligerez de leur faire savoir que je suis proche. Ce sont des personnes dignes de la protection de Dieu et de vos soins. Vous leur rendrez tous les bons offices que mérite leur vertu ».

Il eut encore le temps d'écrire à quelques autres églises, entre autres à celle d'Ephèse, qui avait député vers lui son évêque Onésime, un des plus distingués de l'Eglise primitive, dont Ignace fait un éloge tout particulier. C'était probablement le même que cet esclave de Philémon que convertit saint Paul, et qu'il établit ensuite évêque de Bérée. Au reste, les évêques accourus au-devant du martyr, dans leur empressement pour sa personne, préludaient, ainsi que Polycarpe, à leur propre martyre. Ignace s'arracha bientôt à leurs embrassements; plusieurs fidèles se joignirent à ceux qui l'avaient accompagné de Syrie et s'embarquèrent avec lui.

Il reçut à Troade des nouvelles qui le comblèrent de joie, et bien capables d'affermir son courage. La considération de son généreux sacrifice avait mis fin à quelques divisions suscitées par les faux frères dans l'église d'Antioche. En même temps la persécution, contente d'avoir frappé le pasteur, avait épargné le troupeau. Trajan, par politique autant que par humanité, ne voulait pas s'attaquer à la foule et multiplier les victimes. Pressé par le départ du vaisseau, le saint écrivit à la hâte à Polycarpe, et le pria d'être son interprète auprès des diverses églises dont les députés étaient venus saluer son passage pendant son séjour à Philippes de Macédoine. Les fidèles conçurent une telle vénération pour ses sentiments et sa doctrine, que plusieurs d'entre eux se rendirent auprès de l'évêque de Smyrne, son ami et son confident, pour recueillir toutes les lettres de l'évêque d'Antioche. Ces lettres, reçues avec respect par tout le peuple chrétien, étaient lues dans les assemblées saintes avec celles des Apôtres.

Il avait compté débarquer à Pouzzoles, et arriver ainsi au terme de son voyage sur les traces mêmes de l'Apôtre des nations ; mais un vent contraire poussa le vaisseau jusqu'au port d'Ostie. Les fidèles de Rome accoururent en foule à sa rencontre. Ils l'accueillirent avec des transports de joie, auxquels succéda bientôt la triste pensée qu'ils ne le possédaient que pour le perdre. Déjà ils formaient le projet de chercher à gagner le peuple, afin qu'il demandât, comme c'était déjà arrivé quelquefois, grâce pour la vieillesse de la victime. Mais le Saint, connaissant leurs pensées, les conjura avec tant d'instances de ne pas différer l'heure de sa délivrance, qu'ils s'associèrent à ses sentiments, et, tous étant tombés à genoux, il pria au milieu d'eux pour la fin de la persécution, la paix de l'Eglise et l'union entre tous ses enfants. Les soldats qui le conduisaient le livrèrent au préfet de la ville, avec la copie de son arrêt. Celui-ci attendit un jour de fête solennelle pour le produire en public, suivant la volonté de l'empereur. Le Martyrologe romain dit que le Saint souffrit beaucoup d'autres tourments avant d'être exposé dans l'amphithéâtre; et Adon, en son Martyrologe, ajoute qu'il eut tout le corps rompu avec des fouets plombés; que ses côtes furent grattées avec des ongles de fer et des pierres pointues et tranchantes; qu'on jeta du sel et du vinaigre sur ses plaies récentes, et qu'il fut tenu en prison trois fois vingt-quatre heures sans boire ni manger. Il fut donc mené au lieu du supplice [1], ayant le visage rayonnant de joie et le cœur plein de consolations de ce qu'il allait endurer pour Jésus-Christ, et voyant que tous les assistants avaient les yeux arrêtés sur lui, il leur tint ce discours : « Ne pensez pas, ô Romains qui assistez à ce spectacle, que je sois condamné aux bêtes pour avoir commis quelque crime; non, c'est parce que je veux aller à Dieu dont l'amour m'embrase ». Disant cela, il entendit rugir les lions qui venaient déjà vers lui; et alors, avec un transport causé par le zèle de sa foi, il dit hautement : « Je suis le froment de Jésus-Christ, je serai moulu par les dents des bêtes et réduit en farine pour être un pain agréable à mon Seigneur Jésus-Christ ». A peine achevait-il ces dernières paroles, qu'il fut jeté à terre et dévoré par les lions comme il en avait prié son souverain Seigneur. Ces cruels animaux ne touchèrent pas à ses os : il n'y eut que sa chair de déchirée et qui servit de pâture à leur rage, comme la constance du Martyr, de spectacle au peuple assemblé. C'était le 20 septembre 107 ou 116.

Les Actes du martyre de saint Ignace ont été écrits par trois de ses disciples qui l'accompagnèrent à Rome, et furent les témoins oculaires de son supplice. Voici la manière touchante dont ils terminent leur récit :

« Nous assistions les yeux baignés de larmes à ce triste spectacle : la nuit suivante, retirés dans la maison d'un chrétien, nous laissâmes nos pleurs couler avec nos prières. Prosternés, nous demandâmes au Seigneur de nous faire connaître par quelque signe l'issue de ce combat. Epuisés de fatigue, le sommeil nous gagna; Ignace nous apparut. Quelques-uns d'entre nous le virent dans la gloire et leur tendant les bras pour les serrer sur son cœur. A d'autres, il apparut dans l'attitude de la prière, intercédant auprès du trône de Dieu pour son église. Enfin, quelques autres le virent couvert de sueur et comme sortant d'un laborieux combat se présenter en vainqueur devant Dieu..... »

Saint Antonin dit que saint Ignace fut seulement étouffé par les lions, et non pas dévoré; et que, sentant les morsures de ces bêtes, il avait toujours eu à la bouche le très-saint nom de Jésus, qu'il appelait à son secours. On lui demanda pourquoi il invoquait souvent ce nom : « C'est », répondit-il, « qu'il est gravé dans mon cœur et que je ne le puis oublier ». En effet, après qu'il fut mort, on lui ouvrit le cœur et on y trouva écrit en lettres d'or le très-saint nom de Jésus.

Aussitôt après la mort de saint Ignace, il arriva un grand tremblement de terre à Antioche : une partie de la ville fut ruinée, plusieurs personnes tuées, et beaucoup d'autres fort maltraitées. L'empereur même se trouva en grand péril et ne fut sauvé que par la Providence divine, qui voulait se servir de lui pour faire cesser la persécution contre les chrétiens; car, depuis, il commanda qu'ils ne fussent plus recherchés à cause du Christianisme. Il est vrai qu'il les déclara inhabiles à toutes les charges de la répu-

1 Le Colysée, d'après la tradition.

blique ; mais il voulut qu'on les laissât vivre en paix et en liberté, après s'être assuré que c'étaient des hommes paisibles et qui n'étaient ni vicieux, ni ennemis de son empire. De sorte que nous pouvons dire que saint Ignace fut utile à l'Eglise de Dieu pendant sa vie et après sa mort.

On représente saint Ignace d'Antioche avec une harpe près de lui, écoutant un concert céleste, parce que, comme nous l'avons dit, il aurait réglé le chant religieux en Syrie, d'après ce qu'il avait entendu exécuter par les Anges.

Le peintre espagnol Ribera a fait un grand tableau plein de fougue du martyre de saint Ignace. Plusieurs artistes du XVIe siècle ont peint la scène de l'amphithéâtre. Un lion lui ouvre la poitrine avec sa griffe et l'on aperçoit le nom de Jésus écrit en caractères éclatants sur son cœur, par allusion, sans doute, à son nom de *Théophore*, *Porte-Dieu*.

Le monogramme de Jésus-Christ et une harpe, tels sont donc les principaux attributs de saint Ignace.

Une miniature du Ménologe grec représente la cérémonie de la translation de ses reliques de Rome à Antioche. On y remarque le cercueil renfermant les saintes reliques soutenu par deux ecclésiastiques. Un évêque tenant un livre et un encensoir, accompagné de prêtres portant des torches, est près d'entrer dans la ville.

RELIQUES ET ÉCRITS DE SAINT IGNACE.

Ses saintes reliques, ayant été recueillies par les chrétiens avec beaucoup de vénération, furent mises en terre hors de Rome. De là, elles furent portées à Antioche et déposées hors de la porte de Daphné ; quelques siècles après, du temps de Théodose, elles furent transférées dans la ville avec une solennité extraordinaire ; les peuples chez qui passait ce dépôt sacré le recevaient, d'après saint Chrysostome, en grande cérémonie et avec de belles processions. Enfin, elles ont été rapportées à Rome, lorsque, sous le règne d'Héraclius, Antioche tomba au pouvoir des Sarrasins, vers 638. Elles sont maintenant dans l'église de saint Clément, pape et martyr, et à Saint-Jean de Latran [1]. Depuis, un des bras de cet illustre martyr est venu en notre France ; on le conservait soigneusement en la célèbre abbaye de Saint-Pierre de la Vallée, de l'Ordre de Saint-Benoît, près de la ville de Chartres. Il y avait aussi quelques parcelles de ses ossements chez les chanoines réguliers d'Arouaise, près de Bapeaume, en Artois, chez les Bénédictins de Liessies en Hainaut, etc.

Ce glorieux patriarche et généreux martyr de Jésus-Christ écrivit quelques lettres dignes d'admiration ; la lettre aux Romains, que nous venons de reproduire, est un chef-d'œuvre. Saint Jérôme en cite sept qui sont certainement de lui : le tableau de l'Eglise naissante s'y trouve merveilleusement dépeint, et les mœurs des chrétiens de ce siècle d'or parfaitement rapportées avec la discipline ecclésiastique et les traditions apostoliques. Il y emploie une éloquence céleste et angélique pour exhorter les fidèles à les observer, comme émanant de l'autorité de Notre-Seigneur Jésus-Christ, par le ministère des Apôtres. Il y fait mention de tous les Ordres de l'Eglise, et enseigne quel respect on doit porter et quelle obéissance on doit rendre aux personnes ecclésiastiques, et surtout au caractère et à la dignité des évêques. « Le prince », dit-il, « obéit à l'empereur, et les soldats aux princes, les diacres aux prêtres, et le reste du clergé, comme aussi tout le peuple, les soldats, les princes et l'empereur même obéissent à l'évêque, et l'évêque à Jésus-Christ ». Il avait coutume de mettre à la fin de ses lettres, comme pour servir de sceau, *Amen Gratia*, ainsi que l'écrit le pape saint Grégoire. Les épîtres de saint Ignace étaient de si grande autorité, que saint Polycarpe en fit un recueil. Saint Irénée en fait mémoire. Saint Athanase, saint Jérôme, Eusèbe, Théodoret et d'autres Pères en parlent avec beaucoup de respect et de vénération. Outre ces épîtres, quelques-uns en ajoutent encore cinq, dont les SS. PP. ne font point mention, bien qu'ils reconnaissent les autres. Saint Bernard, Denis le Chartreux et d'autres auteurs modernes, cités par Canisius, citent encore une lettre de saint Ignace à Notre-Dame, et une autre de Notre-Dame à saint Ignace, et les considèrent comme véritables, avec deux autres à saint Jean l'Evangéliste ; mais il est plus probable qu'elles sont supposées, aussi bien que ces cinq autres, que les savants soutiennent n'être point de lui.

Il y a des reliques du Saint aux Ursulines d'Amiens, à Mailly, au Mont-Saint-Quentin et à Montreuil.

1. Dans cette même église, saint Grégoire le Grand a prêché, et l'on voit la chaire où il s'est assis.

SAINT PAUL, ÉVÊQUE DE TROIS-CHATEAUX

Mort au commencement du ve siècle.

Felix qui non habuit animi sui tristitiam.
Heureux celui qui n'est point triste en son âme.
Eccli., XIV, 2.

Né à Reims, en Champagne, de parents chrétiens et craignant Dieu, Paul donna de bonne heure des marques de sa sainteté future. Il ne se livrait jamais tout entier aux amusements de son âge ; il était humble et obéissant ; il soulageait la misère des pauvres « selon son petit pouvoir »; il fuyait soigneusement la compagnie des libertins, et, comme Job, il renouvelait chaque jour le pacte qu'il avait fait avec ses yeux, de ne rien regarder qui pût allumer ses passions. Marié à l'âge de dix-huit ans avec une fille noble, « ce chaste Joseph fit consentir son épouse à vivre avec lui dans une entière et perpétuelle virginité ». Une irruption de barbares ayant jeté l'épouvante dans leur pays, « nos deux jeunes colombes, pour éviter la cruauté de ces vautours », prennent la fuite, et forment le projet de se retirer dans quelque solitude. Ils arrivent à Lyon, sous la conduite de la Providence, s'embarquent sur le Rhône, avec leur mère qui les a suivis, et se dirigent vers la ville d'Arles. N'y trouvant pas de lieu assez désert, ils se retirent sur une montagne voisine de Saint-Remy, où l'on voit encore aujourd'hui une église qui porte le nom de notre saint Paul.

C'est là que Paul vécut « ignoré des hommes, connu seulement de Dieu et de ses anges ». Pour gagner sa vie, celle de sa femme et de sa mère, il fut obligé de cultiver un champ, en qualité de serviteur à gages. Il pensait ensevelir sa vie dans cette obscure retraite, mais Dieu en avait disposé autrement. Un jour qu'il conduisait sa charrue au pied de la montagne, une troupe d'envoyés l'aborde au nom de la ville de Trois-Châteaux, où plusieurs personnes pieuses avaient connu ses vertus par révélation. Ils lui demandent son nom. « Je m'appelle Paul », répondit-il avec simplicité. — « Vous êtes donc celui que nous cherchons. — Et pourquoi me cherchez-vous ? — Pour vous apprendre que le peuple et le clergé de notre église vous ont choisi pour leur évêque. — Moi ! pour leur évêque ? Allez, mes amis, allez ; je ne suis pas le Paul que vous cherchez. Ne voyez-vous pas que je ne suis qu'un pauvre laboureur ? — Nous savons ce que vous êtes, mais nous savons aussi que Dieu vous destine à devenir notre premier pasteur. C'est vous que nous désirons : nous n'en voulons point d'autre ». Paul n'en peut croire ses oreilles : tel Abdolonyme, surpris dans son jardin, qu'il sarclait près de Sidon, par les envoyés de Parménion, qui lui offraient une couronne et un trône au nom d'Alexandre. Souriant de la prétendue méprise des envoyés, il prend la verge sèche et aride dont il se sert pour conduire ses bœufs, et s'écrie en l'enfonçant dans la terre : « Voyez-vous cette verge ? Quand elle produira des feuilles et des fleurs, je vous crois, j'accepte l'offre que vous me faites ». Dieu le prit au mot ; à l'instant la verge se couvrit de verdure et de fleurs. Ce prodige comble de joie les envoyés, et d'étonnement Paul, qui adore la volonté divine, et, interdit, accepte par obéissance ce qu'il refusait par humilité.

Informée de l'événement, sa vertueuse épouse bénit le Seigneur et se retira dans un monastère d'Arles, où elle mourut en odeur de sainteté. Pour lui, il fut reçu comme en triomphe dans la ville de Trois-Châteaux. Il se laissa, en tremblant, consacrer prêtre et évêque. Il passa la nuit suivante dans la prière et les larmes pour obtenir de Dieu la rémission de ses péchés, et un ange vint lui annoncer qu'ils lui étaient pardonnés. Ce saint évêque fit un bien immense à son peuple par ses instructions, et surtout par ses exemples de modestie, de foi, de charité. Il prit part au concile de Valence (374), qui rétablit la discipline ecclésiastique dans cette province. On lit son nom parmi les autres Pères du concile, à la fin des canons qu'ils y dressèrent, et de la lettre synodale qu'ils écrivirent au clergé de Fréjus, au sujet d'Accepte, évêque élu de cette ville.

A son retour de ce concile, il confondit par un prodige éclatant la fourberie d'un juif qui lui réclamait une somme d'argent prêtée, disait-il, à Torquat, prédécesseur de notre Saint, et non remboursée. Pour découvrir la vérité, il se met en oraison, et, plein de cette foi dont il ne faut qu'un grain pour transporter les montagnes, il s'approche du tombeau de saint Torquat, revêtu de ses habits pontificaux, le touche de son bâton pastoral, et lui commande, de la part de Dieu, de dire s'il a payé le juif ou non : une voix répond du fond du sépulcre que le juif a été payé. Tout le monde cria au miracle, et l'on put distinguer la perfidie d'avec la loyauté.

Ce saint évêque gouverna son église près de quarante ans, et mourut au commencement du vᵉ siècle. Ses saintes reliques ont disparu, enlevées, les uns disent en 1535, par le comte de Lamarche, les autres en 1561, par les Huguenots. Ce fut à la même époque, probablement, que disparut la verge miraculeuse qui avait fleuri à l'élection de saint Paul et qui était religieusement conservée à Saint-Remy.

Saint Paul est le patron de l'église et de l'ancien diocèse de Trois-Châteaux. Dans cette ville, tous les ans, le 1er février, jour de la fête de notre Saint, on porte solennellement à la procession, en mémoire du miracle que nous avons raconté, une verge, appelée dans ce pays *aiguillado*, entourée de rubans, de verdure et de fleurs d'amandiers, ou de toutes autres fleurs quand celles-là font défaut.

Pour cette vie, nous avons suivi et quelquefois reproduit l'*Histoire hagiologique de Valence*, par M. l'abbé Nadal.

SAINT ÉPHREM, DIACRE D'ÉDESSE ET CONFESSEUR

378. — Pape : saint Damase. — Empereur : Théodose le Grand.

Benedico te .... quia castigasti me.
O mon Dieu, je vous bénis, parce que vous m'avez châtié. *Tob.*, XI, 17.

Edesse était distinguée entre les villes d'Orient par la piété de ses habitants et par les saints solitaires qui florissaient sur son territoire : tels furent saint Ephrem dont nous allons parler, saint Barsès, saint Euloge, saint Aphraates, saint Julien surnommé Sabas, et tant d'autres éminents en vertus.

Saint Isidore de Séville croit que cette ville fut fondée par Nemrod, et qu'elle porta d'abord le nom de Jaré, ou Arach, comme dit saint Jérôme. Elle reçut le nom d'Edesse lorsqu'elle fut rebâtie par Séleucus, premier roi de Syrie, à cause d'une ville du même nom en Macédoine. Elle fut la capitale de l'Osrhoëne, et eut longtemps ses rois particuliers, qui se qualifiaient princes d'Edesse, ou de l'Osrhoëne. Ils prenaient tous le nom d'Augare ou Abgare, qui signifie *le Grand*. Le second de ce nom régnait du temps de Jésus-Christ : Eusèbe l'appelle un très-puissant prince des nations d'au-delà de l'Euphrate. Il dit que ce fut lui qui écrivit à Jésus-Christ, et en reçut une lettre, où il lui promit de lui envoyer un de ses disciples qui le guérirait de ses maux, et lui donnerait la vie à lui et aux siens. C'est ce qu'on trouvait dans les archives publiques d'Edesse. En effet, après l'ascension du Sauveur, saint Thomas y envoya saint Thadée, l'un des soixante-douze disciples, qui guérit ce prince, fit beaucoup de miracles, et instruisit les habitants des mystères de la foi chrétienne.

Si quelque chose peut nous certifier ce récit d'Eusèbe, dont tous les savants ne conviennent point, c'est que cette ville peut être comptée entre celles qui embrassèrent le plus tôt le christianisme. Ses habitants se signalèrent par leur zèle et leur constance dans le temps des persécutions. Saint Chrysostome nous apprend que sous l'empereur Dioclétien, quelques saintes d'Antioche s'y retirèrent comme dans le lieu le plus digne de leur servir de refuge et de port. L'empereur Julien ayant passé l'Euphrate pour aller en Perse, refusa d'y entrer et la laissa à gauche, donnant pour raison qu'elle était toute chrétienne ; et du temps de la persécution de Valens, empereur arien, on compta autant de confesseurs de la divinité de Jésus-Christ, qu'il y avait de personnes tant hommes que femmes et enfants.

Mais ce qui acquit encore une grande gloire à cette ville que Rufin appelle la ville des peuples fidèles, c'est d'avoir servi pendant plusieurs années de théâtre au zèle et à la piété du très-célèbre saint Ephrem.

Il n'emprunta aucun éclat de ses parents, si l'on en juge selon les maximes du siècle ; car il nous apprend lui-même que ses ancêtres étaient des étrangers qui vinrent à Nisibe, en Mésopotamie, où il prit naissance, et qu'ils y vécurent du travail de leurs mains et des aumônes qu'on leur faisait. Ses aïeux s'avancèrent un peu plus ; ils cultivèrent les champs, et son père et sa mère, qui vivaient dans la même condition, possédèrent quelques terres aux environs de la ville. Mais dans cet état, qui ne présentait aucun titre de distinction aux yeux du monde, ils en avaient un qui les distinguait excellemment aux yeux de Dieu ; car ils étaient unis par le sang à des martyrs, et eux-mêmes avaient confessé le nom de Jésus-Christ devant les juges, dans la persécution de Dioclétien.

Ce fut donc de parents si respectables selon la religion que naquit saint Ephrem, sous le règne du grand Constantin, ou même un peu auparavant. S'il ne trouva pas dans sa maison les trésors périssables de la terre, il put beaucoup s'y enrichir des trésors célestes, par les instructions et les exemples de piété qu'il eut de ceux dont il avait reçu la vie. Il trouvait également dans ses voisins de quoi s'édifier dans la piété, et les récits qu'on lui faisait de tant de souffrances que les saints avaient endurées dans la persécution, et dont la mémoire était toute récente, ne pouvaient que l'animer à s'y soutenir, ainsi que les maximes de la sainte Ecriture, dont ses parents prirent soin de le nourrir spirituellement.

Cependant, dans la confession qu'il a faite des fautes de sa jeunesse, il s'accuse de beaucoup de défauts qu'il avait dès lors, comme d'être un querelleur et un envieux, toujours prêt à se mettre en colère pour les moindres choses. Il dit aussi qu'il avait douté de la Providence, et avait presque été persuadé que les événements de la vie n'arrivent que par hasard. Il déplore encore une action qu'il attribue à sa malice, et dont Dieu ne tarda pas de le punir, pour lui faire connaître que rien n'échappe à sa sagesse et à sa justice.

« Mes parents », dit-il, « m'envoyèrent un jour, lorsque j'étais encore jeune, à la campagne. En y allant je passai par la forêt, où je vis sur le soir une vache d'un pauvre homme qui était pleine et prête à mettre bas, et qui paissait tranquillement. Je pris des pierres et je me mis à la poursuivre longtemps, jusqu'à ce qu'elle tomba et mourut ; de sorte que les bêtes la dévorèrent dans la nuit. Je rencontrai ensuite le pauvre à qui elle appartenait, qui me demanda si je ne l'avais point vue ; mais je ne lui répondis que par des injures ».

Telles furent les fautes de sa jeunesse dont il s'accusait en présence des frères quand il eut embrassé la vie monastique, et qu'il déplora toujours amèrement. Mais si l'on considère qu'il parle de tous les états de sa vie, comme de celle d'un très-grand pécheur, et qui avait sujet de craindre plus qu'aucun autre la sévérité des jugements de Dieu, on trouvera que, quoiqu'il ne fût pas innocent, surtout en occasionnant la mort de cette vache, on pouvait aussi l'attribuer plutôt à une simple saillie de jeunesse, et à une envie de se divertir en faisant courir cet animal, sans songer à ce qui en arriverait, qu'à une malice affectée de lui nuire.

Quoi qu'il en soit, le Saint nous raconte ensuite comment Dieu l'en punit, et comment il lui fit connaître qu'il châtie les hommes pour les crimes qu'ils peuvent bien cacher quelquefois aux autres hommes, mais qui ne le sont jamais à ses yeux divins. En effet, environ un mois après qu'il eut fait cette faute, ses parents l'ayant de nouveau envoyé à leur maison des champs, la nuit le surprit, et un berger l'invita à s'arrêter chez lui ; mais ce berger s'étant enivré, des loups entrèrent dans la bergerie pendant qu'il dormait et dispersèrent le troupeau. Ceux à qui il appartenait se saisirent d'Ephrem ainsi que du berger, le lièrent et le menèrent devant le juge, l'accusant d'avoir fait entrer pendant la nuit des voleurs dans la bergerie qui avaient enlevé leur troupeau ; et il y a apparence que le berger le leur avait fait croire ainsi pour se disculper lui-même.

Nonobstant les serments que fit Ephrem qui se sentait innocent, le juge le fit mettre en prison avec le berger, mais séparés l'un de l'autre, en attendant qu'il pût être éclairci. Il trouva dans la prison où on l'enferma un bourgeois et un paysan qu'on y détenait comme coupables de deux crimes d'un ordre différent, mais tous deux graves. Ils étaient pourtant innocents de ces crimes ; mais ils ne l'étaient pas devant Dieu d'autres crimes qu'ils avaient commis, et pour lesquels sa justice les poursuivait ; car le bourgeois avait rendu pour cinquante écus un faux témoignage contre une jeune veuve fort pieuse, en l'accusant de mauvaise conduite pour favoriser la cupidité de ses deux frères, qui voulurent la faire priver par cette noire calomnie de la portion qui lui revenait légitimement de la succession de son père, et ils y avaient malheureusement réussi : et le paysan ayant vu un homme qui se noyait, l'avait laissé périr, quoique ce pauvre homme l'appelât à son secours, et qu'il l'eût pu sauver en lui donnant seulement la main.

Dieu permit que saint Ephrem se trouvât dans la même prison avec ces deux hommes, et ensuite avec d'autres qu'on amena quelque temps après, et qui étaient à peu près dans des cas semblables, afin de le convaincre toujours plus par ces exemples que rien n'échappe à sa Providence. Il passa ainsi sept jours, et le huitième il vit en dormant un personnage d'un aspect terrible, mais qui lui demanda avec beaucoup de douceur ce qu'il faisait dans cette prison. Il lui en dit en pleurant le sujet; et ce personnage, qui ne pouvait être qu'un ange, lui dit en souriant : Qu'à la vérité il était innocent du crime pour lequel on l'avait arrêté; mais qu'il devait se souvenir de ce qu'il avait fait depuis peu de jours, et des pensées qu'il avait eues contre la Providence. Il lui fit connaître aussi que ceux qui étaient avec lui n'étaient point coupables non plus des crimes dont on les avait accusés; mais que Dieu voulait les punir pour d'autres inconnus aux juges, et qu'ils n'avaient pu cacher à ses yeux.

Ephrem s'étant éveillé n'eut pas de peine à se ressouvenir de la vache dont nous avons parlé. Il rapporta ce songe aux autres, qui ne purent désavouer leur crime caché, et ce qu'ils lui dirent lui fit encore mieux comprendre que ce n'était pas un songe ordinaire qu'il avait eu, mais une instruction que Dieu lui avait donnée par le ministère d'un ange sur l'équité de ses jugements. Le même personnage lui apparut la nuit suivante, et lui dit ces paroles : « Vous verrez demain ceux qui vous font souffrir par leurs calomnies ». Cela le rendit fort triste, ne sachant ce qui lui en arriverait. Ceux qui étaient avec lui l'interrogèrent sur le sujet de sa tristesse, et quand il le leur eut dit, ils ne craignirent pas moins que lui.

Le jour étant venu, le gouverneur s'assit sur son tribunal, se fit amener Ephrem avec les deux autres, qu'on lui présenta chargés de chaînes. Ces deux-ci furent appliqués à la question avec cinq autres qu'on avait saisis, parmi lesquels se trouvaient les deux frères de la jeune veuve dont nous avons parlé, et contre laquelle le bourgeois prisonnier avait porté un faux témoignage, Dieu manifestant toujours plus à Ephrem, par ces différents exemples multipliés, l'équité de sa Providence. Il fut spectateur des tortures qu'on leur fit souffrir et il fondait en larmes, croyant qu'on le tourmenterait aussi. Par surcroît d'affliction les assistants se moquaient de lui, et lui disaient qu'il n'était plus temps de pleurer, que son tour viendrait, et qu'il aurait dû plutôt craindre de commettre le crime.

Cependant on ne lui fit rien souffrir, et on le remena en prison avec les autres. Comme il devait venir un nouveau gouverneur, ce changement fut cause qu'ils furent encore environ deux mois tous ensemble. L'ange lui apparut une troisième fois, et lui dit : « Eh bien, Ephrem, reconnaissez-vous à présent que Dieu gouverne le monde par un jugement très-équitable ? » — « Oui, Seigneur », répondit-il en pleurant; « mais puisque vous m'avez fait la grâce de le connaître, ayez encore pitié de votre serviteur, et tirez-moi de cette prison, afin que je puisse me faire moine et servir Jésus-Christ mon Seigneur ». — « Vous serez interrogé encore une fois, lui dit l'ange, et puis délivré ». Ephrem lui représenta qu'il ne pouvait pas soutenir les menaces du juge, ni les douleurs de la question. Mais l'esprit bienheureux lui répondit qu'il eût bien mieux valu ne rien faire contre son devoir. Il le rassura pourtant, et lui dit que le gouverneur qui devait venir lui rendrait la liberté.

Au bout de soixante et dix jours le nouveau gouverneur se fit amener les prisonniers, et les jugea tous selon qu'ils le méritaient. Ephrem lui fut présenté étant presque nu et chargé de chaînes, et il se trouva que le juge, qui était de son pays et connaissait très-particulièrement ses parents, le reconnut aussitôt. Il eût bien voulu lui donner des marques d'affection; mais comme il fallait agir selon les lois, il l'interrogea, et apprit de lui comment il avait été mis en prison. Sur sa réponse il fit appliquer le berger à la question, où les coups de fouet l'obligèrent de confesser la vérité : ainsi l'innocence d'Ephrem fut reconnue, et le juge le renvoya absous.

La nuit suivante le même esprit lui apparut, et lui dit : « Retournez chez vous et faites pénitence de votre péché. Apprenez par ce qui vous est arrivé qu'il y a un œil qui voit tout ». Il lui fit ensuite des menaces terribles, et ce fut la dernière fois qu'il lui parla. Le Saint racontait tout ceci dans un plus grand détail à ses religieux, et Dieu, qui lui préparait de très-grandes grâces, et qui l'avait destiné pour porter sa parole de salut aux hommes, voulut par ces événements l'établir dans une profonde humilité, et imprimer bien avant dans son cœur la crainte de ses jugements, afin qu'il vécût dans la componction, et qu'il en inspirât les salutaires sentiments aux autres.

Il ne différa pas d'un moment à exécuter l'ordre qu'il avait reçu et la promesse qu'il avait faite. Il se retira sur la montagne auprès d'un saint vieillard qui y vivait en solitude ; et s'étant prosterné à ses pieds, il lui raconta tout ce qui lui était arrivé, et obtint de lui de le prendre sous sa conduite. Il n'avait pas étudié la philosophie des hommes ; mais il acquit celle de Dieu. Il se renferma dans sa solitude pour y acquérir, à la faveur du repos de la retraite, cette vie parfaite à laquelle il aspirait de toute l'affection de son cœur. Il vécut dans un si grand dépouillement de toutes choses que, quoique son humilité le portât à dire toujours du mal de lui-même, aussi sincère dans ses paroles qu'il était humble dans ses sentiments, il put assurer dans la vérité, comme il le déclara à ses disciples dans la suite, lorsqu'il était près de mourir, qu'il n'avait jamais eu ni bourse, ni bâton, ni besace, ni or, ni argent, ni aucune autre possession sur la terre, comme il l'avait appris de ce que Jésus-Christ avait dit à ses disciples : aussi, compare-t-on sa pauvreté à celle que les Apôtres avaient pratiquée, et on le regarda comme un modèle parfait de cette vertu.

Il joignit à ce dénûment de toutes choses le combat contre lui-même, matant son corps par de grandes austérités pour le soumettre à la raison, et domptant par les jeûnes, les veilles et les autres travaux, les affections déréglées.

Dieu bénit sa pénitence par le don de chasteté dont il le favorisa particulièrement ; car on sait qu'elle est un don qui vient de lui. Son amour pour cette vertu angélique l'a fait comparer au patriarche Joseph, et elle paraissait autant en son corps qu'elle décorait son âme. Il ne laissait pourtant pas de veiller sur ses sens, et de s'éloigner des occasions dangereuses. Le démon lui en suscita pourtant, comme nous le dirons dans la suite ; mais il eut toujours le bonheur de s'en délivrer à la honte de cet ennemi.

Le zèle avec lequel il entreprit de se renoncer, lui fit surmonter aussi les défauts qui lui venaient de son caractère. Il était naturellement sujet à la colère, mais il vint à bout de la vaincre ; et on remarqua que depuis qu'il se fut rendu solitaire, il ne s'y laissa jamais aller ; au contraire, il passa toujours pour être doux, patient et paisible. Sozomène et les *Vies des Pères des déserts* nous rapportent ce trait de sa modération. Il avait jeûné plusieurs jours, et comme ensuite il voulait prendre quelque nourriture, celui qui lui portait le pot de terre où était ce qu'il lui avait préparé, le laissa tomber et le cassa. Le Saint le voyant tout honteux, lui dit pour le consoler : « Ne vous affligez pas, mon frère ; puisque le souper ne vient pas à nous, allons-nous-en à lui », et s'étant assis auprès du pot cassé, il mangea d'un air gai ce qu'il en put tirer.

Passant un jour par une ville, quelques personnes qui le virent voulant éprouver sa vertu, dirent à une femme de mauvaise vie de l'aborder. Elle le fit effrontément, et lui dit quelques paroles peu décentes. Il lui répondit sans s'émouvoir : « Suivez-moi » ; et lorsqu'ils furent à un endroit où il y avait le plus de peuple, il lui fit en peu de mots une leçon qui la remplit d'étonnement : elle se retira toute confuse sans avoir pu lui donner le moindre mouvement de colère.

Quoiqu'il pratiquât toutes les vertus à un éminent degré, celle dans laquelle il excella davantage fut l'humilité. Toute son espérance était en Dieu, et par la confiance qu'il avait en lui, il n'y avait rien sur la terre qui le touchât que sa pure gloire. Il fuyait tellement celle des hommes, qu'on ne pouvait le louer qu'il n'en souffrît étrangement dans son cœur. Saint Grégoire de Nysse, qui rapporte ceci, dit à ce propos qu'une personne le louant en sa présence, la peine qu'il en eut parut d'abord sur son visage : on le vit changer de couleur, baisser les yeux contre terre, demeurer interdit et couvert de confusion, et suer par tout le corps. Sozomène nous apprend aussi qu'ayant été élu évêque d'une ville qu'il ne nomme point, comme on cherchait le moyen de l'emmener pour le faire consacrer, à peine l'eut-il appris qu'il s'en alla au milieu de la place, contrefaisant la démarche d'un fou, déchirant ses habits et mangeant devant tout le monde : et il le fit si bien, que ceux qui voulaient le prendre crurent qu'il avait réellement perdu l'esprit, ce qui les détermina à se retirer. Quand il vit qu'ils s'en allaient, il prit aussi son temps pour s'enfuir, et se tint caché jusqu'à ce qu'il sût qu'on en avait élu et sacré un autre.

Mais pour être convaincu de sa profonde humilité, il ne faut que lire ses ouvrages, où il n'a rien oublié pour persuader tout le monde qu'il était un très-grand pécheur ; et cela paraît encore en particulier de celui que nous avons de sa confession et de sa conversion à Dieu, où il entre dans le détail de ses défauts et de ses fautes, dans le temps même qu'il était honoré de tout le monde, et qu'il avait déjà beaucoup écrit pour le bien des âmes, comme s'il eût voulu détruire par là les idées avantageuses qu'il avait si justement méritées. Il se soutint dans les mêmes sentiments jusqu'à la fin de sa vie; et son testament, dont nous parlerons en son lieu, en est une preuve non moins évidente qu'édifiante.

On peut regarder comme un effet de son humilité ses soupirs et ses larmes, dont il avait reçu le don avec tant d'abondance, qu'elles étaient intarissables. Saint Grégoire de Nysse dit là-dessus : « On ne peut parler de ses larmes sans en verser soi-même. Il lui était aussi ordinaire d'en répandre, qu'il est naturel aux hommes de respirer. Il pleurait nuit et jour, et il n'était pas un seul moment sans pleurer, hors le peu de temps qu'il donnait au sommeil. Tantôt il pleurait les péchés des hommes, et tantôt les siens propres. Ses soupirs succédaient à ses larmes, ou plutôt ils étaient l'effet de l'abondance de ses larmes. Il se faisait en lui comme un circuit merveilleux de ses soupirs qui faisaient couler ses larmes, et de ses larmes qui excitaient ses soupirs ; en sorte qu'on ne pouvait bien discerner lequel des deux était la cause de l'autre, parce qu'ils se suivaient sans interruption.

« On en sera aisément persuadé », ajoute saint Grégoire, « en lisant ses ouvrages ; car non-seulement on reconnaît ce don précieux dans ce qu'il a écrit pour porter les autres à régler leurs mœurs et à embrasser la pénitence, mais même dans ses éloges des Saints. On le voit toujours pleurant, et toujours il revient à ses sentiments de componction. C'était là comme les richesses de son âme pénitente qu'il présentait à tout le monde ».

Il était encore à Nisibe lorsqu'en 350 Sapor, roi des Perses, assiégea cette ville, comme on le voit dans la vie de saint Jacques ; et ce fut lui qui fit monter ce saint évêque sur la muraille pour maudire les ennemis. Il y a apparence qu'il fut disciple de ce grand Saint, ou tout au moins qu'étant à portée de le voir souvent, il en profita pour se former de plus en plus aux vertus chrétiennes. Nous croirions aussi que la mort de saint Jacques et celle de saint Julien, son voisin de cellule et son confident, lui furent une occasion de quitter Nisibe pour aller à Edesse, s'il fallait s'arrêter à des conjectures ; mais saint Grégoire de Nysse nous en donne une autre raison.

« Il ne changeait point de lieu », dit-il, « par son propre esprit, mais selon que l'Esprit de Dieu, qui l'instruisait intérieurement, le lui inspirait pour le bien des âmes. Alors, fidèle à sa voix par une parfaite soumission à ses ordres, il allait où le Seigneur l'appelait ; et ce fut ainsi qu'imitant l'obéissance d'Abraham, il sortit de sa patrie pour se rendre à Edesse, n'étant pas juste qu'un soleil si éclatant demeurât plus longtemps caché ».

Le Saint se proposa aussi dans ce voyage d'y honorer les choses saintes, dit encore saint Grégoire, apparemment les reliques de l'apôtre saint Thomas qu'on y révérait, et de conférer avec un grand personnage pour profiter de ses lumières, comme il devait communiquer les siennes aux autres. Saint Grégoire ne nomme point ce personnage ; mais il y en avait de très-illustres à Edesse et aux environs, comme saint Barsès qui mourut en 379, et qui pouvait bien être évêque en 350, et saint Julien Sabas, etc.

En approchant de la ville il pria le Seigneur que le premier qu'il rencontrerait fût quelqu'un qui lui parlât des saintes Ecritures. Mais il fut bien étonné quand, au lieu d'une personne de science et de piété, il trouva une mauvaise femme à la porte même. Il en détourna ses yeux avec quelque chagrin, et se plaignit intérieurement à Jésus-Christ de ce qu'il n'avait pas exaucé sa prière, n'y ayant point d'apparence que cette créature entrât en discours avec lui sur des sujets des Livres saints. Cette personne pourtant s'arrêta et le regarda fixement. Ephrem s'en aperçut et l'en reprit ; mais elle lui répondit : « Je fais ce que je dois en vous regardant, puisque je suis femme et que j'ai été tirée de vous qui êtes homme : mais vous, au lieu de me regarder, regardez la terre d'où vous avez été tiré ». Le Saint admira cette repartie, et loua la puissance incompréhensible de Dieu qui nous accorde quelquefois par les voies qui nous paraissent les moins propres les grâces que nous lui demandons ; et il avoua qu'il avait beaucoup trouvé à profiter de cette réponse. Sozomène, qui raconte aussi cette histoire, dit que le Saint fit là-dessus un livre qui fut un de ceux que les Syriens estimaient le plus ; mais il n'est point parvenu jusqu'à nous.

La maison où il logea était vis à vis de celle d'une autre créature semblable, et il ne le savait point. Après qu'il y eut passé plusieurs jours, cette femme lui dit : « Mon Père, donnez-moi votre bénédiction ». Il tourna les yeux vers la fenêtre pour voir qui c'était, et l'ayant aperçue, il lui répondit : « Je prie Dieu qu'il vous bénisse ». — « Mais », répliqua la femme, « vous manque-t-il quelque chose dans votre hôtellerie ? » — « Il ne me manque », lui dit-il, « que quelques pierres et un peu de terre pour boucher la fenêtre par laquelle vous voyez ici ». — « Vous me traitez bien durement », lui dit cette femme, « pour la première fois que je vous parle ; et tout de suite elle lui tint un langage tel qu'on pouvait l'attendre d'une semblable créature. Le Saint lui demanda d'agir au milieu de la ville comme elle agissait chez elle.

Elle se récria sur la honte qu'il y aurait à le faire, et le Saint en prit occasion de lui représenter que si elle craignait la vue des hommes, elle devait rougir à plus forte raison sous les yeux de Dieu qui est présent partout, et qui, au jour du jugement, rendra à chacun selon ses œuvres. Cette femme fut si touchée de sa remontrance, qu'elle vint se jeter à ses pieds fondant en larmes, et lui dit : « Serviteur de Jésus-Christ, mettez-moi, je vous en conjure, dans la voie du salut, afin que Dieu me pardonne tous les crimes que j'ai commis ». Le Saint la confirma par plusieurs paroles qu'il lui dit de la sainte Ecriture, dans le désir de faire pénitence. Il la mit dans une maison religieuse, et par là hors des occasions du péché.

Pour lui il continua ses exercices de la vie solitaire et se retira dans un monastère ; mais il ne put y demeurer caché, soit que sa réputation l'eût précédé à Edesse, soit que son mérite, quand il y fut arrivé, y fût aussitôt connu ; car on l'obligea de se partager entre le repos de la cellule et le ministère de la parole, non-seulement pour donner des instructions particulières à ceux que la confiance si bien fondée en ses lumières et sa piété attirait auprès de lui, mais encore pour prêcher publiquement au peuple. Il fut élevé au diaconat et fut attaché à l'église d'Edesse, ce qui l'y fixa tout à fait : c'est pour cela qu'il est toujours qualifié diacre d'Edesse. Quoique le ministère de la prédication ne fût pas une fonction ordinaire de son Ordre, l'obéissance qu'il devait à son évêque l'y obligea, et d'ailleurs sa charité ne lui permit point de s'en excuser, bien qu'il craignît toujours d'être davantage condamné devant Dieu pour avoir annoncé les maximes évangéliques, que son humilité lui faisait croire qu'il ne pratiquait pas lui-même.

Le discours sur le sacerdoce qu'on a placé à la tête de ses ouvrages, est un sermon fait au clergé. Comme la prédication fut sa fonction principale, il convient que nous nous étendions ici sur les dispositions qu'il y apportait, sur les grâces qu'il reçut du ciel pour s'en acquitter dignement, sur le zèle avec lequel il s'y appliquait, sur les sentiments dont il l'accompagnait, sur les fruits de salut qu'il produisait. Nous puiserons aux bonnes sources pour ne rien avancer que d'indubitable. Saint Basile, saint Grégoire de Nysse, Théodoret, Sozomène, les ouvrages mêmes du Saint seront nos autorités.

Saint Ephrem n'avait pas été élevé dans les sciences humaines. Il ignorait les sciences des Grecs ; il ne parlait que sa langue naturelle, qui était la syriaque ; mais il en acquit toute la pureté : il l'enrichit même par diverses poésies qu'il composa. Il étudia aussi la logique et les règles du raisonnement, se fixant pourtant à ce qui pouvait lui être utile, et laissant ce qui lui parut superflu. Mais sa principale étude fut celle de la sainte Ecriture, des dogmes de l'Eglise, et des fausses opinions des hérétiques, pour les réfuter comme il devait : voilà ce qui concerne les secours extérieurs.

Ce qui contribua à le faire réussir dans son ministère fut la pureté de son cœur, par laquelle il mérita de recevoir de Dieu le don de science et le don de la parole d'une manière miraculeuse, et qui le fit admirer, comme on l'a admiré dans tous les temps, et que nous le faisons encore aujourd'hui dans ce qui nous reste de ses ouvrages. Son humilité lui a fait dire qu'il n'avait pu apprendre la philosophie des hommes ; mais Dieu montra qu'il l'avait partagé avantageusement en lui faisant don de sa sagesse.

La pureté d'intention avec laquelle ce grand Saint exerçait le ministère de la parole mérite d'être remarquée. Outre l'obéissance qui l'avait engagé dans sa mission, c'était un ardent amour de Dieu et une charité très-pressante pour le salut du prochain, qui le guidait et l'animait à le faire. Son humilité qui l'accompagnait partout, lui rendait en quelque façon ce ministère onéreux, parce qu'il eût mieux aimé recevoir des instructions que d'en donner, et qu'il craignait de se condamner lui-même en combattant les vices des autres. Mais son zèle pour la gloire de Dieu, et sa compassion pour les âmes, qu'il ne pouvait voir périr sans en être pénétré d'une amère douleur, lui faisaient surmonter sa crainte, et le rendaient saintement courageux pour annoncer les vérités évangéliques.

On remarque encore qu'il parle dans ses discours d'une manière pleine de tendresse et d'affection, en suppliant, en pressant, en conjurant ; mais il ne laisse pas d'y joindre quelquefois la force et des répréhensions véhémentes.

Saint Grégoire de Nysse nous fait admirer cette source merveilleuse de science que l'Esprit-Saint avait mis dans son esprit ; « en sorte », dit-il, « que quoique ses paroles coulassent de sa bouche comme un torrent, elles étaient trop lentes pour exprimer ses pensées. Quelque prompte que fût sa langue, elle succombait à cette foule d'idées que son esprit lui fournissait : elle égalait la vitesse des autres esprits, mais non pas la rapidité du sien. C'est pourquoi il pria Dieu de modérer ce fonds inépuisable qu'il lui avait donné, en lui disant : « Retenez, Seigneur, les flots de votre grâce » ; car cette mer de science qui cherchait à se décharger par sa langue, l'accablait en quelque façon, les organes de la parole ne pouvant suffire à ce que son esprit lui présentait pour l'instruction des autres ».

Cette fécondité admirable de la science que l'Esprit-Saint lui communiquait, avait été manifestée dans une vision à un vieillard respectable par sa piété. C'est encore saint Grégoire qui le rapporte. « Un vieillard très-éclairé », dit-il, « aperçut une troupe d'anges qui, en descendant du ciel, tenaient un livre écrit dedans et dehors, et s'entre-disaient : « A qui faut-il donner ce livre ? » Les uns nommaient une personne, les autres en nommaient une autre d'entre ceux qui paraissaient les plus saints dans ce temps-là ; et après les avoir examinés, ils disaient tous ensemble : « Il est vrai qu'ils sont saints et de véritables serviteurs de Dieu ; mais on ne peut pas leur donner ce livre ». Enfin, après en avoir nommé beaucoup d'autres également saints, ils s'accordèrent tous à dire : « Ce livre ne peut être confié qu'à Ephrem, si doux et si humble de cœur » ; et ils le lui donnèrent aussitôt. Ce vieillard ayant vu ceci, se hâta de se rendre à l'église, où il entendit saint Ephrem qui prêchait alors avec tant de grâces et de fruit, qu'il reconnut la vérité de la vision qu'il avait eue. Il ne put douter que le Saint-Esprit ne lui inspirât ce qu'il disait, et admira la grâce si abondante qu'il avait reçue ».

Mais nous ne saurions omettre les effets que les exhortations de saint Ephrem faisaient sur le cœur de ceux qui l'écoutaient. C'est encore saint Grégoire de Nysse qui nous l'apprend. « Il n'était guère de ses auditeurs », dit-il, « qui pût résister à la force de ses discours, et qui ne se déterminât à se convertir sincèrement, en voyant cette abondance de larmes dont il accompagnait ses paroles de vie. Quel était le cœur, eût-il été plus dur que le diamant, qui ne fût ramolli et qui ne pleurât ses péchés par une véritable pénitence ? Quel naturel barbare et cruel n'était pas adouci et changé par ce miel si doux et si salutaire qui sortait de sa bouche ? Qui fut jamais si éloigné de la pénitence et si fort livré aux voluptés des sens, qui, après l'avoir entendu parler des châtiments que Dieu réserve aux pécheurs après cette vie, ne pensât sérieusement à corriger la sienne et à effacer ses fautes par les larmes de la pénitence ? »

On peut juger encore des impressions que ses discours faisaient sur les peuples, par ceux que firent depuis ses écrits. C'est encore saint Grégoire qui le remarque. « Car », dit-il, « lorsqu'on veut faire entendre qu'une chose ne peut pas se faire, on dit en proverbe, qu'elle est aussi impossible qu'il le serait de fléchir la dureté d'un caillou. Mais l'expérience nous a appris dans saint Ephrem qu'il a fait ce prodige ; car il ramollit et il brisa par la force de ses paroles des cœurs encore plus endurcis que les cailloux. On ne peut lire aussi ce qu'il dit de l'humilité sans renoncer à toute l'enflure de l'orgueil et sans entrer dans des sentiments de mépris de soi-même. Ce qu'il dit de la charité anime à une sainte ferveur et encourage à tout souffrir pour Dieu. L'éloge qu'il fait de la chasteté la fait paraître si aimable, qu'on se sent porté à se consacrer tout à Dieu par cette belle vertu. Quel homme, quand il parle du dernier avénement de Jésus-Christ ! Il le fait avec tant de force, et en représente l'effrayant appareil avec tant d'énergie, qu'il semble qu'on est actuellement présent devant le trône du souverain Juge ; et il n'y a que la réalité seule qui puisse nous en donner une plus vive idée ».

Nous nous sommes étendu sur l'œuvre de saint Ephrem comme prédicateur, parce que ce fut là une des œuvres les plus considérables de sa vie. Avec quelle pureté de cœur il parlait ! quelle droiture dans ses intentions ! quel zèle pour la gloire de Dieu, et quel désir du salut des âmes ! Combien était-il éloigné de se complaire en lui-même de la grandeur du talent qu'il avait reçu de Dieu ! Avec quelle douceur, quelle tendresse, et en même temps quelle véhémence s'exprimait-il ! Quelle sublimité dans ses pensées, quelle grandeur dans ses sentiments, quelle noblesse dans ses expressions, quelle effusion de cœur dans son zèle ! Il avait toutes les qualités extérieures qui font le prédicateur parfait, et toutes les vertus intérieures qui doivent accompagner la sainteté de son ministère. Il ébranlait, il ramollissait, il renversait, il brisait les cœurs. Rien ne lui résistait. Mais il touchait, parce qu'il était puissamment touché lui-même ; et c'est ainsi que Dieu bénissait les travaux qu'il soutenait pour sa gloire et pour son amour.

Quoique nous ayons dit que saint Ephrem eût corrigé son naturel porté à la colère dans sa jeunesse par la grande douceur qu'il acquit en travaillant efficacement à se modérer, cependant, comme cette douceur était en lui une vertu de charité, qui ne ralentissait point l'ardeur de son zèle lorsqu'il s'agissait de la gloire de Dieu et du bien des âmes, il s'élevait avec une force et une vigueur apostoliques plus particulièrement contre les ennemis de la foi. Aussi, tant qu'il vécut, il ne cessa de poursuivre les hérétiques, qui étaient de son temps en grand nombre, et il réussit à retirer de leurs piéges quantité de personnes qu'ils avaient séduites. Saint Grégoire dit que, quand il les attaquait, il paraissait à leur égard comme un athlète expérimenté et victorieux contre un enfant qui est sans force.

Aucune considération humaine, aucune crainte ne pouvaient l'empêcher de se déclarer hautement pour la doctrine catholique. Quoique l'impiété d'Arius dominât de son temps en Orient, et qu'elle fût protégée par les puissances du siècle, il se montra toujours dans ses paroles et dans ses écrits le défenseur intrépide du dogme de la Trinité sainte, increée et consubstantielle, et de la divinité de Jésus-Christ. Il combattait les anciens hérétiques et ceux qui paraissaient de son temps. Il ruina même par avance les erreurs qui devaient naître après lui, comme celles de Nestorius et d'Eutychès, Dieu les lui ayant fait connaître par la lumière de la prophétie. Nous verrons encore ceci plus particulièrement en parlant de son testament. Il ne poursuivit pas les païens avec moins de force ; et enfin, sans avoir besoin de l'érudition des Grecs, et par la grâce qu'il avait reçue de Dieu, il lançait de si terribles traits en sa langue naturelle contre tous ses adversaires de la foi, qu'il les accablait sous ses coups puissants.

Un hérétique nommé Bardesane, qui avait donné son nom à sa secte, et son fils Harmone, s'étaient rendus célèbres dans l'Osrhoëne et l'avaient infectée de leurs erreurs. Pour les mieux faire glisser dans les esprits, Harmone, instruit dans les sciences des Grecs, s'en était servi pour faire à leur imitation des poésies en langue syriaque, qu'il avait mises en musique, et qui avaient d'autant plus paru agréables aux Syriens, qu'on tient qu'avant cet hérétique on n'avait point l'usage de semblables chants. Saint Ephrem voyant le préjudice que cela pouvait porter à la foi, se servit du talent que Dieu lui avait donné de la poésie, et ayant bien étudié les mesures qu'Harmone avait observées, il composa sur les mêmes airs des hymnes pleines des vérités catholiques, tant en l'honneur de Dieu et de ses Saints, que sur divers autres points de doctrine ; de sorte que le peuple y trouvant la même harmonie, et s'instruisant des vérités qu'il devait apprendre, laissa les chansons de l'hérétique et ne chanta plus que celles du Saint ; ce qui servit même dans la suite à rendre les fêtes des martyrs plus solennelles et plus gaies, comme nous l'apprenons de Théodoret et de Sozomène.

Quoique saint Ephrem fût très-occupé dans le ministère de la prédication et dans les fonctions de son ordre, il ne laissait pas de vivre en retraite et dans sa solitude autant qu'il le pouvait. Son état de solitaire lui était infiniment cher, et il en conservait toujours l'habit et les pratiques. Il faisait son séjour ordinaire dans son monastère et dans sa cellule, d'où il ne sortait que pour remplir les devoirs de sa mission et de la place qu'il avait dans le clergé. C'était dans ce monastère qu'il recevait tous ceux qui venaient s'édifier auprès de lui et écouter ses excellentes instructions.

Il y a parmi ses ouvrages une lettre qui porte son nom, et qui est très-digne de lui, par laquelle il paraît qu'il avait été supérieur de ce monastère ; mais comme il était souvent obligé de se trouver à Edesse, pour satisfaire aux devoirs du diaconat, il en avait remis le gouvernement à un frère nommé Jean, et y avait vécu depuis en simple religieux. Cela fait qu'un nommé Théodose l'ayant extrêmement pressé de le recevoir dans son monastère, il l'avait renvoyé à Jean comme à l'abbé, et qu'il ne recevait personne avec lui sans le consulter auparavant, en quoi l'on voit quelle était son humilité. Par cette même vertu il honorait les différentes pratiques, même extraordinaires, de quelques solitaires de ce temps-là, par lesquelles ces hommes mortifiés abattaient leur corps pour sauver leur âme, et il s'anéantissait en disant que sa lâcheté l'empêchait de rien faire de semblable.

Nous avons dit que saint Ephrem avait quitté Nisibe sa patrie pour demeurer à Edesse, et qu'il ne l'avait fait que par le mouvement du Saint-Esprit ; c'est saint Grégoire de Nysse qui nous l'assure, et il ajoute que ce fut par le même esprit qu'il fit le voyage d'Edesse à Césarée en Cappadoce, pour y voir le grand saint Basile qui en était évêque. Tout ce qui lui arriva dans cette visite prouve manifestement que c'était Dieu qui la lui avait inspirée. Saint Basile le connaissait déjà de réputation, soit lorsqu'il avait été en Mésopotamie vers l'an 357, soit par ce que lui en avait dit saint Eusèbe de Samosate qu'il visita en 372.

Saint Ephrem, qui nous rapporte lui-même en partie ce qui lui arriva, dit que s'étant trouvé à la ville (c'était Césarée) et Dieu voulant lui manifester les effets de sa miséricorde, il entendit une voix qui lui dit : « Levez-vous, Ephrem, et allez recevoir des pensées et des instructions dont vous pouvez vous nourrir ». Il répondit d'abord avec cet empressement que son ardent désir pour le bien lui inspirait : « Seigneur, où le pourrai-je trouver ? » Et la même voix répondit : « J'ai dans ma maison un vase qui brille et qui est magnifique, il vous fournira cette nourriture ». A ces paroles, saisi d'étonnement et d'admiration, il se rendit à l'église ; et à peine était-il au vestibule que le désir de le voir lui fit aussitôt regarder par la porte dans le saint temple, et il découvrit dans le sanctuaire saint Basile, ce vase d'élection exposé en présence de son troupeau, dont tous les yeux étaient fixés sur lui, et qui lui présentait avec la majesté d'une éloquence céleste le divin pâturage, c'est-à-dire la loi évangélique, la doctrine de saint Paul, et tout ce qui peut inspirer du respect pour nos sacrés mystères. Mais Dieu lui ouvrant les yeux d'une manière miraculeuse pour manifester des choses plus cachées, ou plutôt la source qui fournissait à ce saint docteur ces eaux de vie qu'il répandait sur ses heureuses ouailles, il aperçut une colombe blanche comme la neige, et resplendissante de lumière, assise sur son épaule, qui lui disait à l'oreille les choses qu'il prêchait à son peuple. Ephrem se mit alors à louer hautement la sagesse de ce saint docteur, et la magnificence de Dieu qui sait si bien glorifier ceux qui le glorifient.

Comme il s'exprimait en syriaque, on pouvait ouïr sa voix sans entendre ce qu'il voulait dire ; mais quelques-uns des assistants à qui cette langue n'était pas inconnue le comprirent et demandèrent qui était cet étranger qui louait ainsi leur évêque. Dieu fit connaître en même temps à saint Basile que c'était saint Ephrem, et, après la fin de l'assemblée, l'ayant fait appeler, il lui demanda par un interprète pourquoi il l'avait ainsi loué devant tout le monde ; il ajouta : « Vous êtes donc Ephrem qui avez si généreusement baissé le cou sous le joug salutaire de Jésus-Christ ? » — « Ah ! » répondit-il, « je suis plutôt cet Ephrem qui me suis écarté de la voie du salut ».

Saint Basile le prit alors par la main, l'embrassa et lui présenta une table chargée, non de viandes corruptibles, mais de vérités éternelles. Il lui parla des moyens de se rendre agréable à Dieu, d'éviter le péché, de dompter les passions, de se rendre favorable le souverain Juge et d'arriver à la perfection évangélique. Mais il le fit avec tant d'onction, qu'Ephrem ne pouvant plus contenir les effets que ses paroles avaient faits dans son cœur, s'écria en fondant en larmes : « O mon Père ! n'abandonnez pas un lâche et un paresseux : mettez-moi dans le droit chemin ; ramollissez mon cœur de pierre. Dieu m'a conduit à vous afin que vous preniez soin de mon âme, et que, comme un pilote expérimenté conduit heureusement son vaisseau, ainsi vous me conduisiez au port du salut ».

Ils s'entretinrent ainsi quelque temps avec cette satisfaction et cette joie mutuelle que goûtent les Saints quand ils discourent ensemble des choses célestes.

Dieu l'avait favorisé d'un don éminent d'oraison. Outre les visions qu'il eut et que nous avons rapportées, saint Grégoire de Nysse le compare à Moïse, et dit qu'il avait joui comme lui de la vue de Dieu autant qu'un homme en est capable, et qu'il eut aussi comme les prophètes diverses révélations ; il remarque en particulier que, méditant un jour sur un de nos mystères, il avait vu une colonne de feu qui allait jusqu'au ciel, et qui lui exprimait par cette élévation merveilleuse, la sublimité de ce mystère.

Une autre fois, lorsqu'il était déjà vieux, étant assis tout seul dans un lieu tranquille, et méditant sur les misères de cette vie et sur la négligence avec laquelle nous la passons, il leva les yeux au ciel, et étant comme ravi hors de lui-même, Dieu se fit voir aux yeux de son cœur, assis sur un trône de gloire, et lui faisant de grands reproches. Il en fut saisi d'une telle crainte, que ne pouvant plus soutenir le poids de cette divine Majesté, il cherchait où il pouvait se cacher. Il se jeta enfin aux pieds du Seigneur, et le supplia, par une prière très-vive et très-humble, d'avoir pitié de lui. Dieu exauça ses larmes, et rendit par là la paix à son cœur. Pour lui, il mit par écrit ce qui lui était arrivé, et le raconta à ses frères, leur disant que toutes les fois qu'il s'en rappelait le jour et l'heure, tout son corps en tremblait au point qu'il ne pouvait retenir ses larmes; et il le leur disait pour les porter à lui obtenir la miséricorde de Dieu par leurs prières.

Etant sorti aussi d'Edesse avant le jour avec quelques-uns de ses disciples, il leva les yeux au ciel, et la clarté des étoiles qui brillaient le fit penser à la gloire qui paraîtra dans les corps glorieux des Saints, lorsqu'ils seront placés à la droite de Jésus-Christ, au jour du jugement universel. L'idée de ce jugement si redoutable le frappa aussitôt : il trembla et versa un torrent de larmes. Ses disciples lui en demandèrent le sujet, et il leur répondit : « Je crains fort, mes très-chers frères, que ceux qui, ne jugeant de moi que par ce qui paraît au dehors, me font passer pour un bienheureux, et louent les bonnes œuvres que je n'ai qu'en apparence, ne se moquent de moi quand ils me verront plongé dans les flammes éternelles ; car je ne sais que trop combien je suis négligent ».

Dieu voulut qu'un an avant sa mort il ajoutât à la couronne que son humilité et ses autres vertus lui avaient acquise, celle qu'il réserve à ceux qui ont exercé la miséricorde. La ville d'Edesse fut alors affligée d'une très-grande famine, et les gens de la campagne en souffraient plus que les autres. La compassion qu'il en eut l'obligea de quitter sa cellule, d'où, comme nous avons dit, il ne sortait que pour ses fonctions ecclésiastiques. Il vint dans la ville, et reprit sévèrement les riches de ce que, dans ce besoin public, ils négligeaient de secourir les pauvres, leur faisant voir que c'était de leur part une dureté et une avarice qui tourneraient un jour à la perte de leur âme, dont ils devaient préférer le salut à la conservation des biens temporels.

Les riches, qui d'ailleurs avaient une grande vénération pour sa piété, voulurent d'abord s'excuser, donnant pour raison qu'ils n'étaient point attachés à leurs richesses, mais qu'ils ne savaient à qui confier leurs aumônes, parce qu'ils craignaient que ceux qu'ils en chargeraient ne s'en servissent pour eux-mêmes, au lieu d'en faire une sage distribution. Alors saint Ephrem, cet homme aussi charitable qu'il était humble, profitant de la bonne opinion qu'ils avaient de lui pour la faire servir au soulagement des pauvres, leur dit : « Et moi, pour qui me prenez-vous ? Que pensez-vous de moi ? » Ils lui répondirent selon leurs véritables sentiments, qu'ils le tenaient pour un homme de Dieu et d'une probité irrépréhensible. « Puis donc que vous me croyez tel », répliqua-t-il, « confiez-moi le soin des pauvres ». — « Plût à Dieu », lui dirent-ils, « que vous voulussiez en prendre la peine ! » — « Oui », leur ajouta-t-il, « je le ferai très-volontiers pour l'amour de vous : je me charge dès aujourd'hui de l'administration et de la nourriture des pauvres ».

Quand il eut reçu leur argent, il fit disposer trois cents lits dans les galeries publiques qu'il avait fait fermer, où il nourrit les pauvres, pansa les malades, fournit, de l'argent qu'on lui donnait, aux besoins de tous ceux qui y venaient, tant de la campagne que de la ville, et ensevelit les morts, se prêtant à tout avec un zèle et une charité infatigables. Il s'employa pendant un an à ce saint exercice, après quoi, l'abondance des grains étant revenue, et chacun étant retourné chez soi, il rentra dans sa cellule, où il devait bientôt mourir d'une courte maladie.

Il eut révélation que la Providence divine le voulait appeler de cet exil en la céleste Jérusalem. Ce fut alors qu'il écrivit cette admirable exhortation, remplie de saintes maximes, que l'on appelle le *Testament de saint Ephrem*, parce qu'il la fit à l'heure de sa mort. Cet ouvrage est assurément de lui, quoi qu'en disent les hérétiques : c'est leur coutume de nier les livres des Pères où leurs erreurs sont condamnées, comme en ce traité qui fait mention de la prière pour les morts, que les calvinistes combattent par leurs faux dogmes. Il y ordonna très-expressément que son cercueil ne fût point couvert d'un drap précieux, et, au cas qu'il y en eût de préparé, qu'il fût vendu et que l'argent fût donné aux pauvres. Néanmoins, un seigneur qui avait beaucoup de vénération pour le Saint, en donna un pour l'envelopper, pensant que Dieu aurait plus agréable qu'il servît à cela que s'il était donné aux pauvres ; mais, parce qu'il n'avait pas suivi la volonté du serviteur de Dieu, l'esprit immonde se saisit à l'heure même de sa personne et le tourmenta jusqu'à ce qu'il reconnut sa faute, l'avoua aux pieds du Saint et lui en demanda pardon. Et Ephrem, tout malade qu'il était, étendant les mains sur lui, le délivra, l'avertissant d'accomplir ce qu'il avait promis. Il ne voulut pas non plus qu'on l'ensevelît dans un tombeau fait exprès, ni dans l'église, mais au cimetière commun, avec les autres pauvres ; puis, exhortant l'assistance à l'amour et à la crainte de Dieu et à l'accomplissement de ses volontés, il rendit son âme à son Créateur ; ce qui arriva, selon le cardinal Baronius, l'an 378, un mois après le décès de saint Basile.

Saint Grégoire de Nysse prononça le panégyrique du Saint, à la prière d'un nommé Ephrem. Celui-ci avait été fait prisonnier par les Ismaélites ; mais s'étant recommandé au saint diacre d'Edesse, son patron, il avait été miraculeusement délivré de ses chaînes et de plusieurs dangers. Saint Grégoire finit son discours par cette prière à saint Ephrem : « O vous qui êtes présentement aux pieds de l'autel divin, et devant le prince de vie, où vous adorez, avec les anges, l'auguste Trinité, souvenez-vous de nous tous, et obtenez-nous le pardon de nos péchés ».

Les larmes continuelles que versait saint Ephrem, loin de défigurer son visage, semblaient au contraire en augmenter la sérénité et les grâces; en sorte qu'on ne pouvait le voir sans être pénétré de vénération. Les Grecs le peignent sous la figure d'un vieillard d'une haute taille, ayant un air doux et majestueux, les yeux baignés de larmes, un regard et un extérieur qui annoncent une grande sainteté. On lui a donné un geste qui rappelle sa redoutable éloquence lorsqu'il peint les terreurs du jugement dernier.

NOTICE SUR LES ÉCRITS DE SAINT ÉPHREM.

Nous ne pouvons résister au plaisir de donner une idée de l'éloquence de saint Ephrem, en insérant ici un fragment de son sermon sur le second avénement de Jésus-Christ :

« Bien-aimés de Jésus-Christ, prêtez une attention favorable à ce que je vais vous dire sur l'effrayant avénement du Seigneur. Lorsque je pense à ce moment, je me sens saisi d'une crainte excessive. Qui peut rapporter ces choses redoutables ? Où trouver une langue capable de les exprimer ? Le Roi des rois, élevé sur un trône de gloire, descendra du ciel, et s'étant assis comme juge, fera comparaître devant lui tous les habitants de la terre. Au seul souvenir de cette vérité, je suis près de tomber en faiblesse ; les membres de mon corps sont dans une agitation violente ; mes yeux se remplissent de larmes ; ma voix chancelle, mes lèvres tremblent, ma langue balbutie, le désordre et la confusion se mettent dans mes pensées. Je suis obligé de vous annoncer ces choses, mais la crainte m'empêchera de parler. Un coup de tonnerre nous épouvante aujourd'hui; comment pourrons-nous alors soutenir le son de cette trompette, mille fois plus terrible que le tonnerre, qui ressuscitera les morts? Les ossements de tous les hommes ne l'auront pas plus tôt entendue dans le sein de la terre, qu'ils se ranimeront à l'instant et chercheront à se rejoindre les uns aux autres, et en un clin d'œil nous ressusciterons tous et nous nous rassemblerons pour être jugés.

« Enfin, le grand Roi ayant donné l'ordre, la terre ébranlée et la mer troublée rendront les morts qu'elles possédaient, tant ceux qui avaient été dévorés par les poissons, que ceux qui l'avaient été par les oiseaux ou par les bêtes. Dans le même moment tous les hommes paraîtront sans qu'il leur manque un seul cheveu ».

Le Saint parle ensuite du feu qui embrasera toute la terre, des anges qui sépareront les brebis d'avec les boucs, de l'étendard de la croix, tout brillant de lumière, que le grand Roi fera porter devant lui. Il représente les hommes accablés par la consternation et par une inquiétude mortelle; les justes comblés de joie, et les méchants livrés au désespoir; les anges et les chérubins occupés à chanter les louanges de Celui qui est trois fois Saint; les cieux ouverts, et le Seigneur environné d'une telle gloire que le ciel et la terre ne pourront soutenir sa présence. Il ouvre devant les yeux le livre où sont écrites toutes nos pensées, toutes nos paroles, toutes nos actions; puis il s'écrie: « Quelles larmes ne devons-nous pas répandre nuit et jour, dans l'attente de ce terrible moment! » Ses soupirs et ses sanglots lui ayant coupé la parole, il n'en put dire davantage. « Apprenez-nous donc », cria l'auditoire, « les choses effrayantes qui arriveront ensuite ». — « Tous les hommes », reprit le Saint, « auront les yeux baissés devant le tribunal du souverain Juge, entre la vie et la mort, entre le ciel et l'enfer, et chacun d'eux sera cité pour subir un examen rigoureux. Malheur à moi! Je veux vous instruire de ce qui arrivera; mais la voix me manque; la crainte me jette dans le trouble et la confusion: le seul récit de ces choses me glace d'effroi ». — « Nous vous conjurons », répéta l'auditoire, « de continuer pour notre utilité et pour la sanctification de nos âmes ». — « Bien-aimés de Jésus-Christ », dit le Saint, « on cherchera dans tous les chrétiens le sceau du baptême et le dépôt de la foi; on leur redemandera cette renonciation qu'ils firent, en présence de témoins, à Satan et à ses œuvres, non à une, à deux, à cinq, mais à toutes en général. Heureux celui qui aura gardé fidèlement ce qu'il avait promis! » Ses soupirs et ses gémissements ne lui permettant plus de parler, l'auditoire lui cria de nouveau: « Eh! de grâce, continuez de nous instruire ». — « Je vous obéirai », répondit le Saint, « autant qu'il me sera possible; mais je ne m'exprimerai que par des pleurs et des soupirs. De pareilles choses sont si terribles, qu'on ne peut en parler sans verser des larmes ». — « O serviteur de Dieu », ajouta le peuple, « ne nous refusez pas les instructions que nous vous demandons ». Alors, Ephrem, se frappant la poitrine, pleura encore plus amèrement, et dit: « Ah! mes frères, que voulez-vous entendre? O jour épouvantable! malheur à moi! malheur à moi! Qui osera rapporter, qui osera écouter le récit de ce qui doit se passer dans ce moment lamentable? Vous tous qui avez des larmes, pleurez avec moi; que ceux qui n'en ont point apprennent à connaître le sort qui les attend, et qu'ils ne négligent pas leur salut. Alors les hommes seront séparés pour toujours les uns des autres; les évêques, des évêques; les prêtres, des prêtres; les diacres, des diacres; les sous-diacres et les lecteurs, de ceux qui avaient les mêmes ordres; les enfants de leurs parents; les amis de leurs amis. La séparation faite, les princes, les philosophes, les sages du monde crieront aux élus avec larmes: Adieu pour toujours, saints et serviteurs de Dieu; adieu, parents, enfants, amis; adieu, prophètes, apôtres, martyrs; adieu, Vierge sainte, Mère du Sauveur, vous priâtes pour notre salut, mais nous ne voulûmes pas nous sauver. Adieu, croix vivifiante; adieu, paradis de délices, royaume éternel, Jérusalem céleste; adieu, vous tous, nous ne vous reverrons plus; nous voilà plongés dans un abîme de tourments qui ne finiront jamais ».

Le recueil des œuvres de saint Ephrem est composé de sermons ou traités de piété, de prières, de commentaires sur l'Ecriture, d'ouvrages de controverse contre les Ariens, les Eunomiens, les Manichéens, les Novatiens et les Marcionites, des vies de saint Abraham, de saint Julien, etc. Son style, dans ses écrits polémiques, n'a rien de sec et de rebutant; il est au contraire rempli de piété et d'onction; on y remarque que l'auteur, en réfutant les hérétiques, brûle d'un désir ardent de voir Dieu loué et glorifié.

Saint Grégoire de Nysse et d'autres auteurs nous apprennent que saint Ephrem avait commenté tous les livres de l'Ancien et du Nouveau Testament avec autant de clarté que d'érudition. Nous n'avons plus que ses commentaires sur les livres historiques et sur les prophètes.

L'ouvrage qui porte le titre de *Confession* est certainement de saint Ephrem, comme l'a prouvé M. Assemani, *Op.* t. Ier, p. 119; *ibid. Proleg.* c. 1, et t. II, p. 37; *item. Bibl. orient.* t. Ier, p. 141. Les disciples de saint Ephrem écrivirent la même histoire, d'après ce qu'ils en avaient entendu dire à leur bienheureux maître: de là ce grand nombre de relations que nous avons de l'événement dont il s'agit. Gérard Vossius en a publié une que M. Assemani a fait réimprimer: *Op.* t. III, p. 23; mais on doit suivre principalement la *Confession* du Saint, qui se trouve dans le recueil de ses œuvres, de l'édition du Vatican.

Ceillier, t. VIII, p. 101, a recueilli des écrits de saint Ephrem une foule de passages qui démontrent invinciblement la présence réelle de Jésus-Christ dans l'Eucharistie. On peut voir sur le même sujet les judicieuses remarques d'un habile critique, qui ont été insérées dans les *Mémoires de Trévoux*, *janv*. 1756, p. 155. — Voir aussi le docteur Wisemann, *Horæ Syriacæ*, t. 1er, *dissert. prima*.

Saint Ephrem et saint Basile s'étant entretenus ensemble par le moyen d'un interprète, il est évident que le premier n'entendait point la langue grecque. L'auteur de l'ancienne traduction de la vie de saint Basile, qui porte le nom de saint Amphiloque, prétend que le saint archevêque de Césarée obtint miraculeusement à saint Ephrem l'intelligence de cette langue et qu'il l'ordonna prêtre. Il y a deux fautes dans ce récit, et Baillet est tombé dans la seconde. Saint Jérôme, Pallade et plusieurs autres auteurs ne donnent à saint Ephrem que le titre de *diacre*. D'ailleurs, si l'on consulte la traduction de l'ouvrage du faux Amphiloque, et que l'on en examine attentivement le texte original, on verra que ce ne fut point saint Ephrem, mais son disciple et son compagnon, que saint Basile éleva au sacerdoce.

Une partie des œuvres du saint docteur fut traduite en latin, et imprimée à Rome en 1589, par les soins de Gérard Vossius ou Voskens, prévôt de Tongres. Edouard Thwaites en donna une édition grecque à Oxford, en 1708.

La plus complète de toutes les éditions des œuvres de saint Ephrem est celle qui a paru à Rome en 1732-1743, 6 vol. in-fol., sous la direction du cardinal Quirini, bibliothécaire du Vatican, et de M. Joseph Assemani, premier préfet de la même bibliothèque. On y trouve le texte syriaque d'une grande partie des œuvres du Saint, avec l'ancienne version grecque des autres ouvrages. La traduction latine est de Gérard Vossius, et du P. Pierre Benedetti, jésuite maronite. Celle des derniers volumes est de M. Etienne Assemani, archevêque d'Apamée, qui a publié en chaldaïque les actes des martyrs, et qui est neveu de M. Joseph Assemani. Il est fâcheux pour les savants que le texte grec des derniers volumes, et surtout du sixième, soit rempli de fautes. Voir dans les *Mémoires de Trévoux*, *janv*. 1756, p. 146, une lettre fort curieuse sur la dernière édition des œuvres de saint Ephrem.

Le Martyrologe romain fait mention de saint Ephrem le premier de février, et les Grecs, en leur Ménologe, le vingt-huit de janvier. Le testament dont nous avons parlé, et les autres auteurs qui ont fait son éloge, se trouvent reproduits dans Bollandus, au premier tome de ce mois.

SAINTE BRIGITTE, SURNOMMÉE LA THAUMATURGE,

VIERGE EN IRLANDE

436-523. — Papes : Sixte III ; Hormisdas.

Il n'appartient qu'à Dieu, dit Job, de faire des vases purs d'une matière impure. C'est lui seul qui peut faire, quand il lui plaît, que les épines produisent des raisins et que les chardons portent des figues ; et c'est lui seul qui, en s'élevant au-dessus de la nature et des règles communes, peut donner à un mauvais arbre la force de porter quelquefois de bons fruits. Je dis ceci au sujet de sainte Brigitte, dont Notre-Seigneur a su conserver la virginité toute pure, quoiqu'elle fût née dans les infamies et les impuretés d'un adultère de son père avec une esclave. Cette infidélité de Duptace (c'est ainsi qu'on appelait ce seigneur irlandais) toucha si sensiblement le cœur de sa légitime épouse, qu'imitant l'ancienne Sara, la mère de tous les croyants, elle ne donna point de repos à son mari qu'il n'eût mis dehors cette servante, quoique deux saints prélats l'eussent assuré qu'elle enfermait une Sainte dans son sein.

En effet, l'esclave bannie mit au monde une fille qui fut nommée Brigitte au baptême, que son père prit soin de lui faire donner pour la rendre fille adoptive de Jésus-Christ. Elle fut confiée à une femme chrétienne qui eut soin de l'élever dans la crainte de Dieu et l'amour de la virginité. Quelque temps après, Duptace voyant que sa fille avançait en âge et en sagesse, la fit venir en sa maison, où elle se rendit très-aimable par les rares vertus dont son âme était remplie et qu'elle faisait paraître au dehors. Elle était humble, paisible et obéissante ; et surtout il semblait que la compassion pour les pauvres fût sortie avec elle du sein de sa mère, parce qu'elle usait de toutes sortes d'inventions pour leur faire du bien.

Ces admirables vertus étaient relevées par une beauté parfaitement régulière qui ravissait aisément les cœurs de tous ceux qui la regardaient; c'est pourquoi elle fut recherchée par divers partis. Mais Brigitte, qui s'était déjà consacrée par vœu à Jésus-Christ, l'Epoux des vierges, s'apercevant que cet empressement qu'on témoignait pour l'épouser ne procédait d'ailleurs que d'elle-même et de cette rare beauté qui éclatait sur son visage, pria Notre-Seigneur de la rendre si laide qu'on ne pensât plus à elle. Sa prière fut exaucée, et, par la perte d'un œil, la sainte fille demeura si difforme qu'il ne se trouva plus personne qui parlât de l'épouser : ce qui obligea son père de lui permettre d'entrer dans un monastère et de se faire religieuse comme elle en avait le désir.

Son entrée en religion fut rendue remarquable par trois insignes faveurs qu'elle y reçut du ciel : l'évêque Malchille, ou Mel, ancien disciple de saint Patrice, apôtre d'Irlande, qui lui donna le voile, aperçut sur sa tête une colonne de feu ; quand Brigitte pencha la tête pour baiser le marche-pied de l'autel, le bois, quoique sec et déjà vieux, reverdit par son attouchement; enfin, au même instant, son œil se trouva guéri, et son visage reprit sa première beauté, à laquelle Notre-Seigneur ajouta encore un nouvel éclat, ne voulant pas que celle qui avait désiré pour son amour perdre la beauté de son corps, afin de conserver la pureté de son âme, demeurât avec la moindre difformité corporelle.

Trois jeunes filles, de ses amies, avaient suivi Brigitte dans la retraite. Elles se construisirent dans un gros chêne des cellules qui furent appelées depuis *Kill-Dara* ou *Cellules du Chêne*, à 8 lieues de Dublin, et adoptèrent un costume différent de celui des autres religieuses du pays. Ce fut comme une pépinière sainte qui donna naissance à un grand nombre de monastères en Irlande, lesquels reconnaissent tous sainte Brigitte pour leur mère et leur fondatrice. La réputation de sa sainteté et de ses miracles rendit Kildare si célèbre et si fréquenté, que le grand nombre des édifices qu'on bâtit, de son vivant même, autour du monastère, y forma une ville qui devint assez considérable dans la suite pour qu'on y ait transféré le siége métropolitain de la province.

La surveillance qu'elle devait exercer sur un grand nombre de maisons religieuses, l'obligea à de fréquents voyages qui occupèrent une grande partie de sa vie et qui furent toujours d'une si grande utilité qu'on peut dire que chacun de ses pas a été marqué par la fondation de quelque nouveau monastère.

Cette pieuse vierge avait reçu de Dieu le don des miracles dans un haut degré, et elle en a fait un si grand nombre, que le cardinal Baronius écrit avoir lu au monastère de Sainte-Cécile, au-delà du Tibre, à Rome, un vieux manuscrit qui en contenait vingt-quatre chapitres. Nous en rapporterons seulement deux ou trois qui feront juger des autres.

Deux lépreux s'adressèrent à la Sainte pour être guéris. Elle pria Dieu pour eux, et, faisant le signe de la croix sur un peu d'eau, elle leur commanda de s'en laver l'un l'autre : le premier, après avoir été lavé, se sentant guéri, fut si ravi de sa santé, que, de crainte de la perdre, il ne voulut jamais rendre le même service à son compagnon. Mais, en punition de son ingratitude, il se vit aussitôt recouvert de la même lèpre, et son compagnon fut parfaitement guéri par la seule prière de sainte Brigitte, qui semblait tenir en ses mains les clefs de la santé et de la maladie.

Une fille aveugle, nommée Darie, pria la Sainte de faire une bénédiction sur ses yeux, et par ce moyen elle recouvra la vue ; mais étant ensuite éclairée d'une plus haute lumière, et reconnaissant que tout ce qui se voit des yeux du corps n'est qu'un embarras pour l'âme, elle s'en retourna vers sa bienfaitrice pour la prier de lui rendre sa première cécité ; et à l'instant ses yeux, qui avaient été ouverts à la supplication de sainte Brigitte, se refermèrent à sa prière.

Une autre fille, âgée de douze ans, qui était muette de naissance, fut amenée par sa mère à sainte Brigitte. La Sainte la prit par la main et lui demanda si elle ne voudrait pas bien, pour l'amour de Jésus-Christ, garder la virginité perpétuelle : et comme la mère lui représenta l'impuissance de sa fille pour parler, la Sainte lui répliqua : « Cependant, je ne la laisserai point aller qu'elle ne m'ait répondu ». Alors la muette, déliant sa langue, lui promit de demeurer vierge toute sa vie avec la grâce de Dieu ; et, depuis, l'usage de la parole lui demeura toujours libre.

Une méchante femme, ayant mis au monde un garçon, disait hautement pour excuser son crime qu'elle l'avait eu de l'évêque appelé Broon, lequel était un saint homme, aussi disciple de saint Patrice. Cette calomnie fut rapportée à sainte Brigitte, et la misérable soutint effrontément son mensonge en sa présence et celle du même saint Patrice ; mais la Sainte faisant le signe de la croix sur la bouche de cette infâme, lui fit enfler la langue de telle sorte qu'elle ne pouvait parler ; et, faisant de même sur la langue de l'enfant, elle la délia, et il dit distinctement, après que sainte Brigitte le lui eut commandé, que l'évêque n'était pas son père, mais bien un pauvre homme du commun. Ainsi la vérité fut découverte, l'honneur de l'évêque conservé, et la gloire rendue à Dieu, protecteur de l'innocence.

Elle a fait encore quantité de prodiges par le signe de la croix. C'est par ce moyen qu'elle chassait les démons des corps humains, et qu'elle retenait les personnes qu'elle voyait en danger de se perdre. On raconte à ce sujet une chose surprenante : la fille d'un gentilhomme s'étant dérobée secrètement de la maison de son père le jour même de ses noces, pour se sauver dans le monastère de Brigitte, ce père monta à cheval, suivi d'une bonne escorte, pour enlever sa fille de force ; mais la Sainte l'ayant aperçu fit le signe de la croix en terre, et à l'instant les hommes et les chevaux devinrent immobiles comme des statues, jusqu'à ce que le père, reconnaissant sa faute, permît à sa fille d'exécuter son vœu et de demeurer en religion.

Ce peu que nous venons de dire suffit, ce nous semble, pour faire voir évidemment quels sont les mérites de cette grande Sainte. Le temps de sa récompense étant arrivé, après avoir heureusement achevé sa course, elle eut révélation du jour de son décès, dont elle donna avis à une bonne fille qu'elle avait élevée en la crainte et en l'amour de Dieu, lui marquant le jour qu'elle partirait de cette vie, pour aller jouir des chastes embrassements de son Epoux dans le ciel.

Elle mourut, suivant l'opinion la plus probable, dans son premier monastère d'Irlande, un mercredi, le 1er février 523 [1].

1. Les auteurs ne conviennent pas du lieu où elle est morte : les uns disent que c'est à Glastonbury, en Angleterre ; d'autres, à Kildare, en Irlande. Il est marqué au Martyrologe romain que ce fut en Ecosse. Mais il est bon de savoir que les Scots, qui ont donné leur nom à la partie septentrionale de la Grande-Bretagne, habitaient l'Irlande au Ve siècle ; l'Irlande s'appelait indifféremment Scotie et Hibernie. Elle décéda le 1er février, l'an de Notre-Seigneur 518, selon Sigebert, et 521 selon Marien, Ecossais, sous l'empire de Justin l'aîné, ou enfin 523, plus probablement, selon d'autres, étant âgée de soixante-dix ans.

Son corps fut enterré à Kildare où les religieuses, pour honorer sa mémoire, instituèrent un feu sacré perpétuel appelé le feu de sainte Brigitte : ce qui fit donner au monastère le nom de *Maison du Feu*. Elles l'y entretinrent jusqu'en 1220, époque à laquelle l'archevêque de Dublin le fit éteindre. Le corps de la Sainte en avait été enlevé dès le IXe siècle, à cause des incursions des Danois, et transporté à Down Patrick. On ne perdit pas le souvenir de sainte Brigitte à Kildare, quoiqu'en moins d'un siècle, de 835 à 924, la ville et le monastère eussent été saccagés cinq fois ; mais à Down on l'oublia : il fallut une révélation de Dieu faite à l'évêque Malachie pour qu'on retrouvât le corps de sainte Brigitte. On était à l'année 1186 : il fut découvert déposé avec ceux de saint Patrice et de saint Colomb dans une triple voûte, d'où on le transféra dans la cathédrale de la même ville. L'impie Grey, sous Henri VIII, détruisit l'église qui renfermait ces reliques et les jeta au vent. Le chef de sainte Brigitte se trouvait à Neustadt, en Autriche, et put échapper à la profanation. Elle y fut conservée dans la chapelle du château impérial, jusqu'à l'année 1587 que Rodolphe II en fit présent à l'ambassadeur d'Espagne, Jean de Borgia : celui-ci à son tour en enrichit l'église des jésuites de Lisbonne. La ville de Cologne, qui a une paroisse placée sous le vocable de cette Sainte, se vante d'avoir aussi de ses reliques.

La fête de sainte Brigitte a toujours été célébrée le 1er février, jour de son entrée au ciel. On croit communément que c'était un mercredi, ce qui ne peut convenir pour le commencement du Ve siècle qu'aux années 506, 517, 523 et 534. Le culte de sainte Brigitte était autrefois très-répandu, non-seulement en Irlande où elle tient le premier rang des Saintes après la sainte Vierge, mais en Flandre, en Allemagne et dans une partie de la France. Sa fête était reçue dans tout l'occident au IXe siècle. L'Irlande la regarde comme sa patronne, de même que saint Patrice est son patron.

« Partout où les moines irlandais ont pénétré, à Cologne comme à Séville, des églises se sont élevées en son honneur, et partout où de nos jours encore se répand l'émigration britannique, le nom de Brigitte signale la femme de race irlandaise. Dix-huit paroisses en Irlande portent encore le nom de Sainte-Brigitte. Privés par la persécution et la misère de construire des monuments en pierre, ils témoignent de leur inébranlable dévotion à cette chère mémoire en donnant son nom à leurs filles. Noble et touchant hommage d'une race toujours infortunée et toujours fidèle, qui fut comme elle esclave et comme elle catholique [1] ».

Il n'existe pas de vestiges du passage de sainte Brigitte sur la terre, excepté une tour ronde et des ruines d'une église qu'on dit dater du VIe siècle. La congrégation des sœurs ou religieuses qu'elle a fondée a disparu.

Toutes ses reliques sont probablement perdues [2].

1° Dans son office imprimé à Paris en 1620, l'hymne des premières Vêpres dit : « Pour témoigner de sa vertu calomniée, le bois sec de l'autel reverdit tout à coup, au contact de sa main virginale ». On ajoute qu'il en sortit un petit rameau. On la représente donc portant la main à *l'autel* ou à genoux sur le *marchepied*.

2° On la peint aussi à genoux et tenant un vase à large ouverture ; près d'elle une *vache*. Cet attribut fait allusion à plusieurs traits de sa vie. Nous choisirons toutefois une seule circonstance, et nous renverrons à *Surius*, au 1er février, pour les autres où la vache joue un rôle quelconque. Sainte Brigitte étant devenue célèbre par ses vertus, reçut un jour la visite de plusieurs

1. *Moines d'Occident*, t. II, p. 419.

2. M. Thomas Murphy, *écon. du sémin. irlandais*, à Paris, 13 août 1871.

évêques, mais elle n'avait pas de quoi les traiter. Elle se recommande à Dieu et imagine de traire trois fois dans la même journée la seule vache qu'elle eût : sa confiance fut récompensée, elle tira autant de lait qu'auraient pu en donner trois bonnes laitières.

Dans la paroisse d'Hamay, entre Huy et Liége, en Belgique, on fait des pèlerinages, en l'honneur de sainte Brigitte, pour les vaches. Près de Fosses, dans le diocèse de Namur, les paysannes font bénir, le premier février, des baguettes avec lesquelles on touche les vaches malades pour les guérir.

SAINT SOUR [1], ERMITE,

PREMIER ABBÉ DE TERRASSON, AU DIOCÈSE DE PÉRIGUEUX

Mort en 580. — Pape : Pélage II. — Roi des Francs : Childebert II.

Flore sub primo viridis juventæ
Patriam dulcem simul et parentes,
Dulcius cœlum meditans profunda
Mente reliquit.

Au printemps de ses jours, à la fleur de son âge, il abandonna tout : la patrie si douce et les parents si aimés ; il médita au fond de son cœur et le ciel lui parut plus doux.

Santol. *Hymni*, 29 *Augusti*.

Saint Sour [2] naquit en Auvergne dans la première année du VIe siècle, de parents non moins remarquables par leur piété et leur attachement à la foi orthodoxe que par l'éclat de la position qu'ils avaient dans le monde. Dieu prend ses élus dans tous les rangs de la société, et la plus honorable illustration est celle que donne la vertu. Aussi, nous suffit-il de savoir que les parents de notre Saint étaient chrétiens. Ils instruisirent de bonne heure leur fils des principes de notre sainte religion et l'initièrent à la connaissance des lettres. Il ne tarda pas à laisser voir un goût bien prononcé pour la vie érémitique. Son cœur, ouvert, dès le matin de la vie, aux douces inspirations de la grâce, avait compris la parole du Maître : « Celui qui ne renonce pas à tout ce qu'il possède ne peut être mon disciple. Si quelqu'un veut venir après moi, qu'il renonce à soi-même, qu'il porte sa croix chaque jour et me suive ». Et, déjà vrai disciple par toutes les affections de son âme, il se promettait bien de répondre un jour, comme saint Pierre : « Seigneur, voici que j'ai tout quitté et que je vous ai suivi ».

Tant et de si heureuses dispositions ne pouvaient manquer de le rendre l'objet des complaisances divines et d'attirer sur son âme les plus abondantes bénédictions. Aussi, à mesure qu'il croissait en âge, sa foi devenait plus

1. Voulant répondre aux pieux désirs du savant éditeur des *Petits Bollandistes*, nous donnons un abrégé de la grande Vie de saint Sour, que nous avons publiée en 1857; 1 vol. in-8o (M. A. B. Pergot, curé de Terrasson, Dordogne).

2. *Sanctus Sorus*, ou mieux *Sanctus Sur*, comme l'ont écrit, au IVe siècle, saint Adon de Vienne, dans sa Chronique, et Usuard, dans son Martyrologe, et comme nous le trouvons dans des Litanies d'un manuscrit de la Bibliothèque nationale, provenant du monastère de Saint-Martial de Limoges, coté du XIe siècle. En prononçant l'*u* comme notre monosyllabe *ou*, ainsi que le faisaient les anciens, de *Sur* nous avons *Sour*. C'est un mot gaulois passé dans notre langue et qui signifie *ermite, anachorète*.

vive, sa piété plus tendre et son désir de se vouer à Dieu plus ardent. Il s'était lié d'une étroite amitié avec Cyprien, jeune homme du même âge que lui, de la même piété, ayant le même désir de quitter le monde et de se retirer dans la solitude. Cyprien se fit le disciple de Sour.

A cette époque, l'histoire de notre pays nous présente le christianisme définitivement établi depuis quelques années dans les Gaules par la conversion de Clovis et les résultats heureux de la bataille de Vouglé [1]. Délivrés des frayeurs de l'arianisme qui avait été transporté au-delà des Pyrénées avec la domination des Goths, « les peuples se reposaient », comme dit Isaïe, « dans la beauté de la paix et dans des tabernacles de confiance ». Bientôt la vie religieuse absorba toutes les idées, comme aux trois premiers siècles de l'Église. De toutes parts, dans les creux des rochers, dans les obscures profondeurs des bois, sur la cime aride des montagnes, on voyait s'établir de pieux ermites, de saints anachorètes, qui se formaient des disciples et préludaient ainsi à ces fondations religieuses que nous présente en si grand nombre le milieu du VIe siècle. L'impulsion et l'exemple étaient donnés par les membres des familles les plus marquantes de cette époque, par des hommes qui, se dépouillant des grandeurs du monde, allaient au désert vivre d'une vie de pénitence et d'abnégation.

Notre Saint était parvenu à l'âge que les anciens appelaient *libre* et qui conférait à peu près les mêmes droits que la majorité de nos jours. Il voulut néanmoins avoir le consentement de son père et de sa mère, ne se croyant pas, quoique l'âge et les lois de son pays parlassent en sa faveur, autorisé à secouer le joug de l'autorité paternelle, joug suave et délicieux que l'homme bien né porte toujours avec le même plaisir, le même bonheur, dans l'âge mûr comme dans l'âge de l'enfance, tout le temps qu'il peut dire ces deux mots les plus doux à prononcer après ceux de Jésus et de Marie : Mon père ! ma mère ! Il eut, cependant, quelque difficulté à obtenir le consentement demandé, son père et sa mère ayant voulu éprouver sa vocation. Ils reconnurent enfin, dans sa persévérance, la volonté de Dieu et consentirent à son départ. « Allez », lui dirent-ils, « allez au désert où la voix de Dieu vous appelle. Lorsque vous ne serez plus là auprès de nous, sa Providence sera la lumière de nos yeux, le bâton de notre vieillesse, le soulagement de notre vie ».

Sour ne tarda pas à instruire son ami Cyprien du consentement de son père et de sa mère, et, l'amour divin qui les pressait ne souffrant pas de retard, les deux jeunes prédestinés abandonnèrent tout et sortirent de l'Auvergne, laissant à Dieu le soin de leur trouver un asile où il leur fût permis de vivre inconnus et ignorés du monde. Dieu les conduisit dans la province du Périgord. En traversant le Limousin, ils firent la rencontre d'Amand, qui se joignit à eux, désireux comme eux de fuir le monde pour la solitude. Ils furent bientôt unis d'une étroite amitié, et l'on pouvait dire, en les voyant, ce que l'on disait des premiers chrétiens : « Un seul cœur, une seule âme ».

Peu de temps après leur arrivée en Périgord, ils entrèrent au monastère de Genouillac [2] où, après s'être rasé la tête, ils prirent l'habit de moine. Ce monastère, dont on ne connaît l'existence que par le séjour qu'y firent nos trois Saints, était alors sous la direction d'un abbé, du nom de Salane [3] « lequel », comme le dit un écrivain du Périgord [4], « conduisait à la perfection plusieurs saints moines qui, de toutes parts, se rangeaient à sa sainte pédagogie ». La vertu de nos jeunes religieux s'y fit bientôt remarquer et ils devinrent l'objet

1. On prononce Vouillé. — 2. Genouillac, *Genoliacum*, dans le diocèse de Cahors, non loin des limites du diocèse de Périgueux. — 3. Quelques auteurs ont écrit *Savalé et Canalès*. — 4. Le P. Dupuy.

de l'estime et de la vénération de tous. On les voyait, ardents à la mortification, châtier les membres de leurs corps pour les dégager des affections terrestres, et s'appliquer à embellir leur âme des charmes de la vertu. Ils se rendaient agréables à tous et par leurs œuvres qui avaient toujours pour principe et pour fin la charité, et par leurs discours assaisonnés de cet esprit d'aimable franchise et de douce gaîté qui fait le charme des conversations. On était heureux de les voir, plus heureux de les entendre. Ils se distinguaient surtout par une grande humilité. Cette belle vertu, base et couronnement de toute perfection, ils en connaissaient tout le prix, et leurs paroles, leurs actes, tout leur extérieur la reflétaient si bien, qu'ils paraissaient en être ornés comme d'un vêtement spirituel, comme sont ornés, la douce colombe de son blanc plumage, le lis de sa blancheur éclatante, la prairie de sa verdure et de l'émail de ses mille fleurs.

Mais Dieu ne destinait pas notre Saint à passer toute sa vie dans un monastère. Il ne l'avait conduit avec ses deux disciples à Genouillac que pour l'éprouver au feu de la charité monastique et lui faire acquérir, sous la direction du saint abbé Salane, la science si difficile de gouverner les autres. D'ailleurs, ce monastère ne lui offrait pas la solitude qu'il avait désirée en quittant le monde. Aussi le voyons-nous, après un séjour de trois ans, solliciter de l'abbé Salane l'autorisation de se retirer dans le désert, pour y vivre, comme avaient vécu dans les déserts de la Thébaïde, les Paul, les Antoine, les Hilarion et tant d'autres saints ermites. Mais il ne partira pas seul. L'amitié, qui ne se refroidit jamais dans le cœur des Saints, ne lui permet pas d'oublier Amand et Cyprien ; il leur communique son projet. La solitude d'un monastère n'est point la vie qu'ils ont voulue en quittant leurs parents et les douceurs du foyer domestique. Ils ont bien mis la main à la charrue, mais, déjà, Dieu peut leur reprocher d'avoir regardé derrière eux. C'est au désert qu'ils doivent aller, et, là seulement, ils trouveront une solitude assez intime, assez retirée. Ces considérations que le Saint développe avec toute la vivacité de sa foi et l'enthousiasme de son amour, suffisent pour réveiller dans le cœur de ses deux amis le désir de la vie solitaire.

Leur dessein, en quittant Genouillac, était de ne point se séparer, de vivre ensemble, se prêtant un mutuel secours et s'encourageant par des exemples réciproques dans un genre de vie si au-dessus des forces humaines. Ils se retirèrent d'abord en un lieu appelé encore aujourd'hui *Peyre-Levade*, tirant son nom d'un autel druidique qu'on y aperçoit. Ce lieu était bien propre au but qu'ils se proposaient : l'éloignement du monde et le recueillement de la vie intérieure. Ils se trouvaient sur le plateau d'une montagne assez élevée ; ils avaient sous leurs yeux, dans cet autel dressé par leurs pères, une preuve des grossières erreurs de l'humanité lorsqu'elle est privée de la lumière de la foi ; autour d'eux se développait un vaste horizon, image, faible sans doute, mais image de l'immensité de Dieu ; et leurs regards, le cœur même des Saints caresse avec plaisir les souvenirs de la patrie, leurs regards, lorsqu'ils étaient fatigués de contempler le ciel, pouvaient se reposer sur les blanches montagnes de l'Auvergne et du Limousin. Ils s'y construisirent trois cellules, comme trois tentes sur le Thabor. Ils y appelaient, par leurs ferventes oraisons et le chant des hymnes sacrées, Moïse et Elie, la Loi et les Prophètes, et Jésus qui leur avait dit de tout quitter pour le suivre se trouvait au milieu d'eux. C'était pour ces âmes séraphiques le commencement du souverain bonheur.

Mais ce lieu ne pouvait être tellement retiré, que l'éclat des vertus des trois solitaires ne les fît découvrir. D'ailleurs, Dieu ne permet pas toujours que la sainteté se dérobe sous le voile de l'humilité; il entre souvent dans ses desseins qu'elle soit manifestée aux yeux du monde pour l'instruction et l'exemple de tous. Aussi, les habitants des contrées voisines vinrent-ils bientôt en foule à Peyre-Levade, attirés, les uns par la simple curiosité, les autres, par le désir de s'instruire ou d'être témoins des miracles qui s'y opéraient. Ceux-ci imploraient le secours des prières des trois ermites, ceux-là demandaient la guérison de quelque maladie; on en voyait même qui se proposaient de les imiter et déjà se déclaraient leurs disciples.

Saint Sour gémissait en secret de toutes ces obsessions de la foule qui le détournaient des prédilections nourries dans son cœur depuis son enfance. Il savait que rarement au milieu du tumulte des hommes on peut composer une assemblée d'anges, et il songeait à fuir encore loin de ces lieux. Un soir il s'en ouvrit à ses deux amis et leur démontra la nécessité, pour le bien de chacun, d'une prompte séparation. Pourquoi, en effet, ont-ils quitté le monde, s'il faut qu'ils vivent au milieu du monde et ne soient occupés que des choses du monde ? Dès le jour suivant, ils quittent Peyre-Levade et s'en vont, dans la direction du soleil couchant, où les conduira la volonté de Dieu. Après une marche de plusieurs heures ils s'arrêtent et, soit lassitude, soit que Dieu, pour favoriser notre Saint, le voulût ainsi, Amand et Cyprien s'abandonnent à un profond sommeil. Saint Sour en profite, et, se levant, il s'en va de droite et de gauche, explorant le pays, pour s'assurer s'il n'y trouvera pas un lieu où il puisse fixer sa demeure. L'Esprit de Dieu le conduisait. Bientôt se présente à sa vue un site tellement agreste et retiré, qu'il ne paraît pas qu'aucun mortel y ait jamais porté ses pas. Le Saint s'y dirige et le trouve des plus convenables, par sa position, au but de la vie solitaire. Placé au flanc d'une colline, ce site était dominé et protégé par une roche majestueuse d'élévation, auprès de laquelle sortait une source d'eau vive qui, s'écoulant par petits ruisseaux, y entretenait une douce fraîcheur. Au bas de la colline se développait une vaste plaine, parcourue d'intervalle en intervalle par une rivière (la Vézère) mal renfermée dans son lit. A la vue de ces lieux, le Saint tombe à genoux, porte ses regards vers le ciel et rend grâces à Dieu. Il se hâte ensuite de revenir vers ses frères qu'il trouve encore endormis, et qui, ne s'étant pas aperçus de son départ, ne s'aperçoivent pas de son retour. Ils se réveillent enfin, et s'exhortent mutuellement à l'exécution de leur projet. Ils s'entretiennent des douceurs de la patrie céleste où ils se retrouveront un jour, et rappellent tout ce qui peut fortifier leur foi et leur désir du souverain bonheur. Puis ayant pris ensemble l'eulogie sacrée, symbole de la charité qui devra les unir, quoique séparés, ils quittent ces lieux. Saint Sour se dirige vers la grotte qu'il a choisie. Saint Amand découvre non loin de là une solitude qui lui convient et qui a tiré du séjour qu'il y fit le nom qu'elle porte encore aujourd'hui, *Saint-Amand-de-Coly*. Il y fut le fondateur d'un monastère qui devint plus tard une célèbre abbaye de chanoines réguliers de Saint-Augustin. Saint Cyprien alla plus loin, il se fixa sur la rive droite de la Dordogne, dans un lieu qui, depuis, a porté son nom; il y bâtit aussi un monastère qui devint un prieuré, possédé par les mêmes chanoines réguliers de Saint-Augustin.

Etant parvenu à la retraite désirée, saint Sour se prosterne, baise avec respect cette terre où doit être désormais sa demeure, et s'écrie dans le transport de sa joie : « C'est ici pour toujours le lieu de mon repos; j'y habiterai parce que je l'ai choisi ».

Nous pouvons fixer l'arrivée de saint Sour sous les rochers de Terrasson dans la période de 525 à 530, sous l'épiscopat de Chronope II, évêque lieu, aux mystères sacrés en même temps qu'ils y venaient pour s'instruire. Dans ce but il dressa un autel auprès de sa cellule et s'adjoignit un prêtre pour y célébrer le saint sacrifice et distribuer au peuple la nourriture eucharistique, que lui-même, n'étant pas prêtre, ne pouvait lui donner. Ne pouvant remplir que le *ministère de la parole*, il s'en acquittait avec tout le zèle d'un apôtre, et lorsqu'il avait cessé de parler à la foule, satisfait à toutes ses demandes, il rentrait dans sa cellule, s'y tenait renfermé par respect et humilité tout le temps du sacrifice, et recevait par la petite fenêtre dont nous avons parlé, sa part de l'oblation sainte.

Le saint solitaire commença dès lors à briller par des signes éclatants ; il rendait la vue aux aveugles, l'ouïe aux sourds, la parole aux muets, et guérissait toutes sortes de maladies. Ces miracles portèrent au loin sa réputation. On accourait à sa cellule, non plus seulement du voisinage, mais des pays lointains. Il eut bientôt de nombreux disciples qui, à son exemple, renonçant au monde, embrassèrent son genre de vie et se firent d'autres cellules à côté de la sienne et le long du rocher. Il les organisa en communauté et leur donna pour règle celle sans doute qu'il avait pratiquée lui-même au monastère de Genouillac.

A cette époque vivait Gontran, roi de Bourgogne, roi très-puissant et très-saint, livré tout entier à la pratique des bonnes œuvres. Et Dieu, pour le purifier de ses fautes et augmenter sa sainteté, le frappa d'une maladie hideuse, la lèpre, qui lui couvrait tout le corps. Et ce roi, ainsi affligé, priait et demandait à Dieu sa guérison. Et un ange lui apparut et lui dit : « Levez-vous et allez en toute hâte trouver le bienheureux Sour, au pays d'Aquitaine, dans la province du Périgord, homme puissant en œuvres et en paroles; Dieu lui a confié le soin de vous guérir. Vous ne pouvez conserver aucun espoir de recouvrer la santé, si vous ne partez promptement pour vous rendre auprès de ce serviteur de Dieu ». Et le roi se leva et partit, et, après un long voyage et de grandes fatigues, il arriva auprès de la cellule du Saint et se prosterna. Et il disait, à l'exemple d'un autre roi des anciens jours : « Mon âme est comme attachée à la terre ; conservez-moi la vie, Seigneur, selon votre parole ». Et le Saint sortit de sa cellule et, voyant le roi prosterné, lui ordonna de se relever, lui demandant la cause d'un si long voyage et qui lui avait indiqué le lieu de sa retraite. Et le roi lui répondit : « L'ange du Seigneur m'a parlé ; ce n'est pas sans y avoir bien réfléchi que j'ai entrepris et fait ce voyage. Vous voyez devant vous un homme affligé d'une cruelle maladie ; il n'est pas nécessaire de lui demander ce qu'il veut ». Et le Saint se fit apporter de l'eau et la bénit, et, nouvel Elisée, en présence d'un autre Naaman, il ordonna au roi de s'en laver. Et le roi obéit, et, à mesure qu'il se lavait, sa lèpre disparaissait. Il n'en resta plus aucune trace, et dans tout son corps, sa chair présenta la fraîcheur et la grâce de la chair d'un petit enfant. Il commença donc avec toutes les personnes de sa suite, et ne s'en lassait point, à célébrer les louanges du Seigneur et de saint Sour, le fidèle serviteur de Dieu.

Bientôt après, l'homme de Dieu fait appeler l'économe de sa petite société et lui ordonne de préparer un festin royal digne de l'hôte que le ciel leur a envoyé. Et l'économe fait observer qu'il n'a point de vin ni la possibilité de trouver dans les vignes un seul raisin assez mûr pour en exprimer le jus. Et le Saint, toujours et tout entier absorbé dans le Seigneur : « Eh quoi ! » s'écrie-t-il, « la main de Dieu est-elle devenue impuissante ? » Et il dit à l'économe : « Allez vite, et dans la petite vigne que vous connaissez, vous trouverez trois grains mûrs et pleins de jus, et vous me les apporterez ».

Et l'économe obéit et il revient, apportant les trois grains vermeils et bien mûrs. Et alors, l'âme toute remplie de l'esprit de Dieu : « Allez », ajoute le Saint, « préparez toutes vos autres provisions, et apportez-moi promptement trois tonnes ». Et l'économe, habitué à voir le Saint opérer des miracles, se hâte de faire ce qui lui est commandé et revient bientôt annoncer que tout est prêt. Et saint Sour lui dit : « Prenez ces trois grains que la bonté de Dieu nous a donnés, et exprimez-en le jus dans les trois tonnes que vous avez préparées ; très-certainement le Seigneur qui, aux noces de Cana, changea l'eau en vin, nous sera favorable ». Ces nouveaux ordres sont encore exécutés, et les trois tonnes se trouvent pleines d'un vin exquis.

Ce n'est aussitôt que transports de joie. Frappés successivement de tant de prodiges, le roi et les gens de sa suite exaltent à l'envi la faveur de saint Sour et les louanges de Dieu. Puis chacun se dispose à prendre part à ce festin que la charité monastique est heureuse d'offrir à la majesté royale.

Après sa guérison, Gontran resta quelques jours avec le saint cénobite, priant et conférant avec lui, et recevant ses conseils avec un grand esprit de foi et d'humilité. Il voulut, avant son départ, lui laisser un magnifique témoignage de sa reconnaissance, et il le pria de faire bâtir, non loin du lieu qu'il habitait, un monastère pour ses religieux et un *Xenodochium* ou hospice dans lequel il pourrait recevoir les pauvres et les voyageurs. Les rois, lorsqu'ils reconnaissent un bienfait, ne peuvent le faire qu'en rois : avec grandeur et magnificence. L'asile des moines et celui des pauvres seront bâtis aux frais de Gontran, et ce prince leur créera des revenus immenses et les pourvoira de tout ce qui est nécessaire au bien-être et à l'accroissement des disciples de son libérateur.

Le *Xenodochium* fut bâti avant le monastère, mais avec des proportions telles qu'il put être en même temps l'asile des pauvres et des voyageurs et la demeure provisoire de saint Sour et de ses disciples. Le monastère ne fut bâti que plus tard sur le plateau où fut l'abbaye dite de Saint-Sour. Dès que le Saint eut quitté le rocher pour habiter avec ses disciples le *Xenodochium*, quelques habitations se groupèrent autour de sa nouvelle demeure, donnant naissance à une petite bourgade qui prit le nom du lieu même où elle se fondait, Terashôn, de deux mots gaulois *Terash,* chemin, et *ôn*, fontaine, aujourd'hui *Terrasson*. La petite bourgade, prenant bientôt un notable développement, le Saint dut pourvoir à ses besoins spirituels, et il jeta les fondements d'une église qu'il dédia à saint Julien, le célèbre martyr de Brioude, en Auvergne, et dans laquelle il voulut avoir un oratoire dédié à la Mère de Dieu, sous le vocable de *Notre-Dame de Consolation*.

En organisant en communauté ses disciples, saint Sour eut soin de poser pour base le travail des mains, fidèle à cette maxime des Pères de l'Egypte : « Un moine qui travaille n'a qu'un démon qui le tente, mais celui qui demeure oisif en a une infinité ». Toutefois, comme on pourrait le croire, ce travail ne consistait pas seulement à tresser des nattes et des corbeilles, à l'exemple de la plupart des moines et des solitaires de l'Orient. Nous devons aux labeurs des disciples de saint Sour et à l'heureuse impulsion qu'ils donnèrent, le défrichement de nos fertiles coteaux qui n'étaient qu'une épaisse et vaste forêt, et l'assainissement de notre plaine qui n'était qu'un marais insalubre. Nous pouvons dire que nous « moissonnons aujourd'hui ce que les moines ont semé, que nous sommes entrés dans leurs travaux et que nous en recueillons les fruits ». Soyons reconnaissants.

S'il avait fallu à notre Saint des encouragements pour conduire ses disciples dans les voies de la perfection, il en eût trouvé de puissants dans ses rapports avec saint Yrier, qui avait fondé dans ses propriétés et gouvernait avec une grande sagesse l'abbaye d'Athane, au diocèse de Limoges. Les deux saints ne purent rester longtemps inconnus l'un à l'autre. « Apprenant », dit la légende, « que saint Sour s'était bâti un monastère et y vivait avec ses disciples dans la plus fidèle observance des saintes règles, saint Yrier lui écrivit des lettres de consolation et d'encouragement, l'avertissant de s'attacher beaucoup aux choses de Dieu et de se défier des piéges du démon ». Il accompagnait toujours sa lettre de quelques présents, que saint Sour recevait avec reconnaissance, et dont il rendait à Dieu de vives actions de grâces. C'était une fois, pour son monastère, une porte embellie de riches ornements de corne; c'était, une autre fois, le livre de nos saintes Ecritures, écrit de sa propre main ; une autre fois encore, il lui envoyait de jeunes colombes et autres oiseaux domestiques pour récréer sa vieillesse : car les Saints, pour si austères qu'ils soient, ne se refusent pas une innocente récréation.

Saint Sour avait su apprécier saint Yrier ; il lui reconnaissait une haute sagesse et une grande intelligence, et, voulant s'assurer que ses disciples, après sa mort, persévéreraient dans la fidélité aux saintes règles, il le pria de prendre, lorsqu'il ne serait plus, la direction de son monastère et de le soumettre à l'abbaye de Saint-Michel, dans la ville de Limoges. De là, saint Yrier est placé immédiatement après saint Sour dans le catalogue des abbés de Terrasson.

Cependant bien des années s'étaient écoulées depuis que saint Sour, d'ermite, vivant dans le fond d'une grotte, était devenu abbé d'un monastère et chef d'une nombreuse société. Il était plein de jours et de vertus, et la fin inévitable à tout être créé commençait à se faire sentir à son corps affaibli par les pénitences et les macérations, et avertissait son âme, aimée de Dieu, qu'enfin le moment était venu de rompre les liens de la prison terrestre pour aller jouir des joies du ciel. Dieu voulut favoriser son serviteur comme beaucoup d'autres saints, il lui fit connaître par une révélation particulière le jour et l'heure de sa mort. Une telle révélation ne pouvait que lui être agréable; depuis si longtemps il soupirait après la dissolution de son corps pour être réuni à Jésus-Christ! Il rassembla donc ses disciples et leur apprit sa fin prochaine, leur en parlant en des termes qui ne laissaient aucun doute sur la joie dont son âme était remplie. Il ne tarda pas à être saisi d'une violente fièvre dont les progrès firent bientôt présager une fin prochaine. Mais, plus le corps s'affaiblissait sous le feu qui le dévorait, plus l'âme acquérait de vigueur et s'unissait intimement à Dieu, objet de son amour. Aussi le pieux agonisant ne tarda-t-il pas à demander qu'on lui apportât le viatique du voyageur vers l'éternité, et qu'on oignît son corps de l'huile sainte pour le grand combat que l'athlète chrétien allait soutenir. Puis, empruntant le langage des Livres Saints avec lesquels il était si familiarisé : « Hélas ! » s'écriait-il, « que mon exil a été long! Que vos tabernacles sont aimables, Seigneur ! Quand pourrai-je m'y reposer? » Et, voyant ses frères dans la douleur et la consternation, il les consola par quelques douces paroles, puis il leur fit ses derniers adieux dans une dernière bénédiction qui témoignait et de sa tendre charité pour eux et de sa grande confiance en Dieu. Il avait cessé de parler, et voilà qu'une éclatante lumière, partie du côté de l'Orient, vient remplir la cellule du moine moribond, voltige autour de sa tête et laisse dans tous les cœurs comme une exhalaison de l'odeur la plus suave. — L'âme du Saint était au ciel. Dieu voulut prouver par une fin favorisée d'un tel prodige, combien la vie de ce fidèle serviteur lui avait été agréable, combien sa mort était précieuse à ses yeux.

Nous avons retrouvé auprès du lit de mort de notre Saint, ses deux amis, saint Amand et saint Cyprien. Il est à présumer qu'après avoir connu par une révélation spéciale le jour et l'heure de sa mort, il leur en avait fait part et les avait invités à venir le voir, voulant s'encourager de leur présence dans un moment si solennel. Et saint Amand et saint Cyprien s'étaient empressés d'accourir, et ils étaient là contemplant avec admiration leur vénérable ami, édifiés de sa patience, de sa douceur, de son humilité. Et, lorsqu'il fallut procéder à ses funérailles qui attirèrent un grand concours de peuple, ils ne voulurent point laisser à d'autres le soin de lui rendre le dernier devoir. Ils ensevelirent eux-mêmes son corps, qu'ils ne regardaient et ne touchaient qu'avec une sainte vénération, et qui fut inhumé, en présence de tous les religieux et du peuple, dans l'église qu'il avait lui-même bâtie et dédiée à saint Julien.

Nous pouvons fixer la date de la mort de saint Sour en l'année 580, au premier jour du mois de février ; c'est le jour auquel les diocèses de Périgueux, de Limoges et de Sarlat ont toujours célébré sa fête. Il était âgé de quatre-vingts ans, étant né dans la première année de ce VIe siècle, ayant vécu environ soixante ans depuis sa sortie de l'Auvergne et son entrée au monastère de Genouillac, et cinquante, à peu près, depuis le commencement de sa vie érémitique.

CULTE ET RELIQUES DE SAINT SOUR.

Les hommages rendus dans tous les siècles à la sainteté du serviteur de Dieu dont nous venons d'esquisser la vie, commencèrent à Terrasson, dès le jour même de sa mort, qu'une mystérieuse lumière déclara précieuse aux yeux de Dieu. Le peuple, dont *la voix était la voix de Dieu*, et le seul mode de canonisation à ces premiers siècles de l'Eglise, frappé de l'éclat de ses vertus et des miracles opérés pendant sa vie et se renouvelant sur son tombeau, le peuple commença, dès ce moment, à le vénérer comme saint. Il lui adressa des prières, et Dieu, en les exauçant, témoigna que les hommages rendus à la sainteté de son serviteur lui étaient agréables. Il est probable que, dès ce moment aussi, ou du moins peu d'années après, le culte de saint Sour devint public et commun à toute la contrée. Il dut y avoir tous les ans, au jour anniversaire de sa mort, un grand concours de peuple autour de son tombeau. Nous en avons encore un témoignage incontestable dans la foire dite de *Saint-Sour*, si célèbre dans tout le pays, et qui a lieu le premier jour de février. Elle porte avec elle un caractère religieux qu'il est impossible de ne pas reconnaître, et nous trouvons son origine dans le concours annuel des pèlerins autour du tombeau de saint Sour. Ne pouvant entrer dans les détails, nous dirons comme le légendaire : « Souvent Notre-Seigneur Jésus-Christ se plut à manifester par des miracles opérés près de ce tombeau combien il avait eu de prédilection pour son serviteur. Les limites imposées à ce récit abrégé de sa vie ne nous permettent point de redire en détail à combien d'aveugles il rendit la vue, combien de boiteux, de paralytiques et autres affligés de diverses maladies recouvrèrent la santé près de ce tombeau. Les pieux pèlerins ne se sont jamais retirés sans avoir à rendre grâces de quelque bienfait obtenu par sa puissante intercession ».

Mais si, dans tous les siècles, notre Saint a été honoré par la piété des fidèles, un fait traditionnel et souvent renouvelé nous démontre qu'à Terrasson et dans toute la contrée, il a été plus spécialement regardé comme le bienfaiteur du pays, veillant, du haut du ciel, à la fertilité de ces terres, autrefois défrichées par ses mains et par les mains de ses disciples, et qu'il a été plus particulièrement invoqué dans les temps de sécheresse, pour obtenir par son entremise le bienfait de la pluie. On fait dans ce but trois processions ; les reliques du Saint y sont portées triomphalement, et c'est alors que son culte acquiert une pompe et une solennité qui rappellent les plus beaux jours de la piété et des démonstrations religieuses du moyen âge.

Nous ne pouvons préciser l'époque de l'élévation du corps de saint Sour ; mais elle n'eut lieu probablement que bien des années après sa mort, lorsque le monastère commencé de son vivant étant achevé, les moines, ses disciples, voulurent avoir les restes de leur saint fondateur dans la magnifique église qu'ils lui avaient consacrée. Des documents historiques nous permettent de constater qu'ils ne cessèrent point d'en être les possesseurs et les gardiens jusqu'en 1789. Les moines ayant été supprimés à cette époque, la paroisse de Terrasson hérita de leur magnifique église et des reliques de saint Sour. Elle les conserve religieusement, renfermées dans une châsse du XVe siècle, richement sculptée. L'authenticité de ces reliques ne peut être mise en doute, elle découle naturellement d'une possession publique, non interrompue depuis la mort du Saint jusqu'à nos jours. Saint Sour a vécu à Terrasson, il y est mort, et ses reliques n'ont pas cessé d'y être honorées. Nous savons comment elles ont été conservées, comment elles sont arrivées jusqu'à nous ; il ne peut y avoir d'authenticité plus certaine. Nous bénissons le Seigneur d'avoir conservé à notre église ce précieux trésor, ces ossements vénérés qui, après treize siècles, conservant le souffle de l'Esprit de Dieu, parlent et prophétisent comme au premier jour, devant lesquels le peuple aime aujourd'hui, comme il aimait autrefois, comme il aima toujours, à s'agenouiller et à prier.

Nous voulons, en terminant cette esquisse, ne pas oublier un témoignage bien touchant du culte qui a toujours été rendu à saint Sour et à ses reliques. Ce témoignage, nous le prenons à la pure source des vraies traditions, sur les lèvres du peuple, sur ces lèvres qui ne prononcent point le mensonge, mais qui parlent d'après l'abondante simplicité du cœur : c'est la naïve qualification de *bon* que le peuple joint toujours à la qualification de *saint*, lorsqu'il parle de ce saint patron. Il dit : *le bon saint Sour*. Cette manière de s'exprimer ne peut provenir que de l'habitude d'honorer et de prier le Saint, et de l'habitude d'avoir été promptement exaucé, lorsqu'on l'a honoré et prié.

Le bon saint Sour ! Il y a là tout le panégyrique de notre Saint, le panégyrique le plus sublime et le plus vrai.

M. l'abbé Pergot, curé-doyen de Terrasson.

SAINTE GALLE, VIERGE, A VALENCE

VIe siècle.

> Le monde, par les amertumes dont il nous abreuve, par les calamités dont il nous accable, que nous crie-t-il, sinon de ne pas l'aimer ?
>
> *Saint Antonin*, IV part., tit. III, c. 7, § 6.

La bienheureuse Vierge dont nous allons raconter la vie naquit à Valence vers le commencement du VIe siècle. Sa famille, l'une des plus distinguées du pays, lui prodigua, dès le berceau, les soins les plus affectueux, et eut la consolation de la voir grandir en âge et en sagesse jusqu'au moment où l'on résolut de lui choisir un époux. Belle, riche et pieuse, Galle était regardée comme une personne accomplie. De nombreux prétendants sollicitaient sa main, et son père n'était embarrassé que par le choix de celui qui réunissait en sa personne les qualités les plus recommandables ; mais la jeune Vierge avait déjà pourvu à son alliance : ayant su ce qui se passait, elle déclara qu'elle avait elle-même choisi l'époux selon son cœur, qu'elle n'en voulait pas d'autre et que rien au monde ne pourrait changer sa détermination. Etonné de cette ouverture, son père lui demanda qui était celui qu'elle avait honoré de cette préférence. « Celui que j'aime », répondit-elle, « et que j'aimerai toute ma vie, à l'exclusion de tout autre, c'est Jésus-Christ, mon Sauveur et mon Dieu. Ne me parlez point des avantages d'une alliance terrestre, des biens et des trésors qu'un homme mortel pourrait m'offrir ; Jésus-Christ et son amour valent mieux pour moi que toutes les richesses de ce monde ; c'est à lui que je me suis donnée pour toujours ». Galle avait fait cette déclaration inattendue avec tant de candeur et d'ingénuité que son père en fut touché profondément ; il comprit, dès lors, que le choix de sa fille, étant une inspiration du ciel, serait irrévocable ; toutefois, il résolut de la mettre à l'épreuve en faisant de nouveau briller à ses yeux la perspective d'une riche alliance qui comblerait les vœux de sa famille et assurerait son propre bonheur. « Père bien-aimé », lui répondit la jeune Vierge, « je vous en conjure par la tendresse que vous avez pour moi, renoncez à l'espoir que vous avez conçu de me donner pour époux un homme mortel ; je me suis déjà consacrée à Jésus-Christ, c'est à lui seul que je veux appartenir désormais. Au reste, souffrez que je vous le dise, si vous me forcez à lui être infidèle, si, au mépris de mes engagements, vous m'obligez à offrir ma main à un époux d'ici-bas, je vous obéirai, mais le Seigneur est tout-puissant, il exaucera ma prière ; j'espère que le jour de mes noces sera aussi celui de mes funérailles ».

Il en fallait beaucoup moins pour désarmer un père dont la tendresse était sans bornes et qu'un pareil langage avait rempli d'admiration. Galle s'aperçut bientôt qu'elle avait remporté la victoire, et se retirant dans l'endroit le plus secret de la maison, elle se prosterna devant le Seigneur et lui rendit grâces.

Pleine de ces généreux sentiments et désormais à l'abri des sollicitations de sa famille, Galle ne tarda point de se lier plus étroitement à Dieu par un engagement solennel. Elle avait fait vœu de virginité dans le silence de la prière, elle résolut de le renouveler en face des autels et entre les mains des ministres de la religion. L'évêque de Valence à qui elle fit part de ce dessein l'exhorta beaucoup à la ferveur, et voulut présider lui-même la cérémonie de sa consécration ; il y invita plusieurs évêques qui se trouvaient alors réunis à Valence, on ne sait pour quel motif, et ce fut au milieu de cette assemblée vénérable que la jeune Vierge, entourée de ses amis et de ses parents en pleurs, renouvela ses vœux et reçut le voile blanc, symbole de son innocence et de sa virginité.

Bien que vouée de la sorte à la pratique des vertus religieuses, Galle ne jugea point à propos de se retirer dans la solitude pour y vivre dans le silence et la contemplation ; le Seigneur lui inspira le désir de rester au milieu du monde pour l'édifier par ses bonnes œuvres, et ce n'est pas le seul exemple que l'on trouve dans les premiers siècles de l'Eglise, d'une vocation qui peut avoir ses dangers, mais qui n'en est que plus méritoire quand on y correspond fidèlement.

Notre pieuse Vierge ne faillit point à la sienne [1]. L'exercice de la prière, le soin des pauvres, la visite des églises et les pratiques de pénitence, tel fut le genre de vie qu'elle mena depuis son retour au sein de sa famille. Son cœur était embrasé d'un si grand amour pour Jésus-Christ, qu'elle passait la plus grande partie du jour et quelquefois la nuit entière aux pieds des saints autels. La ferveur lui faisait oublier le soin de prendre sa nourriture, et elle demeurait habituellement sans manger jusqu'à la tombée de la nuit. Les malheureux de tout âge étaient ses amis de prédilection ; l'auteur de sa vie ne craint pas d'affirmer qu'on ne pourrait dire les aumônes et les secours de toute espèce qu'elle leur distribuait continuellement. La charité fut toujours la vertu favorite des Saints, et Dieu s'est plu maintes fois à l'autoriser par des miracles. Notre pieuse Vierge en fit un grand nombre parmi lesquels nous en citerons quelques-uns. Lorsqu'elle allait visiter les pauvres malades, ceux-ci l'accueillaient avec tant de bonheur que souvent ils se prosternaient à ses pieds, implorant sans cesse avec ses aumônes le secours de ses prières ; Galle, touchée de leur foi, priait pour eux et les malades se trouvaient guéris.

1. Après sa consécration, sainte Galle fixa sa demeure au Bourg-les-Valence où les fidèles avaient construit de bonne heure une église en l'honneur des apôtres Pierre et Paul ; — peut-être le premier temple bâti dans Valence en l'honneur du vrai Dieu. Charlemagne la fit rebâtir avec beaucoup de magnificence : les religionnaires la détruisirent en 1567 : l'église actuelle qui a remplacé celle de Charlemagne n'a rien de remarquable, sauf un tableau de saint Jean, apôtre, qu'on attribue à Lebrun.

Un jour une des filles qui la servaient étant sortie pour aller puiser de l'eau, fit une chute et se blessa la poitrine d'une manière si grave que toutes les personnes qui en furent témoins et qui étaient accourues pour la relever s'écrièrent qu'elle était morte. Galle, qui l'aimait beaucoup, ayant su l'accident, se prit à pleurer et ordonna de lui apporter le corps de la jeune fille, ce qui fut exécuté à l'instant même. Dès qu'elle l'eut aperçu, elle se mit en prières ; puis, prenant entre ses mains les mains déjà glacées de la morte, elle s'écria avec cet accent de la foi qui transporte les montagnes : « Seigneur, guérissez-la ». Aussitôt la jeune fille se leva parfaitement guérie, et tous les témoins de ce prodige glorifièrent Dieu en disant : « Voyez quel pouvoir le Seigneur a donné à sa servante ».

Une autre fois le feu ayant pris dans une maison voisine de celle que Galle habitait, tout le monde courut pour en arrêter les progrès. Mais l'incendie se propageait si rapidement qu'on tremblait déjà pour sa demeure. Galle tombe à genoux, et à peine a-t-elle commencé sa prière que les flammes s'abaissant et se concentrant dans la maison qu'elles dévoraient, s'y éteignent tout à coup aux applaudissements d'une multitude de spectateurs stupéfaits d'admiration.

Quelques temps après, la pieuse Vierge allant, suivie de ses servantes, dans une maison où l'appelait quelque bonne œuvre, fut injuriée dans la rue par un homme du peuple qui s'écria : « Où croyez-vous que va cette femme que l'on dit une sainte ? Ne pensez point qu'elle soit sortie pour un motif de charité ; elle court au crime, la misérable, elle est perdue de mœurs ». Galle endura cet affront sans répondre un seul mot, et comme l'insensé continuait à vomir contre elle un torrent d'insultes, on le vit tout à coup tomber à la renverse et s'agiter dans des convulsions horribles ; Dieu, pour venger l'honneur de sa servante, ayant permis qu'il fût possédé du démon.

Galle continua sa route, en bénissant le Seigneur, et lorsqu'elle fut entrée dans la maison, une foule de pauvres malades et d'infirmes se présentèrent à la porte, sollicitant le secours de ses prières. Dans le nombre se trouvait une jeune enfant qui était sourde et muette. Dès que Galle l'eut aperçue, elle leva les yeux au ciel et pleura ; puis, prenant un verre d'eau, elle le bénit et le lui donna à boire ; à l'instant même, la jeune fille sentit sa langue se délier et ses oreilles s'ouvrir. Elle guérit encore, dans le même lieu, plusieurs autres malades, en faisant sur leur front le signe de la croix.

Cependant, celui qui l'avait injuriée demeurait toujours au pouvoir du démon ; elle le trouva sur son passage en retournant chez elle, et dès qu'elle le vit elle se mit à pleurer, en disant : « Seigneur, ayez pitié de lui, car il a été créé à votre image ; ayez pitié de lui, je vous en conjure, car il a été racheté au prix de votre sang ». Puis, faisant le signe de la croix, elle s'approche du possédé et s'écrie : « Esprit immonde, au nom du Père et du Fils et du Saint-Esprit, je t'ordonne de sortir ». A ces mots le démoniaque qui se roulait dans la poussière se calme tout à coup et se trouve entièrement délivré.

Mais de tous les prodiges opérés par sainte Galle, le plus célèbre est celui que nous allons rapporter sur la foi de son historien, dont le témoignage est d'ailleurs conforme à celui de la tradition.

Vers l'an 566, une armée de Lombards, conduite par trois de leurs ducs, franchit les Alpes et s'avança vers le haut Dauphiné. Enhardis par l'espoir du butin que leur promettait l'occupation de cette riche province, les barbares se divisèrent en trois corps de troupes, afin de l'envahir sur plusieurs points à la fois. Rodan, le premier duc, se dirigea vers Grenoble ; Zaban, le second, prit la route de Die, et Aman, le troisième, marcha vers Embrun. Ce dernier fut assez heureux dans son expédition, mais les deux autres payèrent cher leur audace. Gontran, roi de Bourgogne, informé de l'irruption des barbares, leur opposa le patrice Mommol, qui était le plus habile guerrier de son siècle. Mommol courut à la rencontre de Rodan, lui offrit la bataille près de Grenoble et le défit. Rodan s'enfuit avec cinq cents hommes seulement et prit la route de Valence, dont il savait que Zaban avait formé le siége depuis quelques jours. Malgré le nombre et la valeur des soldats qui la serraient de près, la ville se défendait assez vaillamment; la population tout entière s'était en quelque sorte groupée derrière les remparts et se tenait toujours prête à repousser l'ennemi. Zaban, de son côté, redoublait d'ardeur et de courage; animé par un secret pressentiment de la victoire, il multipliait les assauts, il tentait sans cesse d'escalader les murs, il lassait enfin de toute manière la valeur des assiégés, dont la confiance allait tous les jours déclinant. Il ne fallait plus qu'un dernier effort pour le rendre maître de la ville. Déjà les barbares étaient sur les remparts, les portes s'ouvraient, les rues étaient envahies, lorsque les habitants se souvinrent qu'ils avaient au milieu d'eux une thaumaturge, à qui Dieu ne savait rien refuser. Galle était alors en oraison dans la basilique de Saint-Pierre, au Bourg-les-Valence. On court vers elle en désordre, la foule se jette à ses genoux, en criant : « Servante du Seigneur, sauvez-nous, nous allons tous périr ». — « Ne craignez rien », répond la pieuse Vierge, « saint Pierre vous défendra ». Et elle se remit en oraison.

« Tout à coup », ajoute l'historien qui nous a conservé le souvenir de ce prodige, « on vit dans les airs une multitude d'oiseaux de proie, qui fondaient vers les barbares, et une grêle de pierres qui tombaient sur eux miraculeusement. « Courez à la poursuite de vos ennemis, s'écria sainte Galle, ils sont saisis de terreur; allez recueillir les dépouilles qu'ils ont abandonnées; mais ne leur faites aucun mal, car le Seigneur a combattu pour vous ».

La foule, étonnée de ce langage, obéit à la servante du Seigneur, elle se précipita vers les portes de la ville, qu'elle trouva désertes, et vit bientôt les barbares qui fuyaient en désordre, comme si une armée tout entière les eût suivis l'épée dans les reins. A cette nouvelle, des transports de joie éclatèrent au sein de la population, et tous les cœurs des Valentinois se confondirent dans un commun sentiment d'admiration et de reconnaissance.

Sainte Galle ne survécut pas longtemps à la délivrance miraculeuse de la ville. Comme durant plusieurs jours le peuple ne cessa de publier ses louanges, et que la foule se pressait sans cesse autour de sa demeure, afin de se recommander à ses prières, son humilité s'en alarma, et, voulant se soustraire aux applaudissements dont elle était l'objet, elle conjura le Seigneur de l'appeler à lui. Puis elle dit au peuple : « Mes enfants, le jour de ma mort est venu, laissez-moi seule avec mon Dieu. Vous savez combien je vous aime, la seule chose que je vous demande avant de vous quitter pour toujours, c'est que lorsque j'aurai rendu le dernier soupir vous ensevelissiez mon corps soigneusement ». A ces mots tout le peuple fondit en larmes; mais Galle s'écria : « Ne pleurez point, mes frères, n'est-il pas bien temps que je m'en retourne vers Dieu ? N'ai-je pas assez vécu ? Voilà quatre-vingt-dix ans que je suis au monde, laissez-moi donc mourir et mettez en Dieu toute votre confiance ».

La pieuse Vierge mourut, en effet, comme elle l'avait prédit. Sa mort plongea la ville entière dans le deuil et la consternation; mais les prodiges, par lesquels Dieu manifesta bientôt la sainteté de sa servante, consolèrent le peuple et transformèrent sa douleur en véritable allégresse. Les obsèques de Galle furent un triomphe plutôt qu'une cérémonie funèbre. Son corps fut transporté solennellement du Bourg-lès-Valence dans l'église Saint-Etienne, où l'on devait l'ensevelir. Le convoi traversa la ville au milieu d'un concours immense de spectateurs, qui déjà offraient à leur sainte protectrice un culte de vénération, d'amour et de prières, tel que l'Eglise a coutume de l'autoriser en faveur des plus grands Saints. Plusieurs malades se firent placer sur le seuil de leur demeure, d'autres voulurent toucher le cercueil, et leur foi fut récompensée par de nombreuses guérisons. Durant plusieurs jours l'église de Saint-Etienne fut littéralement assiégée par le peuple, et le tombeau de la Sainte, glorifié par les prodiges les plus éclatants, devint, à dater de cette époque, un lieu de pèlerinage où les Valentinois reçurent, dans tous les siècles, toutes sortes de faveurs et de bénédictions.

Le diocèse moderne de Valence fait la fête de sainte Galle le 16 novembre[1].

SAINT SIGEBERT OU SIGISBERT, ROI D'AUSTRASIE

630-656. — Papes : Honoré Ier ; saint Eugène Ier.

> Les fautes des rois sont punies dans les peuples : leurs vertus nous sauvent, leurs erreurs nous perdent.
> Saint Ambroise, liv. Ier de *Apologia David*, ch. 22.

Nous serions assurément répréhensible si, faisant un recueil de la vie des Saints pour l'instruction de tous les fidèles, nous négligions ce saint roi de la France orientale, tandis que les étrangers en enrichissent leurs histoires : comme Baronius, italien ; Surius, allemand ; et Aubert Mirée, flamand ; ces auteurs en parlent avec beaucoup d'honneur, et lui donnent sans difficulté le titre de Saint.

Il était fils de Dagobert Ier, roi de France, et de Ragintrude ou Ragnétrude. Le roi, qui depuis quelque temps menait une vie assez déréglée, fut si touché de la grâce que Dieu lui faisait de lui donner un fils, que, pour reconnaître cette faveur, il conçut le dessein de se corriger entièrement. Résolu de faire baptiser ce fils par le plus saint prélat de son royaume, il jeta les yeux sur saint Amand, évêque de Maëstricht, qu'il avait auparavant exilé à cause de la généreuse liberté avec laquelle il le reprenait de ses désordres. L'ayant donc fait venir à Clichi, près de Paris, il se prosterna à ses pieds, lui demanda pardon de l'injustice qu'il avait commise à son égard, et le détermina, avec l'aide de saint Ouen et de saint Eloi, qui n'étaient encore que laïques, à conférer à son fils le sacrement de la régénération. Il lui donna pour parrain Caribert, roi d'Aquitaine, son frère, et l'on put dès lors espérer que cet enfant de France serait un prince de paix, puisque sa naissance réconcilia si parfaitement ensemble ces trois grands personnages. Dieu fit aussi paraître quel serait ce petit prince, par un fait miraculeux arrivé à son bap-

1. L'église Saint-Etienne, où sainte Galle fut ensevelie, est des plus anciennes de Valence. Ruinée par les Protestants en 1562, elle fut réédifiée avec beaucoup de peine en 1571. On y remarque quelques beaux tableaux, mais les décorations sont d'un assez mauvais goût. Cf. *Hagiographie de Valence et de Belley* et *Propre de Valence*, 1853.

tême : la foule de la noblesse française qui se trouva alors dans Orléans, où se faisait cette cérémonie, était si grande, qu'il ne se rencontra point de clerc auprès de saint Amand, qui le baptisait, pour répondre *amen* ; l'enfant, qui n'avait pas encore quarante jours, prononça ce mot distinctement et à propos : ce qui causa une grande admiration aux seigneurs qui furent témoins de cette merveille. L'éducation du petit prince fut confiée au bienheureux Pépin de Landen, maire du palais, qui, contraint de céder à l'envie de la noblesse, se retira avec lui dans les Etats de Caribert, où il possédait plusieurs terres du chef de la bienheureuse Itte, sa femme.

A peine eut-il atteint la cinquième année de son âge, que le roi, désirant pourvoir au repos de son royaume, et suivre en cela les exemples de ses prédécesseurs, partagea ses Etats entre ses deux enfants, savoir : notre Sigebert et Clovis II ; et de l'avis de son conseil, il donna l'Austrasie [1], c'est-à-dire la France orientale, à celui qui était l'aîné, laissant la Neustrie à Clovis, le plus jeune.

Cinq ou six ans après, le roi Dagobert étant près de laisser cette vie avec le royaume, pour aller régner plus heureusement dans le ciel, fit convoquer, peu de jours auparavant, une assemblée des plus grands seigneurs de ses Etats, où, confirmant le partage qu'il avait fait entre ses deux fils, il les déclara rois. Et ces princes gardèrent si religieusement l'ordonnance du roi, leur père, touchant ce partage, et vécurent toujours en une si bonne intelligence, que chacun, de son côté, gouverna très-paisiblement les sujets de son royaume.

Pour le roi Sigebert, il fut heureux dans l'Austrasie, d'avoir auprès de sa personne saint Pépin, seigneur de Brabant, qu'il fit maire de son palais, et saint Cunibert, archevêque de Cologne, qu'il prit pour son principal conseiller ; l'un et l'autre étaient de saints personnages, qui l'assistèrent puissamment de leurs sages avis. Ce furent ces deux fidèles serviteurs qui, après le décès de son père, lui persuadèrent de demander au roi Clovis, son frère, le partage des trésors et des meubles du feu roi : ce qu'ils négocièrent avec tant d'adresse et de prudence, qu'il se fit, pour cela, une nouvelle assemblée en la ville de Compiègne, où, enfin, le tout fut terminé paisiblement, et à l'entière satisfaction des deux partis.

Cependant Sigebert vit la paix de son règne troublée par la révolte de quelques esprits remuants qui poussèrent les Thuringiens, ses vassaux, à lever les armes contre leur prince ; n'étant donc encore âgé que de douze ans, il se vit obligé de leur faire la guerre : et, d'abord, il remporta quelque avantage sur eux, défit leurs troupes et terrassa leur duc. Mais, comme les armes sont sujettes à caprice, bien changeants sont les événements que fait naître leur jeu : la mauvaise intelligence de ses officiers donna moyen aux Thuringiens de se rallier et d'avoir le dessus à leur tour ; ils défirent toute l'armée royale. Néanmoins, le roi ramassa de nouvelles forces, prit un nouveau courage, et, ayant repassé le Rhin, il se comporta avec tant de prudence et de sagesse, qu'il ramena enfin les révoltés à la raison, et les obligea de se soumettre.

Ce vertueux prince, se voyant ensuite paisible en son royaume, se donna entièrement aux exercices de la piété, et se laissa tellement aller à la vie contemplative, qu'on l'eût pris plutôt pour un religieux nourri dans un

1. L'Austrasie comprenait alors la Provence et la Suisse (démembrées de l'ancien royaume de Bourgogne); l'Albigeois, l'Auvergne, le Querci, le Rouergue, les Cévennes, la Champagne, la Lorraine, la Haute-Picardie, l'archevêché de Trèves, et plusieurs autres pays qui s'étendaient jusqu'aux frontières de la Frise; l'Alsace, le Palatinat, la Thuringe, la Franconie, la Bavière, la Souabe, et tout le pays qui est entre le Bas-Rhin et l'ancienne Saxe. Les rois d'Austrasie faisaient leur résidence à Metz en Lorraine.

cloître, que pour un roi élevé dans la pourpre et dans les armes. De là vient que quelques-uns de nos historiens français, ne considérant les choses que selon la politique et la prudence humaine, désapprouvent sa conduite et l'accusent de lâcheté ; mais ceux qui ont parlé de lui avec plus de dégagement des choses temporelles, l'ont comparé au grand Salomon, et disent qu'il en a même surpassé la gloire. En effet, l'un et l'autre ont été doués par le Seigneur, dès leurs plus faibles années, d'une sagesse extraordinaire, et en ont reçu beaucoup de richesses et de puissance. Ce roi de Judée, au lieu de profiter de tous ces dons, en a abusé jusqu'à les employer à sa propre ruine et à la perte de son âme ; au contraire, le roi Sigebert s'en est servi pour son salut et pour celui de son peuple. Salomon dissipa la meilleure partie des biens immenses que le roi David, son père, lui avait laissés, et que Dieu lui avait donnés, en de prodigieuses débauches, en de folles dépenses avec ses concubines, et pour bâtir des temples à leurs idoles et à leurs fausses divinités. Mais le pieux roi Sigebert a employé beaucoup plus utilement les trésors qu'il avait hérités du roi Dagobert, son père, ou qu'il s'était acquis pendant la paix de son règne, à faire de grandes aumônes aux pauvres, et à bâtir douze beaux monastères, parmi lesquels on compte les célèbres abbayes de Staveloo, au diocèse de Liége, et de Malmédy, au diocèse de Trèves ; à l'une d'elles, dont saint Rémacle, évêque de Liége, fut abbé, il ne donna pas moins de douze lieues de pays, en longueur et en largeur ; ce qu'il confirma depuis par son testament.

Ce prince était digne de la couronne, puisqu'il a si bien su se gouverner lui-même, que, en usant prudemment des honneurs et des richesses de la terre, il s'est acquis les véritables grandeurs de l'immortalité ; et sa vie a été telle, que sa puissance terrestre l'ayant rendu redoutable aux hommes, sa piété et sa justice l'ont rendu agréable aux yeux de Dieu. S'il s'est rencontré dans sa conduite quelques défauts contre les règles de la prudence humaine, ses aumônes et ses autres bonnes actions les ont suffisamment réparés, pour le faire paraître sans tache devant la divine Majesté. Il décéda saintement, dans la fleur de son âge, le 1er février, vers le milieu du VIIe siècle, deux cent soixante-trois ans après le décès de saint Martin, selon la manière de compter alors les années en France. Comme notre saint roi était très-dévot à ce grand évêque, il voulut que son corps fût inhumé près de la ville de Metz, dans une église dédiée à son honneur, laquelle est une des douze qu'il avait fondées. Dieu a fait paraître sa sainteté par quantité de miracles qui se sont faits à son tombeau ; le moine Sigebert, auteur de sa vie, en rapporte un grand nombre, et dit qu'il en a été témoin oculaire.

On représente le saint roi d'Austrasie avec une église sur la main, par allusion à ses fondations pieuses. On l'invoque, en Lorraine, pour la pluie et le beau temps.

RELIQUES ET CULTE DE SAINT SIGEBERT.

L'an 1063, quatre cents ans après sa mort, le corps de saint Sigebert fut trouvé aussi entier dans son sépulcre que s'il n'y eût été mis que depuis deux heures ; il en fut tiré pour être déposé en un lieu plus décent, comme lui-même l'avait ordonné à un religieux de ce monastère de Saint-Martin-les-Metz nommé Villan, à qui il était apparu. Sept ans après, il fut enfermé solennellement dans une riche châsse d'argent, et placé à côté du grand autel de l'église, mais toujours avec des miracles que l'on peut voir dans l'auteur de la vie rapportée par Surius et Bollandus au 1er de ce mois.

Enfin, l'an 1552, cette abbaye de Saint-Martin fut entièrement ruinée par les guerres entre la France et l'Espagne ; alors ce précieux dépôt fut transporté à Metz dans l'église du prieuré Notre-Dame, où il resta jusqu'en 1603, époque à laquelle Charles III, qui avait obtenu du Pape l'érection d'une collégiale à Nancy, le fit transporter dans l'église provisoire où les chanoines avaient commencé à faire leurs offices... La châsse contenant ce saint corps était d'ébène, couverte d'argent, richement émaillée ; elle avait été apportée de Milan par les ordres et aux frais d'Antoine de Lenoncourt, second primat de Lorraine.

En 1740, on dut renouveler les ornements qui recouvraient l'insigne relique, en raison de leur vétusté. Cette opération se fit avec une grande solennité. On ne lira pas sans intérêt dans quel état on trouva les restes du saint roi : « La tête, le tronc, les bras et les cuisses se tiennent ensemble, le tout recouvert des muscles, des téguments et de la peau, excepté la tête dont les os du crâne sont à découvert depuis les sourcils jusqu'aux os des tempes et de l'occipital...; la face est entière ainsi que le nez..., les lèvres sont conservées, et la supérieure assez relevée pour laisser entrevoir les quatre dents incisives de la mâchoire supérieure ; les autres parties de la face sont aussi conservées et sans lésion, ainsi que le corps, les bras, les cuisses...; l'avant-bras gauche, le poignet, la main, les doigts avec les ongles sont sans lésion ; la main droite, depuis le poignet jusqu'à l'extrémité des doigts, est entière ; la jambe droite est entière avec les os du tarse, etc.

Après avoir constaté l'état dans lequel se trouvait le corps du saint roi, on le replaça dans la châsse avec de nouveaux et riches ornements. C'est de ce reliquaire, en dernier lieu déposé sous l'autel que, en 1793, des hommes, pour qui rien n'était ni respectable ni sacré, l'arrachèrent pour le livrer aux flammes. Quelques personnes néanmoins en sauvèrent des débris, dont la meilleure partie, religieusement conservée par M. Simonin, aïeul de M. le directeur de l'école de médecine de Nancy, a été, le 30 janvier 1803, remise à Mgr Osmond, évêque diocésain, et exposée de nouveau à la vénération des fidèles. Ces débris sont, autant qu'il est possible de le reconnaître : deux os de bras, un autre os et une petite côte, un os de jambe, une omoplate à laquelle sont restés attachés des muscles et des filaments charnus, trois grandes côtes, trois fragments de côte, et une rotule.

La vénération des peuples pour les reliques de saint Sigisbert, et les grâces obtenues du ciel par l'intercession de ce Bienheureux, l'ont fait choisir pour patron de la capitale de l'ancien duché de Lorraine. Dans les calamités publiques, à la demande des magistrats de la cité, organes des populations, sa châsse était descendue de l'arche où elle était enfermée, au-dessus du siége primatial, et placée sur un autel spécial où elle restait exposée pendant tout le temps des supplications ordonnées par l'autorité compétente. C'est de là qu'est venue la locution vulgaire *descendre les reliques de saint Sigisbert*, maintenant encore employée quand on parle de leur exposition solennelle pour obtenir de Dieu la délivrance de quelque fléau.

Le diocèse de Metz, en perdant ce précieux trésor, n'a pas cessé pour cela d'honorer le saint roi d'Austrasie. Un beau vitrail lui a été récemment consacré dans l'église Sainte-Ségolène, bâtie près de l'emplacement où s'élevait l'ancien palais des rois d'Austrasie, dont on voit encore quelques restes.

Renseignements fournis par M. l'abbé Guillaume, chanoine de Nancy, aumônier de la chapelle ducale. Voir l'*Histoire fidèle de saint Sigisbert, douzième roi d'Austrasie et troisième du nom*, etc., tirée des *Antiquités austrasiennes*, par le R. P. Vincent, de Nancy, religieux du Tiers Ordre de Saint-François. Nancy, 1702 ; — La première vie de ce saint roi a été écrite par le moine Sigebert. Molanus, aux additions d'Usuard, dit qu'il a fait bâtir vingt monastères au lieu de douze que marque le P. Giry ; — et pour les reliques : *La cathédrale de Nancy, notice*, etc., par M. l'abbé Guillaume.

SAINT EUBERT DE SÉCLIN, PATRON DE LILLE (IIIe siècle).

Eubert ou Eugène était d'une race noble. Il s'adjoignit comme compagnon à saint Chryseuil, à saint Piat et à d'autres, qui vinrent, sous les empereurs Maximien et Dioclétien, prêcher la foi évangélique en Gaule. Il annonça le Christ aux Nerviens du pays de Tournay et à d'autres populations encore. La tradition veut qu'il ait été marqué du caractère épiscopal. Il entreprit en premier lieu le défrichement du canton qu'on a appelé plus tard la Châtellenie de Lille : c'est pour cette partie du champ du Seigneur que coulèrent ses sueurs les plus abondantes. Lorsque saint Chryseuil et saint Piat eurent subi le martyre, il eut soin de confirmer leurs néophytes dans la vraie religion. Enfin, après avoir combattu le bon combat et consommé sa course, il décéda vers la fin du IIIe siècle, à Séclin, où il fut enseveli.

C'est pourquoi les saintes reliques d'Eubert furent d'abord honorées à Séclin. Mais ayant été apportées à Lille en 1067, pour la dédicace solennelle de l'église collégiale de Saint-Pierre, qui relevait immédiatement du Saint-Siége, elles y furent conservées avec beaucoup d'honneur. Elles furent peu après transférées pour un temps au monastère d'Hannon, à l'occasion de la dédicace de cette abbaye. Les chanoines cédèrent un de ses os à l'abbaye de Liessies. L'an 1229, Walter ou

Gautier, évêque de Tournay, reconnut pieusement ces précieuses reliques dans la ville de Lille.

Elles étaient exposées à la vénération des fidèles le jour de la fête du Saint, honoré le 1er février comme patron de Lille, et on les portait dévotement dans les rues de la ville, dans la célèbre procession qui avait lieu tous les ans pour la fête de Sainte-Marie-des-Grilles. Le saint confesseur figurait à la série des bienheureux évêques, dans les litanies que l'on chantait d'habitude par les rues de la cité. Mais depuis la destruction malheureuse et criminelle de l'église du prince des Apôtres, la mémoire de saint Eubert disparaissait insensiblement. Elle a revécu à l'occasion du fléau terrible du choléra-morbus. Enfin, saint Eubert a recouvré son culte antique, lorsqu'en 1848, à la demande de son Eminence le cardinal Pierre Giraud, archevêque de Cambrai, le Saint-Siége a permis avec bonté que dans tout le diocèse on célébrât la fête du bienheureux Eubert.

Propre de Cambrai.

SAINT TORQUAT, ÉVÊQUE DE SAINT-PAUL-TROIS-CHATEAUX,

ET SAINT JOSSERAND, MOINE DE CRUAS (321).

Saint Torquat, évêque de Saint-Paul-Trois-Châteaux, mourut en 321. Sa fête se trouve dans l'ancien Bréviaire de l'église Tricastine, dans le propre des Saints de ce diocèse, imprimé en 1758, et dans les livres liturgiques de l'église de Viviers. Sa vie nous est inconnue. Son corps était conservé autrefois dans le monastère de Cruas, en Vivarais, où il fut brûlé par les calvinistes. Il existe encore une autre chapelle qui porte son nom, près de Suze-la-Rousse, sur les bords du Leg, dans l'ancien diocèse de Saint-Paul [1].

Les Bollandistes rapportent que l'herbe cessa de croître sur le lieu où les calvinistes brûlèrent le corps de saint Torquat et de saint Josserand. Ayant demandé à M. le curé de Cruas si ce miracle avait jamais existé, voici ce qui nous a été répondu le 18 janvier 1872 :

« Je regrette beaucoup de n'avoir trouvé dans ma paroisse aucune tradition sur la personne de saint Josserand, ni sur son genre de mort, ni sur le miracle qui aurait eu lieu sur sa tombe. Durant les jours de la Terreur, on brûla sur la place, qui est devant mon église, les livres et les manuscrits de l'abbaye, archives où on eût pu trouver quelques renseignements sur le Saint dont vous parlez. Tout ce que j'ai à ce sujet, c'est une note laissée par un ancien président de fabrique, où il est dit que l'église de Cruas était dédiée à la sainte Vierge et à saint Josserand ».

SAINT SÉVÈRE DE RAVENNE, ÉVÊQUE ET CONFESSEUR (389).

Sévère, citoyen de la ville de Ravenne, en Italie, avait pour métier de travailler la laine ; métier qu'il exerçait avec Vincence, sa femme, et sa fille Innocence. L'évêque, onzième successeur d'Apollinaire, qui fut disciple des Apôtres, étant venu à mourir, le peuple entier, après un jeûne de trois jours, s'assembla à l'église pour l'élection d'un nouveau prélat : alors une colombe toute blanche vint se poser sur la tête de Sévère, à la vue de tout le monde. Les uns conclurent aussitôt, par ce signe, que cet homme était digne du sacerdoce ; mais les autres, choqués de ses haillons, le chassèrent de l'église. Le même prodige s'étant renouvelé le lendemain et le surlendemain, tout le peuple, se conformant au jugement de Dieu, l'élut pour évêque, et il fut consacré suivant le rite ecclésiastique. Son épouse et sa fille prirent le voile et se firent les servantes de Dieu. Sévère, en qui la doctrine était infuse divinement, plutôt qu'humainement acquise, possédait une puissance de sagesse et de vertu rare. Lorsqu'il eut gouverné très-saintement le troupeau confié à ses soins, sentant approcher la fin de sa vie, un peu après avoir achevé l'office de la sainte messe, il se mit en route pour le tombeau de sa femme et de sa fille, mortes avant lui ; arrivé là, il se fait ouvrir le tombeau et commande qu'on lui fasse une place ; à sa voix le sarcophage se meut de lui-même et se

1. *Eloges de sainte Marthe; Hist. de l'église de Saint-Paul-Trois-Châteaux*, p. 10-12; *Histoire du Languedoc*, t. II, p. 163; l'abbé Nadal, *Histoire hagiologique du diocèse de Valence*, p. 71.

déplacé miraculeusement. Le saint évêque, descendu vivant dans ce tombeau, s'y endormit dans le Seigneur tout en priant.

Après un certain laps de temps, il arriva qu'Otger, archevêque de Mayence, partit en Italie pour rétablir la paix entre l'empereur Louis et son fils Lothaire. Ayant appris que les reliques de saint Sévère se gardaient à Pavie, il les fit enlever du lieu où elles avaient été déposées d'abord, les apporta avec lui à Mayence, et les mit dans l'église de Saint-Alban. Elles en furent tirées dans la suite pour être transportées, au milieu d'un immense concours, au monastère d'Erford, dédié alors à saint Paul; elles y ont eu l'honneur d'une splendide basilique du nom de Saint-Sévère, dans laquelle se sont opérés de grands miracles.

La *colombe* qui vint se poser sur la tête de saint Sévère au moment de son élection est son *attribut* et l'attribut d'un grand nombre d'autres évêques de Ravenne, car les habitants de cette ville prétendent que longtemps, chez eux, le ciel voulut bien se charger de désigner de cette façon leur premier pasteur. Quoi qu'il en soit de la prétention des Ravennais, il est permis de voir, dans la colombe que les artistes placent sur la tête de saint Sévère, une signification morale, à savoir que, quoique ignorant et longtemps habitué au travail des mains, il montra dans ses discours une assistance habituelle du Saint-Esprit. Le diocèse de Ravenne a obtenu la permission de fêter en un même office ses douze évêques qualifiés de *Colombins*.

La légende a donné un tour très-pittoresque à l'élection de saint Sévère : « Tisserand de son métier et vivant dans la continence avec sa femme, il lui prit envie d'aller assister à l'élection d'un nouvel évêque. Sa femme lui fit observer qu'on élirait bien un évêque sans lui, et qu'il ferait beaucoup mieux d'avancer la recette du ménage. Mais comme il insistait pour s'y rendre, la femme lui dit en se moquant : Ne vois-tu pas qu'on va te faire évêque, si tu te montres là ? Il se trouva qu'elle avait dit plus vrai qu'elle ne pensait elle-même, car il fut acclamé par le peuple entier. En mémoire de cette élection inattendue, on le trouve peint en costume d'ouvrier, avec une *navette* qui sort de sa poche ou avec un rouleau d'étoffe sous le bras, comme s'il allait servir ses clients. En ce cas, une *mitre* près de lui indique l'aventure qui répondit à la plaisanterie de sa femme. C'est en raison de son ancienne profession que dans certains pays *les tisserands*, *les drapiers*, *les fileurs*, *les tisseurs en soie*, etc., l'ont pris pour patron.

SAINT PRÉCORD, SOLITAIRE DANS LE SOISSONNAIS (VIe siècle).

Le diocèse de Soissons honore aujourd'hui la mémoire de saint Précord, qui naquit en Ecosse, et qui vint en France au temps du roi Clovis. Attiré par la renommée de saint Remi, il se rendit auprès de lui. Puis, ayant appris de ce grand Saint à quelle vocation il était appelé de Dieu, il se dirigea vers une petite ville du Soissonnais, située sur l'Aisne, et qui se nommait Vailly. C'est là qu'après avoir vécu, ne s'occupant que du ciel, et connu de Dieu seul, il décéda et fut enseveli au même endroit.

Or, vers l'an 941, il arriva ceci : l'affluence des pèlerins enrichissait tellement l'église où les reliques de saint Précord étaient déposées, que cette église devint un objet de convoitise ; un prêtre nommé Thiard parvint à obtenir ce bénéfice, et paya un autre prêtre pour remplir son office et garder ce trésor précieux. Celui-ci enleva la châsse et s'enfuit en Angleterre. Thiard se met à la poursuite du voleur et le retrouve dans un village de cette île où il s'était fixé. A force d'adresse, Thiard à son tour put s'emparer des reliques et revenir en France. Dans son empressement à regagner Vailly, il se trompe de route et arrive à Fouilloy, domaine du monastère de Corbie. L'abbé de ce monastère les acheta à Thiard et les plaça dans l'église de Saint-Pierre, où elles sont restées jusqu'à la Révolution française.

Le culte du Saint n'en continua pas moins de fleurir à Vailly, qui parvint à recouvrer au XVIIe siècle une partie notable de son corps, par l'entremise de D. Jean Poncelet, religieux bénédictin originaire de cette ville (1633). — On célèbre la mémoire de cette translation le 22 juillet, tandis que la principale fête du Saint a lieu le 1er février. Depuis la destruction de l'église de Saint-Précord de Vailly, au temps de la Révolution, l'église de la ville abrite les reliques du Saint, sauvées par quelques pieux citoyens et de nouveau reconnues par Jean-Claude Leblanc de Beaulieu, premier évêque de Soissons, après le concordat de 1802.

Saint Précord est invoqué, en temps de sécheresse, pour avoir de la pluie.

Propre de Soissons et *Annales du diocèse de Soissons*, par M. l'abbé Pécheur.

SAINT AGRIPAN OU AGRÈVE DU PUY (VIIe siècle).

Agripan, le seul des évêques du Velay qui ait enduré le martyre, naquit en Espagne. Dès l'enfance, il se fit remarquer parmi ceux de son âge autant par sa docilité que par son esprit, et fit de grands progrès dans la science. Souvent, lorsqu'il le cherchait pour prendre sa réfection, son maître le trouva dans le temple, qui nourrissait son âme par une longue et fervente oraison. Voulant se dérober aux importunités de ses parents qui le poussaient au mariage, il partit secrètement pour Rome, où le souverain pontife Martin le distinguant pour son instruction et pour sa science, le consacra évêque de l'église du Velay.

A son arrivée en ce pays, il le trouva encore infecté des superstitions païennes et tout souillé des erreurs d'Arius et d'Helvidius. Muni des armes de l'oraison et du jeûne, et s'abstenant de vin et de viande, cet excellent pasteur combattit le monstre de l'erreur avec une vigueur d'âme invincible et une infatigable constance. Toute sa vie épiscopale se passa à confirmer les fidèles par la fréquente prédication de l'Evangile, à confondre les païens, à ramener les hérétiques à une plus sainte doctrine, s'exposant sans crainte à de nombreux dangers dont le secours divin le retirait toujours.

Il fit un second voyage à Rome ; il en revenait et se trouvait déjà au milieu de son troupeau, lorsqu'il rencontra des adorateurs des idoles à vingt milles de la ville du Puy. Les ayant sévèrement réprimandés de leurs cérémonies sacriléges, il fut saisi par eux et jeté en prison, et trois jours après, par l'instigation de la dame du lieu qui était païenne, il fut décapité avec Ursicin, son serviteur et le compagnon de son martyre. Selon la tradition, la tête du Saint, en tombant, fit jaillir une source dans une vallée, laquelle ensuite fournit de l'eau pour guérir les maladies et baptiser un grand nombre de païens. Les chrétiens, en veillant la nuit à son tombeau dans la prière, éprouvèrent souvent l'efficacité de sa protection. La couronne du martyre fut accordée au saint évêque le 1er de février. — Saint Agripan a donné son nom à la ville de Saint-Agrève (Ardèche).

SAINT SEVER, ÉVÊQUE D'AVRANCHES (VIIe siècle).

Sever naquit d'une humble famille du Contentin, et ses parents, forcés par l'indigence, le donnèrent à Corbec, homme noble et infidèle, pour être employé aux travaux serviles. Il mena ainsi, dès l'enfance, une vie dure et champêtre qu'il ennoblissait par l'exercice de la prière et de l'aumône, et sa vertu se manifesta par des miracles. Corbec en fut ébranlé et se convertit avec toute sa famille à la foi chrétienne.

Sever faisait donc l'admiration de tout ce qui l'entourait ; mais le désir d'une vie plus secrète le fit se retirer dans une solitude voisine. Un grand nombre de disciples étant venus le trouver, il fonda un monastère en l'honneur de la sainte Mère de Dieu, qu'il pourvut d'une excellente règle. Mais la renommée de ses vertus, qui se propageait de jour en jour, le mit dans la nécessité de se charger du gouvernement de l'église d'Avranches.

Après avoir porté pendant quelques années ce fardeau avec autant de piété que de prudence, le saint homme, qui regrettait son ancienne vie solitaire, se démit volontairement de l'épiscopat, et se retira dans son monastère, où il dépensa le reste de sa vie en pieux exercices et en sublimes contemplations. Enfin, épuisé par l'âge, il rendit son âme à Dieu entre les bras de ses disciples, et fut enseveli dans l'église construite par ses soins. Sa sainteté éclata par de nombreux miracles opérés après sa mort.

Son corps, que l'on avait caché en terre à l'époque des invasions normandes, fut retrouvé intact à la fin du Xe siècle, et transféré à Rouen par les soins de Richard-Sans-Peur, duc de Normandie, qui voulut en enrichir la capitale de ses Etats.

Le corps de saint Sever s'arrêta à Emendreville, et imposa bientôt son nom à ce faubourg de Rouen (990).

L'église métropolitaine de Rouen eut le bonheur de conserver les reliques de saint Sever jusqu'à la Révolution. On voit encore dans l'église paroissiale qui porte son nom la belle châsse qui les contenait.

Rouen célèbre sa fête le 1er février, et Coutances le 5 juillet.

SAINT JEAN DE LA GRILLE (1170).

Le bienheureux Jean, surnommé de la Grille, à cause d'une grille de fer qui entoure son sépulcre, était Breton, issu de parents d'une condition médiocre. Il naquit l'an de notre salut 1098, sous le pontificat de Pascal II et sous le règne d'Albain IV, duc souverain de Bretagne. Il étudia les lettres et les sciences dans sa jeunesse et y fit de grands progrès. Ses études achevées, il se résolut à quitter le monde et à se faire religieux de l'Ordre de Cîteaux, qui était alors florissant en sainteté, et qui attirait les regards de toute la chrétienté. Il alla donc trouver le glorieux patriarche saint Bernard, qui, après avoir éprouvé sa persévérance, lui donna l'habit de son Ordre, l'an 1121. Il fit son noviciat et sa profession sous la direction de saint Bernard lui-même.

Vers ce temps-là, le comte de Penthièvre, Etienne III, et Havoise, comtesse de Guingamp, sa femme, désirant fonder dans leurs terres un monastère de l'Ordre de Cîteaux, firent supplier saint Bernard de leur envoyer des religieux. Saint Bernard leur envoya Jean, qui fonda le monastère de Begar, à trois lieues de Guingamp, dans le diocèse de Tréguier, l'an 1130. Il fonda de même, à la demande d'Emengarde d'Anjou, veuve du duc Allain IV, et par les ordres de saint Bernard, le monastère de Buzay (16 juin 1139), dont il fut nommé abbé. Pendant qu'il était abbé de Buzay, il reçut plusieurs lettres de saint Bernard, notamment celle qui est la 230e dans les œuvres de ce grand Saint. Ayant gouverné quatorze ans ce monastère, et le 36e évêque d'Aleth, en Bretagne, nommé Benoît, étant décédé, Jean fut élu à sa place, au grand déplaisir de ses religieux, et fut sacré l'an 1140.

Dès l'année 1141, voyant que l'île d'Aaron commençait à se peupler et à s'agrandir, il y transféra le siége de son évêché, abandonnant l'ancienne cité d'Aleth, aujourd'hui Quidaleth, et il nomma la nouvelle ville Saint-Malo. Saint-Malo obtint aussitôt du duc Conan tous les priviléges de la ville d'Aleth, et d'autres encore qui lui furent accordés à la prière du saint prélat.

A la demande du même comte Etienne de Penthièvre et de sa femme, il fonda encore le monastère de Sainte-Croix-de-Guingamp, et il y mit des chanoines réguliers de Saint-Augustin. Les moines de Marmoutier-les-Tours lui ayant suscité un procès au sujet de l'église abbatiale de Saint-Malo, qu'il avait choisie pour sa cathédrale, cette affaire l'obligea d'entreprendre deux voyages à Rome ; les souverains pontifes Eugène III et Adrien IV lui donnèrent chaque fois gain de cause, et le confirmèrent dans la possession de son église. Outre les œuvres que nous venons de rapporter, il reçut encore du pape Lucius la commission difficile de ramener le monastère de Saint-Méen-de-Gaël à l'étroite observance de la règle de saint Benoît, et il s'en acquitta avec un plein succès. Il fit aussi donner aux chanoines réguliers de Saint-Victor-de-Paris, l'église de Sainte-Geneviève, jadis fondée par le roi Clovis, en l'honneur des apôtres Pierre et Paul. Le Pape chargea de cette affaire Suger, abbé de Saint-Denis. Il procura la fondation du monastère de Saint-Jacques-de-Montfort dans son diocèse; il y mit encore des chanoines réguliers de Saint-Augustin, et, en 1156, il en bénit le maître-autel. Enfin, ayant vécu en grande sainteté et gouverné son église l'espace de trente ans, chargé d'années, mais plus encore de mérites, il rendit son esprit à Dieu le premier jour de février, l'an de grâce 1170. Léon X ordonna que sa fête fût célébrée ce même jour avec un office solennel (1517).

Tiré des Vies des Saints de la Bretagne-Armorique, par Albert le Grand, de Morlaix.

LE BIENHEUREUX ANDRÉ DE SÉGNI (1302).

André, fils d'Etienne, de l'illustre famille des comtes de Ségni, de laquelle sont sortis les souverains pontifes Innocent III, Grégoire IX et Alexandre IV, vit le jour à Anagni, dans les Etats romains. Désigné, dès sa jeunesse, pour être le lot du Seigneur, et méprisant les attraits et les caresses du monde, qui s'offraient si bien à lui dans le sein d'une famille princière, il s'enrôla dans l'Ordre des Mineurs. Une fois dans cette milice, son goût prononcé pour la rigidité de la discipline et la sublimité de la perfection le décida à se rendre au monastère de Saint-Laurent, fondé par saint François, dans la campagne romaine, près de Castro-Pileo. Ayant découvert près de là une caverne très-sauvage, dans laquelle, à cause de sa taille qui était très-haute, il ne pouvait se tenir que courbé ou bien à genoux, il embrassa le genre de vie le plus rigoureux. Il macérait sa chair avec tant de rigueur et de sévérité que, 420 ans après sa mort, on trouvait encore adhérentes à son corps des parcelles du cilice qu'il portait continuellement.

A cela s'ajoutait la guerre qu'il dut soutenir sans relâche contre les démons, qui ne négligèrent rien pour arracher le serviteur de Dieu de sa retraite. Mais, aidé du secours divin, et soutenu par la vue de la croix dont il avait gravé le signe dans le marbre de sa grotte, André rendit vains tous les efforts et déjoua toutes les ruses de l'ennemi. Il avait acquis par là un pouvoir particulier sur les démons, qu'il mettait en fuite. Les victimes des attentats diaboliques trouvaient en lui aide et protection. Son humilité n'était pas diminuée par tous ces priviléges réservés aux grands saints ; il le prouva bien lorsque Boniface VIII, son neveu, fils de sa sœur, le nomma cardinal. De peur que cette haute dignité ne l'éloignât de la vie cachée en union avec le Christ, il en renvoya sur-le-champ le titre, et refusa constamment ce sublime honneur. Cette conduite parut si surprenante et si admirable à Boniface VIII, qu'il promit de canoniser son oncle s'il lui survivait.

Il avait une âme très-compatissante, et sa sensibilité universelle s'étendait jusqu'aux animaux. Un jour qu'il était malade, on lui apporta, pour réveiller son estomac affadi, quelques petits oiseaux tués à la chasse. Le Saint eut pitié de ces pauvres animaux étendus sans vie et tout sanglants devant ses yeux. Il fit sur eux le signe de la croix, en priant Dieu de les ressusciter. Dès qu'il eut fini son oraison, les oiseaux commencèrent à s'agiter, battirent des ailes et s'envolèrent.

Doué d'un esprit très-apte à l'étude des lettres, il mérita d'être loué pour sa science, et fut ainsi, par la doctrine comme par la sainteté, un des hommes les plus remarquables de son temps. Il composa, sous le titre de l'*Enfantement de la Vierge*, un livre excellent sur les mérites et les vertus de la Mère de Dieu. Cet ouvrage a péri par l'injure du temps, mais les témoignages des docteurs en font un grand éloge. Les miracles non plus ne manquèrent pas pour attester sa sainteté. Enfin, comblé de mérites et devenu plus digne du ciel que de la terre, il passa de ce monde à Dieu, le 1er février, l'an de notre salut 1302. Son corps, devenu célèbre par le concours de peuple qu'il attire et par l'expulsion des démons, se voit et est honoré dans l'église du monastère de Saint-Laurent des Mineurs Conventuels. Son culte avait été consacré par le temps, lorsqu'un décret d'Innocent XIII, pape de la même famille et digne émule de ses ancêtres, le confirma par un décret solennel.

Bréviaire franciscain et *Palmier séraphique.*

IIe JOUR DE FÉVRIER

MARTYROLOGE ROMAIN.

La Purification de la bienheureuse Vierge Marie, laquelle fête est nommée par les Grecs l'Hypapante, c'est-à-dire la rencontre du Seigneur [1]. — A Rome, sur la voie Salaria, le martyre de saint Apronien, geôlier, qui, étant encore païen, comme il tirait saint Sisinne de la prison, pour le conduire devant le préfet Laodicius, entendit une voix venant du ciel qui disait : « Venez, les bénis de mon Père, recevez le royaume qui vous a été préparé dès le commencement du monde », crut, fut baptisé, et ensuite, persévérant dans la confession du Seigneur, finit sa vie après avoir eu la tête tranchée [2]. IVe s. — Encore à Rome, les saints martyrs Fortunat, Félicien,

1. C'est-à-dire la rencontre de Jésus, du vieillard Siméon et d'Anne la prophétesse.

2. La mémoire de saint Sisinne et de saint Apronien se rattache à la construction des fameux Thermes de Dioclétien que ce cruel empereur fit élever par la main des soldats chrétiens réduits à la condition d'esclaves, avec les dépouilles de cinquante nations d'Afrique qu'il avait vaincues. Un riche romain, du nom de Thrason, envoyait des vivres à ces infortunés par l'intermédiaire de Sisinne et de Cyriaque, diacres, de Smaragde et de Largus. Plus d'une fois, il arriva que ces saints Lévites suppléèrent les vieillards et les malades dans l'accomplissement de leur pénible tâche. Des actes d'une aussi éclatante charité ne pouvaient longtemps échapper aux yeux des surveillants païens qui les dénoncèrent au préfet de Rome, Lao-

Firme et Candide. — A Césarée, en Palestine, saint CORNEILLE LE CENTURION, que le bienheureux Pierre, apôtre, baptisa, et qu'il éleva ensuite à la dignité d'évêque de cette ville. — A Orléans, saint FLOSCULE ou FLOU. Vers 500. — A Cantorbéry, en Angleterre, la naissance au ciel de saint LAURENT, évêque, qui gouverna cette église après saint Augustin, et convertit le roi lui-même à la foi. 619.

MARTYROLOGE DE FRANCE, REVU ET AUGMENTÉ.

A Marseille, la fête de la Purification se célèbre avec Octave dans l'église de Saint-Victor. Il y a à cette occasion un pèlerinage très-fréquenté aux cryptes de cette ancienne abbaye où l'on vénère l'antique statue de Notre-Dame du feu nouveau (*fuè noù*) dite la *Vierge noire* [1]. — A Orléans, sainte

dicius. Sisinne qui devait être l'instrument de la conversion du geôlier Apronien, ne tarda pas à être jeté dans les fers, ainsi que ses généreux compagnons.

Le Carmel d'Amiens possède un fort ossement du saint martyr Apronien.

1. Dans son *Histoire des évêques de Marseille*, M. l'abbé Ant. Ricard a fait un guide-itinéraire de ces cryptes, où se trouvent résumés leur historique, leurs souvenirs et le but du pèlerinage.

« Je suppose », dit M. Ricard, « que le pieux visiteur de nos vénérables catacombes marseillaises prend, pour y descendre, l'escalier dont la porte s'ouvre un peu avant le milieu de la nef latérale de droite, près de l'autel de Saint-Victor, dans l'église supérieure. Arrivé au bas de l'escalier, il devra entreprendre le tour du souterrain, en commençant par la droite. Tout d'abord, à côté de l'escalier, il rencontre une chapelle dédiée aux saints Hermès et Adrien, martyrs de Marseille. On voit sur l'autel qui leur était consacré un ancien tombeau de marbre blanc placé là depuis quelques années seulement. Sortant de cette chapelle, et pour continuer le circuit par la droite, on trouve un passage assez étroit dont la voûte est ornée de sculptures des Ve ou VIe siècles. Ce passage conduit à la chapelle ou crypte de Sainte-Madeleine. Cette crypte, entièrement taillée dans le roc, est la partie la plus ancienne du souterrain. Tout nous autorise à croire que c'est là le premier lieu de réunion où les fidèles marseillais s'assemblaient pour la célébration des saints mystères et où ils ensevelirent le corps des martyrs. Elle renferme plusieurs tombeaux, parmi lesquels le sépulcre primitif de saint Victor. Dans le fond, un autel de pierre est surmonté d'un bas-relief attribué à Puget, ou mieux à son école. A gauche de l'autel, une petite colonne taillée dans le rocher partage en deux parties un banc également taillé dans la pierre. La tradition constante appelle ce siége *le confessionnal de saint Lazare*, et l'archéologie est loin de contredire cette donnée populaire. On voit, dans la partie de la voûte qui est au-dessus de ce siége, la figure de saint Lazare, avec la palme et la crosse, symboles de son martyre et de son épiscopat. Remarquons aussi l'*alpha* et l'*oméga* taillés dans la voûte de cette chapelle, tels qu'on les retrouve dans les catacombes de Rome. A droite de l'autel, s'ouvre la catacombe à l'entrée de laquelle on voyait jadis la statue de la Madeleine couchée, et qui est aujourd'hui en très-grande partie comblée ; on trouve le long des parvis des pierres creuses, jadis remplies d'ossements. C'est là qu'autrefois se trouvait le tombeau d'un des saints Innocents. Sortons de la chapelle de sainte Marie-Madeleine, et reprenons le passage, en continuant à droite. Le premier enfoncement que nous rencontrerons dans le mur est celui qu'occupait, avant sa profanation, le tombeau de sainte Eusébie et de ses héroïques compagnes. Un second enfoncement, occupé par l'autel de Saint-Victor, contenait autrefois l'autel et les reliques de Saint-Victor de Marseille. On y voit actuellement un autel en marbre blanc fort antique. Enfin, un dernier enfoncement, situé presque dans l'angle, était occupé jadis par le tombeau d'Hugues de Glazinis, sacristain de l'abbaye de Saint-Victor, mort en odeur de sainteté le 8 novembre 1250. Longeant ensuite le mur, toujours à droite, nous montons un degré qui nous conduit dans la chapelle de Saint-André. Au fond de la chapelle, est l'autel de Saint-André. Dans cette chapelle, nos pères avaient placé les tombeaux des saints Pierre et Marcellin, martyrs, et plusieurs autres tombeaux. A gauche de l'autel, du côté de l'Epître, s'ouvre un enfoncement où Mgr Cruice a réintégré, le 1er mars 1868, la précieuse relique de la croix de Saint-André reconnue authentique. Cette croix est maintenant au-dessus de l'autel de Saint-André. Sortant de la chapelle Saint-André, et continuant à longer le mur, nous rencontrons le pilier près duquel se trouvait le tombeau de saint Cassien, fondateur de l'abbaye, puis la chapelle de Saint-Ysarne, abbé de Saint-Victor. On voit dans cette partie de l'église les restes de peintures murales du XIe ou commencement du XIIe siècle. A l'endroit même qu'occupait la pierre tumulaire de Saint-Ysarne, on a, en 1857, ouvert une porte qui conduit dans une vaste salle voûtée qui ne fait pas partie de l'église souterraine. En continuant le tour de la crypte, nous rencontrons un vaste escalier qui ramène dans l'église supérieure par la porte qui s'ouvre sous l'orgue. Dans l'angle, toujours à droite, un tombeau contenait les reliques de quatre des sept frères dormants, et on voit dans le mur la place qu'il occupait. Un autre tombeau renfermait, un peu plus loin, les reliques de saint Maurice et de ses compagnons. Presque en face de l'escalier, s'ouvre la chapelle de Saint Mauront, évêque de Marseille, abbé de Saint-Victor. L'autel est surmonté de trois statues en pierre. Celle du milieu représente saint Mauront, les deux autres représentent saint Maurice et saint Elzéar de Sabran, dont une statue plus moderne s'élève près du tombeau de saint Maurice, à gauche de l'autel. Une fois sortis de la chapelle de Saint Mauront et en continuant notre circuit à droite, nous rencontrerons l'enfoncement occupé jadis par le tombeau de saint Chrysanthe et de sainte Darie. Vis-à-vis s'ouvre le sanctuaire de Notre-Dame de Confession où nous reviendrons tout à l'heure. Auparavant, continuons de longer le mur et nous trouverons, un peu après avoir dépassé l'angle, la chapelle des saints Blaise et Laurent. Revenons ensuite sur nos pas et pénétrons dans la chapelle de *Notre-Dame de Confession*. Elle s'ouvre, nous l'avons dit, vis-à-vis de l'ancien tombeau des saints Chrysanthe et Darie. Respectée par nos pères à l'égal des plus vénérables sanctuaires du monde, [illegible]se en était interdite aux femmes. Du reste, elle était d'une grande magnificence, et le plan primitif suppose qu'elle avait trois nefs dont on reconnaît les vestiges.

Sicaire, vierge. Vers 500. — A Gand, saint Colomban, abbé, qui, étant venu d'Irlande, vécut et mourut très-saintement dans le cimetière de Saint-Bavon de la même ville. 959. — En Périgord, saint ADALBADE, duc au pays de Flandre, tué par ceux qui avaient voulu traverser son mariage avec sainte Rictrude. Son corps est à Saint-Amand, en Flandre. Vers 652.

MARTYROLOGES DES ORDRES RELIGIEUX.

Martyrologe de l'Ordre de Saint-Benoît, des Camaldules et de la Congrégation de Vallombreuse. — La Purification de la bienheureuse vierge Marie, laquelle fête est nommée par les Grecs l'*Hypapante,* c'est-à-dire la rencontre du Seigneur. — A Cantorbéry, en Angleterre, la naissance au ciel de saint Laurent, évêque, qui gouverna cette église après saint Augustin, et convertit le roi lui-même à la foi. — A Rome, sur la voie Salaria, etc.

Martyrologe de la Très-Sainte Trinité pour le rachat des captifs. — La fête de la Purification de la bienheureuse vierge Marie, jour auquel Innocent III revêtit nos saints fondateurs, **Jean** et Félix, de l'habit qui lui avait été montré du ciel, et confirma notre Ordre. A Rome, etc.

ADDITIONS FAITES D'APRÈS LES BOLLANDISTES ET AUTRES HAGIOGRAPHES.

Dans le pays Vaudois, le bienheureux PIERRE CAMBIAN, DE RUFFIE, martyrisé par les Vaudois en 1365. — A Tyane, en Cappadoce, saint Agathodore, martyr. — A Rome, avec les saints martyrs Fortunat, Félicien, Firme et Candide, mentionnés ci-dessus, les saints Castule, Secondule, Rogatien, Caïus, Grégoire, Cappe, Félicité, Placide, Victor, Félix, Martial, Cornélien, Salluste, Maurice, Papyrie, Secondien, Ingénu, Mustule, Victoire, Bonose, une deuxième Victoire, Hilaire, Rogat et Saturnin, également martyrs. — A Fossombrone, en Italie, saint Laurent et saint Hippolyte, martyrs en cette ville. — En Afrique, les saints Victor, Marin, Perpétue, Julie et soixante-quatorze de leurs compagnons ; Honoré, Urbain, Hilaire, Privatule et trente-quatre de leurs compagnons, tous martyrs, mentionnés par le martyrologe de saint Jérôme. — A Lentini, en Sicile, saint Rhodippe, deuxième évêque de cette ville. Vers 314. — En Egypte, saint MARC de Scété. IVe s. — Chez les Grecs, saint MARC LE THAUMATURGE. — A Kitzingen, en Franconie, sainte Hadéloge, vierge, dans le monastère de ce lieu, fondé par elle en 745. Elle était fille de l'illustre Charles-Martel, et se réfugia dans cette contrée pour échapper au mariage auquel on voulait la contraindre. VIIIe s. — A Ebstorp, dans le duché de Lunebourg, ancienne et célèbre abbaye de la Saxe inférieure, les saints Théodoric, évêque de Minden ; Marquard, évêque d'Hildesheim ; Brunon, duc de Saxe ; Wigman, Bardon et deux autres du même nom, Thiotéric, Gerric, Liutolf, Folcuart, Avan, Thiotric, Liutaire, comtes ; Adéram, Alfuin, Addaste, Aïda, Dudon, Bodon, Wal, Halilf, Hunilduin, Adalwin, Werinhart, Thiotrich, Hilwart, gardes royaux, et d'autres compagnons ou serviteurs ; avec eux encore, saint Erlulf, évêque de Ferden, et saint Gosbert, évêque d'Osnabruck ; tous martyrs, tués par les Normands, dans la fameuse bataille d'Ebstorp, entre l'armée chrétienne et celle des Normands, en 880. — A Gennazzano, dans le Tyrol, le vénérable Etienne Bellesini, de l'Ordre des Augustins [1]. 1840.

L'antique statue qu'on y vénère est appelée *la Vierge noire,* à cause de la teinte très-brune qu'elle doit à sa vétusté. On lui donne encore le nom de *Nouestro Damo de Fuè noù,* ce qui a fait croire qu'elle était faite de la tige de *fenouil.* Mais ce nom de *fuè noù,* d'après une étymologie qui nous paraît assez probable, vient de la cérémonie par laquelle on bénissait autrefois le feu nouveau pour la bénédiction des cierges à la Chandeleur. Cette image, qui a toujours été en grande vénération à Marseille, doit remonter aux premiers temps de l'époque romane. Elle repose actuellement sur un autel de style antique consacré par Mgr Place, le 18 octobre 1869. Son titre vrai est *Notre-Dame de Confession* ou des Martyrs, car on donnait autrefois aux tombeaux des Martyrs le nom de *Confession*, et l'entourage des saints tombeaux qu'elle semble présider fit donner ce titre à l'antique statue. Une fort ancienne tradition porte en effet à croire que l'on n'a jamais inhumé, dans l'église souterraine, que des Saints ou des personnages morts en réputation de sainteté ».

1. Voir sa vie dans le tome consacré aux vénérables.

LA PURIFICATION DE LA SAINTE VIERGE

Pour l'intelligence des adorables mystères que la sainte Eglise révère en ce jour, il est besoin de se souvenir de deux lois que Dieu donna à son peuple par le moyen de Moïse, et dont l'évangéliste saint Luc n'a pas oublié de faire mention dans son Evangile. La première de ces lois est portée dans le *Lévitique,* chapitre 12 : il y est dit que la femme qui aura mis un enfant au monde, soit garçon ou fille, demeurera un certain temps séparée de la compagnie des autres comme une personne impure; il lui est défendu de toucher rien de saint, ni d'entrer dans le Temple jusqu'à ce que soient accomplis les jours de la purification, qui sont quarante jours pour un enfant mâle, et quatre-vingts pour une fille : ce temps étant expiré, elle doit se présenter à un prêtre, à qui elle offrira pour son enfant un agneau d'un an en holocauste, avec un petit pigeon ou une tourterelle; ou bien si, pour sa pauvreté, elle ne peut offrir un agneau, elle donnera deux tourterelles ou deux petits de colombe.

La seconde loi est écrite en l'*Exode*, chapitre 13; d'après cette loi Dieu voulait qu'on lui offrît tous les premiers-nés des hommes et des animaux; et parce que Dieu ne s'est jamais plu dans le sang des hommes, parce que son Fils devait verser tout le sien pour eux, il permettait que l'on rachetât les premiers-nés des hommes pour un certain prix, qui était de cinq sicles pour un fils, et de trois pour une fille. D'après les termes de ces lois, la sainte Vierge et son divin Fils étaient exempts, il est vrai, de ces observances et cérémonies légales; car la Mère n'avait point conçu par l'action des créatures, mais par l'opération du Saint-Esprit, et son Fils n'était point né selon les lois ordinaires de la nature, mais il avait laissé sa mère parfaitement vierge après sa glorieuse naissance; cependant, afin d'accomplir toute justice, et de nous donner l'exemple d'une profonde humilité et d'une parfaite obéissance, cette sainte Mère et cet adorable Fils ont subi la rigueur de ces lois pour les raisons que nous dirons ci-après. C'est ce qui s'est fait aujourd'hui, comme nous l'apprend le texte de l'Evangile de saint Luc, dont voici à peu près les termes :

« Les jours de la Purification de Marie étant accomplis selon les lois de Moïse, ils portèrent l'enfant au Temple pour l'offrir au Seigneur, selon qu'il est écrit en la loi : « Tout enfant mâle premier-né sera consacré au Seigneur », et pour donner le prix de sa rédemption, qui était selon le texte de la même loi, une paire de tourterelles ou deux petits de colombe. Or, il y avait alors dans Jérusalem un homme appelé Siméon, qui était juste et craignant Dieu, et attendait la consolation d'Israël; le Saint-Esprit, qui résidait en lui, lui avait révélé qu'il ne mourrait point sans avoir vu auparavant le Christ du Seigneur. Il vint donc au Temple par une inspiration divine, et quand l'enfant Jésus fut présenté par ses parents pour l'accomplissement de la loi, il le reçut entre ses bras, et bénit Dieu en disant : « C'est maintenant, Seigneur, que vous permettrez à votre serviteur de mourir en paix, selon la parole que vous lui avez donnée, parce que mes yeux ont vu votre salut, celui que vous avez préparé à la vue de toutes les nations, pour être la lumière des Gentils et la gloire de votre peuple d'Israël ». Voilà en substance le mystère, ou plutôt les mystères qui ont été accomplis en ce jour, et pour lesquels la sainte Eglise a établi cette fête avec tant de solennité. Elle lui a donné plusieurs noms pour signifier les diverses merveilles qui s'y sont passées; faisons quelques réflexions afin de recueillir les fruits qui y sont attachés.

Les anciens ont appelé cette solennité *la Fête de Siméon et d'Anne* : de Siméon, parce que ce vénérable vieillard y parut avec tant de majesté, et qu'il est en cette occasion si hautement loué dans l'Evangile comme un homme craignant Dieu, qui attendait avec assurance la rédemption d'Israël, qui possédait dans son cœur le Trésor des trésors, savoir : le Saint-Esprit, et qui reçut de lui, en ce moment, l'exécution de la promesse qu'il lui avait faite longtemps auparavant, de ne point sortir de cette vie mortelle sans avoir eu le bonheur de voir de ses propres yeux l'auteur de la vie immortelle et le Christ du Seigneur. Mais, non-seulement il vit et connut à son aise le visage de Celui que tous les anges admirent, mais même il l'embrassa et le baisa mille et mille fois avec la tendresse et la douceur que l'on peut plutôt s'imaginer qu'exprimer; et, outre ces faveurs, il fit encore en cette rencontre l'office de prophète : car, lorsqu'il reçut entre ses bras l'adorable Jésus, que sa mère lui présenta, non-seulement il pénétra des yeux de l'esprit et reconnut la Personne divine qui était cachée sous les membres d'un enfant, mais encore il prévit tout ce qui devait lui arriver, et il le prédit à sa mère par ces paroles : « Celui-ci est établi pour la ruine et pour la résurrection de plusieurs en Israël. Il sera un signe de contradiction contre lequel chacun s'opposera, et votre âme même sera percée par le glaive, afin que les pensées de plusieurs cœurs soient découvertes ».

On dit aussi que c'est *la Fête d'Anne*, parce qu'une bonne veuve qui portait ce nom, et qui, après avoir vécu sept ans avec son mari, avait passé sa vie, jusqu'à l'âge de quatre-vingt-quatre ans, dans une sainte viduité, se rencontra aussi, par une providence merveilleuse, dans le Temple avec le vieillard Siméon, lorsque Joseph et Marie y présentèrent Jésus-Christ. Et, comme cette bonne vieille ne put contenir sa joie, elle se mit à dire des prodiges de ce même Enfant à tous ceux qu'elle connaissait avoir dans le cœur de la piété et de l'amour pour Dieu. C'est ce que l'Evangéliste veut dire par ces autres termes : « Elle attendait la rédemption d'Israël ».

Les Grecs appellent cette fête *Hypapantè,* c'est-à-dire *rencontre,* pour exprimer que saint Siméon et sainte Anne se sont rencontrés heureusement en cette sainte journée; ce que l'Eglise semble vouloir signifier en l'office divin, par ces paroles dont elle se sert à l'invitatoire des Matines : « Voici que le Seigneur dominateur vient en son saint Temple; réjouis-toi, Sion, et tressaille d'allégresse, en allant au-devant de ton Dieu ». En effet, je remarque qu'il s'est fait en ce jour, non pas une seule, mais plusieurs rencontres très-heureuses; d'abord, Joseph et Marie se sont rencontrés avec Siméon et Anne, dans le Temple, ayant l'enfant Jésus au milieu d'eux, et le portant chacun à son tour. De plus, la grâce et la loi se sont trouvées concourir à ce divin mystère; la loi y ayant été observée dans toute sa rigueur, et la grâce s'y étant répandue abondamment. Pour une troisième rencontre on y a vu les larmes mêlées avec la joie, et les appréhensions avec des transports d'allégresse, par les différentes prédictions du saint vieillard à la très-sainte Vierge, qui les a conservées dans son cœur tout le reste de sa vie, et en a fait part à toute l'Eglise par la plume de saint Luc, fidèle écrivain de ces merveilles.

Enfin, quant à saint Siméon en particulier, il a aujourd'hui une union pleine de consolation avec l'Enfant Jésus; car, si ce saint vieillard porte

Jésus enfant, Jésus, néanmoins, gouverne le vieillard : le vieillard porte l'enfant entre ses bras, et l'enfant donne des forces au vieillard, afin de se soutenir. Le vieillard embrasse l'Enfant, et l'Enfant donne au vieillard des embrassements de tendresse et de dilection. Le vieillard verse des larmes de joie sur les joues de l'Enfant, et l'Enfant laisse errer sur ses lèvres un sourire amoureux qui dilate le cœur du vieillard. Le vieillard presse l'Enfant contre son sein, comme s'il le voulait enfermer dans son cœur, afin d'avoir une nouvelle vie, et l'Enfant s'élance dans le cœur du vieillard pour lui donner une vie qui n'est point sujette à la mort. Heureuse donc la rencontre de Siméon et de Jésus, des larmes de Siméon avec les sourires de Jésus, des désirs de Siméon avec l'amour de Jésus, et enfin de l'âme de Siméon avec l'âme de Jésus !

Cette grande fête est encore appelée la *Présentation de Jésus dans le Temple;* ce qui se tire assez évidemment du texte de l'Evangile, où il est dit : « Et ses parents le portèrent à Jérusalem pour le présenter au Seigneur ». Et ce fut alors que, selon la prophétie d'Aggée, ce Temple que les Juifs avaient bâti depuis leur retour de la captivité de Babylone, reçut incomparablement plus de gloire que n'en avait jamais reçu celui que Salomon avait élevé avec tant de magnificence. Tandis que Dieu n'avait été servi dans celui-ci que par des hommes sujets au péché, dont même la plupart étaient effectivement pécheurs et criminels, il fut servi dans celui-là par des âmes pures et innocentes : par saint Joseph, qui était un homme juste et craignant Dieu; par la sainte vierge Marie, toujours pure et toute immaculée; enfin par Jésus-Christ même, son Fils unique, qui était le Grand Prêtre, suivant l'ordre de Melchisédech, et un Pontife tel que nous le pouvions désirer : « Saint, innocent, sans tache, séparé des pécheurs et plus élevé que les cieux ».

De plus, le Temple de Jérusalem reçut en ce jour plus de gloire qu'il n'en avait encore reçu depuis qu'il était bâti, à cause de l'offrande qui y fut présentée : Jésus-Christ le premier-né, le Fils unique de la sainte Vierge, qui l'offrit à son Père éternel : oblation nouvelle qui n'en aura jamais; offrande singulière, et l'unique que le Père éternel ait jamais regardée de bon œil entre toutes celles qu'on lui a faites depuis que le monde est sorti de son néant; donation si excellente que toutes les autres, quelque rares et précieuses qu'elles soient, ne sauraient plaire à Dieu si elles n'en sont accompagnées. Comme, au contraire, il n'est rien, quelque petit qu'il soit, quand même ce ne serait qu'une goutte d'eau froide, qui ne soit capable d'apaiser la colère de Dieu, pourvu qu'elle soit unie à cette offrande de Jésus qu'a faite Notre-Dame. Aussi est-ce proprement en ce jour que la justice de Dieu a modéré sa rigueur, et qu'elle s'est apaisée par la suave odeur du sacrifice, non plus de la chair des boucs et des taureaux, mais bien de l'agneau immaculé, qui lui fut offert par les mains toutes pures de Marie. Ce fut alors que ce Dieu éternel, pour exécuter le pacte qu'il avait fait longtemps auparavant avec son serviteur Noé, de ne plus envoyer un déluge d'eau pour abîmer le genre humain, versa sur les hommes un déluge de feu, afin d'embraser leurs cœurs de son amour; car, en ce jour, l'arc de son alliance paraît entre les bras de sa Mère, comme dans les nuées du ciel, pour marquer l'abondance de ses grâces. C'est ce qui a donné le nom à cette fête de *la Présentation de Jésus dans le Temple*. C'est pourquoi, dans l'office divin, soit à la messe, soit aux heures canoniales, toutes les paroles s'adressent plus expressément à Notre-Seigneur, comme aux fêtes instituées à son honneur.

Néanmoins, le titre de *la Purification de la Vierge* est demeuré comme propre et particulier à cette solennité, que l'on met pour ce sujet au rang de ses cinq plus grandes fêtes. Il en faut sans doute chercher la raison dans ces premiers mots de l'Evangile : « Lorsque les jours de la Purification de Marie furent accomplis ». Car quoiqu'il n'y ait jamais eu rien à purifier en cette sainte Vierge, qui a toujours été pure et sans tache, comme son divin Epoux l'a déclaré lui-même dans le Cantique des cantiques, son humilité, cependant, l'a portée jusqu'à se soumettre aux cérémonies de la Purification; elle ne jugea pas devoir s'exempter de la Purification des femmes, après que son Fils n'avait pas refusé la Circoncision des hommes; elle n'a point honte de paraître comme une femme du commun et d'être estimée impure, puisque son Fils paraît au milieu des hommes comme un pécheur [1].

Mais comme il est digne de Dieu de relever les humbles par cela même qui semble les abaisser, il a inspiré aux fidèles de donner le titre de *Purification* à cette fête, pour tirer les grandeurs de Marie de ses propres abaissements. Je pourrais encore dire, sans offenser la pureté immaculée de la même Vierge, pour vérifier plus expressément ces paroles de l'Evangéliste : « Les jours de la Purification de Marie accomplis », que, lorsqu'elle présenta son Fils Jésus au Temple, quarante jours après l'avoir mis au monde, cette même offrande lui servit d'une Purification parfaite : purification, néanmoins, qui ne suppose aucun péché, puisqu'il n'a jamais trouvé d'entrée dans la très-sainte âme de la Vierge; purification qui ne dit nul défaut de nature en cette auguste personne, que la Sagesse éternelle avait pris

1. *Sur la pratique observée dans l'Eglise de relever les femmes après leurs couches.* — Le Seigneur, dans l'ancienne loi, avait déclaré *impures* certaines actions, qui, quoique innocentes en elles-mêmes, avaient cependant un rapport éloigné au péché ; de ce nombre était l'accouchement. Dieu faisait entendre par là que l'origine de l'homme était impure, qu'il était conçu et né dans le péché. Les rits judaïques ayant été abrogés par la promulgation de l'Evangile, on ne doit plus craindre les impuretés légales ; et il y aurait une superstition criminelle à recourir aux cérémonies usitées dans la synagogue, sous prétexte de se purifier. Les mères chrétiennes ne vont donc point à l'église avec l'intention que se proposaient les femmes juives en allant au temple, c'est-à-dire, pour être purifiées de quelque tache contractée par leur accouchement ; mais elles y vont pour s'acquitter d'un devoir commun à tous les hommes, pour payer au Seigneur un juste tribut de louanges et d'actions de grâces.

Voici comment le pape Innocent III s'exprime sur ce sujet : « Si les femmes désirent entrer dans l'église immédiatement après leurs couches, elles ne pèchent pas en y entrant, et on ne doit pas les en empêcher ; mais si, par respect, elles aiment mieux s'en éloigner pour quelque temps, nous ne pensons pas qu'on doive blâmer leur dévotion ». (*Cap. unico de purificat. post partum.*) Ce temps est limité dans quelques diocèses à un certain nombre de jours. Dans les lieux où la coutume ni aucun statut particulier n'ont rien décidé sur cet article, une mère chrétienne doit remplir ce devoir aussitôt qu'elle peut sortir de sa maison sans courir aucun risque. Il est bien juste, en effet, que sa première visite soit pour l'église : là elle doit premièrement remercier le Seigneur de son heureuse délivrance, et le prier de répandre ses bénédictions tant sur elle que sur son enfant. La nature seule nous dit qu'un bienfait exige de la reconnaissance : est-ce que nous nous flatterions d'être dispensés de ce devoir à l'égard de Dieu ? La foi ne nous enseigne-t-elle pas que l'ingratitude tarit la source des grâces ? Nous ne sommes pas moins obligés de remercier Dieu de ses bienfaits, que de le louer et de l'aimer ; de là vient que saint Paul recommandait si fortement aux fidèles l'*action de grâces*, et que les chrétiens avaient si souvent à la bouche ces paroles : « Grâces à Dieu ». C'était même leur formule ordinaire de salutation, selon saint Augustin, qui s'écrie à ce sujet : « Que pouvons-nous penser, dire ou écrire de mieux que ceci : Grâces à Dieu (Ep. XLI, *olim.* 77)? » En effet, remarque saint Grégoire de Nysse (Or. 1 *de Prec.*, tome Ier), Dieu nous ayant comblés de bienfaits par le passé, nous en promettant d'inestimables pour l'avenir, et nous donnant à tous les moments de notre vie de nouvelles preuves de sa bonté, ne devrions-nous pas, s'il était possible, l'en remercier à chaque instant ?

Il est certain que les grâces signalées méritent de notre part une reconnaissance toute particulière. Or, c'est le cas où se trouve une mère chrétienne : elle met son heureuse délivrance, ainsi que la naissance de son enfant, au nombre des grâces signalées ; il est donc bien juste qu'elle aille se prosterner aux pieds du Seigneur, pour lui protester solennellement qu'elle n'oubliera jamais ses miséricordes. Ce serait peu si elle s'en tenait là ; il faut encore qu'elle demande les secours dont elle a besoin pour élever dans la vertu l'enfant qu'elle a mis au monde, et qu'elle prenne une ferme résolution de préserver son âme des souillures du péché : car que lui servirait d'être devenue mère, si le fruit de ses entrailles devait tomber sous la puissance du démon, et être ensuite condamné aux supplices de l'enfer ? Qu'elle ait soin, la première fois qu'elle paraitra dans l'église après ses couches, de consacrer son enfant au Seigneur. Son sacrifice ne peut manquer d'être accepté, si elle entre dans les dispositions où était la Sainte Vierge le jour de sa purification, si elle la prie de présenter elle-même à Dieu les actes de reconnaissance, de demande et d'offrande qu'elle doit produire avec tous les sentiments de piété et de ferveur dont elle est capable plaisir à façonner comme le chef-d'œuvre de ses mains, créatrices de toutes choses; purification qui n'a été nulle impureté légale ou corporelle à cette divine Mère, qui n'était point comprise dans les termes de la loi, car elle était demeurée vierge de corps et d'esprit, et aussi parfaitement pure et immaculée, après avoir enfanté Jésus-Christ, la pureté même, qu'elle l'était avant de l'avoir conçu en ses chastes entrailles. Donc, ces paroles : « Les jours de la Purification de Marie accomplis », ne signifient autre chose qu'une nouvelle infusion de grâce et de sainteté intérieure dans l'âme de la sainte Vierge, qui s'épurait et se sanctifiait toujours de plus en plus par la réception des nouvelles grâces méritées par toutes ses actions, et plus particulièrement en cette oblation de son Fils, dont, en quelque façon, elle se privait en l'offrant au Père éternel pour la rédemption des hommes. Ce que nous avons dit jusqu'ici suffit, ce nous semble, pour faire comprendre les différents noms et la substance de ce mystère; il nous reste maintenant à dire un mot de son institution.

Son établissement est si ancien que nous pouvons le rapporter aux premiers siècles de l'Eglise ; néanmoins, les chrétiens s'étant un peu relâchés, et cette fête étant tombée dans l'oubli en plusieurs endroits, elle fut renouvelée par la piété de l'empereur Justinien l'aîné, l'an 541, sous le pontificat de Vigile, à l'occasion d'une peste qui, ayant déjà dépeuplé presque toute l'Egypte et courant les diverses provinces de l'empire romain, semblait vouloir réduire toutes les villes en solitudes. L'empereur, redoutant ce terrible fléau de Dieu, eut recours à la faveur de l'Immaculée Vierge Marie, et, se mettant sous sa protection, il ordonna, sous des peines sévères, sur l'avis du patriarche et du clergé de Constantinople, que l'on célébrerait la fête de la *Purification.* Cette Mère de miséricorde fit paraître que cette fête lui était très-agréable, car la maladie contagieuse cessa aussitôt par toute la ville. Baronius croit que le pape Gélase a institué cette solennité à Rome pour abolir les superstitions et les débauches des idolâtres, qu'ils appelaient *Lupercales* et qu'ils célébraient au commencement de février. Mais il est bien plus probable qu'il ne fit que la rétablir et qu'elle est beaucoup plus ancienne. On peut voir sur ce sujet Bollandus, aux *Actes des Saints* de ce mois, et le R. P. Combefis, de l'Ordre de Saint-Dominique, dans sa *Bibliothèque des Pères*, où il rapporte une homélie sur cette fête, de saint Méthodius, évêque de Tyr, qui florissait dans le IIIe siècle.

Le pape Serge Ier, comme il paraît d'après l'*Ordo* romain, y ajouta la procession avec les cierges, afin de représenter plus sensiblement le mystère qui s'est accompli en ce jour dans le temple de Jérusalem, lorsque ces quatre personnes, Marie, Joseph, Siméon et Anne, faisant comme une procession, portèrent chacun à leur tour l'enfant Jésus, qui était véritablement le flambeau qui éclairerait les Gentils, et la lumière qui dissiperait les ténèbres du monde. C'est pour ce sujet que l'Eglise, qui est toujours conduite par le Saint-Esprit, ordonna dans cette cérémonie de porter des cierges allumés à la procession [1]. Cela ne s'observait pas seulement, écrit le

1. De là aussi le nom de *Chandeleur*, que les fidèles donnent communément à cette fête. — La coutume d'allumer des cierges dans l'église pendant la célébration des divins mystères, la lecture de l'Evangile et l'administration des sacrements, date des premiers siècles du christianisme ; elle fut introduite par le désir de rendre aux choses saintes l'honneur et le respect qui leur sont dus : c'était aussi pour cela que chez les Juifs on allumait des lampes devant le Seigneur dans le tabernacle et dans le temple (Exod. XXVIII, 20). Anciennement on recevait les grands avec des flambeaux allumés, comme nous l'apprenons du deuxième livre des Machabées, c. 4, v. 22, où nous voyons que le roi Antiochus fut reçu de la sorte à Jérusalem. Les illuminations sont aussi le symbole de la joie ; de là vient qu'on en faisait autrefois à l'arrivée des empereurs romains, et dans les événements où l'on voulait exprimer l'allégresse publique : ceci se pratique encore aujourd'hui. Mais, pour revenir à l'usage des lumières dans l'église, on ne peut

vénérable Bède, en cette fête de la Purification de Notre-Dame, mais aussi en toutes ses autres solennités ; d'où peut être venue la pratique qui s'observe encore aujourd'hui aux processions des confréries établies à l'honneur de la sainte Vierge.

Voilà ce que nous avions à dire de la substance de ce mystère et de l'établissement de la fête que l'Eglise célèbre en ce jour. Que si quelqu'un désire voir un plus ample discours sur cette matière, afin d'entretenir son esprit dans la dévotion, il n'en saurait trouver, à notre avis, de plus propre que ce qu'en a écrit le R. P. Louis de Grenade, particulièrement dans une méditation qu'il a faite exprès sur ce sujet en ses *Additions au Mémorial*, au livre de l'*Amour de Dieu ;* nous y renvoyons le lecteur pour ne le pas arrêter davantage.

Quant au vénérable Siméon, l'Eglise en célèbre la mémoire le 8 octobre, et celle de saint Anne, la prophétesse, le 1er septembre, comme on peut le voir dans le Martyrologe romain.

SAINT CORNELIUS OU CORNEILLE LE CENTURION

Ier siècle.

> Bien des gens s'imaginent que toutes les religions sont également bonnes, et que pour plaire à Dieu il suffit d'être honnête homme. Or, je vais vous prouver que cela est entièrement faux, par l'histoire de Cornelius. Et d'abord vous admettrez, je suppose, avec moi, que Dieu sait parfaitement ce qui est nécessaire au salut. Si donc toutes les religions étaient également bonnes, ou si l'on pouvait se sauver seul, sans Jésus-Christ, évidemment Dieu n'aurait pas, dans l'espace de deux jours, opéré tant et de si grands miracles pour convertir Cornelius au Christianisme. A. STOLZ.

Outre la *Purification,* l'Eglise honore encore aujourd'hui la mémoire d'un saint qui fut le premier païen converti à la religion de Jésus-Christ. L'histoire de cette conversion est racontée, dans l'Ecriture, en ces termes [1] :

« Il y avait à Césarée un homme nommé Cornelius, qui était capitaine dans la Légion romaine. Il était pieux et craignant Dieu, ainsi que toute sa maison ; il faisait beaucoup d'aumônes aux pauvres, et souvent il priait Dieu. Or, à la neuvième heure du jour, il vit entrer chez lui un ange, qui lui

douter qu'il ne soit de la plus haute antiquité. Les canons apostoliques parlent de l'huile destinée à l'entretien des lampes qui brûlaient dans l'église (Can. 3). Plusieurs chrétiens allumaient aussi des lampes devant les corps des Saints : ce dernier fait est attesté par Prudence (hym. 2) et par saint Paulin (Nat. III, v. 98). N'est-il pas juste, en effet, que les créatures corporelles que Dieu a créées pour notre usage servent aussi à son honneur et à sa gloire ? Elles contribuent d'ailleurs à exciter la dévotion dans nos âmes : car elles sont à nos yeux ce que les paroles sont à nos oreilles ; l'impression qu'elles font sur nos organes remue les affections de nos cœurs. Nous avouons que la piété est quelque chose d'intérieur et de spirituel, et qu'elle consiste dans la ferveur de l'âme ; mais on doit avouer en même temps que les signes sensibles contribuent beaucoup à la soutenir et à l'animer. Ce serait donc être bien téméraire que de condamner certaines cérémonies que l'Eglise a instituées pour de très-bonnes raisons, c'est-à-dire pour donner de la décence et de la majesté au culte extérieur, et pour aider notre faiblesse, qui a besoin de quelque chose de sensible, afin de s'élever jusqu'à Dieu. Condamner l'Eglise en ceci, ne serait-ce pas condamner en quelque sorte Jésus-Christ lui-même, qui se servit de signes sensibles dans l'institution des sacrements, ainsi que dans plusieurs des guérisons miraculeuses qu'il opéra parmi les Juifs ?

1. Voir Actes des Apôtres, ch. 4 et 11.

dit : Cornelius ! Celui-ci l'ayant regardé, lui dit avec crainte : Seigneur, que me voulez-vous ? — L'ange répondit : Vos prières et vos aumônes sont montées devant Dieu. Envoyez donc quelqu'un à Joppé, et faites venir Simon surnommé Pierre. On le trouvera dans la maison du tanneur Simon, près de la mer ; et c'est lui qui vous dira ce que vous devez faire. — L'ange ayant ainsi parlé, s'en alla ; et Cornelius appela deux serviteurs et un soldat craignant Dieu. Il leur raconta ce qui était arrivé et les envoya à Joppé ».

Dans le même temps saint Pierre avait aussi eu une vision, par laquelle il lui fut dit qu'il devait appeler au Christianisme et baptiser, non-seulement les juifs, mais encore les païens. Lors donc que les messagers de Cornelius arrivèrent chez lui, il savait déjà pourquoi ils venaient. Le jour suivant il alla avec eux à Césarée. Nous citons de nouveau le texte sacré :

« Cornelius les attendait, après avoir réuni ses parents et ses amis. Or, Pierre étant venu, Cornelius alla à sa rencontre, se jeta à ses pieds, lui témoignant de grands honneurs et l'adorant. Mais Pierre le releva en disant : Relevez-vous ; je ne suis aussi qu'un homme. Ensuite il entra avec lui dans la salle où se trouvait l'assemblée ; là il leur dit comment Dieu lui avait fait comprendre qu'il ne devait pas repousser les païens, et il leur demanda pourquoi ils l'avaient appelé ».

« Cornelius lui raconta ce qui était arrivé ; ensuite il lui dit : Nous tous qui sommes ici en la présence de Dieu, nous sommes prêts à écouter tout ce que vous nous direz de la part de Dieu ». Pierre répondit : « Je reconnais clairement aujourd'hui que Dieu n'excepte personne de ses grâces, et qu'en toute nation celui qui le craint et qui pratique la justice, lui est agréable ».

Ensuite saint Pierre parla à l'assemblée de Jésus-Christ, de sa nature divine, de sa mission, de ses miracles, de sa mort sur la croix, de sa résurrection, de sa venue future comme juge des vivants et des morts ; de la remission des péchés et de la sanctification des âmes ; de la vocation et de la mission divine des Apôtres. Pendant que le prince des Apôtres parlait ainsi, le Saint-Esprit ouvrit les cœurs et les intelligences de ceux qui l'écoutaient ; de la même manière qu'il était descendu sur les Apôtres, dix jours après l'ascension de Notre-Seigneur, il descendit sur les assistants, témoignant ainsi que les païens aussi, s'ils croient sincèrement en la parole de Dieu, doivent être admis au nombre des fidèles. Il faut savoir que les premiers chrétiens s'étaient imaginé que la doctrine de Jésus-Christ n'était que pour les juifs, et que les païens, avant d'être admis parmi les chrétiens, devaient d'abord embrasser le judaïsme. Mais Pierre, voyant que le Saint-Esprit lui-même était descendu sur les païens assemblés chez Cornelius, n'hésita plus, et les fit aussitôt baptiser.

Il serait beau de savoir comment vécut ensuite ce saint homme, qui comme païen déjà avait si bien servi Dieu ; cet homme qui, après avoir été visité par un ange, fut ensuite visité par le prince des Apôtres, et finalement par le Saint-Esprit lui-même. Quelques-uns disent que Cornelius devint plus tard évêque ; d'autres qu'il souffrit le martyre ; d'autres ajoutent que la maison qu'il occupait à Césarée fut convertie en église : mais aucun de ces faits n'est certain. Beaucoup d'hommes ont mené une vie saintement cachée en Dieu ; et l'histoire ne connaît de leurs actions que ce qu'il a plu à Dieu d'en faire connaître pour l'édification des autres hommes.

Nous devons ajouter néanmoins, en fidèle historien, que du temps de saint Jérôme on montrait à Césarée, à l'endroit où s'était trouvée la maison de saint Corneille, une église que sainte Paule visita en 385. Les Grecs, qui célèbrent sa fête le 13 septembre, racontent qu'il fit crouler un temple d'idoles où on voulait le forcer à sacrifier.

On le représente recevant le baptême des mains de saint Pierre.

De toutes les histoires bibliques, celle de saint Cornelius est une des plus intéressantes. Qu'il est grand et noble, ce païen, comblé des dons de la fortune, l'un des chefs supérieurs de l'armée romaine ! Il cherche le vrai Dieu ; par quels moyens ? Par la prière, le jeûne et les aumônes ; les juifs eux-mêmes proclament ses vertus ; sa maison est l'asile de la prière et de la crainte de Dieu ; et quand l'envoyé de Dieu se présente chez lui, il lui témoigne une vénération plus que filiale. Et Dieu lui-même, de quelles faveurs ne l'a-t-il pas comblé ? Entre cent millions d'hommes il daigne choisir Cornelius, pour lui inspirer le désir de le chercher sincèrement.... Et de quelle manière l'a-t-il récompensé ? — Il lui a fait le don le plus grand et le plus précieux que Dieu lui-même puisse faire aux hommes : il lui a fait connaître son Fils unique Jésus-Christ.

SAINT MARC, SOLITAIRE DE SCÉTÉ

IVe siècle.

Parmi les disciples de Sylvain, abbé d'un monastère dans le désert de Scété [1], les historiens ecclésiastiques font une honorable mention de saint Marc. La vertu en laquelle il excellait, et qui faisait le caractère de sa sainteté, était l'obéissance ; c'est pourquoi son maître l'aimait plus que tous les autres qui étaient sous sa conduite. Cette préférence mécontenta extrêmement les Pères du désert, et, jugeant qu'il y avait du déréglement dans cette affection particulière, ils résolurent de lui en faire leurs plaintes. En effet, ils l'allèrent trouver dans son ermitage, lui parlèrent fortement et lui remontrèrent le mauvais exemple que donnait aux solitaires cette grande amitié qu'il portait à Marc. Le saint vieillard, qui était éclairé d'une lumière plus pure, leur fit voir avec beaucoup de douceur qu'ils pouvaient s'être trompés eux-mêmes et avoir fait un jugement téméraire sur leur prochain ; et, pour les désabuser entièrement et leur montrer que la vertu mérite d'être aimée, il les conduisit par toutes les cellules de ses disciples, et, frappant à la porte, il les appela tous l'un après l'autre, comme s'il eût besoin d'eux. Mais ils étaient si attentifs à leur ouvrage, et avaient tant d'ardeur d'achever ce qu'ils avaient commencé, que pas un ne sortit à cette première voix du saint abbé. Il vint enfin à celle du disciple Marc, qui n'entendit pas plus tôt la voix de son maître, qu'il se vint présenter à lui pour recevoir ses ordres. Alors saint Sylvain, l'envoyant à quelque ministère de la maison, fit entrer les solitaires dans la cellule du vertueux disciple. Ils furent bien surpris de voir que, lorsque le saint abbé l'avait appelé, il commençait à écrire un cahier (c'était son occupation ordinaire en laquelle il excellait admirablement) et avait laissé une lettre inachevée pour obéir à la voix de son supérieur. Les solitaires, tout à fait édifiés de la promptitude avec laquelle Marc lui obéissait, dirent au saint vieillard : « Vraiment, mon père, vous avez sujet d'aimer ce bon religieux plus que tous les autres ; sa

1. Désert de l'Egypte inférieure, à l'O du Delta, près des monts Nitria.

vertu nous le rend aimable à nous-mêmes, et nous avouons présentement qu'il est aimé de Dieu et qu'il mérite d'être aimé des hommes ».

Outre la parfaite obéissance de ce saint solitaire, on a encore remarqué qu'il était tellement mort à toutes les choses du monde, qu'il n'avait plus la moindre attache à ses parents; et l'on peut dire que ce lien est le dernier qui demeure dans l'homme religieux. Un jour sa mère, suivie d'un grand train, vint au monastère pour avoir la consolation de voir ce vertueux fils; le saint abbé commanda à Marc d'aller la saluer. Le bienheureux disciple obéit aussitôt; et, comme il faisait alors l'office de cuisinier, il alla, en l'équipage que l'on se peut imaginer, jusqu'à la porte du monastère, et là, fermant les yeux pour ne voir personne, il ne dit à toute la compagnie que ces trois mots: *Dieu vous regarde;* puis il se retira, sans que sa mère ni aucun de sa suite le reconnût. C'est pourquoi la mère persista à demander au saint abbé qu'il lui fît voir son fils. Sylvain, qui ne savait pas ce que son disciple avait fait, lui commanda une seconde fois d'aller trouver sa mère à la porte du monastère. Mais ce modèle d'obéissance, lui faisant connaître de quelle manière il s'en était déjà acquitté, le supplia de n'en point exiger davantage de lui, de crainte de réveiller des sentiments naturels qu'il avait eu tant de peine à surmonter. Sylvain, édifié du détachement de son disciple, fit savoir à la bonne mère que celui qui l'avait saluée était son fils, et qu'elle se contentât de cela : de sorte qu'elle fut obligée de s'en retourner, bien triste de n'avoir point eu la consolation de l'entretenir, mais aussi fort édifiée de sa grande sainteté.

Ces vertus héroïques de notre saint Solitaire ne furent pas sans récompense dès cette vie, car souvent, à la messe, il reçut la communion de la main d'un ange, dont le bras seulement était vu de toute l'assistance. Cette insigne faveur du ciel le faisait regarder, par les autres Pères du désert, comme quelque esprit céleste. En effet, on peut dire que sa vie était toute angélique, par une pureté inviolable, par une abstinence presque continuelle, par ses austérités sans relâche, par sa constance infatigable dans le travail, et par une douceur qui charmait tous ceux qui jouissaient de sa conversation.

C'est dans la pratique de ces vertus que le bienheureux Marc vécut jusqu'au temps où les Barbares, faisant une irruption au désert de Scété, contraignirent ces saints ermites de chercher ailleurs quelque lieu de retraite. C'est pourquoi l'abbé Sylvain, pour céder à cet orage, résolut de se retirer en Syrie. Mais son disciple Marc, ayant appris son dessein, le supplia de différer son départ de trois jours, afin de l'assister à sa mort; et, effectivement, au bout de ce temps, il s'endormit paisiblement en Notre-Seigneur, le second jour de février, ainsi qu'il est marqué au catalogue des Saints. Le martyrologe romain, compilé par Ferrarius, et celui de Canisius, ont omis la mémoire de notre Saint.

Il nous reste à avertir ici le pieux lecteur de ne point confondre notre Saint avec un autre saint Marc, aussi anachorète, que les Grecs appellent Thaumaturge dans leurs grandes Ménées, où ils en font mémoire le 5 mars. C'est celui dont on raconte qu'il rendit la vue au petit d'une hyène qui le lui avait apporté aveugle dans son ermitage; qu'il savait par cœur l'Ancien et le Nouveau Testament, et qu'il communiait de la main d'un ange, ainsi que celui dont nous venons de donner la vie.

Comme nous ne ferons point mention au 5 mars de ce deuxième solitaire du nom de Marc, nous allons donner ici quelques renseignements iconographiques le concernant:

1° Les Grecs le peignent soit avec un ange, soit avec une main céleste qui lui présente l'Eucharistie, suivant ce que nous venons d'en dire. Le bras qui sort du nuage et qui administre l'Eucharistie tient une espèce de cuiller dont on se sert en Orient pour distribuer aux fidèles l'Eucharistie sous les deux espèces.

2° La mère du louveteau qu'il a guéri revient le lendemain lui apporter une peau de brebis, comme honoraire de sa cure. Marc en fit présent à saint Athanase, qui lui-même la remit à sainte Mélanie.

Il y a, dans la bibliothèque des Pères, quelques ouvrages sous le nom de Marc, anachorète, que l'on croit avoir été composés, ou au moins copiés par notre Saint, pour être conservés à la postérité. D'où vient qu'il est surnommé, dans l'*Histoire ecclésiastique, Scriptor Antiquarius,* écrivain antiquaire, c'est-à-dire de choses anciennes et déjà faites par d'autres.

SAINT FLOSCULE OU FLOU, ÉVÊQUE D'ORLÉANS (500).

Floscule ou Fuscole, comme on lit dans les plus anciens manuscrits, mena une vie tout éclatante de sainteté, témoins les antiques monuments de l'église d'Orléans, lesquels cependant se taisent sur les actes de son épiscopat. Usuard fait mention de lui dans son martyrologe; depuis plusieurs siècles sa fête se célèbre sous le rite double dans l'église d'Orléans ; il y avait de plus, dans la cité orléanaise, une église paroissiale qui portait son nom. Sous le roi Robert et au temps de l'évêque Odolric, le corps de saint Flou fut transporté avec ceux de saint Aignan, de saint Moniteur et de quelques autres dans l'église de Saint-Aignan, rebâtie par ce pieux roi.

Une des rues d'Orléans porte encore le nom de saint Flou.

Propre d'Orléans.

SAINT LAURENT, ARCHEVÊQUE DE CANTORBÉRY (619).

Laurent fut un de ces saints moines que le pape saint Grégoire le Grand donna pour compagnons à saint Augustin, plus tard archevêque de Cantorbéry, lorsqu'il l'envoya prêcher l'Evangile du Christ en Angleterre. Augustin l'ordonna de son vivant et le désigna pour son successeur, afin que l'église qu'il venait de fonder ne fût pas un seul instant dépourvue de chef; précaution prudente pour une jeune église dont un veuvage, quoique très-court, aurait pu compromettre l'existence. Du reste, il ne faisait en cela qu'imiter le prince des apôtres qui, comme on le croit généralement, consacra Clément et en fit son coadjuteur et son successeur. Une fois archevêque, Laurent fit tous ses efforts par la parole et par l'exemple, pour que l'Eglise dont les fondements venaient d'être jetés en Angleterre atteignît son faîte par un progrès rapide. Il ne négligea rien pour faire revenir à la conformité de la règle de l'Eglise catholique les Scots et les Bretons qui s'en étaient écartés en quelques points, notamment dans la célébration de la Pâque.

Mais le roi des Angles, Ethelbert, que les prédications d'Augustin avaient amené à la foi, étant mort, son fils et son successeur se montra indigne de son père. Non content de repousser la foi du Christ, ce prince, allant plus loin que les païens eux-mêmes, s'était souillé d'un inceste en épousant sa belle-mère, frayant ainsi à son peuple la voie du retour aux plus détestables mœurs. Ce premier mal s'accrut bientôt d'un autre. Le roi des Saxons Orientaux, Seberect, mourut à son tour, et son royaume fut partagé entre ses trois fils, princes qui étaient demeurés dans l'infidélité, et qui rendirent un culte public aux idoles : funeste exemple qui amena partout les peuples à abjurer et les fit retomber dans la fausse religion.

Mellitus, évêque des Saxons, cédant à l'orage, se réfugia vers Laurent, et les deux prélats, ayant mandé près d'eux Justus, leur collègue, ils se consultèrent ensemble sur le parti qu'ils avaient à adopter : tous trois décidèrent qu'ils reprendraient le chemin de leur patrie, où ils pourraient plus librement servir Dieu, au lieu qu'en demeurant plus longtemps parmi des barbares rebelles à la foi, ils ne feraient, pensaient-ils, que perdre le temps dans un inutile repos. Justus et Mellitus partirent d'abord. Laurent, sur le point de les suivre, passa dans l'église des apôtres Pierre et Paul la dernière nuit qu'il croyait devoir rester en Angleterre. Après beaucoup de larmes et de prières répandues devant Dieu pour son église, vaincu par le sommeil, il s'endormit profondément.

Mais voici que, pendant que l'archevêque dormait, se présente à lui le prince des apôtres Pierre, qui, le flagellant très-rigoureusement, lui demandait, en vertu de son autorité apostolique, pourquoi il abandonnait ainsi le troupeau qui lui avait été confié, et à quel pasteur il laissait la garde de ses brebis ainsi jetées au milieu des loups ? Est-ce ainsi, continuait-il, que tu te souviens de l'exemple que je t'ai donné, moi qui ai enduré, pour celles que le Christ m'avait confiées en signe de son amour, non-seulement les fouets, les cachots, les supplices, mais la mort même et la mort de la croix. Excité par ces coups et ces réprimandes, Laurent va dès le matin trouver le roi, et, écartant son vêtement, lui fait voir les stigmates des coups; et comme le prince lui demandait qui l'avait ainsi maltraité, il lui exposa tout ce qui s'était passé. Le roi fut d'abord saisi d'un étonnement profond, puis revenant à lui, il abjura le culte des idoles, répudia sa femme illégitime, se fit chrétien et propagea la foi avec un zèle admirable. Il survécut à Laurent, qui monta au royaume céleste le 2 de février, l'an 619.

Bréviaire bénédictin.

SAINT ADALBADE OU ADALBAUD D'OSTREVANT (652).

Saint Adalbaud était un des trois fils de sainte Geretrude, qui fonda le monastère d'Hamage, près de Marchiennes, où elle passa les dernières années de sa vie. Son père, qu'il perdit de bonne heure, s'appelait Rigomer ; l'un de ses frères, Erchinoald, fut maire du palais sous la régence de sainte Bathilde ; l'autre, appelé Sigebert, épousa sainte Berthe, qui, devenue veuve, bâtit le monastère de Blangy, en Artois, et s'y retira. Saint Amand, qui prêchait la foi dans ces provinces, connut de bonne heure la maison d'Adalbaud et entretint des rapports intimes avec elle. Ce fut même par son conseil et par reconnaissance pour les services qu'il en avait reçus, que le vertueux Adalbaud commença la construction du monastère de Marchiennes. Plus tard, en sa qualité de leude, il fréquenta la cour de Dagobert Ier, qui aimait à réunir autour de sa personne les fils des principales familles, afin de les attacher plus étroitement à sa dynastie. Il s'y distingua par de brillantes qualités, qui le firent aimer de tous les nobles du palais, et qui inspirèrent au monarque lui-même une grande confiance en sa bravoure et en sa fidélité. Jeune encore, il fit partie de plusieurs expéditions militaires en Gascogne, où remuait toujours un peuple belliqueux et indomptable. Les détails en sont peu connus. Quant à ce qui concerne Adalbaud, on voit seulement qu'ayant fréquenté, dans le pays basque, l'illustre famille du seigneur Ernold, il demanda et obtint sa fille Rictrude en mariage. C'est dans ce même pays que s'était retiré saint Amand, après l'injuste exil auquel Dagobert l'avait condamné; et des auteurs croient qu'il eut la consolation de consacrer lui-même l'union d'Adalbaud et de Rictrude, qui tous deux le regardaient comme leur guide et leur père spirituel. Ce mariage, béni du ciel, avait reçu l'approbation de tous les parents, à l'exception de quelques-uns qui voyaient avec dépit l'alliance d'une princesse de leur sang avec un franc d'Austrasie. Cet antagonisme des races du Nord et du Midi était encore vivace à cette époque, et les guerres si longues et si meurtrières qu'eurent à soutenir plus tard les rois successeurs de Dagobert, le témoignent suffisamment. La cérémonie du mariage se fit avec solennité, et de part et d'autre les présents d'usage furent offerts et acceptés. Mais, ajoute le biographe, le plus beau présent était celui que les fiancés se faisaient mutuellement de leur personne. « Adalbaud offrait à sa jeune épouse des vertus héréditaires, un sang illustre, une mâle beauté, une sagesse et une prudence qui avaient devancé les années. Rictrude lui apportait en retour des charmes modestes et pudiques, une noble naissance, de grands biens, et par-dessus tout, une vie pure et chaste ». Belle et sainte union de deux cœurs que Dieu avait faits l'un pour l'autre, et que, malgré la distance des lieux, il sut réunir pour l'accomplissement de ses desseins. Adalbaud, de retour avec son épouse, dans ses possessions d'Ostrevant, continua de donner tous les exemples de vertu que l'on avait admirés en lui dès son adolescence. Souvent il recevait dans sa demeure les missionnaires qui prêchaient l'Evangile. Saint Amand et saint Riquier, en particulier, venaient leur adresser des conseils qu'ils recevaient avec bonheur. Jaloux de voir les enfants que le ciel lui avait donnés marcher dans la voie du bien, il avait soin de les confier à des maîtres vertueux. Adalbaud et Rictrude s'appliquaient eux-mêmes à confirmer ces leçons par leur conduite. Aussi était-ce d'ordinaire avec leurs enfants qu'ils pratiquaient les œuvres de religion et de charité, afin d'inspirer à ces jeunes cœurs l'amour de Dieu, et une tendre compassion pour les pauvres. « Avec eux ils portaient secours aux indigents, donnaient la nourriture à celui que pressait la faim, et des vêtements à celui qui était transi de froid ; avec eux ils visitaient les malheureux pour les consoler, les malades pour leur procurer des remèdes, les criminels quelquefois pour rappeler le repentir dans leurs âmes ». C'est ainsi qu'Adalbaud et son épouse formèrent leurs enfants, Mauront, Eusébie, Clotsende et Adalsende, qui croissaient en sagesse et en grâce devant Dieu et devant les hommes.

Il y avait près de seize ans qu'il remplissait avec fidélité ces devoirs si doux pour un père chrétien, lorsqu'il fut rappelé en Gascogne. Adalbaud s'éloigna à regret de sa famille où il goûtait tant de bonheur. A son départ, sa vertueuse épouse Rictrude ne pouvait s'arracher de ses bras : on eût dit qu'elle pressentait le coup qui allait la frapper. Elle voulut l'accompagner quelque temps et le plus loin qu'il fut possible; mais enfin il fallut se séparer, le cœur rempli de tristes prévisions qui ne devaient que trop tôt se réaliser. En effet, Adalbaud, arrivé dans les environs de Périgueux, fut attaqué à l'improviste par des hommes de la famille même de Rictrude, qui brûlaient de satisfaire leur haine et leur vengeance. L'infortuné seigneur succomba sous leurs coups dans les solitudes du Périgord, et alla recevoir dans le ciel la récompense de sa piété et de ses bonnes œuvres. Le bruit causé par ce meurtre arriva promptement aux oreilles de Rictrude, dont il serait impossible d'exprimer la douleur. Rictrude fit rendre les honneurs funèbres à son époux et obtint peu après que sa dépouille mortelle lui fût remise. Des miracles opérés auprès de ces reliques déterminèrent le culte qu'on lui rendit dans le Périgord, où il fut assassiné, et dans les contrées d'où il était originaire. On donne ordinairement à saint Adalbaud le titre de martyr, soit parce qu'à cette époque on désignait quelquefois sous ce nom les personnes de haute vertu qui mouraient d'une mort violente, soit parce qu'on croit que le motif de la religion ne fut pas étranger à ce meurtre, dans un pays où il y avait encore beaucoup d'idolâtres. Ses reliques reposèrent au monastère d'Elnon, du vivant même de saint Amand ; dans la suite, le chef fut transporté à Douai, comme on le voit dans un ancien manuscrit de l'église de Saint-Amé. Il existait autrefois dans cette collégiale une magnifique chapelle avec un autel dédié à saint Mauront et à ses parents. De temps immémorial, leurs statues y étaient exposées à la vénération publique. La première représentait saint Adalbaud revêtu d'une robe couverte de lis, tenant dans la main droite un livre, dans la gauche une épée. Entre saint Adalbaud et sainte Rictrude était saint Mauront, leur fils, aussi revêtu d'une robe magnifique, un sceptre dans la main droite et un édifice muni de tours dans la gauche ; puis sainte Rictrude, en habit de bénédictine, et tenant en main l'édifice sacré qui représentait l'abbaye de Marchiennes. Tous les auteurs placent la fête de saint Adalbaud au 2 février, qui est sans doute le jour de sa mort ou celui de la translation de ses reliques.

M. l'abbé Destombes : *Saints de Cambrai et d'Arras*. — Voir la Vie de saint Amand, au 6 février, et celle de sainte Rictrude, au 12 mai.

LE BIENHEUREUX PIERRE CAMBIAN DE RUFFIE (1365).

Vers la fin du XIIe siècle, le midi de l'Europe eut beaucoup à souffrir des hérétiques nommés Albigeois. Non contents de renverser les dogmes catholiques, ils chassaient les évêques de leur siége, incendiaient les monastères. Les princes chrétiens se liguèrent et tournèrent la force de leurs armes contre ces ennemis publics de l'Etat et de la religion. Mais Dieu donna à son Eglise un secours plus puissant encore dans la personne de saint Dominique et de ses frères prêcheurs. Ces saints hommes, bien plus que les armées et les princes, surent préserver une foule de catholiques et ramener au bien un grand nombre d'hérétiques.

L'hérésie disparut, mais ses débris se réfugièrent dans les montagnes subalpines et les souverains Pontifes durent envoyer des inquisiteurs dans le Piémont. La haine des hérétiques éclata contre ces religieux dont plusieurs reçurent la palme du martyre. Parmi les martyrs de l'Ordre de Saint-Dominique, on compte le bienheureux Pierre Cambian de Ruffie. Ce saint homme était entré de bonne heure dans la vie religieuse. Il fut nommé inquisiteur général en Piémont avant le pontificat d'Innocent VI, en l'an 1351, et c'est dans l'exercice de ses fonctions qu'il fut martyrisé par les Albigeois en 1365. Il avait été envoyé dans les vallées et avait reçu l'hospitalité dans le couvent des Franciscains de Suse. Les hérétiques, craignant le zèle de l'inquisiteur, envoyèrent un sicaire qui le poigarda dans le cloître du couvent. C'était le jour de la Purification de la Sainte Vierge. L'ouverture du tombeau du Bienheureux, en 1854, manifesta toute la piété dont les fidèles entourent sa mémoire. Le clergé, qui n'avait pas encore pu obtenir de reliques, les reçut avec les plus vives démonstrations de joie et les plaça sur les autels. Notre Saint-Père le pape Pie IX a confirmé le culte de ce bienheureux martyr, en 1856.

IIIe JOUR DE FÉVRIER

MARTYROLOGE ROMAIN.

A Sébaste, en Arménie, le supplice de saint BLAISE, évêque et martyr, grand thaumaturge, lequel, après avoir subi une longue flagellation sous le président Agricolaüs, fut attaché à un poteau où sa chair fut toute déchirée avec des peignes de fer, jeté ensuite dans un horrible cachot et dans un lac, d'où il sortit sain et sauf, et enfin, par sentence du même juge, décapité avec deux petits enfants. Avant lui, sept femmes, qui recueillaient les gouttes de sang qui coulaient de ses plaies pendant son supplice, ayant été reconnues pour chrétiennes, furent exécutées par le tranchant de l'épée. Vers 316. — En Afrique, saint CÉLERIN, diacre, qui, ayant été détenu dix-neuf jours en prison, chargé de chaînes [1], confessa glorieusement Jésus-Christ dans les fers et au milieu de divers supplices, et qui, par son invincible fermeté dans la lutte, non-seulement triompha de l'ennemi, mais encore indiqua aux autres la voie de la victoire. 280. — Encore en Afrique, les saints martyrs Laurentin [2], oncle paternel de Célerin, Ignace, son oncle maternel, et Célérine, son aïeule, qui avaient reçu avant lui la couronne du martyre. Il nous reste une lettre de saint Cyprien à la louange de ces glorieux vainqueurs. — Au même lieu, les saints martyrs Félix, Symphrone, Hippolyte et leurs compagnons [3]. — En la ville de Gap, les saints évêques TIGIDE et REMÈDE. IIe s. — A Lyon, les saints Lupicin et Félix, aussi évêques. IIIe s. — Le même jour, saint ANSCHAIRE, évêque de Brême, qui convertit les Suédois et les Danois à la foi du Christ. 865. — A Chester, en Angleterre, sainte WEREBURGE, vierge, abbesse et patronne de Chester. VIIe s.

MARTYROLOGE DE FRANCE, REVU ET AUGMENTÉ.

A Gap, on fait encore en ce jour mémoire des saints Erede et Territe, évêques de ce siége et martyrs, dont on ne sait rien si ce n'est qu'ils ont été de bons pasteurs et que leur nom est écrit dans le livre de vie. IIIe ou IVe s. — A Bordeaux, sainte VÉRONIQUE, qui essuya la face de Notre-Seigneur Jésus-Christ. Ier s. — A Auxerre, saint Julien, martyr, qui fut converti par saint Pérégrin, évêque de cette ville et martyr. Vers la fin du IIIe s. — A Salins, en Franche-Comté, saint ANATOILE, évêque d'Adane, en Cilicie, qui, comme écrivent Pallade et Georges d'Alexandrie, s'enfuit dans les Gaules, de peur de communiquer avec Attique contre saint Chrysostome. Il y acheva sa vie dans la solitude. IVe s. — A Vienne, en Dauphiné, les saints évêques Simplice, 440, Philippe, 530, et Evance, qui ont occupé en divers temps ce siége primatial, et l'ont singulièrement honoré par leurs vertus et par leurs miracles [4]. — A Lagny, au diocèse de Paris, saint Dié, confesseur. VIIIe s. — Au diocèse de

1. *Chargé de chaînes*, en latin *in nervo*. Le *nervus* était un lien de fer qui entravait les pieds, et qui même s'enroulait autour du cou : Festus le dit positivement. Plaute en parle aussi dans le même sens. — Isidore (liv. IX *des Origines*) le définit de la même manière.

2. Il est fait mention de ces Martyrs dans la trente-quatrième lettre de saint Cyprien, et voici ses paroles : « Nous offrons pour eux le saint Sacrifice, lorsque nous célébrons les anniversaires des passions des Martyrs et les jours de leurs triomphes ». Saint Augustin (17e sermon) explique ce qu'il faut entendre par les mots *pro eis*, pour eux. « Cela ne veut pas dire que l'on prie pour eux pendant le sacrifice; mais que l'on fait mémoire d'eux dans la célébration du sacrifice ». (Voyez le même docteur : *de Verb. apost. cap.* 1, *et tract. in Joannem*, 84.) (BARONIUS.)

3. Les Bollandistes nomment une sainte Félicité.

4. La primatie des Gaules contestée à l'église de Vienne par l'archevêque d'Arles; l'extension du premier royaume de Bourgogne par Gondicaire; les malheurs inséparables de la guerre et de tout chan-

Soissons, saint Gloriose, prêtre. — A Maëstricht, l'ordination de saint Rémacle, évêque, qui, après avoir rempli tous les devoirs d'un saint prélat, se retira dans la solitude, où il combla la mesure abondante de sa sainteté [1]. — A Vizet, au diocèse de Maëstricht, saint HADELIN, confesseur, disciple de saint Rémacle. Vers 696. — A Meerbeke, près de Ninove, en Brabant, les saintes BERLINDE, None et Celse. Le monastère de Tin-le-Moutier possédait une partie des reliques de sainte Berlinde. Vers 702. — A la Piscine-sous-Chaumont, en Bassigny, sainte Aragone ou Radegonde et sainte Olivaria, martyrisées du temps d'Attila par les Huns qui voulaient attenter à leur honneur. On voyait autrefois à Morin, au nord de Montheric, une chapelle sous l'invocation de sainte Aragone. Ses reliques furent transportées à Clairvaux pendant la Révolution. En 1802, on les rapporta à Montheric, et c'est là que se fait, aujourd'hui, le pèlerinage qui avait lieu autrefois à Morin le lundi de Pâques [2]. — A Froidmond, diocèse de Beauvais, saint ELINAND, moine de cette abbaye. 1237. — A Marseille, la fête de l'ordination de saint THÉODORE, évêque de cette ville, dont l'entrée au ciel est le 2 janvier. — A Mayence, la fête de sainte SECONDINE, vierge et martyre, nommée au martyrologe romain du 15 janvier. 257. — A Séez, la fête de saint Ravérien, appelé, sur une révélation, à occuper le siége de cette ville et mort moine de Saint-Vandrille le 17 novembre 682. — A Seauve-Benoîte, au diocèse du Puy, sainte Marguerite dite d'Angleterre, vierge. Elle était d'une illustre famille de Hongrie : sa mère, qui était originaire d'Angleterre, fit avec elle un pèlerinage à Jérusalem. Marguerite, après la mort de sa mère, entreprit un pèlerinage à Mont-Serrat, en Espagne, d'où elle vint à Notre-Dame du Puy. Elle embrassa la vie monastique chez les Cisterciennes de Seauve-Benoite, où elle mourut au XIIe siècle. — A Carcassonne, fête de saint Denys, pape [3].

MARTYROLOGES DES ORDRES RELIGIEUX.

Martyrologe Romano-Séraphique. — A Udine, dans le Frioul, le bienheureux Oderic, confesseur de l'Ordre des Mineurs, remarquable par l'austérité de sa vie, par son humilité, son oraison, qui, par ses ferventes prédications, convertit au Christ plusieurs milliers d'infidèles ; il se rendit célèbre par ses miracles, et après de nombreux et lointains voyages, émigra vers le Seigneur, le 14 de janvier 1331 [4].

Martyrologe de l'Ordre Séraphique. — Sainte Véridienne ou Viridiane, vierge recluse, de l'Ordre de Vallombreuse, qui, ayant été admise au Tiers Ordre par notre séraphique patriarche saint François, fut remarquable par les dignes fruits de sa pénitence et par la gloire de ses miracles, et rendit son âme à Dieu à Castel-Florentin, en Toscane, le 1er février.

Martyrologe de l'Ordre de Saint-Augustin. — A Rome, les obsèques de saint Simon de Cossia, de l'Ordre des Ermites de Saint-Augustin, célèbre par sa renommée d'écrivain et de prédicateur, et par le don des prophéties et des miracles. 2 février 1348 [5].

ADDITIONS FAITES D'APRÈS LES BOLLANDISTES ET AUTRES HAGIOGRAPHES.

A Rome, le B. Nicolas Longobardi [6]. — En Judée, saint Azarias, prophète, qui vécut sous le règne d'Asa, roi de Juda, et excita ce prince à détruire l'idolâtrie dans ses Etats [7]. — A Oretum, ville d'Espagne ruinée par les Maures, située entre Almagro et Calatrava, saint Blaise, évêque, martyrisé à Cifuentes, sous Néron. — A Anvers, saint Fortuné, martyr romain, dont le corps retrouvé dans les catacombes de Saint-Callixte, fut donné à l'église de cette ville en 1622. — A

gement de gouvernement; les erreurs de ces nouveaux maîtres politiques, tels furent les événements qui s'accomplirent sous le pontificat de saint Simplice et qui exercèrent amplement sa vertu.

Saint Philippe présida au sixième Concile de Paris. De saint Evance on ne connaît que le nom.

C'est peut-être ici le lieu de faire ressortir ce fait glorieux pour l'église de Vienne, et assurément unique dans les annales épiscopales, que, de Crescent à Villicaire, cette église ne compte que des Saints pour évêques : quarante-quatre du Ier au VIIIe siècle. Depuis lors au XVIIIe siècle, on n'en compte plus que quatre ou cinq. Le dernier est le bienheureux Burcard, mort en 1029.

1. Voir sa vie au 3 septembre.

2. La plupart des Martyrologes donnent pour compagne à sainte Olivaria une sainte Libérate, au lieu de sainte Aragone : en nommant sainte Aragone au lieu de sainte Libérate, nous nous sommes rangés à l'avis de l'auteur des *Saints de la Haute-Marne.*

3. Voir sa vie au 26 décembre. — Les Carmes font son office le 12 février.

4. Voir sa notice au 14 janvier.

5. Les écrits de ce prédicateur célèbre ont été publiés à Cologne en 1540. On estime surtout son *Traité de la Doctrine chrétienne.* Grégoire XVI a approuvé son culte le 23 août 1833.

6. Voir au 12 février.

7. Le prophète Azarias, fils d'Obed, ne doit point être confondu avec un autre Azarias, aussi fils d'Obed, qui vécut soixante ans après; ni son père avec le prophète Obed, qui parut deux cents ans plus tard. Celui dont on honore la mémoire en ce jour vécut du temps d'Aza, roi de Juda, qui se rendit l'imi-

Volterre, en Toscane, saint Candide, martyr romain, dont le corps fut donné à cette ville sous le pontificat d'Urbain VIII. — A Césarée, en Cappadoce, saint Blaise le pâtre, martyr, distinct de saint Blaise de Sébaste, fêté le même jour. Heureux Blaise, disent les Menées, qui échangea la boue des étables contre le séjour des parvis éternels. — Et ailleurs les saints Paul et Simon, martyrs, et Claude, confesseur. — A Spolète, en Ombrie, saint Laurent, l'Illuminateur, évêque de cette ville. Il fut nommé l'Illuminateur parce qu'il guérit les corps et éclaira les âmes d'un grand nombre de personnes. Il était originaire de Syrie : cette province fut pendant de longs siècles une pépinière d'apôtres. Vers l'an 576. — En Angleterre, sainte WEREBURGE, vierge, fille du roi de Mercie et de la reine sainte Ermelinde ; elle fut religieuse dans le monastère d'Eli, dont parle Bède, et fut mise à la tête de plusieurs communautés de femmes. VIIIe s. — En Suède, saint Nithard, prêtre et martyr, neveu de saint Gaubert, l'un des premiers apôtres de la Suède. Vers l'an 840. — A Ripen, dans le Jutland, la plus ancienne ville du Danemark, saint Liafdag, évêque de cette ville et martyr. Vers l'an 980.

SAINT BLAISE, ÉVÊQUE ET MARTYR

316. — Pape : saint Sylvestre Ier. — Empereur d'Orient : Licinius.

Qui voudra sauver sa vie la perdra, et qui l'aura perdue pour moi la retrouvera. *Matth.*, XVI, 25.

L'histoire de saint Blaise nous apprend qu'il parut dès son enfance d'un bon naturel, qu'il fut modeste en sa jeunesse : arrivé à l'âge mûr, il s'appliqua particulièrement à la médecine, et fut toujours pénétré de la crainte de Dieu ; de sorte qu'ayant gagné par ses vertus l'affection de tout le peuple, il fut élu évêque de la ville de Sébaste, qui est en la province d'Arménie. Depuis, par un mouvement de l'esprit de Dieu, il se retira sur une montagne nommée Argée, où il vécut quelque temps dans une caverne vers laquelle les bêtes sauvages des environs venaient tous les jours pour lui faire honneur et recevoir avec sa bénédiction la guérison de leurs maux. S'il arrivait qu'il fît sa prière, elles ne l'interrompaient pas, mais elles attendaient qu'il eût achevé, et ne s'en retournaient point sans avoir en quelque façon reçu leur congé, pour faire voir combien Dieu favorise ses serviteurs et quelle est l'obéissance qui est due à sa majesté par toutes les créatures[1]. Ainsi, ce saint prélat trouvait des délices dans le creux de la terre, de la soumission parmi les bêtes, de la sûreté au milieu des monstres, de l'abondance dans les déserts et du plaisir en la solitude : ce qui nous donne sujet de le considérer comme un second Adam au paradis terrestre, ou plutôt comme une excellente copie de Jésus-Christ, dont il est écrit dans l'Evangile que, pendant les quarante jours de son jeûne et de sa solitude, *il vivait parmi les bêtes*.

Agricola, gouverneur de la Cappadoce et de la petite Arménie, sous l'empereur Licinius, étant venu à Sébaste, commença à y persécuter les fidèles, selon les ordres de son maître, qui déchirait les ouailles de Jésus-Christ comme un loup cruel et affamé, tandis que les loups véritables baisaient les pieds de Blaise, leur pasteur. Ce cruel juge crut que, ne devant

tateur de la piété de David, son trisaïeul. Le Seigneur envoya son prophète au-devant d'Aza, qui venait de remporter une grande victoire sur Zara, roi de Chus ou d'Ethiopie, afin de l'exhorter à rester fidèle au vrai Dieu qui lui avait donné la victoire, malgré le nombre de ses ennemis. Les exhortations d'Azarias firent une telle impression sur le roi, qu'il fit disparaître tous les vestiges d'idolâtrie qui, par le fait de sa mère, souillaient ses Etats. On ne sait rien de plus de ce prophète, qui est honoré chez les Grecs le 3 février. D'après eux, il fit encore taire une pythonisse qui séduisait le peuple. 941.

1. Les anciennes verrières, celles de Chartres par exemple, ont souvent reproduit cette particularité.

point faire quartier aux chrétiens enfermés dans les prisons, il était expédient de les faire mourir tout d'un coup en les exposant aux bêtes sauvages. Pour cet effet, il envoya ses gens dans les forêts prendre des lions et d'autres bêtes farouches; mais il arriva qu'environnant le mont Argée, ils poussèrent jusqu'à la caverne où était Blaise, et trouvèrent autour de lui un grand nombre de lions, de tigres, d'ours, de loups et d'autres animaux semblables, qui lui faisaient compagnie. Surpris de cette aventure, ils entrèrent plus avant dans la caverne, et, trouvant le saint assis et ravi dans la méditation des grandeurs de la Divinité, ils en furent encore plus étonnés, et s'en retournèrent à la ville pour faire savoir au gouverneur ce qu'ils avaient vu. Ce récit l'engagea à envoyer des soldats vers cette montagne, pour chercher les chrétiens et amener tous ceux qu'ils pourraient rencontrer. Ils y allèrent et, ayant encore trouvé saint Blaise, qui priait et louait Notre-Seigneur, ils lui dirent que le gouverneur le demandait. Le saint répondit joyeusement : « Mes enfants, soyez les bienvenus; il y a longtemps que je soupire après votre arrivée; allons, au nom de Dieu ». Dès qu'il fut arrivé à la ville, Agricola le fit mettre en prison; et, le jour suivant, il le fit venir en sa présence et lui dit : « Je suis ravi de vous voir, Blaise, cher ami des dieux immortels. — Dieu vous garde, ô gouverneur », répondit Blaise; « mais ne donnez pas le nom de dieux à ces misérables esprits qui ne peuvent vous faire du bien ».

Le gouverneur, surpris d'une réponse si libre, méditait en lui-même comment il pourrait gagner ce prisonnier; puis, se laissant emporter à la rage, il le fit frapper de coups de bâton l'espace de deux ou trois heures. Le saint demeura toujours joyeux et constant au milieu de ce supplice, et il ne dit que ces belles paroles : « O trompeur insensé des âmes! penses-tu me séparer de Dieu par tes tourments? Non, non, le Seigneur est avec moi, et c'est lui-même qui me fortifie. C'est pourquoi fais de moi tout ce que tu voudras ». Agricola le fit ramener en prison, et, lorsqu'il y fut, une pieuse veuve lui apporta à manger, et, se jetant à ses pieds, le supplia d'accepter le peu qu'elle lui offrait. Le saint évêque agréa ses charités, et promit de lui procurer, à elle et à tous ceux qui lui appartenaient, du secours et de l'assistance dans toutes leurs nécessités.

On amenait à ce bienheureux prisonnier les malades de tous ces quartiers-là : parmi eux se trouva un jeune enfant qui, en mangeant du poisson, avait avalé une arête qui l'étranglait et le réduisait presque à l'extrémité. Sa mère le mit aux pieds du Saint, et lui demanda son secours avec beaucoup de larmes et de soupirs; il pria Notre-Seigneur de lui donner la santé, et à tous ceux qui, étant travaillés d'un mal semblable, se recommanderaient à lui, et l'enfant fut guéri aussitôt. Depuis la mort du saint Martyr, plusieurs personnes incommodées du même mal ont été soulagées par son intercession. Que les hérétiques ne nous disent point que c'est une dévotion inventée depuis peu, car Aétius[1], ancien médecin de Grèce, parmi les remèdes qu'il enseigne pour ce mal, met particulièrement l'invocation à saint Blaise.

A quelques jours de là, Agricola se fit amener son prisonnier une seconde fois, et, le trouvant plus ferme et plus résolu qu'auparavant, il le fit attacher à un poteau, où on le fouetta avec une cruauté inouïe. Mais le saint martyr endurait les coups avec joie, et louait la bonté de son Dieu de la grâce qu'il lui faisait en lui donnant la force de souffrir quelque chose pour

1. Aetius d'Amida sur le Tigre, médecin grec de la fin du ve siècle, auteur du *Tetrabiblos*, vaste compilation où il a mis à contribution tous les médecins antérieurs.

son amour. Après ce supplice, on le détacha de ce poteau pour le ramener en prison. Sept femmes pieuses le suivirent, ramassant les gouttes de son sang qui coulait à terre; elles s'en frottaient le visage comme d'un baume précieux, avec un grand sentiment de piété. Elles furent arrêtées et menées au gouverneur, qui leur commanda de sacrifier aux dieux ou de se résoudre à mourir. Ces femmes prudentes lui répondirent qu'il n'avait qu'à envoyer ses dieux au bord d'un lac qui était là auprès, et qu'elles iraient les laver, afin de leur offrir un sacrifice plus pur. Le juge, très-joyeux de cette réponse, ordonna aussitôt que ses idoles y fussent portées; mais ces généreuses servantes de Jésus-Christ prirent les dieux d'Agricola et les jetèrent au fond de l'eau; il entra en une telle furie, qu'il fit préparer un grand feu avec du plomb fondu, et sept plaques de fer en forme de chemises : puis il leur dit de choisir, ou d'adorer les dieux, ou d'éprouver l'extrême chaleur du feu, et les effets du plomb fondu. Le tyran n'eut pas plus tôt proféré ces paroles, qu'une de ces saintes femmes, qui avait deux petits enfants, courut vers le feu, et ces deux innocents la prièrent, puisqu'elle voulait mourir, de ne pas les laisser en vie, de les aider à avoir la lumière céleste comme elle leur avait donné la lumière corporelle. Agricola fut bien étonné de ces paroles, et, tout outré de douleur, il s'écria : « Hélas! faut-il que les femmes et les enfants se moquent ainsi de nous? » Ensuite il fit attacher ces femmes à des poteaux, et commanda qu'on leur déchirât tout le corps avec des peignes de fer; mais, ô puissance infinie du Dieu vivant! du lait au lieu de sang coulait de leurs plaies, pour confondre la cruauté du gouverneur, et, en même temps que leurs corps étaient déchirés avec ces peignes de fer, des esprits bienheureux descendaient du ciel pour les consoler, et, les guérissant de leurs plaies, ils leur disaient : « N'appréhendez point les tourments; combattez, car vous vaincrez, et vous serez couronnées ». Après ce supplice, Agricola les fit jeter dans le feu; mais elles en furent retirées par la main du Tout-Puissant, sans en avoir été atteintes. Enfin, ce juge les condamna à avoir la tête tranchée; ce qui fut exécuté sur-le-champ, tandis qu'elles rendaient grâces à Dieu pour ce bienfait, en disant toutes ensemble d'un même esprit et d'un même cœur : « Nous vous remercions, Seigneur, de la grâce que vous nous faites d'être sacrifiées sur cet autel comme des brebis innocentes ». Pour les petits enfants, ils criaient à leur mère qu'elle eût bon courage, que la couronne lui était préparée et qu'elle allait la recevoir des mains de Dieu.

Le gouverneur entreprit encore d'ébranler le cœur de Blaise, son prisonnier; mais ayant vu que tous ses efforts étaient inutiles, il le fit jeter dans le lac où ses idoles avaient été noyées. Le saint Martyr fit le signe de la croix et marcha sur les eaux sans enfoncer; et, s'étant assis au milieu du lac, il convia les infidèles et les ministres de la justice à entrer dans l'eau comme lui, s'ils croyaient avoir du secours de leurs dieux. Il y en entra, dit-on, soixante-huit, qui allèrent aussitôt au fond et se noyèrent, pendant qu'un esprit de lumière apparut au saint Martyr, et lui dit : « O âme éclairée du Seigneur, ô pontife ami de Dieu, sortez de cette eau pour recevoir la couronne de la gloire immortelle! » Aussitôt le saint Prélat s'approcha de la terre, si éclatant de lumière, qu'il remplit de terreur les païens et consola merveilleusement les fidèles. Agricola en étant confus, et voyant que toutes ces inventions étaient inutiles, lui fit trancher la tête. Le Saint, étant près de tendre le cou au bourreau, pria son souverain Seigneur en faveur de tous ceux dont il avait été assisté dans ses combats, et de ceux aussi qui, dans la suite, imploreraient son secours. Alors Notre-Seigneur lui apparut, et lui dit d'une voix qui fut entendue de toute l'assistance : « J'ai ouï ton oraison, et je t'accorde ce que tu me demandes ». Après quoi il eut la tête tranchée sur une pierre, avec les deux enfants dont nous avons parlé, et qui avaient généreusement confessé Jésus-Christ. Telle fut la fin glorieuse de ce saint Pontife, qui mourut à Sébaste le 3 février, environ l'an 316, sous l'empereur Licinius, et non pas sous Dioclétien. Les opinions sont fort partagées là-dessus, mais nous suivons la plus vraisemblable, notre dessein n'étant pas de faire ici des critiques de chronologie.

On met dans la main de saint Blaise une carde ou peigne de fer, ou bien une bougie roulée ; un peigne de fer, parce qu'il endura, entre autres supplices, celui des ongles de fer, ce qui l'a fait choisir pour patron par les cardeurs de laine et même par les tailleurs de pierre, à cause d'un outil, appelé ripe, dont se servent ces derniers et qui ressemble à une carde ; — un cierge, parce qu'il aurait dit, en forme de testament, à la femme dont il guérit l'enfant dans sa prison : « Offrez tous les ans un cierge en mémoire de moi et vous vous en trouverez bien, ainsi que tous ceux qui vous imiteront ». Dans certains pays, on fait bénir deux cierges le jour de la Chandeleur, qui est la veille de la fête de saint Blaise. Ceux qui, à l'exemple de l'enfant guéri par lui, veulent être délivrés de leurs maux de gorge pour lesquels on l'invoque spécialement, s'approchent du prêtre qui tient à la main les deux cierges bénits la veille, les approche du cou des malades et prie sur eux en invoquant le Saint. — C'est par assimilation des maladies qu'on lui recommande l'espèce porcine très-sujette à l'esquinancie.

Ajoutons qu'on a souvent peint saint Blaise avec l'enfant qu'il délivre de la strangulation ; avec le *pourceau* qu'il força un loup de rendre à une pauvre femme, dont il était toute la richesse ; en ermite entouré des bêtes féroces qui lui tenaient compagnie dans la caverne.

RELIQUES DE SAINT BLAISE.

Le corps de saint Blaise et ceux des deux petits innocents furent pris par une femme pieuse nommée Hélisée, qui les ensevelit en ce même lieu, d'où plusieurs de ces saintes reliques ont été, à l'époque des croisades, apportées en diverses églises de France : comme le chef sacré de notre Saint en la ville de Montpellier ; d'autres ossements à Mende, en Gévaudan ; d'autres à Melun-sur-Seine, au monastère de Saint-Pierre ; et à Paris, en l'église de Saint-Jean-en-Grève ; quelques-uns au célèbre prieuré de Variville, de l'Ordre de Fontevrault, au diocèse de Beauvais ; et d'autres enfin, fort notables, au couvent des Minimes de Grenoble, qui porta, pour ce sujet, le titre de Saint-Blaise. Ces reliques et les miracles qu'elles ont opérés ont rendu son culte très-populaire chez nous. — En Orient, sa fête est d'obligation et se célèbre le 11 février.

Saint Blaise fait partie du groupe des quatorze saints dits *secourables* ; on appelle ainsi ceux d'entre eux qui sont plus particulièrement célèbres pour l'efficacité de leur invocation. Ces quatorze Saints sont distribués deux à deux : saint Georges et saint Eustache ; saint Vit et saint Christophe ; saint Gilles et saint Cyriaque ; saint Erasme et saint Blaise ; saint Pantaléon et saint Achace ; saint Denis de Paris et sainte Marguerite ; sainte Catherine et sainte Barbe.

Il y a des reliques du Saint à Corbie, à Forestmontiers, à Frettemolle, à Saint-Michel de Doullens, à Notre-Dame de Longpré, à Sainte-Austreberte de Montreuil, à Saint-Riquier, etc.

L'église de Saint-Pierre de Melun, nous écrit M. Laurent, curé de cette ville, n'existe plus depuis un temps immémorial. Nous n'avons ici aucune relique, ni de saint Blaise, ni de saint Valentin. Mais je connais une petite ville de nos environs, qui s'appelle Chaumes, et dont l'église est sous le vocable de saint Pierre. Je crois qu'elle est en possession des reliques de saint Blaise.

A Metz, en l'église Saint-Eucaire, qui possède des reliques de saint Blaise, il se fait chaque année, le jour de la fête de ce Saint, une cérémonie très-populaire. A cinq heures du matin commence l'office, et à la grand'messe, qui se chante à huit heures, on bénit une grande quantité de pains, qui se vendent à plus de dix lieues à la ronde, et qui se conservent d'une année à l'autre. Ces pains sont appelés *pains de saint Blaise*.

Plusieurs reliques de saint Blaise furent apportées dans le diocèse de Toul à une époque reculée, mais qu'il serait difficile de préciser. Plusieurs églises lui sont dédiées, et même quelques localités portent son nom dans le diocèse de Saint-Dié.

Un inventaire des reliques de l'ancienne abbaye de Vergaville, en 1640, mentionne des reliques de saint Blaise, contenues dans la neuvième châsse ou montrance. Dès le XVe siècle, l'église collégiale de Vic, alors du diocèse de Metz, vénérait un fragment du crâne de saint Blaise, lequel se conserve encore au même endroit, ayant été reconnu le 28 février 1805, par Mgr Osmond, évêque de Nancy, sur le témoignage des anciens chanoines de la collégiale de Vic. Ce fragment de crâne mesure environ onze centimètres dans sa plus grande dimension ; il est « de couleur brune et d'une rare épaisseur [1] ».

En Allemagne, la fête de saint Blaise se nomme *messe de Blaise*, ou *messe du vent*, le mot *blas* signifiant également *vent* et *Blaise* en allemand. De là vient que dans les calendriers anciens le 3 février est marqué par un *cornet* dans lequel on soufflerait. Autrefois les marins scandinaves évitaient de prononcer le nom de cette fête, et aujourd'hui encore les paysans danois regardent les vents qui soufflent ce jour-là comme présage de tempêtes pour toute l'année.

Saint Blaise, pour nous résumer, est patron de Comiso, en Sicile ; de Civitta di Penne et de Naples, dans le royaume de ce nom ; de Raguse, de Mulhausen, en Thuringe, etc. Les cardeurs et tisseurs de laine, les ouvriers en bâtiments, à Paris, l'ont pris pour leur patron. — On l'invoque contre les bêtes farouches, contre la toux et la coqueluche, contre tous les maux de gorge en général, contre le goître et pour l'espèce porcine. Nous rappelons que la dévotion à saint Blaise contre les maux de gorge était chère à saint François de Sales [2], et qu'en Russie on l'invoque non-seulement en faveur des pourceaux, mais pour tout le bétail en général.

SAINT ANSCHAIRE

PREMIER ARCHEVÊQUE DE HAMBOURG, ÉVÊQUE DE BRÊME, APOTRE DE SUÈDE ET DE DANEMARK

798-865. — Papes : Léon III ; Nicolas Ier. — Rois de France : Charlemagne ; Charles II, *le Chauve*.

> Un auteur protestant, Münter, dit en parlant d'Anschaire : « Des églises et des couvents lui ont été dédiés ; des fêtes ont été instituées en son honneur, et quoique le protestantisme ait renversé ses autels, il ne serait pas juste que la mémoire d'un homme qui a été le bienfaiteur de tant de générations fût oubliée.

Anschaire naquit le 8 septembre 801 à Fouilloy, ancien faubourg de Corbie, près Amiens [3]. Il perdit sa mère à l'âge de cinq ou six ans, lorsqu'on lui apprenait déjà les premiers éléments de la doctrine chrétienne et des lettres. Une nuit, s'étant endormi l'esprit plein des louanges qu'il avait entendues sur la piété de sa mère, il eut une vision dans laquelle la Sainte Vierge lui fit connaître que, s'il voulait être un jour avec sa mère dans le ciel, il devait éviter les vains amusements de l'enfance et s'appliquer aux choses sérieuses. Il suivit ce conseil à la lettre et employa tout son temps à l'étude et à la

1. Imling, 10 janvier 1863. M. l'abbé J. F. de Blaye.
2. Voir *Année sainte des Visitandines*, 1867, tome II.
3. *Alias* : Scharles, Ansgar, Arisgar. Le véritable nom de l'apôtre du Nord, *Ansgar*, peut faire présumer qu'il était d'origine suève ou saxonne et que sa famille aurait fait partie d'une de ces colonies que Charlemagne transporta en France après sa victoire sur les Saxons (M. Corblet).

piété. Lorsqu'il eut douze ans, son père, appelé souvent à la cour par ses hautes fonctions, le mit dans le monastère de Corbie. Saint Adelard, alors abbé, s'intéressa vivement de cet enfant et confia son éducation au célèbre Paschase Radbert. Il se fit tout d'abord remarquer par ses progrès dans les sciences et la vertu. Etant ensuite, par un effet de la fragilité humaine, un peu déchu de sa première ferveur, il se releva bien vite. Trois choses l'y aidèrent : l'avis que la Sainte Vierge lui avait donné; la mort de l'empereur Charlemagne, qu'il avait vu cinq ans auparavant dans tout l'état de sa gloire, frappant exemple de la vanité des choses humaines; et enfin, une autre vision où il lui sembla que Dieu lui promettait la couronne du martyre. Ne comprenant pas que cela devait s'entendre du martyre d'une mortification continuelle et des pénibles travaux de l'apostolat, il crut qu'il répandrait son sang parmi les infidèles et se prépara à une si grande grâce. Il s'acquitta parfaitement de la charge d'enseigner les lettres, d'abord dans l'ancienne Corbie, en Picardie, où il fut élève; puis dans la nouvelle, en Saxe, fondée par saint Adelard, en 823. On voulut aussi qu'il instruisît le peuple et prêchât publiquement dans l'église. Il fut le premier qui exerça ainsi, dans le monastère, l'emploi de maître et celui de prédicateur.

Sur ces entrefaites, Harald, roi de Jutland, chassé de ses Etats par les enfants de Godefroi, roi des Danois du Nord, appelés Normands, s'étant réfugié à la cour de l'empereur Louis le Débonnaire, y reçut le baptême, et quand il fut près de rentrer dans ses Etats, il demanda quelques missionnaires zélés pour l'accompagner. C'était un poste difficile et périlleux. On ne trouva personne plus capable de le remplir qu'Anschaire, et il fut le seul qui voulût tout d'abord accepter (826). Il trouva pourtant un compagnon de son apostolat : ce fut Autbert, de famille noble et procureur de la vieille Corbie, qui tomba malade au bout de deux ans et fut obligé de revenir en France. Ces deux zélés missionnaires convertirent un grand nombre d'infidèles par leurs prédications et par l'exemple de leurs rares vertus. Ils ouvrirent une école à Haddeby, sur la Schley, en face de Sleswig, pour y former des missionnaires. Les premiers qui y furent élevés étaient des jeunes gens rachetés de l'esclavage; il s'y joignit quelques jeunes hommes de condition libre : ce qui porta à douze le nombre des élèves. De cette sainte pépinière sortirent les premiers évêques de la Suède et du Danemark.

L'an 829, Birn ou Biorn, roi de Suède, fit demander à Louis le Débonnaire des prédicateurs pour évangéliser son peuple. L'empereur fit revenir Anschaire (qu'il remplaça en Danemark par un autre moine de Corbie, Gislemar) et le chargea de cette mission de Suède, en lui donnant pour principal collègue Witmar, religieux de Corbie. Dieu permit que le vaisseau qui les portait fût pris par des pirates, qui leur ôtèrent tout ce qu'ils avaient, les présents destinés par Louis le Débonnaire au roi de Suède et quarante volumes qu'ils regardaient comme un de leurs moyens d'instruction et de consolation dans ces terres barbares. Quelques-uns des missionnaires, presque désespérés, voulaient retourner en Saxe. Anschaire soutint leur courage en leur remontrant que leur dénûment les faisait ressembler aux Apôtres, et que c'était là ce que Jésus-Christ recommandait le plus aux prédicateurs de son Evangile. En effet, Dieu bénit leurs travaux, et d'ailleurs la moisson était prête. A peine avait-on le temps d'instruire tous ceux qui demandaient le baptême. Une des conversions les plus importantes fut celle d'Hérigard, gouverneur de Birca, près de Stockholm. C'est lui qui fit construire sur ses terres la première église élevée sur le sol de la Suède.

Cinq ou six mois après, Witmar revint en France avec des lettres du roi

Biorn à l'adresse de Louis le Débonnaire : celui-ci, ravi des progrès que la foi de Jésus-Christ faisait dans le Septentrion, pour donner plus de stabilité à cette propagation, de l'avis des évêques qu'il avait assemblés, et ne faisant en cela d'ailleurs qu'exécuter le plan de Charlemagne, son père, établit un siége métropolitain à Hambourg. Notre Saint fut choisi pour le remplir et, malgré ce qu'il put alléguer pour s'en défendre, sacré par Drogon, frère de l'empereur et archevêque de Metz, qu'assistaient Ebbon, archevêque de Reims, Hetti, archevêque de Trèves, et Otgar, archevêque de Mayence.

Avant de prendre possession de son siége, le nouvel archevêque se rendit auprès du pape Grégoire IV, qui lui donna le *Pallium* et le fit légat du Saint-Siége dans le Danemark, la Suède, la Norwége, la Fionie, le Groënland, le Halland, l'Islande, la Finlande et les pays voisins [1], conjointement avec Ebbon archevêque de Reims, déjà honoré de cette dignité par le pape Paschal Ier. Grégoire IV confirma la mission d'Anschaire l'an 834 et unit à son église le monastère de Thurolt, en Flandre, afin que, si le Saint était chassé par la violence des Barbares, il eût une retraite assurée, et aussi pour assurer un revenu au siége nouveau de Hambourg. Ebbon ordonna évêque Gauzbert, son parent, et le donna pour collègue à saint Anschaire, dans les fonctions de la légation du Nord. Gauzbert, ayant eu la Suède pour son partage, y fit beaucoup de bien. Saint Anschaire se chargea des églises du Danemark et du nord de l'Allemagne. Il construisit à Hambourg une cathédrale sous le vocable de Saint-Pierre, forma une riche bibliothèque, créa un monastère qu'il peupla de religieux de Corbie et développa le bien-être matériel de ses diocésains. Il achetait des enfants danois et slaves, pour les délivrer de la captivité, les consacrait au service de Dieu et en envoyait un certain nombre à Thurolt pour les former à la prédication de l'Evangile. Un désastreux événement vint compromettre, en 845, le fruit de 15 années de travaux. Les Normands descendirent l'Elbe et vinrent piller Hambourg. Anschaire, abandonné par ses prêtres et ses religieux, ne continua pas moins au risque de sa vie, de consoler, de soutenir dans la vraie foi son troupeau dispersé par les Barbares. En 849, le siége de Brême étant devenu vacant, le pape Nicolas, sur la demande de Louis le Germanique, le détacha de la province de Cologne, le réunit à celui de Hambourg, confia à notre Saint le gouvernement des deux églises, et le fit son légat dans les provinces du Septentrion.

Anschaire, voyant son autorité ainsi affermie, fit de nouveaux prodiges de zèle ; il fit bientôt refleurir par tout le Danemark la religion qui y dépérissait ; il dut en grande partie ces succès à la bienveillance et à la protection de Horich, qui avait réuni sous sa domination les Etats de divers petits rois du pays. Gauzbert ayant été chassé de Suède par une émeute, Anschaire eut le courage d'aller lui-même rétablir cette mission. En vain ses amis lui exposèrent qu'il risquait sa vie ; lui, qui ne désirait que le martyre, commença par se présenter au roi Olaüs, ou Olaf, successeur de Birn. Ce prince

1. On voit, par le dénombrement des peuples du Nord, que le Pape soumet à la juridiction de saint Anschaire, que ce hardi missionnaire devança passablement la science moderne dans l'exploration des contrées septentrionales. Divers critiques, Mabillon entre autres, ont supposé que la bulle de Grégoire IV avait été interpolée, puisqu'à cette époque l'Islande et le Groënland n'étaient pas découverts. Ils se sont évidemment trompés, dit M. Corblet, car on retrouve la mention de ces deux contrées dans un diplôme de Louis le Débonnaire, daté de 831, et dans cinq autres documents authentiques cités par le savant hagiographe d'Amiens. Les Irlandais avaient visité l'Islande dès l'an 793. Il est donc certain que l'Islande et le Groënland étaient connus du temps de saint Anschaire, et il n'est pas impossible qu'il y ait envoyé des missionnaires. S'il ne l'a point fait, ce fut l'œuvre de ses successeurs, ce qui expliquerait les vagues traditions chrétiennes qu'on a constatées en Amérique au moment de sa découverte. (Voir *Hagiographie d'Amiens*, par M. Corblet, t. Ier, p. 194 et suiv.; les *Histoires d'Alzog, de Dollinger, de Rohrbacher*.)

le reçut fort bien, mais il voulut que le sort décidât, selon l'usage superstitieux du pays, si le libre exercice du Christianisme serait permis dans ses Etats. Le saint évêque voyait avec peine la cause de Dieu soumise au caprice du hasard ; il n'en demeura pas moins plein de confiance dans le secours du ciel, qu'il implora par le jeûne et la prière. Le sort fut favorable au christianisme, ainsi que le conseil du roi, espèce de parlement consulté sur ce sujet. L'Apôtre se mit aussitôt à l'œuvre, annonçant le royaume des cieux et la pénitence. Il prêchait le jour et travaillait des mains la nuit, comme saint Paul, pour n'être à charge à personne. Ce désintéressement fut aussi éloquent que ses discours. Les infidèles se convertirent en foule et, après avoir établi, aussi bien en Suède qu'en Danemark, diverses églises pourvues de bons ministres pour y continuer l'ouvrage du Seigneur, Anschaire revint à Brême. Là, il unit à l'inspection générale des provinces du Nord, le soin particulier du troupeau qu'il avait dans ce diocèse et dans celui de Hambourg ; l'évêque en lui n'avait point effacé le religieux, et les fonctions pastorales ne diminuaient point ses austérités. Il suivait en cela l'exemple du grand saint Martin, qu'il s'était proposé pour modèle. Il portait un rude cilice jour et nuit; il ne se nourrissait ordinairement que d'eau et de pain, pris en petite quantité. Humble et se défiant de lui-même, il veillait sur tous les mouvements de son cœur et recourait sans cesse à Dieu, d'où il tirait ses lumières pour prêcher la vérité, et ses forces pour la pratiquer. Il savait, dans la prédication, mêler adroitement la terreur et la consolation ; il inspirait ainsi à ses auditeurs une crainte salutaire qui les éloignait du mal, et une dévotion tendre, un certain goût de la vertu. Aussi sage que zélé, il prenait toujours, pour résoudre une affaire importante, le temps de consulter Dieu. Il entendait régulièrement trois ou quatre messes avant d'offrir lui-même le saint sacrifice. Il avait extrait de l'Ecriture Sainte et des Saints Pères une foule de passages propres à lui rappeler constamment sa propre indignité et enflammer dans son cœur l'amour de Dieu. Il avait écrit quelques-uns de ces passages après chaque psaume de son bréviaire. De toutes les lettres qu'Anschaire écrivit à des évêques, à des princes chrétiens, aux rois de Suède et de Danemark, il ne nous reste qu'une épître qu'il adressa à Louis le Germanique et à divers évêques, en leur envoyant son recueil des priviléges accordés par le Saint-Siége aux missions du Nord. Il y fait preuve d'une grande modestie en attribuant à Ebbon de Reims tout le mérite des conversions opérées dans les régions septentrionales; car en réalité les deux voyages d'Ebbon en Danemark avaient été plus politiques qu'apostoliques, et leur résultat n'avait guère profité à la propagation de l'Evangile.

Ses aumônes étaient extrêmement abondantes et se déversaient de tous côtés. Les dîmes qu'il percevait étaient consacrées à secourir les indigents et les étrangers, dans un hôpital fondé par lui à Brême, et qui devait devenir par la suite une église collégiale placée sous son vocable. Presque tous ses revenus passaient entre les mains des veuves, des orphelins, des anachorètes [1]. Son aumônière s'ouvrait toujours à la demande des solliciteurs qu'il rencontrait. Pendant le Carême, il recevait tous les jours et servait à sa table quatre pauvres, deux hommes et deux femmes ; il lavait lui-même les pieds aux premiers et faisait rendre les mêmes soins aux deux femmes par une respectable matrone. Dans le cours de ses tournées pastorales, il ne prenait le repas de ses hôtes que lorsqu'il avait fait asseoir à une table spéciale

1. Il paraît qu'il y avait dans ces contrées des femmes qui se livraient à la vie anachorétique : *Anachoretas, sive viros, sive feminas... adjuvare studebat.* N. 61.

un certain nombre d'indigents, auxquels il avait offert les ablutions des mains selon l'usage bénédictin.

Sa plus grande joie était de racheter des esclaves [1]. Rembert raconte toute la joie que manifesta devant lui une pauvre veuve à qui le Saint avait ramené son fils, que des pirates suédois avaient longtemps gardé captif.

Sa confiance en Dieu fut souvent récompensée par des visions et la connaissance de l'avenir. C'est ainsi qu'il apprit que Reginaire, comte de Hainaut, qui employait à son service les enfants normands et slaves qu'on devait préparer à la vie monastique dans l'abbaye de Thurolt, serait un jour puni de ce détournement : ce qui se vérifia bientôt, puisque cet intrus tomba dans la disgrâce de Charles le Chauve et perdit la concession de l'abbaye faite antérieurement aux dépens d'Anschaire.

Le biographe contemporain de l'archevêque de Hambourg nous signale une autre circonstance où l'avenir lui révéla ses secrets. Trois ans avant sa promotion à l'évêché de Brême, il s'était senti transporté en songe dans un lieu fort agréable ; là, il vit le Prince des Apôtres auquel les habitants d'une ville voisine demandaient un pasteur. Saint Pierre leur proposa Anschaire ; et, en même temps, le sol trembla, et l'Esprit-Saint descendit du haut des cieux. Comme les mêmes postulants continuaient à réclamer un évêque, saint Pierre, indigné, s'écria : « Ne vous ai-je pas dit que ce serait Anschaire, et n'avez-vous pas vu l'Esprit-Saint illuminer son front? Cessez donc toute opposition à cet arrêt ». — Anschaire sut dès lors qu'il était destiné à gouverner l'église de Brême et que diverses personnes s'efforçaient d'entraver sur ce point les vues de la Providence.

Plein de sollicitude pour son troupeau, il réalisait le portrait du bon Pasteur tracé par saint Grégoire. Ses éloquents discours, heureusement mélangés de douceur et de sévérité, épouvantaient les pécheurs, réchauffaient les tièdes et répandaient la consolation dans l'âme des affligés.

Un dimanche, qu'il prêchait dans un bourg de la Frise, il s'éleva principalement contre le travail servile des jours de fête. Plusieurs de ses auditeurs n'en voulurent pas moins, ce jour-là même, profiter du beau temps pour ramasser leur foin dans les prés et en faire des meules : mais, vers le soir, elles furent consumées par le feu du ciel, qui respecta celles qui avaient été amassées les jours précédents. Les habitants des villages voisins, en apercevant la fumée, s'imaginaient que c'était l'indice d'une invasion d'ennemis ; mais, après information, ils surent que c'était la juste punition du mépris qu'on avait fait de la parole d'Anschaire.

Parmi les Nordalbingiens [2], il en était qui, quoique chrétiens, ne se faisaient point scrupule de s'emparer des esclaves qui se retiraient dans leur pays ; ils les employaient à leur service personnel ou les revendaient aux païens. Les personnes les plus notables de la nation se rendaient coupables de cet odieux trafic, qu'Anschaire ne savait comment empêcher ; encouragé par une vision, il résolut d'affronter tous les dangers d'une telle entreprise ; il réussit si bien, en joignant la menace aux exhortations, que non-seulement la liberté fut rendue à tous les prisonniers, mais qu'il fut convenu que celui qui serait désormais soupçonné d'un tel crime devrait se purger de

1. Parmi les Saints antérieurs à Anschaire qui rachetaient des captifs, on peut citer saint Augustin, saint Grégoire le Grand, saint Césaire d'Arles, saint Exupère de Toulouse, saint Hilaire saint Remi, saint Domnin, saint Aredius, saint Martin de Tours saint Eptade, saint Paulin de Nole, saint Denis d'Alexandrie, saint Eloi. — Beaucoup d'épitaphes chrétiennes de la Gaule portent cette mention : *Il racheta des captifs*. Voyez, dans la *Revue archéologique*, 1864, t. x, une note de M. Le Blant sur le rachat des captifs au temps des invasions barbares.

2. Habitants au nord de l'Elbe.

cette accusation, non point par un simple serment, mais en se soumettant à ce qu'on appelait *le Jugement de Dieu*. Ceux qui furent témoins de cette conversion se plaisaient à dire qu'ils n'avaient jamais rencontré un homme aussi excellent que l'archevêque de Hambourg.

Anschaire ne portait pas un pareil jugement sur lui-même : car, lorsqu'on lui parlait des miracles qu'il avait opérés par ses prières et l'onction de l'huile bénite, il s'écriait que, s'il avait quelque crédit auprès de Dieu, il ne lui demanderait qu'un seul miracle, celui de devenir un homme de bien.

Anschaire était âgé de soixante-quatre ans, et il en avait passé trente-quatre dans les fonctions épiscopales, quand sa santé déjà ébranlée fut tout à fait compromise par une maladie douloureuse qui lui dura quatre mois.

Notre Saint aurait désiré mourir le jour de la Purification. Le 1er février 865, il ordonna de préparer le repas plus copieux qu'on devait offrir le lendemain au clergé et aux pauvres, et de confectionner trois grands cierges de cire ; il les fit mettre, l'un devant l'autel de la Vierge, l'autre à celui de Saint-Pierre, le troisième à celui de Saint-Jean-Baptiste, voulant par là recommander l'heure de sa mort à l'intercession de ces trois protecteurs.

Quand ses forces l'eurent abandonné, il pria son disciple Rembert d'achever pour lui les versets des Psaumes qu'il avait commencés : c'est ainsi que, les yeux fixés vers le ciel, il rendit son âme à Dieu le 3 février de l'an 865.

Le corps du Pontife fut embaumé et inhumé dans la cathédrale de Saint-Pierre de Brême, devant l'autel de la Très-Sainte Vierge. Ses obsèques s'accomplirent au milieu d'un deuil universel.

Les écrivains protestants n'ont pu s'empêcher de rendre hommage à l'Apôtre du Nord.

RELIQUES ET CULTE DE SAINT ANSCHAIRE.

Plusieurs églises d'Allemagne, de Suède et de Danemark obtinrent de Brême quelques reliques de saint Anschaire.

Adalbert, archevêque de Hambourg et de Brême, envoya à Foulques, abbé de Corbie, en 1048, un bras de saint Anschaire, et renouvela, à cette occasion, l'ancienne fraternité qui unissait les moines de Corbie au clergé de Hambourg. Cette précieuse relique fut reçue à Corbie le 1er mars : le jour de Pâques de l'an 1198, on la mit dans un bras d'argent. Elle a été sauvée à la Révolution et se trouve, depuis 1805, à l'église de Fouilloy.

La prétendue Réforme a dispersé les reliques de l'Apôtre du Nord. Elles ont été précieusement recueillies depuis un petit nombre d'années ; on en conserve dans les églises catholiques de Brême, de Hambourg et de Copenhague.

Grâce à la bienveillante intervention de Mgr Tirmache, évêque d'Adras, Napoléon III a fait don, en 1864, à l'église de Fouilloy, d'une châsse destinée à contenir le bras de saint Anschaire. Depuis lors, un fragment en a été donné à la paroisse de Corbie.

Anschaire fut mis au nombre des Saints, peu de temps après sa mort, par saint Rembert, son successeur sur le siége de Brême. Cette canonisation fut bientôt confirmée pour toute l'Eglise par le pape saint Nicolas Ier.

Dès l'an 882, saint Rembert dédia à son prédécesseur l'église de Brême, qu'il y avait fait construire pour un chapitre de chanoines réguliers. Adolphe Cypreus [1] affirme que les luthériens ne purent jamais réussir à profaner ce sanctuaire par des entreprises mercantiles, et qu'ils se décidèrent enfin à en faire un hospice d'orphelins.

Jusqu'à la Réforme, Anschaire resta le patron le plus populaire, non-seulement de Brême et de Hambourg, mais de toute l'Allemagne septentrionale. Son culte était répandu dans divers diocèses de la Suède, de la Norwége, du Danemark, du Sleswig-Holstein, de la France, de la Belgique (Bruges). Le souvenir de saint Anschaire ne s'est jamais éteint dans les régions septentrionales. Mgr Melchers, évêque d'Osnabruck, vicaire apostolique des missions du Nord, a entrepris de populariser son culte. Du 3 au 11 février 1865, il a célébré solennellement dans l'église

1. *Hist. Slesvicensis*, ch. 6.

catholique de Hambourg le millième anniversaire de la mort de saint Anschaire : à cette occasion, il a prescrit aux prélats des missions du Nord la récitation d'un office de saint Anschaire, tiré en grande partie de l'ancien bréviaire scandinave, et qui, l'année précédente, avait été approuvé par le Saint-Siége.

Mgr Melchers, évêque d'Osnabruck, nous écrit qu'on ne sait pas même aujourd'hui où se trouvait l'autel de Marie, dans l'église protestantisée de Saint-Pierre, autel qu'on détruisit en même temps que le tombeau de saint Anschaire. Sa Grandeur ajoute qu'il existe des statues de l'Apôtre du Nord dans les églises catholiques de Hambourg et de Copenhague, et qu'en 1865, le sénat de Brême fit ériger sur la place de cette ville une remarquable statue de son saint archevêque. — Il y en a une toute moderne à Saint-Pierre de Corbie. Saint Anschaire figure aussi dans les nouvelles verrières de l'église paroissiale de Villers-Bretonneux.

Une église catholique de Hambourg, une autre de Copenhague sont consacrées à saint Anschaire, qui est également patron de diverses églises de Suède.

A Hambourg, une rue, une porte et une chaussée portent le nom de saint Anschaire. Une église de Brême s'appelle *Ansgarius Kirche*; un village voisin, *Wildenschaaren* (*villa Anschari*); un autre *Anscharrendorf* [1].

On célèbre solennellement la fête de saint Anschaire à Fouilloy, le lieu de sa naissance.

Le seul ouvrage qui nous soit resté complet d'Anschaire est une Vie de saint Willehald, premier évêque de Brême, mort vers 790. Le style en est remarquable pour l'époque : les meilleurs critiques en ont loué la simplicité et l'esprit judicieux.

La vie d'Anschaire lui-même a été écrite au IXe siècle par saint Rembert qui fut son disciple et son successeur.

Quant à nous, pour composer la vie que nous insérons ici, nous avons suivi Baillet, M. l'abbé Karup, auteur d'une histoire de l'Eglise catholique, en Danemark, éditée en français, chez M. Goemare de Bruxelles, en 1861; et surtout M. l'abbé Corblet, hagiographe d'Amiens, dont le travail est tout ce qu'il y a de plus complet.

SAINTE VÉRONIQUE [2] (70).

> Une longue tradition a défendu de siècle en siècle l'existence et la mission de sainte Véronique.
>
> *Origines chrétiennes de Bordeaux.*

S'il faut en croire les visions de Catherine Emmerich, dans son livre de la *Douloureuse Passion*, Véronique était cousine de saint Jean-Baptiste, car son père et Zacharie étaient enfants de deux frères. C'est sans doute en raison de sa parenté avec le précurseur qu'elle obtint de pénétrer dans la prison où Jean avait été décapité et d'y recueillir son sang; — précieuse relique dont fut plus tard enrichie la ville de Bazas.

Ensuite Véronique apparait dans l'Evangile de Nicodème. Au moment où les Juifs demandent à

1. De Ram, *Hagion. nat.*

2. Aussi appelée *Veronica, Beronica, Vérénice* et *Bérénice*. Son premier nom fut Seraphia : c'est pour rappeler son héroïque conduite sur la voie du Calvaire que la postérité reconnaissante l'a appelée Bérénice ou Véronique, c'est-à-dire : *Je remporte la victoire.*

Quant au nom de Véronique lui-même, livres et maîtres consultés, je dois opposer un démenti formel à l'étymologie dont on accuse les prétendues ténèbres du moyen âge et qui est sortie beaucoup plus tard de l'irréflexion et du besoin de combattre une légende qui souriait à la piété. En s'évertuant à former Véronique de *vera* latin, et de εἰκων grec, vraie image, elle s'est condamnée à un travail ingrat qui révolte toutes les lois de la philologie et qui n'aboutit pas au mot qu'elle demande. Cette composition hybride ne peut pas contenir la vérité (*Magasin pittor.*, an. 1837, p. 71; A. Maury, *Essai sur les légendes*). Elle saute aux yeux, au contraire, dans la genèse suivante : Véronique vient de φερω νικην, *je porte la victoire*, d'où est né l'adjectif φερενικος, qui procure la victoire vainqueur, victorieux. Modifié par le dialecte macédonien, ce mot est devenu Βερενικος, Βερενικη, Bérénice, formes diverses sous lesquelles, avec sa double racine, il conserve son même sens. Des odes de Pindare, qui le donne pour épithète au triomphateur des jeux olympiques; de l'histoire de Macédoine, d'Egypte et de Judée, où il désigne des princesses et des villes, il a passé dans l'histoire chrétienne, aux vainqueurs de la foi et aux héroïnes de la sainteté : on le trouve plus de dix fois, dans les plus anciens Martyrologes, donné à des Saintes et à des Martyres de tout pays : il n'a donc pas été inventé au moyen âge. Il est donc facile de voir de quel côté se trouve la vérité entre ceux qui prétendent tirer de la Sainte Face le nom de Véronique pour le communiquer à la personne, et ceux qui de la personne la transmettent naturellement à l'image (Alfred Maury, *Essai sur les Légendes*). Les écrivains les plus anciens et les plus érudits se rangent dans cette seconde catégorie. Ils se donnent la main dans le parcours des siècles, aussi précis en faveur de la personne et de son action qu'en faveur de son nom.

grands cris la mort de Jésus-Christ, Pilate, pour le sauver, fait appel aux témoins à décharge et leur laisse le temps de se produire et de parler. Alors, continue le récit, « une femme du nom de Véronique se mit à crier de loin : J'étais hémorroïsse, j'ai touché la frange de son vêtement, et aussitôt s'est arrêté un flux de sang qui durait depuis douze ans ».

L'évangile de Nicodème est rangé parmi les apocryphes. Mais en rejetant ces livres du canon des écritures divines, l'Eglise, on le sait, n'a pas entendu leur dénier toute valeur historique. « Quelle que soit leur authenticité, leur antiquité du moins n'est pas contestable, et parmi eux il en est que l'Eglise d'Orient a conservés dans sa liturgie. Grand nombre d'auteurs n'ont pas hésité à recevoir de cette source l'histoire et le nom de Véronique, et à affirmer qu' « elle est cette femme que le Seigneur guérit d'un flux de sang par le contact de son vêtement, et qui reçut de lui, au temps de la passion, sa sainte image imprimée sur un linge [1] ». Ainsi parle l'auteur du *Parterre des Saints* [2], et après lui tous ceux qui, à l'occasion du prodige de la sainte face, remontent au prodige de la guérison, comme à un premier lien de reconnaissance et de dévouement entre le Sauveur et sa pieuse servante. Une autorité d'un ordre plus élevé appuie ce rapprochement : c'est une messe commune à trois missels fort anciens, l'un Ambroisien, l'autre de l'église de Jaen, en Espagne, et le troisième d'Aoste. Dans les oraisons, on invoque sainte Véronique qui essuya la face de Notre-Seigneur ; dans la prose, on adore cette image divine, et l'évangile rapporte la guérison de l'hémorroïsse [3].

Pour répondre à ceux qui, avec Eusèbe, prétendent que l'hémorroïsse était Phénicienne, et non Juive ; non habitante de Jérusalem — bien qu'il soit très-possible, comme l'a même avancé un historien, que Véronique ait vécu tantôt en Phénicie, tantôt à Jérusalem — M. Faillon a ouvert un autre avis que nous croyons à l'abri de toute contestation : « Il peut y avoir eu », dit-il, « une sainte appelée Véronique guérie par le Sauveur d'une perte de sang, mais on ne doit pas conclure de là que cette femme ait été l'hémorroïsse syrophénicienne [4] ».

Ainsi Véronique ne sera pas, si l'on veut, l'hémorroïsse du chapitre 8 de saint Luc, mais elle sera certainement l'hémorroïsse à laquelle s'appliqueront ces mots du chapitre 14 de saint Matthieu : « Plusieurs malades le priaient qu'il leur permît seulement de toucher le bord de son vêtement, et tous ceux qui le touchèrent furent guéris ». Elle sera certainement comprise dans ce groupe si pur et si dévoué des femmes que Jésus « avait délivrées des malins esprits et guéries de leurs infirmités, qui le suivaient » autant que les douze, et « l'assistaient de leurs biens », tandis qu'il « allait de ville en ville, et de village en village, prêchant l'Evangile et annonçant la parole de Dieu [5] ».

Après avoir assisté à l'entrée triomphale de Jésus dans Jérusalem, le jour des Rameaux, Véronique vint l'assister dans ses douleurs. Elle dépose en sa faveur devant Pilate avec les témoins irrécusables de ses miracles : Lazare, l'aveugle-né, Simon, le lépreux, Jaïre, le démoniaque, la femme courbée. Tous ensemble s'écrient :

« Cest homme icy est saint prophète [6] ».

Ce n'est pas tout : parenté avec les alliés de Joseph et de Marie, relations antérieures et tout à fait primitives avec Jésus de la femme qui devait en recevoir le plus précieux des gages, ont été admises d'instinct, ont été peintes d'enthousiasme. La poésie s'en transmet d'un siècle à l'autre les ravissantes images. Dans un poëme polonais, intitulé : *La Sainte Famille*, Joseph et Marie ont perdu Jésus à Jérusalem ; Elisabeth vient leur annoncer qu'on l'a trouvé. « C'est donc au temple ou chez Véronique ! » répond aussitôt la mère divine. Quelques jours après, la sainte famille descend chez sa cousine : « Du plus loin qu'il put, Jésus saluait avec joie la vieille Elisabeth, ainsi que Véronique, Marthe et Salomé. Là, Joseph faisait la prière usitée pour la bénédiction des dons. Jésus prenant le rôle de sanctificateur, rompait le pain et le bénissait ; et Véronique promena la corbeille, distribuant le pain aux convives..... Tous, à pleine oreille, écoutaient l'Enfant, et savouraient avec empressement sa parole comme le pain céleste, comme l'aliment qui pouvait apaiser la faim de leurs âmes pour toute l'éternité [7] ».

C'est plus haut encore que commence la vie évangélique de notre Sainte, si nous ajoutons foi à la *Vie de Jésus-Christ*, à la *Vie de la Sainte-Vierge*, et à la *Douloureuse Passion de Jésus-Christ*, d'après les révélations de Catherine Emmerich. Ces trois écrits fournissent un élément nou-

1. Darras, *Légendes de Notre-Dame*, introduction ; Rio, *Poésie chrétienne*, préface ; Dom Ceillier, *Histoire des auteurs sacrés* tome I.

2. *Florarium manuscriptum Sanctorum*. — 3. *AA. SS.*, au 4 février. — 4. *Monuments inédits*, édition Migne, t. II, p. 165. — 5. Luc, VII, 2 ; Marc, XV, 41 ; Luc, VIII, 1. — 6. *Quarte journée du mystère de la passion*, scène III. — 7. L'auteur de ce poëme est Bohdan-Zaleski.

veau que je ne saurais écarter. Les personnes pieuses parmi lesquelles ils deviennent de plus en plus populaires s'étonneraient de mon silence à leur égard. Tout lecteur a droit d'exiger que je les expose et les contrôle dans des détails qui paraissent douteux et aventurés.

Cette *amie familière et de cœur de la Sainte Vierge*, Catherine Emmerich nous la peint âgée de dix ou douze ans, élevée déjà dans le temple lorsque Marie vint l'habiter, contractant une étroite liaison avec la future Mère du Sauveur, et assistant à son mariage avec Joseph [1]. Lorsque Jésus échappa pendant trois jours à la tendresse de ses parents pour enseigner au milieu des docteurs, Véronique lui donna la nourriture et l'hospitalité dans une maison, près de la porte de Bethléem, où elle le nourrit encore pendant les jours qui précédèrent la Passion [2]. Elle le suivit dans ses courses apostoliques, et se trouva parmi les témoins de ses merveilles à Ainon, à Azanoth, à Dothan, à Jezrael. Elle voyageait ou s'arrêtait comme lui, tantôt à Hébron, tantôt à Capharnaüm. Tandis que Marthe pourvoyait au nécessaire pour le Seigneur et ses disciples, elle veillait particulièrement aux besoins des saintes femmes [3]. Toutes se réunissaient pour coudre, pour travailler aux vêtements destinés à la communauté apostolique, ou dont on faisait la distribution aux pauvres. Aucune prévoyance de charité ne leur était étrangère.

Aux noces de Cana, Véronique prépara pour la table une corbeille de fleurs [4]. Mais c'était surtout la gloire du divin Maître, le succès de sa prédication dont elle prenait souci. Elle harcelait Marie-Madeleine de ses visites, afin de la retirer de sa vie désordonnée et de la rapprocher de Jésus [5]. Lors de l'entrée triomphale du Sauveur à Jérusalem, elle recueillit de tous des vêtements pour les jeter sous ses pas, et étendit sur le chemin le voile dont elle devait plus tard essuyer son visage [6]. Tant de dévouement appelait de nouvelles faveurs : son rôle dans la Passion de Jésus-Christ et sa venue à Rome avec la sainte image dont elle avait hérité.

Dès le IIIe siècle, saint Méthode, évêque de Tyr, loué par saint Jérôme pour ses ouvrages et sa science autant que sa sainteté, a retracé l'histoire de Véronique.

Si l'on veut observer maintenant les démarches de Véronique et le prodige qui récompensa sa piété, il faut écouter Catherine Emmerich. Sa narration est pleine de simplicité et d'intérêt ; elle s'adapte merveilleusement à la trame évangélique. On n'a pas de peine à admettre que les choses aient pu se passer ainsi :

« Le cortége entra dans une longue rue qui déviait un peu à gauche et où aboutissaient plusieurs rues transversales. Beaucoup de gens bien vêtus se rendaient au temple et plusieurs s'éloignaient à la vue de Jésus, par une crainte pharisaïque de se souiller, tandis que d'autres marquaient quelque pitié. On avait fait environ deux cents pas depuis que Siméon était venu porter la croix avec le Seigneur, lorsqu'une femme de grande taille et d'un aspect imposant, tenant une jeune fille par la main, sortit d'une belle maison située à gauche et se jeta au-devant du cortége. C'était Séraphia..... appelée Véronique..... à cause de ce qu'elle fit en ce jour.

« Séraphia avait préparé chez elle d'excellent vin aromatisé, avec le pieux désir de le faire boire au Sauveur sur son chemin de douleur. Elle s'avança voilée dans la rue ; un linge était suspendu sur ses épaules ; une petite fille d'environ neuf ans qu'elle avait adoptée se tenait près d'elle, et cacha, à l'approche du cortége, le vase plein de vin. Ceux qui marchaient en avant voulurent la repousser, mais elle se fraya un passage à travers la populace, les soldats et les archers, parvint à Jésus, tomba à genoux et lui présenta le linge qu'elle déploya devant lui en disant : « Permettez-moi d'essuyer la face de mon Seigneur ». Jésus prit le linge, l'appliqua contre son visage ensanglanté et le rendit avec un remerciement. Séraphia le mit sous son manteau après l'avoir baisé et se releva. La jeune fille leva timidement le vase de vin vers Jésus, mais les soldats et les archers ne souffrirent pas qu'il s'y désaltérât. La hardiesse et la promptitude de cette action avaient excité un mouvement dans le peuple, ce qui avait arrêté le cortége pendant près de deux minutes et avait permis à Véronique de présenter le suaire. Les Pharisiens et les archers, irrités de cette pause, et surtout de cet hommage public rendu au Sauveur, se mirent à frapper et à maltraiter Jésus, pendant que Véronique rentrait en hâte dans sa maison.

« A peine était-elle rentrée dans la chambre, qu'elle étendit le suaire sur la table placée devant elle et tomba sans connaissance ; la petite fille s'agenouilla près d'elle en sanglotant. Un ami qui venait la voir la trouva ainsi près d'un linge déployé, où la face de Jésus s'était empreinte d'une façon merveilleuse, mais effrayante. Il fut très-frappé de ce spectacle, la fit revenir à elle et lui montra le suaire, devant lequel elle se mit à genoux en pleurant et en s'écriant : « Maintenant, je veux tout quitter, car le Seigneur m'a donné un souvenir [7] ».

1. *Vie de la sainte Vierge.* — 2. *Vie de Jésus-Christ* et *Douloureuse Passion.* — 3. *Vie de Jésus-Christ.* — 4. *Ibid.* — 5. *Ibid.* — 6. *La Douloureuse Passion.* — 7. *Ibid.*

Les lieux où cette action s'est passée n'ont pas été moins aimés ni moins vénérés que la personne qui l'a accomplie. L'histoire de la maison de Véronique projette ainsi ses reflets sur Véronique elle-même.

Bernard de Breydenbach, doyen de Mayence, assure « avoir parcouru, le 14 juillet 1483, cette longue voie par laquelle le Christ fut conduit du palais de Pilate au lieu du crucifiement, et avoir passé devant la maison de sainte Véronique, éloignée de cinq cent cinquante pas du palais de Pilate ».

Adrichomius, de Cologne, décrit les lieux avec plus de précision encore : « La maison de Véronique occupait l'angle d'une rue..... Depuis l'endroit où elle vint au-devant de lui, jusqu'à la porte judiciaire où il tomba pour la seconde fois sous sa croix, le Christ parcourut trois cent trente-six pas et onze pieds ».

On ne peut exiger, je crois, une description plus authentique et mieux suivie à travers les ravages des temps. Bon nombre d'autres pèlerins sont aussi précis : tous se recommandent par la science et par le caractère. La plupart de leurs voyages, parus à la naissance de l'imprimerie, sont illustrés de plans et de gravures. Ils écrivent ce qu'ils ont vu, ce qu'ils ont recueilli sur cette terre, où « les chrétiens », a dit Gibbon, tout à la fois si instruit et si hostile à la religion, « fixèrent par une tradition non douteuse la scène de chaque événement mémorable ». Que faut-il de plus en faveur de la maison de Véronique ? Et cependant elle a reçu un honneur qui éclipse tous les autres : l'Eglise la compte au nombre des lieux saints.

Par une bulle du 16 des kalendes d'août 1561, Pie IV *confirme* et *ratifie* les indulgences qu'on lit dans *un très-beau tableau* « gardé près le très-saint sépulcre de Notre-Seigneur Jésus-Christ ». Sixte V, Benoît XIII, Grégoire XVI les ont successivement reconnues et publiées. Or, sur le tableau du saint sépulcre, reproduit par le Bullaire de la Terre-Sainte, dans la nomenclature des lieux saints auxquels ces indulgences sont attachées, on lit : « *Dans la maison de sainte Véronique, il y a sept années et autant de quarantaines* ». Par suite, cette station a été conservée dans l'exercice connu sous le nom de *Chemin de la Croix*. Le Saint-Siége, interrogé à ce sujet, a répondu que, sous aucun prétexte, il n'est licite d'en modifier les stations, et le tableau qu'il en a publié détermine ainsi la sixième : *Véronique essuie la face de Jésus.*

Quelle n'est donc pas l'erreur de quelques écrivains, qui ont prétendu que le culte de cette pieuse femme tendait à s'évanouir parmi les catholiques instruits ! Quelle est l'église qui n'ait son chemin de la croix et qui, par cette pratique aussi populaire que fondamentale, ne présente Véronique à tous les points de la chrétienté, comme modèle et avocate auprès de Jésus souffrant ?

« Cette sainte troupe (Marie et les autres femmes, au nombre de dix-sept), vint à la maison de Véronique, et y entra parce que Pilate revenait par cette rue avec ses cavaliers. Les saintes femmes regardèrent en pleurant le visage de Jésus empreint sur le suaire, et admirant la grâce qu'il avait faite à sa fidèle amie, elles prirent le vase de vin aromatisé qu'on n'avait pas permis à Véronique de faire boire à Jésus et se dirigèrent toutes ensemble vers la porte de Golgotha. Elles montèrent au Calvaire par le côté du couchant, où la pente est plus douce. La mère de Jésus, sa nièce Marie, fille de Cléophas, Salomé et Jean s'approchèrent jusqu'à la plate-forme circulaire ; Marthe, Marie, Héli, Véronique, Jeanne, Chusa, Suzanne et Marie, mère de Marc, se tinrent à quelque distance, autour de Madeleine, qui était comme hors d'elle-même. Plus loin étaient sept autres d'entre elles ». D'une fidélité à toute épreuve, Véronique partagea la sollicitude de ces saintes femmes, « qui donnèrent de l'argent à un homme pour qu'il achetât des archers la permission de faire boire à Jésus (qu'on dépouillait de ses vêtements), le vin aromatisé ». Ce fut refusé. Elle les aida quand, au moment de l'ouverture du côté, « elles recueillirent le sang et l'eau dans des fioles, et essuyèrent la plaie avec des linges ; quand elles préparèrent le linge, les aromates, l'eau, les éponges, les vases », pour l'embaumement du corps du Sauveur. Elle était avec elles quand elles suivirent Nicodème, Joseph et les autres hommes qui portaient le corps sur une civière ; quand, dans la nuit qui précéda la résurrection, elles se retirèrent au cénacle pour prendre leur sommeil et sortirent à minuit pour aller au tombeau ; quand enfin elles prirent part aux apparitions de Jésus-Christ à ses apôtres, à l'Ascension et à la descente du Saint-Esprit le jour de la Pentecôte.

Cependant, l'on continuait à venir chez Véronique, adorer le précieux souvenir qu'elle possédait.

« Peu d'heures après le crucifiement », et combien de fois dans la suite, « plusieurs amis et disciples de Jésus contemplaient le suaire de Véronique, où la face du Seigneur, avec toutes ses blessures et sa barbe ensanglantée, était reproduite en traits de sang épais, et pourtant bien distincts ».

Le voile miraculeux empreint des traits du Sauveur souffrant ne devait pas rester une propriété privée. C'était un don de Jésus-Christ à son Eglise, une relique destinée au centre de la catholicité. Véronique l'a donc porté à Rome : ce fait a déjà été énoncé, mais à raison de son importance, de son occasion, de ses incidents, il réclame une étude spéciale.

Voici comment le retrace Philippe de Bergame :

« Véronique, femme de Jérusalem, disciple du Christ, d'une grande sainteté et pureté, fut appelée en ce temps-là de Jérusalem à Rome avec le suaire de Jésus-Christ, par ordre de Tibère-César, et par les soins de Volusien, vaillant soldat et familier de la cour. L'empereur était retenu au lit par une grande maladie. Aussitôt qu'il eut reçu cette très-sainte femme et touché l'image du Christ, il se trouva complétement guéri. Par suite de ce miracle, Véronique fut en grande vénération auprès de ce prince ».

De ce miracle, rapporté aussi par Ferrari dans le *Catalogue des Saints d'Italie*, Catherine Emmerich fournit la description suivante :

« Dans la troisième année qui suivit l'ascension du Christ, je vis l'empereur romain envoyer quelqu'un à Jérusalem pour recueillir les bruits relatifs à la mort et à la résurrection de Jésus. Cet homme emmena avec lui à Rome Nicodème, Seraphia (Véronique), et le disciple Epaphras, parent de Jeanne Chusa. Celui-ci, qui avait été attaché au service du temple, avait vu Jésus ressuscité, dans le cénacle et ailleurs. Je vis Véronique chez l'empereur, il était malade; son lit était élevé sur deux gradins ; la chambre était carrée, pas très-grande, il n'y avait pas de fenêtres, mais le jour venait d'en haut. Véronique avait avec elle, outre le suaire, un des linceuls de Jésus, et elle déploya le suaire devant l'empereur qui était tout seul. La face de Jésus s'y était imprimée avec son sang. Cette empreinte était plus grande qu'un portrait, parce que le linge avait été appliqué tout autour du visage. Sur l'autre drap était l'empreinte du corps flagellé de Jésus. Je ne vis pas l'empereur toucher ces linges, mais il fut guéri par leur vue ».

La guérison miraculeuse de Tibère expliquerait ce qu'Eusèbe, Paul Orose et plusieurs autres historiens racontent de la conduite de cet empereur à l'égard de Jésus-Christ et de sa religion. Informé par Pilate de la mort, de la résurrection et des miracles de cet homme extraordinaire, il voulut le faire admettre au nombre des dieux. Le sénat, irrité de n'avoir pas été d'abord consulté, repoussa la proposition et décréta l'extermination des chrétiens. Tibère s'en vengea en menaçant du dernier supplice quiconque les dénoncerait, et en frappant de mort ou d'exil tous les sénateurs, deux seuls exceptés. Il se borna à élever une statue du Sauveur dans son palais.

Quant à l'envoyé de l'empereur, que Catherine Emmerich ne nomme pas, l'auteur des ***Fleurs des Saints***, comme Philippe de Bergame, l'appelle Volusien, et les préfaces ambroisiennes ajoutent que lui aussi trouva dans le contact du suaire la guérison d'une infirmité dont il était atteint. « On fait de lui très-ancienne mémoire », dit Lualdi », dans l'église de Milan, à l'occasion de sainte Véronique, dont on y solennise la fête le 4 février..... Non-seulement on y faisait mémoire de Véronique et de Volusien dans les heures canoniques, mais encore à la messe, qui avait une préface particulière avec simple mention de Volusien..... Il est encore aujourd'hui représenté dans des peintures, quoique bien modernes, de la crypte de la basilique de Saint-Pierre, et on en parle dans deux anciens livres de la bibliothèque du Vatican. Dans le premier, écrit du temps d'Alexandre III, en 1160, on raconte que Volusien était ami de Tibère, et qu'envoyé par lui à Jérusalem, il en avait, avec Véronique, porté le suaire..... »

Quel que soit, du reste, l'ambassadeur, il n'a qu'un rôle secondaire dans cette translation attribuée à sainte Véronique par des mystiques tels que Lansperge et Mallonius, par des théologiens tels que Gertser et Suarez, par des historiens tels que Stengel et Paléoti, par des hagiographes ou des archéologues tels que Galesinius, Gervais et Biondo. Calcaginus, cité par Sandini et reproduit par l'archidiacre Pamélius, appuie cette opinion de ces mots : « L'image du Christ, que la tradition dit avoir été donnée à Véronique sur le suaire », existe encore, et dans une si grande vénération, que non-seulement les miracles, mais encore la vue « même de cette image ne permettent plus d'élever aucun doute à son égard ». Molanus fortifie cette citation du sentiment d'Albéric qui, dans son dictionnaire de l'an 1350, tient le même langage : « Il y a dans la bibliothèque du Vatican », ajoute le docteur belge, « une histoire de la translation de cette image à Rome sous Tibère, d'une rédaction sérieuse et d'une écriture très-ancienne. Le célèbre théologien anglais Thomas Stapleton, m'a rapporté l'avoir lue tout entière ». Baronius confirme l'existence de ce précieux manuscrit. « Dans l'église de Sainte-Marie des Martyrs, à l'autel du Crucifix, on garde précieusement les restes vermoulus d'un coffre de bois qui servit au transport de la sainte relique ». Le savant chanoine Barbier de Montault a copié dans cette diaconie l'inscription qui atteste comment, par les mains de sainte Véronique, le saint suaire vint de Palestine à Rome. C'est pourquoi les Bollandistes, frappés d'un accord si général, formulent ces deux conclusions : « Ce qui regarde le suaire donné à sainte

Véronique est hors de doute pour les chrétiens orthodoxes ; que sainte Véronique ait porté à Rome cette sainte image, c'est l'opinion unanime de tous les écrivains ».

De ce moment, la précieuse relique devint l'héritage de saint Pierre, de saint Clément et de leurs successeurs. Les Papes instituent en son honneur des fêtes, des ostensions et des processions. Leurs cérémoniaux, leurs bulles, depuis Célestin II jusqu'à Clément VI, VII, VIII et Grégoire XIII, attestent un culte qui ne fait que s'accroître et suppose toujours l'existence de la femme à laquelle le Sauveur donna ce témoignage singulier de son amour. Un livre intitulé : *Stations des Eglises de Rome*, fut publié *par ordre de Sixte V*. On y lit que : « A l'extrémité de l'église de Saint-Pierre, vers la porte Sainte, est la chapelle et l'autel du Saint-Suaire, en très-belle mosaïque, consacrés par Jean VII à la bienheureuse Vierge, et sur cet autel, dans un tabernacle de marbre, le très-saint suaire du Christ, dit de sainte Véronique, sur lequel la très-pieuse femme, en essuyant la face du Sauveur quand il était conduit à la mort, reçut son image imprimée. Là se conserve ce voile, et aux jours fixés les chanoines le montrent aux peuples qui s'y pressent en foule ». Puis, dans le catalogue des reliques de la même basilique, est mentionné le suaire *donné à Véronique*. Benoît XIV apporte à ce sujet son caractère particulier de science et de critique : « Dans la basilique du Vatican, outre le fer de la lance, on conserve avec une grande vénération le suaire qui a parfaitement gardé et garde encore les traits du visage de Notre-Seigneur Jésus-Christ, arrosé de sueur et de sang ». A la voix de ses pontifes, le peuple est accouru de tous les points de la chrétienté. Dans les temps de jubilé, aux jours privilégiés d'exposition de la vénérable Face, une foule immense encombrait l'église de Saint-Pierre, et chantait l'hymne et l'oraison liturgiques : « Salut, sainte Face de notre Rédempteur, sur laquelle reluit l'éclat de la splendeur divine ; imprimée sur un voile d'une blancheur de neige en signe d'amour. O Dieu ! qui après nous avoir marqués de la lumière de votre visage, avez voulu, à la demande de la bienheureuse Véronique, nous laisser ce souvenir dans votre image imprimée sur le suaire, accordez-nous par votre sainte Croix et votre glorieuse Passion, après vous avoir vu sur la terre, adoré à travers le miroir et le symbole, de mériter de vous voir, joyeux et affranchis de toute crainte, dans les cieux ». Les pèlerins, après avoir adoré la sainte Face, en emportaient avec eux les images. Le dauphin de Vienne, Humbert II, vers 1333, en faisait provision, ainsi que de beaucoup d'autres objets de piété, qu'il achetait en parcourant les églises de Rome. Au XVIe siècle, Jean de Dumen était à la cour de Rome le peintre officiel chargé de fournir ces Véroniques à la chrétienté. Aujourd'hui, on les vend encore imprimées sur toile avec une gravure qui date d'environ un siècle, et authentiquées de la signature et du sceau d'un chanoine. Sainte Brigitte reprochait, de la part de Jésus-Christ, à plusieurs de ses contemporains, leurs doutes sur sa sainte Face. Le Dante, traduisant la croyance de son époque, rencontrait Véronique dans le paradis et s'écriait : « O mon Seigneur Jésus-Christ, Dieu véritable ! c'est donc ainsi qu'on a pu conserver votre sainte Face ! » Jean Dorat, autre poète, la célébrait « comme la plus admirable de toutes les peintures, parce qu'elle a été tracée sur le voile de Véronique, non de main d'homme, mais par le visage même d'un Dieu ».

Cette dévotion appliquée à son double objet n'a rien perdu de sa vivacité. Rome voit toujours le même concours. Un monument remarquable en fait foi. Dans la basilique de Saint-Pierre, dans ce premier temple du monde où tout est catholique et significatif, une statue de sainte Véronique, tenant la sainte face, haute de quinze pieds et due au ciseau de Mochi, sculpteur italien du XVIIe siècle, occupe une des quatre niches inférieures des piliers du dôme. Elle partage cet honneur avec sainte Hélène qui porte une grande croix, avec saint Longis qui tient une lance et avec l'apôtre saint André. Des tabernacles surmontés de ciboriums en marbre venu de Jérusalem et placés au-dessus des statues, renfermaient des parcelles de la vraie croix, le fer de la sainte lance et de la sainte face.

Cette conquête ne saurait être compromise par la confusion dans laquelle quelques auteurs ont jeté les diverses images de Jésus-Christ connues sous le nom d'*achéropites* ou images non faites de main d'homme. L'Orient se glorifiait de posséder une face du Christ que le Sauveur lui-même aurait envoyée imprimée sur un linge à Abgare, roi d'Edesse. On la trouve deux fois dans le Ménologe des Grecs : d'abord au 16 août, tenue par un ange aux ailes déployées, avec cette indication : *Mémoire de l'image du Christ qui n'a pas été faite de main d'homme ;* puis au 11 octobre : *Mémoire du saint Synode, septième de Nicée*, en 787, contre les Iconoclastes, présentée par deux Pères du concile, devant le trône de Constantin et d'Irène, en preuve de la vénération due aux images. Cette face, dont Nicéphore, Evagre, Procope, ont écrit l'histoire, transportée de Constantinople à Rome, serait, d'après Carletti, la même que possède aujourd'hui l'église Saint-Silvestre. Constantin Porphyrogénète remarque l'unanimité des écrivains sur son origine : « En ce qu'il y a d'essentiel sur ce point, tous ont le même sentiment et confessent que le visage du Seigneur s'est miraculeusement imprimé sur le linge, quelques dissentiments de circonstances et de temps n'affectent en rien le fond de la vérité... »

L'authenticité de cette image ne nuit pas à celle du suaire de Véronique. Leurs traits sont parfaitement distincts comme leur histoire. M. Emerich David, qui les a étudiées au point de vue artistique, reconnait que la seconde est « celle de toutes où la tête de Jésus-Christ a le plus de dignité ». M. Raoul-Rochette, qui ne veut pas remonter au delà, avoue du moins qu'elle date du VIe siècle, « et que depuis le commencement du VIIIe où elle fut placée par Jean VII, dans la basilique du Vatican, elle n'a jamais cessé d'exciter la vénération du monde chrétien ».

Parmi plusieurs saintes faces célèbres, deux surtout ont partagé ce culte : l'une à Milan, l'autre à Jahen en Espagne. On appuyait leur prix sur cette opinion professée par quelques écrivains et, entre autres, dans une *Histoire du Christ écrite en Persan :*

« Véronique plia son voile en trois pour essuyer la face bénie du Sauveur, et lorsqu'elle le déplia elle trouva sa véritable image imprimée sur chaque partie ». A ces églises de justifier et de défendre leur possession. Si Véronique n'est pas une femme de l'Evangile, comme Marthe et Madeleine, parce que son nom n'y figure pas, elle est du moins la femme de la tradition la plus constante et la plus vénérable. Le service qu'elle a rendu au Sauveur, le suaire dont elle a hérité et qu'elle a porté à Rome, la guérison de Tibère, voilà des faits acquis à notre cause.

Mais, est-elle morte à Rome ? Ferrari paraît l'indiquer. Si Véronique est morte à Rome, comment n'y montre-t-on ni son corps, ni son tombeau ? La basilique de Saint-Pierre conserve tout d'elle : sa statue érigée au lieu le plus éminent ; son autel, son ciborium, son histoire écrite et peinte, son suaire surtout, et elle aurait laissé perdre le corps et le tombeau dont elle avait reçu le dépôt ? Elle aurait laissé s'effacer toute trace de la place qu'ils occupaient ? Rome si jalouse de la gloire de ses Saints, Rome qui conserve comme ses plus riches joyaux les moindres souvenirs de ses Martine et de ses Agnès, se serait laissé dérober par le temps, et sans en tenir compte, le corps d'une femme glorifiée par un éclatant miracle, comblée d'honneur par Tibère ; d'une femme que ses rapports intimes avec le Sauveur rendaient si chère et si vénérable à l'Eglise primitive ?

Cette supposition est inadmissible. Véronique n'est pas morte à Rome. Est-elle morte à Jérusalem ? Catherine Emmerich le prétend et le raconte ainsi : « Tibère voulait la retenir à Rome et lui donner une maison et des esclaves, mais elle demanda la permission de retourner à Jérusalem, pour mourir au lieu où Jésus était mort. Elle y revint en effet, et lors de la persécution contre les chrétiens, qui réduisit à la misère et à l'exil Lazare et ses sœurs, elle s'enfuit avec quelques autres femmes. Mais on la prit et on l'enferma dans une prison où elle mourut de faim pour le nom de Jésus à qui elle avait si souvent donné la nourriture terrestre ». Si ce récit était vrai, Jérusalem, qui montre encore la maison de la sainte femme, en aurait conservé bien d'autres souvenirs. Sa prison n'y serait pas inconnue, sa sépulture dans l'oubli, tandis que son nom y est si vivace. Non, Véronique n'est point morte à Jérusalem pas plus qu'à Rome. Une tradition séculaire nous atteste qu'elle est venue mourir dans la Gaule.

La venue de Véronique dans la Gaule est attestée d'abord par un homme d'une haute réputation historique, Bernard de la Guionie, dominicain, évêque de Lodève. Après avoir assigné la mission de saint Martial à l'an 47 de notre ère, il ajoute : « De plusieurs anciennes chroniques on conclut aussi et on tient que le même saint Martial, venant au pays d'Aquitaine, porta avec lui du sang précieux et généreux du bienheureux protomartyr Etienne, et eut en sa compagnie un homme de Dieu appelé Amateur, et son épouse du nom de Véronique qui avait été amie familière et de cœur de la bienheureuse Vierge, Mère de Dieu. Ces deux conjoints, Amateur et Véronique, par une disposition particulière de Dieu, portèrent avec eux du lait, des cheveux et des chaussures de la bienheureuse et bénie Vierge Marie... Lorsque saint Martial eut consacré en l'honneur du protomartyr Etienne la première église de Bordeaux où fut plus tard enseveli saint Seurin, et au moment où il se disposait à en dédier une plus vaste à saint Pierre, le bienheureux apôtre lui apparut et lui dit : Apprends que mon frère André a été aujourd'hui élevé sur la croix pour Jésus-Christ ; empresse-toi donc d'ériger cette église en son honneur. C'est ce que fit saint Martial.

« Pour Amateur, d'une prédilection particulière pour la solitude, il demeura longtemps dans le rocher qui a pris de lui le nom de Roc-Amadour. Le bienheureux Martial y consacra un autel en l'honneur de la Vierge, Mère de Dieu..., et là saint Amateur, dans un corps qu'on voit encore exempt de corruption, attend la sainte résurrection.

« Quant à son épouse Véronique, fidèle à suivre partout le bienheureux Martial dans ses prédications et à l'écouter avec autant de piété que de dévouement, accablée enfin de vieillesse, elle se retira près des bords de la mer sur le territoire bordelais. Là le saint homme de Dieu, Martial, éleva et consacra en l'honneur de la Vierge, Mère de Dieu, une chapelle qui porte le nom de Soulac [1], parce que le lait de la Vierge, Mère de Dieu, fut la seule relique qu'on y plaça, les autres de la Sainte Vierge que possédait saint Martial ayant été distribuées en divers lieux ».

Le récit de Bernard de la Guionie, se répétera désormais comme l'expression d'une croyance générale. En 1425, le pape Martin V, déclarant que l'église de Roc-Amadour remonte à la fondation du christianisme, reconnaît que saint Amateur n'est autre que Zachée, disciple du Christ, et qu'il a eu Véronique pour épouse. — Au XVIIe siècle, les bréviaires de Limoges, de Toulouse, de Bordeaux, de Cahors, de Carcassonne, de Tulle, d'Agen, d'Angoulême, de Périgueux, conservaient tous la substance des anciennes légendes. L'office approuvé en 1852 par la congrégation des rites pour le diocèse de Cahors, en l'honneur de saint Amateur, s'est inspiré de ces vieux titres.

Mais, dira-t-on, il y a entre Bernard de la Guionie et le Ier siècle une immense lacune! Cette lacune est comblée par la légende de saint Martial, dont l'antiquité et l'authenticité ont été mises à l'abri de toute contestation. Or, d'après cette légende, saint Amateur et sainte Véronique furent les coopérateurs de saint Martial dans la prédication de l'Evangile [2].

Disons un mot de Soulac, terme du pèlerinage de sainte Véronique et de la relique du lait de la sainte Vierge dont la présence aurait valu à cette localité son nom de Soulac. Que faut-il entendre par lait de la sainte Vierge? Laissons d'abord parler Catherine Emmerich. Les Mages, raconte-t-elle, venaient de se retirer; la sainte famille, poursuivie par les émissaires d'Hérode, quitta la crèche et se réfugia dans une grotte près du tombeau de Maraba. Mais dans un moment où elle se crut surprise, Joseph s'enfuit avec l'Enfant. « Je vis alors la Sainte Vierge », continue Catherine, « livrée à ses inquiétudes, rester seule dans la grotte sans l'Enfant Jésus pendant l'espace d'une demi-journée. Quand vint l'heure où on devait l'appeler pour allaiter l'Enfant, elle fit ce qu'ont coutume de faire des mères soigneuses lorsqu'elles ont été agitées violemment par quelque frayeur ou quelque vive émotion. Avant de donner à boire à l'Enfant, elle exprima de son sein le lait que ses angoisses avaient pu altérer, dans une petite cavité de la couche de pierre blanche qui se trouvait dans la grotte. Elle parla de la précaution qu'elle avait prise à un des bergers, homme pieux et grave qui était venu la trouver (probablement pour la conduire auprès de l'Enfant). Cet homme, profondément convaincu de la sainteté de la Mère du Rédempteur, recueillit plus tard avec soin le lait virginal qui était resté dans la petite cavité de la pierre, et le porta avec une simplicité pleine de foi à sa femme qui avait un nourrisson qu'elle ne pouvait pas satisfaire ni calmer. Cette femme prit cet aliment sacré avec une respectueuse confiance, et sa foi fut récompensée, car son lait devint aussitôt très-abondant. Depuis cet événement, la pierre blanche de cette grotte reçut une vertu semblable, et j'ai vu que de nos jours encore, même des infidèles mahométans en font usage, comme d'un remède, dans ce cas et dans plusieurs autres. Depuis ce temps, cette terre passée à l'eau et pressée dans de petits moules a été répandue dans la chrétienté comme un objet de dévotion; c'est d'elles que se composent les reliques appelées lait de la très-sainte Vierge ».

Mgr Mislin, constatant la persistance de ces souvenirs jusqu'à nos jours, les relie à leur origine par la citation de plusieurs écrivains intermédiaires : « A peu de minutes du couvent (de Bethléem), vers le Sud, est la *Grotte du lait, Crypta lactea ;* elle porte ce nom, d'après une tradition locale, parce que la Sainte Vierge, effrayée par les menaces d'Hérode, aurait perdu son lait, et qu'elle ne l'aurait recouvré qu'en se réfugiant dans cette grotte qui lui offrait un asile plus caché encore que la grotte de la Nativité. D'après une autre tradition (il y en a ici une quantité, chacun a la sienne), la Sainte Vierge serait venue souvent en ce lieu pour allaiter son divin Enfant; une goutte de son lait, en tombant sur cette pierre, lui aurait donné cette couleur blanche et en même temps le don d'être utile aux nourrices. Quoi qu'il en soit, ce qui est certain, c'est que toutes les femmes des environs, juives, chrétiennes et mahométanes, ont une telle dévotion pour cette grotte, qu'il y en a toujours qui viennent y faire leur prière. La roche dans laquelle se trouve la grotte est une craie extrêmement blanche et friable; on la réduit facilement en poudre et on en fait de petits pains qu'on envoie dans tous les pays ».

Est-ce du véritable lait de la Sainte Vierge ou un de ces petits pains de craie qu'on possédait à Soulac? nous ne saurions décider. Toujours est-il qu'on a découvert, en terre, il y a quelques années, près de l'église nouvelle de Soulac, un reliquaire qui portait cette inscription : *Lait de la bienheureuse Vierge* [3]. Au dedans était enchâssée une pierre blanche, semblable à l'albâtre : n'était-ce pas là une de ces pierrettes extraites de la grotte de la Nativité à Bethléem?

Des titres nombreux, qu'il nous est même impossible de nommer, font remonter à saint Martial

1. L'étymologie de Soulac (*solum lac*) a donné lieu à une assez curieuse discussion.
2. Voir M. Arbellot, *Diss. sur l'ap.* de saint Martial. — 3. *Lac B. Virginis.*

et à sainte Véronique la fondation de l'église primitive de Notre-Dame de Soulac ou de la Fin-des-Terres. La situation de Soulac, à l'embouchure de la Garonne, est décisive en faveur de la marche du christianisme qui l'aurait pris pour point de départ sur les côtes de la Guyenne, car, à toutes les époques, le mouvement politique, militaire, commercial y a abouti.

Mais, de tous les monuments de l'antiquité qu'on retrouve à Soulac, nul ne parle avec autant d'autorité que sa merveilleuse basilique qui secoue, en ce moment, le linceul de sable sous lequel le temps l'avait ensevelie. Ce Lazare de pierre rappelé à la vie par son Eminence le cardinal Donnet, qui s'est fait entendre sur cette plage abandonnée aux nouveaux pèlerins accourus en foule ; ce mort de huit siècles debout dans ses formes grandioses auxquelles reviennent avec le culte, avec de fréquents pèlerinages, avec un curé de nouvelle institution, avec des baigneurs, l'éclat, le mouvement et la vie ; ce témoin du XIe siècle raconte ce qui l'a précédé... De ses trois absides principales, celle de droite est consacrée à Véronique.

Un second autel érigé en son honneur dans la nef latérale opposée, faisait face à la magnifique porte romane qui vient de sortir de son tombeau de sable et qu'on avait ouverte, dans de larges proportions, à l'accès du peuple. C'est sur ce second autel, spécialement préparé à sa dévotion, que se prêtaient les serments auxquels on attachait le plus de respect et de solennité. A ses pieds coulait une fontaine dite de Sainte-Véronique, à laquelle les malades venaient boire et se frotter les yeux. Les eaux en étaient reçues à cet effet dans une auge qui portait le nom de Bénitier de sainte Véronique. Sa statue, que naguère encore quelques derniers vieillards se souvenaient avoir vue, se dressait à côté du bénitier placé près de la porte bien plus moderne de l'Est. Après avoir fait le signe de la croix, on avait coutume d'adresser un salut à *dame Véronique*. Est-ce à elle qu'on a pensé en dessinant au centre d'une ogive une tête de femme voilée ?

Cette sculpture, qu'on remarque parmi les débris, recueillis aujourd'hui avec soin, du maître-autel élevé par le vénérable Pierre Berland à la très-sainte Vierge, ne convient pas à la Mère de Dieu, mais pourrait appartenir à notre Sainte. Et ne faut-il pas appliquer à cette tête le mot du Père Bonaventure, en 1680 : « Il y a encore un pilier derrière l'autel de Soulac, où elle (Véronique) est représentée ? » C'est elle qu'on doit reconnaître parmi les personnages d'un autel de saint Jean-Baptiste, en bois sculpté du XVIIIe siècle, qui a passé de l'ancien au nouveau Soulac. Vis-à-vis saint Jean, patron de l'autel, se trouve saint Benoît, le patron des religieux qui le desservaient. A l'extrémité du rétable, du côté de l'Evangile, l'homme en costume juif, sans aucun des attributs qui distinguent les apôtres, n'est-il pas Zachée ? Du côté de l'Epître, la femme tenant un caillou à la main, n'est-elle pas Véronique portant à Soulac le caillou teint de sang ramassé près du martyr saint Etienne et compté parmi les reliques qu'on y gardait depuis la plus haute antiquité ? Enfin, comme trace d'un culte profondément gravé dans les idées du peuple, s'est conservée jusqu'à nos jours parmi les sorciers qu'on sait avoir été communs en Médoc, une formule de conjuration par *Zachée* et par *Véronique*.

On n'a pas de peine à admettre ces traditions et les commencements comme les progrès de Notre-Dame de la Fin-des-Terres, quand on les rapproche des commencements et des progrès de Notre-Dame de la Mer, en Provence. Véronique aborde à l'embouchure de la Gironde ; Madeleine, Marthe, les Marie Jacobé et Salomé à l'embouchure du Rhône. Sur le rivage d'Aquitaine, Véronique construit un oratoire, un autel, une cellule de terre pétrie et voit jaillir une source miraculeuse et bénie ; ainsi Marthe et ses saintes compagnes, sur le rivage de Provence. En l'un et l'autre lieu, l'oratoire fut dédié à la Mère de Dieu par saint Martial, ici visitant seul Véronique, là Marthe, avec saint Maximin et autres disciples du Seigneur. Près de ces deux oratoires également dignes d'être appelés la *première de toutes les églises maritimes* de leur contrée, moururent et furent ensevelies, d'une part Véronique, de l'autre les Marie. Comme Baronius a erré en assignant Jérusalem pour origine au culte des sœurs Salomé parce qu'il ignorait le lieu de leur mort, ainsi on s'est trompé en plaçant celle de Véronique à Jérusalem ou à Rome, parce qu'on ne connaissait pas son tombeau. Comme de *temps immémorial*, le 25 mai vit naître la fête des deux sœurs en Camargue, à Arles, à Bordeaux où elles avaient leur autel à la cathédrale, ainsi celle de la solitaire de Soulac naquit de la célébrité de sa sépulture. Aux mêmes moments, *Notre-Dame de la Barque et Notre-Dame de la Fin-des-Terres* s'agrandissaient en constructions romanes, en forêts, prairies et autres dépendances, en monastères où des religieux fournissaient les secours nécessaires au double pèlerinage en l'honneur de la Sainte Vierge et des Saintes qui s'étaient, en lui consacrant leur vie, à jamais placées près d'elle après leur mort. Une si grande analogie entre les personnes, les monuments, la manière de procéder, n'indique-t-elle pas la communauté d'origine ? Si la mission et la fin de Véronique ressemble tant à la mission de Marthe et des Marie, n'est-ce point parce qu'elles avaient emporté du même foyer instructions, souvenirs, reliques semblables ?

L'histoire de sainte Véronique après sa mort, ou l'*Histoire de son tombeau et de ses reliques*, est encore une preuve bien plus concluante de ce qu'elle a fait pendant sa vie. « Elle mourut », dit le Père Bonaventure, « l'an 70 de Notre-Seigneur et fut ensevelie à Soulac. Toutefois, ou pour cause de guerres ou autres désolations du pays, son corps fut transporté à Bordeaux et repose dans l'église Saint-Seurin ».

Ce corps vénérable lui-même est bien plus précieux et plus éloquent que le tombeau qui lui a longtemps servi de demeure. L'aspect des ossements accuse une grande antiquité. Le petit nombre de fragments qui y font défaut correspond aux indications suivantes : « Lors de la consécration de l'église de la Chartreuse, l'évêque de Condom, consacrant les autels de Saint-Jean-Baptiste et de Saint-Louis, mit dans l'un des reliques de saint Fort et de sainte Véronique, et dans l'autre des reliques de saint Amand et de sainte Bénédicte ». Le 10 octobre 1659, on fit l'inventaire des reliques contenues dans la crypte de Saint-Fort au-dessous de l'église de Saint-Seurin, et le chapitre de Bordeaux donna au curé de Saint-Eustache de Paris *l'os fémur du côté d'en haut*, un de ceux qui manquent aujourd'hui, car il y avait à Saint-Eustache de Paris, une célèbre confrérie établie sous le nom de sainte Véronique.

Les ossements de sainte Véronique donnent surtout une solution vraiment providentielle à l'objection capitale qui domine toute sa mission et la détruirait, si elle n'était détruite elle-même par un fait décisif. « Est-il possible », nous dit-on, « que la Véronique de Jérusalem et de Rome soit la même que celle de Soulac ? Comment admettre que cette femme qui *assista au mariage de la Sainte Vierge avec saint Joseph et avait alors cinq ans de plus qu'elle ;* qui, au temps de la Passion et lorsqu'elle reçut le voile imprimé des traits du Sauveur, en avait *plus de cinquante*, ait entrepris en 48 de l'ère chrétienne, c'est-à-dire à l'âge de soixante-quatre ou soixante-cinq ans, le long voyage, la pénible mission des Gaules, pour y mourir en 70, âgée par conséquent d'environ quatre-vingt-sept ans ? »

Eh bien ! acceptez toutes ces dates et venez les lire inscrites sur le front vénérable de la Sainte, avec le docteur Oré, membre de la commission d'enquête, qui vous signale « un point fort important à remarquer, vu qu'il permet jusqu'à un certain point de déterminer l'âge du sujet ; c'est l'ossification complète des articulations unissant les pariétaux au frontal ». Et encore : « Il est facile de constater à son extrémité supérieure (du fémur gauche) une raréfaction du *tineis osseus* indiquant un grand âge ».

Comme Soulac et Bordeaux, Roc-Amadour conserve, dans son église souterraine de construction romane, des souvenirs irrécusables de sainte Véronique. Elle y brille des couleurs qu'une restauration récente a rendues aux anciennes peintures. On la voit d'abord avec saint Martial et saint Amateur aux pieds de la très-sainte Vierge, portant la sainte face, tandis que son époux présente à Marie l'oratoire qu'il érigea en son honneur. Ensuite elle reparait dans une série de tableaux consacrés à la légende de Zachée et accompagnés d'inscriptions analogues.

Deux vitraux modernes de l'église de Saint-Seurin de Bordeaux, l'un au-dessus de la porte de la sacristie, l'autre au-dessus de l'entrée de l'abside, racontent dans un brillant langage la pieuse et poétique légende de Véronique.

Premier médaillon, à gauche, au-dessus de la sacristie. — Celle qu'une foule d'auteurs ont appelée l'amie familière et de cœur de la sainte Vierge, est debout au seuil du temple de Jérusalem, et y reçoit Marie, âgée de trois ans, à l'époque de sa présentation.

Deuxième médaillon.— Véronique, en riche costume de sa condition, reçoit dans un vase d'argent le sang précieux de Jean-Baptiste, dans la prison de Machéronte.

Troisième médaillon. — Pilate, assis sur son trône, discute le sort de Jésus. Véronique et Zachée, appelés comme témoins à décharge, parlent en faveur de l'innocence du Rédempteur des hommes.

Quatrième médaillon. — Véronique essuie la Face du Sauveur.

Le *cinquième médaillon* fait assister Véronique à la sépulture du Seigneur.

Dans le *sixième médaillon*, la sainte Vierge exécute le pieux pèlerinage du chemin de la Croix, accompagnée de Martial, d'Amateur, de Véronique, etc.

Au sommet de la rosace, les lobes renferment une apothéose de sainte Véronique, déployant la sainte Face qu'encensent deux anges au vol. C'est le culte de la sainte Face dans son origine et dans sa perpétuité.

Dans la couronne de la rosace, se déroulent les faits qui se rapportent au voyage de Rome, à la guérison de Tibère (Nos 1, 2 et 3).

Plus loin (no 4), debout dans une barque sans rames, Véronique aborde à Soulac.

Le no 6 nous conduit de Soulac à Bazas, où sainte Véronique dépose la célèbre conque renfermant le sang du Précurseur.

Le *dernier médaillon* nous offre sainte Véronique mourant à Soulac (An 70 de Jésus-Christ).

La mission de sainte Véronique se complète par les derniers sujets de la fenêtre opposée. Le *huitième médaillon* de cette fenêtre nous représente Véronique portant religieusement le vase qui contient le lait de la bienheureuse Vierge Marie, et se disposant à entrer dans l'église Notre-Dame de Soulac.

Ailleurs, on voit la translation du corps de la Sainte à Saint-Seurin, vers le IXe siècle.

A Rouen, à Valenciennes, dans tout le nord de la France et en Belgique, sainte Véronique, sous le nom de Venice ou Venise, était invoquée par les femmes dans leurs maladies. A Paris et à Liége, elle était la patronne des lingères.

La vie de sainte Véronique est une *nouveauté* dans les recueils du genre du nôtre; et ce n'est pas la seule. Nous avons laissé tomber de notre plume le mot nouveauté pour obéir à un reste de préjugé que nous a légué le siècle précédent, car avant le XVIIIe siècle, la légende de sainte Véronique était acceptée de l'Eglise de France, et ce n'est que devant le souffle de l'incrédulité janséniste ou gallicane qu'elle a pâli un instant. Nous avons analysé et le plus souvent reproduit le chapitre 2 du remarquable ouvrage de M. Cirot de la Ville, intitulé : *Origines chrétiennes de Bordeaux*. Dans ce chapitre, consacré à l'*apostolat de sainte Véronique* dans le Médoc, le savant professeur de théologie de Bordeaux nous semble avoir établi d'une manière invincible la thèse de l'existence et de la mission de sainte Véronique.

SAINT TIGIDE ET SAINT REMÈDE, ÉVÊQUES ET MARTYRS DE GAP

IIe siècle.

Tigide et Remède, vulgairement Ramezy, gouvernèrent l'église de Gap dans les premiers siècles. Il n'est pas certain combien de temps ils ont tenu le siége épiscopal, ni s'ils sont morts l'un et l'autre le même jour. Mais si le temps de leur vie est incertain, ce qui ne l'est pas, c'est la sainteté de leur vie, la pureté de leurs mœurs, leur infatigable sollicitude pastorale, et enfin le mérite de toutes les vertus. Après qu'ils eurent, en suivant les traces de saint Démétrius, rendu de grands services à l'église qu'il avait fondée par son sang, ils donnèrent aussi leur vie pour cette même église. Car on lit dans le martyrologe de saint Jérôme qu'ils furent martyrisés dans la ville de Gap.

Dans les anciens bréviaires de l'église de Gap, nos saints Pontifes étaient honorés d'un office du rit double, lequel fut réduit à un simple mémoire dans le bréviaire de 1764, non sans exciter les réclamations du chapitre et du clergé. Mais en 1845, Jean Irénée Dépéry, évêque de Gap, très-ami de la sainte et vénérable antiquité ecclésiastique, et à bon droit jaloux d'augmenter le culte des saints prélats de son église, rétablit le rit double pour la fête des bienheureux Tigide et Remède, aux applaudissements du chapitre et du clergé.

Les reliques de saint Tigide et de saint Remède furent conservées dans l'église de Gap jusqu'au commencement du XIIIe siècle. A cette époque, des chevaliers français, faisant partie de l'armée chrétienne qui avait assiégé et pris d'assaut Constantinople, reçurent en don de l'empereur Baudoin, et comme récompense de leur valeur, le corps de saint Germain, patriarche de cette ville, illustre en vertus et en doctrine, martyrisé sous le règne de Léon l'Isaurien pour la défense des saintes images (630). A leur retour, ces croisés passèrent par Gap : or, sur une inspiration du ciel, on leur livra aussi le corps de saint Remède et quelques parcelles de celui de saint Tigide. Ces ossements sacrés furent réunis à ceux de saint Germain, renfermés dans une châsse en argent et déposés dans l'église de Bort, petite ville sur les confins de l'Auvergne et du Limousin, aujourd'hui du diocèse de Tulle. En ce temps-là, les corps des martyrs et des confesseurs étaient le palladium des villes.

Le culte des reliques de saint Germain et de saint Remède fut bientôt célèbre dans l'Auvergne et le Limousin où il devint très-populaire : une fête solennelle fut instituée en l'honneur de ces Saints pour lesquels Bort oublia bientôt son ancien patron, saint Antoine.

Dès lors un pieux usage s'était établi : au départ de tout habitant de ces pays-là, soit pour une expédition militaire, soit pour un voyage lointain, on cousait à ses vêtements ou une médaille, ou un morceau d'étoffe, ou tout autre objet qui eût touché les corps saints. Ce bouclier invisible devait le préserver de toute blessure, de tout accident, et le ramener sain et sauf dans ses foyers. Etait-ce un souvenir de la protection que ces deux Saints, étrangers et voyageurs eux-mêmes après leur mort, avaient jadis accordée aux croisés Limousins, pendant leur longue et périlleuse route?

La tourmente révolutionnaire de 1793 dispersa les ossements de saint Germain et de saint Remède. Cependant, par une protection spéciale de la Providence, quelques parcelles purent être soustraites à cette grande ruine qui se consommait sur toute la terre de France. Mais la confiance résista à la tempête, et lorsqu'un peu de calme se fut fait, la ville de Bort réinstalla ses grands patrons dans leur église, et la fête accoutumée retrouva ses saintes solennités.

Plusieurs faits merveilleux vinrent, depuis cette époque, prouver aux habitants de Bort combien le patronage de ses Saints était puissant et efficace.

La cathédrale de Gap, veuve depuis sept siècles de son saint évêque, aspirait à recouvrer au moins quelques parties de ses précieuses reliques. En 1845, Mgr Jean-Irénée Dépéry fit part à Mgr l'évêque de Tulle de ces légitimes désirs, et reçut de son vénéré collègue une parcelle considérable qui, depuis, est exposée dans l'église cathédrale de Gap à la vénération des fidèles.

SAINTE SECONDINE, VIERGE ET MARTYRE (257).

Secondine, vierge de la ville d'Anagni, en Italie, fut instruite par saint Magne, évêque et martyr, que les gardes de l'empereur Dèce mirent à mort, l'an de notre salut 257. Mais les meurtriers furent tous dévorés par les loups la nuit suivante. On attribua ce châtiment à la magie de sainte Secondine, et Torquinus, grand ennemi du nom chrétien, l'accusa comme magicienne et comme ennemie des dieux. On la somme de sacrifier aux idoles, sans pouvoir la contraindre à commettre une telle impiété. C'est pourquoi Valérien la fait incontinent saisir par des soldats et conduire en prison. Lorsqu'elle en fut ensuite tirée, elle parut avec un visage joyeux, affirmant qu'elle ne sacrifiait pas aux démons, mais au vrai Dieu, et qu'elle était prête à mourir pour le nom de Jésus-Christ, et elle eut la face cruellement meurtrie.

Levant les yeux au ciel, la vierge soupira et pria pour elle-même et pour ses ennemis. Pendant son oraison, une lumière immense resplendit tout à coup autour d'elle, et la multitude qui était là entendit une voix qui venait du ciel, disant : Vous étiez tous à deux doigts de la mort et de votre perdition, mais, par la prière de ma servante Secondine, la vie vous a été accordée. Pour toi, ma fille, ne crains pas, car je suis celui que tu invoques et adores, Jésus-Christ, et je ne permettrai pas que tes ennemis triomphent de toi. Ebranlés par cette voix et effrayés, dix-huit gardes et beaucoup d'autres personnes embrassèrent la foi et reçurent le baptême.

Le jour suivant, les autres gardes, attribuant ces prodiges à la magie, proposèrent à la vierge ou de sacrifier aux dieux, ou de se préparer à subir des supplices horribles ; à quoi elle répondit que les tourments ne lui faisaient aucune peur. Alors, furieux, ces hommes la dépouillèrent de ses vêtements et déchirèrent son corps de blessures. Son sang étant épuisé, il coula de ses plaies une liqueur ayant la blancheur du lait, et répandant une odeur très-suave. Enfin, un ange l'appela à haute voix : Viens, épouse du Christ, reçois la couronne que le Seigneur t'a préparée pour l'éternité. Elle rendit sa bienheureuse âme à Dieu le 15 de janvier.

Sainte Secondine est citée au Martyrologe romain le 15 de janvier.

Propre de Mayence.

SAINT ANATOILE, PATRON DE SALINS (IVe siècle).

Le bienheureux Anatoile, patron de la ville de Salins, fut, dit-on, évêque d'Adana en Cilicie, soutint le parti de saint Jean Chrysostome contre Théophile d'Alexandrie, et, à cause de cela, fut envoyé en exil dans la Gaule. Il s'arrêta dans la Séquanie (Franche-Comté) près de Salins, sur le flanc d'une montagne escarpée, où très-opportunément il trouva une petite chapelle consacrée à saint Symphorien. C'est là qu'il mourut, et son corps demeura caché en ce même lieu pendant environ six siècles. Saint Chrysostome lui avait écrit de son exil de Cucuse pour le remercier du zèle qu'il avait mis à le défendre.

Au commencement du XIe siècle, Hugues Ier, archevêque de Besançon, ayant fait bâtir une basilique qui fut dédiée à l'honneur de saint Symphorien, de saint Anatoile et de sainte Agathe, les reliques de saint Anatoile y furent déposées en un tombeau convenable. Deux cents ans plus tard, Nicolas, archevêque de Besançon, les enferma dans une châsse précieuse, et établit un collége de chanoines dans la même église. Lorsqu'en 1794 les patriotes dispersèrent les saintes reliques, de pieuses mains purent recueillir les ossements profanés de saint Anatoile. Ils furent replacés dans une châsse en 1795, et reconnus pour authentiques en 1801.

Propre de Saint-Claude.

SAINT THÉODORE, ÉVÊQUE DE MARSEILLE (VIe siècle).

On ne sait rien de certain sur la date de l'épiscopat de ce Saint, célèbre par sa fermeté et son zèle à soutenir la discipline ecclésiastique.

A la suite de l'épiscopat du trop faible Emétérius, le clergé de Marseille s'était entièrement relâché dans ses mœurs et dans son amour pour la science sacrée. Théodore se mit dès l'abord à cette œuvre de réforme avec une vigueur qui n'épargnait personne et lui valut tout de suite de nombreux ennemis.

Cette haine se fit jour en mille occasions; elle fournit à Dynamius, gouverneur de Marseille pour le roi Gontran, le moyen de persécuter le saint évêque. Vainement tenta-t-il d'en appeler au souverain, Théodore fut fait prisonnier et subit les plus mauvais traitements.

Le Saint étant parvenu à s'échapper des mains de Gontran, fit arriver ses plaintes à Childebert, qui intervint pour le protéger. Dans sa bonté, l'évêque intercéda en faveur de Dynamius, que l'envoyé de Childebert avait réussi à faire tomber dans un piége; il pardonna également aux moines et aux clercs ses persécuteurs, et fut accueilli avec des transports de joie par son peuple.

Mais lorsque Gondulphe, l'envoyé de Childebert, eut quitté Marseille, Dynamius recommença à ourdir ses trames avec les clercs. Sur les perfides dénonciations de ce dernier, le roi Gontran fit charger le saint évêque de chaînes. On profita d'une consécration d'église pour se saisir de Théodore et l'envoyer en exil. Mais il put se justifier auprès de Gontran, et rentra une seconde fois en triomphe à Marseille, où l'amour de son peuple le consolait des persécutions du clergé rebelle.

Saint Théodore ayant pris la défense de Gondevald pour réparer, pensait-il, une criante injustice envers son pays, Gontran-Boson le fit mettre en prison, et lui fit défendre l'approche même d'une église. Une vision céleste le réconforta dans sa captivité, où il fut bientôt rejoint par l'évêque Epiphane, qui y mourut d'épuisement et de douleur. Conduit devant le roi Childebert, il reçut sur sa route les plus beaux témoignages d'estime, entre autres de la part de Magnéric, évêque de Trèves.

Cependant, le roi Gontran avait fait assembler, le 23 octobre 585, un concile à Mâcon, où la cause du saint évêque fut sévèrement examinée. Il put bientôt rentrer à Marseille, absous de toutes les accusations portées contre lui.

Prédécesseur de l'immortel Belsunce, Théodore devait, comme son illustre successeur, montrer l'héroïsme de sa charité pastorale envers les pestiférés de Marseille. Il recueillit les débris de son peuple dans l'abbaye de Saint-Victor, pria avec eux et s'offrit en victime à la colère de Dieu. Ses ennemis eux-mêmes ne purent s'empêcher d'admirer cette charité épiscopale.

Enfin, après avoir reçu une lettre très-élogieuse du pape saint Grégoire le Grand, Théodore mourut vers l'an 593, de la mort des justes.

Il existe à Marseille une belle église dédiée à saint Théodore, où tous les ans les fidèles se rendent, pendant huit jours, à partir du 3 février, pour honorer la mémoire de ce grand évêque.

La vie du Saint a été récemment écrite par M. l'abbé Magnan (Marseille, Chauffard, libraire, 1855). Plus récemment encore, M. l'abbé Albanis a imprimé un panégyrique du Saint. M. l'abbé Antoine Ricard, *direct. de la semaine religieuse de Marseille*, a abrégé ces écrits pour les *Petits Bollandistes*.

SAINTE WEREBURGE, VIERGE,

ABBESSE ET PATRONNE DE CHESTER, EN ANGLETERRE (VIIe siècle).

Sainte Wereburge, vulgairement Werburg, était fille de Wulfère, roi de Mercie, en Angleterre, et de sainte Ermenilde. Elle avait trois frères : Wulfade et Rufin qui reçurent la couronne du martyre, et Kenred qui mourut à Rome en odeur de sainteté. Une rare beauté jointe à de grandes qualités la fit rechercher en mariage par les partis les plus considérables ; mais elle resta inébranlable dans sa résolution de consacrer à Dieu sa virginité. Elle triompha avec beaucoup de gloire des obsessions de plusieurs princes, et en particulier de celles de Werbode, un des plus puissants seigneurs de la cour de son père. Wulfère aimait ce seigneur à cause des services importants qu'il avait reçus de lui ; il lui promit sa fille en mariage. Cette promesse affligea sensiblement la reine et les deux princes Wulfade et Rufin. Werbode, qui savait ceux-ci opposés à son mariage, résolut leur perte : ils n'eurent pas plus tôt été mis à mort, que le roi, qui avait trempé dans cette abominable intrigue, en conçut la plus vive douleur. Alarmé par les reproches de sa conscience, il rentra en lui-même, fit pénitence et fonda un prieuré, celui de Stone, pour servir de sépulture à ses deux enfants. Wereburge, charmée d'une révolution si peu attendue, ne craignit plus de découvrir à son père l'ardent désir qu'elle avait d'embrasser l'état monastique : il refusa d'abord son consentement ; mais il fit, à la fin, si généreusement son sacrifice, qu'il conduisit lui-même sa fille au monastère d'Ely et assista avec toute sa cour à la cérémonie de la profession. Elle quitta ensuite Ely, à la demande du roi Ethelred, son oncle, qui la chargea de rétablir la discipline monastique chez toutes les religieuses de son royaume. Sa conduite était un exemple continuel de sanctification. Sa dévotion était si tendre qu'on voyait souvent ses yeux baignés de larmes. Elle mourut à Trentham, sur la fin du VIIe siècle. On l'enterra à Hambury, comme elle l'avait désiré. Son corps fut transporté à Chester, en 835, et déposé dans une magnifique église qui devint ensuite la cathédrale. Sous Henri VIII, les reliques de sainte Wereburge eurent le sort de celles de tous les autres Saints du royaume : elles furent dispersées. De sa châsse on fit un trône épiscopal que l'on voit encore aujourd'hui dans la cathédrale de Chester. On donne pour attribut, à notre Sainte, un troupeau d'oies, parce qu'elle fit venir jusqu'au perron de son château une volée de ces oiseaux qui dévastaient les champs voisins et leur ordonna de cesser leurs dégâts ; ce qu'ils s'empressèrent d'exécuter.

SAINT HADELIN, ABBÉ DE CELLES AU DIOCÈSE DE LIÉGE (696).

Saint Hadelin, né en Aquitaine, quitta sa patrie et tout ce qu'il possédait dans le monde pour suivre Jésus-Christ ; il embrassa la pénitence dans l'abbaye de Solignac en Limousin ; il passa depuis dans celle de Cougnon, située sur la rivière de Sémoy, entre Chini et Bouillon, avec saint Remacle, son abbé. Quelques années après, il fut obligé de sortir de sa solitude, pour servir l'église de Maëstricht, dont le gouvernement avait été confié à saint Remacle sur la démission de saint Amand. Le nouvel évêque l'éleva au sacerdoce, afin de donner à son zèle plus d'étendue et plus d'activité. Lorsque saint Remacle se retira dans l'abbaye de Stavelot, saint Hadelin l'y suivit encore : ils se séparèrent cependant depuis. Hadelin alla fixer sa demeure vers la rivière de Lesch, à une demi-lieue de Dinant. Quelques autres solitaires se joignirent bientôt à lui. Tous servaient Dieu avec une grande ferveur par la prière, le jeûne et les veilles. La réputation de sainteté dont jouissait Hadelin lui attira de fréquentes visites. Pépin, maire du palais, vint le voir avec Plectrude, sa femme ; et il leur donna à l'un et à l'autre des instructions sur les vanités du monde, sur la grandeur des biens du ciel et sur l'obligation commune à tous les hommes d'observer les saintes maximes de l'Evangile. Les libéralités de Pépin et de quelques autres seigneurs le mirent en état de bâtir un monastère, où il rassembla ses disciples, qu'il continua d'édifier par ses vertus. Ce monastère prit le nom de *Celles*, à cause des petites cellules auxquelles il avait été substitué. Hadelin étant tombé malade, se prépara avec une nouvelle ferveur à paraître devant Dieu, et exhorta ses disciples à s'occuper sans cesse de leur dernier moment. Il mourut vers l'an 696, après avoir reçu le saint viatique. Son corps fut enterré à Celles, où, par la suite des temps, on mit des chanoines à la place des religieux. En 1338, le chapitre fut transféré à Viset, petite ville située sur la Meuse, entre Liége et Maëstricht; on y porta aussi les reliques du Saint. Sa fête se célèbre le 11 octobre et le dimanche dans l'octave de la Nativité de la Sainte Vierge; mais on la faisait anciennement le 3 février.

SAINTE BERLINDE OU BELLAUDE (702).

Sainte Berlinde était fille du comte Odelard et de Nona, sœur de saint Amand. Odelard possédait de très-grands biens. Son comté s'étendait d'Anvers à Condé; le château d'Omberge, entre Gand et Ninove, et celui d'Asche, entre Alost et Bruxelles, lui appartenaient en propriété. Dieu ayant retiré de ce monde sa femme et un fils nommé Elégard, il restait seul avec sa fille Berlinde. Il n'employait plus son temps qu'à prier et à faire des bonnes œuvres. Dieu, pour l'éprouver, permit qu'une maladie dont le nom seul inspirait la terreur, la lèpre, l'affligeât dans ses derniers jours. Or, il arriva que durant l'absence de ses domestiques, Odelard pria sa fille de lui donner à boire. Elle prit la coupe, la rinça et lui versa du vin; mais, quand son père eut fini, avant de la porter elle-même à ses lèvres, elle la rinça de nouveau : Odelard l'ayant remarqué, en conçut un tel dépit, qu'il fit sur-le-champ atteler ses chevaux et courut d'un trait de Meerbeke à Nivelles pour offrir tous ses biens à sainte Gertrude et déshériter sa fille.

La répugnance de Berlinde était bien naturelle en pareille circonstance; mais il paraît que *répugner* de boire après son père était, dans les idées du VIIe et du VIIIe siècle, un crime irrémissible. La pauvre Berlinde, bien marrie de sa faute, ne chercha pas à l'excuser; elle la vit aussi énorme que la voyait le comte lui-même; elle ne songea même pas à réprouver la dureté de son père; elle se jugea une misérable qui méritait d'être ainsi traitée pour avoir oublié le respect dû à l'autorité paternelle.

Cette résignation héroïque la devait mener à une haute sainteté. Elle n'aimait plus que la prière, le jeûne et la mortification. Sur ses membres délicats elle portait un cilice de crins. Bientôt elle se fit religieuse au couvent de Sainte-Marie, à Moorsel, près d'Alost. Une nuit, comme on donnait le signal de Matines, Berlinde entendit un chœur d'esprits bienheureux qui portaient l'âme de son père au ciel. Elle demanda à l'abbesse de pouvoir aller à son service, et se rendit à Meerbeke, où ce noble comte fut enterré à côté de son épouse, dans un oratoire qu'il avait fait bâtir à cet effet. Elle pleura sincèrement son père, pria et fit prier pour lui. Quelle humilité! quel respect de l'autorité paternelle!

Le couvent de Moorsel étant devenu si pauvre, qu'il n'y avait plus moyen d'y fournir du pain et de l'eau pour plus de dix religieuses, Berlinde resta à Meerbeke. La pieuse fille passa douze ans près des cendres de son père, vivant en austérité grande, veilles et oraisons, jeûnes et autres œuvres de pénitence, priant pour le repos de son âme. Elle ne sortait de l'église que pour aller dans les environs visiter les malades, les soignant et les servant en souvenir du comte, son père, sans que rien ne pût jamais la rebuter. Elle portait un âpre cilice qui la couvrait entièrement, couchait sur la terre nue avec une pierre pour oreiller, se nourrissait uniquement de pain bis et d'un peu d'eau fraîche, sauf les dimanches et fêtes où elle mangeait des légumes, du laitage et quelquefois du poisson. Dieu est bon pour les siens : un jour de Pâques, son pain noir se trouva changé en une nourriture succulente, et un autre jour, son eau fut transformée en un vin délicieux. Enfin, le jour arriva où le Seigneur voulut placer sa petite servante dans un palais plus riche que celui dont le comte Odelard l'avait déshéritée. Le 3 février de l'an 702 vit son dernier souffle se confondre avec un dernier soupir d'inénarrable amour.

Sa fête se célèbre à Meerbeke le 3 février, en même temps celle de deux autres saintes femmes, Nona et Celsa.

Sainte Nona et sainte Celsa, dont on ne sait rien de positif, sinon que leurs corps reposaient près de celui de sainte Berlinde, étaient probablement, l'une sa mère et l'autre sa nièce.

On invoque sainte Berlinde spécialement contre les épizooties; aussi la représente-t-on avec une vache à ses côtés. On dit aussi qu'elle protége les arbres, surtout ceux plantés le jour de sa fête; alors on lui donne pour attribut une serpe et un rameau.

S. ÉLINAND OU HÉLINAND, MOINE DE FROIDMOND (1237).

Elinand, né à Pronleroy, diocèse de Beauvais, eut pour père Hermann, que des troubles civils avaient obligé de s'exiler de la Flandre, sa patrie ; et pour maître, à l'école de Beauvais, un homme pieux nommé Radulfe. D'une nature ardente, quand il eut cultivé son esprit par l'étude des sciences et des arts, il parut oublier les avis de cet excellent maître et s'attacher misérablement à la vanité et aux voluptés. Poète, et en cette qualité agréable au roi Philippe-Auguste et aux grands seigneurs, il éprouvait un grand plaisir à partager leurs divertissements, qu'il égayait pour sa part en composant sur chacun des éloges ou des satires. Mais c'était le temps où saint Eustache, Fulcon et d'autres prêchaient en France, et, par leurs prédications, ramenaient à Dieu un grand nombre de pécheurs. Elinand rentra aussi en lui-même, et fut bientôt changé en un autre homme ; quittant les dangereuses caresses du monde, il s'en alla se cacher au monastère de Froïdmond, parmi les Cisterciens, qui, sous la conduite de Guillaume, leur second abbé, servaient avec fidélité sous les drapeaux du Christ.

Observateur fidèle de la règle monastique, il s'adonna tout entier à l'oraison, aux veilles, à l'abstinence et aux autres austérités, et, devenu bientôt un modèle de perfection, il fut jugé digne d'être élevé au sacerdoce. Il se montra prêtre dans toute la force du terme, lui qui chaque jour immolait par le glaive de la macération son corps et son âme avec Jésus-Christ. Brûlant d'une dévotion singulière envers Jésus crucifié et la Vierge, Mère de Dieu ; remarquable par ses bonnes œuvres comme par sa doctrine, il prenait souvent la parole en présence de ses frères, pour les élever jusqu'aux plus grandes hauteurs de la religion. Il attira maintes personnes à la vie monastique, et sitôt que quelqu'un, oubliant ce qu'il avait promis à Dieu, s'en allait à la dérive, il faisait tout pour le faire triompher de l'entraînement du monde et de la nature. Il persuada à son frère Guillaume de renoncer au siècle pour venir se joindre à lui dans son monastère ; et il y eut un certain Radulphe, déserteur de la discipline religieuse, qu'il rappela par ses lettres.

Il eut constamment des relations familières avec les évêques de Beauvais, de Senlis, d'Orléans, et avec les plus grands seigneurs. Il dut quelquefois quitter son monastère pour prêcher ; ainsi il prononça un sermon devant les Pères du concile de Toulouse. Il avait une telle autorité, qu'il n'hésitait pas à rappeler à ses supérieurs leurs devoirs ; mais son humilité lui fit refuser des dignités splendides. Toujours joyeux au dernier rang, qu'il affectionnait, content au milieu des macérations qu'il infligeait à sa chair, et ne vivant que pour Dieu seul, il se consuma peu à peu dans les travaux de la vie monastique, et enfin échangea l'exil pour la patrie, l'an 1237, le 3 février. Il composa des annales, et écrivit sur les vies des saints, les saintes Ecritures, les mœurs des moines et des rois, et même des homélies toutes pleines d'un parfum de piété qui rappelle saint Bernard. Ces divers écrits ne lui valurent pas une médiocre renommée parmi ses contemporains. Il ne fut pas moins célèbre pour sa sainteté, qui fut manifestée par beaucoup de miracles ; l'Ordre de Cîteaux le compte parmi ses Saints ; il fut surtout honoré au monastère de Froidmont. Cette abbaye fut fondée à deux lieues de Beauvais en 1134. Elle eut pour dernier abbé régulier Claude de Bèze, oncle de l'hérésiarque.

IVe JOUR DE FÉVRIER

MARTYROLOGE ROMAIN.

A Florence, saint ANDRÉ CORSINI, évêque de Fiésole, dont la naissance au ciel est marquée le 6 de janvier. 1373. — A Rome, saint Eutyche, martyr, qui finit sa vie par un glorieux combat, et fut enterré au cimetière de Calixte. Le pape saint Damase orna son tombeau d'une épitaphe en vers [1]. — A Fossombrone, les saints martyrs Aquilin, Gémine, Gélase, Magne et Donat [2]. — A Thmuis, en Egypte, le martyre de saint Philéas, évêque de cette ville, et de saint Philoromé, tribun militaire, qui, dans la persécution de Dioclétien, n'ayant pu être persuadés par leurs proches et par leurs amis, d'épargner leur vie, méritèrent en échange de leurs têtes offertes aux bourreaux les palmes du Seigneur; avec eux, une multitude innombrable de fidèles, de la même ville, suivant l'exemple de son pasteur, fut couronnée du martyre. Vers 308. — Le même jour, saint REMBERT, évêque de Brême. 888. — A Troyes, saint AVENTIN, confesseur. Vers 538. — A Péluse, en Egypte, saint ISIDORE, moine illustre par ses mérites et sa doctrine. Vers 449. — Le même jour, saint GILBERT, confesseur. 1190. — Dans la ville d'Amatrice, du diocèse de Riéti, les obsèques de saint JOSEPH DE LÉONISSA, de l'Ordre des Mineurs Capucins, à qui les Mahométans firent souffrir de cruelles tortures, parce qu'il prêchait la foi parmi eux; et qui, s'étant rendu célèbre par ses miracles et ses travaux apostoliques, a été mis au nombre des saints confesseurs par le souverain pontife Benoît XIV. 1612. — Au Maduré, le bienheureux JEAN, de la Compagnie de Jésus, martyr. 1693.

MARTYROLOGE DE FRANCE, REVU ET AUGMENTÉ.

En Vermandois, saint Lifard ou Liéphard, de Gonnelieu, anglais de nation, assassiné à son retour d'un pèlerinage à Rome où il avait accompagné le prince Cadruel. Son corps fut déposé dans la forêt d'Arouaise, en Artois. Dieu ayant excité par des miracles les habitants du voisinage à lui donner une sépulture convenable, il fut apporté à Trescault, de là à Honnecourt où il a été honoré, durant plusieurs siècles, et ensuite à Saint-Quentin, au monastère de Saint-Prix. Vers 640. — A Troyes, saint VINCENT, évêque, dont il est parlé dans la vie de saint Aventin, et qui fit bâtir une église en son honneur. — A Châteaudun, un autre saint AVENTIN, évêque de Chartres et confesseur. 528. — A Marseille, ordination de saint Théodore, évêque [3]. — A Lobes, saint Vulgis, abbé de ce lieu, et chorévêque, honoré à Bins, en Hainaut. VIIIe s. — A Saint-Cloud, près de Paris, saint Probace ou Probas et Probat, prêtre, dont le corps fut inhumé dans l'église de Saint-Cloud qui portait alors le nom de Saint-Martin de Nogent. — A Saint-Omer, au monastère de Saint-Bertin, saint Siméon, abbé. Ve s. — A Bourges, la bienheureuse JEANNE DE VALOIS, fondatrice de l'Ordre des Annonciades. — A Tours, la translation des reliques de saint Lidoire [4]. — A Winkel, saint RABAN-MAUR, abbé de Fulde, puis archevêque de Mayence, habile dans la science des saintes Ecritures, qui avait étudié à Tours sous Alcuin. 856. — A Saint-Bertin, le bienheureux Simon, originaire de Gand, l'un des auteurs du Cartulaire de Saint-Bertin. Il fut élu abbé d'Auchy; mais le Pape ayant cassé son élection, il se soumit avec docilité. 1148.

MARTYROLOGES DES ORDRES RELIGIEUX.

Martyrologe des Chanoines réguliers. — Chez ceux de Latran, au monastère de Sempingham, diocèse de Lincoln, en Angleterre, saint Gilbert, confesseur, soigneux observateur de la discipline canonique, et son courageux défenseur, qui émigra vers le Seigneur, tout brillant de l'éclat de son

1. Son corps fut transporté dans la basilique de Saint-Laurent.
2. Les Bollandistes ajoutent une autre Gémine, un autre Gélase et sainte Donata.
3. Voir au jour précédent. — 4. Voir sa vie au 13 septembre.

humilité et de ses autres vertus. 1190. — A Florence, saint André Corsini, etc., comme au martyrologe romain.

ADDITIONS FAITES D'APRÈS LES BOLLANDISTES ET AUTRES HAGIOGRAPHES.

A Rome et à Jérusalem, sainte Véronique, matrone juive, dont le voile reçut la célèbre effigie de Notre-Seigneur, qu'on vénère encore à Saint-Pierre de Rome. On croit que la Sainte apporta elle-même dans cette ville la précieuse image, et la donna au pape saint Clément. Elle passe aussi pour avoir guéri d'une grave maladie l'empereur Tibère, qui l'avait fait venir près de lui, et pour être venue en Gaule, à la suite de saint Martial, avec son époux, saint Amateur, dont la fête est le 20 août; elle-même est également fêtée le 4 ou le 15 février. Ier s.— A Milan, mémoire de saint Volusien, ami de Tibère, qui, envoyé par cet empereur à Jérusalem, en ramena sainte Véronique et le saint suaire avec lequel cette Sainte délivra le César d'une lèpre horrible [1]. Saint Volusien est encore aujourd'hui représenté dans des peintures modernes de la basilique de Saint-Pierre de Rome. — A Plaisance, saint Gélase, pieux enfant qui conversa avec les anges et mourut au commencement du Ve siècle. — Chez les Grecs, saint Théoctiste. — A Frénopolis, en Cilicie, saint Jean, évêque de ce lieu ; après 325. — A Arbèles, en Perse, saint Abraham, évêque de cette ville et martyr, tué dans la cruelle persécution de Sapor, l'an 348. — A Adna, en Cilicie, saint THÉOPHILE LE PÉNITENT, économe de l'église de ce lieu, célèbre par son pacte avec le démon et sa délivrance due à l'intercession de la Sainte Vierge. Sa pénitence fut aussi éclatante que sincère ; il mourut dans l'église même dédiée à sa libératrice et y fut enseveli, vers l'an 538. — En Grèce, saint Jasime, le thaumaturge. — En Ecosse, saint Modan; abbé de Dryburgh. Il prêcha la foi à Sterling et surtout à Falkirk. Il interrompait de temps en temps ses travaux apostoliques pour se retirer sur les montagnes de Dunbarton. Ses reliques étaient autrefois à Rosneith, dans une église de son nom. Il est encore premier patron de la grande église de Sterling : on l'honore d'une manière particulière à Dunbarton et à Falkirk. Commencement du VIIe s. — En Orient, saint Nicolas Studite, confesseur, archimandrite de l'Ordre des Acœmètes de Constantinople. 868. — A Ganna, dans le Milanais, saint Gemmule ou Gemble, martyr, un des Saints qui, comme saint Denis de Paris, est représenté portant sa tête entre ses mains. — A Brescia, saint Obice, confesseur [2]. Vers l'an 1200.

SAINT THÉOPHILE, PÉNITENT

VIe siècle.

> Commettre un grand péché, c'est la mort de l'âme ; mais désespérer, c'est déjà l'enfer.
> Saint Isidore de Séville, lib. 2 *de summo bono*, c. XIV, sent. 2.
>
> Ceux qui désespèrent de la miséricorde de Dieu se suffoquent intérieurement, pour ainsi dire, en sorte que le Saint-Esprit ne peut plus les visiter.
> Saint Augustin, *hom.* XXVII.

Nous l'avouons, ce sera avec plaisir que nous écrirons ici l'histoire de saint Théophile, pénitent, puisqu'elle fera parfaitement connaître au lecteur combien la sainte Vierge est miséricordieuse envers les pécheurs, et combien elle a de pouvoir pour les retirer des abîmes de l'enfer, où ils seraient précipités par leurs vices et par la violence des tentations.

1. Cf. *Origines chrétiennes de Bordeaux*, par M. l'abbé Cirot de la Ville, chanoine, professeur à la Faculté de théologie de Bordeaux. Cet ouvrage nous semble le dernier mot de l'érudition sacrée. — Nous avons donné hier le résumé du chapitre que l'auteur consacre à sainte Véronique et à saint Volusien.

2. Obice, laissé pour mort sur un champ de bataille pendant l'une de ces guerres si fréquentes au moyen âge entre les diverses villes de l'Italie, eut une vision pendant laquelle son esprit fut emporté dans les enfers : il vit les âmes y arriver en foule, aussi pressées et aussi nombreuses que les flocons de neige qui tombent sur la terre. Remis de ses blessures, Obice vécut et mourut en saint.

Il arriva, l'an 538, peu de temps avant l'irruption des Perses dans l'empire Romain, qu'un ecclésiastique nommé Théophile, exerçait l'office de trésorier ou d'économe, dans l'église de la ville d'Adna, en la province de Cilicie. Il s'acquittait si dignement et avec tant de fidélité de cette charge, que chacun, depuis les premiers dignitaires de l'Eglise jusqu'à la moindre veuve et le plus petit orphelin de la ville, se ressentait de ses bienfaits. L'évêque étant décédé, aussitôt le clergé et le peuple jetèrent les yeux sur lui pour l'élire en la place du défunt. La chose étant rapportée au métropolitain, il approuva fort ce choix, et commanda à Théophile d'acquiescer à son élection et de soumettre sa volonté et ses sentiments au bon plaisir de Dieu ; mais Théophile, qui n'avait que de très-bas sentiments de sa personne et se jugeait indigne d'une si éminente dignité, ne voulut point se charger d'un fardeau si pesant que celui de la conduite des âmes ; il se trouvait assez embarrassé par l'administration du bien temporel qui n'est que pour les corps. Quelque instance donc que pût faire le primat, jamais Théophile n'y put consentir, si bien que l'on fut contraint d'en élire un autre à cause de son refus.

Cependant, comme le monde est plein de médisants, et qu'il se trouve des Judas dans les plus saintes compagnies, quelques personnes envieuses décrièrent ce trésorier auprès du nouvel évêque, et lui en donnèrent de si mauvaises impressions, qu'il le destitua de son emploi, et le renvoya en sa maison pour ne vaquer plus qu'à ses affaires particulières, sans se mêler davantage de celles de l'Eglise. Voilà donc Théophile qui mène chez lui une vie privée ; mais comme il n'est rien de plus pernicieux à un homme d'esprit que l'oisiveté, le démon ne manqua pas de lui suggérer des sentiments de vengeance et le désir d'avoir raison des mauvaises langues qui l'avaient perdu. Pour ce sujet, il alla trouver un juif qui faisait profession de magie, et qui était connu pour tel en la ville. Ce juif le voyant, en fut extrêmement étonné, parce que chacun l'estimait comme un homme de bien ; mais ayant appris le sujet de sa venue, il lui donna heure de le venir retrouver la nuit suivante, l'assurant qu'il aurait toute satisfaction. Théophile n'y manqua pas, et le magicien le conduisit en une certaine place de la ville où tous les magiciens s'étaient assemblés, et où le démon faisait au milieu d'eux l'office d'un roi. Lorsqu'ils y furent arrivés, le démon se fit instruire de ce que demandait ce nouvel assistant. Ensuite, il lui commanda de renier Jésus-Christ et Marie sa mère, et lui promit que, s'il le faisait, il lui donnerait l'accomplissement de ses désirs. Ce malheureux, que la passion emportait, se prosterna aux pieds du démon, l'adora, et, renonçant à Jésus-Christ et à Marie, donna sa renonciation par écrit signée de son sang et scellée de son cachet.

Après cela, il s'en retourna avec son magicien, étant très-content de cette action, par laquelle il se croyait déjà au-dessus de ses ennemis. En effet, dès le jour suivant, l'évêque qui d'ailleurs reconnut la fausseté des rapports qu'on lui avait faits de son économe, le rétablit en son premier office, et déposa celui qu'il avait mis en sa place : ce qu'il fit en présence du clergé et du peuple avec tout l'honneur possible, jusqu'à lui demander pardon de ce qui s'était passé, et de ce qu'il avait si facilement ajouté foi à la médisance. Ainsi Théophile, se voyant d'autant plus honoré qu'on l'avait méprisé, et croyant que le bonheur lui venait de l'assistance du démon, en rendait mille actions de grâces à ce méchant juif magicien et partisan du démon. Cependant, Dieu, qui ne désire point la mort du pécheur, mais qu'il se convertisse et qu'il vive, ne voulut pas priver pour jamais Théophile des fruits de tant de bonnes œuvres et de tant de charités qu'il avait faites aux pauvres, et des services qu'il avait rendus à l'Église ; il lui donna donc un grand remords et un vif repentir de sa faute ; de sorte que rentrant en lui-même, il commença à s'affliger par des jeûnes, par des veilles et par d'autres pénitences, et à prier sans cesse la divine bonté de lui pardonner ce crime.

« Hélas ! » disait-il, « misérable que je suis, où irai-je pour trouver mon salut ? Malheureux ! qui me fera miséricorde ? Moi, qui ai renié, même par écrit, mon Seigneur Jésus-Christ et sa très-sainte Mère, et qui me suis fait l'esclave de Satan par ma propre signature, hélas ! me voilà perdu ; misérable, qui ai quitté la lumière éternelle pour me plonger dans les ténèbres. C'est moi-même qui suis la cause de ma ruine, et qui me suis procuré la mort. Où irai-je ? à quel asile aurai-je recours ? qui voudra me donner secours ? Ah ! âme misérable, quel malheur t'est-il arrivé ! » Comme il roulait ces pensées et d'autres semblables en lui-même, le Saint-Esprit lui en suggéra une qui lui fut très-avantageuse : c'était de recourir à la Mère de miséricorde, qui est le plus puissant asile des désolés et le port le plus assuré des pécheurs, et qui ne ferme jamais son sein charitable à personne, quelque criminel qu'il puisse être, quand il se jette entre les bras de sa bonté. Afin donc d'obtenir plus aisément sa faveur, ce pauvre pénitent se réfugia à la porte du temple de la très-sainte Vierge ; là, ayant persévéré quarante jours en des jeûnes, en des veilles et en des prières continuelles, et affligé son corps par tous les actes de pénitence qu'il se put imaginer, il eut enfin le bonheur de voir la sainte Mère de Dieu lui apparaître la nuit, en habits de Reine, mais avec une contenance pleine de majesté et un visage sévère.

D'abord elle lui fit ce reproche : « Pourquoi, malheureux, es-tu si effronté que de t'adresser à moi, après m'avoir reniée si lâchement en présence de mon ennemi ? Encore serait-ce peu de chose si tu n'avais offensé que ma personne, moi qui suis la Mère de miséricorde, et qui pardonne aisément mes propres injures ; mais je ne saurais souffrir que tu aies aussi renié mon cher Fils, qui est ton Dieu et ton Sauveur. Comment veux-tu qu'après cela je me présente à lui pour le prier en ta faveur ? » Théophile ne perdit point courage après un si sanglant reproche, et, se confessant indigne de toute grâce, il lui représenta un grand nombre de pécheurs qui avaient enfin, par leur pénitence, obtenu le pardon de leur faute, comme les Ninivites, Rahab, David, saint Pierre et saint Paul, et, depuis peu, saint Cyprien, premièrement magicien, et ensuite martyr de Jésus-Christ [1]; il suppliait son extrême bonté, avec un cœur véritablement contrit, de vouloir le mettre de ce nombre, en lui obtenant le pardon de son crime. La sainte Vierge, touchée de ses paroles, lui promit sa protection, s'il voulait confesser et reconnaître Jésus-Christ, qu'il avait renié avec tant d'impiété pour le Fils de Dieu et le Juge des vivants et des morts ; ce que Théophile fit d'un esprit parfaitement pénitent, le visage contre terre et fondant en larmes ; et la divine Marie, de son côté, ayant reçu cette satisfaction, lui promit son assistance et disparut, le laissant au pied de son image, dont il ne pouvait détourner les yeux, car c'était l'endroit d'où il attendait son salut.

La nuit suivante, cette Reine de miséricorde lui apparut une seconde fois, l'assurant que son Fils avait reçu ses larmes, ses pénitences et ses prières, et qu'il obtiendrait un jour le salut éternel, s'il conservait jusqu'à la fin la véritable foi dans son cœur. Théophile fut extrêmement consolé de cette assurance ; mais il était toujours fort en peine de cette promesse qu'il avait écrite et signée de son sang. C'est pourquoi il redoubla plus que jamais

1. Voir au 26 septembre.

ses prières et ses larmes auprès de sa bonne et puissante avocate, afin qu'elle le retirât des mains du démon.

En effet, au bout de trois jours elle lui apparut en songe et lui rapporta son billet, qu'il trouva à son réveil posé sur sa poitrine. Il se leva sur l'heure, et, comme c'était un jour de dimanche, il s'en alla à l'église ; et là, après l'Evangile, il se prosterna aux pieds de l'évêque, confessa publiquement son péché, lui fit le récit de tout ce qui s'était passé et des faveurs de la très-sainte Vierge, qui lui avait rendu son billet, et le supplia instamment de le vouloir faire lire tout haut sur le pupître, afin que chacun l'entendît. L'évêque prit de là sujet de faire une belle exhortation au peuple, sur l'incompréhensible miséricorde de Dieu, et sur la très-puissante intercession de Marie, qui est, disait-il, le véritable pont pour faire passer les hommes à Dieu, l'espérance des désespérés et l'asile assuré de ceux qui seraient perdus. Après l'exhortation, il commanda à Théophile de se lever et d'approcher de l'autel pour se réconcilier ; mais il refusa de le faire avant que son billet fût déchiré et brûlé, ce qui fut fait à l'heure même ; et aussitôt tout le peuple s'écria durant un long espace de temps : *Miséricorde, Seigneur ! Miséricorde !* Enfin, tous ces cris étant apaisés par le silence que l'évêque imposa à tous les assistants, il poursuivit le saint sacrifice de la messe, à la fin duquel il communia Théophile, et lui donna le corps et le sang de Jésus-Christ. La présence et la réception de son Dieu lui dilata le cœur et lui causa une si grande joie qu'elle parut jusque sur son visage, que l'on vit briller comme un soleil ; et les cantiques d'actions de grâces et de louanges recommencèrent dans toute l'assemblée.

Ensuite Théophile s'en retourna dans ce premier temple de Notre-Dame, où il avait reçu tant de faveurs du ciel. Mais, s'y étant quelque peu reposé, il tomba malade d'une fièvre qui le délivra en trois jours de cette vie de misères pour lui donner l'entrée de la bienheureuse, qui ne finira jamais. Son corps fut enterré en ce même lieu.

C'est ce qu'en écrit Métaphraste, de qui Surius a emprunté son récit.

Qui n'admirerait ici les merveilles de la divine Providence, et qui ne craindrait, voyant jusqu'en quel abîme peut tomber un homme accablé de tristesse et emporté par la tentation ? Mais qui ne bénirait à jamais la bonté de Dieu de nous avoir donné une très-puissante médiatrice en la sainte Vierge, Mère de miséricorde, et asile assuré de tous les pécheurs qui l'invoquent avec un désir sincère de se convertir !

Un vitrail de Laon le peint prosterné devant un autel de Marie et demandant pardon de son péché [1]. Le reste de la verrière donne l'ensemble de la légende.

Une verrière de Beauvais représente l'instant où Notre-Dame rapporte à Théophile contrit l'engagement que le diable lui avait fait signer [2].

La cathédrale de Paris a un tout petit tympan consacré à la reproduction de cette légende que le moyen âge a répétée avec affection comme témoignage du titre que l'Eglise donne à Marie, en l'appelant *Refuge des pécheurs*. On voit à la ligne inférieure le désespéré qui s'abouche avec un magicien, puis avec un démon. Près de là il se prosterne devant une image de Marie et obtient que le diable soit forcé de se dessaisir du billet signé par lui. Au sommet le pénitent fait l'aveu de son crime et prie l'évêque de lire devant tout le monde la cédule accusatrice [3].

1. Cf. *Mélanges d'archéologie*, par les Pères Martin et Cahier, t. III, p. 32.
2. Le Père Cahier a reproduit cette verrière dans ses *caractéristiques*, p. 59.
3. Le Père Cahier a reproduit ce tympan de la *porte rouge* d'après la *Revue archéologique de Paris*, année 1854, p. 622, pl. 249.

SAINT ANDRÉ CORSINI, RELIGIEUX,

ÉVÊQUE DE FIÉSOLE

1302-1373. — Papes : Boniface VIII; Grégoire XI. — Empereurs d'Allemagne : Albert Ier ; Charles IV.

Le meilleur remède contre les maladies, ce sont le recours à Dieu et l'usage des sacrements.

C'est ici un fruit de la grâce plutôt que de la nature, puisqu'il a été obtenu par la force de la prière. Son père s'appelait Nicolas, et sa mère Pélerine, l'un et l'autre de la noble et ancienne famille des Corsini, à Florence. Ils vécurent longtemps en leur mariage, sans ressentir les effets de la bénédiction divine ; ayant entendu un prédicateur rappeler ces paroles de l'Exode : « Ne mets aucun retard à offrir à Dieu les dîmes et les prémices », ils promirent à Dieu de lui consacrer le premier de leurs enfants, s'il leur en donnait. Ils firent ce vœu à l'insu l'un de l'autre dans l'église des Carmes, devant une image de la sainte Vierge que l'on appelait Notre-Dame du Peuple. De retour à la maison, ils se communiquèrent ce que chacun avait promis de son côté, et se mettant à genoux, ils renouvelèrent ensemble leur promesse. La Mère de Dieu, dont l'heureuse fécondité a procuré le salut au monde, exauça leurs vœux. Un enfant leur fut donné qu'ils nommèrent André, parce qu'il vint au monde le jour de saint André. Sa mère eut un songe la veille qu'elle l'enfanta ; il lui sembla qu'elle avait mis au monde un louveteau, qui, s'étant retiré dans l'église, s'était changé aussitôt en un agneau. Et comme elle ne comprit pas alors ce que voulait dire ce songe, elle en eut longtemps de la peine. Ses pieux parents prirent un grand soin de l'élever en la vertu, et de l'avancer dans les sciences, comme un enfant déjà consacré au service de la Vierge. Mais il ne répondit guère à leurs désirs ; car, laissant le chemin de la piété, il se jeta dans le libertinage. Il excitait à tout moment des querelles, perdait le respect envers son père et sa mère, se moquait de ce qu'ils lui disaient, passait tout son temps au jeu, aux académies, à la chasse ; en un mot, il ne pensait qu'à se donner du plaisir, sans se mettre en peine de son salut : de sorte qu'il fit voir, par de tristes effets, la faiblesse de la nature, et combien elle est portée au mal, quand elle n'est pas puissamment retenue par la crainte de Dieu.

Cependant, un jour qu'il semblait être au dernier degré de ses débauches, ayant traité sa mère d'une manière outrageante, cette femme lui découvrit le songe qu'elle avait eu à son sujet : « Tu es assurément », lui dit-elle, « ce loup dont j'ai songé avant que de t'enfanter ». André, étonné de ces paroles, comme un homme qui se réveille d'un profond sommeil, supplia sa mère de lui dire de quel loup et de quel songe elle lui voulait parler. Alors, elle lui raconta le vœu que son père et elle avaient fait de consacrer leur premier-né au service de Dieu et de sa très-sainte Mère ; comment, lorsqu'elle le portait dans son sein, elle avait songé qu'elle mettrait au monde un loup, qui était entré dans l'église où il avait changé aussitôt de forme, et était devenu un agneau ; elle ajouta qu'elle reconnaissait maintenant par ses œuvres qu'il était ce loup, mais qu'elle espérait le voir, avec le temps, plus doux qu'un agneau, puisqu'il était né, non pas pour servir les hommes, mais pour être consacré au service de la divine Marie. Ces paroles de Pélerine eurent tant d'efficacité sur André, qu'il se repentit et lui demanda pardon ; toute la nuit il pensa à la sainte Vierge.

Le lendemain il entra de bonne heure dans l'église des Carmes, et, prosterné devant l'image de Notre-Dame du Peuple, il faisait cette prière : « Glorieuse vierge Marie, voici le loup dévorant et plein d'iniquités qui vous adresse ses humbles prières : comme vous avez enfanté l'agneau sans tache dont le sang nous a rachetés et purifiés, faites qu'il me purifie de telle sorte et change tellement ma cruelle nature de loup, que je devienne un agneau docile, pour lui être immolé et vous servir dans votre très-saint Ordre ». Il persévéra dans cette prière jusqu'à la neuvième heure, le visage baigné de larmes. Alors il se leva et alla prier le supérieur du monastère, qui était le provincial des Carmes en Toscane, de le recevoir parmi eux. Le provincial répondit : « Dites-moi, mon fils, d'où vient cette volonté, puisque vous êtes de race noble et que rien ne vous manque ? » André lui dit : « C'est l'œuvre du Seigneur et de mes parents, qui ont fait vœu de me consacrer pour toujours en ce lieu à l'honneur de la sainte Vierge ». — « Attendez quelques moments », répondit le provincial, « dans peu je vous donnerai une réponse ». Aussitôt il avertit ses parents et assembla ses religieux. Le père et la mère d'André, qui ne savaient ce qu'il était devenu, eurent une grande joie de cette nouvelle ; ils accoururent à l'église, où la mère s'écria : « Voilà mon fils qui, de loup, est devenu agneau ». André Corsini reçut donc l'habit de Carme l'an 1318, avec la bénédiction de son père et de sa mère.

Pour éprouver la constance du jeune novice, on lui enjoignait les offices les plus bas, comme de balayer la maison, de garder la porte, de servir à table, de laver les écuelles à la cuisine. André regardait tout cela comme une gloire. Il vaquait surtout au silence et à l'oraison. Tourné en dérision par plusieurs de ses proches et par ses compagnons de plaisir, il le supportait avec patience et sans rien dire. Un jour que, pendant le dîner de ses frères, André gardait la porte, quelqu'un vint y frapper avec grande instance. André, regardant par la petite fenêtre, vit un personnage bien vêtu, accompagné de plusieurs domestiques, qui lui dit d'une voix impérieuse : « Ouvre bien vite, car je suis de tes parents, et je n'entends pas que tu restes avec ces gueux ; et c'est aussi la volonté de ton père et de ta mère, qui t'ont promis pour époux à une fille très-belle ». André lui répondit : « Je n'entends pas ouvrir, parce qu'il m'a été ordonné par l'obéissance de n'ouvrir à personne sans permission : je ne crois pas que vous soyez de mes parents, car je ne vous ai jamais vu ; et si je sers ici ces humbles frères, Jésus-Christ lui-même s'est fait homme pour nous servir ; je ne crois pas non plus que ce soit la volonté de mon père et de ma mère que je sorte d'ici, car ce sont eux qui m'y ont voué à Dieu, à la Vierge, service dont je me réjouis souverainement ; je crois au contraire que vous êtes des parents du diable ». L'autre reprit : « Je te prie, André, ouvre-moi un moment, pour que je cause avec toi de certaines choses, car le prieur ne le verra point ». André répliqua : « Et quand le prieur ne le verrait pas, il y a Dieu au-dessus de lui, qui scrute les cœurs et de qui personne ne peut se cacher. C'est pour l'amour de lui que je garde la porte, afin qu'il me garde lui-même et me soit en aide ». En parlant ainsi, André se munit du signe de la croix. Aussitôt le tentateur, qui n'était autre que le malin esprit, disparut comme un éclair fétide. André rendit grâces à Dieu de cette victoire : il en devint plus fort et plus parfait.

Ayant fait profession après un an, avec la bénédiction de tous les religieux et de ses parents, il redoubla de ferveur dans la pratique des vertus, particulièrement de l'humilité. Sa joie était de servir les pauvres et les malades, se souvenant de cette parole du Seigneur : « Ce que vous avez fait au moindre des miens, c'est à moi que vous l'avez fait ». Jamais il ne manquait aux heures saintes : nuit et jour, il était le premier au chœur ; jamais il ne résistait au commandement des supérieurs ; plus on lui commandait, plus il en avait de joie. Pour ne pas perdre un moment, il était assidu à l'étude des lettres sacrées. Un jour il demanda au provincial, comme une très-grande grâce, d'aller à la croix tous les vendredis. Ce jour-là il prenait la discipline jusqu'au sang, et puis, un panier pendu au cou, il allait dans la grande rue, au milieu des nobles et de ses proches, mendier du pain et des aumônes. Ses proches, persuadés que cela se faisait pour leur faire honte, en étaient indignés, et recommandaient à tout le monde de se moquer de lui et de lui dire des injures. Lui, au contraire, s'en allait tout joyeux, disant en lui-même : Mon Seigneur Jésus-Christ, étant injurié, n'injuriait point ; étant accablé de souffrances, il ne s'en irritait point. André fuyait la société des femmes et les paroles légères. Sa récréation était le jardin et la solitude de sa chambre ; son paradis était l'église, l'arbre de vie le crucifix, la terre sainte la vierge Marie. Il était d'une abstinence et d'une austérité extraordinaires ; outre les jeûnes de l'Eglise et de l'Ordre, il jeûnait au pain et à l'eau les lundis, les mercredis, les vendredis et les samedis pour l'amour de la Mère de Dieu. Il domptait sa chair par un très-rude cilice, avec lequel il dormait toujours sur la paille.

Unissant l'étude des belles-lettres à celle de la vertu, il devint aussi bon prédicateur qu'excellent religieux et se montra aussi puissant en œuvres qu'en paroles.

Un de ses proches était tourmenté d'un mal de jambe qui lui rongeait les chairs. Pour faire diversion à ses douleurs, il se livrait au jeu, et sa maison était un rendez-vous de joueurs. Un jour de vendredi, comme André était sorti pour demander l'aumône, il alla le trouver et lui dit : « Mon oncle Jean, voulez-vous être guéri ? » Jean lui répondit : « Va-t-en, mendiant, tu penses te moquer de moi ». André lui repartit : « Ne vous troublez pas, mon oncle ; mais si vous voulez guérir, acquiescez à mes conseils ». Jean, revenu à des sentiments plus humbles, dit alors : « Je ferai tout ce que tu voudras, pourvu que cela soit possible ». André dit : « Si vous voulez être guéri, je veux que pendant sept jours vous vous absteniez de jouer, que vous en jeûniez six, et que pendant sept vous disiez sept *Pater* et sept *Ave*, avec le *Salve Regina*, et je promets que la glorieuse Vierge obtiendra de son Fils votre guérison ». Quoique Jean fût un homme indévot, toutefois, entendant cet agneau et voyant sa simplicité, il prit sur lui de promettre de faire tout cela, et il le fit en effet, quittant le jeu, priant et jeûnant. Le septième jour, qui était le samedi, André alla lui demander comment il se portait. Jean répondit : « Vous êtes vraiment un ami de Dieu, je n'ai plus mal ; je puis marcher comme un jeune homme, tandis que précédemment j'étais toujours couché ». André lui dit : « Allons au couvent », et ils vinrent devant l'image de la sainte Vierge, et y prièrent ensemble à genoux. Après la prière, André dit : « Mon oncle, déliez maintenant votre jambe, car elle est entièrement guérie ». En effet, au lieu d'être rongée jusqu'aux os, les chairs étaient comme celles d'un jeune enfant. Jean devint dès lors tout à fait pieux et dévot, ne cessant de rendre grâces à Dieu et à la sainte Vierge.

André fut ordonné prêtre l'an 1328. Ses parents avaient déjà tout arrangé pour la célébration de sa première messe, qu'ils avaient dessein de rendre très-auguste ; mais l'humble religieux déconcerta tous leurs projets. Il se retira dans un petit couvent à sept milles de Florence, où, sans être connu de personne, il offrit à Dieu les prémices de son sacerdoce, avec un recueillement et une dévotion extraordinaires. Aussitôt après la communion, la sainte Vierge lui apparut, disant : « Tu es mon serviteur, je t'ai choisi, et je serai glorifiée en toi ». André n'en devint que plus humble.

A quelque temps de là, les supérieurs l'envoyèrent à Paris, où il acheva le cours de ses études, puis il retourna en Italie ; en passant par Avignon, il y trouva Pierre Corsini, évêque de Volaterra, son parent, qui depuis fut fait cardinal par le pape Urbain V. Il s'y arrêta quelques jours avec lui et rendit la vue à un aveugle qui demandait l'aumône à la porte d'une église. Etant de retour à Florence, il guérit un religieux de son Ordre qui était malade d'hydropisie. Par ces miracles la sainteté du P. André fut peu à peu manifestée ; mais Dieu la rendit encore plus éclatante par le don de prophétie ; car, ayant été prié par un de ses amis d'être parrain de son fils, comme il tenait l'enfant entre ses bras pendant la cérémonie, il se mit à pleurer : le père de l'enfant lui en demanda la cause, et le Saint répondit, après en avoir été fort pressé : « Je pleure de ce que cet enfant est né pour sa perte et pour la ruine de sa maison ». Et cela arriva en effet, parce que ce malheureux conjura contre sa patrie et fut exécuté par les mains d'un bourreau, et tous ceux de sa race privés avec infamie des offices et dignités de la ville. Après son voyage, il fut élu prieur du couvent de Florence. Il s'acquitta si bien de cette charge, à la satisfaction de tout le monde, qu'on le jugea digne d'en posséder de plus considérables ; l'occasion s'en présenta, quoique longtemps après, de la manière suivante :

La ville de Fiésole, à une lieue de Florence, pour lors très-belle et très-riche, mais présentement ruinée, ayant perdu son évêque, le clergé élut en sa place, d'un commun consentement, le P. André. Ce choix étant venu à sa connaissance, il s'enfuit si secrètement en la Chartreuse de Florence, que les chanoines, désespérant de le trouver, commençaient à penser à l'élection d'un autre. Mais la Providence divine avait déjà choisi celui que les hommes avaient nommé et qui se cachait de peur d'être évêque : lorsqu'on était sur le point de recueillir les voix pour en élire un autre, un enfant de trois ans environ, entrant dans l'assemblée malgré les électeurs, dit tout haut : « Dieu a choisi André pour prélat ; il est en oraison à la Chartreuse, vous l'y trouverez ». Cet oracle les empêcha de passer outre. En même temps, un jeune enfant, vêtu de blanc, apparut au Saint tandis qu'il faisait ses prières, et lui dit ces paroles : « Ne crains pas, André, parce que je serai ton gardien, et Marie sera en toutes choses ton aide et ta protectrice ». Le Saint se mit en chemin pour aller où Dieu l'appelait, et, rencontrant ceux qui le venaient chercher, il s'en alla avec eux à l'église, au grand contentement de tout le peuple.

L'épiscopat ne lui fit point diminuer ses mortifications ; au contraire, il déclara une nouvelle guerre à son corps et augmenta ses austérités ; car, non content de porter toujours la haire sur le dos, il prit encore une ceinture de fer, et chaque jour, après avoir récité les sept *Psaumes de la pénitence*, il se disciplinait jusqu'au sang en disant les litanies. Son lit était fait de sarments de vigne. Il était si économe de son temps, qu'il ne donnait pas un moment de la journée à la récréation, pour ne pas le dérober aux actions plus importantes et plus sérieuses. Il ne parlait aux femmes que le moins qu'il pouvait, et ne prêtait jamais l'oreille aux flatteurs. Il avait eu toute sa vie le cœur fort tendre et fort facile à être touché de compassion pour les misères d'autrui ; c'est pourquoi il fit faire la liste des pauvres, et particulièrement des honteux, afin de les secourir tous secrètement. Dieu lui fit connaître qu'il agréait sa charité et ses aumônes, parce que, durant la famine, ayant un jour donné aux pauvres tout le pain qui était dans son logis, comme il survenait d'heure à autre de nouveaux demandeurs, il fut miraculeusement pourvu d'une grande quantité de pain pour distribuer à ces affamés. A l'imitation de Notre-Seigneur, qui est le souverain Maître de l'humilité, il lavait les pieds aux pauvres le jeudi de chaque semaine, à quoi il prenait un plaisir extraordinaire. Un jour il se présenta un pauvre avec les jambes pleines d'ulcères ; il ne voulait pas permettre que le Saint les lui touchât ; mais André l'emporta enfin malgré sa résistance, et, à peine eût-il achevé de les essuyer, que le pauvre se trouva entièrement guéri.

S'il avait tant de soin de traiter les corps, il ne faut pas douter qu'il n'en eût encore davantage de repaître et de sustenter les âmes : c'est en cela que sa charité pouvait être appelée victorieuse et triomphante ; car elle lui donnait des inventions pour renouer les amitiés et pour apaiser toutes sortes de dissensions. Aussi le pape Urbain V jeta les yeux sur lui pour l'envoyer comme nonce à Bologne, qui était pleine de factions. André apaisa fort heureusement les esprits, ralliant la noblesse avec le peuple par un nœud de paix et de charité mutuelle, et leur procurant par ce moyen le bonheur de la tranquillité publique ; ce qui remplit de joie toute cette célèbre ville. Outre le soin qu'il avait de pourvoir aux besoins des âmes et des corps de ses ouailles, comme étant les temples spirituels de Jésus-Christ, il travailla aussi à réparer les temples matériels, et fit rebâtir son église cathédrale qui menaçait ruine. Enfin, ayant atteint l'âge de soixante et onze ans, comme il célébrait la grand'messe la nuit de Noël, la très-sainte Vierge lui apparut et l'avertit que, le jour des Rois, il sortirait de ce monde pour entrer dans la céleste Jérusalem, afin d'y voir face à face cet adorable Maître qu'il avait servi avec tant de fidélité. Ces nouvelles si agréables ayant épanoui admirablement son cœur, il célébra les deux autres messes de cette sainte fête avec tant d'allégresse intérieure, qu'elle rejaillit sur son visage : il ne paraissait pas moins vermeil que celui d'un homme en pleine santé, quoique ordinairement il fût fort pâle et livide, à cause de ses austérités. Dès le lendemain, la fièvre le prit ; ce qu'il fit savoir à un de ses amis, appelé Gui, chanoine de son église, l'assurant qu'il irait bientôt en la maison de Dieu. Il mit le meilleur ordre qu'il lui fut possible aux affaires de son évêché, et, le jour de l'Epiphanie, s'étant fait apporter le Psautier, il récita avec les assistants les trois symboles : celui des Apôtres, celui de Nicée et celui qu'on nomme de saint Athanase ; ensuite, quoique le soleil ne fût pas encore levé, il fit aussi clair dans sa chambre que s'il eût été midi. Enfin le Saint, disant dévotement ce verset du cantique de saint Siméon : « C'est maintenant, Seigneur, que vous laissez aller votre serviteur en paix selon votre parole », rendit paisiblement sa bienheureuse âme le 6 janvier, l'an 1373, étant âgé de soixante-douze ans, le treizième de son épiscopat.

Depuis son décès, Dieu a souvent manifesté la gloire de son âme, soit par des miracles faits à son sépulcre, soit par des victoires que les Florentins ont obtenues par son intercession. Par suite de ces merveilles, le Saint-Siége avait été plusieurs fois supplié de vouloir procéder à sa canonisation, de sorte qu'il passait déjà pour Saint, dès le temps d'Eugène IV, qui permit qu'on en célébrât une fête solennelle, dans l'église du Mont-Carmel, à Florence, et dans tout le diocèse de Fiésole ; mais enfin, après plusieurs poursuites, le pape Urbain VIII fit le décret solennel de sa canonisation, l'an 1629, le 22 avril. Sa fête a été transférée au 4 février. — Le pape Clément XII, qui était de la même famille, et le marquis de Corsini, son neveu, ont orné magnifiquement la chapelle où l'on garde le corps de notre Saint, dans un beau tombeau de marbre blanc. Cette chapelle est dans l'église des Carmes de Florence. Le même Pape fit encore bâtir à Saint-Jean de Latran une chapelle magnifique et digne de la première église du monde qu'il dédia sous l'invocation de saint André Corsini et où il voulut être enterré. L'église de Saint-Jean de Latran est l'église paroissiale du pape, et par conséquent la cathédrale de la chrétienté.

1° On le représente souvent tenant sa crosse ; près de lui sont couchés à terre le loup et l'agneau aperçus par sa mère en songe ; 2° Il dit la messe, et la sainte Vierge lui apparaît pour lui annoncer que Jésus-Christ l'attend au ciel le jour de l'Epiphanie ; 3° Il paraît au-dessus d'un champ de bataille porté soit par les nuages, soit par un blanc palefroi. Cette manière rappelle son intervention miraculeuse dans un combat victorieux livré par les Florentins aux habitants de Picininno. — Etienne de la Belle a donné sa canonisation dans une suite de vingt et une planches [1].

Sa vie se trouve élégamment écrite au premier tome de Surius, qui l'a tirée d'un manuscrit de l'abbaye de Rougeval ; c'est de là, et d'un autre manuscrit de la bibliothèque du Vatican publié par le R. P. Dominique de Jésus Maria, des Carmes déchaussés, que nous avons tiré le peu que nous venons d'en dire. Bollandus rapporte l'un et l'autre au 13 janvier.

SAINTE JEANNE DE VALOIS, VEUVE

1505. — Pape : Jules II. — Roi de France : Louis XII.

> *Filia Francorum regis, soror, unaque conjux,*
> *Et non pulsa toro, Joanna ego mater eram.*
> Je suis Jeanne, fille, sœur, épouse des rois de France. Je ne suis jamais montée dans le lit nuptial, et cependant je devais être mère !!!
> Légende du testament de la *bonne duchesse*.

Cette bienheureuse princesse naquit dans la pourpre et au milieu des lis, l'an 1464. Fille de Louis XI [2], roi de France, sœur de Charles VIII, épouse du duc d'Orléans, qui monta lui-même sur le trône, Jeanne paraît n'avoir été élevée si haut que pour mieux sentir le poids de l'infortune ; mais Dieu proportionna ses consolations et ses secours aux souffrances de la royale victime. Il pansa lui-même les blessures de son âme, et lui donna cette merveilleuse fécondité qui enrichit l'Eglise d'un nouvel Ordre religieux.

Jeanne reçut de sa mère, Charlotte de Savoie, les premières leçons de la sagesse chrétienne. Répondant à la tendre sollicitude dont elle était l'objet,

1. Voir à la Bibliothèque mazarine, n° 4778 (38), f° 64, et au Cabinet des Estampes de Paris, t. Ier, f° 147-148.

2. Sainte Jeanne appartient à la Touraine par son enfance qui s'écoula presque entièrement au château d'Amboise, et au Berry par sa mort.

bientôt elle montra cette sainte précocité de la vertu qui est le résultat d'une bonne éducation, autant que d'une nature portée au bien. A cinq ans, elle priait sa gouvernante de la conduire à l'église, et déjà, par ses discours et ses exemples, elle édifiait Charles son frère, et Anne sa sœur, avec lesquels elle fut élevée au château d'Amboise.

Charlotte de Savoie bénissait le Seigneur d'avoir mis dans le cœur de sa fille de si heureuses dispositions; mais il n'en était pas ainsi de Louis XI : il s'opposa souvent aux pieux exercices de Jeanne, et la menaça même de sévères châtiments, si elle continuait à les pratiquer. Ce père imprudent formait ainsi de ses propres mains le premier anneau de cette chaîne de douleurs, qui allait composer toute la vie de cette vertueuse princesse. A un âge si tendre, et dans un si grand péril, Jeanne ne pouvait espérer sur la terre un appui proportionné à sa faiblesse : aussi chercha-t-elle ailleurs une main pour la défendre, une lumière pour diriger ses pas. Se jetant un jour dans les bras de Marie avec un amour et une confiance sans bornes : « O ma mère, lui dit-elle, enseignez-moi vous-même ce qu'il faut que je fasse pour vous plaire davantage ». Celle que l'on n'invoque jamais en vain daigna lui répondre en ces termes : « Mon enfant, sèche tes pleurs, un jour tu fuiras ce monde dont tu crains les dangers, et tu donneras naissance à un Ordre de saintes religieuses occupées à chanter les louanges de Dieu, et fidèles à marcher sur mes traces ».

Après cette faveur, que tous les écrivains de la vie de notre Sainte se plaisent à raconter, la jeune princesse parut ne goûter de bonheur que dans la solitude. Elle ne quittait ses appartements que pour aller adorer Jésus-Christ dans son sanctuaire. Par des sacrifices volontaires, elle travaillait à se rendre digne de correspondre aux desseins de Dieu sur elle, et acquérait la force de résister aux coups de l'adversité. Elle entretenait un saint commerce avec les personnes consacrées à Dieu; leurs exemples, leurs conseils et leurs prières l'affermissaient dans ses généreuses résolutions. C'est ainsi qu'elle conférait souvent avec saint François de Paule que son père avait appelé du fond de l'Italie à sa cour. Elle dut quelquefois, par obéissance aux ordres du roi, assister aux fêtes de la cour; mais elle y porta toujours une si grande modestie, elle veilla si bien sur tous les mouvements de son cœur, et fut si efficacement protégée par la Reine des Vierges, qu'elle eut le bonheur d'échapper à tous les dangers.

Dépourvue des agréments extérieurs que tout le monde recherche, Jeanne avait reçu, en échange, des biens mille fois plus précieux : elle était douée d'un caractère noble et vraiment royal; elle possédait un cœur compatissant, et une force d'âme qui lui permettait de souffrir les plus grands maux, sans proférer une plainte; elle ne redoutait qu'une chose : encourir, par le péché, la disgrâce du divin Maître. Ce malheur est, en effet, le seul que les chrétiens doivent redouter, car il est le seul qui soit irréparable.

Jeanne se disposait à quitter la cour, et à entrer dans un monastère pour consacrer à Dieu sa virginité, lorsqu'un ordre du roi, aussi affligeant qu'inattendu, vint l'empêcher de consommer son sacrifice. Louis XI, consultant les intérêts d'une politique égoïste plutôt que les inclinations de sa fille, avait résolu de l'unir au duc d'Orléans, premier prince du sang. Dans cette extrémité, Jeanne ne perdit pas courage : elle se prosterna aux pieds de son crucifix, et versant des larmes, elle supplia le Sauveur de lui accorder l'accomplissement de ses désirs. Sa prière ne fut pas vaine : le duc d'Orléans, qui ne l'épousait que par force, protesta contre la violence qui lui était faite; et loin de porter atteinte à la pureté de la princesse, il ne s'étudia qu'à lui donner des marques de son indifférence, et même de son mépris et de sa haine.

Détournée de sa sainte vocation, mariée par ordre d'un père qui ne l'aimait pas, au duc d'Orléans, dont l'aversion pour elle était manifeste, Jeanne n'opposa aux injustices et aux mauvais traitements dont elle était l'objet, que la bonté, la douceur et le pardon. Ce fut aux sollicitations de cette princesse auprès de Charles VIII, que le duc d'Orléans, coupable d'avoir pris les armes contre l'Etat, dut sa grâce, et put sortir de la prison où il gémissait depuis trois ans; mais cet époux ingrat ne fut pas plus tôt monté sur le trône, après la mort de Charles VIII, qu'il fit annuler son mariage avec sa libératrice. Louis XII jura qu'il avait été contraint de se marier avec Jeanne, et qu'il n'avait jamais habité avec elle. Là-dessus, le Pape rompit le mariage.

La Sainte accepta comme un bienfait la rupture des liens qui l'attachaient au roi : « Béni soit », dit-elle, « le Seigneur qui a permis cette séparation, pour m'aider à le mieux servir que je ne l'ai fait jusqu'ici ! » Puis, elle se retira dans la ville de Bourges que le roi lui avait donnée pour apanage avec plusieurs autres domaines, et une pension de douze mille écus.

A la nouvelle de la répudiation de la reine Jeanne, un mécontentement général éclata dans Paris et dans tout le royaume. Pour elle, échappée aux filets d'un monde dont elle détestait les plaisirs et les maximes, elle se réjouissait d'une disgrâce qui lui permettait de se livrer aux nobles inspirations de son cœur. Ses adieux à son époux furent touchants : ils n'exprimaient ni reproche, ni regret, mais une vive reconnaissance et une tendre sollicitude pour son bonheur. « Je vous dois de la gratitude », lui dit-elle, « comme à un libérateur, puisque vous m'avez retirée de la dure servitude du siècle. Pardonnez-moi les torts que j'ai pu avoir envers vous. Je veux les expier en consacrant ma vie à prier pour vous et pour la France ».

Jeanne fut accueillie par les habitants de Bourges, comme une bienfaisante protectrice que le ciel leur envoyait pour les édifier, les consoler et les soulager dans leurs peines. Elle passa paisiblement dans cette ville le reste de ses jours en des œuvres de dévotion et de piété, et édifia toute la France par la sainteté de sa vie. Elle macérait son corps tendre et délicat par des haires et des cilices. Elle ne mangeait que des mets les plus vils et les plus grossiers; et pour les jours maigres, elle s'abstenait entièrement de beurre et d'œufs, et de toute autre chose qui provient de chair. Sa piété et sa compassion étaient admirables envers les pauvres, et principalement envers les malades, qu'elle faisait soigneusement assister par ses médecins; elle leur appliquait même de ses mains royales des remèdes, d'où suivaient souvent des guérisons miraculeuses.

Nous avons déjà parlé de ses conférences avec saint François de Paule. Tant qu'elle demeura à la cour, elle se servit des conseils de ce saint homme pour la conduite de sa conscience, comme le roi son père le lui avait expressément recommandé à l'article de la mort; mais ne le pouvant plus faire de vive voix, parce qu'elle en était éloignée, elle continua de le faire par lettres. Elle le consulta particulièrement touchant le dessein, qu'elle lui avait autrefois communiqué, d'établir une nouvelle congrégation de filles en l'honneur de l'Annonciation de la sainte Vierge Marie, ainsi que cette même Mère de Dieu le lui avait révélé. Quand elle fut bien confirmée par les résolutions du saint homme, elle fit connaître son dessein au Père Gilbert Nicolaï, d'autres l'appellent Gilbert Nicolas, de l'Ordre de Saint-François d'Assise, son confesseur, qui, par un bref du pape Alexandre VI, fut, depuis, nommé Gabriel-Marie, à cause de sa grande dévotion au mystère de l'Annonciation[1]. Ce saint personnage, qui ne fut pas d'abord de cet avis, représenta à son Altesse royale qu'elle ferait mieux de suivre l'exemple de la feue reine Charlotte de Savoie, sa mère, qui avait établi les filles de Sainte-Claire au monastère de l'Ave Maria, dans Paris. La vertueuse princesse lui fit une réponse pleine de courage et de confiance en Dieu : « Si c'est », dit-elle, « la volonté de Jésus-Christ et de la Vierge Marie, ils m'assisteront assurément dans toutes les oppositions et toutes les difficultés qui s'y pourront rencontrer ».

Deux ans s'écoulèrent en ces retardements; mais à la fin de ce temps, la sainte duchesse, étant tombée en une maladie très-grave et très-opiniâtre, avertit son confesseur que la seule opposition qu'il mettait à son religieux dessein en était la cause. En effet, ce Père s'étant rendu à la volonté de la Sainte, aux avis qu'elle avait reçus du ciel, elle commença à se mieux porter, et à reprendre peu à peu ses premières forces, et recouvra enfin une parfaite santé. Elle commença donc son établissement, et nomma ce même confesseur premier Père gardien sur toutes les filles qui embrasseraient cette nouvelle congrégation; et elle lui donna la commission de choisir celles qu'il jugerait les plus propres pour y servir Jésus et Marie, sa très-sainte Mère.

Il y en eut un grand nombre qui s'estimèrent très-heureuses de pouvoir apprendre la piété sous la conduite d'une si sage princesse ; mais avant de les recevoir, elle voulut faire dresser la règle qu'elles devaient observer, sous le titre glorieux *des dix plaisirs* ou *des dix vertus de la Vierge*. Dès qu'elle fut faite, elle l'envoya à Rome par le Père Guillaume Morin, insigne prédicateur du même Ordre de Saint-François, pour supplier Sa Sainteté de l'approuver; mais il s'y rencontra tant de difficultés, que ce religieux, jugeant l'affaire impossible, revint en France et n'apporta qu'un refus à la Duchesse. Elle ne perdit pas néanmoins courage ; sachant que les affaires qui regardent l'honneur de Dieu et de sa sainte Mère ne s'établissent ordinairement que par la patience et par la force des prières, elle redoubla les siennes avec toute la ferveur possible. Et, pour les rendre plus puissantes auprès de Dieu, elle y joignit celles de toutes les bonnes âmes qu'elle connaissait en France. Ensuite elle envoya son confesseur à Rome ; mais il ne trouva pas plus de facilité pour l'affaire de la Duchesse, qu'avait fait le Père Morin : au contraire, tout semblait s'opposer à ses desseins, jusqu'à ce que le cardinal Jean-Baptiste Ferrier, évêque de Modène, personnage d'un très-grand savoir et d'une insigne piété, qui était de grande autorité à la cour de Rome, fort chéri et honoré du pape Alexandre, dont il était aumônier, envoya quérir ce religieux, pour lui dire qu'il voulait prendre sa cause en main, et qu'il avait eu sur ce sujet une vision du martyr saint Laurent et de saint François, qui lui commandaient de poursuivre la confirmation de cette sainte règle. En effet, le Pape, apprenant cette vision, et d'ailleurs étant extrêmement édifié de la constante résolution du Père Gabriel et de la piété d'une si grande princesse de la maison de France, fille et sœur de rois, approuva enfin et confirma la règle, le 15 février 1501[2].

Pendant ce voyage de Rome, la Duchesse ne perdit point de temps ; elle obtint du roi la permission de faire bâtir, en telle ville de son royaume

1. Le P. Gilbert Nicolas, cordelier, plus connu sous le nom de *Gabriel Marie*, mourut en odeur de sainteté, le 27 août 1532, dans le couvent des Annonciades de Rodez, l'un des plus anciens de l'Ordre.

2. Les religieuses de cet Ordre, connues sous le nom d'*Annonciades*, portent un habit propre à leur rappeler l'esprit de leur état. Il se compose d'une robe grise, d'un scapulaire d'écarlate, d'une simarre bleue et d'un manteau blanc. Ces vêtements figuraient la pénitence, la passion de Jésus-Christ, le ciel auquel elles devaient penser sans cesse et la virginité dont elles avaient fait vœu. La supérieure s'appelait par humilité *Ancelle*, c'est-à-dire servante.

qu'elle voudrait, des maisons èt des monastères de l'Ordre qu'elle désirait établir, et d'y fonder des églises. Et, de plus, elle travailla à la réforme d'un couvent de religieuses de l'Ordre de Saint-Benoît, qui ne vivaient pas selon l'esprit et l'institution de ce grand Patriarche; elle en vint à bout par sa grande prudence et par la fermeté de son zèle, toujours soutenu de la grâce de Dieu.

On ne saurait exprimer la joie que reçut la sainte Princesse quand elle apprit que le souverain Pontife avait approuvé sa règle, et accordé plusieurs beaux priviléges, grâces et indulgences à l'Ordre qu'elle voulait fonder. Elle en fit rendre grâces à Dieu, non-seulement par ses filles, mais aussi par les âmes dévotes de Bourges et par tous les monastères de cette même ville. Elle reçut la règle avec une incroyable allégresse; et, pour le faire avec une espèce de solennité, elle se fit accompagner de ses dames et de ses demoiselles, et de toutes les filles qui désiraient prendre le voile. Il n'y en eut qu'une qui ne put se trouver à cette cérémonie, parce qu'elle était au lit, malade d'une grosse fièvre; mais on ne lui eut pas plus tôt posé le livre de la règle sur la tête, que, la fièvre cessant à l'heure même, elle se trouva parfaitement guérie : ce qui servit d'une évidente preuve que cette règle était sainte et inspirée de Dieu.

Après cela, elle ne pensa plus qu'à trouver un lieu propre pour y bâtir un couvent. Elle fit acquisition d'un terrain appartenant aux chanoines de Moyen-Moutier, où elle fit faire le plan de l'église et des autres bâtiments. Guillaume de Cambrai, archevêque de Bourges, en posa la première pierre avec les cérémonies ordinaires, et la conduite des constructions fut donnée à l'écuyer de la Duchesse, appelé Amé Georges, jusqu'à ce qu'elles fussent en état de loger des religieuses.

Plusieurs miracles, qui arrivèrent lorsqu'on travaillait à cette sainte maison, firent assez voir que Dieu en était le principal Conducteur et le souverain Architecte, car des manœuvres se trouvèrent ensevelis sous une montagne de terre sans en recevoir de mal. De gros quartiers de terre tombèrent sur quatorze ou quinze maçons, et pas un n'en fut blessé. Un autre fut emporté par une grosse pierre qu'il voulait jeter dans les fondements, mais il se releva de sa chute et n'en fut point blessé.

Que si la sainte Duchesse avait soin de l'édifice temporel de son monastère, elle n'apportait pas une moindre diligence à préparer des pierres vivantes pour le temple spirituel qu'elle prétendait édifier à la divine Majesté. Pour cet effet, elle choisit cinq filles des plus vertueuses, auxquelles elle fit prendre l'habit le 8 octobre, l'an 1502. Et ce fut par celles-ci que commença, à Bourges, l'Ordre de l'Annonciade, dit des *dix plaisirs* ou des *dix vertus de la Vierge :* l'imitation des dix principales vertus dont la sainte Vierge a été un parfait modèle dans les différents mystères que l'Eglise honore chaque année, fut la fin que sainte Jeanne se proposa en instituant son Ordre. Il a pris le nom du premier comme du plus grand des *plaisirs* ou *joies* de Marie : celui de *l'Annonciation.*

De Bourges l'Ordre s'est répandu en plusieurs endroits. Les cinq premières filles furent bientôt suivies de plusieurs autres qui, animées de l'amour de Jésus et de Marie, renoncèrent de bon cœur à tous les vains plaisirs des créatures. Mais la principale et la première professe de toutes, ce fut la sainte princesse : elle s'obligea à la règle qu'elle avait établie, le jour de la Pentecôte suivant, l'an 1503. Depuis, elle ne disposa plus de rien, c'est-à-dire ni de ses biens ni de sa personne, sans la permission du supérieur général de son Ordre.

Elle avait une dévotion si tendre envers le Saint-Sacrement de l'Autel, qu'elle ne le recevait jamais que toute baignée de larmes : son amour pour Dieu était si tendre, qu'on la croyait quelquefois malade lorsque son cœur était saisi des langueurs divines. Son oraison était sublime, et souvent elle y était ravie en extase. Un jour, durant la sainte messe, comme elle était dans un ravissement, Jésus-Christ et la sainte Vierge lui présentèrent deux cœurs dans un plat, Jésus-Christ lui disant en souriant d'y mettre aussi le sien. Mais la bienheureuse fut fort étonnée lorsque, l'ayant cherché, elle s'aperçut qu'elle n'en avait plus, parce qu'il était plus parfaitement uni à celui de Jésus qu'à son propre corps.

Etant sur la quarantième année de sa vie, elle vit bien par la diminution de ses forces que l'heure de sortir de ce monde était proche; sa fin lui était présagée par une maladie de cœur depuis longtemps réputée incurable. Elle voulut se disposer au départ pour l'éternité par l'action qu'elle estimait la plus agréable à Dieu, qui était l'instruction de ses filles. En effet, en la dernière visite qu'elle leur fit, elle les entretint dans un discours si beau et si ardent de l'imitation de Jésus et de Marie que, selon le rapport des personnes qui l'entendirent, jamais ses religieuses n'en avaient entendu traiter avec tant de force ni tant de grâces. Le lendemain, après leur avoir recommandé à chacune en particulier et à toutes en général, ce qui était de leur devoir, elle leur donna le dernier baiser de paix; puis, se faisant reconduire en son palais, elle commanda que l'on bouchât la porte qui lui servait pour passer au monastère, jugeant bien qu'elle n'en userait plus. Depuis ce jour, qui était la fête de sainte Agnès, elle n'en passa pas un seul sans recevoir la sainte communion; ce qu'elle fit toujours avec de nouvelles ferveurs et des grâces particulières jusqu'au quatrième de février, qui fut le dernier de sa vie mortelle et le premier de sa vie bienheureuse.

Une clarté extraordinaire parut en sa chambre à l'instant de son décès et dura bien une heure et demie : de nombreux témoins virent à la même heure une espèce de nuée extrêmement claire sur l'église de l'Annonciade. Pendant que Jeanne de France s'éteignait au son lamentable de la grosse cloche de la cathédrale de Bourges, une sinistre comète traînait sa queue flamboyante au-dessus du palais de Louis XII qui, saisi d'un tardif mais sincère repentir, se hâta d'écrire aux habitants de cette ville une lettre pour les convier aux splendides funérailles préparées, par son ordre, à sa noble victime. Après sa mort, on trouva son corps couvert d'un rude cilice sur sa chair nue, et chargé des cinq clous d'argent à l'endroit du cœur, et d'une chaîne de fer sur ses reins; tels étaient les instruments de pénitence dont la Sainte se servait. On la revêtit de ses habits de religieuse comme elle l'avait ordonné; mais depuis, par ordre du roi, elle fut parée en princesse : on lui mit le chapeau et la couronne sur la tête, et le manteau de velours violet, semé des armes de France, sur les épaules; et, pour marquer qu'elle était religieuse, le voile et le scapulaire par dessus.

Ses obsèques furent faites avec toutes les cérémonies dues à sa qualité de princesse du sang, de fille, de sœur et d'épouse de rois.

Les détails de cet enterrement ne sont pas moins touchants. Le corps de la duchesse, revêtu du costume des religieuses de l'Annonciade, resta exposé pendant douze jours dans une chapelle ardente. Au palais, on servit sa table à plats couverts, comme si elle vivait encore, et, matin et soir, madame de Chaumont, sa dame d'honneur, et son confesseur, le père Gilbert Nicolas, venaient tristement s'y asseoir, puis, après quelques instants d'un religieux silence, se levaient et faisaient distribuer le service aux pauvres qui se pressaient à la porte.

Le 21 février, sa dépouille mortelle, scellée en un triple cercueil, fut conduite à l'Annonciade dans une litière de velours, traînée par quatre mules harnachées d'ornements de deuil, sous un pavillon porté par quatre barons du Berry : Philibert de Beaujeu, baron de Linières ; Jean de Culant, baron de Châteauneuf ; Jean d'Aumont, baron de Châteauroux, et un quatrième, représentant messieurs de la ville de Bourges.

Après le service, au moment où la bière était descendue dans le caveau, l'assistance entière éclata en sanglots, et le maître d'hôtel de la noble défunte, en proie au désespoir, rompit le bâton, signe distinctif de son office, et s'écria :

— Ah ! ma bonne maîtresse, je n'aurai donc plus l'honneur de vous servir ! Souvenez-vous de votre affligé serviteur ; priez Dieu pour lui !

Son corps fut inhumé sous le chœur des religieuses, où il a reposé l'espace de cinquante-six ans sans nulle marque de corruption. Mais l'année 1562, les hérétiques calvinistes ayant surpris les meilleures villes de France, et ayant déclaré la guerre à toutes les choses saintes et sacrées, n'épargnèrent pas les précieuses reliques des Saints. Ils brûlèrent donc le corps de cette bienheureuse princesse et en jetèrent les cendres au vent ; mais elles furent reçues entre les mains de la Providence divine qui leur redonnera la vie avec l'immortalité. On raconte qu'à l'approche de ces impies la Sainte parut se réveiller dans sa tombe : comme ils étaient sur le point d'accomplir leur œuvre sacrilége, un profond soupir sortit de sa poitrine. Un furieux qui lui plongea son épée dans le cœur l'en retira tout ensanglantée.

La mémoire de notre Sainte est devenue très-célèbre par un si grand nombre de miracles et de guérisons surnaturelles, qu'André Frémiot, archevêque de Bourges, en a approuvé jusqu'à cent trente, que l'on peut voir dans un livre imprimé l'an 1618.

Le pape Benoît XIV approuva, pour l'Ordre de Saint-François, le culte de Jeanne de Valois, établi de temps immémorial. Sur la demande de Louis XV, on commença une procédure pour sa canonisation ; elle fut canonisée sous Louis XVI, le 20 avril 1775. Pie VI, qui gouvernait alors l'Eglise, donna un décret en forme de bref pour déclarer qu'il était certain que Jeanne avait pratiqué les Vertus chrétiennes dans un degré héroïque : il étendit son culte à toute la France.

L'Ordre des Annonciades de France comptait au siècle dernier plus de quarante maisons : quelques-unes ont été rétablies de nos jours.

On a souvent peint près de sainte Jeanne l'enfant Jésus qui lui passe une bague au doigt pour faire entendre que l'époux céleste a remplacé pour elle le prince de la terre qui l'a répudiée [1]. Une couronne est à ses pieds : ce symbole parle de lui-même. Lorsqu'elle a deux couronnes sur la tête, l'une est la couronne de la royauté et l'autre celle de la sainteté. On lui met souvent un *crucifix* à la main pour rappeler sa piété envers la passion. Retirée dans un oratoire consacré au saint sépulcre, elle y répandait d'abondantes larmes sur les souffrances de Notre-Seigneur et se frappait la poitrine avec une pierre. On la représente aussi donnant des habits aux pauvres.

Sa vie a été écrite par plusieurs auteurs dignes de foi, mais plus expressément par Louis Dony d'Attichy, évêque de Riez, en Provence, puis d'Autun, en Bourgogne, et par le R. P. Hilarion de Coste, l'un et l'autre de l'Ordre des Minimes.

1. Voir à la bibliothèque Mazarine, n. 4778 (38) f. 133 et au cabinet des Estampes, t. IV, f. 42, 45, 56.

LE BIENHEUREUX JEAN DE BRITTO, MARTYR

1647-1693. — Papes : Innocent X ; Innocent XII. — Rois de Portugal : Jean IV ; Pierre II.

Prædicatio dicitur quasi prædiva actio.
Prêcher est l'action auguste par excellence.
Collector.

Depuis que saint François Xavier avait ouvert à l'Evangile les Indes et le Japon, d'autres apôtres, animés par son exemple, se pressèrent sur ses traces pour cultiver les champs qu'il avait défrichés. Le Bienheureux, dont l'Eglise célèbre aujourd'hui le martyre, fut un de ceux qui le suivirent de plus près. Le ciel, qui l'avait appelé à cette noble carrière, sembla aussi le former lui-même aux vertus apostoliques et le préparer à sa glorieuse destinée.

Né à Lisbonne, le 1er mars 1647, d'une des plus nobles familles de Portugal, Jean de Britto montra, dès son enfance, des inclinations et des qualités qui firent présager les vues que Dieu avait sur lui : caractère à la fois doux et ferme, cœur généreux, il ne se plaisait qu'aux choses sérieuses et aux pratiques de la religion. Sa vertu, à l'âge de neuf ans, était déjà assez forte pour affronter les dangers de la cour, lorsqu'il y fut introduit en qualité de page de Dom Pedro, fils de Jean IV. Il partagea avec d'autres jeunes gentilshommes les études littéraires de l'Infant, et il se distingua parmi ses compagnons autant par ses succès que par sa piété. Tandis que les autres ne se préoccupaient que des honneurs de leur position, il aspirait déjà à la vie apostolique et se nourrissait du récit des travaux des missionnaires. Plein d'admiration pour ceux de saint François Xavier, il conçut pour lui une tendre dévotion, que le Seigneur récompensa par des faveurs miraculeuses. Etant tombé dangereusement malade, il demanda sa guérison à son saint patron, et lui promit de porter pendant un an l'habit de la compagnie de Jésus, s'il recouvrait la santé. Il obtint cette faveur, et remplit sa promesse. Au bout d'un an, il déposa ces saintes livrées, mais il conserva le désir de les reprendre pour ne plus les quitter. En effet, dès qu'il eut atteint l'âge d'accomplir sa résolution, il se mit à écarter tous les obstacles que lui opposaient sa famille et la cour, et, le 17 décembre 1662, il entra au noviciat de Lisbonne.

Vainqueur du monde, Jean de Britto ne pensa plus qu'à se pénétrer de l'esprit de Jésus-Christ et à profiter des moyens qu'il trouvait dans son nouvel état, pour se former à la perfection évangélique. Il marcha à si grands pas dans cette voie, qu'il fut pour tous ses confrères un modèle de charité, d'humilité, d'obéissance et de ferveur.

Sa vertu ne se démentit point dans les études auxquelles il fut appliqué après les épreuves du noviciat : au contraire, elles fournirent à son zèle un nouvel aliment ; il s'y livra avec ardeur pour en tirer toutes les ressources qu'il devait un jour employer dans l'exercice du ministère apostolique. Grâce à de si saintes intentions, à ses talents, à son aptitude, à son application, il fit des progrès surprenants dans les cours de belles-lettres, de philosophie et de théologie. Il n'avait pas encore terminé le dernier lorsqu'il exécuta le projet qu'il avait depuis longtemps formé de se consacrer au salut des Indiens. Sa famille, sa parenté, la cour amoncelèrent les difficultés pour l'empêcher de sortir de sa patrie; mais, à force de constance et d'énergie, il parvint à les renverser; et le 25 mars 1673, il s'embarqua pour les Indes, avec vingt-sept de ses confrères, qui devaient partager ses travaux.

La navigation fut d'abord très-heureuse; mais arrivé sous la ligne, le vaisseau fut pour ainsi dire enchaîné par un calme de plusieurs jours. Les passagers ne purent résister à cette atmosphère de feu : bientôt le navire n'offrit plus qu'un affreux spectacle de morts et de mourants. Jean de Britto, guéri un des premiers, consacra toutes ses forces au service des malades; il déploya envers eux une charité si généreuse, qu'elle lui mérita le titre de *Nouveau Xavier*. Cependant, comme des soins ne suffisaient pas à tant de maux, il invoqua le secours du ciel par l'intercession de l'apôtre des Indes. Aussitôt il s'éleva un vent favorable, et le vaisseau, reprenant sa course, arriva au port de Goa, après avoir essuyé au cap de Bonne-Espérance une terrible tempête, à laquelle l'arracha aussi la prière de notre Bienheureux.

Le premier soin des missionnaires, en débarquant à Goa, fut d'aller remercier sur son tombeau saint François Xavier de la protection qu'il leur avait accordée, et de le prier de leur obtenir le zèle dont il avait été lui-même animé. Ce fut surtout le vœu du P. de Britto. Il ne tarda pas à montrer qu'il était animé du même esprit que son illustre patron : en attendant le moment d'entrer dans sa mission, il exerça son zèle dans la ville de Goa, auprès des classes les plus misérables et les plus abandonnées de la société. Les travaux auxquels il se livra alors abattirent souvent ses forces, mais ils enflammèrent son courage et augmentèrent en lui le désir d'en supporter encore de plus grands. Il devait les trouver dans la mission du Malabar.

La compagnie de Jésus avait établi, dans la presqu'île en-deçà du Gange, plusieurs missions, qui étaient partagées en deux *Provinces*. La première embrassait les missions du Maïssour, d'Agra, du Mogol, du Thibet, et, plus tard, celle de Carnate. Dans la seconde étaient comprises les missions de Ceylan, de Méliapour, de Bisnagar, de Golconde, du Bengale, du Maduré, de Travancore, de Zancovin et la chrétienté de Saint-Thomas. Ce fut dans la mission du Maduré que le P. de Britto exerça son zèle.

Dans ce pays, plus encore que dans les autres contrées des Indes, les missionnaires rencontraient de sérieux obstacles dans les mœurs des Indiens, dans l'horreur que leur inspiraient les Pranguis, c'est-à-dire les Européens; dans l'attachement qu'ils avaient pour leurs traditions, leurs usages, leurs superstitions; dans les mutuelles antipathies des castes; dans la puissante jalousie des Brahmes, qui formaient la première; dans les chaleurs brûlantes du climat, dans les troubles politiques, les guerres intestines, qui bouleversaient continuellement le pays. Pour vaincre tous ces obstacles, les missionnaires se condamnaient aux plus cruelles privations : conformément au conseil de saint Paul, ils se faisaient tout à tous pour gagner tout ce monde à Jésus-Christ; ils adoptaient les usages, les coutumes légitimes des Indiens; ils s'incorporaient aux castes, en subissaient les lois, pour les amener à celles de l'Evangile. Ainsi le P. de Britto entra dans la classe mitoyenne des *Rajahs*, et se présenta aux peuples du Maduré avec le titre et le costume de Pandavam-Souami.

Sa mission du Maduré s'étendait sur tout le royaume de ce nom, sur ceux de Velour, de Gingi, de Taujaour et du Marava. Les rois de ces divers Etats se faisaient alors une guerre acharnée, et des bandes ennemies promenaient partout le ravage, le désordre, le pillage et la mort. Les fléaux de la famine, de la peste, des inondations, se réunissaient souvent au fléau de la guerre pour dévaster ce malheureux pays.

C'était au milieu de ces obstacles et de bien d'autres que les missionnaires étaient parvenus à fonder de nombreuses chrétientés ; le P. de Britto eut aussi à lutter contre les mêmes difficultés pour maintenir l'œuvre de ses confrères. Quelque grands que fussent les dangers, ils n'égalaient point son zèle. Après l'avoir comme essayé dans la chrétienté de Colei, où il établit une admirable ferveur, il fut chargé de toutes les chrétientés comprises dans le district de Tattouvantchéri, et bientôt après, de celles des districts du Nord. Dans les unes comme dans les autres, il déploya un courage surhumain, une ardeur infatigable, une charité sans bornes : continuellement occupé à les visiter, à les instruire, à leur distribuer les secours de la religion, il se trouvait surtout parmi les plus affligées et les plus malheureuses ; le jour, la nuit, tout son temps et toutes ses forces leur étaient consacrés : souvent il était obligé de recueillir des peuplades entières chassées par la guerre, et de leur créer, dans les bois ou sur des montagnes désertes, une nouvelle patrie où il pourvoyait à leurs nécessités temporelles comme à leurs besoins spirituels. Pour elles il souffrait la faim, la soif, les intempéries du temps, traversait des fleuves à la nage, luttait contre la puissante et implacable haine des Brahmes, affrontait les persécutions des tyrans, s'exposait aux coups des sicaires chargés de lui ôter la vie. Le Seigneur le délivra des dangers qui l'enveloppaient de toutes parts, ainsi que des maladies mortelles que lui causèrent souvent ses excessives fatigues ; mais il déchargea sa colère sur les ennemis de son serviteur : les uns périrent dans des fleuves débordés, d'autres furent consumés avec leurs habitations par le feu du ciel ; plusieurs trouvèrent la mort dans les embûches mêmes qu'ils avaient tendues au saint missionnaire. Des châtiments si terribles, les miracles continuels qu'opérait le P. de Britto, et les prodiges plus surprenants encore de son zèle, donnèrent à son ministère une merveilleuse efficacité : des peuplades entières de païens se convertissaient à l'Evangile, et formaient de nouvelles chrétientés qui rivalisaient de ferveur avec les anciennes.

Les supérieurs du P. de Britto, frappés de ses succès autant que de ses qualités et de sa sainteté, lui confièrent, en 1682, le gouvernement de toute la mission du Maduré. L'homme de Dieu ne se consola de l'honneur de cette charge que par la difficulté de la remplir. Elle devait en effet le condamner aux plus cruelles souffrances, à des travaux inouïs. Jamais le Seigneur n'avait soumis la mission du Maduré à de plus rudes épreuves, et il ne fallait rien moins qu'un nouveau Xavier pour la soutenir dans de pareilles circonstances. Les royaumes qu'elle comprenait étaient en proie à une anarchie affreuse : les guerres des années précédentes avaient brisé bien des têtes et des couronnes ; des vassaux rebelles ou de hardis brigands se disputaient ces débris ; les uns s'emparaient d'une ville, d'autres se rendaient maîtres d'une forteresse, tous pressuraient les peuples et ravageaient la campagne. A la faveur de ce désordre, il se formait partout des bandes de brigands qui offraient leurs services aux divers partis et se payaient par le pillage. Les Brahmes, ces implacables ennemis des chrétiens, profitaient à leur tour de la confusion générale pour assouvir leur haine ; et comme ils exerçaient sur les populations un grand ascendant, les chefs de tous les partis, de toutes les bandes, s'empressaient de se prêter à leur vengeance pour obtenir leur appui. Les néophytes étaient donc, dans toute l'étendue de la mission, calomniés, dénoncés, ruinés, chassés, poursuivis. La persécution éclatait tantôt dans une chrétienté, tantôt dans une autre, souvent dans des districts entiers. Quoique le P. de Britto fût admirablement secondé par plusieurs de ses confrères, il volait toujours là où le danger était plus grand et les besoins plus pressants : il soutenait par sa présence le courage de ses enfants, ranimait leur foi, relevait leurs espérances, leur rappelait les enseignements de notre religion, les retrempait dans les sacrements et dans les cérémonies du culte, leur donnait des règles de conduite sans cesser de leur procurer des secours. Quelquefois il leur obtenait, par sa prudence, les faveurs des gouverneurs, qu'il éclairait sur les impostures des Brahmes ; mais, plus souvent, il avait à partager avec eux les cruautés dont les accablait le fanatisme païen, et il ne pouvait leur donner d'autre consolation que celle qu'il éprouvait lui-même à la vue de leur constance. Telle fut, en peu de mots, la conduite de ce grand homme pendant les quatre ans que dura sa charge. Nous ne pouvons ici entrer dans les détails : on peut les lire dans son histoire ; il nous suffira de rappeler brièvement les horribles tourments qu'il subit dans le Marava, la dernière année de son administration. En 1669, une sanglante persécution avait presque anéanti la chrétienté du royaume de Marava : les néophytes, qui avaient échappé à la mort ou à l'exil, s'étaient réfugiés dans les bois ou dans les chrétientés voisines ; mais ensuite ils étaient rentrés peu à peu dans leur pays ; ils y pratiquèrent leur religion en secret, la transmirent à leurs enfants et en étendirent prudemment la connaissance autour d'eux. Les Missionnaires du Maduré suivaient avec attention la renaissance et les progrès de la religion dans le Marava ; ils se rendaient souvent sur les confins de cet Etat, y entretenaient des rapports avec les chrétiens, leur envoyaient des catéchistes habiles qui leur portaient, de leur part, des enseignements et des règles de conduite. Par ces saintes industries et par d'autres que suggérait la charité, la chrétienté du Marava se reconstitua insensiblement et devint enfin si nombreuse, que les Brahmes, effrayés, entreprirent de renouveler la persécution de 1669. Le P. de Britto en ayant été averti, courut au secours de ses enfants, bien résolu de partager leurs souffrances, s'il ne pouvait les leur épargner. Il entra dans le Marava le 5 mai 1686. Il pénétra dans les bois où de nombreux néophytes, sous la direction de leurs catéchistes, se livraient à leurs devoirs religieux, et dans d'autres réduits, où ils abritaient leur culte. Il consacra les jours et les nuits à exercer en leur faveur les fonctions du ministère. Il essuya des privations, des fatigues inouïes, mais il en fut récompensé par des succès prodigieux. Outre les milliers de chrétiens qu'il admit aux sacrements de pénitence et d'eucharistie, il eut la joie de donner à l'Eglise, en deux mois, deux mille soixante-dix enfants de plus.

Malgré les précautions que prenaient les chrétiens pour dérober aux Brahmes la présence du Père parmi eux, leur empressement à profiter de ses soins et de ses peines révéla leur secret. Les Brahmes se mirent donc à la recherche du missionnaire et donnèrent l'éveil à toutes les autorités du pays. Le P. de Britto, ainsi traqué, ne tarda pas à tomber entre les mains de ses ennemis. Il allait porter les bienfaits de son zèle d'une chrétienté à une autre avec deux catéchistes et quatre néophytes, lorsqu'ils furent rencontrés et saisis par un détachement des troupes de Coumarâ-Poullei, commandant général des armées du Marava, qui revenait d'une cérémonie expiatoire. Ces soldats, excités par leur propre fanatisme et par le désir de plaire à leur chef, se jetèrent avec une brutalité sauvage sur leurs prisonniers, les accablèrent d'outrages et de coups et les traînèrent ensuite à Mangalam, où se trouvait Coumarâ-Poullei. Celui-ci, loin de réprimer cette insolente soldatesque, sembla vouloir lutter avec elle de grossièreté et de barbarie. Après avoir accueilli par des insultes et des menaces le P. de Britto et ses compagnons, il les fit enchaîner sur la place publique et les livra, pendant toute la nuit, à ses soldats et à la populace, qui leur firent souffrir des traitements inhumains. Coumarâ-Poullei fut encore plus cruel que ses ministres : le lendemain, comme les confesseurs de la foi ne cessaient de louer Jésus-Christ, au lieu de le renier, il les meurtrit de coups, les fit jeter plusieurs fois, pieds et mains liés, dans une mare d'eau sale, où on les laissa jusqu'au moment où ils allaient être suffoqués, puis on les enferma dans une espèce de tanière, où ils ne reçurent d'autre soulagement que le témoignage de leur conscience et le secours de la grâce. Le jour suivant, Coumarâ-Poullei fit renouveler sur eux les mêmes tourments et de plus cruels encore. Il les fit ensuite traîner à sa suite à Caléiarcoïl et, de là, à Pagany, où il les condamna à de nouveaux supplices. Le P. de Britto y eut la plus large part. Par ordre de Coumarâ-Poullei, il fut dépouillé jusqu'à la ceinture, et étendu sous les feux du soleil, sur une roche plate, mais semée, sur sa surface, d'aspérités aiguës. Ensuite huit bourreaux, armés de bâtons et de fouets de cordes, déchargèrent à coups redoublés leurs instruments sur son corps, déjà tout couvert de plaies. Lorsque les bourreaux sentirent leurs bras fatigués, ils se mirent à fouler leur victime, comme pour la broyer sous leurs pieds. Ils la laissèrent presque sans vie exposée aux ardeurs d'un soleil brûlant. Enfin ils la traînèrent par les cheveux et par les bras dans un cachot. Les autres confesseurs subirent divers genres de tourments ; mais Silvei-Mayagan, le principal catéchiste du P. de Britto, eut le même sort que son maître : on lui déchargea sur la tête de si violents coups de rotin, qu'un de ses yeux, arraché de son orbite, lui pendait sur la joue. On le traîna en cet état dans la prison du P. de Britto qui, en le voyant entrer, lui tendit les bras, le pressa sur son cœur, baisa respectueusement ses plaies, remit son œil à sa place et le guérit par la vertu du signe de la croix.

Ce miracle ne changea pas les dispositions de Goumarâ-Poullei à l'égard des confesseurs de la foi : vaincu par leur constance, il les condamna à être empalés, après avoir eu les mains et les pieds coupés. Mais il n'osa pas exécuter sa sentence avant d'en avoir obtenu la confirmation du roi de Marava. Tandis qu'il l'attendait, il soumettait chaque jour ses victimes à des cruautés raffinées. Les confesseurs, animés par le P. de Britto, offraient à Dieu toutes leurs souffrances pour mériter le martyre qu'on leur promettait. Ils chantaient ensemble les louanges du Sauveur, qu'ils n'avaient cessé de bénir dans leurs épreuves, et appelaient de tous leurs vœux la mort qui devait les réunir, dans le ciel, au chœur des martyrs. C'était surtout le vœu de notre Bienheureux, dont la grande âme n'aspirait qu'à souffrir pour l'amour et la gloire de son divin Maître. Mais le Seigneur, qui le destinait à de nouveaux sacrifices, se contenta cette fois de ceux qu'il venait de lui offrir. Le roi de Marava ne ratifia point la sentence de son ministre, il se borna, après avoir entendu les confesseurs, à leur interdire désormais l'entrée de ses Etats. Quant à Coumarâ-Poullei, accusé plus tard d'avoir conspiré contre son souverain, il subit le supplice auquel il les avait condamnés.

Le P. de Britto, délivré de ses fers, se rendit au collége de Topa pour rétablir ses forces épuisées et attendre l'occasion de retourner vers les chrétientés, au milieu desquelles il avait trouvé de si terribles épreuves. Déjà il se disposait à rentrer dans le Marava, lorsque le P. Provincial le députa en

Europe pour les affaires des missions des Indes. Le saint missionnaire, non moins obéissant que zélé, se résigna à la volonté de son supérieur, sans perdre l'espoir de ressaisir, un jour, la palme du martyre. Il partit accompagné des vœux et de l'admiration de ses collaborateurs : « Le P. de Britto », écrivit alors un d'eux, est vraiment un apôtre, un génie extraordinaire sous tous les rapports. Depuis que je suis entré dans cette mission avec lui, il en a multiplié les chrétientés et les fidèles. Il n'a profité de ses pouvoirs de supérieur que pour soulager les autres ; il se réservait toujours les travaux les plus pénibles. Quelle activité ! Quel zèle ! Il affrontait tous les périls pour sauver des âmes et étendre le royaume de Jésus-Christ, pour l'amour duquel il a été pris plusieurs fois et condamné à des tourments affreux. Pour moi, je n'aurai jamais assez d'affection dans le cœur pour reconnaître dignement les obligations et les faveurs que je dois à cet illustre missionnaire, à ce grand apôtre de notre temps ».

Ces témoignages de vénération, le P. de Britto les recevait non-seulement de ses collaborateurs, mais encore de tous ceux qui le connaissaient. En Portugal, où l'on avait appris ses travaux, ses entreprises, ses miracles et ses souffrances, il fut accueilli avec un saint enthousiasme : partout on se disputait le bonheur de le voir et de l'entendre ; la cour enviait sa présence à sa parenté ; sa famille la réclamait sans cesse ; les évêques voulaient qu'il allât bénir et édifier leurs peuples ; les universités prétendaient à la même faveur ; les monastères, toutes les communautés religieuses demandaient à leur tour d'assister à la messe et aux exhortations d'un Saint ; des populations entières se pressaient sur son passage pour recevoir sa bénédiction.

Insensible à de si honorables empressements, le P. de Britto ne se préoccupait que des intérêts de la gloire de Dieu : il se rendait là où il croyait pouvoir la procurer ; il n'accordait au monde que les devoirs que la religion même lui défendait de refuser. Du reste, quelque part qu'il se trouvât, il se souvenait toujours qu'il était missionnaire du Maduré : ses chers Indiens étaient plus présents à sa pensée que les personnes qui l'entouraient. Il ne prenait par jour qu'un seul repas ; du riz, des légumes et de l'eau faisaient toute sa nourriture ; une planche ou une peau d'ours étendue sur la dure, lui servait de lit ; enfin il conservait dans ses habitudes toutes les privations auxquelles se condamnaient les missionnaires du Maduré. Quand on lui demandait pourquoi il ne profitait pas de son séjour en Portugal pour réparer ses forces, ou pour en acquérir de nouvelles : « Eh quoi ! répondait-il », « mes frères supportent au Maduré les travaux du ministère apostolique, les fatigues des voyages, le poids du jour et de la chaleur ; ils sacrifient leur santé, leur vie, à la gloire de Jésus-Christ ; mes néophytes eux-mêmes, mes enfants, bravent les persécutions : et moi, lâche soldat, je m'abandonnerais ici aux douceurs de l'oisiveté ! Que dirait le grand Xavier ? que dirait saint Ignace, mon père ? que dirait Jésus, mon chef et mon maître, si, content d'avoir effleuré du bout des lèvres les bords du calice, je n'aspirais pas au bonheur de le boire jusqu'à la lie ? »

Plein de ces pensées, le P. de Britto ne se consolait d'être séparé de sa mission que par les services qu'il lui rendait en Europe. Il lui en rendit en effet de très-grands pendant son séjour en Portugal : il recruta pour elle de nombreux et généreux ouvriers ; il recueillit des secours temporels pour ses néophytes ; il régla des différends qui gênaient le zèle des missionnaires. Dès qu'il eut ainsi assuré les intérêts de sa mission et terminé les affaires qui l'avaient appelé en Europe, il se disposa à retourner aux Indes. Pierre II, qui avait résolu de lui confier l'éducation de son fils, employa toute sorte de moyens pour le retenir en Portugal, mais rien ne put arrêter le P. de Britto. Il partit enfin pour les Indes, le 8 avril 1690, accompagné de vingt-cinq de ses confrères, qui avaient sollicité cette faveur.

Tous, malheureusement, ne devaient pas arriver au terme du voyage : deux moururent en route, victime de l'épidémie qui se déclara sur le navire. Dans cette occasion, le P. de Britto renouvela ces prodiges de zèle et de dévouement qu'il avait opérés dans son premier voyage. Ses forces ne purent suffire aux efforts de sa charité : épuisé de fatigue, il fut lui-même atteint du fléau, et bientôt la maladie le réduisit à l'extrémité. Comme le capitaine et les officiers du vaisseau s'inquiétaient vivement de son sort : « Donnez, s'il vous plaît », leur dit l'homme de Dieu, « tous vos soins à mes compagnons, qui en ont un plus grand besoin ; ne vous inquiétez pas de moi : mes néophytes m'attendent ; de nombreux catéchumènes veulent recevoir le baptême de mes mains, Dieu ne permettra pas que je meure loin d'eux ». En effet, le P. de Britto recouvra la santé, et il put arriver sain et sauf à Goa.

Loin d'y prendre le repos dont il avait besoin, il s'y livra aux ardeurs de son zèle, en attendant le moment de rentrer dans sa mission. Cependant l'estime de son souverain faillit l'arracher aux travaux apostoliques. Persuadé qu'il ne pouvait pas confier à un maître plus habile l'éducation de l'Infant, Pierre II agissait à Rome pour faire revenir le P. de Britto en Portugal. Il céda enfin aux observations du P. Général ; mais, pour donner quelque satisfaction à ses regrets, il entreprit de faire élever le saint missionnaire sur le siége archiépiscopal d'Amangalam ou de Crangalor. Toutes ces tentatives échouèrent devant l'abnégation du P. de Britto. Le martyre avait pour lui plus d'attrait que les dignités de l'Eglise ; le désir de le souffrir, qui l'avait pressé de retourner aux Indes, le pressait aussi de rentrer dans la mission du Maduré.

Mais, avant de le rendre à ses néophytes, Dieu inspira aux supérieurs la pensée de le charger de visiter toutes les résidences de la province du Malabar, comme s'il eût voulu mettre une dernière fois sous les yeux des missionnaires celui qui était le modèle de tous et dont il devait bientôt agréer le sacrifice. Le P. de Britto s'acquitta de cette mission à la grande satisfaction de Dieu et des hommes. « Malgré les désordres et les guerres intestines qui continuaient à désoler ce malheureux pays », dit un de ses historiens, « il en visita toutes les chrétientés, reçut les bénédictions des néophytes, les combla des siennes, ranima leur foi et leur ferveur ; il communica son courage aux missionnaires ; et bientôt toutes les missions du Malabar furent enflammées du feu sacré qui consumait son cœur. Ce mouvement extraordinaire entraîna les païens eux-mêmes : ils vinrent en foule demander au P. de Britto les enseignements de la foi et le Sacrement du Baptême ».

Cependant le zèle de l'homme de Dieu aspirait sans cesse à d'autres travaux et à de plus grandes souffrances ; la couronne du martyre tentait toujours sa sainte ambition. Il avait hâte d'aller la ressaisir au Marava. D'ailleurs, les PP. de Mello et Joseph de Carvalgo, qui, pendant son absence, avaient consacré leurs soins à cette mission, venaient de succomber aux persécutions et aux mauvais traitements des Brahmes, et leur mort la laissait sans secours. Le P. de Britto rentra donc dans le Marava, le 27 mai 1691, malgré le fanatisme des Brahmes, qui favorisaient aussi dans ce royaume les troubles de la guerre. Il parcourut successivement plusieurs chrétientés, accueillant les néophytes qui accouraient en foule auprès de lui, conférant le baptême à des milliers de catéchumènes, instruisant les païens que la grâce lui amenait en grand nombre. Lorsque, au bout de deux ou trois semaines, il avait conféré le baptême à cinq ou six cents catéchumènes, entendu les confessions de quinze cents à deux mille néophytes, c'est-à-dire autant qu'il s'en présentait, distribué à tous ses enseignements et ses avis, il se hâtait d'aller chercher les mêmes travaux dans d'autres localités. « Tel était l'ébranlement causé par son nom », dit le même historien, « que les néophytes et les infidèles, au nombre de plusieurs milliers, sans attendre qu'il eût atteint le but de sa course, l'arrêtaient souvent en pleine campagne et lui demandaient ou l'instruction religieuse, ou le baptême, ou les autres sacrements. Le P. de Britto suspendait alors sa marche, élevait un autel en plein air, dressait une cabane, et, pendant plusieurs jours et plusieurs nuits de suite, il satisfaisait aux pieux désirs de cette multitude ».

De tels succès enflammèrent la colère des Brahmes : ils semèrent mille piéges sur les pas du P. de Britto, conjurèrent sa mort et mirent à sa poursuite des agents chargés d'exécuter leur projet. L'homme de Dieu ainsi traqué par tant d'ennemis acharnés à sa perte, se réfugiait tantôt dans les forêts, tantôt dans quelque chrétienté isolée, où il passait la nuit et le jour à confesser les néophytes, à instruire et à baptiser les catéchumènes ou les païens que lui amenaient d'intrépides catéchistes. Enfin il s'établit, sur les confins du Marava, dans la principauté indépendante de Mouni, dont le souverain, quoique idolâtre, lui permettait le séjour. De là, il faisait souvent des excursions apostoliques dans l'intérieur du pays, vers les chrétientés trop éloignées pour aller chercher à Mouni les bienfaits de son zèle. Son ministère fut partout si heureux, qu'il augmenta cette église d'un très-grand nombre de nouveaux fidèles. Le P. Bouchet, si modéré dans ses appréciations, n'osa pas, dans sa déposition juridique, calculer les conversions opérées par notre Bienheureux : « Je sais seulement », dit-il, « comme missionnaire voisin du Marava, que, dans cette dernière occasion, le vertueux Jean de Britto se livra tellement à la prédication de l'Evangile et à la conversion des Gentils, qu'il en baptisa plusieurs milliers. Je ne connais aucun missionnaire qui ait gagné plus d'âmes à Dieu et à l'Eglise ». Le P. Bouchet avait cependant connu les PP. André Freyre, Louis de Mello, François Laynez, qui avaient converti chacun de quinze à vingt-cinq mille idolâtres. Il en avait baptisé lui-même plus de trente mille. Tous les témoins appelés à déposer sur ce fait, affirmèrent qu'on ne pouvait compter le nombre de ceux que le P. de Britto, depuis son retour au Marava, régénéra dans les eaux du baptême. Souvent, il lui arriva, comme à saint François Xavier, que ses bras, appesantis par la lassitude, ne pouvaient plus se mouvoir au gré de son zèle ; les catéchistes les soutenaient alors sur leurs mains afin qu'ils pussent suffire à l'administration de ce sacrement.

Tant de travaux méritèrent enfin au P. de Britto la couronne du martyre, après laquelle il soupirait depuis si longtemps. Non loin de Mouni se trouvait la principauté de Ciroupullei, où *Tériadéven,* dont la famile dépossédée du trône de Marava par *Ranganâdadéven,* se consolait de cette injuste usurpation par l'affection que lui conservaient les peuples. Ce prince, frappé de ce qu'il apprenait du P. de Britto, conçut le désir de connaître une religion prêchée par un si saint homme. Il fut affermi dans sa résolution, d'abord par les leçons d'un catéchiste, puis par une guérison miraculeuse que celui-ci opéra sur lui en invoquant le nom du Dieu des chrétiens. Le P. de Britto, pressé par les instances de *Tériadéven,* se rendit auprès de lui, l'examina sur son instruction religieuse, sur les motifs de sa conversion, et l'admit au baptême, après l'avoir engagé à ne conserver de ses femmes que celle qu'il avait épousée la première. Parmi les épouses renvoyées était la nièce de *Ranganâdadéven,* tyran du Marava. Pleine de fureur, elle courut à *Ramanadabouvam*, capitale du royaume, pour allumer, contre le saint Missionnaire, celle de son oncle et le fanatisme des Brahmes. Elle y réussit trop bien.

Ranganâdadéven, irrité de l'insulte faite à sa nièce, manda auprès de lui Tériadéven, et lui reprocha sévèrement sa conduite. Mais il fut plus hardi contre le P. de Britto, il donna ordre de l'arrêter, de le conduire, chargé de fers, à la capitale, et d'incendier toutes les chrétientés des environs de Mouni. Le P. de Britto, qui s'était attendu aux ordres du tyran, avait déjà pris des mesures pour y soustraire ses néophytes. Pour lui, il alla au-devant des sicaires de *Ranganâdadéven,* qui le chargèrent de coups et d'outrages, l'enchaînèrent avec deux catéchistes et un Brahme chrétien, et les traînèrent à coups de rotins jusqu'à la ville d'*Anoumandacouri*. Le P. de Britto était couvert de plaies, de poussière et de sang : au lieu de lui donner le temps de respirer, les bourreaux l'exposèrent, sur la place publique, aux insultes d'une populace brutale dont il fut le jouet le reste du jour et pendant la nuit : on lui crachait au visage, on lui déchirait les habits, on déchargeait sur sa tête et sur tout son corps des coups de poing et de bâton. L'homme de Dieu trouvait tant de consolation au milieu de ses tourments, qu'il refusa les moyens d'y échapper que lui offrait un de ses catéchistes accouru à son secours.

Le lendemain, il fut conduit avec la même inhumanité à Ramanadabouvam, où il fut jeté dans un étroite prison, en attendant le retour du tyran, alors absent de sa capitale. Pendant ce temps-là, le P. de Britto et ses compagnons se préparaient à leur sacrifice par des actes d'une piété sublime. Leur prison retentissait sans cesse des louanges du Seigneur ou des prières qu'ils lui adressaient. Quelquefois l'homme de Dieu, transporté de bonheur à la pensée du martyre, s'écriait comme hors de lui-même : « O mon Sauveur et mon Dieu ! vous avez été saisi pour moi un vendredi, j'ai été saisi pour votre cause un vendredi ; mettez le comble à vos faveurs, et faites que, comme vous êtes mort pour moi sur l'arbre de la croix, je donne aussi ma vie pour vous, mais de telle manière que mon corps mis en pièces serve de pâture aux oiseaux du ciel, ou aux bêtes féroces, car il ne mérite pas les honneurs de la sépulture ». Nous verrons bientôt que le Seigneur entendit sa prière.

Cependant, le prince Tériadéven et les principaux catéchistes du Père de Britto, accourus à Ramanadabouvam au bruit de son arrestation, prenaient d'actives mesures pour obtenir la délivrance de leur commun maître. Mais le saint missionnaire en ayant été informé, leur adressa des lettres où il les conjurait instamment de ne pas lui ravir, par un attachement indiscret, le bonheur de mourir pour la foi. Il écrivit aussi aux autres missionnaires et aux chrétientés, les priant de demander pour lui au Seigneur la grâce du martyre.

Ses vœux allaient enfin être satisfaits. Ranganâdadéven, rentré dans sa capitale, fut aussitôt circonvenu par les prêtres des faux dieux qui, par d'atroces calomnies, s'efforcèrent d'enflammer sa colère contre l'homme de Dieu. Ils furent confondus par le prince Tériadéven ; mais le roi ne s'associa pas moins à leur colère pour assouvir son ressentiment et venger sa nièce et ses dieux. Il fit comparaître le Père de Britto et ses compagnons devant son tribunal, dressé dans la plaine voisine, et environné d'un formidable appareil militaire. A la vue du saint missionnaire, il s'emporta contre lui et contre la loi chrétienne en invectives, en imprécations, en blasphèmes : il ne l'interrogea que pour l'insulter et pour motiver la sentence qu'il était décidé à porter contre lui. Il allait le faire passer par les armes, lorsque Tériadéven s'avança pour lui reprocher une condamnation si injuste, et lui en faire craindre les conséquences.

Tériadéven était aimé des troupes et de toute la nation. Le tyran n'osa ni le châtier, ni le contredire : comme s'il eût voulu lui donner quelque satisfaction, il commua publiquement la peine de mort en celle de l'exil, et assigna pour séjour, au Père de Britto, la ville d'*Oréiour,* située sur le fleuve Pambaroù, aux confins du Marava. Mais ensuite il envoya à son frère, Ouréiardéven, gouverneur de cette province, l'ordre secret de faire périr le serviteur de Dieu. Il se contenta de renvoyer les autres prisonniers dans leur cachot, d'où Tériadéven les fit sortir libres peu de jours après.

Quant au Père de Britto, il fut conduit par un peloton de soldats à Oréiour, lieu prétendu de son exil, mais, en réalité, théâtre de son sacrifice. Il n'en doutait pas, et cette conviction lui inspirait un bonheur et un encouragement qui étonnaient ses gardes. Il parvint à Oréiour le 31 janvier 1693.

Ouréiardéven, moins cruel que son frère, conçut pour le saint missionnaire tant d'estime et de vénération dans les entretiens qu'il eut avec lui, qu'il penchait à le mettre en liberté. Mais, Couroumapapoullei, son premier ministre, homme d'un caractère féroce, païen fanatique, le menaça de la colère du roi, s'il n'accomplissait pas ses ordres. Enfin, le 4 février, mercredi des cendres, le faible Ouréiardéven abandonna le saint confesseur à son premier ministre.

« Le Père de Britto », dit un de ses historiens, « l'avait prévu, peut-être même Dieu lui avait-il révélé ce dénouement ; car, sans aucun avis étranger, dans la nuit du 3 au 4 février, il s'enveloppa soigneusement tout le corps d'une toile fine, afin, dit-il à deux capitaines chrétiens qui lui en demandaient la raison, qu'il fût prêt à partir au premier signal, et que, lorsqu'on le dépouillerait pour lui trancher la tête, il se trouvât dans un état décent. Aussi quand, vers le milieu du jour, les satellites vinrent tirer le Saint de sa prison, il se présenta à eux le visage riant, et leur dit : « Me voici, je suis tout prêt ». Il sortit aussitôt, et marcha vers le lieu du supplice, comme au terme de ses désirs.

« A mille pas de la ville, sur les bords du Pambaroù, s'élevait une éminence qui dominait la rivière et la plaine : c'était là que le serviteur de Dieu allait offrir son sacrifice. En y arrivant, il demanda au chef de la troupe la permission de se retirer un peu à l'écart pour remettre son âme entre les mains de son Dieu. Il tomba aussitôt à genoux, et, la face tournée vers l'Orient, il resta comme ravi en extase.

« Cependant une multitude innombrable environnait le monticule : un peu plus loin était un groupe de néophytes qui avaient voulu suivre leur Père jusqu'au bout de sa carrière. Tous, païens et chrétiens, avaient les yeux fixés sur l'homme de Dieu, et confondus dans un même sentiment d'admiration ils semblaient tous respecter, par un immense silence, la prière du martyr.

« Pendant ce temps-là, le bourreau chargé de l'exécuter arrive sur le monticule, un cimeterre à la main. On le voit hésiter à la vue du Père de Britto en extase. N'osant l'interrompre dans sa prière, il prend machinalement une pierre et aiguise le tranchant de son arme. Cependant un envoyé du ministre vient le presser de remplir ses ordres. Le Père de Britto alors fait le signe de la croix, se lève, et, le visage resplendissant d'une joie divine, il s'avance vers le bourreau, l'embrasse affectueusement, et lui dit : « Mon ami, j'ai prié mon Dieu ; j'ai fait de mon côté ce que je devais faire, exécutez maintenant l'ordre qui vous est donné ». En disant ces mots, il se met à genoux, salue encore une fois de ses regards le ciel où son âme va bientôt s'envoler, et présente sa tête au bourreau ; celui-ci, d'une main mal assurée, la lui abat à coups redoublés de cimeterre. Ensuite, selon l'ordre qu'il en avait reçu, il coupe au martyr les pieds et les mains, les attache, ainsi que la tête, à la ceinture du buste, et les suspend ensemble au sommet du poteau planté à cet effet sur la colline.

« A la vue de ces restes vénérables, un frémissement général court parmi les spectateurs : la multitude presque silencieuse s'écoule peu à peu ; les païens, sous l'impression d'une admiration mêlée de stupeur, se demandent quelle est donc cette religion qui inspire à ses disciples un tel héroïsme, et les chrétiens s'applaudissent de professer une loi qui, publiée sur le Calvaire, est encore scellée du sang de ses apôtres [1] ».

Ce fut aussi le sentiment qu'inspira dans toute la mission la nouvelle du martyre du Père de Britto : elle enflamma le zèle des missionnaires, affermit les néophytes dans leur foi, et y ramena une foule d'infidèles. Le nom du martyr devint pour tous un objet de vénération : on l'invoquait dans les familles, on allait le prier sur son tombeau. Et le Seigneur, qui voulait glorifier la mémoire de son serviteur, accordait à son intercession de nombreux et éclatants miracles. C'est pourquoi l'Eglise, secondant la volonté du ciel, fit examiner ces témoignages de la sainteté du P. Jean de Britto ; et, le 21 du mois d'août 1853, elle l'offrit solennellement, par l'organe de son chef, aux respects et à l'imitation de ses enfants.

On a représenté le bienheureux Jean de Britto prêchant à des nègres ; mais ce sont là des nègres imaginaires : il n'en existe pas dans la presqu'île du Gange ; pour être dans la vérité, il faudrait reproduire le type du pays.

Ce beau récit nous a été envoyé par le R. P. Prat, de la Compagnie de Jésus.

SAINT RABAN MAUR, ARCHEVÊQUE DE MAYENCE

856. — Pape : Benoît III. — Empereur d'Allemagne : Louis II.

Raban, qui reçut de son maître Alcuin le surnom de *Maur*, était originaire de Mayence [2], ainsi qu'il le déclare lui-même dans son épitaphe. Il naquit vers l'an 776, de parents nobles, comme le prouve encore l'épitaphe qu'il a faite pour son frère Tutin. Il fut élevé en l'abbaye de Fulde, si célèbre déjà à cette époque, et fit de grands progrès dans la vertu aussi bien que

1. *Histoire du bienheureux Jean de Britto*, p. 353 et suiv.

2. Les savants furent pendant longtemps divisés d'opinion quant à la patrie de Raban. Volaterranus, *Antropol.*, I. XIX, croit qu'il est natif d'Angleterre ; selon d'autres, parmi lesquels il faut compter Dempster. *Hist. eccles. gentis Scotorum*, il est né en Ecosse. Henschenius a victorieusement réfuté ces deux opinions. Plusieurs regardent Fulde comme sa ville natale, mais sans raison suffisante, comme l'observe fort bien Mabillon. Voici son épitaphe :

Urbe quidem hâc genitus sum, ac sacro fonte renatus ;
In Fulda post hoc dogma sacrum didici.

Par cet *urbe hac* il faut entendre Mayence, puisqu'il y fut enterré dans le couvent de Saint-Alban. Voyez à ce sujet Henschenius, *ad 4 febr.*; Mabillon, *AA. SS. Ord. S. Bened.*, t. VI, p. 20 ; Colvenerius, *Prolegom ad opera Rabani*. — Le Propre de Mayence fait naître Raban à Fulde, *apud Buchonios*.

dans les sciences. Il étudiait nuit et jour les livres saints. C'est là qu'il puisa cette piété et ce sentiment des choses divines qui répand sur tous ses ouvrages un éclat et une onction qu'on ne peut méconnaître.

Notre Saint avait une grande dévotion pour la croix ; et il se sentait profondément ému en songeant aux souffrances inexprimables de notre Sauveur. Son humilité était très-grande ; il se nommait *le plus vil serviteur des serviteurs de Dieu, un serviteur inutile, le plus misérable des hommes*. Les vers qu'il dédia au pape Grégoire IV prouvent son respect pour le Siége apostolique ; on ne peut trop admirer son amour pour la doctrine de l'Eglise catholique et son attachement inviolable à ses dogmes. Voici le témoignage qu'il se rend à lui-même à cet égard : « Je me flatte », dit-il, « que par la grâce de Dieu j'ai défendu la foi catholique dans tous ses points et que je n'ai rien avancé qui fût de mon invention, mais que, appuyé sur l'autorité des Pères, j'ai suivi les traces de Cyprien, d'Hilaire, d'Ambroise, de Jérôme, d'Augustin, de Grégoire, de Jean Damascène, de Cassiodore et des autres ». Dans le prologue de son livre de la Croix, il s'écrie avec un saint enthousiasme : « Aussi longtemps que je serai dans ce misérable corps, guidez-moi, ô Jésus, dans la véritable voie de la foi catholique[1] ».

A cet esprit de piété Raban joignait une étude continuelle ; et il s'éleva par là au plus haut degré de connaissances qu'il fût permis d'atteindre à cette époque. Saint Odilon, abbé de Cluny, en fait un bel éloge en disant[2] : « Raban est très-versé dans les sciences profanes ; il est catholique dans sa foi, et plein d'expérience dans la vie spirituelle[3] ».

Après avoir été ordonné diacre, il fut envoyé à Tours en l'année 802, par Rutgar, évêque de Fulde, pour y continuer son éducation sous les yeux du grand Alcuin[4].

Il ne resta pas longtemps à Tours. Revenu à Fulde, il fut préposé à l'école de cette ville, et contribua beaucoup par l'éclat de sa vertu et de son érudition à la réputation de cette belle institution. Il protégea les sciences de tout son pouvoir : mais ce qu'il fit de plus utile, ce fut de fonder une riche bibliothèque pour les professeurs de cette école.

Raban a formé un grand nombre de disciples distingués par leur savoir. Les plus célèbres sont : Walafrid Strabon, Servat Lupus, son biographe, Rodolphe, Otfried et plusieurs autres. Lui-même n'enseignait pas les arts libéraux ; mais il choisissait pour ces fonctions les hommes les plus habiles, en se réservant celles de dispenser les trésors immenses des saintes Ecritures. Les belles-lettres étaient enseignées par le moine Candide, qui, se plaignant un jour à Raban de ce que ses occupations ne lui laissaient pas le temps d'étudier l'Ecriture, reçut du pieux docteur cette réponse : « Moi aussi j'ai été revêtu autrefois de cette charge ; ce qui ne m'a pas empêché de composer, avec l'assistance de Dieu, le livre de l'Eloge de la Croix ».

Raban fut promu au sacerdoce par Haistulf, archevêque de Mayence, comme il le dit lui-même dans une lettre qu'il écrit à ce prélat. Il fut ordonné au mois de décembre, l'an 814.

1. Quamdiù sum in hoc corpusculo, dirige me in semita rectæ fidei catholicæ. — 2. Serm. de laude sanctæ crucis.

3. Les savants Trithem et Baronius lui rendent le même témoignage. Le premier dit : « Raban était un homme très-versé dans les livres divins et dans les sciences, connaissant à fond la littérature profane ; il était, en même temps, philosophe, rhéteur, astronome et poète ; l'Italie et la Germanie n'avaient pas son pareil ». Et le célèbre cardinal ajoute : « Raban brilla comme un astre éclatant ; les écrits qu'il a laissés à la postérité sont autant de rayons de lumière qui attestent le génie élevé de leur auteur, et l'Allemagne a raison d'être fière d'un tel maître ».

4. Aussi nommé Albin.

Vers ce temps, il s'éleva dans l'abbaye de Fulde de fâcheuses dissensions entre les moines et l'abbé Rutgar, qui les traitait avec dureté et avec humeur. Raban lui adressa un poëme dans lequel il cherchait à le ramener à des sentiments plus doux; mais ce fut sans succès. L'affaire fut portée devant Charlemagne, et, après sa mort, devant l'empereur Louis, qui ordonna de procéder à la nomination d'un nouvel abbé. Le choix tomba sur Eigil, qui fit bientôt renaître la paix dans le couvent. Pendant ces troubles, Raban entreprit un voyage à Jérusalem, au retour duquel il fut nommé abbé, en l'année 822, Eigil ayant été revêtu de cette dignité pendant cinq ans. Sous la direction de Raban, le couvent de Fulde vit accroître le nombre de ses religieux en même temps que la considération dont il jouissait; et la conduite exemplaire de ses moines fut célébrée par tout l'empire des Francs. Le nom de l'abbé se répandit dans toute la Gaule et l'Italie[1]; les savants et les personnes de distinction de toutes les contrées accouraient pour le voir, et on s'estimait heureux d'obtenir une place dans son amitié. Des princes et des gentilshommes lui confièrent l'éducation de leurs fils, parce que, tant sous le rapport de la religion que sous celui des sciences, ils croyaient pouvoir tout attendre d'un si grand maître.

Sans cesse occupé des moyens d'élever le culte divin au plus haut degré de perfection et de maintenir dans toute sa sévérité la discipline de l'Eglise, il voulut lui-même servir d'exemple à ses moines dans l'oraison et dans le jeûne. Il montra aussi un zèle particulier pour le temple de Dieu; il éleva trente églises ou chapelles dans l'étendue de son abbaye et les enrichit de grand nombre de reliques.

Il se conduisit avec tant de sagesse et de prudence dans les différends qui s'étaient élevés entre Louis le Débonnaire et ses fils, qu'il gagna la confiance des deux partis et se rendit en quelque sorte l'instrument de leur réconciliation. Après avoir écrit une lettre pour consoler ce prince, qui avait été si injustement dépouillé de sa couronne, il composa un traité sur le respect que les enfants doivent à leurs parents et que les sujets doivent à leur prince, qu'il termine toutefois en exhortant l'empereur à user de clémence envers ses fils et leurs partisans.

En 842, deux ans après la mort de ce prince, il se démit volontairement de sa dignité d'abbé, qu'il avait exercée pendant vingt ans, afin de pouvoir se livrer avec plus de loisir à la lecture et à la méditation des saintes Ecritures. Il se retira sur la montagne de Saint-Pierre, située dans le voisinage de Fulde, où il trouva la solitude qu'il cherchait, et où il pouvait consacrer tout son temps à la piété et aux sciences. Mais il fut bientôt obligé de quitter sa chère solitude pour entrer dans une carrière nouvelle qu'il ne s'était pas préparé à parcourir. Après la mort d'Otgaire, archevêque de Mayence, il fut appelé à ce siége en l'année 847. Ce fut vainement qu'il prétexta les infirmités que ses études assidues lui avaient attirées; l'intérêt général de l'Eglise le força de céder et d'accepter la dignité épiscopale. Il s'imposa par là de nouveaux devoirs, des travaux plus pénibles encore, sans se relâcher en rien des exercices de pénitence auxquels il était accoutumé. Il ne mangeait pas de viande et ne buvait pas de vin, quoiqu'il fût d'une constitution très-délicate et d'une faible santé.

Trois mois après son sacre, qui eut lieu en 847 vers la fin de juin, dans la cathédrale de Mayence, en présence de Louis, roi de Germanie, il tint un concile à l'abbaye de Saint-Alban, où il prit des mesures très-sages pour la

1. La mémoire de Raban était autrefois en si grande vénération dans l'Allemagne, que quand on voulait louer quelqu'un pour sa science, l'on disait de lui qu'il était docte comme Raban, *doctus ut Rabanus*.

réforme des mœurs et le maintien de la discipline ecclésiastique, mais principalement pour la conservation des biens de l'Eglise, véritable motif qui avait provoqué ce synode. L'année suivante, il convoqua un nouveau concile contre le moine Gotescalc, au sujet de la prédestination, sur laquelle il écrivit un ouvrage qu'il dédia à Noting, évêque de Brescia (selon d'autres de Vérone), dans la Lombardie; et, après avoir condamné sa doctrine, il le renvoya à Hincmar, archevêque de Reims, dans le diocèse duquel il avait été ordonné.

L'année 850, qui fut signalée par une grande famine, lui fournit une nouvelle occasion de déployer sa charité. Pendant tout ce temps d'affliction, il se tint à Winkel, dans le Rheingau, où il nourrissait chaque jour plus de trois cents pauvres, sans compter ceux à qui il donnait ordinairement à manger à sa table.

Dans l'année 852, on convoqua à Mayence, par l'ordre de Louis, un nouveau concile, qui fut présidé par Raban, et auquel assistèrent les évêques et les abbés de la Franconie orientale, de la Bavière et de la Saxe. On y discuta plusieurs questions canoniques [1].

Les occupations littéraires et pastorales auxquelles notre Saint se livrait constamment avaient dès longtemps porté atteinte à sa santé; il succomba enfin le quatrième jour de février, à Winkel, après avoir fait briller dans presque toute l'étendue de l'Eglise les rayons de sa vertu et de sa science. Il fut enterré au monastère de Saint-Alban, près de Mayence, dans la chapelle des saints Martin et Boniface. Lorsqu'en 1515, la première année de son épiscopat, l'archevêque Albert visita cette chapelle, et qu'il y trouva les saints corps de dix évêques de Mayence, auxquels on ne rendait pas l'honneur qui leur était dû, il envoya, du consentement des chanoines de cette ville et du Siége apostolique, le corps de saint Raban à Halle, en Saxe, où il fut solennellement inhumé en l'église de Saint-Maurice [2]. Ce grand archevêque ne fut jamais universellement honoré dans l'Eglise avec le titre de Saint; ce n'est qu'en Allemagne qu'on lui rendit cet honneur, et principalement dans l'archevêché de Mayence, dont le Martyrologe le qualifie docteur de l'Eglise. Son nom ne se trouve donc pas dans le Martyrologe romain, mais bien dans plusieurs Martyrologes d'Allemagne.

ÉCRITS DE SAINT RABAN MAUR.

Les œuvres complètes de saint Raban Maur furent publiées en six volumes in-folio. Cologne, 1627. En voici un aperçu :

1° Le livre *de la Grammaire*, extrait de Priscien le Grammairien, qui a écrit vers l'an 525.

2° Un ouvrage intitulé *de Universo*, écrit vers l'an 844. Il est divisé en vingt-deux livres, et ne renferme guère que des définitions de noms et de mots qui se rapportent à l'Ecriture sainte. Il est adressé à l'empereur Louis.

3° Deux livres de *l'Eloge de la Croix*, composés à la prière de son maître Alcuin. Ils ont été imprimés séparément, à Pforzheim, en 1501, et à Augsbourg, en 1605. Cet ouvrage a joui dans son temps d'une grande réputation; il est plein d'idées bizarres, et n'offre guère d'utilité.

4° *Commentaires sur l'Ecriture*, qui ne sont proprement qu'une compilation de ceux des anciens. Une partie en fut imprimée à Cologne en 1532. L'ouvrage était composé de trente livres.

1. Voir sur ce point Henschenius, qui cite nominativement les évêques présents à ce concile, et corrige plusieurs erreurs de Tritheim. Au nombre de ces évêques, se trouva entre autres le savant Servat Loup, qui écrivit un livre *contra prædestinationes hæreticas*. Dans les trois synodes tenus sous Raban, on condamna encore les ouvrages suivants : *De libero arbitrio, de Prædestinatione, de Sanguinis Christi superflua taxatione*. V. Tritheimius, *Chron. Hirsaug. an.* 851; Sigebertus, *de Scriptorib.*, Joannis, t. I, p. 402.

2. Tritheim, *Vie de saint Maxime*. La moitié du corps de ce dernier Saint fut transférée à Halle, avec celui de saint Raban.

5° *Homélies* sur plusieurs points de la morale chrétienne, sur les fêtes de l'année, etc., etc.

6° *Traité des allégories de l'Ecriture.*

7° *Traités de l'institution des clercs et des cérémonies de l'Eglise* ou des *offices divins*, divisé en trois livres. C'est un des plus importants ouvrages de Raban Maur.

8° *Traité des saints Ordres, des sacrements et des habits sacerdotaux;* puis trois livres *de la discipline ecclésiastique.* Ces deux ouvrages traitent presque du même sujet que le précédent.

9° Un livre sur *la vision de Dieu, la pureté du cœur et la manière de faire pénitence.* Ce ne sont que des extraits de ce que l'auteur avait lu chez les Pères.

10° *Un Pénitentiel,* distribué en quarante chapitres, et composé des canons des conciles et des décrets des Pères.

11° *Traité sur le mariage entre parents, et sur les magiciens.*

12° De l'âme et des vertus.

13° Un martyrologe, écrit vers l'an 845, que Canisius a fait imprimer le premier. Mabillon en a inséré le prologue dans ses *Analect.*, page 419, d'après un manuscrit de la bibliothèque de Saint-Gall.

14° Poésies diverses, en trois parties; publiées à la suite de celles de Fortunat, par le Père Brouwer, à Mayence, 1617, in-4°. On trouve encore un recueil de ces poésies dans Baluze, l. 4, *Miscell.* On y voit aussi le *Veni Creator,* ce qui a fait croire à quelques-uns que Raban en était l'auteur.

15° Le livre *de l'invention des langues,* depuis l'hébreu jusqu'à l'allemand, imprimé par Goldast, avec des remarques sur les parties du corps humain, dans son tome II, *Rerum Allemanicarum,* Francof. 1606. Les ouvrages nommés jusqu'ici sont les seuls qui se trouvent dans l'édition de Cologne dont nous avons parlé plus haut, et qui est due aux soins de Colvenère, chancelier de l'Université de Douai.

16° Plusieurs *Lettres,* qui renferment souvent des choses importantes sur le dogme, la discipline, le droit canonique, etc.

17° *Traité sur différentes questions de l'Ancien et du Nouveau Testament, tant contre les Juifs que contre les infidèles ou les hérétiques judaïsants :* c'est un recueil de passages tirés des Pères et des saints livres. Dom Martène le publia d'après un ancien manuscrit de l'abbaye de Saint-Serge d'Angers. Dans ses *Anecd.*, t. V, p. 401, *Schunk* dit : « Il est douteux que ce livre soit de Raban ».

18° Un traité des chorévêques, publié par Baluze à la fin de la *Concordia Sacerdotii et Imperii,* par Pierre de Marca, et de la collection des conciles du P. Labbe, t. VIII. Baluze y ajouta encore un autre ouvrage de Raban, intitulé : *Sur le respect que doivent avoir les enfants envers leurs pères, et les sujets envers leurs princes.*

19° Le livre *des vices et des vertus,* imprimé à Anvers, en 1560, dans un recueil d'anciens rits de l'Eglise, par Wolfgang Lazius.

20° *Discours sur la souffrance,* imprimé par Dom Bernard Pez, d'après un manuscrit âgé d'environ trois siècles, de l'abbaye de Maulk, *Anecd.*, t. IV, part. 2, p. 8. — On y trouve l'hymne *Gloria, laus, honor,* sans indication d'auteur, qui, comme on sait, n'est autre que Théodulphe d'Orléans, mort en 821, après avoir produit plusieurs capitulaires, ainsi que différents autres ouvrages en vers et en prose, dont le P. Sirmond publia une édition en 1646. Voir *Opera Sirmondi.* Venetiis, 1728, t. II.

21° Un traité de *Comput* ou *calcul,* que Baluze a fait imprimer, t. Ier, *Miscell.*, p. 1, *et Præfat.* in l. 1 *Miscell.*

22° Un traité *contre ceux qui combattent la règle de saint Benoît,* imprimé par dom Mabillon, *Annal. Ben.*, t. II, append., p. 726, d'après un ancien manuscrit de l'abbaye de Molh.

23° Un *Glossaire* latin-allemand sur les livres de l'Ancien et du Nouveau Testament. Jean Georges d'Eckard l'a inséré dans le troisième volume *de rebus Franciæ Orient.* Voir Lambecius, *Bibl.* l. 2, c. V, p. 415, 416 et 952.

24° Quelques autres écrits qui sont perdus.

On lui a aussi attribué divers ouvrages qui ne sont pas de lui, tels que le *Traité du sacrement de l'Eucharistie,* imprimé à Cologne en 1551, qui est de Paschase Radbert ; un livre *des Révélations* cité par Possevin; la *Glose ordinaire* sur toute l'Ecriture, qui est de Walafride Strabon : un traité des *Mystères de la Messe ;* un autre des *divins Offices,* et un *Dictionnaire des significations mystiques.* Le traité de *l'Antechrist,* attribué tantôt à saint Augustin, tantôt à Alcuin, et imprimé parmi les œuvres de Raban, n'est d'aucun d'eux, mais d'Adson, moine et depuis abbé de Moutier-Ender.

Raban fait paraître beaucoup d'esprit et d'érudition dans ses ouvrages. Né avec de grands talents pour toutes sortes de sciences, il y en eut peu qu'il n'entreprit de cultiver, et il le fit avec succès. Quoiqu'on trouve dans ses écrits quelques endroits qui ont besoin d'explication, son style cependant est simple, clair, naturel et concis; il écrit moins bien en vers qu'en prose ; il lui est même échappé des fautes contre la prosodie, ce qui, dans ces siècles, n'a rien d'étonnant. Voir Cave, *Hist.*, Lettre, t. II, p. 36 ; Dom Cellier, *Hist. des aut. eccl.*, t. XVIII, p. 755 ; Dom Rivet, *Hist. litt. de la France,* t. V ; et Richard Simon, *Critique de Dupin,* t. Ier, p. 292 ; Cont. de Godesc.

SAINT ISIDORE DE PÉLUSE (449).

Ce fut au voisinage de Péluse, ville située sur l'embouchure la plus orientale du Nil, et autrefois une des principales de l'Egypte après Alexandrie, que fleurit pendant longtemps saint Isidore, surnommé de *Péluse* ou de *Damiette*, par l'erreur de ceux qui ont cru que cette ville fut bâtie sur les ruines de l'ancienne Péluse.

Il était originaire d'Alexandrie, d'une famille également noble et opulente, et alliée à celle du patriarche Théophile et de saint Cyrille, son neveu et son successeur dans la chaire de saint Marc l'Evangéliste. Son éducation répondit à la distinction de sa naissance. Les Grecs nous disent qu'il acquit à un très-haut degré les sciences divines et humaines. Il avait eu pour maître saint Chrysostome, et il fut à son tour un de ses plus illustres disciples.

Il n'était qu'aux jours de son adolescence lorsqu'il s'engagea dans la vie monastique. Ce fut au désert de Lychnos, d'après toutes les apparences, qu'il commença sa carrière religieuse, et comme il surpassa bientôt tous ses frères en prudence, en sagesse, comme en sicence et en humilité, il fut élu supérieur général de toute cette pacifique milice. Son costume et sa nourriture révèlent assez ses grandes austérités. Il ne portait qu'un vêtement de poil très-rude, et ne vivait que d'herbes et de feuilles.

Elevé au sacerdoce vers sa trentième année, il se lança avec une ardeur infatigable et un zèle invincible dans les combats du Seigneur. Sa cause était la sienne ; il n'en fut pas un des moins heureux champions. Il réfuta victorieusement les Juifs par les prophéties, développa avec un grand talent les mystères de la très-sainte Trinité et de l'Incarnation contre les Ariens, les Nestoriens, les Sabelliens et autres hérétiques : il prit éloquemment la défense de saint Chrysostome persécuté, et contribua puissamment à son retour au sein de son troupeau.

La mission particulière à saint Isidore fut de combattre sans considération humaine les vices et les abus partout où il les trouvait. Tout concourait d'ailleurs à lui donner de l'autorité sur les esprits ; sa naissance distinguée, les richesses qu'il avait quittées, le détachement dont il faisait profession, l'austérité de sa vie, la vaste érudition qu'il avait acquise, le rare talent de l'employer avec force et avec énergie, et surtout ces brillantes lumières qu'il avait comme puisées dans le sein de la divinité par son oraison éminente et sa haute contemplation ; tout cela, disons-nous, faisait qu'il poursuivait vigoureusement par sa plume le péché dans les grands comme dans les petits, dans le haut clergé comme dans celui du second ordre, dans les gouverneurs et les magistrats comme dans le peuple, parce que son amour pour Dieu ne pouvait souffrir de le savoir offensé. C'est ainsi que les Saints ont vaincu les royaumes, dit l'Ecriture, opéré la justice et obtenu les célestes récompenses

Favorisé d'une belle vieillesse, exempte d'infirmités et toute pleine de vertus et de gloire, il passa dans le baiser du Seigneur l'an 449.

Nous n'avons aucun monument historique sur le désert de Lychnos ; il paraît seulement que c'est celui que saint Hilarion, au rapport de saint Jérôme, visita en allant de la Palestine au tombeau de saint Antoine.

Voici quelques maximes extraites des Lettres de saint Isidore :

« Le prêtre est l'ange du Très-Haut : or il n'est point dit que les anges soient légers et dissipés. Tous les discours qui blessent la gravité et la sainteté du sacerdoce, doivent être inconnus des prêtres.

« Ce n'est pas la puissance », écrivait-il à Théodose, « qui honore et qui sauve le prince ; ce sont ses vertus ».

« Si vous vous flattez », répondait-il à un homme de guerre, « que votre épée, votre casque, votre cuirasse vous garantiront des châtiments que vous méritez par vos violences et vos injustices, sachez que d'autres, bien mieux armés que vous, n'ont point échappé aux coups d'une mort tragique ».

« Obéissez à vos princes », disait-il au peuple, « en ce qui n'est pas contraire à la loi de Dieu ».

Voici les avis qu'il donnait aux pères et aux mères en écrivant au comte Callimachus : « Les parents n'obtiendront le salut qu'en ayant soin d'élever, comme ils le doivent, dans la crainte de Dieu, les enfants qu'ils ont mis au monde ».

« Si vous voulez demeurer veuve », écrivait-il à une jeune dame, « ne vous conduisez pas comme les jeunes femmes ».

« Il importe fort peu de savoir parler de tout ; mais il importe extrêmement de savoir se bien conduire ».

Voici la belle leçon qu'il donnait aux pécheurs en écrivant au magistrat Cassius : « Que la grâce que Dieu nous a accordée jusqu'ici de faire pénitence, ne nous rende pas faciles à pécher de nouveau, car la même grâce il ne vous la doit plus, et il est en droit de vous la refuser du moment que vous en abusez. Combien y en a-t-il qui sont morts sans avoir eu le loisir de faire pénitence ! D'ailleurs ne croyez pas que les crimes s'expient si facilement que vous le pensez ; on ne guérit ordinairement les vices que par une longue pénitence, par les travaux, les jeûnes, les veilles, les prières et les aumônes. Or, qui vous a promis que vous aurez tout le temps nécessaire ? »

« C'est un mal de pécher, mais c'en est un bien plus grand de le faire sans remords ».

« Trois choses rendent l'homme parfait : la prière, la vertu et la foi. La prière en est comme l'ornement, la vertu comme le corps, la foi comme l'âme ».

« Si tous les hommes étaient traités en ce monde selon leurs mérites, en sorte que les impies y subissent la peine due à leurs crimes, et les bons y reçussent la récompense de leur vertu, le jugement de Dieu serait inutile ; mais il est nécessaire, puisque les méchants prospèrent le plus souvent en ce monde, et que les justes y sont souvent affligés ».

« Quand même nous serions coupables de crimes si énormes qu'ils nous parussent irrémissibles, le souverain Juge se laisse néanmoins fléchir dès que nous recourons à sa miséricorde avec un cœur véritablement contrit ».

« Celui qui veut se venger et ne le peut pas, est aussi coupable que s'il s'était vengé ; et celui qui voudrait donner et qui n'en a pas le moyen, en a autant de mérite que s'il avait donné, parce qu'il faut juger des choses, non par l'événement, mais par la disposition du cœur ».

Faisant un jour le parallèle des écrivains sacrés avec les profanes, il disait : « Le style des premiers est simple et dénué d'ornement, mais le sens est sublime et céleste ; celui des seconds ne dit rien que de bas et de rampant, quoique en termes élégants et fleuris ».

« On ne parviendra jamais à acquérir la pureté tant qu'on recherchera les délices de la table ».

« Nous sommes également coupables », écrivait-il à l'évêque de Théon, « ou lorsque nous voulons venger nos propres injures, ou lorsque nous ne sommes pas touchés de celles qu'on fait à Dieu ».

« Il est vrai que Dieu est assez puissant pour se faire rendre justice ; mais il veut pourtant que les gens de bien détestent le péché et le fassent détester, et c'est dans cette conduite de zèle que les Saints faisaient consister la vertu et la véritable philosophie ».

Nous avons de saint Isidore de Peluse *cinq livres de Lettres* en grec et quelques autres ouvrages, dont la meilleure édition est celle de Paris, donnée en 1638, in-folio, en grec et en latin. C'est le recueil des éditions précédentes de l'abbé Billy, de Rithershusius, et du Père Schott, S. J. L'édition de 1638 a été reproduite à Venise en 1745 (texte latin seulement), à Lyon en 1677, à Rome en 1670, à Paris vers 1848. Cette dernière est celle de M. Migne. Le volume LXXVIII de sa *Patrologie grecque* contient tout ce qui nous reste des écrits de saint Isidore.

Ces Lettres sont courtes en général, d'un style concis et serré, pleines de suc, savantes, sensées, vives et pressantes. Elles font voir la profonde intelligence que leur auteur avait acquise de l'Ecriture sainte, la facilité et la liberté de son esprit, et le talent particulier qu'il avait pour inspirer l'amour de la vertu et l'horreur du vice. Elles ont été si estimées, que plusieurs les ont jugées égales aux écrits de saint Basile le Grand, pour l'onction et la piété, et à ceux de saint Chrysostome pour le zèle qu'il déploie dans la correction des abus et la réformation des mœurs [1]. Le Père Possevin, *in apparit.*, disait qu'on ne pouvait trop conseiller la lecture des Lettres de saint Isidore, et il souhaitait qu'on les adoptât dans les écoles publiques pour former les jeunes gens à la piété et à l'éloquence. Avis aux compilateurs de classiques chrétiens.

Dupin parle beaucoup des écrits de saint Isidore [2]. Il dit qu'entre autres matières, il avait traité celle de la présence réelle de Jésus-Christ dans l'Eucharistie, et de l'honneur dû à la très-sainte Vierge et aux Saints.

Cf. Esprit des Saints, par M. l'abbé Grimes.

SAINT AVENTIN DE CHARTRES (528).

Aventin, né à Châteaudun, d'une race noble, florissait par sa science et sa piété, sous le règne de Clovis Ier. Il remplissait les fonctions d'archidiacre dans l'église de Chartres, lorsque,

1. Voir Baillet, t. II, p. 79. — 2. Bibl., t. III, p. 7.

à la place de saint Solenne ou Soulaine, son frère, qui s'était enfui dans la solitude, et y demeurait caché pour éviter la dignité épiscopale à laquelle on voulait l'élever, il fut élu et ordonné évêque de la même église. Mais Solemne ayant été découvert et ramené, Aventin lui céda sans peine une fonction non moins onéreuse qu'honorable. Cependant, afin que la grâce de l'ordination ne demeurât pas vaine dans un homme d'un si grand mérite, le bienheureux Solenne lui confia le gouvernement spirituel du pays Dunois, et il fixa sa résidence à Châteaudun. C'était une situation toute particulière, dont un certain Promotus s'efforça d'abuser à son profit, voulant, quelques années après, se constituer évêque du Dunois ; mais le quatrième concile de Paris, sur les instances de Pappole, évêque de Chartres, réduisit à néant cette prétention singulière.

Après la mort de Solenne, arrivée vers l'an 509, Aventin administra toute l'église chartraine. Car ce fut en qualité d'évêque de Chartres qu'il souscrivit aux conciles auxquels il assista, en particulier à celui d'Orléans, tenu en 511. Il construisit trois églises à ses frais ; son pouvoir contre les démons, sa charité envers les pauvres et ses autres nombreuses et grandes vertus, le rendirent célèbre. Enfin, une fièvre l'ayant saisi, il rendit son âme à Dieu le 4 de février 528.

Il fut enterré à Châteaudun dans un oratoire qu'il s'était fait construire. Plus tard on érigea au même endroit une église de Saint-Médard, maintenant détruite, mais qui fut, durant plusieurs siècles, un lieu très-fréquenté de pèlerinage pour tout le pays voisin. On y venait implorer le secours de saint Aventin, s'acquitter des vœux qu'on avait faits, et surtout pour obtenir du soulagement dans les maux de tête. Les ossements du bienheureux prélat, soigneusement dérobés à la profanation des impies, à l'époque désastreuse de nos discordes civiles, et déjà reconnus par un de nos évêques, Claude-Hippolyte de Montalte, ont été, en 1853, solennellement transférés dans l'église paroissiale de Sainte-Madeleine, par très-illustre et très-révérend Louis-Eugène Regnauld, évêque de Chartres.

Sa fête se célèbre à Chartres depuis longtemps, et à Châteaudun dès avant la bulle de Pie V sur la réforme du Bréviaire, comme cela est constant par le Propre à l'usage des chanoines de l'église de Sainte-Marie-Madeleine de Châteaudun.

Propre de Chartres.

SAINT AVENTIN DE TROYES, ERMITE (538).

> Sans la bonté du cœur, l'homme est un être inquiet, misérable, funeste à la terre et à lui-même.

Aventin naquit à Bourges d'une famille de moyenne condition. Il vint demeurer à Troyes, attiré par le bruit des vertus de saint Loup. Son cœur était humble, sa chasteté parfaite ; ses connaissances, étendues et variées ; sa prudence, achevée ; sa charité, pleine de tendresse. Connaissant le mérite et la sainteté d'Aventin, Camélien, successeur de saint Loup sur le siége de Troyes, lui confia l'administration des celliers et magasins d'où il tirait les aumônes abondantes qu'il faisait aux clercs ainsi qu'aux pauvres, aux veuves et aux pupilles. Dieu témoigna par un miracle combien il agréait les aumônes et l'instrument de leur distribution : le vase qui contenait le vin servant aux besoins quotidiens de l'Eglise et des pauvres se remplissait plus vite qu'il ne se vidait, bien qu'on y puisât tous les jours. L'évêque en fit lui-même l'expérience en y plongeant une baguette plusieurs fois. Le vin miraculeux disparut sous un autre économe. Aventin craignant alors que ce prodige ne lui fît de l'honneur parmi le peuple, demanda et obtint de son évêque la permission de se retirer. D'abord il se construisit une hutte dans le voisinage d'une église et d'une fontaine ; mais s'y trouvant trop exposé à la foule des visiteurs qui le distrayaient de sa méditation et de son oraison, il gagna une île située entre les eaux de la Seine et de l'Ozain, à dix kilomètres de Troyes. Le lieu désert où il s'arrêta devint un hameau, réuni aujourd'hui à la paroisse de Verrières, et s'appelle encore du nom du pieux ermite Saint-Aventin-sous-Verrières. Là il fut élevé à la prêtrise et il put dispenser les faveurs spirituelles comme autrefois il avait distribué les biens temporels.

Il n'avait emporté avec lui dans sa retraite qu'un peu de pain, une pioche, de la semence de légumes, un peu de sel, de l'orge, du millet et du panic, c'est-à-dire de quoi cultiver la terre et de quoi soutenir sa vie en attendant qu'il récoltât. Tout le temps qu'il fut dans cette retraite, son occupation était de louer Dieu par le chant des psaumes ; sa nourriture consistait en un pain d'orge écrasé et mélangé avec des légumes et des racines d'herbes ; c'était là ce qu'il mangeait tous les trois jours en buvant de l'eau ; le reste du temps il jeûnait. Son vêtement se composait d'abord d'un cilice très-rude, d'une tunique usée, d'une ceinture de peau, d'une vieille coule, de sandales pour chaussures ; son lit était fait de peaux de bêtes. Son habitation était très-déserte et plus souvent visitée des bêtes que des hommes. Un jour qu'il vit venir à lui un ours qui hurlait de douleur, à cause d'une grosse épine qu'il s'était enfoncée dans la patte, il le délivra de son mal, et la bête reconnaissante se roulait à ses pieds en le caressant. Une biche poursuivie par des chiens de chasse se réfugia près de lui épuisée de fatigue et il la sauva. Un jour qu'il allait à Troyes, il aperçut un cavalier et un démon assis derrière lui, qui le menaçait de le précipiter et de le perdre ; il conjura par une prière le danger qui menaçait cet homme.

Telle était son innocence, que les oiseaux venaient se poser sur sa main pour y becqueter les miettes de pain qu'il leur tendait par la fenêtre de sa cabane, et qu'après avoir mangé le pain, ils revenaient chanter autour de lui comme pour le remercier. Un serpent se réfugia dans son foyer, et, après avoir fait ses petits, il se retira sans être maltraité par Aventin. Un moine qui était venu se joindre à lui, prenait parfois des petits poissons qu'il voulait servir au Saint comme un petit adoucissement à ses privations ordinaires ; Aventin ne manquait pas de reporter à la rivière tous ceux qui étaient encore en vie. Il avait une grande autorité sur les démons qui sortaient des possédés, en publiant sa puissance. Enfin, il émigra de ce monde vers le Seigneur, le 4 février.

Peu de temps après, vers l'an 549, saint Vincent, qui avait succédé à saint Camélien sur le siége épiscopal de Troyes, fit bâtir aux portes de la ville une église en l'honneur de saint Aventin et voulut y être enterré lui-même. Cette église devint paroisse vers le IXe siècle et comprenait, outre la population d'un quartier de la ville, le hameau de la Vacherie et une partie de celui de la Moline. Cette église fut en partie démolie à la Révolution, et il n'en resta que deux travées qui disparurent en 1833.

A une époque qu'on ne peut préciser, mais assurément avant le XIIIe siècle, les reliques de saint Aventin passèrent de l'église qui lui était dédiée dans la collégiale de Saint-Etienne.

La Révolution détruisit encore la magnifique châsse de saint Aventin et jeta au vent les reliques qu'y avaient placées les chanoines de Saint-Etienne. Les paroisses de Creney et de Saint-Aventin-sous-Verrières purent dérober à la profanation les parcelles qui leur avaient été cédées en 1661 et en 1605. Creney possède une côte, et Saint-Aventin-sous-Verrières l'os appelé clavicule. Ces reliques ont été reconnues de nouveau le 14 octobre 1830.

La cathédrale de Troyes se glorifie de posséder une notable partie du crâne du saint anachorète [1].

Saint Aventin est patron de Creney et de Saint-Aventin-sous-Verrières.

On place souvent près de lui des ours et des oiseaux, pour exprimer son empire sur les créatures vivantes. On peut encore le représenter lisant dans sa cellule ; près de lui un cerf couché.

Ancien Propre de Troyes, imprimé en 1648 ; *Saints de Troyes*, par M. Defer et *Probationes cultus diœcesis Trecensis*.

SAINT VINCENT DE TROYES (536).

Vincent, dixième évêque de Troyes, ceignit la mitre pontificale environ l'an 526. Il fut un pontife selon le cœur de Dieu. Il montra un grand zèle pour le culte des Saints, il honora en particulier saint Aventin, disciple de saint Loup et de saint Camélien, et le canonisa. Il fit bâtir une chapelle non loin des murs de la ville de Troyes, sur le lieu de son tombeau, et voulut y être enseveli lui-même, comme il a été déjà raconté dans la vie de saint Aventin. Il florissait sous Childebert Ier, roi de France, vers l'an 526. Une de ses côtes, contenue dans une petite châsse d'argent munie d'une inscription en lettres gothiques, se trouvait parmi les reliques de saint Aventin. Le reste de son corps est demeuré dans son tombeau, lequel a été détruit à la Révolution en même temps que l'église de Saint-Aventin.

Ancien Propre de Troyes, imprimé en 1648.

1. Mais cette relique ne doit pas jouir d'une incontestable authenticité ; sans quoi M. Lalore, professeur au grand séminaire de Troyes et auteur d'un savant mémoire intitulé *Probationes cultus diœcesis Trecensis* n'aurait pas manqué d'en signaler la présence.

SAINT REMBERT DE BRÊME (888).

Rembert, disciple et successeur de saint Anschaire sur le siége de Brême[1], naquit près de Bruges, en Flandre. Saint Anschaire ayant remarqué un jour, parmi une foule d'enfants qui se rendaient à l'église, un jeune garçon remarquable par son air de modestie et sa piété, il s'informa de son nom. Ayant cru reconnaître en lui toutes les marques d'un cœur pur et d'un esprit bien doué, il pria ses parents de le mettre dans sa communauté de Thurolt et lui conféra aussitôt la tonsure. Cet enfant était saint Rembert.

Le saint archevêque l'associa bientôt à ses travaux apostoliques, et lorsqu'il mourut, il répondit à ceux qui le consultaient sur le choix de son successeur : « Rembert est plus digne d'être archevêque, que moi d'être diacre ». Il était en effet simplement diacre, mais il fut élu le jour même de l'enterrement d'Anschaire pour gouverner les diocèses unis de Brême et Hambourg. Après son sacre, il se souvint d'un vœu qu'il avait fait de devenir religieux, s'il survivait à son bien-aimé maître Anschaire. Pour le remplir, il alla prendre l'habit, à la nouvelle Corbie, où il promit solennellement de garder la règle de saint Benoît, autant que le comporterait sa nouvelle charge. Sous son épiscopat, les Normands firent de nombreuses incursions en Frise : il délivra par ses prières une des villes de ce pays sur le point d'être prise. Il avait comme son prédécesseur l'inspection générale des églises au nord de l'Elbe : Allemagne, Suède, Danemark, etc.; il mit la dernière main à l'œuvre si heureusement commencée par saint Anschaire. Sa charité pour les malheureux était grande : il n'hésita pas un jour à vendre les vases de son église pour racheter les esclaves que les Normands étaient venus capturer dans les limites de son diocèse. Il mourut en 888, dans un âge très-avancé, après avoir été évêque vingt-trois ans et cinq mois. Il fut inhumé à Brême, et selon le vœu de son humilité, hors des murs de l'église, à côté de saint Willehad, premier évêque de cette ville.

On le représente 1° debout tenant une croix à double croisillon; 2° distribuant aux pauvres les fragments des vases sacrés qu'il avait brisés pour aider son peuple dans une famine; 3° priant dans le voisinage d'une grande bataille que, grâce à ses prières, les fidèles de son diocèse gagnèrent contre les païens.

On a de saint Rembert : 1° la vie de saint Anschaire, écrite avec beaucoup de fidélité et de goût; 2° une lettre à Walburge, première abbesse de Nienheersa. C'est une exhortation fort pathétique à l'humilité et à la virginité.

SAINT GILBERT, FONDATEUR DES GILBERTINS (1190).

Ce Saint naquit à Sempringham, dans la province de Lincoln, en Angleterre. Ayant été formé à la pratique de toutes les vertus cléricales, il fut élevé aux saints ordres, puis reçut la prêtrise de l'évêque de Lincoln. Il ouvrit une école où il enseigna quelque temps à la jeunesse les principes des sciences et encore plus les grandes maximes de la piété. En 1123, il fut nommé à la cure de Sempringham et à celle de Tirington. Ces deux paroisses, dont son père était seigneur, avaient été unies, et pouvaient par conséquent être desservies par un même prêtre. Le Saint ne se réserva du revenu de ces deux bénéfices, que ce qui lui était absolument nécessaire pour vivre : tout le reste fut distribué aux pauvres. Il se livra tout entier à l'instruction de ses paroissiens, et ce fut avec un succès extraordinaire. Ils vivaient en effet dans leurs maisons comme des religieux dans leurs cloîtres, et il suffisait de les voir pour connaître quel était leur pasteur. Sept vierges s'étant consacrées à Dieu dans une maison voisine de l'église paroissiale de Sempringham, Gilbert en prit un soin particulier, et leur donna une règle qu'elles observaient exactement dans leur retraite; il en donna une aussi à une communauté d'hommes qui demandèrent à vivre sous sa conduite. Il avait tiré la première de ces règles de celle de saint Benoît, et la seconde de celle des chanoines régu-

1. Voir la vie de saint Anschaire au 3 février, *ad finem*.

liers ; mais il ajouta à l'une et l'autre quelques nouvelles constitutions. Telle fut l'origine de l'Ordre des Gilbertins, que le pape Eugène III approuva.

Notre Saint entra lui-même dans cet Ordre et en prit le gouvernement, dont il se démit toutefois quelque temps avant sa mort. Il ne se nourrissait que de racines et de légumes ; encore mangeait-il si peu que l'on ne concevait pas comment il pouvait subsister. Il avait toujours à table un plat qu'il appelait le *plat du Seigneur Jésus*. Il y mettait ce qu'on lui servait de meilleur, puis le faisait donner aux pauvres. Son amour pour les mortifications était insatiable. Il portait habituellement le cilice, ne dormait que fort peu et assis, employant une grande partie de la nuit à la prière. C'était dans ce saint exercice que son âme trouvait ces ailes spirituelles par le moyen desquelles elle s'élevait jusqu'au trône de la divine Majesté.

Dieu voulut éprouver son serviteur en permettant aux hommes de le persécuter. Saint Thomas de Cantorbéry ayant été exilé, Gilbert et les autres supérieurs de son Ordre furent accusés de lui avoir fait passer des secours. L'accusation était fausse ; mais le saint abbé aima mieux être mis en prison, et courir le risque de voir supprimer son Ordre, que de se justifier, dans la crainte de paraître condamner une action qui aurait été juste et bonne en elle-même. Enfin, après avoir fourni une carrière aussi longue que sainte, il mourut le 4 février 1190. Il était âgé de cent six ans. Les miracles qui s'opérèrent à son tombeau ayant été vérifiés par Hubert, archevêque de Cantorbéry, et par les commissaires qu'Innocent III nomma en 1201, il fut canonisé l'année suivante par ce Pape. On attribue à ce saint abbé les *statuts des Gilbertins, et les exhortations à ses frères*.

En mourant, Gilbert avait vu sa famille atteindre le chiffre de sept cents membres, distribués en treize couvents d'hommes et neuf de femmes. L'Ordre comptait vingt et un monastères à l'époque de sa suppression, sous Henri VIII : il y en a encore une maison à Baltimore, dans la Médie occidentale, en Irlande.

On met dans la main de saint Gilbert une *église* comme symbole de sa fondation.

Godescard.

SAINT JOSEPH DE LÉONISSA, MINEUR CAPUCIN (1612).

En 1587, Joseph de Léonissa était parti comme missionnaire à Pera, faubourg de Constantinople. Les galériens furent ceux au service desquels il se dévoua. Il les soigna avec un zèle et un courage admirables pendant une peste qui les décima, il en fut atteint et fut miraculeusement sauvé par la Providence : il vit plusieurs renégats, dont un était pacha, revenir à la religion chrétienne. Les mahométans entrèrent à cette nouvelle dans une rage extrême, se saisirent du missionnaire et le pendirent à une croix par un pied et par un bras. Longtemps on le laissa ainsi suspendu, après quoi le sultan commua sa condamnation à mort en exil perpétuel. Il retourna en Italie et continua à s'y livrer aux travaux apostoliques. Atteint vers la fin de sa vie d'un cancer horrible, on jugea bon de lui faire opération et on voulut le lier, mais lui, prenant son crucifix : « Voilà », dit-il, « le plus fort de tous les liens, il me tiendra immobile beaucoup mieux que toutes les cordes ». Il rendit son âme à Dieu, le 4 février 1612.

Bien qu'il ne soit mort qu'après son retour en Italie, on place, dans les images qu'on a faites de lui, le gibet où il fut accroché par un pied et une main, à cause de son prosélytisme au milieu des Turcs.

Voir notre *Palmier séraphique*, 12 volumes in-8° : la vie de saint Joseph de Léonissa y est racontée tout au long.

Vᵉ JOUR DE FÉVRIER

MARTYROLOGE ROMAIN.

A Catane, en Sicile, la naissance au ciel de sainte AGATHE, vierge et martyre, qui, au temps de l'empereur Dèce, après avoir enduré, sous le juge Quintianus, les soufflets, la prison, le chevalet et ses tortures, après avoir eu les mamelles coupées, et avoir été roulée sur des tessons et des charbons, consomma son sacrifice dans la prison en priant Dieu. 251. — Dans la province de Pont, la mémoire de plusieurs saints martyrs, dont les uns, dans la persécution de Maximien, furent arrosés de plomb fondu, les autres eurent des roseaux aigus enfoncés sous les ongles, et furent soumis à de nombreux tourments plusieurs fois réitérés, et qui tous méritèrent les couronnes du Seigneur par un glorieux combat. IVᵉ s. — A Alexandrie, saint ISIDORE, martyr, qui fut décapité pour la foi de Jésus-Christ, par ordre de Numérien, général d'armée, dans la persécution de Dèce. IIIᵉ s. — Au Japon, la passion de VINGT-SIX MARTYRS, qui, pour la foi catholique, furent mis en croix, percés de coups de lance, et succombèrent glorieusement en louant Dieu et en prêchant la même foi. 1597. — A Vienne, le bienheureux AVITE, évêque et confesseur, qui préserva les Gaules de la contagion de l'hérésie arienne par sa foi, sa prudence et son admirable doctrine. 525. — A Brixen, dans le Tyrol, les saints évêques Génuin [1] et Aubin, dont la vie a été illustrée par des miracles. 640 et 1015.

MARTYROLOGE DE FRANCE, REVU ET AUGMENTÉ.

A Maëstricht, saint Agricole, évêque, successeur de saint Servais. Il monta sur le siége épiscopal en 384 et mourut vers 420. — A Soissons, saint WODOEL ou VOUÉ, solitaire et confesseur. 700. — A Saint-Pierre de Gand, saint BERTULPHE ou BERNON, abbé. 705. — Au diocèse de Tournai, saint André, abbé, disciple de saint Amand, et son successeur dans l'abbaye de son nom. — A Cologne, sainte Adélaïde, vierge, abbesse de Velich, près de Bonn, sous la règle de Saint-Benoît, et ensuite de Notre-Dame de Cologne, deux monastères fondés par son père, le comte de Gueldres. 1015.

MARTYROLOGES DES ORDRES RELIGIEUX.

Martyrologe Romano-Séraphique. — Au Japon, la passion de vingt-six martyrs, dont six, savoir : Pierre-Baptiste, Martin, François, Philippe, Gonsalve et un autre François, appartiennent à l'Ordre des Mineurs ; quinze autres, leurs compagnons dans le ministère apostolique, sont du Tiers Ordre ; on leur en adjoint deux qui les servaient dans la prison ; tous furent mis en croix pour la foi catholique ; et, percés de coups de lance, ils succombèrent glorieusement en louant Dieu et en prêchant la même foi. 1597.

ADDITIONS FAITES D'APRÈS LES BOLLANDISTES ET AUTRES HAGIOGRAPHES.

En Corée et en Cochinchine, plusieurs martyrs dont on trouvera les noms et l'histoire au 5 février, volume de supplément. — A Anazarbe, en Cilicie, les saints Théodule, Boëce, Evagre,

1. Quelques manuscrits portent *Ingenuinus* au lieu de *Genuinus*. Paul, diacre, parle de Génuin dans ses *Gestes des Lombards*, liv. III, ch. 85. Barthélemy, de Trente, a écrit sa vie. Il fut évêque de Sabione, aujourd'hui Siben. Il fut exilé pendant la domination lombarde, et mourut en exil. Son corps fut transporté à Brixen, et il fut associé pour le culte à saint Albin, évêque de Brixen.

L'évêché de Brixen confine avec l'archevêché de Salzbourg, le Tyrol, l'évêché de Trente et la province de Bellune : saint Cassien le fonda en 360 sous le pape Damase Iᵉʳ et l'établit à Siben, ville de la Rhétie. A la suite d'invasions, saint Richpert, d'autres disent saint Albin, le transféra à Brixen. Le pays est riche, mais très-montagneux.

Macaire, et plusieurs autres, martyrs. Les trois derniers furent convertis à la vue du supplice de sainte Théodule et brûlés avec elle, sous le règne de Dioclétien. — En Afrique, les saints Révocat, Sature, Félix, Saturnin, Gélase, martyrs. — A Chieti, ancienne Théate, dans les Abruzzes, saint Légontien et saint Domitien, martyrs. — En Catalogne, sainte Calamande, vierge et martyre ; on l'invoque surtout dans les grandes sécheresses. — A Glaston, en Angleterre, les saints Indract et Dominique, et leurs neuf compagnons, martyrs, au commencement du VIIIe s. — A Milstat ou Muhlstadt, en Carinthie, les bienheureux Domitien ou Tuitien, duc de Carinthie, son épouse Marie, et un enfant anonyme. Le bienheureux Domitien fut enterré à Muhlstadt dans l'église qu'il avait bâtie. En 1102, des religieux et des religieuses de Saint-Benoît furent amenés à Muhlstadt. Plus tard l'empereur Frédéric III donna le couvent des moines aux chevaliers de Saint-Georges. Dans la suite, il fut cédé à la Compagnie de Jésus, qui en appliqua les revenus à la fondation d'un collége et de l'académie de Gratz. C'est ainsi que toujours et partout, les biens de l'Eglise ont servi à fonder ces Universités, si fières et si rebelles, qui ont tourné contre la religion les armes qu'elles en avaient reçues pour l'éclat et la défense de la civilisation chrétienne. Domitien détruisit les idoles qui subsistaient dans la contrée, et notamment les *mille statues* dont on prétend que le nom de cette ville est issu, pour élever en leur place des églises et des monastères. Commencement du IXe s. Le tombeau de saint Domitien est resté célèbre par les miracles qui s'y sont opérés. La peinture l'a réuni, dans un groupe de *famille sainte*, à sa femme et à son enfant. — En Grèce, saint Polyeucte, patriarche de Constantinople. 970. — En Carinthie, sainte AGATHE HILDEGARDE. 1024. — A Nangasaki, au Japon, les vingt-six martyrs Pierre-Baptiste, Martin de l'Ascension ou d'Aguirre, François Blanc, prêtres ; Philippe de Jésus ou de Las Cases, acolythe ; Gonzalve Garsias, François de Saint-Michel, laïques, tous de l'Ordre de Saint-François ; Paul Miki, Jean Got, Jacques ou Didace Kisaï de la Compagnie de Jésus ; et avec eux : Cosme Tachegia, Michel Cozachi, Paul Ibarchi, Léon Catasumaro, Ludovic, Antoine, Mathias, Bonaventure, Thomas Cozachi, Joachim Saccachibara, François, Thomas Dauchi, Jean Chimoïa, Gabriel, Paul Suzuchi, Caïus-François, Pierre Su-Chegiro. — En Judée, le patriarche Jacob, fils d'Isaac, petit-fils d'Abraham, sur lequel Dieu versa des bénédictions en abondance, et que Notre-Seigneur Jésus-Christ a pour ainsi dire canonisé lui-même, puisqu'il a dit que les bienheureux auraient place dans le royaume des cieux avec Abraham, Isaac et Jacob. L'Eglise ne lui a jamais rendu de culte particulier.

SAINTE AGATHE, VIERGE ET MARTYRE

251. — Pape : saint Corneille. — Empereur : Dèce.

> A la messe, immédiatement après l'élévation, le prêtre récite une oraison où il prie Dieu de nous faire participer à la gloire des Apôtres et des Martyrs... Dans cette prière, sont nommés plusieurs Saints, entre autres sainte Agathe. Pour être jugée digne de l'honneur que lui fait l'Eglise de répéter son nom à tant de messes, depuis tant de siècles, il faut que sa sainteté ait été bien grande et bien extraordinaire.
>
> Le doigt de Dieu est ici ! Cette gloire vient de Dieu ! Grorifions Dieu dans ses Saints !

Palerme et Catane, deux villes célèbres de Sicile, se disputent l'honneur d'avoir donné naissance à sainte Agathe. Mais, quoi qu'il en soit du lieu de sa naissance, il est certain que la ville de Catane a été arrosée de son sang. La réputation de sainteté dont elle jouissait, étant parvenue jusqu'aux oreilles de Quintianus, personnage consulaire de la province de Sicile, il recherchait toutes les occasions de s'introduire auprès d'elle. Comme son cœur était ouvert à tous les crimes, il se laissait agiter par toutes les mauvaises passions. Désirant donc étendre sa renommée, afin d'acquérir la gloire du siècle, il ordonna qu'on se saisît de la servante de Dieu, qui était issue d'une illustre famille. Il eût voulu persuader au peuple que, malgré l'obscurité de son origine, il avait néanmoins assez d'ascendant et de puissance pour subjuguer le cœur des personnes les plus qualifiées. Adonné à une vie licencieuse, il comptait sur la vue de cette vierge, qui était d'une grande beauté, pour satisfaire la concupiscence de ses yeux ; son avarice convoitait les richesses de la servante de Dieu ; enfin il était idolâtre et esclave des démons. Aussi, dans l'ardeur impie qui le consumait, il ne pouvait entendre proférer le nom du Christ.

Il donna donc ordre à ses appariteurs de se saisir de la personne d'Agathe, et la fit livrer à une femme nommée Aphrodise, qui avait en sa maison neuf filles aussi corrompues qu'elle et dignes de leur mère. Le dessein de cet infâme magistrat était que ces indignes créatures pervertissent le cœur de la vierge qu'il eut l'infamie de leur abandonner durant trente jours. Elles, de leur côté, espéraient arracher cette âme pure à sa résolution, en employant tantôt la promesse des jouissances, tantôt des menaces terribles.

Agathe leur dit : « Mon âme a été affermie et fondée dans le Christ ; vos paroles ne sont que du vent, vos promesses qu'une pluie orageuse, vos menaces ressemblent à un fleuve ; mais ce vent, cette pluie, ce fleuve, auront beau se déchaîner contre les fondements de ma maison : elle ne pourra tomber, parce qu'elle est assise sur la pierre ferme ».

En répétant chaque jour ces paroles, elle versait des larmes et priait ; et, de même que celui qui, étant brûlé de la soif, au milieu des ardeurs du soleil, soupire après les fontaines jaillissantes ; ainsi désirait-elle atteindre la couronne du martyre et souffrir toutes sortes de supplices pour le nom de Jésus-Christ.

Voyant donc que la vierge demeurait inébranlable dans sa résolution, Aphrodise alla trouver Quintianus, et lui dit : « Il serait plus aisé d'amollir les rochers et de donner au fer la souplesse du plomb que d'enlever de l'âme de cette jeune fille le sentiment chrétien. Mes filles et moi nous nous sommes succédées auprès d'elle à tour de rôle, jour et nuit, sans relâche, et nous n'avons rien pu faire, si ce n'est de contribuer à affermir encore davantage son esprit dans le propos qu'elle a formé. Je lui ai offert des pierres précieuses et les plus brillantes parures, des vêtements tissus d'or ; je lui ai promis des maisons et des terres voisines de la ville ; j'ai étalé à ses yeux tout le luxe de l'ameublement le plus varié ; j'ai mis à sa disposition de nombreux serviteurs de l'un et de l'autre sexe, et de tout âge ; mais elle n'a pas plus fait de cas de toute cette pompe que de la terre qu'elle foule aux pieds ».

Quintianus, transporté de colère, fit amener la vierge à son audience ; et assis sur son tribunal, il débuta en ces termes : « Quelle est ta condition ? » La bienheureuse Agathe répondit : « Je suis de condition libre, et même de noble extraction, comme toute ma parenté en fait foi ». — « Si tu es d'une famille si noble et si illustre, pourquoi donc manifestes-tu dans ta conduite la bassesse de la condition servile ? » — « Etant servante du Christ, je suis en cela de condition servile ». — « Si tu étais d'une famille noble et distinguée, voudrais-tu te rabaisser à prendre le titre de servante ? » — « La souveraine noblesse est d'être engagée au service du Christ ». — « Quoi donc ! est-ce que nous n'avons point part à la noblesse, nous qui méprisons le service du Christ et qui observons le culte des dieux ? » — « Votre noblesse a dégénéré en une servitude si profonde que, non-seulement elle vous rend les esclaves du péché, mais encore vous assujétit au bois et à la pierre ». — « Tous les blasphèmes que ta bouche insensée osera proférer recevront le châtiment dû à ton insolence. Dis-nous, toutefois, avant d'en venir aux tourments, pourquoi tu méprises le culte des dieux ? » — « Ne les appelle pas des dieux, mais des démons ; oui, ceux dont vous fondez l'effigie en airain, et dont vous dorez les figures de marbre ou de plâtre ne sont autres que des démons ». — « Choisis de deux choses l'une, et prends le parti que tu voudras : ou d'encourir avec les malfaiteurs divers genres de supplices, si tu persistes dans ta folie ; ou, si tu es sage et vraiment noble, de sacrifier, comme la nature elle-même t'y invite, aux dieux tout-puissants, que leur divinité nous oblige de reconnaître et d'adorer ». — « Prends garde que ta femme ne devienne semblable à ta déesse Vénus, et toi à ton Dieu Jupiter ».

A ces mots, Quintianus ordonna qu'elle fût souffletée, et lui dit : « Ne t'avises pas de laisser ta langue téméraire se répandre en paroles injurieuses envers ton juge ». — « Tu viens de dire que leur propre divinité démontre que tes dieux sont dignes d'être honorés ; eh bien ! que ta femme soit donc semblable à Vénus, et toi à Jupiter ; afin que vous puissiez être comptés au nombre de vos dieux ». — « Il paraît que tu prends le parti d'endurer toutes sortes de tourments, puisque tu recommences à m'attaquer par de nouvelles injures ». — « Je m'étonne de voir qu'avec toute ta prudence tu te sois laissé déchoir à une telle folie que d'aller appeler dieux des êtres dont tu ne veux pas que ta femme suive les traces, et dont tu crains tellement d'embrasser toi-même le genre de vie, que tu prends pour une injure la proposition qui t'en est faite. Conviens avec moi que si ce sont de vrais dieux, je t'ai désiré un bien, en souhaitant que ta vie fût semblable à celle que l'histoire leur attribue. Que si, au contraire, tu as leur ressemblance en horreur, tu es de mon avis. Dis donc qu'ils sont si pervers et si impurs, que lorsqu'on veut maudire quelqu'un, on n'a qu'à lui souhaiter d'être tel qu'ils ont été dans leur exécrable vie ». — « Qu'ai-je besoin de tout ce flux de paroles ? Sacrifie aux dieux, ou je te ferai mourir par divers genres de supplices ». — « Si tu ordonnes de me livrer aux bêtes, elles s'adouciront au nom seul de Jésus-Christ ; si tu emploies le feu, les anges répandront sur moi du haut du ciel une rosée salutaire ; si tu me menaces des verges et des coups, j'ai au dedans de moi l'Esprit-Saint, qui me fera mépriser tous tes supplices ».

A ces mots, Quintianus secouant la tête avec fureur, commanda qu'on enfermât la vierge dans un cachot ténébreux, et lui dit : « Songe à toi et reviens sur tes pas, si tu veux éviter d'horribles tourments, qui mettront ton corps en lambeaux ». — « C'est à toi, ministre de Satan, de te repentir, si tu veux éviter les tourments éternels ». — Quintianus ordonna de la conduire de suite en prison, parce que ces invectives publiques le couvraient de confusion. Agathe, comblée de joie et toute glorieuse de l'honneur qu'on lui faisait, entra dans la prison, comme dans la salle d'un festin auquel elle eût été invitée ; et tressaillant d'allégresse, elle recommandait au Seigneur par ses prières le combat qu'elle allait avoir à soutenir.

Le lendemain, l'impie Quintianus fit comparaître la vierge à son tribunal, et lui dit : « Quelle résolution as-tu prise relativement à ton salut ? » — « Mon salut, c'est le Christ ». — « Jusques à quand, malheureuse, persisteras-tu dans ta vaine résolution ? Renie le Christ et commence à adorer les dieux ; considère enfin ta jeunesse, et ne te laisse pas consumer par une mort cruelle ». — « Toi, bien plutôt, renonce à tes dieux qui ne sont que de la pierre et du bois, et adore ton Créateur, le vrai Dieu qui t'a créé. Si tu le méprises, tu seras soumis aux peines les plus rigoureuses et à des flammes éternelles ».

Quintianus, transporté de fureur, commanda qu'on l'attachât sur le chevalet, et qu'elle y fût tourmentée. Pendant la torture, il lui disait : « Laisse là ta résolution, afin que l'on puisse aviser à la conservation de ta vie ». — « J'éprouve, au milieu de ces tourments, autant de délices qu'en pourrait ressentir un homme à qui on annonce une heureuse nouvelle, ou qui revoit une personne depuis longtemps désirée, ou enfin qui découvre un riche trésor; moi aussi je me délecte au milieu de ces tourments d'un instant. Le froment ne peut être mis au grenier, si son épi n'a été fortement battu et réduit en paille ; ainsi en est-il de mon âme ; elle ne peut entrer dans le paradis du Seigneur, avec la palme du martyre, que tu n'aies auparavant livré mon corps à l'ingénieuse fureur de tes bourreaux ».

A ces paroles, Quintianus, saisi de colère, ordonna qu'on lui coupât la mamelle, après l'avoir déchirée. Agathe lui dit : « Impie, cruel et barbare tyran, n'as-tu point honte de mutiler dans une femme ce que tu as sucé dans ta mère ? Mais je conserve intactes au dedans de moi les mamelles spirituelles, où je puise la nourriture de mon âme, et que j'ai consacrées dès mon enfance au Seigneur Jésus-Christ ».

Quintianus la fit de nouveau conduire en prison. Il donna ses ordres pour qu'il ne fût permis à aucun médecin de s'introduire auprès d'elle, et défendit expressément qu'on lui procurât ni pain ni eau. Pendant qu'elle était enfermée dans la prison, vers le milieu de la nuit, un vieillard précédé d'un enfant qui portait un flambeau, se présenta à elle sous l'apparence d'un médecin ; et, ayant à la main divers médicaments, il lui dit : « Tu as souffert dans ton corps, par ordre de ce magistrat insensé, des supplices cruels ; mais tu lui as fait subir par tes sages réponses des tortures plus cruelles encore. Il a fait tourmenter et mutiler ton sein ; mais il verra son opulence changée en fiel, et son âme plongée éternellement dans l'amertume. Cependant, comme j'étais présent tandis que tu souffrais tous ces maux, j'ai vu que ta plaie peut encore être guérie ». Alors la bienheureuse Agathe lui dit : « Je n'ai jamais procuré à mon corps de médecine corporelle ; et il serait honteux de me désister maintenant de cette confiance en Dieu que j'ai toujours conservée en moi dès mon plus bas âge. — Comme toi », reprit le vénérable vieillard, « je suis chrétien ; mais de plus je connais la médecine. Je te prie de ne rien craindre de ma part ». Agathe lui repartit : « Eh ! quelle crainte puis-je avoir à votre égard ? Vous êtes avancé en âge, et vous comptez des années bien plus nombreuses que les miennes. D'ailleurs tout mon corps est tellement déchiré, que les plaies dont il est couvert enlèvent à mon âme la possibilité d'éprouver un sentiment quelconque dont je pourrais avoir à rougir. Mais je vous rends grâces, seigneur et père, d'avoir daigné étendre votre sollicitude jusqu'à moi : sachez toutefois que jamais remèdes faits de main d'homme n'approcheront de mon corps. — Et pourquoi », répliqua le vieillard, « ne veux-tu pas que je te guérisse ? — Parce que », répondit Agathe, « j'ai mon Sauveur Jésus-Christ qui de sa parole guérit tous les maux ; une seule parole de sa bouche rétablit toutes choses. C'est lui, s'il le veut bien, qui peut me rendre la santé ». Le vieillard reprit en souriant : « Et c'est lui-même qui m'a envoyé vers toi; car je suis son Apôtre. Sache donc que c'est en son nom que tu vas recouvrer la santé ». A peine avait-il achevé ces mots que soudain il disparut.

Alors Agathe s'étant prosternée, adressa à Dieu cette prière : « Je vous rends grâces, Seigneur Jésus-Christ, de vous être souvenu de moi et de m'avoir envoyé votre Apôtre qui m'a réconfortée et qui a relevé mon courage ». Quand elle eut terminé sa prière, ayant regardé toutes les blessures de son corps, elle reconnut que tous ses membres étaient sains, et que sa mamelle avait été rétablie. Durant toute la nuit, la prison fut remplie d'une si brillante lumière que les geôliers, saisis de frayeur, prirent la fuite en laissant les portes ouvertes. Les personnes qui étaient détenues dans la même prison disaient à la bienheureuse Agathe de profiter de la liberté qui s'offrait à elle. Mais la vierge répondit : « Loin de moi la pensée d'aller perdre ma couronne et d'être pour les gardiens une cause de tribulation ! Avec l'aide de mon Seigneur Jésus-Christ, je persévérerai dans la confession de celui qui m'a guérie et consolée ».

Quatre jours après, Quintianus fit comparaître de nouveau la vierge devant son tribunal et lui dit : « Jusques à quand auras-tu la démence d'aller contre les décrets des invincibles princes ? Sacrifie aux dieux, sinon sache que tu es réservée à des tourments plus cruels encore que les précédents ». Agathe répondit : « Toutes tes paroles sont insensées, vaines et iniques ; tes ordres souillent l'air même qui les transmet. C'est pourquoi tu es un misérable, dépourvu de sens et d'intelligence. Car, quel autre qu'un insensé avisa jamais d'appeler à son secours une pierre, au lieu de s'adresser au Dieu suprême et véritable qui a daigné guérir toutes ces plaies que tu m'as faites, jusqu'à rétablir mon sein même dans son intégrité première ». — « Eh ! quel est celui qui t'a guérie ? » — « C'est le Christ, le Fils de Dieu ». — « Quoi ! oses-tu bien encore nommer ton Christ ? » — « Mes lèvres confessent le Christ, et mon cœur ne cessera de l'invoquer ». — « Je vais voir tout à l'heure si ton Christ viendra te guérir ».

Aussitôt il ordonne de parsemer la prison de fragments de pots cassés et d'y joindre des charbons ardents, puis de dépouiller Agathe de ses vêtements et de la rouler sur ce lit de douleurs. A peine avait-on commencé cette exécution barbare, que tout à coup le lieu fut ébranlé ; un pan de muraille se détacha et écrasa sous ses ruines le conseiller du juge, nommé Sylvain, et un autre de ses amis, nommé Falconius, à la persuation desquels Quintianus commettait tant de crimes. La ville entière de Catane fut elle-même agitée d'un violent tremblement de terre. Des habitants effrayés coururent au prétoire du juge, criant avec un grand tumulte que les tourments dont ce magistrat inique affligeait la servante de Dieu, étaient la cause qui mettait tous les citoyens en danger de périr. Quintianus prit la fuite, craignant tout à la fois le tremblement de terre et la sédition du peuple. Il fit donc aussitôt reconduire la vierge en prison, et alla se réfugier dans une salle écartée du prétoire, laissant le peuple aux portes de la ville.

Agathe, étant rentrée dans la prison, étendit les mains vers Dieu et dit : « Seigneur, qui m'avez créée et qui m'avez gardée depuis mon enfance, qui m'avez donné dès la fleur de l'âge une vertu supérieure à mon sexe ; qui avez éloigné de mon cœur l'amour du siècle et soustrait mon corps à la corruption ; vous qui m'avez rendue victorieuse des tourments du bourreau et fait mépriser le fer, le feu et les chaînes ; qui enfin m'avez accordé, au milieu de ces supplices, le courage et la patience, je vous supplie de recevoir présentement mon âme ; car il est temps de me retirer de ce monde pour m'introduire au sein de votre miséricorde ». Après cette prière, elle poussa un grand cri et rendit l'esprit, en présence d'une nombreuse assistance.

A cette nouvelle, de pieux fidèles accoururent à la hâte, puis ils enlevèrent son corps et le déposèrent dans un sarcophage tout neuf. Or, pendant qu'on l'ensevelissait avec des aromates, et qu'on plaçait ce précieux dépôt dans le tombeau avec un grand soin, un jeune homme apparut tout à coup, vêtu de riches habits de soie, et ayant à sa suite un cortége de plus de cent enfants tout éclatants de beauté et parés de vêtements magnifiques. Jusqu'à cette heure nul n'avait vu ce jeune homme dans la ville de Catane ; on ne l'y revit jamais depuis, et personne n'a pu dire qu'il le connût auparavant. Il entra dans le lieu où l'on embaumait le corps de la vierge, et plaça près de la tête une tablette de marbre sur laquelle étaient inscrits ces mots : *Ame sainte, dévouée, honneur de Dieu, protection de la patrie*. Il plaça, disons-nous, cette inscription dans le sépulcre et près de la tête de la martyre, et demeura là jusqu'à ce qu'on eût fermé le tombeau avec le plus grand soin. Mais quand la pierre qui devait le recouvrir eut été posée, le jeune homme disparut ; et, ainsi que nous l'avons dit, depuis ce moment on ne le revit plus, et l'on n'entendit plus parler de lui dans toute la Sicile. C'est pourquoi nous avons pensé que c'était l'Ange de la vierge. Ceux qui avaient vu l'inscription en parlèrent, et ce fait causa une vive impression sur les habitants de la Sicile. Les Juifs eux-mêmes, aussi bien que les Gentils, partagèrent avec les chrétiens la vénération qu'avaient ceux-ci pour le tombeau d'Agathe.

Sur ces entrefaites, Quintianus, accompagné de sa garde, se mit en route pour aller faire l'inventaire des possessions de la vierge, et pour emprisonner tous ceux de sa famille ; mais, par un juste jugement de Dieu, il périt dans les eaux. Comme il passait un fleuve sur une barque, deux de ses chevaux s'étant mis à hennir l'un contre l'autre et à s'agiter, il y en eut un qui se jeta sur Quintianus et le mordit ; l'autre, d'un coup de pied le renversa dans le fleuve ; et l'on n'a pu retrouver son cadavre. Cet événement augmenta encore la crainte et la vénération que l'on portait déjà à la bienheureuse Agathe ; et nul depuis n'a osé inquiéter sa famille.

Mais, afin que l'inscription apportée par l'ange du Seigneur eût son accomplissement, l'année suivante, aux approches du jour anniversaire du martyre d'Agathe, le mont Etna vomit des flammes si épouvantables, que le feu, agissant avec la violence et la rapidité d'un torrent, s'avançait vers la ville de Catane, mettant en fusion la terre et les pierres qui se trouvaient sur son passage. Une multitude de païens descendirent de la montagne pour fuir le danger ; ils se rendirent au tombeau de la sainte martyre, et ayant enlevé le voile qui le couvrait, ils l'opposèrent au feu qui s'avançait vers eux ; et à l'instant même la flamme s'arrêta par la permission divine. L'éruption du volcan avait commencé le jour des calendes de février, et elle cessa le jour des nones, qui répond à celui auquel fut ensevelie la vierge : Notre-Seigneur Jésus-Christ voulant montrer que c'était en considération des mérites et des prières de la bienheureuse Agathe qu'il avait délivré ces infidèles de la mort et de l'incendie.

Depuis, ce même miracle s'est renouvelé plusieurs fois, quand le mont Etna répandait ses flammes dans les plaines de Catane. Cette ville aurait déjà été plusieurs fois consumée et réduite en cendres, si cette glorieuse patronne ne l'en eût préservée. C'est une chose digne d'admiration, et qui ne trouverait point de créance dans les esprits, si elle n'était considérée comme un effet de la toute-puissance de Dieu, de voir d'un côté se précipiter, du plus haut de cette montagne, droit vers la ville, un torrent de feu large et profond, et d'une matière épaisse comme du plomb, ou tout autre métal fondu, qui dévore, par son embrasement, tout ce qui s'oppose à sa course ; et, de l'autre, le clergé et toute la ville sortir au devant, en procession, pour aller combattre ce feu, non avec des armes, ni avec de l'eau ou autre chose, mais avec la seule protection de sainte Agathe et avec son voile, dont la seule présence a la force d'arrêter l'impétuosité de ce torrent ; non-seulement les voiles qui ont été sur le corps de la Sainte ont cette vertu, mais aussi le coton qui l'a touché. On raconte que, l'an 1537, ce fleuve de feu, venant vers le monastère de Saint-Nicolas des Arènes, n'y toucha point, mais s'en alla ravager deux villages voisins: Nicolose et Montpélière. Comme son chemin était par la vigne d'un pauvre homme, celui-ci ayant mis au devant, dans des roseaux, un peu de ce coton, le torrent se fendit en deux et ne fit aucun dommage à sa vigne, mais brûla et réduisit en cendres tout ce qui était aux environs. On remarque que la montagne jeta, cette fois, une si grande quantité de cendres, qu'il en vola jusqu'à une distance incroyable; des navires qui allaient de Venise en Sicile, furent en grand danger, à cause de cette nuée de cendres, dont ils furent couverts, comme écrit Thomas Fasèle, historien des événements de cette île. C'est pour ces merveilles que sainte Agathe est si renommée par tout le monde. Elle fut si fort révérée, aussitôt après sa mort, que sainte Lucie, vierge et martyre, alla en pèlerinage à son sépulcre pour obtenir la santé de sa mère.

Le martyre de sainte Agathe fournit un grand nombre de données aux arts : 1° *Saint Pierre* lui apparaît dans sa prison et guérit ses plaies ; 2° Près d'elle un *réchaud* avec des fers pour la brûler en diverses parties de son corps; 3° On la voit livrée au bourreau qui tient des *cisoires* pour lui couper les seins; ou bien elle les porte elle-même sur un plat ; 4° Les habitants de Catane courent à son tombeau enlever la draperie qui recouvre son corps et l'opposent aux flammes de l'Etna. Toutes ces circonstances sont rappelées par le Bréviaire romain. — Elle est représentée couronnée de fleurs dans une mosaïque du IXe siècle. — Antoine Van Dyck a peint son martyre. — Une gravure de la bibliothèque Mazarine la représente tenant une palme et des tenailles. — Dominiquin l'a représentée devant le juge et refusant de sacrifier. — On donne à sainte Agathe les traits d'une jeune fille, car elle n'avait que douze ou treize ans quand elle fut arrêtée.

Ayant subi l'abscission de ses deux seins, c'est pour cela que les femmes l'invoquaient, au moyen âge, pour les maux de sein. Cet usage a persisté à Morival, au diocèse d'Amiens, où se trouve une chapelle de la Sainte.

RELIQUES DE SAINTE AGATHE.

On voyait, avant la Révolution française, à Paris, dans l'église de Saint-Merry, une des mamelles coupées de cette illustre vierge et martyre; elle était enchâssée dans un riche reliquaire d'argent : les paroissiens l'avaient eue en échange du chef de leur patron, qu'ils donnèrent à l'église de Chanseaux, en Brie, ainsi qu'il est rapporté dans le recueil des *Antiquités de la ville de Paris.*

Il y a encore, de nos jours, des reliques de sainte Agathe dans la châsse qui se trouve au-dessus du maître-autel de l'église de Saint-Merry, à Paris. On en voit aussi à Saint-Paul d'Abbeville, aux Ursulines d'Amiens, à Corbie, à Mailly, à Morival, à Montreuil (dans un cadre d'ébène qui servait de paix), etc.

La mémoire de sainte Agathe a toujours été en grande vénération dans l'Eglise; les Pères en ont parlé avec de grands éloges. Saint Damase a composé un hymne à sa louange. Saint Ambroise et saint Gélase ont fait une préface particulière pour le jour de sa fête. Le *Lectionnaire* attribué à saint Jérôme en fait mention. Saint Augustin en dit aussi quelque chose dans ses *Soliloques.* Enfin, l'Eglise romaine lui a composé un office propre, pour marquer l'estime qu'elle en fait, et a inséré son nom dans le canon de la messe; il se trouve dans le calendrier de Carthage, qui est de l'an 530, et dans tous les martyrologes des Grecs et des Latins. Vers l'an 500, le pape Symmaque fit bâtir une église de son nom sur la voie Aurélienne, près de Rome : on n'en voit plus que quelques ruines. Saint Grégoire le Grand enrichit de ses reliques une église de Rome qu'il avait purgée de l'impiété arienne; cette église avait été rebâtie en 460, par Ricimer, général de l'empire d'Occident. En 726, Grégoire II en fit élever une nouvelle sous l'invocation de la même Sainte. Clément VIII la donna à la Congrégation de la doctrine chrétienne. Saint Grégoire le Grand mit des reliques de sainte Agathe dans l'église du monastère de Saint-Etienne, situé dans l'île de Caprée, aujourd'hui Capri; mais la plus grande partie de ce précieux trésor resta à Catane jusque vers l'an 1040, époque à laquelle il fut transféré à Constantinople. On l'a depuis rapporté à Catane, comme nous l'apprenons de Maurice, évêque de cette ville, lequel a écrit l'histoire de cette translation arrivée de son temps.

Les Maltais, qui honorent la même Sainte comme leur patronne, furent redevables de leur salut à son intercession, lorsque les Turcs les attaquèrent en 1551.

On trouvera dans Bollandus tout ce que les historiens ont dit de beau à son honneur.

SAINT ISIDORE DE CHIOS, MARTYR

IIIe s. — Pape : saint Corneille. — Empereur : Dèce.

> Les soldats de la terre sont toujours prêts à partir, n'importe le lieu où on les envoie, à plus forte raison les soldats du Christ doivent-ils obéir avec promptitude à leur général Jésus-Christ.
>
> Saint Augustin, *de salutari doc.*

La première année du règne de Flavius Décius, cet empereur ayant publié un édit pour lever des troupes, on vit arriver à Chios un navire qui apportait le décret relatif à cette ville. Parmi ceux qui furent enrôlés se trouvait le bienheureux Isidore, qui se montra constamment un bon et vaillant soldat en Jésus-Christ Notre-Seigneur. En effet, lorsqu'on avait prêché la divine doctrine de Notre-Seigneur Jésus-Christ, à ceux qui en étaient dignes, le saint et vénérable martyr du Christ l'avait embrassée avec empressement et la pratiqua depuis avec zèle. Et après qu'il se fut fortifié en toute manière par les saintes Ecritures et les commandements du Christ, il sentit d'une manière merveilleuse son âme raffermie, son esprit ranimé et son corps même plein de vigueur. Il éprouvait aussi en lui-même une certaine émulation céleste, en songeant à ceux qui étaient morts en souffrant le martyre pour le Seigneur; et en même temps il se préparait aux épreuves, aux menaces et aux persécutions des tyrans. Il était juste, pieux, à l'abri de tout blâme, en un mot, parfait en toutes choses. On n'apercevait en lui ni légèreté, ni inconvenance; et jamais ni le vice, ni la malice, ni aucun des défauts provenant d'un esprit peu soumis à Dieu, ne vinrent ternir une si belle âme; mais toute sa conduite était empreinte de piété, de modestie et d'honnêteté.

Quelque temps après la publication du premier édit impérial, on en apporta un autre, aux termes duquel on devait contraindre à quitter la religion du Christ et à embrasser les erreurs impies des démons, tous ceux, quels qu'ils fussent, qui servaient le Seigneur Jésus-Christ, et qui, au lieu d'obtempérer aux ordres des empereurs, aimaient mieux obéir aux commandements du même Seigneur Jésus-Christ, conformément aux oracles des prophètes. En ce temps-là arrivèrent à Chios des soldats nouvellement enrôlés, sous la conduite d'un certain Numérien. Or, le bienheureux Isidore, que les Césars, par affection pour lui, avaient chargé de l'administration des vivres, distribuait avec une parfaite égalité leur nécessaire à tous ceux dont il était chargé; car il était pour eux comme un bon père de famille; et comme il détestait toutes les erreurs du paganisme, si on lui ordonnait quelque chose qui ne fût pas juste et équitable, il n'en tenait pas compte. Or, un centurion de cette armée, nommé Jules, poussé par la démence et par l'envie, comme Caïn, résolut d'accuser le bienheureux Isidore auprès de

Numérien, préfet de la milice, afin qu'on le déposât de la dignité qu'il occupait dans l'armée; mais il craignait que ses desseins ne fussent pas couronnés de succès. Ce n'est pas, au reste, qu'il se mît en peine du bien-être des soldats : car c'était un vil mercenaire, et il ne cherchait, sous le nom de centurion, qu'à piller ceux qu'il aurait sous ses ordres. Ce centurion, ayant quitté la voie de la vérité pour s'abandonner au mensonge, était descendu au plus profond abîme de la perversité; et lorsque parurent les édits de l'empereur Décius contre les chrétiens, il ne rougit pas d'honorer les idoles par des prières et des sacrifices.

Jules alla donc trouver Numérien, et lui dénonça Isidore comme ne sacrifiant pas aux idoles. Numérien lui commanda de le faire venir.

Jules, montant aussitôt sur un char, s'en alla avec trois autres soldats d'un caractère féroce, se saisit d'Isidore, qui ignorait ce qui se passait, et lui dit : « La justice vengeresse de nos dieux m'ordonne ce que je fais en ce moment, pour punir la profonde négligence dans laquelle tu vis à leur égard. Car il faut que tu sacrifies aux dieux et que tu les honores religieusement : ainsi l'ordonne l'empereur Décius ». Le bienheureux martyr du Christ, Isidore, tressaillant de la plus vive allégresse, préparé comme il était au combat par la grâce du Saint-Esprit, répondit modestement à Jules : « Oui, qu'il en soit ainsi; partons gaiement; l'heure du combat est arrivée. C'est, je l'avoue, avec un grand plaisir que je vais descendre dans l'arène pour combattre contre Bélial, me sentant rempli du Saint-Esprit, tout inondé et pénétré de la rosée de la grâce, et ravi de joie dans l'attente d'une magnifique couronne : c'est pour cela que, sans la moindre hésitation et par de solides raisonnements, j'accomplirai, sous les yeux de ceux qui doivent venir avec moi, une lutte courageuse; afin que Dieu, touché des prières de ses Saints, donne à tous ceux qui l'aiment du fond du cœur, la vie éternelle par Jésus-Christ Notre-Seigneur ».

Isidore fut donc amené par Jules et ses soldats devant le tribunal de Numérien, chef de la milice. Dès que celui-ci l'eut aperçu : « Quel est ton nom ? » — « Isidore ». — « N'est-ce pas toi qui refuses d'obéir aux édits de l'empereur et de sacrifier aux dieux ? » — « Quelle peut être la vertu ou la puissance de ces dieux faibles et impuissants, pour que je sacrifie à des êtres qui ne sont nulle part ? » — « O indomptable dureté de ton âme perverse ! comment as-tu osé employer contre les dieux ces expressions si coupables ? Mais leur colère est prête à fondre sur toi pour punir ton audace : nous craignons seulement que, pour tes paroles de blasphème, ils ne nous châtient nous-mêmes ». — « Tu auras beau dire, tes paroles ne me causeront aucun dommage. Le Christ, qui a créé tout ce qui existe, et que tout le genre humain doit servir, est tout prêt à te couper par le milieu, toi, Jules et ton empereur ». — « Eh bien ! voyons le jugement de ton Dieu, comment il te protégera, si tu veux encore refuser de sacrifier à nos dieux ». — « Il me semble que j'ai déjà acquis la couronne céleste par une glorieuse victoire sur les ennemis du Fils de Dieu ». — « Il est en mon pouvoir de t'infliger des supplices rigoureux; mais plutôt, sois docile à mes conseils, et, conformément aux édits de notre empereur, sacrifie aux dieux; autrement ma colère va éclater contre toi ». — « Je résisterai toujours à tes menaces; car tu veux m'intimider, comme si tu pouvais tuer mon âme. Mais c'est sur mon corps seulement, et nullement sur mon âme que peut s'exercer ta puissance : mon âme, et elle seule, vit d'une vie impérissable. Du reste, fais tout ce qu'il te plaira; jamais tu ne m'amèneras à perdre par une lâcheté la couronne d'une joie sans fin; car elle est pour moi le gage de la seule vie véritable. Fais donc, je te l'ai dit, fais donc ce que tu roules dans ta tête; jamais je ne chasserai de mon esprit ni de mon cœur le Christ, à qui tout est soumis avec crainte ».

Alors Numérien, transporté de colère, lui dit : « Je vais donner l'ordre de couper cette langue perverse ». — « Si tu me fais couper la langue, tu ne me persuaderas point pour cela, puisque j'adore Jésus-Christ crucifié sous Ponce-Pilate, ressuscité d'entre les morts et monté aux cieux : non, non; jamais tu ne viendras à bout de me persuader de faire ce qu'il me défend ». L'impie Numérien ordonna alors qu'on lui coupât la langue. Le bienheureux Isidore souffrit ce supplice en se moquant du tyran. Mais, au même moment, Numérien, tombant par terre, perdit l'usage de sa propre langue. Ce que voyant tous ceux qui étaient présents, ils furent hors d'eux-mêmes de la chute que venait de faire le chef de la milice, et un bon nombre d'entre eux crurent au Seigneur Jésus-Christ. Après qu'on l'eut relevé de terre, on s'aperçut qu'il était privé de l'usage de la parole. Pour lui, il demanda par signes qu'on lui apportât des tablettes, et il y écrivit cette sentence : « Les lois du César Décius ordonnent qu'Isidore, qui n'a pas voulu obéir aux lois, ni sacrifier aux dieux, perde la tête par le tranchant du glaive ». Le bienheureux martyr du Christ, Isidore, prenant les tablettes, y lut la sentence et dit : « Je vous remercie, ô Seigneur Jésus-Christ, d'avoir trouvé grâce devant vous; je vous loue, Seigneur, vous qui êtes la vie de mon esprit; je vous glorifie, Seigneur, qui êtes l'âme de mon âme et toute ma force, vous qui m'avez donné une langue au-dessus de toute atteinte ».

Les licteurs se saisirent d'Isidore et le conduisirent au lieu du supplice; il s'y rendit en tressaillant de joie, mais comme un innocent agneau qu'on va immoler : et de même qu'Isaac offrit autrefois des dons à Dieu, ainsi Isidore, par sa mort endurée pour le Christ, fut donné pour exemple aux autres. Lorsqu'on fut arrivé au lieu appelé la Fosse de la Vallée, il se mit à genoux, et après avoir fait le signe de la croix sur toutes les parties de son corps, il dit : « Je vous bénis, ô Père de mon Seigneur Jésus-Christ, d'avoir permis que j'aie été trahi aujourd'hui, et de m'avoir conduit au terme de ma vie. Je vous prie, ô Seigneur Jésus-Christ, très-miséricordieux Sauveur, de ne point me refuser le partage de vos Saints dans la vie éternelle ». Après avoir ainsi prié, il mit sa tête sous le glaive, dont le tranchant lui ôta la vie.

Un certain Ammonius, plein de piété et de crainte de Dieu, qui avait été le compagnon du saint martyr, aidé de quelques frères, creusa une fosse dans le lieu même, y déposa le corps du bienheureux Isidore avec de grands honneurs, et lui fit construire un monument.

SAINT AVITE, ÉVÊQUE DE VIENNE, EN DAUPHINÉ

525. — Papes : saint Symmaque ; Hormisdas ; Jean Ier. — Rois du premier royaume de Bourgogne : Gondebaud ; saint Sigismond.

Non aliter [1] crebras Ecclesia vera procellas
Sustinet, et sævis nunc divexatur ab undis.
Hinc gentilis agit duros sine more furores,
Hinc Judæa fremit, rabidoque hanc impetit ore.
Hæreseon vesana furens exinde Charybdis
Concutit, et Graium sapientia stulta sophorum.

Ce saint pontife se nommait Alcimus Ecditius Avitus. Il naquit, selon toute apparence, à Vienne, en Dauphiné, vers le milieu du ve siècle (451 ou 452). Nous savons par ses écrits qu'il appartenait à une famille patricienne et sénatorienne, originaire de l'Auvergne : lui-même prend quelquefois les titres de *Sénateur romain* et de *Sénateur catholique.*

Ses parents, après avoir donné le jour à quatre enfants, s'obligèrent à une continence perpétuelle ; et le chef de la famille, Isicius ou Hésichius, fut élevé sur le siége épiscopal de Vienne, immédiatement après la mort de saint Mamert. Son épouse, Audentia, nous apparaît comme le modèle des mères chrétiennes. L'éducation qu'elle procura à ses enfants fut la base de cette vie sainte qui les a placés presque tous sur les autels.

Le dernier de ces enfants était une fille nommée Fuscine. Offerte à Dieu au moment de sa naissance, elle reçut aussitôt le baptême, et lorsqu'elle eut atteint l'âge de douze ans, elle fit vœu de virginité.

C'est à cette jeune épouse de Jésus-Christ que notre Saint adressa le dernier de ses poëmes, où il retrace avec autant de force que d'élégance le bonheur et la dignité des Vierges.

Cet ouvrage ne fut pas d'abord destiné au public : saint Avite voulut bien le communiquer à son frère, l'évêque de Valence, mais à la condition qu'il n'en donnerait connaissance à personne, sinon à des parents ou à des amis sincèrement pieux.

La nature même de l'ouvrage nous explique suffisamment le désir de l'auteur sur ce point : il y fait l'éloge de plusieurs membres de sa famille, qui s'étaient illustrés par leur sainteté ; d'autre part, il écrit spécialement pour une jeune femme (Fuscine, sa sœur), consacrée à Dieu, et qui, dans ses moments d'épreuve, avait besoin de direction spirituelle et de *consolation ;* l'*Eloge de la chasteté* est donc une espèce de discours confidentiel.

Dans son humilité et son admiration pour les vertus de sa sœur, saint Avite lui attribue sa propre *conversion.*

Il ne faut pas conclure de ce passage que saint Avite eût jamais professé le paganisme ou vécu dans le désordre. A cette époque, *se convertir* signifiait renoncer aux plaisirs du monde pour embrasser un état de vie plus parfait ; on appliquait cette expression, non-seulement aux moines et aux reli-

1. *Ac arca Noe.* — Extrait du poëme des six jours par saint Avite. — Les poëmes de saint Avite contiennent de plus beaux vers que ceux que nous venons de citer ; mais outre que ceux-ci ne manquent pas de mérite, ils s'harmonisent assez bien avec la vie du saint évêque qui ne fut qu'un long combat contre les ennemis de l'Eglise et du Pape.

gieuses, mais encore aux évêques, aux prêtres, aux diacres, et à leurs anciennes épouses, qui étaient devenues leurs sœurs.

Pour en revenir aux saintes illustrations de la famille de saint Avite, son frère aîné — saint Apollinaire, — occupa le siége de Valence sur le Rhône. Sa vie fut remplie de grandes actions, et des miracles éclatants s'opérèrent longtemps sur son tombeau. Saint Adon nous apprend qu'il fut comme saint Avite une *grande lumière*.

La jeune Fuscine avait une sœur qui mourut avant elle. Nous ne la connaissons que par une lettre où saint Apollinaire s'excuse de n'avoir pu assister au service funèbre que saint Avite avait célébré pour elle dans l'église de Vienne, et par la réponse de ce dernier à l'évêque de Valence.

Saint Avite, qui nous fait connaître plusieurs membres de sa famille, nous laisse ignorer les particularités de sa propre jeunesse. Il nous apprend seulement, dans une de ses homélies, qu'il avait reçu le baptême de saint Mamert, prédécesseur d'Isicius.

Il passa ses premières années et fit ses études à Vienne, où le rhéteur Sapaude tenait alors une école publique. Les écrits de saint Avite lui-même, et le témoignage des plus grands prélats de cette époque et des siècles suivants nous prouvent assez qu'il obtint de grands succès dans les sciences humaines. Mais, les études profanes n'otèrent rien à la gravité de son caractère, et ne le détournèrent jamais de la vertu : il faisait chaque jour des progrès dans la piété, qui n'avait cessé d'illustrer sa famille.

Ainsi la Providence préparait-elle le jeune Avite à devenir un grand évêque et l'une des plus brillantes lumières de l'église des Gaules. Vers l'an 490, Isicius étant mort, notre Saint, qui avait alors quarante ans, fut appelé à le remplacer dans le gouvernement du diocèse de Vienne.

Les Burgundes, auxquels cette ville était soumise, avaient alors à leur tête Gondebaud et son frère Godégésile, tous deux partisans de l'Arianisme.

Le premier de ces princes, au témoignage de ses contemporains, se distinguait par de hautes qualités ; il avait un esprit vif, une imagination brillante, beaucoup d'éloquence ; il était bien instruit de la religion catholique, et possédait des connaissances très-rares dans un prince barbare. Mais, les belles qualités de son esprit étaient singulièrement déparées par les vices de son cœur : poussé par une ambition démesurée et cruelle, il fit mourir plusieurs de ses frères ; et son caractère, aussi faible que rusé, le retint jusqu'à sa mort dans l'hérésie.

Malgré l'exemple du prince, bon nombre de Germains étaient restés fidèles à la religion catholique, professée par la population gallo-romaine : et les actes d'un concile tenu sous la présidence de saint Avite mentionnent les noms de vingt-cinq évêques, appartenant tous au royaume des Burgondes.

Toutefois l'Arianisme était encore très-puissant, et Gondebaud, malgré sa connaissance de la vraie foi, malgré ses sympathies pour l'Eglise catholique, ne put jamais se résoudre à changer publiquement de religion, parce qu'il craignait le peuple et le clergé arien.

L'état religieux des autres parties du monde était plus triste encore : en Afrique, les Vandales, en Italie les Ostrogoths, les Visigoths en Espagne et dans le midi de la Gaule étaient engagés dans l'Arianisme, et l'empereur de Constantinople, Zénon, prêtait son appui à l'hérésie d'Eutychès.

Ainsi, au moment où saint Avite était appelé à régir le diocèse de Vienne, les puissances du monde étaient partout opposées à la religion de Jésus-Christ. Mais, bientôt Dieu viendra *renouveler la face de la terre*, et l'un des organes dont il se servira pour cette œuvre sera le grand évêque de Vienne.

Saint Avite fit monter avec lui sur le siége pontifical toutes les qualités de l'esprit et du cœur qui peuvent orner l'épiscopat. Ses fonctions apostoliques, ses rapports avec les prélats et les princes de son temps, sa vie tout entière nous le montrent animé d'une foi vive, d'une piété profonde et d'un zèle ardent pour les intérêts de la religion ; plein d'humilité, charitable et pacifique, il était sans cesse appliqué à ramener à Dieu les âmes égarées, et à rétablir la paix et la charité dans celles où régnaient la haine et l'amertume.

Il donna en plusieurs occasions des preuves de son zèle pour le rachat des captifs ; il se montrait ainsi le digne ministre de cette Eglise qui n'a cessé de travailler à l'affranchissement de l'homme, aux époques de barbarie et d'esclavage.

Citons un fait, rapporté dans la *Vie de saint Epiphane*, évêque de Pavie.

Pendant les guerres que le roi des Goths, Théodoric, soutenait contre Odoacre, et notamment pendant le long siége de Ravenne, dernier refuge du roi des Hérules, les Burgondes faisaient de fréquentes incursions dans la Ligurie, dévastaient les campagnes et emmenaient avec eux une foule de captifs. Par suite, l'Italie était dans la désolation; faute d'hommes, les champs n'étaient plus cultivés. Théodoric députa donc à Gondebaud saint Epiphane, avec mission de racheter les prisonniers. Mais la somme dont le Saint disposait se trouva insuffisante ; et l'évêque de Vienne, désirant ardemment que tous fussent mis en liberté, fournit généreusement de quoi payer leur rançon.

Cette charité à l'égard des captifs, saint Avite la manifeste dans plusieurs de ses lettres. Du reste, il nous découvre le fond de son âme aimante par sa conduite envers les pécheurs. Il nous apprend lui-même qu'il les corrigeait avec douceur, et qu'à l'exemple de son divin Maître, il préférait la miséricorde à la justice. « Le malheureux pécheur », dit-il, « trouve une peine suffisante dans ses crimes ». C'est encore sous l'impulsion des mêmes sentiments qu'il intercède en faveur d'un esclave qui avait nié un dépôt.

Une conduite si pleine de foi, de zèle et d'amour nous explique assez pourquoi saint Avite fut chéri de ses confrères, et regardé par ses contemporains comme le modèle des vertus pastorales.

Sa charité seule égalait son humilité, et cette charité pouvait seule aussi le décider à résoudre les questions douteuses que lui soumettait le clergé des Gaules, et à se charger d'une foule d'affaires qu'il croyait au-dessus de ses forces.

Cependant il ne se distinguait pas moins par ses talents que par ses vertus : c'est le témoignage unanime de ses contemporains et des écrivains postérieurs. Agobard, évêque de Lyon, lui reconnaît une grande pénétration d'esprit, une éloquence entraînante, beaucoup d'onction dans l'explication des saintes Ecritures. Saint Isidore de Séville nous apprend qu'il était très-versé dans les lettres humaines ; et, au témoignage d'Ennodius, diacre de Pavie, l'habileté *semblait l'avoir choisi pour son sanctuaire de prédilection.*

On comprend après cela ces autres paroles d'Agobard : « Presque toute l'Eglise de Jésus-Christ connaît combien saint Avite se distingua par l'orthodoxie de sa doctrine et par son éloquence ».

Cette réunion de talents et de vertus concilia bientôt à saint Avite l'estime, la confiance et la vénération de deux rois barbares, Clovis et Gondebaud, quoique celui-ci professât l'Arianisme et que celui-là fût encore idolâtre.

En 496, Clovis embrassa le Christianisme, et l'évêque de Vienne lui écrivit une belle lettre de félicitation.

La conversion de Gondebaud eût comblé tous les vœux du saint prélat;

aussi dirigeait-il vers ce but tous ses efforts. Depuis longtemps il était en rapport intime avec le roi des Burgondes ; ils avaient ensemble de fréquents entretiens sur le dogme et la morale catholiques.

Saint Avite nous a conservé lui-même une de ces conférences, dans une lettre à Sigismond, fils de Gondebaud. On y voit que les discussions, souvent très-longues, avaient lieu devant les prêtres ariens, qui posaient à l'illustre champion de la foi des questions embarrassantes par leur subtilité. En lisant cette lettre, on assiste au combat que la vérité livrait au cœur de Gondebaud ; et l'on s'étonne de rencontrer chez ce roi barbare une manie de disputer qui le place à côté des empereurs grecs. Il faut reconnaître aussi qu'il écoutait paisiblement la discussion et saisissait très-bien la valeur des questions et des réponses.

Saint Grégoire de Tours nous apprend qu'à la demande du prince saint Avite réunit les passages de l'Ecriture les plus propres à confondre l'hérésie d'Eutychès. Au reste, ce grand prélat poursuivit l'erreur sous toutes ses formes : l'Eutychianisme, le Nestorianisme, les écarts de Photin et de Bonose furent tour à tour l'objet de ses attaques.

Ce fut principalement contre l'Arianisme que saint Avite dirigea les forces de son intelligence et les ressources de son zèle apostolique. Il combattit sans relâche cette hérésie dans ses écrits, dans ses prédications et tous ses entretiens ; il le fit avec beaucoup d'éclat dans la fameuse *Conférence* tenue à Lyon, l'an 506, avant la première expédition de Clovis contre la Bourgogne.

Si Gondebaud n'avait pas le courage de renoncer lui-même à l'Arianisme, il n'empêchait pourtant pas ses enfants d'embrasser la vraie religion. Sigismond, son fils aîné, profita de cette liberté pour se faire instruire et suivre les inspirations de sa piété : il se mit en rapport avec l'évêque de Vienne, auquel il fut redevable de sa conversion. Ce fut sur les conseils de saint Avite qu'il entreprit de rétablir le monastère d'Agaune ou de Saint-Maurice en Valais, et cela dès l'année 515, un an avant la mort de Gondebaud. Cependant l'église ne fut achevée qu'en 517, époque à laquelle on en fit la dédicace avec beaucoup de solennité, en présence de soixante évêques et d'un grand nombre de seigneurs. A cette occasion notre Saint prononça une homélie dont il nous reste le titre et un fragment. Il y félicite le nouveau roi d'avoir devancé tous les membres de sa famille dans la profession de la foi catholique, et le remercie des largesses qu'il avait accordées au nouvel établissement.

Toutes les lettres de saint Avite à Sigismond furent écrites après la conversion de ce prince qui, non content d'avoir toujours professé publiquement et en toute liberté la religion catholique, voulut — lorsqu'en 517 il remplaça Gondebaud sur le trône, — abjurer de nouveau l'hérésie d'une manière plus solennelle. C'est ce qu'il fit avec ses deux enfants, Sigeric et Suavegothe, en présence du peuple et du clergé réunis. Saint Avite prononça dans cette circonstance une homélie dont les anciens font un grand éloge.

Cet événement donna le coup de mort à l'Arianisme, et décida la conversion de la plus grande partie du peuple. Les évêques, et surtout saint Avite, redoublèrent leurs efforts pour achever une œuvre si heureusement commencée. Parmi les moyens qui servirent le plus efficacement leurs bons desseins, il faut compter les synodes provinciaux.

Dès l'année 517, l'évêque de Vienne convoqua ses suffragants pour une assemblée de ce genre ; elle ouvrit ses séances le 17 septembre à Epone ou Epaunum, lieu que l'on croit être Yenne, sur le Rhône, au diocèse de

Chambéry[1]. Vingt-cinq évêques, tant de la province de Vienne que des autres parties du royaume, se trouvèrent présents.

Il convoque ses collègues pour se conformer, comme il le dit, à la volonté du *vénérable Pape de Rome,* dans l'espoir qu'on portera de sages décrets pour diriger la conduite du clergé.

En effet, on dressa dans cette assemblée quarante canons de discipline, dont plusieurs regardent les évêques, les prêtres et les diacres, et prouvent que certains membres du clergé s'étaient laissé entraîner aux mœurs propres à la race germanique alors dominante[2].

On défendit aussi de communiquer avec les Ariens, soit dans les repas, soit dans les exercices religieux : on voit par là qu'un grand nombre de Burgondes étaient encore hérétiques.

Saint Avite, qui présidait l'assemblée, eut la plus grande part aux salutaires règlements qu'on y établit. On a même observé que le canon XXXIII, relatif à l'usage qu'on peut faire des temples autrefois consacrés au culte hérétique, est la reproduction pour ainsi dire littérale d'une décision donnée auparavant par notre Saint, dans une lettre à Victurius, évêque de Grenoble.

Le clergé gaulois, ranimé surtout par les soins d'Avite, s'occupa dès lors avec un nouveau zèle du ministère apostolique ; rien n'était négligé : ni la conversion des Ariens, ni l'instruction des fidèles, ni la réformation des mœurs, ni enfin la répression des scandales donnés par les grands.

Ainsi, peu de temps après le concile d'Epone, une assemblée ecclésiastique se réunit à Lyon pour juger l'un des plus hauts officiers du roi, qui vivait dans l'inceste. Sigismond, prenant la défense de son indigne favori, fit subir aux évêques la peine qu'ils avaient prévue : il les exila tous dans un

1. Yenne, jadis capitale du petit Bugey, aujourd'hui chef-lieu de canton de l'arrondissement de Chambéry, est située sur le Rhône, à 20 kilomètres N. O. de cette ville. En fouillant le sol de ce bourg — qui, à l'époque de saint Avite, ne devait avoir qu'une paroisse, comme aujourd'hui, — on y a découvert, au XVIIe siècle, une inscription latine portant ces mots : *Deæ Epaonæ*, laquelle déesse avait sans doute donné son nom à la localité. D'ailleurs, Yenne s'est toujours appelé *Epâuna* en latin ; or, possession vaut titre : on ne peut nommer d'autre localité qui ait constamment porté ce nom. Le nom français Yenne n'est pas si éloigné du latin qu'avec un peu de bonne volonté on ne puisse le faire venir d'*Epauna.* Nous avons encore une preuve indirecte que le concile d'Epone a dû se tenir à Yenne : c'est que saint Avite profita de son voyage en Savoie pour aller, immédiatement après le concile, consacrer plusieurs églises de cette province, qui alors relevait de son siége : celle, entre autres, d'Annemasse, près de Genève (diocèse d'Annecy), et celle de Tarentaise (Moutiers), reconstruite par l'évêque Sanctius, un des signataires du concile. Il prêcha dans ces deux circonstances. (Des fragments de ses discours ont été publiés par l'institut Genevois.)

L'impartialité nous fait un devoir de mentionner les raisons qui font placer Epone à Albon (Drôme), ancien fief de l'église de Vienne.

Nous lisons dans les *Mémoires de Trévoux,* nov. 1737, p. 1967, 1675 :

« Pour trouver le vrai lieu d'Epone que saint Avite appelle *Parochia Epaunensis*, il faut 1º trouver un lieu qui ait appartenu à l'église de Vienne ; 2º que ce lieu soit dans le diocèse de Vienne ; 3º qu'il y ait eu dans ce lieu deux églises dédiées l'une à saint André, l'autre à saint Romain, martyr ; 4º il faut que ce lieu soit proportionné à la distance des évêques du royaume de Bourgogne, qui devaient se rendre au concile. La première, la deuxième et la troisième de ces conditions se trouvent dans un diplôme de Louis le Débonnaire (Cf. Baluze, *Act. Vet.*, t. II, col. 1433). Par ce diplôme, Louis le Débonnaire oblige le comte Albon à restituer Epone à l'église de Vienne..... »

Charvet, auteur des *Annales de la sainte église de Vienne*, adopta cette opinion et la confirma par une charte de l'église de Vienne, qui caractériserait encore mieux la situation d'Epone. Cette charte contenait la donation qu'Arlulf et Adoara, sa femme, faisaient à l'église de Vienne des biens qu'ils avaient dans le Viennois, au territoire d'Epone, dans le lieu appelé Aneyron. Aneyron, disait Charvet, est une paroisse du diocèse de Vienne, dans le comté d'Albon, à six lieues de Vienne, peu éloignée du Rhône, et joignant celle de Saint-Romain d'Albon. Epone a perdu son nom, et Aneyron a conservé le sien.

On voit, par le diplôme de Louis le Débonnaire, que la véritable leçon du nom du concile d'Epone est *Epaonensis.* Ce nom se corrompait déjà du temps de Charles le Chauve, puisqu'une charte de ce prince porte Ebbaonensis, et il a pu se faire très-naturellement, dans la suite, que ce lieu ait été désigné par le nom du comte Albon, qui l'avait restitué à l'église de Vienne. Epone n'a jamais été ville. Les villes du premier ordre se nommaient, chez les Romains, *Civitas;* celles du second, *Castrum*, et les bourgs, *Vicus,* qualification que le diplôme donne à Epone. — Cf. *Conciles gén. et part.*, par Mgr Guérin.

2. Le Canon IV défend aux évêques, aux prêtres et aux diacres de tenir des chiens de chasse ou des faucons.

endroit du Lyonnais nommé Sardinia, aujourd'hui complétement inconnu.

Saint Avite eut sans doute la gloire d'assister à ce concile et de partager l'exil de ses courageux confrères.

La persécution dont les membres du concile furent l'objet montre ce que le clergé catholique avait à souffrir des rois Burgondes, même après leur conversion.

Les Germains, et surtout leurs chefs, malgré leur contact avec la population gallo-romaine, malgré l'influence toujours croissante des idées et des mœurs chrétiennes, perdaient bien lentement l'esprit de sauvage indépendance qu'ils avaient apporté des forêts du Nord.

Cette insubordination des Germains était plus ou moins excusable chez des barbares qui venaient d'embrasser la foi catholique. L'Eglise avait à déplorer des maux bien plus grands au centre même de la chrétienté : tandis que l'évêque de Vienne travaillait à la conversion des Burgondes, un schisme avait éclaté en Italie, où il avait causé des violences et des désordres de toute espèce.

Le pape Anastase étant mort le 16 novembre 498, le diacre Symmaque fut légitimement élu pour lui succéder. Mais, des personnages influents de Rome, qui voulaient faire admettre l'*Hénotique* de Zénon [1], parvinrent, à force d'intrigues, à faire élire l'anti-pape Laurent. Celui-ci fut condamné au concile de Rome (500). Mais bientôt ses partisans le rappelèrent, et, pour assurer son triomphe, ils eurent recours à la calomnie : ils accusèrent Symmaque de crimes horribles et demandèrent sa condamnation à Théodoric, roi des Goths, qui chargea un concile d'examiner la conduite du pape. Celui-ci s'étant soumis au jugement de ses inférieurs pour éviter le plus grand des maux, fut absous dans l'assemblée que l'on connaît sous le nom de *Synodus Palmaris*.

Cependant, le clergé des Gaules, alarmé de ce que les prélats italiens avaient osé juger le chef de l'Eglise, au lieu de prendre sa défense, chargea saint Avite de protester contre cet acte illégal. L'évêque de Vienne écrivit, en effet, aux personnages les plus distingués de Rome une lettre où il prend en main les intérêts de la bonne cause et défend avec la plus grande vigueur l'élection du pape légitime. Saint Avite adressa sa lettre à Faustus et à Symmaque qui étaient les chefs du sénat.

« Il serait bien à désirer — leur dit-il, — que nous puissions nous rendre nous-mêmes à cette ville que l'univers entier vénère, pour nous y acquitter de nos devoirs religieux et civils [2] ; mais, puisque le malheur des temps nous rend ce voyage impossible, nous aurions voulu, au moins, nous réunir et faire ainsi connaître à Votre Grandeur le sentiment unanime de tous les évêques des Gaules au sujet de cette affaire importante qui nous regarde tous ; les bornes de nos provinces respectives, devenues infranchissables, ont mis obstacle à nos désirs. Je prie cependant le sénat de ne pas considérer cette lettre comme celle d'un seul évêque, car je ne vous écris qu'au nom de mes frères des Gaules qui m'ont donné, par lettres, commission de vous écrire, et je ne suis que l'interprète de leurs sentiments.

« Nous étions en de grandes inquiétudes au sujet de l'Eglise romaine (inquiétudes bien légitimes, puisque l'épiscopat tout entier est ébranlé quand

1. On appelle *Hénotique* (du grec *hénotès*, unité) l'édit d'union rendu l'an 482, par l'empereur Zénon, à la sollicitation d'Acace, patriarche de Constantinople, et ordonnant l'union des catholiques avec les Eutichéens, qui niaient la maternité divine de Marie. Cet édit souleva de vives disputes et provoqua de longues persécutions.

2. Saint Avite était sénateur.

son chef est attaqué), lorsque nous avons eu connaissance du jugement prononcé par les évêques d'Italie dans la cause du pape Symmaque.

« Quoique cette sentence, rendue dans un nombreux concile, soit respectable en elle-même, nous ne pouvons dissimuler cependant que le saint pape Symmaque, poursuivi devant l'autorité civile, eût dû trouver dans ses coévêques plutôt des consolateurs que des juges. De plus, il n'est pas facile de comprendre comment le supérieur a pu être jugé par ses inférieurs. Quand l'Apôtre nous interdit de recevoir légèrement une accusation contre un simple prêtre, comment a-t-on pu en recevoir une contre le Chef de l'Eglise universelle ? Le vénérable concile l'a compris, et c'est pour cela sans doute que, tout en affirmant que ni lui ni le très-glorieux Théodoric n'avaient trouvé fondés les crimes reprochés au Pape, il décide qu'il doit renvoyer à Dieu une cause dont il n'avait pu (soit dit sans offenser personne) se charger sans témérité.

« Comme sénateur romain et comme évêque chrétien, je vous conjure de vous intéresser autant à ce qui regarde l'Eglise qu'à ce qui regarde la République, et, dans votre cité, n'aimez pas moins le siége de Pierre que la capitale du monde.

« Si on a des reproches à faire à un autre évêque, on peut examiner sa cause sans difficulté. Mais, quand on attaque le pape de Rome, l'épiscopat tout entier chancelle.

« Vous savez au milieu de quelles tempêtes nous dirigeons le gouvernail de la foi. Si, comme nous, vous tremblez à la vue des périls que court notre vaisseau, il faut vous unir à nous pour en défendre le pilote. Souvenez-vous que ce n'est pas au troupeau à juger le pasteur ; le souverain Juge a seul le droit de demander compte des brebis à celui auquel il les a confiées. Travaillez donc à rétablir la paix si elle ne l'est pas encore ».

Cette lettre, d'une si forte logique et d'une si simple et si admirable éloquence, peut donner une idée de ce que saint Avite pensait relativement à la primauté du siége de Pierre.

L'évêque de Vienne conserva toujours le même attachement au chef de l'Eglise : il fut le confident et l'ami intime du pape Hormisdas, successeur de saint Symmaque, et se joignit à lui pour étouffer le schisme qui désolait l'Eglise grecque depuis la condamnation du patriarche Acace.

Hormisdas, qui désirait la paix et l'union, avait envoyé des légats en Orient, et il était parvenu à détacher du schisme les évêques de Dardanie, d'Illyrie et de Thrace. Mais, depuis longtemps l'Eglise orientale ressentait contre l'Eglise d'Occident les atteintes de cette jalousie qui l'a conduite au schisme déplorable qui dure encore. Les efforts d'Hormisdas échouèrent contre la perfidie des Grecs, et il ne put rétablir la paix.

Avite avait appris du pape lui-même les heureuses dispositions des évêques qui étaient rentrés dans l'unité, et l'intention où il était d'envoyer de nouveaux légats en Orient.

Il s'intéressait si vivement à cette affaire, qu'il envoya à Rome, quelque temps après, le prêtre Alexius et le diacre Venantus, pour connaître le résultat de cette seconde ambassade. Dans la crainte que ses envoyés ne pussent arriver jusqu'à Rome, il chargea d'autres clercs d'aller à Ravenne demander à l'évêque Pierre les renseignements qu'il désirait.

La lettre qu'il donna pour le pape à Alexius et à Venantius était écrite au nom de tous les évêques de la Viennoise.

Le pape répondit à saint Avite :

« Très-cher frère, nous nous sommes réjoui dans le Seigneur en voyant dans la lettre que vous nous avez envoyée par le prêtre Alexius et le diacre Venantius, combien vous êtes attaché aux constitutions du Siége apostolique qui ont condamné les impies Nestorius et Eutychès, et combien vous mettez d'intérêt à savoir si nos démarches ont produit quelque résultat contre ces hérétiques qui troublent les Eglises orientales ».

Il était bien juste, en effet, que les fidèles enfants de l'Eglise priassent pour leur mère, tandis que des fils dénaturés continuaient de lui déchirer le sein. Enfin, le terme des souffrances arriva : l'empereur Anastase étant mort en 518, Justin, son successeur, se montra plus loyal et plus raisonnable ; et le patriarche Jean de Cappadoce parvint à étouffer la discorde. L'évêque de Vienne avait sans doute contribué pour une large part à terminer le schisme. Dès que l'heureux événement fut connu dans les Gaules, il écrivit au patriarche pour lui en témoigner sa joie. Il lui recommande instamment le maintien de l'harmonie, si désirable et si nécessaire, entre les deux grandes Eglises sur lesquelles sont fixés les regards du monde entier.

Les époques d'agitation, comme celle dont nous venons de parler, sont toujours signalées dans l'histoire par les persécutions dirigées contre les défenseurs de la bonne cause. Tandis que les empereurs grecs et des évêques ambitieux opposaient une scandaleuse résistance aux décisions de l'Eglise universelle, un saint personnage, Elie, patriarche de Jérusalem, restait inébranlablement attaché à la communion du pontife romain. Privé de son siége pour cet acte de courage, l'intrépide confesseur avait pris le chemin de l'exil. Il avait reçu plusieurs lettres de l'évêque de Vienne, comme lui défenseur du Saint-Siége, comme lui encore inébranlable soutien de la foi catholique ; malheureusement une seule de ces lettres nous est parvenue : saint Avite l'écrivit pour remercier le patriarche de lui avoir envoyé une parcelle de la vraie croix.

Dès lors, l'évêque de Vienne cesse d'être mêlé aux faits éclatants de l'histoire.

L'appui qu'il prêta au Saint-Siége contre l'antipape Laurent, et les efforts qu'il fit, de concert avec saint Hormisdas, pour étouffer les discordes religieuses de Constantinople, — telles furent, pour ainsi parler, les deux grandes manifestations de son zèle en faveur de l'Eglise universelle.

Désormais son activité resta concentrée dans les limites de la Gaule : il consacra le reste de ses jours à la prédication, à la conduite du clergé et des fidèles, en un mot au gouvernement de son diocèse. Et certes, à l'époque où l'arianisme abattu cherchait à se relever, où les mœurs germaniques résistaient encore aux préceptes de l'Evangile et à la voix de l'Eglise, un évêque ne manquait point d'occasions pour exercer son zèle.

Cependant saint Avite était si laborieux que, au milieu des occupations inséparables de l'épiscopat, il trouvait encore du temps pour composer des ouvrages d'assez longue haleine. Il continua d'écrire des homélies admirées de ses contemporains, et des traités où il réfutait en détail différentes erreurs et surtout l'arianisme. Il cultiva même, étant évêque, la poésie où il obtint beaucoup de succès ; mais il eut toujours soin de traiter des sujets sérieux, dignes d'un évêque, et propres à instruire et à édifier.

Saint Avite — c'est un fait trop peu connu, — fut le plus grand poète de son temps.

Mais il tenait si peu à la gloire littéraire qu'il n'aurait point publié ses poésies sans les instances réitérées de quelques amis. Malgré le caractère religieux de ses œuvres, il regrettait un temps précieux qu'il aurait pu, dit-il, employer plus utilement.

En effet, les soins de sa charge pastorale lui laissaient bien peu de loisirs : l'estime que l'on faisait de ses lumières et la confiance qu'inspirait sa vertu étaient si grandes, qu'on le consultait de toutes parts sur les points de foi, de morale et de discipline.

L'infatigable pasteur distribuait souvent à ses ouailles le pain de la parole divine ; non content de prêcher à Vienne, il le faisait fréquemment dans d'autres églises, comme le prouvent quelques titres de ses homélies.

Jusqu'à son dernier jour il déploya un zèle vigilant, plein d'humilité, d'énergie et de confiance pour les intérêts de la foi ; ce zèle il le montre tout entier dans une de ses lettres, à propos des Donatistes africains, qui semblaient vouloir se faire de nouveaux partisans dans la Gaule. Il signale à saint Etienne de Lyon les premières traces *de la contagion d'outre-mer*.

Jamais ces schismatiques ne parvinrent à se répandre dans la Gaule.

D'un autre côté, l'arianisme déclinait chaque jour parmi les Burgondes que saint Avite venait de ramener si heureusement au giron de l'Eglise.

Enfin la mort éteignit cette grande lumière de l'Eglise des Gaules, comme le qualifie Adon, l'un de ses successeurs. Il mourut comblé de mérites, et déjà arrivé à l'âge de soixante-treize à soixante-quatorze ans, le 5 février 525, jour auquel l'Eglise célèbre sa mémoire.

Le Martyrologe romain mentionne en ces termes la naissance éternelle de saint Avite : « A Vienne, naissance de saint Avite, évêque et confesseur, dont la foi, l'activité et l'admirable doctrine préservèrent les Gaules des ravages de l'hérésie arienne ».

Rien de plus beau que ce témoignage !...

Il fut enseveli dans l'église de Saint-Pierre, hors des murs de la ville de Vienne.

POÉSIES ET HOMÉLIES DE SAINT AVITE.

Saint Avite fut non-seulement un saint évêque (ce titre seul suffirait à sa gloire), mais encore un homme de génie, un théologien profond, un grand poëte, — le plus grand poëte de son temps.

Sa lyre fut chrétienne, chez lui le vers ne fut qu'une forme heureuse mise au service de l'enseignement catholique.

Dans une lettre de saint Avite à Eufraise, évêque de Clermont, nous voyons le but que poursuit le poëte chrétien : « Si notre frère trouve dans ce volume un sujet convenable de lecture, *ne fût-ce que pour les enfants*, je pourrai le savoir par une lettre de Sa Grandeur ».

C'est donc en faveur de la jeunesse que saint Avite voulut publier ses œuvres poétiques.

Au ve siècle, le paganisme, anéanti comme culte, était encore influent à titre de souvenir ; les idées et les maximes païennes dominaient encore dans une classe nombreuse de la société gauloise, et l'enseignement des rhéteurs, basé uniquement sur les classiques anciens, présentait pour les enfants un danger véritable, que les écrivains chrétiens s'efforcèrent d'arrêter.

« Tout l'enseignement », dit Ozanam, « était fondé chez les anciens, comme il l'est resté au moyen âge, et avec une grande sagesse, sur l'exercice de la mémoire et l'étude des poëtes. En Grèce, on commençait par Homère, et, en Occident, par Virgile. Mais, avec Virgile, les païens et les chrétiens du ve siècle apprenaient par cœur, gravaient dans leur mémoire toutes les pensées, toutes les doctrines, toutes les images du paganisme.

« C'est contre ce paganisme que les premiers poëtes chrétiens s'efforcent de lutter ; c'est dans une pensée de polémique, de controverse qu'ils écrivent ; il s'agit pour eux de détrôner les faux dieux de ce siége envié qu'on leur a fait dans la mémoire et dans le cœur de jeunes enfants, et d'y faire asseoir un Dieu plus digne de l'enfance. Voilà pourquoi ils s'efforcent de retenir les formes virgiliennes, classiques, pures, tout en jetant dans ce moule antique des idées nouvelles, au risque de voir ces idées, pénétrant, en quelque sorte, la forme dans laquelle elles ont été reçues, finir par la faire éclater et par briser le moule [1] ».

Les poëmes de saint Avite sont en effet conçus dans un but de propagande religieuse : ce sont de pieuses lectures, des manuels pour l'instruction de la jeunesse, aussi bien que des œuvres d'art.

1. *La Civilisation au cinquième siècle*, leçon XVIIIe, p. 229.

On remarque la même intention pratique dans les compositions littéraires de tous les écrivains chrétiens qui parurent en Occident à cette époque.

Les faits de l'Histoire sainte : voilà le titre général des cinq poëmes qui nous sont restés de saint Avite ; mais il a donné à chaque livre un titre particulier.

Les critiques du XVIIe siècle y trouvaient une conduite ingénieuse, une vigueur de pensées et une beauté d'expressions dignes d'un âge plus heureux.

Depuis le XVIIe siècle jusqu'à nos jours, les poésies de saint Avite étaient restées dans l'oubli : on ne croyait pas qu'il pût se trouver quelque beauté littéraire dans des écrits composés au temps des invasions barbares.

M. Guizot attira le premier l'attention des esprits sur cette époque obscure ; dans une de ses intéressantes leçons sur l'*Histoire de la civilisation en France*, il s'exprime ainsi, en parlant des poëmes de l'évêque de Vienne :

« Les trois premiers, la création, le péché originel, et le jugement de Dieu, font une sorte d'ensemble, et peuvent être considérés comme trois chants d'un même poëme, qu'on peut, qu'on doit même appeler, pour en parler exactement, le *Paradis perdu*. Ce n'est point par le sujet et le nom seul que cet ouvrage rappelle celui de Milton ; les ressemblances sont frappantes dans quelques parties de la conception générale et dans quelques-uns des plus importants détails... L'analogie des deux poëmes est un fait littéraire assez curieux, et celui de saint Avite mérite l'honneur d'être comparé de près à celui de Milton ».

M. Guizot a rapproché quelques morceaux des deux poëmes ; ce parallèle justifie pleinement son appréciation, et même ne permet guère de douter que Milton n'ait été souvent inspiré par la lecture du poëte latin.

Oui, Milton a dû connaître les poëmes de saint Avite : tout semble le prouver ; ils avaient été publiés au commencement du XVIe siècle[1], et l'érudition à la fois classique et théologique de Milton était grande.

Nous sommes loin de posséder toutes les poésies de l'évêque de Vienne. Le recueil qui nous est parvenu contient six *livres* ou *chants*, tous en vers héroïques.

Chant premier. — Du commencement du monde ; création de l'homme ; description du paradis ; la défense.

Chant deuxième. — Du péché originel ; la tentation ; la chute.

Chant troisième. — Jugement de Dieu ; expulsion du paradis.

Chant quatrième. — Le déluge ; corruption du genre humain ; l'ange vient avertir Noé, etc.

Chant cinquième. — Passage de la Mer Rouge.

Chant sixième. — Eloge de la chasteté ; consolation adressée à ma sœur Fuscine... Nous en avons parlé au commencement de cette vie.

La *France littéraire* mentionne quatre-vingt-douze lettres, presque toutes adressées aux principaux personnages de son siècle : Clovis, Gondebaud ; Anastase, empereur de Constantinople ; les évêques de Milan, de Jérusalem, d'Arles, etc.

Des nombreuses homélies de saint Avite on n'en possède plus que deux sur les Rogations. Elles sont très-remarquables : Dom Martène en a publié une troisième sur le même sujet, *Thesaur. anecdot.*, t. V, p. 49 ; il a publié en outre des fragments de huit autres homélies ; la conférence contre les ariens, imprimée dans le tome V du Spicilége. Les œuvres de saint Avite se trouvent dans la bibliothèque des Pères. Le savant P. Sirmond les publia en 1643, in-4o, avec des notes courtes, mais judicieuses. La manière serrée avec laquelle saint Avite presse les ariens dans quelques-unes de ses lettres, doit nous faire regretter les autres ouvrages qu'il avait composés contre ces hérétiques.

Ses écrits perdus sont innombrables.

On n'a point de biographie contemporaine de saint Avite. Ceux qui ont écrit sa vie en ont toujours emprunté les détails à ses écrits et aux auteurs contemporains. Quant à nous, nous avons reproduit une partie de la notice insérée par M. Barthélemy au t. V des *Annales hagiologiques de la France* ; il l'avait empruntée lui-même à M. l'abbé Parizel, qui a publié, en 1859, une savante étude sur le saint évêque de Vienne.

1. « Les premières éditions des œuvres de saint Avite ne contiennent que ses deux poëmes, ou six livres de poésies. On n'en connaît aucune qui ait paru avant celle de Strasbourg, chez Jean Adelphus Mulingius, l'an 1507, en un petit volume in-16.... Il y en eut deux autres éditions à Paris et à Cologne en 1508 et 1509.... Celle de Strasbourg est... préférable aux autres. — Le tome LIX de la *Patrologie latine* de M. Migne reproduit l'édition donnée à Venise en 1728.

« En 1510, Josse Bade remit sous la presse, à Paris, les mêmes poésies en un volume in-8o ». — *Hist. litt. de la France*, t. III, p. 140 et suiv.

SAINT WODOEL OU VOUÉ

700. — Pape : Sergius Ier. — Roi de France : Childebert III.

Le reclus Voué, originaire d'Irlande, est un des héros les plus connus des traditions soissonnaises.

Il vint en Gaule à cette époque où les migrations de l'Ecosse et de l'Irlande étaient si fréquentes et fournirent tant de pieuses colonies de solitaires, tout en exerçant, chemin faisant, les fonctions de missionnaires. Il n'avait qu'un compagnon de voyage nommé Magnebert. S'étant arrêté à Notre-Dame de Soissons en sa qualité de pèlerin, il fut si édifié de la vie sainte de la communauté de Saint-Pierre, qu'il demanda et obtint de l'abbesse Hildegarde d'y être admis. Ce fut peut-être pour se dérober aux regards de ses nombreux compatriotes qui passaient par Soissons pour faire le pèlerinage de Rome et de la Palestine, qu'il quitta le cloître de Saint-Pierre et alla vivre en reclus dans une cellule pratiquée dans une tour appelée tour de Saint-Benoît, et plus tard tour de Saint-Voué. Elle était située près du mur de la cité et vis-à-vis la porte de l'abbaye. On pratiqua, dans la suite, près de cette tour, une porte qui prit également le nom de Saint-Voué. Il mena dans cette retraite obscure une vie angélique. Pauvre lui-même, il aimait les pauvres dont il était le soutien et le conseil. Un incident fort simple, mais qui donna lieu à la calomnie, vint troubler cette existence si pure et si oubliée. La puissante abbesse dont il avait su gagner l'estime et l'amitié lui ayant envoyé son repas quotidien dans un plat d'argent, Voué le donna à un malheureux qui habitait près de sa cellule et à qui il offrait souvent la meilleure part de ce qu'on lui apportait ; mais celui-ci, non content du dîner, prit le plat et s'enfuit. Hildegarde, fâchée de cette perte, adressa des paroles aigres à Voué qui, sans répondre, se prosterna à ses pieds, et, ne pouvant supporter ces injustes reproches, reprit son pèlerinage pendant neuf ans entiers. — Après bien des aventures, Voué revint à Soissons, et comme il approchait du monastère de Notre-Dame, le démon qui avait été l'auteur secret de son départ se vit forcé de publier son retour par la bouche d'un serviteur de l'abbaye qu'il tenait en sa possession et qui se mit à crier : « Levez-vous, allez au-devant de Voué qui revient en l'abbaye pour me chasser ». L'abbesse et les religieuses accourues à ce bruit reçurent le reclus avec une vive allégresse. Quant à lui, suivant l'exemple de saint Benoît, qui avait donné un soufflet à un moine possédé pour le délivrer, il frappa de même le serviteur de l'abbaye, qui fut sur-le-champ abandonné par le démon. Pour s'en venger, l'esprit malin mit le feu à la cellule que le saint homme avait retrouvée avec tant de joie. Comme la porte était fermée en dehors, ainsi que cela se pratiquait à l'égard des reclus, le diable se mit à crier que Voué périrait dans les flammes avant qu'on pût lui porter secours. Mais son bon ange le délivra, le transporta dans une île de l'Aisne et éteignit cet embrasement infernal.

Ce récit légendaire alla s'embellissant à travers les siècles. On rapporte que du temps de saint Voué, le démon avait un très-grand pouvoir dans la ville de Soissons et qu'il emportait le treizième de ceux qui passaient par la rue du Mont-Revers. Le serviteur de Dieu, pour mettre fin à ce pouvoir diabolique, fit faire un jeûne et des prières extraordinaires suivis d'une procession solennelle. Il fit ensuite passer devant lui dans la rue magique douze personnes bien disposées et passa le treizième. Satan parut aussitôt pour l'enlever, mais le Saint lui commanda avec autorité de vider la place et de se retirer aux enfers. Forcé d'obéir à ce pouvoir extraordinaire, le diable le pria de ne point le renvoyer en cet abîme et de lui donner une retraite moins malheureuse. Alors Voué l'envoya dans la rivière d'Aisne, au-dessous de la tour Lardier. Depuis, un prêtre alla tous les ans conjurer le démon dans cette tour, où il était censé avoir établi sa résidence, afin de satisfaire aux désirs du peuple. Tout ce qu'on peut dire de ces récits romanesques, c'est que le nom de saint Voué, donné à la porte de la rue du Mont-Revers, était un monument qui rappelait quelque événement important de la vie du saint reclus.

Le monastère de Notre-Dame était aussi plein de souvenirs de faits non moins extraordinaires attribués à saint Voué. Un jour, le feu ayant pris à l'abbaye, une religieuse qu'il avait guérie de la fièvre et du mal de dents courut l'en avertir. Lui, sans s'étonner, lui donna sa cape pour l'opposer à l'incendie qui s'éteignit dès qu'on en eut approché ce vêtement. Le bâton de voyage qu'il avait reçu de l'ange et qu'on conservait au couvent sous la dénomination de *crossillon de saint Voué*, jouissait également, croyait-on, de la vertu d'éteindre le feu. Aussi, quand quelque incendie éclatait dans la ville, on l'y promenait et il l'éteignait aussitôt. On s'en servit souvent pour éteindre le feu dans les officines du monastère, même dans les derniers temps. Une abbesse, Mme d'Harcourt, raconte que le feu ayant pris dans la cheminée du chauffoir commun avec une extrême violence, on fit le signe de la croix avec ledit crossillon contre la cheminée, et que le feu tomba gros comme un muid, de sorte que ceux qui étaient présents eurent de la peine à s'en garantir. C'était encore la coutume, que chaque année, le 5 février, jour de la fête de saint Voué, après la grand'messe, la première sacristine prît avec respect le merveilleux bâton, et, suivie de la seconde sacristine, une lanterne et un cierge à la main, et de plusieurs religieuses récitant des psaumes et des prières, parcourût le monastère, en faisant partout, et particulièrement sur les cheminées, le signe de la croix avec cet instrument de dévotion. Les miracles se multipliaient à Notre-Dame de Soissons, par l'entremise de saint Voué. Entrant une fois dans le cloître, pour célébrer la messe, il rencontra deux religieuses fort tristes, parce qu'elles avaient manqué la coupe d'une robe de grand prix qu'un seigneur de la cour avait prié l'abbesse de lui faire confectionner dans le couvent. Le Saint fit le signe de la croix sur l'étoffe, qui reprit sa première forme et put être taillée de nouveau avec plus de précision.

Saint Voué mourut vers 700, le 5 février. Les religieuses de Notre-Dame accompagnèrent de leurs larmes la dépouille mortelle du pieux reclus qui fut déposée dans l'église de Sainte-Croix.

On invoque particulièrement saint Voué contre les incendies.

Cf. *Annales du diocèse de Soissons*, par M. l'abbé Pécheur.

LES VINGT-SIX MARTYRS DU JAPON

1597. — Pape : Clément VIII.

Le ciel serait sans douceur, si la vie était sans souffrances. Saint Augustin, *sent.* XXI.

L'empire du Japon, situé à l'extrémité orientale de l'Asie, se compose de cinq grandes îles et d'un grand nombre de petites. Il surpasse la France en superficie, peut-être même en population. Si l'on s'en rapporte au récit des missionnaires, mieux renseignés que personne sur ce sujet, les habitants de ces îles sont sagaces, spirituels, doués d'un jugement très-droit, et d'une mémoire qu'on ne trouve point chez les autres peuples. Leurs manières sont nobles, leur caractère loyal. Autrefois, le gouvernement était monarchique. Au XVIe siècle, une révolution avait transformé le Japon en soixante-six principautés ou royaumes indépendants. C'était le bon moment pour le conquérir à l'Evangile : saint François Xavier, qui, comme on le sait, en moins de onze ans de travaux évangéliques, baptisa près de *deux millions* d'infidèles et recula les bornes du monde chrétien de cinq mille lieues, gagnant au salutaire empire de l'Eglise romaine en Orient ce qu'elle venait de perdre au nord de l'Europe, aborda, dans sa course gigantesque, au Japon, le 15 août 1549. Au bout de vingt-six mois, il avait baptisé des païens, converti des rois, ruiné l'autorité des bonzes (les prêtres païens de cette contrée), établi des ouvriers évangéliques chargés de continuer et d'achever son œuvre; il avait fondé les importantes chrétientés de l'île de Firando, celle de Saxuma et Bungo, comprenant presque toute l'île de Kiou-siou, et il avait entamé la grande île de Niphon par le royaume de Naugato ou d'Amanguchi. Les religieux de la Compagnie de Jésus (le Saint-Siége interdisait dans ces commencements l'entrée du Japon à tous autres missionnaires) continuèrent avec un grand succès l'œuvre de saint François Xavier. Pendant quarante ans, le christianisme fleurit librement au Japon; mais en 1582, un homme qui, sorti du rang le plus obscur, s'était avancé à grands pas dans le chemin de l'ambition et de la fortune, se fit reconnaître empereur sous le nom de Taïcosama. Jamais souverain ne fut plus puissant : il réduisit les autres rois à n'être que des gouverneurs, qu'il changeait à volonté.

D'abord il favorise la religion chrétienne; il répète même plusieurs fois aux Jésuites qu'il l'embrasserait volontiers si elle n'interdisait pas la pluralité des femmes. Mais ces sentiments d'un athée pour le christianisme ne devaient pas durer : la bienveillance était prête à se changer en haine, dès qu'il craindrait que cette religion ne contrariât les calculs de la volupté ou de l'ambition.

Un ex-bonze, de la secte la plus perverse, le médecin Jacuin, chargé de rechercher dans tout le Japon ce qui devait être prostitué à la luxure de Taïcosama, voulant lui inspirer sa propre haine pour la foi catholique, lui exposa que les femmes catholiques seules ne tenaient aucun compte de ses promesses, de son argent, de ses menaces; que l'autorité des Jésuites était plus forte que celle de l'empereur; qu'ils finiraient par gouverner à sa place, ou par livrer le Japon aux Espagnols. Ce discours s'adressait à la fois à toutes les passions de l'empereur; il n'en fallut pas davantage pour amener un édit de persécution. Les Jésuites reçurent ordre de sortir du Japon dans les six mois. Eux, qui ne désiraient que la victoire des martyrs, n'eurent garde de déserter ainsi le champ de bataille. Mais la persécution n'éclata point tout d'un coup. Pendant dix ans l'orage se prépara plutôt qu'il n'éclata; d'ailleurs, jamais le nombre des chrétiens n'avait augmenté dans de telles proportions; de 1591 à 1592, plus de douze mille adultes reçurent le baptême. La noblesse surtout s'enrôlait sous l'étendard de Jésus-Christ. Au mois de mai 1593, quatre religieux franciscains abordèrent au Japon sous le titre d'ambassadeurs, qui leur permit d'éluder la bulle de Grégoire XIII, réservant exclusivement à la Compagnie de Jésus l'évangélisation du Japon et de séjourner dans l'empire. Ils bâtissent deux monastères : *Sainte-Marie de la Portioncule* et *Bethléem*, et ayant reçu un renfort de trois religieux profès, ils prêchent, malgré la défense qui leur en a été faite, ébranlent, convertissent les masses et les baptisent. L'empereur entra dans une grande fureur en apprenant qu'on enfreignait ainsi ses ordres; un Espagnol y mit le comble par sa fanfaronnade, se vantant auprès d'un courtisan japonais que sa nation, déjà maîtresse de la moitié du monde, le serait bientôt du Japon; et cela, comme toujours, par le moyen des missionnaires. Taïcosama ordonna d'arrêter et de faire mourir *tous* les Pères; mais il restreignit cette condamnation aux Franciscains. Ils apprirent cette nouvelle avec la joie la plus vive, et rendirent grâces à Dieu. Ce fut le sentiment de toute cette sainte et brillante chrétienté : une foule de familles accoururent de diverses contrées à Meaco, pour être arrêtées avec les Missionnaires et confesser la foi en leur compagnie.

La liste des premiers Martyrs du Japon en comprend vingt-six, qu'on divise ordinairement en trois groupes : six religieux franciscains, trois religieux jésuites, et dix-sept laïques japonais, du Tiers Ordre de Saint-François. Voici quelques mots sur chacun d'eux :

Né en Espagne, à San-Estevan, *saint Pierre-Baptiste* renonça au monde dès qu'il put le connaître, embrassa l'institut du séraphique saint François, et, envoyé à la mission des Indes, il remplit à Manille la charge de *gardien* ou supérieur d'un couvent de son Ordre, puis celle de *commissaire*. Il fut le chef des Franciscains, apôtres du Japon. Il avait le don des miracles : il guérit, un jour de la Pentecôte, publiquement, une jeune fille gravement atteinte de la lèpre.

Saint Martin de l'Ascension ou d'Aguire, prêtre franciscain, était de la ville de Vergara, dans la province de Guipuscoa, en Espagne. Il avait déjà rempli les fonctions de prédicateur et de professeur de théologie, quoiqu'il n'eût que trente ans. Il savait assez bien la langue japonaise et prêchait avec un grand zèle et beaucoup de fruit. On a de lui une belle exhortation qu'il fit à ses compagnons lorsqu'on les conduisait au martyre.

Saint François Blanco, prêtre et religieux de Saint-François, était aussi espagnol. Monte-Rey, en Galice, a l'honneur d'être sa patrie. On peut voir, dans les Bollandistes, les belles choses qu'il écrivait à un de ses amis dans l'attente du martyre. Il dit, en parlant des nouveaux chrétiens qui se disputaient le bonheur de mourir pour Jésus-Christ : « J'ai honte de moi-même en voyant des hommes si récemment entrés dans le sein de l'Eglise montrer un tel courage en face de la mort ».

Saint Philippe de Las Casas ou de Jésus, clerc et religieux franciscain, était né à Mexico, de parents espagnols. Dès sa jeunesse, il se livra aux plaisirs : ses désordres furent tels que sa famille en fut réduite à le bannir de son sein comme un objet de dégoût et de déshonneur. Ce traitement sévère le foudroya, pour ainsi dire, et lui ouvrit les yeux : il vit son malheur, le pleura, se convertit et prit l'habit de Saint-François. Mais ses passions le suivirent dans le cloître; il lutta d'abord; puis, vaincu par ces terribles ennemies, il quitte son habit religieux et se plonge de nouveau dans ses désordres. Ses parents, pour l'éloigner d'eux, le font passer en Chine pour y faire le négoce. Là, le souvenir du couvent s'empare tout entier de cette âme et l'arrache définitivement aux voluptés de la terre. Il s'enrôle de nouveau dans la milice sainte de Saint-François, au monastère *des Anges*, à Manille. Ses parents, à la nouvelle de sa conversion, ayant désiré le revoir, il s'embarque pour la nouvelle Espagne; mais le navire obéissait au souffle de la Providence; on vit une croix du côté du Japon, présage du martyre pour le jeune Philippe. Une tempête oblige le navire à relâcher au port japonais de Firando; Philippe se retire au monastère de son Ordre, à Meaco. C'est le moment où l'on fait les arrestations : il se trouve sur la liste des prisonniers. Le jour du triomphe, il embrassa avec tendresse la croix où il devait mourir; comme elle était mal construite, il souffrit plus que les autres et se contentait de dire : « Jésus ! Jésus ! » On le perça alors de trois coups de lance; de sorte que, arrivé le dernier au Japon, il entra le premier dans la céleste patrie, à l'âge de vingt-trois ans.

Saint Gonzalès Garcia, frère lai, de l'Ordre des Franciscains, était né à Bazain dans les Indes-Orientales, d'un père portugais et d'une mère indienne. Il se livra au négoce : frappé, dans un voyage qu'il fit aux Philippines, de la pauvreté des Franciscains, qui suivaient la réforme austère de Pierre d'Alcantara, il renonça à ses immenses richesses pour se revêtir de la bure. Le bienheureux Pierre-Baptiste l'emmena avec lui au Japon, parce qu'il savait la langue de ce pays. Le jour de son martyre, il exhortait du haut de sa croix les Japonais à reconnaître la vérité de la religion de Jésus-Christ. Il était d'une rare humilité. Avant d'expirer, il n'osa pas se servir d'autres paroles que de celles du bon larron : « Seigneur, souvenez-vous de moi ».

Saint François-de-Saint-Michel, frère lai, religieux franciscain, naquit à Padilha, non loin de Valladolid, dans le diocèse de Palencia. Il quitta l'Ordre des Cordeliers pour celui des Franciscains, parce qu'il espérait y trouver plus d'austérités. Envoyé aux îles Philippines, il y fut favorisé du don des miracles. Il rendit la parole à une femme indienne qui allait rendre le dernier soupir, et lui administra le baptême. Par un signe de croix, il guérit un indien mordu mortellement par un serpent. Sa mémoire était si prodigieuse, qu'on la regarda comme un don surnaturel. Emmené au Japon par le bienheureux Pierre-Baptiste, ce fut lui qui y fit le plus de conversions. Un jour, pour mieux faire comprendre à ses auditeurs la passion de Jésus-Christ, il se dépouilla de ses habits jusqu'à la ceinture, se fit attacher les mains derrière le dos et frapper avec des cordes, sans pitié, longtemps, jusqu'au sang.

Voici maintenant les noms des dix-sept laïques japonais *qui aidaient les Pères Franciscains, vivaient avec eux*, selon les termes de la bulle d'Urbain VIII, du 14 septembre 1627, et partagèrent leur prison et leur martyre : *Saint Côme Tachegia*, du royaume d'Oaris. — *Saint Michel Cozaki*, du royaume d'Isc, le père de Thomas Cozaki, un des trois enfants dont nous allons parler. — *Saint Paul Ibarki*, du royaume d'Oaris. — *Saint Léon Carasumo*, frère cadet du bienheureux Paul Ibarki; il était catéchiste, interprète des Pères, plein de zèle pour les œuvres de charité et bon surtout pour les malades incurables. — *Saint Louis, enfant de onze ans;* lui, Antoine et Thomas servaient à l'autel chez les Pères franciscains; ils auraient pu éviter d'être mis sur la liste des martyrs, mais ces admirables enfants réclamèrent cette faveur par des pleurs et des prières. Un païen, proposant à Louis de renoncer à la foi chrétienne pour échapper à la mort, il répondit : « C'est au contraire vous qui devez vous faire chrétien, puisqu'il n'y a pas d'autre moyen de se sauver ». Arrivé au lieu du supplice, il demanda quelle était sa croix; quand il la vit, il y courut avec une sainte joie qui émut tous les spectateurs. Lorsqu'il y fut attaché, ses yeux, ses lèvres souriantes, le mouvement de ses petits doigts, tout chez lui indiquait le contentement céleste qui rayonnait sur son visage. — *Saint Antoine,* enfant de treize ans, né à Nangazaki. Au moment où il approchait du supplice, ses parents, bons chrétiens, d'ailleurs, mais vaincus par les sentiments de la nature, le conjurent de ne pas mourir si tôt et d'attendre, pour confesser la foi, un âge plus avancé. L'héroïque enfant, recevant de Dieu une fermeté virile, ne se laisse point attendrir par ces gémissements et ces larmes : « Dieu me donnera le courage nécessaire pour cette lutte », répondit-il à ses parents : « cessez vos conseils, n'exposez pas ainsi notre sainte foi au mépris et à la risée des païens ». Le magistrat, ému de ce spectacle, joint ses instances à celles des parents; il promet à Antoine des richesses, des honneurs; il emploie tout pour le séduire : « Je méprise vos promesses et la vie elle-même », répondit le jeune martyr; « la mort ne me fait pas peur; la croix où je vais être attaché ne me trouble point; c'est, au contraire, ce que je désire uniquement, par amour pour Jésus, qui a voulu expirer aussi sur une croix pour nous sauver ». Puis, s'adressant à son père et à sa mère, il leur dit adieu, promettant de prier pour eux dans le ciel. Quand il fut attaché et élevé sur sa croix, il invita le Père Pierre-Baptiste à chanter le psaume *Laudate, pueri, Dominum,* et comme ce Père, absorbé et ravi en extase, ne répondait point, le saint enfant entonna tout seul le psaume, et le chanta d'une voix angélique : il arrivait au *Gloria Patri* lorsque le fer de la lance perçant son cœur, envoya son âme continuer ses chants dans le ciel.

Saint Thomas Cozaki, enfant de quatorze ans, fils de Michel Cozaki, eut la gloire et le bonheur de souffrir pour Jésus-Christ avec son père, avec la même constance que les deux autres enfants. — *Saint Mathias :* quand on vint au couvent des Franciscains de Pilaco, pour y dresser une liste de douze chrétiens, de ceux qui vivaient avec les Pères, pour les crucifier avec eux, l'un de ces chrétiens, qui se nommait Mathias, pourvoyeur du couvent, était absent; les exécuteurs le réclamaient partout, disant : « Où est Mathias ? que Mathias se présente ». Un chrétien du voisinage, qui portait le même nom, l'entendant prononcer, se présente et dit : « Voici un Mathias; ce n'est pas celui que vous demandez; mais moi aussi je suis chrétien et l'ami de ces Pères». Ils l'arrêtèrent, et il dut ainsi à cette circonstance le bonheur du martyre.

Saint Ventura ou Bonaventure, qui, baptisé dans sa première enfance, puis élevé dans le paganisme, fut plus tard éclairé intérieurement d'une lumière divine, se fit instruire dans la foi de son baptême et abjura ses erreurs. — *Saint Joachim Saccakibara,* médecin des Pères franciscains. — *Saint François de Meaco,* autre médecin; il avait composé quelques traités pour défendre la religion chrétienne contre les préjugés de sa nation. — *Saint Thomas Dauki,* qui servait d'interprète aux Pères. — *Saint Jean Kimoia.* — *Saint Gabriel de Duisco,* originaire du royaume d'Isc, âgé de dix-neuf ans, élève des Pères franciscains. — *Saint Paul Suzuki,* du royaume d'Oaris, catéchiste et interprète, auteur de quelques écrits pour l'instruction des néophytes.

Il y a deux autres Japonais qu'on appelle les deux *Sur-ajoutés,* et qui furent comme les *surnuméraires* du martyre. Lorsqu'on conduisait au supplice les vingt-quatre martyrs, ces deux chrétiens, *saint François* et *saint Pierre Sukegiro,* suivirent cette glorieuse troupe pour lui prodiguer les soins les plus tendres, et pourvoir à toutes ses nécessités. Les mauvais traitements des gardes ne purent arrêter leur zèle. Il fallut les arrêter et les joindre aux vingt-quatre martyrs : ce qui mit le comble à leur bonheur.

Il nous reste à dire quelques mots sur les trois Japonais jésuites. Ils furent arrêtés et mis en prison le 9 décembre 1596 : quoique plus tard la sentence de mort n'atteignît point les Jésuites, mais fût restreinte aux Pères franciscains, lorsque, le 31 décembre 1596, Taïcosama donna l'ordre de faire partir d'Ozaca, le Père Franciscain et les compagnons de sa prison, les trois jésuites Japonais étant de ce nombre, le gouverneur n'osa pas les délivrer. Il les envoya au supplice avec les autres prisonniers. C'étaient *Paul Miki, Jean de Goto*, et *Jacques Kizaï.*

Paul Miki, d'une famille noble et chrétienne, élève des Jésuites dès l'âge de onze ans, fut, dès son jeune âge, un modèle de ferveur. A vingt-deux ans il embrassa la vie religieuse, et, par sa science, sa modestie, son éloquence, il devint le plus célèbre des missionnaires de la Compagnie au Japon, et celui qui faisait le plus de conversions. Quand il fut mis en prison, quelques chrétiens ayant fait des démarches pour obtenir son élargissement, il leur en fit des reproches : « Est-ce donc ainsi », leur dit-il, « que vous m'aimez ? quoi ! vous avez voulu me priver de cette immense faveur de Dieu, pour laquelle vous auriez dû, au contraire, vous réjouir et louer son infinie bonté ». Pendant la route, en allant au supplice, Paul Miki ne pouvait contenir sa joie; il ne cessa d'exhorter ses compagnons à la constance, ses gardiens et les païens à embrasser la religion chrétienne. On se pressait autour de lui pour baiser ses habits; mais son humilité ne le put souffrir. Quand il fut sur sa croix, il prêcha encore Jésus-Christ : du haut de cette glorieuse chaire, il dit : « Arrivé au terme où vous me voyez, je ne pense pas qu'aucun de vous me croie capable de trahir la vérité. Eh bien ! je vous le déclare, il n'y a pas d'autre moyen de salut que la religion chrétienne. Et comme cette religion nous ordonne de pardonner à nos ennemis et à tous ceux qui nous ont offensés, je pardonne, quant à moi, très-volontiers à l'Empereur et aux auteurs de ma mort. Je les conjure de recevoir le baptême ».

Saint Jean de Goto, né de parents chrétiens en 1578, dans l'île de Goto, entra dans l'Ordre des Jésuites, peu avant son arrestation. Lorsqu'il fut sur le point d'être attaché à sa croix, son père vint lui faire ses adieux ; Jean, alors âgé de dix-neuf ans, lui adressa le premier la parole : « Vous le voyez bien, mon père », lui dit-il, « le salut éternel doit être préféré à tout ! ayez soin de ne rien négliger pour vous l'assurer ». — « Mon fils », répondit ce père héroïque, « je vous remercie de votre excellente exhortation, et vous aussi, en ce moment, soyez ferme et supportez avec joie la mort, puisque vous la subissez pour la cause de notre sainte foi. Quant à moi et à votre mère, nous sommes prêts, s'il le faut, à mourir pour la même cause ». Il eut le courage d'assister à la mort de son cher enfant ; il se retira teint de son sang, qu'il baisa avec respect comme celui d'un martyr.

Saint Jacques Kisaï était un vieillard de soixante-quatre ans, catéchiste chez les Jésuites, et chargé surtout d'exercer l'hospitalité. Sa pratique de piété la plus habituelle était de méditer la passion de Notre-Seigneur Jésus-Christ. Comme on lui donnait de grands témoignages de vénération en sa qualité de martyr, il se contentait de répondre : « Je suis un grand pécheur ». Il fallut user de violence pour lui arracher quelques objets lui appartenant, qu'on désirait conserver comme reliques.

Le 2 janvier 1597, les vingt-quatre prisonniers de Meaco, conduits sur la grande place, eurent le bout de l'oreille gauche coupé. Ce qu'on coupa ainsi aux martyrs fut recueilli et vénéré : le père Augustin, aux mains duquel les chrétiens remirent les vingt-quatre précieuses reliques, les leva vers le ciel en disant : « Je vous offre, mon Dieu, ces fleurs de l'église du Japon ». Ensuite, flétrissure réservée aux plus grands malfaiteurs du Japon, nos saints martyrs furent promenés sur des chars dans la ville. Mais, partout où ils devaient passer, les habitants avaient sablé les rues, honneur exclusivement réservé aux rois : on se pressait aux portes, aux fenêtres, sur les toits, pour voir ce douloureux triomphe, et partout éclataient des témoignages de sympathie et d'admiration. Les trois enfants surtout attiraient le regard et faisaient couler les larmes, par leur air angélique et la douce joie que le ciel semblait déjà répandre sur leurs visages. Beaucoup de chrétiens essayaient de monter sur les chars pour avoir part au martyre : on eut beaucoup de peine à les écarter à grands coups de fouet et de bâton ; l'un d'eux, François Fahélenté, dont nous avons parlé, y resta cramponné.

Quand les saints furent de retour à la prison, l'un des trois Jésuites, Paul Miki, embrassa les pères Franciscains et leur témoigna vivement sa reconnaissance des souffrances dont il leur était redevable, car eux seuls, et non les Jésuites, se trouvaient condamnés à mort, dans l'édit de l'empereur, et de ce qu'il allait être martyr *à leur ombre*. On conduisit ensuite les saints à Ozaca, puis à Sacaïa, puis à Nangazaki. Le voyage fut long et pénible, à cause du froid, de la neige et des glaces ; d'ailleurs, ils ne voulurent point recevoir les adoucissements que tous, les païens eux-mêmes, s'empressaient d'apporter à leurs maux ; mais ils eurent une grande consolation, lorsque leur glorieuse troupe s'augmenta de deux fervents chrétiens, Pierre Sukégiro et François Fahélenté, comme nous l'avons raconté plus haut. Sur leur passage, ils excitaient une admiration universelle : les païens mêmes murmuraient contre l'empereur et disaient : « C'est une folie, c'est une injustice criante ». Beaucoup se convertissaient ; les bonzes exaspérés disaient que l'empereur ne pouvait choisir un meilleur moyen de fortifier et de propager la religion chrétienne. Les martyrs voyagèrent ainsi pendant un mois. Le 4 février, ils rencontrèrent les deux Pères Jésuites Pasio et Rodriguez, venus pour leur offrir le secours des sacrements. Mais le gouverneur de Nangazaki ne leur en laissa pas le temps. Ils ne purent que se confesser. Le lieu du supplice était une colline aux environs de Nangazaki, nommée depuis le *Mont-des-Martyrs*, ou la *Sainte-Colline*. Les bourreaux et les croix les attendaient. Les croix du Japon, ont, vers le bas, une pièce de bois en travers, sur laquelle les patients ont les pieds posés, et au milieu une espèce de billot, destiné à soutenir le poids du corps. On les attache avec des cordes, par les bras, par les cuisses et par les pieds, qui sont un peu écartés. On ajouta pour ceux-ci (je ne sais pourquoi, peut-être est-ce une coutume locale), un collier de fer qui leur tenait le cou fort raide. Quand ils sont ainsi liés, on élève la croix et on la place dans son trou. Ensuite le bourreau prend une lance et en perce de telle manière le crucifié, qu'il la fait entrer par le côté et sortir par l'épaule. Quelquefois cela se fait en même temps des deux côtés ; et si le patient respire encore, on redouble sur-le-champ. Nous ne raconterons pas ici avec quelle constance quelques-uns des martyrs triomphèrent des tentations les plus périlleuses : nous l'avons fait ci-dessus dans la vie de chacun d'eux; tous se rendirent vers leurs croix avec un empressement qui frappa les païens de stupeur. Chacun de ces vaillants soldats de Jésus-Christ est à son poste : à un signal donné, ils sont attachés à leurs croix placées à quatre pas de distance l'une de l'autre, sur une seule ligne, d'Orient en Occident : les croix se dressent et sont fixées : les martyrs ont le visage tourné au Midi, vers la ville. Le chef de cette sainte milice, saint Pierre-Baptiste, entonne le *Benedictus* que les autres continuent. Pour lui, il tombe dans une extase où il demeure jusqu'au dernier soupir. Paul Miki prêche la foule; le petit Antoine chante le psaume : *Enfants, louez le Seigneur;* le P. Gonzalès répète en mourant les paroles du bon larron : « Seigneur, souvenez-vous de moi » ; et tous prient et attendent le coup mortel avec une joie surnaturelle. Enfin un coup de lance envoie leurs bienheureuses âmes dans le ciel.

L'évêque du Japon, qui n'avait pas obtenu la permission d'assister à la mort des Martyrs, les aida du moins de ses prières, et le soir, il vint se prosterner au pied des croix pour vénérer les saintes victimes. Tous les fidèles s'y pressèrent : en vain le gouverneur de Nangazaki menaça de brûler toutes les maisons de la ville si ce concours continuait. Mais l'évêque, à cause de cette menace, défendit, sous peine d'excommunication, de franchir les barrières que les soldats avaient élevées autour des croix, et sa voix seule fut obéie.

Telle fut la première phase de la persécution qui ne finit qu'avec l'extinction du christianisme. Il est difficile d'évaluer combien de sang fut versé, car le nombre des chrétiens s'éleva jusqu'à deux millions, et, lorsque quelques-uns apostasiaient, ils étaient souvent remplacés par des païens. La plus grande partie de ce sang marquera d'une ignominie éternelle le front de la Hollande, car c'est elle qui l'a vendu. C'est la Hollande qui, dans sa haine du catholicisme et dans son esprit le plus vil de mercantilisme, exposa à l'empereur que les missionnaires étaient le rebut de l'Europe; qu'aucun pays civilisé ne pouvait les souffrir; que l'Espagne seule les envoyait comme espions dans les continents étrangers pour s'en emparer. Cela fut cause d'une proscription universelle : tout le Japon ne fut bientôt plus qu'une mare de sang. Et, pour le fermer à toute civilisation, on n'en permit l'entrée qu'aux *Hollandais*. Tous les autres étrangers en furent exclus, même les Chinois, même les Coréens, des voisins. Personne ne put vivre ni aborder au Japon sans fouler aux pieds le crucifix. Les Hollandais le foulèrent pour avoir le monopole du commerce. Oh ! ce n'est pas comme cela que la noble France a des relations avec les peuples étrangers. Dieu a permis qu'elle pût traiter enfin avec le Japon, le 9 octobre 1848 ; il n'est point dit dans ce traité : « Il sera permis aux Français de faire du négoce au Japon, à condition qu'ils marcheront sur l'image de la rédemption du monde ». Mais « les sujets français, au Japon, auront le droit d'exercer librement leur religion, et, à cet effet, ils pourront y élever, dans le terrain destiné à leur résidence, les édifices convenables à leur culte, comme églises, chapelles, cimetières ».

Le pape Urbain VIII déclara bienheureux les vingt-six suppliciés de Nangazaki, par un décret du 10 juillet 1627. Le 11 septembre de la même année, les vingt-trois membres de l'Ordre de Saint-François furent déclarés bienheureux. En 1629, la même qualité fut étendue aux trois membres de la Compagnie de Jésus. Enfin, ces vingt-six Martyrs furent canonisés le 8 juin 1862, jour de la Pentecôte, avec une solennité sans exemple en pareil cas. Sur un simple désir du souverain pontife Pie IX, des évêques de presque *tous* les points du monde catholique accoururent pour consoler le chef de l'Eglise privé de la plus grande partie des Etats que comprenait son pouvoir temporel. La plupart des prélats qui ne purent assister et adhérer de vive voix à ce grand acte, le firent depuis par écrit.

On représente ordinairement ces bienheureux Martyrs, en deux groupes différents : l'un composé des cinq Pères Franciscains et des dix-sept Japonais auxquels on donne souvent l'habit de Frères Mineurs parce qu'ils étaient agrégés au Tiers Ordre de Saint-François ; l'autre des trois religieux de la Compagnie de Jésus.

Nous nous sommes servi, pour l'histoire de ces Martyrs, des ouvrages de MM. Bouix et Villefranche.

SAINTE AGATHE HILDEGARDE (1024).

Agathe Hildegarde était épouse du comte palatin Paul. Celui-ci s'était couvert de gloire à la guerre ; celle-là avait travaillé à orner son âme de toutes les vertus des Saints. Cependant sa vie si pure ne fut pas à l'abri de la calomnie. Le comte, abusé par des rapports mensongers, suspecta la fidélité d'Agathe et la fit d'abord enfermer dans une tour du château de Stein, sans lui permettre un mot pour sa justification. Agathe subit avec une patience angélique la perte de sa liberté qu'elle ne regrettait qu'à cause des malheureux qu'elle ne pouvait plus soulager. Calme et résignée, elle consolait ses domestiques chargés de lui porter sa nourriture. Tout le monde au château était persuadé de son innocence. Mais le comte, dont la fureur était attisée par de perfides instigations, nourrissait de sinistres projets. S'étant rendu un jour à la prison d'Agathe, celle-ci loin de se livrer à des plaintes ou à des reproches, lui fit un tendre accueil, heureuse enfin de trouver une occasion de le désabuser ; mais le comte ne lui laissa pas le temps de prononcer un seul mot. L'ayant conduite, sous le prétexte d'une promenade, sur la terrasse du donjon, il la précipita dans les fossés du château. Il jette ensuite un cri perçant et feignant un profond désespoir, il court annoncer à ses gens que la comtesse est tombée du haut des murs. Les domestiques se précipitent, croyant bien ne plus trouver qu'un cadavre. Mais quelle n'est pas leur surprise d'apercevoir Agathe, à genoux et priant Dieu ! Ils s'imaginent voir un spectre et s'enfuient effrayés. S'étant relevée, elle les rappela et leur dit que Dieu, à qui elle s'était recommandée au moment de sa chute, avait permis qu'elle tombât sans se faire aucun mal. A la vue de ce prodige, le comte rentra en lui-même, reconnut son crime et l'expia par une longue pénitence. Hildegarde vécut encore plusieurs années qu'elle employa à faire des bonnes œuvres. Elle mourut le 5 février 1024.

Dieu confirma sa sainteté par plusieurs autres miracles opérés avant et après sa mort. Une partie de ses reliques fut transférée dans la suite à Graetz, sous l'archiduc Ferdinand, qui en montant sur le trône d'Allemagne, prit le nom de Ferdinand II.

Agathe Hildegarde est honorée dans la Carinthie et dans le Pusterthal.

Acta Sanctorum.

SAINT BERTULPHE, ABBÉ (705).

Bertulphe, né en Germanie, de parents païens, au VIIe siècle, quitta sa patrie étant encore jeune, et vint à Thérouanne. Là il s'enrôla sous les enseignes du Christ, et fut dans la suite admis dans l'Ordre des clercs par saint Omer. Wambert, homme remarquable par sa piété non moins que par ses richesses, lui ayant cédé la propriété de Renti, en Artois, Bertulphe y réunit des religieux qu'il dirigea plus par l'exemple de ses vertus que par l'autorité et la domination. Il était très-large dans la distribution des aumônes aux pauvres ; il procurait le salut de tout le monde avec une ingénieuse sollicitude, jusqu'au jour où il rendit son âme à Dieu par une sainte mort. Son corps, enseveli à Renti, et conservé en ce lieu pendant deux cents ans, fut, au Xe siècle, transféré à Boulogne, dans la crainte des Normands. Ces saintes reliques furent dans la suite transférées à Harlebeck, bourg de

Flandre, sur la Lys, puis à Blandinberg, monastère qui fut plus tard l'abbaye de Saint-Pierre de Gand. — Les Huguenots les brûlèrent en 1578 avec celles de huit autres saints : un ancien historien fait observer que les hérétiques « n'eurent garde de laisser perdre les châsses qui étaient d'or et d'argent ».

On le peint avec une bourse à la ceinture, occupé à faire l'aumône, et tous les ans, le jour de sa fête, on distribue mille pains aux pauvres dans l'église de Saint-Vaast de Renti.

Propre d'Arras et *Légendaire de Morinie*.

VIe JOUR DE FÉVRIER

MARTYROLOGE ROMAIN.

A Césarée, en Cappadoce, la naissance au ciel de sainte DOROTHÉE, vierge et martyre, qui, sous Saprice, président de cette province, après avoir été étendue sur le chevalet, et ensuite souffletée longtemps, fut enfin condamnée à la peine capitale. Pendant sa passion, un certain Théophile, avocat (*scholasticus* [1]), s'étant converti à la foi du Christ, fut tourmenté violemment sur le chevalet, et enfin périt par le tranchant de l'épée. IIIe s. — Le même jour, les saints martyrs Saturnin, Théophile et Révocate. — A Emèse, en Phénicie, saint Sylvain, évêque, qui, ayant été à la tête de la même église pendant quarante ans, fut, sous l'empereur Maximien, exposé aux bêtes avec deux autres [2] ; mis en pièces, il reçut ainsi la palme du martyre. 312. — A Clermont, en Auvergne, saint ANTOLIEN, martyr. Vers 265. — Le même jour, les saints évêques VÉDAST ou VAAST et AMAND, dont la vie et la mort furent illustrées par de nombreux miracles. Le premier gouverna l'église d'Arras, et le second celle de Maëstricht. 540, 684. — A Bologne, saint Guérin, évêque, cardinal de Palestrine, remarquable par la sainteté de sa vie. 1159.

MARTYROLOGE DE FRANCE, REVU ET AUGMENTÉ.

A Saint-Paul-Trois-Châteaux, saint Amand, évêque. Saint Amand succéda au Ve siècle à saint Maximin. Sa fête se célébrait autrefois dans son église cathédrale le 6 février. Il existe encore, dans l'ancien diocèse de Saint-Paul-Trois-Châteaux, une église qui lui est dédiée de temps immémorial. — A Laval, fête de saint Constantien, moine : originaire de l'Auvergne, il vint se former à la vie religieuse sous la discipline de saint Mesmin, à Micy, près Orléans. Il se retira ensuite dans la forêt de Javron, sur les limites du diocèse actuel de Laval. Tiré de sa retraite par Innocent, évêque du Mans, il fut ordonné prêtre et consacré aux missions. Le roi Clotaire Ier, à qui le saint avait prédit la défaite de son fils rebelle, lui donna la terre de Javron pour y élever un monastère. C'est là que saint Constantien mourut le 1er décembre 570. Ses reliques restèrent à Javron jusqu'en 1505. A cette époque, l'évêque du Mans les donna au comte de Breteuil. En 1843, une grande partie de ces précieux restes a été rendue, par l'évêque de Beauvais, à l'évêque du Mans et transférée

1. Tacite, dans son livre des *Orateurs*, nous donne le vrai sens du mot *scholasticus*, que nous traduisons par avocat.

On donnait ce nom aux rhéteurs et aux déclamateurs qui s'exerçaient sur des causes feintes, avant d'aborder les vraies. Pline l'entend de même, livre IV, lettre 3e, à Népos, lorsqu'il dit que ces *scholastiques*, hommes de l'école, passaient des plaidoyers d'imagination aux causes centumvirales, qu'ils plaidaient dans les basiliques, en présence du peuple. Tel était saint Jérôme, lorsqu'il étudiait à Rome dans sa jeunesse. Il le dit lui-même : « Dans ma jeunesse, lorsque je déclamais à Rome, et que je m'exerçais dans les procès feints, en vue des luttes sérieuses, je courais aux tribunaux, etc. » (*Commentaire de l'Ep. aux Galates*, ch. 2.)

On trouve aussi le même mot employé pour signifier *avocat ;* par exemple dans les *Actes du Concile de Sardique*, ch. 13, et ailleurs ; nous avons préféré ce dernier sens comme moins vague et plus caractéristique. (BARONIUS.)

2. Les compagnons du martyre de saint Sylvain sont : Lucas, son diacre, et Mucius, son lecteur.

dans l'église paroissiale de Javron [1]. — A Aldeneich, près de Maaseick, sainte Reinilde, Relinde ou Renelle, vierge et abbesse, sœur de sainte Herlinde. Vers 745 [2]. — Près de Zulpich, au duché de Juliers, saint ELRIC ou ALDRIC, porcher des religieuses de Prémontré, à Fussenich. Enfant de la maison de France, il quitta richesses, plaisirs, honneurs, pour embrasser la vie errante du pèlerin. Il mourut âgé de vingt ans à peine. Vers 1200. — En Suède, saint Brynolf ou Brynolphe, évêque, natif de cette contrée, qui, durant dix-huit ans qu'il fut à Paris, y édifia tout le monde par sa doctrine et par sa sainte vie, et qui, étant retourné en Suède, y fut successivement chanoine de Skara, doyen de Lincopen, et évêque de Skara. Sainte Brigitte de Suède vit la très-sainte Vierge demandant à son Fils que le tombeau du saint homme devînt glorieux à cause du zèle qu'il avait montré durant sa vie pour l'honneur de la Reine du ciel. 1317. — A Maëstricht, Tongres et Liége, commémoraison des saints évêques Servais, Monulphe, Gondulphe, Martin, Valentin, Candide, Amand et des autres qui ont occupé ces divers siéges. Depuis saint Materne jusqu'à l'année 750, les évêques de Maëstricht sont honorés comme saints. L'évêché de Liége compte trente évêques canonisés. — A Alby, fête de saint Amand ou Alan, évêque de Maëstricht. L'ancien diocèse de Vabres, où saint Alan a prêché la foi, l'a honoré pendant un grand nombre de siècles comme son patron. L'ancienne église cathédrale dédiée sous son nom existe encore.

MARTYROLOGES DES ORDRES RELIGIEUX.

Martyrologe de l'Ordre de Saint-Basile. — A Sébaste, en Arménie, saint Pierre, évêque, remarquable par la sainteté de sa vie, frère de notre Père, saint Basile. Sa naissance au ciel est marquée le 9 de janvier.

Martyrologe de l'Ordre des Chanoines réguliers. — A Bologne, saint Guérin, confesseur, qui fonda dans cette ville l'hôpital de Saint-Job, et de chanoine régulier devint évêque, cardinal de Palestrine, se fit remarquer par la sainteté de sa vie, s'endormit dans le Seigneur dans une extrême vieillesse, et fut enseveli dans l'église de Saint-Agapit, à Palestrine. 1159.

Martyrologe de l'Ordre de Cîteaux. — A Bourges, saint Guillaume, abbé de Chaalis, de l'Ordre de Cîteaux, ensuite archevêque de Bourges, illustre par la sainteté de sa vie et par la gloire de ses miracles. Le souverain pontife Honorius III le mit au nombre des Saints, et l'Université de Paris l'adopta pour patron [3].

Martyrologe de l'Ordre de Saint-Augustin. — A Mondola, dans la Marche d'Ancône, le bienheureux Antoine, confesseur de notre Ordre ; il fut d'une admirable patience, d'une charité rare envers les pauvres, et se rendit célèbre par la renommée de ses miracles : son corps est dans la même ville, entouré de la vénération des fidèles. Mort en 1350, à l'âge de 90 ans.

ADDITIONS FAITES D'APRÈS LES BOLLANDISTES ET AUTRES HAGIOGRAPHES.

A Naples, fête de saint Leuce, aussi nommé Euprescius. Né à Alexandrie d'Egypte, il s'y adonna d'abord à la prédication de la parole sainte ; puis, poussé par l'Esprit de Dieu, il s'embarqua avec quelques clercs et aborda à Brindisi : il s'établit dans l'amphithéâtre pour prêcher au peuple : les miracles vinrent confirmer sa doctrine : c'est ainsi que par ses prières il obtint la cessation d'une sécheresse qui durait depuis deux ans. Ce prodige amena la conversion du gouverneur de la ville, Antiochus et de vingt-sept soldats païens. L'évêque de Brindisi étant mort, Leuce fut élu à sa place : il naquit lui-même pour le ciel, le 8 janvier 410. Son corps, qui avait été transporté à Trani fut, dans la suite, transféré à Bénévent par les princes lombards qui le placèrent dans la magnifique église de Sainte-Sophie : il y a aujourd'hui de ses reliques à Trani, à Brindisi, à Monte-Vergine, etc. La ville de Saint-Lucido lui doit son nom, et l'église paroissiale lui est dédiée [4]. — A Oria, près de Siponto, la fête de saint BARSANUPHE, anachorète. VIe s. — A Smyrne, saint Bucole, évêque. Il fut le prédécesseur de saint Polycarpe et eut le bonheur d'être consacré par l'apôtre saint Jean. Un arbuste poussa sur son tombeau qui fut l'instrument de nombreuses guérisons. 99. — A Avila, en Espagne, saint Vital, martyr romain, dont le corps fut transporté de Rome en cette ville sous le pontificat de Clément VIII. — Et ailleurs, les saints martyrs Théophile, Saturnin, Révocata. — A Alexandrie d'Egypte, sainte Dorothée, vierge, distincte de la sainte du même nom qui fut martyre à Césarée. Elle était aussi noble, aussi riche, aussi instruite et aussi belle que pieuse. Excitée à se déshonorer par un puissant du jour, elle repoussa la tentation et alla ensevelir sa vie dans un désert. 320. — A Emèse, en Phénicie, outre saint Sylvain et ses compagnons, mentionnés ci-dessus, saint Julien, médecin, martyr en cette ville. Saint Julien s'appliquait à guérir les âmes autant que les corps. Il était venu saluer l'évêque d'Emèse qu'on entraînait au supplice. Pour le punir de son courage, on le crucifia d'abord, puis on lui enfonça un *clou* dans la tête. On le représente assis à terre, les mains et les pieds cloués à une porte, tandis que le

1. *Propre de Laval.* — 2. Voir sa notice au 22 mars. — 3. Voir au 10 janvier. — 4. *Propre de Naples.*

bourreau lui fend le crâne avec un clou. On peut aussi le représenter comme médecin, avec les indices de sa profession ou soignant les malades. An 312. — En Irlande, les saints Mèle, Melche, Mune et Rioc, évêques de cette contrée. Vers la fin du vᵉ siècle. Les deux premiers furent en rapport avec sainte Brigitte. Saint Mèle prédit la sainteté future de Brigitte, lui donna le voile sacré, conjointement avec saint Melche. Tous les quatre furent les disciples et les compagnons de l'apostolat de saint Patrice. — Au diocèse de Tournai, saint André, disciple de saint Amand, d'abord abbé de Barisys en Laonnois, et ensuite d'Elnon. 693. — En Irlande, saint Finian, abbé de l'ancien monastère de Mellifont. — En Angleterre, saint Ina, roi des Saxons occidentaux, qui éleva les monastères d'Abbendon et de Winburn, enrichit celui de Glaston, et donna des lois à ses sujets. Il finit par abdiquer, et vint terminer pieusement ses jours à Rome. VIIIᵉ s. — Au diocèse de Cologne, la bienheureuse Hildegonde, comtesse d'Arnsberg, fondatrice de l'ancien monastère de Mehre, de l'Ordre de Prémontré, près la ville de Nuys. Après 1183. — Dans les Abruzzes, le bienheureux Ange de Furci, (bourg près de Chieti), de l'Ordre des Ermites de Saint-Augustin. An 1327. — A Gubio, en Ombrie, la bienheureuse Françoise ou Francischina, du Tiers Ordre de Saint-François. An 1360. — A Fossano, en Piémont, la translation des reliques des saints martyrs Théodore, Trosime, Evellie, Tarcice, Félix, Candide et Théophile, apportées de Rome en 1639. — A Viterbe, dans les Etats de l'Eglise, et dans plusieurs diocèses de France, fête de sainte HYACINTHE MARISCOTTI. 1640.

Sᵗᵉ DOROTHÉE, DE CÉSARÉE EN CAPPADOCE, VIERGE

SAINT THÉOPHILE, AVOCAT,

SAINTE CHRÉTIENNE ET SAINTE CALLISTE, PÉNITENTES, TOUS MARTYRS

304. — Pape : saint Marcellin. — Empereur : Maximien-Hercule.

Seigneur Jésus, acceptez le don de notre patience et accordez-nous pardon et indulgence.

Actes de sainte Dorothée, *apud Boll.*

Une solennité semble quelquefois en produire une autre et même en relever l'éclat. Hier, la victoire de sainte Agathe servait d'entretien à nos pensées, et voici aujourd'hui le triomphe d'une autre vierge.

Il y avait dans la ville de Césarée en Cappadoce une vierge nommée Dorothée. Chaque jour elle rendait exactement à Dieu ses devoirs en pratiquant la chasteté et la tempérance ; et pleine de douceur et d'humilité, elle joignait le jeûne à la prière. Telle était sa prudence, que peu d'hommes avaient la force de l'imiter. Tous ceux qui la connaissaient glorifiaient notre Seigneur Jésus-Christ d'avoir une telle servante. Sa beauté était remarquable, sa conduite et sa sagesse incomparables, et sa virginité sans tache. Elle était tellement parfaite dans l'amour du Christ que, pour lui être unie plus étroitement, elle mérita une double palme, et eut le bonheur de présenter à l'Epoux céleste avec la couronne de la virginité celle du martyre.

La renommée de la sainteté de sa vie étant très-répandue parmi les hommes, le gouverneur, qui persécutait les fidèles, en eut bientôt connaissance. Aussi, dès qu'il fut arrivé dans Césarée, il fit arrêter la servante de Dieu si connue des chrétiens. Ayant été introduite devant le tribunal où le juge était assis, elle y parut les yeux baissés et priant son Dieu. Le gouverneur nommé Saprice l'interrogea, et dit : « Comment te nommes-tu ? » — « Dorothée est mon nom ». — « Je t'ai mandée pour te faire sacrifier aux dieux selon l'ordre de nos princes augustes ». — « Le Dieu du ciel, qui est Auguste, m'a commandé de ne servir que lui seul, car il est écrit : Tu adoreras le Seigneur ton Dieu, et tu ne serviras que lui. Et encore : Qu'ils disparaissent de la terre les dieux qui n'ont fait ni le ciel ni la terre. Reste donc à voir à quel empereur nous devons obéir, à celui de la terre ou à celui du ciel, à Dieu ou à l'homme. Mais que sont les empereurs, sinon des hommes mortels, comme l'ont été es dieux dont vous adorez les statues ? »

— « Si tu veux échapper d'ici saine et sauve, quitte cette assurance et sacrifie aux dieux ; autrement je t'abandonne à la sévérité des lois ; et ton exemple apprendra aux autres la crainte qu'ils en doivent avoir ». — « Je donnerai à tous l'exemple de la crainte de Dieu, afin qu'apprenant à le redouter, ils ne soient pas émus par la fureur des hommes. Ceux-ci, semblables à des chiens enragés, déchirent des innocents ; dépourvus de raison, on les voit s'irriter, aboyer et mordre les passants ». — « A ce que je vois, tu as résolu de demeurer dans ta religion insensée, et tu veux mourir comme les autres. Ecoute-moi et sacrifie ; c'est le seul moyen d'éviter le chevalet ». — « Les peines de ton chevalet ne sont que d'un moment, mais les tourments de l'enfer sont éternels, et pour les éviter, je ne dois pas craindre des maux d'un instant. Je me rappelle cette parole de mon maître : Ne craignez pas ceux qui tuent le corps et ne peuvent tuer l'âme, mais bien plutôt celui qui peut envoyer pour jamais le corps et l'âme dans l'enfer ».

— « Crains donc des dieux, qui, dans leur colère, pourront perdre ton corps et ton âme, si tu ne leur sacrifies ». — « Saprice, je t'ai déjà dit que tu ne pourras me persuader de sacrifier aux démons, qui ont habité dans ces hommes vains dont la vie a été telle qu'on rougirait de la raconter, et dont la mort a été semblable à celle des bêtes : car pendant leur vie ils ont méconnu celui qui a fait le ciel, la terre, la mer et tout ce qu'ils contiennent : aussi leurs âmes brûlent en enfer, tandis que vous adorez leurs images faites de divers métaux ; et ceux-là iront un jour leur tenir compagnie dans les flammes éternelles, qui, délaissant leur Créateur, auront adoré ces faux dieux ».

A ces mots, Saprice transporté de rage se tourne vers les bourreaux et leur dit : « Etendez-la sur le chevalet : quand elle se verra au milieu des tourments, peut-être alors consentira-t-elle à adorer nos dieux immortels ». La servante de Dieu y ayant été placée, pleine de courage et d'intrépidité, dit au juge sans être interrogée : « Pourquoi me laisses-tu attendre ? Fais ce que tu as à faire, afin que je puisse voir celui pour l'amour duquel je ne crains ni la mort ni les tourments ». — « Quel est donc celui que tu désires ? » — « Le Christ, Fils de Dieu ».

— « Et où est ce Christ ? » — « Comme tout-puissant il est partout ; comme homme (puisque la faible raison humaine ne tient compte que de ce qui est contenu dans un lieu) nous disons que le Fils de Dieu est monté au ciel, qu'il est assis à la droite de Dieu son Père tout-puissant ; mais comme Dieu, il n'a qu'une seule divinité avec son Père et le Saint-Esprit. C'est lui qui nous invite au jardin de ses délices, où en tout temps les arbres sont ornés de fruits, les lis toujours blancs, les roses toujours dans leur fraîcheur, les champs et les monts toujours verdoyants, les collines toujours ombragées, les fontaines toujours jaillissantes, les eaux toujours délicieuses, et les âmes des Saints enivrées d'une joie immortelle dans le Christ. Si tu m'en crois, Saprice, tu chercheras la vraie liberté, et tu travailleras à mériter l'entrée du jardin des délices de Dieu ».

— « Quitte-moi ces folies et sacrifie : reçois un époux, et passe des jours heureux ; sinon tu périras comme ont péri tes pères à cause de leur folie ». — « Non, je ne sacrifierai point aux démons ; je suis chrétienne ; je ne veux point d'époux, je suis l'épouse du Christ ; et je crois fermement qu'il m'introduira dans son paradis, et me fera reposer sur son lit nuptial ».

Saprice alors la fit remettre entre les mains de deux sœurs nommées Chrétienne et Calliste, qui récemment venaient d'apostasier, et il la leur confia en disant : « Vous avez abandonné la folie et la superstition des chrétiens ; vous avez sacrifié à nos dieux invincibles : aussi vous ai-je fait récompenser : mais de plus grands honneurs vous sont réservés, si vous pouvez détourner cette chrétienne de sa folle résolution ». Ces malheureuses, ayant reçu notre Sainte dans leur maison, lui disaient : « Acquiesce donc aux désirs du juge, et délivre-toi des peines et des tourments, comme nous avons fait. Il vaut bien mieux pour toi agir de manière à ne pas consumer ta vie au milieu des tortures, à ne pas mourir avant le temps ». Dorothée leur répondit : « Oh ! si vous vouliez m'écouter et vous repentir d'avoir sacrifié aux idoles ! car Dieu est bon, et sa miséricorde est abondante pour ceux qui se convertissent à lui de tout leur cœur ». Chrétienne et Calliste lui dirent : « Nous avons abandonné une fois Jésus-Christ ; comment se pourrait-il que nous revinssions à lui ? » Dorothée dit : « C'est un plus grand péché de désespérer de la miséricorde du Seigneur, que de sacrifier à d'impuissantes idoles. Ne perdez donc pas confiance en ce médecin si charitable, si expérimenté, qui peut guérir toutes vos blessures. Il n'en est aucune dont la guérison ne lui appartienne ; car on ne l'appelle Sauveur que parce qu'il sauve, Rédempteur que parce qu'il rachète, Libérateur que parce qu'il ne cesse de nous délivrer. Pour vous, adonnez-vous donc de tout votre cœur à la pénitence, et sans nul doute vous obtiendrez le pardon de vos fautes ».

Ces deux infortunées se jettent alors à ses pieds qu'elles arrosent de leurs larmes ; elles la conjurent de prier pour elles, afin que, par son secours, elles puissent dignement satisfaire à Dieu et mériter la divine miséricorde. Notre Sainte, fondant en larmes, adressa alors ces paroles au Seigneur : « O Dieu qui avez dit : Je ne veux point la mort du pécheur, mais bien qu'il se convertisse et qu'il vive ; Seigneur Jésus-Christ, qui avez dit que les Anges du ciel se réjouissaient plus de voir un pécheur faire pénitence que quatre-vingt-dix-neuf justes persévérer dans la justice, signalez votre bonté envers ces âmes que le démon s'est efforcé de vous ravir, rappelez ces brebis au bercail, et que leur exemple ramène toutes celles qui s'étaient écartées de vous ».

Pendant qu'elle faisait cette prière et d'autres semblables, le gouverneur l'envoya chercher avec les deux sœurs, et il se les fit amener dans son palais. Les prenant à part, il commença par leur demander si elles avaient ébranlé la constance de Dorothée. Mais elles lui répondirent de concert : « Nous avons péché, nous avons mal agi ; car la crainte des peines et des douleurs d'un instant nous a fait sacrifier à d'impuissantes idoles ; nous l'avons donc priée de nous imposer la pénitence, afin de pouvoir obtenir la miséricorde du Christ ». Alors Saprice déchira ses vêtements, et dans sa fureur il ordonna de lier dos à dos les deux sœurs, et de les jeter dans une chaudière brûlante, si sur-le-champ elles ne voulaient sacrifier. Les deux sœurs s'écrièrent : « Seigneur Jésus-Christ, acceptez notre pénitence, et accordez-nous votre pardon ». Comme elles persévéraient dans cette prière et dans la confession de leur foi, on les jeta dans la chaudière, où elles furent brûlées sous les yeux de Dorothée. La vierge, transportée de joie en voyant le courage qu'elles faisaient paraître dans la mort, leur disait : « Devancez-moi, mes sœurs ; vous pouvez être certaines que votre péché vous a été remis, et sachez que la palme que vous aviez perdue vous a été restituée : il vient au-devant de vous et vous tend les bras, ce père qui se réjouit quand il retrouve le fils qu'il avait perdu ».

Alors Saprice fit étendre de nouveau Dorothée sur le chevalet. Quand elle y fut placée, il parut une si grande joie sur tous ses traits, qu'il était aisé de voir qu'elle était arrivée à l'accomplissement de tous ses désirs. Saprice lui dit : « Pourquoi montrer ainsi une joie feinte et simuler l'allégresse au milieu des supplices ? » Dorothée répondit : « Jamais dans toute ma vie je n'ai été si heureuse qu'aujourd'hui ; car ces âmes que par ton moyen le démon avait ravies à Dieu, le Christ les a recouvrées par mon entremise. En ce jour il y a réjouissance dans les cieux ; à leur sujet les Anges sont dans la joie, les Archanges dans la jubilation ; et tous les Apôtres, les Martyrs et les Prophètes en tressaillent d'allégresse. Hâte-toi donc, Saprice, et accomplis ton œuvre au plus vite, afin que je puisse m'unir à ce concert des Saints, et me réjouir avec eux comme j'ai pleuré avec eux sur la terre ». Alors Saprice lui fit appliquer des torches allumées sur les flancs. Durant ce supplice, Dorothée, tournant vers le juge son visage de plus en plus illuminé d'une joie céleste, et insultant à sa fureur, lui disait : « Misérable, te voilà vaincu, toi et tes idoles ! »

Saprice la fit alors descendre du chevalet, puis il ordonna de la souffleter longtemps, en disant : « Qu'on frappe ce visage qui m'insulte ». Après qu'elle eut été longtemps et cruellement frappée, Saprice voyant qu'elle témoignait toujours de la joie, et que les bourreaux n'en pouvaient plus de fatigue, dicta ainsi sa sentence : « Nous ordonnons que Dorothée, jeune fille pleine d'orgueil, qui a refusé de conserver la vie en sacrifiant, et qui veut absolument mourir pour je ne sais quel homme qu'on appelle Christ, soit frappée du glaive ». A ces mots Dorothée s'écria : « Je vous rends grâces, céleste amant des âmes, de ce que vous m'appelez à votre paradis, et m'invitez à votre lit nuptial ».

Comme elle sortait du prétoire du gouverneur, un homme de loi nommé Théophile lui dit par raillerie : « Allons, épouse du Christ, tu m'enverras du jardin de ton époux des fruits ou des roses ». Dorothée lui répondit : « Très-volontiers, je le ferai ainsi ». Au moment où elle allait recevoir le coup de la mort, elle demanda au bourreau de lui laisser quelques instants pour prier. Quand elle eut achevé sa prière, un enfant parut tout à coup portant dans un linge trois fruits de la plus grande beauté et trois roses. Elle dit à cet enfant : Portez, je vous en prie, ceci à Théophile, et dites-lui de ma part : « Voici ce que tu m'as demandé de t'envoyer du jardin de mon époux ». Aussitôt elle fut frappée du glaive, et avec la palme du martyre elle alla rejoindre le Christ.

En ce moment Théophile, procureur du juge, racontait en riant à ses compagnons la promesse de Dorothée. Il parlait encore, tournant en plaisanterie la promesse de la vierge, lorsque tout à coup l'enfant se présente devant lui, portant dans un linge les trois beaux fruits et les roses épanouies. Il dit à Théophile : « Voici ce que sur ta demande, Dorothée, vierge très-sainte, t'avait promis ; elle te l'envoie du jardin de son époux ».

Théophile, en recevant ce présent, s'écria : « Le Christ est le Dieu véritable, et le mensonge n'est pas en lui ». Les autres avocats lui dirent : « Es-tu fou, Théophile, ou plaisantes-tu ? » — « Je ne suis point fou, et je ne raille pas ; mais c'est d'une manière raisonnable que je crois Jésus-Christ vrai Dieu ». — « Quel motif t'a donc engagé à l'exclamation que tu viens de faire ? » — « Dites-moi, en quel mois sommes-nous ? » — « En février ». — « Un froid glacial règne dans toute la Cappadoce, et tous les arbres sont dépourvus même de leurs feuilles ; d'où pensez-vous donc que viennent ces roses et ces beaux fruits avec le feuillage qui les accompagne ? » — « Pas même dans la saison des fleurs nous n'en avons vu de semblables ». Théophile leur répondit : « Moi-même que vous voyez, j'adressais par dérision la parole à Dorothée au moment où elle marchait au supplice. Comme elle me semblait folle de parler de son époux le Christ, et du Paradis où elle se rendait, j'ai insulté à ce qui me paraissait sa folie, et je lui ai dit : Lorsque tu seras arrivée au jardin de ton époux, envoie-moi des roses et des fruits. Elle m'a répondu : Je le ferai certainement. A peine a-t-elle eu souffert la mort pour le nom du Christ, que tout à coup voici venir à moi un enfant d'une beauté merveilleuse, mais petit de taille ; il me semblait, en effet, n'avoir pas plus de quatre ans ; à peine si je l'aurais cru capable de parler. Cet enfant m'a touché le côté, je me suis détourné pour le voir ; alors il m'a tiré à part, et m'a parlé dans un si gracieux langage, qu'en sa présence je semblais n'être plus qu'un paysan. Il m'a présenté ce linge avec ces fruits et ces roses, et il m'a dit : Dorothée, vierge très-sainte, t'envoie ces présents du jardin de son époux, comme elle te l'avait promis sur ta demande. En recevant ce présent, j'ai poussé un cri d'émotion, et l'enfant a disparu : je ne doute pas qu'il ne soit un Ange de Dieu ». Après avoir dit ces paroles, Théophile s'écria : « Heureux ceux qui croient au Christ et qui souffrent pour son nom ! Il est le vrai Dieu : et quiconque met sa confiance en lui, possède la vraie sagesse ».

Comme il disait ces paroles et d'autres semblables, quelques-uns allèrent trouver le gouverneur et lui dirent : « Votre procureur Théophile, qui jusqu'ici parlait contre les chrétiens et les poursuivait à mort, crie maintenant devant les portes du palais, louant et bénissant le nom de je ne sais quel Jésus-Christ, et beaucoup croient en ses paroles ». Aussitôt le gouverneur se le fit amener. Dès qu'il fut introduit, il lui dit : « Quels discours tiens-tu au dehors ? » — « Je louais heureusement le Christ que jusqu'aujourd'hui j'avais malheureusement blasphémé ». — « J'admire qu'un homme de ta prudence ait voulu même prononcer ce nom, toi qui jusqu'ici as persécuté ceux qui le confessent ». — « Cette conduite fait voir que c'est le vrai Dieu qui m'a converti de l'erreur à la voie droite, et m'a fait reconnaître que lui-même est le vrai Dieu ».

— « Les hommes, pour l'ordinaire, avancent en sagesse avec les années ; mais toi, te voilà tout d'un coup devenu insensé, lorsque tu appelles Dieu celui que les chrétiens eux-mêmes t'apprennent avoir été crucifié par les Juifs ». — « J'ai entendu dire en effet que Jésus a été crucifié, et dans mon erreur, je ne pensais pas qu'il fût Dieu ; chaque jour je blasphémais son nom : maintenant je me repens de mes crimes passés et de mes blasphèmes, et je confesse sa divinité ». — « Où donc et quand es-tu devenu chrétien, toi qui jusqu'ici as sacrifié ? » — « Du moment où j'ai confessé le Christ et ai cru en lui, je me suis senti chrétien. Ainsi, croyant de tout mon cœur au Christ, Fils de Dieu, je prêche son vrai nom, son saint nom, son nom immaculé, son nom qui n'est ni mensonge ni imposture comme le sont les idoles ».

— « L'imposture règne donc dans nos dieux ? » — « Comment l'imposture ne régnerait-elle pas dans ces simulacres que l'homme a fabriqués avec du bois, qu'il a jetés en fonte, qu'il a limés avec l'acier, dont il affermi les bases avec du plomb, que les chouettes touchent familièrement, que les araignées couvrent de leurs toiles, et dont l'intérieur est souvent rempli de rats et de souris? Je veux bien être un menteur, si ce que je dis est dénué de fondement. Mais comme je ne mens pas, il est juste que tu reconnaisses la vérité, et que tu détournes ton cœur de la fausseté. Il convient que toi, qui es établi pour juger ceux qui commettent l'imposture, tu te sépares du mensonge, et que tu recherches la vérité qui est dans le Christ ». — « Nos dieux ne sont donc pas des dieux vivants? » — « Les idoles sont sans intelligence; mais l'intelligence de Dieu est invisible. Tes dieux ont besoin qu'on les garde; le nôtre garde tous les êtres. S'il n'en est pas ainsi, c'est par la raison qu'il faut me convaincre; si tu n'as que ton pouvoir contre moi, il demeure constant que je l'emporte, du moins par la raison ».

— « Je vois, malheureux Théophile, que tu veux mourir d'une triste mort». — « Au contraire, je désire obtenir une vie heureuse ». — « Sache donc que si tu persistes dans ta folie, je te ferai d'abord souffrir divers supplices, et ensuite je te condamnerai à une mort cruelle ». — « C'est mon désir ».

— « Il te faut avoir pitié de ta personne, de ta maison, de ton patrimoine, de tes fils, de tes parents, et ne pas te livrer témérairement à une mort publique, qui n'est que pour les fous, les scélérats et les imprudents ». — « C'est le comble de la sagesse de savoir maîtriser ainsi toutes ses affections, et de ne rien craindre de tous les supplices. Non, ce n'est pas une témérité déraisonnable, mais bien une sérieuse réflexion qui me fait persévérer dans mes résolutions; car je préfère l'éternité au temps, je préfère ce qui doit toujours subsister à ce qui ne fait que passer ». — « Tu choisis plutôt les tourments que le repos, tu désires plutôt la mort que la vie ». — « Je crains les tourments, et j'ai la mort en horreur; je crains des tourments qui ne finissent point; j'ai en horreur une mort qui consiste dans des peines éternelles. Les supplices que tu peux me faire endurer finiront au bout de quelques instants; mais ceux qui sont destinés aux adorateurs des idoles les tourmenteront bien plus cruellement, aussitôt après leur mort, et ils ne cesseront jamais ».

— « Qu'on étende sur le chevalet Théophile, ce beau parleur : peut-être la violence des tortures fera tarir sa vaine éloquence ». Dès que le martyr fut suspendu sur le chevalet, il s'écria : « Me voici vraiment chrétien, car je suis suspendu à la croix (en effet, le chevalet a quelque rapport de forme avec la croix); ô Christ », dit encore le martyr, « je vous rends grâces de ce que vous avez permis que je sois attaché à l'instrument de votre mort ». — « Malheureux, aie pitié de ta chair ». — « Malheureux, aie pitié de ton âme. Pour moi, je ne veux pas épargner dans le temps la chair de mon corps, afin que Dieu épargne mon âme dans l'éternité ». Le gouverneur, transporté de rage, lui fit déchirer les côtés avec des ongles de fer, et brûler les flancs avec des torches ardentes. Au milieu de ces tortures, Théophile ne disait autre chose, si ce n'est : « Je vous confesse, ô Christ, Fils de Dieu; daignez m'admettre au nombre de vos Saints »; et il montrait sur son visage un courage intrépide, au point qu'on eût dit que ce n'était pas lui qu'on tourmentait.

Cependant les bourreaux eux-mêmes se lassèrent, et l'impie gouverneur dicta ainsi la sentence : « Que Théophile, qui jusqu'ici a sacrifié aux dieux immortels, et qui, après les avoir adorés, a abjuré leur culte pour se joindre à la secte des chrétiens, ait la tête tranchée : nous l'ordonnons ». Théophile dit : « O Christ, je vous rends grâces! » et il marcha plein de joie à la couronne de l'éternelle vocation. Ouvrier de la onzième heure, il mérita une récompense égale à celle qui fut donnée aux ouvriers de la première.

On a représenté sainte Dorothée assise aux pieds de la Sainte Vierge qui tient l'Enfant Jésus. D'une main elle tient une branche de marguerite ; de l'autre, l'anse d'un panier tressé en joncs dans lequel se trouvent des fleurs et des fruits. Sa tête est couronnée de roses[1]. D'autres fois on met le panier de fleurs dans la main de l'ange chargé de les porter à Théophile, et alors le Messager céleste se tient à côté de la Sainte. Le pinceau de Rubens s'est exercé sur cette illustre vierge [2]. Sainte Dorothée est, en certains pays, la patronne des brasseurs, des jeunes époux et des jardiniers fleuristes.

RELIQUES DE SAINTE DOROTHÉE.

Le crâne et quelques autres parties des ossements de cette Sainte sont réunis dans un reliquaire appartenant à l'une des églises de Breslau ; c'est probablement la présence de ces reliques qui a rendu le nom de Dorothée si populaire en Allemagne. Il y est prodigué, mais n'a rien perdu de sa poésie. Les plus beaux génies de cette contrée l'ont immortalisé dans leurs vers.

Mais c'est Rome qui a le bonheur de posséder la plus grande partie des reliques de cette gracieuse Sainte dans l'église qui lui est dédiée : là, tous les ans, le 6 février, jour de sa fête, on bénit des pommes en mémoire du miracle auquel saint Théophile dut sa conversion.

Il y a encore des fragments des reliques de sainte Dorothée à Bologne, à Lisbonne, à Prague, à Sirk. Enfin il y en avait aussi à Arles, en Provence, dans l'église Saint-Honorat hors des Murs.

On nous écrivait de cette dernière ville le 3 août 1858 :

« L'église de Saint-Honorat, vulgairement appelée Notre-Dame-de-Grâce, située hors des murs de notre ville, et au moment de la Révolution encore occupée par les Pères Minimes, fut alors dévastée, ainsi que le couvent y attenant, et dont il ne reste plus qu'une petite partie. Cette église, dont les ruines sont remarquables sous le rapport de l'antiquité et par leur situation au milieu d'un ancien cimetière, païen d'abord, chrétien ensuite, n'a pas encore été rendu au culte ; elle est cependant chaque jour visitée par un grand nombre de voyageurs, et surtout par les amateurs d'archéologie. Nous n'avons, à Arles, aucune relique de Saint-Honorat. Ces reliques ne peuvent pas non plus se trouver à Lérins, dont le célèbre monastère a été, depuis bien des années, acheté par un protestant..... Nous n'avons plus aucune relique de sainte Dorothée. »

L'église de la Trinité, aujourd'hui cathédrale de Laval, possède une belle relique de saint Honorat d'Arles [3].

Les actes qu'on vient de lire ont été textuellement empruntés aux Bollandistes. Sainte Dorothée est nommée par Bède, Usuard, Adon et les autres. Bède ajoute Chrétienne et Calliste. Un hymne du bréviaire de Tolède célèbre la gloire de Dorothée et de ses compagnes. Adelme donne ses Actes au long dans le livre *De l'éloge de la virginité*. Thomas à Kempis a composé son panégyrique.

SAINT VAAST [4], ÉVÊQUE DE CAMBRAI ET D'ARRAS

540. — Pape : Vigile. — Roi de France : Childebert Ier.

La grâce de Dieu n'a pas été stérile en moi.
I Cor., xv, 10.

La famille et la patrie de saint Vaast ont été longtemps inconnues. L'opinion la plus probable est qu'il naquit à Villac, qui est aujourd'hui une paroisse de Périgord, près de Terrasson. L'église paroissiale lui est dédiée, et une fon-

1. Le Père Cahier a reproduit cette façon de représenter la Sainte dans son remarquable ouvrage des *Caractéristiques des Saints*, p. 417 (Poussielgue, Paris, 1867), d'après une peinture exécutée à la sacristie d'Aix-la-Chapelle avant que le goût italien de la Renaissance eût gâté la bonhomie des peintres allemands.

2. On voit au Musée de Bruxelles une curieuse gravure en bois, sans nom d'artiste, portant la date de 1418, relative à sainte Dorothée, dont le *Magasin pittoresque* a donné une réduction, t. XIII, p. 395, et la *Revue archéologique de Paris*, t. Ier, p. 610, l'explication.

3. Nous devons ce renseignement à D. Piolin, auteur de la savante *Histoire de l'église du Mans*, 10 vol. in-8o.

4. Le nom primitif latin *Vedastus* a d'abord été abrégé de cette façon : *Veast*. Ce n'est que plus tard qu'on l'a transformé en Vaast. On en a fait aussi Gaston, nom encore usité de nos jours. — Cardevacque et Terninck, *l'Abbaye de Saint-Vaast*; Arras, 1866, 3 vol. in-4o.

taine porte son nom [1]. Celui qui devait être le catéchiste de Clovis, se retira dans la ville de Toul, après avoir quitté sa famille et l'opulent héritage de ses pères. Là, il vécut solitaire jusqu'à ce que ses vertus le faisant connaître, l'évêque du lieu le fit entrer dans son clergé.

Quelques années après que Clovis, premier du nom, eut conquis le pays de Thuringe, les Allemands et les Bavarois sortirent de leur pays pour venir fondre sur les Gaules, afin d'étouffer, s'ils pouvaient, la monarchie française dans sa naissance. Cela obligea Clovis de les prévenir et d'aller au-devant d'eux avec un courage intrépide; en effet, il les battit auprès de la ville de Cologne, à Tolbiac, maintenant Zulpich. Mais la victoire fut longtemps indécise, elle semblait même pencher du côté de l'ennemi : le roi leva les yeux au ciel et, se souvenant des saints avis que la reine Clotilde, son épouse, lui avait donnés touchant le christianisme, il s'écria : « O Jésus-Christ, que Clotilde dit être Fils du Dieu vivant, je vous appelle à mon aide, et si vous me donnez la victoire, je croirai en vous et me ferai baptiser ». A peine eut-il fait ce vœu, que Dieu, qui voulait bénir ce prince et les Francs, ses sujets, en les rendant chrétiens et en détruisant parmi eux le paganisme et l'arianisme, changea la face de la bataille et rendit victorieux ceux qui semblaient être vaincus. Les Francs reprirent courage et arrachèrent le triomphe aux mains des Allemands, qui perdirent leur roi en ce combat et furent enfin contraints de se soumettre aux lois de Clovis et de devenir ses tributaires.

Le roi, revenant victorieux de la guerre d'Allemagne, passa par la ville de Toul et y trouva notre Saint, que les habitants regardaient comme un homme du ciel à cause de sa vie tout angélique. Il le supplia de l'accompagner jusqu'à Reims, afin de le mieux instruire du baptême des chrétiens, qu'il voulait y recevoir avec solennité. Le Saint fut très-heureux d'avoir cette occasion d'instruire le roi sur les mystères de l'adorable Trinité, particulièrement sur la consubstantialité des trois personnes divines en l'unité d'essence, contre les erreurs des Ariens, dont la princesse Lantilde, sa sœur, était infectée. Et Dieu, pour confirmer la parole de son serviteur par des signes et des miracles, permit que, passant par le village de Rilly, sur la rivière d'Aisne, il rendît la vue à un aveugle en présence du roi : ce qui fit ouvrir les yeux de l'âme à une infinité de personnes nobles qui s'y rencontrèrent. Enfin, le roi Clovis se fit baptiser solennellement à Reims. Saint Remi, qui fit cette cérémonie, avant de répandre sur lui l'eau salutaire, lui dit ces paroles : « Ployez le cou, ô Sicambre, sous le joug de Jésus-Christ; adorez ce que vous avez brûlé, et brûlez ce que vous avez adoré ». Le saint évêque entendait par là les temples des chrétiens qu'il avait brûlés, et les idoles qu'il avait adorées étant païen. Le roi répondit distinctement selon l'instruction de saint Vaast, son catéchiste : « J'adore le vrai Dieu, qui est le Père, le Fils et le Saint-Esprit ». A quoi trois mille nobles Francs qui devaient être baptisés après lui, ajoutèrent : « Nous détestons les dieux mortels, et nous sommes prêts à servir le Dieu immortel ».

Clovis, en quittant Reims, recommanda Vaast à saint Remi, et ce saint évêque s'en servit utilement pour l'entière conversion de ses diocésains, car il l'envoya dans les villages pour y catéchiser le peuple [2]. Enfin, Dieu

1. Nous devons ce renseignement inédit au R. P. Carles, missionnaire au calvaire de Toulouse, 29 février 1872.

2. Nous lisons dans le *Trésor sacré de la cathédrale d'Arras*, les paroles suivantes : « On dit que Vaast, pendant son séjour à Reims, fut nommé archidiacre, et son nom figure avec cette dignité dans un catalogue des officiers de cette Eglise dressé par un Bénédictin. Après celle des archevêques, cette dignité était la plus importante. Les archidiacres, qu'on appelle les yeux des prélats, étaient chargés des visites

inspira au même Saint, qui, comme apôtre des Francs, avait pouvoir d'établir de nouveaux évêchés, de le sacrer évêque d'Arras, capitale de l'Artois. Il s'agissait d'évangéliser un pays presque entièrement idolâtre. La ville d'Arras avait bien autrefois reçu la lumière de l'Evangile, du temps de la domination romaine. Mais cette église avait été fort maltraitée en 406, par les Vandales et les Alains, et plus tard presque entièrement détruite par Attila, qui avait ravagé la Gaule en 450 et l'année suivante. Dieu autorisa la mission de saint Vaast par la guérison miraculeuse d'un aveugle et d'un boiteux qu'il rencontra en entrant dans la ville. Mais il fut bien affligé lorsqu'il vit le paganisme rétabli sur les ruines de notre religion. Il ne découvrit aucune trace du culte du vrai Dieu, que dans la mémoire de quelques anciens du pays. Ils lui montrèrent hors de la ville la place de l'église où les fidèles s'assemblaient autrefois. Le Saint gémit ; il pleura en voyant ces lieux autrefois sacrés, maintenant couverts de ronces et devenus la retraite des bêtes sauvages. « Ces malheurs », s'écriait-il en s'adressant à Dieu, « nous sont arrivés parce que nos pères et nous, vous avons offensé ; nos injustices et nos iniquités nous ont attiré votre colère. Mais présentement, Seigneur, souvenez-vous de votre miséricorde et oubliez les crimes de vos pauvres serviteurs ! » Pendant que l'Apôtre, à genoux, priait pour la ville, plongée dans l'esclavage du démon, un ours sortit de ces tristes ruines. Vaast, plein de confiance en Dieu, ne fut point troublé : il conjura l'animal, au nom du ciel, de se retirer dans les bois et de ne plus repasser la rivière de la Scarpe. L'ours ne reparut jamais. En ce même endroit, il découvrit les restes d'un autel dédié à la sainte Vierge. A cette vue son cœur surabonda de joie, et il espéra que sous les auspices de la Mère de Dieu à qui cette contrée semblait consacrée, il rétablirait en peu de temps le règne de Jésus-Christ ; aussitôt il se met en devoir de bâtir une église qu'il plaça sous la protection de la sainte Vierge adoptée dès lors pour patronne du diocèse d'Arras et de Cambrai.

Les merveilles qu'il opérait, la guérison des malades, l'expulsion des mauvais esprits, le changement de l'eau en vin, lui furent d'un grand secours pour abolir le paganisme. Il y réussit à un tel point qu'il est considéré comme un des apôtres de l'Artois. Que ne fit-il pas pour gagner des âmes à Jésus-Christ ? Respectueux envers les vieillards, affable avec la jeunesse, paternel pour les enfants, il ne refusait même pas de se trouver à des festins, pour faire goûter plus facilement la nourriture céleste, la parole de Dieu.

Sous le règne de Clotaire qui, à toutes les passions violentes du barbare, unissait le sentiment religieux, les Francs, s'initiant de plus en plus aux institutions et aux habitudes romaines, perdaient de leur humeur guerrière, et passaient de longs jours en festins bruyants et en orgies abrutissantes. C'était un besoin, un luxe indispensable ; la cervoise, cette boisson fermentée dont la bière nous rappelle le souvenir, coulait à flots, et souvent après un festin où rien n'avait été ménagé, les convives ne pouvaient supporter leur corps affaibli par l'ivresse.

paroissiales; ils devaient s'assurer de l'entretien des ornements de l'autel, de la garde des titres confirmatifs des droits et des privilèges des églises, de la distribution des aumônes aux pauvres. A eux appartenaient l'installation des abbés et dignitaires ecclésiastiques, l'examen des clercs qui se disposaient à recevoir les ordres, l'explication des fêtes de l'année et de l'office divin, et surtout la visite des prisons à l'époque de certaines solennités. On voit quelle responsabilité s'attachait à ces fonctions; aussi quelques auteurs n'hésitent point à donner aux archidiacres le nom de chorévêques. Nous n'oserions toutefois affirmer que Vaast ait été revêtu de cette dignité: mais ce fait n'aurait rien d'étonnant, car Remi l'appelait son vicaire, *vicariæ sollicitudinis cooperarius*. (M. l'abbé Van Drival, *Trésor sacré de la cathédrale d'Arras*, p. 58.)

Ocine, un des principaux leudes ou seigneurs du pays, et qui avait beaucoup de respect pour Vaast, se distinguait par sa magnificence dans les festins et par ses libéralités. Un jour qu'il devait recevoir Clotaire à sa table, il fit une invitation pressante au saint évêque pour qu'il y assistât avec le roi. Vaast, inspiré de Dieu et désireux de mettre fin à d'aussi scandaleuses coutumes, se rendit au désir d'Ocine.

Selon son habitude, il fit, en pénétrant dans la salle, le signe de la croix, et les vases remplis de cervoise se rompirent. Effrayés de ce prodige, Clotaire et les seigneurs de sa suite en demandèrent l'explication à Vaast; il leur répondit que le démon, subtil à tromper les hommes, s'y était renfermé, mais ne pouvant supporter le signe de la puissance de Dieu, il avait dû fuir honteusement, et qu'il avait abandonné cette maison, tandis que la liqueur se répandait.

A cette époque, et pendant longtemps encore, les chrétiens avaient recours à des cérémonies superstitieuses et occultes : ils consultaient les augures, croyaient aux charmes et quelquefois même payaient de fortes sommes d'argent pour se venger de leurs ennemis par des enchantements. Ce miracle, qui eut lieu en présence des plus illustres seigneurs de la Gaule franque, montra la vanité de ces formules, la grandeur d'un Dieu qui accorde un semblable pouvoir à ses serviteurs, et ramena à la pureté de la foi un grand nombre de personnes présentes. Le bruit s'en répandit aussi dans le pays et y augmenta le nombre des conversions.

Pour donner plus d'étendue aux travaux apostoliques de saint Vaast, saint Remi le chargea, en 510, du soin de gouverner le diocèse de Cambrai, alors fort vaste, et cette union des siéges d'Arras et de Cambrai dura longtemps. Ils ne furent séparés que vers la fin du XIe siècle [1].

Comme l'Artois, le Beauvaisis avait été dévasté par les Barbares : le saint Pontife visita cette contrée, releva les églises, rassembla les fidèles dispersés, ordonna des prêtres, fonda des hôpitaux. Suivant une vénérable tradition, il opéra dans le Beauvaisis plus de prodiges que dans son propre diocèse.

Saint Remi était arrivé à l'âge de quatre-vingt-quatorze ans; il avait puissamment affermi la foi chrétienne, fondé des églises, enrichi les monastères, converti des ariens et des idolâtres, et guidé Clovis de ses conseils. Avant de quitter cette terre, il résolut de consigner ses dernières volontés, et il écrivit un testament témoin de sa piété et de ses libéralités. L'église d'Arras y eut part, car il lui abandonna les villages de Souchez et d'Ourton, et en outre vingt sous d'or. Vaast figure parmi ceux qui ont signé cet acte important; son nom vient après celui de saint Remi, et voici la formule dont il se sert : « Ceux qu'a maudits mon père Remi, je les maudis; ceux qu'il a bénis, je les bénis. J'ai assisté à la lecture de cet écrit, et j'y ai apposé ma signature ».

Vaast était mûr pour le ciel. Son corps s'était affaibli sous le poids de l'âge et des fatigues. Son âme s'était épurée par quarante années d'un épiscopat fécond en vertus et en actions généreuses. Dieu permit que Vaast s'éteignît dans cette cité d'Arras pour laquelle il avait tout fait. Une

1. Tous ces efforts d'un dévouement que l'on ne saurait assez admirer sont ensevelis dans l'oubli : à peine quelques souvenirs épars ont-ils survécu dans la mémoire des peuples. La ville de Béthune attribue au saint évêque la fondation de l'église située dans le faubourg de Catorive, et qui porte toujours son nom. D'après le témoignage de Sanderus, on trouverait des traces de son apparition à Estaires, bien que ce pays dépendit du diocèse de Thérouanne, encore privé de pasteur à cette époque. Il cite un ancien Martyrologe Morin, *Sanctologus vetus Morinensis*, dans lequel on lit ces mots au sixième jour des calendes de juin : « *In Etti terrâ, Covordo vico (Estaires), Memoria Sancti Vedasti qui altare ibi consecravit et reliquias sanctorum imposuit* ». Le patronage de saint Vaast, sous lequel est placée cette église, semble confirmer cette tradition respectable.

fièvre ardente le dévorait, et ses serviteurs refusaient de croire que sa fin fût prochaine. Dans une froide nuit d'hiver, au moment où le givre couvre la terre et que les étoiles scintillent au ciel, une nuée lumineuse parut sortir de la maison qu'habitait le prélat, et s'éleva jusqu'au ciel. Ce prodige dura deux heures ; il fut aperçu de la ville entière et la plongea dans une grande perplexité. Les serviteurs de Vaast vinrent le prévenir ; le pieux serviteur ne se fit point illusion : il comprit qu'il n'avait plus que peu de temps à passer sur la terre, et la joie qu'il en ressentit fut diminuée par la pensée que sa mort ferait verser des larmes à ceux qui l'aimaient. Il résolut de consacrer à la prière les derniers instants que lui laissait le Seigneur. Il fit venir les prêtres qui avaient été les fidèles compagnons de ses fatigues, ceux qui devaient continuer sa mission, en un mot tous ceux à qui il portait une affection paternelle et que le chroniqueur se plaît à nommer ses enfants. Il les entretint d'une voix ferme, avec cette éloquence qui prend sa source dans le cœur et que double encore l'impression d'une séparation prochaine. Fortifié par le Viatique, déjà pour ainsi dire détaché de la terre, il trouvait des accents qui arrachaient les larmes de tous les auditeurs. C'est ainsi qu'il termina doucement sa vie et s'endormit paisiblement dans le Seigneur, le 6 février 540. On prétendit qu'au moment où son âme s'élevait au ciel, un bruit distinct comme celui du chœur des anges remplit l'appartement et prouva que Vaast était déjà en possession du bonheur éternel.

Les vertus de l'apôtre des Atrébates avaient jeté un trop vif éclat pour que son culte ne se répandît pas rapidement, et Dieu permit qu'on recueillît plusieurs prodiges opérés par son intercession.

Nous n'en citerons que deux.

Quelque temps après sa mort, un incendie éclata à Arras ; il menaçait de dévorer une partie de la ville. Déjà les flammes entouraient la modeste demeure où était mort saint Vaast. Une femme nommée Abite, connue par sa piété et la pureté de ses mœurs, invoqua le nom du prélat ; elle le vit apparaître et écarter les flammes. Ce qu'il y a de certain, c'est que non-seulement l'appartement de Vaast, mais le lit même où il avait rendu le dernier soupir, furent épargnés. Ce nouveau prodige ne fit qu'augmenter la piété des habitants envers le saint prêtre qui leur avait rendu tant de services.

Au IXe siècle, la mer de Bretagne était célèbre par l'abondance des poissons qui s'y trouvaient, et de toutes parts les couvents y envoyaient leurs pêcheurs. En 875 on réclama de ceux de l'abbaye de Saint-Vaast un droit de deux sous pour leur permettre de jeter leurs filets en même temps que les autres barques déjà réunies. Ils refusèrent cette demande que ne justifiait aucun droit, et ils prièrent avec ardeur leur saint patron. Les barques sortirent du port, mais elles furent assaillies par une tempête si furieuse qu'à grand'peine elles purent regagner la côte. Celles au contraire qui s'étaient placées sous la protection de l'apôtre des Atrébates firent une pêche abondante et ne coururent d'autre péril que de sombrer sous le poids dont elles étaient chargées. En mémoire de ce fait, les mariniers de l'Artois payaient chaque année deux sous aux religieux du monastère de Saint-Vaast.

« Au moyen âge, on représentait saint Vaast traînant un ours à sa suite : c'est ainsi que le montrent les manuscrits qui contiennent sa vie, les tableaux des artistes, les œuvres des statuaires.

« Une pieuse tradition veut que saint Vaast, voyant cet animal dans les ruines d'Arras, lui ait donné l'ordre de le suivre, et, qu'obéissant à ce commandement, il soit devenu le compagnon fidèle du saint évêque, afin de montrer aux nations encore barbares, la puissance du Dieu dont il annonçait la parole, les inviter à se soumettre à celui qui savait commander aux animaux les plus féroces et les rendre souples et soumis ».

RELIQUES DE SAINT VAAST. — TRÉSOR SACRÉ D'ARRAS.

Cet illustre évêque avait choisi sa sépulture dans une chapelle de bois qu'il avait fait bâtir, sur le bord de la petite rivière de Crinchon, hors de la ville. C'est là qu'au retour de ses courses apostoliques, il se rendait pour vaquer, comme autrefois à Toul, à la contemplation des choses célestes. Mais le lieu n'ayant pas été trouvé assez magnifique pour un si grand prélat, on le porta dans la grande église, sa cathédrale, qu'il avait aussi fait construire en l'honneur de Notre-Dame.

Ce ne fut que cent vingt-six ans après que ses dernières volontés furent exécutées par saint Aubert, l'un de ses successeurs sur le siége d'Arras. Le bienheureux Vaast, dit Alcuin, apparut au pontife, tenant à la main une baguette avec laquelle il mesurait, à côté de son petit oratoire, l'emplacement d'une basilique. Comprenant, par cette vision, que saint Vaast lui ordonnait de transporter ses reliques dans son oratoire, saint Aubert, accompagné de saint Omer, évêque de Thérouanne, les y fit déposer en 666, avec une grande solennité. En ce même lieu, il jeta les fondements d'une abbaye de Bénédictins qui fut achevée par son successeur Vindicien, enrichie et dotée par Thierry Ier [1], d'une vaste basilique, et enfin ruinée, comme tant d'autres monuments de la foi de nos ancêtres, par les démolisseurs de 93. L'église abbatiale a été depuis transformée en cathédrale, et subsiste encore au centre de la cité d'Arras, comme pour rappeler, dit un auteur, que cette pieuse fondation en fut l'origine et la gloire [2].

Dieu permit que les restes du Saint vinssent, après sa mort, protéger le Beauvaisis, que le Pontife avait évangélisé et béni pendant sa vie ; au IXe siècle, les religieux de l'abbaye qui portait son nom les transférèrent à Beauvais, pour les préserver de la fureur sacrilége des Normands. Hildeman, évêque de Beauvais, et les fidèles de la ville, se rappelant les bienfaits que le Bienheureux avait prodigués à leurs pères, reçurent ses reliques avec des sentiments de gratitude de vénération et de confiance. Durant l'espace d'environ cinquante ans [3], elles reposèrent, soit dans une chapelle de la cité [4], soit dans l'église de Saint-Etienne, qui, jusqu'au XVIIIe siècle, porta son nom, en même temps que celui du premier martyr [5]. Leur présence à Beauvais fut signalée par plusieurs miracles.

Après les invasions des Normands, les religieux du monastère de Saint-Vaast d'Arras vinrent redemander le corps de leur saint patron. « Quoique Honorat, évêque de Beauvais », dit Godefroy Hermant, « ne pût sans peine se priver des saintes reliques qui faisaient l'ornement de la ville, il les rendit néanmoins à ceux qui les avaient confiées à l'un de ses prédécesseurs. Sa piété le porta à accompagner le pieux cortége, une très-grande partie du chemin, suivi d'une multitude de fidèles, mêlant leurs hymnes et leurs louanges aux cantiques du clergé [6] ».

En témoignage de leur reconnaissance pour l'hospitalité que le corps de saint Vaast avait reçue à Beauvais, les religieux d'Arras y laissèrent quelques-unes de ses précieuses reliques. Depuis cette époque, le culte du Bienheureux fut très-populaire dans cette contrée. Plusieurs paroisses l'adoptèrent pour leur patron ; des pèlerinages s'établirent en son honneur ; et, partout où son nom fut invoqué avec confiance, saint Vaast se plut à donner des preuves de son crédit auprès de Dieu.

Dans le nord de la France, un grand nombre d'églises ont été dédiées à saint Vaast. On compte dans le diocèse actuel de Cambrai vingt-huit paroisses qui ont Saint-Vaast pour patron, huit dans le diocèse de Tournai : on en trouve plus encore dans celui d'Arras. Il y a encore aujourd'hui à Soissons une église portant son nom.

Les Anglais avaient autrefois une grande dévotion à saint Vaast, sous le nom de Foster. Camden prétend même que c'est de ce Saint que la famille de Foster tira son nom.

Saint Vaast avait à Toul, non loin de la cathédrale, son habitation, dont plus tard on fit une église, qui a subsisté jusqu'à la Révolution, et que l'évêque Pibon avait érigée en paroisse au XIe siècle. A certains jours de l'année, le chapitre de Toul y allait processionnellement faire la station [7].

Une partie des reliques du Saint était restée dans la cathédrale, car cette église ayant été brûlée en 1030 et rebâtie ensuite, on trouva, vers l'an 1040, sous un autel qu'on avait détruit, un bras de saint Vaast, avec une partie considérable de sa tête, et quelques ossements du reste du corps.

1. Elle devint en 691 le lieu de la sépulture de ce prince et de sa femme Doda.
2. Ce fut à partir de l'érection de cette abbaye que la ville d'Arras prit son accroissement. (*Dict. des Abbayes.*)
3. Légende du Bréviaire de Beauvais, au Propre.
4. Louvet, *Hist. et Antiquités du Beauvaisis*, II, 136.
5. En l'année 1072, Guy, évêque de Beauvais, installa dans cette église un chapitre de chanoines sous l'invocation de saint Vaast.
6. Godefroy Hermant, l. III, ch. 25. — 7. Note due à M. l'abbé Guillaume.

Un document conservé aux archives générales du département du Pas-de-Calais nous montre les religieux de Saint-Vaast, procédant, au siècle dernier, à la reconnaissance des reliques de leur patron. L'ouverture de la châsse se fit en présence des supérieurs de l'abbaye, revêtus de surplis et d'autres insignes de leur dignité. On alluma des cierges qui brûlèrent aussi longtemps que durèrent l'examen des ossements et la lecture des titres authentiques; enfin, un acte de reconnaissance fut dressé, celui-là même que nous venons de mentionner.

En 1802, le 13 décembre, Mgr de La Tour-d'Auvergne, évêque d'Arras, constata qu'on possédait encore le même nombre d'ossements qui avaient été reconnus devant lui par les religieux de l'ancienne abbaye de Saint-Vaast d'Arras, et que le tout était conforme aux anciens authentiques. — Le 31 octobre 1804 et le 10 juin 1805, une partie des reliques furent données au curé de Bailleul et à Notre-Dame de Saint-Omer. Aujourd'hui une belle châsse, faite sur le modèle de celle des grandes reliques d'Aix-la-Chapelle, renferme la plus grande partie des ossements du saint évêque d'Arras.

Saint Vaast, étant le principal fondateur de la religion chrétienne dans l'Artois, on lui a donné pour cortège d'honneur les images des saints évêques les plus illustres du diocèse actuel d'Arras. C'est à ce titre qu'on a placé d'abord sur cette châsse saint Diogène, avec son costume d'évêque grec, son geste de bénédiction à la manière orientale, et son nom écrit en lettres grecques sur une même ligne verticale. Puis viennent saint Maxime, l'évêque voyageur, le bâton de pèlerin à la main, le patron spécial de Boulogne; saint Omer, de Thérouanne, avec l'emblème de l'Eglise spirituelle qu'il fonda et l'enfant auquel il rendit la vue; saint Aubert, d'Arras, avec saint Landelin, son disciple; saint Géry, de Cambrai, foulant aux pieds le monstre de l'idolâtrie qu'il terrassa; saint Folquin, de Thérouanne, avec la couronne impériale et la pourpre déposées près de lui, indices de sa parenté avec Charlemagne et des honneurs qu'il méprisa pour le service de Jésus-Christ. Enfin, saint Huntfride ou Humfroy, de Thérouanne, tient le vaisseau allégorique dont lui parla le grand pape Nicolas quand il l'exhortait à tenir ferme au milieu des invasions des hommes du Nord et des ruines de son église désolée, et saint Vindicien nous rappelle d'autres temps de luttes et la fondation définitive de l'abbaye de Saint-Vaast, qu'il tient à la main. Toutes ces images ornent les deux longs côtés de la châsse. Sur les petits côtés on voit, en sculpture, l'image de saint Vaast lui-même, et celle de la Sainte Vierge, patronne, depuis toujours, de la cathédrale d'Arras, le cierge mystérieux à la main.

La chasse de saint Vaast est tout entière construite d'après le système du XIIIe siècle, et même un peu du XIIe siècle, avec pierreries, émaux, crêtes ornées, pommes de pin, etc. C'est un gracieux monument.

Les autres églises particulières qui possèdent des ossements sacrés de saint Vaast sont Annezin, près Béthune, Wrugles, Vergies, au diocèse d'Amiens, Fouquières-les-Lens, Lattre-Saint-Quentin, l'hospice civil de la ville d'Aire, Moreuil, au diocèse d'Amiens, le Saint-Sépulcre à saint Omer, le Pas, Bienvillers-au-Bois, le séminaire d'Arras, Laventie, Gonnehem, Fruges, Saint-Vaast-la-Hongue, au diocèse de Coutances; les Bénédictines du Saint Sacrement d'Arras, Armentières, au diocèse de Cambrai; Saint-Nicolas d'Arras, Saint-Pol, Notre-Dame de Saint-Omer.

Les objets dignes de vénération, que possède la ville d'Arras, constituent un des trésors sacrés les plus importants de la France. Outre le chef de saint Jacques le Majeur, le chef de saint Nicaise de Reims; le corps de saint Vindicien, évêque d'Arras; le chef de saint Léger, le rochet dont était revêtu saint Thomas de Cantorbéry, au moment de son martyre, le corps de saint Ranulphe et celui de son fils, évêque d'Arras; les reliques de plusieurs martyrs de la Légion thébéenne, les reliques insignes de saint Willibrord, un voile de la Sainte Vierge, toutes grandes et insignes reliques, dont nous parlons en leur lieu, la ville d'Arras possède en ce moment (mars 1872) diverses reliques dont voici la nomenclature :

1° *Dans la sacristie de la Cathédrale*, sont déposées les reliques suivantes : Deux reliques de la vraie croix; — deux os de saint Bertin, abbé de Sithiu; — un os de saint Vaast. — 2° De saint François de Sales, *ex carne;* de saint Charles Borromée, *ex præcordiis et tela humore imbuta :* de saint André, apôtre, *ex ossibus;* enfin de petites reliques de saint Pierre et de saint Paul.— 3° *A la chapelle de Saint-Louis :* un os de saint Folquin, évêque de Thérouanne, et deux os de saint Aubert, évêque d'Arras. — 4° *A la chapelle de Saint-Charles :* une relique de saint Charles, un os de saint Firmin, évêque d'Amiens, une relique de saint Vincent de Paul. — 5° *A la chapelle de Saint-Vaast :* une relique de saint Vaast, une relique de saint Omer, une de saint Maxime. Ce sont, on le voit, les trois patrons des trois diocèses dont est formé principalement le diocèse actuel d'Arras. — 6° *A la chapelle de Saint-Jérôme :* un os de saint Isbergue ou Giselle, sœur de Charlemagne; deux fragments de la tête de sainte Christine, vierge et martyre. — 7° *A la chapelle du Calvaire :* un os de saint Roch. C'est là aussi que l'on expose la relique insigne (partie notable) du chef du bienheureux Benoît-Joseph Labre. — 8° *A la chapelle de la Bonne-Mort :* un os de saint Flour, martyr; un os de saint Vulgan, évêque. — 9° *A la chapelle du Sacré-Cœur :* un os de saint Kilien, évêque; un os de saint Josse, abbé. — 10° *Dans la chapelle du Cloître du Grand-Séminaire*, deux reliquaires semblables aux précédents renferment : un os de saint Silvin, évêque; un os de saint Adrien. — 11° *Dans la châsse nouvelle, dite des Reliques diverses, chapelle de l'Evêché*, il y a les reliques suivantes :

Sancti Tranquilli Martyris; Sancti Candidi Martyris; SS. Xisti et Aliorum; Pars unius ossis Sancti Stephani Protomartyris; Sancti Wulfranni Episcopi; Sanctæ Apolloniæ Virginis; Sancti Simon Apostoli; Sanctæ Berthæ Virginis; Sancti Jacobi-Majoris Apostoli, pars unius ossis magni; Sancti Kiliani Episcopi; Sancti Richerii Abbatis; Sancti Luglii; Sancti Euloquii Abbatis; Sancti Francisci Salesii; Sancti Audomari; Sancti Faustini; Sanctæ Austrabertha; SS. Felicis et Naboris; SS. Cassiani et Hippolyti; Sancti Caroli; Sancti Clementis Papæ Martyris; SS. Cornelii et Cypriani Mart.; SS. Crispini et Crispiniani; Sancti Longini; Sancti Jacobi Martyris; Sancti Mauri Martyris; Sancti Marculti Abbatis; Sanctæ Berthæ; Sancti Judoci; Sancti Martiani Mart.; Sancti Petri Mart.; Sancti Antonii Abb.; Sancti Philippi de Neri; Sancti Camilli; Sanctæ Felicissimæ Virg. et Mart.; os parvum Sancti Joannis-Baptistæ; Sancti Simeonis Abb.; Sancti Laurentii Diac. Mart.; Sancti Maximi Episc.; Sancti Rochi; Sancti Rochi (bis); Sancti Vulgani; Sancti Adalrici; Sancti Martini Turonensis; Sancti Jacobi-Majoris (bis); de capite Sanctæ Claræ Virg. et Mart.; de Sancto Francisco Xaverio; Sancti Vincentii Mart.; Sanctæ Restitutæ Mart.; Sancti Andreæ Apostoli. — Il y a aussi quelques reliques provenant de l'ancienne abbaye d'Eaucourt. — 12° Enfin, dans les deux grandes châsses qui sont dans la *chapelle du Grand-Séminaire*, il y a les reliques suivantes :

PREMIER RELIQUAIRE. — *Reliquiæ Sanctorum et Sanctarum : Pii martyris, Victoris martyris, Vedasti episcopi Atrebatensis, Barnabæ apostoli, Vincentii a Paulo, Capit. unius Virginis e numero XI. M. Virgin., Adriani martyris, Martyr. Gorcom. et aliorum.*

SECOND RELIQUAIRE. — *Reliquiæ Sanctorum et Sanctarum : Martyrum Legionis Thebeæ, Jucundi martyris, Theodoræ martyris, Maximi episcopi Boloniæ patroni, Caroli Borromæi, XI. M. Virgin., martyr., Liberati martyris, et aliorum.*

Il reste, en outre, dans le dépôt du Secrétariat, un très-grand nombre de reliques, qui n'ont point encore été déposées dans des châsses. Elles proviennent d'anciennes abbayes, entre autres celle d'Etrun, et elles sont revêtues d'authentiques, de cachets, de soie antique, d'inscriptions sur parchemins, selon les usages divers des siècles où on les a visitées et reconnues. Ce dépôt est à lui seul un véritable trésor.

Signalons en terminant un morceau considérable de la Sainte-Chandelle d'Arras, qui a été sauvé de la Révolution, et l'étui qui le renferme.

La vie de saint Vaast a été écrite au long par Alcuin; Surius l'a insérée en son premier tome; Bollandus la rapporte aussi avec plusieurs autres. C'est de là et des auteurs qui ont écrit sur l'*Histoire de France*, comme aussi des *Annales de l'Eglise* du cardinal Baronius que nous avons tiré ces détails. Mais, outre des historiens, saint Vaast a eu des poëtes pour le chanter. Toussaint Sailly lui a consacré une sorte d'épopée; Antoine Meyer, un poëme intitulé : *Ursus seu de rebus sancti Vedasti* (in-12, Paris, 1580). — Nous avons tiré grand profit d'une excellente brochure de M. Van Drival, intitulée : *Le Trésor sacré d'Arras.*

SAINT AMAND, ÉVÊQUE DE MAESTRICHT

MISSIONNAIRE ET FONDATEUR D'ABBAYES

684. — Pape : Saint Léon II. — Roi de France : Thierry III.

Euntes docete.... Salvate animas.
Allez, enseignez... Sauvez les âmes.
Matth., XXVIII, 19; *Jérém.*, XLVIII, 6.

Entre les saints qui ont brillé dans l'Eglise au septième siècle, il en est peu dont la célébrité soit comparable à celle de saint Amand. « Presque toute la terre », dit son biographe, « a entendu la renommée de ses éclatantes vertus et de ses prodiges. Comme un infatigable moissonneur, il a beaucoup travaillé dans le champ de Dieu, il a converti beaucoup de peuples à la foi catholique, et fondé beaucoup de monastères pour des moines pieux et de saintes filles du Seigneur ».

Saint Amand naquit le 7 mai 594, non loin de Nantes, au territoire d'Herbauges, petite ville qui n'existe plus et qui alors appartenait à l'Aquitaine et au diocèse de Poitiers. Son père, Sérénus, était duc ou gouverneur de la contrée, sa mère se nommait Amantia. L'enfant reçut dans la maison paternelle, avec l'exemple des vertus et l'amour de la religion, la science que l'on donnait à cette époque aux fils des nobles familles. De bonne heure il sentit naître en son cœur le désir de se consacrer à Dieu, et ce sentiment, développé auprès de ses parents, devint si puissant, qu'il le porta à tout quitter pour aller vivre dans la solitude. C'est vers l'île de Ré [1] qu'il dirigea ses pas : il y rencontra des religieux saintement empressés de le recevoir et de lui rendre tous les offices de la plus affectueuse charité. On reconnut promptement la vertu du jeune novice, et Dieu permit qu'un fait extraordinaire la manifestât d'une manière éclatante. Un jour le supérieur, pour éprouver son obéissance, le chargea d'un ordre dont l'accomplissement exigeait qu'il sortît du monastère. Tout à coup, dans un endroit solitaire de l'île, Amand aperçoit à peu de distance un énorme serpent. Effrayé, il se prosterne contre terre, adresse au ciel sa prière, puis, se relevant, fait le signe de la croix contre le monstre et lui ordonne de se retirer dans son repaire. L'animal, obéissant à sa voix, disparaît aussitôt dans les profondeurs de la mer.

Amand rencontra bientôt dans sa solitude un danger d'une autre nature. Son père, informé du lieu de sa retraite, vint l'y trouver, et s'efforça de ramener dans la famille ce fils unique à qui il voulut laisser ses biens et ses dignités. Voyant ses instances inutiles, il eut recours à la menace, et déclara à Amand qu'il n'aurait aucune part à son héritage s'il ne retournait avec lui dans la maison paternelle. « Mon père », répondit-il avec calme et respect, « il n'y a qu'une chose que je désire, c'est de servir Dieu : il est ma portion et mon héritage. Je ne demande rien des biens que vous me promettez ; permettez-moi seulement de me dévouer entièrement dans la milice sacrée de Jésus-Christ ». Peu de temps après, pour éviter des sollicitations plus pressantes de la part de ses parents, il se retira auprès du tombeau de saint Martin à Tours. Là, prosterné devant la châsse qui renfermait les reliques de ce grand patron de la France, il conjura le Seigneur de ne jamais permettre qu'il retournât dans son pays natal, mais que plutôt, sa vie tout entière, consacrée à son service, s'écoulât dans les travaux, les voyages et les fatigues de l'apostolat.

Amand ayant été admis au nombre des religieux de Tours, reçut la tonsure cléricale et prit place parmi les frères. Mais Dieu, qui avait sur lui de grands desseins, voulut qu'il commençât alors une préparation extraordinaire et plus immédiate à sa mission. Il lui fit connaître qu'il devait aller à Bourges, auprès de saint Austrégisile [2], pour apprendre ses volontés de la bouche de ce pontife. Fidèle à la voix du Seigneur, Amand ne balance pas un instant ; il part et arrive à Bourges, où saint Austrégisile et son disciple, saint Sulpice le Pieux, le reçurent avec bonheur. Tous ensemble ayant con-

1. *Insula Reorum*, île destinée aux coupables condamnés à la déportation. Contrairement à toutes les biographies que nous avons sous les yeux, les auteurs de l'*Histoire de l'église de Saintonge* et de la *Biographie saintongeaise*, parfaitement à même de se prononcer sur une question de géographie locale, disent que saint Amand se retira, non pas dans une île du nom d'Yeu ou d'Oye, mais dans un endroit de l'île de Ré qui est devenu la paroisse de *Loie*, et où l'on montre encore son ermitage. Si on nous objectait que le moine de Blandinberg, Baudemont, disciple et premier biographe de saint Amand, a fort clairement écrit *insula Oïa*, nous répondrions que, selon toutes les probabilités, Baudemont n'a pas quitté la Flandre pour venir visiter l'île d'Oïa, et qu'il a bien pu prendre pour une île ce qui n'est qu'une partie de l'île ; confondre la partie avec le tout, sans qu'on soit admis à lui en faire un crime.

2. On le nomme vulgairement saint Outrille. — Né à Bourges, en 551, de parents nobles, il fut d'abord attaché à la cour du roi Gontran, embrassa ensuite l'état ecclésiastique et mourut évêque de Bourges, le 4 mai 624. Il eut pour successeur saint Sulpice le Débonnaire, mort le 17 janvier 644.

sulté le Seigneur, il fut résolu qu'Amand, renfermé dans une cellule sur les remparts de la ville, y mènerait la vie des reclus jusqu'à ce qu'il plût à Dieu de l'employer à l'œuvre à laquelle il le destinait. Dans cette nouvelle et plus profonde retraite, la vie de saint Amand était consacrée à tous les exercices de la piété et de la mortification. Un pain d'orge détrempé dans l'eau était sa nourriture ordinaire: encore le saint pénitent ne semblait-il la prendre qu'à regret. Sur sa chair innocente était appliqué un cilice qui retenait son corps dans une contrainte continuelle. Quelques sarments jetés sur la terre nue recevaient pendant la nuit ses membres fatigués; tout, autour de lui, annonçait la pauvreté, le dénûment et la souffrance. Mais au milieu de ces austérités, le front du jeune reclus brillait de la joie la plus douce. C'est pendant ces quinze années de retraite et de pénitence, qu'après avoir reçu successivement les différents ordres de la cléricature, il fut enfin ordonné prêtre. Ce fut aussi dans ce temps qu'il eut une sorte de révélation que l'historien de sa vie rapporte en ces termes: « Un jour », dit-il, « Amand était en prière devant le Seigneur, lorsque tout à coup il se vit environné d'une grande lumière; puis, pendant l'espace d'une heure, l'image du monde sembla se dérouler sous ses yeux avec toute sa magnificence et ses splendeurs ». Dieu voulait peut-être lui montrer la multitude d'idolâtres et de pécheurs auxquels sa parole devrait se faire entendre.

Saint Amand avait environ trente-trois ans, lorsque Dieu l'appela à Rome, pour lui manifester sa vocation. Il partit avec un seul compagnon, continuant pendant ce long pèlerinage les œuvres saintes qu'il avait accoutumé de faire. Arrivé à Rome, il visita les églises et les oratoires consacrés à Dieu, les lieux qui rappellent le souvenir des confesseurs, les supplices des martyrs et les témoignages de la foi des premiers chrétiens. A la fin du jour il se retirait dans l'église de Saint-Pierre pour adresser à Dieu sa prière. Or, un soir qu'il y était venu selon sa coutume, tandis que tous les fidèles sortaient du temple silencieusement et que les gardes se disposaient à en fermer les portes, Amand resta seul, espérant n'être pas aperçu et pouvoir satisfaire le grand désir qu'il avait de passer une nuit entière dans ce sanctuaire. Il se tenait agenouillé à l'écart, répandant son âme devant le Seigneur, lorsque l'un des portiers le vit, et croyant sans doute que c'était un homme qui cachait quelque mauvais dessein, le força, avec peu de respect, de sortir de l'église. Cette humiliation ne troubla pas le bienheureux; il obéit aussitôt, et, se prosternant devant le portail, il continua sa prière. Tout à coup il se sentit comme ravi hors de lui-même et environné d'une lumière éclatante. A ses yeux se présente un vénérable vieillard, le front ceint d'une auréole de gloire. Saint Pierre, le prince des Apôtres, se fait connaître à Amand et lui déclare les volontés du ciel. « Au nom de Dieu, il ira prêcher la foi dans les Gaules et y convertir une multitude d'âmes à Jésus-Christ. La moisson est abondante et elle croît de jour en jour; il y travaillera comme un bon et vigilant moissonneur. Pour prix de ses travaux, une grande récompense lui est réservée dans les cieux [1] ». Amand, étonné, interdit par ces paroles, se soumit pleinement aux ordres du ciel, et reprit, le cœur plein de joie, le chemin de la France. Les besoins de l'Eglise, en ce temps-là, avaient fait comprendre la nécessité d'un certain nombre d'évêques dont les fonctions, toutes de zèle, s'exerçassent à l'égard de quelques contrées moins favorisées de la foi. Ces évêques, qu'on appelait *régionnaires*, parce qu'ils parcouraient

1. C'est sans doute à cette apparition qu'il faut attribuer la dévotion particulière de saint Amand envers saint Pierre, dévotion qui était si grande qu'il dédia au Prince des Apôtres tous les monastères qu'il fonda et toutes les églises qu'il fit construire.

en prêchant l'Evangile les *régions* où leur inspiration les poussait, n'avaient pas de siége spécial ni de diocèse soumis à leur juridiction. C'est d'une mission semblable que saint Amand fut chargé par le roi Clotaire II, en 628 : à la suite de ses premiers essais et de ses premiers succès dans l'apostolat, il reçut l'onction épiscopale des mains de saint Achaire, évêque de Noyon, et s'en alla presque aussitôt évangéliser les habitants du pays de Gand. Ce peuple, encore livré en grande partie au culte des idoles, repoussait opiniâtrément ceux qui voulaient lui enseigner la foi. Il serait impossible de dire tout ce qu'il eut à endurer de leur part : les persécutions et les violences en vinrent à ce point que ses compagnons, regardant la conversion de ces barbares comme impossible, se retirèrent en attendant des temps meilleurs. Amand resta seul, en butte à tous les mauvais traitements auxquels il opposait la plus héroïque patience. « Combien de fois ne fut-il point déchiré, frappé, meurtri de coups ? Combien de fois les femmes elles-mêmes ne le précipitèrent-elles pas dans les eaux de l'Escaut et des autres rivières qui arrosent ces contrées ? »

L'infatigable missionnaire continua de parcourir les vastes solitudes de la Flandre, du Brabant et des pays voisins, jusqu'au jour où un éclatant miracle, opéré à Tournai, ouvrit les yeux de ces infidèles. Tandis que saint Amand était de passage dans cette ville, il arriva que Dotton, gouverneur au nom du roi des Francs, fit amener devant son tribunal un homme accusé de brigandage, et déjà tellement accablé de coups par le peuple en fureur, qu'il semblait n'avoir plus qu'un souffle de vie. Un cri menaçant sortait de toutes les bouches : « Il mérite la mort, qu'il soit condamné à mort ». Au moment où cette scène se passait sur la place des jugements, on voit accourir le saint évêque Amand. Il approche, il fend la foule et arrive au pied du tribunal; il supplie le comte de lui accorder la vie du voleur. La sentence venait d'être prononcée. Dotton resta inexorable, et les bourreaux, s'emparant du criminel, le conduisirent à la potence où il expira sous les yeux de la multitude. Aussitôt qu'elle fut écoulée, Amand s'empressa de descendre le cadavre du gibet et le transporta dans sa demeure. A un signe qu'il fit, ses disciples se retirèrent : lui alors se prosternant par terre, conjura le Seigneur de rendre ce malheureux à la vie. Tout à coup le voleur, sortant comme d'un profond sommeil, ouvre les yeux et se trouve en présence du saint missionnaire à qui il ne sait comment exprimer sa surprise et son bonheur. Il passa le reste de la nuit avec lui. Le matin arrivé, saint Amand appelant ses disciples, leur demanda de l'eau qu'ils s'empressèrent d'apporter, croyant que c'était pour laver le corps, selon la coutume, avant de l'ensevelir. Mais quel ne fut pas leur étonnement, lorsque, en entrant dans la chambre, ils virent le mort de la veille conversant avec leur maître. Amand lava ses plaies qui se guérirent aussitôt; puis il l'invita à retourner dans sa famille et à témoigner sa reconnaissance à Dieu par une conduite chrétienne. A peine le bruit de ce miracle fut-il répandu, que, de toutes parts, les populations accoururent vers le Saint pour lui demander le baptême. Les habitants du pays de Gand eux-mêmes en furent promptement instruits, et renonçant à leurs vieilles erreurs, ils vinrent écouter avec docilité la parole de Dieu. En peu de temps, un changement admirable s'opéra dans toute la province, et les deux monastères de Gand et du Mont-Blandin ne tardèrent pas à s'élever à l'endroit où paraissaient auparavant des statues des faux dieux. Tels ont été les commencements de la religion chrétienne dans cette contrée, devenue un des plus beaux apanages de l'Eglise de Jésus-Christ [1].

1. Le docte évêque d'Anvers, de Nelis, fait au sujet des établissements monastiques créés par saint

Ce fut vers cette époque (630) que saint Amand, de retour dans l'intérieur de la France, adressa au roi Dagobert de courageuses remontrances sur les scandales de sa conduite. Cette démarche avait été sollicitée et préparée par des prélats et de nobles seigneurs du palais, qui gémissaient des désordres auxquels se livrait le roi d'Austrasie. Le prince, à cette heure de la grâce, n'écouta que les mauvaises suggestions de la passion; au lieu de reconnaître ses fautes, il s'irrita et chassa de son royaume le saint apôtre qui les lui reprochait. Amand, sans s'émouvoir, se retira du palais en déplorant l'aveuglement des princes abandonnés aux coupables voluptés. Amand se réfugia dans les états de Caribert, roi d'Aquitaine. Ici se place le premier voyage d'Amand en Vasconie ou *Pays des Basques :* il se trouvait au monastère de Saint-Sever-Cap-de-Gascogne [1], lorsque les religieux lui apprirent qu'au fond des gorges des Pyrénées et sur les pics les plus inaccessibles de ces montagnes, campait un peuple à part, fier et agile dans les combats, qu'on voyait souvent descendre dans la plaine, mais que l'on atteignait rarement dans ses retranchements. Ce peuple était en grande partie idolâtre et croyait plus aux sorciers, aux enchanteurs et aux augures qu'en Dieu. Amand voulut aller porter à cette nation la lumière de l'Evangile, trop heureux, disait-il, de trouver l'occasion d'endurer le martyre. Cette première

Amand, les réflexions suivantes : « Deux siècles, ou environ, après les premiers établissements des Francs dans la Belgique et dans le reste de la Gaule, il survint un nouvel ordre de choses et de personnes, dont la religion était et devait être le premier but, mais de qui la police et l'agriculture reçurent par contrecoup de grands avantages : ce fut l'établissement des premières abbayes ou monastères, dont saint Amand fut le père et le fondateur dans nos cantons. Quand il y parut, il trouva le sol de ce pays aussi sauvage que ses habitants. Baudemond, contemporain et disciple de saint Amand, qui vivait à Gand dans l'abbaye de Saint-Pierre, établie peu de temps auparavant, nous en parle en ces termes : *Propter ferocitatem gentis illius vel ob terræ infœcunditatem, omnes sacerdotes prædicationi loci illius* (les environs de Gand) *se substraxerunt.* Un autre écrivain en parle de même : *Qui pagus* (Gandensis) *propter ferocitatem gentis et terræ infœcunditatem prædonibus derelictus est.* Un troisième n'attribue à ce pays qu'*efferos mores et infœcundos cespites.* — Voilà quelle était en ce temps-là la Flandre, cette contrée si peuplée et si fertile quelques siècles après, qui, pour la beauté du terrain et l'industrie des habitants, ne le cède depuis longtemps à aucune portion de l'univers, et que Le Tasse nous a peinte avec des couleurs aussi convenables que belles, lorsqu'en parlant des premiers croisés de cette nation, que l'on vit sous les étendards de Godefroi de Bouillon, il dit : La Flandre, l'heureuse Flandre était réputée au VIIe siècle une terre ingrate et stérile. Ses peuples étaient des sauvages ou des brigands : comme sauvages, il fallait les civiliser; comme brigands, leur donner des mœurs, de la religion, des vertus.

C'est dans cette double vue que furent établis les premiers monastères; c'est dans cette vue que les rois et les peuples leur firent tant de bien; et cela est si vrai, les succès de ces établissements furent si éclatants, que les princes, comme Montesquieu le remarque en particulier au sujet de Charlemagne, *regardaient les dons immenses qu'ils faisaient aux églises, moins comme une action religieuse que comme une dispensation politique.* Voyez *Mémoires de l'Académie de Bruxelles*, t. II, p. 592.

1. Nous relatons ce fait d'après un manuscrit du monastère de Saint-Sever-Cap-de-Gascogne, que cite M. Menjoulet, vicaire général de Bayonne, dans sa brochure : *Saint Amand, apôtre des Basques.* M. Menjoulet démontre 1° que c'est aux Vascons des deux versants des Pyrénées, et non aux Gascons, situés entre la Garonne, l'Adour et le Gave d'Oloron, évangélisés depuis longtemps, que saint Amand prêcha l'Evangile; 2° qu'il ne faut pas confondre les Vascons ou Basques avec les Gascons. Les Gascons sont les Aquitains de la Novempopulanie — capitale Eauze — sous un nom nouveau; nom qu'ils tirent de ces Vascons pyrénéens qui envahirent l'Aquitaine au temps des rois mérovingiens et y laissèrent leurs garnisons en même temps que leur nom. Le mot français *Basque*, en patois *Bâscou*, vient du latin *Vasco ;* car, selon l'usage de l'Espagne et du midi de la France, le V se prononce B ; ce qui faisait dire à Scaliger : *Felices populi, quibus Vivere est Bibere.* — Quant au changement de *Wasconia* en *Gasconia*, il a son analogue dans *Willelmus*, dont on a fait *Guillelmus*, Guillaume. Les Basques ou Vascons, au contraire, dont le nom signifie, en basque, hommes des forêts ou hommes des montagnes, occupaient les deux versants des Pyrénées occidentales, à partir du Gave d'Oloron, c'est-à-dire la Soule, le Labourdin et la basse Navarre, la Guipuscoa, la Biscaye, etc. Nous reviendrons, s'il y a lieu, sur les Basques, dont l'origine est fort obscure, et sur l'évangélisation de leur pays, à la vie de sainte Rictrude, qui paraît être basquaise. V. au 12 mai. M. D. J. Garat, probablement parent d'un député de ce nom envoyé aux Etats de 89 par le pays basque, a écrit tout un livre pour prouver que les Basques de nos jours sont, comme Carthage, comme l'Irlande, comme Cadix, etc., une colonie sémiti-phénicienne, fondée par les Tyriens et des émigrants de la Bactriane, leurs alliés. Le fait est que leur langue, en dehors des alluvions apportées par les besoins nouveaux d'une civilisation nouvelle, n'a d'analogie qu'avec l'hébreu, et que le nom des Pyrénées se retrouve en Perse, appliqué à une montagne consacrée au culte du feu (*πυρ*) et du soleil : ce qui est encore certain, c'est que les Basques sont restés d'intrépides navigateurs, de bons colonisateurs, comme les Tyriens, et des pasteurs comme les peuples de la Bactriane et de la Sogdiane.

mission de saint Amand en Wasconie est peu connue. On ne peut guère rappeler que cette parole de son hagiographe : « Comme un véritable apôtre de Jésus-Christ, il parcourut ce vaste pays, prêchant partout l'évangile, gagnant les âmes à Dieu et recevant souvent, pour prix de son zèle et de ses travaux, des insultes et des outrages ».

Dieu ayant accordé un héritier à Dagobert, ce prince revint à de meilleurs sentiments et rappela saint Amand de son exil. Le serviteur de Dieu, quittant aussitôt le pays des Gascons, se rendit à la cour. Le roi était à sa villa de Clichy, près Paris, lorsque le Saint l'aborda avec une modeste gravité. A peine Dagobert le voit-il en sa présence, qu'oubliant sa dignité royale, ou plutôt cédant au sentiment qui le domine, il se jette à ses genoux, et le conjure de lui pardonner l'outrage qu'il lui a fait. Saint Amand, s'empressant de le relever, lui déclare que cette erreur passagère est oubliée et qu'elle n'a laissé aucun souvenir dans son cœur. « Que j'ai de regret », reprend encore Dagobert, « d'avoir agi envers vous comme un insensé, et de n'avoir point suivi les sages conseils que votre affection paternelle vous inspirait ! Maintenant, je vous prie, saint Pontife, oubliez entièrement cette injure, et ne dédaignez pas de condescendre à la demande que je vais vous faire. Dieu m'a donné un enfant, quoique je n'aie point mérité cette faveur : j'ai jeté les yeux sur vous, et vous ai choisi pour que vous purifiiez son âme dans les eaux du baptême, et que vous lui serviez de père spirituel. C'est mon fils, c'est l'héritier de ma couronne, je veux qu'il devienne aussi votre fils, et qu'en imitant un jour vos exemples, il devienne l'héritier de vos vertus ». Ces paroles jetèrent Amand dans une grande surprise et un extrême embarras. Il pria le roi de ne point exiger de lui un semblable ministère. « Amand », dit un de ses biographes, « craignait la cour des rois, où la vertu la plus ferme est quelquefois exposée à fléchir, et il ne voulait pas, lui, combattant dévoué pour la cause de Jésus-Christ, s'impliquer dans les affaires du siècle ». Ayant donc exprimé au roi avec respect les motifs de son refus, il se retira.

Dagobert regrettait de n'avoir pu déterminer le saint apôtre à accepter cette invitation, dans laquelle il voyait une éclatante réparation de sa faute. D'ailleurs, il désirait ardemment que cet enfant, sur qui reposaient toutes ses espérances, fût baptisé par les mains d'un Pontife, dont l'éminente vertu lui donnât comme une assurance que la mort ne viendrait point le ravir à sa tendresse. Il fit de nouvelles instances, et ayant appelé ses conseillers intimes, saint Eloi et saint Ouen, alors encore simples laïques, il leur ordonna de se rendre auprès du saint missionnaire et de chercher par tous les moyens à obtenir son consentement. Les deux illustres personnages abordèrent Amand avec toute la vénération que leur inspirait sa sainteté, et le conjurèrent d'accorder au roi la faveur qu'il sollicitait. Ils lui représentèrent qu'en acceptant cette charge, il pourrait opérer un grand bien au palais; que cet enfant, destiné à devenir un jour roi des Francs, avancerait beaucoup l'œuvre de Dieu par les sages leçons qu'il recevrait de sa bouche et les sentiments vertueux qu'elles lui inspireraient. Au reste, ajoutaient-ils, ce consentement, qui comblera de joie Dagobert, vous laissera, si vous le désirez, toute liberté pour prêcher l'évangile dans le royaume et les contrées voisines. Cette dernière parole ne pouvait manquer de faire impression sur Amand, surtout dans la bouche de deux hommes si religieux et si puissants à la cour. Il céda donc, et aussitôt furent ordonnés les préparatifs de la cérémonie, à laquelle le roi voulait donner une magnificence extraordinaire. La ville d'Orléans fut choisie pour sa célébration : toute la cour et une multitude de seigneurs s'y transportèrent. A côté de Dagobert paraissait son frère Aribert, roi d'Aquitaine; il devait avec saint Amand tenir l'enfant sur les fonts du baptême. Un auteur grave et contemporain rapporte, et d'autres ont répété après lui, qu'au moment où saint Amand finissait une des oraisons du baptême, l'enfant, qui n'avait alors que trente ou quarante jours au plus, répondit très-distinctement *Amen*, ce qui remplit tous les assistants d'étonnement et d'admiration [1]. — Cet enfant merveilleux devait être saint Sigebert.

Son ministère accompli, Amand s'éloigna de la cour, et retourna à ses travaux apostoliques, laissant une puissante famille dans la joie, un royaume dans l'espérance, et un roi revenu à des sentiments meilleurs.

Notre saint évêque, qui n'achevait une bonne œuvre que pour en entreprendre une nouvelle, se dirigea peu de temps après vers le pays slave, sur les rives du Danube, de la Save et de la Drave. Tout porte à croire que ce furent les guerres de ces peuples contre les Francs et l'élévation bizarre et extraordinaire de Samon, marchand de Soignies en Hainaut, ou de Sens, que ces barbares avaient pris pour roi, qui détermina sa résolution. Plein de confiance en Dieu, il partit à travers des pays inconnus, et arriva enfin au milieu d'un peuple livré à toutes les erreurs et à tous les désordres de l'idolâtrie. Embrasé de ce zèle ardent qui ne fait que s'accroître devant les obstacles, il prêchait Jésus-Christ à des hommes pour qui ce nom était tout à fait étranger. Il parcourut leurs vastes plaines et leurs camps retranchés qui leur servaient de villes; partout sa voix se fit entendre et ses mains répandirent avec abondance les bénédictions et les bienfaits. Malgré les efforts de son zèle, Amand ne put amollir ces cœurs farouches, dont les habitudes criminelles étaient si opposées à la morale de l'évangile. Cependant il ne se laisse abattre ni par leurs résistances ni par les outrages qu'ils lui prodiguent; il continue de leur prêcher les vérités saintes et s'efforce par tous les moyens de les gagner à Dieu.

Amand avait semé; d'autres moissonneront plus tard les fruits de ses travaux. Pour lui, après avoir enduré avec une inaltérable patience les outrages et les mauvais traitements, il dut abandonner ces hommes « que leurs crimes rendaient indignes des faveurs du ciel »; et c'est alors que pour la seconde fois il se rendit à Rome auprès du souverain Pontife, pour l'instruire des œuvres qu'il avait opérées et rendre ses hommages aux saints apôtres. C'est aussi dans cette circonstance qu'il plaça en différents monastères des esclaves qu'il avait rachetés et qui témoignaient le désir d'embrasser la vie religieuse. On le voit encore se procurer à Rome, au centre de la catholicité, des livres pour l'instruction des disciples qu'il avait déjà réunis, particulièrement au monastère d'Elnon.

Pour revenir, saint Amand s'embarqua près de Rome, arriva d'abord à Centumcelle, aujourd'hui Civita-Vecchia, et de là prit sa direction vers les côtes de France. Pendant cette traversée, Dieu manifesta d'une manière éclatante la puissance des prières de son serviteur. Un jour que les matelots, réunis sur le pont du vaisseau, écoutaient les instructions de l'homme de Dieu, ils aperçurent un poisson énorme, qui semblait se jouer sur les flots : jetant aussitôt leurs filets, ils le saisirent, le tuèrent et invitèrent tous les gens de l'équipage à prendre part à ce régal inattendu. Mais au moment

1. Ce miracle, dit un très-judicieux auteur, *AA. SS. Belgii*, t. IV, p. 253, note 12, est rapporté par Baudemond, auteur contemporain, et répété par beaucoup d'autres. Le 4 février 1650, un fait semblable se passa au diocèse de Strigonie, en Hongrie; des témoins furent entendus selon les formes ordinaires, et l'archevêque reconnut la vérité du prodige, constaté d'après le plus sévère et le plus scrupuleux examen. Voir encore Fleury, *Hist. de l'Eglise*, liv. XXXVI, n. 38.

où finissait le repas, le ciel se couvre de gros nuages, la mer devient houleuse, les flots se soulèvent, les vents mugissent : une tempête affreuse éclate, et le vaisseau, ballotté çà et là par les flots, menace de s'engloutir à chaque instant. Au milieu des lamentations qu'arrachait la vue d'une mort prochaine, les matelots se prosternent aux pieds d'Amand et le conjurent de prier Dieu afin qu'ils soient délivrés d'un si pressant danger. Le missionnaire console tous ces hommes abattus. Il les engage à se reposer des fatigues qu'ils ont endurées et à remettre leur sort à la Providence. Il était nuit. Tous étendus sur le pont se livrent au repos. Amand sommeillait aussi près du gouvernail, comme s'il eût voulu prendre la direction du vaisseau. Tout à coup l'apôtre saint Pierre se présente à ses yeux : « Ne crains pas, Amand, lui dit-il, tu ne périras pas, ni ceux qui sont avec toi ». Puis se tournant vers les flots irrités, il leur commanda et aussitôt il se fit un grand calme. A leur réveil, les matelots virent que leur vaisseau voguait sur une mer tranquille; en peu de temps ils abordèrent au rivage, bénissant Dieu qui les avait délivrés de la mort par les prières de son serviteur. Le saint apôtre, rentré dans son monastère d'Elnon, continua à évangéliser les habitants des contrées voisines.

L'évêque de Maestricht, Jean, surnommé l'Agneau, étant mort vers cette époque (649), saint Amand fut appelé par les suffrages du clergé et du peuple, et par les sollicitations de Sigebert, roi d'Austrasie, à gouverner cette église. Le Bienheureux s'en défendit longtemps; mais enfin il fallut céder à la volonté de Dieu, qui se manifestait clairement, et diriger ce peuple au milieu duquel il rencontra de grandes difficultés. En effet, dans ce diocèse de Maestricht, si ravagé pendant les invasions, et où diverses tribus s'étaient fixées, on rencontrait encore beaucoup de coutumes opposées à la morale de l'Evangile. Saint Amand fit tous les efforts qu'on pouvait attendre de son zèle, pour corriger les abus. Il réussit auprès de quelques-uns; mais d'autres restèrent opiniâtrément attachés à leurs désordres, malgré ses prières et ses avertissements. C'est alors qu'il écrivit au pape saint Martin Ier, pour lui demander une règle de conduite. Sa lettre n'est point parvenue jusqu'à nous; mais on devine ce qu'elle renfermait par les termes mêmes de la réponse du souverain Pontife. La première partie donne des règles très-sages touchant les peines à infliger aux clercs qui ont manqué à la sainteté de leur état. Mais le vénérable évêque n'eut pas la douleur d'infliger lui-même ces punitions méritées : le Seigneur prit en main sa cause et fit sentir que ce n'est pas en vain que l'on rejette la parole de ses serviteurs. En effet, au moment où saint Amand se retirait avec quelques disciples vers des contrées plus rapprochées de la mer, pour évangéliser les peuples encore barbares de la côte, plusieurs fléaux s'abattirent sur le pays de Maestricht, y causèrent de grands ravages, et enlevèrent, par une mort funeste, les plus endurcis dans le mal.

La seconde partie de la lettre de saint Martin Ier renfermait une réponse aux demandes de saint Amand, touchant l'hérésie des monothélites, qui faisait beaucoup de bruit dans le monde catholique. Le souverain Pontife, après avoir exposé les artifices des patriarches et des empereurs de Constantinople, chargeait l'évêque de Maestricht de se rendre lui-même auprès des rois de Neustrie et d'Austrasie, Clovis II et Sigebert II, et de convoquer des conciles dans les deux royaumes, afin que les décrets portés à Rome en concile fussent confirmés par les évêques de l'église de France. Saint Amand s'acquitta avec zèle de la charge honorable qui lui était confiée; mais la pénurie de documents ne permet pas de donner de détails sur ces événements. Les évêques ayant remis entre ses mains les actes des différents conciles de France, il alla les présenter en leur nom au souverain Pontife. Cette mission répondait aux vues du Bienheureux, qui désirait obtenir du Saint-Siége l'autorisation de quitter son évêché de Maestricht, pour reprendre ses courses apostoliques. Il fit ce troisième voyage en compagnie de saint Humbert, qu'il rencontra sur les bords de l'Helpre, près des possessions que ce serviteur de Dieu venait d'acquérir par la mort de ses parents. Amand fit connaître les résolutions prises dans les conciles tenus en France, et exprima en même temps son désir personnel. Le souverain Pontife s'y rendit avec bonté. Bien plus, afin de l'aider dans les travaux évangéliques, il lui accorda le prêtre Landoald et quelques autres serviteurs de Dieu. Tous ensemble revinrent à Maestricht, où, par le conseil d'Amand, ses compagnons s'attachèrent à saint Remacle, devenu son successeur sur ce siége, tandis que lui s'en alla continuer le cours de ses missions apostoliques.

Ici commencent surtout ses relations avec les familles de Pépin de Landen et de saint Mauger. Le premier, déjà uni d'amitié à saint Amand, depuis le baptême du jeune Sigebert, avait laissé pour lui succéder son fils Grimoald, qui ne marcha point sur ses traces, et périt avec son fils victime de sa coupable ambition. Peu de temps avant cette fin tragique, saint Amand avait aidé sainte Gertrude, fille du bienheureux Pépin, et sainte Itta, sa veuve, à fonder le monastère de Nivelles, qui devint une source de bénédictions pour tout le pays. Presque dans le même temps, il assistait avec saint Aubert de Cambrai à la consécration du monastère que saint Ghislain achevait à la Celle. C'est là qu'en entendant les discours des deux saints évêques, un seigneur de la contrée, Mauger, époux de sainte Vaudru, résolut de se consacrer à Dieu. Ayant quitté le monde, ce noble leude alla fonder le monastère d'Hautmont, où à différentes époques se réunissaient les principaux apôtres de la contrée, au milieu desquels Amand faisait entendre la parole sainte. Ce fut là qu'un jour la vierge Aldegonde vint se présenter à lui et à saint Aubert pour recevoir de leurs mains le voile des vierges avant de fonder, au milieu des bois qui couvraient la Sambre, le monastère qui donna son origine à la ville de Maubeuge.

Il s'était écoulé une trentaine d'années depuis la première mission de saint Amand en Vasconie. Le vénérable apôtre, oubliant le poids de l'âge (il avait 70 ans), songeait à visiter encore ses rudes disciples des Pyrénées. Il pouvait être encouragé dans les inspirations de son zèle par cette circonstance que la Vasconie obéissait alors à ses petits neveux, Boggis et Bertrand, reconnus ducs héréditaires de l'Aquitaine et de la Vasconie. Mais ce qui le détermina, c'est que, d'après le savant annaliste Mabillon, il fut appelé par les Basques eux-mêmes [1]. Il vint donc en l'an de grâce 665. La grâce couronna ses efforts, et beaucoup de conversions vinrent le consoler de ses fatigues et des outrages qu'il endura dans plus d'une rencontre. Une fois entre autres que le vieillard missionnaire prêchait devant la multitude rassemblée autour de lui, un bouffon, rempli d'orgueil et très-corrompu dans ses mœurs, s'approcha de lui, et l'imitant de la voix et du geste, chercha à provoquer les rires des spectateurs. Saint Amand, sans être ému de cette sacrilége insolence, pardonna dans son cœur au misérable qui ne savait pas même respecter ses cheveux blancs, et continua son discours au peuple. Mais Dieu, pour venger son ministre outragé, et donner en même temps une leçon capable de frapper ces esprits vains et frivoles, punit à l'instant cet homme audacieux.

1. In Vasconiam denuo accersitus est ab illius gentis populis, qui ejus olim exhortationibus et exemplis informati fuerant. (*Ann. Bened.*, l. xv, 12.)

Au milieu de la foule qui avait été témoin de son impiété, il parut tout à coup agité des plus violents transports, poussa des cris affreux, se roula par terre avec rage et expira dans les plus atroces douleurs. Cette fin tragique fit une profonde impression sur tous les spectateurs et en convertit beaucoup qui étaient restés jusqu'alors indifférents. On ne peut pas douter que la seconde mission de saint Amand parmi les Basques n'ait eu le succès le plus complet. Car, depuis lors, l'histoire ne parle plus de leur idolâtrie. Au contraire, elle n'a qu'à exalter, d'âge en âge, leur invincible fermeté dans la foi catholique.

Saint Amand, en quittant ces contrées, prêchait partout la foi et confirmait par de nouveaux miracles la haute opinion que partout l'on avait de sa vertu. Un jour il arriva dans une ville que quelques auteurs croient être Limoges. L'évêque du lieu l'accueillit avec respect et lui rendit tous les devoirs de l'hospitalité. Lui-même offrit au vieillard l'eau et le bassin pour laver ses mains, selon la coutume; en même temps il recommanda à un de ses clercs, qui se trouvait près de lui, de conserver cette eau. Quelques moments après, pendant que le missionnaire se reposait des fatigues du voyage, l'évêque va prendre le vase qui contient l'eau et se dirige vers son église cathédrale. Là mendiait chaque jour un pauvre aveugle bien connu dans toute la cité. Arrivé près de lui, l'évêque lui dit : « Mon fils, si tu as la foi, mouille tes yeux dans cette eau avec laquelle le serviteur de Dieu, Amand, a lavé ses mains; j'ai la confiance que par ses mérites tu recouvreras la vue » L'aveugle obéit sur-le-champ : il touche ses yeux, les mouille et retrouve la vue. A l'instant l'évêque et l'aveugle guéri font éclater leur allégresse le bruit de ce miracle se répand dans la ville, où s'élèvent de toutes parts des cris de bénédiction et de reconnaissance. Mais déjà l'humble thaumaturge s'était éloigné. Il paraît bientôt sur les confins de l'ancienne province du Bourbonnais, à l'endroit où se trouve aujourd'hui la ville de Saint-Amand Cette ville doit son origine à un monastère bâti par le Saint à son retour de Gascogne et où il laissa quelques-uns des disciples qui l'avaient accompagné.

C'est apparemment vers cette époque, comme l'indique un diplôme de Childéric II, daté de la seconde année de son règne (666), qu'une autre abbaye fut bâtie par saint Amand, à Nant, au pays des anciens Ruthéniens, près de l'endroit où la Dourbie se jette dans le Tarn, au diocèse de Rodez. Un certain Mummole, irrité de ce que le saint missionnaire avait obtenu du roi un terrain pour bâtir le monastère de Nant, résolut de s'y opposer. Il ne recula pas même devant la pensée d'un meurtre. Des malfaiteurs, à qui il communiqua son dessein, vinrent se présenter à saint Amand avec tous les témoignages du plus profond respect. Ils lui déclarent leur intention de lui montrer un lieu convenable pour l'emplacement du monastère qu'il se propose de bâtir. En même temps ils le prient de les accompagner, afin de reconnaître par lui-même la vérité de leurs paroles. Ce projet cachait une trahison, et il paraît que le Seigneur la révéla à son serviteur. Toutefois, Amand, remettant son sort à la Providence, et peut-être aussi poussé par l'esprit de Dieu, suivit ses meurtriers, sans témoigner de défiance. Déjà on était arrivé au sommet de la colline où ils se proposaient de lui trancher la tête, lorsque tout à coup le ciel se couvre de nuages, le tonnerre gronde, la foudre éclate, les torrents de pluie tombent et les plus épaisses ténèbres se répandent tout à l'entour. Frappés de ces témoignages éclatants de la justice de Dieu, les assassins se jettent en tremblant aux pieds de saint Amand, et le conjurent, les larmes aux yeux, de leur laisser la vie. Le Bienheureux, touché lui-même de tout ce qu'il voit, se prosterne la face contre terre et supplie le Seigneur de pardonner à ces hommes l'attentat qu'ils avaient médité. Au même moment le calme renaît, l'obscurité se dissipe, et les meurtriers, frappés d'admiration et de crainte, se retirent en demandant pardon à Dieu d'avoir conçu l'horrible projet de faire périr son serviteur.

Après qu'il eut disposé toutes choses dans cette contrée, et puissamment avancé l'œuvre de Dieu, saint Amand revint dans son monastère d'Elnon, le plus important de tous ceux qu'il avait fondés, et où il faisait habituellement sa demeure. Les auteurs les plus anciens font remonter sa fondation à l'an 639, c'est-à-dire à l'époque où le Saint, après le baptême de Sigebert et l'heureux changement de Dagobert, commença à jouir d'un grand crédit à la cour. Cette date confirme aussi ce qu'avancent la plupart des chroniqueurs, touchant la cession faite par ce monarque à l'évêque missionnaire des terres sur lesquelles fut bâti ce monastère, des faveurs et des priviléges qu'il daigna lui accorder. Telle a été du reste la tradition constante de douze siècles. « C'est donc alors qu'Amand, homme de grande piété, cher aux hommes et au Dieu du ciel », fonda cette abbaye d'Elnon (Saint-Amand), qui, dans sa pensée, devait être comme un centre pour la civilisation de toute la contrée, par la connaissance et la pratique de l'évangile. Dagobert, qui savait apprécier les avantages que retiraient ses peuples de ces établissements religieux, favorisa surtout celui-ci, comme le témoigne suffisamment un diplôme qu'il octroya alors en garantie de la donation royale. Notre Bienheureux en fut le premier abbé, comme l'indiquent tous les catalogues. Toutefois il était remplacé par ses disciples, lorsque les besoins de l'Eglise et de ses missions, ou d'autres affaires importantes, l'appelaient en diverses contrées.

Outre les fondations dont il a été parlé, rappelons celle de l'abbaye élevée au territoire d'Alost, non loin de l'endroit où fut martyrisé saint Lievin, des abbayes de Renaix, de Thourout, de Leuze et de Deurne, auprès d'Anvers.

A Anvers même, centre des peuplades barbares de la contrée, Amand éleva une église pour maintenir dans la foi ceux qu'il avait convertis à Jésus-Christ.

Auprès de Termonde, sur la rive droite de l'Escaut, une autre église et un village qui l'entoure portent son nom. A Condé, au confluent de l'Escaut et de la Haine, s'élevait un monastère sous l'invocation de la Sainte Vierge, fondé, dit-on, par saint Amand; c'est là que saint Wasnon, venu dans ces lieux des lointaines montagnes d'Ecosse, apprenait au peuple la doctrine et la morale de l'Evangile.

L'église de Calloo, près des bouches de l'Escaut, vénère aussi saint Amand comme son patron et son fondateur.

On se souvient de l'abbaye de Nivelles, bâtie par sainte Itta et sainte Gertrude, sa fille : on pourrait encore ajouter celle d'Andenne, que sainte Begge, seconde fille de Pépin le Vénérable et mère de Pépin d'Héristal, éleva sur les bords de la Meuse.

Vers les confins du Brabant et de l'ancien pays des Bataves (Hollande), auprès de l'une des embouchures de cette rivière, on trouve encore l'église de Gertrudenberg ou mont de Gertrude, élevée et consacrée par saint Amand.

A Ardembourg, saint Amand joint un monastère à l'église bâtie par saint Eloi.

Courtrai, sur la Lys, vénère aussi ces deux grands apôtres comme ses pères dans la foi.

L'ancien diocèse de Vabres où, d'après la tradition et les monuments, saint Amand a prêché la foi, l'a honoré pendant un grand nombre de siècles comme son patron. L'ancienne église cathédrale, dédiée sous son nom, existe encore. Dans cette contrée il est connu sous le nom de saint Alan.

On pourrait citer encore d'autres lieux dans lesquels saint Amand a prêché la foi et fondé des églises ou des monastères, où l'on croit du moins reconnaître des traces de son passage. La province du Bugey, en particulier, lui a voué un culte depuis les temps les plus reculés et lui attribue la fondation de monastères importants, tels que celui de Nant, autour duquel se serait formée la ville de Nantua; ceux de Chézery, de Meyria et de Saint-Claude [1]. Strasbourg, Worms et Mayence se glorifient de l'avoir possédé, peut-être à l'époque où il se rendait au pays des Slaves. L'Espagne elle-même prétend qu'il a gouverné quelque temps une de ses églises. Ainsi s'était répandue au loin la réputation de saint Amand.

Rentré dans son monastère d'Elnon, pour ne plus le quitter, Amand voulut le consacrer solennellement. A son invitation, des évêques et des abbés se rendirent avec empressement auprès du saint vieillard, dont l'âme était remplie des plus douces émotions. La cérémonie terminée, tous se réunirent dans la salle du chapitre, et c'est là qu'en leur présence il lut son testament, écrit sous sa dictée, par Baudemond, son disciple et plus tard l'historien de sa vie.

Quelques années après, saint Amand rendit paisiblement son âme à Dieu, au milieu de ses disciples, le 6 février 684 : il était alors dans sa quatre-vingt-dixième année.

On représente saint Amand : 1° tenant une petite église et sa crosse; derrière lui un grand dragon qui veut les lui arracher: figure des persécutions que l'enfer a suscitées au Saint; 2° ressuscitant un pendu; 3° tenant en mains les fers des nombreux prisonniers qu'il a délivrés; 4° portant un drapeau, symbole que, dans les arts, on accorde assez volontiers aux missionnaires qui ont enrôlé des âmes sous la bannière de Jésus-Christ.

RELIQUES DE SAINT AMAND.

Son corps fut déposé dans l'oratoire de Saint-Pierre, bâti par ses soins; mais bientôt les guérisons et les miracles qui s'y opéraient rendirent ce lieu trop étroit pour la dévotion des fidèles. On éleva donc, avec les dons des habitants de la contrée, une église plus spacieuse, dans laquelle l'évêque de Tournai et de Noyon transporta le corps saint, qu'on trouva, après un espace de quinze ans, sans la moindre trace de corruption. Lors de l'invasion des Normands, le dépôt sacré fut sauvé à l'abbaye de Saint-Germain des Prés, à Paris. Le monastère d'Elnon fut envahi par les Barbares, qui massacrèrent les religieux tandis qu'ils chantaient dans l'église les louanges de Dieu. Cette abbaye ayant été de nouveau détruite par un incendie, le 11 février 1066, les religieux, avec la permission des évêques de la province, portèrent processionnellement les reliques de leur saint patron dans différentes contrées, pour obtenir des secours qui les aidassent à la relever de ses ruines. Un grand nombre de miracles furent alors opérés à Cambrai, à Coucy, à Laon, à Chauny, à Noyon et en d'autres lieux. En 1107 une autre procession fut faite aussi dans le Brabant, pour obtenir satisfaction de certains seigneurs qui voulaient s'emparer d'une partie des biens de l'abbaye d'Elnon. Des guérisons extraordinaires furent alors obtenues à Auvaing-sur-la-Ronne, à Saint-Sauveur, à Grammont, à Ninove et à Tournai. Pour nous, dit le chroniqueur qui rapporte ces faits dont il était témoin, nous admirions encore davantage les guérisons opérées dans les âmes, les haines apaisées, les ennemis réconciliés, et les pécheurs arrachés à la mort éternelle.

L'abbaye d'Elnon devint avec le temps si célèbre qu'il se forma auprès d'elle une ville considérable connue aujourd'hui sous le nom de Saint-Amand-les-Eaux, et dont le domaine temporel appartenait à l'abbé qui a porté le titre de comte jusqu'à la Révolution. L'abbaye qui avait été

1. Voir l'*Hagiographie de Belley*, par Mgr Depéry, tome Ier, p. 70.

reconstruite avec magnificence au siècle dernier, sert aujourd'hui d'établissement thermal. Saint-Amand est chef-lieu de canton (Nord. — 10,000 habitants).

Le culte de saint Amand a été de tout temps célèbre, non-seulement dans le nord de la France et de la Belgique, mais encore dans une multitude d'autres contrées : il en était de même en Angleterre où il avait un office à neuf leçons dans le Bréviaire de Sarum. Nous avons dit déjà que son nom est un des plus connus dans le Bugey, où on lui attribue la fondation de plusieurs monastères. Saint Amand est encore vénéré dans la Bretagne, où tous les diocèses, excepté celui de Quimper, font son office. Dans les diocèses de Cambrai, d'Arras, de Tournai, de Gand, de Liége, de Poitiers, etc., une foule d'églises ou chapelles le reconnaissent pour leur patron.

Saint Amand est aussi le patron d'Erches, où l'on se rend en pèlerinage le jour de sa fête (26 octobre), et de Vieuvillers. Les Clarisses d'Amiens possèdent de ses reliques.

Vie des Saints de Cambrai et d'Arras, par l'abbé Destombes ; *les Saints de Bretagne*, par Albert le Grand et Dom Lobineau; *Hagiographie de Belley*, par Mgr Depéry; *Biographie saintongeaise*, par M. Rainguet ; *les Bollandistes ;* le Père Giry; M. l'abbé Auber, *Hagiographie de Poitiers ; Saint Amand, apôtre des Basques*, par M. Menjoulet, vicaire général de Bayonne; Godescard, Baillet, Rohrbacher, Migne, et l'*Hagiographie du diocèse d'Amiens*, par M. l'abbé Corblet.

SAINTE HYACINTHE MARISCOTTI, CLARISSE

1640. — Pape : Urbain VIII. — Roi de France : Louis XIII.

> Sa grande occupation était d'étudier Jésus doux et humble de cœur.
> *Vie de la bienheureuse* imprimée à Rome en 1807.

L'illustre famille des Mariscotti est originaire de l'Ecosse. En 798, quand Charlemagne entreprit une croisade contre les Sarrasins d'Espagne, une foule de nobles seigneurs vinrent de tous côtés lui amener des renforts et se mettre sous ses ordres. De ce nombre était un certain Marius, chef d'une bande de guerriers du Nord, qui prit en France et en Italie le nom de Mariscotti (Marius le Scott ou l'Ecossais), et dont les descendants s'unirent plus tard aux premières familles romaines, les Orsini, les Conti, les Farnèse et les Capizucchi.

Sainte Hyacinthe, qui fut la gloire de cette noble race, naquit en 1585, dans les Etats de l'Eglise. Elle était fille de Marc-Antoine Mariscotti et d'Octavie Orsini, comtesse de Vignanello, près de Viterbe, et reçut au baptême le nom de Clarice. Elle fut élevée dans la crainte de Dieu, et montra dès son enfance les plus heureuses dispositions, de sorte que ceux qui la connaissaient, frappés de ses vertus précoces, prédisaient déjà sa sainteté future.

On fut obligé toutefois de revenir sur la bonne opinion qu'on avait formée de cet enfant; car à peine fut-elle entrée dans l'adolescence, qu'elle changea tout à coup de conduite, et devint aussi légère et aussi mondaine qu'elle avait été jusque-là pieuse et recueillie. Elle ne pensait qu'à la toilette et aux assemblées profanes et paraissait incapable de toute idée sérieuse. Sa sœur aînée, Innocentia, donnait alors au couvent des Clarisses de Viterbe l'exemple de toutes les vertus ; on la mit auprès d'elle pour essayer de la ramener au bien ; mais ni les bons soins de sa sœur, ni les sages leçons et les avertissements salutaires des religieuses ne purent rien sur ce cœur léger. Du jour où elle entra au couvent, elle ne manifesta qu'un désir : en sortir le plus vite possible. Elle brûlait de se jeter dans le tourbillon du monde, et d'y goûter ces jouissances acres et violentes, qui, pour elle, étaient la suprême félicité de la vie. Elle n'y éprouva tout d'abord qu'une grande déception : belle et coquette, elle espérait faire un mariage brillant ; elle vit sa plus jeune sœur, Hortense, épouser le marquis romain Paul Capizucchi, tandis qu'aucun parti convenable ne se présentait pour elle. Elle en conçut un chagrin profond, devint sombre, mélancolique, et d'une humeur si difficile qu'il était presque impossible de vivre avec elle.

Le repos de la famille était sérieusement compromis par cette jeune fille égarée ; elle ne pouvait plus songer à se marier, et il n'y avait plus pour elle d'autre ressource que le couvent. Quoiqu'elle manifestât pour la vie religieuse une extrême répugnance, son père l'engagea à se faire Clarisse. Elle obéit, et entra dans un monastère du tiers ordre régulier à Viterbe, où elle reçut le nom de sœur Hyacinthe. Mais au lieu d'oublier le monde, dit le chroniqueur, elle le fit entrer avec elle au couvent. Elle déclara qu'elle n'habiterait pas les horribles petites cellules des religieuses, et se fit bâtir une chambre magnifique, qu'elle orna avec un luxe princier ; elle y mit des tentures splendides, des tapis, des draperies d'or et d'argent ; ses bijoux s'étalaient sur une table de marbre ; on eut cru voir la demeure d'une princesse mondaine, bien plutôt que la retraite d'une servante du Christ. Elle s'acquittait avec tiédeur des exercices de piété, et supportait avec un ennui qu'elle ne cherchait même pas à déguiser les observances prescrites par la règle. Durant dix années entières, elle mena ce genre de vie, et ni les remontrances de ses supérieurs, ni les exhortations de ses parents ne purent la ramener à une conduite plus conforme à l'esprit du saint institut qu'elle avait embrassé.

Le Seigneur, cependant, finit par jeter sur elle un regard de sa divine miséricorde : il amena au couvent un saint homme, le père Antoine Bionchetti. A ce moment, sœur Hyacinthe, gravement malade, était couchée sur son lit de douleurs, et frappée de terreur à la pensée du sort qui l'attendait dans l'autre monde, elle réclamait à grands cris un confesseur. Le père Antoine accourut : à la vue de cet appartement somptueux, et des objets de luxe dont s'était entourée une fille de sainte Claire, il s'arrêta court et refusa d'entendre sa confession en disant que le Paradis n'était pas fait pour les personnes superbes. La pauvre religieuse montra un violent désespoir : « Ainsi, je ne puis être sauvée », dit-elle, en versant un torrent de larmes, « et il est écrit que Dieu n'aura pas pitié de moi ». « Changez de vie », repartit le serviteur du Christ, « laissez là ces vaines parures, ces bijoux, ces vêtements somptueux; soyez humble, soyez pieuse, oubliez le monde et ne songez plus qu'aux choses du ciel ; et peut-être alors, le pardon viendra avec le repentir ». Le lendemain il entendit sa confession générale; la malheureuse sanglotait si fort qu'elle ne pouvait prononcer que des paroles entrecoupées. Puis elle se leva malgré sa faiblesse, remplaça sa robe de soie par une robe de bure, et se rendit au réfectoire où elle se donna la discipline en présence de ses sœurs, à qui elle demanda pardon avec des larmes dans les yeux et dans la voix. Les religieuses, pleines de joie à la vue de cette soudaine transformation, la consolèrent, l'encouragèrent à persévérer dans cette bonne voie et lui promirent le secours de leurs prières : sainte Hyacinthe allait commencer de vivre pour le Seigneur.

Toutefois sa conversion ne fut encore que partielle, et elle ne put tout d'abord se résigner à quitter toutes les futilités qui jusque-là avaient fait sa joie. C'est seulement quelques mois plus tard, à la suite d'une nouvelle maladie, que cédant à l'influence toute puissante de la grâce, et aux conseils de sainte Catherine de Sienne qui lui apparut au milieu de ses souffrances, elle prit une résolution définitive et héroïque. Elle fit le sacrifice de tout ce qu'elle possédait au mépris de la règle, remit à l'abbesse ses meubles, ses robes et ses bijoux, et revêtit la dépouille d'une religieuse qui venait de mourir. Elle embrassa une vie de pénitence si austère qu'on n'y peut penser sans frémir. Elle se choisit pour patrons au ciel les Saints qui s'étaient, comme elle, laissés d'abord entraîner au torrent du monde : saint Augustin, sainte Marie d'Egypte, saint Guillaume, sainte Marguerite de Cortone. Elle ne voulut plus qu'on l'appelât Hyacinthe Mariscotti, mais sœur Hyacinthe de Sainte-Marie. Elle ne consentit plus à voir ses parents et ses amis que sur un ordre de l'abbesse, et pour pratiquer la sainte vertu de l'obéissance, à laquelle elle avait si souvent manqué dans le passé ; Jésus-Christ souffrant sur sa croix fut sa seule pensée et son seul amour.

Jour et nuit, elle se mortifia. Elle prenait la discipline avec tant de sévérité que le pavé de sa cellule était tout rouge de sang. En souvenir des plaies divines du Sauveur, elle se fit aux pieds, aux mains et au côté de larges blessures, qu'elle rouvrait elle-même continuellement et qu'elle ne laissa se cicatriser que sur un ordre formel de ses supérieures. Elle s'était procuré un immense crucifix, qu'elle portait presque tout le jour sur ses épaules, et aux bras duquel elle se faisait attacher la nuit avec des chaînes de fer. Un fagot de sarments lui servait maintenant de couche ; une pierre était son unique oreiller. Elle foula de ses pieds mignons et délicats le rude pavé de la cour du couvent, sur lequel elle laissait souvent des traces de sang ; et tous les vendredis, en mémoire de la soif de Jésus, elle se mettait dans la bouche une poignée de sel. Elle ne buvait que de l'eau, et ne mangeait que du pain très-dur qu'elle laissait brûler au four, pour le rendre désagréable au goût. Une fois, pour se punir d'avoir trouvé bon un peu de mouton qu'elle avait mangé le jour de Pâques, elle en laissa un morceau se corrompre dans sa cellule pendant quatorze jours, et en fit un repas. Pendant l'Avent et le Carême, elle vivait de salade et de racines cuites à l'eau. En un mot, elle poussa ses austérités, ses jeûnes et ses autres pénitences aussi loin que le permit la conservation de sa vie.

L'humilité est la vertu des anges : Hyacinthe la posséda au suprême degré. Riche de tous les dons de la nature et de la grâce, véritablement sainte aux yeux des hommes et aux yeux de Dieu, elle continua à se regarder comme la dernière des pécheresses. La plus pauvre sœur converse avait une robe plus belle et une cellule moins sévère que la sienne. Elle cherchait toutes les occasions de se faire mépriser et humilier. Souvent elle vint au réfectoire sans voile, une corde au cou, et elle allait baiser les pieds des religieuses en leur demandant pardon du scandale dont elle avait été l'objet. Elle se couchait sur le seuil, et suppliait les sœurs et les novices de lui marcher sur le corps. Elle faisait les ouvrages les plus répugnants du couvent, balayait les cellules, et presque toujours en se traînant sur les genoux, pour se fatiguer davantage. Les religieuses ne lui ménageaient pas les dures paroles, et beaucoup d'entre elles la traitaient tout haut d'hallucinée et de folle. Elle s'en félicitait au fond du cœur, et préférait de beaucoup les plus grossières injures aux éloges que lui donnait souvent la supérieure. Quand on la nomma sous-supérieure et maîtresse des novices, elle ne se décida à accepter ces dignités que sur l'ordre absolu de l'abbesse : « Comment voulez-vous », disait-elle en pleurant, « que je dirige les autres dans la voie de la vertu, quand je sais à peine me conduire moi-même ».

Un jour, au parloir, une jeune fille qui était venue faire visite à une religieuse de ses amies, parla en termes fort élogieux de la bienheureuse Hyacinthe, et dit que par le monde elle avait entendu maintes fois célébrer ses vertus. La sainte fille passait par hasard, et elle entendit cette conversation : « Les hommes », répliqua-t-elle sans se faire connaître, « parlent toujours de ce qu'ils ignorent ; cette religieuse est la plus grande pécheresse de l'univers ».

Elle implorait sans cesse les prières de toutes les personnes qui avaient quelque relation avec elle. « Il y a quatorze ans que j'ai changé de conduite », écrivait-elle à une religieuse ; « pendant ce temps j'ai prié quelquefois quarante heures de suite, j'ai assisté tous les jours à plusieurs messes, et je me trouve plus loin que jamais de la perfection. Quand pourrai-je servir mon Dieu comme il le mérite ? Priez pour moi, mon amie, pour que le Seigneur me donne au moins l'espérance ! »

Dieu lui avait accordé le don de faire des miracles, mais elle s'en défendait comme d'un crime. Des Italiens, en promenade sur mer, furent tout à coup assaillis par une violente tempête, et se trouvèrent en danger de mort. L'un d'eux pensa aussitôt à la bienheureuse sœur, dont la sainteté était proverbiale, et joignant les mains il s'écria : « O sœur Hyacinthe, venez à notre aide, ou nous périssons ». Au même instant, les passagers virent, debout à l'avant du bateau, une Clarisse en robe blanche, qui aplanissait les vagues et dirigeait avec une force surnaturelle l'embarcation vers le port. Déposés sains et saufs sur le rivage, ils coururent aussitôt vers le couvent pour exprimer à la bienheureuse toute leur reconnaissance. L'abbesse lui donna l'ordre de venir au parloir, mais à peine les eut-elle entendus dire : « C'est elle qui nous a sauvés de la tempête », qu'elle s'enfuit, comme un coupable poursuivi par la justice, et s'en alla toute rouge de honte se cacher dans sa cellule.

C'est parce qu'elle était si profondément convaincue de la grandeur de ses fautes, que la bienheureuse Hyacinthe endurait avec un calme et une tranquillité parfaites les souffrances qu'il plaisait à Dieu de lui envoyer. Pendant dix-sept ans elle fut atteinte de coliques presque continuelles, produites par la mauvaise nourriture à laquelle elle s'était astreinte, et par l'excès même de ses austérités. Ses douleurs étaient parfois si violentes, qu'il lui arriva de perdre connaissance au moment même où elle entrait au chœur. Cependant le même sourire angélique illuminait sa figure, et on ne l'entendit jamais gémir que sur la grandeur de ses fautes.

Le démon qui voyait avec fureur cette âme lui échapper, essaya contre elle toutes ses tentations et toutes ses ruses ; il se brisa contre une vertu plus solide que des remparts de fer et des portes d'airain. Toutes les puissances de l'enfer ne prévalurent pas contre la fiancée du Christ, soutenue qu'elle était par l'amour de son Dieu et par la grâce de l'Esprit-Saint. Elle opposa aux attaques du malin esprit des prières, des méditations, de longues contemplations aux pieds du Sauveur crucifié, la lecture de bons livres et les conseils de son confesseur, et elle triompha avec l'aide du Très-Haut. S'il est vrai que sortir victorieux des tentations, quand autrefois on y a succombé, est plus agréable à Dieu que toutes les prières et toutes les offrandes, le nom de la bienheureuse Hyacinthe a dû être inscrit avant beaucoup d'autres sur le livre d'or du ciel.

Après avoir écrasé le démon quand il s'attaquait à elle-même, Hyacinthe s'occupa de délivrer de son infernale puissance tous ceux qui y avaient succombé. Les pécheurs, surtout ceux qui avaient fait les plus lourdes chutes, furent l'objet de sa sollicitude. Quand elle voyait commettre une faute contre Dieu, il lui semblait que son cœur allait se briser; elle prenait sa part du péché, se mortifiait et se punissait comme si elle eut été elle-même coupable : « Mon Dieu », disait-elle, « pourquoi ne puis-je faire comprendre aux hommes la grandeur de leur néant, et leur mettre sous les yeux l'enfer avec toutes ses horreurs, afin de les ramener à vous par la crainte, sinon par l'amour ? O mon souverain bien, penser qu'on ne vous connaît pas, et qu'on ne vous aime pas ! O lumière du monde, penser qu'on ne vous voit pas ! Quel plus cruel supplice pour ceux qui vous voient, qui vous connaissent et n'ont d'autre objet que vous ! »

Quand elle essayait de convertir un pécheur, elle avait une éloquence irrésistible, qui partait du cœur et qui allait au cœur. Elle éprouvait pour eux une immense pitié qui se traduisait en paroles passionnées et en prières si touchantes qu'on ne pouvait pas ne pas lui promettre de s'amender et de rentrer au giron de l'Eglise. Les malheureuses femmes qui vendent leur âme avec leur corps étaient surtout l'objet de son ardente sollicitude ; elle les faisait venir près d'elle, leur montrait l'horreur de leur conduite, les reprenait doucement comme une mère qui gronde son enfant, et arrachait aux plus endurcies des larmes de repentir. La plupart du temps, elle leur donnait de l'argent et des vêtements convenables, et les faisait entrer dans des maisons respectables ou dans des couvents.

Souvent par la seule force de ses prières, elle ramenait au bien des âmes égarées. Une mère, dont le fils vivait d'une façon indigne, vint la trouver les larmes aux yeux, et lui demanda des conseils : « Soyez tranquille », lui dit la Sainte, « Dieu vous viendra en aide ». Elle se mit aussitôt à genoux, et adressa au ciel de ferventes supplications. Ce jour-là même, le jeune homme repentant vint implorer de sa mère le pardon de ses fautes.

La bienheureuse Hyacinthe avait au plus haut degré l'amour de la chasteté, et toutes ses paroles tendaient à inspirer cette vertu : « Virginité sainte et immaculée », disait-elle souvent, « quelles louanges peuvent assez te célébrer ». Et encore :

« Sainte Marie, Mère de Jésus, par votre virginité sans tache avant la Conception, aidez-moi à rester moi-même chaste et pure dans mon âme.

« Sainte Marie, Mère de Jésus, par votre virginité sans tache pendant la Conception, aidez-moi à rester moi-même chaste et pure dans mon corps.

« Sainte Marie, Mère de Jésus, par votre virginité sans tache après la Conception, aidez-moi à rester moi-même chaste et pure dans mes paroles ».

C'est elle encore qui adressait à Marie cette prière :

« Mettons-nous sous la protection de la sainte Mère de Dieu ; ô Vierge glorieuse et trois fois bénie, assistez-nous dans nos besoins, et délivrez-nous de tout mal ». Amen.

Une des conversions qui font le plus d'honneur à la bienheureuse Hyacinthe, c'est celle de François Pacini, soldat de fortune, que sa cruauté, son insolence et son impudeur avaient rendu tristement célèbre dans toute l'Italie. La Sainte entendit parler de lui, et elle résolut d'en faire un homme pieux et craignant Dieu. Elle jeûna, pria et se mortifia pendant quarante jours ; puis elle lui écrivit de venir la voir à son couvent pour des affaires très-importantes. Pacini répondit tout d'abord qu'il s'était juré de ne jamais mettre le pied dans un cloître, et il refusa. Mais Hyacinthe ne se tint pas pour battue : à sa prière, un pécheur converti nommé Simonetti, qui avait été autrefois l'ami de Pacini, alla le trouver, et se moqua de lui : « Que vous êtes bien changé », lui dit-il, « puisque vous n'osez plus même affronter les regards d'une femme ». Pacini craignit de passer pour avoir eu peur une fois en sa vie ; il vint trouver Hyacinthe, en se promettant bien de la faire se repentir longtemps de sa démarche. Il avait compté sans Dieu, qui, quand il lui plaît, abat les plus insolents courages et transforme les loups dévorants en timides brebis. A peine fut-il en présence de la Sainte, qu'il se sentit trembler; il ne put que murmurer des paroles confuses, et, pris tout à coup d'horreur au tableau qu'elle lui fit de ses crimes, il tomba à genoux, versa des larmes amères, et promit de se confesser. Le dimanche suivant, jour de la Passion de Notre-Seigneur, il alla pieds nus et la corde au cou se mettre à genoux au milieu de l'église et faire amende honorable. Plus tard il se rendit à Rome revêtu de l'habit de pèlerin, et consacra au Seigneur le reste de sa vie.

Il serait trop long d'énumérer toutes les conversions que provoqua la sainte religieuse, les couvents qu'elle réforma par des lettres sévères adressées à des supérieurs trop faciles, les villes où la seule renommée de sa sainteté changea en réunions pieuses les assemblées mondaines et frivoles. De toutes parts on lui demandait des conseils et des prières. C'est à son instigation que Camille Savella, duchesse de Farnèse et de Savella, fonda deux monastères de Clarisses à Farnèse et à Rome. Les novices accouraient au couvent de Viterbe, pour marcher sous sa direction dans la voie de la perfection, et beaucoup d'entre elles, entre autres la bienheureuse Lucrèce, suivirent si bien ses traces qu'elles moururent en odeur de sainteté.

La Sainte de Viterbe montrait une égale sollicitude pour les souffrances physiques et pour les maladies morales de l'humanité. Ce qu'elle a fait d'aumônes est presque incroyable. On se demande par quels moyens, pauvre et dénuée de tout comme elle était elle-même, elle a pu distribuer aux pauvres tant d'argent et de vêtements. Elle allait elle-même visiter les misérables honteux, et leur porter tout ce dont ils avaient besoin. Dans les tristes réduits où elle passait parfois de longues heures, elle amenait avec elle la paix, la joie, l'espérance et le bien-être. Elle avait une ardeur inépuisable de charité : « Que ne puis-je, comme autrefois le Seigneur sur la montagne », disait-elle, « multiplier les vêtements dont je me couvre et le pain dont je me nourris, pour en couvrir et en nourrir tous les malheureux de ce monde ? J'irai prêcher par les rues la bienfaisance et la charité ! La pauvreté est sainte, c'est une fille du ciel ; il faut que les hommes la respectent. Quand les pauvres souffrent, Marie, leur reine, pleure dans le ciel, et les générations des riches, qui passent sans abaisser les yeux sur leur misère et sans tendre vers eux leurs mains, sont maudites du Seigneur. Qui méprise les pauvres, méprise Jésus-Christ ; qui les repousse, commet un crime contre Dieu ».

Il y avait dans la cour du couvent sept chapelles où les religieuses pouvaient mériter les indulgences des sept églises de Rome. Toutes les nuits, même en hiver, Hyacinthe passait de l'une à l'autre, et dans chacune d'elle elle faisait ses dévotions devant les statues du Fils de Dieu, de la Reine des Anges et des Saints qui s'y trouvaient. Elle accomplissait cette sorte de pèlerinage pieds nus, avec une lourde croix sur ses épaules, se donnant ici la discipline, là frappant la terre de son front, partout versant des torrents de larmes, et priant les bras étendus vers le ciel.

Elle avait une grande dévotion à l'archange saint Michel dont elle invoquait l'assistance dans tous ses besoins. Mais c'est surtout la Très-Sainte Vierge qu'elle avait prise pour avocate dans le ciel. Son cœur brûlait d'amour et semblait se consumer chaque fois qu'on prononçait devant elle le nom de la Reine des Anges ; elle l'écrivait sans cesse sur ses livres, sur les murs de sa cellule, au réfectoire, à la chapelle, pour l'avoir sans cesse devant les yeux. Pendant les sept jours qui précédaient les fêtes de Marie, elle récitait à haute voix, avec les pieuses habitantes du couvent, sept *Pater* et sept *Ave*, et la veille même des fêtes, elle faisait avec les novices une procession autour du couvent, en chantant les Litanies de la Sainte Vierge ou d'autres saints cantiques.

Que dire de son amour pour Jésus, son céleste Fiancé ? Enfant, dans l'étable de Bethléem, elle avait pour lui le culte d'une mère ; Dieu fait homme et mourant sur la croix, elle lui demandait avec des larmes et en baisant ses blessures, pardon pour tous les péchés qu'elle avait commis. Elle ne pouvait voir un tableau représentant la Passion, sans assister par la pensée à tout le supplice du Sauveur des hommes ; elle priait avec lui au mont des Oliviers ; elle recevait sur sa joue le baiser de Judas, elle était près de lui chez Caïphe et chez Hérode ; elle montait avec lui, chargée aussi de sa croix, le saint Calvaire. Alors elle se mettait elle-même sur sa tête une couronne d'épines, qu'elle enfonçait jusqu'à ce que le sang l'aveuglât, et elle se couchait sur la terre nue les bras étendus.

Le saint sacrifice de la messe, où le Sauveur s'offre tous les jours comme une victime expiatoire de tous les péchés des hommes, lui faisait verser des torrents de larmes : « Mon Jésus vient d'être crucifié », disait-elle souvent ; « quand donc, ô mon Dieu, aurez-vous assez lavé de votre sang tous les péchés des hommes ? » Elle s'approchait de la sainte table tous les jours, et si on ne l'en eût empêchée, elle serait restée toute sa vie en contemplation devant le sacré Tabernacle. « Seigneur », s'écriait-elle, « je suis le néant et vous êtes l'infini, et vous êtes mort pour moi sur une croix ! Seigneur, donnez-moi votre amour ».

Tout ce qu'elle voyait, tout ce qu'elle entendait la faisait aussitôt s'élever à Dieu. Elle priait presque continuellement, et elle puisait dans ses prières la consolation et l'espérance, dont elle sentit le besoin toute sa vie : « Seigneur », disait-elle, « que votre volonté soit faite ; mais ayez pitié de moi, misérable créature, pleine de péchés et de vices ». On la trouvait souvent en extase, les bras étendus, pendant des heures entières ; immobile comme une statue, la figure resplendissante, les yeux perdus dans l'immensité, tandis qu'un parfum céleste remplissait sa cellule. Elle ne voyait et n'entendait plus rien de ce qui se passait autour d'elle, mais elle se sentait mêlée aux chœurs des anges, et elle chantait avec eux : *Gloria in excelsis Deo, et in terra pax hominibus bonæ voluntatis.*

Dieu voulut récompenser dès ce monde sa servante en lui accordant le don de prophéties et de miracles.

Le comte Degliotti, gravement malade, se fit recommander à ses prières : « Mieux vaudrait », dit-elle, « qu'il mourût maintenant, car plus tard il sera assassiné ».

Catherine Zagretti, qui souffrait d'un érysipèle à la tête et à la gorge, était condamnée par les médecins. Son fils vint tout en pleurs prier la Sainte d'intercéder pour elle auprès de Dieu : « Mon fils », lui répondit-elle, « consolez-vous, votre mère guérira ; allez seulement pendant quelques jours offrir au Seigneur vos actions de grâces, et réciter neuf fois au pied des autels le *Salve Regina,* en mémoire des neuf mois durant lesquels la Très-Sainte Mère de Dieu a porté son divin Fils dans son sein virginal ». Le jeune homme obéit, et de retour à la maison, il trouva sa mère saine et sauve.

La liste des prédictions de la bienheureuse Hyacinthe est trop longue pour que nous la placions ici ; elle serait d'ailleurs superflue et n'ajouterait rien à ce que nous savons de ses mérites et des complaisances de Dieu pour sa fidèle servante.

Quelques mois avant sa mort, elle se sentit pour ainsi dire lentement consumer par le feu de l'amour divin ; c'est le signe auquel elle devait reconnaître qu'elle allait bientôt retourner dans la céleste patrie. Dieu lui avait aussi annoncé qu'à ses derniers moments, elle recevrait d'un prêtre une statuette magnifique de la Très-Sainte Vierge ; c'est ce qui arriva en effet : elle la plaça dans sa cellule, et dès lors elle ne songea plus qu'à bien mourir. Elle écrivit au cardinal Brancaccio pour lui recommander la confrérie qu'elle avait fondée, sous le patronage de Marie. Le 29 janvier, elle se confessa avec une grande piété, et reçut la sainte communion ; et le soir même de ce jour, au moment où elle récitait avec ses sœurs les litanies de la Sainte Vierge, elle fut tout à coup prise de si violentes coliques qu'il fallut la porter à l'hôpital. On lui faisait espérer qu'elle ne souffrirait pas longtemps : « C'est vrai », répondit-elle, « encore quelques heures, et je serai pour jamais délivrée de tous les maux de ce monde ». Les plus célèbres médecins de Viterbe conféraient sur les moyens de la sauver : « Remerciez-les de leur bonne volonté », murmurait-elle, « mais dites-leur que demain je serai dans le ciel auprès de mon Fiancé ».

Les assistants ne pouvaient retenir leurs larmes. Elle demanda une dernière fois pardon à l'abbesse et à toutes les religieuses des fautes qu'elle avait commises et du scandale qu'elle avait causé, et les supplia de prier pour elle à l'heure de la mort. Puis elle se confessa encore à plusieurs reprises, murmura : « Jésus, fiancé de mon âme, venez à mon secours », et : « Seigneur, je remets mon âme entre vos mains », et dans la soirée du 30 janvier 1640, elle s'endormit dans le sein de Dieu. Elle était âgée de cinquante-quatre ans, et elle était entrée au couvent dans sa vingtième année.

A la nouvelle de sa mort, ce fut dans Viterbe un deuil universel.

Des miracles qui s'accomplirent par son intercession, la guérison d'un boiteux, accrurent encore la vénération enthousiaste du peuple. Enfin on put célébrer ses funérailles. Un père Franciscain, au milieu des sanglots et des gémissements des assistants, fit l'éloge funèbre de sœur Hyacinthe, et rappela avec émotion ses incomparables vertus. Puis on l'ensevelit dans le caveau commun du couvent. Sa discipline, sa grande croix, la planche qui lui servait de lit et ses autres instruments de pénitence furent envoyés aux illustres familles des Mariscotti, des Ruspoli et des Capizucchi.

Huit jours après la mort de la Sainte, un enfant lépreux fut guéri sur son tombeau.

André Cecconi, familier du cardinal Mariscotti, envoyé en mission par le Pape en Espagne, tomba dans une rivière et pensa se noyer ; il invoqua le secours d'Hyacinthe, et se sentit soutenu par une main invisible jusqu'à l'autre bord où il arriva sauf.

Des aveugles, des muets recouvrèrent sur son tombeau la vue ou la parole, et la sainteté de la bienheureuse s'affirma ainsi davantage de jour en jour. En 1618, le cardinal Urbain Sachetti, évêque de Viterbe, institua en son honneur une procession solennelle, et quelque temps après il demanda au pape Alexandre VIII de la canoniser ; cette requête fut soutenue par tout l'Ordre de Saint-François, par le couvent des Clarisses de Viterbe, par l'empereur, par les rois d'Espagne et de Pologne, par le duc de Toscane, et par la plupart des princes de la chrétienté. Un premier procès s'ouvrit à Rome à cette époque ; un second, sous le pontificat d'Urbain VIII ; enfin le

18 février 1698, onze cardinaux, dix prélats et onze conseillers réguliers de la cour de Rome se réunirent une dernière fois pour examiner les pièces présentées de tous côtés.

En 1726, le pape Benoît XIII plaça sœur Hyacinthe au rang des bienheureuses, et en 1807, le pape Pie VII la canonisa.

Sainte Hyacinthe est patronne de Viterbe : on fait son office le 6 février, dans les Etats de l'Eglise et dans un grand nombre de diocèses de France.

Nous avons extrait cette vie de notre *Palmier séraphique* (12 vol. in-8°), pour donner une idée de cet ouvrage consacré à tous les Saints des divers Ordres de Saint-François : les détails charmants y abondent, et dans une biographie ce sont les détails qu'on aime. A cause de l'étendue de la plupart de ces biographies, il nous serait impossible de les reproduire dans les *Petits Bollandistes* sans les abréger : nous ne pouvons donc que renvoyer à notre *Palmier*, qui en est comme le complément.

SAINT ANTOLIEN, MARTYR EN AUVERGNE (265).

Saint Grégoire de Tours met saint Antolien parmi les martyrs d'Auvergne, dont le triomphe arriva pendant l'irruption de Chrocus, roi des Allemands, dans les Gaules, sous les empereurs Valérien et Gallien. Il est dit dans le *Livre des églises de Clermont* que saint Antolien repose dans l'église de Saint-Gal. Après la destruction de cette église, son corps fut transféré dans celle de Saint-Allyre. D'autres veulent que les reliques de saint Antolien, après la destruction de l'église de Saint-Gal, au xe siècle, aient été portées au monastère bénédictin de Chanteuge, aujourd'hui du diocèse de Saint-Flour, et qu'elles y soient encore parmi beaucoup de saintes reliques, illustration de ce lieu.

SAINT BARSANUPHE, ANACHORÈTE (VIe siècle).

Saint Barsanuphe passa quelques années dans le monastère de Saint-Séridon, situé près de Gaze en Palestine, où vécurent en même temps que lui Jean le prophète, le bienheureux Dorothée et saint Dosithée. L'amour de la contemplation le porta, en 540, à se renfermer dans une cellule écartée et n'avoir plus de commerce qu'avec Dieu. Ce fut là qu'il écrivit un traité contre les moines qui étaient tombés dans l'origénisme. Les Grecs avaient tant de vénération pour sa mémoire qu'ils mirent son image dans la grande église de Constantinople, près de celles de saint Antoine et de saint Ephrem. Saint Barsanuphe est honoré le 6 février, avec la qualité de premier patron, à Oria, près de Siponto, en Italie, où ses reliques furent transférées dans le IXe siècle. Son office se trouve au même jour dans les synaxaires des Grecs. Le cardinal Baronius a inséré son nom dans le martyrologe romain, sous le 11 avril.

Voyez Evagre (?), l. IV, c. 33 ; le Père Pagi, sous l'an 548, n. 10; Bulteau, *Hist. mon. d'Orient*, l. IV, c. 9, p. 695.

SAINT ELRIC OU ALDRIC, BERGER (1200).

Quel est ce voyageur qui s'avance au milieu de la vallée de Fussenich, dans l'archevêché de Cologne, et vient frapper à la porte du couvent des Prémontrés ? Est-ce un cavalier égaré ou un pieux pèlerin ? A son air plein de distinction, la sœur tourière dut le prendre pour un grand seigneur fatigué qui venait demander au monastère l'hospitalité d'une nuit, car Aldric était de grande race, issu du sang royal de France, peut-être le dernier des Carlovingiens. Quel ne fut donc pas l'étonnement des religieuses, lorsque l'étranger demanda à prendre du service au couvent ? On comprit que l'esprit de Dieu avait soufflé sur cette âme. Son humilité dut être satisfaite, car on lui confia la garde des troupeaux, et son sacrifice, bien agréable au Seigneur, puisqu'il l'appela à lui au commencement de sa carrière, à peine âgé de vingt ans.

En quelques années, il avait rempli une longue course : sa sainteté ne fit de doute pour personne ; aussi l'ensevelit-on dans le chœur de l'église de Fussenich, non loin des reliques des Bienheureux élevés sur les autels. Les restes de saint Aldric furent sauvés de l'incendie qui consuma le couvent en 1642 et transférés à Zulpich. Le diocèse de Cologne faisait autrefois sa fête le 6 février.

VIIe JOUR DE FÉVRIER

MARTYROLOGE ROMAIN.

Saint ROMUALD, abbé, Père des religieux Camaldules, dont la naissance au ciel est rapportée le 19 de juin. 1027. — A Londres, en Angleterre, la naissance au ciel du bienheureux Augule ou Aule, évêque [1], qui, ayant achevé le cours de ses années par le martyre, mérita de recevoir les récompenses éternelles. IVe s. — En Phrygie, saint Adauque, martyr, d'une illustre famille d'Italie, élevé par les empereurs presque aux plus hautes dignités et qui remplissait encore la fonction de questeur lorsqu'il mérita la couronne du martyre pour la défense de la foi [2]. 304.— Au même lieu, un grand nombre de saints martyrs, citoyens d'une ville dont le même Adauque était gouverneur; lesquels étant tous chrétiens et persistant constamment dans la confession de la foi, furent tous consumés dans le feu par ordre de l'empereur Galère-Maximien. — A Héraclée, saint THÉODORE, général d'armée, qui, sous l'empire de Licinius, eut la tête tranchée après de nombreux tourments et s'envola victorieux dans le ciel. 319. — En Egypte, saint MOÏSE, évêque vénérable, qui d'abord mena une vie solitaire dans le désert, et ensuite, devenu évêque à la demande de Mauvia, reine des Sarrasins [3], convertit en grande partie à la foi cette nation très-barbare, et, glorieux par ses mérites, s'endormit en paix. Vers 389. — A Lucques, en Toscane, le décès de saint RICHARD, roi d'Angleterre. 722. — A Bologne, sainte Julienne, veuve [4]. 430.

MARTYROLOGE DE FRANCE, REVU ET AUGMENTÉ.

A Commines-sur-la-Lys et à Wrelinghen, en Flandre, saint CHRYSOLE ou CHRYSEUIL, évêque et martyr, qui, étant venu dans les Gaules avec saint Quentin et saint Piat, pour y répandre la foi de

1. Saint Augule est peut-être le même que celui que l'on nomme saint Ouil dans un canton de Normandie. Quoi qu'il en soit, on trouve son nom dans tous les anciens Martyrologes avec le titre de Martyr. Il paraît avoir été martyrisé peu de temps après saint Alban, au commencement du IVe siècle. Il souffrit à Londres, anciennement appelée *Augusta*. (Ammien-Marcellin atteste que c'était Londres qui se nommait ainsi, liv. XXVII et XXVIII.) Voyez Châtelain, *alias* Chastelain.

2. Les Bollandistes résument en termes différents la notice qu'ils consacrent à saint Adauque et à ses compagnons : « A Antandros, ville de Phrygie », disent-ils, « les saints martyrs Adauque, maître général des offices et questeur, et ses compagnons, le Préfet du trésor, le Préfet militaire, le Sénat et le peuple tout entier, avec les femmes et les enfants ».

Il est étonnant qu'Eusèbe, Rufin, Lactance, qui ont raconté en termes indignés l'exécution sommaire d'une population chrétienne tout entière, n'aient pas nommé la ville qui attira par sa fermeté dans la foi le courroux de Dioclétien. Antandros n'est plus aujourd'hui qu'un village de la Turquie d'Asie, nommé Saint-Démétrius. Le *Bréviaire romain* publié par Paul III consacrait un office à saint Adauque.

3. Les Sarrasins ne tirent pas leur nom de Sara, femme d'Abraham, comme on l'a prétendu, mais du verbe arabe *sarrac*, piller.

4. Les reliques de sainte Julienne reposent dans la magnifique église de Saint-Etienne, à Bologne. Cette illustre veuve, qui avait eu cinq enfants en dix ans de mariage, quatre filles et un fils, eut la consolation de les voir tous se consacrer au Seigneur. Son mari était entré lui-même dans les saints Ordres. Elle consacra son immense fortune à des œuvres pies : elle fit élever, entre autres, une église aux saints apôtres Pierre et Paul; c'est dans cette église que saint Ambroise fit la translation des saints Agricole et Vital. Sainte Julienne a eu l'honneur d'être louée par le grand évêque de Milan. — Cf. *AA. SS.*

Jésus-Christ, la porta jusque dans les Pays-Bas, où il souffrit un cruel martyre. 278. — A Clermont, en Auvergne, saint Amance, martyr. Un autel lui était dédié dans l'église Saint-Genès. Époque inconnue. — A Péronne, saint Meldan, évêque d'Irlande, dont les saintes reliques furent apportées en ladite ville par saint Fursy. VIe s. — A Binch, en Hainaut, saint Amulwin, abbé de Lobbes et évêque [1]. VIIIe s. — A Avenay, saint Trésain [2], prêtre et confesseur, frère et compagnon de saint Gibrien, dont il sera parlé au 8 mai. VIe s.— A Orléans et à Poitiers, la mémoire de sainte Liobette ou Loubette, suivante de sainte Hélène, impératrice, mère de Constantin le Grand. D'après la tradition, sainte Hélène, passant à Poitiers, en revenant de Jérusalem à Rome (326), y laissa Loubette, malade : celle-ci déposa dans l'église de Notre-Dame une relique de la vraie croix, qu'elle tenait de la générosité de l'impératrice. Un autel ou chapelle provisoire fut disposé pour recevoir la précieuse relique. L'église Notre-Dame prit ensuite le nom de Sainte-Croix de Poitiers et reçut au Xe siècle des développements considérables [3]. — A Senlis, diocèse de Beauvais, la fête de saint LIVANE ou LEVANGE, évêque de cette ville, et la mémoire de tous les saints évêques de Senlis : Saintin, Malulfe, Lethard, Amand, Agmare, Candide.

MARTYROLOGES DES ORDRES RELIGIEUX.

Martyrologe de l'Ordre des Capucins. — A Assise, en Ombrie, le bienheureux Antoine de Stronconio, confesseur, de l'Ordre des Mineurs, qui garda une virginité sans tache, fut honoré du don de prophétie et remarquable par la sainteté de sa vie et par ses miracles : Innocent XI l'a mis au rang des Bienheureux [4]. 1471.

ADDITIONS FAITES D'APRÈS LES BOLLANDISTES ET AUTRES HAGIOGRAPHES.

En Phrygie, saint Claude Apollinaire, évêque d'Hiérapolis, qui combattit spécialement l'hérésie des Montanistes ou des Cataphryges. Fin du IIe s.— En Grèce, saint Théopempte et ses compagnons, martyrs. — A Nicomédie, quatre *protecteurs* ou gardes de l'empereur et mille trois personnes de leur famille ou de leur maison, martyrisés ensemble à Nicomédie. Vers l'an 302. — A Nole, en Campanie, saint Maxime ou Maximien, l'un des premiers évêques de cette ville, le même que saint Félix de Nole porta sur ses épaules parce que, exténué de faim, il ne pouvait plus marcher [5]. Quelques-unes de ses reliques sont à Bénévent. IIe s. — A Lampsaque, dans l'Hellespont, saint Parthène, évêque [6]. IVe s. — En Egypte, saint Moïse, abbé, et six moines de Scété, martyrisés par les barbares. Il est distinct de l'évêque égyptien de ce nom fêté le même jour. Commencement du Ve s. — A Brescia, saint Paul, évêque, troisième du nom. VIe s. — A Siponto, ancienne ville d'Apulie, saint Laurent, évêque [7]. Vers l'an 550. — A Mérida, en Espagne, saint Fidèle, évêque. Saint Fidèle était originaire d'Orient. Etant venu dans son enfance à Mérida avec des marchands grecs, saint Paul, évêque de cette ville, le reconnut pour le fils de sa sœur et le retint auprès de lui. Paul, diacre, qui nous a laissé les *Vies des Pères de Mérida*, raconte que Fidèle devenu évêque et saint sur la terre, avant d'être couronné comme tel dans le ciel, était favorisé de la présence des Bienheureux : la nuit il faisait en leur compagnie le tour des églises de sa ville épiscopale. 570. — Chez les Grecs, saint Pierre, solitaire [8]. — A Adria, en Vénétie, ville qui a donné son nom à la mer Adriatique, saint Colien, évêque. — Chez les Grecs, saint Luc le Jeune ou le Thaumaturge, solitaire. 946.

1. Saint Amulwin dirigea quelque temps l'abbaye de Lobbes et alla prêcher l'Evangile chez les peuples des contrées voisines. On transporta ses reliques à Binch, en 1409, pour les mettre en sûreté pendant la guerre. Depuis cette époque, sa fête se célébrait à Binch et à Lobbes le septième jour de février. Un vieux martyrologe d'Adon de Vienne, que l'on conservait à l'abbaye de Lobbes, rappelait en ce jour la mémoire de saint Amulwin. Ce témoignage prouve que son culte était très-ancien dans ces contrées.

2. Ce Saint, qui était Irlandais, quitta sa patrie et vint prêcher l'Evangile en France. Il fut fait curé de Mareuil-sur-Marne et mourut dans le VIe siècle. On garde ses reliques avec beaucoup de vénération à Avenay, en Champagne. Il y a au Pont-aux-Dames, en Brie, un ossement de saint Trésain enchâssé dans un reliquaire de vermeil. Cette relique fut autrefois apportée d'Avenay. Voyez sa vie dans Colgan, Bollandus et Châtelain, notes sur le Martyrologe, p. 565.

3. Nous ne nous chargeons pas de concilier cette tradition ou légende avec l'histoire qui veut que la relique de la vraie croix ait été donnée à Poitiers par l'empereur Justin *le jeune* (565-578). — V. la vie de sainte Radegonde au 13 août.

4. Voir notre *Palmier séraphique*, t. II.

5. Voir la vie de saint Félix de Nole.

6. Il est célèbre par de nombreuses guérisons de malades et de *possédés*. On le représente donc délivrant un possédé ou faisant mourir d'un signe de croix un *chien* enragé qui s'était jeté sur lui après avoir rompu sa chaîne. Toute sa vie fut signalée par d'éclatants prodiges. Le Ménologe des Grecs le représente debout priant près d'une église. Ce Saint est le patron des pêcheurs en certains pays : il avait été pêcheur avant d'être prêtre, puis évêque de Lampsaque.

7. Le siége épiscopal de Siponto ayant été transféré à Manfredonia, ce saint évêque est devenu le patron de la nouvelle ville épiscopale : c'est pourquoi on représente saint Laurent traversant le pont qui conduit de l'une à l'autre ville et bénissant de la main droite.

8. Voir le *pré spirituel* de Jean Mosch, ch. 9.

SAINT THÉODORE D'HÉRACLÉE, MARTYR

319. — Pape : saint Sylvestre Ier. — Empereur : Licinius.

Cet illustre martyr de Jésus-Christ était né de parents chrétiens dans une ville de Thrace, appelée Euchaïte, vers le Pont-Euxin ; on rapporte de lui une chose remarquable et digne d'un courage véritablement chrétien. Comme il portait les armes et commandait un régiment dans les troupes de Licinius, beau-frère de l'empereur Constantin, il apprit qu'en un endroit de la ville paraissait un dragon furieux, qui, sortant le matin de sa caverne, dévorait tout ce qui se présentait devant lui ; il voulut montrer quel était son dévouement, et résolut de l'attaquer, étant sûr d'en venir à bout au nom de son Sauveur et par la force invincible de la sainte croix. Il alla donc sur le lieu qui devait être le champ de sa victoire ; et conjurant le monstre par le nom redoutable du grand Dieu, qu'il eût à sortir de sa caverne, il le perça à coups d'épée et le foula aux pieds de son cheval. Plusieurs Gentils qui entendirent parler de cette action, touchés d'une lumière céleste, reconnurent la vérité et embrassèrent la foi de Jésus-Christ crucifié. L'empereur en étant informé, envoya des personnages de sa cour prier Théodore de le venir trouver en la ville de Nicomédie. Le Saint, après avoir fait faire, durant trois jours, grande chère à ses envoyés, leur donna une lettre pour l'empereur ; il le suppliait de venir lui-même à Héraclée, où il était, afin d'honorer ses sujets de sa présence.

Licinius, se laissant persuader à cette lettre et au récit que les envoyés lui firent de la magnificence de Théodore, se mit aussitôt en chemin. Le Martyr, en ayant eu révélation, se revêtit de ses habits précieux, et alla au-devant de lui. L'empereur le reçut avec tous les témoignages possibles de bienveillance. Mais, quand il eut fait son entrée dans Héraclée, il demanda à Théodore quel jour il voulait prendre pour sacrifier aux dieux de l'empire. Le Saint le supplia de les lui confier quelque temps en sa maison, afin de se disposer à leur faire des sacrifices en public. L'empereur, ravi de ces paroles, et s'imaginant déjà avoir triomphé de la foi de Théodore, lui fit aussitôt porter ses fausses divinités. Mais, dès que le Saint les eut en sa possession, comme c'étaient des statues d'or et d'argent, et d'autres matières précieuses, il les brisa, les mit en pièces, et en distribua les morceaux aux pauvres. Il n'est pas possible d'exprimer combien l'empereur, sachant ce procédé inouï de Théodore, en demeura piqué, et avec quelle rage il fit apprêter les tourments dont il avait coutume de se servir contre ceux qui se déclaraient les ennemis de l'idolâtrie. Mais Dieu, qui n'abandonne jamais ses élus, et qui savait les dangers auxquels son serviteur devait être exposé, l'avait, pour fortifier sa résolution et augmenter son courage, assuré de sa protection par une voix céleste, qui lui avait dit : « Théodore, prends courage, et te fie en moi, car je suis avec toi ». Ces paroles l'animèrent tellement, qu'il s'offrit à Dieu en sacrifice, et sentit en lui une force divine et une constance inébranlable pour endurer toutes sortes de tourments. L'empereur le fit d'abord étendre tout de son long, et, en cette posture, lui fit donner cinq cents coups de nerf de bœuf sur les épaules nues et cinquante sur le ventre. Après cela, on lui brisa le corps avec des cordes plombées par le bout, et on lui arracha la chair avec des ongles d'acier; puis on lui brûla les plaies avec des flambeaux ardents, et on lui ratissa le sang caillé avec des têts de pots cassés. Ensuite, pour lui donner le loisir de respirer, on l'envoya en prison, où il demeura cinq jours sans boire ni manger : au bout de ce temps, le tyran le fit attacher sur une croix, et ordonna qu'on lui perçât d'une broche les parties les plus secrètes et les plus sensibles; durant ce cruel supplice, on excitait les petits enfants à lui jeter des pierres, et le peuple à l'insulter et à exercer sur son corps mille indignités. Le Saint, parmi tant de maux, se recommandait à Jésus-Christ, pour lequel il souffrait, lui faisant quelques plaintes amoureuses sur ses tourments, puis il se tut. Licinius, croyant qu'il était déjà mort, le laissa attaché à la croix; mais, au commencement de la nuit, un ange descendit du ciel, le détacha, et le guérit entièrement, lui disant : « Réjouis-toi, Théodore, et te fortifie en ton Seigneur qui est avec toi; ne dis plus qu'il en est éloigné; achève hardiment le combat que tu as entrepris, et triomphe pour recevoir la couronne de l'immortalité ». Le Martyr rendit grâces à Dieu de sa santé rétablie, et de la victoire qu'il espérait remporter par le secours de sa grâce. Cependant l'empereur commanda à deux centeniers, nommés Antiochus et Patrice, de lui apporter, avant qu'il fût jour, le corps de Théodore (qu'il croyait mort), afin de le jeter dans la mer, pour le priver de l'honneur que les fidèles n'eussent pas manqué de lui rendre. Les centeniers vinrent au lieu du supplice, trouvèrent la croix où le Saint avait été attaché et le virent lui-même libre et jouissant d'une parfaite santé. Cet événement les mit hors d'eux-mêmes, et leur étonnement fut beaucoup augmenté par la lumière du ciel qui l'environnait : ils voulurent être chrétiens, et reconnurent la divinité de Jésus-Christ, avec quatre-vingts de leurs soldats. Licinius, averti de ces conversions, envoya le proconsul Sextus, avec trois cents hommes de guerre, pour passer au fil de l'épée ceux qui s'étaient faits chrétiens. Ces nouveaux soldats marchèrent avec la résolution d'exécuter le commandement de l'empereur; mais aussitôt qu'ils eurent reconnu les merveilles que le Créateur du ciel opérait par Théodore, ils voulurent se mettre à son service aussi bien que les autres. Ils furent en même temps suivis d'une grande multitude de peuple qui s'écria : « Vive le Dieu des chrétiens! il est le seul vrai Dieu, et il n'en est point d'autre ». La cruauté de l'empereur avait excité une espèce de sédition dans la ville; le saint Martyr l'étouffa dans son commencement, enseignant aux fidèles que, puisqu'ils adoraient Jésus-Christ crucifié pour les hommes, lequel n'avait pas permis à ses Anges de tirer vengeance de sa mort, ils ne devaient pas penser à venger la sienne. Néanmoins, les chrétiens ne le voulurent jamais abandonner, mais le suivirent jusqu'à la mort. Comme il passait devant la prison, tous les prisonniers se mirent à crier : « Théodore, serviteur de Dieu, ayez compassion de nous! » Le Saint, touché de leur misère, brisa leurs chaînes par une seule parole et les renvoya libres en leur disant : « Allez en paix et ayez souvenir de moi! » Une multitude de Gentils, qui virent ce miracle, reçurent la foi de Jésus-Christ. De plus, un grand nombre de démoniaques, sur lesquels il étendit les mains ou qui touchèrent ses habits furent aussitôt délivrés. Ces choses étant venues à la connaissance de Licinius, qui craignait une sédition populaire, il commanda qu'il eût la tête tranchée. Théodore, ayant entendu cet arrêt, fit le signe de la croix sur tout son corps, supplia ceux qui étaient présents de le faire porter en la ville d'Euchaïte, sa patrie; et après avoir achevé sa prière, il dit adieu à toute l'assistance et tendit le cou au bourreau, qui trancha le cours de sa vie, le 7 février, sur les trois heures de l'après-midi, l'an 319. A la suite de cette exécution, son corps fut porté à Héraclée, en grande pompe et cérémonie, pour y être enterré ; et depuis il s'est fait plusieurs miracles à son tombeau.

Le martyre de saint Théodore fut écrit par un auteur nommé Augard, qui s'y trouva présent, et qui fut prié par le Saint même de l'écrire et de faire porter ses reliques à Euchaïte pour les ensevelir dans l'héritage de ses ancêtres, et d'ordonner que, quand lui-même mourrait, on le mît dans son sépulcre à sa gauche.

Les Grecs ont représenté saint Théodore le général monté sur un coursier généreux et avec une barbe touffue, pour le distinguer de saint Théodore le Conscrit [1]. On place à côté de lui un dragon ou un crocodile, comme symbole des statues de faux dieux qu'il détruisit.

RELIQUES ET CULTE DE SAINT THÉODORE.

Son corps fut depuis transféré de la ville d'Héraclée, où il souffrit le martyre, en celle de sa naissance, appelée Euchaïte, ainsi qu'il l'avait souhaité. C'est pourquoi elle fut nommée Theodoropolis, c'est-à-dire la ville de Théodore, et devint très-célèbre par les miracles qui s'opérèrent au tombeau de son martyr. La dévotion y attirait un grand nombre de pèlerins de toutes les contrées de l'Orient. L'empereur de Constantinople, Jean Ier Zimiscès, se croyant redevable à l'intercession de saint Théodore, d'une victoire complète qu'il avait remportée sur les Sarrasins en 950, fit rebâtir avec beaucoup de magnificence l'église d'Euchaïte, où l'on avait déposé ses reliques. Dans la Vénétie on a une singulière vénération pour la mémoire de l'illustre martyr, et il était le premier patron de Venise, avant que le corps de saint Marc y eût été transporté. On voit aussi à Venise la statue de saint Théodore sur une des magnifiques colonnes qui ornent la place de Saint-Marc. Ses reliques sont dans l'église Saint-Sauveur de la même ville ; elles y furent apportées de Constantinople en 1260, par Marc Dandolo; celui-ci les tenait de Jacques Dandolo, amiral des galères de la République qui les avait trouvées en 1256, à Mésembrie, ville archiépiscopale de la Roumanie.

Surius rapporte cette vie en son premier tome. Le Martyrologe romain fait mention de cet illustre Martyr, comme aussi les Grecs en leur Ménologe. Ceux-ci l'honorent parmi les Saints auxquels ils ont donné le titre de *Grands Martyrs*, tels que saint Georges, saint Pantaléon.

SAINT ROMUALD,

FONDATEUR DE L'ORDRE DES CAMALDULES

907-1027. — Papes : Sergius III; Jean XIX. — Empereurs d'Allemagne : Louis IV ; Lothaire II.

Homicide point ne seras.....

Romuald, issu de la famille ducale des Honesti, naquit à Ravenne vers l'an 956 selon les uns, et 907 suivant d'autres. Ses parents, beaucoup plus remplis des maximes du monde que de celles de Jésus-Christ, le firent élever dans la mollesse et lui inspirèrent de bonne heure le goût des plaisirs. Une pareille éducation ne pouvait manquer d'avoir de très-mauvaises suites ; aussi le jeune Romuald se laissa-t-il entraîner par la fougue impérieuse de ses passions; mais la grâce rompit peu à peu le charme qui le séduisait. La vue de l'état de son âme l'inquiétait, et de temps en temps il formait la résolution de faire quelque chose d'éclatant pour la gloire de Dieu. Si, lors-

1. Voir le 9 novembre (tome XIII, page 291).

qu'il était à la chasse, il se trouvait au milieu d'un bois solitaire, son cœur se sentait touché et attendri ; il s'arrêtait aussitôt pour prier, et s'écriait avec transport : « Heureux les anciens ermites d'avoir choisi de telles habitations ! Avec quelle tranquillité ne devaient-ils pas servir le Seigneur, étant ainsi éloignés du tumulte du monde ! » L'événement malheureux que nous allons raconter fut le moyen dont Dieu se servit pour briser entièrement ses chaînes et pour achever sa conversion.

Serge, son père, homme qui faisait peu de cas de la religion, avait eu une dispute avec un de ses proches pour le partage d'un pré. Il résolut de terminer la querelle en appelant son parent en duel, et il exigea de son fils qu'il fût de moitié dans l'exécution de son affreux dessein. Celui-ci, effrayé d'une telle proposition, la rejeta ; mais sur la menace que lui fit son père de le déshériter, il consentit à assister au combat, seulement en qualité de spectateur. Serge eut l'avantage, et mit à mort son adversaire. Romuald, alors âgé de vingt ans, fut saisi d'horreur à la vue de ce qui venait de se passer ; il se regarda lui-même comme coupable de l'homicide qui avait été commis, et alla l'expier par une rigoureuse pénitence de quarante jours dans le monastère de Classe, situé à quatre milles de Ravenne [1].

Pendant ce temps, il s'entretenait familièrement avec un bon religieux convers, qui faisait tout son possible pour lui persuader d'embrasser l'état religieux, afin de faire toute sa vie une digne pénitence ; mais le bon frère, voyant que tous ses discours ne faisaient aucune impression sur l'esprit de Romuald, qui prétendait que, ses quarante jours de pénitence étant expirés, il retournerait à son ancien genre de vie, le bon frère lui dit, dans sa simplicité : « Que me donnerez-vous, si je vous fais voir saint Apollinaire ? — Je vous jure », répondit Romuald, « que jamais je ne retournerai dans le monde ». — « Veillez donc avec moi », repartit le religieux, « toute cette nuit dans l'église ».

Ils le firent deux nuits de suite, et, chaque fois, vers le chant du coq, le saint Martyr leur apparut tout éclatant de lumière. Romuald, étant parfaitement consolé de cette vision, résolut d'abandonner le monde et de renoncer aux grandeurs de la terre, pour s'attacher à la croix de Jésus-Christ. Il n'eut pas plutôt pris cette résolution qu'il se sentit comblé d'une joie incroyable, et, se prosternant tout baigné de larmes devant l'autel de la Sainte Vierge, il se donna de tout son cœur à Dieu, pour le servir en ce lieu le reste de ses jours.

Ensuite il demanda l'habit à l'abbé du monastère ; mais on n'osa pas le lui donner, dans la crainte de Serge, son père, qui était un homme puissant, riche et violent, et qui considérait ce fils comme le principal soutien de sa famille. En présence de ce refus, Romuald eut recours à l'archevêque de Ravenne, son parent, qui était aussi de la maison des Honesti, et qui avait été d'abord abbé de ce monastère. Ce prélat, ayant examiné la vocation de son jeune cousin, délivra les religieux de leur appréhension et leur assura qu'ils pouvaient recevoir Romuald en leur compagnie ; et, ainsi, le supérieur lui donna le saint habit, au grand contentement de toute la communauté.

Romuald commença aussitôt à se perfectionner dans la vie monastique et à s'avancer de jour en jour en toutes sortes de vertus ; on pouvait dire de lui qu'il était le bon exemple de tous les religieux. Néanmoins, quelques moines, qui vivaient dans le relâchement, ne purent souffrir une si grande sainteté, ni tant de rigueur et d'austérité en un jeune homme qui, n'ayant renoncé

1. Ce monastère, qui portait le nom de Saint-Apollinaire, apôtre de Ravenne, suivait la règle de saint Benoît.

que depuis peu aux plaisirs du monde, se montrait déjà si zélé pour sa règle et pour sa profession religieuse. Cela leur fit ombrage et les offensa jusqu'à ce point qu'ils résolurent sa mort, et l'eussent effectivement fait mourir, si Dieu ne l'eût délivré de leurs mains par l'avis qu'il reçut de l'un des complices; ce dernier, revenant à lui, eut horreur d'une action si noire, et lui découvrit le complot où il était entré, mais dont il s'était dégagé pour l'en avertir. Le bon religieux, feignant de n'en rien savoir, ne laissa pas de prendre toujours garde à lui; mais, considérant que la société de tels confrères n'était pas faite pour arriver à la perfection à laquelle il aspirait avec ferveur, après avoir demeuré trois ans dans ce monastère, il alla, avec la permission de son abbé, trouver un ermite, nommé Marin, qui habitait en un désert assez près de la ville de Venise, et le pria de le recevoir sous son obéissance. Marin, quoique d'une vie fort austère, ne le refusa pas, et Romuald se trouva selon son goût avec un tel maître. Ils sortaient tous les jours de l'ermitage et chantaient ensemble des psaumes en se promenant dans cette solitude. Et parce que Romuald ne savait pas encore tout le Psautier par cœur, à chaque mot qu'il manquait, Marin lui déchargeait un coup de baguette sur l'oreille gauche, pour l'accoutumer à la mortification et à la patience. Le disciple souffrit ce châtiment avec beaucoup d'humilité; mais, parce que, quelques jours après, il s'aperçut qu'il perdait l'ouïe de ce côté-là, il supplia son maître de lui frapper l'oreille droite. Marin faisant réflexion sur la vertu de son disciple, et considérant avec quelle douceur et quelle patience il avait souffert la rigueur de son autorité, commença à le respecter et à le regarder d'un œil moins austère. Peu de temps après, Marin et Romuald accompagnèrent en France Pierre Urseolo, doge de Venise qui s'était dépouillé de sa dignité pour devenir simple religieux à Saint-Michel de Cusan, au diocèse de Perpignan: Romuald se retira dans un désert voisin de l'abbaye, où, pendant trois ans, il se prépara à la vie active qui allait devenir son partage: Dieu lui inspira la pensée de réformer les monastères de l'Ordre de Saint-Benoît, lesquels, s'étant relâchés, soit par la faiblesse ordinaire des hommes, soit à l'occasion des guerres, avaient beaucoup perdu de la discipline religieuse; il y rencontra de très-grands obstacles, de fâcheuses contradictions à vaincre et plusieurs dangers à essuyer. Mais il fut favorisé de la toute-puissante main de Dieu, qui l'avait porté à ce dessein, et fut secouru d'une grâce si abondante, qu'il réforma les monastères de Venise et de Toscane, en Italie, et plusieurs autres en France; durant quelques années qu'il employa à l'exécution de cette généreuse entreprise, il bâtit cent nouveaux monastères de ce même Ordre; il peupla aussi les déserts de plusieurs ermitages. Mais comme il devait être la lumière des autres, il commença à donner l'exemple par ses héroïques vertus. Son abstinence était extrême, car pendant toute une année, il ne se nourrit que de pois cuits. Son étude était la lecture de la vie des Saints, dont il tâchait d'imiter les jeûnes, les veilles et les pénitences; il jeûnait tous les jours de la semaine, excepté le dimanche. C'était, à ses yeux, une faute si notable de sommeiller durant la prière, que Romuald ne permettait pas de célébrer à celui qui y était tombé, à cause du peu de respect qu'il avait eu pour la présence du Seigneur qu'il devait recevoir. « Il vaut mieux », disait-il souvent, « ne réciter qu'un psaume avec ferveur que d'en réciter cent avec nonchalance ».

L'obéissance était la vertu qu'il chérissait davantage; et, parce qu'un de ses religieux laissa le compagnon qu'il lui avait assigné, il voulut que son corps, après son décès, fût privé de la sépulture sacrée, et porté en une terre profane. Cependant l'esprit de ténèbres, qui semblait être endormi et ne plus mettre d'empêchement aux heureux progrès de Romuald, commença à se remuer, ne pouvant souffrir, sans ressentiment, que Dieu fût servi par un si grand nombre d'âmes innocentes. Pour troubler tout le corps, il s'attaqua au chef et ne différa plus à lui livrer de terribles assauts. Il lui mit devant les yeux les douceurs de la vie qu'il avait quittée, avec tous ses appâts, et ravala tellement celle qu'il menait, en méprisant tous les exercices de la religion, qu'il lui en représenta les défauts avec mille sortes d'illusions et de surprises.

Durant ces attaques, Romuald avait le cœur vers son Dieu, et se jetait entre ses bras avec une confiance d'autant plus grande, qu'il se sentait plus furieusement tourmenté, sachant bien que Dieu donne des forces selon les tentations, et que, comme dit l'Apôtre [1], il prévient de sa grâce les assauts qu'il sait devoir être livrés à ceux qui espèrent en sa miséricorde. Cependant cet esprit orgueilleux ne se crut pas vaincu pour cela, car, ayant troublé l'intérieur de l'âme, il tourna sa fureur contre le corps, jusqu'à battre cruellement ce saint religieux ; il l'épouvanta durant la nuit par des bruits et des sons de voix dont il remplissait sa cellule, lui apparut sous des figures effroyables, et troubla son imagination par une infinité de mauvaises pensées ; ce furieux combat dura cinq années entières. Quelquefois, prenant la forme d'un homme hideux, il le jetait par terre, le foulait avec les genoux et les pieds, et s'appesantissait sur lui pour l'étouffer. Tout cela, néanmoins, ne faisait aucun effet sur le courage du généreux Romuald, qui, se moquant de ces assauts, reprochait au démon sa lâcheté : « O ennemi ! » disait-il, « tu as été chassé du ciel, et tu t'en viens au désert. Va, vilain serpent, tu as déjà ce qu'il te faut ». Ces reproches rendaient Satan si honteux, qu'il disparaissait : c'était alors que le divin Sauveur venait visiter son disciple pour lui faire part de ses consolations et le couronner de palmes après la victoire. Il reçut aussi une grande joie du changement de vie du comte Oliban, ou Oliver. C'était un seigneur catalan, puissant et redoutable par sa grande autorité, qu'il employait d'une manière peu chrétienne et injuste ; Dieu le voulut attirer à lui par le moyen de son serviteur, qui lui fit voir le danger où il était en vivant comme il le faisait, et le porta à un véritable repentir de ses péchés. La parole du Saint eut tant de pouvoir sur le comte, qu'il s'en alla au Mont-Cassin, pour y prendre l'habit religieux, et se donner à Dieu le reste de ses jours.

Serge, touché de l'exemple de Romuald son fils, ouvrit les yeux sur ses désordres ; il en conçut la plus amère douleur, et se renferma, pour les expier, dans le monastère de Saint-Sévère, près de Ravenne ; mais le démon le tenta quelque temps après avec tant de violence, qu'il fut sur le point d'abandonner sa cellule et de s'engager de nouveau dans les embarras du siècle. Romuald, informé de cette nouvelle, ne pensa plus qu'à repasser en Italie, afin de soutenir son père dans sa première résolution, et de l'affermir contre les assauts de l'ennemi du salut. Les habitants du pays où il demeurait, pénétrés de vénération pour sa personne, n'eurent pas plus tôt appris qu'il songeait à les quitter, qu'ils mirent tout en œuvre pour le retenir chez eux. Désespérant de réussir, ils formèrent le projet de le tuer, afin d'avoir au moins son corps, qu'ils imaginaient devoir être un préservatif contre tous les maux qui pourraient menacer leur pays. Une entreprise aussi brutale et aussi extravagante fut découverte par Romuald. Il eut recours au stratagème dont David s'était servi dans une semblable circonstance, il contrefit l'insensé. Cet innocent artifice eut un heureux succès. Le peuple, ayant perdu

1. I Cor., x, 13.

la haute idée qu'il avait de la sainteté de Romuald, ne chercha plus à le retenir. Ainsi le serviteur de Dieu, libre de toute crainte, prit la route de Ravenne, où il arriva en 994. Son premier soin fut de visiter son père. Il fit tant par ses exhortations, ses prières et ses larmes, qu'il le détermina à rester dans son monastère. Serge y vécut ensuite dans une piété fort exemplaire, et y mourut en odeur de sainteté. Ainsi fut récompensée la piété filiale de Romuald : elle le fut encore suivant la promesse du commandement de Dieu par une longue vie et des jours abondants en fruits pour l'éternité.

Le Saint, après avoir rendu à son père les devoirs que la piété et la charité lui prescrivaient, se retira dans les marais de Classe, et se renferma dans une cellule écartée. Le démon l'y suivit, et lui livra de nouveaux assauts. Il essaya de le vaincre par la tristesse et la mélancolie : il le battit même un jour cruellement. Romuald, plein de confiance en celui qui nous a tous sauvés, s'écria au fort de ses peines : « O mon doux Jésus ! pourquoi m'avez-vous donc entièrement livré à la puissance de mes ennemis ? » A peine eut-il prononcé ces paroles que le démon prit la fuite. Non-seulement le Saint recouvra sa première tranquillité, mais il goûta encore des délices et des consolations qui le ravirent hors de lui-même. Uni à Dieu par les liens de l'amour le plus tendre et le plus fort, il osait braver les ennemis de son salut. « Quoi ! » leur disait-il, « est-ce que toutes vos forces sont épuisées ? N'avez-vous plus d'armes à essayer contre un pauvre serviteur de Dieu ? »

Voyant sa généreuse et continuelle résistance, et voyant qu'ils n'avaient rien avancé contre lui par eux-mêmes, ils résolurent enfin de lui faire la guerre par les hommes. Ayant construit à Sarsine un monastère en l'honneur de saint Michel, il demeurait tout auprès dans une cellule. Un jour un riche marquis lui envoya une grosse somme d'argent par aumône ; et le Saint, sachant qu'il y avait quelques monastères qui souffraient beaucoup, la leur distribua, sans en rien retenir pour le sien. Ce sont les lois de la charité parfaite et désintéressée. Cela donna à quelques mauvais religieux sujet de murmurer contre lui, de lui dire mille injures et de le chasser du monastère. Mais Dieu permit, pour les châtier de leur témérité, qu'il tombât, la nuit suivante, une telle abondance de neige, qu'elle enfonça le toit ; sa chute blessa grièvement quelques-uns de ces murmurateurs. Le principal auteur de cette conspiration étant allé hors du couvent, passa sur le pont d'une rivière nommée Savio, tomba dans l'eau et se noya. Comme Romuald s'en allait fort affligé, cherchant quelque lieu de retraite, il lui vint en pensée de ne plus travailler qu'à son salut, sans se mêler davantage de celui d'autrui ; mais, comme ce sentiment agitait son âme, il fut saisi intérieurement d'une grande frayeur, durant laquelle Dieu lui fit connaître que s'il persistait dans sa résolution, il serait réprouvé au jour du jugement.

Après toutes ces traverses, et plusieurs autres que je passe sous silence, saint Romuald fut attaqué d'une fâcheuse maladie, qui venait en partie de ses austérités et de ses mortifications ordinaires et en partie aussi de ce qu'il s'était retiré en un désert marécageux où l'air était malsain. Mais Dieu, qui a un soin particulier de ceux qui crucifient leur chair et qui s'affligent volontairement pour sa gloire, lui renvoya bientôt la santé et le remit en état de rendre les plus grands services. En ce temps, l'abbaye de Classe était sans chef, et c'était à l'empereur Othon III d'y pourvoir ; il en remit l'élection aux religieux, et ceux-ci nommèrent Romuald pour leur abbé ; l'empereur en fut très-content et en voulut lui-même porter la nouvelle au serviteur de Dieu. Pour cet effet, il alla le visiter en un ermitage, dans l'île de *Pérée*, où il s'était retiré, environ à quatre lieues de Ravenne. Romuald lui fit le meilleur accueil qu'il lui fut possible, lui cédant son pauvre lit de paille, sur lequel il passa la nuit. Le lendemain, l'empereur, pour le traiter à son tour, l'emmena en sa compagnie et lui découvrit la pensée qu'il avait de lui donner la conduite de cette abbaye, lui faisant voir combien il était de la gloire de Dieu qu'il l'acceptât. Le Saint s'y opposa d'abord; puis y consentit, plutôt pour obéir à l'empereur du ciel que pour complaire à celui de la terre. Il était déjà prêtre, et il gouverna deux ans ce monastère avec une grande prudence. Mais se voyant haï et persécuté par quelques religieux qu'éblouissait sa vertu, il alla vers l'empereur, qui faisait alors le siége de Tivoli, et lui donna sa démission, et, comme il ne voulait point l'accepter, le Saint déposa sa crosse aux pieds d'Othon, en présence de l'archevêque de Ravenne, Gerbert, qui depuis fut pape sous le nom de Sylvestre II.

La ville de Tivoli avait été condamnée au pillage pour s'être révoltée et avoir tué son gouverneur, Matholin. Romuald intercéda pour elle auprès de l'empereur et obtint sa grâce. Othon s'engagea même par serment à pardonner à Crescence, sénateur romain, le chef des rebelles. Il lui fit donner parole par l'un de ses favoris appelé Tham, qui avait grande part dans la conduite des affaires, qu'il lui sauverait la vie et l'honneur s'il se rendait à discrétion et s'abandonnait à sa clémence. Crescence, ne pouvant se défier de la parole de son souverain, se mit entre ses mains; mais l'empereur le fit mourir contre sa foi; il alla même plus loin : comme il avait la femme du défunt en son pouvoir, il lui ravit malheureusement l'honneur. Ainsi il remporta ensemble deux injustes et infâmes trophées de la ruine d'une maison. Après des actions si noires, Othon et Tham eurent recours à Romuald pour obtenir le pardon de Dieu de leurs horribles forfaits. Mais le Saint, sachant qu'il fallait imposer des pénitences publiques pour des crimes si manifestes, condamna le favori à garder une clôture perpétuelle dans la religion : à quoi il acquiesça. Il enjoignit à l'empereur d'aller nu-pieds depuis Rome jusqu'au mont Gargan, qui est auprès de *Manfredonia,* en la Pouille, y visiter l'église de Saint-Michel, archange, et de se retirer tout le Carême au monastère de Classe : ce qu'il fit, portant toujours la haire et couchant seulement sur une paillasse (999).

Ces conversions furent suivies de celles de plusieurs autres seigneurs de la cour, qui tous embrassèrent le même genre de vie sous la conduite de Romuald. Quoique ces nouveaux solitaires fussent tous très-fervents, on distinguait pourtant Boniface au-dessus des autres. Ce Boniface était fils du roi de Pologne et proche parent de l'empereur Othon, qui l'avait toujours tendrement aimé; il avait des talents supérieurs pour la musique et les autres beaux-arts. Il vécut longtemps sous la conduite de notre Saint, fut ensuite ordonné évêque et envoyé par le pape en Russie pour y prêcher l'Evangile. Dieu donna une bénédiction étonnante à ses travaux. Le grand prince de Russie, frappé de l'éclat de ses miracles, se convertit lui-même; et cette conversion en aurait procuré beaucoup d'autres, si ce saint missionnaire n'eût été décapité par l'ordre des frères du roi (1009); mais le sang de ce bienheureux martyr ne coula pas en vain[1]. Les princes qui l'avaient répandu ne purent résister à la force des prodiges qui accompagnèrent la mort de Boniface; ils abjurèrent l'infidélité et demandèrent le baptême. Plusieurs autres disciples de saint Romuald furent aussi martyrisés en Esclavonie, où le pape les avait chargés de porter la lumière de l'Evangile.

Romuald, qui ne savait plus où loger ses disciples, bâtit d'autres monas-

1. Voir le martyrologe romain au 19 juin.

tères, dont un était près de Parenzo, en Istrie. Il passa un an dans ce dernier pour y établir le bon ordre et la discipline religieuse, après quoi il se retira dans une cellule voisine, où il vécut pendant deux ans. Il y éprouva une telle sécheresse qu'il ne pouvait pas répandre une seule larme. Il ne quitta pas pour cela ses exercices de piété ; il s'en acquitta au contraire avec une nouvelle ferveur, espérant que Dieu récompenserait à la fin sa persévérance. Son espérance ne fut point confondue. Un jour qu'il récitait ces paroles du Psalmiste : « Je vous donnerai l'intelligence, et je vous instruirai », il fut tout à coup rempli d'un esprit de lumière et de componction, qu'il posséda jusqu'à la mort. Il reçut du ciel l'intelligence des saintes Ecritures, et il expliquait les psaumes avec une onction admirable. Il parut en plusieurs occasions doué de l'esprit de prophétie. Il donnait des avis dictés par une sagesse toute divine à ceux qui venaient le consulter, et surtout à ses disciples, qui s'adressaient à lui dans leurs doutes et dans leurs peines. Jamais ils ne sortaient d'auprès de lui sans se sentir pénétrés de joie et de consolation. Comme il avait supérieurement le don des larmes, il pensait que les autres l'avaient aussi ; c'était ce qui lui faisait souvent dire à ses moines : « Ne pleurez pas trop, car cela affaiblit la vue et la tête ». Il évitait, autant qu'il le pouvait, de célébrer en public, parce qu'il n'était point maître d'arrêter le cours de ses larmes en offrant le saint sacrifice. Souvent, dans la ferveur de la contemplation, il lui arrivait d'être ravi en extase, et de s'écrier dans un vif transport d'amour : « Doux Jésus ! Mon doux Jésus ! Mon ineffable désir ! Ma joie ! Joie des Anges ! Délices des Saints ! » Et ces paroles enflammées, il les prononçait avec une effusion de cœur infiniment au-dessus de toute expression.

Zélé à saisir tous les moyens de contribuer à la gloire de Dieu, il quitta son désert pour se retirer dans un autre où il y aurait plus de bien à faire. Il agissait en cela par l'avis de plusieurs personnes de piété, du nombre desquelles était l'évêque de Pola. L'évêque de Parenzo, qui voulait absolument le retenir dans son diocèse, s'opposa à son départ, en défendant à tous les passagers de le recevoir dans leurs barques ; mais l'évêque de Pola lui en envoya une qui le conduisit à Capréola. Dans le trajet il calma miraculeusement une violente tempête qui s'était élevée. Arrivé à Bifolco, il trouva que les cellules des moines de ce lieu étaient trop magnifiques, et il ne voulut loger que dans celle d'un religieux nommé Pierre. Ce religieux, qui pratiquait des austérités extraordinaires, n'avait pour demeure qu'une cellule de quatre coudées en largeur. Il ne pouvait se lasser d'admirer l'esprit de componction dont Romuald était pénétré, et il rapporta dans la suite, que quand ils récitaient alternativement les psaumes pendant la nuit, ce saint homme avait coutume de sortir plusieurs fois de sa cellule sous prétexte de quelque besoin ; mais qu'il avait remarqué que l'unique but qu'il se proposait dans ses fréquentes sorties, était de s'abandonner quelques moments à l'impression de la joie intérieure qu'il ressentait, et de donner un libre cours à ses larmes, qu'il ne lui était pas possible de retenir.

Romuald ayant fait demander aux comtes de la province de Camerino un petit terrain pour y bâtir un monastère, ceux-ci lui laissèrent la liberté de choisir tel emplacement qu'il jugerait à propos. Il se détermina pour la vallée de Castro, comme étant le lieu le plus propre à l'exécution de son dessein. Il est incroyable combien il fit de conversion dans la province de Camerino. Les grands pécheurs le venaient trouver en foule pour apprendre de lui les moyens de rentrer en grâce avec Dieu. Il y en eut un grand nombre qui, touchés des instructions qu'il leur avait données, distribuèrent aux pauvres la meilleure partie de leurs biens, et passèrent le reste de leurs jours dans les travaux de la pénitence. Romuald paraissait parmi eux comme un séraphin revêtu d'un corps mortel, tant était vive l'ardeur du divin amour qui enflammait son cœur. Ses disciples ne pouvaient l'entendre parler sans se sentir eux-mêmes embrasés du feu sacré qui consumait leur maître. Lorsqu'il était en voyage ou à la promenade avec ses frères, il restait toujours derrière, afin de réciter des psaumes et de laisser couler librement ses larmes.

Notre Saint avait toujours ardemment désiré de verser son sang pour Jésus-Christ ; mais ce désir avait acquis une nouvelle vivacité depuis le martyre de saint Boniface et celui de quelques-uns de ses confrères. Il ne put enfin résister à l'ardeur qui le pressait de mourir pour son Sauveur, et il s'adressa au Pape pour lui demander la permission d'aller prêcher la foi en Hongrie, ce qui lui fut accordé. Il partit donc avec quelques-uns de ses disciples, dont deux furent sacrés archevêques, n'ayant pas voulu lui-même être élevé à cette dignité. Mais lorsqu'il était sur le point d'entrer en Hongrie, il fut attaqué d'une maladie violente, qui recommençait toutes les fois qu'il se remettait en route. Il ne lui fut pas difficile de reconnaître que la volonté de Dieu n'était pas qu'il exécutât son dessein ; ainsi il retourna à son monastère avec sept de ses disciples. Les autres suivirent les deux archevêques dans la Hongrie, qui avait alors saint Etienne pour roi. Ces hommes apostoliques eurent beaucoup à souffrir durant le cours de leur mission ; ils ne remportèrent pourtant pas la couronne du martyre, qui était l'objet de tous leurs vœux.

Romuald, de retour, fonda plusieurs monastères en Allemagne. Il entreprit aussi d'établir la réforme dans quelques autres, ce qui lui attira diverses persécutions de la part de ceux qui n'aimaient ni l'ordre ni la discipline ; mais sa vertu lui donnait tant d'autorité que les coupables redoutaient sa présence : il n'y avait pas jusqu'aux personnes les plus qualifiées selon le monde qui ne tremblassent devant lui. Il ne voulut rien accepter gratuitement de Rayner, marquis de Toscane, parce qu'il avait épousé la veuve d'un de ses parents auquel il avait ôté la vie. Son but, en tenant une pareille conduite, était de faire sentir à Rayner l'énormité de ses crimes. Ce seigneur, tout souverain qu'il était, craignait jusqu'à l'approche du Saint, et il avait coutume de dire que rien au monde ne l'intimidait tant que sa présence : telle était l'impression que faisait sur les plus grands pécheurs l'Esprit-Saint dont Romuald était animé. Ayant appris, quelque temps après, qu'un Vénitien avait obtenu l'abbaye de Classe par des voies simoniaques, il l'alla trouver aussitôt. L'intrus, qui ne voulait point réparer sa faute, et qui d'ailleurs cherchait à s'épargner une entrevue dont les suites tourneraient à sa confusion, résolut de se défaire de notre Saint par un assassinat ; mais Dieu conserva la vie à son serviteur par une protection dont il lui avait déjà donné plusieurs fois des marques sensibles.

Le Pape ayant mandé notre Saint à Rome, il se rendit dans cette ville, où Dieu releva sa sainteté par plusieurs miracles qu'il lui donna la vertu d'opérer. Il y convertit, comme dans tous les lieux où il avait passé, un grand nombre de pécheurs endurcis dans le crime. Il bâtit aussi quelques monastères dans le voisinage de Rome, un entre autres sur la montagne de Sitrio[1], où il fit un assez long séjour. Il se trouva parmi ses disciples un jeune seigneur qui se livrait effrontément aux désordres de l'impureté. Le Saint eut l'âme percée de douleur, et mit tout en œuvre pour ramener le coupable à

1. Près de Sasso-Ferrato.

son devoir. Celui-ci, loin de se corriger, n'en devint que plus méchant ; il osa même accuser Romuald de s'être souillé par des infamies contraires à la chasteté. C'était une pure calomnie ; mais elle trouva créance dans l'esprit des moines, qui, sans autres preuves, condamnèrent le Saint à une pénitence rigoureuse, lui interdirent la célébration des divins mystères, et l'excommunièrent. Romuald souffrit cet indigne traitement avec patience ; il se comporta comme s'il eût été réellement coupable, et s'abstint de monter à l'autel pendant six mois, conformément à la défense qui lui en avait été faite. Mais Dieu ne voulut pas que son serviteur restât plus longtemps dans une humiliation qu'il n'avait point méritée ; il l'avertit, dans une révélation, qu'il ne devait plus obéir à une injuste sentence, et qu'il pouvait sans peine retourner à l'autel, dont on l'avait exclu contre toutes les règles. Le Saint recommença donc à offrir le saint sacrifice, et il le fit avec tant de ferveur la première fois, qu'il fut longtemps ravi en extase. Il passa sept ans sur la montagne de Sitrio, toujours renfermé dans sa cellule, et gardant un silence continuel. Il portait un rude cilice, mortifiait ses sens en leur refusant tout ce qui pouvait les flatter. Quoique déjà arrivé à une extrême vieillesse, il ne mangeait en tout le Carême que plein une écuelle de légumes. Il jeûnait tous les jours, et ses repas ordinaires n'excédaient point cinq onces de nourriture ; il était ingénieux en ce genre de mortification : quelquefois il demandait des choses pour en faire un sacrifice à Dieu et se moquer de sa sensualité : « Voilà, Romuald », se disait-il à lui-même, « voilà un bon morceau fort bien apprêté ; sans doute tu le trouverais de bon goût ; mais tu n'en goûteras point, et tu n'en as eu la vue que pour augmenter ta mortification ». Il n'est pas étonnant que les disciples d'un tel maître menassent la vie la plus austère. Ils allaient toujours nu-pieds, et montraient par la pâleur de leurs visages quelle était la rigueur de leurs jeûnes. Ils ne buvaient jamais que de l'eau, à moins qu'ils ne fussent malades. Le Saint fit plusieurs guérisons miraculeuses sur la montagne de Sitrio, qu'il quitta enfin pour retourner à Bifolco.

L'empereur saint Henri II, qui avait succédé à Othon III, ne fut pas plus tôt arrivé en Italie, qu'il voulut voir Romuald. Il lui envoya donc des personnes distinguées pour le prier de venir à la cour. Ceux-ci eurent beaucoup de peine à le déterminer à ce voyage ; et peut-être n'en seraient-ils pas venus à bout, s'ils n'eussent mis les moines dans leurs intérêts. L'empereur donna au Saint toutes les marques possibles d'estime et de respect ; il se leva même lorsqu'il le vit entrer, et lui dit : « Que je voudrais bien que mon âme fût semblable à la vôtre ! » Romuald ne répondit rien à un compliment si flatteur, et garda un profond silence pendant tout le temps que dura l'entrevue, ce qui jeta toute la cour dans un grand étonnement. Le prince, qui voyait bien que ce silence avait l'humilité pour principe, n'en conçut que plus de vénération pour le Saint ; il le fit venir le lendemain dans un appartement séparé, afin d'avoir la liberté de s'entretenir tête-à-tête avec lui, et de le consulter sur plusieurs points essentiels. Les courtisans lui témoignaient le plus profond respect lorsqu'il passait devant eux, et arrachaient les poils de son vêtement, afin de les conserver précieusement comme des reliques. Tant de marques de vénération affligèrent sensiblement Romuald ; et il serait parti sur-le-champ, s'il n'eût été retenu. Il avait une telle horreur des louanges que ses disciples avaient soin d'empêcher qu'on parlât de lui en sa présence, sachant que c'était le moyen de le chasser d'une compagnie. L'empereur, avant de le congédier, lui fit présent du monastère du Mont-Amiate, en Toscane, et le pria d'y mettre des religieux formés par ses soins.

Je ne parle point des miracles qu'il a faits, ni des faveurs extraordinaires, comme sont l'intelligence des saintes Ecritures et le don de prophétie, que Dieu lui a communiquées, parce que sa vie en a été presque toute remplie. Quand il opérait des guérisons miraculeuses, il évitait qu'on les lui attribuât. S'il envoyait ses disciples quelque part, il leur donnait du pain, des fruits ou quelque autre chose qu'il avait bénite : plus d'une fois, ils guérirent des malades en leur faisant manger ces aliments. Etant âgé de cent deux ans, selon quelques-uns, il s'en alla un jour sur le mont Apennin, qui sépare l'Italie en deux, pour y chercher quelque lieu convenable aux solitaires. Etant au sommet de la montagne, en un champ agréable et abondant en sources, il s'endormit auprès d'une fontaine. Durant son sommeil, il eut un songe plein de mystères et semblable à celui du patriarche Jacob. Il vit une échelle, dont le pied était sur la terre, et la pointe s'élevait jusque dans les cieux, et il aperçut ses religieux couverts d'habits blancs, qui montaient vers Dieu par le moyen de cette échelle. Il s'en alla trouver le seigneur de cette terre, qui était un comte, appelé Maldoli, à qui il la demanda. Ce comte, qui avait eu la même vision, lui accorda de très-bon cœur sa requête, avec une maison des champs qui en dépendait, afin d'y bâtir une église et un cloître pour les religieux ; et de là vient que ce lieu est appelé *Camaldule (champ de Maldule)*[1]. Il changea l'habit noir, qu'il avait auparavant, en un habit blanc. Là commença le nouveau paradis de ces hommes célestes, dont la vie est une perpétuelle pénitence. Il y a des siècles qu'en cette maison les religieux vivent en l'observance de la règle. On voit évidemment qu'elle est gouvernée et protégée par la Providence divine ; les souverains Pontifes lui ont accordé plusieurs beaux privilèges. Beaucoup de grands personnages séculiers, ecclésiastiques et réguliers, ont embrassé cet institut, et sont devenus enfants de Romuald. Le Saint adopta la règle de saint Benoît ; mais il y ajouta de nouvelles observances, et voulut que ses disciples fussent tout à la fois ermites et cénobites. Telle est l'origine de l'ordre dit *des Camaldules*. A quelque distance du monastère est l'ermitage que fit bâtir le Saint ; il est sur une montagne toute couverte de sapins et arrosée par plusieurs fontaines. La vue seule de ce lieu solitaire porte l'âme au recueillement et à la contemplation. A l'entrée de cet ermitage on trouve une chapelle dédiée à saint Antoine : le but que l'on s'est proposé en la bâtissant, a été que les étrangers y fissent leur prière avant d'aller plus loin. On trouve ensuite les cellules des portiers. On voit à quelques pas de là une grande église, qui est magnifiquement décorée. Au-dessus de la porte de cette église est une cloche dont le son se fait entendre par tout le désert. La cellule où vivait saint Romuald, pendant qu'il formait son ermitage, est au côté gauche de l'église. Toutes les cellules sont bâties de pierres, et ont chacune un petit jardin environné d'un mur, et une chapelle où les ermites peuvent dire la messe, s'ils le veulent. Il leur est permis d'avoir toujours du feu chez eux, à cause du froid qui règne continuellement sur la montagne. Tous ces solitaires sont gouvernés par un supérieur, qu'ils appellent *Maïeur*. L'ermitage est présentement environné de murs, hors desquels ne peuvent sortir ceux qui l'habitent ; ils ont seulement la liberté de se promener dans le bois de leur enclos. On leur envoie du monastère, situé dans la vallée, tout ce qui peut leur être nécessaire, afin que rien ne soit capable de les distraire, et qu'ils ne soient point interrompus dans la continuité de leur contemplation. Tous leurs moments sont partagés entre divers exercices, et ils se rendent à l'église pour y réciter l'office divin, sans que la pluie ni la neige puissent

1. En italien Campo Maldoli, et par abréviation, Camaldoli.

les en empêcher. Ils ne parlent jamais dans les lieux réguliers ; ils gardent aussi un silence absolu en Carême, les dimanches et fêtes, les vendredis et les autres jours d'abstinence. Il leur est encore défendu de parler en tout temps depuis Complies jusqu'à Prime du lendemain.

Saint Romuald établit encore un autre genre de vie parmi ses disciples, je veux dire celui des reclus ; mais on ne pouvait l'embrasser de son propre mouvement : il fallait en demander la permission au supérieur, et celui-ci ne l'accordait qu'à ceux qui avaient longtemps vécu dans l'ermitage, et qui paraissaient appelés de Dieu à une plus grande perfection. Les ermites qui obtenaient ce qu'ils avaient demandé se renfermaient dans leurs cellules pour n'en plus sortir. Ils ne parlaient jamais qu'au supérieur lorsqu'il allait les voir, et au frère qui était chargé de leur porter toutes les choses nécessaires à la vie. Ils redoublaient leurs prières et leurs austérités, pratiquaient des jeûnes beaucoup plus fréquents et plus rigoureux que le commun des ermites. Notre Saint vécut de la sorte pendant plusieurs années ; et depuis sa mort jusqu'à notre siècle, on a toujours vu dans le désert de Camaldoli plusieurs reclus d'une ferveur véritablement angélique [1].

Saint Romuald sentant approcher sa fin, revint à son monastère de Val-de-Castro, et, se tenant assuré qu'il mourrait bientôt, il se fit bâtir une cellule avec un oratoire pour s'y enfermer et y garder le silence jusqu'à sa mort. Vingt ans auparavant, il avait prédit à ses disciples qu'il mourrait en ce monastère, sans que personne fût présent à sa mort. Sa cellule de réclusion étant faite, il sentit augmenter ses infirmités, principalement une fluxion de poitrine, qui l'oppressait depuis six mois. Toutefois, il ne voulut ni se coucher sur un lit, ni relâcher la rigueur de son jeûne. Un jour, comme il s'affaiblissait peu à peu, le soleil étant vers son coucher, il ordonna à deux moines qui étaient près de lui de sortir et de fermer après eux la porte de la cellule, et de revenir au point du jour pour dire Matines auprès de lui. Comme ils sortaient à regret, au lieu d'aller se coucher, ils demeurèrent près de la cellule, et, quelque temps après, écoutant attentivement, comme ils n'entendirent ni mouvement ni voix, ils se doutèrent de ce qui en était ; ils poussèrent promptement la porte, et, ayant pris de la lumière, ils le trouvèrent mort, couché sur le dos. Il vécut cent vingt ans : il en passa vingt dans le monde, trois dans le monastère, quatre-vingt-treize dans la vie érémitique. Il mourut l'an 1027, le 19 de juin, et l'Eglise honore sa mémoire le même jour. Incontinent après sa mort, il se fit un grand nombre de miracles à son tombeau : ce qui fut cause que, cinq ans après, les moines obtinrent du Saint-Siége la permission d'élever un autel sur son corps ; c'était alors une manière de canoniser les saints.

Sa fête a été fixée, par Clément VIII, au 7 de février, jour auquel se fit la translation de ses reliques. Son corps était encore entier et sans corruption en 1466 ; mais des mains sacriléges l'ayant dérobé en 1480, il tomba en poussière. On le porta en cet état dans la grande église de Fabriano. On transporta depuis un os du bras du Saint au monastère de Camaldoli. Dieu a honoré les reliques de son serviteur par un grand nombre de miracles.

L'ordre de saint Romuald, autrement des Camaldules, subsiste encore avec honneur. Il renferme les trois genres de vie, cénobites, ermites et reclus. Leur règle est celle de saint Benoît, avec quelques observances par-

1. L'Ordre des Camaldules est aujourd'hui divisé en cinq congrégations, qui ont chacune leur général. La vie que mènent les ermites de cet Ordre est encore fort austère, quoiqu'elle le soit moins que du temps de saint Romuald. Les cénobites Camaldules ont plus de ressemblance avec les Bénédictins. Le Père Hélyot est porté à croire qu'ils ne furent pas directement institués par saint Romuald.

ticulières. L'Ordre de saint Benoît et celui de saint Romuald ont donné, de nos jours, à l'Eglise deux grands Papes : le premier, Pie VII, de glorieuse mémoire ; le second, Grégoire XVI.

On représente saint Romuald : — 1° En pied, ayant un doigt sur la bouche pour exprimer son profond amour du silence ; — 2° Maltraité par le diable ; — 3° Portant une cellule entourée d'arbres, pour faire entendre que la vie érémitique et la vie cénobitique sont réunies dans l'institut des Camaldules ; une pièce sans nom du cabinet des estampes, à Paris, reproduit ce sujet : autour de la figure sont diverses scènes de la vie du Saint. On y remarque celle où il voit une échelle mystérieuse, symbole de la règle bénédictine[1] ; — 4° Tenant en main le *fouet*, symbole des réformateurs d'Ordres ou de règles monastiques ; — 5° Parlant à un seigneur agenouillé, lequel seigneur peut être soit Othon III qui pria le Saint d'accepter l'abbaye de Classe, soit saint Urséole, le doge de Venise, qu'il entraîna dans la solitude, soit tout autre grand du monde converti par lui, car il en convertit beaucoup[2] ; — 6° Une peinture à fresque du xve siècle, dans un couvent d'Italie, le représente debout, près du Christ en croix. La figure est très-belle[3]. — André Sacchi l'a représenté assis dans sa cellule, instruisant les religieux. Le même peintre a fait une grande composition connue sous le titre de *Moine blanc*. On a donné une réduction de cette belle composition dans une *Vie des Saints*, dédiée au duc de Bordeaux[4].

Le cardinal Pierre Damien, qui était contemporain de saint Romuald, et Jérôme de Prague, religieux camaldule, ont écrit sa vie. Bollandus rapporte l'une et l'autre au second tome du mois de février. Le xe siècle, que l'on a tant décrié, produisit non-seulement des Saints en grand nombre, mais encore de bons écrivains. — Saint Romuald a composé lui-même une *Exposition des Psaumes* : on garde encore à Camaldoli le manuscrit même du Saint.

SAINT CHRYSOLE, OU CHRYSEUIL,

APOTRE ET PATRON DE COMMINES (278).

Il était né dans la petite Arménie, d'une illustre famille : on dit même que son père gouvernait une partie de cette contrée alors divisée en plusieurs Etats. Ses parents, qui étaient chrétiens, le confièrent à des maîtres sages et expérimentés. Cet avantage, joint à des dispositions heureuses, lui firent faire en peu de temps de rapides progrès dans l'étude et dans la pratique des vertus chrétiennes. On eut bientôt une si haute opinion de son mérite, qu'il fut jugé digne d'être évêque ou archevêque d'une ville d'Arménie. La persécution excitée par Dioclétien et Maximien, qui s'alluma vers le même temps, sévit surtout dans l'Asie, où il y avait déjà beaucoup de chrétiens. Saint Chrysole, soit pour mettre en pratique la recommandation du Sauveur qui avait dit à ses disciples : « Lorsqu'on vous persécutera dans une ville, fuyez dans une autre » ; soit pour satisfaire le désir qu'il avait d'étendre le règne de Jésus-Christ parmi les infidèles, quitta l'Arménie et se rendit à Rome auprès de saint Marcel, qui occupait alors le Saint-Siége. Le souverain Pontife reçut l'illustre étranger avec respect. Bientôt même, reconnaissant en saint Chrysole l'heureux assemblage de toutes les vertus épiscopales unies aux plus belles qualités, il conçut pour lui une affection toute spéciale, et lui donna, comme gage de son amitié, une boite en argent renfermant des reliques de saint Pierre. Envoyé plus tard avec d'autres missionnaires vers les peuples de la Gaule, saint Chrysole se fixa dans cette partie de l'ancienne Belgique inférieure, située entre l'Escaut et la Lys, au pays Mélanthois. Pendant plusieurs années il parcourut ces contrées sans que rien pût l'arrêter, ni la

1. Voir f° 125 et 126, t. xx de cette collection ; f° 127, le Saint debout et lisant, par Callot.
2. On voit cette figure dans la légende générale du Père Ribadeneira ; Anvers, 1649.
3. Voir *Etruria pittrice*, t. Ier, pl. 22. — 4. Voir *Iconographia sancta*, à la Bibliothèque Mazarine, n. 4778 (G).

distance des lieux, ni la difficulté des voyages, ni les dangers de tout genre auxquels il était exposé. Sa confiance en Dieu était entière, et, selon la parole du divin Maître, « Il ne craignait rien de ceux qui peuvent tuer le corps, mais qui n'ont aucun pouvoir sur l'âme ».

Saint Chrysole, dans l'intervalle de ses courses évangéliques, résidait habituellement à Commines. Il y construisit un oratoire pour célébrer les divins mystères et réunir, autant que le permettaient les circonstances, les nouveaux chrétiens qu'il avait gagnés à Jésus-Christ. La persécution qui commençait à exercer ses ravages dans le nord des Gaules, ne lui laissa pas le temps de confirmer ses néophytes dans la foi. Un jour qu'il prêchait auprès d'un temple d'idoles, dans le village de Verlinghem, il fut surpris et arrêté par des soldats. Le Saint, se rappelant la conduite de Notre-Seigneur au milieu de ses bourreaux, ne répondit que par la patience aux brutalités dont ils l'accablèrent. C'est dans ce lieu qu'après avoir été frappé de verges, il eut le sommet de la tête coupé par ces soldats païens, qui voulaient peut-être insulter de cette manière au caractère sacré dont il était revêtu. Ils le laissèrent gisant par terre et baigné dans son sang. D'après le récit de plusieurs auteurs, saint Chrysole ne mourut point aussitôt de cette affreuse blessure ; mais, aidé du secours de Dieu, il revint à lui, se leva, et prenant la partie supérieure de son crâne que les bourreaux avaient abattue, il retourna à Commines, où il rendit l'âme au milieu des habitants étonnés. Ils ajoutent que sur la route, le martyr, pressé par une soif dévorante, vit jaillir à ses pieds une source d'eau pure, laquelle n'a pas cessé depuis de couler avec abondance [1].

Saint Chrysole fut enseveli à Commines, dont il est devenu le patron spécial, et où s'opèrent souvent par son intercession des guérisons extraordinaires. Il est aussi le patron de la paroisse de Verlinghem. Celle de Lens, en Artois, possédait une partie de ses reliques, comme l'indique une ancienne inscription latine. Une tradition constante suppose que saint Eloi, lorsqu'il était évêque de Tournai et de Noyon, leva de terre le corps de saint Chrysole et le renferma dans une châsse, comme il avait fait pour saint Piat. De Guise, Molanus et Buzelin regardent ce fait comme incontestable. Ce dernier ajoute qu'en 1611, la ville de Bruges, où l'on avait transporté la châsse, à cause des guerres continuelles qui désolaient le pays, envoya à l'église de Tournai quelques parcelles de ces reliques de saint Chrysole, et reçut en retour des morceaux de celles de saint Eleuthère. Ces restes vénérés furent accueillis à Tournai avec une pompe extraordinaire, le 7 octobre de cette même année.

Nous avons adopté la rédaction de M. l'abbé Destombes, *Hagiographie de Cambrai et d'Arras*.

SAINT MOISE, ÉVÊQUE DES SARRASINS (389).

Après la mort d'Obedien, chef sarrasin chrétien, Rome fit la guerre à Mauvia, sa femme, princesse vertueuse, et qui avait tout fait pour propager le christianisme au milieu de ses peuples. Les Romains furent battus et forcés de demander la paix ; la reine y consentit à la condition qu'on lui donnerait le solitaire Moïse pour évêque de sa nation. Ce saint homme était sarrasin de naissance, et demeurait dans un désert voisin, entre l'Egypte et la Palestine, où ses prodiges et ses vertus l'avaient rendu fort célèbre. Il avait embrassé la vie solitaire presque dès l'enfance, et dès lors il quitta l'usage du pain et ne vécut plus que de dattes et d'eau ; il dormait peu et passait son Carême avec vingt dattes et une chopine d'eau, et souvent il arrivait à Pâques sans y avoir touché.

Les Romains furent très-heureux d'avoir la paix à ce prix. Moïse fut donc conduit à Alexandrie où gouvernait un évêque arien nommé Luce. Il refusa avec une rare énergie de recevoir l'ordination de sa main, et lui reprocha ses crimes avec une sainte liberté. On fut contraint, dans la crainte de rallumer la guerre, de conduire Moïse auprès des évêques qu'avait exilés Luce, pour être sacré de leurs mains.

Devenu évêque, Moïse prit soin des Sarrasins ; il trouva parmi eux peu de chrétiens, mais en convertit un grand nombre par ses instructions et ses miracles. Il conserva toujours la pureté de la foi et maintint sa nation en paix avec les Romains. On ne sait combien de temps il vécut ni où fut son siége épiscopal.

1. Voir l'*Histoire de Tournai*, par J. Cousin.

SAINT LIVANE OU LEVANGE DE SENLIS (VIe siècle).

Livane, aussi nommé Levange, qui vivait au temps des invasions des barbares (511), fut suscité de Dieu pour préparer et pour voir se lever des jours meilleurs. Issu du sang romain et excellemment formé dès son enfance, selon la règle de la discipline chétienne, il ne tarda pas à devenir en très-peu de temps un homme accompli. Sa science, sa piété, sa prudence, son zèle pour la foi, sa compassion pour les malheureux, le rendaient remarquable à tous les yeux. Après la mort de Modeste, évêque de Senlis, le clergé et le peuple ne trouvèrent personne plus digne que lui de devenir leur pasteur dans des temps si troublés. Il avait à peine pris la direction de son église, lorsque Clovis, accourant à la tête des bandes farouches de ses Francs, pour renverser la puissance romaine dans les Gaules, envahit le territoire des Soissonnais. Combien ces circonstances ajoutèrent aux misères des peuples, surtout chez les habitants de Senlis, voisins du théâtre des événements, on le comprend facilement, si l'on réfléchit aux calamités ordinaires des guerres, et, dans le cas présent, aux avantages que remportèrent les barbares : Livane ne fut pas au-dessous des calamités de son temps et des obligations de sa charge.

Enflammé de zèle pour le progrès de la vraie religion, il fit tout pour convertir à la foi de Jésus-Christ les Francs, à qui les propriétés romaines de son diocèse étaient échues en partage. Appelé à Reims après la conversion du roi, il aida saint Remi dans l'instruction et la régénération des Francs. Corriger les abus qui s'étaient glissés à la faveur des perturbations sociales, défendre les droits de l'Eglise, réformer les mœurs des clercs, faire observer les jeûnes et les prières publiques des Rogations, suivant les prescriptions du concile d'Orléans, où il s'était rendu avec trente autres évêques, voilà ce qui occupa constamment son activité. Il coopéra encore, avec saint Remi et d'autres évêques réunis en synode, à l'extinction du fléau de l'arianisme, qui s'était introduit subrepticement dans nos contrées. La charité pour les pauvres n'était pas la moindre de ses vertus. Les orages des guerres étaient passés : il obtint que tous ceux des siens qui présenteraient au roi une lettre scellée de son anneau pastoral obtiendraient aussitôt la réparation des dommages à eux causés par les soldats. Il fut comme un ange de douceur parmi les barbares, de consolation parmi les affligés, et de paix dans les fureurs déchaînées de la guerre. Il fut infatigable dans la défense de la religion.

Il veillait soigneusement à la conservation des reliques de saint Rieul, pour qui il avait une grande dévotion. Le roi Clovis, accompagné de prélats et de grands officiers, étant venu en pèlerinage au tombeau du Saint, à cause du bruit de ses miracles, et ayant demandé pour lui quelques parcelles de ses reliques, Livane entendit avec peine cette demande : mais, n'osant pas contrarier le roi, il priait Dieu de conserver intact le corps du saint Pontife. Et, en effet, le sépulcre ayant été ouvert, comme on essayait d'arracher une dent à l'aide d'une pince, tout à coup on vit couler du sang. Ce signe fit comprendre au roi qu'il ne fallait pas faire violence au saint corps, et il se désista de son entreprise. En partant, il ordonna que la basilique de Saint-Rieul fût reconstruite avec plus de magnificence, et il fit don à cette église de propriétés considérables pour la subsistance du clergé. Livane, enfin, chargé de mérites et de vertus, passa de cette vie à une meilleure, le 19 d'octobre, au commencement du VIe siècle. Il fut honoré d'un culte particulier, non-seulement à Senlis, mais encore dans des pays éloignés. Le sang qui avait coulé de la dent de saint Rieul ayant été soigneusement recueilli par saint Livane et enfermé dans une châsse, les habitants de Senlis l'avaient pieusement conservé jusqu'à la grande subversion du XVIIIe siècle, et ils célébraient la mémoire de ce miracle le 7 de février.

Les saints évêques de Senlis. — L'église de Senlis, outre ses principaux évêques Rieul, Levange et Audebert, célébrait encore les fêtes de plusieurs autres, savoir : le 10 janvier, celle de saint Saintin, qui assista au concile de Paris, sous le règne de Chilpéric ; le 4 mai, celle de saint Malulfe, qui fut député vers le même roi et qui, quand ce prince eut été tué, transporta son corps et l'ensevelit à Paris : il était honoré avec Candide, son successeur ; le 7 novembre, celle de saint Agmare, qui assista au concile de Reims au milieu de quarante évêques, et qui souscrivit à la fondation du monastère de Saint-Maur-des-Fossés ; le 26 d'octobre, celle du bienheureux Amand, qui succéda à Audebert et qui, faisant apporter sur les remparts le corps de saint Rieul, fit reculer de terreur les Barbares qui assiégeaient la ville. Il faut ajouter le bienheureux Léthard, prédécesseur de saint Saintin, qui accompagna en Angleterre Berthe, fille de Caribert, mariée au roi Ethelbert, et qui, avant saint Augustin, prêcha la foi en Angleterre, où sa fête se célébrait le 7 de mai. Les restes de ces Bienheureux, après avoir été, pendant le déchaînement de la persécution révolutionnaire du XVIIIe siècle, entassés pêle-mêle dans le cimetière de Senlis, ont été, soixante ans après, rapportés avec honneur dans l'ancienne cathédrale de cette ville (*Propre de Beauvais.*)

SAINT RICHARD, ROI SAXON (722).

Il régnait vers le VIIIe siècle, parmi les Saxons occidentaux qui s'étaient établis en Angleterre. Il fut père de Winebaud, de Guilbaud et de Walburge, qui sont tous trois honorés comme Saints; mais, soit qu'il eût été privé de ses Etats par quelque révolution, soit qu'il eût abdiqué volontairement la couronne, il fit un pèlerinage à Rome avec ses fils Winebaud et Guilbaud. S'étant donc embarqué à Hamble-Haven, il aborda sur les côtes de la Neustrie, d'où il se rendit à Rouen. Après avoir fait un assez long séjour dans cette ville, il continua sa route, donnant partout les plus grandes marques de piété. Il ne put aller jusqu'à Rome, et il mourut subitement à Lucques, en Italie, vers l'an 722. On l'enterra dans l'église de Saint-Fridien. Les miracles que Dieu avait accordés à la piété de ce prince, et ceux dont il a depuis honoré ses reliques, lui ont mérité une place parmi les Saints. Le culte de saint Richard est fort célèbre dans la ville de Lucques, qui fait sa fête le 7 de février.

On le représente 1° debout, revêtu de ses insignes. A ses pieds sa couronne royale, un collier, un chapelet, un livre; 2° en pèlerin, guérissant un homme estropié; 3° se livrant dans sa retraite aux travaux du labourage; 4° en un groupe qui réunit ses deux fils saint Winebaud et saint Guilbaud (Wunibald et Wilibald) qui se rendirent plus tard en Allemagne et devinrent, l'un, abbé de Heindenheim et l'autre évêque d'Eischtœdt.

Voyez la *Vie de saint Guilbaud,* écrite par une religieuse d'Heindenheim, dans les *Lectiones antiquæ* de Canisius, de l'édition de Basnage, et le Père Heinschenius, febr., t. II, p. 70.

VIIIe JOUR DE FÉVRIER

MARTYROLOGE ROMAIN.

Saint JEAN DE MATHA, confesseur, instituteur de l'Ordre de la très-sainte Trinité pour la rédemption des captifs, qui s'endormit dans le Seigneur le 17 décembre 1213. — Saint Jérôme Emiliani, confesseur, fondateur de la congrégation des Somasques, qui s'endormit dans le Seigneur le six des Ides de février et fut mis au nombre des Saints par Clément XIII; on célèbre sa fête le 20 juillet [1]. — A Rome, les saints martyrs Paul, Lucius et Cyriaque [2]. — Dans la petite Arménie, la naissance au ciel des saints martyrs Denys, Emilien et Sébastien. — A Alexandrie, la passion de sainte Coïnte ou Quinte, martyre, sous l'empereur Dèce; les païens, l'ayant traînée devant les idoles, voulaient la contraindre à les adorer; comme elle s'y refusait, exécrant les idoles, ils lui attachèrent des cordes aux pieds et, la traînant par les places de la cité, ils la mirent en pièces par cet horrible supplice. 249. — A Constantinople, la naissance au ciel des martyrs, religieux du monastère de Die, qui, ayant été trouvés porteurs des lettres du pape saint Félix contre l'hérétique Acace, furent cruellement mis à mort pour la défense de la foi catholique. 485. — En Perse, la mémoire des saints martyrs qui, sous Cabade, roi des Perses, périrent pour la foi catholique dans divers supplices. VIe s. — A Pavie, saint Juvence ou Evence, évêque, qui travailla activement pour l'Evangile [3]. IIe s. — A Milan, les funérailles de saint Honorat, évêque et confesseur. 620. — A Verdun, en France, saint PAUL, évêque, illustre par la gloire de ses miracles. 649. — A Muret, dans le diocèse de Limoges, la naissance au ciel de saint ETIENNE, abbé, fondateur de l'Ordre de

1. Voir au 20 juillet.

2. Saint Paul pourrait être cet évêque espagnol, nommé par la chronique de Luitprand, qui fut martyrisé à Rome avec deux autres, sous Dèce, pendant qu'il visitait le seuil des Apôtres. IIIe s.

3. Il évangélisa une partie de la Ligurie.

Grandmont, célèbre par ses vertus et par ses miracles. 1124. — Au monastère de Vallombreuse, le bienheureux PIERRE, cardinal, évêque d'Albano, de la congrégation de Vallombreuse, Ordre de Saint-Benoît, surnommé Igné, parce qu'il passa par le feu sans en recevoir aucune atteinte. 1089.

MARTYROLOGE DE FRANCE, REVU ET AUGMENTÉ.

A Verdun, saint Hermenfroi, évêque de cette ville [1]. 621. — En Bretagne, saint Jaigout ou Jacut (Jacobus), confesseur [2]. ve s. — A Besançon, le décès de saint Nicet ou Nizier, évêque, qui reçut saint Colomban durant son exil, et fut enterré à Saint-Pierre, hors la ville. Sa fête est le 31 janvier dans le diocèse de Besançon [3]. 613. — A Steninges, en Sussex, saint CUTHMAN, confesseur, qui avait été berger, illustre par sa piété filiale, que Dieu récompensa d'une grande protection et de beaucoup de miracles. Vers 889. — A Huy, au pays de Liége, saint Meingaud ou Mengold, comte du pays, pénitent et martyr, assassiné par les parents d'un juge à qui le neveu du Saint avait coupé la tête et qui se vengèrent du coupable sur un innocent. 892.

MARTYROLOGES DES ORDRES RELIGIEUX.

Martyrologe des Chanoines réguliers. — Chez ceux de Latran, à Pavie, saint Evence ou Juvence, évêque, qui illustra l'antique institut des Chanoines réguliers par l'éclat de sa sainteté, et qui travailla activement pour l'Evangile.

Martyrologe de la Congrégation de Vallombreuse. — Au monastère de Vallombreuse, le bienheureux Pierre, cardinal et évêque d'Albano, de notre congrégation de Vallombreuse, Ordre de Saint-Benoît, surnommé Igné, parce qu'il passa par le feu sans en être blessé.

ADDITIONS FAITES D'APRÈS LES BOLLANDISTES ET AUTRES HAGIOGRAPHES.

Chez les Grecs, sainte Marthe et sa sœur sainte Marie, veuves, qui imitèrent les vertus de leurs homonymes de l'Evangile, et furent martyrisées avec un jeune enfant, nommé Lycarion, fils de l'une d'elles. — Chez les Grecs également, les saints Nicéphore et Etienne. — A Toscanella, en Toscane, saint Commun, martyr. — En Angleterre, sainte Elflède, vierge, sœur de trois rois et de deux reines, religieuse au monastère de Streneshal (aujourd'hui Whitby), et élève de sainte Hilda. Vers l'an 716. — A Casimiria, près de Cracovie, en Pologne, le bienheureux Isaïe Boner, religieux de l'Ordre des ermites de Saint-Augustin. XIVe s.

SAINT PAUL, ÉVÊQUE DE VERDUN

620-649. — Papes : Honorius Ier; Sévérin; Jean IV; Théodore; Martin. — Rois de France : Dagobert; Sigebert II.

> Je me susciterai un prêtre fidèle qui agira suivant mon cœur et suivant mon âme. *I Reg.*, II, 35.

Cet illustre prélat, treizième évêque connu de Verdun et fidèle imitateur des vertus du grand Apôtre dont il portait le nom, était français et d'une illustre famille. On ne sait rien de certain sur le lieu de sa naissance : le Martyrologe de France dit qu'il naquit au pays d'Autun, en Bourgogne. Le prêtre Berthaire, qui a écrit sa vie, assure qu'il était frère de saint Germain,

1. D'après Wassebourg, archidiacre de Verdun, Hermenfroi fut d'abord un grand seigneur, familier de Childebert, à la cour d'Austrasie, et le compagnon d'armes de Thierry, roi de Bourgogne, à la bataille livrée en 600, au territoire de Sens, sur la rivière de l'Arvanes. Une vision miraculeuse aurait fait du soldat un moine de Luxeuil, et de l'humble cénobite un évêque de Verdun. Les historiens modernes de Verdun contestent ces faits. Ferrari et du Saussay ont inséré Hermenfroi dans leurs martyrologes.

2. Voir au 3 mars. — 3. Voyez ce jour.

évêque de Paris; mais cette assertion est sans fondement, car, comme il y a plus de soixante ans entre l'un et l'autre, ils ne peuvent pas avoir eu une même mère, comme cet historien le prétend. Ils étaient néanmoins parents et issus d'une même famille, distinguée par la piété et la noblesse de leurs ancêtres. Dès sa jeunesse, il montra qu'il n'était point né pour le service du monde, mais pour travailler de toutes ses forces à la gloire de Jésus-Christ. Dès qu'il fut en état de se conduire lui-même, il régla de telle sorte sa dépense, qu'excepté ce qui était absolument nécessaire pour son entretien, il distribuait tout aux pauvres et à des œuvres de piété. Néanmoins, n'étant pas encore satisfait de cela, il résolut d'abandonner, comme un autre Abraham, sa parenté et le pays de sa naissance, et de s'en aller en quelque terre étrangère où, s'il était possible, il ne serait connu que de Dieu seul. Quittant donc la France, il s'en alla vers l'Allemagne, au pays de Trèves, et, passant par les déserts et les solitudes des Vosges, il entendit parler d'un monastère où les religieux vivaient en une telle retraite et un si grand silence, qu'excepté les jours de samedi et de dimanche, ils étaient toujours solitaires et séparés. Paul résolut de s'y retirer afin de n'avoir plus de communication qu'avec le ciel. Il s'arrêta sur une montagne assez près de Trèves, au-delà de la Moselle, vis-à-vis d'une abbaye dédiée à saint Martin. On donnait autrefois à cette montagne le nom de Mont-d'Apollon, parce que cette divinité y recevait un culte. Saint Paul renversa l'idole et la précipita dans le fleuve[1]. Le séjour de Paul sur le Mont-d'Apollon lui fit donner le nom de *Paulsberg*, c'est-à-dire montagne de Paul, qu'elle a conservé jusqu'à ce jour. Ses vertus lui ayant acquis dans cette solitude l'estime et la réputation qu'il fuyait, il partit de ce lieu, pour aller se cacher dans l'endroit le plus désert des Vosges; mais Dieu, qui le voulait faire briller comme un astre dans son Eglise, permit qu'étant surpris par la nuit, il fût contraint de se retirer en un monastère, appelé Tholey[2]. Ce monastère était gouverné par un très-saint abbé, qui reçut ce pèlerin étranger avec toute l'affabilité possible, et lui rendit tous les devoirs de l'hospitalité; ayant reconnu à son visage et à sa façon de parler je ne sais quoi de surhumain, il essaya de lui persuader de s'arrêter dans ce même lieu, sans en aller chercher un plus loin, pour exécuter ce qu'il avait entrepris. Paul, qui n'aspirait qu'à la solitude, ne pouvait s'y résoudre; mais le saint abbé lui ayant fait voir que la vie cénobitique l'emportait sur la vie solitaire, et que l'obéissance est le plus grand sacrifice que l'homme raisonnable puisse offrir à Dieu, puisque Notre-Seigneur Jésus-Christ l'a préféré à sa propre vie, il se rendit enfin à ses bons avis et se prosterna à ses pieds pour le prier de l'admettre au nombre de ses disciples. Dès qu'il se vit engagé dans cette nouvelle condition, il

1. C'est, dit-on, en mémoire de cet événement que les bouchers de Trèves avaient la coutume de précipiter, chaque année, du haut de la montagne dans la Moselle, qui passe au pied, une roue enflammée, symbole d'Apollon. A Trèves, et dans un grand nombre d'autres lieux, cette cérémonie se pratiquait le premier dimanche de Carême. Elle se fait encore maintenant la veille de la Saint-Jean-Baptiste dans quelques villages des bords de la Moselle. Cette montagne s'appelait encore Keven, c'est-à-dire, en Celte, la montagne par excellence : c'est de Keven que dérivent Cévennes, Genève, *Gebenna*.

2. On a cru qu'il fut d'abord nommé *Monasterium Tabuleium*, parce qu'il était construit de pierres taillées en forme de tables. Il aurait été ensuite appelé *Theologium* ou Tholey, parce qu'il était à l'origine une école de *théologie*. Mais, comme on voit d'autre part, dans le testament du prince Adalgise, que le monastère y est nommé *Taulegium*, cette dénomination dément l'étymologie de *Theologium* aussi bien que celle de *Tabuleium*. Quoi qu'il en soit de la signification et de la dérivation du mot *Tholey*, sur lequel de pieux auteurs ont brodé de fort beaux thèmes, ce que nous en savons de plus clair, c'est que ce monastère fut fondé l'an 623, en l'honneur de saint Maurice, par le prince Grimon, parent de Dagobert, à la prière de Modoald, archevêque de Trèves, contemporain de saint Paul. D'après cela, nous devons conclure que cette maison existait depuis peu, quand le futur évêque de Verdun, qui devait l'illustrer, la rencontra sur ses pas. Quoiqu'enclavée dans le diocèse de Trèves, cette abbaye appartint au diocèse de Verdun jusqu'au XVe siècle, en vertu du testament du donateur et fondateur, le prince Grimon, ami de saint Paul.

travailla avec ferveur à l'acquisition de toutes les vertus qui doivent accompagner l'habit religieux, comme l'humilité, la simplicité, la douceur, la pureté et l'obéissance : il devint l'exemple de la communauté. Après avoir étudié lui-même les belles lettres au monastère, Paul les enseigna aux autres, et c'est lui qui commença la brillante renommée scientifique de Tholey, dont il fit une sorte de séminaire supérieur où l'on enseignait les lettres divines et humaines, non-seulement aux religieux, mais aux enfants des plus nobles familles du pays. Tholey devint bientôt une pépinière d'évêques et et de savants. Au moment de la Révolution, Tholey montrait encore, en souvenir de l'antique célébrité de ses écoles, les portraits de douze évêques de Verdun qui s'étaient longtemps assis à l'humble rang de disciples dans ces mêmes salles décorées de leurs effigies. Mais revenons à notre Saint. Ses vertus ne pouvaient demeurer longtemps cachées sans éclater par des miracles. Dieu, qui prend plaisir à élever les humbles, l'en voulut favoriser par l'occasion que nous allons vous dire. Un jour qu'il était occupé, par obéissance, à la boulangerie, il se voyait pressé par l'heure, parce que le four, qui était chaud, n'était pas encore nettoyé, et craignant que le pain ne fût pas cuit pour le dîner des religieux, il entra dedans, et avec sa cuculle, il en mit dehors tous les charbons et le nettoya, après quoi il y mit son pain, qui s'y trouva cuit au temps qu'il désirait. Ce pain miraculeux servit à rendre la santé à un malade. Le bruit de cette merveille et de plusieurs autres miracles firent jeter les yeux sur lui pour le faire abbé, après la mort de saint Vandelin, et la réputation de sa sainteté appela bientôt au monastère un grand nombre de jeunes hommes, et même des plus nobles et des premiers de la cour, qui se vinrent consacrer au service de Dieu sous sa sage conduite. Parmi les personnes considérables qu'il acquit à l'Ordre, il se présenta un prince français, appelé Adalgise, ou Grimon, de la maison royale, parent de Dagobert. Ce prince, embrasé du désir de la perfection, foula de bon cœur aux pieds toute la gloire du monde pour entrer en religion ; et, quittant les grandeurs et les gouvernements des provinces, il se rendit un disciple très-obéissant du saint abbé, et, sous sa conduite, il arriva à un haut degré de sainteté. En ce temps-là, savoir, l'an 630, arriva le décès de l'évêque de Verdun, Godon, successeur d'Hermenfroi. Comme les vertus de saint Paul ne se répandaient pas seulement dans le désert et sur les montagnes des Vosges, mais dans les provinces voisines, chacun jeta les yeux sur lui pour le mettre en la place du défunt. La chose étant venue à la connaissance du roi Dagobert, il manda au religieux Adalgise de le venir trouver avec son abbé, que l'on demandait pour évêque.

Paul, qui n'était pas sorti du monde dans le dessein d'y rentrer, renvoya les députés et les officiers du roi, les priant de lui remontrer son incapacité pour cette charge. Le roi, fâché d'une part, mais de l'autre extrêmement édifié de la conduite d'un personnage si saint et si parfaitement humble, lui envoya un plus grand nombre de personnes, afin que, malgré toutes ses oppositions, il fût conduit à Verdun pour y être sacré évêque, selon les cérémonies de l'Eglise. La chose fut faite au contentement de tout le monde, surtout d'Adalgise, qui était ravi de voir son abbé élevé à une dignité si éminente, et qui s'estimait très-honoré de le servir en qualité de diacre. Il lui donna un avis très-sage et très-avantageux pour le temporel de sa cathédrale de Verdun. Elle était si pauvre, que l'on n'y avait pas de quoi entretenir des chanoines pour la servir : on était contraint de chercher chaque jour quelque prêtre pour y célébrer la messe et réciter le divin office.

Cette grande pauvreté de l'église de Verdun avait été causée par les Bourguignons qui en avaient usurpé tous les revenus après la guerre fatale que Thierry, leur roi, fit à Théodebert son frère, roi d'Austrasie. Les fidèles, réduits à la même indigence par les vexations de l'ennemi, ne pouvaient non plus fournir à l'entretien des ministres des autels. Tel était le triste état de l'église de Verdun, lorsque saint Paul fut tiré du monastère de Tholey pour la gouverner. Adalgise, son cher disciple et son ami très-intime, qui avait beaucoup contribué à le faire connaître à la cour et avait tant travaillé pour le faire nommer évêque, lui fut d'un grand secours pour obtenir la restitution des terres de son église. « Adalgise », dit la chronique, « se transporta avec son bon maître Paul en la cour du roi Dagobert, remontrant l'indigence et la pauvreté de ladite église de Verdun, lequel lui donna de très-grands biens en terres, seigneuries, rentes et argent avec lettres et chartes, de grands priviléges, libertés, immunités et franchises ». Non-seulement Adalgise aida à obtenir du roi ces dons en faveur de l'église, il la dota encore avec ses propres biens. Il lui soumit l'abbaye de Tholey, qui avait été bâtie sur un fonds à lui appartenant et sur laquelle il conservait une entière juridiction à saint Paul et aux évêques de Verdun, ses successeurs.

Paul s'était non moins appliqué à choisir et à former de bons ministres des autels, à faire refleurir le service de Dieu et la discipline dans tout son diocèse. La sainteté de sa vie, jointe à la sagesse de son gouvernement, changea bientôt la face de son église. Le don des miracles que Dieu lui accorda donna encore plus d'éclat à sa vertu et le rendit célèbre dans toute la France. Il fut estimé du roi Dagobert et de saint Sigebert son fils, du maire du palais, des ministres et de tous les grands de la cour d'Austrasie. Il était lié d'amitié avec tout ce qu'il y avait de saints dans son siècle : saint Arnoult et saint Goeric, évêques de Metz ; saint Cunibert, de Cologne ; saint Modoald, de Trèves ; saint Amand, depuis évêque de Maëstricht ; saint Pallade, d'Auxerre ; saint Omer, de Thérouanne ; saint Eloi, saint Ouen, et plusieurs autres.

Il nous reste une lettre de saint Didier, évêque de Cahors, surintendant des finances sous Dagobert, adressée à saint Ouen de Rouen, dans laquelle il se glorifie de l'étroite amitié qui le lie à saint Paul, de Verdun. Dans une autre lettre, Didier invite notre évêque à la dédicace d'une nouvelle église. Saint Paul, de son côté, écrivait à Didier ; nous possédons encore deux de ces lettres qui prouvent chez lui une instruction littéraire remarquable. Dans une de ces lettres il remercie son ami des bords de la Garonne de lui avoir envoyé dix pièces de vin de Falerne, c'est-à-dire d'excellent vin de Cahors.

Les auteurs qui parlent de ce saint évêque le qualifient de *Restaurateur de l'église de Verdun*, et c'est à bon droit, si l'on considère que la régularité établie par lui dans cette église et son clergé triompha de toutes les révolutions qui se succédèrent du VIIe au XIIIe siècle. Pasteur pieux, autant qu'habile administrateur, il veillait surtout à ce que son peuple sanctifiât le dimanche. Il fit bâtir une église à la campagne, hors de l'enceinte de la ville, pour y attirer ceux des fidèles qui voulaient se délasser et prendre l'air dans l'intervalle des offices. Il la dédia à saint Saturnin, de Toulouse, et y plaça des reliques de cet apôtre, qu'il devait à la libéralité de Dagobert.

Le prêtre Berthaire, qui a écrit la vie de Paul sur l'ordre de Dadon, un de ses successeurs à l'évêché de Verdun, dit aussi qu'il fit plusieurs prodiges ; qu'il rendit la vue à des aveugles, qu'il fit marcher droit des boiteux, et qu'il guérit plusieurs malades de différentes infirmités ; et que l'on voyait de son temps, à son tombeau, plusieurs tableaux qui représentaient les miracles qu'il avait faits pendant sa vie et après sa mort. Plût à Dieu que cet écrivain nous eût appris, plus en particulier, ce qu'il avait vu et reconnu d'un si digne prélat, afin que nous ne fussions pas obligés de dire si peu de chose des merveilles que Dieu a opérées par son intercession. Enfin, après avoir dignement administré l'église de Verdun, il arriva à l'heureux moment auquel il aspirait avec tant d'ardeur, pour aller jouir de la bienheureuse éternité. Il mourut le 8 février, environ l'an 649. Son corps fut inhumé, selon son ordre, dans l'église qu'il avait fait bâtir en dehors de la ville, sous le nom de Saint-Saturnin, et qui s'est depuis appelée Saint-Paul.

On représente saint Paul de Verdun 1° tenant un flambeau, symbole de la science et de la lumière de la foi qu'il raviva dans son diocèse ; 2° occupé près d'un four, nous avons dit pourquoi.

RELIQUES ET CULTE DE SAINT PAUL.

Le concours de peuple qui se fit à son tombeau amena l'établissement du faubourg de Saint-Paul, au nord de Verdun. Une huile merveilleuse coulait de ce tombeau, laquelle guérissait toutes sortes de maladies. Lorsque l'église de Saint-Saturnin eut été ruinée par les Normands, vers le commencement du x° siècle, cette liqueur parut sortir, en plus grande quantité, du tombeau de saint Paul ; ce qui faisait dire au dévot peuple de Verdun, que la pierre pleurait à cause de la négligence qu'on mettait à réparer ce lieu sacré. Or, les religieux de Tholey ayant appris que le corps de saint Paul était délaissé, ils vinrent à Verdun, visitant les églises, comme passants et pèlerins. Une nuit, ils entrèrent dans l'église Saint-Saturnin, ouvrirent le sépulcre, prirent le corps du Saint et l'enveloppèrent dans un fin suaire. Ils partirent, cheminant toute la nuit, et tirant vers leur monastère. Le matin, ils pensaient être bien loin ; mais ils n'étaient qu'à environ deux heures de Verdun, dans un bois, en un lieu qui fut depuis appelé Paul-Croix. Après s'être reposés, ils voulurent continuer leur chemin, mais ce fut chose impossible à eux, car ils allaient et venaient, ramenés par une main invisible, à leur point de départ. Or, en cette même nuit, un saint prêtre entendit une voix qui disait : O Verdunois avaricieux, vous perdrez par votre négligence le bon patron de votre cité, saint Paul, dont des étrangers ont dérobé le corps cette nuit. Le saint homme, effrayé, se leva en toute hâte et réveilla les habitants qui, vérification faite, trouvèrent qu'il avait dit vrai ; on se mit à la poursuite des *larrons de reliques* et on les rencontra bientôt à l'endroit où les arrêtait la main de Dieu. On accorda aux moines de Tholey une partie des os de la tête qu'ils transférèrent à leur monastère : le reste du corps fut rapporté à Verdun dans son tombeau et conservé désormais avec plus de décence. On érigea une croix de pierre et un autel à la place où les religieux de Tholey furent atteints par les habitants de Verdun. Ce lieu, situé entre Verdun et Haudiomont, sur la route de Metz, a conservé jusqu'à nos jours le nom de Paul-Croix. — Paul-Croix fut d'abord un simple pèlerinage transformé plus tard en prieuré à l'occasion d'un prodige que la tradition raconte à peu près en ces termes : « Avec le temps, la dévotion au pèlerinage de Paul-Croix avait fort diminué. Il advint donc qu'un homme du voisinage eut besoin d'une grande pierre. Sans avoir révérence à Dieu et à saint Paul, il alla prendre la pierre qui servait d'autel devant la croix et l'emporta furtivement en sa maison pour l'appliquer à un usage tout profane ; mais il arriva bientôt après que tous ses chevaux, bœufs, moutons périrent de male mort et lui-même tomba si grièvement malade qu'on s'attendait à le voir trépasser. A ce moment, il eut souvenance du larcin qu'il avait commis, et alors avec grande repentance, il cria merci à Dieu et à saint Paul ; il renvoya donc la pierre et fut guéri. A raison de quoi tout le peuple commença de nouveau à avoir grande dévotion à saint Paul et à fréquenter ce lieu où se firent maints miracles ». — Ce lieu devint si célèbre, qu'en 1107, les moines bénédictins de Saint-Vannes y établirent un prieuré, lequel a disparu depuis longtemps.

Quant à l'église de Saint-Saturnin, elle fut réédifiée vers l'an 973 par Wilfrid, évêque de Verdun, qui leva en même temps de terre les reliques de saint Paul et les mit dans une châsse d'argent pour les exposer à la vénération des fidèles. Il établit en même temps près de cette église un monastère de Bénédictins. Ce monastère fut donné en 1136 aux religieux de Prémontré, par l'évêque Albéron. En 1552, les nécessités de la guerre ayant amené la démolition du monastère, l'évêque Psaume rebâtit l'église dans l'intérieur de Verdun même, au lieu où était la célèbre abbaye de Saint-Paul, qui a conservé les reliques de son patron jusqu'à la Révolution ; les bâtiments sont aujourd'hui transformés en palais de justice. Les reliques sont dans le trésor de la cathédrale de Verdun. Au moment de la Révolution, l'église de l'abbaye possédait en outre un bras de saint Saturnin de Toulouse. Cette relique est maintenant perdue ou tout au moins sans authentique.

Le Martyrologe romain, celui d'Usuard et celui de France, font mémoire de saint Paul en ce même jour. Trithème, au livre troisième des *Hommes illustres de l'Ordre de Saint-Benoît*, et d'autres que l'on peut voir en la *Gaule chrétienne* et dans Bollandus, en parlent aussi avec beaucoup d'honneur. — Voir surtout l'*Histoire civile et ecclésiastique de Verdun*, par Roussel, rééditée en 1863, à Bar-le-Duc.

SAINT ÉTIENNE DE MURET,

FONDATEUR DE L'ORDRE DE GRANDMONT

1046-1124. — Papes : Clément II; Honoré II. — Rois de France : Henri Ier; Louis VI, *le Gros*.

Plus vous serez élevé, plus vous devez vous humilier, et ainsi vous trouverez grâce devant Dieu.
Eccli., III, 20.

Saint Etienne, plus connu par le nom de Muret, lieu de sa solitude, et par celui de Grandmont, premier couvent de son Ordre, que par le nom de Thiers, qui était celui de sa famille, naquit au pays d'Auvergne. Son père s'appelait Etienne et était vicomte de Thiers, et sa mère se nommait Candide : tous deux considérables par les biens de la fortune, mais encore plus recommandables par leur vertu et leur piété. Après avoir été longtemps sans enfant, ils firent des prières, des jeûnes et des aumônes pour en obtenir de la bonté de Dieu, et promirent de consacrer à son service le premier qu'il leur donnerait. Leur vœu fut exaucé, car Candide, quelque temps après, mit au monde un fils qui fut nommé Etienne, comme son père (1046). Cet enfant commença, dès ses plus faibles années, à donner des marques évidentes de ce qu'il serait un jour, ne se plaisant dès lors qu'à la retraite et au silence, afin de mieux vaquer à la prière. « Dieu voulut que les miracles qui arrivaient devant le tombeau de saint Nicolas, à Bari, en Calabre, où ses reliques avaient été tout nouvellement transférées, fissent un si grand éclat que..... le bruit en vola jusqu'en Auvergne, ce qui donna au vicomte la volonté de les aller visiter et d'y mener son fils [1]..... » Mais comme il revenait en France, le jeune Etienne étant tombé malade à Bénévent (1058), il fut obligé de l'y laisser sous la conduite de l'archevêque de cette ville, appelé Milon, qui était aussi originaire d'Auvergne. Ce prélat le retint volontiers auprès de lui, et prit un singulier plaisir à l'éducation d'un jeune homme si bien né ; il lui donna des maîtres pour l'avancer dans les sciences, et lui-même était bien aise de s'appliquer quelquefois à l'instruire ; et, pour lui fortifier davantage l'esprit, il le faisait ordinairement assister au jugement des causes qui se plaidaient en sa présence. Enfin, selon quelques-uns, il l'ordonna diacre, et le fit son archidiacre et son official. Mais comme Etienne avait le cœur naturellement porté à la solitude, il ne se plaisait guère à entendre plaider les parties. C'est pourquoi, après être demeuré quelques années sous la direction de Milon, il passa jusqu'en Calabre, pour y visiter certains religieux dont il avait entendu parler, qui menaient, sur la terre, une vie toute angélique. Il prit tant de goût à leur genre de vie, qu'il résolut dès lors d'y conformer la sienne, autant que Dieu lui en donnerait le moyen. Dans cette résolution, il s'en vint en France.

1. *Vies des Saincts et Sainctes d'Auvergne*, par Jacques Branche, religieux du couvent de Notre-Dame de Pébrac.

Mais aussitôt après son retour d'Italie, son père avait été saisi d'une maladie « qui le fit partir de ce monde avec des marques visibles de sainteté pour aller attendre son fils dans le ciel ». Sa mère aussi était allée à Dieu, en sorte qu'il reprit sa route vers l'Italie sans se soucier du riche patrimoine dont il avait hérité.

Son dessein était de retourner à Bénévent; mais, apprenant à Rome que l'archevêque était mort, il s'arrêta chez un cardinal (1070) où, par l'entretien de quelques doctes personnages, il s'instruisit fort soigneusement de toutes les règles et constitutions des maisons religieuses qui florissaient alors dans l'Eglise; mais pas une ne lui plut autant que celle qu'il avait observée en Calabre. C'est pourquoi, après un séjour de quatre ans à Rome, il résolut de venir établir une semblable maison en France. Il en obtint la permission du pape saint Grégoire VII, qui lui fit expédier une bulle par laquelle il accordait plusieurs grandes indulgences à ceux qui embrasseraient ce nouvel institut.

Etienne, satisfait de cet heureux succès, partit de Rome pour se rendre en Auvergne, et ayant disposé (à la réserve d'une bague), de tous les biens qui lui étaient échus par le décès de son père et de sa mère, il s'en alla sans bruit et à l'insu de ses autres parents (1076). Pour mieux obtenir de Dieu qu'il bénît son dessein, il commença son voyage par la prière, durant laquelle il fut ravi en extase; il s'en trouva extrêmement consolé et fortifié pour la poursuite de son entreprise. Après avoir visité plusieurs déserts, il arriva enfin, par une expresse providence de Dieu, dans la province de Limoges, toute pleine de forêts, et, s'arrêtant en celle de Muret, qui était toute déserte, il y choisit sa demeure pour le reste de sa vie.

Il était âgé d'environ trente ans, et pour commencer cette nouvelle vie par un sacrifice de lui-même, il prit l'anneau qui était l'unique bien qu'il avait réservé de la succession de ses parents, et se consacra entièrement au service de Jésus-Christ, par ces mots, qu'il prononça à mesure qu'il les écrivit : « Moi, Etienne, je renonce au démon et à toutes ses pompes, et je m'offre et me donne à Dieu, le Père, le Fils et le Saint-Esprit, seul Dieu, vrai et vivant en trois personnes ». Il scella de son anneau cet écrit, et le mettant sur sa tête, il ajouta : « O Dieu très-puissant, qui vivez éternellement et régnez seul en trois personnes, je promets de vous servir en cet ermitage, en la foi catholique, en signe de quoi je pose cette écriture sur ma tête et mets cet anneau à mon doigt, afin qu'à l'heure de ma mort cette promesse solennelle me serve de défense contre mes ennemis ». Ensuite, il s'adressa à la sainte Vierge en ces termes : « Sainte Marie, Mère de Dieu, je recommande, à votre Fils et à vous-même, mon âme, mon corps et mes sens ».

Ce vœu étant fait, il résolut de ne plus retourner dans le monde, quelque nécessité qui semblât l'y appeler; mais, s'enfermant en une étroite cellule, il y supporta également les chaleurs de l'été et les rigueurs de l'hiver, car il n'était pas plus vêtu en une saison qu'en une autre, et il se servait en tout temps d'une cotte de mailles pour chemise. Son sommeil était si léger, que ce n'était pas proprement un repos, et cependant il regrettait le peu de temps que l'extrême besoin de la nature le forçait d'y employer. Son lit ressemblait plutôt au sépulcre d'un mort qu'au lit d'un homme vivant. Il ne consistait qu'en deux planches enfoncées dans la terre, sans matelas ni paillasse, et même sans couverture. Quoique son corps fût exténué par tant d'austérités, son courage n'en était pas moindre, et son visage paraissait toujours si joyeux et si affable, que tous ceux qui l'abordaient étaient charmés de son extrême douceur. Outre l'Office du Bréviaire, il récitait chaque jour des psaumes, des prières en l'honneur de la Très-Sainte Trinité et de la Sainte Vierge, et pour les trépassés ; sa ferveur était si grande qu'il le faisait toujours à genoux et la tête nue, et qu'il se prosternait souvent le visage contre terre ; il en était devenu tout livide, et sa peau paraissait toute calleuse aux genoux et aux coudes, et même au front et au nez. Il donnait aussi beaucoup de temps à la contemplation, en laquelle il demeurait souvent tout absorbé ; on dit même qu'il y a passé jusqu'à dix jours sans prendre de nourriture, tant l'entretien qu'il avait avec Dieu le soutenait : on pouvait dire de lui comme de l'apôtre saint Paul, qu'il vivait plus en Jésus-Christ qu'en lui-même.

Au reste, cette occupation intérieure ne l'empêchait pas de satisfaire à ce que l'amour du prochain demandait de lui ; quoiqu'il fît tout son possible pour cacher les grâces dont il était favorisé, « néanmoins, comme le miroir ne peut être opposé au soleil, sans en refléter des étincelles et de petits rayons, ainsi ne pouvait-il si bien couvrir l'éclat de ses saintes actions qu'elles ne brillassent dans le voisinage de Muret » , de sorte que chacun y accourait pour admirer sa façon de vivre et pour avoir sa bénédiction. Il demeura seul la première année ; ensuite deux disciples se joignirent à lui, mais longtemps ils ne furent suivis de personne, parce que l'austérité de sa règle épouvantait les hommes. Cependant, l'odeur de sa vertu y en appela enfin un grand nombre, qui se rangèrent sous lui pour être conduits dans le chemin qui mène à la vie. Sa charité ne lui permit pas de les refuser, mais il ne les reçut qu'à condition qu'ils ne lui donneraient jamais le nom de *maître*, ni d'*abbé*, mais seulement l'humble titre de *correcteur*. Il était le premier à faire les offices les plus vils de la maison : il prenait sa place le dernier à table, où il faisait ordinairement la lecture de la vie des saints martyrs et des anachorètes ou de quelque autre sujet de piété.

Cette façon de gouverner du saint patriarche fut si agréable à Dieu qu'il lui révélait souvent les fautes secrètes de ses religieux, leurs distractions en l'oraison et les dangers auxquels les exposait quelque violente tentation, afin qu'il les secourût dans leurs besoins ; aussi les avertissait-il avec un esprit si plein d'amour, qu'il gagnait leur cœur. Il avait un don particulier de porter à la vertu ceux qu'il entretenait ; soit qu'il reprît les uns ou consolât les autres, c'était toujours de la manière qu'il le fallait faire, de sorte que ses paroles, en quelque façon comme celles de Dieu, « ne retournaient jamais vides, mais elles faisaient ce qu'il en avait ordonné ». Si quelquefois l'effet ne semblait pas suivre si promptement, le Saint, ajoutant la prière à son discours, les rendait bientôt efficaces. L'exemple qui suit nous en va donner des preuves. Un homme opiniâtre dans son crime assista un jour à un sermon du saint religieux, où il traita de l'horreur du péché et des étranges peines qui lui sont préparées ; après le sermon, cet obstiné lui dit : « Bonhomme, vous avez beau prêcher, je ne changerai pas pour cela ma façon de vivre ; priez, si vous voulez, pour les autres, mais pour moi, je vous prie de n'y point penser, je ne veux point avoir de part à vos oraisons ». Ces paroles glacèrent le cœur du serviteur de Dieu, mais espérant gagner par ses prières ce qu'il n'avait pu faire par sa prédication, il dit à ses religieux : « Allons prier pour ce pauvre aveugle ». Et à quelques heures de là, ce pécheur revint, tout autre qu'il n'était auparavant, car, se jetant aux pieds du Saint, il lui demanda pardon, et lui promit de quitter son péché et de n'y plus retourner. La prière du Saint et de ses religieux ne fut pas moins efficace une autre fois : deux voleurs avaient emmené le pourvoyeur du monastère au fond de la forêt; le Saint, n'en ayant point de nouvelles, dit à ses religieux qui s'affligeaient de cette absence : « Allons nu-pieds en l'oratoire, et implorons le secours de la très-sainte Vierge, parce qu'il n'est point de prison si cachée, ni de pays si éloigné, d'où elle ne puisse nous renvoyer notre frère ». Et en effet, dès le matin, les mêmes voleurs parurent à la porte du couvent avec leur prisonnier ; mais, ce qui est plus admirable, c'est que le prisonnier était libre et délié, et qu'eux étaient enchaînés. Le saint Père leur ayant remontré leur faute, leur donna sa bénédiction et les renvoya. Deux autres voleurs ayant pris un pain que quelques personnes envoyaient par aumône au monastère de Muret, ils ne le purent jamais rompre ni couper, parce qu'ils avaient dit avec mépris du Saint : « Que quand Dieu se ferait voir à eux, ils ne s'abstiendraient pas de manger le pain de son serviteur » ; mais se voyant punis de la sorte, ils lui envoyèrent demander pardon, ce qu'il leur accorda de bon cœur avec une partie du même pain. Une femme lui fit présent d'un pain qu'elle avait fait des épis glanés en son propre champ ; mais ce pain se rompit sur l'heure et parut tout sanglant, parce que c'était la portion des pauvres, ordonnée par la loi de Dieu. Un autre lui donna des œufs; mais le Saint, apprenant par une lumière divine qu'ils étaient dérobés, les rendit à la même femme, l'exhortant à en faire restitution.

Ces exemples, qui contiennent autant de prodiges, sont des preuves assez évidentes de la sainteté d'Etienne. Il possédait la pureté à un si haut degré, qu'il ne se sentit jamais en toute sa vie un seul mouvement contraire à cette vertu. Néanmoins, il ne laissait pas de dire à ses religieux que cela même lui était un sujet de plus grande crainte : « Parce que la vertu de virginité », disait-il, « se perd par les mouvements de vanité aussi bien que par les plaisirs déshonnêtes ». Le peu d'estime qu'il avait de sa personne faisait qu'il se plaisait plus dans l'entretien des pauvres que dans celui des riches; une fois qu'il s'était entretenu toute la journée avec des seigneurs qui l'étaient venu visiter, il voulut récompenser les pauvres le long de la nuit; et comme les religieux l'en voulaient détourner, il leur fit cette réponse : « Maintenant que Jésus-Christ est avec nous, voulez-vous que je me retire? Je ne commettrai pas cette faute, après avoir donné le jour aux grands du monde, de ne pas m'entretenir du moins la nuit avec les pauvres ». Sa conversation était si agréable, que l'on en peut dire ce qui est dit de la Sagesse, qu'elle n'avait point d'amertume; sa réputation, se répandant dans le pays, attirait à lui tout le monde; de ce nombre furent deux cardinaux, Grégoire et Pierre de Léon, légats du Pape en France. Ayant entendu parler à Limoges de ce grand homme de Dieu qui était à Muret, ils vinrent le visiter en son désert, et demeurèrent si charmés de sa conversation, que l'un et l'autre protestèrent n'avoir jamais eu d'entretien si édifiant, et qu'assurément le Saint-Esprit parlait par sa bouche. S'adressant à lui-même : « Homme de Dieu », lui dirent-ils, « si vous persévérez comme vous avez commencé, sans doute que vous recevrez une récompense égale aux saints Apôtres et aux Martyrs, parce que vous suivez leur route ». Enfin, lui ayant donné leur bénédiction, ils se recommandèrent à ses prières, et s'en retournèrent fort satisfaits à Limoges.

Huit jours après cette visite solennelle, le Saint, sentant que le dernier moment de sa vie était proche, comme il l'avait connu dans la prière, en donna avis à ses religieux, et, pour les porter à la persévérance et à l'exacte pratique de leur sainte règle, il leur fit ce discours : « Mes enfants, je vous laisse pour héritage Dieu, en qui, de qui et par qui tout subsiste, pour l'amour duquel vous avez tout laissé. Si vous demeurez fidèles dans le chemin que je vous ai montré, il vous pourvoira sans doute de ce dont vous avez besoin; souvenez-vous que je demeure en cette solitude depuis près de cinquante ans, dont les uns se sont passés en une extrême disette, et les autres en grande abondance; mais, en ma disette, je n'ai manqué de rien, et, en mon abondance, je n'ai rien eu de superflu; si bien que Dieu s'est comporté également avec moi en l'un et en l'autre de ces états. La même chose vous arrivera, si vous gardez bien cette règle que je vous laisse et que j'ai puisée dans l'Evangile ». Quatre jours se passèrent en ces exhortations, durant lesquels il chantait toujours quelques dévotes prières, « plus doucement qu'un cygne », dit la vieille chronique, « et avec plus de force qu'il n'avait fait de sa vie, montrant en ceci que Dieu lui continuait et augmentait ses grâces à cette heure ». Le cinquième, se sentant saisi d'une extrême douleur, qui lui fit connaître les approches de l'heure qu'il avait tant désirée, il se fit porter à l'oratoire, où, après s'être muni du saint Viatique et de l'Extrême-Onction, il ferma les yeux du corps au monde pour ouvrir ceux de l'âme à l'éternité, en achevant ces paroles : « Seigneur, je recommande mon esprit entre vos mains ». Ce fut un vendredi; il était âgé de quatre-vingts ans, et dans la cinquantième année de sa profession, depuis laquelle il était demeuré en l'ordre de diacre, son humilité ne lui ayant pas permis de passer jusqu'à la prêtrise. A l'instant même où cette sainte âme partit de ce monde, un jeune garçon, malade à l'extrémité, et qui avait perdu depuis trois jours l'usage des sens, annonça distinctement à sa mère qu'il voyait une échelle toute brillante, qui, touchant du monastère de Muret jusqu'au ciel, paraissait chargée de bienheureux esprits, qui se disaient l'un à l'autre : « Allons recevoir l'âme du bienheureux Etienne, et conduisons-la avec nous au ciel ». Pour prouver qu'il disait la vérité, il ajouta que la dernière de ces paroles serait aussi la dernière de sa vie; en effet, il expira aussitôt. A peine Etienne avait-il rendu sa belle âme à Dieu, que sa mort fut divinement annoncée à Notre-Dame du Puy, où il était fort connu. La même nouvelle vola en même temps jusqu'à Tours et à Limoges, ce qui engagea les chanoines réguliers de Saint-Augustin, accompagnés d'une grande multitude de peuple, à se porter à Muret, pour assister à sa sépulture. Le portier leur fit entendre qu'il n'était pas mort, afin que l'on pût faire les funérailles du Saint paisiblement; mais les chanoines insistèrent, assurant qu'ils avaient connu sa mort par révélation.

Les religieux de Muret avertirent les deux cardinaux qui l'avaient honoré de leur visite depuis huit jours, de cette mort si précieuse devant Dieu. Ces prélats étaient déjà en la ville de Chartres, où, après avoir relevé en pleine assemblée les vertus héroïques de cet homme de Dieu, ils prièrent pour son âme; après quoi ils dirent ouvertement : « Nous avons prié pour lui, prions-le maintenant qu'il soit notre intercesseur auprès de Dieu, parce qu'assurément il règne avec Jésus-Christ au ciel ». Ce fut là un présage de sa canonisation, faite par le pape Clément III, qui ordonna qu'on lui rendît les mêmes honneurs que l'on rend publiquement aux autres Saints.

Son saint corps fut transporté de Muret à Grandmont, monastère fondé par le Père général Pierre de Limoges, chef de tout l'Ordre; il y faisait tant de miracles, que, comme les religieux craignaient que, par là, ils ne fussent distraits de leur solitude, le même général s'en alla sur le tombeau du Saint, et lui dit avec une sorte de révérence : « Serviteur de Dieu, vous nous avez enseigné le chemin de la pauvreté et l'esprit de la solitude; prenez garde que ce concours de peuple ne nous fasse perdre l'un et l'autre : c'est pourquoi nous vous prions très-humblement de vouloir cesser de faire des miracles »; à quoi le Saint obéit.

On le représente volontiers dans sa solitude de Muret, couvert d'une cotte d'armes qui lui sert de cilice, agenouillé devant la sainte Trinité qui lui apparaît et à laquelle il se consacre par la formule que nous avons donnée dans sa vie et qu'il tient à la main. On lui met en outre au doigt un anneau, seule chose qu'il eût conservée de toutes ses richesses du siècle.

RELIQUES ET CULTE DE SAINT ÉTIENNE. — SES ÉCRITS.

Trithème, Yepez et Le Mire ont prétendu que saint Etienne avait composé sa règle sur celle de saint Benoît. Le P. Mabillon avait aussi adopté d'abord ce sentiment, *Præfat. in part.* 2, *sæc.* 6, *Bened.*; mais il le quitta ensuite, et prouva, *Annal. Bened.*, l. 64, n. 37 et 112, que le saint fondateur de l'Ordre de Grandmont n'avait suivi ni la règle de saint Benoît, ni celle de saint Augustin. Ce point de critique est fort bien traité dans la préface que D. Martène a mise en tête de sa collection des anciens écrivains, t. VI, n° 20, etc. Helyot, Baillet, etc., ont soutenu sans fondement que saint Etienne n'avait jamais rien écrit, et que la règle qui porte son nom n'était autre chose qu'une compilation des maximes qu'il inculquait et des diverses observances qu'il faisait pratiquer, compilation qui aura été rédigée par quelqu'un de ses successeurs. S'ils eussent un peu approfondi cette matière, ils ne se seraient pas si facilement déterminés à admettre une telle opinion, et ils auraient vu que les passages mêmes qu'ils citaient pour eux leur étaient tout à fait contraires. D'ailleurs saint Etienne se donne pour l'auteur de la règle qui porte son nom, et cela en plusieurs endroits, *Crol.* c. 9, 11, 14. On peut voir sur ce sujet l'addition faite par le P. Martène aux annales de l'Ordre de Saint-Benoît, t. VI, l. 74, n° 91.

La règle de saint Etienne de Grandmont est divisée en soixante-quinze chapitres. Elle est précédée d'un prologue ou d'une préface, dans laquelle le Saint rappelle à ses disciples que l'Évangile est la règle des règles, l'origine de toutes celles qui s'observent dans les monastères, et la vraie source où l'on doit puiser les moyens d'arriver à la perfection. Il leur recommande la pauvreté et l'obéissance, qu'il dit être le fondement de la vie religieuse ; il leur défend de recevoir des rétributions pour leurs messes, et d'ouvrir aux séculiers la porte de leur oratoire les jours de fêtes et de dimanche, de peur qu'ils ne prennent de là occasion de manquer aux offices de leur paroisse. Il leur défend aussi toutes sortes de procès [1], et l'usage du gras, même en temps de maladie. Il leur prescrit des jeûnes rigoureux pour la plus grande partie de l'année, etc. Urbain III approuva cette règle en 1186. Elle fut mitigée par Innocent IV, en 1247, et par Clément V, en 1309. Elle a été imprimée à Rouen en 1672.

Outre cette règle, on a encore plusieurs instructions de saint Etienne, lesquelles ont été recueillies par ses disciples après sa mort. On les imprima à Paris en 1704, avec une traduction française. On a mis sans raison le nom de Baillet à plusieurs exemplaires de cette traduction de 1714. On admire dans ces instructions la beauté et la fécondité du génie; elles contiennent aussi d'excellentes choses sur divers points de morale, les tentations, la vaine gloire, l'ambition, la douceur du service de Dieu, la nécessité de tendre à la perfection, etc. Il pourrait arriver que quelqu'un des disciples de notre Saint eût fait des additions au recueil édifiant dont nous parlons. On trouve encore quelques maximes de saint Etienne dans la plus ancienne de ses vies, intitulée : *S. Stephani dicta et facta*. Cette compilation a pour auteur Etienne de Liciac [2].

Quatre mois après la mort de saint Etienne, les moines d'Ambazac, de l'Ordre de Saint-Benoît, réclamèrent Muret comme leur appartenant. Les disciples d'Etienne, cédant à ces injustes prétentions, se retirèrent dans le désert de Grandmont, qui est à une lieue de Muret, emportant avec eux les précieux restes de leur fondateur. De là leur nom de Grandmontais.

I. — Etat actuel des reliques de saint Etienne de Muret :

1° La paroisse de Saint-Sylvestre, canton de Laurière (Haute-Vienne), sur le territoire de laquelle se trouvait l'abbaye de Grandmont, possède le chef de saint Etienne de Muret dans un buste en argent donné à cette abbaye, en 1494, par le cardinal Brissonnet, onzième abbé de Grandmont [3];

2° Une partie du corps de saint Etienne de Muret est dans l'église d'Ambazac (cure de canton, sur le territoire de laquelle se trouve l'ermitage de Muret), dans une magnifique châsse byzantine, revêtue d'or et de pierreries, où la richesse du dessin le dispute à l'éclat de l'émail. On trouve encore à Ambazac une précieuse dalmatique de soie, donnée à saint Etienne de Muret, par l'impératrice Mathilde, épouse de l'empereur Henri V [4];

1. C. 15. Voir Chastelain, *Not. sur le Martyrol.*, p. 578. — 2. Voir le P. Martène, *loc. cit.*, t. V, p. 1046.
3. Voir le *Dictionnaire d'Orfèvrerie* de l'abbé Texier, collect. Migne, col. 845, 846. — *Ibid.*, col. 1259.
4. Voir la *Revue archéolog.* de la Haute-Vienne, p. 132. — *Diction. d'Orfèvrerie*, col. 1257.

3° D'après un état des reliques du diocèse de Limoges, du commencement de ce siècle, on trouve encore des reliques de saint Etienne de Muret à Saint-Pierre de Limoges (où je les ai vénérées), à Saint-Michel de Limoges et à Saint-Jouvent (Haute-Vienne) ;

4° En 1790, quelques années après la suppression de l'abbaye de Grandmont, on distribua entre les diverses églises du diocèse, les reliques de l'abbaye. On donna des reliques de saint Etienne de Muret aux églises de Saint-Michel de Limoges, chapelle du grand séminaire, abbaye de la Règle, Carmélites de Limoges, aux abbés Sicelier et Legros (ibid.), et aux paroisses de Saint-Léger-la-Montagne, Razès, Dompierre, Saint-Amand-Magnazeix, Saint-Jouvent, Bessines, Saint-Piest-Ligoure, la Geneytouse, Glanges, Journiac (Haute-Vienne) [1], etc. Je ne sais si toutes ces reliques ont été conservées jusqu'à ce jour.

II. — Culte de saint Etienne de Muret.

On célèbre sa fête, dans le Bréviaire de Limoges, sous le rite double, le 9 février. Avant l'adoption de la liturgie romaine, on célébrait sa fête le 8 février, jour de sa mort.

III. — Etat actuel de l'abbaye de Grandmont.

Il ne reste de l'antique et célèbre abbaye que quelques granges ou autres constructions insignifiantes. Les bâtiments et l'église (reconstruite quelques années avant la suppression de l'Ordre), furent démolis en 1821; et les matériaux, portés à Limoges, pour servir à la construction de la maison centrale, ont réalisé la parole prophétique de M. de Maistre : « Il leur faudra bâtir des bagnes avec les ruines des couvents qu'ils auront détruits ».

Le maître-autel de l'église de Grandmont, orné d'un beau relief en marbre blanc, représentant les disciples d'Emmaüs, est aujourd'hui à l'église de Saint-Junien (Haute-Vienne) [2].

Le nom de saint Etienne de Muret figure au Martyrologe d'Usuard, en celui des Saints de l'Ordre de Saint-Benoît, et, enfin, au nouveau des Saints de France, le 13 février, bien que le Bréviaire de Limoges, sur lequel nous nous sommes réglé, célèbre sa fête le 8 du même mois. Pour le temps de son décès, le R. P. Dom Gérard Itier, septième prieur général de Grandmont, dit expressément, en la vie qu'il a écrite de ce saint Patriarche, que ce fut l'an 1124, quoique Baronius le mette en l'an 1126. Cette vie a été écrite par saint Vincent de Beauvais, en son *Miroir historique*, par le Père Gérard Itier, dont nous venons de parler, qui poursuivit la canonisation de notre Saint, et par Dom Charles Fremon, religieux du même Ordre. Le R. P. Benoît Gonon, Célestin, ne l'a pas omis en son recueil de la *Vie des saints Pères de l'Occident*.

SAINT JEAN DE MATHA,

FONDATEUR DE L'ORDRE DE LA TRÈS-SAINTE TRINITÉ

1160-1213. — Papes : Alexandre III; Innocent III. — Rois de France : Louis VII; Philippe II Auguste.

> Vendez ce que vous avez et faites l'aumône.
> *Luc*, XII, 33.
>
> Plus une âme est parfaite, plus elle a de compassion pour les souffrances d'autrui.
> Saint Grégoire, *in Mor.*, l. XIX.

La société catholique était profondément troublée, lorsque trois grands réparateurs, Dominique de Gusman, François d'Assise, et Jean de Matha, parurent, l'un pour défendre la foi contre les hérésies, l'autre pour rendre l'espérance aux pauvres, dont la spoliation du clergé avait accru le nombre, et le troisième pour étendre le règne de la charité, en procurant la liberté aux chrétiens réduits en esclavage chez les Maures, et en soignant des milliers d'infirmes et de malades au sein de l'Europe civilisée.

Leur gloire fut si éclatante, que chacune des trois nations auxquelles ils

1. *Livre des Ostensions*, par Maurice Ardant, p. 69-88. — 2. M. Arbellot, *curé-archip.* Rochechouart, 7 octobre 1862.

appartiennent, est fière de compter un d'entre eux au nombre de ses plus illustres citoyens, et que diverses Eglises, en particulier, ont revendiqué l'honneur d'avoir donné naissance au dernier de ces héros; mais seule, l'église d'Embrun s'en glorifie avec justice, et, à ce titre, range Jean de Matha parmi les Saints qui lui sont propres. En effet, la petite ville de Faucon, dans la Haute-Provence, qui fut incontestablement le berceau de ce patriarche de l'Ordre des Trinitaires, a fait partie de l'ancien diocèse d'Embrun jusqu'à sa suppression par le concordat de 1802 ; alors la baronnie de Faucon et le reste de la vallée de Barcelonnette furent détachés de leur antique métropole, et compris, pour la première fois, dans la circonscription du diocèse de Digne.

Or, Euphrème de Matha, héritier d'une terre seigneuriale, située à Faucon, avait épousé, vers l'an 1156, Marthe, fille de Raymond, vicomte de Fenouillet, et descendant d'une des plus grandes familles de Provence. Ces époux chrétiens prièrent longtemps le Seigneur de bénir leur union ; enfin, en l'année 1160, Marthe eut un fils qui fut appelé Jean, parce qu'il avait vu le jour la veille de la fête de saint Jean-Baptiste. Elle traita cet enfant de prières avec un religieux respect, encouragée qu'elle était par une révélation que Dieu lui avait faite sur ses glorieuses destinées.

Le baron, qui avait placé dans son fils ses plus brillantes espérances, voulut que, tout jeune encore, il se livrât à l'étude des belles-lettres. C'est dans ce but qu'il vint, avec son épouse, habiter Marseille. Il désirait former l'esprit et le cœur du jeune Matha par le commerce de la bonne société, sans l'exposer seul aux dangers du siècle. Et pendant qu'il montrait à son fils chéri le monde dans son éclat, il permettait à la pieuse Marthe de lui en faire toucher au doigt les extrêmes misères, en le conduisant tantôt dans les hôpitaux, tantôt dans les prisons et tantôt dans de pauvres réduits, où des familles entières, manquant de tout, semblent faites pour expier à l'écart les criminelles jouissances de celles qui ne se refusent rien.

Ce contraste frappant fit une profonde et salutaire impression sur le cœur de Jean de Matha ; il en demeura pénétré non-seulement pendant ses études, mais encore jusqu'à la fin de sa vie. Ainsi prémuni, ses parents l'envoyèrent ensuite à Aix où il y avait une école distinguée.

Mais riche, jeune, bien fait et d'une physionomie agréable, il ne tarda pas à être remarqué par ces créatures avilies, qu'on ne rencontre que trop souvent dans les lieux où le goût des sciences attire une multitude d'étudiants. Une d'entre elles mit tout en œuvre pour triompher de sa pudeur ; et il eût infailliblement succombé si le feu de l'amour divin n'eût rendu son cœur invulnérable. Jean, victorieux de ces violentes attaques, courut se jeter aux pieds de la très-sainte Vierge pour renouveler le vœu de chasteté qu'il avait fait, assure-t-on, dès sa plus tendre enfance.

Il ne se bornait pas à éviter pour lui-même ces dangereux écueils, contre lesquels fait si malheureusement naufrage l'innocence du jeune homme ; il s'efforçait encore de les faire éviter aux autres. Un de ses condisciples s'étant permis, un jour, quelques paroles libres, il l'en reprit aussitôt, et celui-ci, confus, promit de ne plus lui causer cette peine.

Un autre jeune homme était déjà entraîné par un mauvais désir ; Jean de Matha l'aborde et lui reproche sa lâcheté. Touché du prodige, l'infortuné tombe aux pieds de son ami, et comme la Samaritaine à Jésus, il lui dit : « Je vois bien que vous êtes prophète, puisque Dieu vous a révélé mon détestable projet ; priez-le pour moi, afin que je n'aime que lui ». Le Saint le promit, et son ami se tint dès lors inébranlablement dans la voie du salut.

Jean de Matha avait terminé ses études ; un ordre du baron son père le rappela au sein de sa famille. Il dut revenir à Faucon. L'attrait naturel qu'il avait pour la vie contemplative le porta à faire les plus vives instances auprès de ses parents, et il obtint d'eux la permission de se retirer dans une solitude voisine. Il s'y réfugia, moins dans le désir de s'y fixer que pour consulter Dieu sur sa vocation, et pour être plus libre dans ses exercices de piété et ses mortifications.

Au bout d'un an, ayant compris qu'il devait perfectionner ses études, il rentra dans sa famille, en demandant qu'on le laissât aller à Paris. L'université de cette capitale était alors la première du monde et le rendez-vous des plus beaux talents. Au reste, le seigneur de Faucon était en relations amicales avec Maurice de Sully, évêque de Paris, avec l'abbé de Sainte-Geneviève, celui de Saint-Victor, et avec plusieurs autres illustres personnages. Ces raisons firent que la demande du fils ne rencontra pas d'opposition sérieuse auprès du père.

Jean de Matha arriva à Paris vers l'an 1180. Il fut affectueusement accueilli des hauts personnages dont nous avons parlé ; mais cette gracieuse réception n'épargna point au jeune protégé l'ennui qu'inspire le tumulte des villes à un cœur qui sait vivre dans la solitude. Les plaisirs bruyants qui succédaient aux leçons de l'école, lui firent un instant regretter les délices du toit paternel et le séjour tranquille de son ermitage de Faucon. Il était agité de ces pensées, sans oser en faire part à ses illustres protecteurs, dans la crainte de blesser leur bienveillance ; enfin il s'en ouvrit à Dieu, à qui il avait coutume de tout confier. Prosterné dans l'église de l'abbaye de Sainte-Geneviève, il déposait au pied de l'autel ses nouvelles angoisses, lorsqu'il entendit distinctement, par trois diverses fois, prononcer ces paroles de la Sagesse : *Stude sapientiæ, fili mi, et lætifica cor meum* [1]. Etudiez la sagesse, ô mon fils, et vous réjouirez mon cœur.

Cet oracle divin fut compris, et Jean de Matha se releva, bien résolu de se livrer avec ardeur à l'étude de la théologie ; mais voulant avant tout travailler à la sanctification de son âme, il se mit sous la conduite de Maurice de Sully. Personne n'était, en effet, plus capable que cet évêque de diriger un Saint. Le pieux jeune homme ne se borna pas à cette première mesure ; il fit choix de quelques amis, dans l'intimité desquels il trouvait force et courage pour marcher dans la voie difficile de la perfection. Celui qui se lia plus étroitement avec lui fut un gentilhomme italien, appelé Jean Lothaire, issu du sang illustre de Conti. Dans une conversation, Jean de Matha lui prédit qu'il serait, un jour, assis sur la chaire de saint Pierre. Cette prophétie se réalisa, et Lothaire gouverna le monde catholique sous le nom d'Innocent III.

Dès que notre Saint eut terminé ses études théologiques, l'Université l'engagea fortement à prendre ses grades. De son côté, l'évêque de Paris crut qu'un talent si distingué pouvait servir très-utilement l'Eglise. Quoique le nouveau docteur eût dirigé toutes ses études vers ce dernier but, il résista longtemps, puis il se laissa vaincre, et le ciel lui-même sembla confirmer cette généreuse résolution, car au moment solennel où l'évêque prononçait ces paroles : « Recevez l'Esprit-Saint », on vit une colonne de feu venir se reposer sur la tête du jeune prêtre.

Ce prodige et la sainteté bien connue de Matha avaient attiré un grand concours à sa première messe. Au moment où ce séraphin terrestre élevait l'hostie sainte pour l'offrir à l'adoration des assistants, on vit son visage s'en-

1. Prov. XXVII.

flammer, ses regards se fixer, étonnés et attendris, et sa tête, entourée d'une auréole lumineuse, briller d'un éclat surnaturel. L'évêque de Paris et les deux vénérables abbés déjà désignés ci-dessus, ne doutèrent pas que Jean n'eût été favorisé de quelque vision.

Le sacrifice terminé, ils le prirent donc à part et lui demandèrent ce qu'il en était. Le Saint se voyant pressé si fort par son évêque consécrateur, qui avait sur lui l'autorité que donnent l'âge, la vertu, et une position élevée dans l'Eglise, lui dit : « Eh bien ! mon père, puisque vous me l'ordonnez, je vais vous le dire ; je ne crois pas me tromper : c'était l'ange du Seigneur ; il était porté sur un nuage resplendissant ; sa face rayonnait d'une vive et douce lumière ; ses vêtements étaient blancs comme la neige ; il portait sur sa poitrine une croix aux deux couleurs rouge et azur ; à ses pieds, et dans la posture de suppliants, étaient deux esclaves chargés de chaînes, l'un maure et l'autre chrétien ; ses mains croisées reposaient, la droite sur le chrétien, la gauche sur le maure ; voilà, mon père, ce que j'ai vu ».

Cette communication fut accueillie par un silence d'étonnement, puis on se livra à diverses conjectures. On engagea le Saint à recourir au vicaire de Jésus-Christ, pour avoir, là-dessus, une décision ; mais l'humilité retint Jean de Matha qui, livré depuis ce moment à une pénible anxiété, s'enfuit secrètement, sans que personne pût savoir le chemin qu'il avait pris.

Dieu avait dirigé les pas de Jean de Matha dans les montagnes voisines de Gandelu, au diocèse de Meaux, où il trouva Félix de Valois [1], dont il avait entendu vaguement parler.

La vue de Félix impressionna si fort le jeune docteur, qu'il ne sut pas dissimuler son émotion, et il s'exprima en des termes dont l'humilité de l'anachorète fut alarmée. Après les premiers épanchements, il fut introduit dans un modeste oratoire, où une fervente oraison les prépara l'un et l'autre à de saintes confidences. Jean de Matha ouvrit son cœur, le premier, à celui que la Providence lui offrait pour guide, et le pria de le souffrir auprès de lui. Félix, attentif à tout son récit, admirait par quelles voies mystérieuses le Seigneur se préparait cette âme privilégiée. Il fut convenu entre eux qu'ils attendraient, dans cette profonde solitude, de nouvelles lumières, et qu'ils achèveraient de purifier leur cœur de tout ce qui pouvait être un obstacle à la grâce.

Trois ans s'étaient déjà écoulés dans de pieux exercices, lorsqu'un jour, s'entretenant de choses saintes, selon leur coutume, ils virent un cerf blanc qui venait se désaltérer à une source d'eau vive. Il portait entre son bois une croix rouge et bleue, conforme à celle que Jean de Matha avait, dans sa vision, remarquée sur la poitrine de l'ange [2].

Ce nouveau signe miraculeux et surtout la lumière de la grâce qui brille à leurs yeux, leur découvrent les desseins secrets de la Providence qui les appelle à l'œuvre de la rédemption des captifs. Obéissant donc à l'inspiration divine, ils quittent leur chère solitude et se rendent à Paris, afin de communiquer leurs projets à l'évêque et aux abbés de Sainte-Geneviève et de Saint-Victor. Le prélat, qui était Eudes de Sully, successeur de Maurice, approuva fort leur entreprise et leur donna des lettres de recommandation pour le pape Célestin III.

Munis de ces suppliques, nos deux Saints partent pour Rome, vers le milieu de décembre de l'année 1197. Mais, pendant leur voyage, le souverain Pontife était mort, et le gentilhomme italien, Lothaire de Segni, auquel Jean

1. Voir sa vie au 20 novembre.

2. Ce lieu fut plus tard appelé *Cerfroy*, à cause de l'apparition du cerf, et devint le chef d'ordre.

de Matha avait prédit qu'il serait élevé sur le trône pontifical, avait été élu Pape à l'âge de trente-six ans; il prit le nom d'Innocent III.

Le nouveau Pontife les accueillit comme des envoyés du ciel; il les logea dans son palais de Latran, leur accorda plusieurs audiences, et, après les avoir longuement entendus, il soumit à l'examen du sacré collége ce projet dont il comprenait l'importance: aussi voulut-il intéresser le ciel d'une façon toute spéciale à cette œuvre de salut. Il fit donc un appel à la piété publique, et il décida que, le 28 janvier, il serait célébré dans la basilique de Latran une messe à cette intention. En effet, le saint sacrifice eut lieu conformément à cet ordre; et à la consécration, au moment où la divine victime était présentée à l'adoration publique, un spectacle miraculeux vint frapper les regards d'Innocent III : c'était l'ange du Seigneur qui avait apparu à Jean de Matha et qui se montrait de nouveau, revêtu du même habit, dans la même posture et entouré de deux esclaves.

Le vicaire de Jésus-Christ ne balança plus; il manda les deux serviteurs de Dieu, et leur dit qu'il n'y avait pas à délibérer, que leur dessein entrait dans les vues de la Providence, et que lui, vicaire de Jésus-Christ sur la terre, était heureux d'ouvrir son pontificat par la réalisation d'un si louable projet; il ajouta que, dans quatre jours, il leur donnerait lui-même un costume semblable à celui sous lequel l'ange lui était apparu, costume que porteraient tous les disciples du nouvel Ordre.

Jean et Félix se préparèrent, par le jeûne et la prière, à la réception de ce saint habit; le jour de la Purification de la Sainte Vierge, ils vouèrent leur existence au rachat des esclaves chrétiens, et sous les auspices de Marie leur mère, ils revêtirent, avec l'habit de l'Ordre, les livrées de la charité chrétienne. Dans une allocution touchante, le pontife développa cette pensée que l'œuvre de la rédemption donnait, à ceux qui s'y consacraient, le privilége glorieux de partager, en quelque sorte, la mission de Jésus-Christ, mais qu'elle les vouait par là même aux humiliations, aux douleurs de la croix, et leur commandait des vertus fortes et généreuses; que la triple couleur de leur habit leur rappellerait la pureté de cœur et d'intention, la mortification et la pénitence, enfin la charité ardente et le sublime dévouement; et que, pour résumer les grandeurs et les devoirs de la vocation de ces religieux dans le nom même de l'institut, il voulait qu'il s'appelât : l'Ordre de la très-sainte Trinité pour la rédemption des captifs : *Ordo sanctissimæ Trinitatis de redemptione captivorum.*

Par ce jugement, l'autorité du Saint-Siége venait de placer au rang des grandes institutions de l'Eglise, l'œuvre de saint Jean de Matha et de saint Félix de Valois, avant même que les constitutions fussent écrites. Personne n'était plus capable de formuler définitivement ce vaste dessein que ceux à qui Dieu avait permis de le concevoir; néanmoins, l'évêque de Paris et l'abbé de Saint-Victor, ayant pour Jean de Matha une tendresse paternelle, le souverain Pontife voulut qu'ils continuassent d'apporter à cette œuvre le tribut de leurs lumières et de leur expérience. Munis de la bénédiction du Saint-Père, les deux saints fondateurs se mirent donc en route pour Paris, et deux mois après, ils étaient de retour dans cette capitale.

L'arrivée de Jean de Matha avait mis en émoi toute l'Université; le souvenir de ses vertus et de sa gloire vivait encore parmi les maîtres et les écoliers; les nouvelles livrées du jeune docteur, son genre de vie, ses immenses projets firent longtemps l'entretien du monde savant.

Jean l'Anglais et Guillaume Scot, qui donnaient des missions pour déraciner l'hérésie, vinrent s'aboucher avec leur ancien condisciple. Au sortir de cet entretien, ils s'ouvrirent à leurs amis, entre autres à Roger Deès, aussi anglais de naissance, du dessein qu'ils avaient d'entrer dans le nouvel Ordre de la très-sainte Trinité. Mais celui-ci, ayant laissé échapper quelques mots ironiques contre l'entreprise, fut soudain couvert de lèpre. Aussitôt il alla demander pardon à Jean de Matha, obtint sa guérison, se consacra à l'œuvre, et, pour se rappeler sa faute et le miracle dont il avait été l'objet, il ne voulut plus porter d'autre nom que celui de Roger le Lépreux. A ces trois hommes si distingués se joignirent plusieurs docteurs de la célèbre université.

En attendant que les constitutions de l'Ordre fussent rédigées, Jean de Matha donna pour règle à ses nouveaux disciples la prudence et la sainteté de Félix, et les envoya sous sa conduite à Cerfroy, où dès lors les seigneurs du pays leur assurèrent un vaste établissement.

Mais notre Saint ne tarda pas à aller les joindre et soumettre la règle à peine écrite à la sagesse de Félix.

On connaît les succès et les revers qu'éprouvèrent tour à tour, en Orient, les guerriers chrétiens désignés sous le nom de *Croisés*. Un grand nombre d'entre eux, par les chances de la guerre, tombaient entre les mains des infidèles et devenaient esclaves. En même temps, des corsaires maures infestaient les mers et s'emparaient des équipages et des passagers, qu'ils entassaient ensuite dans les cachots infects de Maroc, d'Alger ou de Tunis. Ces infortunés ne sortaient de là que pour aller faire dans la ville ou dans les campagnes le service des bêtes de somme. A ces maux physiques venaient se joindre les violences morales, par lesquelles on cherchait à arracher de leur âme la foi chrétienne et à faire d'eux des apostats. La religion et l'humanité demandaient donc, à grands cris, une force assez puissante pour briser les fers de ces captifs, arracher ces victimes au danger de se perdre éternellement, et vaincre la barbarie musulmane, sur cette terre d'Afrique jadis si catholique. Cette force, Jean de Matha la trouvera dans l'organisation d'une association de libérateurs qui, fidèles dépositaires des ressources de la charité publique, iront, à travers mille périls, rendre aux esclaves le bonheur de vivre chrétiens et libres.

En outre, pour que les membres qui se consacreraient à cette œuvre sainte pussent acquérir plus facilement l'esprit de sacrifice et le conserver; pour qu'il leur fût possible d'utiliser leurs dernières années, pendant lesquelles, atteints d'infirmités graves, ils ne pourraient plus entreprendre de voyages lointains; afin aussi que, dans le cas où le rachat des captifs, but principal de l'institut, deviendrait impossible, l'Ordre tout entier ne fût pas dans la nécessité de se dissoudre, on se proposa encore le soulagement des malheureux et le soin des malades. Ce triple but exigeait de ceux qui voulaient l'atteindre, l'abnégation, l'obéissance, le désintéressement. De là, les trois vœux de pauvreté, de chasteté et d'obéissance; de là, un directeur général désigné sous l'humble nom de Ministre, et plusieurs supérieurs provinciaux soumis au Ministre, mais ayant eux-mêmes, sous leur autorité, des supérieurs locaux pour chaque maison de l'Ordre; de là, cette communauté de biens et de sentiments qui faisait de tout ce vaste corps une même famille, unie par les liens les plus étroits de la charité; de là, cette distribution des biens en trois parts distinctes : la première attribuée à la rédemption des captifs, la seconde au soulagement des pauvres, et la dernière à l'entretien des religieux; de là aussi une foule de prescriptions touchant la nourriture, le vêtement, le logement et les voyages.

Comme les fonctions de l'Ordre allaient mêler souvent les disciples de l'institut avec le monde, dans le commerce duquel la prudence et la maturité du jugement sont si nécessaires, l'admission des candidats ne pouvait jamais avoir lieu avant leur vingtième année révolue, quels que fussent d'ailleurs leur mérite et leurs autres qualités.

Enfin, pour assurer l'exécution des règlements et le maintien de la discipline, il se tenait un chapitre privé, tous les dimanches, dans chacune des maisons, et un chapitre général, une fois l'an. Il y avait aussi dans tous les établissements, des exhortations ou entretiens spirituels, des heures de silence absolu, la prière publique, la récréation commune et le chant de l'office.

Les sacrifices continuels qu'imposait un pareil genre de vie n'effrayèrent point les fervents disciples réfugiés dans la solitude de Cerfroy. Devenus humbles élèves d'un pauvre ermite, ces docteurs étaient déjà plus avancés dans la science du salut que dans les connaissances humaines. C'est pourquoi Jean de Matha, s'arrachant presque aussitôt aux embrassements de cette glorieuse colonie, revint à Paris prendre les lettres de ses deux illustres protecteurs, et continua sa route pour Rome, accompagné de Jean l'Anglais et de Guillaume l'Ecossais.

Il y arriva vers la fin du mois de novembre de l'an 1198. Son premier soin fut d'aller déposer aux pieds du Saint-Père les constitutions qui, par son ordre, venaient d'être tracées. Le Pontife révéra en elles l'esprit de Dieu qui les avait dictées; il n'y apporta que de légers changements demandés par le saint fondateur lui-même, et, le 17 décembre, il mit à ce code religieux le sceau de l'autorité apostolique; par là il donnait au nouvel institut cette existence canonique qu'un établissement de cette nature ne peut recevoir que du Saint-Siége.

A peine Jean de Matha eut-il obtenu cette approbation des règles de son nouvel institut, qu'il retourna vers sa chère communauté de Cerfroy, et tint, par des lettres fréquentes, le souverain Pontife au courant de l'œuvre. Mais cet Ordre religieux avait un but trop général pour que le saint fondateur ne comprît pas la nécessité de fixer sa résidence dans la capitale du monde catholique. Il eut bientôt une maison à Rome, et Innocent III, juste et intelligent appréciateur de ce magnifique dévouement, céda aux religieux de la Sainte-Trinité l'église de Saint-Thomas *in Formis* [1], l'une des vingt abbayes privilégiées de Rome. A cette première faveur, il en joignit successivement plusieurs autres, et cet exemple venu de si haut trouva de nombreux imitateurs.

Notre Saint se vit donc à la tête d'une nouvelle communauté, pendant que saint Félix gouvernait celle de Cerfroy, et plein d'espoir, il se disposait déjà à passer la mer pour racheter des captifs, quand le Pape, craignant qu'il ne devînt trop tôt victime de son ardent dévouement, ce qui eût été une perte irréparable pour son Ordre, lui offrit une autre mission : il s'agissait de rendre la paix aux Eglises de Dalmatie et de Servie. De l'avis unanime des cardinaux, Jean fut élevé à la dignité de légat *a latere*, et un autre religieux de son Ordre, nommé Simon, versé dans la science du droit, lui fut adjoint. Mais l'humilité sut inspirer à notre Saint de si touchantes supplications, qu'Innocent III consentit à ce que, muni qu'il était de ses lettres d'ambassadeur apostolique, il ne se présentât que sous l'habit de simple religieux.

Jean et Simon, arrivés en Dalmatie, s'entendirent avec le roi Wulcan et l'archevêque d'Antivari; ils convoquèrent un concile où furent dressés douze

1. Sur le mont Cœlius, ainsi nommée des aqueducs romains ou *formæ* qui couvraient cette colline.

canons pleins de sagesse, qui tendaient à épurer le clergé, à rétablir la paix dans les familles, en bannissant le divorce et les unions illégitimes, enfin, à faire cesser l'esclavage au moins à l'égard des sujets latins. Puis, après avoir présidé ce concile, il parcourut et évangélisa ces provinces avec un zèle apostolique et un succès prodigieux.

Cette mission heureusement terminée, le Pape songeait à récompenser noblement de si importants services, mais Jean déclina les honneurs qu'on lui réservait; cependant la reconnaissance publique lui décerna le titre glorieux d'*Apôtre de la Dalmatie*, qui lui est toujours resté dans son Ordre.

Dieu, en cette circonstance, voulut donner au saint pacificateur une grande consolation : Jean l'Anglais et Guillaume d'Ecosse, qui avaient été envoyés à Maroc, munis d'une lettre d'Innocent III, ne tardèrent pas d'arriver dans le port de Marseille avec cent quatre-vingt-six esclaves libérés. « La procession de ces captifs », écrit le savant Millin, « avait pour les Marseillais un intérêt vraiment dramatique. Ces rachetés marchant deux à deux, en casaque rouge ou brune, les mains encore chargées de fers, montrant les marques des coups qu'ils avaient reçus, des mutilations qu'ils avaient souffertes, et suivant leurs chers rédempteurs pour aller rendre grâces à Dieu, offraient un spectacle d'autant plus touchant, que les communications fréquentes et directes des Marseillais avec le Levant, pouvaient faire craindre aux spectateurs eux-mêmes un pareil sort ».

Quelque éclatants que fussent ces succès, la charité de saint Jean de Matha ne s'en trouva point satisfaite : le saint religieux avait considéré que les captifs, dont les chaînes avaient été brisées, se trouvaient souvent encore loin de leurs foyers, et que dans le long trajet qu'il leur restait à faire, la plus extrême misère leur faisait expier le bonheur à peine senti de leur liberté rendue. A ce danger s'en joignaient bien d'autres, dans un temps où les moyens de transport étaient rares, coûteux et difficiles. Or, le charitable fondateur sut pourvoir à tout. Il écrivit en conséquence à ses compagnons, qui avaient eu l'honneur d'aller en Afrique à sa place; et dès ce moment, une confrérie de la Sainte-Trinité fut établie pour les séculiers.

Cette institution, encouragée par les souverains Pontifes, reçut avec le temps une si excellente organisation, qu'elle devint un puissant auxiliaire pour l'œuvre de la rédemption des captifs. Elle avait ses chefs, ses directeurs, ses règlements, ses pratiques de piété, ses exercices de zèle et ses lieux de réunion. Elle recueillait les aumônes; un trésorier intègre en devenait responsable; puis les Pères rédempteurs allaient en verser une portion dans les coffres des Musulmans; l'autre partie était consacrée à faire parvenir les chrétiens rachetés jusques en quelque maison de l'Ordre des Trinitaires, ou dans les logements mêmes qui appartenaient à la confrérie et qui avaient été affectés à cette destination. De là, après un repos nécessaire et des étapes faites de ville en ville, les captifs en santé se retiraient dans leur propre pays, tandis que les autres, malades ou infirmes, continuaient d'être soignés dans les hôpitaux.

Les détails attendrissants que les deux disciples de saint Jean de Matha lui donnèrent sur leur mission à Maroc, si heureusement accomplie, le portèrent à suspendre toutes ses fondations et ses œuvres de zèle en Italie et en France, et à partir lui-même, après avoir recommandé à saint Félix de Valois, supérieur de la maison de Cerfroy, de veiller à la délivrance des chrétiens esclaves dans les contrées occidentales du Maroc, et de réaliser au plus tôt les espérances que les deux premiers envoyés avaient laissées dans les cachots qu'ils avaient déjà visités. Il voulait, quant à lui, briser les fers des Italiens qui gémissaient en grand nombre à Tunis et à Tripoli. Ainsi, sur tout le littoral d'Afrique, on vit briller en même temps l'étendard de la rédemption; car, peu de jours après, Jean et quelques-uns des siens parurent sur ces plages inhospitalières et si justement redoutées.

La ville de Tunis, quoique plus antique que Maroc, n'en avait pas la magnificence. Celle-ci comptait à peine un siècle d'existence, que déjà elle était la capitale d'un des plus puissants empires du monde. Tunis, au contraire, était pauvre, et ses féroces habitants avaient encore moins d'égards pour les droits de l'humanité que ceux de la capitale des Etats barbaresques; éloignés des regards du souverain, ils pouvaient se livrer, sans contrôle, à leur fanatisme cruel sur leurs esclaves chrétiens.

L'homme de Dieu n'ignorait point cela : inaccessible néanmoins à tout autre sentiment qu'à celui de la charité, il demanda audience au gouverneur qui ne put résister à son éloquente parole. Toutefois, la rançon des captifs fut taxée à un prix énorme, ce qui fit que notre Saint, malgré d'abondantes aumônes, ne put obtenir que cent dix esclaves. Il fournit à d'autres des vêtements et quelques objets de première nécessité, en même temps qu'il ranimait leur foi et leur laissait l'espoir de voir arriver bientôt de nouveaux libérateurs.

Les mahométans, irrités du zèle avec lequel le saint missionnaire exhortait les captifs à mourir plutôt que d'abandonner leur religion, épiaient le moment d'assouvir leur rage. Quelques-uns de ces furieux l'ayant trouvé seul, se précipitèrent donc sur lui, le dépouillèrent de ses habits, lui firent subir mille outrages, l'accablèrent de coups, et le croyant mort, ils le laissèrent, nageant dans son sang. Mais Dieu le conserva par miracle, et ses forces à peine revenues, il recommença, plein d'ardeur, son œuvre de miséricorde.

Nul ne peut peindre la scène qui s'offrit au moment où notre Saint, muni du sauf-conduit du gouverneur, descendit dans les antres hideux de l'esclavage. Les infortunés qui y gisaient, couchés sur leurs chaînes, s'étonnèrent d'abord de voir des figures qui n'étaient point celles de leurs impitoyables geôliers; puis, revenus de leur surprise et instruits de la mission de ces charitables étrangers, ils se jettent spontanément à leurs pieds, implorent leur tendre commisération, baisent leurs mains libératrices et les arrosent de larmes amères; ils montrent leurs fers, disent leurs souffrances, exposent leurs malheurs. Ah! il n'en fallait pas tant pour toucher le cœur aimant de Matha. Le tableau de tant de misères lui déchirait l'âme, et l'impuissance de les soulager toutes grandissait sa douleur. Il fallut choisir. Ce choix difficile désigna, pour la liberté, les malheureux esclaves dont l'état excitait le plus la pitié; puis les portes de fer se refermèrent sur leurs compagnons d'infortune.

A la suite de Jean de Matha, les captifs rachetés quittèrent l'affreux séjour si longtemps témoin de leurs maux. Puis ils montèrent dans le navire qui devait leur rendre une patrie, une famille et le repos, après les longues fatigues de l'esclavage; le vaisseau ne voguait pas assez vite à leur gré. Enfin, on découvrit le rivage, on salua avec transport les côtes de l'Italie, et on jeta l'ancre dans le port d'Ostie; alors on put les voir dans le délire de la joie, baiser, avec reconnaissance, cette terre hospitalière, d'où était parti leur libérateur.

Jean de Matha, dont le contentement avait quelque chose de céleste, dirigea vers Rome ses chers esclaves. Une multitude empressée accourut. Rome païenne avait insulté des guerriers et des rois vaincus, Rome chrétienne, au contraire, vint s'associer au bonheur de ces pauvres affranchis. Jadis les vainqueurs traînaient au Capitole leurs malheureux captifs; en ce jour, Jean de Matha, plus grand que les Scipion et les César, conduisait au temple saint ceux dont il avait brisé les fers et les renvoyait libres dans leurs familles reconnaissantes.

Les Romains, voyant que le nouvel institut remplissait avec tant de zèle sa glorieuse mission, fournirent d'abondantes aumônes, que Jean l'Anglais porta à Tunis, pendant que le saint fondateur créait de nombreux établissements en Italie, en France et en Espagne; car les esclaves ayant raconté dans leur patrie leurs souffrances passées et le dévouement de leurs rédempteurs, partout l'Ordre de la très-sainte Trinité avait été exalté, partout il avait paru avec sa grandeur, son importance et ses avantages; les peuples s'en étaient émus; il restait à profiter de ces heureuses dispositions.

Notre Saint se rendit d'abord à Arles, auprès d'Imbert d'Aiguières, archevêque de cette ville, et l'ami d'Innocent III. Il laissa dans une maison, due aux libéralités de plusieurs notables, cinq de ses religieux. De là, il se transporta en Espagne où l'appelaient les rois catholiques. Ils le reçurent avec de grandes démonstrations de respect, et lui cédèrent des propriétés considérables, en même temps qu'ils versaient entre ses mains de fortes sommes pour le rachat immédiat d'un grand nombre de captifs, détenus à Valence et à Majorque. Ces infortunés furent dirigés sur Lérida, où avait été fondé un établissement très-vaste, comprenant une maison pour les Trinitaires, un refuge pour les voyageurs indigents, un hôpital pour les infirmes du pays, et un lieu de repos pour les captifs rachetés, mais fatigués de la marche ou convalescents.

L'homme de Dieu saisit cette occasion pour se livrer à des excursions apostoliques, et il opéra, en plusieurs lieux, des conversions étonnantes. Ferrario Gray, jeune seigneur, qui venait de terminer ses études avec distinction, fut une de ses conquêtes : il entra dans l'Ordre des Trinitaires, et c'est à lui qu'on est redevable du grand développement que prit cet Ordre en Catalogne et dans l'Aragon, provinces qu'il administra avec succès pendant trente-deux ans.

Sur ces entrefaites, Hugues de Baux, vicomte de Marseille, pria Jean de Matha de venir en cette ville fonder un couvent de Trinitaires. D'autres seigneurs s'associèrent à cette pensée, et de grands priviléges furent attachés à cet établissement. L'acte en fut passé en 1202. Sans retard, quatre religieux vinrent s'y fixer, car notre Saint avait compris combien il importait d'avoir un monastère sur un port de mer, où devaient débarquer un si grand nombre d'esclaves rachetés.

Mais l'œuvre de Dieu, plus d'une fois, souffrit la contradiction et l'opposition des hommes; le chapitre de Marseille s'éleva contre l'établissement fondé dans cette ville, et Michel de Moriez, archevêque d'Arles, en fit de même contre celui dont son illustre prédécesseur avait sollicité la création. Toutefois, Jean de Matha, qui revenait d'Espagne avec une nouvelle bande de captifs, parvint à apaiser cette tempête, et à tout régler par de sages et amicales transactions. De là, il se rendit à Rome, et, sur ses pas, s'élevèrent une foule de maisons de son Ordre; puis il reparut en Espagne en 1206 : les besoins étaient là plus pressants qu'ailleurs, car les musulmans avaient porté dans ces royaumes le ravage et la désolation.

Don Alonzo, roi de Castille, après avoir accompagné le Saint dans plusieurs villes, lui présenta sa famille, pour qu'il appelât sur elle les bénédictions du ciel. Jean, à la vue de l'infant, alors âgé de sept ans, fut saisi de l'esprit de Dieu; et dans un prophétique enthousiasme, il prédit au roi ses victoires prochaines, à l'Infant ses destinées futures et le triomphe définitif des chrétiens sur les musulmans de la Péninsule. En effet, quatre ans après, eut lieu la fameuse bataille de Las-Navas-de-Tolosa, et dom Fernand fut, dans la suite, le roi Ferdinand III, que l'Eglise compte au nombre de ses Saints.

L'habile fondateur s'empressa d'aller rendre compte de tous ses travaux au souverain Pontife. Il arriva à Rome au mois de mars de l'an 1209. Il fut en même temps informé de la propagation de son Ordre, par Félix de Valois, dans les provinces septentrionales de la France. Jean l'Anglais lui fit aussi la relation de ses deux voyages à Tunis, et de tous les incidents remarquables qui les avaient signalés.

Le Pape, charmé de voir que cet institut avait pleinement justifié par ses œuvres la haute protection dont il l'environnait, se hâta de donner la sanction de son autorité apostolique à tout ce qu'avaient fait jusqu'à ce jour saint Jean de Matha et saint Félix de Valois, en France, en Italie et en Espagne. Ces bulles de confirmation furent suivies d'une autre bulle qui accordait à l'Ordre divers priviléges, et le recommandait, en l'approuvant de nouveau, à tout le monde chrétien.

A tant de faveurs, les Pères de la Trinité répondirent par de nouveaux services. Jean de Matha venait de terminer la visite des prisons et des hôpitaux de Rome, lorsqu'il apprit que la trêve, conclue par l'Espagne avec les musulmans, était sur le point d'expirer, et que déjà on préludait, par des engagements partiels, à une reprise d'armes générale. C'est pourquoi il part une seconde fois pour Tunis, en emmenant avec lui Guillaume l'Ecossais.

Sortis du port d'Ostie vers la fin de mai, ils abordèrent quelques jours après à Tunis. Ils se rendirent directement chez le gouverneur. Celui-ci, soit prévoyance, soit cupidité, consentit encore à échanger les fers de ses esclaves contre l'or des rédempteurs. Mais les sujets ne se montrèrent pas si traitables que le maître; les Tunisiens ameutés se jettent sur notre Saint, l'accablent de coups, et lui enlèvent ses captifs. Jean les revendique avec énergie; enfin, un nouvel arrangement est conclu, une double rançon est exigée : c'était le droit et la justice du plus fort. Jean de Matha avait épuisé ses ressources, il ne pouvait donc satisfaire à cette insatiable cupidité. Dans cette extrémité, le Saint tire de dessous son scapulaire l'image de la Vierge, se prosterne avec Guillaume, ils prient, ils conjurent la bonne Mère du ciel de manifester sa clémence en faveur de ses enfants malheureux; des vœux si purs, si ardents, furent exaucés : une main invisible déposa aux pieds des deux libérateurs la somme réclamée par les barbares, et les captifs chrétiens furent remis en liberté.

Alors la populace, furieuse de ce dénouement imprévu, se précipite sur le vaisseau qui les porte, enlève le gouvernail, coupe les mâts, déchire les voiles, brise les rames pour rendre le départ impossible. L'homme de Dieu ne se laisse point abattre. Il ordonne à ses gens de mettre en mouvement le navire. Les passagers, aimant mieux périr dans les flots que sous le fer des assassins ou dans les cachots, saisissent des tronçons de rames et de planches pour aider à cette difficile manœuvre. Les Tunisiens se rient de ces efforts et poussent des huées; mais le vaisseau n'en voguera pas moins. Plein de confiance en Dieu seul, Jean, le cœur en feu, se dépouille de son manteau, l'étend en forme de voile; et, à genoux sur le tillac, le crucifix à la main, il implore, avec effusion d'âme, l'étoile de la mer. Les nautonniers et les passagers répètent les mêmes prières, et les flots paisibles respectent la frêle embarcation; les vents se taisent, une brise favorable s'élève, et en moins de deux jours, on entre dans le port d'Ostie, aux acclamations d'une foule émerveillée du prodige. Le souverain Pontife, reconnaissant en ceci l'intervention de celui qui commande aux vagues et aux tempêtes, pleura d'attendrissement et d'admiration; il voulut voir tous les captifs et les bénir de sa main, avant qu'ils fussent renvoyés dans leur pays.

Notre Saint reprit bientôt ses exercices accoutumés; les malades le revirent auprès de leur triste couche, les prisonniers dans leurs sombres réduits. Sa présence enfantait partout des prodiges de grâce; les bénédictions et l'amour des peuples l'accompagnaient en tout lieu. Dans ces conjonctures, dom Rodrigue, évêque de Tolède, arriva à Rome; il était chargé d'une mission spéciale auprès du Saint-Siége : c'était dom Alonzo, roi de Castille, qui, n'ayant qu'une poignée d'hommes à opposer à des bandes innombrables de Sarrasins fanatisés par leurs chefs, avait cru devoir intéresser à sa cause l'Europe catholique. Innocent III vit la gravité du péril; il commanda aussitôt des prières publiques; il chargea dom Rodrigue lui-même de parcourir l'Italie et la France, et de faire un appel général à tous les guerriers chrétiens. Des lettres pressantes furent sur-le-champ adressées aux évêques de France, du Languedoc, de la Provence et du Dauphiné.

Au milieu de ces alarmes, saint Jean de Matha ne resta point oisif; il n'était pas homme à fuir devant la tempête. Il se mit à visiter toutes les maisons de son Ordre, à désigner les religieux les plus courageux pour assister les soldats de la croix sur le champ de bataille, ou pour recueillir les aumônes qui devaient être plus abondantes que jamais, afin que les ressources fussent proportionnées aux immenses besoins que pourraient créer tout à coup de funestes revers. C'est à cette époque que le saint fondateur passa à Cerfroy, et put s'entretenir, une dernière fois, avec saint Félix, son vieil ami, âgé alors de quatre-vingt-dix ans.

Enfin, le sort des armes allait être tenté dans les plaines de Tolosa. Des troupes nombreuses ne tardèrent pas à s'y rassembler. Les Dauphinois surtout, dont les pères avaient eu tant à souffrir des hordes sarrasines, prirent, disent tous les historiens, une glorieuse part à cette grande bataille et se distinguèrent par leur brillante valeur. On forma plusieurs corps d'armée, et pendant que les généraux choisissaient des positions avantageuses, le supérieur général des Trinitaires préparait tout à Tolède pour le service des malades et des blessés. Enfin, le 16 juillet 1210, les clairons se font entendre, les deux armées se heurtent, les chrétiens s'élancent comme des lions sur les musulmans, les attaquent, enfoncent leurs bataillons et couvrent de leurs cadavres le champ de bataille. La victoire fut complète.

Saint Jean de Matha, heureux de voir la croix triompher, retourna à Rome où les affaires de son Ordre réclamaient sa présence. Il ne tarda pas à y recevoir la nouvelle de la mort du bienheureux Félix de Valois, son cher collaborateur. Cette perte, quoique prévue, lui fut extrêmement sensible. Jean l'Anglais, qui s'était pénétré de l'esprit de la règle mieux qu'aucun autre disciple, et qui d'ailleurs avait une grande capacité, fut désigné pour gouverner le monastère de Cerfroy; il arriva dans cette maison si importante au commencement de l'année 1213.

Notre Saint avait consumé lui-même une santé robuste dans les austérités de la pénitence, les fatigues des voyages et les sollicitudes de ses nombreuses fondations; ses forces épuisées ne suffisaient déjà plus à son zèle; dès lors il appliqua toute l'activité de son esprit à sa perfection personnelle et à la direction intérieure de son institut. A ses mortifications accoutumées, il joignit la pratique continuelle de l'oraison. S'il sortait du couvent de Saint-Thomas *in Formis*, c'était pour aller s'asseoir au chevet de quelque malade ou pour secourir des pauvres honteux. Il mettait un soin scrupuleux à cacher ses bonnes œuvres; mais les effets merveilleux du pouvoir extraordinaire que Dieu avait communiqué à son humble serviteur, et auquel obéissaient le démon, les maladies et la mort même, avaient rempli la ville de Rome des vertus et du nom de Jean de Matha.

Illustré par tant de travaux, orné de tant de dons célestes, célèbre par sa science et par ses écrits, Jean de Matha, ravi en esprit dans le ciel, y vit saint Félix tout brillant de lumière, et eut révélation que dans un an il irait, à son tour, rejoindre son ami au séjour de la gloire.

Sur cet avertissement divin, le saint fondateur assembla à Rome les principaux chefs de sa nombreuse et immortelle famille qu'il avait vue se dilater rapidement en plusieurs royaumes, et pénétrer même en Asie avec les généreux Croisés de Jérusalem. Il voulut disposer de tout avec prévoyance pour le plus grand bien de l'Ordre. Ces derniers arrangements pris, la mort ne se fit pas attendre. Miné par la fièvre, ou plutôt consumé par l'amour divin, il reçut les sacrements dans les admirables sentiments de la foi vive et de l'ardente charité qui avaient animé toutes ses actions, puis il ordonna qu'on creusât sa fosse, et passa le jour suivant dans une contemplation extatique. Au troisième jour, il réunit autour de son lit de mort ses enfants en pleurs, leur fit ses derniers adieux, les exhorta à la grande œuvre de la rédemption des captifs, et les bénit une dernière fois. Peu après, son âme montait au ciel. C'était le 17 décembre de l'an 1213.

A la nouvelle de ce trépas, Rome entière s'émeut : chacun veut revoir la face encore rayonnante de l'homme de Dieu, et pour satisfaire cette dévotion générale, on est obligé de laisser le corps du Saint exposé pendant quatre jours au milieu de l'église. Plusieurs miracles s'opérèrent à cette occasion : une femme privée de l'usage d'un bras fut guérie sur-le-champ; quatre aveugles recouvrèrent la vue. Jamais obsèques plus solennelles; le Pape et un bon nombre de cardinaux voulurent y assister. Non encore satisfait, Innocent III veilla à ce que les dépouilles mortelles du Saint fussent ensevelies sous un magnifique mausolée en marbre blanc, où il fit graver cette simple inscription : « L'an 1197 de l'Incarnation du Seigneur, le premier du Pontificat d'Innocent III, le 15 des Calendes de janvier, l'Ordre de la très-sainte Trinité fut fondé avec sa propre règle accordée par le Saint-Siége, par frère Jean, divinement inspiré. Le même fut enseveli en ce lieu, l'an du Seigneur 1213 ».

Théodore Van Thulden a donné à Paris, en 1633, une très-belle suite de gravures, au nombre de vingt-cinq, représentant la vie de saint Jean de Matha et ses travaux comme fondateur de l'Ordre de la Rédemption des captifs. La dernière planche représente la vue générale du couvent de Cerfroy. — Erasme Quellin l'a peint debout au milieu des captifs. — On trouvera son portrait à mi-corps, à la Bibliothèque mazarine [1]. — Au même endroit, grande figure en pied, et près de lui un captif indiquant l'Ordre de la Merci [2]. — Au cabinet des estampes de Paris, on voit le Saint voguant sur l'eau, à genoux sur son manteau [3]; le Saint au milieu des captifs; le Saint disant la messe. — Statue du Saint tenant des fers des captifs; ayant près de lui un cerf portant une croix entre ses cornes. — Les Trinitaires portent blason : ils ont adopté, comme étant nés en France, l'ancien écu de nos rois, aux fleurs de lis sans nombre avec la croix rouge et bleue sur blanc, les trois

1. Par Pfeffel, n. 4778 (38), fo 86. — 2. Par Diepembeck, *ibid.*, fo 122. — 3. T. XII, fos 100, 102, 104, 105, 111, le tout dessiné par Quellin et gravé par Borreckens.

mêmes couleurs mystérieuses sous lesquelles l'ange était apparu à saint Jean de Matha et à Innocent III : le *blanc* destiné à représenter le Père éternel, principe de la divinité ; le bleu comme *livide* représente la personne du Fils de Dieu tout couvert de meurtrissures dans sa Passion, — et le rouge, ou couleur de feu, le Saint-Esprit dont le propre est d'embraser les cœurs. Ainsi donc, dans le vêtement comme dans les armoiries de l'Ordre de la Rédemption, tout rappelle la *Trinité* dont il a pris le nom.

RELIQUES ET CULTE DE SAINT JEAN DE MATHA.

Accoutumés à vénérer saint Jean de Matha pendant sa vie, les peuples l'invoquèrent après sa mort, et les miraculeuses faveurs qu'ils obtinrent par son intercession semblèrent justifier un culte que l'Eglise n'autorisa que par son silence, jusqu'à ce que l'Ordre de la très-sainte Trinité, jaloux de propager la gloire de ses deux grands patriarches, poursuivit la cause de leur canonisation auprès du Saint-Siége, et obtint d'Urbain IV une bulle datée du 1er mai de l'an 1262, en vertu de laquelle les honneurs solennels de la canonisation furent rendus à saint Jean de Matha et à saint Félix de Valois, le 4 octobre de l'année suivante.

Mais le couvent de Saint-Thomas *in Formis*, au mont *Cœlius*, ayant plus tard cessé d'être habité par une communauté religieuse, la mémoire de saint Jean de Matha en souffrit. En 1655, deux religieux Trinitaires de la nouvelle observance partirent d'Espagne et conçurent le pieux projet de tirer de l'oubli les restes sacrés du grand fondateur et de les faire parvenir à Madrid. Ce transport s'effectua clandestinement, et des informations officielles vinrent, en 1721, constater l'identité des reliques du Saint et donner lieu à une cérémonie très-brillante, à la suite de laquelle elles furent exposées dans l'église des Trinitaires de Madrid pour y être conservées à perpétuité, conformément à un décret papal en date du 6 septembre 1729.

En 1832, les Trinitaires ayant dû, comme tous les autres religieux, quitter l'Espagne, le corps de leur saint fondateur fut renfermé dans le palais de la Nonciature. On célèbre dans l'Ordre de la Sainte-Trinité, la fête de la translation des reliques de saint Jean de Matha, le cinquième dimanche après Pâques[1].

Enfin, après plusieurs bulles déjà obtenues en faveur du culte de saint Jean de Matha, sur les instances de Louis XIV, le 24 janvier 1671, la sacrée Congrégation des Rites, avec l'approbation du Saint-Père, fit insérer les noms de saint Jean de Matha et de saint Félix de Valois dans le martyrologe romain, et depuis 1694, l'office de ces deux Saints fut élevé au rit double, *de præcepto*, tel que l'Eglise universelle le célèbre aujourd'hui.

L'ancien diocèse d'Embrun s'attacha de bonne heure à vénérer le lieu où était né et où avait habité Jean de Matha. Deux parcelles de ses reliques furent accordées en 1674 à l'église paroissiale de Faucon et exposées à la vénération publique, en vertu d'une autorisation de Mgr de Genlis, archevêque d'Embrun ; elles y ont été honorées depuis avec une grande piété.

L'Ordre de la Très-Sainte Trinité a été rétabli, en France, le 15 septembre 1859, dans son ancien couvent de Faucon, patrie de son saint fondateur. Il possède encore deux maisons, l'une à Notre-Dame de Lise, près Vienne (Isère), et l'autre à Cerfroy (Aisne)[2].

Saint Jean de Matha est honoré d'un culte spécial dans les nombreuses maisons des dames Trinitaires (noires) de Valence. Le diocèse de Marseille le vénère dans les couvents des religieuses Trinitaires déchaussées, établies à Sainte-Marthe (banlieue), à Aubagne, à Cassis, à Génevois, à Roquefort, à Cerges et aux Accates. L'archiconfrérie des Pénitents Trinitaires, qui existe dans cette ville depuis 1306, célèbre la fête de saint Jean de Matha avec beaucoup de pompe.

Il a été publié, dans ces dernières années, une excellente *Vie de saint Jean de Matha*, par le R. P. Calixte de la Providence, religieux trinitaire. Paris, Wattelin, 1867, in-12.

Voir encore l'histoire hagiologique de Gap, par Mgr Depéry.

1. Note de M. l'abbé Ricard, directeur de la *Semaine religieuse de Marseille*. — 2. Id.

SAINT CUTHMAN DE STENINGES (889).

Tes père et mère honoreras afin que tu vives longuement.

Ce Saint, issu du sang des Anglo-Saxons, naquit dans la partie méridionale d'Angleterre [1]. Ses parents le formèrent de bonne heure à la piété, et il se fit dès l'enfance un devoir de leur obéir avec la plus parfaite ponctualité. Sa première occupation fut de garder les troupeaux de son père, et il la sanctifia par une prière continuelle. L'habitude qu'il avait contractée d'être toujours uni à Dieu, purifia tellement toutes ses affections, qu'il ne tenait plus à la terre. Sa prière était d'autant plus efficace qu'elle avait pour fondement l'esprit de simplicité, d'abnégation, de douceur, d'humilité et d'obéissance. Après la mort de son père, il pourvut par le travail de ses mains à la subsistance de sa mère, qui était fort âgée ; il ne rougit pas même de mendier pour avoir de quoi l'assister, ce qui l'obligea de changer souvent de demeure. Il souffrit en esprit de pénitence tout ce que son état avait de pénible et d'humiliant. Etant à Steninges, il y bâtit une petite cabane pour s'y loger avec sa mère. La vie qu'il y mena était plus angélique qu'humaine. A peine eut-il achevé sa cabane, qu'il traça le plan d'une église, à laquelle il se mit aussitôt à travailler. Les habitants du pays, touchés de sa piété et de son zèle, lui fournirent de quoi exécuter son projet. Le saint homme travaillait tout le jour, et donnait à la prière une partie considérable de la nuit. « Seigneur », disait-il, « c'est ici le lieu de mon repos, c'est ici que je viendrai chaque jour vous rendre mes hommages ». Dieu glorifia son serviteur par un grand nombre de miracles, tant de son vivant qu'après sa mort. Les reliques de saint Cuthman étaient autrefois honorées à Steninges. On en transporta une partie à l'abbaye de Fécamp en Normandie. Saint Edouard le confesseur donna Steninges à cette même abbaye. Cette donation, ainsi que celle de Rye, de Bérimunster et de plusieurs autres lieux voisins, faite à l'abbaye de Fécamp, fut confirmée par Guillaume le Conquérant, par Henri Ier et Henri II, rois d'Angleterre. On conservait les chartes de ces princes dans les archives de l'abbaye. Les paroisses de Steninges et de Rye étaient de l'exemption de Fécamp ; et lorsque les bulles des papes font le dénombrement des paroisses qui jouissaient du privilége de cette exemption, elles disent, en parlant de celles de Steninges et de Rye, qu'elles sont situées en Angleterre. Il ne faut pas, comme font quelques auteurs, prendre Hastings, fameux port de mer dans la province de Sussex, pour le Steninges de Fécamp, qui n'est autre chose que le bourg de Stening, situé dans la même province. Saint Cuthman était anciennement premier patron de Steninges ou Esteninges. On trouve son nom dans l'ancien missel dont se servaient les Anglo-Saxons avant la conquête de l'Angleterre par les Normands. On gardait ce missel à l'abbaye de Jumiéges. On y trouve au 8 de février une messe propre pour la fête de saint Cuthman. Hickes compte la châsse de saint Cuthman parmi celles que les Anglais vénéraient avant leur séparation de l'Eglise romaine. Notre Saint est honoré en ce jour à Fécamp, et l'était aussi dans la plupart des abbayes de Bénédictins qui étaient en Normandie. Il florissait sur la fin du IXe s.

Voyez la *Narratio de Sanctis qui in Anglia quiescunt*, que Hickes a publiée dans son *Thesaurus linguarum veterum septentr.*, t. Ier, *in dissert. epist.*, p. 121. Voyez aussi, dans Bollandus, deux différentes vies de saint Cuthman, et les leçons du Bréviaire de Fécamp, qui sont fort exactes.

LE BIENHEUREUX PIERRE ALDOBRANDINI (1089).

Il sortait de l'illustre famille des Aldobrandini. Il se fit religieux dans le monastère de Vallombreuse, que saint Jean Gualbert venait de fonder. Les religieux de ce monastère ayant accusé de simonie, en 1063, Pierre de Pavie, archevêque de Florence, Pierre Aldobrandini fut choisi par ses frères pour soutenir cette accusation par l'épreuve du feu. « Ni le pape (Alexandre II), ni le concile (de Rome), n'avaient permis aux moines de se justifier par l'épreuve du feu, comme ils

1. Bollandus conjecture, mais sans fondement, que notre Saint sortait des Bretons du pays de Galles, ou de la province de Cornouaille.

l'avaient offert. Il n'en fut pas de même du peuple de Florence, qui força les religieux à démontrer par ce moyen la vérité de leur accusation. On fixa donc un jour pour cet effet, et, dès qu'il fut arrivé, une foule immense de laïques et de prêtres, d'hommes et de femmes de tout âge et de toute condition, se rassemblèrent près du couvent de Saint-Sauveur. Là, deux bûchers, construits par le peuple, s'élevaient, ayant une longueur de dix pieds, sur cinq de large et quatre de haut. Ils étaient séparés par un sentier, semé de bois sec et très-inflammable. Dans l'église, on chantait des hymnes et l'on adressait au ciel de ferventes prières pour connaître celui qui, d'après les ordres de l'abbé, devait traverser les flammes ; le choix tomba sur Pierre, moine de Vallombreuse, homme d'une conduite irréprochable. Pierre se rendit à l'autel pour célébrer la messe ; tous les cœurs étaient émus. Quatre moines se dirigeaient alors vers les bûchers : le premier portait l'image du Christ, le second l'eau bénite, le troisième douze cierges bénits, et le quatrième un vase plein d'encens pour allumer le feu. Tous élevaient leurs cœurs vers Dieu pour le succès de cette périlleuse entreprise. Dès que le prêtre eut achevé le sacrifice, il prit la croix du Sauveur et fit solennellement le tour des bûchers, accompagné de l'abbé et des moines ; quand il se fut approché des flammes, on expliqua au peuple le but de la cérémonie. Le feu était déjà allumé, la flamme pétillait avec ardeur ; le prêtre s'agenouilla devant Dieu, et supplia Jésus-Christ de lui permettre de traverser la flamme sain et sauf, si l'évêque Pierre était coupable. Le peuple répondit : *Amen*. Enfin, le moine fit sur cette fournaise ardente le signe de la croix, saisit le crucifix, et, avec une figure sereine, il traversa les flammes sans être atteint : Dieu et sa foi le protégeaient. Quand il reparut à l'autre extrémité, le peuple se précipita au-devant de lui, tomba à ses genoux, baisa ses pieds, s'estimant heureux de pouvoir arracher un lambeau de sa robe. Ce fut à grand'peine que ses confrères parvinrent à le débarrasser de cette foule. Dès que le Saint-Père eut appris cet événement, il déposa l'accusé comme étant convaincu. Le moine Pierre, qui fut surnommé Igné, parvint à de grands honneurs : il fut évêque et cardinal ».

Nous empruntons ce récit à l'*Histoire de Grégoire VII*, du protestant Voïgt, traduction de M. l'abbé Jager.

IXe JOUR DE FÉVRIER

MARTYROLOGE ROMAIN.

A Alexandrie, la naissance au ciel de sainte APOLLINE, vierge, à qui les persécuteurs, sous l'empereur Dèce, arrachèrent premièrement toutes ses dents ; ensuite un bûcher ayant été construit et allumé, pendant qu'ils la menaçaient de la brûler vive, si elle ne prononçait pas avec eux certaines paroles impies, elle, délibérant intérieurement, et sentant dans son cœur la flamme de l'Esprit-Saint, s'arracha soudain des mains de ces impies, et s'élança volontairement dans le feu qui était préparé, en sorte que les auteurs de cette cruauté furent terrifiés de ce qu'une femme avait été plus prompte à courir à la mort que le bourreau à la lui faire souffrir. 249. — A Rome, le martyre de saint Alexandre et de trente-huit autres, qui furent couronnés avec lui. — A Sole, en Chypre, les saints martyrs Ammonius, Alexandre et vingt autres compagnons de leurs souffrances. — A Antioche, saint NICÉPHORE, martyr, qui eut la tête tranchée sous l'empereur Valérien, et remporta la couronne du martyre. 260. — En Afrique, au château de Lémélé, les saints martyrs Prime et Donat, diacres, qui furent tués par les Donatistes dans une église dont ils défendaient l'autel. IIIe s. — Au monastère de Saint-Vandrille, saint ANSBERT, évêque de Rouen. 695. — A Canosa, dans l'Apulie, saint Sabin, évêque et confesseur [1]. 566.

1. Totila, roi des Ostrogoths et l'un des conquérants de l'Italie au VIe siècle, est connu pour sa vénération envers les serviteurs de Dieu, ses contemporains. On en peut voir un premier exemple dans la vie de saint Benoît du Mont-Cassin : en voici un autre que fournit celle de saint Sabin, qui fut évêque de Canosa pendant cinquante-deux ans. Ce vénérable prélat, comme nous l'apprend saint Grégoire, était devenu aveugle sur la fin de ses jours. Or, Totila voulant mettre sa sainteté à l'épreuve, se substitua à

MARTYROLOGE DE FRANCE, REVU ET AUGMENTÉ.

A Pamiers, fête de saint Valère ou Valier, premier évêque de Couserans[1]. — A Mouson, saint Victor, martyr, cruellement massacré par le commandement du seigneur du lieu pour la défense de la chasteté de sainte Suzanne, sa sœur, qui eut aussi les yeux crevés pour la même cause. Son corps sacré a été honoré de plusieurs miracles. — A Senlis, saint AUDEBERT, évêque et confesseur. — A Arras, la fête de saint Poppon [2]. — A Limoges, la fête de saint Etienne de Muret [3]. — A Avignon, la fête de saint Clair d'Apt, évêque et martyr. Sa naissance au ciel est le 28 janvier [4]. — A Maëstricht, saint Supplice, évêque. — A Menat, en Auvergne, saint BRAQUE. — En l'église Saint-Pierre de Saintes, mémoire de Notre-Dame du Miracle : ce nom de Notre-Dame du Miracle avait été donné à l'autel principal de la cathédrale pour rappeler le fait merveilleux suivant : Une année, dans la nuit de l'octave de la Purification, l'église de Saint-Pierre se trouva tout à coup illuminée ; les cloches sonnèrent d'elles-mêmes. Les habitants de la ville, accourus en foule, n'osèrent entrer dans l'église, mais contemplèrent, par les ouvertures extérieures, un spectacle admirable. Des personnages célestes portant des cierges à la main entouraient l'autel de la Reine du ciel et lui rendaient leurs hommages. Un des gardiens de l'église obtint d'un de ces mystérieux personnages le cierge qu'il portait et qui fut longtemps conservé avec vénération. A cet autel de Notre-Dame du Miracle était une image de la Sainte Vierge, portant le même nom, que l'on avait eu le bonheur de soustraire aux premières dévastations des Huguenots, mais qui fut détruite lors de leur seconde invasion dans la ville de Saintes. — A Périgueux, saint CHAMASSY.

MARTYROLOGE DES ORDRES RELIGIEUX.

Martyrologe de l'Ordre de Saint-Basile. — A Troyne, en Sicile, saint Sylvestre, moine de l'Ordre de Saint-Basile ; il devint illustre par ses miracles, et délivra plus d'une fois cette ville du fléau de la peste. Son entrée au ciel se célèbre le 2 janvier, au milieu d'un grand concours de peuple. 1185.

Martyrologe de l'Ordre des Camaldules. — A Nocera, dans l'Ombrie, saint Raynald, évêque et confesseur, qui, de moine du monastère d'Avellane, fut élevé au gouvernement de l'église de Nocera; il mourut très-saintement en cette ville, et son corps, exempt de corruption, est conservé dans la cathédrale, où il opère des miracles et y est honoré [5]. 1225.

Martyrologe de l'Ordre de Cîteaux. — Saint Pierre Urséole, confesseur : d'abord doge de Venise, et ensuite religieux de l'Ordre de Saint-Benoît, il se rendit illustre par sa piété et par ses vertus, et s'envola au ciel le 10 janvier, au monastère de Cusan. Sa mémoire est honorée le 14 de janvier [6].

celui qui le servait à table : il fit donc mine de n'être qu'un échanson ; mais Sabin acceptant la coupe de la main du Goth, porta une santé au roi. Une autre fois il but, sans en souffrir aucune atteinte, une coupe empoisonnée préparée par son diacre, qui avait l'ambition de lui succéder, et ce fut le diacre qui mourut avant celui qu'il prétendait remplacer. De là vient qu'on représente saint Sabin recevant une coupe des mains de Totila ou de celles de son peu consciencieux diacre. Saint Sabin est l'un des patrons de Bari, en Italie.

1. Voir au 5 juillet. — 2. Voir le 25 janvier. — 3. Voir le 8 février.

4. La fête de saint Clair, évêque d'Apt et martyr, est marquée au 2 de janvier, dans le Bréviaire de Jean Nicolaï, imprimé en 1532. On a continué de faire le même jour la fête de ce Saint, qu'on invoque pour la maladie des yeux. César Trivulce, élu évêque d'Apt en 1533, fit présent d'une partie de ses reliques à Antoine Trivulce, évêque de Toulon.

Saint Clair était autrefois honoré dans l'église de l'évêché, d'où son buste fut transféré, en 1754, dans la chapelle des Pénitents blancs : on le conserve aujourd'hui dans l'église paroissiale d'Apt. (*Histoire de l'église d'Apt*, par l'abbé Boze.)

Avant la Révolution française, le culte de saint Clair, fort répandu en Provence, était spécialement en honneur dans l'église collégiale des Accoules, à Marseille, où il était honoré comme patron de l'importante corporation des tailleurs. Aujourd'hui, le culte a été transporté dans l'église paroissiale de Saint-Cannat, où il est l'objet d'un pèlerinage annuel le 2 janvier. On trouve aussi des traces de cette vénération dans la petite paroisse de Ceyreste et à l'hospice de la Ciotat.

5. Le bienheureux Raynald appartenait, par sa naissance, à une famille très-distinguée qui tirait son origine des empereurs d'Allemagne. Il avait reçu une éducation brillante, qu'il alla cacher dans l'ermitage du monastère de Font-Avellane, où il parut bientôt orné de toutes les vertus. L'évêque de Nocera, ville du duché de Spolète, étant mort, il fut choisi pour le remplacer, malgré la répugnance que lui inspirait la charge pastorale. Plein de charité pour les pauvres, il se traitait lui-même avec une sainte rigueur. Il mangeait peu, couchait sur la terre nue, ne prenait que quelques heures de sommeil et passait le reste de la nuit en méditation. Epuisé par l'austérité de sa vie et par la vieillesse, il mourut en 1225 et fut inhumé dans la cathédrale, où l'on conserve son corps qui est sans corruption. Sa fête est fixée au 9 février. Le bienheureux Raynald était contemporain de saint François et lié d'amitié avec ce grand serviteur de Dieu.

6. Voir la vie de saint Romuald.

Martyrologe de l'Ordre des Frères Prêcheurs. — A Catane, en Sicile, le bienheureux BERNARD, confesseur, de l'Ordre des Frères Prêcheurs; il était d'une famille noble de Scammaca : Dieu le rendit admirable par la contemplation des choses célestes et par la gloire de ses vertus.

ADDITIONS FAITES D'APRÈS LES BOLLANDISTES ET AUTRES HAGIOGRAPHES.

En Chypre, saint Philagre, évêque et martyr. Les menées des Grecs mentionnent, en ce même jour, saint Pancrace, évêque de Taurominium, en Sicile, et saint Marcel, évêque de Syracuse. Saint Philagre, saint Pancrace et saint Marcel étaient tous trois disciples de saint Pierre. Déliés de leurs corps ils goûtent maintenant les délices de l'Eden. Ier s. — En Asie, saint Athénodore, qui fut évêque dans la province de Pont. Vers l'an 270. — A Membressa, en Afrique, les saints Am[illegible], Emilien, Lasse, Didyme, Poème, Ammon et trente-huit autres martyrs. — A Carthage, [illegible] Prima, illustre martyre à laquelle l'empereur Justinien dédia une église. — A Antioche, en Syrie, saint Romain le Thaumaturge. Ve s. — En Irlande, sainte Attracte ou Tarahate, sœur de saint Coeman, vierge et solitaire. Elle fut consacrée à Dieu par saint Patrice. Ve s. — En Italie, saint Ruffin et saint Mémor, évêques de Canusium, ville de l'Apulie, qui n'existe plus. Leurs reliques furent transférées à Bari. 500 et 514. — A Naples et à Lesina, en Italie, saint Sabin et saint Eunomius, évêques. — A Tarragone, saint Nébride, évêque d'Egara, ancienne ville d'Espagne détruite par les Sarrasins. Ce siége dépendait de l'archevêché de Tarragone. VIe s. — En Angleterre, saint Teliaus ou Eliud, évêque de Landaff, dans le pays de Galles. Vers l'an 580. — A Atripalda, en Italie, saint Sabin, évêque, et saint Romule, diacre. — En Irlande, saint Cronan, évêque. VIe s. — A Canosa, dans la Pouille, saint Pierre, archevêque de cette ville. VIIIe s. — En Bavière, saint Alton, abbé. Vers 760. — A Ratisbonne, le bienheureux Marien Scot, abbé du monastère de Saint-Pierre dans cette ville, et le bienheureux Murcherat, reclus au même lieu. 1088. — En Ecosse, fête de saint Erhard, nommé Eberhard par les Allemands; professeur d'Ecriture sainte à Trèves, puis fondateur d'un monastère à Ratisbonne, il mourut dans cette dernière ville à la fin du VIIIe s. Les Allemands l'honorent le 8 janvier. — A Nocera, dans l'Ombrie, saint Raynald, dix-neuvième évêque de cette ville et patron de l'église cathédrale. Il guérit un lépreux en l'embrassant et fut souvent visité par la Mère de Dieu, par sainte Agnès, par sainte Thècle et par les apôtres saint Pierre et saint Paul.

SAINTE APOLLINE[1], VIERGE ET MARTYRE

249. — Pape : saint Fabien. — Empereur : Philippe l'*Arabe.*

> La raison et la foi s'accordent à nous faire penser que les Saints qui ont plus particulièrement souffert en quelque partie de leur corps ont aussi une compassion particulière pour ceux qui souffrent de la même manière.
>
> Sainte Apolline est invoquée par ceux qui souffrent des dents, parce qu'elle même eut les dents brisées et qu'elle en souffrit beaucoup.

Nous avons peu de documents sur l'illustre vierge sainte Apolline, mais le peu que nous en avons est excellent. Elle florissait au troisième siècle, dans la ville d'Alexandrie, où la persécution contre les chrétiens était si grande, que saint Denis, évêque de la même ville, duquel nous tenons cette histoire, n'a point fait difficulté d'écrire qu'il semblait : « Que ce temps-là fût celui dont notre Sauveur avait dit dans l'Evangile, qu'à peine les élus s'y pourraient garantir de tomber dans l'erreur et dans les piéges des ennemis ». Car non-seulement les empereurs et les princes excitaient des persécutions contre les fidèles, mais il semblait encore que chacun eût pouvoir de les

1. Encore nommée Apollonie, Polline, etc.

tourmenter, ainsi qu'il est arrivé au sujet de sainte Apolline. Elle demeurait à Alexandrie, où chacun la regardait comme un modèle de vertu et de modestie chrétienne, lorsqu'il s'y éleva une persécution, non par un édit, ou par un ordre des empereurs, mais à l'occasion que nous allons rapporter.

Il y avait dans la ville un magicien, ennemi juré des chrétiens ; à la sollicitation des esprits de ténèbres, ses maîtres, il s'efforça d'animer tout le peuple à soutenir le paganisme et à continuer d'adorer les dieux, et, par ce moyen, les excita à persécuter les chrétiens, qui, en adorant un seul Dieu et en prêchant qu'un homme crucifié était Dieu, ruinaient toutes les divinités qu'on adorait. Les discours de ce magicien furent comme autant d'étincelles de feu, qui, tombant dans les cœurs de ces gens idolâtres, déjà disposés à la révolte, les enflamma tellement qu'ils se jetèrent dans les maisons des chrétiens, où ils pillèrent et ravagèrent indifféremment tout ce qu'il y avait de beau et de sacré, brûlèrent le reste et massacrèrent autant de fidèles qu'ils en purent rencontrer. Le ravage et le carnage furent si grands, écrit notre auteur, que l'on eût dit, à voir la ville, qu'elle était prise par les ennemis, et que toutes ses richesses étaient abandonnées à l'insolence et au pillage des soldats. Plusieurs fidèles, voyant cet orage, furent obligés de sortir de la ville et de s'enfuir dans les solitudes, abandonnant de grand cœur leurs biens temporels, afin de conserver dans leurs âmes le précieux trésor de la foi : ils persévérèrent tous si généreusement, qu'il n'y eut qu'un seul homme qui céda à la violence de la persécution, et renia Jésus-Christ. Pour sainte Apolline, elle demeura toujours constamment à Alexandrie, sans craindre de perdre ni les biens ni la vie, étant très-joyeuse de trouver l'occasion de couronner, par le martyre, sa pureté qu'elle avait gardée depuis son enfance jusqu'à une vieillesse avancée. Les païens, s'étant saisis de sa personne, lui donnèrent d'abord tant de coups sur le visage et sur les joues, qu'ils lui brisèrent les mâchoires; et, non contents de cette cruauté, ils lui arrachèrent toutes les dents l'une après l'autre ; et de là vient qu'elle est invoquée particulièrement par les personnes qui ont mal aux dents et aux gencives. Ensuite ces barbares la traînèrent hors de la ville, en un endroit où ils avaient allumé un grand feu ; là, ils la menacèrent de la brûler toute vive si elle ne renonçait à Jésus-Christ. A ces paroles la Sainte s'arrêta quelque peu et demanda du temps, comme si elle eût voulu délibérer sur ce qu'elle devait faire ; en effet, les païens la laissèrent libre, pensant qu'elle allait reculer devant l'horrible supplice du feu. Mais Apolline, profitant de l'occasion, s'échappa de leurs mains ; et, poussée par une admirable ardeur de l'amour divin, qui embrasait son cœur, elle se lança impétueusement elle-même dans le feu, au grand étonnement des païens, qui voyaient une fille plus ardente à souffrir la mort qu'eux-mêmes ne l'avaient été à la lui faire endurer. Son corps, ainsi qu'un holocauste, fut aussitôt dévoré et consumé par les flammes, qui envoyèrent son esprit très-pur dans le ciel, l'an 249 de Notre-Seigneur, le 9 février, sous l'empire de Philippe.

Touchant cette action de sainte Apolline, qui semble s'être procuré la mort elle-même en se jetant dans le feu, on peut lire saint Augustin en la *Cité de Dieu* : il y parle de quelques saintes femmes, qui, du temps de la persécution, s'étaient précipitées dans des fleuves, afin de se garantir des poursuites impudiques de leurs persécuteurs, et qui, néanmoins, sont mises par l'Eglise catholique au nombre des martyres. Il dit que l'on ne doit pas leur refuser cet honneur pourvu qu'il soit autorisé par l'Eglise, comme celui qu'on rend à sainte Apolline, parce que ces filles, ajoute ce saint Docteur, ne se sont point portées à ces extrémités par quelque précipitation ou mouvement de la nature, mais par une sainte impulsion de l'esprit divin, à qui elles obéissaient, ainsi que nous sommes obligés de le croire de Samson. Quand Dieu commande quelque chose, et qu'il fait connaître clairement que c'est lui qui commande, qui osera nommer cette obéissance un crime, ou qui voudra condamner une action pleine de piété ?

On voit à Rome une église fort ancienne qui porte le nom de sainte Apolline et où la dévotion a toujours attiré un grand nombre de fidèles. Elle est très-vénérée en Occident où il serait difficile de compter les autels et les statues qu'on lui a élevés[1].

Il y a un pèlerinage de sainte Apolline ou Apollonie dans l'église de la Templerie, au diocèse de Laval. On y va surtout pour le mal de dents.

Sainte Apolline est ordinairement représentée debout, tenant une palme et des tenailles serrant une dent[2]. Ces tenailles sont le symbole de la dévotion populaire, plutôt que la démonstration de son supplice ; car il n'est pas prouvé qu'on se soit servi de cet instrument pour lui briser la machoire.

Le portrait de sainte Apolline figure dans les œuvres de Rubens, et le peintre Circiniano a écrit l'histoire de son martyre sur les murs de l'église Saint-Etienne le Rond, à Rome[3].

SAINT NICÉPHORE, MARTYR

260. — Pape : saint Denis. — Empereurs : Valérien et Gallien.

En fait d'amitié, il n'y en a qu'une sur laquelle on puisse toujours compter : c'est celle de Dieu.

Sous le règne de Valérien et de Gallien, son fils, si fatal à l'empire romain, et si funeste à la religion catholique, il arriva à Antioche un fait qui doit nous donner de l'horreur pour un cœur endurci, et nous servir d'exemple d'une parfaite charité et fidélité à la grâce. Deux hommes, dont l'un, nommé Saprice, était ecclésiastique, et l'autre, appelé Nicéphore, séculier, avaient lié ensemble une si étroite amitié, qu'on eût dit qu'ils n'avaient qu'une âme, qu'un cœur et qu'une volonté. Cette bonne intelligence dura jusqu'à ce que le démon, ennemi de la paix et de l'union, semât la zizanie entre eux. Il y réussit si malheureusement pour leur repos, qu'ils se haïrent autant et même plus qu'ils ne s'étaient aimés auparavant. Cependant, dans la suite, Nicéphore, touché de la main de Dieu, revint à lui, et considérant que marcher en cette vie sans la charité, c'est prendre le chemin de l'enfer, il employa ses amis près de Saprice, afin de le prier de lui pardonner pour l'amour de Jésus-Christ et de se réconcilier ensemble. Le

1. Quelques auteurs font mention en ce jour d'une autre sainte Apolline, martyre, fille d'Apollonius, sénateur romain, laquelle, après avoir été cruellement fouettée, appliquée sur le chevalet, et écorchée toute vive, eut enfin les dents brisées et le cou coupé, pour la confession de Jésus-Christ, sous Julien l'Apostat, l'an 365. Mais Bollandus avoue que les actes qu'il en rapporte, tirés d'un manuscrit ancien, sont apocryphes.

2. Gravure sans nom d'auteur à la Bibliothèque Mazarine, n. 4778 (38), f° 64.

3. L'œuvre de ce peintre est reproduite dans les *Triomphes de l'Eglise militante,* au Cabinet des Estampes de Paris.

prêtre, qui devait être le premier à rechercher la paix, rejeta cette proposition et ne voulut point pardonner à son frère qui s'humiliait devant lui. Nicéphore, ne se contentant pas de ce refus, lui envoya deux et trois fois d'autres amis communs pour le même sujet : mais ils ne purent fléchir le cœur de Saprice, plus dur que le diamant. Enfin Nicéphore y alla en personne, afin de l'adoucir par sa présence ; et, se jetant à ses pieds, il le pria avec beaucoup d'instance et d'humilité de lui vouloir pardonner pour l'amour de Dieu, mais Saprice le repoussa rudement, sans jamais vouloir ouvrir la porte de son cœur à une si juste demande.

Sur ces entrefaites, le feu de la persécution contre l'Eglise se ralluma par la cruauté des empereurs ; Saprice fut arrêté et interrogé devant le préfet, auquel il déclara constamment qu'il était chrétien et prêtre, et qu'il n'adorerait jamais les dieux. On l'appliqua à la torture, pour ébranler son courage ; ce fut en vain ; il dit au président : « Vous avez tout pouvoir sur mon corps, parce que Dieu vous l'a donné, mais il s'est réservé à lui seul la disposition de mon âme ». Le juge voyant, par sa contenance, que c'était perdre le temps de s'imaginer qu'on le ferait renoncer à Jésus-Christ, le condamna à avoir la tête tranchée.

Nicéphore, averti de la sentence qui avait été prononcée contre Saprice, l'aborda comme on le conduisait au supplice, et, se jetant à ses pieds en pleine rue, il lui dit : « Martyr de Jésus-Christ, pardonnez-moi les fautes pour lesquelles vous êtes fâché contre moi ». Mais Saprice passa outre sans répondre. Nicéphore crut qu'il voulait mettre, par ce mépris, son affection à l'épreuve, et reconnaître si la demande de pardon qu'il lui faisait était feinte ou véritable : il courut donc l'attendre à une autre rue, et lui demanda encore pardon avec des paroles plus humbles et plus touchantes, de sorte que les bourreaux mêmes qui conduisaient Saprice au martyre se moquaient de Nicéphore, voyant qu'il demandait pardon à un homme qui s'en allait mourir : mais il ne put encore amollir ce cœur plus dur que l'acier et le diamant.

Il en fit encore autant quand il fut arrivé au lieu du supplice, sans que le cœur de Saprice en fût touché non plus qu'auparavant. Mais on voit en ceci un terrible jugement de Dieu : celui qui avait méprisé la vie dans les tourments n'eut pas le courage de souffrir la mort, et quand il fut question de recevoir le coup, il dit au bourreau : « Mais pourquoi me veux-tu couper la tête ? — Parce que tu méprises », dit-il, « les commandements des empereurs, et que tu ne veux pas adorer nos dieux, tenant Jésus-Christ pour un Dieu ». Saprice lui répondit : « Ne me fais pas mourir pour cela, car je suis prêt à sacrifier aux dieux et à obéir aux empereurs ». Nicéphore était présent à ce triste spectacle. — « Que faites-vous ? » lui dit-il, « gardez-vous de renoncer à Jésus-Christ notre bon maître et de vous laisser arracher, par une lâche désertion, une couronne qui vous coûte si cher ». Mais celui qui avait opiniâtrément fermé son cœur au pardon de son frère ne le devait pas ouvrir pour recevoir de Dieu une si grande miséricorde. Ce misérable donc demeura en sa perfidie et en son obstination, et renia la foi qu'il avait jurée à son Sauveur et qu'il avait généreusement défendue dans la terreur des supplices. Nicéphore, voyant la perte de Saprice, brûlant de l'amour de Dieu, s'écria tout transporté de charité : « Je suis chrétien, et je confesse que mon Seigneur Jésus-Christ, que celui-ci a renié, est Dieu ; laissez-le aller et faites-moi mourir en sa place ». Le président, averti de ce qui se passait, commanda que Saprice fût délivré et que Nicéphore eût la tête tranchée ; ce qui fut exécuté.

Le martyre de ce glorieux serviteur de Jésus-Christ arriva le 9 février, l'an de Notre-Seigneur 258 ou 260, sous l'empire de Valérien et de Gallien. Mais qui ne voit en ce martyre de saint Nicéphore combien il est dangereux d'avoir un cœur endurci et vindicatif envers son prochain ? Car c'est une sentence sortie de la bouche de Jésus-Christ : « Si vous ne pardonnez aux autres les offenses que vous en avez reçues, votre Père céleste ne vous pardonnera pas non plus les fautes que vous commettrez ». Et ailleurs : « Pardonnez, et il vous sera pardonné. On se servira envers vous de la même mesure dont vous vous serez servis envers les autres ». On a beau être religieux ou prêtre, ou posséder quelque autre dignité qui rende recommandable, avoir bien commencé et beaucoup souffert pour Jésus-Christ : tout cela ne sert de rien sans la charité. Saprice était prêtre et avait beaucoup souffert, et cependant il perdit courage ; et, par un juste jugement de Dieu, il ne mérita pas le don de la persévérance, ni la couronne du martyre qu'il semblait déjà tenir. Nicéphore, au contraire, qui était séculier et moins obligé que le prêtre à suivre la doctrine évangélique de l'amour par les actes héroïques qu'il en fit en demandant pardon à son ennemi, se rendit si agréable à Dieu qu'il mérita la palme du martyre et reçut la couronne de la charité.

On représente saint Nicéphore avec une *couronne* sur la main ou apportée par un ange. Ce symbole se comprend facilement : c'est, ou l'expression de la victoire remportée par la charité, ou la traduction du nom de Nicéphore, qui signifie : *porte victoire* ou *porte couronne ;* à moins qu'on ne préfère y voir l'apparition réelle d'un ange qui aurait fait briller aux yeux du Martyr la couronne refusée par Saprice.

Le Martyrologe romain fait mémoire de saint Nicéphore, comme aussi les Grecs en leur Ménologe. Métaphraste a écrit son martyre, et Bollandus l'a collationné avec un manuscrit de la bibliothèque du roi très-chrétien. Saint François de Sales, évêque de Genève, en raconte naïvement et d'une manière touchante toute l'histoire en son excellent *Traité de l'Amour divin*, livre x, chapitre 8.

SAINT ANSBERT, ARCHEVÊQUE DE ROUEN

CHANCELIER DE FRANCE

695. — Pape : Sergius Ier. — Roi de France : Childebert III.

> Il n'est personne qui, ayant abandonné sa maison ou ses champs pour l'amour de moi, ne reçoive le centuple en ce monde et la vie éternelle en l'autre.
>
> *Marc*, x, 29.

Saint Ansbert ou Austrebert, naquit en un bourg du Vexin, appelé Chaussy [1], près de Mantes, sous le règne de Clovis II et de la reine sainte Bathilde. Son père s'appelait Siwin : il était noble, fort employé dans les armées et dans les conseils de nos rois, où il s'acquit beaucoup de gloire. Pour notre Saint, il fut touché de Dieu dès ses plus tendres années, et

1. Diocèse actuel de Versailles. *Cf. Propre de ce diocèse.*

commença dès lors à mépriser les vanités du monde, pour ne respirer que Jésus-Christ. Après ses études, son père l'exerça à la chasse, et lui fit prendre les autres divertissements propres à la noblesse, pour lui faire goûter le monde : mais c'était en vain, parce qu'il avait déjà mis ses affections ailleurs.

Siwin, qui ne regardait que la fortune et l'avenir temporel de son fils, lui chercha et lui trouva un mariage avantageux. Il lui obtint la main d'Angadrème, fille de Robert, comte de Renty, et chancelier du roi Clotaire III. Ansbert et Angadrème avaient un égal éloignement pour le mariage : ils n'y consentirent que par obéissance, et, après s'être réciproquement communiqué leur dessein de garder la chasteté jusqu'à la mort : ils eurent pour cela recours à l'oraison, et prièrent le Père des miséricordes de leur inspirer ce qu'ils devaient faire. La bienheureuse Angadrème, en particulier, demanda à Notre-Seigneur qu'il lui envoyât quelque mal qui pût ternir sa beauté, afin qu'elle ne fût plus aimée des hommes. Sa prière fut exaucée, et son visage parut aussitôt couvert d'une lèpre si hideuse qu'elle faisait horreur à ceux qui la regardaient ; et malgré les remèdes des médecins cette laideur croissait toujours. Cet accident obligea les parents d'Ansbert et d'Angadrème de permettre leur séparation, surtout après qu'ils eurent appris de la bouche de leur fille qu'elle avait voué sa virginité à Dieu avant cette alliance. Loin d'avoir de la peine à s'y résoudre, Ansbert fut très-aise que celle qui lui avait été destinée pour compagne fût épouse de Jésus-Christ. Elle fut donc conduite à saint Ouen, archevêque de Rouen, et ancien chancelier de France, et reçut de lui la bénédiction et le voile des vierges, pour être consacrée à l'Epoux céleste ; alors, par une merveille de la puissance divine, elle recouvra sa première beauté avec tant d'éclat, que chacun reconnut que Jésus-Christ agréait le sacrifice qu'elle lui faisait d'elle-même. Ensuite, elle se rendit dans le Beauvaisis, où elle devint la mère et la supérieure d'un monastère appelé Oroer, près la ville de Beauvais, qui, depuis, a été détruit par les ravages de la guerre, et dont le revenu resta annexé, jusqu'à la Révolution, au chapitre de la cathédrale de cette même ville. La célèbre abbaye de Notre-Dame de Saint-Paul avait succédé à cet ancien monastère.

Saint Ansbert, heureux de voir ainsi ses vœux réalisés, ne respirait plus que pour une vie solitaire semblable à celle de son épouse ; néanmoins il fut contraint de rester encore quelque temps à la cour de Clotaire III, car il avait été substitué ou plutôt associé à Robert dans la charge de garde des sceaux. Mais cette nouvelle dignité ne changea nullement son humeur, ni son inclination pour la vie religieuse, qu'il considérait comme un asile, un abri contre les embarras du monde et de la cour : car quoiqu'il y demeurât de corps, son esprit était toujours dans le ciel; et l'agréable son des instruments de musique qu'il entendait au palais ne servait qu'à élever sa pensée vers le paradis, et à lui faire souvent savourer, dans son cœur, le psaume CL, qui commence par ces paroles : « Louez le Seigneur en ses Saints ». Enfin, ne pouvant respirer plus longtemps un air aussi contagieux qu'était alors celui de la cour de France, sous les derniers rois de la première race, il résolut, par un exemple tout à fait extraordinaire, de renoncer absolument au monde et de déposer les sceaux de la chancellerie, pour se rendre parfait disciple de Jésus-Christ et de sa sainte croix. Etant donc éclairé par une forte lumière du Saint-Esprit, et embrasé du feu de son divin amour, il sortit secrètement du palais, sans rien dire à personne, à l'époque où Ebroïn venait d'être nommé maire du palais, et se rendit à l'abbaye de Fontenelle [1], au diocèse de Rouen, où il savait que le bienheureux Vandrille menait une vie toute céleste, avec un grand nombre de religieux. Il prit aussitôt le saint habit, et, bientôt après, il y fit ses vœux, et devint en peu de temps un religieux si parfait, que saint Vandrille supplia saint Ouen, archevêque de Rouen, de l'ordonner prêtre, afin qu'il fût entièrement consacré au service des autels : faveur qu'on n'accordait alors qu'à ceux qui étaient consommés en toutes sortes de vertus. Cette dignité ne l'empêcha pas de s'occuper des œuvres manuelles avec les autres religieux. On raconte qu'allant un jour dans les champs, il rencontra le prince Thierry, troisième fils de Clovis II, qui allait à la chasse ; il lui prédit qu'il serait roi après ses frères Clotaire et Chilpéric ; pour preuve de quoi il l'assura que la partie du champ où il avait fait dresser sa tente ce jour-là, quoique extrêmement battue et foulée des pieds, ne perdrait point sa verdure. Le prince répondit à cela que si Dieu lui mettait un jour la couronne sur la tête, il le ferait évêque, afin que l'Eglise fût honorée et reçût de l'accroissement par ses exemples et par sa doctrine.

Cependant le bienheureux Vandrille, après avoir gouverné saintement l'abbaye de Fontenelle l'espace de vingt ans, passa de cette vie de misères à une plus heureuse, et laissa pour successeur en son abbaye un autre religieux appelé Lambert. Celui-ci, qui était cousin de sainte Angadrème, et ainsi allié à saint Ansbert, vécut avec lui en si bonne intelligence, pendant son gouvernement, qu'il le consultait en toutes ses affaires avec la même confiance que s'il eût été son père. A quelque temps de là, l'Eglise de Lyon se trouva vacante par le décès de saint Genest, ancien aumônier de la reine sainte Bathilde ; le roi Thierry, par le conseil du duc Pépin d'Héristal, qui était maire du palais, et cousin de saint Vandrille, nomma pour remplir ce siége saint Lambert, et notre Saint fut fait abbé de Fontenelle en sa place. Cette nomination remplit de joie tous les religieux, qui bénissaient Dieu de leur avoir donné un si bon Père. Le Saint ne négligea rien pour se bien acquitter de cette charge : il avait pour maxime de son gouvernement de se faire plus aimer que craindre, persuadé que les humeurs les plus revêches se rendent à la douceur. Il partagea ses soins en donnant une partie au spirituel, et en employant l'autre au temporel du monastère. Il fit bâtir un hôpital pour y retirer douze pauvres vieillards, en l'honneur des douze Apôtres, et les pourvut libéralement de tout ce qui leur était nécessaire pour leur nourriture. Il fit faire aussi deux autres logements pour les pauvres ; il les y faisait demeurer huit de compagnie dans chaque chambre, et avait soin que rien ne manquât à leur entretien, à la charge qu'ils assisteraient nuit et jour à l'office divin, particulièrement au saint sacrifice de la messe, afin d'y prier pour le salut du peuple chrétien et pour l'exaltation de l'Eglise catholique. Sans nous étendre en détail sur toutes les vertus de notre Saint, nous rapporterons seulement quelques paroles de l'historien de sa vie, qui les renferment toutes : « Quoiqu'il fût le supérieur des autres, il était le plus humble de tous ; il était pauvre en son vêtement, frugal en son vivre, pudique en toutes ses actions, éclatant par la sérénité de son visage et par la lumière de son esprit, admirable par sa patience, illustre par les effets de sa charité et par les grandes aumônes qu'il faisait aux pauvres. Ainsi, étant orné de toutes les vertus, il brillait comme une lampe au milieu de ses

1. L'abbaye bénédictine de Fontenelle, ou de Saint-Wandrille, fut fondée vers l'an 648, au pays de Caux. Elle a produit un grand nombre de Saints ; nommons saint Lambert, saint Gennade, saint Agathon, saint Gaon, saint Syndard, saint Hildebert, saint Bain, saint Landon, saint Bénigne, saint Vandon, saint Anségise, saint Girard, etc..... Détruite en 850, elle fut rétablie par le duc de Normandie en 1035 ; elle fut encore reconstruite au XVIIe siècle. Il n'en reste plus aujourd'hui que des ruines.

frères ». Deux ans après son élection, il alla fonder une abbaye dans le bourg de Douzère, en Dauphiné, et revint ensuite reprendre le gouvernement de Fontenelle qui devint de plus en plus florissant sous son administration.

En ce même temps, saint Ouen, archevêque de Rouen, plein de vertus et de saintes actions, fut appelé de Dieu pour recevoir la récompense de ses mérites. Saint Ansbert ne manqua pas de se trouver à ses funérailles avec ses religieux. Après ce bon office, tous les habitants de cette ville métropolitaine jetèrent les yeux sur lui pour le mettre à la place du défunt, et envoyèrent aussitôt des députés le demander au roi Thierry III, qui était en son château de Clichy-les-Paris, où il tenait une assemblée des notables de son royaume, parmi lesquels était saint Lambert, archevêque de Lyon. Ces nouvelles furent agréables au prince qui voyait l'accomplissement de sa prédiction : il pria saint Ansbert de le venir trouver, sous prétexte de quelque affaire de conscience qu'il lui voulait communiquer, parce qu'il était son confesseur. Mais le saint abbé, se doutant de la chose, refusa absolument d'y aller jusqu'à ce que le roi l'eût assuré, par une seconde ambassade, qu'on ne ferait rien contre son gré touchant l'archevêché de Rouen. Sur cette parole de Thierry, saint Ansbert se rendit à la cour, où par les suffrages de tous les prélats, du roi et des princes, son élection fut confirmée : de sorte que, malgré ses résistances, il fut sacré évêque, en ce même palais, par le saint archevêque de Lyon.

Ainsi, cet humble serviteur de Dieu commença à briller dans l'Église comme une lumière ardente, non plus cachée sous le boisseau, mais posée sur le chandelier. Or, parmi toutes les belles actions qu'il fit à son entrée en sa ville archiépiscopale, nous remarquerons seulement celle-ci : après avoir célébré la sainte messe, il voulut traiter tous les assistants, aussi bien les pauvres que les riches ; et, ayant fait dresser deux grandes tables, il fit asseoir en l'une tous les nobles, chacun selon son rang, puis il prit sa place au milieu de celle des pauvres, pour imiter celui qui, étant infiniment riche, s'est fait pauvre pour notre amour. Il n'eut pas seulement soin des temples spirituels, je veux dire des fidèles, qu'il pourvoyait charitablement de tout, et pour le corps et pour l'âme, mais aussi des temples matériels qui sont les églises, ordonnant que la portion canonique qui lui était due, en qualité d'archevêque, fût employée à leur réparation. Il fit aussi paraître sa piété par le privilége authentique qu'il accorda à l'abbaye de Fontenelle, l'an cinquième de son pontificat, l'exemptant de toute autre juridiction que celle du souverain Pontife ; ce qui fut approuvé par quinze évêques, quatre abbés, et d'autres personnes de considération.

Il eut soin aussi des reliques de son prédécesseur, qu'il fit mettre dans une riche châsse, et transférer solennellement en l'abbaye de Saint-Pierre, laquelle a depuis porté le nom de Saint-Ouen ; et le saint archevêque n'oublia pas en cette occasion de faire un festin semblable à celui qu'il avait fait au jour de son entrée et d'y observer les mêmes cérémonies ; en effet, il quitta la table des riches pour se mettre à la table des pauvres, afin de les y servir de ses propres mains [1].

1. L'acte le plus important de l'épiscopat de saint Ansbert, outre la translation de saint Ouen, fut, en 689, la réunion, à Rouen, d'un concile où se trouvèrent quinze autres évêques, quatre abbés, trois archidiacres, et un grand nombre de prêtres et de diacres. On y dressa divers canons fort utiles à l'Eglise, mais on n'en connait pas le détail. Il paraît cependant que le principal objet du concile fut de confirmer les priviléges accordés par les rois précédents aux religieux de Fontenelle, pour se choisir un abbé. Outre saint Ansbert, qui y présida, les évêques qui s'y trouvèrent sont Ratbert, qu'on croit être Robert de Tours, saint Rieul de Reims, Airard de Chartres, Ansoald de Poitiers, saint Aquilin d'Evreux, saint Gerbold de

Cependant, comme la vertu est toujours enviée et que la persécution est la pierre de touche pour éprouver les Saints, Dieu permit que saint Ansbert n'en fût pas exempt. Une guerre civile s'étant élevée parmi les princes français, le duc Pépin d'Héristal, maire de l'Austrasie, après divers succès, se rendit maître absolu de l'une et de l'autre France, au préjudice du roi Thierry, qui fut contraint de céder à la force. Quelques esprits inquiets et remuants accusèrent le saint évêque auprès de Pépin de favoriser ses ennemis Varaton et Gilimer ; et ce duc, leur donnant trop aisément créance, le relégua au monastère de Hautmont, en Hainaut, sur la rivière de Sambre.

Notre Saint demeura quelques années en ce lieu de son exil, mais il ne s'y tint pas oisif, car, profitant de cette occasion qu'il croyait heureuse pour lui, il y renouvela ses premières ferveurs, c'est-à-dire ses jeûnes, ses veilles, ses prières et ses larmes qu'il répandait en abondance. Tout le voisinage même se ressentit de ses bienfaits, et par les bons exemples de sa vie, et par ses doctes prédications. Il composa aussi, dans sa retraite, quelques traités de piété qui ne sont point parvenus jusqu'à nous. Il vivait ainsi en repos dans le lieu de son exil, lorsque le prince Pépin, après avoir reconnu son innocence, lui manda de retourner en son église. Mais Dieu qui l'appelait plus heureusement à la jouissance de sa gloire, lui fit connaître les approches de sa mort ; c'est pourquoi il envoya une humble requête au même prince, pour lui demander seulement qu'il permît que son corps, après son décès, fût porté au monastère de Fontenelle, où il avait reçu l'habit religieux. Quelques jours après, connaissant assurément que son heure était arrivée, il appela les religieux du monastère pour célébrer le sacrifice de la messe, et, après la sainte communion du corps et du sang de Jésus-Christ, il donna la bénédiction aux assistants, et lui-même se munit du signe de la croix ; de cette sorte, sans nulle maladie dont nous ayons connaissance, il s'endormit paisiblement dans le Seigneur, le 9 février, l'an de grâce 695, selon le cardinal Baronius, et Bollandus, qui a exactement recherché la chronologie des abbés de Fontenelle.

On a représenté saint Ansbert de Rouen : 1° assis, tenant une discipline et lisant [1] ; 2° tenant un calice à la main, peut-être pour rappeler qu'étant à Fontenelle, il prenait soin de la vigne du couvent ?...

RELIQUES DE SAINT ANSBERT.

Le corps de cet illustre prélat fut transporté en son abbaye de Fontenelle, comme il l'avait désiré avant sa mort. Pendant tout le voyage, ce ne fut que miracles : des démoniaques furent délivrés, des paralytiques guéris et d'autres personnes affligées y reçurent du soulagement dans leurs maux. A Grand-Fresnoy, une femme tombée, depuis longtemps, au pouvoir de Satan, s'approcha avec confiance du cercueil d'Ansbert et fut délivrée. Au lieu même où elle reçut cette faveur, la reconnaissance des fidèles bâtit une chapelle sous l'invocation du Saint. Ce sanctuaire fut visité dans la suite des siècles par de nombreux pèlerins, à cause des miracles que le Seigneur y opérait. Mais voici le plus grand miracle de tous, à notre avis : au bout de trente jours, et après un long voyage, ce même corps se trouva aussi frais et aussi vermeil que s'il eût joui d'une parfaite santé et eût été seulement endormi ; et, de plus, ses bras se trouvèrent marqués en plusieurs endroits du signe de la croix, parce qu'il l'avait toujours portée, pour me servir des termes de l'Epouse des Cantiques, *comme un chiffre sacré sur son bras et sur son cœur*. Il fut donc enfin déposé en l'église de Saint-Paul, à Fontenelle, où la gloire de son âme s'est assez fait connaître par un grand nombre de mi-

Bayeux, saint Annobert de Séez. Les autres prélats dont on ne connaît pas les siéges sont : Cadoën, Arnonius, Fulvius, Fulcran, Jean, Villibert, Taurin et Didier. On croit cependant que ce dernier est l'évêque de Rennes de ce nom qui fut assassiné avec Rainfroi, son archidiacre, dans un lieu de la haute Alsace nommé depuis Saint-Didier, à quatre kilomètres de Delle.

1. Gravure en bois du XVe siècle, d'après Burgmaier.

racles, dont il est aisé de voir le récit en sa vie écrite, par Aigrade, religieux de cette même maison, et que Surius rapporte en son premier tome. Bollandus l'a enrichie de plusieurs notes.

Après diverses translations, les reliques de saint Ansbert furent enfin données à l'abbaye de Blandinberg, près de Gand. C'est là qu'en 1579, elles furent détruites par les Gueux ou Calvinistes de Flandre, dans les troubles des Pays-Bas.

Voir la vie de sainte Angadrême, épouse de saint Ansbert, au 14 octobre, jour de sa fête à Beauvais.

S. BRACHIO OU BRAQUE, HONORÉ A MENAT EN AUVERGNE (576).

Saint Braque naquit au pays de Touraine pour le monde, et pour le ciel, en Auvergne. Il passa une partie de sa jeunesse au service de Sigivald, comte de Clermont et proche parent de Thierry, roi d'Austrasie et d'Auvergne. Son exercice ordinaire était la chasse. Il se portait souvent dans les forêts de Pont-Gibaut avec son équipage. Un jour, ayant lâché ses chiens après un sanglier, ils le poursuivirent à cor et à cri jusqu'à la cabane de saint Emilien, qui s'était retiré dans cette forêt pour y vivre écarté du commerce des hommes. Le sanglier, poursuivi furieusement par la meute, se rendit promptement dans l'enclos de l'ermitage du serviteur de Dieu, comme dans son fort, avec la même assurance que s'il se fût retiré dans sa bauge. Témoin de cette chose extraordinaire, le jeune homme aborda le saint ermite et s'entretint avec lui. Toute la conversation de saint Emilien roula sur le néant du monde et sur la douceur et l'avantage du service de Dieu. Le jeune homme s'en alla fort ému et tout pensif. Sa résolution n'était pas encore prise de renoncer au monde qu'il aimait comme on l'aime à cet âge ; mais l'œuvre de cette grande conversion était commencée ; une première impulsion venait d'être donnée, elle ne devait plus s'arrêter jusqu'au complet changement de ce jeune cœur. Braque, travaillé par la grâce, sortait de son lit deux ou trois fois la nuit et se prosternait en terre, priant Dieu de lui venir en aide dans ces difficultés. C'est ainsi qu'il se fortifia dans la volonté de se donner à Dieu. Or, il ne savait pas encore lire ; mais s'étant fait tracer quelques lettres sur un papier, il les étudia très-assidûment et les sut très-vite. Chaque fois que des ecclésiastiques venaient au palais de son maître, il s'adressait aux plus jeunes et les suppliait de lui donner une leçon, si bien que dans peu de temps, il apprit à bien lire. Et cependant Sigivald étant parti de ce monde, Braque jugea qu'il était temps pour lui-même de s'en éloigner pour aller faire le sacrifice de sa vie à son Créateur. Pour cela, il se jeta entre les mains de saint Emilien, son premier maître, sous la conduite de qui il fit deux ans de noviciat, apprit tout le psautier par cœur, et se façonna tellement à la vie solitaire, que son maître le jugea capable de régir son ermitage après son décès, bien qu'il eût d'autres religieux qui avaient fait une plus longue profession de la solitude que lui. Sous sa direction, l'humble ermitage devint un grand monastère, pour le développement et l'entretien duquel Ramichilde, fille de Sigivald, lui donna plusieurs terres et possessions importantes. Il partit de ce monde, recommandable par sa sainteté et riche en mérites, pour en aller cueillir les fruits dans le ciel.

Sa vie est tirée de celle de saint Emilien, son directeur, et toutes deux de saint Grégoire de Tours, liv. v, de la *Vie des Pères*, chap. 22.

SAINT EUMACHE OU CHAMASSY, DE PÉRIGORD (VIe siècle).

Eumache naquit à Périgueux, dans une très-modeste condition, mais il eut le bonheur d'être élevé très-chrétiennement. Arrivé à l'adolescence, il devint le serviteur d'une dame nommée Boëze, dont il acquit promptement l'estime. Comme il surpassait tous les autres domestiques par sa charité, ses bons offices, son zèle et sa fidélité, la garde des troupeaux lui fut confiée. Lorsqu'il les faisait paître sur les bords de l'Isle, il s'occupait sans cesse à la méditation de la loi de Dieu, et il avait soin de distribuer aux pauvres non-seulement la nourriture qu'on lui donnait, mais encore ses propres vêtements. Les œuvres de sa charité ne tardèrent pas à être connues, et sa maîtresse, en ayant été informée, le fit venir devant elle et lui fit de graves reproches, jusqu'à le menacer de le mettre hors de la maison. Le Saint se retira dans une petite solitude, près d'une fontaine, appelée la Font-Chaude, voisine de l'Isle, et là il se réjouissait d'avoir eu à souffrir pour Jésus-Christ. Un jour de la saison rigoureuse qu'il était occupé à prier pour le clergé et le peuple de Périgueux, la neige tomba du ciel en grande abondance, mais, tandis qu'elle couvrait tous les lieux circonvoisins, elle ne toucha pas sa maisonnette, et on ajoute qu'un aigle, étendant ses ailes au-dessus de lui, le protégeait. Les autres actions de sa vie sont peu connues : on sait seulement qu'il arriva au sacerdoce. Dans l'ancien bréviaire de Périgueux, on faisait sa fête au 3 janvier. Il mourut dans l'endroit qui porte aujourd'hui son nom et qui est voisin du confluent de la Vézère dans la Dordogne. Après sa mort, la réputation de sa sainteté se répandit au loin, et un grand nombre de miracles furent opérés à son tombeau. Le peuple le prit pour patron et lui dédia l'église paroissiale qui existe encore aujourd'hui.

Père Dupuy. — *Propre de Sarlat* de 1677. — Cette notice a été rédigée par le R. P. Carles, missionnaire au Calvaire de Toulouse.

SAINT AUDEBERT, ÉVÊQUE DE SENLIS ET CONFESSEUR (700).

Audebert, né dans la ville de Senlis, fut, dès l'enfance, comblé des dons supérieurs de la grâce. Doux envers tout le monde, innocent de mœurs, d'un esprit pénétrant, disciple assidu des sages, il commença de bonne heure à être puissant en science et en vertus. Renonçant à tous les biens du siècle, il résolut de choisir la meilleure part entre les clercs et se retira à Villemétrie, près d'une fontaine, non loin de la ville, pour vaquer plus librement aux choses du ciel. A la manière des anachorètes, tout en passant sa vie dans le travail et la pénitence, il ne cessait jamais son oraison, ses lectures et la contemplation des choses éternelles. Pour toutes ces qualités et ces mérites, il fut élevé au sacerdoce par le bienheureux pontife Agmare, afin qu'il produisît des fruits abondants en procurant le salut des âmes.

Le bienheureux prélat ne fut pas trompé dans son espoir, puisque le nouveau prêtre obtint à Senlis un si grand renom de piété et de religion, qu'il fut demandé, par le suffrage du peuple et du clergé, pour successeur d'Agmare, quand celui-ci fut sorti de ce monde. La reine sainte Bathilde, à qui il était agréable pour sa renommée de vertu, ayant confirmé cette élection, il fut sacré par le bienheureux Lambert, de Lyon. Excellent pasteur, recommandable par sa très-grande piété, remarquable par sa prudence, animé d'une sollicitude extrême pour tout ce qui concernait les pauvres et les clercs, il ne négligea rien de ce qui regardait le bon gouvernement de son église ; il fonda aussi quelques monastères, en premier lieu celui de Crépy, en l'honneur de sainte Agathe : il était double, c'est-à-dire qu'il y avait un monastère pour les hommes et un autre pour les femmes ; dans l'un et l'autre, par ses soins, fleurirent le zèle de la discipline et l'amour de la perfection.

Dans sa vieillesse, Audebert eut à souffrir beaucoup de molestations de la part d'Ebroïn, maire du palais, oppresseur du peuple et de l'Eglise ; il fut exilé avec plusieurs excellents évêques, et ce ne fut qu'après la mort du tyran que le bien-aimé Pontife put revenir au milieu de son peuple. Il assista à divers conciles, notamment à ceux de Paris, de Sens, de Thérouanne, de Soissons et de Corbie. Enfin, après avoir gouverné son église environ un demi-siècle, arrivé à l'âge de quatre-vingt-dix ans, il se reposa en paix dans le Seigneur, vers l'an 700, le 9 de février, et il fut enseveli dans l'église de Saint-Rieul, où ses reliques ont été conservées avec l'honneur qui leur est dû. Une chapelle a existé autrefois en son honneur, à Villemétrie, auprès de la fontaine qui a retenu le nom de Saint-Audebert.

Propre de Beauvais.

LE BIENHEUREUX BERNARD DE SCAMMACA, DOMINICAIN (1486).

Né à Catane, Bernard de Scammaca appartenait à une famille noble ; il se livra d'abord aux plaisirs du monde et mena une vie déréglée. Dieu ne l'abandonna pas ; il revint de ses égarements et entra dans l'Ordre des Frères Prêcheurs. Il se livra à des œuvres d'une pénitence effrayante, et se rendit si agréable à Dieu qu'on le vit élevé plusieurs fois de terre pendant l'oraison, tandis que son visage brillait d'un éclat surnaturel. Il mourut en 1486. Son corps, exhumé quelques années après, fut trouvé frais et sans corruption, état dans lequel il se conserve encore aujourd'hui. Le 5 mars 1825, Léon XII approuva son culte.

Xe JOUR DE FÉVRIER

MARTYROLOGE ROMAIN.

Au Mont-Cassin, sainte SCHOLASTIQUE, vierge, sœur de saint Benoît, abbé, lequel vit son âme sous la figure d'une colombe au moment où elle quittait son corps pour s'envoler au ciel. 543. — A Rome, les saints martyrs Zotique, Irénée, Hyacinthe et Amance. 304. — Encore à Rome, sur la voie Lavicane, dix bienheureux soldats, martyrs. — Au même lieu, sur la voie Appienne, sainte Sotère [1], vierge et martyre, qui, selon ce qu'écrit saint Ambroise, issue d'une noble race, méprisa pour Jésus-Christ les consulats et les préfectures dont ses ancêtres avaient été honorés; sommée de sacrifier et s'y étant refusée, elle fut longtemps souffletée avec violence, puis ayant triomphé de tous les autres supplices, elle fut enfin frappée du glaive et s'envola joyeuse vers son céleste époux. 304 [2]. — Dans la Campanie, saint Sylvain [3], évêque et confesseur. — A l'Etable de Rhode, ou Maleval (*Mala Valle*), diocèse de Sienne, saint GUILLAUME, ermite. 1157. — Au pays Rouennais, sainte AUSTREBERTE, vierge, célèbre par ses miracles. 704.

MARTYROLOGE DE FRANCE, REVU ET AUGMENTÉ.

A Dordrecht, en Hollande, sainte Sure, vierge et martyre [4]. XIe s. — A Besançon, saint PROTHADE, évêque et confesseur. 624. — A Clermont, en Auvergne, saint SIGON ou SIGE, évêque et confesseur. — Le bienheureux HUGUES, de Cambrai. 1164. — En Belgique, le bienheureux GUILLAUME, prêtre et solitaire, fondateur du monastère de Notre-Dame d'Olivet, dans le Hainaut. An 1240.

MARTYROLOGES DES ORDRES RELIGIEUX.

Martyrologe de Saint-Basile. — En Sicile, près de la ville de Frazanone, saint Laurent, religieux de l'Ordre de Saint-Basile, citoyen de la même ville et son patron principal; remarquable par l'austérité de sa vie, par ses prédications apostoliques et par la gloire de ses miracles; au moment de sa mort, l'image de Notre-Seigneur en croix inclina la tête vers lui comme pour l'appeler. Sa naissance au ciel se célèbre le 30 décembre. VIIIe s.

ADDITIONS FAITES D'APRÈS LES BOLLANDISTES ET AUTRES HAGIOGRAPHES.

A Bethléem, en Judée, saint André et saint Aponius, martyrs. An 41. — A Alexandrie, les saints Apollon, Prothée, Orion, Plause, avec de nombreux compagnons, martyrs. — A Magnésie et à Antioche de Pisidie, les saints Charalampe, prêtre, Porphyre et Bapte, soldats, et trois saintes femmes, tous martyrs. An 202. — A Plaisance, en Italie, saint Pérégrin, confesseur. Vers l'an 400. — A Antioche, en Syrie, saint Zénon, qui vécut quarante ans sous l'habit religieux. Vers l'an 419. — Sainte Baldegonde, abbesse; c'est tout ce que l'on sait de cette fleur qui orne le parterre des

1. Le corps de cette Sainte fut transféré, par les soins du pape Sergius le Jeune, dans l'église du titre de Saint-Equice, ainsi que l'atteste une ancienne inscription gravée sur le marbre en ce lieu. On lit dans l'ancien Propre de Troyes, qu'une partie des reliques de sainte Sotère se conservait dans une châsse, au monastère de Sainte-Marie-aux-Bois, non loin de Sézanne.

2. Sainte Sotère était tante de saint Ambroise. — Cf. *De exhortatione virginitatis*, cap. XII, et le livre de *Virginibus*, à Marceline. Ces deux fragments contiennent tout ce que l'on sait de cette Sainte.

3. Saint Sylvain était évêque de Terracine, ville des Etats de l'Eglise.

4. *Sainte Sure, encore dénommée Zuwarde et Sotère.* — On la représente avec un *coutelas* ou *couperet* dans la main. Prétendant élever une église, elle passa pour être fort riche; sur quoi elle fut assassinée. On croit que l'instrument de sa mort était un de ces grands couteaux dont se servent les pêcheurs pour éventrer les poissons ou les débiter en morceaux. (Cf. Boll., IIe vol. de fév.)

vierges. — En Angleterre, saint Trumwin ou Tumma, évêque des Pictes orientaux. Vers l'an 700. — A Piperno, saint Léonard de Foligno, disciple de saint François d'Assise ; il passa soixante-six ans de sa vie dans l'Ordre des Frères Mineurs : il y était entré à l'âge de 20 ans. 1290. — A Rimini, sainte CLAIRE AGOLANTI qui fut mariée deux fois : longtemps son cœur fut comme un grand chemin où la bonne semence qu'y jetait l'Esprit-Saint, était foulée aux pieds par le monde et enlevée par le démon. Il lui vint un jour en pensée de dire un *pater* et un *ave* à la louange de Dieu. C'en fut assez de cette bonne action pour l'amener à réfléchir et ensuite la convertir. Pie VI approuva son culte en 1784. — A Liesina en Dalmatie, et à Naples, saint Paschase, abbé, dont les reliques furent transportées de la première de ces deux villes dans la seconde. Vers l'an 1300. — A Padoue, le bienheureux Arnault de Catane, abbé du monastère de Sainte-Justine. An 1255. — A Alexandrie, en Piémont, le bienheureux Guillaume Zucchio. Il était gardien du matériel de la cathédrale, et remplit gratuitement, pour l'amour de Notre-Seigneur Jésus-Christ les fonctions de surveillant des ouvriers tout le temps que l'on mit à construire cette église. Il avait un soin particulier des pauvres honteux : on rapporte que l'aumônière de laquelle il tirait ses largesses ne s'épuisait jamais, quelle que fût la somme qu'il distribuait. Aussi était-il passé en proverbe à Alexandrie de répondre à ceux qui revenaient à la charge pour demander de l'argent : « Croyez-vous que je possède l'escarcelle de saint Guillaume ? » An 1377.

SAINTE SCHOLASTIQUE, VIERGE

543. — Pape : Vigile.

> Un sage de l'antiquité, Cicéron, a dit : « Que votre posture soit toujours telle que vous puissiez servir de modèle pour une belle statue ». L'on pourrait dire aux chrétiens avec bien plus de raison : « Que toutes vos paroles soient telles qu'on puisse les écrire, pour les relire à haute voix, au jugement dernier, devant le genre humain et devant les esprits célestes réunis ».
>
> Sainte Scholastique avait coutume de dire : « Taisez-vous, ou parlez de Dieu; car quelle chose en ce monde est digne qu'on en parle ? »

La grâce et la nature ont uni saint Benoît et sainte Scholastique : n'ayant eu qu'un même sein pour les porter et une même règle pour former leur vie, ils n'ont eu enfin qu'un même tombeau pour conserver leurs cendres ; on peut donc dire, même à la lettre, de ce frère et de cette sœur, que, s'étant aimés d'un parfait amour durant leur vie, la mort ne les a pu séparer.

Ils naquirent à Norcia, petite ville d'Italie, sur la Néra, qui sépare la Sabine de l'Ombrie ou du duché de Spolète. Petite par l'enceinte de ses murs, cette ville est célèbre pour avoir donné à la république de Rome plusieurs grands capitaines, et encore plus célèbre par la naissance de ces deux principaux fondateurs de l'état religieux.

Leur père se nommait Eutrope, et était de l'illustre et ancienne famille des Anicii, si louée par les écrivains ecclésiastiques et profanes : leur mère s'appelait Abondance, et était dame de la ville et du pays de Norcia. Notre Sainte reçut au baptême le beau nom de Scholastique *(Ecolière)*. Son père, qui demeura veuf après la naissance de ces deux enfants, en prit un soin d'autant plus grand qu'il l'avait vouée au service de Notre-Seigneur, et destinée à la vie monastique, à la manière de ce temps-là; c'est du moins ce que semble dire saint Grégoire le Grand, le premier auteur de sa vie.

Scholastique fit de grands progrès en la vertu, et se rendit fidèle à correspondre aux grâces divines; bien loin d'imiter les filles du siècle, qui commencent pour ainsi dire par ouvrir les yeux au luxe et aux vanités du monde, elle, au contraire, les ferma pour jamais à toutes sortes de plaisirs, et méprisa la beauté, les richesses et l'alliance des plus grands princes, ne méditant jour et nuit que sur les moyens de renoncer à toutes les choses de la terre, et de faire un divorce complet avec les enfants des hommes pour être l'épouse du Fils de Dieu. En effet, au lieu de s'attacher aux biens immenses dont son frère l'avait laissée unique héritière, elle résolut de l'imiter dans sa retraite.

Elle en parla à son père qui vivait encore, le suppliant avec larmes, et par toutes les affections de son cœur, de lui permettre d'entrer dans un monastère voisin de leur maison, afin d'y servir Dieu avec plus de pureté tous les jours de sa vie. Eutrope y condescendit facilement; car, quoiqu'il semblât demeurer veuf une seconde fois en perdant cette fille, néanmoins, se souvenant du vœu qu'il avait fait à Dieu à sa naissance, il ne put s'opposer à sa résolution.

Voilà donc Scholastique religieuse, et tout à fait entrée à l'école de Jésus ; elle y donna bientôt de beaux exemples de vertu. L'abstinence, les veilles et le silence étaient ses pratiques ordinaires; la douceur et la débonnaireté semblaient lui être naturelles ; la candeur et la naïveté de son âme se faisaient voir sur son visage avec tant d'éclat, que toutes les autres religieuses la regardaient comme un modèle de perfection ; mais on peut dire que, de toutes les vertus, celle qui excellait le plus en elle c'était l'oraison, qu'elle possédait à un degré très-éminent.

Tandis que cette sainte Vierge s'appliquait ainsi à la pratique de la vertu, et y faisait tous les jours de nouveaux progrès, elle apprit que son frère saint Benoît avait passé de Sublac au Mont-Cassin, et y menait une vie apostolique, éclairant ces peuples idolâtres des splendeurs de l'Evangile, renversant les temples des faux dieux, et abolissant toutes les marques du paganisme ; et, de plus, qu'il avait sous lui un grand nombre de disciples qu'il formait à la perfection, et gouvernait en qualité de père et d'abbé, leur ayant dressé une règle pour les entretenir tous dans l'uniformité d'une même observance ; en un mot, qu'il excellait en la conduite des âmes. A cette nouvelle, elle résolut de l'aller trouver, et de se ranger elle-même sous sa discipline, afin de participer à ce nouvel esprit que Dieu répandait dans le monde par son ministère. Elle en obtint la permission de ses supérieures, et le consentement des autres religieuses, qui, touchées d'une inspiration céleste, n'osèrent s'opposer à ce dessein de Scholastique. En effet, Notre-Seigneur voulait, par elle, frayer le chemin aux reines, aux impératrices, aux princesses et à tant d'illustres filles qui, suivant son exemple, ont embrassé la règle de saint Benoît, dont elle a fait profession la première.

Pour mieux réussir dans son dessein, et pour s'approcher plus près de son frère, on croit qu'elle fit bâtir le monastère de Plombariole, distant d'une lieue et demie de celui du Mont-Cassin, quoiqu'il y ait quelques doutes là-dessus. Cette maison fut aussitôt peuplée de saintes filles, qui étaient attirées à ce nouveau genre de vie par l'agréable odeur des vertus de la Sainte. Elles vécurent sous la direction et la conduite du grand saint Benoît qui leur donna sa règle, à laquelle elles se soumirent de grand cœur, autant que la faiblesse du sexe put le leur permettre.

Parmi les belles instructions que sainte Scholastique leur donnait, l'une des plus importantes était de fuir la conversation du dehors, et même des personnes dévotes ; elle croyait qu'il leur était beaucoup plus avantageux de demeurer en leur cellule que de rechercher ces entretiens, et qu'il était plus aisé de conserver l'esprit de recueillement, en conversant avec Dieu, qu'en traitant avec les créatures. Pour leur enseigner, par son exemple, ce qu'elle leur disait de vive voix, quoiqu'elle eût pu recevoir de grandes consolations en conférant souvent avec saint Benoît, elle se contentait néanmoins de lui parler une seule fois l'année, pour recevoir de sa bouche les instructions nécessaires, soit pour sa conduite particulière, soit pour le gouvernement de ses filles, qui la consultaient sur toutes leurs difficultés ; et, cette seule leçon, par an, d'un tel maître était suffisante pour une si sage écolière.

Le jour de l'entrevue, elle venait accompagnée de quelques-unes de ses religieuses, et le Saint s'y trouvait assisté de plusieurs de ses frères. Afin que ni l'un ni l'autre ne s'éloignât trop de son monastère, ils partageaient le chemin entre eux, et se réunissaient en une métairie de l'abbaye du Mont-Cassin au pied de la montagne, où on éleva une chapelle en mémoire de ces saintes visites. Ces conférences étaient d'autant plus désirées, qu'elles étaient moins fréquentes ; et comme elles étaient toujours profitables, sainte Scholastique ne manquait point d'en faire part à ses filles qui, par ce pieux commerce, vivaient avec beaucoup de perfection dans le monastère de Plombariole.

Enfin le temps arriva auquel il plut à Notre-Seigneur d'appeler à lui le frère et la sœur ; et comme ils en eurent tous deux révélation, ils voulurent se voir encore une fois sur la terre, afin de s'y entretenir des joies du paradis, dont ils espéraient bientôt une parfaite jouissance.

Cette dernière conférence se fit le 6 ou le 7 février ; au reste elle fut fort différente des autres : ils ne parlèrent plus des exercices de la pénitence et de la mortification, mais seulement de la gloire éternelle promise aux justes : cela les occupa la journée entière, qui leur parut même encore plus courte que les autres. A l'heure de Vêpres, ils donnèrent quelque aliment à leur corps, leur âme ayant été saintement rassasiée ; mais sainte Scholastique étant toujours impatiente d'entendre parler des délices du paradis, supplia très-instamment son frère de lui faire la grâce de continuer cet entretien, et de lui donner au moins une nuit pour traiter plus à loisir de cette vie bienheureuse. Cette demande parut si extraordinaire au Saint, qui était un modèle achevé de régularité et d'observance, qu'il la refusa aussitôt. Quoique ce fût sa sœur, et pour un si bon sujet, il répondit d'une façon assez sévère : « Que dites-vous, ma sœur ? ne voyez-vous pas qu'il m'est impossible de vous accorder ce que vous demandez ? » La Sainte, voyant la fermeté de son frère, ne lui répondit rien ; mais, s'adressant au céleste Epoux, elle poussa des soupirs, et versa des larmes pour le prier de décider cette innocente querelle en faveur de qui il lui plairait. A l'heure même, le ciel versa des torrents d'eau : car, quoiqu'il fût serein et qu'il ne parût en l'air aucune nuée, il survint un si furieux orage de vent, de pluie, d'éclairs et de tonnerre, qu'il fut humainement impossible à saint Benoît de sortir de ce lieu. Le serviteur de Dieu, reconnaissant en cela un miracle évident, et considérant qu'au même instant que sa sainte sœur avait versé des larmes, la pluie du ciel était descendue sur la terre, fut obligé d'avouer, dans son cœur, que le Fils de Dieu aimait merveilleusement celle dont il avait exaucé si promptement les désirs, et aux soupirs de laquelle il avait paru si sensible. Il lui fit néanmoins quelque plainte ; mais la Sainte, de son côté, lui fit reproche de ce qu'il avait été si dur à lui accorder sa demande. « Mon frère », lui dit-elle avec sa douceur angélique, « je vous avais supplié de passer ici quelque temps ; mais, voyant que vous me l'avez refusé, je me suis adressée à mon

Seigneur qui m'a exaucée, et qui a fait ce que vous voyez et ce que vous entendez ». Saint Benoît, connaissant à ces prodiges que c'était le bon plaisir de Dieu qu'il demeurât, reprit son discours sur l'excellence de la béatitude; c'était tout ce que la Sainte souhaitait : plus une pierre s'approche de son centre, plus elle descend avec vitesse et avec impétuosité ; de même l'âme de sainte Scholastique se voyant sur le point d'être réunie à son Dieu, qui est le vrai centre des justes, prenait plus de plaisir à entendre parler de ce bonheur, qu'elle désirait avec tant de passion.

Le matin du jour suivant, l'orage ayant entièrement cessé, le Saint et la Sainte prirent congé l'un de l'autre et se retirèrent chacun en son monastère, pour y attendre la volonté de Dieu, dans une ferme espérance qu'ils se reverraient bientôt en l'autre vie : ce qui arriva en effet ; car la violence de l'amour, pour me servir de l'expression de l'Epouse des Cantiques, ayant blessé le cœur de sainte Scholastique, lui fit exhaler sa belle âme sans aucune maladie, à quatre jours de là, vers le 10 février, l'an de Notre-Seigneur 543, et de son âge le soixante-troisième. Cette âme chérie de Dieu fut vue s'élevant au ciel sous la forme d'une colombe brillante, par son frère saint Benoît, qui priait alors à une fenêtre de sa cellule : cet endroit fut plus tard marqué par une chapelle. Le saint abbé fut si ravi de cette vision, qu'il se mit à chanter des hymnes et des cantiques à la louange de Jésus-Christ ; puis il en donna avis à ses religieux, qu'il envoya pour lever le corps du monastère de Plombariole et le transporter dans le tombeau qu'il avait fait préparer pour lui, afin que, comme leurs âmes n'avaient eu qu'un même esprit et qu'une même volonté en cette vie, leurs corps n'eussent aussi qu'un même sépulcre après leur mort.

RELIQUES DE SAINTE SCHOLASTIQUE.

Ces saintes reliques furent apportées en France plus de deux cents ans après, à l'occasion que je vais rapporter, et qui mérite d'être sue. L'an 583, les Lombards ravagèrent l'Italie et ruinèrent l'abbaye du Mont-Cassin, comme Dieu l'avait révélé longtemps auparavant à saint Benoît ; son saint corps et celui de sa sœur furent ensevelis de nouveau sous les ruines de ce bel édifice. Mais, vers l'an 660, saint Mommole, premier abbé de Fleury, lisant l'endroit des *Dialogues* de saint Grégoire où il est parlé de cette révélation, et voyant qu'elle avait déjà eu son effet, fut touché de compassion de ce que les corps de ces deux Saints demeuraient ainsi sans honneur sous les débris du monastère. Comme les chrétiens français ont toujours été soigneux des reliques des Saints, lui-même, inspiré du ciel, envoya Aigulfe, un de ses religieux, qui souffrit depuis le martyre, pour en rapporter le corps de leur saint Père. Celui-ci arriva au Mont-Cassin au moment où des Manceaux, excités par une semblable inspiration, y étaient allés à dessein d'y chercher le corps de sainte Scholastique. Les uns et les autres firent si bien leur devoir, qu'ayant trouvé les saints corps ils les enlevèrent et les apportèrent à Fleury, où il arriva une sainte dispute, parce que les religieux de ce monastère voulaient les retenir tous deux pour les mettre ensemble en un même sépulcre, et que les Manceaux voulaient avoir celui de sainte Scholastique. Enfin, il fut arrêté que ceux-ci auraient le corps de la Sainte, et que celui du Saint demeurerait à Fleury. Mais voici une nouvelle difficulté : saint Aigulfe ayant mêlé tous les ossements dans une même caisse, l'on ne pouvait discerner quels étaient ceux du frère ou ceux de la sœur. On sépara donc les grands, que l'on s'imagina être ceux de saint Benoît, d'avec les plus petits, que l'on crut être ceux de la Sainte ; et Dieu fit connaître la vérité par ce miracle : il arriva que l'on portait deux corps en terre, l'un d'un garçon et l'autre d'une fille, et, dans le doute, on approcha le corps de la fille des plus grands ossements, et il ne ressuscita point ; mais il ressuscita aussitôt qu'il toucha les petits, et réciproquement celui du garçon, en touchant les petits, ne donna aucun signe de vie ; au contraire, dès l'instant qu'on lui appliqua les grands, il ressuscita. En mémoire de ce miracle, on éleva une chapelle à une petite lieue de l'abbaye de Fleury, sous le titre de Sainte-Scholastique.

La vérité étant reconnue, le corps de la Sainte fut transporté en la ville du Mans, qui le reçut avec une joie incroyable et le déposa en grande pompe dans une église de Saint-Pierre, bâtie pour les Bénédictins, et qui était occupée, au XVIIe siècle, par des chanoines. En mémoire d'une faveur si particulière, tous les ans, le 11 juillet, les Manceaux font la fête de cette translation avec une procession générale par toute la ville : les rues sont tendues de tapisseries, jonchées de fleurs, et embellies de tableaux et d'autres marques de dévotion envers sainte Scholastique, leur chère patronne. Aussi en ont-ils éprouvé une assistance bien sensible en 1563; car les hérétiques ayant surpris la ville du Mans, brûlant et saccageant toutes les choses sacrées, jusqu'aux ossements des Saints, ne purent violer ceux de cette sainte Vierge; mais la nuit même du 11 juillet, auquel on célèbre la fête de sa translation, ils furent saisis d'une telle terreur panique qu'ils s'enfuirent tous en désordre et en confusion, sans que personne courût après eux. Ils oublièrent jusqu'aux registres de leur consistoire, qui se trouvent maintenant à la bibliothèque publique du Mans. Cet événement accrut la dévotion du peuple envers sainte Scholastique. Le clergé fait une seconde procession générale en mémoire de ce signalé bienfait.

M. l'abbé Léon Chanson, professeur d'histoire ecclésiastique au séminaire du Mans, a eu la bonté de nous transmettre les vérifications que nous lui avions demandées au sujet de la translation des reliques de sainte Scholastique et de leur conservation :

Ici il y a une légère erreur : le corps de sainte Scholastique, apporté de l'abbaye de Fleury en la ville du Mans, en 660, fut déposé dans un monastère de vierges, que l'évêque saint Béraire Ier fit construire pour l'y recevoir... Les saintes reliques restèrent sous la garde de ces religieuses jusqu'à la fin du IXe siècle (874). A cette époque, les Normands, qui infestaient la contrée, brûlèrent le monastère bâti par saint Béraire. Le corps de sainte Scholastique fut sauvé du pillage et caché dans une maison particulière.

En 969, sous le pontificat de l'évêque Sigefroy, Hugues, premier comte héréditaire du Maine, fit bâtir, près de son palais, *l'église de Saint-Pierre*, pour y placer la précieuse relique. Hugues fit placer des chapelains en cette église ; plus tard elle fut érigée en collégiale royale. Les reliques de sainte Scholastique y restèrent jusqu'à la Révolution française. Elles ont échappé à la fureur des révolutionnaires et sont déposées dans une église paroissiale, dite de Saint-Benoît. La collégiale dite de Saint-Pierre n'existe plus depuis la Révolution.

La fête de la translation de sainte Scholastique est mentionnée dans tous les vieux livres liturgiques du Mans. Elle disparut du calendrier au XVIIIe siècle, à l'époque de la réformation du bréviaire et du missel (1748) ; elle a repris sa place au 11 juillet dans le Propre diocésain, approuvé le 2 mars 1855, par décret de la sacrée Congrégation des Rites.

La procession et la pompe décrite dans le passage à vérifier, n'a plus lieu au Mans, depuis la Révolution, quoique le culte de sainte Scholastique et de ses reliques soit encore très-populaire dans cette ville.

Ce qui est dit ensuite de la protection dont la ville du Mans éprouva les effets en 1562 est historique ; de même il est avéré qu'une partie des reliques de sainte Scholastique fut accordée à Charles le Chauve et à Richilde, son épouse. Celle-ci les fit porter à l'abbaye de Juvigny, diocèse de Verdun.

« Les reliques de sainte Scholastique sont encore à Juvigny-les-Dames, non à l'abbaye qui n'existe plus, mais à l'église paroissiale. L'abbaye de Saint-Pierre de Solesmes en a obtenu une notable partie en 1870.

« Il y avait aussi au Mans une confrérie de sainte Scholastique autorisée par plusieurs bulles des souverains Pontifes, dont les originaux sont encore à l'église de Saint-Benoît, du Mans [1]».

Le martyrologe romain, ceux de Bède, d'Usuard, d'Adon et des Bénédictins en parlent honorablement. Le pape saint Grégoire en fait une ample mémoire au second livre de ses *Dialogues*. Saint Berthaire, martyr et abbé du Mont-Cassin, a écrit une homélie à la louange de cette Sainte : elle se trouve au septième tome des œuvres du vénérable Bède.

1. D. Piolin, note communiquée en mars 1872.

SAINTE AUSTREBERTE, ABBESSE DE PAVILLY

630-704. Papes : Honoré Ier; Jean VI. — Rois de France : Dagobert Ier; Childebert III.

Arbor florida virginitatis,
Ebur angelici candoris,
Hortus religiosæ paupertatis,
Planta cœlestis paradisi.....
Anciennes Litanies de sainte Austreberte.

Durant le règne de Clotaire II, roi de France, un prince du sang des premiers rois de cette monarchie, appelé Badefroy ou Badefrid, qui portait le titre de comte de Hesdin, et qui fut depuis maire du palais sous le règne de Childéric II, épousa une princesse d'Allemagne issue des rois du pays, laquelle s'appelait Framechilde ou Frameuse, et dont les vertus furent si éminentes, qu'elle a mérité le titre de Sainte. Ces deux personnes étant unies d'affection, demandèrent à Dieu qu'il bénît leur mariage, et Framechilde reçut du ciel l'assurance qu'elle concevrait une fille qui serait mère de plusieurs autres, en les enfantant à l'Eglise par l'exemple de sa sainte vie. Quelque temps après, comme elle était sur le point de la mettre au monde, un ange lui apparut et lui enjoignit d'appeler sa fille Austreberte, nom mystérieux dans le langage du pays, car il signifie *Froment caché* et *Fille du Saint-Esprit.*

Cette illustre fille naquit donc à Thérouanne, qui était autrefois ville limitrophe des Pays-Bas, mais qui fut ruinée par les Impériaux, l'an 1553. L'histoire assure qu'au moment de sa naissance la chambre de sa mère fut éclairée d'une grande lumière qui parfuma tout le quartier d'une odeur très-suave, et que l'on vit dans l'air une colombe blanche qui, après avoir voltigé par toute la ville, se vint enfin reposer dans cette chambre et sur la tête de l'enfant (630).

Austreberte commença, dès ses plus faibles années, à donner des marques de la grâce de Dieu qui agissait en elle ; car elle avait une si grande inclination au bien, que toutes les choses de la terre lui étaient insupportables. Elle conçut de bonne heure une ferme résolution de conserver sa pureté tout le temps de sa vie ; elle s'y trouva fortifiée par l'apparition d'un voile qu'elle vit descendre sur sa tête un jour que, par hasard, elle se regardait dans une fontaine au milieu du jardin : le Saint-Esprit lui marquant par là l'état auquel il la destinait.

Elle n'avait point de conversation avec le monde, mais elle passait le temps ou dans la retraite de sa chambre ou au service de l'Eglise, ou enfin en la compagnie de la princesse sa mère. Elle fut recherchée par plusieurs partis fort avantageux ; ils se seraient estimés heureux de posséder une princesse qui avait ajouté tant de vertus acquises aux illustres qualités de sa naissance. Or, quoique le cœur d'Austreberte ne fût nullement porté au mariage, néanmoins Badefroy, qui espérait toute sorte d'obéissance de sa fille, la promit à un jeune prince. Mais cette généreuse vierge s'étant recommandée à son Epoux céleste, et ayant prié un de ses frères de lui tenir compagnie, partit secrètement de la maison de son père, qui faisait sa résidence à Marconne, et se rendit à Thérouanne, où elle espérait se cacher si bien, qu'il serait presque impossible à son père de la découvrir (655).

Il semblait que les éléments eussent conjuré ensemble pour s'opposer à ses desseins : la rivière de la Canche avait tellement débordé, qu'elle avait abattu les ponts et ruiné tous les moyens qui en pouvaient faciliter le passage ; de sorte que, si la Sainte eût eu moins de confiance en la protection de son Epoux céleste, sa fuite se fût terminée au bord de cette rivière. Mais, pleine de courage, elle marcha hardiment sur les eaux ; et, prenant son frère par la main, elle lui donna la hardiesse de faire de même et de la suivre, et ainsi elle se rendit à l'autre bord du fleuve. Saint Omer était alors évêque de Thérouanne ; elle se présenta devant lui, lui déclara sa résolution et l'objet de sa venue ; le saint prélat, reconnaissant quelque chose d'extraordinaire en son action, ne crut pas devoir rien refuser à une personne qui était favorisée dans son dessein par une protection si visible de la main de Dieu ; il lui donna le voile, et autorisa, par cette cérémonie, le vœu qu'elle avait déjà fait en son particulier, de consacrer son corps et son âme au service de son Epoux.

Après qu'elle eut reçu le voile, qui était comme la livrée de l'Agneau immaculé, saint Omer la remit entre les mains de ses parents, qu'il avait apaisés, et qui accordèrent enfin à cette vertueuse fille la liberté d'accomplir ce qu'elle avait si heureusement commencé. Il y avait en ce temps-là, sur la Somme, un célèbre monastère de filles, appelé Port, qui florissait en sainteté, sous la conduite d'une très-sage abbesse, nommée Burgoflède. C'est dans cette maison qu'Austreberte fut reçue comme un présent du ciel ; elle y donna dès lors tant de témoignages de sa vertu, qu'aussitôt après sa profession, l'abbesse et les religieuses l'élurent prieure, s'estimant toutes très-heureuses de marcher sur ses traces. Cette dignité ne lui fit rien relâcher des observances régulières, mais elle se rendait la première à tout, quelque pénible et humble que ce fût. Une fois qu'elle cuisait le pain à son tour, aussi bien que les autres, comme elle voulut ôter quelques charbons qui y étaient restés, le feu prit par malheur à son balai, et mit la provision des religieuses en danger d'être perdue. Sainte Austreberte commanda à sa compagne de ne point se mettre en peine, mais de s'arrêter à la porte tandis qu'elle ferait sa prière. Elle fut courte, mais efficace : car, se munissant du signe de la croix, elle entra dans le four embrasé, et le nettoya avec le bout de ses manches, sans en être offensée ni dans sa personne, ni dans ses habits ; et ainsi fut accomplie en elle la promesse que Dieu fait à l'âme juste, de ne la point abandonner ni sur les vagues des eaux, ni dans les ardeurs des fournaises. Au reste, il semble que Dieu ait donné une propriété secrète à tout ce qui a été au service de cette vertueuse vierge, pour résister à la violence du feu, car le feu ayant pris, au XVIIe siècle, à un quartier de la ville de Montreuil-sur-Mer, où ses manches se conservaient avec respect dans un monastère de religieuses, qui portait le nom de cette Sainte, il n'y eut point de remède plus puissant pour leur résister que de présenter aux flammes cette relique, et elles s'arrêtèrent aussitôt : ce qui est encore arrivé plusieurs autres fois en la même ville.

Sainte Austreberte ayant donné des preuves de sa vertu dans cette maison, où elle avait fait son apprentissage dans la vie religieuse, Dieu l'appela à la conduite d'une abbaye en Normandie, par l'entremise de l'abbé Philibert, qui était en grande réputation, et qui gouvernait le monastère de Jumiéges, dont il fut le premier abbé. Un seigneur de Pavilly, nommé Amalbert, pour favoriser le dessein d'une de ses filles, nommée Aurée, qui voulait être religieuse, fit bâtir un monastère dans ses terres ; il fallait trouver une abbesse pour gouverner la nouvelle communauté qui s'y établirait : il en conféra avec saint Philibert ; celui-ci nomma prieure du Port notre Sainte, dont on disait tant de merveilles. La Sainte, en étant avertie, s'y refusa d'abord ; mais son évêque lui commanda de suivre saint Philibert, qui était venu en Picardie pour lui faire savoir son élection, et la conduire lui-même à Pavilly. Elle y alla donc, et y fut reçue, avec toute la satisfaction imaginable, par les religieuses qui attendaient une si digne supérieure. Son élection fut affermie par la bénédiction épiscopale, qui lui fut donnée avec le titre d'abbesse par le grand archevêque de Rouen, saint Ouen, autrefois chancelier de France, sous le roi Dagobert.

Mais la nouvelle abbesse eut bientôt à souffrir de l'indiscipline de certaines religieuses, que l'ambition ou la jalousie possédait. Elles poussèrent même la malice jusqu'à empoisonner ce qui devait lui être servi à table. Austreberte, que son Epoux céleste avait favorisée du don de prophétie, découvrit un dessein si indigne, non-seulement d'une religieuse, mais même d'une âme chrétienne ; et, se rassurant par les paroles de Jésus-Christ, qui promet à ses fidèles serviteurs que le venin ne leur pourra nuire, elle mangea de ce qu'on lui avait apprêté ; puis, se tournant vers ses filles, elle leur dit d'une parole douce : « Mes filles, qu'est-ce que vous avez fait ? je prie Dieu qu'il vous pardonne le mal que vous avez entrepris ».

Cette douceur, quoique extrême, ne fit point impression sur ces cœurs, incapables de reconnaître les mérites de leur abbesse. Mais, passant d'un poison mortel à un spirituel, elles trouvèrent moyen de l'accuser, auprès du seigneur Amalbert, fondateur du monastère, de trop de rigueur, et presque de cruauté contre sa fille, qu'il aimait fort tendrement : elles ajoutaient méchamment que cette supérieure étrangère dissipait le bien de l'abbaye et se rendait insupportable en ses humeurs.

Amalbert, qui était assez violent de son naturel, se laissa aisément emporter aux premiers mouvements de sa colère, sans prendre la peine d'examiner la valeur et les circonstances de cette accusation ; il vint au monastère tout ému, et avec la résolution de traiter Austreberte avec peu de respect. Mais il alla plus loin peut-être qu'il n'avait prémédité ; après quelques discours, il en vint des paroles aux actions, et, mettant l'épée à la main, il voulut en frapper la Sainte, qui, bien loin de se retirer, présenta généreusement le cou à celui qui la menaçait de la mort, lui faisant voir par là qu'elle était toute prête à sacrifier sa vie pour la justice. Ce seigneur, étonné d'un tel courage, sentit sa colère se changer en douceur, et sa fureur en bienveillance : puis, se blâmant lui-même d'avoir été trop crédule au rapport de ces filles médisantes, il rendit des respects à Austreberte comme à une Sainte que Dieu laissait dans le monde pour la gloire de la religion.

Cependant, cette persécution ne fut pas la dernière qu'elle souffrit en ce nouvel établissement : car l'ennemi, voyant qu'il n'avait rien gagné par ses artifices cachés et par le ministère des autres, résolut de l'attaquer lui-même ouvertement, et par une guerre déclarée. En effet, il arriva une nuit que toutes les religieuses étant à Matines, le démon excita un si grand tremblement dans tout le monastère, qu'il renversa une partie du dortoir. Les religieuses épouvantées voulurent sortir de l'église, mais leur sainte abbesse les en empêcha par la défense qu'elle en fit ; une seule, suivant le mouvement de sa volonté propre, sortit secrètement du chœur : mais elle n'eut pas plus tôt mis le pied dans le dortoir que le faîte tomba par terre, et elle fut accablée sous ses ruines. Lorsque l'office fut achevé, l'abbesse, suivie de toutes ses filles, alla avec la croix pour voir la ruine que l'ennemi avait causée, et elles eurent une consolation en ce désastre : deux jeunes novices, qui étaient demeurées endormies au dortoir, et que l'on croyait ensevelies sous les débris, furent trouvées, l'une sur le penchant d'une muraille, où elle avait été portée par son ange gardien, et l'autre dans son lit, qui était tombé tout droit, sans qu'elle se ressentît de cette ruine : insigne marque du secours de Dieu. Quant à la religieuse rebelle, l'abbesse fit tirer son corps de dessous les monceaux de pierres pour le porter à l'infirmerie, tandis qu'elle priait à l'église ; ayant fait son oraison, elle prit de l'huile de la lampe, la bénit avec le signe de la croix, et, s'approchant de la défunte, elle l'oignit de cette huile, et la fit revenir aussitôt à la vie et à la santé.

La vigilance de cette sainte abbesse semblait infatigable pour procurer le bien de celles que Dieu avait confiées à ses soins. Comme elle visitait, durant la nuit, à son ordinaire, les cellules de ses sœurs, pour voir si chacune était à son devoir, la prieure, éveillée par ce bruit, crut que c'était une simple religieuse, la reprit de manquer à la règle, et, pour pénitence, lui ordonna d'aller prier devant la croix qui était plantée dans le cloître. L'abbesse reçut ce commandement comme s'il fût venu immédiatement de Dieu, y alla joyeusement, et même y demeura en prières jusqu'au lendemain matin ; les religieuses la trouvèrent contente, et dans une parfaite satisfaction d'âme. Enfin, il plût à Dieu de l'appeler de ce monde, et de couronner ses travaux par la récompense qu'elle méritait : l'an de grâce 704, le jour de la Purification de Notre-Dame, son Epoux céleste lui envoya un ange pour lui faire savoir qu'elle jouirait, dans huit jours, du bonheur qu'elle désirait depuis si longtemps. Le lendemain matin, elle en donna avis à ses filles, et, se sentant travaillée par les ardeurs de la fièvre, elle se munit des derniers sacrements de l'Eglise. Au bout de huit jours, un samedi, se voyant proche de la mort, elle leva les yeux au ciel et aperçut une belle compagnie de saints anges qui venaient au-devant d'elle. Alors, se tournant vers les prêtres et vers quelques religieux qui récitaient les litanies, elle leur dit ces paroles : « Faites silence, mes frères; ne voyez-vous pas la procession qui entre en cette chambre ? Sachez que tous les Saints dont vous avez invoqué les noms en vos prières sont présents en ce lieu pour assister à mon décès, et ensuite me conduire en leur compagnie dans le ciel ».

Enfin, levant une seconde fois les yeux, elle rendit son âme en proférant ces paroles : « Je viens à vous, mon Seigneur que j'ai tant aimé ». Son corps fut enseveli au même lieu de Pavilly, en l'église de Saint-Pierre, où Dieu a fait de nombreux miracles par son entremise.

RELIQUES ET CULTE DE SAINTE AUSTREBERTE.

Les reliques de sainte Austreberte furent portées à Montreuil-sur-Mer, dans le cours du XIe siècle. On érigea en 1032 le monastère qui, en raison de ces reliques, prit le nom de Sainte-Autreberte. Le 29 vendémiaire an II, le conventionnel André Dumont fit briser la châsse qui les contenait : quelques ossements en furent retirés et sont aujourd'hui conservés en l'église paroissiale de Montreuil, ainsi que son voile, ses manchettes et une partie de son chef. Ces reliques furent reconnues et authentiquées en 1803, puis en 1805, par Mgr de La Tour d'Auvergne, évêque d'Arras. L'église de Saint-Wandrille, arrondissement d'Yvetot, et la chapelle de l'évêché d'Arras possèdent chacune des reliques de sainte Austreberte [1].

A Sainte-Austreberte, village situé près de Pavilly, existe un pèlerinage où l'on va honorer les reliques de sainte Austreberte [2].

Une autre localité du canton d'Hesdin porte le même nom.

1. Voir l'*Hagiographie d'Amiens,* par M. Corblet. — 2. De Sivry, *Dict. des Pèlerin.*, I, 250.

Outre ces deux paroisses, celles de Saint-Deneux, dans le Pas-de-Calais, de Cantiers et de Pavilly, dans la Seine-Inférieure, sont sous le patronage de sainte Austreberte.

Une chapelle qui lui est dédiée dans l'église d'Esclavelles (canton de Neufchâtel) est le but d'un pèlerinage très-fréquenté [1].

On célébrait sa fête dans les diocèses de Rouen, de Saint-Omer, de Boulogne, d'Amiens, mais pas dans celui de Thérouanne. La fête simple des anciens bréviaires d'Amiens s'est changée en une simple *mémoire*, avec leçon propre. Sainte Austreberte figure dans les Propres actuels de Rouen et d'Arras.

Sainte Austreberte est ordinairement figurée en costume de religieuse, et couronnée par deux anges. Adossée aux murs d'un château fortifié, elle tient une croix de la main droite et met l'autre sur son cœur. A sa droite, une colonne; à sa gauche, une crosse et une couronne sur un coussin. On la représente aussi près d'un four enflammé [2]; mais on a tort de lui faire parfois porter des charbons ardents dans son giron, ce qui n'est nullement conforme à la légende que nous avons racontée.

Il y avait jadis dans l'église de Port un tableau figurant sainte Austreberte au milieu d'un four embrasé, avec cette inscription :

Je trouve assurément les ardeurs de ce four
Moins vives que le feu de mon divin amour.

Une peinture de l'église paroissiale de Montreuil-sur-Mer nous montre la consécration de la Sainte.

Dans la *Vie parfaicte de saincte Austreberthe,* par Simon Martin, on trouve cinq gravures représentant 1° sainte Austreberte tenant une grande croix, une discipline et une couronne d'épines, entre sainte Julienne et la bienheureuse Marguerite d'Arbouse; 2° le miracle du voile qui lui apparait dans une fontaine; 3° la traverse de la Canche à pied sec; 4° le miracle de la fournaise de Port; 5° sainte Austreberte à l'agonie, voyant la procession des Saints qui viennent chercher son âme.

M. l'abbé Cochet [3] dit, en parlant de Gerponville : « Nous y avons remarqué une statue de sainte Austreberte, en costume d'abbesse, aux pieds de laquelle le *loup vert* mange un âne chargé de linge ». Le Père Cahier va nous expliquer cette attribution. Après avoir vu dans l'âne [4] un symbole d'humilité, il ajoute plus loin (p. 532) : « Cette légende populaire aura été greffée là-dessus, sans qu'on en trouve trace dans les biographies anciennes de la Sainte ou de saint Philibert qui l'avait nommée abbesse. On prétend que le monastère de Pavilly s'était chargé de blanchir le linge de la sacristie de Jumiéges et qu'un âne servait à Austreberte pour transporter le paquet. La bête était si raisonnable et si bien faite à son office, qu'elle s'en allait toute seule opérer la livraison. Mais, à travers la forêt de Jumiéges, un loup se jeta sur le docile animal. Sainte Austreberte, qui survenait là, réduisit le mangeur à remplacer sa proie. Cela fut exécuté tant que voulut l'abbesse, qui ne se contenta pas d'un seul voyage. Aussi, une chapelle commémorative, remplacée plus tard par la *Croix-à-l'Ane,* fut élevée dans ces bois dès le VIIIe siècle, dit-on; et diverses sculptures plus ou moins exactement interprétées, passent pour en être la reproduction ».

M. Ch. Henneguier nous écrit que cette tradition donna lieu à une fête populaire qui, de Pavilly et de Marconne, fut transplantée à Montreuil. C'était la fête du *Vert.* Un homme vêtu d'une peau de loup, peinte en vert, portant une charge de linge, montait des bords de la Canche jusqu'à l'abbaye, suivi d'un nombreux cortége. C'est là l'origine du nom de la rue du *Vert-Montant.*

Le riche album, encore inédit, de MM. Duthoit contient le dessin des trois châsses de Montreuil.

Le monastère de Pavilly, détruit par les Normands, fut relevé de ses ruines au XIe siècle, mais consacré à un prieuré de Bénédictins, sous le nom de Sainte-Austreberte. Il fut uni en 1653 au prieuré conventuel de Saint-Sauve, établissement qui disparut lui-même en 1740 [5].

Quant à l'abbaye de Montreuil, la chapelle a été incendiée, par accident, en 1805. Les autres bâtiments, peu remarquables, servent aujourd'hui de caserne, de manutention et de collége.

Le sceau de ce monastère représentait la sainte Patronne, tenant un livre d'une main, une crosse perlée de l'autre, avec la légende : *Sancta Austreberta.* Elle est debout; une mante, qui couvre sa tête, retombe sur ses épaules et descend jusqu'aux pieds [6].

Il est fait mention de sainte Austreberte au martyrologe romain, et Surius rapporte sa vie en son premier tome. Le Père Giry a aussi fait sur cette Sainte, l'an 1635, un livre entier, où le lecteur verra les miracles et les prodiges que Dieu a opérés par ses mérites et son intercession. Nous avons complété et rectifié cette vie au moyen du travail de M. Corblet sur sainte Austreberte.

1. Decorde, *Essai hist. sur le canton de Neufchâtel,* p. 94. — 2. *Calend. benedict.,* I, 10 février.
3. *Eglises de l'arrondissement d'Yvetot,* II, 195. — 4. *Caractéristiques des Saints,* p. 32.
5. *Gallia Christ., Rothom. diœc.* — Toussaint du Plessis, *loc. cit.,* I, 105. — 6. *Société de Sphragistique,* I, 60. — M. Corblet.

SAINT GUILLAUME D'AQUITAINE,

SAINT GUILLAUME DE MALEVAL, ET AUTRES SAINTS DU MÊME NOM

1157. — Pape : Adrien IV. — Roi de France : Louis VII, *le jeune*.

Le Seigneur attend avec patience, ne voulant qu'aucun périsse, mais que tous aient recours à la pénitence.
II Pet., III, 9.

Jamais un contraire ne paraît avec plus d'éclat que par l'opposition de son contraire, et jamais la vertu ne répand ses rayons avec un plus grand lustre que par l'opposition du vice. C'est ce qui paraîtra très-évidemment en la vie de saint Guillaume, premièrement comte de Poitou, duc de Guyenne ou Aquitaine, et persécuteur de l'Eglise, puis très-insigne pénitent et glorieux confesseur de la grâce de Jésus-Christ; de sorte que nous pouvons dire ces paroles du saint Apôtre : « Où le péché s'est déchaîné avec plus de débordement, la grâce a surabondé avec plus d'excès ». Cet illustre pénitent naquit en Poitou, et, dès sa jeunesse, il fit paraître toutes sortes de mauvaises inclinations, ne respirant que libertinage et débauches.

Après la mort de son père, il fut reconnu par tous les barons et les seigneurs du pays pour duc de Guyenne et comte de Poitou, et reçut en cette qualité les hommages et le serment de fidélité de tous ses sujets. On dit qu'il était de si haute taille qu'il semblait un géant. On remarque bien quelques bonnes œuvres qu'il fit au commencement de son gouvernement, comme de bâtir des églises ; mais, son mauvais naturel l'entraînant bientôt dans les excès, il ravit, à la face de son peuple, la femme de son frère, et en abusa l'espace de trois ans, sans que personne lui en osât parler. Le seul évêque de Poitiers, appelé Pierre, deuxième de ce nom, prit la hardiesse, comme un autre saint Jean-Baptiste, de lui en dire quelques mots ; mais ce cruel prince, après lui avoir fait souffrir mille indignités en récompense d'un si charitable avis, le chassa de sa présence. Cette passion le rendait prompt et violent, et, pour contenter ses appétits, il usait d'une grande rigueur. Il faisait battre outrageusement, et même quelquefois mettre à mort ceux qui se voulaient opposer à ses desseins, et se rendait, par ce moyen, insupportable à ses domestiques, cruel aux étrangers, sans pitié pour son peuple et ennemi de lui-même. Il suscitait des querelles entre les seigneurs, ses vassaux, et prenait plaisir à les voir s'égorger les uns les autres. Il ne savait ce que c'était que de pardonner, et la haine qu'il avait une fois conçue contre quelqu'un ne s'éloignait jamais de sa pensée, encore moins de son cœur, où il conservait toujours le désir de se venger.

Le désordre de ce vice fraya le chemin à des crimes plus exécrables, car il déchargea sa rage contre le sanctuaire de Dieu, s'efforçant, pour ainsi dire, de diviser la tunique de Jésus-Christ que les soldats laissèrent entière, et de mettre en pièces l'Eglise, qui est toujours une, sans pouvoir être partagée. Les troubles de ce temps-là servirent fort à son pernicieux dessein : après le décès du pape Honorius II, il s'éleva un schisme dangereux dans l'Eglise. Pierre de Léon, par la malice de quelques-uns, usurpa injustement le Siége apostolique et se fit nommer Anaclet, contre le pape Innocent II, qui était élu par toutes les voies justes et canoniques. Le parti d'Innocent avait de son côté la justice et l'équité, et celui d'Anaclet la violence et la témérité des seigneurs ; si bien qu'Innocent fut contraint de céder à la force et de se réfugier en France. Il assembla un concile en la ville d'Etampes, par la vigilance et la sagesse de saint Bernard, sagesse autorisée par la sainteté de sa vie : les prélats déclarèrent que l'érection d'Innocent était canonique, et celle d'Anaclet contraire aux lois divines et humaines. A cette conclusion, que l'on regardait comme un jugement du ciel, se soumirent le roi de France, Louis VI, dit le Gros, celui d'Angleterre, et avec eux presque toute la chrétienté. Il n'y eut que Gérard, évêque d'Angoulême, et le duc de Guyenne, qui demeurèrent opiniâtres, et qui, protestant contre le concile, en appelèrent à l'antipape. Innocent leur remontra doucement la justice de sa cause, et leur envoya des députés pour les remettre en leur devoir par la voie de la douceur, mais ils n'en tinrent aucun compte. C'est pourquoi le vrai Pape, voyant que les remèdes doux ne profitaient en rien, prit en main le glaive de l'anathème et les retrancha du nombre des fidèles. Le duc en fut si irrité, qu'il publia un édit par toutes ses terres en faveur d'Anaclet, imposant des peines très-sévères à tous ceux qui refuseraient de le reconnaître pour pape ; il bannit les évêques qui suivaient le parti d'Innocent, et s'empara de leurs biens ; et, de sa main, comme exécuteur de la justice en sa propre cause, il mit l'évêque de Poitiers, aussi nommé Guillaume, et surnommé Adelin, hors de son siége, et le chassa de la ville.

Pour remédier à ces désordres et ramener ce duc à la raison, le Pape députa saint Bernard avec Josselin, ou Gosselin, évêque de Soissons, et leur donna la qualité de légats en Guyenne. Le Saint trouva le duc fort obstiné et très-difficile à aborder : ce qui l'obligea de se retirer dans un monastère de son Ordre ; mais, après qu'il y fut demeuré quelque temps, le duc le visita et fut sept heures en conversation avec lui, durant lesquelles saint Bernard ne lui parla que de l'incertitude et de la brièveté de cette vie, de la vanité des grandeurs du monde, de la peine des méchants et de la récompense des bons.

Mais le fruit n'était pas encore mûr : le duc n'écoutait ni la grâce ni la raison ; ainsi, bien loin de tirer profit des paroles de saint Bernard, il s'aigrit davantage contre lui, protestant que s'il ne sortait de ce lieu, où il croyait être en assurance, il le ferait mourir. Le saint abbé était touché de cette mauvaise humeur du duc, et encore plus de son procédé, parce qu'il nommait de nouveaux évêques de son parti, et les mettait en la place de ceux qu'il avait chassés ; ce qui faisait douter de l'heureux succès de l'affaire. Le pape, en étant averti, joignit aux autres légats Godefroi, évêque de Chartres, et plusieurs autres prélats célèbres en doctrine et en sainteté. Le duc en ayant reçu la nouvelle, contre l'espérance générale, prit jour pour se trouver à Parthenay, où, après plusieurs conférences, il consentit à quitter Anaclet, pour obéir à Innocent, pourvu que les évêques qu'il avait nommés fussent maintenus dans leurs siéges, parce qu'ayant annexé la plupart des biens ecclésiastiques à son domaine, il n'avait pas envie de restituer ce qu'il avait ainsi usurpé.

Comme on désespérait de rien gagner sur lui, saint Bernard dit qu'il ne fallait pas tant de pourparlers, mais qu'il était nécessaire d'avoir recours à Dieu, qui prend plaisir à faire paraître son pouvoir, quand la puissance humaine est à bout. Toute l'assemblée entra dans l'église, excepté le duc et ses partisans, parce qu'ils étaient excommuniés ; et saint Bernard se présenta à l'autel pour offrir à Dieu l'auguste sacrifice de son Fils, pour les intérêts duquel on était assemblé, puisque l'affaire regardait l'Eglise, son épouse. Après la consécration, le saint abbé prit le corps de Jésus-Christ sur la patène, et, sortant du sanctuaire, il s'avança vers la porte de l'église avec un visage plein de zèle, des yeux étincelants de charité et un ton de voix qui donnait de la terreur ; et, tenant ainsi entre les mains ce précieux gage de notre rédemption, il parla au duc en cette sorte : « Nous t'avons prié et tu nous as méprisés ; tous ces serviteurs de Dieu t'ont supplié, et tu n'en as pas tenu compte : voici le Fils de la Vierge, le Chef et le Seigneur de l'Eglise que tu persécutes, qui vient devant toi ; voici ton Juge, et ton âme passera bientôt par ses mains ; voyons si tu feras cas de lui, ou si tu lui tourneras le dos comme à nous ». Le duc ne pouvant supporter l'éclat de la voix de saint Bernard, et moins encore la présence du Dieu vivant, fut saisi d'une telle frayeur, qu'il tomba par terre, et, écumant comme un forcené, il ne pouvait dire un seul mot ; il fut relevé par ses officiers, mais il retombait autant de fois, jusqu'à ce que saint Bernard l'eût touché de son pied, et lui eût commandé de se lever et de dire tout haut ses intentions. En ce moment, la main du Tout-Puissant fit un tel changement dans le cœur endurci de Guillaume, que, l'ayant rendu d'enfant de rébellion un fils d'obéissance, il promit, en présence de toute la compagnie, de renoncer à Anaclet, de reconnaître Innocent pour le vrai et légitime Pape, de remettre les évêques en leurs siéges et de restituer leurs biens ; pour preuve de son obéissance, il donna le baiser de paix à l'évêque de Poitiers, et employa pour le rétablir la même main qui lui avait servi pour le chasser de son palais. Pour Anaclet, il fut emporté à quelque temps de là par une mort subite, comme aussi le malheureux Gérard d'Angoulême, qui se rompit le cou en tombant de cheval.

La légation ayant eu enfin un si heureux succès, saint Bernard s'en retourna à Clairvaux ; et comme le duc, pour avoir quitté le schisme, n'avait pas laissé entièrement ses débauches, il se mit à prier pour sa conversion, ajoutant à ses prières celles des religieux, et obtint de la miséricorde de Dieu ce qu'il demandait, car le duc se sentit touché intérieurement, et, se souvenant des remontrances que saint Bernard lui avait faites en cet entretien de sept heures, il devint tout autre, et perdit en un moment le désir des libertés qui lui faisaient aimer la vie. Son esprit n'était plus occupé que de saintes pensées, et il prononçait souvent ces paroles du plus profond de son cœur : « N'entrez point, Seigneur, en jugement avec votre serviteur, car nul homme ne pourra jamais se justifier devant vous ». Guillaume ne pensant plus qu'au salut de son âme et au pardon des offenses dont elle était chargée, fut averti qu'il y avait un ermite dans une forêt, près de Poitiers, dont la vie était fort exemplaire ; il résolut de l'aller voir et de prendre son conseil sur ce qu'il avait à faire pour réparer les désordres de sa vie passée. Ce saint personnage, qui n'était pas instruit dans sa solitude des nouvelles du siècle, ne savait rien du changement arrivé à son seigneur ; lors donc qu'il sut son arrivée, il s'imagina qu'après avoir persécuté les évêques des villes, il venait au désert pour y tyranniser les ermites ; il le rebuta d'abord et lui reprocha sa mauvaise vie ; mais, après avoir vu l'abondance de ses larmes et les protestations qu'il faisait de s'amender, il lui ouvrit la porte et lui parla quelque temps sur la nécessité de faire pénitence. Comme Guillaume désirait en savoir les moyens, l'ermite, ne se croyant pas assez éclairé pour cela, l'envoya à un autre plus docte et plus capable que lui. Celui-ci le reçut avec charité, le félicitant de sa conversion, et l'assurant de la divine miséricorde, quoiqu'elle eût été infiniment offensée par toutes ses impiétés. Ensuite il lui conseilla de ne plus penser qu'au ciel, d'abandonner ses Etats temporels pour ne plus mener qu'une vie crucifiée.

Ce prince, pour qui toute l'Eglise avait versé des larmes comme pour un enfant perdu, et qu'elle avait eu en exécration comme l'ennemi juré de son repos, s'en retourna résolu à ce changement exemplaire, qui causa tant de joie aux anges et tant de consolation aux fidèles. Il voulut, néanmoins, procéder sans bruit en cette sainte entreprise, pour n'être pas traversé par ses parents ni détourné par ses proches, qui, en de semblables circonstances, ne sont pas les moindres ennemis. Il mit ordre à ses affaires publiques et particulières, et fit son testament, par lequel il laissait ses deux filles sous la protection du roi de France, destinant son aînée, appelée Eléonore, au prince Louis, fils du même roi, et lui assignant pour la dot de son mariage la Guyenne et le Poitou. Il fit aussi beaucoup de legs pieux à plusieurs monastères, et distribua ses finances aux pauvres; enfin il prit ses bagues et ses joyaux pour en faire le même usage. Ayant ainsi réglé toutes choses, il se déroba secrètement de sa cour, et s'en alla revoir ce saint ermite sans être suivi de personne. Etant rencontré en ce pauvre équipage par des seigneurs, ils jugèrent mal de lui et de son dessein, et lui donnèrent mille imprécations; mais Dieu, qui pénètre dans le fond des âmes, le combla de mille bénédictions pour cette malédiction. Quand il fut arrivé, l'ermite lui parla de cette sorte : « Vous n'avez pas oublié les crimes que vous avez commis, combien de sang vous avez répandu, en quels incestes et en quels adultères vous vous êtes plongé, combien de meurtres et de vols ont été faits sous votre nom dans tous vos Etats. Dieu est miséricordieux, il est vrai, et il tend les bras à ceux qui reviennent à lui; mais il faut que la pénitence soit en rapport avec la grandeur et avec la multitude des péchés, et que, sans se flatter, on s'efforce d'y satisfaire. C'est beaucoup qu'après tant d'abominations Dieu se montre favorable au pécheur, et qu'il ne veuille pas lui refuser sa grâce. Ne trouvez donc pas étrange la pénitence que je veux vous enjoindre; elle est convenable à la qualité de vos offenses : pour expier tous les crimes que vous avez commis par les mouvements de votre impureté, vous porterez la haire et vous jeûnerez le reste de vos jours. Pour les vols et les brigandages de vos soldats, vous vendrez vos joyaux et donnerez l'argent aux pauvres, sans vous réserver autre chose que la divine Providence; et pour le sang humain qui a été cruellement répandu par vos violences, il y a en ce désert un armurier qui fera des armes sur la mesure de votre corps; et au lieu de les porter comme auparavant au-dessus de vos vêtements, vous les porterez sur la chair, couverte seulement d'une haire ». Ce pénitent, saisi d'une extrême douleur pour l'énormité de ses péchés, dépouilla incontinent ses habits, prit une rude haire, mit le casque en tête, endossa la cuirasse et se lia tout à l'entour de dix chaînes. L'armurier riva si adroitement les clous auxquels elles tenaient qu'il ne les pouvait ôter, et l'ermite lui commanda d'aller en cet équipage se jeter aux pieds du pape Eugène III (Innocent était décédé depuis peu), afin d'être absous de ses crimes et de son excommunication qui n'était pas encore levée.

L'horreur de ses péchés et la crainte d'être prévenu d'une mort soudaine lui pesaient si fort sur le cœur, qu'il s'en alla aussitôt vers le pape Eugène, qui était à Reims : et là, se jetant à ses pieds, il lui demanda, avec une profonde humilité, d'être absous de tous ses crimes. Eugène le voyant en cet état, ne se pouvait persuader que ce fût ce redoutable duc de Guyenne, mais plutôt un impudent qui s'humiliait en apparence pour gagner de l'argent. Il le rebuta d'abord, et le traita fort rudement; Dieu inspira cette sévérité au chef de l'Eglise, afin de mieux éprouver la fidélité de son nouveau serviteur. Le duc se retira frappant sa poitrine, criant miséricorde et confessant publiquement ses péchés, ses meurtres, son inceste de trois ans, sa désobéissance, et sa rébellion à l'Eglise, mais avec tant de larmes et de soupirs, que toute l'assistance, au lieu de s'en scandaliser, en était édifiée. Il se présenta une seconde fois au Pape, mais Sa Sainteté ne le voulut pas recevoir, jusqu'à ce qu'elle fût assurée qu'il était véritablement dans le repentir, qu'elle eût entendu ses sanglots, vu les larmes qui coulaient de ses yeux, et qu'elle eût su que son lit était le pavé, et qu'il portait une cuirasse clouée sur son corps, ces marques de contrition ne se trouvant pas aisément dans une âme dissimulée. Alors le Pape adressa un bref au patriarche de Jérusalem, avec pouvoir d'absoudre entièrement ce pénitent de l'excommunication de ses crimes.

Le duc, plus satisfait que s'il eût eu la tête couronnée de toutes les couronnes de l'univers, partit aussitôt de Reims, et se mit en chemin pour l'Italie; au premier port de mer, ayant rencontré un vaisseau tout à propos, il s'embarqua et arriva en peu de jours à Jérusalem ; il alla donc se prosterner aux pieds du patriarche, et lui présenta, avec abondance de larmes et de sanglots, le bref du Pape, le suppliant de le vouloir absoudre. Le patriarche, voyant sa grande pénitence, la douleur de son cœur, le long chemin qu'il avait fait, les plaisirs et les honneurs qu'il laissait, et sachant qu'il était le duc de Guyenne, leva l'excommunication, et lui donna une absolution générale de tous ses crimes. Ce prélat eût bien désiré l'arrêter en son palais, parce que son père avait servi autrefois le feu duc de Guyenne; mais ce prince pénitent l'en remercia avec beaucoup d'humilité, se contentant d'un trou de muraille qui ressemblait à la cabane d'un lépreux : il y demeura neuf ans, sans autre nourriture que du pain noir et de l'eau pure. Il n'avait point d'autre habit que sa cuirasse ; la haire lui servait de chemise, la terre de lit, un caillou d'oreiller, et le toit de couverture. Sa peau était écorchée et sa chair toute meurtrie, à cause des armures qu'il ne dépouillait point ; mais sa ferveur ne se ralentit point au milieu de ces austérités, et son esprit en devint même plus vigoureux. Ses yeux ne s'ouvraient que pour regarder le ciel ; il se frappait la poitrine, pleurait continuellement et passait toutes les nuits en oraison, disant à ceux qui en étaient surpris, que le serviteur de Dieu doit prier sans cesse, s'employer aux bonnes œuvres, et ne manger et ne boire que par mesure, quand même ce ne serait que de l'eau. Enfin il n'avait point de honte de confesser publiquement ses péchés, et de protester que le soleil, depuis la création des siècles, n'avait pas vu un pécheur semblable à lui.

Cependant, son absence mit les gens de sa maison en peine : ils le cherchèrent de tous côtés, et ayant su qu'il avait pris le chemin de Jérusalem, ils s'embarquèrent immédiatement. L'ayant trouvé en cette pauvre cabane, ils ne purent d'abord se résoudre à lui parler, à cause de l'état pitoyable où ils le voyaient; néanmoins, ils le firent enfin, et s'efforcèrent de lui persuader de revenir et de quitter ses rigoureuses austérités, lui représentant qu'il mériterait plus à sa cour, où il maintiendrait son peuple en repos, et ferait de belles ordonnances, qu'en cette solitude, et que sa qualité l'obligeait de travailler plutôt à l'utilité publique qu'à son intérêt propre et particulier. Le Saint ferma les oreilles à leurs paroles comme au sifflement d'un serpent, sachant bien qu'ils montraient l'appât et cachaient l'aiguillon, et qu'ils couvraient d'un spécieux prétexte les dangers évidents auxquels sont exposés les princes du monde, et auxquels ils n'échappent qu'avec peine. Ceux-ci donc, voyant qu'ils ne pouvaient le ramener par la douceur, ni le gagner par leurs raisons, résolurent de l'enlever de force; mais ce dessein étant venu à la connaissance du Saint, il se retira dans les déserts; après y être demeuré quelques mois, il repassa la mer pour retourner en Italie, et prit enfin terre sur les confins de la seigneurie de Lucques.

En ce même temps, les Lucquois étaient en guerre contre plusieurs de leurs voisins; et lorsque ce nouveau pèlerin aborda en leurs terres, ils avaient mis depuis quelques jours le siége devant un château dont ils ne pouvaient se rendre maîtres. Le duc Guillaume, dont l'humeur martiale n'était pas encore éteinte, se sentit ému par un objet si agréable à son souvenir : ayant relâché quelque peu de ses austérités, il les quitta ensuite tout à fait, rompit les chaînes dont il était ceint, dépouilla les armes qui étaient comme collées à son corps, et, prenant les habits que l'occasion lui présenta, il s'en vint à Lucques, s'adressa aux principaux de l'Etat, et, leur offrant son service pour la guerre, il leur donna parole de mettre en leur pouvoir, dans vingt-quatre heures, le château qu'ils tenaient assiégé. O résolutions mortelles, que vous êtes légères! O constance humaine, que tu es inconstante! A quoi prend garde ce pénitent, et où se porte le cœur de l'homme quand Dieu l'abandonne? mais Notre-Seigneur ne l'a pas conduit jusqu'ici pour le perdre, ni afin qu'il serve de trophée au démon.

Les Lucquois, jugeant à sa taille et à son port, mais encore plus à sa parole, ce qu'il était en effet, acceptèrent son offre, et lui donnèrent le commandement de l'armée. Mais, comme il se disposait à exécuter ce qu'il avait promis, et qu'il prenait les armes pour se mettre en campagne à la tête de l'armée, il devint aveugle, et pria quelqu'un de lui donner la main pour marcher, parce qu'il ne voyait plus. Ceci arriva en présence des capitaines, qui ne savaient que penser d'un si étrange accident : mais lui reconnut bien que c'était un coup de la puissante main de Dieu, et une conduite de sa sainte Providence, qui le voulut affliger sans le perdre, et, par cet aveuglement corporel, lui rendre la lumière de l'âme. Il se prosterna publiquement à terre, et, tout baigné de larmes, il confessa son péché et reprit sa première ferveur. Il partit de Lucques après avoir recouvré la vue et s'embarqua pour retourner à Jérusalem, résolu d'expier le reste de ses crimes. Etant sur mer, il fut pris par des pirates, dont il souffrit mille maux, et qui, sans doute, ne lui eussent pas laissé la vie, parce qu'il était chrétien, si Dieu ne l'eût pris sous sa protection, et ne lui eût fourni le moyen d'échapper de leurs mains aussitôt qu'ils l'eurent mis à terre. Se voyant en liberté, il remonta sur mer pour aller en Galice, visiter les reliques de l'apôtre saint Jacques ; après quoi il revint en Italie, et se cacha en la forêt de Livanie, qui n'était qu'une retraite d'animaux sauvages et un repaire de reptiles venimeux. Ce fut en ce lieu qu'il recommença sa pénitence, résolu de la continuer, malgré toutes les attaques des démons, qui employaient mille artifices pour l'épouvanter : la forêt semblait quelquefois trembler aux cris horribles et aux hurlements effroyables de ces esprits d'enfer ; mais, par la faveur du ciel, il était sans crainte au milieu de tant de sujets de frayeur, et jouissait, parmi ces tempêtes, d'une grande tranquillité, provoquant même ses ennemis au combat. Un démon lui apparut sous la forme du duc, son père, et lui commanda de quitter le désert, l'assurant que ses crimes étaient pardonnés, et que c'était la volonté de Dieu. Guillaume aperçut bientôt cet artifice, et protesta qu'il redoublerait sa pénitence, puisqu'elle leur faisait tant de dépit : il y mit un courage invincible et tourmenta si cruellement son corps, qu'il semblait ou n'être pas à lui, ou être de bronze.

Une fois, la porte de sa cellule fut enfoncée sous l'effort de ses ennemis qui le blessèrent de telle sorte qu'il demeura comme mort, et il était en danger de la vie, parce que le lieu étant fort solitaire, il n'y avait nulle apparence de secours humain. Mais la très-sainte Vierge, dont il avait imploré la faveur pendant le combat, lui apparut, suivie de deux autres saintes, brillante comme un soleil; et, touchant doucement ses plaies, elle lui rendit la santé et lui donna un nouveau courage pour persévérer dans sa résistance contre les ennemis de son salut.

Cependant, le bruit de sa sainteté se répandant par tout le pays, plusieurs vinrent à lui pour se ranger sous sa conduite : cela lui fit entreprendre de remettre en vigueur l'Ordre des Ermites qui était entièrement déchu de l'observance régulière. Il ordonna que ceux qui y seraient reçus feraient le vœu d'obéissance à un supérieur, se conduiraient par ses conseils, et n'entreprendraient rien sans lui. Dieu donna sa bénédiction à ce dessein ; de sorte que cet Ordre s'étendit en beaucoup de provinces de France, de Saxe et de Bohême, et que l'Eglise en reçut un grand service.

Ses actions ne prêchaient que la mortification, et ses discours ne roulaient que sur la pénitence ; il disait souvent à ses religieux : « Que plusieurs âmes, qui avaient fait autrefois profession de religion, brûlaient dans les enfers et soupiraient après la haire de saint Jérôme, après les larmes d'Arsène, après le lit d'Eulalius, après la nudité de saint Paul, après la nourriture d'Elisée, et après les plus rudes austérités ; mais que ces désirs ne leur servaient de rien, parce qu'ils ne les avaient pas mis à exécution pendant leur vie ». Il gouverna pendant quelque temps cette communauté en paix ; mais depuis, il fut tourmenté par ses propres disciples, la Providence divine le permettant ainsi, afin que sa vie fût un martyre continuel : il fut même forcé, par leurs calomnies, de quitter le désert, d'où il n'avait pu être chassé par tous les esprits malins. Il se retira donc sur une montagne nommée Pérée, mais il la laissa aussitôt, à cause des bergers qui y amenaient leurs troupeaux et troublaient sa solitude. De là il descendit en la ville de Castiglione-Aretino, dans la Toscane, où il guérit miraculeusement la femme de son hôte, et quand il vit que la ville, pour cette guérison, commençait à le considérer et à lui faire beaucoup d'honneur, il partit de nuit et s'en vint en une vallée, près de Sienne, appelée l'Etable de Rhodes, autrement Mala-Val. Il demeura seul en ce désert jusqu'à ce que, se sentant exténué de vieillesse et cassé par tant d'austérités, il fut contraint de prendre un serviteur, nommé Albert, pour le servir en ses nécessités. Il avait soin de l'instruire en la vertu, et l'autre, en récompense, lui allait chercher de quoi vivre. Un jour qu'ils étaient en oraison, la lampe qui les éclairait tomba à terre et s'éteignit, et toute l'huile fut répandue ; mais le tout fut remis en son premier état par la prière du Serviteur de Dieu.

Au bout de deux ans, il fut atteint d'une maladie dont il prédit l'issue au médecin, l'assurant que ses remèdes ne lui serviraient de rien, puisque le Saint-Esprit lui avait révélé le jour et l'heure de son décès. Pour s'y disposer, il voulut recevoir le saint Viatique, afin de se munir contre les ennemis de notre salut, qui font leurs derniers efforts lorsque les hommes sont sur le point de quitter ce monde. Son compagnon ne lui manqua pas en cette extrémité : il fit venir un prêtre, qui lui apporta le corps de Notre-Seigneur ; il le reçut avec des témoignages de piété et de componction, qui tiraient les larmes des yeux de ceux qui étaient présents. Il prédit à Albert, qui s'attristait de leur séparation, que Dieu le pourvoirait d'un fidèle compagnon ; et il n'eut pas si tôt achevé ce discours, que Regnault, homme de bien, sage et riche, se vint présenter à lui et lui promit d'abandonner le monde et de passer le reste de ses jours en ce désert. Enfin, le dixième jour de février, l'an 1157, levant les mains en haut pour remercier la divine Bonté des grâces qu'il en avait reçues, il rendit son âme à son Créateur. Son corps fut enterré dans un petit jardin qu'il cultivait lui-même, et au-dessus de son tombeau fut érigé un oratoire que les chrétiens visitent avec beaucoup de vénération, à cause des grâces qu'ils y reçoivent de Dieu par les mérites du Saint. Mais quand il n'y aurait point d'autre miracle que celui de sa conversion et de sa pénitence, n'est-il pas plus que suffisant pour nous faire admirer la force et reconnaître l'excès de la divine miséricorde, qui ne paraît pas moins admirable en tirant l'homme de son péché que sa puissance ne paraît infinie en tirant le monde des abîmes du néant ?

Sa vie a été écrite fort au long par l'évêque Thibault, et abrégée par Surius, à qui nous l'avons empruntée.

AUTRES SAINTS DU NOM DE GUILLAUME.

Les historiens reconnaissent aujourd'hui plusieurs Guillaume, dont il n'est pas facile de distinguer les actions. Ce que raconte le P. Giry se rapporte surtout à Guillaume de Maleval et à Guillaume de Guyenne. Son récit intéresse tant que nous n'avons pas osé le changer. Nous allons seulement y suppléer par plusieurs notices.

Saint Guillaume de Maleval, ermite.— Sa jeunesse est inconnue. Il fit le pèlerinage de Rome ; le pape Eugène III l'envoya à Jérusalem pour l'expiation de ses péchés. Il partit en 1145. En 1153, il se fit ermite en Italie. En 1155, il entra dans l'affreuse solitude de Maleval. Il mourut en 1157. Sa vie est racontée par le P. Giry, comme on vient de le voir, avec les plus grands détails.

Les solitaires, ses disciples, bâtirent un ermitage avec une chapelle sur son tombeau. Telle fut l'origine de l'Ordre des Guillelmites, que Grégoire IX mit sous la règle de Saint-Benoît. Cette congrégation a été depuis unie à celle des Ermites de Saint-Augustin. Ils portaient un habit blanc comme les Cisterciens. On faisait la fête de saint Guillaume, à Paris, dans l'église des Blancs-Manteaux, qui appartint aux Guillelmites, de 1297 à 1618.

Saint Guillaume, fondateur des Ermites de Monte-Vergine, dans le royaume de Naples. Ce Saint est nommé le 25 juin dans le martyrologe romain.

Guillaume le Débonnaire, comte d'Auvergne, fondateur de la célèbre abbaye de Cluny, en Bourgogne, fondation que nous avons racontée dans notre tome Ier, dans la vie de saint Bernon. Il fut appelé duc d'Aquitaine, parce que l'Auvergne faisait alors partie de l'Aquitaine. Il ne fut point duc de Guyenne. Mais ayant conservé religieusement à son pupille Ebole la succession de son père, Ranulphe II, qui comprenait la seconde Aquitaine et le comté de Bordeaux, c'est-à-dire ce qu'on a appelé depuis la Guyenne et le comté de Poitou, il fut cause que la Guyenne et le Poitou devinrent héréditaires dans la suite et appartinrent en propre aux descendants d'Ebole.

Guillaume, dernier duc de Guyenne. — Ebole, qui mourut en 963, eut pour successeur : Guillaume II, dit *Tête-d'Etoupe* (mort en 963); Guillaume III, qui vécut presque jusqu'à la fin du siècle ; Guillaume IV, surnommé *Fier-à-Bras* ou *Bras-de-Fer* (1030); Guillaume V, dit le *Gros* (1036); Guillaume VI (1058) ; Guillaume VII (1086) ; Guillaume VIII, son fils, père de Guillaume IX.

Guillaume IX, que plusieurs qualifient de Guillaume X, est celui dont le P. Giry raconte la vie, en le confondant avec saint Guillaume de Maleval. Il vint au monde l'an 1099, succéda à son père l'an 1126. On lui attribue beaucoup des désordres de son père, avec lequel les historiens le confondent souvent. Il se conduisit lui-même très-mal. Il mit cependant quelques bornes à ses débauches par son mariage avec Eléonore, sœur du vicomte de Châtellerault, dont il eut, en 1123, Eléonore, son héritière. Après la mort de cette première femme, il prit en secondes noces Emma, fille du vicomte de Limoges, déjà veuve du seigneur de Cognac, laquelle lui fut enlevée en son absence par le fils du comte d'Angoulême. Le P. Giry raconte le reste de sa vie. Seulement, ceux qui ne veulent pas confondre ce Guillaume avec Guillaume de Maleval, au lieu de le faire retirer en Italie, disent qu'il mourut dans son pèlerinage à Saint-Jacques de Compostelle.

LE BIENHEUREUX GUILLAUME DE BRABANT

1240. — Pape : Grégoire IX. — Roi de France : Saint Louis.

Beatus vir qui in via peccatorum non stetit.
Bienheureux l'homme qui ne se fixe pas dans le péché.
Ps. I, 1.

Le bienheureux Guillaume naquit dans le Brabant d'une famille honnête, et reçut de ses parents une bonne éducation ; mais la légèreté du jeune âge et une certaine pétulance de caractère l'empêchèrent d'en profiter comme il aurait dû. Aussi, quand il arriva aux années de l'adolescence, et que les passions commencèrent à se développer en lui, le frein salutaire de la religion fut impuissant pour contenir son ardeur et la diriger vers le bien. Le jeune homme, en dépit des remontrances et des reproches qu'on lui adressait, se livra sans frein à ses passions déréglées. Ses parents, croyant trouver un moyen de le ramener au bien en lui faisant apprendre un métier, le placèrent chez un boulanger de l'endroit ; mais Guillaume quitta bientôt la maison paternelle, et sous prétexte d'étudier le français que l'on ne parlait pas dans son pays, il vint en France mener une vie vagabonde et désordonnée.

La misère et la faim firent bientôt rentrer en lui-même ce nouvel enfant prodigue, qui se ressouvint aussi des jours heureux qu'il avait passés dans sa famille, des sages conseils qu'il y avait reçus et dont l'oubli était l'unique cause de ses malheurs. Cette pensée le poursuivant sans cesse, il résolut d'aller se présenter dans un monastère, où il pût se réconcilier avec Dieu et exercer tranquillement sa profession. Il était alors dans la Thiérache, auprès de la ville de Vervins, et ce fut à quelque distance de ce lieu qu'il rencontra un monastère de Prémontrés dans le diocèse de Laon. Le tentateur ne tarda point à attaquer Guillaume dans cette solitude et à lui en inspirer le dégoût. L'infortuné jeune homme, au lieu de confier à quelque guide sage et expérimenté les pensées que soulevait dans son âme l'esprit de ténèbres, se laissa aller peu à peu à ses sollicitations coupables, et retomba dans les fautes qu'il commençait à expier dans cette sainte maison où tout le portait à Dieu. Bientôt même ce séjour lui devint odieux, et le quittant comme un fugitif, il rentra de nouveau dans le monde pour y continuer sa vie vagabonde et libertine. Mais Dieu, qui avait des desseins de miséricorde sur cette âme égarée, la poursuivait sans cesse par l'aiguillon du remords. Il voulait ramener ce grand pécheur à la pénitence, et montrer une fois de plus au monde ce que peut sa grâce dans les cœurs les plus rebelles et les plus faibles. Une nuit donc, pendant son sommeil, Guillaume crut voir un ange qui se présentait à lui et lui disait, au nom de Dieu, qu'il eût à changer de vie, à faire pénitence de ses péchés et à aller vivre dans un désert. « C'est dans le hameau de Morlanwez, au lieu appelé le Champ du potier, sur les confins du Hainaut et du Brabant, qu'il doit se transporter ; c'est là qu'il trouvera un endroit convenable, appartenant à un homme noble du nom d'Eustache ».

Guillaume, quittant alors la maison où il se trouvait, se rendit aussitôt au lieu que le Seigneur venait de lui désigner. Il interrogea sur son chemin des hommes qui lui indiquèrent le hameau de Morlanwez et la maison qu'habitait le pasteur : c'était en effet à lui que le pénitent voulait se présenter d'abord. Le ministre du Seigneur fut presque effrayé en voyant devant lui cet homme encore ceint de ses armes et d'un aspect étrange et presque féroce. Mais ses pensées changèrent bientôt quand il vit Guillaume se jeter à ses genoux en fondant en larmes, et lui demandant, au nom de Jésus-Christ, de recevoir l'aveu de ses crimes et de lui en donner le pardon. Quelques moments après, le nouveau pénitent, la conscience purifiée et l'âme rendue à la paix, se relevait pour faire au prêtre la communication du dessein que Dieu lui avait inspiré, et implorer le secours de ses conseils.

Arrivé dans le lieu que la Providence lui avait indiqué, le bienheureux Guillaume, avec le concours de quelques hommes vertueux, et surtout d'Eustache, seigneur de l'endroit, se mit à construire une petite cabane dans laquelle il pût se retirer. Les bûcherons et les bergers des environs le regardaient avec une curiosité mêlée d'étonnement : les uns le prenaient pour un insensé ou un hypocrite, d'autres pour un grand serviteur de Dieu. Les pénitences extraordinaires qu'il s'imposait, les pratiques que son humilité lui avait fait adopter pour expier ses égarements passés, pouvaient donner lieu à ces jugements divers. Le témoignage d'un homme sage et prudent vint bientôt manifester d'une manière certaine la vertu du saint pénitent du Brabant. Jean, docteur en théologie, doyen de la basilique de Saint-Lambert à Liége, et alors chanoine régulier au monastère d'Oignies, près de Namur, ayant entendu parler de Guillaume, vint le visiter afin de bien connaître quel esprit l'animait et pourquoi il adoptait certaines pratiques de pénitence tout à fait extraordinaires. Il s'entretint avec lui de choses spirituelles dans lesquelles il le trouva très-versé. Il l'engagea à ne plus se traîner sur les pieds et les mains comme il avait fait quelquefois auparavant, et l'ermite s'étant rendu aux conseils et aux avis de l'homme éclairé qui lui parlait, donna, par cette docile obéissance, une nouvelle preuve de la pureté de ses intentions.

Dans le même temps, le noble et vertueux Eustache vint à mourir, et Berthe, son épouse, qui partageait ses sentiments de piété, continua envers le serviteur de Dieu tous les bons services qu'il avait reçus jusqu'alors. Elle lui procura une petite terre qu'il défrichait avec soin pour en retirer les choses nécessaires à la vie. Dieu, en même temps, inspira à Guillaume la pensée d'étudier les saintes Ecritures, pour y puiser les sentiments qui entretiennent la dévotion dans les âmes. Il goûtait dans cette lecture des douceurs ineffables ; aussi n'était-il pas rare de le rencontrer dans son parterre, un instrument de jardinage dans une main et un livre sacré dans l'autre.

La vertu éclatante du pieux ermite attirait souvent près de lui des hommes qui venaient demander ses conseils et s'édifier de ses exemples. Berthe, voyant ce concours de fidèles, fit bâtir dans ce lieu une petite église pour la commodité des voyageurs et des habitants de la contrée. Cependant le Seigneur, afin de tenir son digne serviteur dans une continuelle défiance de lui-même, et d'exercer de plus en plus sa vertu, permit bien souvent qu'il fût en butte à toutes sortes de tentations. L'esprit mauvais lui tendait sans cesse des embûches, et lui apparaissait même quelquefois sous les formes les plus capables de le troubler. Mais le pieux anachorète le chassait, comme faisait autrefois saint Antoine dans les déserts de la Thébaïde, par le signe de la croix, et l'invocation du saint nom de Jésus, en qui il mettait toute sa confiance. On le vit même en plusieurs circonstances, pour surmonter les tentations de la chair, se jeter dans les eaux froides et glacées d'un étang voisin, et en sortir ensuite les habits tout trempés. Dans cet état, il allait à l'église conjurer le Seigneur, en se frappant la poitrine, de lui pardonner ses péchés passés, et de lui accorder la grâce de ne jamais y retomber à l'avenir.

Ces épreuves, assez ordinaires dans la vie des grands pénitents, furent suivies bientôt de douces et ineffables consolations. Guillaume eut même plusieurs visions, dans l'une desquelles le Seigneur lui fit connaître qu'il l'appelait au sacerdoce. Le Bienheureux était alors diacre, sans que l'on sache à quelle époque de sa vie il avait reçu cet ordre et les autres qui le précèdent. Pour se conformer à la volonté du ciel, que ses supérieurs ecclésiastiques reconnurent comme lui, il reçut la prêtrise des mains de Jean de Béthune, évêque de Cambrai. De retour dans sa solitude, il commença à prêcher avec force et onction aux habitants du pays et à tous ceux qui venaient le visiter.

L'homme de Dieu, comprenant bientôt de quel avantage serait dans la contrée un monastère, résolut d'en fonder un lui-même. Dans ce dessein, il se rendit à Fontenelles, près de Valenciennes, où les filles du seigneur d'Aulnoy, Jeanne et Agnès, avaient établi, peu de temps auparavant, une abbaye qui jouissait d'une grande réputation de régularité. Edifié du spectacle qui se présenta à ses yeux, il demanda que quelques-unes des religieuses de cette communauté vinssent commencer à mener la vie régulière dans le monastère qu'il avait préparé. La proposition fut acceptée avec joie, mais l'extrême pauvreté du lieu, et le manque des choses les plus indispensables, ne permirent pas de continuer alors Ce ne fut que quelques années plus tard que sept religieuses, appelées du monastère de Moustier, près de Namur, vinrent habiter la nouvelle abbaye qui fut consacrée à la Sainte Vierge, sous le nom de la bienheureuse Marie d'Olive. Le reste de la vie du vénérable Guillaume fut entièrement employé aux œuvres du ministère sacré. Il prêchait la parole de Dieu avec un accent qui touchait profondément les âmes, et les portait au repentir de leurs fautes et à la pratique des vertus. Sa vigilance et sa sollicitude pour les saintes filles réunies dans le monastère d'Olive n'étaient pas moins grandes, et il leur procurait tout à la fois les secours spirituels et temporels. Ce fut au milieu de ces actes de charité et de zèle sacerdotal que le Seigneur l'appela à lui, l'an 1240, dans la soixante-sixième année de son âge.

Vie des Saints de Cambrai et d'Arras, par M. l'abbé Destombes.

SAINTE CLAIRE DE RIMINI

1346. — Pape : Clément VI. — Roi de France : Philippe VI, *de Valois*.

Il y a de belles choses à dire sur la Bienheureuse Claire de Rimini : on pourra les voir dans sa *Légende*, publiée par le cardinal Joseph Garampi ; nous n'en donnerons ici qu'un abrégé. Elle naquit vers le milieu du XIIIe siècle, à Rimini, où un grand miracle devait arriver de nos jours. Son père s'appelait Chiarello et sa mère Gaudiana ; ils appartenaient tous deux à une famille noble et opulente. Claire se maria jeune, et, étant demeurée veuve quelque temps après, son cœur devint comme un grand chemin, où la bonne semence qu'y jetait l'Esprit-Saint était foulée aux pieds par le monde et enlevée par le démon ; car ce cœur était tellement ouvert aux vanités, que les malheurs mêmes ne l'y pouvaient fermer : exilée à la suite d'une guerre civile, elle ne revint que pour voir monter sur l'échafaud son père et l'un de ses frères; elle avait même passé à de secondes noces, lorsque Notre-Seigneur qui la recherchait depuis longtemps pour son épouse, l'invita enfin à cette divine union. Un jour qu'elle était entrée dans l'église des Franciscains, il lui sembla entendre une voix qui lui disait : « Efforcez-vous, Claire, de dire un *Pater* et un *Ave* à la louange de Dieu, et, comme une marque de votre souvenir, de les réciter avec attention, sans penser à autre chose ». Elle ne comprit pas d'abord ce que cet avis signifiait, mais il la porta à la réflexion. Dès lors elle abandonna les assemblées tumultueuses pour se retirer dans ses jardins et dans les lieux les plus solitaires.

C'est dans le recueillement que Dieu parle à nos âmes : Claire reçut une visite céleste : la sainte Vierge vint pour ainsi dire la prendre par la main et l'arracher au monde; cette Reine des vierges, environnée d'une multitude d'anges, apparut à notre Bienheureuse, dans la même église de Saint-François, et, s'étant tournée vers elle : « Claire, lui dit-elle, à quoi servirent à ton premier mari, que tu aimais tant, et ses grandes richesses, et sa forte jeunesse, le secours des médecins, la grandeur de sa maison, ses palais superbes, puisqu'un peu de fièvre, le menant à la mort, l'a enfin séparé de toi ? » Ces paroles touchèrent son cœur : cette lumière du ciel lui fit voir les égarements de sa vie ; elle résolut de la passer dès lors aux pieds de son Sauveur, les arrosant des larmes de la pénitence. Son mari lui permit de vivre en religieuse et d'en porter l'habit ; et, comme il mourut peu de temps après, Claire, se voyant libre de prendre Jésus-Christ pour son unique époux, se voua à de grandes austérités ; pour mortifier sa délicatesse, elle marchait pieds nus : ce qu'elle fit le reste de sa vie. Pour punir son corps des joyaux et des perles qui l'avaient orné, elle portait au cou, aux bras et aux genoux des cercles de fer ; elle avait aussi une espèce de cuirasse du même métal, qui se conserve encore à Rimini ; elle ne couchait plus que sur de grosses planches, pour expier le plaisir d'avoir reposé sur des lits moelleux, et son estomac fit pénitence de sa bonne chère en ne recevant plus que la plus pauvre nourriture ; c'était ordinairement du pain et de l'eau, auxquels elle ajoutait un peu d'huile les dimanches et les grandes fêtes.

Ce sont là les armes qu'elle employait pour combattre ses anciennes habitudes, qui, dans les commencements surtout, lui livrèrent de grands combats. Que de courage il lui fallut, principalement pour triompher du démon de la gourmandise, qui lui rappelait les délices de ses festins d'autrefois ! Un jour qu'elle était presque vaincue sur ce point, Jésus-Christ, qu'elle priait avec ferveur, lui inspira de dire ces paroles : « Levez-vous, ô Christ, et secourez-moi ! Levez-vous, ô vous qui êtes le Défenseur des hommes ; ô rejeton de David ! *Alleluia* ». Claire n'eut pas plus tôt prononcé ces paroles, qu'elle se sentit pleine de force contre la tentation; mais la voulant détruire jusque dans sa racine, je veux dire dans le penchant et l'habitude, devenue une seconde nature, elle va chercher une bête dégoûtante, la fait rôtir et la porte à sa bouche, en se disant à elle-même : « Mange, gourmande ; mange ce mets délicieux ! » Anéanti, après une pareille défaite, cet ennemi ne l'attaqua plus dans la suite. Non contente de ces austérités et des jeûnes rigoureux qu'elle s'imposait, depuis la fête de saint Martin jusqu'à Noël, et depuis l'Epiphanie jusqu'à Pâques, elle y joignait les veilles, passant en prières la plus grande partie des nuits ; pendant le Carême, elle se retirait dans un réduit que lui offrait l'ancien mur de la ville ; là, exposée au froid, à la pluie, et à toutes les injures du temps, elle demandait à Dieu miséricorde, confessait ses fautes et récitait plus de cent fois par jour l'Oraison dominicale, en versant des larmes abondantes. Elle puisait, dans cet amour pour Dieu, une tendresse surnaturelle pour les malheureux, et son propre frère en éprouva les effets un des premiers. Il avait été proscrit une seconde fois, par suite des troubles qui agitaient sa patrie, et il se trouvait malade à Urbino. Claire vola près de lui, lui donna tous les secours dont il avait besoin et l'aida à sanctifier ses souffrances. Il y avait, près de la cathédrale d'Urbino, une tour solitaire et abandonnée ; c'est là que cette sainte colombe se retira, adressant au Seigneur, du milieu de la pierre, des gémissements inspirés par l'Esprit-Saint. Elle n'en sortait que pour mendier aux portes un peu de pain, dont les pauvres profitaient plus qu'elle ; pour donner à son frère les soins d'une mère, aider la domestique dans les détails les plus vils du ménage, consoler les prisonniers, soulager les malades dont les plaies lui semblaient celles de son Sauveur. Sur le soir, elle visitait les églises et revenait gémir dans sa tour : « Mon Dieu », s'écriait-elle souvent, « aidez-moi ; mon Dieu, secourez-moi ; vous êtes notre seul appui, ô fils de David ! » Le calme étant rétabli, elle retourna à Rimini avec son frère et le reste de sa famille, et y continua ses œuvres de charité, qu'elle savait très-bien allier avec ses pieux exercices et avec la sainte communion, qu'elle recevait souvent. Les malheurs de la guerre ayant obligé les clarisses de Begnode à se réfugier à Rimini, où elles se trouvaient dans une grande détresse, Claire n'en fut pas plus tôt informée qu'elle alla de maison en maison quêter pour ces pauvres religieuses.

Elles manquaient de bois : un jour, notre Bienheureuse ayant trouvé dans la campagne un tronc d'arbre, le chargea sur ses épaules pour ses chères protégées. Comme elle passait devant le palais de Dino, cet homme, qui était son parent, l'aperçut et commanda à un de ses domestiques de prendre l'arbre et de le porter où elle voudrait ; mais Claire, après avoir donné mille bénédictions à son parent pour sa charité, ne voulut pas qu'on lui enlevât le mérite de porter sans respect humain, à travers la ville de Rimini, ce bois pour son Sauveur, qui n'avait pas rougi de porter pour elle le bois de la croix devant tout le peuple de Jérusalem. Un pauvre de Rimini ayant le plus pressant besoin d'expédier un message à Urbino, pendant l'hiver, l'humble servante des pauvres fit ce pénible voyage par le froid et la neige : le feu de l'amour divin la réchauffait contre les glaçons qui hérissaient sa tunique. Elle logeait les pèlerins, elle réconciliait les ennemis et les familles divisées, elle apaisait les factions. Elle se mit même en vente pour racheter un homme condamné à avoir la main coupée ; et les seigneurs de la ville, émus de cette charité, firent grâce au coupable. Mais elle, qui obtenait la grâce des autres, ne se la fit jamais à elle-même, lorsqu'elle croyait avoir offensé ses frères. Il lui était échappé envers quelqu'un une parole qui n'était pas assez polie ; le chagrin de lui avoir causé de la peine la fit retourner aussitôt à sa cellule, et, prenant des tenailles, elle se tint la langue hors de la bouche pendant un temps si considérable qu'elle se la mit tout en sang, et qu'elle fut ensuite plusieurs jours sans pouvoir parler. Son amour du prochain ne se bornait pas aux nécessités corporelles ; elle brûlait de zèle pour le salut des âmes, et Dieu la favorisa de la grâce des conversions.

Entre les âmes qu'elle conquit pour le royaume du ciel, on remarque surtout une veuve qui s'abandonnait au luxe et à tous les plaisirs de la terre, à laquelle elle coupa elle-même les cheveux et qu'elle revêtit du cilice ; le tyran de Mescotello, qui abandonna ses domaines pour la vie d'ermite ; enfin, un savant livré à ses passions : ce fut sans doute la plus difficile de ses conquêtes ; elle fit tant qu'il quitta tout pour se donner à Dieu.

Plusieurs personnes pieuses, voulant profiter des grâces que Dieu accordait à notre Bienheureuse, se mirent sous sa conduite, et, d'après l'avis de Dieu même, qui s'expliqua à elle la nuit, pendant son oraison, elle acheta, avec les secours de gens de bien, instruments de la Providence, le terrain où se trouvait sa cellule, dans le vieux mur de la ville ; elle y bâtit un monastère qui fut d'abord connu sous le titre de l'Annonciation et prit ensuite celui de Notre-Dame des Anges, nom qu'il portait encore dans le siècle dernier. Claire ne s'astreignit pas à la clôture dans cette maison ; mais si elle sortait, ce n'était que pour vaquer plus librement aux œuvres de miséricorde. Rien ne lui manquait pour faire fructifier son zèle envers le prochain : Dieu lui avait donné les grâces appelées *gratuites;* surtout il la favorisa du don des miracles. A Gubbio, elle guérit un seigneur gravement malade en le touchant de la main. Sur la porte de la ville de Baroncello, un enfant aveugle recouvra la vue lorsqu'elle lui eut mis la main sur la tête. Comme elle se rendait d'Assise à l'église de la Portioncule, qui en est éloignée d'environ un mille, ses compagnes virent que ses pieds ne touchaient point le sol : les anges la portèrent jusqu'à l'église de leur Reine. Ses religieuses l'avaient un jour renfermée à clef dans sa cellule, afin qu'elle ne pût retourner à sa retraite des murs de la ville, où elle avait coutume de se livrer aux plus rigoureuses pénitences : elle disparut, quoique la porte restât fermée. Loin de se prévaloir de ces miracles, elle s'en punissait comme on le ferait d'une faute : dans ces cas-là, elle se dérobait aux applaudissements du peuple, passant la nuit dans les larmes et les macérations, pour éviter la vaine gloire. C'est dans la même pensée d'humilité qu'elle allait au-devant des épreuves. Quelquefois elle ne retirait de sa charité que des injures et des calomnies ; alors seulement elle se croyait bien payée. On l'accusa même publiquement d'hérésie. Ce n'était pas assez de cette ressemblance avec son Jésus, elle voulut représenter dans sa personne toutes les circonstances les plus douloureuses de sa passion : une année, le vendredi saint, elle se mit une corde au cou, se fit lier les mains derrière le dos, puis on la traîna par les rues de la ville, comme autrefois Notre-Seigneur dans celles de Jérusalem ; on l'attacha à une colonne où elle endura les railleries, les mépris de la foule ; on la frappa à coups de verges, on lui fit en un mot, d'après son ordre, boire le calice de son Sauveur jusqu'à la lie. Elle répéta plusieurs années cette scène, plus digne de l'admiration du ciel qu'imitable pour les enfants de la terre. En récompense, elle eut le bonheur de contempler, dans une vision qui dura quinze jours, tous les détails des souffrances de son Epoux, comme si elle eût assisté à cette sanglante tragédie. Quelle n'était pas sa tendre compassion, lorsque cet Amant bien-aimé tendait à son Amante, du haut de sa croix, ses bras cloués par l'amour ! Quand il voulait l'attirer à lui, il l'appelait souvent par ces paroles : « Lève-toi, ma Bien-Aimée, et viens ». Il serait trop long de raconter ici ses extases et les autres caresses dont Dieu la favorisa. Elle resta une fois cinq jours entiers sans l'usage de la parole, perdue dans la plus haute contemplation. Un autre jour après la sainte communion, une main invisible lui posa sur la tête une couronne si pesante qu'elle ne pouvait faire aucun mouvement, et les anges furent obligés de la rapporter de l'église en sa cellule. Notre-Seigneur lui étant apparu une nuit, sur un trône majestueux, et entouré des Apôtres et de saint Jean-Baptiste, il daigna montrer à sa chère Claire la plaie de son côté, lui disant de puiser dans cette source toutes les grâces qu'elle voudrait.

Elle priait souvent pour ses compagnes et ses bienfaiteurs devant une image de Notre-Seigneur : un jour cette image lui dit : « Je ne puis me refuser à tes instances ; sois assurée que les personnes que tu aimes, nous les inscrirons au Livre de vie » ; promesse que l'événement a montré être véritable. On se presse encore en foule à l'église de notre Bienheureuse, pendant l'Octave de sa dédicace, pour obtenir le pardon des péchés ; cette fête s'appelle le *Pardon de la bienheureuse Claire*, qui obtint de Dieu cette indulgence, comme le témoigne l'inscription du grand autel, placée en 1568. Les démons, jaloux de tant de faveurs, n'oublièrent rien pour les lui faire perdre ; ils allèrent jusqu'à se précipiter sur elle avec des hurlements affreux ; ils la jetaient par terre, ils la chassaient violemment de son lit ; mais elle triompha aisément de toute leur malice par son humilité et par ses austérités. Méditant sur le jeûne de Notre-Seigneur, elle résolut de se priver de toute boisson : lorsque cette privation était près de la faire mourir, le ciel fit approcher de ses lèvres un breuvage divin dans une coupe d'or : en ayant bu, sa soif disparut entièrement. Notre-Seigneur lui apporta lui-même, pendant la nuit, une liqueur si suave que, pendant les douze dernières années de sa vie, elle ne put jamais, malgré sa soif dévorante, boire autre chose dans son exil que le sang de Notre-Seigneur, accomplissant ainsi les paroles du Prophète Jérémie : « Il y aura des personnes qui ne pourront plus boire de vin ni d'eau, et qui n'auront soif que de l'Agneau sans tache ». Vers la fin de sa vie, elle sembla revenir à la simplicité de l'enfance ; elle resta six mois privée de tout sentiment extérieur, ne vivant plus qu'en Dieu : elle perdit la vue, et, sortie enfin de cette extase, elle ne pouvait plus toutefois s'entretenir avec personne. Enfin, lorsque Notre-Seigneur l'eut détachée graduellement de la terre, le dernier fil qui l'y attachait fut brisé par un effort d'amour. Elle s'envola dans la demeure de son Epoux, en disant : « Seigneur, je remets mon âme entre vos mains », le 13 février de l'an 1346. Après sa mort, sa figure devint resplendissante, et tout son corps répandit une suave odeur, pour témoigner la gloire où habitait son âme. On l'honora dès lors comme une Sainte. Elle fut enterrée dans l'église de son monastère, où l'on conserve ses reliques honorées de plusieurs miracles. Son culte fut approuvé en 1784, par le pape Pie VI, le 10 février.

Palmier séraphique.

SAINT PROTHADE, ÉVÊQUE DE BESANÇON (624).

Saint Prothade, dit la nouvelle *Vie des Saints de Franche-Comté*, est nommé dans nos catalogues immédiatement après saint Nicet, et dans nos anciennes *Litanies*, il occupe le quatrième rang parmi les saints Confesseurs. Né vers l'an 570, d'une illustre maison, il était le fils ou du moins le proche parent du célèbre Prothadius qui, selon Frédégaire [1], jouissait d'un crédit presque souverain à la cour de Thierry II, et qui finit par être égorgé par les soldats de ce prince, vers l'année 605. Prothade s'était dépouillé de bonne heure de tout ce que le monde appelle fortune ou grandeur pour travailler avec saint Nicet au bien de l'église de France, et en particulier de l'église de Besançon. Saint Grégoire, pape, saluant les rois de France, les félicite des succès obtenus dans la Séquanie (Franche-Comté), par le ministère de Prothade. Saint Nicet, peu de temps avant sa mort, le désigna pour son successeur. Il fut élevé sur le siége de Besançon en l'année 613. Prothade se montra irrépréhensible en tout : sa conduite était noble et digne ; sa conversation et ses démarches annonçaient un homme rempli de l'Esprit-Saint. Profondément humble, il perdait de vue ses titres pour ne songer qu'à ses devoirs ; ami de la sainte pureté, il prenait plaisir à crucifier sa

1. *Chron.*, cap. 24.

chair par l'abstinence. Aussi doux pour les autres que sévère pour lui-même, il se plaisait à voir dans son diocèse une famille, et dans chaque fidèle un enfant bien-aimé. Saint Prothade composa pour son église un rituel que nous avons encore, et qui offre de l'intérêt, non-seulement comme monument ancien, mais encore comme œuvre d'une haute sagesse. Sous son épiscopat, les reliques de saint Etienne, dérobées par des voleurs, furent retrouvées miraculeusement dans les eaux du Doubs, en un endroit que l'on appelle encore aujourd'hui le gouffre de saint Etienne. Cet illustre pontife mourut, plein de jours et de mérites, au commencement de l'année 624. Il fut enseveli dans l'église de Saint-Pierre. En 1624, ses reliques furent mises dans une châsse nouvelle en argent; elles y restèrent exposées à la vénération des fidèles jusqu'à la Révolution française. A cette néfaste époque, un clerc de Saint-Pierre, Claude-François Guenot, les déroba à la profanation en les confiant à Jean-Claude Gurnaud, clerc semi-prébendé de Sainte-Madeleine, lequel les remit lui-même, quelques jours avant sa mort, à Philiberte Gurnaud, sa sœur. C'est entre les mains de cette dernière qu'on alla les reconnaître, le 3 juillet 1804. Le 17 juillet 1804, elles furent rapportées solennellement à Saint-Pierre par l'archevêque, suivi du chapitre métropolitain, d'un clergé nombreux, et d'une affluence considérable de fidèles. C'était le jour de la fête du Saint : on a continué à la célébrer le 17 juillet sous le rite double; précédemment, elle avait été fixée au 10 février.

Vie des Saints de Franche-Comté, par les professeurs du collége Saint-François-Xavier, de Besançon.

SAINT SIGE OU SIGON,

QUARANTE-HUITIÈME ÉVÊQUE DE CLERMONT (IXe siècle).

Saint Sigon régissait l'évêché de Clermont sous le règne de Charles II, surnommé le Chauve. Il fut toujours recommandable par la justice de sa conduite et la pureté de ses intentions. Il employait toute son activité à corriger les désordres et à relever les ruines, soit matérielles, soit morales, causées par les invasions et les dévastations des Normands. Il restitua dans leur ancien lustre nombre d'églises qu'ils avaient dépouillées ou renversées, entre autres celle de Notre-Dame du Port (860). On croit que les Normands n'ayant pas pris la peine de démolir cet édifice, et le feu n'ayant détruit que ce qui était combustible, la maçonnerie n'éprouva que peu de dommages. Ainsi Notre-Dame du Port, fondée par saint Avite (594), offre un monument précieux de l'architecture du VIe siècle. Il assista et souscrivit au concile de Soissons, l'an 853, sous le même prince. Enfin, sa vie fut tellement embaumée de l'odeur de sainteté, qu'il a mérité d'être, après le temps de sa vie terrestre, glorieux dans la mémoire des chrétiens. Ses reliques, dit Jacques Branche, de qui ceci est tiré, sont honorablement relevées dans l'église du Port, où il fut enseveli avec pompe et célébrité, le dix-huitième du mois de février, comme il est dit dans la table des Saints d'Auvergne.

Cf. Chronique des évêques de Clermont.

LE BIENHEUREUX HUGUES DE CAMBRAI (1164).

Saint Norbert, illustre fondateur de l'Ordre de Prémontré, étant venu à Valenciennes, y rencontra l'évêque de Cambrai, Burchard, avec lequel il avait eu des relations intimes à la cour de l'empereur d'Allemagne. La reconnaissance si touchante de ces deux vertueux amis, l'émotion et les larmes de l'évêque, la vertu et la sainteté de Norbert, la grâce surtout qui agissait fortement sur son cœur, tout avait concouru à déterminer Hugues, le chapelain de Burchard, à s'attacher à l'homme de Dieu qui se présentait à lui. Après l'avoir soigné durant la maladie qu'il fit à Valenciennes, Hugues lui déclara qu'il voulait vivre avec lui. C'était dans ce moment le seul disciple qu'eût saint Norbert pour remplacer les trois premiers, qui étaient morts peu de temps auparavant à Valenciennes. En quittant cette ville, ils commencèrent à évangéliser ensemble les populations du diocèse de Cambrai, puis ils se rendirent dans diverses contrées de l'Allemagne.

Saint Norbert ne négligea rien pour porter Hugues à la perfection du saint état qu'il avait embrassé et pour lui apprendre comment il fallait supporter avec joie toutes les privations. « Il lui apprenait par quelles voies le pécheur revient à Dieu, par quels travaux et quelles œuvres il mérite ses grâces, par quelles vertus il se rend agréable à ses yeux. Il lui parlait de l'humilité qui conduit au ciel, de la simplicité qui y fait pénétrer, de l'obéissance qui donne la connaissance des choses de Dieu, de la patience qui fait posséder son âme en paix, de la chasteté qui approche de Dieu, de la virginité qui fait marcher avec lui, de la pauvreté enfin par laquelle on possède le royaume des cieux ». Après avoir accompagné saint Norbert dans ses courses apostoliques, Hugues le suivit encore à Reims, où ils furent présentés au pape Callixte II, puis dans la forêt de Coucy où fut établi le siége de l'Ordre de Prémontré. C'est là qu'il passa une grande partie de sa vie, occupé de la conduite de ce monastère.

Lorsque, dans la suite, saint Norbert fut nommé archevêque de Magdebourg, le bienheureux Hugues et beaucoup d'autres religieux de son Ordre voulurent le suivre, afin de travailler auprès de lui. Mais le Saint connut que ce n'était point la volonté de Dieu, et il leur commanda de choisir parmi eux un nouveau supérieur. Il ne dissimula pas le plaisir que lui causerait l'élection de Hugues, dont il appréciait la haute sagesse et les admirables qualités. Les disciples comprirent la pensée de leur maître et la suivirent fidèlement. Dieu permit que Hugues eût dans un songe comme un témoignage que ce choix était conforme à sa volonté. Durant la nuit qui la précéda, il crut voir descendre près de lui Notre-Seigneur et saint Norbert, qui disait en montrant son disciple à Jésus : « Seigneur, je présente de nouveau à votre majesté très-sainte celui qui me fut confié pour vous ».

Après la mort de saint Norbert, le bienheureux Hugues, qui était rempli pour lui d'une affection toute filiale, pria Dieu, dans la simplicité de son cœur, de lui donner un témoignage de la miséricorde dont il avait usé envers son serviteur. Cette prière fut exaucée la nuit suivante, saint Norbert lui apparut environné d'une lumière éclatante, et dit à son disciple qu'il jouissait du bonheur du ciel. Le bienheureux Hugues rappela lui-même cette vision, mais il ne dit pas que c'était à lui que Dieu avait accordé cette faveur. Il mourut en 1164, trente ans après son maître bien-aimé saint Norbert, dont il s'appliqua toute sa vie à imiter les vertus.

XIe JOUR DE FÉVRIER

MARTYROLOGE ROMAIN.

En Afrique, la naissance au ciel des saints martyrs SATURNIN, prêtre, DATIF, FÉLIX, AMPÈLE et leurs compagnons qui, s'étant assemblés, selon la coutume, pour célébrer le jour du dimanche, furent pris par des soldats, dans la persécution de Dioclétien, et souffrirent le martyre sous le proconsul Anolinus. 304. — En Numidie, la mémoire de plusieurs saints martyrs qui furent arrêtés pendant la même persécution, et qui, ayant refusé de livrer les divines Ecritures, conformément à l'édit de l'empereur, furent tourmentés par les plus cruels supplices et mis à mort. 303 et 304. — A Andrinople, les saints martyrs Luce, évêque, et ses compagnons. Saint Luce, après avoir beaucoup souffert de la part des Ariens sous l'empereur Constance, consomma son martyre dans les fers. Les autres, dont la plupart étaient les citoyens les plus considérables de la ville, n'ayant pas voulu recevoir les Ariens qui venaient d'être condamnés au concile de Sardique, furent décapités par sentence du comte Philagre. 348. — A Lyon, saint DIDIER, évêque de Vienne et martyr. 608. — A Ravenne, saint Calocer, évêque et confesseur. Vers 170. — A Milan, saint Lazare, évêque [1]. 449. — A Capoue, saint CASTRENSIS, évêque. Vers 450. — A Château-Landon, en Gatinais, saint SÉVERIN, abbé du monastère de Saint-Maurice d'Agaune, par les prières duquel le roi Clovis, alors adorateur du vrai Dieu, fut délivré d'une longue maladie. 507. — En Egypte, saint Jonas, moine, illustre par ses vertus [2].

1. Saint Lazare de Milan fut un des premiers à accueillir les prières des Rogations établies par saint Mamert de Vienne.

2. Disciple de saint Pacôme, saint Jonas florissait vers le milieu du IVe siècle. Jardinier du monastère, il ne goûta jamais aux fruits que ses mains cueillaient ; il mourut à l'âge de quatre-vingt-cinq ans.

MARTYROLOGE DE FRANCE, REVU ET AUGMENTÉ.

A Soissons, saint GAUDIN, évêque et martyr, qui fut précipité et noyé dans un puits par quelques-uns de ses diocésains qu'il avait publiquement repris pour le péché d'usure. Vers 700. — A Vienne, en Dauphiné, saint Simplide, dixième évêque de ce siége et successeur de saint Avite, glorieusement couronné du martyre. 297. — En l'abbaye de Saint-Gildas, au diocèse de Vannes, saint Eoharn, ermite, massacré pour sa piété par des brigands. 1020. — A Clermont, en Auvergne, saint Désiré, évêque. Bien que ses actions n'aient pas été mises en lumière, sa sainteté lui servait de flambeau pour conduire heureusement les affaires de son diocèse. Il fut enterré en l'église de Saint-Allyre. 602. — A Tréguier, en Basse-Bretagne, saint Guillaume, évêque [1]. — A Beauvais, saint ODON, évêque de ce siége et confesseur. 880. — Au diocèse d'Autun, saint ARDAING ou ARDAN, abbé de Tournus, dont les reliques ont été honorées de plusieurs miracles. 1056. — Au Mans, fête de saint Audry ou Aldric, évêque de ce siége, dont la naissance au ciel est marquée le 7 janvier [2]. — A Saint-Flour, la fête de saint Tillon, dont l'entrée au ciel est rapportée le 7 de janvier [3]. — A Tours, la fête de saint Volusien, évêque de ce siége, dont le martyrologe romain fait mention le 18 janvier [4]. — A Saint-Corneille-d'Aix-la-Chapelle (Inden), le décès de saint BENOÎT D'ANIANE, qu'on a aussi nommé Eutice, moine à Saint-Seine, en Bourgogne, fondateur et premier abbé de Saint-Sauveur d'Aniane, entre Lodève et Montpellier, qui s'opposa avec vigueur à l'hérésie de Félix d'Urgel, et se rendit très-célèbre par la *Concorde des règles monacales*, qu'il composa par ordre de Louis le Débonnaire et qu'il présenta à l'assemblée tenue après le concile d'Aix-la-Chapelle. 821. — A Ajaccio, les sept bienheureux fondateurs de l'Ordre des Servites de la bienheureuse Vierge Marie [5]. — A Alger, la fête de saint Jules, de saint Paul, de sainte Victoire et de leurs compagnons, martyrs. Arrêtés à Abytina, ville de l'Afrique proconsulaire, dans la maison d'Octave Félix, qui leur servait de lieu de prière après le renversement des églises chrétiennes, ils furent traînés à Carthage, où le proconsul Anulinus les fit tous mourir, non sans avoir auparavant tenté d'insulter à la vertu de sainte Victoire. « N'ai-je pas célébré le saint dimanche avec mes frères ? » répondit la pieuse vierge. N'ai-je pas avec eux partagé le festin des chrétiens ? » 304. — A Bayeux, saint CONTESTE, évêque de ce siége et confesseur. — A Saint-Riquier, saint Fricor. 630 [6].

MARTYROLOGES DES ORDRES RELIGIEUX.

Martyrologe de Saint-Basile. — A Antioche, saint Siméon, moine de l'Ordre de Saint-Basile, qui vécut plusieurs années sur une colonne, d'où il reçut le surnom de Stylite ; sa vie et sa conduite furent admirables. Sa naissance au ciel se célèbre le 5 de janvier.

Martyrologe de la Congrégation de Vallombreuse. — Les sept bienheureux fondateurs de l'Ordre des Servites de la bienheureuse Vierge Marie.

Martyrologe des Frères-Prêcheurs. — Les fiançailles de la bienheureuse Vierge Marie avec saint Joseph. — De plus, la mémoire de saint Joseph, confesseur, époux de la sainte Vierge.

Martyrologe de l'Ordre Romano-Séraphique. — A Bourges, dans l'Aquitaine, la bienheureuse Jeanne de Valois, reine de France, par qui l'Ordre de la très-sainte Annonciation, sous la règle des dix vertus de la bienheureuse Vierge Marie, fut institué et mis sous l'obédience et la direction des Frères-Mineurs. Son âme monta au ciel le 4 février [7].

Martyrologe de l'Ordre Séraphique. — Sainte Martine, vierge et martyre, mentionnée le 30 janvier.

Martyrologe de l'Ordre des Carmes Chaussés et Déchaussés. — L'octave de saint André Corsini, évêque et confesseur.

Martyrologe de l'Ordre de Saint-Augustin. — Au mont Cassin, sainte Scholastique, vierge, sœur de saint Benoît, abbé, lequel vit son âme sortir de son corps et s'envoler au ciel sous la forme d'une colombe. Sa fête se célèbre le 10 de février, mais, dans notre Ordre, on fait mémoire d'elle aujourd'hui.

Martyrologe de l'Ordre des Servites. — Au désert du mont Sénario, la solennité des sept bienheureux fondateurs de l'Ordre des Servites de la bienheureuse Vierge Marie, dont les corps reposent en ce lieu.

Martyrologe de l'Ordre des Capucins. — Sainte Viridiane ou Véridienne, vierge, du tiers-ordre de Saint-François, notre Père, remarquable par de dignes fruits de pénitence et par la gloire de ses miracles ; laquelle rendit son âme à Dieu à Château-Florentin, en Toscane, le 1er de ce mois.

1. Voir au 29 mars. — 2. Voyez sa vie à ce jour. — 3. Voyez ce jour. — 4. Voir au 13 février, jour auquel on célèbre sa fête à Pamiers. — 5. Voir au 17 février. — 6. Voir au 20 mai. — 7. Voir à ce jour.

ADDITIONS FAITES D'APRÈS LES BOLLANDISTES ET AUTRES HAGIOGRAPHES.

Aux saints Saturnin, Datif, Félix et Ampèle, mentionnés par le martyrologe romain, il faut ajouter Saturnin, lecteur, Marie, Hilarion et les enfants de ce dernier, un autre Félix, Emérite, Ampélius, Rogatien, Quintus, Maximien, Thélica, Rogatien, Rogat, Janvier, Cassien, Victorianus, Vincent, Cécilianus, Restituta, Primeva ou Primevère, Rogatien, Givalius, Rogat, Pomponia, Secunda, Januaria, Saturnina, Martin, Dante, Félix, Marguerite, Majeur, Honorata, Regula, Victorin, Pélusius, Fauste, Dacien, Matrona, Cécile, Victoria, Bérédina, Secunda, une autre Matrona et une autre Januaria, tous habitants de la ville d'Abytina, qui furent mis à mort pour n'avoir pas voulu livrer les saintes Ecritures. L'authenticité de leurs actes est entière et sincère, dit Baronius [1], à l'année 303, nº 58, de ses *Annales*. — En Afrique, les saints Félix, Victor, Janvier, Vital, Hérénée, martyrs. Vers l'an 250. — A Apamée de Syrie, ou à Apamée de Bithynie, ou à Apamée de Pisidie, ou bien encore à Pamiers, en France, les saints Réon et Euphraxius. — En Arménie, saint Basile, moine. — En Campanie, les saints Basilien, Amance et Tulique, martyrs. — A Turin, saint Tigrin, martyr romain, dont le corps fut donné à la chapelle des Jésuites de cette ville, en 1611. — A Troie, ancienne ville de la Pouille, saint Secondin, évêque. Vers 550. — En Irlande, saint Ecian ou Echen, évêque de Clonfert, dont la naissance fut obtenue par sainte Brigitte, et qui ordonna prêtres saint Colombe et saint Berach. On représente saint Echen labourant avec une charrue attelée de cerfs blancs. An 557. — En Angleterre, saint Cedmon, moine et chantre au couvent de Whitby, autrefois Streneshal. Dieu lui avait accordé le don de la poésie et de la musique. Vers 680. — Chez les Grecs, sainte Théodora, impératrice d'Orient, épouse de l'empereur Théophile. Elle s'opposa aux persécutions dirigées par ce prince contre les saintes images; devenue après lui maîtresse de l'empire, conjointement avec son fils, elle établit sur le siége patriarcal de Constantinople saint Méthodius, en place de l'imposteur Jean, et contribua de tout son pouvoir à la conversion des Bulgares, dont le roi Bogoris entra dans un monastère. Outragée plus tard par son fils Michel III, elle partagea la disgrâce et l'exil du patriarche saint Ignace, et mourut en 867.— A Léon, en Espagne, le bienheureux Martin, prêtre et chanoine régulier [2]. An 1221. — A Osnabruck, en Westphalie, saint Adolphe, vingt-huitième évêque de ce siége depuis Charlemagne, qui l'avait érigé. Dans son zèle de pasteur, il recherchait les âmes comme des pierres précieuses [3]. An 1222. — A Madère, saint Pierre de Guarda, de l'Ordre des Frères Mineurs. Né à Guarda, en Portugal, il passa trente ans de sa vie au couvent de saint Bernard de Madère, dans les humbles fonctions de cuisinier. Souvent, dans sa cuisine, au milieu des apprêts du repas, il se mettait à genoux et priait. Dieu jetait sur cette existence contemplative un regard si bienveillant qu'il envoyait les anges pour faire l'ouvrage de ce saint homme qui faisait l'ouvrage des anges. 1505 [4].

1. Tome III, page 392 de l'édition des CÉLESTINS, successeurs de M. Louis Guérin, à Bar-le-Duc, laquelle a été vivement recommandée à l'univers catholique par le Saint-Père.

2. Les biographes de saint Martin de Léon ont dit de lui qu'il était un miroir de vertu, un soleil de pureté, un modèle d'obéissance et de piété, un boulevard de la foi, un parfum de sainteté et l'honneur des bonnes mœurs. D'un esprit très-lourd, il se lamentait de ne pouvoir rien apprendre : or, une nuit, saint Isidore de Séville, sous l'invocation duquel était placé le monastère des chanoines réguliers de Léon, lui apparut en songe et lui ordonna de manger un livre qu'il lui présentait. A partir de ce moment, Martin fut un savant.

3. D'abord chanoine de Cologne, il entra chez les Cisterciens de Camp, près de Clèves, à la suite d'une vision dont il avait été vivement frappé. Ses éminentes qualités le firent bientôt élever sur le siége épiscopal d'Osnabrück, dont il fut le vingt-huitième évêque. Il se fit principalement remarquer par sa libéralité envers les pauvres, sa paternelle sollicitude pour les affligés, et la fondation de plusieurs institutions charitables. Il mourut en 1222, après avoir gouverné son troupeau pendant vingt ans. Il fut honoré des fidèles aussitôt après sa mort. L'évêque François Guillaume éleva son corps de terre en 1651. Les Jésuites d'Osnabrück lui avaient érigé un autel dans leur église.

4. Voir notre *Palmier séraphique*, tome II.

SAINT SATURNIN, SAINT DATIF,

ET LEURS COMPAGNONS, MARTYRS EN AFRIQUE

304. — Pape : Saint Marcellin. — Empereur romain : Dioclétien.

> J'ai vu les âmes de ceux qui ont été tués pour la parole de Dieu et à cause du témoignage qu'ils lui avaient rendu : elles se tenaient debout devant le trône de l'Agneau, avec des palmes à la main.
>
> *Apoc.*, VII, 9.

Aux jours de Dioclétien et de Maximien, l'enfer dirigea contre les chrétiens une nouvelle guerre. Il recherchait, pour les brûler, les saints mystères et les divines Ecritures, renversait les basiliques du Seigneur, et défendait de célébrer les rites sacrés et les saintes Collectes ou assemblées. Mais l'armée du Seigneur ne pouvait tolérer un commandement aussi injuste ; remplie d'horreur pour ces ordres sacriléges, elle saisit aussitôt les armes de la foi et descendit au combat, moins pour lutter contre les hommes que contre le démon. Il est vrai que plusieurs tombèrent, détachés de la foi qui faisait leur appui, en livrant aux gentils, pour être brûlés par eux, les Ecritures divines et les saints mystères ; le plus grand nombre cependant sut mourir en les conservant avec courage, et en répandant volontiers son sang pour les défendre. Pleins du Dieu qui les animait, après avoir vaincu et terrassé le démon, ces martyrs ont conquis dans leurs souffrances la palme de la victoire, et écrit de leur sang, contre les traditeurs et leurs consorts, la sentence par laquelle l'Eglise les rejetait de sa communion, parce qu'il n'était pas permis qu'il y eût à la fois dans l'Eglise un Dieu des martyrs et un Dieu des traditeurs.

Ainsi l'on voyait de toutes parts accourir au lieu du combat d'innombrables légions de confesseurs ; et partout où chacun d'eux trouvait un adversaire, il y dressait le camp du Seigneur. Dans la ville d'Abytina, dans la maison d'Octave Félix, quand les éclats de la trompette guerrière eurent retenti, de glorieux martyrs élevèrent l'étendard de leur roi. Et pendant qu'ils célébraient, selon la coutume, les mystères sacrés, ils furent arrêtés par les magistrats de la colonie, assistés des soldats stationnaires. C'étaient le prêtre Saturnin avec ses quatre enfants, Saturnin le jeune et Félix, tous deux lecteurs, Marie, vierge consacrée au Seigneur, et Hilarion, encore enfant. Avec eux, le sénateur Datif, Félix, un autre Félix, Emérite, Ampélius, Rogatien, Quintus, Maximien, Rogatien, Rogat, Janvier, Cassien, Victorianus, Vincent, Cécilianus, Restituta, Primeva ou Primevère, Rogatien, Givalius, Rogat, Pomponia, Secunda, Januaria, Saturnina, Martin, Dante, Félix, Marguerite, Majeur, Honorata, Régula, Victorin, Pelusius, Fauste, Dacien, Matrona, Cécile, Victoria, Bérédina, Secunda, une autre Matrona et une autre Januaria. Tous, joyeux de leurs chaînes, furent conduits au Forum.

A ce premier champ de bataille, Datif marchait le premier, Datif que des parents pieux avaient engendré pour porter un jour la blanche robe des sénateurs dans la cour céleste. Après lui venait le prêtre Saturnin, entouré de ses quatre enfants ; la moitié devait partager avec lui le martyre, et il laissait l'autre à l'Eglise, comme un gage destiné à rappeler son nom et son dévouement. L'armée entière des soldats du Seigneur les suivait, avec l'éclat et la splendeur des armes célestes, le bouclier de la foi, la cuirasse de la justice, le casque du salut et le glaive à deux tranchants de la parole sainte. Invincibles sous une telle armure, ils donnaient aux frères l'assurance de leur prochaine victoire. Enfin ils arrivèrent sur le forum de la ville. C'est là qu'ils livrèrent leur premier combat, dans lequel, au jugement même des magistrats, ils enlevèrent la palme d'une glorieuse confession. Sur ce même Forum, le ciel avait combattu pour les Ecritures divines, lorsque l'évêque de la cité, Fundanus, avait consenti à les livrer pour être brûlées. Déjà le sacrilége magistrat les avait jetées sur la flamme, quand tout à coup, par un ciel sans nuages, une pluie abondante avait éteint les feux, tandis que la grêle sévissait d'une manière terrible, et les éléments déchaînés ravageaient au loin le pays, après avoir respecté les Ecritures du Seigneur.

Ce fut donc dans cette ville que les martyrs du Christ reçurent leurs premières chaînes, qu'ils avaient tant désirées. De là on les dirigea sur Carthage, et pendant toute la route, dans les élans d'une vive allégresse, ils chantaient au Seigneur des hymnes et des cantiques. Quand ils furent arrivés au tribunal d'Anulinus, alors proconsul, ils gardèrent les rangs de leur sainte milice avec courage et fermeté ; et les cruelles attaques du démon vinrent se briser contre la constance que le Seigneur leur inspirait.

Mais parce que tous ces soldats du Christ se trouvant réunis étaient trop forts contre la rage du diable, il voulut les appeler l'un après l'autre à des combats singuliers. Ce n'est pas de nous-même, c'est avec les paroles des martyrs que nous voulons vous tracer le récit de ces combats, afin qu'on apprenne à connaître l'audacieuse cruauté de l'ennemi, dans les supplices qui furent inventés et dans ses attaques sacriléges, et qu'en même temps on loue dans la patience des martyrs et dans leur confession la vertu toute-puissante du Christ notre Seigneur.

L'officier, en les présentant au proconsul, les annonçait comme étant des chrétiens que les magistrats des Abytiniens lui avaient envoyés, parce que, contre les édits des empereurs et des Césars, ils avaient tenu leurs Collectes et célébré les mystères du Seigneur. Le proconsul demanda d'abord à Datif quelle était sa condition dans le monde, et s'il avait tenu des Collectes. Datif confessa qu'il était chrétien, et qu'il avait assisté à des Collectes. Le proconsul insista pour savoir quel était l'auteur de ces réunions saintes, et en même temps il ordonna à l'officier d'étendre Datif sur le chevalet, et de le déchirer avec des ongles de fer. Les bourreaux exécutèrent ces ordres avec un cruel empressement ; déjà les flancs du martyr étaient mis à nu et préparés pour la torture ; les ongles de fer se dressaient au-dessus de la victime, quand tout à coup le généreux martyr Thélica fendit la foule, et vint se présenter aux supplices. Il criait à haute voix : « Nous aussi nous sommes chrétiens, nous avons fait des réunions ». A ces mots, la fureur du proconsul s'enflamme ; il pousse un soupir, et profondément blessé par le trait qui lui déchire le cœur, il fait d'abord frapper de coups vigoureux le martyr du Christ, puis il l'étend sur le chevalet, où les ongles de fer mettent ses membres en lambeaux. Mais au milieu de la rage de ses bourreaux le glorieux martyr Thélica répandait en ces termes devant le Seigneur ses prières, avec l'hommage de sa reconnaissance : « Grâces soient rendues à Dieu ! En votre nom, Christ, Fils de Dieu, délivrez vos serviteurs ».

Le proconsul, interrompant cette prière, lui demanda : « Qui donc a été avec toi l'auteur de vos réunions ? » — Et le martyr, sans s'émouvoir, au milieu des fureurs de plus en plus cruelles du bourreau, répondit à haute voix : « Le prêtre Saturnin et nous tous avec lui ». Généreux martyr ! il donne à tous le premier rang ! il n'a point nommé le prêtre à l'exclusion des frères ; mais au prêtre il a associé les frères dans les honneurs d'une confession commune. Le proconsul demanda alors Saturnin ; le martyr le lui montra. Ce n'était pas le trahir, puisqu'il le voyait déjà combattre à ses côtés avec lui contre le diable ; mais il voulait prouver au proconsul qu'il avait assisté à une Collecte solennelle des chrétiens, puisqu'un prêtre était avec eux. Cependant le martyr unissait ses prières à son sang ; et, fidèle aux préceptes de l'Evangile, il demandait pardon pour ses ennemis qui mettaient ses chairs en lambeaux. Au milieu des plus cruels supplices, il reprochait à ses bourreaux et au proconsul leur impiété. « Malheureux », s'écriait-il, vous êtes des injustes ; vous agissez contre Dieu. O Dieu très-haut, vous punirez leurs crimes. Malheureux ! vous péchez, vous agissez contre Dieu. Gardez les préceptes du Dieu très-haut ! Malheureux ! vous commettez l'injustice, vous déchirez des innocents ; car nous ne sommes pas des homicides, nous n'avons commis aucune fraude. O Dieu ! ayez pitié. Je vous rends grâces, Seigneur ! accordez-moi de souffrir pour la gloire de votre nom. Délivrez vos serviteurs de la captivité de ce monde. Je vous rends grâces, et je me sens incapable de vous témoigner ma reconnaissance ». Cependant les ongles de fer plus fortement appliqués imprimaient sur les membres du martyr de plus profonds sillons ; des flots de sang s'échappaient en bouillonnant des mille sources qui leur étaient ouvertes.

A ce moment le proconsul s'écria : « Tu vas enfin commencer à éprouver ce qu'il vous faudra souffrir ». Thélica, qui l'entendit, ajouta sur-le-champ : « Oui, ce qu'il nous faudra souffrir pour arriver à la gloire. Je rends grâces au Dieu des empires. Je le vois, l'empire éternel, l'empire incorruptible. Seigneur Jésus-Christ, nous sommes chrétiens ; c'est vous que nous servons ; vous êtes notre espérance ; vous êtes l'espérance des chrétiens ; Dieu très-saint ! Dieu très-haut ! Dieu tout-puissant ! Pour la gloire de votre nom, nous vous offrons le tribut de nos louanges, Seigneur tout-puissant ! » Au milieu de cette prière, le diable, par la voix du juge, lui ayant dit : « Tu devais garder l'ordre des empereurs et des Césars » ; Thélica, malgré l'épuisement de son corps, lui répondit avec le courage et la constance d'une âme qui se sent victorieuse : « Je n'ai appris qu'une loi, la loi de Dieu ; que m'importent toutes les autres ? C'est elle que je veux garder, pour elle je veux mourir, dans elle je consommerai mon sacrifice ; car en dehors de cette loi il n'y en a pas d'autre ». Ces paroles du glorieux martyr, au milieu de ses supplices, étaient pour Anulinus la plus cruelle des tortures. Enfin, quand il eut assouvi sa rage et sa férocité, il cria : « Arrêtez ! » Puis faisant renfermer le martyr dans une étroite prison, il le réserva à des souffrances plus dignes de lui et de son courage.

Après lui, le Seigneur rappela au combat Datif, qui, du chevalet sur lequel il était resté étendu, avait contemplé de près le généreux combat de Thélica. Comme il répétait souvent et à haute voix qu'il était chrétien, et qu'il avait fait une réunion, on vit tout à coup sortir de la foule Fortunatien, le frère de la très-sainte martyre Victoria. C'était un grand personnage, revêtu des honneurs de la toge, mais qui jusqu'alors était demeuré l'ennemi de la religion chrétienne. Il n'avait cessé d'attaquer par des paroles impies le martyr étendu sur le chevalet. « Seigneur », disait-il au proconsul, « c'est lui qui, profitant de l'absence de notre père, et lorsque nous-même nous étions retenu ici pour nos études, c'est lui qui a séduit notre sœur Victoria, et qui l'a entraînée avec lui loin des splendeurs de Carthage, jusqu'à la colonie d'Abytina, accompagnée des deux vierges Restituta et Secunda. Jamais il n'était entré dans notre demeure, si ce n'est quand, par de perfides insinuations, il avait cherché à corrompre l'esprit de ces jeunes filles ». Mais l'illustre martyre du Seigneur, la grande Victoria, ne put souffrir qu'un serviteur de Dieu, son collègue et son compagnon de martyre, fût injustement accusé. Aussitôt elle fend la foule, et avec une liberté toute chrétienne : « Aucun conseil », dit-elle, « n'a décidé mon départ, et je ne suis point venue avec lui dans Abytina. Je puis le prouver par le témoignage des habitants. J'ai tout fait de moi-même et en toute liberté. J'ai célébré les mystères du Seigneur avec les frères, parce que je suis chrétienne ». Alors l'impudent avocat se mit à entasser sur le martyr les plus infâmes accusations : mais du haut de son chevalet le généreux athlète les détruisait par la force de la vérité.

Cependant Anulinus, enflammé de colère, ordonne qu'on ait recours une seconde fois aux ongles de fer. Aussitôt les bourreaux mettent à nu les flancs de leur victime ; et, quand ils les ont préparés pour leurs ongles de fer, ils commencent à sévir par de sanglantes blessures. Leurs cruelles mains semblent voler plus rapides que la voix emportée qui les commande. Ils déchirent la peau, arrachent les entrailles, et, par une atroce barbarie, ils mettent à découvert les mystères du cœur que la poitrine recèle. Au milieu de ces tortures, l'âme du martyr demeurait immobile, ses membres se rompaient, ses entrailles étaient répandues, ses flancs en lambeaux s'épuisaient, mais son cœur demeurait entier et inébranlable. Datif, autrefois sénateur, se souvient de sa dignité, et sous les coups d'un bourreau furieux il adresse à Dieu cette prière : « O Seigneur, ô Christ, que je ne sois pas confondu ! » Le bienheureux martyr mérita d'être exaucé, et l'effet fut aussi prompt que la prière avait été courte.

Bientôt le proconsul, violemment ému, s'écrie : « Arrêtez ! » et il s'élance de son tribunal. Aussitôt les bourreaux ont cessé ; il n'était pas juste que le martyr du Christ fût puni dans une cause qui regardait la seule Victoria, sa compagne dans le martyre. Cependant un cruel délateur, Pompéianus, apporte contre lui d'infâmes soupçons ; il ajoute à la cause du martyre d'odieuses calomnies : mais le bienheureux, le repoussant avec mépris : « Démon », lui dit-il, « que viens-tu faire en ces lieux ? Quels nouveaux efforts viens-tu tenter contre les martyrs du Christ ? » L'autorité du sénateur, la puissance du martyr triomphèrent de l'influence et des fureurs de l'avocat. Mais il fallait que l'illustre athlète fût une seconde fois soumis à la torture pour le Christ. On lui demanda s'il avait assisté à la réunion ; il répondit constamment qu'il était survenu pendant que la réunion se faisait, qu'il avait en conséquence célébré les mystères du Seigneur dans la société de ses frères, avec le zèle que la religion exige, mais que du reste il n'avait pas été la cause unique de la réunion. Cette réponse excita plus violemment que jamais la fureur du proconsul. Dans cette recrudescence de barbarie, les ongles de fer du bourreau se chargèrent d'imprimer sur le corps du martyr le double caractère de sa gloire. Mais Datif, au milieu de ces nouveaux supplices, plus terribles encore, répétait son ancienne prière : « Je vous le demande, ô Christ », disait-il, « que je ne sois pas confondu. Qu'ai-je fait ? Saturnin est notre frère ».

Tandis que, sans autre guide que leur rage, les bourreaux durs et impitoyables lui déchiraient les flancs, on appelle au combat le prêtre Saturnin.

Ravi dans la contemplation du royaume céleste, il n'avait considéré les tourments de ses frères que comme quelque chose de léger et de peu effrayant. C'est dans ces dispositions qu'il commença la lutte. Le proconsul lui dit : « Contre les ordres des empereurs et des Césars, tu n'as pas craint de réunir tous ces hommes ? » Le prêtre Saturnin, avec l'inspiration de l'Esprit-Saint, répondit : — « Nous avons célébré les mystères du Seigneur en toute aisance ». — « Pourquoi ? » — « Parce qu'il n'est pas permis de suspendre les mystères du Seigneur ». A peine eut-il achevé, que le proconsul le fit aussitôt attacher à côté de Datif. Cependant Datif voyait voler les lambeaux de sa chair, plutôt comme un spectateur que comme une victime capable de plaintes. L'esprit et le cœur appliqués au Seigneur, il ne comptait pour rien les douleurs du corps. Seulement il adressait cette prière à Dieu : « Venez à mon aide, je vous en conjure, ô Christ ! ayez compassion de vos enfants. Sauvez mon âme ; gardez mon esprit, et que je ne sois pas confondu. Je vous le demande, ô Christ ! donnez-moi la force de souffrir ». Puis le proconsul lui dit : « Dans cette grande cité, vous deviez user de votre influence pour rappeler les hommes à des sentiments meilleurs, et ne pas violer sans raison l'édit des empereurs et des Césars ». Mais Saturnin criait avec plus de force et de constance : « Je suis chrétien ». A ces paroles le diable demeura vaincu ; le proconsul dit : « Arrêtez ! » En même temps il fit jeter Datif en prison, et le réserva pour un martyre plus digne de son courage.

Cependant le prêtre Saturnin, que le sang des martyrs avait baigné jusque sur le chevalet où il était suspendu, se sentait fortifié dans la foi de ceux dont le sang l'inondait encore. Interrogé donc s'il était l'auteur de la réunion, si lui-même l'avait formée, il répondit : « Oui, j'étais présent à cette réunion ». Alors le lecteur Emérite s'élance au combat pour combattre avec son prêtre. « C'est moi », dit-il, « qui suis le coupable ; c'est dans ma maison que se sont faites les réunions ». Le proconsul, déjà tant de fois vaincu, trembla devant l'impétueuse ardeur d'Emérite ; cependant il eut la force de se tourner vers le prêtre, et il lui dit : — « Pourquoi agissais-tu contre le décret de l'empereur ? » Saturnin répondit : — « Le jour du Seigneur ne doit jamais s'omettre ; ainsi le veut la loi ». Le proconsul continua : — « Cependant tu ne devais pas mépriser la défense des empereurs ; il fallait l'observer et ne rien faire contre leurs ordres ». La sentence contre les martyrs était arrêtée depuis longtemps ; il donna l'ordre aux bourreaux de sévir, et fut obéi sur-le-champ avec un empressement cruel. Tous ensemble se ruèrent sur le corps d'un vieillard, d'un prêtre.

Bientôt, dans leur rage qui grandit toujours, ils ont brisé tous ses nerfs ; ils déchirent alors ses membres dans d'affreux supplices d'un genre nouveau, et que la barbarie a pu seule inventer contre le prêtre de Dieu. Vous eussiez vu ces bourreaux se jeter sur leur victime comme sur une proie livrée à l'insatiable faim qui les provoque à multiplier les blessures. Ils mettent à nu ses entrailles, et la foule voit paraître avec horreur les os du martyr au milieu des flots d'un sang vermeil. Alors le prêtre craignit lui-même qu'au milieu des longs retards de la torture, son âme ne vînt à abandonner son corps pendant la suspension des supplices, et il fit à Dieu cette prière : « Je vous en conjure, ô Christ, exaucez-moi. Je vous rends grâces, ô mon Dieu ! ordonnez que j'aie la tête tranchée. Je vous en conjure, ô Christ, ayez pitié de moi. Fils de Dieu, secourez-moi ». Mais le proconsul qui l'avait entendu lui disait : — « Pourquoi agissais-tu contre l'édit ? » Et le prêtre répondait : — « La loi le veut ainsi ; c'est ainsi que la loi l'ordonne ». O réponse admirable et vraiment sublime d'un prêtre et d'un docteur digne de toutes nos louanges ! même au milieu des tourments, il proclame la sainteté de la loi divine, et pour elle il affronte tous les supplices. Le nom de loi a effrayé Anulinus : « Arrêtez ! » crie-t-il aux bourreaux. Et il le relègue dans le cachot de la prison, le réservant au supplice qu'il ambitionnait.

Alors il fit approcher Emérite et lui dit : — « Est-ce bien dans ta maison que se sont faites les réunions contre les édits des empereurs ? » Emérite, tout inondé des grâces de l'Esprit-Saint, répondit : — « Oui, c'est dans ma maison que nous avons célébré le jour du Seigneur ». — « Pourquoi leur permettais-tu d'entrer ? » — « Parce que ce sont mes frères, et que je ne pouvais les empêcher ». — « Cependant tu le devais ». — « Je ne le pouvais pas, parce que nous ne pouvons pas vivre sans célébrer le jour du Seigneur ». Le proconsul aussitôt le fit étendre sur le chevalet, puis soumettre à une cruelle torture. On avait renouvelé les bourreaux pour que les atteintes fussent plus vigoureuses. Quant à Emérite, il priait ainsi : « Je vous en conjure, ô Christ, secourez-moi. Malheureux, vous agissez contre les préceptes du Seigneur ». Mais le proconsul en l'interrompant disait : — « Tu ne devais pas les recevoir ». — « Je ne pouvais pas ne point recevoir mes frères ». — « L'ordre des empereurs et des Césars était antérieur ». — « Dieu est plus grand que les empereurs. Je vous prie, ô Christ ! je vous paie mon tribut de louanges, ô Seigneur, ô Christ ! donnez-moi de souffrir ». Au milieu de sa prière, le proconsul lui jeta cette question : — « Tu as donc quelques Ecritures dans ta maison ? » — « Oui, je les ai, mais dans mon cœur ». — « Les as-tu dans ta maison, oui ou non ? » — « C'est dans mon cœur que je les ai. Je vous prie, ô Christ ! à vous mes louanges ! délivrez-moi, ô Christ ! c'est pour votre nom que je souffre. Je souffre pour un moment, je souffre de bon cœur ; ô Seigneur, ô Christ, que je ne sois pas confondu ! » Aux paroles du saint confesseur, le proconsul dit : « Arrêtez ! » et il rédigea un mémoire sur la profession de foi du martyr, ainsi que sur celle de ses compagnons, ajoutant : « Vous serez punis tous selon vos mérites, et selon la profession de foi que vous aurez faite ».

Cependant déjà la rage du monstre, rassasiée par les tourments des martyrs, commençait à s'apaiser, quand un chrétien nommé Félix, qui tout à l'heure allait trouver dans les supplices la vérité de son nom, se présenta pour le combat. La légion entière des soldats du Seigneur était là, toujours inattaquable, toujours invincible. Le tyran, le cœur abattu, la voix sans énergie, l'âme et le corps sans vigueur, leur dit à tous : « J'espère que vous du moins vous serez assez sages pour choisir la vie, en observant les édits ». Les confesseurs du Seigneur, les invincibles martyrs du Christ, lui dirent tout d'une voix : « Nous sommes chrétiens ; nous ne pouvons pas ne pas garder la loi sainte du Seigneur, jusqu'à l'effusion de tout notre sang ».

Anulinus, confondu par cette simple parole, fit frapper Félix à coups de bâton ; et bientôt le martyr achevant sa passion glorieuse au milieu du supplice, rendit l'âme et s'envola vers le tribunal du grand Roi, pour se réunir aux chœurs des Bienheureux. Mais il est immédiatement suivi d'un autre Félix qui devait lui être en tout semblable, et par le nom, et par la profession de sa foi, et par le martyre. Descendu dans la lice avec le même courage, il fut brisé comme lui sous le bâton : comme lui il exhala son âme dans les supplices, et mérita ainsi de partager la gloire des premiers martyrs.

Après lui la lutte fut continuée par Ampélius, le gardien de la loi, le conservateur très-fidèle des divines Ecritures. Le proconsul lui ayant demandé s'il avait assisté à la réunion, il répondit avec joie, sans crainte et d'une voix assurée : « Oui, j'ai assisté aux réunions avec mes frères, j'ai célébré le jour du Seigneur, et je conserve avec moi les Ecritures, mais gravées dans mon cœur ; ô Christ, je vous rends grâces ; exaucez-moi, ô Christ ! » A peine avait-il achevé, qu'on le frappa à la tête, et on le fit reconduire en prison avec les autres frères. Il s'y rendit avec joie, comme si on l'eût introduit dans le tabernacle du Seigneur. Vint ensuite Rogatien, qui, ayant lui aussi confessé le nom du Seigneur, fut réuni aux frères dont nous venons de parler, sans passer auparavant par aucune torture. Puis Quintus, qui rendit un noble et glorieux témoignage au nom du Seigneur. Après avoir été frappé à coups de bâton, il fut jeté en prison et réservé pour un martyre plus digne de son courage. Maximien le suivait ; généreux comme lui dans sa confession, il partagea sa gloire dans les combats, et mérita comme lui les triomphes de la victoire. Après lui vint Félix le jeune, qui proclamait à haute voix que les mystères du Seigneur sont l'espérance et le salut des chrétiens. Et tandis qu'on le frappait, ainsi que les autres, à coups de bâton, il disait : « J'ai de toute la ferveur de mon âme célébré les mystères du Seigneur ; j'ai assisté aux réunions avec les frères, parce que je suis chrétien ». Par cette confession il mérita d'être réuni aux autres frères.

Cependant le jeune Saturnin, digne fils du saint martyr le prêtre Saturnin, s'avance avec empressement pour le combat qu'il ambitionne ; il est noblement impatient d'égaler les glorieuses vertus de son père. Le proconsul en fureur, et cédant au démon qui l'inspire, lui dit : — « Et toi aussi, Saturnin, tu as assisté aux réunions ? » — « Je suis chrétien ». — « Ce n'est pas ce que je te demande ; mais si tu as pris part aux mystères du Seigneur ». — « Oui, j'ai pris part à ces mystères, car le Christ est mon Sauveur ». A ce nom de Sauveur, Anulinus s'enflamma et fit relever pour le fils le chevalet du père. Quand on y eut étendu Saturnin : — « Eh bien ! maintenant », lui disait Anulinus, « quelle est ta foi ? Tu vois en quel état tu es réduit. As-tu les Ecritures ? » — « Je suis chrétien ». — « Je te demande si tu as assisté à vos réunions, si tu conserves les Ecritures ? » — « Je suis chrétien. Il n'y a pas, après le nom du Christ, un autre nom que nous devions adorer comme divin ». — « Puisque tu persévères dans ton obstination, il faut que tu sois soumis à la torture. Réponds, as-tu quelques-unes des Ecritures ? » Puis il dit aux bourreaux : « Frappez-le ». Ceux-ci, déjà lassés des coups dont ils avaient déchiré le père, se jetèrent cependant avec rage sur les flancs de ce jeune adolescent, et ils mêlèrent le sang du fils au sang du père, encore humide sur leurs ongles cruels. Alors vous eussiez vu, le long des profondes blessures qui ouvraient les flancs du jeune Saturnin, couler les flots d'un sang qui ne démentait pas son origine ; mais celui du père se confondait avec celui du fils sur les instruments de torture. Dans ce mélange sacré le jeune martyr sembla recouvrer de nouvelles forces ; il sentait moins la douleur ; le sang de son père était un remède à ses blessures. Alors d'une voix puissante on l'entendit s'écrier : « Je conserve les Ecritures du Seigneur, mais dans mon cœur. Je vous en conjure, ô Christ ! donnez-moi la patience ; mon espérance est en vous ». Anulinus dit : — « Pourquoi agissiez-vous contre l'édit ? » — « C'est parce que je suis chrétien ». Le proconsul, entendant cette parole, dit aux bourreaux ! « Arrêtez ! » Aussitôt on suspendit la torture ; et Saturnin fut conduit dans la compagnie de son père.

Cependant la nuit précipitait les heures, et le jour tendait à son déclin. La torture dut cesser avec le soleil ; la sombre rage des bourreaux était tombée ; elle languissait, comme avait langui la cruauté du juge. Mais les autres soldats du Seigneur, sur lesquels le Christ faisait luire dans son éclat divin l'éternelle lumière, s'élançaient toujours avec plus de courage et de constance. Alors l'ennemi de Dieu se sent vaincu par les glorieux combats de tant de martyrs; toutes ses attaques terribles ne lui ont préparé que des défaites; le jour l'abandonne, la nuit le saisit, la rage de ses bourreaux cède elle-même à la fatigue qui l'épuise: il n'a plus la force de recommencer avec chacun des athlètes une lutte trop inégale; il essaiera donc d'interpeller à la fois l'armée entière des martyrs, et de mettre leur dévouement à l'épreuve d'un nouvel interrogatoire. « Vous avez vu », leur dit-il, « ce qu'ont eu à souffrir ceux qui ont persévéré, et ce qu'il leur faudra souffrir encore, s'ils s'obstinent dans leur profession de foi. Tous ceux donc, parmi vous, qui veulent mériter leur pardon et avoir la vie sauve, doivent renoncer hautement à leur foi ». A ces paroles, les confesseurs du Christ, les glorieux martyrs du Seigneur, sont saisis d'un joyeux transport. Ce ne sont point les promesses du proconsul qui les animent, c'est l'Esprit-Saint qui leur a montré la victoire dans les souffrances. Ils élèvent la voix avec plus d'énergie que jamais, et s'écrient tous ensemble : « Nous sommes chrétiens ». Ces seuls mots ont terrassé le diable; Anulinus est ébranlé dans sa résolution; il est confondu, et fait jeter en prison les bienheureux confesseurs; c'est là qu'ils attendront le martyre.

Les femmes, toujours avides de sacrifice et de dévouement, le glorieux chœur des vierges saintes ne devait pas être privé des honneurs de ce grand combat; toutes, avec l'aide du Christ, ont combattu dans notre Victoria et triomphé avec elle. Victoria, en effet, la plus sainte des femmes, la fleur des vierges, l'honneur et la gloire des confesseurs, grande par sa naissance, plus grande encore par sa religion et sa sainteté, le modèle de la tempérance, en qui les grâces de la nature étaient relevées par l'éclat de la pudeur, et chez qui s'alliaient à la beauté du corps la vraie beauté de l'âme, la foi et la perfection de la sainteté, Victoria se réjouissait de trouver dans le martyre la seconde palme que son cœur ambitionnait. Dès son enfance on avait vu briller en elle les signes éclatants de la pureté; dans les années de l'inexpérience on avait admiré chez elle les chastes rigueurs d'une âme généreuse, unies d'avance à cette majesté que donne le martyre. Enfin, lorsqu'elle eut atteint l'âge où la virginité reçoit sa perfection, et que ses parents voulaient malgré ses refus et ses résistances lui donner un époux, afin d'échapper aux mains des ravisseurs, la jeune fille s'était réfugiée dans les profondeurs de la terre; mais le souffle de l'Esprit-Saint la protégeait, et la terre lui donna asile. Elle n'eût jamais souffert pour le Christ son maître, si elle fût morte dans cette circonstance, par le seul motif de sauver sa pudeur.

Ainsi délivrée des flambeaux de l'hymen, après avoir déjoué les piéges de ses parents et de son fiancé, au milieu, pour ainsi dire, d'un nombreux concours réuni pour ses noces, vierge pure et sans tache, elle s'était envolée vers la demeure de la chasteté, vers le port de la pudeur, l'Eglise. Là elle avait consacré à Dieu son corps dans une perpétuelle virginité, et lui avait dédié en témoignage sa chevelure, comme l'offrande sainte d'une pudeur que rien ne devait ébranler.

Elle accourait donc aujourd'hui au martyre, tenant dans sa main la palme du triomphe unie à la fleur de la chasteté. Interrogée par le proconsul quelle était sa foi, elle répondit d'une voix claire : « Je suis chrétienne ». Son frère Fortunatien, personnage revêtu de la toge romaine, se portait pour son défenseur, et cherchait à montrer par de vains arguments que sa sœur avait perdu l'esprit. Victoria répondit : — « Mon esprit n'est point altéré; jamais je n'ai changé ». — « Veux-tu retourner avec Fortunatien ton frère ? » — « Non, je ne le veux pas ; je suis chrétienne. Mes frères, ce sont ces hommes qui gardent les préceptes de Dieu ». En entendant cette réponse, Anulinus déposa son autorité de juge, pour descendre auprès de cette jeune fille à des tentatives de persuasion : — « Songe à toi, lui disait-il ; tu vois la sollicitude de ton frère pour te sauver ». — « Non, mon esprit n'est point altéré ; jamais je n'ai changé. J'ai assisté à nos réunions, j'ai célébré le jour du Seigneur avec les frères, parce que je suis chrétienne ». A ces paroles, Anulinus entra en fureur ; il fit reléguer en prison, avec tous les autres, la très-sainte martyre du Christ, et leur réserva à tous l'honneur des mêmes souffrances que leur maître.

Cependant Hilarion restait seul ; c'était un des enfants du prêtre martyr Saturnin, qui devançait, par les ardeurs de sa dévotion, la faiblesse de son âge. Empressé de partager les triomphes de son père et de ses frères, non-seulement il ne trembla pas devant les cruelles menaces du proconsul ; il sut encore les confondre et les réduire à néant. Comme on lui disait : « As-tu suivi ton père et tes frères ? » aussitôt de ce petit corps sortit une voix déjà pleine d'énergie. La poitrine de l'enfant s'était dilatée tout entière pour laisser échapper cette noble réponse : « Je suis chrétien, et c'est de moi-même et de ma libre volonté que j'ai assisté à nos réunions avec mon père et mon frère ». C'était encore la voix du père, du martyr Saturnin qui retentissait par la bouche de son tendre fils ; c'était la langue d'un frère animé par l'exemple de son frère, et qui rendait hommage au Christ notre Seigneur. Mais l'aveugle proconsul ne comprenait pas qu'il avait contre lui non plus des hommes, mais Dieu lui-même qui combattait dans ses martyrs ; il ne sentait pas, dans l'âge tendre d'un enfant, le courage surhumain qui l'animait. C'est pourquoi il se flattait d'épouvanter Hilarion par les châtiments réservés à son âge. « Je couperai ta chevelure », lui disait-il, « et le nez et le bout des oreilles, et je te renverrai ainsi mutilé ». A ces menaces, le jeune Hilarion, saintement fier des vertus de son père et de ses frères, et qui déjà avait appris de ses ancêtres à mépriser les tourments, s'écria en élevant la voix : « Fais tout ce que tu voudras, je suis chrétien ». Aussitôt l'ordre fut donné de le jeter en prison, et l'on entendit la voix d'Hilarion s'écrier, au comble de la joie : « Grâces soient rendues à Dieu ! » C'est donc là, dans cette prison, que s'acheva la lutte du grand combat, là que le diable fut terrassé et vaincu, là que les martyrs commencèrent à se réjouir dans d'éternelles actions de grâces, en songeant à la gloire qu'allaient leur procurer les souffrances du Christ.

Tous moururent dans cette prison, excepté deux qui avaient succombé sous les coups. La faim, le froid, la soif, la pesanteur des chaînes, l'infection du lieu, tous les genres de misère leur avaient procuré un martyre plus obscur, mais pas moins méritoire que le martyre sanglant que l'on souffre dans l'amphithéâtre ou sur la place publique.

Baronius, D. Ruinart, *Acta Sanctorum*.

S. SÉVERIN, ABBÉ DE SAINT-MAURICE EN VALAIS

507. — Pape : Symmaque. — Roi de France : Clovis Ier.

> Que vos reins soient ceints de la pureté, et que vos mains tiennent la lampe des bonnes œuvres.
> *Luc*, XII, 35. — S. Grég., *hom.* XIII.

Deux saints personnages du nom de Séverin se sont rencontrés en même temps à Paris, sous le règne de nos premiers rois chrétiens. Le premier fut un saint solitaire dont on fait la fête au 24 novembre ; le second est celui dont nous allons raconter l'histoire.

Né vers le milieu du Ve siècle, en Bourgogne, d'une des plus illustres familles de la contrée, il eut le bonheur d'être élevé dans la pureté de la foi catholique, au moment où l'arianisme régnait dans ces provinces. Il quitta de bonne heure le monde pour suivre Jésus-Christ dans la solitude, la pauvreté et la pénitence. Il embrassa l'état religieux dans le monastère d'Agaune, au diocèse de Sion, en Valais, où Sigismond, roi de Bourgogne, bâtit, quelque temps après, la célèbre abbaye de Saint-Maurice.

Séverin se rendit en peu de temps si remarquable par des jeûnes et des abstinences extraordinaires, par des prières continuelles, et surtout par une charité ardente, qu'il fut élu abbé de cette communauté, espèce de paroisse où hommes et femmes vivaient dans des cellules séparées, portant le joug du célibat librement et sans vœux solennels. Il les gouverna avec la plus grande sagesse, étant moins le premier par le commandement que par l'exemple, car il marchait toujours avant tous dans le chemin du ciel.

Comme Dieu l'avait favorisé du don des miracles, il opéra grand nombre de guérisons surnaturelles qui firent bientôt voler sa renommée jusqu'aux provinces les plus éloignées, particulièrement à la cour de Clovis, roi de France. Ce prince, depuis quelque temps, souffrait d'une fièvre qui le consumait, sans que toute la médecine y pût apporter ni remède, ni même aucun soulagement. Averti par Tranquillin, un de ses médecins, que cette maladie était incurable par les remèdes humains ; instruit, du reste, par la renommée, des miracles qu'opérait Séverin, le grand abbé de Saint-Maurice, et des guérisons qu'il avait déjà opérées, il envoya vers lui pour le prier de le venir voir. Saint Séverin ne put résister à ce désir du roi, surtout parce que, depuis peu de jours, Dieu lui avait fait connaître, par révélation, qu'il le voulait bien retirer de ce monde, et qu'il mourrait dans un autre pays que le sien. Ses religieux et ses enfants spirituels, voyant cette résolution de leur saint abbé, employèrent toutes leurs prières pour empêcher ce départ, qui allait les séparer pour jamais de son agréable compagnie ; mais l'amour de Dieu triompha en lui de toutes les autres affections et le fortifia comme un véritable fils d'Abraham : il obéit à la voix du ciel, qui lui commandait de sortir du lieu de sa naissance pour aller dans un autre qu'il ne connaissait pas. Il prit son chemin par la Bourgogne, et, passant par la ville de Nevers, il apprit de ses hôtes que l'évêque Eulade était retenu au lit depuis un an, avec de fortes douleurs, et qu'il était privé de l'usage de la parole et de l'ouïe. Notre saint voyageur demanda à le voir, et, après une longue et fervente prière qu'il fit auprès de lui, il lui commanda de parler, et aussitôt le muet proféra ces paroles : « Que le nom du Seigneur soit béni dans tous les siècles, lui qui m'a fait miséricorde par votre moyen ! » Alors Séverin le prenant par la main lui dit : « Serviteur de Dieu, levez-vous au nom de Notre-Seigneur Jésus-Christ, qui vous a châtié pour vous sauver, et vous a affligé pour vous couronner. Aujourd'hui vous célébrerez avec moi au saint autel, et, selon la coutume, vous bénirez votre peuple ». L'évêque se leva, descendit à l'église, et offrit le saint sacrifice de la messe avec saint Séverin ; ensuite, l'un et l'autre passèrent toute la journée dans des actions de grâces et de louanges au Tout-Puissant, qui se rend ainsi admirable en ses Saints, en guérissant un Saint par un autre Saint ; car l'évêque Eulade est reconnu en cette qualité dans son diocèse, et le Martyrologe des Saints de France en fait mémoire le 26 août.

Le lendemain, l'abbé prit congé de l'évêque, et, poursuivant son chemin, il se rendit en peu de temps à Paris. Rencontrant à la porte un lépreux difforme, il le baisa et le guérit ; tout le monde se répandit aussitôt en acclamations et en louanges, ce qui obligea le serviteur de Dieu de se retirer à l'église, pour y faire sa prière. De là il s'en alla au palais trouver le roi, et, se prosternant à terre, il fit son oraison avec toute l'assistance, dans laquelle était la sainte reine Clotilde ; puis, se relevant, il couvrit le roi de son habit monastique : à l'heure même la fièvre cessa, et le roi se leva pour rendre grâces à Dieu du bienfait qu'il avait reçu par son serviteur Séverin. Toute la cour retentit de joie, et le roi ordonna une procession générale, afin de remercier Dieu de la grâce qu'il venait de recevoir. A l'instance du saint abbé, il mit en liberté tous les prisonniers de la ville. Ce fut l'unique récompense qu'agréa le Saint pour les bons offices qu'il avait rendus à ce prince.

Chacun, surtout le roi et la reine, eût bien désiré retenir longtemps cet hôte merveilleux, qui portait avec lui tant de bénédictions, car il guérissait toutes sortes de malades à la cour et dans Paris ; mais l'amour de la solitude qu'il avait toujours dans le cœur lui fit penser à sa retraite : d'ailleurs il avait reçu du ciel l'assurance qu'il laisserait bientôt la terre pour aller jouir de Dieu. Il prit donc congé du roi, de la reine et de toute la cour, et, quittant Paris, il s'en alla près de Château-Landon, en Gâtinais, diocèse de Sens, où il se retira en un petit oratoire bâti seulement de bois, qui était administré par deux saints prêtres nommés Paschase et Ursicin. Il n'y fut pas plus tôt entré, que, prévoyant l'approche de son heure dernière, quoiqu'il ne parût en lui aucun signe de mort, il s'y disposa et se munit des armes du chrétien, les sacrements de l'Eglise, qu'il se fit apporter par ces bons prêtres. Il leur recommanda son compagnon Fauste, qui l'avait suivi en France avec son disciple Vital ; et ensuite, comblé de grâces et glorieux des victoires qu'il avait remportées sur les ennemis de son salut, il fut appelé au ciel pour y recevoir la récompense de toutes les belles actions qu'il avait faites durant sa vie ; ce qui arriva le 11 février 507. A l'heure de son décès, sa chambre fut remplie d'une clarté extraordinaire, qui faisait assez paraître quelle route sa bienheureuse âme avait prise au sortir de ce monde. Les deux prêtres, avec ses religieux, levèrent son corps et l'inhumèrent en ce même oratoire, qui a été depuis illustré par beaucoup de miracles opérés par son intercession.

On représente saint Séverin : — 1° Inondé des rayons qui descendirent du ciel au moment de sa mort ; — 2° Guérissant le roi Clovis. — On l'honore comme patron à Château-Landon et à Paris. Il existe encore dans cette dernière ville une gracieuse église qui lui est dédiée.

ABBAYE DE SAINT-SÉVERIN DE CHATEAU-LANDON.

Childebert, fils de Clovis, augmenta cet édifice et y fit bâtir une magnifique église sous le titre de Saint-Séverin, qu'il dota de riches revenus pour l'entretien du divin office.

En 1151, le roi Louis VII érigea une abbaye auprès de cette église, rendue célèbre par les miracles de saint Séverin. Les chanoines réguliers de Saint-Augustin furent chargés de la desservir. En 1480, elle reçut la réforme des chanoines réguliers de Bendersheim, en Gueldre ; en dernier lieu, et depuis le 21 novembre 1636, elle appartenait à la congrégation de France de Sainte-Geneviève. Quand les Huguenots pillèrent l'église, ils dispersèrent une partie des reliques de notre Saint ; le reste disparut en 1793.

La vie de saint Séverin a été écrite par Fauste, son disciple et son compagnon, et abrégée par Surius. L'évêque Equilin, l'abbé Trithème et Usuard en font une honorable mémoire, comme aussi le martyrologe romain, et le cardinal Baronius en ses *Remarques*, et au sixième tome de ses *Annales*, l'an 508.

SAINT BENOIT D'ANIANE, ABBÉ

750-821. — Papes : Zacharie ; Pascal Ier. — Rois de France : Childéric III ; Louis Ier, *le Débonnaire*.

> Quel est l'économe fidèle et prudent que le maître établit sur sa famille pour distribuer à chacun sa mesure de blé en son temps ? C'est celui qui est toujours actif, toujours vigilant.
>
> *Luc*, XII, 37, 42.

Nous pouvons assurer, sans exagération, que le saint abbé, dont nous allons donner la vie, a été un des plus grands hommes qui aient jamais paru dans l'Eglise ; car, s'il n'a pas eu la gloire d'être instituteur d'Ordre, parce qu'il avait embrassé une règle déjà établie, celle du grand saint Benoît, il a néanmoins autant travaillé, pour procurer la gloire de Dieu, que les patriarches mêmes des Ordres les plus célèbres : en effet, nous ne dirons rien que de vrai, quand nous avancerons qu'il a été le réformateur de tous les monastères de la France, dans le VIIIe et le IXe siècle, aussi bien que le fondateur d'un grand nombre de nouvelles maisons religieuses, qui ont été la source de plusieurs autres fondées dans les siècles suivants : de sorte que, si ce saint abbé a eu l'honneur de porter le même nom que le grand saint Benoît, premier patriarche et instituteur des moines de l'Occident, il a aussi eu grande part aux qualités de son esprit.

Benoît prit naissance dans le Languedoc, qu'on appelait autrefois la Gothie, à cause des peuples goths, qui occupaient alors une province dans ce pays. Aigulfe, son père, aussi distingué par sa naissance que recommandable par sa valeur, possédait le comté de Maguelonne, qu'on appelait ainsi à cause d'une ville qui portait ce nom, et qui était sur le rivage de la Méditerranée ; elle était autrefois épiscopale, mais elle est maintenant détruite. Ce seigneur, père de Benoît, a donné des preuves de son grand courage en plusieurs expéditions importantes que lui avait confiées le roi Pépin le Bref, qui régnait alors ; il se rendit surtout célèbre en une fameuse bataille contre les Gascons, qui n'étaient pas encore soumis à la France : ils voulaient s'emparer de la province que le comte défendait ; mais il soutint leur choc avec tant de fermeté et les repoussa avec tant de vigueur, qu'il les défit entièrement. La victoire qu'il remporta sur eux fut si complète, qu'elle lui concilia une estime toute singulière du roi et de tous les grands du royaume.

La faveur extraordinaire en laquelle il se vit auprès de Pépin lui donna assez d'autorité pour faire recevoir son fils Benoît au rang des jeunes seigneurs qu'on élevait à la cour, pour les former aux exercices des armes et des autres emplois convenables à leur naissance. Benoît reçut en cette école toute l'éducation que son père en attendait, et il y apprit tout ce qu'une personne de son rang devait savoir ; il avait l'esprit naturellement bien fait, un jugement solide, une conduite raisonnable, et, les qualités du corps répondant à celles de son esprit, le faisaient aimer de tout le monde. Le roi, à qui son mérite était bien connu, lui voulut donner des témoignages de son estime. Lorsqu'il le vit en âge, il le fit d'abord son premier échanson ; mais, ayant reconnu depuis qu'il avait de grandes dispositions pour les armes, il lui donna de l'emploi parmi ses troupes. Benoît fit paraître dans toutes les rencontres qu'il n'avait pas moins de courage que le comte, son père, dont il imitait la valeur et la sagesse.

Charlemagne, fils et successeur de Pépin, ayant pris le gouvernement du royaume à la place de son père, ne fut pas longtemps sans reconnaître par lui-même le mérite distingué de Benoît ; aussi ne manqua-t-il pas de le conserver dans ses emplois et de le destiner même à de plus hautes dignités. La bienveillance, le bon accueil et les grandes marques d'estime que ce monarque témoigna à notre jeune héros étaient de puissants motifs pour l'empêcher de penser à autre chose qu'à profiter d'une si grande faveur ; il lui était aisé de se convaincre qu'il parviendrait infailliblement à la plus haute fortune ; le crédit de son père auprès du prince, son mérite personnel, les charges qu'il occupait déjà, l'amitié de tous les seigneurs de la cour qu'il s'était conciliée ; tout cela semblait devoir arrêter Benoît dans le siècle.

Mais ce fut dans ce temps-là même que Dieu, qui en voulait faire un grand Saint, plutôt qu'un grand capitaine, toucha son cœur et lui fit connaître la vanité de toutes les grandeurs de la terre ; reconnaissant de jour en jour que la plus haute fortune à laquelle on peut aspirer auprès des grands du monde est toujours petite, puisqu'elle peut être renversée en un moment, ou par le caprice des hommes, ou par une mort prématurée, il résolut d'aspirer à une gloire moins sujette au changement des temps. Il forma donc le dessein d'abandonner la cour et toutes les espérances qu'il y pouvait avoir. Il garda son secret en lui-même, et ne le communiqua point à son père, qui, l'aimant tendrement, n'aurait pas manqué de s'opposer à sa résolution. Dieu permit qu'il fût l'espace de trois ans sans trouver moyen d'exécuter ce qu'il avait conçu ; mais, s'il demeurait extérieurement et par nécessité à la cour, il avait toujours l'esprit élevé au ciel ; il commença à s'exercer dans la pratique de toutes les vertus : il se privait des plaisirs les plus innocents, il passait les nuits dans la prière, il n'usait presque plus de vin, il parlait fort peu, il évitait toutes les compagnies dangereuses pour conserver une plus grande pureté : en un mot, ne comptant plus sur les emplois de la milice séculière, il ne pensait qu'à combattre sous l'étendard de la Croix. Incertain de quelle manière il le ferait, tantôt il pensait à s'en aller sous l'habit d'un pèlerin inconnu, tantôt il projetait de passer dans quelque pays étranger pour y mener une vie pauvre et abjecte ; quelquefois il se persuadait, par un motif de charité, qu'il serait bon de faire quelque métier lucratif pour en donner aux pauvres les fruits qu'il en retirerait ; d'autres fois il pensait à aller prêcher l'Evangile chez les idolâtres.

Il formait ainsi une foule de desseins innocents, lorsqu'un accident le détermina entièrement à exécuter ce qui lui avait été inspiré du ciel : un de ses frères, ayant entrepris imprudemment de passer à la nage la rivière du Tésin, près de Pavie, sans en avoir bien connu les dangers, se trouva tellement surmonté par le courant de l'eau, qu'il commençait à se perdre. Benoît, qui était à cheval, et qui avait de la charité pour tout le monde, n'en voulut pas manquer pour son frère ; il se jeta, monté comme il l'était, dans ce fleuve, et son frère, qui se noyait, l'ayant pris par le bras, l'engagea en un moment dans le même péril où il se trouvait. Les deux frères devaient infailliblement périr, si la divine Bonté, qui eut égard à l'extrême charité de Benoît, ne l'eût favorisé d'un assez prompt secours pour vaincre la violence du torrent, du milieu duquel il se retira heureusement, en ménageant toujours son frère, qu'il ramena aussi sur le rivage, et auquel il sauva la vie dans ce périlleux accident.

Benoît reconnut la main de Dieu sur lui en cette occasion : il fit vœu sur l'heure de ne plus différer de s'éloigner de tant de dangers, dans lesquels il se trouvait engagé au milieu du monde ; et, animé d'une nouvelle ferveur, il accomplit aussitôt ce qu'il avait promis : il abandonna la cour et la fortune à laquelle il pouvait prétendre, et se retira en secret, sans consulter d'autres personnes qu'un certain religieux nommé Widmar ou Guimer, qui était aveugle de corps, mais fort éclairé dans les affaires du salut ; ce pieux solitaire voulut même le suivre partout. Benoît, donc, accompagné de ce véritable ami et de ses gens, qui ignoraient encore le sujet de son voyage, fit un tour en Languedoc, sa patrie ; mais à peine y fut-il arrivé, que, faisant semblant de retourner au plus tôt à la cour, pour y continuer ses emplois, il partit avec son équipage et ses gens ordinaires, pour ne donner à ses parents aucun soupçon de ce qu'il allait faire. Il prit le chemin d'Aix-la-Chapelle, où Charlemagne faisait alors sa résidence ; mais, étant arrivé dans la Bourgogne, au monastère de Saint-Seine, au diocèse de Langres [1], d'où la rivière de Seine tire son origine, il demanda humblement à être reçu dans cette maison : on le lui accorda, après qu'il eut donné des preuves de ses bonnes intentions et des motifs qui l'obligeaient à quitter le siècle ; il déclara pour lors son dessein à ses gens, les récompensa et les renvoya dans les terres de son père, leur disant adieu pour toujours ; il se fit couper les cheveux sur-le-champ et reçut ensuite l'habit religieux.

Il commença d'abord à pleurer amèrement ses péchés et à en faire pénitence ; il traitait durement sa chair ; il ne vivait que de pain et d'eau, et en petite quantité, de sorte que, s'il prenait des aliments, c'était plutôt pour ne pas se causer la mort que pour contenter sa faim ; il regardait le vin comme un véritable poison pour lui : la terre nue était le lieu où il prenait quelque peu de repos, après de longues veilles ; il passait les nuits entières en oraison, et assez souvent on le voyait debout, les pieds nus, sur le pavé de l'église, en plein hiver, chantant les psaumes et pensant aux miséricordes de Dieu sur lui ; il avait obtenu la grâce d'une véritable componction, et il possédait le don des larmes à un tel degré, qu'il en versait en abondance, sitôt qu'il entrait dans la considération, ou de ses péchés, ou des fins dernières. Il passait aussi quelquefois les nuits à faire les fonctions les plus pénibles et les plus viles du monastère, comme à nettoyer les souliers des voyageurs, à balayer et à faire d'autres choses semblables fort humiliantes ; il ne portait que des habits usés, et quand il les fallait raccommoder, il y mettait lui-même des pièces, sans examiner si la couleur était la même que

1. Aujourd'hui chef-lieu de canton (Côte-d'Or) à 27 kilomètres N.-O. de Dijon.

celle de l'habit ; il était devenu si pâle et si sec, qu'on l'eût plutôt pris pour un mort ou un moribond que pour un homme vivant. Un extérieur si négligé, des veilles si fréquentes, une abstinence si extraordinaire, jointe à un silence continuel, qu'il ne voulait rompre que dans la nécessité, donnèrent lieu à quelques-uns de ses frères, qui ne goûtaient point du tout sa conduite, parce qu'elle condamnait leur tiédeur, de le faire passer pour un fou et pour un homme qui extravaguait dans ses dévotions ; on le raillait, on le méprisait, on le montrait au doigt et on lui faisait d'autres semblables outrages, qui n'ébranlèrent jamais sa patience et qui ne tirèrent jamais aucune plainte de sa bouche ; au contraire, il fut ravi de voir comment on interprétait ses pénitences et les pratiques de sa charité ; il augmenta ce qui pouvait confirmer ses frères dans leur pensée, bien content d'être traité comme Jésus-Christ, qui, lui aussi, fut accusé de folie par ses proches, à l'instant même où il donnait des preuves de son plus grand amour pour les hommes.

Le supérieur de ce monastère, qui avait l'esprit de Dieu, n'en jugeait pas ainsi ; mais, reconnaissant une haute sagesse sous les voiles d'une folie apparente, il lui donna l'office de cellerier ; cet humble religieux, acceptant par obéissance ce qu'il eût sans doute refusé s'il lui eût été permis de suivre son inclination, s'acquitta bien de cet emploi, accordant tout ce qu'il pouvait sans blesser sa conscience, refusant ce qu'on lui demandait contre son devoir, n'ayant jamais de fausses complaisances ni d'acception de personne dans la distribution des choses qui lui étaient confiées, mais faisant d'humbles excuses quand il ne pouvait satisfaire aux désirs de chacun. Il avait grand soin de pourvoir aux nécessités des pauvres, à la réception des hôtes qui passaient, et aux besoins des jeunes enfants qu'on formait à la piété dans le monastère.

Benoît avait été près de six ans dans cet office, lorsque l'abbé de cette maison vint à mourir. On avait remarqué tant de sagesse, un esprit si étendu et une si grande douceur jusque-là dans notre Saint, que ses plus grands ennemis et ceux qui l'avaient le plus méprisé eurent d'eux-mêmes la pensée de l'élire pour leur supérieur. A la première proposition qu'on lui en fit, il fut extrêmement surpris, ne pouvant s'imaginer qu'on pût penser à lui pour une telle dignité ; mais dans le même moment, se souvenant de la retraite du Sauveur, quand on parla de le faire roi, il ne balança point sur le choix qu'il devait faire ; son humilité lui fit croire qu'il devait en conscience prendre la fuite. Il quitta donc le monastère de Saint-Seine, parce qu'il voulait fuir les dignités qu'il croyait ne lui être pas convenables, et revint dans le Languedoc, sur les terres mêmes du comté de Maguelonne, qui appartenaient à son père, et qui eussent été son propre héritage s'il fût demeuré dans le monde : Dieu le permit ainsi pour donner lieu à Benoît de mieux réussir dans les desseins que la divine Providence avait sur lui (780). Il s'arrêta près d'un petit ruisseau nommé Aniane [1], qui n'était pas éloigné de la rivière d'Hérault ni de l'église de Saint-Saturnin. Il était accompagné en cet endroit du saint religieux Widmar, dont nous avons déjà parlé, et de quelques autres disciples qui venaient de jour en jour se joindre à eux ; ce lieu fut une véritable école de pénitence pour ces solitaires ; leur occupation était de prier, de travailler et de chanter jour et nuit des louanges à Dieu ; Benoît, sentant son cœur brûler d'un amour secret, gémissait sans cesse et versait des larmes en abondance, conjurant le ciel de lui inspirer les moyens de procurer la gloire de son Dieu autant qu'il en avait le désir.

1. Aujourd'hui Corbières.

Il contracta, en ce temps, une étroite amitié avec trois saints personnages d'alentour, savoir : Attilion, Nibridius et Anianus, qui menaient une vie fort exemplaire, et qu'il consultait dans ses difficultés. Il alla un jour trouver Attilion, l'un des trois, qui demeurait le plus proche de son ermitage, pour lui dire qu'il était tenté de quitter le lieu où il était pour retourner sous l'obéissance de l'abbé du monastère d'où il était sorti, « parce que », disait-il, « presque tous ceux qui viennent avec grande ferveur me demander à vivre pauvres et solitaires ne sont pas plus tôt réduits à mener une vie réglée, et à ne recevoir plus que par poids et mesure les choses nécessaires à la vie, qu'ils demandent à retourner dans le siècle pour jouir de leur première liberté »; mais Attilion, qui était fort expérimenté et grand ami de Dieu, lui fit comprendre qu'il ne fallait pas abandonner pour cela l'œuvre qu'il avait commencée, d'autant que Dieu lui avait fait connaître qu'il se voulait servir de lui comme d'un flambeau pour répandre partout sa lumière.

Benoît, qui avait le cœur docile, crut ce que ce saint homme lui disait; il continua son entreprise, et le ciel le combla de si grandes bénédictions, qu'il fallut bientôt augmenter le lieu qu'il habitait d'un grand nombre de cellules, pour ceux qui demandaient à être reçus; il fut même contraint, dans la suite, d'abandonner la vallée où il était, parce qu'elle était trop étroite pour contenir tous les postulants qui se présentaient : ce fut pour lui une occasion de construire ailleurs un autre monastère qui fut bientôt achevé, quoiqu'il n'y eût presque que ses propres religieux qui en fussent les ouvriers; aussi ne pensait-on point du tout aux riches ornements de l'architecture, mais seulement à multiplier les cellules dont on avait besoin. Le saint abbé était le premier à porter les terres, le bois et les pierres; tout le monde suivait son exemple, et cependant on n'omettait rien dans un si grand travail de tous les devoirs ordinaires de la régularité; il recevait les aumônes qu'on lui faisait, mais il ne voulut jamais recevoir de donations par écrit ni par contrat qui engageassent les donateurs à se dessaisir pour toujours des biens qu'ils présentaient, voulant laisser la liberté aux bienfaiteurs de reprendre, quand il leur plairait, leurs libéralités [1].

Le bel ordre, la sainteté de vie et la bonne odeur que ce monastère répandait partout, produisirent un si grand enthousiasme qu'on vit en peu de temps un grand nombre d'autres semblables monastères, remplis de saints Solitaires, à l'entour de celui de Benoît : on le reconnaissait partout pour le premier abbé. Il était infatigable; il pourvoyait avec un soin sans égal à toutes ses maisons, soit pour le spirituel, soit pour le temporel; il visitait de temps en temps tous ses chers disciples, et il les soutenait toujours, autant par ses exemples que par ses discours, dans les rudes travaux de la vie austère qu'ils avaient embrassée.

1. Telle fut l'origine de la jolie petite ville d'Aniane, aujourd'hui chef-lieu de canton du département de l'Hérault. Au XVIe siècle, la fureur des calvinistes se rua sur le monastère; et alors combien périrent pour jamais de richesses religieuses, artistiques et littéraires! La magnifique église de Saint-Sauveur, que les rois et les empereurs s'étaient plu à enrichir et que les reliques de tant de Saints devaient rendre sacrée, fut livrée aux flammes et détruite de fond en comble. Autels, statues, tableaux, vases sacrés, ornements accumulés depuis huit siècles, cloches sonores, rien ne fut épargné. Les titres et chartes du monastère, sa riche bibliothèque et tout son mobilier devinrent sur la place publique la proie de l'incendie allumé par des mains sacriléges. On s'acharna sur les décombres des bâtiments, et le cloître, le dortoir, l'infirmerie, l'hôtellerie furent nivelés au sol.

Lorsque les protestants eurent abandonné ces lieux dévastés, les moines vinrent sur leur emplacement chercher de nouveau un asile et s'y installèrent comme ils purent, jusqu'à ce que Clément de Bonzi, évêque de Béziers, nommé abbé commendataire d'Aniane, apprenant le triste état du monastère, résolut de lui rendre sa splendeur primitive. Il y appela les Bénédictins de Saint-Maur, qui le relevèrent de ses ruines. Depuis 1790, les bâtiments, vendus comme biens nationaux, ont servi de filature de coton; actuellement, ils sont occupés par une maison centrale de détention!!! (M. Fisquet.)

Sa charité ne se bornait pas à pourvoir aux besoins de ses seuls religieux, elle s'étendait encore sur tout le peuple de la contrée : il ordonna, dans le temps d'une grande famine qui arriva dans le pays, qu'on partageât avec les pauvres les biens de son monastère, sans se mettre en peine du lendemain, et il recommença par trois fois différentes cette même action de charité. Son dégagement était si grand, et il se mettait si peu en peine des biens de cette vie que, quand on lui annonçait qu'on avait volé quelque chose dans le monastère, il ne voulait pas qu'on en fît la recherche. Les habitants du pays lui ayant un jour amené un homme qu'ils avaient déjà tout couvert de plaies, parce qu'il avait enlevé pendant la nuit plusieurs chevaux qui appartenaient à une de ses maisons, il fit d'abord semblant de s'emparer de ce voleur ; mais ce n'était que pour le retirer des mains de la justice dont on le menaçait, car le vrai serviteur de Dieu, plus charitable en ceci que le Samaritain, fit venir sur l'heure, en sa présence, un chirurgien fort expérimenté, auquel il donna commission de laver et de bander les plaies de cet homme ; ensuite il prit soin de dissiper avec sa douceur ordinaire la crainte dont il le voyait saisi ; il le fit bien régaler, et, après lui avoir fait connaître, non pas tant le tort qu'il avait fait à sa maison, que l'offense qu'il avait commise contre son Dieu et la plaie qu'il avait causée à son âme, il le renvoya en pleine liberté.

C'est dans ce même esprit de charité qu'il ne voulut pas qu'on courût après un homme qui, ayant été bien reçu et bien logé dans un de ses couvents, en avait emporté tout ce qu'il avait pu : « Laissons cet homme », disait le pieux abbé, « il perd plus que nous dans cette occasion, puisque, croyant faire un gain en dérobant ce qui est à nous, il fait une perte notable en se privant de la grâce de Dieu ». Un de ses religieux crut encore un jour le devoir avertir qu'il avait reconnu entre les mains d'un certain homme un cheval qu'on leur avait volé depuis peu, et que, s'il le voulait, on le lui ferait rendre. Le Saint, dont la charité lui faisait couvrir les plus grandes fautes de son prochain, reprit sévèrement ce religieux, lui disant qu'il ne fallait pas croire si aisément du mal de son frère ; que cet homme, qu'il accusait, pouvait avoir un cheval semblable à celui qu'ils avaient perdu, mais qu'il ne fallait pas s'imaginer pour cela que ce fût le même.

Dieu, dont la sage providence sait récompenser au centuple ceux qui n'ont point d'attache à la terre, inspira pour lors à Charlemagne, qui connaissait le parfait désintéressement du Saint, de lui faire bâtir un monastère, dans lequel il pût recevoir en pleine liberté tous ceux qui viendraient se présenter pour mener la vie monastique sous sa conduite : ce monarque voulut qu'on n'épargnât, dans cet édifice, ni la richesse de la matière, ni l'industrie de l'art. On fit en même temps une église magnifique, proportionnée à l'élévation du bâtiment ; tous les grands du royaume voulurent partager avec l'empereur la gloire d'avoir contribué à cette œuvre, et ce célèbre monastère est devenu le chef d'une infinité d'autres, soit dans le Languedoc, soit dans les lieux les plus éloignés.

Le pieux abbé crut qu'il ne pouvait mieux témoigner à Dieu sa reconnaissance, pour tant de bienfaits, qu'en faisant observer une vie toute céleste à ses religieux ; il entreprit de faire refleurir la première et la véritable règle du grand saint Benoît ; et comme elle était un peu altérée et confuse, à cause de plusieurs constitutions et adoucissements que les relâchements y avaient fait introduire, il employa tous ses soins pour en faire renaître la pureté : il recueillit, pour cet effet, toutes les autres règles, et, de plus, il consulta là-dessus les plus grands hommes de son siècle : de sorte qu'il eut le bonheur de recouvrer, dans son intégrité, cette sainte règle qui a servi de flambeau à tant d'illustres personnages en science et en sainteté ; après l'avoir mise en ordre, et en avoir éclairci les difficultés, il s'appliqua à la faire observer le plus exactement qu'il lui fut possible.

Le nombre des religieux étant devenu fort considérable, il établit d'abord toutes sortes d'officiers pour bien célébrer le service divin. Ensuite, n'ignorant pas de quelle utilité sont les sciences, soit pour combattre les hérétiques, soit pour occuper saintement les solitaires, il forma des maîtres en toutes sortes de disciplines; ainsi, sans altérer l'exacte régularité qui attirait l'admiration de tout le monde, il fit fleurir en cette royale maison des écoles pour les humanités, la philosophie, la théologie et l'intelligence des saintes Ecritures; il prit aussi le soin de recueillir des livres, ce qui lui donna lieu de composer une belle bibliothèque : c'est ainsi que ce grand homme trouva moyen de chasser de la province où il se trouvait, les ténèbres de l'ignorance, et qu'il éleva un grand nombre de sujets qui ont rendu dans la suite, soit en qualité d'évêques, soit en qualité de docteurs ou de missionnaires, soit en qualité d'abbés, des services très-considérables à l'Eglise.

La conduite de ce grand serviteur de Dieu fut tellement approuvée de tout le monde, et sa réputation se répandit si loin, qu'on se faisait un plaisir et un mérite de lui offrir de tous côtés des terres et de grandes sommes pour bâtir des monastères dans les provinces; on fait mention de douze principaux dont il était reconnu le premier abbé; chacun désirait ou le voir, ou lui parler, ou l'aider dans ses entreprises. Louis le Débonnaire, ayant quitté l'Aquitaine, dont il avait été roi, pour prendre le gouvernement de l'empire à la place de Charlemagne, son père, qui était mort, ne put demeurer longtemps privé de la présence de Benoît. Ayant reconnu, par sa propre expérience, de quelle utilité lui avaient été ses conseils, il lui fit dire qu'il le priait de se rapprocher de la ville d'Aix-la-Chapelle, où ce prince avait établi le siége de son empire; il lui donna d'abord, pour cet effet, le monastère de Maur-Munster, en Alsace; mais, le jugeant encore trop éloigné de sa personne pour l'avoir commodément, quand il aurait besoin de son conseil, il lui fit construire, dans un lieu assez proche de son palais impérial, un monastère célèbre, nommé d'Inden, à cause de la rivière voisine qui portait ce nom.

Benoît profita de la bienveillance du monarque, non pour ses intérêts particuliers, mais pour être le médiateur et le protecteur de tous les peuples; car, par son entremise, les pauvres et les affligés étaient écoutés du prince, qui prenait à loisir connaissance de leurs besoins, dans les audiences fréquentes qu'il leur donnait, et qu'il accordait à Benoît en leur faveur. Cet empereur trouvait si bon que ce saint abbé se fît le défenseur et le protecteur des veuves et des orphelins, que, quand il venait au palais, il le prévenait et allait au-devant de lui, portant d'un air agréable sa main dans la robe de cet aimable et zélé procureur du bien des pauvres, pour en tirer lui-même la liasse des requêtes qu'il lui venait présenter en leur faveur; il les lisait sur-le-champ, et y répondait favorablement le plus tôt qu'il pouvait.

L'inclination qu'il avait à faire régner la justice partout le porta encore à persuader à l'empereur d'arrêter le déréglement des séculiers, qui possédaient les biens des églises et des monastères, et qui les détournaient à des usages profanes, contre l'intention des fondateurs, et au grand scandale des peuples; il lui exposa, en détail, toute l'étendue de ce désordre, ce qui amena ce prince à faire sur ce point une réforme admirable et digne de sa piété.

Les remontrances que ce saint abbé faisait à ce monarque parurent toujours si judicieuses et si utiles au bien de son empire, et ses avis sur ce qu'il était à propos de faire furent toujours trouvés accompagnés d'un si grand sens, que son conseil n'était jamais négligé, parce qu'on s'était toujours bien trouvé de l'avoir suivi.

L'empereur donna une grande preuve de ce que nous avançons à la gloire de Benoît, lorsque, de l'avis de son conseil, il voulut que ce saint abbé fût en quelque manière le premier supérieur de tous les monastères de ses Etats, et qu'il travaillât, en cette qualité, à une réforme générale de tout ce qu'il serait à propos de retrancher dans les maisons particulières : ce fut pour obéir aux volontés de son prince qu'il assembla (817) tous les supérieurs des monastères de la France, et, qu'ayant bien examiné, dans cette assemblée générale, tout ce qu'il y avait à réformer ou à établir, il fit des statuts si judicieux, si conformes à la véritable vie religieuse et si nécessaires pour faire revivre l'ancien esprit des saints solitaires, qu'ils furent reçus et approuvés de l'assemblée. Confirmés par l'autorité de l'empereur, ils furent publiés partout et exactement observés : c'était une chose digne d'admiration de voir tant de maisons différentes, répandues dans toutes les provinces, n'avoir plus qu'une même règle, celle de saint Benoît, une même manière de vivre, un même esprit, le même chant, le même habit, les mêmes poids et mesures pour le pain et le vin ; en un mot, une conformité, ou plutôt une uniformité aussi parfaite que si ce n'eût été qu'une seule maison sous un seul supérieur.

Il fallait un esprit aussi étendu que celui de l'incomparable Benoît, et l'autorité de l'empereur pour faire réussir une semblable entreprise : la chose ne paraîtra pas incroyable, si l'on se souvient que nous parlons du VIIIe et du IXe siècle, où tout ce qu'il y avait alors de religieux ou de solitaires prétendait suivre la règle de saint Benoît : chacun, à la vérité, l'interprétait et l'adoucissait à sa façon, mais notre Saint la réduisit à une forme que tout le monde fut obligé d'approuver et de suivre. L'Ordre de Saint-Benoît sera éternellement redevable à ce saint abbé, non-seulement des soins qu'il a pris dans son temps pour rétablir l'ancienne régularité, mais encore de l'ouvrage intitulé la *Concorde des Règles*, qu'il a composé et laissé par écrit : il y fait voir quel est le véritable esprit et le sens de la règle du grand patriarche saint Benoît, par rapport aux règles des autres Pères, en les comparant les unes avec les autres et faisant voir comment cette règle de saint Benoît est appuyée et autorisée de toutes les autres dont elle renferme l'esprit. Cet ouvrage, qui a été, depuis, enrichi de savantes notes par le R. P. Hugues Ménard, bénédictin, n'est pas le seul que notre Saint ait composé : on lui en attribue encore quelques autres, comme des collections ou conférences tirées des *Homélies des Pères*, et propres à exciter les religieux à une plus grande perfection, et d'autres semblables, qui font assez voir que cet humble abbé n'avait pas seulement une grande vertu et un esprit naturellement étendu et capable des grandes entreprises, mais qu'il était aussi docte et grand ami des belles-lettres. Les écoles qu'il a établies dans ses monastères en sont encore des preuves : il prit lui-même la peine de former les lecteurs ; il expliquait les saints canons de l'Eglise à ses religieux, il leur donnait l'intelligence des écrits des saints Pères, il allait exposer dans les monastères le sens des saintes Ecritures, et donnait des solutions claires à tous les doutes qu'on lui proposait.

Le fameux Alcuin, qui fut le précepteur de Charlemagne et l'oracle de son temps, distingua si bien la capacité et la piété de notre Saint, qu'il contracta avec lui une amitié inviolable, et entretint un si grand commerce de lettres avec lui, surtout depuis qu'il fut élu abbé de Saint-Martin de Tours, qu'on en aurait pu composer un gros volume ; l'histoire même ajoute qu'Alcuin lui envoya des présents comme témoignage d'estime, et qu'étant en son abbaye de Saint-Martin, il le pria de lui envoyer des religieux formés de sa main, comme il en avait envoyé à tant d'autres prélats qui lui en avaient demandé. De son côté, Théodulfe, abbé de Fleury et évêque d'Orléans, employait quelquefois sa muse à célébrer le mérite et les vertus de Benoît. Il ne fait pas difficulté, dans un de ses poëmes, de le comparer à saint Benoît du Mont-Cassin. Si, en effet, celui-ci fut le créateur, celui-là fut le restaurateur de la discipline monastique en Occident[1].

Les victoires que Benoît remporta sur les hérétiques de son temps sont encore des preuves convaincantes de la profondeur, de la solidité et de l'intégrité de sa doctrine. Félix, évêque d'Urgel, en Espagne, répandait partout le venin d'une hérésie pernicieuse, qui avait déjà infecté quelques provinces de la France ; il n'attaquait rien moins que la filiation du Verbe divin, assurant que Jésus-Christ, en tant qu'homme, n'était que le Fils adoptif du Père éternel ; c'était assez pour renouveler les plus dangereuses hérésies que l'Eglise ait eu à combattre dans les siècles précédents. Notre Saint, s'unissant avec les plus zélés défenseurs de la foi de nos mystères, travailla avec des soins infatigables à l'extinction de cette mauvaise doctrine ; il entreprit même, par trois fois différentes, le long et pénible voyage d'Espagne pour aller triompher de l'hérésie dans sa source et dans son principe, et il n'a pas peu contribué à la convocation du synode tenu à Urgel même, ville où était le siége de l'évêque hérétique, qui y fut condamné, et dont la doctrine fut déclarée téméraire et entièrement contraire à celle de l'Eglise. Nous avons encore trois autres conciles tenus, l'un à Ratisbonne, l'autre à Francfort, et le troisième à Aix-la-Chapelle, qui ont tous fulminé anathème contre l'erreur dont nous parlons[2].

Le grand zèle que Benoît fit paraître pour les intérêts de l'Eglise en général ne diminua rien des soins que sa charge l'obligeait d'avoir pour tous les monastères de la France dont il avait été déclaré le père aussi bien que le réformateur. Il entreprenait de pénibles et longs voyages pour aller donner de nouvelles forces à ses disciples dans la profession qu'ils avaient embrassée. On rapporte plusieurs miracles que Dieu a faits en sa faveur pendant ces voyages : les religieux d'un monastère qui était pauvre étaient dans la douleur de ne pouvoir faire à leur saint abbé une réception digne de son mérite; Dieu y pourvut, faisant trouver des poissons d'une qualité et d'une grosseur extraordinaires dans des eaux où il n'y en pouvait pas avoir naturellement. Une autre fois, dans une semblable occasion, de pauvres religieux étaient dans l'affliction de ne pouvoir présenter aucun rafraîchissement à ce digne Pasteur, accablé de lassitude et de fatigue : la divine Providence, qui ne manque pas dans le besoin, fit trouver d'excellent vin et en abondance dans un vase où il n'y en avait point. Mais ce ne furent pas là les seules merveilles qui arrivèrent dans le cours de la vie de ce grand serviteur de Dieu : celles que nous venons de rapporter étaient de purs effets de la divine Providence, qui pourvoyait aux besoins de celui qui était pauvre, et qui avait enseigné à ses disciples à demeurer dans la pauvreté pour suivre les conseils de Jésus-Christ ; mais voici ce que le saint abbé fit lui-même en faveur du prochain. Il a arrêté, par la vertu de ses prières et de ses larmes, l'impétuosité d'un

1. *Quod fuit Ausoniis Benedictus rector in arvis,*
Hoc modo tu in nostris es, Benedicte, locis.
Ut cerebro Euphorbi Samius satus esse putatur,
Sic Nurci patris in te revocatur opus.

2. Voir les *Conciles généraux et particuliers*, par Mgr Guérin, 3 gros vol. in-8°.

torrent qui allait abîmer des maisons déjà à moitié submergées ; plusieurs fois, dans des incendies qui jetaient tout le monde dans la consternation, il a commandé au feu de suspendre son activité et de porter ailleurs ses flammes : il sut, comme un autre Moïse, faire mourir une énorme quantité de sauterelles qui commençaient à ravager les biens de la terre. Ses religieux, animés de son esprit, faisaient aussi des actions miraculeuses : plusieurs possédés qu'on leur amenait étaient délivrés lorsqu'ils avaient prié et veillé pour cet effet ; des personnes malades ont reçu une parfaite santé par les mêmes moyens ; mais nous renvoyons le lecteur à l'histoire entière de sa vie pour avoir une parfaite connaissance de toutes ces merveilles. Nous ajouterons seulement que le saint abbé avait reçu de Dieu un don particulier pour pénétrer jusque dans le fond des cœurs : il a ramené plusieurs fois à leur devoir, par ce moyen, des religieux qui étaient sur le point d'abandonner leur vocation, en leur faisant connaître qu'il savait la déplorable disposition dans laquelle ils étaient, et il ne découvrait jamais ces sortes de maladies spirituelles sans y apporter aussitôt le remède nécessaire.

Ces grandes faveurs, que saint Benoît recevait du ciel, jointes à la singulière bienveillance que lui marquait un des plus grands monarques de la terre, ne manquèrent pas, Dieu le permettant ainsi, de lui attirer beaucoup d'envieux, qui ne souffraient qu'avec peine tant de prospérité ; plusieurs ecclésiastiques d'un mérite apparent interprétèrent fort mal ses innocentes intentions : on publia qu'il s'attribuait toutes les aumônes qu'on lui faisait ; on souleva par des intrigues secrètes les officiers et les gardes du palais de l'empereur contre lui ; des seigneurs de la cour appuyèrent les calomnies qu'on avait répandues ; on voulut surprendre le prince et le prévenir contre le Saint ; de sorte que le parti n'attendait plus que de voir chasser de la cour celui qui en faisait le plus bel ornement ; de faux amis voulurent même lui persuader de se retirer en secret, sans attendre un exil qu'ils disaient lui devoir être fort honteux ; mais Benoît savait bien qui était le protecteur de sa cause, et Dieu fit bientôt voir qu'il sait justifier l'innocent quand il veut ; le Saint alla trouver l'empereur comme à l'ordinaire, et ce sage monarque, qui savait discerner le vrai du faux, et l'homme de bien de l'hypocrite, embrassa tendrement Benoît à la vue de tous les jaloux, et, pour lui donner une preuve plus évidente de sa bienveillance et de son estime dans une occasion où on s'attendait à le voir exiler, il lui présenta à boire de sa propre main : ce qui montra à tout le parti que celui que Dieu protége est à l'abri de toutes les malices des envieux.

Il est temps de parler du trépas de ce grand Saint qui n'aurait jamais dû mourir, suivant les vœux de tous les peuples. Dieu, qui ne voulut pas laisser un si généreux soldat sans occasion de remporter de continuelles victoires, fit succéder les pénibles épreuves de la maladie aux travaux de la charité : le Saint fut attaqué d'une fièvre, et de plusieurs autres infirmités, jointes à un grand âge ; il ne retrancha cependant rien de toutes ses mortifications ordinaires ; il soupirait sans cesse après la patrie céleste, et il versait une grande abondance de larmes, dans l'espérance et dans l'attente d'y pouvoir parvenir ; on le trouvait souvent, ou prosterné contre terre, ou debout, ayant la tête et les bras élevés vers le ciel, ou recevant dans ses mains les larmes qui coulaient de ses yeux, de peur que leur trop grande abondance ne souillât les pages de la sainte Ecriture qu'il avait devant lui ; il lisait, ou se faisait lire, la mort des saints Pères, pour imiter leur exemple en ses derniers moments, comme il avait tâché d'imiter leur conduite pendant sa vie.

L'empereur, qui était encore Louis le Débonnaire, le voulut toujours avoir dans son palais, tout malade qu'il était, pour profiter, aussi longtemps qu'il pourrait, des sages conseils qu'il en recevait, tant pour le bon gouvernement de ses Etats que pour le repos de sa propre conscience. Ce ne fut qu'après une longue et familière conférence, en laquelle il lui témoigna toutes sortes d'amitiés et de reconnaissance, qu'il permit enfin à ses religieux de l'enlever pour le transporter au monastère voisin, afin que ce digne et aimable Père pût finir ses jours entre les bras de ses enfants.

Il n'y fut pas plus tôt arrivé, que tout le monde s'empressa de s'enquérir en quel état il était : car, comme il n'y avait personne qui n'eût conçu une estime et une bienveillance particulières pour lui, et qu'il avait été la consolation et le conseil des grands et des petits, des riches et des pauvres, des ecclésiastiques et des séculiers, tous les grands de la cour, les évêques, les abbés, les magistrats et le commun du peuple, vinrent mêler leurs larmes à celles des enfants et des disciples de ce digne père, et on regardait leur perte comme une perte commune à tout l'empire. Benoît avait de la reconnaissance pour l'amitié qu'on lui témoignait dans ses derniers moments; mais il ne laissait pas de demander souvent en grâce qu'on lui accordât d'être seul pour converser plus librement et plus tranquillement avec son Dieu. Une fois, il arriva qu'après avoir passé trois heures dans la douceur de la contemplation, quoiqu'au milieu des douleurs de la maladie, on vint lui demander comment il se trouvait, il répondit qu'il n'avait jamais eu de plus doux moments pendant sa vie : je viens, ajouta-t-il, d'avoir le bonheur de me trouver devant mon Dieu, au milieu des chœurs des Saints.

Les sentiments de l'amour sacré, dont Dieu le favorisait alors, ne lui firent point oublier le désir ardent qu'il avait du salut et de la perfection des autres : aussi fit-il encore expédier, avant de mourir, des lettres d'instructions pour l'empereur, de qui il savait que le bonheur et le salut des peuples dépendaient, pour quelques-uns de ses monastères, ou pour d'autres particuliers. On voit quelques-unes de ces lettres, pleines de charité, dans l'histoire de sa vie, rapportée par Bollandus. Dieu permit qu'il déclarât à ses religieux que, depuis près de cinquante ans qu'il avait le bonheur d'être dans un état de pénitence, il ne lui était jamais arrivé de manger le morceau de pain qu'il avait coutume de prendre chaque jour pour sa nourriture, sans répandre auparavant devant Dieu une grande abondance de larmes.

Il récita toujours régulièrement l'office divin, jusqu'au jour même de sa mort, et ce fut après s'être acquitté de ce noble devoir qu'il dit un dernier adieu à ses chers enfants, et qu'il les avertit qu'il allait les quitter dans un moment; en disant ces paroles : « Vous êtes juste, Seigneur, ayez égard à votre miséricorde pour juger votre serviteur », il quitta cette vie laborieuse pour entrer dans le séjour de la gloire. On dit que l'évêque de Maguelonne eut révélation de la perte que l'église venait de faire : sortant du sommeil où il était alors, il raconta sur-le-champ aux assistants ce qui venait d'arriver au monastère d'Inden, qui était éloigné de près de deux cents lieues de Maguelonne. Ce grand Saint mourut le 11 février de l'année 821. Louis le Débonnaire lui fit donner un sépulcre en rapport avec son mérite, au lieu même où il mourut, dans le monastère d'Inden, appelé depuis de Saint-Corneille, pape, sous le nom duquel notre Saint en avait fait dédier l'église. C'est là que ses saintes reliques ont reposé, sans que depuis personne ait pu les découvrir.

Saint Benoît d'Aniane est représenté : 1° en costume d'ermite; 2° éteignant un incendie : il rendit plus d'une fois ce service aux populations de son voisinage.

ÉCRITS DE SAINT BENOIT D'ANIANE.

Nous avons encore de saint Benoît : 1° un *Code de règles* qu'il écrivit étant simple moine à Saint-Seine ; ce code a été imprimé à Rome en 1661, sous ce titre : *Codex regularum, collectus a S. Benedicto Ananio, auctus a Luca Holstenio*, etc.; 2° un livre d'*Homélies* pour l'usage des moines, tirées des ouvrages des saints Pères, selon la coutume de ce temps-là ; 3° un *Pénitentiel*, imprimé dans les suppléments aux capitulaires ; 4° une *Concorde des règles monastiques*. On y trouve le texte de la règle de saint Benoît avec celui des règles des autres patriarches de la vie monastique. Le but de l'auteur était de montrer l'uniformité de ces grands hommes dans les exercices qu'ils prescrivent. Dom Ménard a fait imprimer cette concorde à Paris, en 1638.

Nous avons composé cette vie sur les *actes* rapportés par Bollandus, mais nous nous sommes spécialement servis des savantes remarques du R. P. Dom Jean Mabillon, bénédictin, qui réunit, dans sa riche préface du IVe siècle de son Ordre, et dans la vie de notre Saint, tout ce qu'on peut désirer savoir sur ce sujet.

SAINT CASTRENSIS, ÉVÊQUE AFRICAIN (450).

Saint Castrensis est l'un des patrons des villes de Capoue, Monreale, et Sessa, dans la basse Italie. Les arts l'ont représenté sur un *navire*, ou à terre, bénissant un *vaisseau*. Embarqué par Genséric sur un vieux bâtiment avec plusieurs confesseurs de la foi, il atteignit les côtes de la Campanie et passa le reste de ses jours dans cette partie de l'Italie. Ce Saint est l'un des patrons des navigateurs en péril. Son pouvoir était si bien reconnu sur la plage napolitaine, au XVIIIe siècle, que tout vaisseau abordant à Sessa croyait devoir quelque action de grâces au serviteur de Dieu, venu miraculeusement d'Afrique.

SAINT DIDIER, ÉVÊQUE DE VIENNE (608).

Il était né à Autun d'une noble famille ; il vécut à Vienne, sous quatre évêques, et y reçut l'ordre du diaconat. Le dernier de ces évêques, saint Vire, étant mort, Didier fut élu à sa place en 596. Il fut déposé par le synode de Châlon-sur-Saône, à l'instigation d'Aridius, évêque de Lyon, et de la reine Brunehaut, qu'il avait reprise de ses désordres. Domnole lui fut substitué dans la dignité sacerdotale. Didier fut exilé dans l'île Barbe. L'an 608, Thierry, cédant aux conseils d'Aridius et de son aïeule, fit lapider Didier, qui était de retour de l'exil. Bède le place au 23 mai, jour de son martyre. Aujourd'hui est le jour anniversaire de la translation, à Vienne, de ses reliques vénérables. Adam et Sigebert parlent de saint Didier dans leurs chroniques. Sigebert voit, dans la destruction du royaume de Thierry, le châtiment du crime commis par ce prince contre saint Didier. Ce saint évêque était contemporain de saint Grégoire le Grand, qui lui adressa plusieurs lettres ; dans la seconde, il lui recommande des religieux et des prêtres qu'il envoyait à saint Augustin en Angleterre. Ces lettres se trouvent *in regist. lib.* V, *epist.* 54 ; *lib.* VII, *epist.* 116 ; *lib.* IX, *epist.* 48, et *lib.* XII, *epist.* 5. Il est également fait mention de lui dans les *Actes* de saint Colomban, abbé.

On croit que le saint évêque de Vienne fut assassiné en un lieu de la principauté des Dombes, qui s'est appelé Saint-Didier de Chalaronne, en souvenir de ce tragique événement.

La peinture donne, comme attributs à saint Didier, la *corde* avec laquelle il fut à moitié étranglé sur le chemin du supplice, le *bâton* dont on ne lui ménagea pas les coups, la *femme* dont il reprit la conduite [1].

1. Voir, pour plus de détails, au tome VI, page 115.

SAINT GAUDIN, ÉVÊQUE DE SOISSONS (700).

Gaudin, troisième successeur de saint Drausin sur le siége de Soissons, était très-vif et très-véhément à réprimander les vices. Ayant donc déchaîné son éloquente indignation contre l'insatiable avarice de certains usuriers, ces hommes, en haine de la vérité évangélique qu'il prêchait, le surprirent dans un guet-apens, le traînèrent dans une rue, alors nommée Herlin, et maintenant Saint-Gaudin. Là, ils le torturèrent diversement, et comme il refusait de rétracter ce qu'il avait dit, ils le jetèrent dans un puits où il se noya, environ l'an 700 de Notre-Seigneur, et mérita ainsi d'être inscrit au catalogue des Martyrs.

Son corps fut transféré dans l'église cathédrale, avec les corps de saint Principe et de saint Loup, évêques, et de saint Agricola, prêtre. Levé de terre le premier de juin, il fut déposé dans une châsse d'argent, qui fut pillée en 1567, par les hérétiques, en même temps que les reliques furent brûlées. Le lieu consacré par son martyre n'a pas cessé d'être fréquenté par la dévotion des peuples jusqu'à la fin du XVIIIe siècle.

Propre de Soissons.

SAINT ODON, ÉVÊQUE DE BEAUVAIS (880).

Odon était né dans le Beauvaisis. Homme d'un esprit éminent, après avoir été dans les liens du mariage, après avoir porté les armes au service des rois de France, il se tourna vers Dieu de tout son cœur, et alla faire à Corbie son apprentissage de la vie monastique, auprès de l'abbé saint Paschase, lequel, ayant abdiqué le gouvernement de l'abbaye, le lui remit à cause de sa fermeté d'âme et de sa grande sainteté. Il sut concilier la vigueur d'un chef avec la tendresse d'un père, et ramener la paix et l'union parmi ses frères. Ayant d'abord réformé et sanctifié son monastère, il l'enrichit ensuite de priviléges obtenus du roi et du souverain Pontife, puis il le défendit vaillamment contre les Normands. Rimbert, qui avait succédé à saint Hildeman sur le siége de Beauvais, étant mort, et l'élection déloyale de Frimold ayant été annulée, Odon fut jugé, par les évêques de la province, digne de régir cette Eglise veuve ; car il était habile et éloquent, et non moins recommandable par sa piété que par sa science. Il fut mêlé dans la suite aux affaires de l'Eglise et du royaume, et remplit très-glorieusement plusieurs missions, soit apostoliques, soit royales.

Odon jouissait d'un grand crédit à la cour, et les princes se levaient pour faire honneur à son éminente vertu. Il reçut du roi Charles le Chauve et de ses successeurs la charge soit d'élever les jeunes princes, soit de partager le royaume entre eux et de défendre leurs droits contre les factions. Il assista à plus de quinze conciles. Il aida d'autres prélats par des conseils et par des actes ; plus d'une fois il fut chargé d'examiner les élus de l'épiscopat, de corriger les clercs, d'affermir les priviléges des monastères et de traiter les affaires les plus importantes auprès du roi et du souverain Pontife. Tout en s'occupant des affaires publiques, il ne manqua pas à son église : il la délivra des ravages des barbares, qui assiégèrent sa ville épiscopale, et de ses discordes intestines. Il agrandit le monastère de Saint-Lucien ; il fit restituer à son église les ruines des abbayes de Flay (Saint-Germer), et de l'Oratoire (Oroër), tombées dans des mains séculières ; il porta le nombre des chanoines de sa cathédrale au nombre de cinquante, en attribuant à chacun des revenus suffisants ; il soumit les pécheurs à la pénitence canonique ; il développa le culte de saint Pierre et de saint Lucien, soit en érigeant des basiliques, soit en composant des actes. Par ses soins se tint au monastère de l'Isle (aujourd'hui Saint-Pierre-aux-Bois), auprès de Beauvais, un synode pour la consécration du bienheureux Jean, évêque de Cambrai.

Il travailla fortement à assurer au siége de Rome l'honneur et l'obéissance qui lui sont dus. Ce n'est pas seulement pour tout ce qu'il exécuta d'important dans son église qu'il demanda l'assentiment et les conseils du Siége apostolique, mais il usa encore de tout son crédit auprès du roi et du métropolitain pour que les ordres du pasteur suprême fussent religieusement observés, il fut médiateur, et excellent médiateur, entre Hincmar et le pape Nicolas Ier au sujet de Rothade de Soissons, que trente évêques avaient déposé par sentence synodale. Lorsque Ansegise, prêtre de Beauvais et abbé de Saint-Michel, fut élevé à la dignité d'archevêque de Sens et de légat apostolique, il joignit ses efforts aux siens pour revendiquer les droits du pontificat romain en France ; il avait l'habitude, lorsqu'il émettait un avis, de l'accompagner de cette condition : « Sauf en tout le jugement du Siége apostolique ». Il défendit aussi par écrit la même autorité, et mérita si bien du Saint-Siége, que saint Nicolas le qualifia de « fidèle entre tous ». Enfin, après avoir fondé des prières pour lui et pour ses parents, nous laissant un illustre exemple de piété envers Dieu et la sainte Eglise, notre Mère, accompagné des louanges et des bénédictions des peuples, il s'en alla vers le Seigneur à un âge avancé, l'an 880, et fut enseveli à Saint-Lucien. Sa fête, par la grâce et la permission spéciale de Pie IX, a été étendue à tout le diocèse de Beauvais.

Saint Odon est l'auteur de ces belles paroles sur les prérogatives du souverain Pontife : « D'où est donc venue à certains hommes la présomption de ne pas respecter l'Eglise romaine ? .. L'antiquité parle pour elle. Nous voyons l'autorité du Pontife romain dominer entièrement toutes les autres Eglises, en sorte que les évêques le tiennent pour leur chef, et que, dans les affaires ecclésiastiques, tout dépend de sa décision et qu'il est l'arbitre de ce qui est à réformer ou à sanctionner. Nous voyons les autres évêques gouverner exclusivement leur diocèse, mais le Pontife romain a été chargé, dès l'origine, du soin de toutes les Eglises. C'est vers lui que toutes doivent tourner leurs regards ; à lui qu'il appartient de régler les questions religieuses, et les décrets qu'il adresse à toutes les Eglises du Christ, soit en Orient, soit en Occident, sont reçus et observés par tous comme des lois.

« Par conséquent, conservons le respect en toute chose pour la grande Ville, et attachons-nous avec plus de soin que jamais à ne pas laisser diminuer de notre temps ce qui a été si bien gardé dans les temps anciens... Car la ville de Rome doit être plus honorée qu'aucune autre, et le Pontife romain a la suprématie sur tous les évêques. En sorte que, si la ville est la reine des peuples, l'évêque qui la gouverne est, en vertu de la constitution primordiale, le prince de toutes les Eglises, et qu'il en a la sollicitude incessante, comme celle de tous leurs chefs ».

Le nom d'Odon est resté attaché à la paroisse d'Hondainville, que les chartes latines nomment *Hodonis Villa*, campagne d'Odon. Ce Saint y avait fait bâtir une église en l'honneur de saint Lucien.

Propre de Beauvais.

SAINT ARDAING OU ARDAN, ABBÉ DE TOURNUS (1056).

Ardaing ou Ardan, treizième abbé du monastère de Tournus, succéda à Bernier, mort l'an de Notre-Seigneur 1028. Il était bien digne de cette haute fonction, lui qui avait méprisé la gloire terrestre pour s'attacher à Dieu, et qui, par l'éclat de sa doctrine et la pureté de sa vie, mérita d'être appelé astre d'or et miroir des bonnes œuvres. Une famine de trois ans, qui commença en 1030, étendant partout ses ravages, il distribua aux pauvres des secours de toute nature, et il en sauva un grand nombre d'une mort certaine. Tout en faisant fleurir, par une sollicitude vigilante, l'observance régulière dans le monastère, et en travaillant à l'œuvre de sa sainteté, il sut aussi s'employer à restaurer l'abbaye et à en accroître les bâtiments et les biens.

Enfin, comblé de mérites et ayant dirigé très-sagement ses frères pendant vingt-huit ans, il émigra vers le Seigneur le 11 de février. Il fut enseveli dans le cloître septentrional, du côté de l'église. Ses saintes reliques furent levées quatre-vingt-cinq ans après sa mort, le 13 de juillet ; elles furent illustrées par de nombreux miracles. Les Calvinistes étant entrés à Tournus en 1562, les anéantirent. Néanmoins, quelques ossements du bienheureux abbé, apportés jadis à l'abbaye de Saint-Symphorien, à Autun, conservés avec soin pendant les orages du XVIIIe siècle, et plus tard reconnus dans les formes, sont honorés tant dans l'église cathédrale d'Autun que dans l'église Saint-Philibert de Tournus.

Propre d'Autun.

SAINT CONTESTE, ÉVÊQUE DE BAYEUX (513).

Conteste, adonné à la piété dès son enfance, fuyant les mœurs perverses de ses compatriotes, se retira au désert de Blade, près de Bayeux, où il embrassa la vie solitaire, désireux de ne vaquer qu'à Dieu seul. De toutes parts, les habitants de la campagne se réunissaient autour de lui et, émus de la sainteté de sa vie et de l'austérité de sa pénitence, s'enquéraient auprès du saint ermite comment ils pourraient acquérir la vie éternelle, et se convertissaient à Dieu de tout leur cœur. Après quelques années passées dans la solitude, il brilla par beaucoup de vertus, et, appelé par les vœux de tous, il fut mis à la place de l'évêque de Bayeux, qui venait de mourir.

Dans cette charge, ne relâchant rien de l'austérité de son ancien genre de vie et de sa piété accoutumée, il remplit le rôle d'un prélat excellent. Préoccupé du salut de son troupeau, il fit renoncer beaucoup de païens au culte des idoles ; la douceur de son éloquence pénétrait si puissamment les cœurs, qu'il ramenait les plus obstinés du vice à la vertu. Il rendit la vue à deux aveugles par l'invocation du nom du Christ. Enfin, après s'être attiré l'amour de tous par sa sainte vie et par sa paternelle affection, il s'en alla, comblé de mérites, vers le Seigneur. Des églises et des autels furent consacrés à sa mémoire (vers le commencement du VIe siècle).

Par l'ordre de Henri II, duc de Normandie, et en sa présence, Henri, cardinal-prêtre, légat du pape Alexandre III en France, vint à Fécamp, accompagné de Philippe d'Harcourt, évêque de Bayeux, et d'Arnulfe, évêque de Lisieux ; il transféra au même lieu le corps de saint Conteste, qui avait été levé de terre au diocèse de Bayeux, et le plaça avec plusieurs autres corps de Saints derrière le grand-autel. L'an de Notre-Seigneur 1857, a été ouverte la châsse de marbre dans laquelle étaient renfermées les précieuses reliques, et l'archevêque de Rouen nous a rendu un os du péroné, comme gage de l'affection mutuelle qui a uni de tout temps notre église à la métropole.

Propre de Bayeux.

XIIe JOUR DE FÉVRIER

MARTYROLOGE ROMAIN.

A Barcelone, en Espagne, sainte EULALIE, vierge, qui, sous l'empereur Dioclétien, ayant d'abord souffert le chevalet, les ongles de fer et les flammes, fut enfin attachée à une croix, et reçut la glorieuse couronne du martyre. 304. — A Carthage, les saints martyrs Modeste [1] et Julien. — A Bénévent, saint Modeste, diacre et martyr. — A Alexandrie, les saints Modeste et Ammone, enfants [2]. — A Antioche, saint MÉLÈCE, évêque, qui, ayant plusieurs fois souffert l'exil pour la foi catholique, termina sa vie à Constantinople, et s'envola dans le sein de Dieu. Saint Chrysostome et saint Grégoire de Nice ont honoré ses vertus par de grandes louanges. 381. — A Constantinople, saint Antoine, évêque, qui florissait au temps de l'empereur Léon VI, 895. — A Vérone, saint Gaudens, évêque et confesseur [3]. — A Longobardi, en Calabre, le bienheureux NICOLAS LONGOBARDI. 1709.

1. Saint Modeste de Carthage est patron de Carthagène, en Espagne.

2. Trois Saints du nom de *Modeste* aujourd'hui. Baronius remarque à ce propos que cette réunion de plusieurs Saints du même nom dans le même jour, réunion assez fréquente dans les martyrologes, vient de ce que les jours de quelques-uns de ces Saints étaient inconnus et que les martyrologistes, ne voulant pas exclure ces Saints et étant embarrassés pour le choix du jour, se décidaient à les mettre le même jour que le Saint dont le jour était connu. Il cite l'exemple de sainte Colombe de Cordoue, dont la fête, tant que son jour fut ignoré, se célébra le même jour que celle de sainte Colombe de Sens.

3. Epoque inconnue. Cf. *Acta Sanctorum*.

MARTYROLOGE DE FRANCE, REVU ET AUGMENTÉ.

A Paris, saint JULIEN L'HOSPITALIER. — Dans l'île de Ré, saint Basile, vulgairement appelé saint Vêle, moine. Ve s. — A Landevenec, en Bretagne, saint RIOC, religieux, qui ressuscita sa mère en l'aspergeant avec de l'eau qu'avait bénite son maître saint Guénolé. VIe s. — A Bayeux, fête de saint Evroult, abbé, originaire de cette ville. Après avoir vécu à la cour des rois Clovis II et Clotaire III, il rompit, du consentement de sa femme, les liens qui le retenaient dans le siècle; il se retira dans le monastère des Deux-Jumeaux, situé au diocèse de Bayeux, lequel venait d'être fondé par saint Martin de Vertou avec les biens des deux frères jumeaux qui prirent l'habit. La vénération que lui attiraient ses vertus, alarmant son humilité, il alla se cacher dans la forêt d'Ouche, au diocèse de Lisieux, où il fonda la célèbre abbaye qui prit son nom dans la suite. Il mourut le 29 décembre 707 à l'âge de quatre-vingts ans. (Nous donnerons sa vie au 29 décembre.) — A Trèves, sainte Gérasine, reine, que l'on tient avoir été tante de sainte Ursule. — A Tours, la fête de saint Léobard ou Libert, dont le martyrologe romain fait mention le 18 janvier [1]. — A Tarbes, la fête de saint GALACTOIRE, évêque de Lescar et martyr; son entrée au ciel est marquée le 27 juillet au martyrologe de France. Vers 507. — A Nordheim, en Alsace, près de Strasbourg, saint LUDAN ou LOUDAIN, confesseur. 1202. — A Paris, le bienheureux Quintilien, confesseur, que saint Ouen qualifie d'abbé dans la vie de saint Eloi. Son corps s'est gardé longtemps dans l'église de Saint-Paul de cette ville. Vers 669. — Au diocèse de Périgueux, saint Eumache ou Chamassi; il mourut dans la paroisse qui porte son nom près de Bugue [2]. — A Clermont, fête de saint Didier, évêque de ce siége illustre : il succéda à saint Avite Ier : son corps fut enseveli dans l'église de Saint-Allyre où une chapelle lui était autrefois dédiée. — A Alby, la fête de la première et de la seconde invention des reliques de sainte Cécile et de ses compagnons [3].

MARTYROLOGES DES ORDRES RELIGIEUX.

Martyrologe de Saint-Basile. — A Antioche, saint Mélèce, évêque, de l'Ordre de Saint-Basile.

Martyrologe des Camaldules. — A Balnei, en Toscane, la bienheureuse Jeanne, vierge, religieuse camaldule, illustre par sa naissance et par sa vertu.

Martyrologe de Vallombreuse. — Saint Jean de Matha, confesseur, dont il est fait mention le 8 février.

Martyrologe de Cîteaux. — En Bourgogne, au monastère des religieuses bénédictines de Juilley, sainte Hombeline, sœur de notre bienheureux père saint Bernard, par qui, ayant été détournée des vanités et des délices mondaines, elle fit de grands progrès dans la voie de la grâce, et s'endormit saintement dans le Seigneur, son décès ayant été précédé et suivi de grands miracles. 1092. — 21 août 1141.

Martyrologe de la très-sainte Trinité. — Saint Raymond de Pennafort, confesseur, mentionné le 23 janvier.

Martyrologe de l'Ordre Romano-Séraphique. — Saint Pierre Nolasque, confesseur, qui s'endormit dans le Seigneur le 25 janvier.

Martyrologe de l'Ordre Séraphique. — La bienheureuse Louise d'Albertone, veuve, du Tiers Ordre de Saint-François, illustre par sa vie et par ses miracles, qui s'endormit dans le Seigneur le 31 janvier, à Rome [4].

Martyrologe des Carmes Déchaussés. — A Alexandrie, sainte Euphrosyne, vierge, de l'Ordre des Carmélites, qui émigra de ce monde vers son Epoux, brillante de ses vertus, le 1er janvier [5]. —

1. Voyez ce jour. — 2. Voir au 9 février. — 3. Voir au 22 novembre. — 4. Voir sa notice au 31 janvier.

5. Les reliques de sainte Euphrosyne, apportées de Palestine par Louis le Jeune, étaient autrefois à Saint-Jean-aux-Bois et à Royal-Lieu, diocèse de Beauvais. M. Bonville, curé de Saint-Germain, à Royal-Lieu, nous écrivait de Compiègne, le 14 mars 1872 :

« L'abbaye de Saint-Jean-aux-Bois a complètement disparu, à l'exception d'une portion d'un cloître, dont les voûtes sont admirables, et qui a été converti en écurie, et d'un reste d'habitation aujourd'hui occupé par un particulier. L'église du XIIIe siècle sert d'église paroissiale. Elle est magnifique, au rang des monuments historiques, et le gouvernement l'entretient autant que possible.

« L'abbaye de Royal-Lieu, hameau de ma paroisse, également rasée, à l'exception du logement de l'abbesse, occupé aujourd'hui par un propriétaire, n'a pas conservé trace de son église. L'enclos de l'abbaye est en culture. J'ignore ce que sont devenues les reliques de sainte Euphrosyne qui était honorée dans l'église de ladite abbaye et dont la statue a été apportée à la Révolution dans la chapelle de Notre-Dame de Bon-Secours qui se trouve dans ma paroisse.

« Les plus belles pierres tombales de cette église servent aujourd'hui de dallage à celle de Saint-Germain. Quant aux reliques que possédait cette abbaye, je ne sache pas qu'aucune ait été conservée, si ce n'est le bois de la vraie croix dont l'église de Saint-Jacques de Compiègne est en possession.

« La chapelle de Notre-Dame de Bon-Secours, dont je parle plus haut, a été bâtie en 1637 par la ville de Compiègne, en exécution d'un vœu qu'elle fit à l'occasion de la peste qui la décima en 1636. Louis XIII

Saint Denys, pape et confesseur, de l'Ordre des Carmes, dont la naissance au ciel se trouve rapportée le 26 janvier.

Martyrologe de Saint-Augustin. — A Aquila, dans les Abruzzes, la bienheureuse CHRISTINE, religieuse de notre Ordre, illustre par la pureté de ses mœurs et par la continuelle mortification de son corps. 1543.

Martyrologe des Capucins. — Saint Romuald, abbé, dont la fête se célèbre le 7 de février, dans l'Eglise universelle, et chez nous aujourd'hui.

ADDITIONS FAITES D'APRÈS LES BOLLANDISLES ET AUTRES HAGIOGRAPHES.

A Brescia, les saints Valérien, Valentin et Saprute, martyrs, sous le règne d'Adrien. — A Carthage, saint Modeste et sainte Posinna, martyrs. — A Salamanque, en Espagne, saint Damien, martyr romain, dont le corps, retrouvé dans le cimetière de Saint-Calixte, fut donné à l'Eglise de cette ville par Urbain VIII. — A Séville, en Espagne, les saints Macaire, Rufin, Juste, martyrs. Probablement sous Dioclétien. — A Cambrai, saint Hippolyte, martyr romain, dont les reliques furent données en 1650 au monastère du Saint-Sépulcre de cette ville. — A Anvers, saint Flore, martyr romain, retrouvé dans le cimetière de Sainte-Agnès et donné à cette ville en 1652. — A Brescia, saint Constance, qui bâtit à Conches, près de cette ville, une église et un couvent de religieuses. — En Angleterre, saint Ethelwold, évêque de Lindisfarne. 740. — A Albenga, en Ligurie, saint Benoît, évêque. 900. — A Turin, saint Goslin, abbé du monastère de Saint-Soluteur, près de cette ville. Vers 1061. Ses reliques furent relevées en 1472. Lorsque, en 1536, on dut démolir le monastère de Saint-Soluteur, les corps de saint Goslin, de sainte Julienne, fondatrice de ce monastère, et de trois martyrs, furent transportés dans la chapelle de la Consolation à l'église Saint-André, où ils restèrent jusqu'en l'année 1575, époque à laquelle ils furent donnés aux jésuites, et par eux placées dans leur chapelle dédiée à saint Soluteur, à saint Adventeur et à saint Octave. — A Kiew, en Russie, saint Alexis, archevêque. 1364.

SAINTE EULALIE DE BARCELONE,

VIERGE ET MARTYRE

304. — Pape : Saint Marcellin. — Empereur romain : Dioclétien.

> Méditons ces paroles du Sauveur : « Ne craignez pas ceux qui donnent la mort au corps; craignez davantage Celui qui envoie le corps et l'âme en enfer », — *Matth.*, x, 28 — et alors notre foi sera intrépide, comme celle de sainte Eulalie.

Née à Barcelone, en Catalogne, de parents favorisés de tous les dons de la fortune, Eulalie fut chrétienne dès son enfance, et montra, pendant le temps de son adolescence, une inclination prononcée pour la vertu : à peine âgée de quatorze ans, elle était déjà mûre pour le ciel.

Cette jeune héroïne habitait une campagne, non loin de la cité, avec ses parents, quand on apprit l'arrivée à Barcelone d'un émissaire des empereurs Dioclétien et Maximien, ces farouches persécuteurs des disciples de Jésus-Christ. Cet homme était le barbare Dacien, qui fit ruisseler en Espagne le sang des martyrs. La jeune Eulalie éprouva un frisson de crainte pour l'avenir de tant d'âmes, qui allaient être tourmentées, mais aussi un tressaillement intérieur d'une certaine joie divine, qui semblait lui annoncer un

y renouvela en personne, le 8 septembre 1638, sa consécration à la Sainte Vierge. Desservie jusqu'à la Révolution par les Pères Capucins, et depuis par des prêtres séculiers, elle est l'objet d'un pèlerinage célèbre qui commence le 25 mars et dure neuf jours ». — V. la vie de sainte Euphrosyne, t. Ier, p. 24.

triomphe ; son front, en effet, allait être ceint pour l'éternité de la double couronne de la virginité et du martyre.

Brûlée d'un ardent désir de l'endurer pour la confession de la foi, d'y encourager les fidèles, d'y soutenir les faibles, elle forma le dessein, sous l'inspiration d'une charité naïve, de se présenter elle-même au tyran. Un matin donc elle s'échappa de la maison paternelle, vint à la ville, et alla droit au tribunal de Dacien. Cette jeune vierge, dans sa beauté naissante, étonna le tigre altéré de sang, qui flaira aussitôt une proie digne de sa brutalité. « Qui es-tu, jeune fille», lui dit d'un ton doucereux le proconsul, « et que veux-tu ?» — « Je veux te reprocher ta conduite cruelle envers d'innocentes victimes ». — « Mais qui donc es-tu, pour me parler ainsi ? » — « Je suis chrétienne ». — « N'insulte pas en moi l'autorité des divins empereurs ». — « Je suis chrétienne, et je méprise les idoles ». — « Il faut offrir de l'encens à nos dieux immortels ». — « J'adore le vrai Dieu, moi, et je hais tes dieux misérables ».

Dacien, voyant l'extrême jeunesse de cette fillette, crut n'avoir qu'à se moquer d'elle, en lui faisant infliger un humiliant supplice. Il ordonna de la placer sur les épaules d'un de ses satellites, qui la promena dans les rues, tandis qu'un autre, lui relevant sa robe, à la façon des enfants qu'on veut corriger, la fustigeait avec une verge d'un bois flexible. Loin de se sentir humiliée, la sainte enfant se montra toute glorieuse d'un supplice enduré pour son Dieu, et les fidèles louaient hautement le Seigneur de son admirable contenance. Quand le juge insolent vit qu'il ne gagnait rien à ce jeu cruel, et qu'il avait affaire à une personne d'une force d'âme au-dessus de son âge, il changea de tactique, et, transporté de colère de se voir bravé par une aussi frêle créature, il la fit dépouiller, mettre au chevalet, déchirer avec les ongles de fer et les peignes d'acier, et brûler avec des torches ardentes.

Comme l'intrépide jeune fille, aidée de la grâce d'en haut, se moquait de ses bourreaux et de son juge, en riant de leur impuissance à la dompter, le tyran la fit jeter dans une cuve d'eau de chaux vive, où l'on versa de l'huile bouillante et du plomb fondu sur ses membres délicats. L'incomparable vierge ne cessa, au milieu de ces horribles tourments, d'invoquer le Seigneur, avec une allégresse qui brillait sur son visage et dans ses yeux. Son corps souffrait ; mais les délices de son âme surpassaient les douleurs du corps.

Honteux et confus de sa défaite, furieux à la pensée de la contagion qu'allait répandre un tel exemple d'héroïsme, Dacien ordonna de laisser Eulalie attachée à une espèce de croix : la pauvre enfant n'y demeura pas longtemps suspendue ; les tourments affreux qu'elle avait endurés avaient épuisé ses forces : elle expira heureusement, et les assistants virent son âme s'échapper de ses lèvres, sous la forme d'une blanche colombe, qui s'envola vers le ciel. Ce glorieux martyre eut lieu le 12 février de l'an 304.

Le corps virginal de la jeune héroïne fut laissé en proie aux bêtes carnassières, mais il fut, dans la nuit, enseveli sous la neige, et les chrétiens purent ensuite l'en retirer, et lui donner une sépulture convenable. Il fut levé de terre en 878, transporté en l'église de la Sainte-Croix, et plus tard, en 1287, dans une magnifique chapelle élevée en son honneur.

Sainte Eulalie est la patronne principale de Barcelone. Il y a plusieurs villages et plusieurs églises de son nom dans la Guyenne et le Languedoc. Elle est très-populaire dans tout le midi de la France.

En 572 environ, la reine Brunehaut envoya en Espagne saint Elaphe, évêque de Châlons-sur-Marne, pour avoir des reliques de sainte Eulalie. De cette époque date, sans doute, le pèlerinage de Sainte-Eulalie à Corrobert, dans le canton de Montmirail. Ce pèlerinage, très-célèbre autrefois, n'existe presque plus que de nom ; la chapelle a été démolie ; une source miraculeuse seule a résisté et continue de présenter son eau bienfaisante aux rares pèlerins qui viennent s'y abreuver. Des personnes pieuses ont sauvé la statue de la Sainte pendant la tourmente révolutionnaire et l'ont transportée dans l'église paroissiale de Corrobert où on la vénère encore.

On la représente avec une palme, une croix à la main ou en sautoir, pour rappeler le genre de supplice qui termina sa vie et la distinguer ainsi de sainte Eulalie de Mérida [1].

Cette Sainte a différents noms, selon la diversité des pays. On l'appelle sainte Eulalie, sainte Olaire ou Aulaire, sainte Olacie, sainte Occille, sainte Olaille, sainte Aulasie, etc. C'est sans fondement que Vincent de Beauvais l'a prise pour sainte Eulalie de Mérida dont parle Prudence. Ce sentiment est contraire à la tradition des églises d'Espagne. D'ailleurs, ces deux Saintes sont distinguées l'une de l'autre dans le missel mozarabique et dans les martyrologes de saint Jérôme, d'Adon, d'Usuard, etc.

SAINT MÉLÈCE, SURNOMMÉ LE GRAND,

PATRIARCHE D'ANTIOCHE

381. — Pape : saint Damase. — Empereur : Théodose, *le Grand*.

J'ai vu les prévaricateurs et j'ai séché de douleur, parce que, ô mon Dieu, ils n'observaient pas votre parole. *Ps.* CXVIII.

Durant les trois premiers siècles, l'Eglise fut persécutée par les juifs et les païens ; et ces persécutions ont coûté la vie à des milliers de chrétiens ; du moins leur âme n'éprouva-t-elle aucune atteinte. Mais à peine la paix extérieure fut-elle enfin solidement établie dans l'Eglise, qu'il surgit dans son sein une formidable hérésie, qui lui enleva un nombre d'âmes très-considérable : l'arianisme.

Un prêtre nommé Arius se mit à enseigner que Jésus-Christ n'est pas Dieu, mais seulement la plus haute et la plus noble des créatures. En peu de temps, cette doctrine hérétique se répandit avec la rapidité de l'éclair : l'empereur, et même des évêques et beaucoup de prêtres la partagèrent, et ils persécutèrent ceux qui continuèrent à croire en la divinité de Jésus-Christ, ce qui était la vraie foi.

Or, il y avait en ce temps-là un prêtre catholique du nom de Mélèce, qui fut élu évêque d'Antioche, ce siége qui fut plus tard illustré par saint Jean Chrysostome. Cette ville surtout avait été infestée par l'hérésie. Les Ariens, espérant que Mélèce serait des leurs, allèrent à sa rencontre, avec les catholiques, quand il vint prendre possession de son siége épiscopal, et ils ne témoignèrent pas moins de joie et de respect que ceux-ci. Après sa mort, saint Grégoire de Nysse et saint Chrysostome ont prononcé chacun un panégyrique qui nous fait bien connaître ce saint évêque et la pureté de sa foi.

Saint Mélèce était de Mélitène, ville de la petite Arménie ; issu d'une des plus nobles familles du pays, il était instruit et vertueux. Il fut élu d'a-

1. Voir au 10 décembre.

bord évêque de Sébaste, pour succéder à Eustathe, semi-arien, que les Ariens avaient déposé dans un concile tenu à Constantinople, en 360. Cette élection faite par les Ariens fit quelque temps douter de la pureté de la foi de Mélèce. Il essaya de remplir ses fonctions d'évêque, mais son peuple était indisciplinable. Il fut obligé de l'abandonner et de vivre dans la solitude. Il se retira plus tard à Bérée, en Syrie. Depuis l'exil de saint Eustathe (331), l'église d'Antioche était dans l'état le plus déplorable : elle n'avait eu pour évêques que des intrus ou des ariens. Après la déposition d'Eudoxe, l'un d'entre eux, Mélèce, fut élevé au patriarcat d'Antioche, où, comme nous l'avons déjà dit, il fut reçu aux applaudissements des catholiques et des Ariens; car, d'une part, les Ariens croyaient qu'il était de leur opinion, et, d'autre part, les catholiques connaissaient que sa foi n'était pas moins pure que sa vie était sainte. Cette élection fut confirmée par l'empereur Constance, qui, au retour de la guerre des Perses, était venu à Antioche, et on en dressa un acte signé des catholiques et des Ariens, qu'on mit entre les mains d'Eusèbe, évêque de Samosate, saint prélat et généreux défenseur de la vérité.

Dès qu'il se vit sur le siége patriarcal (361), il se crut obligé de fortifier les orthodoxes dans la vraie foi et de combattre les erreurs des hérétiques. Pour rendre les esprits des uns et des autres plus capables de la saine doctrine, comme il était extrêmement éloquent, il commença par leur prêcher la réforme des mœurs, en leur montrant la beauté de la vertu et la laideur du vice. Chacun était dans l'impatience de savoir pour qui il se déclarerait touchant la doctrine ; on le sut bientôt : l'empereur lui ordonna, à lui et à quelques autres évêques, d'expliquer ces paroles de l'Ecriture, dont les Ariens abusaient pour ruiner la consubstantialité du Fils de Dieu : « Le Seigneur m'a créé au commencement de ses voies [1] ». L'on mit même des personnes pour écrire mot à mot tout ce qu'il dirait. Alors Mélèce fit voir si clairement quelle était la vérité catholique, que tout le monde l'applaudit. Mais l'archidiacre de son église, qui était arien, ayant eu l'insolence de lui fermer la bouche avec la main, pour l'empêcher de continuer à parler, il expliqua par signes ce que sa langue ne pouvait plus dire ; car, après avoir montré aux peuples trois doigts, il en plia deux, afin que, n'en restant plus qu'un, il fît connaître qu'il y avait trois personnes qui, étant égales, ne faisaient ensemble qu'un seul Dieu.

Cette généreuse profession de foi fut cause de son exil, car les Ariens, sectateurs d'Eudoxe, intrus sur le siége de Constantinople, après avoir été déposé de celui d'Antioche, voulurent faire passer Mélèce pour un Sabellien, et en persuadèrent si bien l'empereur, qu'il le relégua en Arménie ; mais on fut contraint de le faire sortir durant la nuit, à cause de la grande affection que le peuple lui portait : il n'y avait qu'un mois qu'il était patriarche. Eusèbe, qui avait l'acte de cette élection, ainsi qu'il a été dit, se retira en son évêché; mais Constance, à la sollicitation des Ariens, qui craignaient que cet acte ne leur préjudiciât, envoya un courrier après lui, avec ordre de le menacer de lui couper la main droite, s'il refusait de le rendre. Ce généreux prélat ayant lu la lettre du prince, présenta non-seulement la main droite, mais aussi la gauche, pour être coupées, en disant : « Je ne rendrai jamais cet écrit, qui convainc les Ariens d'une malice manifeste ».

L'empereur Constance étant mort d'apoplexie (361), après avoir malheureusement abandonné la foi du grand Constantin, son père, Julien l'Apostat, qui se vit seul maître de l'empire, pour mieux rétablir l'idolâtrie, permit

1. Prov. VIII, 22.

l'exercice de toutes sortes de religions, et rappela tous les évêques exilés par Constance ; Mélèce revint donc à Antioche, qu'il trouva pleine de divisions, même entre les catholiques ; car les uns, appelés *Méléciens*, étaient restés fidèles à saint Mélèce ; mais les autres ne voulaient pas se rattacher à son élection, à laquelle avaient participé les Ariens. Ils continuèrent les assemblées qu'ils tenaient depuis la mort de saint Eustathe ; de là leur nom d'*Eustathiens*. Ils élurent pour leur évêque Paulin, qui fut sacré par Lucifer de Cagliari. Ce schisme dura quatre-vingt-cinq ans dans l'Eglise d'Antioche. Mélèce ne jouit pas longtemps de son rappel. Julien, trouvant en lui un trop fort obstacle au rétablissement du paganisme, le chassa une seconde fois de son siége, et le renvoya en exil.

Mais, quelque temps après, ce prince apostat ayant été tué dans la guerre contre les Perses, tous les soldats jetèrent les yeux sur Jovien qui était chrétien et catholique, protestant qu'ils avaient la même croyance dans le cœur, et que la seule crainte de Julien était cause qu'ils avaient fait, en apparence, profession du paganisme. Ce pieux empereur commença son règne par faire la paix avec les Perses, afin de ne plus penser qu'à l'avancement de la religion chrétienne. Pour cet effet, dès qu'il fut de retour, il fit fermer les temples des faux dieux, défendit le culte des idoles et rappela les évêques exilés. Ainsi Mélèce fut rétabli sur son siége (363). Jovien, qui reconnut la vertu du saint Patriarche, en fit une estime toute particulière, et l'honora comme un insigne défenseur de la foi. Les Ariens, dont Acace était le chef, en furent consternés. Suivant la maxime des hérétiques, qui se règlent selon la faveur dont ils jouissent auprès des puissances séculières, ils eurent recours à l'hypocrisie ; ils souscrivirent, dans un synode que Mélèce tint à Antioche, à une formule de foi que saint Athanase avait donnée à l'empereur, et ainsi feignirent à l'extérieur d'embrasser la doctrine du concile de Nicée touchant la consubstantialité du Fils avec le Père.

L'on pouvait beaucoup espérer du zèle d'un si pieux empereur, lorsque, huit mois après être monté sur le trône, il fut étouffé par la vapeur du charbon qu'on avait allumé dans sa chambre. Ce fut une grande perte pour l'Eglise, car Valentinien, ayant été élevé à l'empire en sa place, s'associa Valens, son frère, qui ne fut guère longtemps catholique ; sa femme étant arienne, il se fit baptiser à Constantinople par le patriarche Eudoxe, qui l'obligea, par serment, à déclarer la guerre à l'Eglise. Ce prince la persécuta d'une manière effroyable, tandis qu'il souffrait les détestables cérémonies des païens, des juifs et de tous ceux qui professaient une doctrine contraire à celle de l'Evangile. Cependant, saint Mélèce veillait avec un soin admirable sur son peuple, et continuait de faire éclater l'ardeur de son zèle pour la foi du concile de Nicée ; et, comme il voyait le besoin que l'Eglise avait de fidèles ministres, qui pussent s'opposer à la malice des hérétiques, il s'appliqua à en former plusieurs : de ce nombre fut l'illustre Acace, depuis évêque d'une ville de Syrie ; Diodore, évêque de Tarse ; Flavien, patriarche d'Antioche ; Elpidius, évêque de Laodicée, et une infinité de saints anachorètes. Mais on peut dire que le plus célèbre de tous ses disciples fut le grand Chrysostome, auquel il administra le baptême, et dont il eut un soin extraordinaire dès ses plus tendres années ; ce fut lui qui le dégoûta de l'école de Libanius, où il n'apprenait qu'une éloquence humaine, et le retira insensiblement de l'étude des choses profanes pour l'appliquer à l'étude de la sainte Ecriture.

Valens, qui était venu à Antioche (372), employa toutes sortes d'artifices pour engager un si grand personnage dans son parti, se persuadant qu'il réduirait, par ce moyen, tous les autres. Mais ayant trouvé Mélèce inflexible, il l'envoya pour la troisième fois en exil. Le peuple, ne pouvant souffrir cette injustice, se souleva de telle sorte, qu'il aurait assommé à coups de pierre l'officier qui l'emmenait dans son char, si le Saint ne se fût mis au-devant de lui et ne l'eût couvert de son manteau. Bien loin de diminuer la constance des fidèles, cette persécution les animait de plus en plus à souffrir toutes sortes d'injures pour la confession de la foi de Jésus-Christ, tant les instructions de Mélèce avaient embrasé dans leur cœur le feu de la charité, et établi dans leur esprit les dogmes de la vraie foi. Les saints anachorètes qui les visitaient souvent, tâchèrent d'entretenir ces divines flammes jusqu'au retour du saint Pasteur, qui eut lieu en 378, à la mort du persécuteur. Valens, ayant été battu près d'Andrinople, se sauva dans une cabane où la justice divine permit qu'il fût brûlé par les Goths. Gratien, qui lui succéda, publia plusieurs édits pour le rappel des évêques exilés et pour le rétablissement de la foi catholique en Orient. De retour à Antioche, Mélèce, trouvant que la division entre les catholiques continuait plus que jamais, fit ce qu'il put avec le grand Basile, pour l'apaiser : il offrit même à Paulin de gouverner ensemble l'église d'Antioche, à condition que celui des deux qui survivrait à l'autre gouvernerait seul les deux troupeaux. Mais Paulin n'ayant point accepté cette proposition, notre Saint n'en continua pas moins de vivre avec lui dans un esprit d'union et de charité. Il s'employa entièrement à repaître les ouailles qui étaient à lui, de la doctrine, de la parole de Dieu; et par les exemples de ses vertus, il s'acquit une telle estime dans l'esprit de son peuple, que plusieurs donnaient son nom à leurs enfants, croyant que par là ils attireraient toutes sortes de bénédictions sur leurs familles ; on gravait aussi son image sur des anneaux, dans des vases et contre les murailles des maisons, pour marquer le respect qu'on portait à un si excellent homme. Saint Grégoire de Nazianze nous a laissé son portrait en peu de paroles : « C'était », dit-il, « un prélat saint, religieux, simple, sincère, plein de Dieu, affable, généreux, modeste, et en qui on voyait briller le caractère du Saint-Esprit ».

Théodose, qui, après la défaite des Goths, avait été associé à l'empire par Gratien, voulant pacifier tous les troubles des églises, et terminer particulièrement un grand différend qui s'était élevé au sujet de saint Grégoire de Nazianze, transféré de l'évêché de Sazime à celui de Constantinople, convoqua un concile en cette dernière ville, et pria spécialement Mélèce de s'y trouver. Ce pieux empereur avait une affection singulière pour lui, parce que, quelque temps avant son avénement à l'empire, il avait eu une vision, dans laquelle il avait vu en songe ce saint patriarche le revêtir de la pourpre impériale et lui mettre la couronne sur la tête : il le reçut avec des témoignages extraordinaires d'estime et de tendresse. Mélèce, que sa sainteté mettait au-dessus de tous les autres Pères du concile, qui étaient au nombre de 150, fut le premier à montrer que la translation de Grégoire n'était point contraire aux saints canons, parce qu'elle n'avait été faite que pour le plus grand bien de l'Eglise. Son sentiment fut suivi de celui des autres prélats : Grégoire fut confirmé évêque de Constantinople. Fort peu de temps après cette action, le bienheureux patriarche passa de cette vie à une meilleure, l'an 381, au grand regret de toute la ville, et principalement de Théodose, qui eut soin de faire transférer son corps à Antioche, où il fut honorablement enterré auprès du tombeau de saint Basile. Ce pieux empereur voulut, contre la coutume des Romains, que, sur le chemin, on le fît entrer dans toutes les villes, et qu'il y fût reçu avec toute la magnificence possible.

Les *Actes des Saints* des Bollandistes et le calendrier gréco-moscovite représentent debout saint Mélèce le Grand. Nous ne savons si cette figure a de la ressemblance.

Le martyrologe romain et le ménologe des Grecs font mémoire de saint Mélèce le 12 février. Saint Jean Chrysostome, dans l'éloge qu'il a fait en son honneur, l'appelle martyr; et tous les historiens ecclésiastiques parlent de lui avec beaucoup de vénération. Pour nous, nous avons tiré ce que nous en avons dit des *Remarques* de Bollandus, au 12 de ce mois.

SAINT JULIEN L'HOSPITALIER,

DIT VULGAIREMENT LE PAUVRE

> Ne négligez pas l'hospitalité, car par elle quelques-uns ont reçu chez eux des anges sans les connaître.
>
> *Héb.*, XIII, 2.

On ignore le lieu et le temps auxquels vécut saint Julien l'Hospitalier, ou le Pauvre. Les Espagnols le réclament pour leur compatriote et font ses parents originaires d'Aragon [1]. D'après eux, ils se seraient mariés à la suite d'un enlèvement, et ceci expliquerait la fatalité dont cette famille fut poursuivie : notre Saint aurait vu le jour à Naples, où son père et sa mère s'étaient retirés.

Nous emprunterons à saint Antonin, archevêque de Florence, les détails qui suivent.

Vivant encore sous la conduite de ses parents, et poursuivant un cerf à la campagne, Julien entendit une voix, comme sortant de la bouche de cet animal, qui lui dit : « Pourquoi me poursuis-tu, toi qui ôteras la vie à ceux qui te l'ont donnée ? » Ce jeune homme, extrêmement affligé de cette prédiction, résolut dès lors de s'enfuir bien loin de la maison de son père, de crainte de tomber quelque jour dans le malheur dont il se voyait menacé. Il sortit donc secrètement, et se retira en un pays éloigné, chez un seigneur qui, reconnaissant la prudence de ce serviteur volontaire, le prit en grande affection, et, pour le retenir toujours à son service, lui fit épouser une jeune veuve, et leur donna une maison champêtre à gouverner, où ils vécurent en bonne intelligence et dans une exacte observance des commandements de Dieu et de l'Église.

Il arriva un jour que le père et la mère de Julien, qui vivaient encore, ne pouvant plus supporter la longue absence de leur fils, dont ils n'entendaient point de nouvelles, résolurent de voyager eux-mêmes par le monde et de le chercher. Après quelque temps, ils rencontrèrent enfin sa maison, d'où, par hasard, il était alors absent. Sa femme reçut avec beaucoup de courtoisie ces deux pauvres vieillards, comme elle avait coutume de le faire pour tous les autres passants; et, s'informant des causes de leur voyage, elle apprit par leurs discours qu'ils étaient le père et la mère de son mari : c'est pourquoi elle les reçut le mieux qu'il lui fut possible; et, n'ayant pas de lieu plus commode pour les mettre coucher, elle leur donna son propre

1. Il est tout au moins certain que sa légende y est plus populaire que nulle autre part ailleurs : la littérature s'en est emparée et a produit, sur ce thème, des chefs-d'œuvre : citons la pièce de Lope de Vega, intitulée : *El animal profeta*, et la romance qui se trouve au t. II du *Romancero general*.

lit. La nuit étant passée, elle s'en alla de grand matin à l'église pour y faire ses prières, selon sa coutume.

Cependant Julien, qui ne savait rien de ceci, revint chez lui et entra dans sa chambre : apercevant un homme dans son lit avec une autre personne, il s'imagina qu'il avait devant les yeux deux adultères ; saisi de douleur, il tira son couteau et le plongea dans le sein de l'un et de l'autre, qu'il laissa raides morts. Cela fait, il sortit tout effrayé ; mais il le fut encore bien plus, quand il aperçut sa femme qui revenait de la messe, et qu'il apprit le funeste accident qui lui était arrivé, et comment il était tombé dans le malheur qu'il avait fui avec tant de diligence. Il ne voulut plus rentrer dans sa maison, mais résolut d'aller sur l'heure en quelque désert pour y faire pénitence.

Sa femme ne put qu'à peine l'arrêter pour avoir le loisir de vendre le peu de bien qu'ils possédaient. Lorsqu'ils eurent fait quelque argent, ils allèrent à Rome se faire absoudre par le Pape, puis se retirèrent auprès d'une rivière dont le passage était extrêmement dangereux, et firent bâtir sur le bord un hôpital en faveur des pèlerins. Là, ils vécurent l'un et l'autre dans une pénitence continuelle et au service des pauvres ; surtout Julien, qui leur faisait passer le fleuve par charité, et leur donnait ensuite l'hospitalité en son hôpital. Une nuit, au milieu de l'hiver, il entendit comme la voix d'un pauvre qui l'appelait pour passer le fleuve. A cette voix, il se réveilla, sauta de son lit, et alla promptement passer ce pauvre, qui paraissait tout malade et tout chargé de lèpre ; il l'amena en sa maison et le mit auprès du feu ; mais, voyant qu'il ne le pouvait réchauffer, il s'avisa de le coucher dans son lit. Alors le malade parut brillant comme un soleil, et, prenant congé de son hôte, il l'assura que son péché était expié par ces pieux devoirs d'hospitalité qu'il exerçait envers les pauvres. A quelque temps de là, saint Julien et sa femme, chargés de bonnes œuvres et de mérites, passèrent de cette vie de misères à une plus heureuse.

En mémoire de sa vie charitable et de son soin pour les pauvres, on l'a surnommé saint Julien le Pauvre ou l'Hospitalier. C'était autrefois une dévotion fort répandue que les voyageurs embarrassés récitassent un *Pater* en son honneur pour obtenir un bon gîte. Il était aussi en beaucoup d'endroits le patron d'hospices où l'on n'avait qu'à se présenter comme voyageur pauvre, pour être hébergé pendant trois jours. Cet ancien et louable usage subsiste encore à Anvers.

On le peint : 1° passant Notre-Seigneur dans un bateau ; 2° tenant une petite barque sur la main et accompagné du cerf qui lui prédit son malheur ; 3° recevant les lépreux, à la porte de son hospice.

Les ménétriers de Paris l'avaient choisi pour leur patron ; ce qui explique la présence d'un masque dans quelques tableaux modernes. Les verrières, celles de Chartres, par exemple, ont développé cette légende. Elle a également été peinte sur un vitrail du XIVe siècle, à la cathédrale de Rouen.

L'Eglise de Saint-Julien le Pauvre, à Paris, possédait un curieux bas-relief du XIVe ou XVe siècle, représentant saint Julien et sa femme, passant l'eau avec Jésus-Christ qu'ils ont pris pour un lépreux [1]. Saint Julien a été choisi pour patron spécial, par les voyageurs, les pèlerins, les hôteliers, les passeurs en bac, les couvreurs de Liége, les bergers.

Nous avons déjà dit que les ménétriers, jongleurs et saltimbanques ont fait de même ; non pas que saint Julien ait été rien de pareil, mais parce que sa charité aura plus d'une fois trouvé l'occasion de s'exercer envers les gens

1. Voir *Statistique monumentale* de Paris.

de cette profession qui voyagent beaucoup et sont très-exposés à rencontrer un mauvais logis.

La mémoire de saint Julien est marquée le 12 février par Ferrarius, en son catalogue des Saints; il est omis au martyrologe romain, bien que les tables de l'Eglise d'Aquilée marquent sa fête le 29 janvier.

SAINT GALACTOIRE, ÉVÊQUE ET MARTYR (507).

Galactoire assista au concile d'Agde (506), dont les canons furent autrefois adoptés dans toutes les églises de France; il y souscrivit avec le titre d'évêque de Bénéarnum, ville que l'on croit être celle de Lascurre ou Lescar. L'année suivante, il fut pris par les Visigoths ariens, près d'un lieu nommé Mimisan; il le tourmentèreut longtemps pour lui faire abjurer la foi catholique. et finirent par le massacrer cruellement. Les évêques, ses successeurs, et tout le peuple de son diocèse, le regardèrent de tout temps comme un martyr.

Conformément à l'ancien bréviaire de Lescar, sa mémoire est honorée deux fois tous les ans : le jour de son trépas et le jour de la translation de ses reliques du lieu où il fut mis à mort dans la ville de Lescar. Les ossements du Saint furent conservés en grande vénération dans l'église cathédrale de cette ville, jusqu'en 1569, époque à laquelle ils furent brûlés par les soldats du comte de Montgomery, chef des novateurs, et la châsse qui les contenait fut pillée.

Propre de Tarbes.

SAINT RIOC [1], ERMITE EN BRETAGNE (VIe siècle).

Il était fils du roi d'Elorn, qui demeurait dans le pays de Léon, au lieu appelé maintenant Traon-Elorn. En reconnaissance d'un service reçu, le roi permit à saint Derien et à saint Neventer d'instruire dans la religion chrétienne les membre de sa famille qui y consentiraient. La reine et son fils Rioc furent de ce nombre. Mais Elorn, loin de leur bâtir une église, comme il l'avait promis, les persécuta, et ils se retirèrent au château de Joyeuse-Garde. Sa mère y passa le reste de ses jours, mourut fort pieusement et fut ensevelie par son fils. Il était alors âgé d'environ seize ans. Ayant vendu tout ce dont il pouvait disposer, il en donna l'argent aux pauvres. Il choisit pour sa retraite un rocher dans la mer, à la côte de Cornouaille, vers l'embouchure de la baie de Brest, au rivage de la paroisse de Kamlet, lieu entièrement désert et écarté, ceint de la mer de toute part, hormis aux marées basses. Il entra en cette solitude environ l'an 552, et y demeura quarante et un ans, tout le temps que Conan Mériadec conquit et subjugua l'Armorique, jusqu'au règne du roi Grallon, qui donna le gouvernement du comté de Léon à Fragan. Celui-ci étant venu résider en son gouvernement, amena avec lui son fils Guénolé, abbé de Landevenec. Ayant ouï parler de l'ermite Rioc, l'abbé l'alla visiter dans sa grotte, et, l'ayant salué, il apprit de lui qu'il y avait quarante et un ans qu'il faisait pénitence en ce lieu, vivant d'herbes et de petits poissons qu'il prenait sur le sable, au pied de son rocher; son origine et son extraction, et toutes les autres particularités de sa vie; que, quand il était monté sur ce rocher, il était vêtu d'une simple soutane, et que ce vêtement s'étant usé à force de temps, Dieu lui avait couvert le corps d'une certaine mousse roussâtre qui le garantissait de l'injure du temps.

Saint Guénolé, ayant ouï le recit de ces merveilles, fut étonné et en rendit grâce à Dieu; et voyant saint Rioc vieux et cassé d'austérités et de macérations, il le pria de venir avec lui en son monastère de Landevenec, à quoi l'ermite consentit. Saint Guénolé lui donna l'habit des moines de son monastère. Il vécut encore quelques années; après sa mort, il se fit de nombreux miracles à son tombeau, et saint Budoc, troisième archevêque de Dol, en ayant été dûment informé, le déclara Saint, environ l'an 630. Comme un grand nombre d'autres saints bretons, saint Rioc est censé avoir tué un *dragon* : image des efforts qu'a dû faire le christianisme pour déblayer le sol de la Bretagne de toutes les superstitions druidiques.

Tiré d'Albert le Grand et de M. de Garaby.

1. Rival, Rieu ou Riou.

SAINT LUDAN OU LOUDAIN [1], PÈLERIN (1202).

Ludan naquit en Ecosse, d'une famille illustre. Ayant perdu son père et sa mère, il prit dans son cœur la résolution de suivre de plus près les traces du Christ. Craignant, s'il restait dans sa patrie, d'y rencontrer des obstacles à son projet, après avoir répandu ses richesses dans le sein des pauvres, il quitta sa parenté et partit couvert d'un vêtement pauvre pour n'être point reconnu. Il visita le sépulcre du Christ, le seuil des saints Apôtres et d'autres saints lieux. Chemin faisant, il parvint, selon la tradition, au bourg de Nordheim, en Alsace, au commencement du XIIIe siècle.

Là, fatigué de la route, il se reposa sous l'ombre d'un arbre, fut réconforté et soulagé par un ange, et averti de l'imminence de sa mort; peu après il s'endormit paisiblement dans le Seigneur. Aussitôt son corps, privé de vie, répandit au loin une très-suave odeur; on trouva sur lui un billet indiquant son nom, sa naissance, sa patrie et sa pieuse vie. Sa sainteté, ainsi connue, on s'empressa de l'honorer comme il en était digne.

Comme il y avait deux paroisses dans le bourg sur le territoire duquel il était décédé, chacune d'elles voulait avoir son corps, jusqu'à ce que quelqu'un conseillât de prier Dieu de faire connaître sa volonté. Alors le corps du Bienheureux, étant placé sur un chariot et abandonné sans guide, le cheval qui le traînait se dirigea de lui-même à l'église de Saint-Georges. C'est dans cette église, agrandie plus tard en son honneur, que saint Ludan est honoré au milieu d'un grand concours d'habitants du pays et d'étrangers. Plusieurs personnes, dans différentes maladies, ont éprouvé son crédit auprès de Dieu.

Ajoutons quelques détails à ces paroles tirées du *Propre de Strasbourg* : Le billet trouvé dans la valise de saint Ludan portait ces mots : « Je suis fils du noble Hildebod, duc d'Ecosse, et je me suis fait pèlerin pour l'amour de Dieu ». Après la mort de son père, il avait employé ses biens à des œuvres de piété et bâti, entre autres, un hôpital pour les étrangers et les infirmes de toute espèce. Son tombeau fut détruit dans la guerre des Suédois, 1632; mais il a été rétabli depuis, et on le voit encore dans l'église qui porte son nom.

LA BIENHEUREUSE CHRISTINE LICARELLI (1543).

Entre les vierges remarquables par leurs vertus que produisit le XVIe siècle, il faut compter la bienheureuse Christine Licarelli, née à Lodi en 1481, connue d'abord sous le nom de Mathiase. Elle montra dès son enfance une piété peu commune et un si grand éloignement pour les vaines parures, qui ordinairement flattent tant la vanité des jeunes personnes, qu'on ne put jamais obtenir d'elle qu'elle mît quelque recherche dans ses vêtements. Tout occupée du jeûne et de la prière, elle négligeait son extérieur et ne désirait que les choses du ciel. On la voyait recueillie en Dieu, qui était l'objet le plus ordinaire de ses pensées; et tout son plaisir était ou de parler de lui ou de souffrir pour lui. Dès que le temps le lui permettait, elle allait chaque jour visiter une image de la Sainte Vierge qui se trouvait dans une chapelle peu éloignée de sa demeure, et là elle mettait son innocence sous la protection spéciale de la Mère de miséricorde. Pour suivre les conseils du bienheureux Vincent d'Aquila, célèbre religieux de l'Ordre de Saint-François, qui avait été son directeur, et afin aussi de répondre à l'inspiration céleste, Christine, à l'âge de vingt-cinq ans, se rendit à Aquila et se présenta au monastère de Sainte-Luce, habité par des religieuses de l'Ordre des Ermites-de-Saint-Augustin. Elle y fut reçue et s'y montra bientôt une fervente novice. On remarquait surtout sa grande modestie, son extrême douceur, sa pauvreté parfaite et son obéissance sans bornes. Quoique malade, jamais elle ne voulut se dispenser de l'abstinence pratiquée dans le monastère. Son sommeil, pris sur un lit très-dur, n'était que de quelques heures. Après sa profession, elle inspira tant de confiance à ses sœurs, qu'elles la choisirent pour prieure de la communauté. Christine voulut en vain s'opposer à ce choix, il lui fallut se soumettre; mais elle n'usa de son autorité que pour se charger des plus bas emplois de la maison et pour rendre à chacune des religieuses tous les services qui dépendaient d'elle. Sa charité ne se bornait pas à être utile à ses compagnes : remplie

1. On dit en Alsace *Sanct-Locten*.

de l'esprit de Jésus-Christ et ne cherchant qu'à lui plaire, la vertueuse prieure saisissait avec empressement toutes les occasions qu'elle trouvait de soulager la misère des pauvres. L'aumône corporelle n'était pas la seule qu'elle fît au prochain ; son zèle pour le salut des âmes la portait à adresser de pieuses exhortations à ceux qui avaient des relations avec elle, et ses discours salutaires fortifiaient ainsi le bien qu'elle opérait par ses édifiants exemples. Ses paroles n'étaient que l'expression des sentiments de son cœur, car Christine ne vivait que pour Dieu. Favorisée du don de contemplation, elle était assez souvent ravie en extase. De fréquents maux de dents et de côté vinrent aussi exercer sa patience et ne purent la vaincre. Parvenue à l'âge de soixante-deux ans, elle alla se réunir à son divin Époux en l'année 1543. A l'instant même de son décès, des enfants l'annoncèrent par des cris et des chants qu'ils firent entendre dans les rues. Les miracles opérés à son tombeau excitèrent les fidèles à lui rendre un culte public, que le pape Grégoire XVI a approuvé par son décret du 15 janvier 1840.

Voir la vie de la bienheureuse par Cornelius Curtius, et les leçons de son office. Nous avons emprunté cet abrégé à Godescard (éd. de Lille).

LE BIENHEUREUX NICOLAS DE LONGOBARDI (1709).

Nicolas de Longobardi était un pauvre paysan que Dieu se plut à élever à une haute sainteté. Il naquit le 16 janvier 1649 ; ses parents étant pauvres ne purent le faire instruire, mais ils lui apprirent à aimer Dieu ; il entra dans l'Ordre des Minimes, mais, faute de science, ne put être élevé au sacerdoce. Ses austérités, sa piété, ses miracles, le rendirent bientôt l'admiration de toute l'Italie ; il fit le pèlerinage de Rome et de Lorette, et mourut le 12 février 1709, en prononçant ces paroles : « Au paradis ! au paradis ! » Pie VI le béatifia le 12 septembre 1786. Son corps est conservé dans une urne de marbre sous un des autels de l'église de Saint-François-de-Paule, à Rome.

XIIIe JOUR DE FÉVRIER

MARTYROLOGE ROMAIN.

A Antioche, la naissance au ciel de saint AGABUS, prophète, dont saint Luc fait mention dans les *Actes des Apôtres*. Ier s. — A Ravenne, sainte Fusque [1], vierge, et sainte Maure, sa nourrice, qui, sous le règne de Dèce, ayant enduré de nombreux supplices, par l'ordre du président Quintien, furent enfin percées avec le glaive, et consommèrent ainsi leur martyre. IIIe s. — A Mélitène, en Arménie, saint POLYEUCTE, martyr, qui, ayant beaucoup souffert dans la persécution du même empereur Dèce, obtint la couronne du martyre. 259. — A Lyon, saint Julien, martyr. — A Todi, saint Bénigne, martyr. Persécution de Dioclétien. — A Rome, saint GRÉGOIRE II, pape, qui résista très-vigoureusement à l'impiété de Léon l'Isaurien, et envoya saint Boniface en Allemagne pour y prêcher l'Evangile. 731. — A Angers, les funérailles de saint Lézin, évêque, homme d'une sainteté éminente [2]. 616. — A Lyon, saint Etienne [3], évêque et confesseur. Vers 512. — A Riéti, saint Etienne, abbé, homme d'une patience admirable, au décès duquel, au rapport de saint Grégoire, pape,

1. L'église Saint-Jacques d'Amiens possède une relique considérable de la Sainte.

2. Voir sa vie le 1er novembre.

3. Saint Etienne, évêque de Lyon, succéda à saint Rustique ; il est compté le vingt-sixième ou le vingt-septième évêque de ce siége. Il assista en 429 à la célèbre conférence qui eut lieu dans sa ville épiscopale, entre les évêques catholiques et les ariens, en présence de Gondebaud, roi de Bourgogne, et à la suite de laquelle ces hérétiques se convertirent en grand nombre. Il était lié d'une étroite amitié avec saint Ennode de Pavie. Ses reliques ont longtemps reposé dans l'église de Saint-Just. (Voir la vie de saint Avite de Vienne au 6 de ce mois.)

assistèrent les anges, visibles même pour les personnes présentes. — A Prato, en Toscane, sainte CATHERINE RICCI, vierge, de la ville de Florence, de l'Ordre des Frères Prêcheurs, remarquable par l'abondance des dons célestes dont elle fut comblée ; le souverain Pontife Benoît XIV l'inscrivit dans les fastes des vierges saintes ; elle décéda, pleine de vertus et de mérites, le 2 février, mais sa fête se célèbre aujourd'hui. 1590.

MARTYROLOGE DE FRANCE, REVU ET AUGMENTÉ.

A Digne, saint DOMNIN ou DONNIS, apôtre de cette ville et son premier évêque. Vers 379. — Au diocèse de Pamiers, saint VOLUSIEN, évêque de Tours, martyr, dont la fête se célèbre à Tours le 11 février, et à Pamiers le jour d'aujourd'hui. 499. — A Coblentz, saint CASTOR, prêtre, patron de cette ville et confesseur. Vers 389. — A Carcassonne, saint Guimer ou Gimier, premier prélat de ce siége [1]. VIe s. — A Meaux, saint GILBERT, natif de Ham, en Picardie, qui, de chanoine de Saint-Quentin, fut fait archidiacre de l'église de Meaux, et ensuite évêque de la même ville. 1009 ou 1010. — A Tours, saint LEUBACE ou LEUBAIS, abbé. Vers 540. — A Chambéry et à Moutiers en Tarentaise, la fête de saint Ephyse, dont l'entrée au ciel est marquée au martyrologe romain le 15 janvier [2]. — A Tarbes, saint Géronce et saint Sévère, vulgairement Sever, martyrs [3]. — Au diocèse de Rodez, saint FULCRAN, évêque de Lodève, fondateur de plusieurs monastères. 1006. — A Poitiers, la fête de saint LÉONE ou LIENNE, dont la naissance au ciel est mentionnée le 1er février. 368. — A Séez, la fête de saint Ebrulfe ou Evroult, dont l'entrée au ciel est marquée au martyrologe romain le 29 de décembre [4]. — A Elan, le bienheureux Roger [5], religieux cistercien. 1175. — A Rennes, fête de saint Enogat [6]. — A Nîmes, fête de sainte Eugénie, martyre romaine [7].

MARTYROLOGES DES ORDRES RELIGIEUX.

Martyrologe de Saint-Basile. — En Cappadoce, au bourg de Magariasse, saint Théodose le Cénobiarque, de l'Ordre de Saint-Basile, qui, après avoir beaucoup souffert pour la foi catholique, se reposa enfin dans la paix. Sa naissance au ciel est célébrée le 11 de janvier [8].

Martyrologe des Chanoines réguliers. — A Rome, saint Grégoire II, pape, compté autrefois parmi les clercs de l'église de Latran, qui résista très-vigoureusement à l'impiété de Léon l'Isaurien, et envoya saint Boniface prêcher l'Evangile en Allemagne.

Martyrologe de l'Ordre de Saint-Benoît, des Camaldules et de la Congrégation de Vallombreuse. — A Rome, saint Grégoire II, pape.

Martyrologe de Cîteaux. — Saint Grégoire, confesseur, d'abord humble religieux de l'Ordre de Saint-Benoît, puis souverain Pontife, deuxième du nom, qui résista très-vigoureusement à l'impiété de Léon l'Isaurien, et envoya saint Boniface, évêque et martyr du même Ordre, prêcher l'Evangile en Allemagne. Si les écrits de ce pape existaient encore, et que ses actions eussent été plus fidèlement gardées par l'histoire, il ne serait pas estimé inférieur à saint Grégoire le Grand.

Martyrologe des Frères Prêcheurs. — A Prato, sainte Catherine de Ricci, etc.

Martyrologe de l'Ordre Romano-Séraphique. — A Castel-Florentin, en Toscane, la bienheureuse Viridiane ou Véridienne, vierge, du Tiers Ordre de notre Père saint François, remarquable par ses fruits de pénitence et par la renommée de ses miracles. 1er février 1242.

Martyrologe de l'Ordre Séraphique. — Saint Ignace, évêque et martyr, dont la naissance au ciel est le 1er février.

Martyrologe des Carmes Chaussés. — Saint Télesphore, pape et martyr, de l'Ordre des Carmes, dont le jour natal est le 5 janvier.

Martyrologe de Saint-Augustin. — Saint Tite, évêque, confesseur, dont on fait la mémoire le 4 de janvier, mais qui est honoré chez nous aujourd'hui.

Martyrologe des Capucins. — A Foligno, dans l'Ombrie, la bienheureuse Angèle, veuve, du Tiers Ordre de notre Père saint François, qui brilla remarquablement par l'oraison, la pauvreté, l'abstinence et la charité, et s'envola dans le ciel le 4 de janvier.

Martyrologe des Carmes Déchaussés. — A Alexandrie, sainte Euphrosine, vierge, de l'Ordre des Carmélites, qui, brillante de toutes les vertus, s'envola vers son céleste Epoux le 1er de janvier.

1. Voir au 15 mai jour de sa fête à Carcassonne. — 2. Voyez ce jour. — 3. Voir au 1er juin, jour auquel nous nous réservons de consacrer une étude à divers saints du diocèse d'Aire, du Bigorre et d'Aquitaine dont l'histoire est fort obscure. — 4. A Bayeux, on fait sa fête le 12 ; voir, à ce jour, la mention tirée du *Propre* de ce diocèse.

5. Roger entra dans l'ordre de Cîteaux à Lorroy, en Berry, devint ensuite abbé d'Elan, près de Rethel, en Champagne, et mourut vers l'an 1175. Il y a dans l'église de l'ancienne abbaye d'Elan une chapelle qui porte son nom et où l'on garde ses reliques dans une châsse. Sa vie a été écrite par un moine d'Elan. Voyez Chastelain au 4 de janvier, jour où le nom du bienheureux Roger se trouve dans le calendrier de Cîteaux, imprimé à Dijon.

6. Voir au 13 janvier, tome Ier, p. 291. — 7. Voir au 11 septembre. — 8. Voir sa vie à ce jour.

ADDITIONS FAITES D'APRÈS LES BOLLANDISTES ET AUTRES HAGIOGRAPHES.

A Caravi, ancienne ville d'Espagne, qui s'élevait près de Saragosse, saint Policète, diacre et martyr, qui périt dans la persécution de Néron. — En ce même jour, un père et son fils terminèrent leur vie sur la croix; Dieu connait leurs noms.— A Alexandrie, les saints Tullien, Antie, Cyriaque et Ammone, martyrs. — A Anvers, saint Pallade, martyr romain, dont le corps fut transféré en cette ville, dans l'église des Jésuites, l'an 1652. — A Turin, sainte Julienne, pieuse matrone, dont les reliques, après la destruction du monastère de Saint-Soluteur, furent déposées dans l'église des Jésuites de cette ville. C'est elle qui recueillit les corps des saints Octave, Soluteur et Adventeur, soldats de la légion thébéenne (aujourd'hui patrons de Turin), et les fit ensevelir dans un oratoire qu'elle leur dédia. IVe s. — En Palestine, saint MARTINIEN, ermite. 830. — En Irlande, saint Modomnoc, ou Dominique d'Ossoria, disciple de saint David de Menevia. VIe s. — En Angleterre, sainte Erménilde, reine de Mercie, épouse du roi Wulfher et mère de sainte Wereburge; elle fut ensuite religieuse et abbesse au monastère d'Elie. Vers l'an 700. — A Méda, au diocèse de Milan, les saints Haymon et Vérémond, fondateurs d'un monastère de femmes en ce lieu. Vers 790. — A Verceil, saint Pierre, évêque. Saint Pierre de Verceil ayant entrepris le pèlerinage des saints lieux, fut fait prisonnier à Babylone avec d'autres chrétiens. Il fut délivré par l'intervention d'un saint homme nommé Bonin, auquel le prélat confia plus tard le gouvernement d'un monastère. Vers l'an 1010. — En Allemagne, le bienheureux Jourdain, deuxième général de l'Ordre des Frères Prêcheurs. Il travailla à la canonisation de saint Dominique. Il mourut à Accon, en Palestine, et accomplit après sa mort plusieurs miracles. Ses livres et ses sermons ont été recueillis; il prêcha en français aux Templiers qui se trouvaient outre-mer, et se fit écouter quoiqu'il sût à peine notre langue [1]. 1237. — A Séez, saint PASSIF, évêque de ce siége. 560.

SAINT POLYEUCTE, MARTYR

259. — Pape : Saint Denys. — Empereur romain : Valérien.

> FÉLIX.
> Albin, comme est-il mort?
> ALBIN.
> En brutal, en impie,
> En bravant les tourments, en dédaignant la vie,
> Sans regret, sans murmure et sans étonnement,
> Dans l'obstination et l'endurcissement,
> Comme un chrétien enfin, le blasphème à la bouche!
>
> Corneille, *Polyeucte*, acte III, scène 5.

Au temps des empereurs Dèce et Valérien, vivaient dans les contrées orientales deux hommes de guerre, Néarque et Polyeucte, unis par les liens de l'amitié plus étroitement que si la naissance eût établi entre eux les liens du sang et de la parenté. Néarque était un chrétien remarquable par sa foi et sa piété; mais le noble Polyeucte était païen. Du reste, s'il n'avait pas encore les dehors du christianisme, il en possédait l'esprit; c'était un olivier fécond auquel il ne manquait plus que d'être planté dans la maison de Dieu.

Or, Dèce et Valérien firent publier qu'on allait décerner des supplices et des récompenses contre les chrétiens. Néarque alors craignit pour son ami, et il se persuada que la diversité de culte allait amener la rupture de leur amitié. Polyeucte, le voyant livré à de douloureuses pensées, l'interrogea affectueusement pour savoir le motif de son affliction. Néarque s'efforça de dissimuler son angoisse; mais ses yeux remplis de larmes le trahirent. « Je dois garder le silence », lui dit-il, « car en ceci votre amitié ne pourrait me

1. Voyez au 15 février.

consoler ». — « Est-ce que je vous ai offensé en quelque chose ? » répondit Polyeucte.

A ces mots, Néarque n'y put tenir davantage. « Cher ami », lui dit-il, « c'est en pensant à notre prochaine séparation, que mon âme est accablée de tant de tristesse ». Polyeucte fut comme foudroyé. « D'où pourrait provenir », s'écria-t-il, « cette séparation que la mort même ne saurait opérer ? » Néarque lui répondit : « Et cependant, cette séparation que la mort n'aurait pu opérer, va avoir lieu ».

Polyeucte ne pouvant encore entrevoir où tendaient de pareils discours, se lève, embrasse son ami et lui dit : « Explique-toi, car je ne puis plus supporter cette réserve si peu amicale ». Néarque regarda fixement son ami, et tout en lui dénotait une âme en proie aux plus violents sentiments. Il ne put se contenir plus longtemps. « C'est cet édit de l'empereur, ô très-cher Polyeucte, qui va nous séparer à jamais ».

Polyeucte comprit parfaitement ce que signifiaient ces paroles ; mais à l'instant, une pensée que Dieu lui envoya vint relever son esprit abattu ; car il avait eu une vision dont il s'empressa de faire part à son ami : « Il y a quelque chose, Néarque », lui dit-il, « qui empêchera cette séparation de s'exécuter, car j'ai vu le Christ que tu adores s'approcher de moi, me dépouiller de ce méchant habit dont je suis recouvert, et me revêtir d'un vêtement précieux : qui pourrait dire sa beauté et son éclat ? Il le fixa sur mes épaules avec une agrafe d'or ; puis il me donna un cheval ailé ». L'échange d'un méchant vêtement pour un meilleur eut lieu, lorsqu'il passa de la milice terrestre dans les rangs de l'armée du Christ. Et ce cheval ailé, que pouvait-il signifier autre chose que sa prompte ascension de la terre au ciel ?

Néarque tressaillit de joie. « Connais-tu le Christ ? » lui demanda-t-il avec allégresse, « ce Christ, Polyeucte, qui est vraiment Dieu ». Polyeucte lui répondit : « Comment aurais-je pu l'ignorer ? quand tu parlais de lui, est-ce que mon âme n'était pas saisie de crainte ? Est-ce que la lecture que tu faisais de ses discours ne me ravissait pas d'admiration ? Le nom seul de chrétien me manquait, puisque je l'étais par sentiment. Que faisons-nous, ô Néarque ? pourquoi ne nous déclarons-nous pas publiquement les serviteurs du Christ ? Mais avant, instruis-moi sur quelques points de la vie de l'esprit ». Néarque se leva soudain, et dit : « Sois sans inquiétude, tendre ami, car il est écrit que Dieu peut de ces pierres mêmes faire des enfants d'Abraham, c'est-à-dire que les Gentils peuvent être sauvés par Jésus-Christ. Il est encore écrit que les ouvriers qui sont allés travailler à la dernière heure seront récompensés, comme ceux qui sont allés travailler à la première ; en sorte que, quoique venu tard, tu seras récompensé comme les premiers. Vois le larron qui fut crucifié avec le Christ : une simple et courte parole lui obtint le ciel, comme s'il l'avait gagné par de nombreux mérites ».

Ce discours fit naître dans l'âme de Polyeucte une grande confiance. « Tout cela », dit-il, « nous manifeste clairement que l'un de nous doit subir le martyre ; je me représente par la pensée tout ce qu'il y a de beau dans le ciel ; je vois le Christ devant mes yeux, et l'éclat de cette vision enflamme mon visage. Mais il est temps que nous lisions l'édit des empereurs, afin que nous sachions ce qu'il exige de nous ». Il saisit l'édit; et, après l'avoir lu, il le déchira en mille morceaux qu'il jeta au vent ; se retournant ensuite, il aperçut qu'on transportait les idoles qui allaient être placées sur des autels pour y recevoir des adorations insensées. Il feignit de s'approcher de l'autel d'un air calme. Là, il prend les idoles les unes après les autres, les brise contre terre et les réduit en poussière. Cette action attira sur les lieux son beau-père Félix que les empereurs avaient chargé de diriger la persécution ; il se montra d'abord courroucé, puis, touché d'une affection humaine et d'une compassion très-sensible envers le Saint, il lui parla ainsi :

« Polyeucte, consentez du moins à vivre jusqu'à ce que vous ayez vu votre épouse ». — « Si votre fille », répondit le Saint, « veut me suivre, la pensée du ciel et l'espérance des biens incorruptibles la rendront heureuse ; sinon elle périra avec vos dieux ». Félix versa d'abondantes larmes, car il avait perdu tout espoir. « Malheur à moi », s'écria-t-il, « l'art magique du Christ a précipité Polyeucte dans l'erreur ». « Je le confesse », répondit Polyeucte, « c'est par le Christ que j'ai été appelé à la connaissance de la vérité ». Comme il parlait ainsi, ceux qui persécutaient les Saints s'approchèrent, et, se saisissant de la personne du martyr, ils le frappaient à la bouche. Mais le généreux Polyeucte se mettait peu en peine de ces coups, car il voyait à ses côtés Jésus-Christ qui avait souffert pour lui.

Il allait avoir à lutter contre une autre épreuve ; son beau-père et sa femme se présentèrent en répandant des larmes et en manifestant la plus vive douleur ; mais le martyr, qui n'ignorait pas les embûches du démon, se redressa dans toute sa fermeté et opposa à l'émotion que lui causa d'abord la vue de sa femme toute l'énergie de sa foi ; puis il parla ainsi à son beau-père, d'un ton grave et pénétrant : « Serviteur de profanes idoles, pourquoi par vos larmes et celles de mon épouse, cherchez-vous à me faire renoncer à la confession du nom de Jésus-Christ ? vous devriez plutôt pleurer sur vous-même en songeant qu'après avoir temporellement servi des princes qui bientôt doivent périr, vous serez livré à un feu éternel ». Regardant ensuite sa femme qui pleurait amèrement et lui disait : « Que t'est-il donc arrivé, Polyeucte ? Par quelle tromperie as-tu été amené à briser nos douze dieux ? » le martyr sourit doucement et dit : « Courage, Pauline, écoute-moi ; je t'enseignerai la connaissance du vrai Dieu ; hâte-toi de l'adorer et d'échanger cette courte vie pour une autre qui est éternelle ».

Durant cet entretien, les persécuteurs, voyant avec dépit que l'exemple de Polyeucte convertissait à la foi chrétienne un grand nombre de gentils, pressèrent sa condamnation à mort. Lorsqu'on lui signifia la sentence, il parut à peine ému. L'épreuve était terrible pour un jeune converti, jouissant comme lui des douceurs et du charme de la vie ! Il laissa bientôt paraître une grande joie, comme quelqu'un qui commencerait à jouir de la béatitude du ciel. Il répétait à ceux qui étaient présents : « J'ai vu un jeune homme tout céleste s'approcher de moi, m'adresser la parole et m'engager vivement à oublier toutes les choses terrestres ».

Au moment où il allait recevoir le baptême dans le sang de Jésus-Christ, il y eut une seule chose de la terre qui revint à son esprit, ce fut l'amitié de Néarque. Ayant aperçu ce digne ami, il lui dit : « Courage, Néarque, et souviens-toi de notre alliance ! » Puis, il présenta son cou au glaive et mourut en héros.

Les frères qui étaient présents s'empressèrent de déposer son saint corps à Mélitène, ville de l'Arménie. Or, il s'écoula quatre jours entre la mort de Polyeucte et la déposition de son corps. Néarque était présent aussi ; il prit du sang du martyr, son ami, sur un linge fin, et le porta dans la ville de Canéote, à laquelle il donna ainsi un précieux héritage.

Tels sont dans toute leur simplicité, rédigés par Néarque et légèrement abrégés par nous, ces admirables actes de saint Polyeucte, dont Corneille a tiré un des chefs-d'œuvre du théâtre français.

On donne pour attribut à saint Polyeucte l'*épée* qui trancha le fil de ses jours.— On le représente aussi endormi, voyant Jésus-Christ qui lui apporte un vêtement d'une étoffe précieuse, figure du bonheur de la vie éternelle.

Les Grecs font sa fête avec beaucoup de solennité le 9 de janvier.

Il y avait à Mélitène, dans le IVe siècle, une église de Saint-Polyeucte où saint Euthyme allait souvent prier. Il y en avait aussi une magnifique à Constantinople, sous l'empereur Justinien : les hommes y faisaient leurs serments les plus solennels. Nos rois de la première race confirmaient leurs traités par le nom du saint martyr Polyeucte.

SAINT VOLUSIEN OU VOUSSIEN, ÉVÊQUE DE TOURS,

MARTYR

499. — Pape : Symmaque. — Roi des Francs : Clovis.

Principes persecuti sunt me gratis.
L'homme pieux ne craint ni les princes, ni les grands; cependant il n'emploie contre eux d'autres armes que celles de la prière et du fidèle accomplissement des préceptes divins.
Comm. sur le Ps. CXVIII, 161.

Saint Volusien, évêque de Tours, naquit à Lyon d'une famille sénatoriale, originaire de l'Auvergne. Malgré les bienveillantes attentions des empereurs dont ils furent souvent l'objet, ses ancêtres préférèrent aux faveurs impériales la grâce du baptême. Ils n'hésitèrent point, en effet, à embrasser le christianisme, dès qu'ils en eurent connu la divinité. Le père de Volusien se nommait Apollinaire et sa mère Matertera.

Fidèle aux glorieuses traditions de sa famille, le jeune Volusien donna de bonne heure l'exemple des vertus chrétiennes ; mais son âme ardente et généreuse ne pouvait se contenter d'une perfection commune et vulgaire, et il embrassa la vie monastique au célèbre monastère de Lérins, cette pépinière d'évêques qui jeta un si vif éclat dans l'Eglise de France.

Nous ignorons les circonstances qui l'amenèrent à Tours, sous l'épiscopat de saint Eustache. Ce pieux évêque, charmé de ses vertus, le retint près de lui et il y resta sous l'épiscopat de saint Perpet, dont il était d'ailleurs le parent[1]. Maan prétend qu'il était également parent de Sidoine Apollinaire[2]; mais cette opinion ne nous paraît pas assez solidement établie.

A la mort de saint Perpet, le peuple de Tours, grand admirateur des vertus de Volusien, le choisit pour son évêque. C'était en l'année 491.

Digne imitateur de son illustre parent, il employa son immense fortune au soulagement des pauvres et aux besoins de son église. Il érigea la paroisse de Manthelan, dans l'arrondissement de Loches, et consacra la basilique de Saint-Jean, à Marmoutier.

Les honneurs de l'épiscopat ne diminuèrent en rien l'éclat de son humilité et il conserva, sur le siége épiscopal, la simplicité et la modestie du moine. Il sut par sa douceur gagner l'affection de son peuple ; mais, homme

1. *Historia Francorum*, lib. X, c. 31.
2. Maan, *Sancta et Metropol. Eccles. Turon.*, sanctus Volusianus.

de conscience, de fermeté, il se rendit bientôt suspect à Alaric qui tenait alors sous sa domination une grande partie de la Gaule et de la Touraine jusqu'à la Loire. Le monarque arien, comprenant que la conversion de Clovis au christianisme allait porter un rude coup à son autorité, et redoutant par-dessus tout l'influence des évêques, ne recula pas devant la persécution. La courageuse éloquence et les abondantes aumônes de Volusien le désignèrent l'un des premiers aux rigueurs du roi barbare. Arraché violemment du siége épiscopal qu'il occupait si dignement depuis sept ans, il fut emmené en exil dans la ville de Toulouse.

Malgré le profond chagrin qu'il éprouvait d'être séparé de son église, Volusien ne resta pas inactif; ne pouvant plus instruire son peuple, il fit entendre constamment sa parole aux Ariens; il discutait avec leurs évêques, et par l'ardeur de son zèle et l'efficacité de ses discours, il fit triompher la vérité catholique.

Les Goths, chassés par les troupes victorieuses de Clovis, résolurent d'emmener le saint évêque dans leur fuite jusqu'en Espagne; mais comme le courageux Pontife ne cessait de leur reprocher leur hérésie avec une sainte hardiesse, ils lui tranchèrent la tête dans les environs de Pamiers, et ils ajoutèrent ainsi à ses mérites la couronne du martyre, vers l'année 499.

La tradition rapporte que le Saint s'appuyait sur son bâton en présentant sa tête au glaive du bourreau. Ce bâton demeura en terre et il devint dans la suite un bel arbre qu'on voyait encore au XVIIe siècle [1]. Son corps, enseveli d'abord auprès de Foix, fut transporté plus tard dans une église que le comte Roger fit élever en son honneur. Des religieux Augustins construisirent un monastère autour de cette tombe qui devint bientôt un lieu de pèlerinage, que de nombreux miracles rendirent très-célèbre.

Le martyrologe romain fixe sa fête au 18 janvier; mais l'église de Tours la célèbre le 11 février, et celui de Pamiers le 13, en vertu d'une permission du Saint-Siége [2].

Tels sont, en raccourci, la vie et la mort de saint Volusien : les chercheurs et les archéologues nous sauront gré d'ajouter ici, comme en appendice, un document que nous devons à l'obligeance de M. Pouech, chanoine à Pamiers.

« Ce qui peut vous avoir échappé, nous écrivait, le 12 novembre 1871, ce savant ecclésiastique, c'est un document de 1384 rapporté en preuve par Dom Vaissette, auteur de l'*Histoire du Languedoc*, et dont je vous donne ici un extrait que je prends dans le livre de *M. Adolphe Garrigou*, un des érudits qui ont écrit sur l'ancien pays de Foix, n'ayant pas à ma disposition l'œuvre de Dom Vaissette. Voici cette pièce :

« A tous ceux qui verront le présent écrit faisons savoir que nous *Hugues*, par la grâce de Dieu, humble abbé du monastère de Saint-Augustin de Foix, diocèse de Pamiers, avons trouvé, vu, appris et lu mot à mot, dans les archives et (de ?) la sacristie de notre monastère, divers actes, livres et anciens manuscrits destinés à conserver le souvenir des faits relatifs à l'abbaye, à sa basilique et à ses anciens canons ou règlements. Nous avons vu dans ces titres que le bienheureux Volusien, *martyr* de Jésus-Christ et archevêque de Tours (*sic*), de bonne mémoire, dont le corps repose dans la basilique de Foix, du temps de Clovis, premier roi chrétien de France, alors qu'une bande de Goths et d'Ariens, vraie peste publique, envahit la Gaule, et que la ville de Tours, décimée par le fer et livrée au pillage, fut privée de son évêque et pasteur, nous avons lu, disons-nous, que le bienheureux Volusien fut pris et lié par ces détestables ennemis de la foi et conduit en exil jusqu'à Toulouse. On y lit encore que ces farouches Visigoths, soupçonnant leur propre roi Alaric, qui habitait Toulouse, de s'entendre avec Volusien pour rendre la ville aux armées franques, éloignèrent celui-ci qui était tenu en dehors des murs de la ville lié et enchaîné. Ils voulurent conduire le saint évêque en Espagne ou dans quelque contrée éloignée, afin de dominer seuls sur la ville et de pouvoir sans obstacle naturaliser leurs doctrines perverses au sein d'une population catholique. Volusien, entraîné jusqu'au lieu de *Couronne*, à un mille du village, dit Villepey-

1. Du Saussay, *Mart. gall., apud Bollandum*, 18 janvier. — 2. M. l'abbé Rolland, *Aum. du pens. des Frères des écoles chrét. de Tours.*

rouse, *fut décapité* par ces soldats barbares *et reçut ainsi d'eux la couronne du martyre*. De plus, on lit que la même nuit où le Saint fut mis à mort, il apparut à deux femmes pieuses Julienne et Juliette, et qu'il leur raconta les circonstances de son *martyre*, leur ordonnant d'aller trouver les clercs et les fidèles de Foix, afin que son corps fût porté dans la basilique de cette ville et y reçût la sépulture : ce qui fut fait sans retard et comme par enchantement, d'après ce que rapportent ces écrits *authentiques et dignes de toute croyance*... Je supprime ici une quinzaine de lignes étrangères au sujet... Après quoi l'abbé Hugues ajoute : « Nous avons trouvé ces faits rapportés dans des monuments *anciens, dans des manuscrits dignes de foi*, et nous y puisons un témoignage irrévocable de ce que nous avançons, et afin que toute croyance y soit aussi ajoutée, Nous, abbé susdit, *à la prière des consuls et de la communauté de Foix*, nous dressons le présent diplome et le revêtons de notre propre sceau.

« Fait et donné dans notre susdit monastère, le 23 du mois d'octobre, année de l'incarnation du Seigneur 1384 ».

« Ce diplome, au dire de l'auteur précité (*M. Adolphe Garrigou*, dans son livre intitulé : *Etudes sur l'ancien pays de Foix et le Couserau, à Toulouse, chez Henault*, 1846), se trouve rapporté en latin, dans le tome Ier de l'*Histoire du Languedoc*, Preuves, page 22, — ce que je ne puis vérifier par moi-même.

« C'est sur ce monument écrit que les savants historiens du Languedoc ont composé leur récit touchant l'exil et la mort de saint Volusien, récit que les chroniqueurs qui ont écrit après eux ne font que reproduire. Or, ce récit des savants Bénédictins, appuyé de ce diplome qu'ils doivent avoir regardé comme authentique, a déjà de l'autorité. Mais nous avons encore d'autres auteurs antérieurs qui ont pu puiser à la même source, les archives de Foix, et qui, parlant de saint Volusien, racontent aussi uniformément son martyre. Ce sont :

« 1° Au XVIIIe siècle, le Père de La Couldre, *Vie de saint Volusien*, Limoges, 1722, chez François Meillac.

« 2° Au XVIIe siècle, l'abbé de Lascases, ex-recteur de Foix, natif de cette ville, dans son *Mémorial historique sur les troubles du pays de Foix de 1490 à 1640*, Toulouse, chez Arnaud Colomies, 1644, et de Marca, *Histoire du Béarn et du pays de Foix*.

« 3° L'*Histoire des comtes de Foix*, en latin, par Bertrand Hélie, de Pamiers, XVIe siècle.

« Ce dernier peut avoir consulté les archives du monastère de Saint-Volusien pendant qu'elles étaient encore dans leur intégrité.

« Or, antérieurement à cette époque, on cite une foule d'actes de donations faites au monastère de Saint-Volusien, *martyr*, remontant jusqu'à sa fondation en 1104, par Paschal II, à la prière de Roger Ier, premier comte de Foix, et racontée par André de Ravenac, religieux de l'Observance.

« Le monastère fut fondé sous le vocable de Saint-Augustin ; mais à partir de 1111, il passa sous celui de Saint-Volusien, *martyr*, ou du moins c'est ainsi qu'on le nomme.

« Lascases, d'après Hélie Durand et d'autres écrivains antérieurs, raconte au long la translation de ses reliques, et tous qualifient le Saint de martyr.

« Enfin on cite encore des actes de donation à saint Volusien, *martyr*, remontant au Xe siècle ». (Manuscrit de 1438, cité par A. Garrigou, page 330.)

SAINT GRÉGOIRE II, PAPE

714-731. — Empereurs d'Orient : Anastase II ; Théodose III ; Léon l'Isaurien.

> Le Christ m'est témoin : lorsque je contemple son image, je suis saisi de componction et mes larmes coulent comme la pluie du ciel.
>
> Saint Grégoire II.

Grégoire, deuxième du nom, était né à Rome : son père, qui s'appelait Marcel, lui transmit avec son sang de patricien toutes les traditions de la politique romaine. Il était moine bénédictin, sacellaire et bibliothécaire de la sainte Eglise romaine, lorsqu'il fut élevé à la dignité de cardinal diacre, par le pape Sergius Ier, qui l'affectionnait particulièrement. Il joignit une éminente sainteté à une profonde connaissance de l'Ecriture et de toutes les sciences ecclésiastiques, dont il avait fait une étude spéciale dans la maison ou école patriarcale de Latran. Il suivit à Constantinople le pape Constantin auquel il devait succéder, et fit comprendre à l'empereur Justinien II, qui le prit en grande estime, tout ce qu'il y avait d'irrégulier dans les actes du concile *in Trullo*[1].

Il fut élu pape quarante jours après le décès de Constantin, son prédécesseur : il jugea les temps difficiles où il était venu et ne les craignit pas.

Quatre grands événements marquent son pontificat : la restauration de la vie monastique en Italie ; la conversion et la constitution ecclésiastique de l'Allemagne ; sa lutte contre l'iconoclaste Léon l'Isaurien ; l'émancipation de Rome et de l'Italie du joug devenu insupportable des empereurs d'Orient.

Il commença d'abord à réparer les murs de Rome ; mais diverses circonstances malheureuses l'arrêtèrent dans cette utile entreprise, tant l'Italie était tourmentée par une horrible tempête. Il travailla avec plus de succès à rétablir en Italie la discipline monastique. Un nommé Pétronax était venu à Rome par piété et y avait embrassé la vie religieuse : le Pape se servit de lui pour relever le monastère du Mont-Cassin ruiné par les Lombards, environ cent quarante ans auparavant. Quand Pétronax, accompagné de quelques Frères du monastère de Latran, arriva au Mont-Cassin, il y trouva des anachorètes qui vivaient en grande simplicité au milieu des décombres de l'ancienne abbaye : il se les adjoignit, et tous ensemble se remirent à observer dans sa pureté primitive la règle bénédictine, là même où le fondateur l'avait écrite.

Saint Grégoire rétablit encore à Rome les monastères qui étaient près de l'église de Saint-Paul, réduits en solitudes depuis longtemps, et il y établit des moines pour chanter les louanges de Dieu jour et nuit. Il fit encore un monastère d'un hôpital de vieillards qui était derrière l'église de Sainte-Marie-Majeure, et rétablit le monastère de Saint-André, dit de Barbara, tellement abandonné qu'il n'y restait pas un moine. L'une et l'autre communauté venaient chanter l'office tous les jours et toutes les nuits dans l'église de Sainte-Marie. Après la mort d'Honesta, sa mère, le saint Pape donna sa propre maison à Dieu, et y bâtit de fond en comble un monastère en l'honneur de sainte Agathe, auquel il assigna des maisons dans la ville et des terres à la campagne[2]. En rétablissant ainsi les monastères, surtout le monastère du Mont-Cassin, ce grand Pape fondait pour les siècles du moyen âge, non-seulement des retraites à la piété, mais des asiles aux lettres, aux arts et aux sciences. Car, pendant les siècles du moyen âge, les monastères furent les seules écoles en Occident. Sans eux et sans l'épée de Charles Martel, l'Europe, asservie aux Mahométans, en serait, pour les sciences, les lettres et les arts, où en est l'Afrique sous les Maures et les Bédouins.

Non moins vigilant à réprimer les désordres qui se glissaient parmi les fidèles, qu'à rétablir les monastères, le saint pape Grégoire II tint, le 5 avril 721, un concile à Rome, où assistèrent vingt-deux évêques, avec tout le clergé romain. Parmi les évêques de ce concile, il y en avait trois étrangers : Sedulius, écossais de la Grande-Bretagne ; Fergust, picte d'Ecosse ; et Sindered d'Espagne, qui avait quitté l'archevêché de Tolède, à l'invasion

1. Ce concile fut ainsi appelé parce qu'il s'était tenu dans une salle du palais impérial nommé *Trullus*. Les Papes avaient refusé de le confirmer, à cause de certains canons qui tendaient à détruire l'uniformité de la discipline entre l'Eglise grecque et l'Eglise latine. Il fut aussi appelé *Quini-Sexte,* parce qu'il suppléa, par ses canons, au cinquième (*quintus*) et au sixième (*sextus*), qui n'en avaient pas laissé. (Voir les *Conciles*, de Mgr Guérin, t. II, p. 7.

2. Anast. *In Greg. II.*

des Sarrasins. Centre de l'unité, Rome était un asile toujours ouvert aux fugitifs[1].

En résumé, les Pontifes romains continuaient à civiliser l'Angleterre : ils commençaient à civiliser l'Allemagne ; ils élevaient partout aux sciences, aux lettres et aux arts, des sanctuaires inviolables dans les monastères. Ils engageaient les princes à protéger ces foyers de civilisation et à repousser l'invasion sanglante du mahométisme, qui, de fait, devait abrutir le genre humain ; en un mot, les Pontifes romains étaient les sauveurs de l'Occident, et par là même du monde. L'Orient lui-même ne leur fut pas moins redevable à cette époque ; car il leur dut de conserver, non-seulement la foi chrétienne, mais encore le bon sens, avec le goût des lettres et des arts.

L'Angleterre devait sa conversion à Rome ; l'Allemagne dut la sienne à l'Angleterre. Les Anglais continuaient leur pèlerinage au tombeau des Apôtres. Tourmentés par le feu du zèle que Jésus-Christ est venu semer sur la terre, et pressés par cette passion de l'apostolat propre aux Anglais, les nombreux moines missionnaires formés dans l'île des Saints venaient demander sa bénédiction au successeur de saint Pierre et de là se répandaient dans les pays du Nord, inaccessibles aux hommes de la race latine, et qui attiraient toute la sollicitude du Pape régnant. Déjà, en l'année 716, il avait envoyé en Bavière trois légats : un évêque, un diacre et un sous-diacre, afin d'ériger un archevêché et un évêché dans le pays où les populations se convertissaient en foule, et d'y pourvoir à l'enseignement de la doctrine chrétienne. Il sacra évêque saint Corbinien qui fixa depuis son siége à Freisingen, en Bavière. En l'année 718, un moine anglo-saxon se présenta devant Grégoire II, et, tirant de son manteau une lettre de son évêque, Daniel de Winchester, il attendit humblement la réponse du Pontife. Le nom du moine était Winfrid ; il s'appellera plus tard Boniface. Le Pape lui donna commission d'aller prêcher l'Evangile aux nations encore infidèles de la Germanie, de la Thuringe, de la Frise, de la Hesse et de la Saxe. Le compte qu'il lui rendit des succès de sa première mission engagea saint Grégoire II à le rappeler à Rome pour l'ordonner évêque avec juridiction sur toutes les églises qu'il fonderait. L'élu prêta le serment épiscopal : voici quelques paroles de cet acte solennel qui fonda le droit ecclésiastique en Allemagne..... « Moi, Boniface, évêque par la grâce de Dieu, je promets à vous, bienheureux Pierre, prince des Apôtres, et à votre vicaire le bienheureux Grégoire, comme à ses successeurs, par la Trinité indivisible..... et par votre corps très-sacré ici présent, de garder la fidélité et la pureté de la foi catholique, et de persévérer, avec l'aide de Dieu, dans l'unité de la même foi d'où dépend, sans aucun doute, le salut de tous les chrétiens..... Moi, Boniface, humble évêque, j'ai écrit de ma propre main ce texte de mon serment, et, le déposant sur le tombeau très-sacré de saint Pierre, j'ai fait devant Dieu, pris pour témoin et pour juge, le serment que je promets d'observer ». En renvoyant Boniface aux nations du Nord, le souverain Pontife lui remit le livre des saints canons ; il y joignit des lettres pour Charles Martel, pour les évêques et le peuple chrétien qu'il exhortait à faire bon accueil au délégué du Saint-Siége ; enfin pour les idolâtres thuringiens et saxons auprès desquels il l'accréditait comme l'envoyé de Dieu dans l'intérêt de leurs âmes.

Une lettre de saint Grégoire II à Léon l'Isaurien, empereur de Constantinople, disait : « Nous partons pour l'extrémité de l'Occident, vers ceux qui demandent le saint baptême. Car depuis que j'y ai envoyé des évêques et des clercs de notre Eglise, leurs princes n'ont pu encore être amenés à se

1. Labbe, tome VI, p. 1455.

laisser baptiser, parce qu'ils désirent que je sois leur parrain..... » Nous ne savons si le saint Pontife a pu baptiser les princes dont il parle, car la plupart des actes de son glorieux pontificat nous sont inconnus. Mais ce que nous savons bien, c'est qu'à mesure que la lumière de la foi avançait en Occident, elle se retirait de l'Orient. Le règne de Léon l'Isaurien, contemporain de notre saint Pape, n'était pas fait pour arrêter la déplorable décadence de l'Asie, de l'Afrique et de la Grèce.

Marchand de bestiaux, puis soldat avant d'être empereur, Léon entreprit comme Mahomet de réformer la religion à coups de sabre. Il s'était d'abord distingué par son courage, et pendant les premières années de son règne, il avait fait subir plusieurs échecs aux Musulmans qui étaient venus l'insulter jusque sous les murs de Constantinople. Mais il avait été entouré dès son enfance par des Juifs et de mauvais chrétiens qui altérèrent la pureté de sa foi. L'un de ces Juifs lui dit un jour en plaisantant, après avoir blasphémé l'image de Notre-Seigneur Jésus-Christ : « N'est-ce pas que si tu étais empereur, tu détruirais toutes ces images impies ? » — « Je jure », répondit-il « que je n'en laisserais pas subsister une seule ». L'empereur se souvint du serment de l'enfant. Il ne vit pas qu'en détruisant les images, il ne faisait qu'imiter les Musulmans, les plus cruels ennemis de la religion et de l'empire. L'Eglise, en cette circonstance, sauva la vérité, le bon sens et l'art chrétien.

La superstition avait poussé Léon à proscrire les images ; l'orgueil et le démon de la rapine le firent persévérer dans la funeste voie où il s'était engagé dès l'année 726.

L'édit qu'il publia pour faire ôter des églises toutes les images qui les ornaient fut présenté à la signature du patriarche de Constantinople : c'était alors saint Germain, vieillard vénérable et appartenant à une des premières familles de l'empire. Saint Germain refusa de souscrire : « Les chrétiens », dit-il à l'empereur, « n'adorent pas les images, ils les honorent, parce qu'elles leur rappellent le souvenir des Saints et de leurs vertus ». Léon III ne voulut rien comprendre aux claires et simples observations de l'évêque. Il n'en vint pas toutefois aux dernières extrémités, parce que le peuple aimait Germain et que l'édit contre les images avait excité une grande fermentation dans les esprits. L'évêque profita du répit qu'on lui laissait pour soutenir la saine doctrine et raffermir le courage de certains de ses collègues qui craignaient la colère de l'empereur. Il écrivit aussi au Pape pour l'informer de ce qui se passait. Saint Grégoire lui répondit longuement pour le féliciter de sa vigueur et lui expliquer lui-même la doctrine catholique. « L'honneur que l'Eglise rend aux images », dit-il, « passe à la personne représentée. On donne le nom d'idoles aux images de ce qui n'est point et qui n'a d'existence que dans les fables..... »

Cependant l'Isaurien se lassa de n'employer que les caresses et la douceur. Il revint une dernière fois à la charge, enjoignit à saint Germain d'adopter son édit, et le menaça de l'exil, voire de la mort, s'il prolongeait sa résistance. « Souvenez-vous », lui dit le Patriarche, « que vous avez juré à votre couronnement de ne rien changer à la tradition de l'Eglise ». Pour toute réponse, l'empereur lui donna un soufflet et le fit déposer par le Sénat. Germain se dépouillant alors du pallium ou manteau patriarcal, dit au tyran : « Ma personne est en la puissance du prince, mais ma foi ne cède qu'aux décisions d'un concile ». L'empereur exila le Pontife octogénaire et mit à sa place un intrus plus docile [1]. 730.

1. Saint Germain est cité, le 12 mai, au martyrologe romain. Né en 638, élevé d'abord sur le siége de

Alors commença la destruction générale des images. Rien n'arrêta plus le fanatisme de ces nouveaux Vandales que l'on appelait Iconoclastes. Les soldats de Léon l'Isaurien se ruaient dans les églises et dans les maisons particulières, brisant les statues, souillant ou déchirant les images religieuses et massacrant ceux qui essayaient de s'opposer à leurs violences. L'empereur, non moins cupide que fanatique, confisqua à son profit un grand nombre de statues d'or et d'argent, des vases précieux servant aux saints mystères, des pierreries qui ornaient les images de la sainte Vierge, si vénérée dans l'empire, et fit mettre en pièces un grand crucifix d'airain placé par Constantin le Grand, sous un des portiques du palais impérial. Les habitants de Constantinople avaient une grande vénération pour ce crucifix ; ils s'agitèrent, et des femmes du peuple se ruèrent sur l'officier qui l'avait brisé et le massacrèrent. Ces femmes furent mises à mort avec une foule de catholiques. On faisait enduire de poix les martyrs, on entassait sur leurs têtes plusieurs images auxquelles on mettait le feu, et l'on jetait aux chiens les cadavres calcinés. Le tyran alla plus loin. La célèbre bibliothèque de Constantinople était renfermée dans une basilique, située entre le palais impérial et l'église de Sainte-Sophie. Cette basilique, nommée l'Octogone, à cause des huit superbes portiques par lesquels on pénétrait dans son enceinte, était la résidence des professeurs de belles-lettres et de théologie, payés par l'Etat. Léon l'Isaurien voulut que ces professeurs souscrivissent son édit. Ils s'y refusèrent, combattant avec autant de fermeté que de respect l'opinion de l'empereur. Celui-ci, furieux de ne pouvoir les persuader, résolut de les exterminer, et, plus cruel que le farouche Omar, qui s'était contenté de livrer aux flammes les livres de la bibliothèque d'Alexandrie, il fit brûler, avec les livres et la basilique, les savants professeurs qui refusaient de partager son erreur. Ainsi était inaugurée l'hérésie des Iconoclastes.

Jean Damascène, appelé à cette occasion Chrysorroës (fleuve d'or), résistait aussi en Orient. Grégoire II appelle à lui tout l'Occident. Les consciences blessées repoussent un empereur hérésiarque. Léon, irrité contre le Pape surtout, cherche à se défaire par un crime de ce puissant contradicteur.

Marin, écuyer de l'empereur, est chargé d'organiser une conspiration contre le Pontife. Les conjurés principaux sont découverts et punis. L'exarque Paul assemble des troupes et se dispose à se rendre maître de Rome, pour faire élire par force un autre Pape. Les Romains, avertis de leurs démarches, prennent les armes ; les Florentins, les Lombards de Spolète et tous les habitants des environs, accourent encore, résolus de défendre la ville. Paul fut obligé de retourner à Ravenne.

Les Sarrasins ne cessaient d'inquiéter Constantinople, où cependant on servait si bien leur esprit d'opposition et de malignité ; mais l'empereur, désormais moins guerrier que disputeur en fausse théologie, s'affligeait plus de la résistance du Pape que des progrès que ses ennemis faisaient autour de la capitale.

Deux grands résultats, deux événements immenses étaient préparés à l'insu de Léon par son obstination insensée. Il n'y a pas de doute que les troubles suscités en Italie n'aient concouru à l'indépendance des Papes et servi l'établissement de l'empire des Francs au préjudice des Grecs.

Cyzique et transféré à celui de Constantinople en 715, envoyé en exil en 730 ; mort en 733, à l'âge de quatre-vingt-quinze ans. Dans son exil, il répétait souvent, avec saint Chrysostome : « Quand je devrais mourir mille fois le jour et souffrir même l'enfer pendant quelque temps, je regarderais tout cela comme rien, pourvu que je voie Jésus-Christ dans sa gloire ». Outre les nombreuses lettres qu'il avait écrites pendant sa longue carrière, et dont il ne nous reste que trois, relatives aux Iconoclastes, il avait composé d'autres ouvrages qui sont perdus, entre autres une *Apologie de Grégoire de Nysse contre les Origénistes.*

Les Romains, d'ailleurs, dans cette sorte d'interrègne, soutenaient les intérêts du Pape, confondus avec les leurs; car des exarques et des Lombards ils avaient tout à craindre. Ces deux puissances, excitées par Léon, essaient pourtant de s'entendre pour occuper Rome. Luitprand commande les Lombards et les troupes de l'exarque, étonnés de marcher ensemble.

Ils couronnent de leurs feux le mont Marius et s'avancent jusqu'au pied du mausolée d'Adrien (Château Saint-Ange). Grégoire sort de Rome, précédé de son clergé : nouveau saint Léon, il représente que les malheurs de la ville seront tous ceux de la chrétienté; que les Sarrasins, bien plus que l'empereur, se réjouiront du désastre de cette métropole du culte de Jésus-Christ. Grégoire émeut le roi et lui arrache des larmes.

Luitprand se prosterne aux pieds du Pontife. Le temple de Saint-Pierre était voisin; Grégoire montre au monarque le lieu sacré qui contient le tombeau de l'Apôtre.

Luitprand, interdit, marche vers l'église, s'agenouille devant la confession du Prince des Apôtres, s'y dépouille de ses habits royaux et les dépose, avec son baudrier, son épée, sa couronne d'or et sa couronne d'argent, auprès du tombeau, il prie ensuite le Pape de pardonner à ses ennemis. Grégoire prononce ce pardon solennel, et le roi reprend la route de Pavie.

Les esprits sages et instruits voyaient bien tout ce que ces événements apportaient de forces morales à l'Eglise. Les esprits dépourvus d'énergie, qui ne pénètrent rien des secrets de la Providence et qui ne voient que les spectacles confus de soumission offerts à leurs yeux, purent aussi eux-mêmes se convaincre, malgré leur ignorance, de la nécessité d'obéir au souverain Pontife, quand ils venaient de voir à ses pieds le plus formidable prince de l'Italie, celui que tous regardaient comme disposé à renverser la puissance de Grégoire.

Léon, dans son impétuosité criminelle, lui écrivait pour lui prédire le sort du pape Martin; mais les fatigues du pontificat et cette suite d'hostilités avaient détruit la santé de Grégoire, qui mourut en 731, le 10 février.

Les lettres du saint Pape à Léon l'Isaurien sont pleines de force, de vérité et de ce courage évangélique que rien n'ébranle. On en pourra juger par les extraits suivants :

« Dieu nous en est témoin, toutes les lettres que vous nous avez écrites, nous les avons communiquées aux rois de l'Occident, pour vous concilier leur paix et leur bienveillance; nous vous louions, nous vous exaltions, en vue de la conduite que vous teniez alors. Aussi recevaient-ils vos images, comme il convient que des rois honorent des rois; mais quand ils eurent appris par des Romains, des Francs, des Vandales, des Maures, des Goths et d'autres occidentaux qui étaient à Constantinople ce que vous avez fait en leur présence à l'image du Sauveur, ils ont foulé aux pieds vos propres images et ont déchiré votre face. Les Lombards et les Sarmates ont envahi la Pentapole, occupé Ravenne et chassé vos magistrats. Voilà ce que vous a valu votre imprudence ».

« Que sont nos églises », dit-il dans une autre lettre, « sinon des ouvrages de main d'homme, sinon des pierres, du bois, de la chaux, du mortier? Ce qui en fait l'ornement, ce sont les peintures qui nous représentent les histoires de Jésus-Christ et des Saints. Les chrétiens y emploient leurs biens. Les pères et les mères, tenant entre les bras leurs petits enfants nouvellement baptisés, leur montrent du doigt ces saintes histoires; ils les montrent de même aux jeunes gens et aux gentils nouvellement convertis; ainsi ils les édifient et élèvent leur esprit et leur cœur à Dieu. Mais vous, vous en avez détourné le simple peuple, et au lieu de le porter aux actions de grâces et aux louanges de Dieu, vous l'avez jeté dans la négligence de ses devoirs, dans les amusements frivoles, les fables, les chansons, le son des lyres et des flûtes. Ecoutez notre humilité, Seigneur ; cessez de persécuter l'église, suivez-la telle que vous l'avez trouvée. Les dogmes ne regardent pas les empereurs, mais les Pontifes ; car nous avons l'esprit de Jésus-Christ. Autre est la constitution de l'Eglise, autre celle du siècle ».

Ce pontificat fut un règne de sagesse, de gloire et de courage. Grégoire II gouverna l'Eglise quinze ans, huit mois et vingt-trois jours. En quatre ordinations qu'il célébra au mois de septembre, et dans une autre au mois de juin, il créa cent cinquante évêques, trente-cinq prêtres et quatorze diacres. Baronius dit qu'il fut digne d'être comparé à saint Grégoire le Grand. Il fut enterré au Vatican : après lui le Siége demeura vacant cinq jours.

Diverses histoires de l'Eglise et des Papes.

SAINT MARTINIEN, ERMITE

830. — Pape : Grégoire IV. — Empereur et roi : Louis *le Débonnaire.*

> Partout le démon dresse des embûches à l'homme ; partout il lui livre des combats ; mais dès qu'il ne trouve point de femme pour seconder ses efforts, il se retire vaincu.
>
> Saint Ambroise, *serm. in Quad.*

Nous verrons dans cette histoire, plus qu'en nulle autre, la vérité de ces paroles de Job : « Que la vie de l'homme sur la terre est une guerre et une tentation continuelles » ; car, plus Martinien prit de précautions pour éviter les tentations, plus les tentations le cherchèrent pour le tourmenter. Il était originaire de la ville de Césarée, en Palestine ; et il ne goûta pas plus tôt les plaisirs du monde que, reconnaissant leur vanité et leur peu de durée, il s'en voulut priver ; dès l'âge de dix-huit ans, il quitta les embarras de la ville, et se retira en une solitude voisine de Césarée, pour embrasser la vie monastique et religieuse.

Dans cette retraite, il s'adonna tellement à toutes sortes d'exercices spirituels, qu'on reconnut bientôt qu'il était particulièrement élu de Dieu ; aussi faisait-il plusieurs choses miraculeuses qui marquaient sa sainteté. Il chassait les esprits du corps des possédés, guérissait grand nombre de malades, et faisait d'autres actions semblables, qui attiraient tout le monde à lui, pour obtenir quelque faveur du ciel par ses prières. Le démon voyant le progrès que Martinien faisait dans la vertu, en fut jaloux, et voulut le troubler par des terreurs paniques et par des visions et des apparitions épouvantables ; ayant pris un jour la forme d'un dragon, il grattait les fondements de sa petite cellule, pour la faire tomber sur lui ; mais le saint ermite, ne quittant point pour cela son oraison, dit à son ennemi qu'il voyait revêtu de cette figure terrible : « Tu travailleras en vain, malheureux ; penses-tu me pouvoir étonner, tant que j'aurai mon Seigneur Jésus-Christ à mes côtés ? » Alors le démon s'enfuit comme un tourbillon, criant : « Attends, attends un peu, Martinien ; je te renverserai et t'humilierai : je te chasserai honteusement de ta cellule ; j'en trouverai bien le moyen, quelque confiance que tu aies en celui que tu dis ». Martinien ne quitta point pour cela le champ de bataille, mais tint bon vingt-cinq ans en sa solitude, vivant avec la pureté d'un ange. Le démon s'avisa de cet artifice pour le séduire : comme, une fois, quelques personnes de la ville de Césarée parlaient avec beaucoup d'admiration de la sainteté de sa vie, une courtisane appelée Zoé s'approcha d'eux, et leur dit que Martinien était un sauvage qui s'était retiré en cette solitude pour vivre en bête parmi les bêtes ; qu'il ne fallait pas s'étonner s'il était chaste dans la solitude : mais que, si elle lui avait parlé, et qu'elle eût employé ses attraits pour le gagner, et qu'il lui eût résisté, ils le pourraient croire alors digne des louanges qu'ils lui donnaient. Cette méchante femme fit un pacte avec eux, et promit d'aller attaquer Martinien à condition que, si elle n'en venait pas à bout et qu'elle ne lui fît pas renoncer à toute sa sainteté prétendue, elle voulait être l'objet de la raillerie de toute la ville ; mais que, si elle réussissait en son dessein, ce serait à eux de la payer de sa peine.

Etant ainsi tombés d'accord, elle alla en son logis, se dépouilla de ses beaux habits, les plia dans un paquet, et, s'étant vêtue de pauvres haillons et d'une ceinture de corde, elle prit un bâton à la main et le paquet sous son bras. En cet équipage, elle partit de la ville par une forte pluie, pour se rendre à la pointe de la nuit auprès de la cellule de Martinien. Y étant arrivée, elle se mit à crier d'une voix pitoyable : « Ayez pitié de moi, serviteur de Dieu ! je suis une pauvre femme qui me suis égarée par ces chemins ; je ne sais où aller ni où me retirer pour n'être pas dévorée des bêtes. Père saint, ayez compassion de cette créature de Dieu, quoique je sois une misérable pécheresse ». Martinien fut touché de ces tristes cris, et, entr'ouvrant la porte de sa cellule, il aperçut cette étrangère si trempée de pluie qu'elle lui fit pitié ; et bien qu'il se doutât que c'était un appât de son ennemi pour lui faire perdre la grâce de Dieu, néanmoins, par compassion, et craignant que si elle était dévorée il n'en fût responsable, il se jeta entre les bras de la divine Providence, lui ouvrit la porte, lui fit bon feu, lui donna des dattes pour son souper, et enfin l'avertit de s'en aller le lendemain de grand matin. Pour lui, il se retira dans une autre cellule, qui était plus avant dans son ermitage, et passa la nuit à prier et à chanter des psaumes, malgré les artifices de l'esprit d'impureté, qui fit son possible pour le distraire, lui proposant mille sottes idées touchant cette nouvelle hôtesse. Dès le matin, le saint ermite étant sorti de sa cellule pour aller congédier son hôtesse, fut bien étonné de trouver une personne admirablement parée, au lieu d'une mendiante qu'il pensait avoir logée, car Zoé s'était revêtue pendant la nuit des habits précieux qu'elle avait apportés dans son paquet. Il pensa d'abord que c'était un fantôme, et lui demanda qui elle était, ce qu'elle cherchait et comment elle était entrée. Mais quand il eut reconnu que c'était cette pauvresse qu'il avait reçue le soir précédent, sa surprise augmenta ; et, commençant à la considérer, il lui demanda d'où lui venait ce changement d'habits. Alors elle se mit à le tenter d'une manière si séduisante qu'elle vainquit ce cœur invincible et tira de sa volonté un consentement intérieur au péché. Il y serait sans doute tombé, si la miséricorde divine n'eût empêché l'effet extérieur ; mais Martinien sortit de sa cellule pour voir si quelqu'un ne le venait point chercher, comme on avait coutume de le faire, et, tandis qu'il regardait de tous côtés de peur de scandaliser ceux qui pourraient le trouver avec cette femme, Dieu ouvrit les yeux de son âme par un rayon de sa grâce, et lui découvrit la turpitude de l'action qu'il allait faire et le précipice où il allait tomber. Aussitôt, reconnaissant l'extrême danger où il était, et considérant que ce n'était pas tant une femme qu'un esprit de l'enfer qui le tentait par ses artifices pour triompher de sa chasteté et le dépouiller de tous les mérites de sa vie passée, il rentra dans sa cellule, alluma un grand feu et se roula dans les flammes jusqu'à ce qu'il eût brûlé une partie de son corps ; puis, se relevant au bout de quelque temps, il se disait à lui-même : « Que t'en semble, Martinien ; ce feu ne t'a-t-il pas semblé bien agréable pour le peu de temps que tu y es demeuré ? Si tu penses pouvoir souffrir celui de l'enfer, accepte les propositions de cette femme, car c'est le chemin pour y aller ». Il se jeta pour la seconde fois dans le feu, afin de se brûler davantage, priant la miséricorde du Père céleste de lui pardonner ce consentement et de ne pas permettre qu'il perdît par un péché tant de peines qu'il avait endurées à son service dès son enfance, puisqu'il était prêt à mourir dans ce feu pour son amour plutôt que de l'offenser.

Cette misérable femme était présente à ce spectacle, et, considérant qu'elle était la cause du tourment de Martinien, elle dépouilla ses habits mondains et les jeta dans ce feu, et ayant repris ceux de pèlerine et de pénitente, elle dit à Martinien, avec des larmes entrecoupées de mille soupirs, qu'elle ne voulait plus retourner à la ville, mais qu'elle désirait achever ses jours en une perpétuelle pénitence, en tel lieu qu'il voudrait lui marquer ; que le démon l'avait, il est vrai, sollicitée à le perdre, mais que Dieu le voulait employer pour la relever et la sauver. Ainsi, par le conseil du saint ermite, elle s'en alla à Bethléem, où elle fut reçue dans un monastère par une vierge appelée Pauline, et y vécut douze ans dans une telle austérité et sainteté de vie que Dieu fit, par son moyen, plusieurs merveilles ; après quoi il l'appela à lui pour la couronner de sa gloire.

Martinien demeura tellement brûlé et estropié qu'il ne fut pas guéri de longtemps ; et, faisant ensuite réflexion sur le moyen dont son ennemi s'était servi pour le perdre, il résolut en lui-même de chercher une solitude si écartée que pas une femme ne l'y pût venir trouver. Ayant donc fait son oraison, il implora l'assistance du ciel et s'abandonna à la conduite du Tout-Puissant ; puis, faisant le signe de la croix, il partit de sa cellule et s'en alla du côté de la mer. Le démon, tout enflé de gloire de lui voir quitter le champ de bataille, commença à le siffler, criant après lui : « Fuis, Martinien, car je te poursuivrai partout où tu iras, et t'en chasserai aussi bien que d'ici ; je ne te quitterai jamais que je ne t'aie tout à fait vaincu et renversé ». Le Saint lui répondit : « Toi, misérable ! sache que je ne sors point de ma cellule par ennui ni par dégoût, mais seulement dans le désir de te fouler aux pieds ; et tu ne dois pas tirer vanité de l'issue du combat, puisque je t'ai ravi les armes que tu avais employées pour me nuire, et que la femme que tu avais poussée à me perdre sera ta confusion ». Le démon l'entendant parler de la sorte, n'osa plus rien lui dire ni le poursuivre ; et Martinien, chantant des psaumes et des hymnes à la gloire de son Seigneur, arriva sur le bord de la mer. Il demanda à un marinier craignant Dieu où il pourrait rencontrer un lieu propre à son dessein et où il ne fût inquiété de personne. Le marinier lui dit qu'il y avait bien avant dans la mer une île déserte où était un rocher inhabitable qui épouvantait tous ceux qui en approchaient. Martinien le pria de le mener en ce lieu, qui était celui qu'il cherchait, et lui fit promettre de lui apporter de temps en temps des branches de palmier, du pain et de l'eau pour vivre, l'assurant en outre qu'il prierait Dieu pour lui et lui donnerait pour sa récompense tous les paniers qu'il ferait. On le mena donc sur ce rocher, où il était visité trois fois l'année par le marinier et recevait de lui tout ce dont il avait besoin pour sa subsistance. Il n'est pas aisé d'exprimer sa joie lorsqu'il se vit sur le rocher, au milieu de la mer, où les femmes, dont il appréhendait plus les approches que de tous les esprits de l'enfer, n'avaient garde de l'aller chercher.

Mais, pour faire voir qu'il n'y a point de retraite sûre en ce monde, celui qui lui avait fait la guerre dans sa cellule et l'avait forcé de la quitter, osa l'attaquer dans ce fort qu'il jugeait inabordable. Quelquefois même, il troublait si fort la mer, que le rocher ne semblait plus qu'une profonde vallée dans laquelle Martinien allait être englouti; néanmoins ce Saint demeurait tranquille, et, se moquant de lui, il le contraignait de s'enfuir avec honte. Il avait déjà passé six ans dans cette solitude, qu'il croyait inaccessible; il reconnut enfin qu'il n'est point de lieu où l'occasion d'offenser Dieu ne se puisse présenter, soit sur la terre, soit dans les eaux, soit dans le feu : car un vaisseau qui voguait sur cette mer étant venu se briser contre le rocher, tous ceux qui étaient dedans furent submergés, excepté une jeune fille qui, se sauvant à la faveur d'une planche, vint s'accrocher à la roche. Elle aperçut de là le Saint et lui cria : « Aidez-moi, serviteur de Dieu, donnez-moi la main et me retirez de cet abîme, ou je suis perdue ». Martinien fut bien étonné à ce spectacle; et, reconnaissant que c'était une nouvelle invention de son ennemi, il s'arma de l'oraison; et parce qu'il était obligé de secourir une personne en danger de se noyer, il la tira de l'eau, puis il lui dit : « Ma fille, nous ne pouvons pas demeurer ensemble ici; demeurez-y et mangez mes provisions de pain et d'eau, jusqu'à ce que le marinier qui vient me visiter soit revenu, ce qu'il doit faire dans deux mois : vous lui ferez le récit de votre naufrage, et il vous conduira dans la ville ».

Ensuite il l'exhorta à pratiquer la vertu et à vivre en la crainte de Notre-Seigneur; et, ayant fait le signe de la croix sur la mer, il dit à Dieu, les yeux levés vers le ciel : « Je me jette dans la mer, ô mon Dieu! avec la confiance que j'ai en vous; j'aime mieux être submergé que d'être en danger de perdre la chasteté »; et il se mit à la nage pour se sauver. Mais la Providence, qui ne manque jamais, quand il est question de protéger ses élus, envoya deux dauphins qui le portèrent sur leur dos jusqu'au bord du rivage, où le Saint rendit grâces à son Libérateur et le pria de lui inspirer ce qu'il devait faire. Se remettant donc devant les yeux comment il était importuné par le démon sur la terre et sur la mer, dans les déserts et sur les rochers, il résolut de ne plus s'arrêter en aucun lieu, mais de voyager dans le monde comme un pèlerin en mendiant son pain; il le fit l'espace de deux ans qu'il vécut encore, passant la nuit au lieu où il se trouvait et recevant dans les villages l'aumône qui lui était donnée par charité.

Lorsqu'il fut arrivé à Athènes, il plut à Dieu de récompenser les travaux, les combats et les victoires de son serviteur; c'est pourquoi il révéla à l'évêque que Martinien était en ville et lui découvrit en même temps le mérite de ce saint personnage. L'évêque le vint trouver dans l'église, où il était couché sur un banc; Martinien lui demanda sa bénédiction et le supplia de prier Dieu pour lui; l'évêque le fit, lui administra les sacrements et le pria aussi de ne le pas oublier quand il serait devant Dieu. Ensuite, Martinien ayant dit : « Seigneur, je remets mon esprit entre vos mains », et ayant fait le signe de la croix, rendit son esprit avec un visage joyeux et satisfait, en présence de l'évêque, le 13 février 830.

La jeune fille qui demeura sur le rocher, profitant de l'exemple de Martinien, vécut du pain et de l'eau qu'il lui avait laissés; et, au bout de deux mois, le marinier étant venu, elle lui raconta ce qui s'était passé et le pria de lui apporter un habit d'homme avec du pain, de l'eau et de la laine, et de lui amener sa femme pour lui apprendre à travailler : ayant obtenu ce qu'elle demandait, elle vécut six ans sur le rocher, habillée en homme. Elle avait vingt-cinq ans lorsqu'elle y fit naufrage, et mourut saintement en la trente et unième année de son âge : elle s'appelait Photine. Deux mois après, le marinier revint comme de coutume pour lui apporter ses provisions, et, la trouvant morte, il porta son corps en la ville de Césarée; ayant informé l'évêque qui elle était, l'état de sa vie et la manière dont elle était morte, ce prélat la fit mettre en terre avec pompe et cérémonie, comme il était convenable pour une fidèle servante de Dieu.

Telle est la vie de saint Martinien, ermite, si persécuté et si souvent combattu par l'ennemi commun des hommes, vaincu et victorieux, et qui a glorieusement triomphé de la chair, du monde et de l'enfer. Il était honoré dans tout l'Orient, mais spécialement à Constantinople dans une église voisine de Sainte-Sophie.

Les *Dauphins* qui transportèrent notre Saint sur leur dos de l'écueil à la rive ; le *diable* tentateur sous la forme d'un dragon ; la *courtisane* sous l'un ou l'autre de ses vêtements ; le *foyer* ardent sur lequel il se couche pour dissiper l'ivresse d'un passager plaisir, sont les attributs qui entrent dans les représentations qu'on a données de saint Martinien. — Martin de Vos a peint Photine se sauvant à la nage et abordant au rocher sur lequel l'ermite fait des paniers d'osier.

Son histoire est tirée de Siméon Métaphraste, qui assure avoir connu saint Martinien lui-même ; Surius l'a rapportée en son deuxième tome. Bollandus croit qu'il vécut dans le IVe siècle, et non dans le IXe, et que Paule ou Pauline, qui reçut dans son monastère Zoé, cette femme impudique qui le tenta, et qu'il convertit, est la grande sainte Paule, romaine, disciple de saint Jérôme. Mais, comme Siméon Métaphraste, qui était du IXe siècle, assure qu'il l'a vue, et qu'il appelle cette Paule ou Pauline, vierge, ce que l'on ne peut pas dire au moins dans le sens ordinaire de sainte Paule, romaine, il y a sujet de douter de la vérité de l'observation de cet auteur.

SAINT GILBERT, ÉVÊQUE DE MEAUX

1009. — Pape : Sergius IV. — Roi de France : Robert II.

Non est mortale quod opto.
Mes vœux s'élèvent bien au-dessus des choses mortelles.
Devise de Raphael Capissucchi, évêque de Digne (1628-1655).

Une très-ancienne tradition fait naître saint Gilbert[1] à Ham.

Son père, Fulchard, et sa mère, Geila ou Gisèle, appartenaient à la noblesse du Vermandois et vivaient dans l'intimité du comte Albert Ier. Ils confièrent l'éducation de leur fils aux chanoines de Saint-Quentin de Vermand, qui étaient renommés pour leur science et leur sainteté. Gilbert fit

1. *Gilbertus, Gillebertus, Gislebertus ; — Gillebert, Gislebert.* — Plusieurs saints portèrent le même nom, entre autres un abbé de Fontenelle (4 novembre, XIe siècle), un abbé de Neuffonts (6 juin 1152), un évêque d'Ecosse (1er avril 1240), et le fondateur de l'ordre des Gilbertins (4 février 1190). — Le nom de Gilbert, d'origine germanique, signifie *barbe de chèvre.*

de rapides progrès dans les lettres et de plus grands encore dans la vertu. Ses éminentes qualités, plus encore que sa naissance, le firent distinguer du comte Albert, qui le pourvut d'un canonicat à la collégiale de Saint-Quentin. Sa régularité et son zèle lui attirèrent bientôt l'estime et l'admiration de tous ceux qui le connurent. Le second fils d'Albert Ier, Othon, qui, du vivant de son père, portait le titre de comte de Vermandois, l'attirait souvent à la cour et lui témoignait une vive affection. Le pieux chanoine se rendait volontiers à ces invitations, et sa piété ne souffrait aucune atteinte au contact du monde.

Archanrad, évêque de Meaux, déterminé par la renommée de Gilbert, le choisit pour son archidiacre. On put alors apprécier le zèle, la prudence et la charité qu'il mettait à réprimer la violation des règles et à garantir l'honneur sacerdotal. Il fit honneur à cette collégiale de Saint-Quentin, pépinière féconde qui fournit des sujets à presque toutes les églises de France, et qui vit sortir de son sein près de quarante évêques, sept chanceliers de France, six cardinaux et un pape [1].

A la mort d'Archanrad (995), tous les suffrages se portèrent sur Gilbert, qui mit autant de répugnance à accepter cette dignité qu'on mettait d'empressement à la lui offrir. Etienne Ier, comte de Meaux et de Troyes, exprima toute sa joie aux deux clercs qui vinrent à Epernay soumettre à son approbation le choix du peuple et du clergé.

Malgré son élévation, Gilbert ne changea rien à sa manière de vivre, restant toujours fidèle à ses exercices de piété, à ses oraisons, à ses jeûnes et à ses mortifications. Voyant dans ses nouvelles fonctions une charge obligatoire bien plus qu'un honneur, il puisait dans le profond sentiment de ses devoirs la résolution d'être toujours miséricordieux pour les pauvres, sévère pour les méchants, indulgent pour les bons ; aussi était-ce par un régime tout paternel qu'il gouvernait son bercail. Pendant ses vingt années d'épiscopat, il donna l'exemple de toutes les vertus et surtout d'une parfaite humilité.

Nous ne connaissons qu'un fort petit nombre des actes épiscopaux de saint Gilbert. En 998, nous le voyons souscrire à une charte du roi Robert en faveur du monastère de Saint-Denis ; en 1003, il appose son sceau à une charte du même roi, octroyée à l'abbaye de Saint-Père de Melun ; en 1005, il donne à son Chapitre les revenus de la petite abbaye de Saint-Rigomer, située dans un faubourg de Meaux ; en 1008, il assiste au concile de Chelles, dans le palais du roi Robert ; enfin, nous le voyons donner des secours pécuniaires à l'abbaye de Saint-Père-en-Vallée-lès-Chartres, pour qu'elle puisse augmenter le nombre de ses religieux.

Gilbert fut un des premiers prélats de France qui, à l'exemple de Lisiard, évêque de Paris, divisa les revenus de son église en deux menses, l'une épiscopale et l'autre capitulaire. Ce vœu lui avait été exprimé par son Chapitre, qui désirait pouvoir user des revenus de son lot, sans le concours de l'évêque. Avant ce partage, qui date du 12 mars 1004 et fut approuvé par le pape saint Léon IX, l'évêque, seul administrateur des biens de son église, en faisait la répartition entre les clercs et les chanoines, affectant la part que bon lui semblait au service du culte, au besoin des pauvres et à ses dépenses personnelles.

Gilbert, étant tombé gravement malade et sentant sa fin approcher, réclama les derniers secours spirituels à Léotheric, archevêque de Sens, et à Fulbert, évêque de Chartres, qui se rendirent à son appel. « Grâces immor-

1. Simon de Brie, ou plutôt de Brion, connu sous le nom de Martin IV.

telles vous soient rendues », leur dit-il, « ô vous, lumières de l'Eglise des Gaules, qui venez recevoir les soupirs d'un vieil ami ; vous qui, en m'apportant le Viatique des mourants, venez m'aider à lutter contre les embûches de la mort et les ruses de l'ennemi du salut ; vous qui, d'une main pieuse, confierez mes restes mortels à une tombe chrétienne ».

Après vingt ans de sage administration, le saint évêque mourut, le 13 février de l'an 1009 ou 1010. Il fut enseveli dans l'église dédiée à Notre-Dame et à saint Etienne, devant l'autel, sous les gradins de l'abside. De nombreux miracles s'accomplirent bientôt sur son tombeau.

RELIQUES ET CULTE DE SAINT GILBERT.

Jean l'Huillier, évêque de Meaux, transféra le corps de saint Gilbert en 1491 [1].

Le couvent de Saint-André de Clermont donna, en 1645, une relique de saint Gilbert à l'abbaye de Saint-André-au-Bois.

Le 25 juin 1562, les Huguenots dévastèrent la cathédrale de Meaux ; quelques ossements de saint Gilbert échappèrent seuls au désastre. A l'époque de la Révolution, ils ont été confondus avec les reliques de quelques autres Saints, par suite de l'incurie de l'évêque constitutionnel. Ils sont probablement avec d'autres reliques innomées, dans la châsse principale de la cathédrale, désignée sous le titre de Saint-Fiacre. Dans la même église, on conservait jadis, avec un grand respect, une chape du saint évêque.

Saint Gilbert était spécialement invoqué pour l'hydropisie et le mal des ardents [2].

La collégiale de Saint-Quentin, ainsi que les églises de Meaux et de Noyon, célébraient la fête de saint Gilbert au 13 février. Dans le diocèse de Meaux, on fêtait, de plus, sa translation au 30 octobre. On ne fait plus aujourd'hui que sa fête patronale.

Son nom est inscrit dans le Martyrologe d'Amiens de 1737, ainsi que dans ceux de Molanus, Ferrari, Canisius, Du Saussay, Chastelain, etc. ; il est marqué au 4 février dans quelques anciens calendriers.

Saint Gilbert, revêtu de ses ornements épiscopaux, tient le troisième rang parmi les six personnages qui ont illustré la ville de Saint-Quentin, dans la gravure initiale de l'*Augusta Viromanduorum* d'Hémeré.

Saint Gilbert figurait au portail principal de la cathédrale de Meaux, avec d'autres prélats de cette église. Toutes ces statues ont été mutilées par les Huguenots, le 25 juin 1562, et depuis, on les a ôtées de la place qu'elles occupaient.

Nous avons emprunté cette vie à l'*Hagiographie d'Amiens*, par M. l'abbé Corblet.

SAINT AGABUS,

L'UN DES SOIXANTE-DOUZE DISCIPLES DE JÉSUS-CHRIST ; PROPHÈTE ILLUSTRE DE L'ÉGLISE PRIMITIVE ; TÉMOIN OCULAIRE DES FAITS DU CHRIST (Ier s.).

La tradition [3] de l'Eglise Orientale, suivie, approuvée par l'Eglise d'Occident, témoigne que saint Agabus était l'un des soixante-douze disciples de Notre-Seigneur.

Il avait le don de prophétie, comme la plupart des premiers disciples de Jésus, selon qu'il est marqué dans les *Actes des Apôtres* [4], où on lit ce qui suit :

« En ce même temps (l'an 44 de Jésus-Christ), des Prophètes vinrent de Jérusalem à Antioche.

« L'un d'eux, nommé Agabus, prédit par l'Esprit de Dieu qu'il y aurait une grande famine par toute la terre, comme elle arriva ensuite sous l'empereur Claude ».

1. *Gall. christ.*, VIII, p. 1643.
2. Le mal des ardents, espèce de peste noire, ravagea la Lorraine en 1089, Tournai en 1092, le Soissonnais en 1128, Paris en 1140.
3. S. Doroth., *in synopsi;* Menolog., 8 *martii;* Usuard. — Voir Tillemond, Calmet, Bolland. *die* 13 *feb.;* Sepp.
4. Act., XI, 27, 28.

D'après cette prédiction d'Agabus, « les disciples résolurent d'envoyer, chacun selon son pouvoir, quelques aumônes aux frères qui demeuraient en Judée : ce qu'ils firent en effet, les envoyant aux prêtres de Jérusalem par les mains de Barnabé et de Paul ».

La Synagogue, dans les temps de sa divine institution, avait eu ses Prophètes. L'Eglise chrétienne eut pareillement les siens dans ses commencements. Le don de prophétie était si commun alors, qu'il y avait peu d'églises où il n'y eût quelque personne qui en fût privilégiée [1]. Ce fut principalement alors que l'on vit l'accomplissement de l'oracle de Joël qui annonçait que l'esprit de prophétie serait répandu sur toute chair. Quatre filles du diacre saint Philippe étaient toutes prophétesses. Saint Luc parle encore plus loin [2] des docteurs et des Prophètes, qui étaient à Antioche, et notamment de Barnabé, de Simon le Noir, de Lucius de Cyrène, de Manahen, de Saul. Agabus était un de ceux que le Saint-Esprit favorisait tout spécialement. Tous les écrivains du Nouveau Testament sont autant de Prophètes ; et il y a peu de siècles où Dieu n'ait communiqué son esprit de prophétie, au moins par intervalle, à certaines personnes privilégiées, et illustres par leur sainteté.

La famine que prédit ici Agabus arriva sous l'empereur Claude, la quatrième année de son règne, quarante-quatrième de l'ère commune. Les historiens profanes ont parlé de cette famine. Suétone dit [3] que cet empereur fut attaqué par le peuple au milieu du marché, chargé d'injures, et poursuivi avec des morceaux de pain ; en sorte qu'à peine put-il regagner son palais par une porte de derrière. Cette famine s'étendait *par toute la terre*, dit saint Luc ; c'est-à-dire, dans tout l'empire romain ; mais non pas partout également. Elle affligea principalement la Judée. — Les fidèles d'Antioche furent informés de l'extrême disette que souffraient les chrétiens qui étaient demeurés à Jérusalem, parce que la plupart s'étaient dépouillés de tous leurs biens, pour les mettre en commun, et pour les apporter aux pieds des Apôtres ; ils prirent alors une résolution digne de leur charité, qui fut d'envoyer des aumônes en Judée, pour y être distribuées aux indigents. On chargea de ces aumônes Paul et Barnabé. Hélène, reine des Adiabéniens, et Isate, son fils, vinrent pareillement au secours des habitants de Jérusalem. Ils remirent leurs aumônes entre les mains des magistrats de cette ville, et les Apôtres, entre les mains des prêtres ou anciens de cette église.

Les peintres représentent, dans les tableaux et dans les verrières des églises, Agabus rompant son bâton ou son rameau, de dépit de ce que saint Joseph lui est préféré par le sort pour être l'époux de Marie, et se retirant dès lors sur le mont Carmel pour y vivre dans la solitude et dans la contemplation. C'est ce que raconte une ancienne légende de la vie de la Sainte Vierge.

Il fut un des plus zélés disciples de Jésus, et mérita des faveurs spéciales du Saint-Esprit, qu'il fit servir au profit de l'Eglise.

La famine qu'il prédit sous Claude ne fut pas la seule prophétie publique qu'il fit dans l'Eglise. L'an 58, il vint encore de Judée trouver saint Paul à Césarée, et lui annonça tout ce qu'il devait endurer, à Jérusalem, de mauvais traitements de la part des Juifs et des Gentils :

« Pendant notre séjour à Césarée », dit saint Luc [4], « un prophète, nommé Agabus, vint de Judée et nous étant venu voir, il prit la ceinture de Paul et, s'en liant les pieds et les mains, il dit :

— « Voici ce que dit le Saint-Esprit. L'homme à qui appartient cette ceinture sera lié de cette sorte par les Juifs dans Jérusalem, et ils le livreront entre les mains des Gentils ».

Les fidèles, assurés de la vérité de cette prophétie d'Agabus, essayèrent de détourner saint Paul d'aller à Jérusalem. Mais cet apôtre intrépide, qui savait qu'il devait souffrir pour Jésus-Christ, ne craignit point de s'exposer à tous les périls, et la prophétie précédente s'accomplit à la lettre, lorsque saint Paul fut à Jérusalem.

Les Grecs disent que saint Agabus fut martyrisé à Antioche, et ils marquent sa fête au 8 mars : les Latins la célèbrent le 13 février depuis le IXe siècle.

Voir *Bollandistes*, 13 février, p. 644. S. Adon et les *Soixante-douze disciples* de M. l'abbé de Maistre, auquel nous avons emprunté ce récit.

1. I Cor., XI, 10. — 2. Act., XIII, 1.

3. Sueton., *in Claudio*, c. 18. A turba conviciis ac fragminibus panis ita infestatus est, ut ægre, nec nisi postico evadere in Palatium valuerit, etc... vide et Josephum, *Antiq.*, liv. XX, chap. 2 ; Euseb., liv. II, ch. 8.

4. Act., XXI, 10, 11.

SAINT DOMNIN OU DONNIS, ÉVÊQUE DE DIGNE (vers 379).

Domnin était africain : embrasé du zèle de la religion chrétienne, il quitta ses parents et sa patrie et, avec Vincent, suivit Marcellin. Il aborda avec eux au château de Nice, prêcha la doctrine du Christ dans la région des Alpes et seconda assidûment Marcellin, jusqu'à ce que la foi eut jeté ses racines dans la cité d'Embrun et dans les pays circonvoisins. Lorsque le bienheureux Marcellin eut été sacré évêque d'Embrun, par Eusèbe de Verceil (avant 370), saint Domnin, voulant propager la foi plus loin, choisit la ville de Digne pour travailler à la destruction de l'idolâtrie qui y régnait encore dans toute sa force.

Le bienheureux Marcellin ne laissa point partir Domnin et Vincent sans leur rappeler à la mémoire les préceptes du Seigneur à ses apôtres au moment où il leur donnait la mission d'aller prêcher, les avertissant de recommander la pénitence, de conserver un genre de vie simple, ainsi qu'une charité mutuelle et inaltérable. Encouragés par ces avis, Domnin et Vincent partirent pour Digne. Leurs raisons firent tomber le culte des faux dieux, leurs prières firent descendre la foi dans les cœurs et leurs miracles la confirmèrent. Ils guérirent un grand nombre de langueurs, de possessions et de maladies de tous genres, en témoignage de la vérité de leur prédication.

Etant venu pour consacrer une église érigée en l'honneur de la Mère de Dieu, le bienheureux Marcellin sacra saint Domnin évêque de Digne. Devenu évêque dans les temps très-critiques de l'hérésie arienne, il ne laissa aucune de ses brebis s'écarter du bercail de la vraie foi. Sentant sa fin approcher, il exhorta Vincent à recevoir la charge et le soin de son troupeau, et émigra vers le Seigneur le 13 de février. Dieu permit longtemps que les infirmes fussent guéris et les démons chassés à son tombeau vénéré.

L'église de Digne possède la tête et un bras de son saint fondateur et les expose chaque année à la vénération des fidèles.

Propre de Digne, France pontificale, etc.

SAINT CASTOR, PRÊTRE, PATRON DE COBLENTZ (389).

Castor, que ses nobles et pieux parents confièrent à saint Maximin, évêque de Trèves, second du nom, reçut, sous la conduite de ce prélat, la meilleure éducation ; puis, comme il faisait de continuels progrès dans la piété et dans la pureté des mœurs, il fut d'abord ordonné diacre et ensuite prêtre. Mais comme il avait un penchant déterminé pour la vie solitaire, il se retira au désert de Cardon pour vaquer à Dieu seul. Et plusieurs, conduits par l'amour de la solitude et de la piété, suivirent l'homme de Dieu et se mirent sous sa conduite. Au milieu de ses disciples, il mena pendant longtemps une vie très-sainte, plus connue de Dieu et de lui-même que des hommes.

Il commença bientôt, quoique malgré lui, à être renommé pour sa sainteté. Un bateau chargé de sel, qui naviguait sur la Moselle, étant venu à passer non loin de Cardon, où demeurait Castor, celui-ci demanda, mais en vain, qu'on lui donnât un peu de ce sel, lorsque tout à coup le bateau fut agité par une violente tempête, tellement que les hommes, se voyant en danger de périr avec leur bâtiment, implorèrent le secours de Dieu et l'intercession de Castor qu'ils venaient de mépriser. Sur-le-champ, le saint solitaire, faisant le signe de la croix, délivra du péril et de la mort qui les menaçait ces hommes peu charitables. Les autres miracles du Saint ont été ravis à la mémoire des hommes, tant par sa modestie que par la longueur du temps ; et il a donné plus de marques de sa sainteté après sa mort que pendant sa vie.

Ses reliques, après être demeurées longtemps ignorées, furent indiquées à saint Weomade, archevêque de Trèves, par un prêtre d'une sainte vie nommé Martin, que saint Castor avait averti trois fois par une voix venant du ciel. Après trois jours de jeûnes et de prières solennelles, saint Weomade descendit à Cardon avec tout son clergé, trouva le saint corps et le déposa avec honneur dans la basilique de Saint-Paulin, où il fut glorifié par plusieurs miracles. C'est pourquoi Hettus, archevêque du même siége, averti par saint Materne dans une vision, et voulant attirer, par le culte divin, des habitants dans la ville de Coblentz, y transféra une partie des reliques de saint

Castor et les plaça avec grand honneur dans une église nouvellement construite pour être desservie par un collége de chanoines. Ainsi, notre Saint, à peine connu auparavant, est maintenant honoré dans deux églises célèbres, où florissaient autrefois deux colléges de chanoines.

On représente saint Castor retenant un navire qui coule à fond.

Propre de Trèves.

SAINT LÉONE OU LIENNE DE POITIERS (fin du IVe siècle).

Léone, vulgairement Lienne, fit de grands progrès sous la discipline de saint Hilaire et mérita, par l'intégrité de ses mœurs et sa science des divines Ecritures, d'être ordonné prêtre par ce grand Saint. Il remplit les devoirs de cette dignité de façon à mériter l'affection de saint Hilaire, qui faisait de lui le confident de ses plus intimes pensées. Il accompagna son évêque en exil, et souffrit avec lui pour la foi : de retour en Gaule, il l'aida beaucoup à délivrer ce pays de la perfidie arienne. Le saint évêque l'ayant appelé près de lui à ses derniers moments, il vit la lumière céleste qui descendit jusqu'à lui pour recevoir son âme, et dans laquelle s'envola cet esprit déjà béatifié (368).

Ainsi, séparé de son père et de son maître, il s'appliqua plus que jamais à nourrir le peuple de la parole du Christ. Sa vie se passa dans l'accomplissement de ces devoirs pieux ; étant déjà vieux, il s'endormit d'un paisible sommeil le jour que lui avait prédit saint Hilaire, vers la fin du IVe siècle, et s'en alla jouir de la félicité qui ne doit pas finir. Il fut enseveli dans une chapelle attenante à la maison de saint Hilaire ; de nombreux miracles glorifièrent ses reliques, que les Poitevins entourèrent d'une grande vénération. L'an 994, le corps de saint Lienne fut transféré à la Roche-sur-Yon ; il y a été longtemps conservé dans une église à lui dédiée, et où des lampes brûlaient sans cesse à son honneur.

La maison qu'avait habitée saint Hilaire et près de laquelle saint Lienne fut enseveli devint plus tard l'abbaye de Saint-Hilaire-de-la-Celle et est aujourd'hui le couvent des Carmélites. Quant au tombeau de la Roche-sur-Yon, il est à croire qu'il périt avec le saint corps renfermé dans ses parois de marbres à l'époque des guerres calamiteuses qui signalèrent la présence des Anglais en Poitou. En 1476, l'église de Saint-Lienne n'existait plus à la Roche-sur-Yon, et se trouvait remplacée par celle de Saint-Michel.

Propre de Poitiers.

SAINT LEUBACE OU LEUBAIS DE SENNEVIÈRES (vers 540).

Leubace, vulgairement Leubais, fut le principal disciple de saint Ours et son auxiliaire dans les œuvres qui regardaient la gloire de Dieu, telles que la construction des monastères et la prédication de l'Evangile. Pauvre volontaire, il annonçait le Christ pauvre. Il y avait place pour tout le monde dans les entrailles de sa charité. Austère pour lui seul, il régla toute sa vie selon les préceptes de saint Ours, son maître, et en vivant selon la règle il vivait pour Dieu seul.

Saint Ours, qui avait déjà fondé plusieurs monastères dans le Berri, étant entré en Touraine, y établit, au lieu appelé Sennevières [1], un monastère et un oratoire, et, lorsqu'il se retira de cet endroit, il préposa Leubais au gouvernement de ses frères avant de fixer son séjour à Loches.

Saint Ours étant monté au ciel, tous ceux qu'il avait mis à la tête de ses monastères reçurent des évêques les fonctions abbatiales. Leubais fut donc créé abbé de Sennevières. Il vécut en ce lieu dans une sainteté rare jusqu'à la plus extrême vieillesse, rendit son âme pure à son Créateur et fut enseveli dans l'église paroissiale qui porte aujourd'hui son nom.

M. l'abbé Rolland nous adressait de Tours, le 18 mars, les renseignements suivants :

« L'église de Sennevières, dédiée à saint Leubais, fut probablement élevée sur l'emplacement même de son oratoire. Sennevières est un petit bourg de 390 âmes, dans le canton de Loches. On ne sait malheureusement pas ce que son corps est devenu. Le curé m'écrit qu'on pensait dans le pays qu'il reposait dans un caveau situé sous le clocher, dans le chœur.

1. *Senaparia.*

« Une tradition populaire raconte qu'un jour saint Leubais, voulant traverser un cours d'eau, s'engagea sur une petite passerelle faite en bois d'aulne. La planche se brisa sous lui, le Saint tomba dans l'eau et il maudit l'aulne dans tout le territoire de la commune. Ce qui est certain, c'est qu'on n'y voit pas un seul arbre de cette espèce et que tous ceux qu'on a essayé d'y planter sont morts ».

Propre de Tours et *Notes locales*.

SAINT FULCRAN, ÉVÊQUE DE LODÈVE (1006).

Fulcran, né au territoire de Lodève, dans la Gaule Narbonnaise, et descendant par sa mère de la souche illustre des comtes de Soustancion, commença dès l'enfance à construire l'édifice de sa sainteté future, se faisant remarquer par la gravité de sa conduite et par l'étude assidue des saintes Ecritures, dans lesquelles il se rendit très-savant. Très-appliqué aux jeûnes, aux veilles et à l'oraison, il fit de grands progrès dans le bien et il devint le modèle accompli de toutes les vertus. En particulier, il fut si fidèle à pratiquer la chasteté que, sur le point de mourir et en présence du très-saint corps de Notre-Seigneur qui lui était offert en viatique, il déclara, en rendant grâces à Dieu, que jamais la moindre flétrissure n'avait atteint la pureté de son âme. Tant de vertus le firent arriver à l'ordre de la prêtrise, et il se rendit tellement agréable à Théodoric ou Thierri, son évêque, que celui-ci souhaita vivement de l'avoir pour successeur.

C'est pourquoi Théodoric étant mort, conformément à son désir et à celui de toute la cité, les chanoines de l'église cathédrale élurent pour évêque le vénérable Fulcran, et, l'entraînant malgré lui à Narbonne, métropole de la province, ils le firent sacrer par l'archevêque Aimeric, dans la basilique de Saint-Paul, premier évêque de cette cité, le 4 de février, l'an de notre salut 949. De retour à Lodève, il fut reçu en grande pompe et aux applaudissements du peuple.

On raconte du saint évêque un trait qui fait honneur à sa fermeté. Guillaume Taillefer, comte de Toulouse, avait épousé, en 975, Arsinde d'Anjou, sœur de Foulques Nera, comte de cette dernière province. Cette dame ne lui donna point d'enfants dans les premières années de son mariage ; c'est ce qui détermina Guillaume, contre toutes les lois de la nature et de la religion, à la quitter pour en prendre une autre qui était en ce moment mariée. Saint Fulcran, évêque de Lodève, dont la sainteté brillait alors du plus vif éclat, connaissait particulièrement le comte de Toulouse ; il n'eut pas plus tôt appris sa conduite, qu'il en fut profondément affligé. Un jour, Guillaume, ayant rencontré le saint évêque, s'empressa d'aller l'embrasser. Fulcran le repoussa et lui reprocha même publiquement sa vie scandaleuse. Quant à la comtesse Arsinde ou Arsens, elle eut dans son malheur recours à la prière, et se rendit en pèlerinage au monastère de Conques en Rouergue, où reposaient les reliques de sainte Foi d'Agen. Un auteur anonyme nous a conservé l'histoire de ce pèlerinage, écrite en vers gascons.

Il raconte qu'un soir la comtesse étant dans son lit, sainte Foi lui apparut en songe et lui dit : « Je veux que vous me consacriez sur l'autel de Saint-Sauveur, à mon monastère de Conques, les riches manches que vous portez ». — « Je le ferai », dit la comtesse, « mais obtenez-moi un fils ». — « Je prierai le Seigneur », dit la sainte martyre ; « mais vous, accomplissez votre promesse ». Sainte Foi disparut et la comtesse s'endormit. Le lendemain, après avoir entendu la messe, elle se mit en route. Sainte Foi lui enseigna les chemins, car les voies qui conduisaient alors à Conques étaient difficiles à parcourir. Elle fit ce voyage avec grand honneur et nombreuse compagnie ; les seigneurs du pays et tous les notables du lieu la reçurent avec une extrême joie. A peine fut-elle entrée dans le monastère qu'elle demanda d'être conduite à l'autel de Saint-Sauveur. Conduite par le seigneur du lieu, elle se présenta à cet autel et y déposa les manches qu'elle avait promises. Ces manches ou bracelets étaient tissues d'or, artistement travaillées, et enrichies de pierreries ; elles furent attachées à la table de l'autel. Ensuite elle fut conduite devant la châsse de la Sainte. Elle demeura à Conques le jour de Pâques, et repartit ensuite pour Toulouse. Peu de temps après, elle mit au monde un fils qui fut nommé Raymond au baptême, et puis un second qui fut appelé Henri ».

Fulcran s'était fait une habitude, aux fêtes de Notre-Seigneur et des Apôtres et en temps de Carême, de servir lui-même douze pauvres à table, de leur laver les pieds et de leur donner des vêtements. Cette grande sainteté de son serviteur, Dieu la manifesta par des miracles ; et notamment de l'eau, avec laquelle il s'était lavé les mains, ouvrit les yeux d'un aveugle d'Albi. Il reconstruisit depuis les fondements la basilique de Saint-Geniez, et ayant convoqué Aimeric de Narbonne, Ricuin de Maguelonne et Deus-Dedit de Rodez, il la consacra avec ces évêques selon le rit antique. Il tint le siége cinquante-sept ans. La fièvre l'ayant saisi, il fit venir Manfred, évêque de Béziers, son ami dévoué, et les chanoines de son église, et rendit son âme à Dieu. Son corps fut trouvé entier cent ans après sa mort. Il recevait les pieux hommages des fidèles lorsque les hérétiques, vers la fin du XVIe siècle, le mirent en pièces et le dispersèrent. Dieu avait confirmé par des miracles opérés à son tombeau l'opinion qu'on avait de sa sainteté. Son corps fut levé de terre en 1127. Quelques parcelles de ses reliques échappèrent aux Huguenots. On les conserve à Lodève dont il est le second patron. A la Révolution, ces précieux restes étaient enfermés dans une magnifique châsse d'argent. Sauvés de la fureur révolutionnaire, ils furent reconnus en octobre 1805 par Mgr Rollet, évêque de Montpellier, et replacés dans l'ancienne cathédrale, aujourd'hui paroisse.

On représente saint Fulcran faisant tomber par ses prières les murailles de la forteresse de Gibret, dans son diocèse, laquelle était occupée par des brigands qui de là infestaient toute la contrée.

Propre de Rodez et *Hist. de l'Eglise de Toulouse*, par M. Salvan.

SAINTE CATHERINE RICCI (1590).

Catherine, née de la noble famille des Ricci, à Florence, montra dès l'enfance une piété précoce et comme naturelle. Placée au monastère suburbain de Saint-Pierre-de-Monticelli pour y être élevée et formée à la vertu, chaque jour elle priait devant une image du Christ en croix, non sans répandre des larmes, et méditait la Passion, même pendant les heures de récréation. Elle fut ensuite transférée au monastère de Saint-Vincent, de l'Ordre de Saint-Dominique, dans la ville de Prato ; et ce fut pendant qu'elle y était qu'elle refusa constamment de retourner à la maison paternelle avant d'avoir reçu l'assurance qu'elle reviendrait au monastère. Enfin, à l'âge de treize ans, méprisant les délices du siècle, elle embrassa la vie religieuse au même monastère.

Sa charité envers Dieu était brûlante, et son oraison presque continuelle : elle y consacrait tout le temps que lui laissaient ses occupations nécessaires et le peu de repos qu'elle prenait; elle asservissait son corps en le macérant au moyen d'une chaîne de fer et de la flagellation. Très-sobre de nourriture, elle s'abstint de viande durant quarante-huit ans, vivant la plupart du temps de légumes et d'herbes, quelquefois se contentant de pain et d'eau. Désirant le salut du prochain, elle répandait devant Dieu des prières très-ferventes pour la conversion des pécheurs. Elle fut émue d'une telle compassion pour une âme qui était en purgatoire, qu'on la vit souffrir les douleurs les plus acerbes qui lui furent envoyées du ciel en expiation des peines méritées par cette âme. Sa prudence était rare, son zèle pour l'observance de la règle très-ardent ; elle dirigea longtemps les religieuses de son monastère, les formant à la sainteté par l'exemple encore plus que par les exhortations. Dans cet office, elle pratiquait l'humilité jusqu'à s'acquitter des travaux les plus pénibles et les plus bas, jusqu'à se faire la servante dévouée des malades.

Les grâces d'en haut descendirent sur elle avec une profusion extraordinaire : c'est ainsi qu'elle reçut des mains du Sauveur l'anneau des fiançailles et les stigmates sacrés, qui se rendirent extérieurement visibles plus d'une fois. Durant l'espace de plusieurs années, les jeudis et les vendredis, ravie dans la plus sublime extase, elle ressentit habituellement tous les tourments du Rédempteur dans sa passion, les uns après les autres, et par ordre. Etant à Prato, elle vit saint Philippe de Néri, qui était à Rome, et s'entretint avec lui à cette distance. Illustre par le don des extases, des ravissements, des célestes visions et des prophétiques lumières, elle prédit l'avenir et découvrit des choses cachées. Enfin, affaiblie par des maladies graves et munie des sacrements de l'Eglise, elle s'envola au ciel l'an de Notre-Seigneur 1590, de son âge le soixante-neuvième, le 2 de février. Le souverain Pontife Benoît XIV la mit solennellement au rang des vierges saintes, l'an de notre salut 1746.

On représente sainte Catherine Ricci recevant des mains de Jésus-Christ l'*anneau* des vierges ; ayant une couronne d'épines sur la tête, car dès son enfance on vit son front percé de plaies sanglantes qui rappelaient le couronnement d'épines ; priant devant un crucifix qui s'anime et se détache pour l'embrasser ; recevant dans la bouche un jet du lait de la Sainte Vierge[1]. Avant d'entrer en religion, Catherine s'appelait Alexandrine.

Leçons du bréviaire dominicain.

1. Cath. Klauber, *inv. et fecit.* — Cf. fol. 68, vol. 2 de la collection des estampes de Paris.

XIVe JOUR DE FÉVRIER

MARTYROLOGE ROMAIN.

A Rome, sur la voie Flaminienne, la naissance au ciel de saint VALENTIN [1], prêtre et martyr, qui, après avoir opéré plusieurs guérisons miraculeuses et donné d'éclatantes marques de sa doctrine, fut meurtri à coups de bâtons, et décapité sous l'empereur Claude. 268. — A Rome, les saints martyrs Vital, Félicule et Zénon [2]. — A Terni, saint VALENTIN, évêque et martyr, qui, après une longue flagellation, fut mis en prison, et, ne pouvant être vaincu, fut tiré de son cachot pendant le silence de la nuit, et eut la tête tranchée par l'ordre de Placide, préfet de la ville. 273. — Au même lieu, saint Procule, saint Ephèbe et saint Apollonius, martyrs, qui, pendant qu'ils veillaient près du corps de saint Valentin, furent arrêtés par ordre du consulaire Léonce, et furent frappés avec l'épée. 273. — A Alexandrie, les saints martyrs Bassus, Antoine et Protolique, qui furent jetés dans la mer. — De plus, les saints martyrs Cyrion, prêtre, Bassien, lecteur, Agathon, exorciste, et Moyse, qui périrent dans les flammes et s'envolèrent au ciel. — Au même lieu, saint Denys et saint Ammon, décapités. — A Ravenne, saint Eleucade, évêque et confesseur [3]. 112. — En Bithynie, saint AUXENCE, abbé. 470. — A Sorrente, saint Antonin, abbé, qui, du monastère du Mont-Cassin, dévasté par les Lombards, s'étant réfugié dans une solitude auprès de cette ville, s'endormit dans le Seigneur, célèbre par sa sainteté. Son corps brille chaque jour par de nombreux miracles, surtout par la délivrance d'énergumènes [4]. Vers 830.

MARTYROLOGE DE FRANCE, REVU ET AUGMENTÉ.

A Cologne, saint Valère, que l'on croit avoir été massacré par les mêmes barbares qui firent mourir sainte Ursule. — Au diocèse du Puy-en-Velay, saint PAULIEN, évêque, prédécesseur de saint Vozy. VIe s. — Au même lieu, saint Valentin et saint Albin, dont les reliques reposaient sous la même pierre que celles de saint Paulien, mais dont on ignore absolument l'époque et la vie. — A Vaison, saint Théodose, évêque, aussi honoré le 25 octobre. 554. — En Hainaut, saint Guillaume, abbé, fondateur du monastère d'Olivet, habité par des religieuses [5]. 1240 — A Tours, la fête de saint LUPANCE ou LOUANS, confesseur. Ve s. — A Autun, saint RAGNOBERT ou RACHO, ou vulgairement saint ROCH, dont la naissance au ciel est le 25 janvier. Vers 658. — A Avignon, *le Triomphe de la religion catholique* [6], dans l'église d'Orange.

1. Rohrbacher établit, t. III, 331-333 de son *Histoire universelle*, qu'il y a eu des Martyrs sous le règne de Claude le Gothique, entre autres les deux saints Valentin, nommés aujourd'hui au martyrologe. Voir en outre *Acta Martyrum ad ostia Tiberina*, dont le texte grec a été retrouvé, sur la fin du XVIIIe siècle, dans la bibliothèque de Turin et publié, avec de savantes dissertations, à Rome, en 1795, par l'imprimerie de la Propagande.

2. Le Bréviaire de Verdun de 1625 faisait mémoire de ces trois Martyrs et donnait à Félicule le titre de Vierge.

3. Saint Eleucade était un philosophe grec converti par saint Apollinaire, disciple de saint Pierre et premier évêque de Ravenne. Saint Eleucade fut le troisième évêque de Ravenne.

4. On a peint saint Antonin 1° apparaissant sur les murs de Sorrente avec un drapeau à la main, parce qu'il délivra plusieurs fois cette ville des assauts des Musulmans; 2° avec un démon sous les pieds, ou ayant près de lui des possédés de la bouche desquels s'échappent de petits diables. Il est invoqué surtout pour les énergumènes, parce qu'il délivra une fille de Sicard, duc de Bénévent. Cette princesse laissa au tombeau du Saint tous les bijoux dont elle était ornée au moment de sa guérison. — Sorrente, reconnaissante, a fait élever une église en son honneur et l'a choisi pour l'un de ses patrons.

5. Voir sa vie au 10 de ce mois.

6. Ce fut en 1547 que l'hérésie de Calvin se glissa dans la ville d'Orange. Ses premiers fauteurs, contraints par l'évêque à une abjuration publique, subirent les peines canoniques. Mais en peu d'années l'hérésie s'accrut tellement, et ses sectateurs montrèrent tant d'audace, qu'ils n'hésitèrent pas à célébrer ce qu'ils appellent la cène dans l'église des Dominicains. Presque tous les sénateurs, leur président en tête, les principaux officiers du prince, les consuls de la cité et les citoyens notables, ainsi qu'une multitude considérable de gens du peuple s'empressèrent d'y prendre part. La fureur de l'impiété s'empara d'eux

MARTYROLOGES DES ORDRES RELIGIEUX.

Martyrologe de Saint-Basile. — En Bithynie, saint Auxence, abbé, de l'Ordre de Saint-Basile.

Martyrologe des Chanoines Réguliers. — Saint Vincent, diacre, qui fut couronné du martyre le 22 janvier.

Martyrologe des Camaldules. — A Validi, dans l'Ombrie, le bienheureux ANGE, confesseur, de l'Ordre des Camaldules, qui, tout éclatant de miracles et de vertus, émigra de ce monde vers le Seigneur, le 15 de janvier.

Martyrologe de Vallombreuse. — Sainte Brigitte, vierge, mentionnée le 1er février.

Martyrologe de Cîteaux. — Le bienheureux CONRAD de Bavière, qui, foulant aux pieds les affections terrestres, embrassa la vie monastique, sous la discipline de saint Bernard, au monastère de Clairvaux. Il sortit de ce monde près de Bari, dans la Pouille, tout enflammé des célestes désirs, et monta glorieux au royaume des cieux. 1125.

Martyrologe de la Très-Sainte Trinité. — A Cordoue, en Espagne, le bienheureux JEAN-BAPTISTE, de la Conception, fondateur des Trinitaires déchaussés, et restaurateur de la règle primitive de l'Ordre de la Très-Sainte Trinité pour la rédemption des captifs, célèbre par son austérité, l'innocence de sa vie, le renoncement de soi, et par son courage vraiment admirable à souffrir toutes les misères. 1613.

Martyrologe des Frères Prêcheurs. — A Pérouse, le bienheureux Nicolas Palea de Giovenazzo, confesseur de notre Ordre, fondateur des couvents de Pérouse et de Trani, qui fut admis dans l'Ordre par notre Père saint Dominique, fut son compagnon dans la prédication de la parole de Dieu, et brilla admirablement dans la pratique de toutes les vertus. 1197-1265.

Martyrologe Romano-Séraphique. — Saint André Corsini, évêque de Fiésole, dont la naissance au ciel est le 6 de janvier.

Martyrologe de l'Ordre Séraphique. — Les bienheureux martyrs Pierre-Baptiste, Martin et François, prêtres; Philippe, Gondesalve et un autre François, laïques, de l'Ordre des Mineurs, de la stricte Observance et Déchaussés, avec vingt autres, dont quinze, leurs collègues dans le ministère, appartiennent au Tiers Ordre de Saint-François, auxquels s'ajoutent deux serviteurs qui les suivirent en prison, qui tous, dans le royaume du Japon, ayant été mis en croix pour la foi catholique, et percés de coups de lances, succombèrent glorieusement, en prêchant la même foi, le 4 février.

Martyrologe des Carmes chaussés. — Saint Pierre-Thomas, évêque et martyr, de l'Ordre des Carmes, dont la naissance au ciel est le 6 de janvier [1].

Martyrologe de Saint-Augustin. — A Spolète, la naissance au ciel de la bienheureuse Chris-

pendant ce tumulte. Après avoir brisé les croix et les saintes images par toute la ville, ils font irruption dans les églises. Ils pillent les vases sacrés qu'ils profanent; ils renversent les autels, sèment par terre les hosties sacrées et les foulent sous leurs pieds sacriléges. Ils s'emparent d'un crucifix et chargent de coups et d'opprobre cette vénérable image; ils la traînent par les rues et les places publiques. Ils rasent sept églises, entre autres celle des Mineurs conventuels, illustrée des tombeaux de nos princes, qui avait été bâtie à leurs frais, et qui, livrée aux flammes, ne fut bientôt plus qu'un triste amas de cendres. Ils envahissent l'église cathédrale et en jettent le dôme par terre. Les catholiques suspendirent tous les exercices de leur religion.

Dans le même temps, le pape Pie IV choisit pour évêque d'Orange Philippe de Camera, vicomte de Maurienne. Pendant qu'il se rendait à Orange, il apprend de quelle affreuse tempête était battue la barque confiée à ses soins, et se retire dans la ville d'Avignon. De là, il écrit au prince d'Orange et obtient de lui un édit par lequel le prince, faisant droit aux deux partis, ordonne que toute hostilité cesse et fasse place à l'alliance et à la concorde. Plût à Dieu que cette paix bénie eût duré et se fût affermie de jour en jour! Mais, hélas! bientôt l'hérésie, rompant ses faibles digues, se rua plus furieuse que jamais contre les catholiques, tellement que tous les ecclésiastiques et les Ordres religieux furent contraints de se retirer précipitamment à Caderousse, à la suite de leur évêque, qui, désespérant des affaires de son église, abdiqua l'épiscopat en l'an 1572. La même année, à sa place, fut mis Jean de Tulle. Celui-ci trouva les esprits dans une telle effervescence, les affaires dans un trouble et une confusion si grands, qu'il ne lui fut pas même possible de prendre possession de son église. L'an 1584 mourut le prince Guillaume. Il eut pour successeur son fils aîné, Philippe-Guillaume, qui avait été formé dès l'enfance selon la règle et la doctrine des catholiques. L'évêque saisit avec empressement l'occasion qu'il souhaitait vivement de tout arranger. Il ne négligea rien pour que tout fût rétabli dans l'ancien état par l'action du roi de France. Dieu lui fut en aide et tout alla selon ses désirs.

L'an 1599, le 14 février, jour à jamais mémorable, l'évêque, portant l'étendard vénérable de la sainte croix, les chanoines, vêtus de leurs ornements d'hermine, tous les Ordres des ecclésiastiques et des religieux, les catholiques accoururent de tous côtés, tous chantant d'une voix unanime des hymnes et des cantiques, tous se réjouissant aussi d'un cœur unanime et pleurant de joie, traversant la ville en triomphe, se rendirent directement à l'église cathédrale, qui venait d'être restaurée par la munificence du prince. L'évêque offrit en actions de grâces le saint sacrifice interrompu pendant trente ans. Tous les ans, ce même jour, nous célébrons ce triomphe de la religion catholique et en recommandons la célébration à nos descendants. *(Propre d'Avignon.)*

1. Voir à ce jour.

tine, issue de la famille des Visconti : elle prit l'habit du Tiers Ordre de Saint-Augustin, mena d'abord la vie érémitique, puis s'étant vouée au service des pauvres et des malades, elle s'endormit saintement dans le Seigneur à l'âge de 23 ans. 1458.

Martyrologes des Capucins.— Saint André Corsini, évêque de Fiésole, dont la fête est célébrée dans l'Eglise catholique, le 4 de février.

Martyrologes des Carmes déchaussés. — Saint Télesphore, pape et martyr, de l'Ordre des Carmes, dont la naissance au ciel est honorée le 5 janvier [1].

ADDITIONS FAITES D'APRÈS LES BOLLANDISTES ET AUTRES HAGIOGRAPHES.

A Bologne, en Italie, saint Zénon, martyr romain dont les reliques furent données en 1623 aux religieuses bénédictines de cette ville et déposées dans leur église dédiée à sainte Marguerite, vierge et martyre. — A Spolète, en Ombrie, les saints Vitalien et Vital, avec quarante-quatre soldats, martyrs. — A Egée, en Cilicie, les saints Julien et Marcien, martyrs. — A Rome, les saints Anthime, Marcien, Tian, Célerin, Magne et Julien, martyrs, mis à mort sur la voie Flaminienne. — A Alexandrie, les saints Saturnin, Advotus, Précun et Maxime, martyrs. — A Toro, en Espagne, saint Valentin, évêque et martyr, distinct de l'évêque de Terni du même nom fêté en ce jour. Règne de Trajan. — Encore en Espagne, un autre saint Vincent dont le corps fut donné aux Trinitaires avec trente-cinq autres corps saints. — En ce même jour, un autre saint Valentin, martyr romain dont le chef fut donné à Hamay en Belgique et le reste du corps à Armentières en Flandre. On invoquait saint Valentin, avec succès, contre les hernies. —A Cyr en Syrie, saint Maron, anachorète, qui eut pour disciples saint Limnée, saint Jacques Hypetrius et sainte Domnina. 433. — En Afrique, un autre saint Valentin, martyr avec vingt-quatre soldats. — A Avellino, en Italie, les saints Modestin, évêque, Florentin, prêtre, et Flavien, diacre, martyrs. — A Carres, en Mésopotamie, saint Abraham, évêque et moine en même temps ; il fut honoré en son vivant par l'empereur Théodose. 422. — En Bithynie, saint Auxence, prêtre et archimandrite. Vers 422. — A Ledan, dans la province des Huzites en Perse, saint Barbascemin et ses compagnons, martyrs. Barbascemin succéda en 342 à Sadoth, son frère, sur le siége métropolitain de Séleucie. Accusé d'être l'ennemi de la religion des Persans qui adoraient le soleil, il fut arrêté avec seize membres de son clergé par les ordres de Sapor II et enfermé dans une prison d'où s'exhalait une fétidité insupportable. Après onze mois de captivité pendant lesquels l'évêque et ses compagnons eurent à souffrir des rigueurs de la faim, de la soif et des plus indignes traitements, ils furent décapités. 14 janvier 346. — En Prusse, saint Brunon, archevêque, et dix-huit de ses compagnons, martyrs ; il prêcha la foi aux habitants de cette contrée après saint Edelbert, évêque de Prague, avec l'appui de Boleslas, roi de Pologne [2]. An 1008. — Saint Couran, évêque des îles Orcades [3]. VIIe s. — A Spolète, la sainte mort de la bienheureuse Christine de la maison des princes de Visconti de Milan, qui, à l'âge de 10 ans, s'enfuit de la maison paternelle avec une compagne résolue comme elle à ne pas s'engager dans les liens du mariage. Revêtant l'une et l'autre l'habit des ermites de Saint-Augustin, elles s'enfoncèrent dans les profondeurs d'une forêt où les herbes du lieu fournissaient à leur nourriture, et l'eau des fontaines, à leur breuvage. A 14 ans, elle entra dans le Tiers Ordre de Saint-Augustin. A 20 ans, Dieu lui inspira le désir d'aller visiter Rome : elle versa bien des larmes à la vue des monuments sacrés de notre religion. Un peu plus tard, elle entra à l'hôpital de Spolète, sa ville natale, où, pendant six mois, elle servit avec humilité les pauvres et les malades. On la vit plusieurs fois, pendant son oraison, environnée d'une lumière céleste. La passion de Jésus-Christ était le principal objet de ses méditations. Son amour pour Jésus souffrant était si ardent qu'un jour, se reprochant sa lâcheté, elle arracha un clou fixé dans un mur et s'en transperça le pied. Au commencement de 1458, la servante de Dieu eut connaissance de sa fin prochaine. Elle passa de l'esclavage à la liberté, de la misère à la joie, de la solitude aux plaisirs parfaits, à l'âge de 23 ans. Après son bienheureux trépas, son corps demeura flexible, son visage frais, riant et coloré comme celui d'une personne vivante. Elle fut ensevelie dans l'église des Augustins de Spolète, où de nombreux miracles furent opérés par son intercession. Grégoire XVI a approuvé son culte le 6 septembre 1834. — A Assise, saint Ange Tancredi, un des premiers compagnons de saint François d'Assise et auteur de la vie du vénérable fondateur, connue sous le nom de *Légende des trois compagnons*. 1258. — A Capriola, saint Vincent de Sienne, compagnon

1. Voir sa vie à ce jour. — 2. Voir sa vie au 15 octobre.

3. Les îles d'Orkney ou Orcades sont au nord de l'Ecosse : il y en a vingt-six d'habitées, les autres ne servent qu'aux pâturages. L'église des Orcades avait été fondée par saint Pallade, qui en donna la conduite à saint Sylvestre, un des compagnons de ses travaux apostoliques, et qui était autrefois honoré le 5 de février. La cathédrale des Orcades était dédiée sous l'invocation de saint Magne, roi de Norwége. Il y avait anciennement dans ces îles plusieurs monastères. Le plus célèbre de tous était celui de Kirkwall, où les évêques faisaient leur résidence. La ville de Kirkwall est aujourd'hui la seule des Orcades qui mérite quelque attention ; elle est dans la plus grande des îles, autrefois appelée *Pomonia* et aujourd'hui *Mainland*. — Voir la vie de saint Patrice au 17 mars, au commencement.

assidu de saint Bernardin, pendant vingt-deux ans de voyages à travers l'Italie. 1442. — A Ponte-del-Garda, en Portugal, sainte Lucie des Anges, qui entra dans le Tiers Ordre de Saint-François à l'âge de vingt-trois ans. 1622 [1].

SAINT VALENTIN, PRÊTRE DE ROME ET MARTYR

268. — Pape : Saint Denys. — Empereur : Claude II *le Gothique*.

Vita carnium, sanitas cordis.
La santé du cœur est la vie du corps.
Prov., XIV, 30.

La vertu de saint Valentin, prêtre, était si éclatante, et sa réputation si grande dans la ville de Rome, qu'elle vint à la connaissance de l'empereur Claude II, qui le fit arrêter, et, après l'avoir tenu deux jours en prison, chargé de fers, le fit amener devant son tribunal pour l'interroger. D'abord il lui dit, d'un ton de voix assez obligeant : « Pourquoi, Valentin, ne veux-tu pas jouir de notre amitié, et pourquoi veux-tu être ami de nos ennemis? » Mais Valentin répondit généreusement : « Seigneur, si vous saviez le don de Dieu, vous seriez heureux et votre empire aussi; vous rejetteriez le culte que vous rendez aux esprits immondes et à leurs idoles que vous adorez, et vous sauriez qu'il n'y a qu'un Dieu, qui a créé le ciel et la terre, et que Jésus-Christ est son Fils unique ». Un des juges, prenant la parole, demanda au Martyr ce qu'il pensait des dieux Jupiter et Mercure. « Qu'ils ont été des misérables », répliqua Valentin, « et qu'ils ont passé toute leur vie dans les voluptés et les plaisirs du corps ». Là-dessus, celui qui l'avait interrogé s'écria que Valentin avait blasphémé contre les dieux et contre les gouverneurs de la république. Cependant le Saint entretenait l'empereur, qui l'écoutait volontiers et qui semblait avoir envie de se faire instruire de la vraie religion ; et il l'exhortait à faire pénitence pour le sang des chrétiens qu'il avait répandu, lui disant de croire en Jésus-Christ et de se faire baptiser, parce que ce serait pour lui un moyen de se sauver, d'accroître son empire et d'obtenir de grandes victoires contre ses ennemis. L'empereur, commençant déjà à se laisser persuader, dit à ceux qui l'entouraient : « Ecoutez la sainte doctrine que cet homme nous apprend ». Mais le préfet de la ville, nommé Calpurnius, s'écria aussitôt : « Voyez-vous comment il séduit notre prince ! Quitterons-nous la religion que nos pères nous ont enseignée? »

Claude, craignant que ces paroles n'excitassent quelque trouble ou quelque sédition dans la ville, abandonna le Martyr au préfet, qui le mit à l'heure même entre les mains du juge Astérius, pour être examiné et châtié comme un sacrilége. Celui-ci fit d'abord conduire le prisonnier en sa maison. Lorsque Valentin y entra, il éleva son cœur au ciel, et pria Dieu qu'il lui plût d'éclairer ceux qui marchaient dans les ténèbres de la gentilité, en leur faisant connaître Jésus-Christ, la vraie lumière du monde. Astérius, qui entendait tout cela, dit à Valentin : « J'admire beaucoup ta prudence ; mais comment peux-tu dire que Jésus-Christ est la vraie lumière? » — « Il n'est pas seulement », dit Valentin, « la vraie lumière, mais l'unique lumière qui éclaire tout homme venant en ce monde ». — « Si cela est ainsi », dit Asté-

1. Pour ces trois dernières mentions, voir notre *Palmier séraphique*, t. II.

rius, « j'en ferai bientôt l'épreuve : j'ai ici une petite fille adoptive qui est aveugle depuis deux ans; si tu peux la guérir et lui rendre la vue, je croirai que Jésus-Christ est la lumière et qu'il est Dieu, et je ferai tout ce que tu voudras ». La jeune fille fut donc amenée au Martyr, qui, lui mettant la main sur les yeux, fit cette prière : « Seigneur Jésus-Christ, qui êtes la vraie lumière, éclairez votre servante ». A ces paroles, elle reçut aussitôt la vue, et Astérius et sa femme, se jetant aux pieds de leur bienfaiteur, le supplièrent, puisqu'ils avaient obtenu par sa faveur la connaissance de Jésus-Christ, de leur dire ce qu'ils devaient faire pour se sauver. Le Saint leur commanda de briser toutes les idoles qu'ils avaient, de jeûner trois jours, de pardonner à tous ceux qui les avaient offensés, et enfin de se faire baptiser, leur assurant que, par ce moyen, ils seraient sauvés. Astérius fit tout ce qui lui avait été commandé, délivra les chrétiens qu'il tenait prisonniers, et fut baptisé avec toute sa famille, qui était composée de quarante-six personnes.

L'empereur, averti de ce changement, craignit quelque sédition dans Rome, et, par raison d'Etat, il fit prendre Astérius et tous ceux qui avaient été baptisés, puis les fit mettre à mort par diverses sortes de tourments. Pour Valentin, le père et le maître de ces bienheureux enfants et disciples, après avoir été longtemps en une étroite prison, il fut battu et brisé avec des bâtons noueux; enfin, l'an 268, le 14 février, il fut décapité sur la voie Flaminienne, où, depuis, le pape Jean Ier fit bâtir une église sous son invocation près du Ponte-Mole. Cette église ayant été ruinée, le pape Théodose en dédia une nouvelle, dont il ne reste plus de traces non plus. La *porte* appelée aujourd'hui *du Peuple* portait anciennement le nom du saint Martyr. On garde la plus grande partie de ses reliques dans l'église de Sainte-Praxède. Les autres furent apportées en France, en l'église Saint-Pierre de Melun-sur-Seine, mais elles ne s'y trouvent plus aujourd'hui.

Saint Valentin est nommé, avec la qualité d'*illustre Martyr*, dans le Sacramentaire de saint Grégoire, dans le Missel romain de Tommasi, dans les divers martyrologes et calendriers : les Anglais l'ont conservé dans le leur.

Saint Valentin a été représenté : 1° tenant une épée et une palme, symboles de son martyre ; 2° guérissant la fille du juge Astérius. Cette circonstance de la guérison d'une jeune fille, et plus encore son nom de Valentin, qui signifie *santé* et *vigueur*, explique pourquoi les fiancés, les jeunes gens à marier, ceux qui craignent les atteintes de la peste, les personnes, enfin, qui sont sujettes à l'épilepsie et aux évanouissements se sont placés sous son patronage. On prétendait aussi que, sous certains climats, les oiseaux s'appariaient pour la belle saison prochaine, à la Saint-Valentin, comme il est reçu qu'en d'autres pays plus froids ils s'apparient à la Saint-Joseph. La Saint-Valentin était célèbre dans les anciens calendriers; à une époque où les devoirs de la vie civile se confondaient avec ceux de la vie religieuse, et où l'on ne pouvait pas se procurer un almanach, comme aujourd'hui, pour quelques centimes, on se donnait un peu plus de mal pour fixer les éléments du calendrier : chaque jour y était marqué par un signe qui parlait immédiatement aux yeux des initiés. C'est ainsi que la Saint-Valentin était marquée par un soleil dans la main du Saint, ou par un gaufrier : un soleil, parce qu'il était censé reprendre sa force à cette époque, qui est à peu près celle des Quatre-Temps du printemps, et que les fleurs les plus précoces (amandiers, noisetiers, etc.) commencent à se montrer dans une partie de l'Europe ; un gaufrier, pour annoncer les réjouissances de Carnaval [1].

Saint Valentin est le patron de Tarascon, en Provence.

1. Père Cahier, *Caractéristiques*, passim.

SAINT AUXENCE, ABBÉ

470. — Pape : Saint Simplice. — Empereur : Léon Ier, *le Thrace.*

Prenez garde à ceux qui causent parmi vous des divisions et des scandales en s'éloignant de la doctrine que vous avez apprise : évitez-les.
Rom., XVI, 17.

Saint Auxence était originaire de Perse, quoiqu'il fût né en Syrie, où son père, qui se nommait Addas, se retira du temps de l'empereur Constance. L'histoire ne nous apprend rien des premières années de sa vie ; elle nous dit seulement qu'il fit un tel progrès dans la vertu et dans les lettres, qu'il s'acquit la réputation d'un homme de piété, d'érudition et de science. Il ne s'attira pas moins d'estime dans les armes, dont il fit profession après ses études : et il obtint un grade dans la quatrième compagnie des gardes de l'empereur Théodose le Jeune.

Cet emploi ne l'empêcha point de continuer ses exercices de dévotion, et il s'acquitta de ce qu'il devait à Dieu, en faisant son devoir auprès de son prince. Il fit connaissance avec plusieurs personnes vertueuses, et particulièrement avec un saint religieux reclus nommé Jean, qui était dans la banlieue de Constantinople ; il lia amitié avec Anthime, digne prêtre, d'une vie admirable, avec lequel il passait des nuits entières à veiller et à chanter des hymnes et des cantiques de louanges à Dieu dans l'église de Sainte-Irène, arrosant la terre de ses larmes et nourrissant son âme du jeûne, de l'oraison et de la parole de Dieu. Le bruit de sa sainteté s'étant répandu par toute la ville, il se retira dans une roche sur la montagne d'Oxie, en Bithynie, à trois lieues et demie de Chalcédoine. Là, il se proposa d'imiter la vie de saint Jean-Baptiste au désert, jusqu'à se vêtir de peaux à l'exemple de ce divin précurseur de Jésus. Quelque soin qu'il prît de demeurer caché, il fut néanmoins bientôt connu : car de jeunes bergers, qui avaient perdu leurs troupeaux, et à qui le Saint les fit retrouver par miracle, en ayant fait le récit à leurs parents, ceux-ci le vinrent voir et lui bâtirent, sur le haut de la montagne, une cellule où il se fit enfermer afin de vaquer plus facilement à l'oraison.

Cependant, plus le bienheureux Auxence s'efforçait de se cacher aux yeux des hommes, plus il semblait que Dieu prît plaisir à faire éclater sa sainteté : dès qu'on eut découvert le lieu de sa retraite, beaucoup de personnes eurent recours à lui, soit pour recevoir ses instructions, qu'il ne faisait qu'au travers d'une fenêtre, soit pour lui demander quelque consolation dans leurs douleurs, soit enfin pour obtenir, par ses prières, la guérison de leurs maladies. On lui amena des aveugles, des lépreux, des paralytiques, des énergumènes et d'autres malades, et il les guérit tous, ou en faisant le signe de la croix sur eux, ou en leur appliquant une huile bénite. Après trois jours d'oraison, il délivra la fille d'un citoyen de Castoména, à laquelle un démon avait ôté l'usage de la parole ; et il rendit la vue à une princesse de Nicomédie, en lui disant ces mots : « Que Jésus-Christ, qui est la véritable lumière, veuille éclairer vos yeux ! »

Il y avait environ dix ans que saint Auxence était sur cette montagne, lorsque l'empereur Marcien, qui avait succédé à Théodose le Jeune, fit assembler, sur la demande du grand saint Léon, un concile général dans la ville de Chalcédoine; six cent trente évêques s'y rendirent de tous les endroits du monde, pour condamner les erreurs d'Eutychès, supérieur d'un monastère de Constantinople, qui confondait les deux natures en Jésus-Christ. L'estime qu'on faisait de saint Auxence était si grande, que l'empereur et les préfets l'envoyèrent prier d'assister au concile, avec ordre de l'amener, alors même qu'il ne voudrait pas. On fit ce que l'on put pour lui persuader de venir; mais comme il ne pouvait s'y résoudre, les religieux et les ecclésiastiques députés commandèrent à un serrurier de rompre la serrure de sa cellule. Il y travailla inutilement le reste du jour, et le lendemain matin on fit de nouveaux efforts, afin de rompre sa fenêtre, sans en pouvoir venir à bout. Alors le Saint, ayant fait mettre en prières tous les assistants, pour connaître la volonté de Dieu, fit le signe de la croix, prononça ces trois paroles : *Le Seigneur soit béni!* dit au serrurier de travailler, et, en un moment, la fenêtre fut ouverte sans aucune peine. On le trouva si exténué par ses austérités, que, ne pouvant le faire tenir à cheval, on le fit monter dans un chariot.

Ce ne furent que miracles sur son chemin : il délivra plusieurs personnes possédées, et même des animaux; cela étonna tellement ceux qui le conduisaient, qu'ils ne pouvaient presque croire ce qu'ils voyaient de leurs propres yeux. Les pauvres de la montagne d'Oxie le suivirent jusqu'au monastère de Phile, fondant en larmes, de crainte de le perdre, et lui baisant les pieds par dévotion; il n'y fut pas plus tôt arrivé, qu'il chassa le démon du corps d'un jeune homme, nommé Isidore, après avoir fait sa prière dans l'église dédiée à saint Jean. Les religieux, s'étonnant de ce qu'il était plusieurs jours sans manger, voulurent l'éprouver : ils mirent dans sa cellule des corbeilles pleines de racines, de dattes et d'autres choses dont les Solitaires se nourrissent, allumèrent une chandelle, et enfermèrent un enfant avec lui pour l'observer. Mais, quelque temps après, ils trouvèrent que la chandelle brûlait encore sans être diminuée, et qu'il n'avait point touché à ce qui était dans les corbeilles. Là-dessus, ils pressèrent l'enfant de dire ce que le Saint avait fait durant tout ce temps : « J'ai », leur dit-il, « vu en dormant une grande multitude de personnes qui louaient Dieu avec lui et une colombe qui lui apportait à manger ».

Mais l'enfant mourut le jour suivant, en punition de ce qu'il avait dit ce dont il avait été témoin, contre la défense du Saint.

Quelque temps après, il fut transféré de ce monastère en celui de Saint-Hypace, situé dans un faubourg de Chalcédoine; les religieux l'y reçurent avec une extrême allégresse, et le mirent, selon son désir, dans une cellule où on ne lui pouvait parler qu'au travers d'une grille. Le Saint y fit tant de miracles, qu'on fut obligé de laisser les portes du monastère ouvertes, à cause du grand nombre de personnes qui venaient de tous côtés pour le voir : le supérieur, qui était un saint homme, voulait qu'on reçût tout le monde avec beaucoup de charité, de quelque condition que fussent les visiteurs.

Le bienheureux Auxence ne put arriver assez tôt pour le concile; néanmoins, l'empereur, qui voulut en faire approuver les décrets par un si grand Saint, lui envoya un de ses vaisseaux, et le pria de le venir trouver. Lorsque ce prince le vit, il admira et regarda avec respect l'état auquel ses mortifications l'avaient réduit, et lui parla de cette sorte : « Je sais que vous êtes un vrai serviteur de Dieu; c'est pourquoi vous devez approuver ce que le saint concile œcuménique a ordonné, afin que vous ne soyez pas une pierre de scandale à ceux qui refuseraient de le recevoir ». Le Saint lui répondit : « Qui suis-je, sinon un chien mort? Et comment me mettez-vous, prince, au rang des docteurs de l'Eglise, moi qui suis le dernier du troupeau de Jésus-Christ et qui ai si grand besoin d'être instruit par ceux qui en sont les chefs? » Comme les Eutychiens faisaient malicieusement courir le bruit que le concile favorisait l'opinion de Nestorius, le Saint déclara à Marcien qu'il l'approuvait, supposé qu'il n'eût rien décidé de contraire à celui de Nicée et qu'il eût défini que Notre-Seigneur Jésus-Christ s'était véritablement incarné et n'avait point ôté à la sainte Vierge la qualité de Mère de Dieu; l'empereur ordonna qu'on lui fît voir les actes du saint Synode, et Auxence, après les avoir bien considérés, protesta qu'il les approuvait de très-bon cœur.

Cet amant de la solitude, au lieu de retourner sur la montagne d'Oxie, pria qu'on le menât sur celle de Siope, dont l'accès est encore plus difficile à cause de sa hauteur. Là, on lui bâtit une cellule où il se fit enfermer sans autre ouverture qu'une petite fenêtre pour parler à ceux qui venaient vers lui. Alors les démons, ne pouvant souffrir une si éminente sainteté, employèrent tantôt la violence et tantôt les artifices pour le tenter et ébranler sa constance, mais ce fut toujours inutilement : les grâces extraordinaires qu'il recevait de Dieu le rendaient invincible. Une multitude incroyable de personnes le venaient trouver pour entendre les pressantes exhortations qu'il faisait afin de porter les âmes à la pratique des vertus et à l'amour divin. Il recommandait particulièrement de ne point aller aux spectacles, rien n'étant plus capable de corrompre la pureté du corps et de l'âme, et d'exciter les passions les plus criminelles. Il enseignait aussi de quelle manière il fallait prier Dieu; il en donnait même des formules, afin de le faire avec plus de ferveur. Il faisait voir si clairement les vanités de toutes les choses de ce monde et la beauté de celles de l'autre, que plusieurs personnes renoncèrent au siècle pour se consacrer entièrement à Jésus-Christ. Il conseillait de ne pas fêter seulement le dimanche, mais aussi le vendredi : « Comme l'un », disait-il, « se doit passer dans la joie, à cause de la résurrection du Sauveur, et en festin, par la réception de la divine Eucharistie; l'autre se doit sanctifier par des jeûnes et par des prières, à cause de sa passion ». Il voulait, néanmoins, qu'en obligeant les ouvriers à fêter le vendredi, on ne laissât pas de les payer de leurs salaires comme s'ils eussent travaillé, afin qu'ils ne perdissent rien pour avoir servi Dieu ce jour-là.

On remarque, parmi ceux qui furent touchés des pieux discours du Saint, un nommé Basile; on raconte que ce Basile, s'étant retiré sur une montagne, dans une cellule, les démons le maltraitèrent tellement, que des personnes, qui avaient coutume de le venir voir pour se recommander à ses prières, le croyant mort, le menèrent sur un chariot au bienheureux Auxence; mais le Saint l'ayant fait revenir à lui, après l'avoir appelé par trois fois, lui dit : « Levez-vous, et recevez la puissance de terrasser les démons, sans les appréhender jamais plus ». A l'instant même il se leva, reçut le corps adorable et le sang vivifiant de Notre-Seigneur Jésus-Christ, et s'en retourna dans sa cellule, où les esprits malins n'osèrent plus l'attaquer.

Une femme noble, qui avait été dame d'honneur de l'impératrice Pulchérie, fut aussi tellement pénétrée des exhortations du Saint, qu'elle ne cessa de l'importuner jusqu'à ce qu'il lui eût accordé l'habit religieux, qui consistait en une robe et un grand manteau tissé avec du poil. Une autre encore, de condition, demanda la même grâce : il s'en présenta jusqu'au nombre de soixante-dix, que le Saint fit toutes religieuses. Après avoir bien éprouvé leur vocation, il leur prescrivit certaines règles pour arriver à la perfection, et eut soin que l'on bâtît, à un mille de sa cellule, une église auprès de laquelle elles se logèrent; tous les dimanches et les vendredis, elles l'allaient trouver pour recevoir les salutaires instructions qu'il leur donnait, particulièrement touchant la conservation de la chasteté, la manière de résister aux tentations du démon, l'énormité du péché de celles qui y succombaient, et le bonheur de celles qui demeuraient fidèles à Jésus-Christ.

Outre les grandes grâces que le bienheureux Auxence avait reçues de Dieu, et dont nous avons parlé jusqu'à cette heure, il ne faut pas oublier de dire un mot de l'esprit de prophétie qu'il possédait dans un degré admirable. Il découvrait les choses les plus cachées et marquait le lieu où l'on trouverait ce qui était perdu. Une nuit, durant ses Matines, ayant eu révélation de la mort de saint Siméon Stylite, par l'âme même de ce Bienheureux qui lui apparut, il apprit cette nouvelle à un grand nombre de personnes qui passaient la nuit autour de sa cellule à chanter les louanges de Dieu. Et l'on trouva que cette mort était arrivée à l'heure même qu'il leur avait indiquée.

Enfin, l'an 470, le 14 février, saint Auxence, chargé de mérites et d'années, alla recevoir au ciel la récompense de ses travaux. Son saint corps, que les religieux du monastère de Saint-Hypace demandaient avec de grandes instances, fut accordé aux religieuses dont nous avons parlé; elles l'inhumèrent dans un lieu que l'on a appelé depuis le monastère de Saint-Auxence, où il s'est fait un grand nombre de miracles. — Le mont Siope porte encore aujourd'hui le nom de Saint-Auxence.

Le martyrologe romain en fait mémoire en ce jour, comme aussi le ménologe des Grecs. Métaphraste, Lipoman, Surius et Bollandus en rapportent la vie écrite par un auteur contemporain; il y en a un ancien manuscrit dans la bibliothèque de la rue Richelieu, à Paris. C'est de ces écrivains que nous avons extrait ce que nous en venons de dire.

LE B. JEAN-BAPTISTE DE LA CONCEPTION

1561-1613. — Papes : Pie IV; Paul V. — Rois d'Espagne : Philippe II; Philippe III.

> En vous, ô mon Dieu, le repos est profond et la vie sans trouble. Celui qui entre en vous *entre dans la joie* de son Seigneur; il n'aura rien à craindre et il aura le souverain bonheur dans le souverain bien.
> Aug., *Conf.*, liv. II, ch. 10.

L'an 1594, les religieux Trinitaires des provinces de Castille, d'Aragon et d'Andalousie tinrent un Chapitre général pour se relever du grand relâchement où ils étaient tombés : on résolut qu'en chaque province on établirait quelques maisons où l'on observerait la règle primitive et où les religieux vivraient avec plus d'austérité. Les Trinitaires du couvent de Val-de-Pégnas, fondé le 9 novembre 1596, se conformant aux dispositions de ce Chapitre, changèrent leurs habits pour en prendre de plus grossiers et se *déchaussèrent* pour aller nu-pieds, ayant seulement de petites sandales de cuir ou de corde à la manière d'Espagne; mais comme ils abandonnèrent bientôt ces saintes résolutions pour retourner dans les maisons non réformées, le Père Jean-Baptiste de la Conception, qui devint supérieur de ce couvent, ayant contribué par son zèle et sa fermeté à maintenir la réforme, en fut regardé comme l'instituteur. Voilà ce qui, joint à la sainteté de sa vie, lui mérite une place dans ce recueil. Il naquit le 10 juillet de l'année 1561, à Almodavar, village d'un territoire que les Espagnols appellent Campo-di-Calatrava, au diocèse de Tolède. Son père se nommait Marc Garcias, et sa mère Isabelle Lopez : ils eurent huit enfants, quatre garçons et quatre filles, tous recommandables par leur vertu et leur piété. Cette famille vivait dans une si grande réputation, que sainte Thérèse, passant par Almodavar, ne voulut point prendre d'autre logis; fixant les yeux sur notre Bienheureux, elle lui dit : « Etudie, Jean, tu m'imiteras un jour ». Dans un second voyage, avant de quitter Marc Garcias, elle demanda encore à voir ses enfants, et, posant les mains sur la tête de Jean, elle dit à sa mère : « Vous avez là un fils qui deviendra un grand Saint : il sera le père et le directeur de beaucoup d'âmes et le réformateur d'une grande œuvre que l'on connaîtra en son temps ». Jean donna lui-même des marques de ce qu'il serait un jour, selon les prédictions de la Sainte; à peine eut-il atteint l'âge de raison, qu'il imitait les anciens Pères du désert par sa retraite, son silence, ses jeûnes et ses mortifications. A l'âge de dix ans, il redoubla ses austérités, domptant son corps lorsqu'il était à peine capable de se révolter contre l'esprit : ni les représentations de ses père et mère, ni les prières de ses frères et sœurs, ne purent l'obliger à se modérer dans cette sainte guerre qu'il se faisait à lui-même. Il portait continuellement le cilice, prenait presque tous les jours la discipline et dormait dans une auge de bois, n'ayant qu'une pierre pour chevet. Un jour son père, le voyant sur ce lit de pénitence, ne put s'empêcher de pleurer, et, le prenant dans ses bras, le porta dans sa chambre; mais à peine ce saint enfant vit-il son père endormi, qu'il retourna au lit qui faisait ses délices. Il jeûnait presque toute l'année au pain et à l'eau; quelquefois il mangeait un peu de raisiné. Sa mère lui ayant voulu persuader de manger du miel au lieu de raisiné, il ne put s'y résoudre, croyant que c'était un trop grand régal pour lui. Les fêtes et les dimanches, il consentait à manger un peu de viande; quelquefois aussi il prenait ce qu'on lui donnait, et, faisant semblant de le manger, il le portait aux pauvres, car son plus grand bonheur était de servir Notre-Seigneur en leur personne. Outre le manger, il leur portait souvent du bois, l'hiver, sur ses épaules. Quand il en rencontrait, il les emmenait à la maison de son père, et, pendant qu'une de ses sœurs raccommodait leurs habits, il les nettoyait, leur lavait les pieds, pansait leurs plaies, changeait de vêtements avec eux, et ne les quittait point sans leur avoir humblement baisé les pieds.

Notre-Seigneur daigna lui montrer par un miracle combien cette charité, dans un âge si tendre, lui était agréable : Jean s'était dépouillé de sa chemise pour en couvrir un pauvre attaqué d'une grave maladie : ce dernier fut aussitôt guéri. A la fin, ses austérités le réduisirent à une si grande langueur qu'il ne pouvait plus marcher. Cet état dura deux ans, et fournit à ses frères et aux domestiques l'occasion de lui faire des reproches sur ses pénitences; il leur répondit avec douceur : « Que si la pénitence l'avait rendu malade, elle ne manquerait pas de le guérir ». En effet, quelque temps après il recouvra la santé d'une manière surprenante. Je ne dois pas oublier la dévotion qu'il apporta, pour ainsi dire, en naissant, envers la Sainte Vierge. Lorsqu'il était encore au berceau, on était sûr d'apaiser ses pleurs et ses cris en lui présentant une image de cette bonne Mère, qu'il ne pouvait regarder sans qu'aussitôt le sourire ne vînt sur ses lèvres. Dès que l'âge le lui permit, il récita tous les jours en son honneur le saint Rosaire. A neuf ans, ayant lu qu'une sainte enfant avait, à cet âge, consacré à Dieu sa virginité, il courut aussitôt se jeter au pied d'un autel de la Reine des vierges, et la pria avec tant d'amour de le garder toute sa vie sans tache, que cette demande lui fut accordée. Après avoir fait avec succès ses humanités, il fut trouvé capable, à l'âge de douze ans, de commencer sa philosophie au couvent que les Carmes déchaussés avaient dans sa ville natale. Il était le modèle de ses condisciples par sa vertueuse conduite : attentif à tous ses devoirs, exact à les remplir, modeste dans ses manières, réservé dans ses paroles, ami de la retraite, habituellement recueilli, il montrait déjà la gravité de l'âge mûr; il ne connaissait d'autres lieux que les églises, l'école, l'hôpital et les monastères ; il ne sortait guère que pour accompagner le saint Viatique lorsqu'on le portait aux malades ; les instants que les jeunes gens donnent à leurs divertissements, il les consacrait à la prière : l'oraison et la lecture de la vie des Saints étaient sa plus agréable occupation.

Lorsqu'il eut achevé son cours de philosophie, ses parents l'envoyèrent à l'Université de Baéza [1] pour y étudier la théologie : il s'y livra avec son ardeur ordinaire, mais sans rien perdre de l'innocence de mœurs qui l'avait fait surnommer le *saint enfant*. Son esprit réfléchi, comprenant de bonne heure la vanité d'un monde qui passe comme une ombre, il résolut de s'en séparer. Il paraissait tout décidé à prendre l'habit religieux chez les Carmes déchaussés, ses anciens maîtres ; mais Dieu, qui le destinait à d'autres desseins, le conduisit à Tolède pour y achever son cours de théologie. Il y logea chez un saint prêtre qui recevait quelques étudiants dans sa maison, et continua d'édifier tout le monde par son application à l'étude et sa vie régulière. Mais comme il n'est pas de solide vertu sans épreuves, Dieu permet que des libertins tâchent de le pervertir : ils emploient d'abord les railleries, les injures, au point de le souffleter ; mais, désespérant de triompher de sa patience, ils l'exposent enfin à la tentation la plus dangereuse : ils introduisent dans sa chambre une misérable créature qui fait tout pour le séduire ; mais le Bienheureux lui crache à la face, et s'enfuit aussitôt dans la cathédrale de Tolède, où se trouvait une image miraculeuse de la très-sainte Vierge, sous la protection de laquelle il s'était mis dès son arrivée dans la ville. C'est à cette Reine, plus puissante que des armées rangées en bataille, qu'il fait hommage de sa victoire ; il tremble d'effroi à la pensée que le monde lui offrirait encore de pareils dangers : il revient à sa première résolution de se réfugier dans un cloître ; seulement son cœur hésite entre les Carmes déchaussés et les Trinitaires ; pour être éclairé dans un choix si important, il a recours au jeûne, à la pénitence ; il implore sa bonne Mère, qui ne reste pas sourde à la prière d'un enfant si chéri. Un jour qu'il priait avec larmes devant l'image miraculeuse, il entendit une voix qui lui disait : « Si tu ne veux pas te tromper, choisis l'Ordre des Trinitaires ». A ces mots, craignant une illusion ou une surprise des sens, il répéta humblement sa prière, et jusqu'à trois fois, il entendit intelligiblement la même réponse. Alors il n'hésita plus à entrer dans le couvent des Trinitaires, à Tolède ; il y prit l'habit à l'âge de dix-neuf ans, le 26 juin 1580. Pendant son noviciat, il eut pour maître le bienheureux Simon de Roxas ; on comprend aisément que, sous un tel guide, il fit de rapides progrès dans la vertu. Le bienheureux Simon, qui connaissait sa vertu, le soumit à de très-rudes épreuves ; un jour, entre autres, il lui fit une réprimande non méritée dans les termes les plus sévères ; au lieu de s'excuser, le saint novice se jette à ses pieds et le prie de lui pardonner ; le maître lui tourne le dos et s'éloigne. Mais quelle ne fut pas sa surprise lorsque, trois

1. En Andalousie. Evêché et université supprimés ; le siége épiscopal est à Jaen ; 12,000 h.

heures après, repassant par là, il trouva le Bienheureux toujours prosterné et attendant son pardon.

Voici une occasion où le saint jeune homme fut bien récompensé de son humble charité. Un pauvre religieux était dévoré d'un ulcère si fétide que l'on ne pouvait plus le panser : il se chargea de ce pauvre abandonné et l'environna des plus tendres soins ; mais, dans l'excès de ses souffrances, le malade, au lieu de le remercier, le querellait souvent ; une fois, entre autres, il l'accabla des reproches les plus injustes : pour toute réponse, le Bienheureux accomplit un acte si surnaturel, que la nature frémit au seul récit : il lécha doucement la plaie, qui disparut bientôt après ce prodige de charité ; et, depuis ce jour, il n'éprouva plus aucun dégoût pour les maladies les plus repoussantes. Après une année d'épreuves, passée dans la pratique exacte des observances religieuses et des plus solides vertus, il fut admis à la profession, le jour de la fête de saint Pierre et de saint Paul, en 581. Les supérieurs, qui connaissaient son mérite, voulurent qu'il étudiât encore pendant quatre ans la théologie sous le Père Simon de Roxas, quoiqu'il eût déjà fait son cours à l'Université, et le chargèrent en même temps de répéter les leçons à ses condisciples : il fit les deux choses avec un égal succès. Il avait reçu du ciel un si rare talent que Lope de Véga l'appelait le *plus beau génie de l'Espagne,* et il acquit des connaissances telles que le Père Entrade, jésuite, assurait que c'était l'*homme le plus érudit de son siècle.* Il n'était pas moins zélé pour communiquer son savoir que pour l'acquérir ; il se mettait à la portée de chacun de ses condisciples, leur expliquait avec patience les leçons qu'ils avaient entendues, et les aidait de tout son pouvoir à en recueillir les fruits. D'ailleurs, cette étude de la science fut loin de le détourner de l'étude bien plus importante encore de la sainteté, et les œuvres extérieures les plus humbles étaient toujours celles qu'il préférait : comme balayer les chambres, faire les lits, distribuer la soupe aux pauvres à la porte du couvent ; il quêtait pour les amis de Notre-Seigneur et les siens, il les secourait de toutes les façons : aussi ne le nommait-on dans Tolède que le *Père des pauvres.* Les bas sentiments qu'il avait de lui-même l'auraient pour toujours éloigné du sacerdoce, mais l'obéissance l'appela à cet honneur dont il se croyait indigne. Il célébra sa première messe avec une ferveur qui toucha le cœur de tous les assistants. Il sembla que le Seigneur, en inondant son âme des plus douces consolations, voulût le préparer aux souffrances qui l'attendaient. Pendant une maladie des plus opiniâtres, on lui fit plusieurs opérations très-douloureuses pour lesquelles on employa le fer et le feu; elles ne purent lui arracher une plainte : « Taillez, brûlez », disait-il, « traitez-moi sévèrement en ce monde, ô mon Dieu ! afin de m'épargner dans l'autre ». Les médecins, voyant qu'il ne guérissait point, lui conseillèrent de prendre l'air natal, qui ne produisit point sur lui l'effet qu'ils en attendaient. Lorsqu'on désespérait le plus de sa santé, Dieu la lui rendit miraculeusement. De retour à Tolède, il y retomba malade. Alors ses supérieurs, croyant qu'il avait besoin d'un climat plus doux, l'envoyèrent à Séville.

Sa maladie ne le quittait point, car il eut la fièvre pendant douze ans : mais son zèle et sa charité le quittaient moins encore ; il devint l'apôtre de l'Andalousie, qu'il parcourut presque en entier ; on était émerveillé de voir un homme si maigre et si épuisé annoncer la parole de Dieu avec une force et une véhémence qui semblaient tenir du miracle ; mais on était bien plus surpris encore de son savoir et de son éloquence : on le comparait à saint Jean Chrysostome et à saint Bernard. Ses frères, étonnés de ce succès, lui demandèrent de quels livres il tirait ses sermons : — *Du livre de la charité,* leur répondit-il, entendant par là, selon les uns, l'Ecriture sainte, selon d'autres, le crucifix. Nous ne rapporterons qu'un exemple des succès qui accompagnaient de tels sermons. Un jeune homme de noble famille qui, cédant à une passion sacrilége, s'apprêtait à violer la clôture d'un couvent, se rend, je ne sais par quel hasard, à la prédication de notre Bienheureux, déjà commencée ; celui-ci, éclairé sur l'état de cette pauvre âme, change le sujet de son discours et représente avec force les horreurs du sacrilége et les terribles punitions que Dieu lui réserve : le pécheur, touché de ce prodige, va se jeter aux pieds du saint prédicateur et avoue sa faute, qu'il lave dans les larmes de la pénitence. Les monstres de l'enfer, furieux de le voir arracher tant de proies de leurs gueules meurtrières, cherchèrent plusieurs fois à le perdre. Une nuit, qu'il allait administrer un malade, ils le précipitèrent dans un puits profond : mais son ange gardien l'en tira aussitôt sain et sauf. Il triompha de la malice des hommes aussi bien que de celle des démons. Il avait entrepris d'évangéliser une foule de Maures qui se trouvaient à Séville ; à force de prières et de jeûnes, il obtint enfin la conversion d'une grande partie de ces infortunés, qui s'étaient d'abord bouché les oreilles pour ne pas l'entendre ; mais il y en eut d'assez obstinés et d'assez criminels, non-seulement pour résister à la vérité, mais pour chercher à faire périr celui qui la leur annonçait, en lui présentant des mets empoisonnés ; il n'eut qu'à faire trois fois le signe de la croix sur ces aliments, aussitôt ils se remplirent de vers immondes. Au lieu d'ouvrir les yeux à cette merveille, ils attendirent une fois notre Bienheureux à quelque distance de la ville pour l'assassiner ; mais Dieu, sans la permission duquel un seul cheveu ne peut tomber de la tête de ses serviteurs, le fit passer au milieu d'eux sans qu'ils pussent l'apercevoir.

A cette époque (1590), une horrible peste ravageait l'Espagne : aucune ville n'eut plus à souffrir de ce fléau que celle de Los-Arcos, où se trouvait le saint missionnaire. Chacun chercha son salut dans la fuite : les malades mouraient sans secours, sans aucune parole de consolation. Un tel spectacle émut les entrailles du Bienheureux, qui se consacra aussitôt au service de ces infortunés. Ayant formé une société de prêtres et de séculiers pieux, il se mit à la tête de cette petite armée, pour aller combattre de tous côtés le fléau sous l'étendard de la charité. Il s'employa, pendant quarante jours, à procurer des aliments aux pestiférés, à leur donner les médicaments nécessaires, à les entendre en confession, à les disposer à bien mourir ; il pensait à tous et n'oubliait que lui-même, au point qu'il arrachait des larmes de reconnaissance à ces infortunés qui le comblaient de bénédictions. Il semblait être partout à la fois, et Dieu honora ce zèle par un miracle : une de ses pénitentes se mourait, et, dans ce moment-là même, le démon lui livrait un furieux assaut ; le Bienheureux lui apparut, quoiqu'il habitât un pays éloigné de quarante milles, et ne la quitta point avant de l'avoir consolée, encouragée, munie des derniers sacrements et de tout ce qui assure le salut de l'âme.

Jean mena cette vie sainte pendant dix-sept ans chez les anciens Trinitaires, jusqu'à ce qu'il alla joindre les autres qui avaient embrassé la Réforme, qu'on avait établie dans le nouveau couvent de Val-de-Pégnas ; il résistait depuis quelque temps à la grâce qui l'y appelait, lorsqu'un jour un orage épouvantable éclata au-dessus de sa tête ; tremblant en présence de la mort, il examina sa conscience et se repentit de n'avoir pas suivi la voix qui le poussait à une vie plus parfaite : il prit la résolution d'embrasser la Réforme ; au-lieu de s'apaiser, l'orage redoubla ; mais notre Saint s'étant écrié : « Mon Dieu, je vous en fais le vœu ! » le tonnerre cessa de gronder, le vent de souffler, et le soleil reparut. La Sainte Vierge ayant aplani les difficultés qui retardaient son entrée dans le couvent de Val-de-Pégnas, il y prit l'habit de la Réforme le 9 février de l'an 1597. La nuit suivante, il se vit attacher, lui et ses compagnons, sur des croix, à l'exemple de Notre-Seigneur ; il comprit alors les peines qui attendaient tous ceux qui embrasseraient la Réforme : c'est sans doute ce qui le décida à accepter la charge de supérieur, que lui donna le Chapitre provincial de Séville. Il voulut se mettre plus que jamais sous la protection de la Sainte Vierge et prit le nom de Jean-Baptiste de la Conception. Il rétablit les anciens jeûnes dans le couvent et y ajouta la vigile de tous les fêtes de sa bonne Mère. Mais les religieux se lassèrent bientôt de cette vie de pénitence ; ils se mirent à rechercher leurs aises et à quitter un séjour où il fallait être Saint. Demeuré presque seul, Jean-Baptiste de la Conception eut recours à ses supérieurs; il n'y eut que le ciel qui daigna le consoler ; un jour, pendant son oraison, il entendit venir du ciel ces paroles : « Ne crains rien, Jean ; poursuis ton œuvre, je t'aiderai ». Une autre fois, la Sainte Vierge lui apparaissant, lui dit : « Je te serai propice : je te ferai surmonter tous les obstacles ; avec moi tu finiras par réussir ». Sur de si belles assurances, notre Bienheureux résolut de se rendre à Rome, auprès du souverain Pontife. Je ne saurais dire les combats qu'il soutint, les peines qu'il supporta dans ce voyage : le démon essaya même plusieurs fois, quoique inutilement, de le faire périr. Débarqué dans un port en Toscane, notre Bienheureux ne perdit point cette occasion de visiter sainte Marie-Madeleine de Pazzi, qui vivait alors à Florence en grande réputation de sainteté; il voulut la consulter sur ses projets. La Sainte, qui l'appela d'abord par son nom, quoiqu'elle ne l'eût jamais vu, lui fit connaître les épreuves qui l'attendaient, et lui prédit qu'il réussirait dans son œuvre : de sorte que le bienheureux Jean la quitta, rempli de consolation. S'étant rembarqué, il prit terre à Civita-Vecchia, d'où il se rendit à Rome.

Il y était à peine arrivé, que ses supérieurs essayèrent de le faire enfermer dans leur couvent, et il ne fallut rien moins qu'un ordre du Pape pour lui conserver sa liberté. Ces mauvais religieux, qui ne pouvaient pardonner à celui qui leur tendait la corde du salut dans leur naufrage, le décrièrent auprès du Saint-Siége, l'accusant de s'être enfui de leur maison de Val-de-Pégnas avec cinq mille écus. Personne ne le secondait dans sa périlleuse entreprise : au contraire, tout le monde l'abandonnait. L'ambassadeur d'Espagne, qui lui voulait du bien, reçut de sa cour l'ordre de le poursuivre, et le Pape, qui l'avait d'abord accueilli avec bienveillance, sembla l'oublier. Accablé de chagrin, malade, il eût succombé sous le poids de tant de souffrances, si Dieu ne l'eût soutenu de sa main toute-puissante. Le démon lui tendit alors un piége bien difficile à éviter. Comme il s'était retiré chez les Carmes déchaussés, qui lui offraient l'hospitalité la plus fraternelle, ces bons religieux, croyant son projet de Réforme chez les Trinitaires presque impossible, le pressèrent de se réunir à eux : plutôt pour se débarrasser de leurs tendres sollicitations que par une résolution bien arrêtée, il consentit à entrer dans le noviciat. Le démon, tout fier de ce succès, continua sa ruse ; il lui apparut un jour vêtu en Carme déchaussé, et lui dit : « Frère Jean, si tu ne prends pas cet habit, tu mourras dans trente jours ». Mais cette apparition trompeuse fut bientôt combattue par une vision céleste ; Dieu montra à notre Bienheureux une multitude innombrable de Trinitaires, rayonnants d'une lumière céleste, qui semblaient demander à Dieu quelque grande grâce, et ils jetèrent un cri d'angoisse qui l'avertit du péril où il était. Pour le fortifier encore davantage, Dieu eut la bonté de se faire voir à lui pendant quelques jours, sous la forme d'un crucifix devant lequel il avait prié, l'accompagnant partout, le protégeant, et lui indiquant les moyens de conduire son entreprise à bonne fin. Il lui ménagea aussi des consolateurs bien propres à le soutenir sous les croix les plus douloureuses : ce furent saint Camille de Lellis, fondateur des Clercs réguliers, ministre des infirmes, et l'illustre saint François de Sales. Ce saint évêque de Genève se trouvait alors à Rome pour y recevoir la consécration épiscopale. Le bienheureux Jean-Baptiste va le trouver pour lui exposer son dessein ; mais, avant qu'il eût parlé, le saint prélat, éclairé d'en haut, lui dit qu'il connaît cette œuvre, le loue de l'avoir entreprise, l'encourage à supporter avec patience les contradictions qu'il doit éprouver, et enfin lui prédit que Dieu bénira ses efforts.

En effet, après deux ans de sollicitations inutiles, lorsque tout semblait désespéré, Dieu qui termine souvent les affaires pour lesquelles les hommes s'agitent en vain, inspira à Clément VIII de donner, *motu proprio,* un Bref d'approbation pour la réforme des Trinitaires; ce fut le 20 août de l'an 1599 que notre Bienheureux obtint cet acte si désiré, et qui commençait par ces mots : *Ad militantis Ecclesiæ regimen.* Les Trinitaires déchaussés et réformés y étaient autorisés à fonder un nouvel Ordre, avec des supérieurs séparés, des constitutions distinctes et conformes à la règle antique et primitive. Assuré désormais du succès d'une œuvre que Dieu protégeait si visiblement, le saint religieux s'empressa de retourner en Espagne, mais ses épreuves l'y suivirent. D'abord le démon essaya de l'engloutir dans les flots, afin d'engloutir avec lui une entreprise qui devait arracher tant d'âmes à l'enfer ; ensuite il faillit être empoisonné dès son arrivée en Espagne, et il eut une grande peine à faire exécuter le Bref de Clément VIII qui accordait aux Réformés les trois maisons de Val-de-Pégnas, de Ronda et de Bienparada. Il ne put obtenir que la première, encore on ne la lui abandonna que parce qu'on ne pouvait faire autrement, puisque les habitants de ce lieu n'y avaient reçu les Trinitaires qu'à condition qu'ils seraient déchaussés et réformés ; notre Bienheureux en prit possession l'an 1600, et y donna commencement à la Réforme, qui fut réduite d'abord à ce seul couvent. Mais bientôt ceux qui l'avaient abandonné et avaient consenti qu'il lui restât, se repentant d'avoir été trop faciles à l'accorder, voulurent y rentrer : ils y vinrent à dix heures du soir pour chasser les réformés. Comme ils connaissaient la maison, il leur fut facile d'y entrer. Ils vont d'abord à la cellule du Réformateur, qui, sortant au bruit pour voir ce qui se passe, trouve trois ou quatre de ces religieux munis de cordes ; il est saisi et poussé rudement à la sacristie, où il tombe à terre ; on lui lie les mains derrière le dos avec tant de violence, lui mettant les genoux sur les épaules, qu'il en a les bras tout écorchés. On le conduit encore garrotté à une fosse pleine d'eau pour le jeter dedans ; mais là, ces fils révoltés contre leur père, considérant qu'il était si faible qu'il y mourrait bientôt, aiment mieux le mettre dans une prison avec un autre religieux ; enfin, soit remords de conscience, soit crainte du châtiment, lorsque le jour paraît, ils ouvrent la porte de cette prison, qui était une grotte obscure et froide, et s'enfuient précipitamment. Rendu à la liberté, le bienheureux Jean-Baptiste s'occupe de réunir ses enfants restés fidèles, et après avoir fait avec eux une année de noviciat, il prononça de nouveau ses vœux, le 10 décembre de l'année 1600, et la Réforme se trouva ainsi accomplie. Plus d'une fois, lorsqu'il eut à lutter avec la pauvreté, Dieu l'en rendit vainqueur par des miracles éclatants. Un jour que les religieux d'Alcala, un des couvents fondés par notre Bienheureux, n'avaient pas même un morceau de pain, il les encourageait à passer la journée avec patience, dans un jeûne parfait, lorsque deux braves jeunes hommes frappent à la porte du couvent et présentent des mets tout apprêtés ; et comme le portier leur demande d'où vient ce don : « Prenez, prenez », lui dirent-ils, « et remerciez le Seigneur ». Une autre fois, étant allé lui-même quêter, il avait reçu douze pains en aumône : il en donna dix à des pauvres, et il ne lui en resta plus que deux qui étaient insuffisants pour la communauté, alors assez nombreuse. Il commanda néanmoins de faire de ce reste autant de petites portions qu'il y avait de religieux, et elles se trouvèrent tellement accrues à l'heure du repas, qu'elles purent rassasier tous ceux qui en mangèrent ; il en resta même encore assez pour le soir, la Providence n'abandonnant jamais ceux qui se confient en elle. Persuadé que rien n'était plus utile pour des religieux que de demeurer dans l'humilité de leur profession, il voulut que ses enfants s'engageassent par vœu à ne rechercher, même indirectement, aucune dignité, et à n'en point accepter sans un commandement exprès de l'autorité légitime, et il obtint du pape Paul V la permission de l'ajouter aux trois vœux de religion. Avec quel bonheur il le prononça lui-même, joyeux de se voir ainsi délivré des charges dont le roi et le duc de Lerme, son ministre, le menaçaient ! Cette sainte rigueur, au lieu de diminuer le nombre des religieux, ne fit que l'augmenter ; la bonne odeur de ce nouvel institut se répandit en peu de temps par toute l'Espagne ; les plus grandes villes désirèrent en avoir des maisons. En 1605, le pape Clément VIII, voyant qu'il y avait huit couvents de cette Réforme, leur permit d'élire un provincial tous les trois ans ; on tint le premier Chapitre à Valladolid, où notre Bienheureux fut élu à cette dignité. Il n'avait point obtenu de si grands succès sans de grandes souffrances et de grands miracles.

Lors de la fondation du couvent de Madrid, il reçut un rude soufflet d'un soldat, à qui il présenta humblement l'autre joue. Plusieurs de ses religieux, le trouvant trop sévère, se plaignirent hautement de lui, et demandèrent au nonce un visiteur pour tempérer les rigueurs de la Règle. Jean les rassembla aussitôt, se mit à genoux devant eux, et, découvrant ses épaules, il leur dit, les larmes aux yeux : « Si je suis cause de cette tempête, jetez-moi à la mer, j'y consens; frappez ces épaules nues, je les abandonne à vos coups; mais soutenez, je vous en conjure, sauvez la Réforme ». Les cœurs ne purent demeurer insensibles à de si touchantes paroles; le visiteur fut nommé, il est vrai, mais ce fut pour rendre au Bienheureux une éclatante justice. Il reprit donc ses fonctions de supérieur, mais il les résigna au bout de trois ans, heureux de rentrer dans l'obéissance. C'est peut-être ici le lieu de dire la belle leçon qu'il donna de cette vertu pendant qu'il était provincial. Il se promenait avec ses novices dans les jardins du couvent : il demanda ce que c'était que l'obéissance ; on lui répondit que c'était une vertu d'un prix inestimable et d'une merveilleuse efficacité. Ayant alors levé les yeux, il vit un petit oiseau qui vint se poser en chantant doucement sur une branche voisine : « Eh bien ! » dit-il au novice qui lui avait répondu, « si vous croyez à l'efficacité de l'obéissance, montez sur cet arbre, prenez l'oiseau et apportez-le-moi ». Le jeune homme s'élança sur l'arbre sans la moindre hésitation, et prenant l'oiseau, qui se laissa faire, il l'apporta tout joyeux à son supérieur. Voici deux autres miracles non moins éclatants : Pendant la fondation du couvent de Cordoue, un maçon qui montait une pierre, perdant l'équilibre, tomba avec elle. Le Père Jean-Baptiste, qui se trouvait sur la place, s'écria en étendant la main : « Au nom de la très-sainte Trinité, arrête-toi ! » La pierre s'arrête aussitôt, le maçon reste comme suspendu dans sa chute : tous deux descendent doucement et arrivent à terre sans se faire aucun mal ; et comme le peuple criait au miracle, l'humble religieux s'enfuit bien vite au fond de son couvent. Un gentilhomme de la ville, qui avait perdu son fils, pria le bienheureux Jean-Baptiste de venir dans son palais consoler sa femme désolée ; il y vint, et ayant placé son scapulaire sur la tête du mort, il le fit lever au nom de la sainte Trinité et le rendit vivant aux embrassements de sa mère.

Enfin, consumé par tant de travaux, ce grand serviteur de Dieu tomba malade à Cordoue, au mois de janvier 1613. Lorsqu'on lui annonça que sa fin était prochaine, il s'écria, dans un transport de joie : « Je me suis réjoui de ce qu'on m'a dit : Nous irons dans la maison du Seigneur ». Il demanda le saint Viatique, et, à l'approche de son Seigneur, qu'il avait servi toute sa vie, qui venait le visiter pour la dernière fois sur la terre, et qu'il allait bientôt rejoindre dans le ciel pour le posséder éternellement, recouvrant toutes ses forces, il sort du lit, se met à genoux et se prosterne la face contre terre ; puis, dès qu'il a reçu cet hôte divin, cet ami de son âme, il demande qu'on le laisse seul avec lui ; on l'entendit alors lui parler doucement : « Seigneur », disait-il, « vous savez que j'ai fait tout ce que j'ai pu pour exécuter vos ordres ». Témoignage, hélas ! que bien peu d'âmes peuvent se rendre à ce moment suprême ! Il sortait de sa chambre une odeur toute divine, comme du seuil du Paradis. Il reçut ensuite avec la même piété le sacrement d'Extrême-Onction. Au bout de quelque temps, il sortit d'une extase dans laquelle il était tombé, et demanda quelle heure il était. Après qu'on la lui eut fait connaître, il s'écria : « Je mourrai à trois heures. Oh ! la belle heure ! c'est celle où Notre-Seigneur expira sur la croix ». Il essaya d'achever l'office divin en récitant les Complies avec un de ses religieux, mais les forces trahirent son courage. Il prit alors son crucifix et lui adressa de tendres paroles. Il dit aux religieux, qui ne pouvaient retenir leurs larmes : « Pourquoi pleurez-vous ? je vais au ciel, où je vous serai plus utile qu'ici ». Le voyant près de mourir, ils se jetèrent à genoux et lui demandèrent sa bénédiction : il la refusa d'abord parce que le supérieur était là. Il fallut que celui-ci lui en donnât l'ordre en pleurant ; il les bénit alors, embrassa le supérieur avec une grande tendresse, et leur demanda à tous pardon des fautes qu'il avait pu commettre envers chacun d'eux. Il leur dit ensuite ces paroles de Notre-Seigneur : « Ne craignez pas, petit troupeau, car il a plu à mon Père de vous donner son royaume ». Un des religieux s'écria : « Et pourquoi, cher Père, nous abandonnez-vous ? » Le Bienheureux, touché de tant de regrets, prit son crucifix et dit à Notre-Seigneur, à l'exemple du grand saint Martin : « Si je suis encore nécessaire à la Réforme, je ne refuse pas le travail ; que votre volonté soit faite ! » Mais il ajoutait malgré lui : « *Expectans, expectavi Dominum :* J'attends le Seigneur avec impatience ». Ses religieux, voyant que le dernier moment était venu, entonnèrent le *Credo ;* et comme ils chantaient ces paroles : « *Et incarnatus est* », l'âme du Bienheureux alla se reposer dans le sein de Celui qui s'était fait homme pour le racheter : c'était le 14 février de l'an 1613. Il avait cinquante et un ans et demi : il en avait passé seize dans la Réforme. L'éclat de sainteté qu'il avait jeté pendant sa vie, et les prodiges opérés à son tombeau portèrent ses enfants à solliciter sa béatification. Elle fut prononcée, après de longs examens, par le pape Pie VII, le 21 septembre 1819, et solennellement célébrée à Rome, dans l'église de Saint-Pierre, le 26 du même mois.

Sa vie a été écrite par le Père Ferdinand de Saint-Louis ; par Hélyot, dans l'*Histoire des Ordres monastiques ;* enfin, par les continuateurs de la *Vie des Saints* de Godescard, publiée à Lille, et par M. Darras.

dans l'édition qu'il nous a donnée de Ribadeneira. C'est surtout de ces trois derniers ouvrages que nous avons tiré ce que nous en avons dit.

SAINT VALENTIN, ÉVÊQUE DE TERNI (273).

Valentin, évêque de Terni, en Ombrie, fut un homme puissant en œuvres et en paroles. Il fit de grands miracles : entre autres, il guérit d'une maladie humainement incurable, le fils de Craton, philosophe très-connu dans sa ville. Ce malheureux père sollicita lui-même très-vivement cette guérison, quoiqu'il fût encore païen. Valentin lui en fit la promesse, s'il voulait auparavant se faire instruire, lui et sa famille, dans la religion chrétienne et recevoir le sacrement de la régénération baptismale. Cette condition préalable ayant été acceptée et exécutée par Craton et par toutes les personnes de sa maison, Valentin se mit en prières, et la santé fut subitement rendue au jeune homme, ce qui combla toute sa famille d'une grande joie.

Ce prodige servit aussi à la conversion de trois jeunes Athéniens qui étudiaient sous Craton, savoir : Proculus, Phœbus et Apollonius, ainsi qu'à celle du préfet de la ville, nommé Abundius. Le juge Placide, apprenant cet événement, fit trancher la tête au prélat, après avoir vainement tenté de l'amener à l'idolâtrie. Les trois jeunes gens ci-dessus nommés le transportèrent secrètement dans la ville de Terni, et pour ce fait, ayant été arrêtés par Licentin, ils scellèrent de leur sang la foi qu'ils avaient reçue de Valentin. Le crâne de Valentin, martyr, se conserve aujourd'hui dans la ville de Kirdorf et y est honoré par un grand concours de peuple.

Au XIe siècle, lorsque la presqu'île de Jumiéges était ravagée par les mulots et les rats, on invoqua saint Valentin, évêque de Terni, qui poussa toute cette engeance à la Seine : On montre encore la route et l'abîme où ces rongeurs allèrent se noyer. On appelle l'un le *chemin* et l'autre le *trou* des îles.

Propre de Mayence; Cochet, *Seine Inf.*, etc.

SAINT ABRAHAM, ÉVÊQUE DE CARRHES, EN MÉSOPOTAMIE (422).

C'était un saint solitaire qui, plein de zèle pour l'accroissement de l'empire de Jésus-Christ, alla prêcher l'Evangile dans un village du Mont-Liban. Les habitants de ce village, encore idolâtres, ne l'eurent pas plus tôt entendu parler contre leurs dieux, qu'ils résolurent sa mort : mais ils furent si touchés de sa douceur et de la patience avec laquelle il souffrit les plus rudes traitements qu'ils lui laissèrent la vie. Les officiers chargés de lever les deniers publics, étant arrivés peu de temps après, trouvèrent que la plupart des habitants du village étaient hors d'état de payer. Déjà ils se préparaient à les traîner en prison. Le Saint, attendri sur le sort de ces malheureux, fit un emprunt et paya pour eux. Une conduite aussi généreuse gagna les cœurs de tous ces pauvres gens; ils s'attachèrent à leur bienfaiteur, qui profita de leur confiance pour les instruire de la religion chrétienne. Abraham resta trois ans avec eux, puis retourna dans sa solitude, après avoir confié le soin de leurs âmes à un prêtre vertueux ; mais il ne jouit pas longtemps du repos qu'il était allé chercher dans la retraite; car on l'éleva sur le siége épiscopal de la ville de Carrhes, en Mésopotamie. Pour avoir changé d'état, il n'en vécut pas moins dans le recueillement et les austérités de la pénitence. Il travailla avec une ardeur infatigable à la ruine de l'idolâtrie et à la destruction des vices qui en sont la suite. Il mourut en 422 à Constantinople, où l'empereur Théodose le Jeune l'avait fait venir. Ce prince garda un des vêtements du Saint, qu'il portait à certains jours par respect pour sa mémoire, et rendit ses dépouilles mortelles aux habitants de Carrhes[1], afin que le pasteur ne fût pas séparé de son troupeau.

Voir Théodoret, *Philoth.*, t. III, c. 17, p. 847.

1. En hébreu *Charan* ou *Haran* : cette ville s'appelle encore aujourd'hui *Harran*; nouvelle preuve de la constance et même de l'immobilité des traditions en Orient.

SAINT MARON, ABBÉ EN SYRIE (433).

Saint Maron se retira sur une montagne voisine de la ville de Cyr, où il vivait presque toujours exposé aux intempéries de l'air. Il avait à la vérité une tente faite de peaux de chèvres pour se mettre à l'abri dans les temps de pluie; mais il s'en servait très-rarement. Ayant trouvé dans sa retraite un temple d'idoles, il le consacra au vrai Dieu pour s'en faire une maison de prières. La réputation de sainteté qu'il s'était acquise le fit élever à la dignité du sacerdoce en 405. Saint Chrysostome, qui avait conçu de lui la plus haute idée, lui écrivit de Cucuse où il était exilé, pour se recommander à ses prières [1].

Notre Saint n'avait pas de plus grand bonheur que de s'entretenir avec Dieu dans l'oraison; aussi était-il disciple de saint Zébin, qui surpassait tous les solitaires de son siècle par son assiduité à la prière. Il employait à ce saint exercice des jours et des nuits entières, sans jamais se lasser; sa ferveur même ne faisait que s'accroître de plus en plus. Sa coutume était de prier debout; ce fut seulement dans sa vieillesse qu'il se soulageait un peu en s'appuyant sur un bâton. Il disait peu de choses à ceux qui le venaient voir, de peur d'interrompre l'exercice de la contemplation qui absorbait toutes ses pensées. Néanmoins il les recevait avec bonté et les exhortait à rester avec lui; mais il ne s'en trouvait guère qui voulussent passer toute la nuit debout en prières.

Dieu récompensa les travaux de saint Maron par des grâces abondantes et par le pouvoir de guérir les maladies des corps et des âmes. Il avait surtout un talent admirable pour porter les autres à la vertu. Il lui vint un grand nombre de disciples, et il fonda plusieurs monastères en Syrie. Théodoret regardait cette multitude de moines répandus dans son diocèse, comme le fruit des instructions de notre Saint. Parmi les plus célèbres disciples de saint Maron, on compte saint Jacques de Cyr, qui se glorifia d'avoir reçu de ses mains son premier cilice.

Enfin, le moment où le Saint devait aller recevoir sa récompense étant arrivé, Dieu le retira de ce monde après une maladie de quelques jours. Le désir d'avoir son corps fit naître une pieuse contestation entre les provinces voisines. Les habitants d'un bourg fort peuplé emportèrent ce riche trésor chez eux, et bâtirent sur son tombeau une grande église qu'ils firent desservir par des moines.

Il y avait trois célèbres monastères qui portaient le nom de Saint-Maron : l'un au diocèse d'Apamée; l'autre sur l'Oronte, entre Apamée et Emèse; le troisième dans la Palmyrène. On ne sait pas au juste dans lequel des trois était le corps de notre Saint; il paraît plus probable que c'était dans le second. Celui qui était abbé de ce monastère avait le titre de primat de tous les monastères de la seconde Syrie, dans les actes du second concile de Constantinople, tenu en 536, sous le patriarche Mennas. Son nom se trouvait aussi le premier dans les souscriptions de la lettre commune que les Maronites écrivirent au pape Hormisdas en 517.

Les Grecs honorent saint Maron le 14 de février; mais les Maronites [2] en font la fête le 19 du même mois.

Tiré de Théodoret, *Philoth.*, cap. 16, 22, 24, 30. Voir Tillemont, t. XII, p. 412; le Père Le Quien, *Or. Christ.*, t. III, p. 5; Joseph Assemani, *Bibl. orient.*, t. Ier, p. 497; F. Nairon, *de origine Maronitarum*. Rome, 1679.

1. S. Chrysost., epist. 36.

2. Peuple ainsi appelé, dès le ve siècle, des moines qui reconnaissent saint Maron pour patriarche. Les Maronites se déclarèrent pour les décisions du concile de Chalcédoine contre les Eutychiens, et s'unirent de communion avec les Melchistes ou royalistes, qui soutenaient l'autorité du même concile. Ceux des Maronites qui habitent le long des côtes de Syrie et aux environs du Mont-Liban ont un patriarche catholique et reconnaissent le Pape pour le premier pasteur de l'Eglise. Plusieurs d'entre eux tombèrent dans le nestorianisme et l'eutychianisme; ils se trouvèrent aussi engagés dans le schisme des Grecs; mais ils rentrèrent dans le sein de l'Eglise sous les papes Grégoire XIII et Clément VIII. Ce point d'histoire a été très-bien éclairci par M. Etienne Assemani. Le patriarche des Maronites, dit *d'Antioche*, fait sa résidence dans le monastère de Kanobin, au pied du Mont-Liban. Kanobin (Cœnobium, le couvent par excellence, le seul qui reste dans la montagne du Liban) a été bâti par Théodose et a été la résidence de tous les patriarches d'Antioche jusqu'à nos jours. Le patriarche actuel, dit Mgr Mislin, préfère Diman pour son habitation d'été, et en hiver il réside à Bekourki, dans le Kesrouan. Il est confirmé par le Pape, et a sous lui cinq métropolitains, qui sont les archevêques de Tyr, de Damas, de Tripoli, d'Alep et de Nicosie en Chypre. (Voir le Père Le Quien, *Or. Chr.*, t. III, p. 46.) Le séminaire des Maronites, fondé à Rome par le pape Grégoire XIII, et tenu autrefois par les Jésuites, a produit de savants hommes

SAINT LOUANS (vᵉ siècle).

Vers le milieu du vᵉ siècle, un moine de l'abbaye de Saint-Mesmin de Micy, près Orléans, désireux de se consacrer tout entier au service de Dieu, quittait son monastère et se retirait près de la ville de Chinon, afin de le prier et de l'aimer plus librement dans la solitude. Louans, *Lupantius* c'était son nom, se proposa d'imiter saint Mexme, qui avait déjà illustré ce pays par l'éclat de ses vertus et de ses miracles. Saint Mexme fut un des plus fidèles imitateurs de saint Martin, et Louans marcha sur ses traces aussi fidèlement que leur grand maître, à tous deux, avait suivi celles de Jésus-Christ. Il ne tarda pas à éprouver tous les charmes et toutes les douceurs dont le Seigneur récompense les sacrifices qu'on fait pour lui, en quittant le monde et en s'attachant uniquement à son service. La première récompense de son amour fut une union intime et ineffable avec Dieu. Mais le Seigneur ne permit pas que son ami demeurât longtemps inconnu aux hommes : le bruit de sa vertu et de sa sainteté se répandit vite au loin et le fit connaître, comme ces humbles et douces fleurs que leur parfum trahit toujours et qui ne peuvent jamais se cacher entièrement.

Sa solitude devint bientôt bruyante : les malades venaient en foule vers cet humble solitaire, et ils s'en retournaient guéris et meilleurs qu'ils n'étaient venus ; car le Saint, en guérissant les corps, avait toujours quelques bonnes paroles pour l'âme.

Il mourut plein de grâces et de vertus, chéri de Dieu et regretté des hommes. Mais sa tombe devint glorieuse. C'est le privilége des Saints de se survivre après leur mort. Une église paroissiale fut élevée sur le lieu de sa sépulture, et comme le concours des peuples à son tombeau était considérable, le comte Thibault donna cette église à l'abbaye de Saint-Florent de Saumur. Des moines vinrent s'y établir, du consentement de Hardouin, archevêque de Tours, et chaque jour on y célébrait l'office canonial.

Les choses durèrent ainsi jusqu'à l'époque tristement célèbre de notre Révolution française. Les moines de Saint-Louans furent chassés et l'église détruite de fond en comble. Le culte de saint Louans avait survécu aux ruines de son sanctuaire. Les âmes chrétiennes se souvenaient encore de ses vertus et de son crédit auprès de Dieu, et de nos jours ce culte a pris un nouvel accroissement par la découverte de son corps.

Il y a quelques années, les religieuses hospitalières de Chinon avaient acheté les anciennes dépendances du prieuré de Saint-Louans pour y établir une maison de retraite destinée à recevoir les dames qui désirent vivre tranquilles et éloignées du monde. Le souvenir de saint Louans entra sans doute pour quelque chose dans l'achat de ce terrain. Mais la salubrité de l'air, la beauté enchanteresse du site, le rendaient surtout très-propre à leur dessein. La Providence avait sans doute d'autres vues.

On savait par les écrits de dom Martène et de dom Housseau, que le corps de saint Louans avait été placé sous le grand autel ; on connaissait l'emplacement de l'ancienne église ; le chœur était indiqué d'une manière précise par les fondations encore existantes ; aussi, dès que les sœurs hospitalières furent installées, elles firent commencer les fouilles. Elles amenèrent pour résultat la découverte de quatre sarcophages, rangés sur une même ligne, quasi intacts, et placés immédiatement sous l'autel, comme l'indiquaient les documents puisés dans les auteurs que nous avons nom-

qui ont jeté un grand jour sur la littérature orientale. C'est de cette école que sont sortis Abraham Ecchellinsis, MM. Joseph, Etienne Evode, et Louis Assemani. Les deux premiers ont donné d'excellents ouvrages sur l'antiquité ecclésiastique. Nous devons au troisième de judicieux écrits sur les cérémonies de l'Eglise.

Plusieurs auteurs du plus haut mérite, tels que Guillaume de Tyr, et le cardinal Baronius, adoptant le sentiment très-suspect de l'annaliste arabe Eutychius, disent que les Maronites tirent leur nom d'un hérésiarque nommé Maron, dont ils auraient suivi les erreurs pendant cinq siècles ; mais qu'en l'année 1182 toute cette nation composée de plus de deux cent cinquante mille âmes rentra dans le sein de l'Eglise. Les Maronites rejettent cette opinion qui a été victorieusement combattre par un autre de leurs écrivains du xviiᵉ siècle, F. Nairon. Suivant cet auteur, avant la naissance des hérésies qui ont désolé l'Orient, on appelait *Syriens* tous les chrétiens répandus dans la vaste province qui s'étendait de l'Egypte à la Cilicie ; mais, lorsque différentes sectes se furent formées, elles portèrent le nom de leurs chefs : ce fut ainsi que les Syriens, séparés de l'Eglise, prirent le nom de Nestoriens, de Jacobites, et autres semblables. Les chrétiens restés fidèles à la foi de Rome se groupèrent autour des disciples de saint Maron : c'est de là que les hérétiques désignèrent par le nom de Maronites les catholiques de Syrie.

més. Les trois sarcophages qui accompagnaient celui de saint Louans renfermaient les corps de saint Salique, de saint Corémar et de sainte Lachie.

L'authenticité de ces précieuses reliques fut juridiquement constatée. Mgr l'Archevêque se rendit sur les lieux et, par un acte épiscopal, il permit de leur rendre le culte que l'Eglise décerne aux reliques des Saints.

Aujourd'hui une charmante petite église, en style roman, a pris la place de celle qui fut détruite en 93, et les précieuses tombes reposent, comme autrefois, dans un crypte creusée sous l'autel principal.

Le pèlerinage a repris un nouvel essor. Ce ne sont plus les bons moines de Saint-Benoît qui desservent cette église, mais les prêtres vénérables qui ont vieilli ou qui ont contracté des infirmités précoces dans les travaux du saint ministère, composent le clergé de l'ancien prieuré de Saint-Louans.

La solitude autrefois choisie et habitée par saint Louans est encore consacrée par la prière et par la pratique des vertus chrétiennes. Les malades viennent de nouveau prier sur sa tombe : c'est ainsi que se vérifient sans cesse ces paroles de nos livres saints : La mémoire du juste ne saurait périr.

M. l'abbé Rolland, *aumônier des Frères, à Tours.*

SAINT PAULIEN, ÉVÊQUE DU PUY (VIe siècle).

Paulien, évêque, gouverna l'église du Velay avant la translation de ce siége et lorsque la ville de Vétula était encore la plus importante du diocèse. Cette église avait presque péri, écrasée par les orages des persécutions; il la releva « heureusement » par sa vertu apostolique et son zèle pastoral ; enfin, le culte des idoles étant à peu près aboli et la religion chrétienne fermement établie, il s'endormit dans une sainte mort.

Saint Paulien fut enseveli dans la ville qui porte maintenant son nom, ayant perdu ceux de Vétula et de Ruessium qu'elle portait d'abord. Il s'était acquitté de ses fonctions pastorales avec tant de gloire ; il avait « tellement » rempli tout le pays de la renommée de sa sainteté, que bientôt après sa mort il se fit de toutes parts un concours immense à son tombeau. Et comme Dieu répondait par d'innombrables miracles aux vœux des pieux visiteurs, il en résulta que la cité prit le nom du Saint de qui elle tirait toute sa célébrité.

Dans la même ville, une église avait autrefois été dédiée sous l'invocation de saint Paulien : c'était une église paroissiale, et les reliques du Saint y étaient pieusement conservées, avec celles de saint Valentin et de saint Aubin, dans une châsse de pierre placée sous l'autel principal. Le monument a été détruit et la châsse brisée dans les temps malheureux de notre révolution de la fin du XVIIIe siècle. Cependant il reste encore un des os du saint prélat, qui se trouve maintenant dans l'église de Saint-Georges de la même ville, où il est l'objet d'une grande vénération. La fête de saint Paulien se célèbre le 14 février depuis les temps les plus reculés.

Propre du Puy.

SAINT RAGNOBERT OU RACHO, VULGAIREMENT SAINT ROCH, ÉVÊQUE D'AUTUN (658).

Ragnobert ou Racho, vulgairement saint Roch [1], après le décès de Ferréol, fut élevé sur le siége d'Autun et en fut le premier évêque d'origine franque. Il signa le privilége accordé par Emmon, évêque de Sens, en 658, en faveur de l'abbé Agon et des moines du monastère Sénonais de Sainte-Colombe. Ce privilége avait pour but de favoriser le pieux dessein des frères de ce monastère, qui était de conformer leur vie en tout à la règle des saints Pères, à l'autorité évangélique et à la tradition apostolique. On rapporte qu'il fit suivre une vie régulière et plus parfaite au clergé de sa cathé-

1. Voir *Saints de Besançon*, II. 110.

drale ; modèle parfait, par ses exemples, de ceux qu'il était chargé d'instruire, il s'est rendu digne des honneurs immortels de la sainteté.

Son corps, honoré par la piété des fidèles, a longtemps reposé dans une petite église qui portait son nom, et qui était située près des antiques murs d'Autun. L'an 1530, il fut transféré, en très-grande pompe, dans l'église cathédrale de Saint-Nazaire et de Saint-Celse, par l'évêque Jacques Huralt ; puis, les voûtes de cette église étant tombées en ruines sur la fin du siècle suivant, il fut encore transporté dans la basilique de Saint-Lazare, où il s'opéra beaucoup de miracles par l'intercession du Saint. Au milieu des orages qui éclatèrent à la fin du XVIIIe siècle et, lors de la sacrilége dévastation de la basilique, il fut jeté à l'aventure dans l'une des cryptes sépulcrales de la même église. Mais sa tête et la plus grande partie de ses ossements en furent retirés par des fidèles qui les conservèrent pieusement et les rendirent à l'évêque d'Autun. Le prélat fit examiner canoniquement les saintes reliques et les rapporta solennellement dans ladite église de Saint-Lazare, en même temps que les glorieuses reliques de l'Hôte de Notre-Seigneur, le 3 septembre 1803.

Racho est le patron d'une paroisse du diocèse d'Autun qui porte son nom (arrondissement de Charolles, Saône-et-Loire).

Propre d'Autun.

LE BIENHEUREUX CONRAD DE BAVIÈRE (1125).

Il était fils de Henri le Noir, duc de Bavière. Après avoir pris l'habit monastique à Clairvaux, il fit le pèlerinage de la Terre-Sainte. Ayant abordé, à son retour, sur les côtes de la Pouille, en Italie, il y finit ses jours près d'un oratoire de la sainte Vierge. On dit que pour honorer le corps du Saint, les agneaux qui paissaient dans le voisinage vinrent s'agenouiller près de lui.

On le représente souvent en prière devant une image de Notre-Dame et à ses pieds la couronne terrestre à laquelle il a renoncé. Il est honoré à Melfi, en Italie.

LE BIENHEUREUX ANGE DE GUALDO (1325).

Ce Bienheureux naquit dans les environs de Gualdo, ville des Etats-Romains. Quoique jeune et pauvre gardien de troupeaux, il se faisait remarquer par son amour pour les pauvres ; plus d'une fois il lui arriva de partager avec eux ses aliments. Le pèlerinage de Saint-Jacques de Compostelle était fort en usage au XIVe siècle : Ange l'entreprit par esprit de dévotion. A son retour en Italie, il entra chez les religieux Camaldules, en qualité de frère lai.

Quelque temps après, il alla vivre en reclus dans une solitude de son pays natal : il y mena une vie angélique dans le jeûne et la contemplation. Les jours de fête, un prêtre lui apportait la sainte communion. Le démon voulut le détourner de sa vocation, mais au moyen du signe de la croix Ange le mettait en fuite. Favorisé du don des miracles, il en opéra plusieurs en faveur du prochain. Lorsqu'il mourut dans le Seigneur, le 25 janvier 1325, son corps demeura à genoux dans la position d'un homme qui prie. On le porta à Gualdo où les nombreux miracles qui s'opérèrent sur son tombeau déterminèrent les habitants à le choisir pour leur patron. Léon XII a approuvé son culte en 1825.

XVe JOUR DE FÉVRIER

MARTYROLOGE ROMAIN.

A Brescia, la naissance au ciel des saints martyrs FAUSTIN et JOVITE, qui, sous l'empereur Adrien, après avoir soutenu plusieurs glorieux combats pour la foi du Christ, reçurent, victorieux, la couronne du martyre. Vers 122. — A Rome, saint Craton, martyr, qui, ayant été baptisé avec sa femme et toute sa maison, par saint Valentin, évêque, ne tarda pas de consommer avec eux son martyre [1]. 273. — A Terni, sainte Agape, vierge et martyre. 270. — Le même jour, la naissance au ciel des saints martyrs Saturnin, Castule, Magne et Lucius. — A Vaison, en Provence, saint QUINIDE ou QUINIZ, évêque, dont les fréquents miracles attestent que sa mort fut précieuse devant Dieu. Vers 578. — A Capoue, saint Décorare ou Décorose, évêque et confesseur. 695. — Dans la province de Valérie (Abruzze-ultérieure), saint SÉVÈRE, prêtre, de qui saint Grégoire écrit qu'il ressuscita un mort par ses larmes. VIe s. — A Antioche, saint Joseph, diacre [2]. — A Clermont, en Auvergne, sainte GÉORGIE, vierge. VIe s.

MARTYROLOGE DE FRANCE, REVU ET AUGMENTÉ.

A Saint-Benoit-sur-Loire, saint Fauste, compagnon de saint Maur dans son voyage en France, et auteur de sa Vie. Vers 620. — En Aquitaine, sainte Véronique, qui présenta à Notre-Seigneur, portant sa croix, un linge pour essuyer le sang qui coulait de son front, et fut assez heureuse pour le recevoir portant l'empreinte des traits de sa sainte face [3]. — A Barcelone, le martyre de saint Cucufat, dont le corps fut dans la suite porté à Saint-Denis, en France, comme le témoigne Adon, archevêque de Vienne [4]. 306. — Près de Marmoutier, le trépas de saint Libert, ou Léobard, solitaire, mentionné au martyrologe romain, le 18 de janvier [5]. 588. — A Evreux, le décès de saint Aquilin, évêque, qui se trouve au martyrologe romain, le 19 octobre [6]. 695 — A Gand, saint Colombain ou Colomban, confesseur, qui fut longtemps reclus près de l'ancienne église de Saint-Bavon. 959. — A Saint-Papoul, en Languedoc, le B. Guillaume de Cardaillac, évêque de cette ville. 1347. — A Rouen, la fête de saint WANENG, confesseur, fondateur de l'abbaye de Fécamp, dont la naissance au ciel est marquée le 9 de janvier. 686. — A Ajaccio, la fête de saint Agathon, pape, cité au martyrologe romain le 10 de janvier [7]. — A Beauvais, la fête de saint Guillaume, abbé de Chalis, puis archevêque de Bourges, cité au martyrologe romain le 10 de janvier [8]. — A Vaison, saint Quinide ou Quiniz, évêque. VIe s. — A Nîmes, fête de saint Ferréol, évêque d'Uzès, cité au martyrologe romain le 4 janvier [9].

1. Saint Craton était athénien et orateur, c'est-à-dire professeur d'éloquence grecque, et sans doute aussi quelque peu avocat. Sa conversion fut due à la guérison de son fils, que saint Valentin opéra à la condition qu'il croirait en Jésus-Christ. V. au 14 février, dans la vie de saint Valentin, prêtre.

2. Saint Joseph ou Josippe, comme l'écrivent un grand nombre de martyrologes, souffrit probablement sous l'un des empereurs païens des trois premiers siècles. Les Bollandistes démontrent qu'il ne faut pas le confondre avec saint Joseph, archevêque de Thessalonique, et saint Joseph l'Hymnographe, qui habitait Constantinople.

3. Voir, au 3 février, la légende de sainte Véronique, racontée par la tradition, expliquée par la peinture. — 4. Au martyrologe romain, le 25 juillet. V. à ce jour. — 5. Voyez ce jour. — 6. *Ibid.* — 7. *Ibid.* — 8. *Ibid.*

9. Nous avons donné, le 4 janvier, la vie de saint Ferréol. Nous ajoutons ici quelques détails qu'a bien voulu nous fournir M. Pelissier, chanoine honoraire, curé d'Uzès, — lettre du 11 août 1871 :

« Saint Ferréol fut évêque d'Uzès vers le milieu du VIe siècle. Il succéda à son oncle saint Firmin, qui avait succédé lui-même à Rorio que les anciens chroniqueurs nomment Saint, mais qui n'a jamais été honoré d'un culte public.

« Les saints Firmin et Ferréol sont mentionnés au martyrologe romain : le premier au 11 octobre, le second au 4 janvier.

« Ces trois évêques appartenaient à la famille gallo-romaine des Tonono-Ferréol dont le chef fut longtemps préfet du prétoire des Gaules et qui habitaient *Crusianum*, ville située sur les bords du Gardon et

MARTYROLOGES DES ORDRES RELIGIEUX.

Martyrologe de Saint-Basile. — A Alexandrie, saint Jean l'Aumônier, de l'Ordre de Saint-Basile, évêque de cette ville, très-célèbre par sa miséricorde envers les pauvres, mentionné le 23 janvier.

Martyrologe des Camaldules. — Saint Tite, évêque et confesseur, mentionné le 4 de janvier.

Martyrologe de Vallombreuse. — Avant le Carême, l'octave de saint Pierre Igné, évêque et confesseur.

Martyrologe de Cîteaux. — Saint Ildefonse, évêque de Tolède, dont la mémoire est honorée le 23 janvier.

Martyrologe des Trinitaires. — L'octave de notre Père saint Jean de Matha, confesseur.

Martyrologe des Frères Prêcheurs. — La fête du B. JOURDAIN, qui, pour l'excellence de sa doctrine, fut jugé digne de succéder à notre Père saint Dominique, dans le gouvernement de l'Ordre : ayant pris en main le gouvernail, brûlant de zèle pour le salut des âmes, il développa beaucoup l'Ordre en peu de temps, et enfin, comblé de mérites, et ayant traversé beaucoup de tribulations, il s'envola dans le ciel. 1237.

Martyrologe Romano-Séraphique. — Saint Romuald, abbé, Père des Religieux Camaldules, [illegible] la naissance au ciel est honorée le 19 juin. — A Padoue, la Translation de saint Antoine le [illegible]ugais, confesseur, de l'Ordre des Mineurs, sous le pontificat d'Urbain IV ; sa langue fut trouvée, en présence de saint Bonaventure, général du même Ordre, si entière, si fraiche et si rose, qu'on eût dit que c'était le corps d'un vivant plutôt que celui d'un mort.

Martyrologe de l'Ordre Séraphique. — A Padoue, la translation du corps de saint Antoine le Portugais.

Martyrologe des Carmes Chaussés. — Sainte Apolline, vierge et martyre, dont la naissance au ciel est honorée le 9 de février.

Martyrologe des Capucins. — A Padoue, la translation de saint Antoine le Portugais, de l'Ordre des Mineurs.

Martyrologe des Carmes Déchaussés. — Saint Pierre Thomas, évêque et martyr, de l'Ordre des Carmes, dont la mémoire est honorée le 6 de janvier [1].

ADDITIONS FAITES D'APRÈS LES BOLLANDISTES ET AUTRES HAGIOGRAPHES.

A Antioche, avec saint Joseph, diacre et martyr, mentionné ci-dessus : les saints Zénon, Apollonius, Phœbus, Romain, Zozime, Barole, Zocus, prêtre, et Rufin, également martyrs. — En Syrie, les saints Advent, Xyste, Pomponius, Gémella, Victor, Généreux, Victor, Gemellien, Cuturne, Castule, martyrs. — A Utrecht, sainte Faustine, vierge et martyre. Les Bollandistes se demandent si sainte Faustine n'était point une des compagnes de sainte Ursule, dont il y avait des reliques dans toutes les églises de Belgique et de Hollande. — A Asicha, en Syrie, saint Eusèbe, anachorète, dont la douce mort ravit les anges eux-mêmes, disent les Menées. ve s. — A Rome, saint Fauste, qui, après le départ de ce monde de saint Maur, retourna de France à Rome et y mourut à l'âge de quatre-vingt-huit ans. Il fut enseveli au monastère de Latran. — En Irlande, saint Bérach, abbé du monastère de Glendaloch, puis évêque. Vers l'an 600. — A Mont-Vert, ou Piombino, en Toscane, saint Wilfrid, premier abbé du monastère de ce lieu, où vivaient alors soixante moines. Vers 765. — A Vexion, en Suède, les saints SIGEFRIDE, évêque et confesseur, Vinaman, Unaman et Sunaman, martyrs. Saint Sigefride fut l'un des premiers apôtres de la Norwége, convertit la Westrogothie, et baptisa un roi de Suède. Vers 1002. — En Norwége et en Suède, les saints Henri et Alfard, martyrs, mis à mort par les Normands auxquels ils prêchaient l'Evangile. Vers 1055. — A Serravalle, au diocèse de Verceil, saint Eusée, solitaire. On le fête la veille du jour des Cendres [2].

où Sidoine Apollinaire reçut cette brillante hospitalité dont il parle avec tant d'enthousiasme dans son *Epistola ad Ferreolum*.

« Saint Ferréol avait fondé un monastère au midi de la ville d'Uzès : c'est là qu'il avait choisi sa sépulture, c'est là que ses reliques ont été, pendant plus de mille ans, l'objet d'un culte spécial. Ce monastère fut complétement détruit pendant les guerres de religion au XVIIe siècle, et les reliques furent brûlées et jetées au vent : aujourd'hui une croix rappelle l'emplacement qu'il occupait, et chaque année une des processions des Rogations se dirige vers cette croix et y fait une station ».

1. Voyez ce jour.

2. Il vivait dans la montagne, gagnant son pain à faire ou à raccommoder des souliers. Au moment où il expira, trois lis poussèrent et fleurirent sur la cellule du saint homme : cette merveille fit connaître sa mort. Il est honoré comme patron des savetiers en plusieurs endroits, et notamment dans le Verceillais. Son corps se garde dans une église qui porte son nom. XIVe s.

LES SAINTS FRÈRES FAUSTIN ET JOVITE, MARTYRS

120-122. — Pape : Saint Sixte Ier. — Empereur : Adrien.

Mon esprit, dit le Seigneur, se plait en trois choses : la concorde entre frères, l'amour des proches, un mari et une femme qui n'ont qu'un cœur et qu'une âme. *Eccli*, xxv, 1.

Ces bienheureux serviteurs de Jésus-Christ étaient issus d'une illustre famille de Brescia, ville de Lombardie. Ils pratiquèrent la vertu dès leur enfance, car ils étaient dociles, modestes, dévots et unis entre eux par les liens d'une parfaite charité fraternelle. Faustin, qui était l'aîné, fut ordonné prêtre par Apollonius, évêque de Brescia, et Jovite reçut l'ordre de diacre. Ces saints frères commençèrent à exercer leurs charges au grand avantage des fidèles qui demeuraient dans la ville et dans les bourgades voisines : et même plusieurs gentils furent, par leurs prédications, convertis à notre sainte foi, les ténèbres de leur ignorance étant dissipées par la lumière du saint Evangile ; ainsi la religion chrétienne croissait en lustre et en réputation, pendant que celle des faux dieux s'en allait en fumée.

Mais l'empereur Adrien renouvela alors contre les chrétiens la persécution qui avait été commencée par Trajan, son prédécesseur. Italique, chargé d'exercer à Brescia les cruautés impériales, fit arrêter Faustin et Jovite, leur exposa le commandement de l'empereur, et les exhorta à y obéir, employant les promesses et les menaces pour les faire condescendre à sa volonté ; mais, les ayant trouvés généreux et constants en la confession de leur foi, il ne voulut point passer outre, jusqu'à ce qu'Adrien même, qui allait en France, passant par la ville de Brescia, lui eût dit ce qu'il voulait qu'il fît.

L'empereur, averti de cette procédure, s'efforça de porter les deux frères à l'adoration de ses dieux et les fit conduire au temple du Soleil, où se trouvait une statue de ce faux dieu richement parée et qui avait la tête entourée de plusieurs rayons de fin or ; mais les bienheureux frères ayant invoqué le nom du vrai Dieu, la statue fut à l'instant même toute couverte de suie, et les rayons de sa tête parurent comme des charbons éteints. Adrien, qui était présent, s'épouvanta et commanda aux prêtres et aux ministres du temple de nettoyer promptement l'idole. A peine y touchèrent-ils qu'elle tomba et fut réduite en cendres ; l'empereur, furieux, condamna les deux frères à être dévorés par les bêtes. Ils furent donc exposés à quatre lions, qui, au lieu de leur nuire, se couchèrent paisiblement à leurs pieds ; les léopards et les ours furent ensuite lâchés ; on leur brûlait les flancs avec des flambeaux pour augmenter leur rage, mais ils étaient doux comme des agneaux envers les Martyrs. Les prêtres des temples attribuèrent ce miracle à Saturne, et approchèrent des Saints avec sa statue pour la leur faire adorer : mais les bêtes se jetèrent sur eux et les dévorèrent, et Italique avec eux. Les Gentils, voyant ces prodiges, criaient : « O dieu Saturne ! aide tes ministres ». Cependant la statue demeura par terre sous les pieds des bêtes, et toute trempée dans le sang de ses prêtres. La femme d'Italique, nommée Affre, sachant la mort de son mari, accourut toute émue au théâtre où était l'empereur et lui dit avec beaucoup de ressentiment : « Quels dieux adorez-vous, ô empereur? des dieux qui ne sauraient garantir leurs sacrificateurs ni eux-mêmes; et votre cruauté et ce culte superstitieux sont cause que je suis aujourd'hui veuve ». Ainsi elle se convertit à la foi avec plusieurs Gentils qui se trouvèrent à ce spectacle, et entre autres, Calocère, un des premiers de la cour de l'empereur, avec la plupart de ses gens. Mais, pour faire connaître que ces merveilles étaient des œuvres de Dieu, qui permettait à ces animaux de suivre le mouvement de leur férocité naturelle contre les ennemis de la vérité et les rendait semblables à des agneaux envers les chrétiens, les Martyrs leur ayant donné commandement de sortir de la ville, ils prirent aussitôt le chemin des forêts sans nuire à personne.

L'empereur, voyant que la rigueur lui était inutile pour vaincre la constance de ces généreux frères, se servit de l'artifice et commanda qu'ils fussent couchés en de bons lits, sur la plume et le duvet; mais ils n'y firent que chanter des hymnes à l'honneur du Dieu vivant qui était l'unique espérance de leurs âmes. Ensuite ils furent menés en prison avec défense qu'on leur parlât et qu'on leur donnât ni à boire ni à manger, afin de les faire mourir de faim et de soif. Mais, qui peut surmonter Dieu? Les anges, apparaissant, encouragèrent ces braves confesseurs de la vérité, éclairèrent leur cachot de la lumière céleste, et leur cœur fut rempli de joie de ce qu'ils avaient l'honneur de souffrir pour Jésus-Christ.

Adrien, voyant la constance des Martyrs et le nombre de ceux qui se convertissaient à la religion chrétienne par leur exemple et par l'autorité qu'ils avaient dans la ville, craignant aussi quelque sédition, fit mettre à mort ceux qui s'étaient convertis et mena à Milan les saints frères Faustin et Jovite, avec Calocère, enchaînés ensemble. Ce fut là que leur vertu trouva de nouveaux sujets de triomphe : la malice de leurs ennemis cherchait de nouveaux supplices pour les tourmenter. Ils furent tous trois attachés à terre tout de leur long, le visage tourné en haut, puis, avec des entonnoirs, on leur versa du plomb fondu dans la bouche pour leur faire perdre la respiration et la vie; mais le plomb, comme s'il eût eu du sentiment, brûlait les bourreaux sans faire tort aux Martyrs. On les mit à la torture et on leur appliqua des lames ardentes aux côtés; alors Calocère, sentant une très-grande douleur du feu qui lui pénétrait les entrailles, dit à Faustin et à Jovite : « Priez Dieu pour moi, ô saints Martyrs! car je suis extrêmement tourmenté par ce feu ». Ils lui répondirent : « Bon courage, Calocère, cela ne durera pas longtemps, et la grâce de Notre-Seigneur Jésus-Christ sera avec vous ». En effet, Calocère, se sentant tout d'un coup soulagé, dit qu'il ne souffrait plus aucune douleur; et, quoique les bourreaux jetassent des étoupes, de la poix et de l'huile, et qu'ils eussent fait un grand feu autour des Martyrs, les flammes perdaient leurs forces, tandis qu'ils jouissaient en leur âme d'une paix admirable, et que leurs langues chantaient les louanges du Sauveur. Ce fut la cause que plusieurs des assistants, étonnés de ce qu'ils voyaient, reconnurent l'auteur de ces merveilles, adorèrent sa majesté et crurent en lui.

Le tyran, voyant toutes ces inventions inutiles, et ne pouvant souffrir d'être vaincu par ces généreux Martyrs, mit Calocère entre les mains d'Antiochus, gouverneur des Alpes, afin qu'il le fît mourir; et comme il s'en retournait à Rome, il y fit amener après lui Faustin et Jovite, qui furent de nouveau cruellement tourmentés. Mais, en échange, ils reçurent beaucoup de consolations de la part du saint pape Evariste, qui eut soin de les aller visiter. De là ils furent conduits à Naples, où l'on continua de les faire souffrir : puis on les jeta dans la mer; mais ils en furent délivrés par la puissance de Jésus-Christ qui combattait en eux, et sortirent victorieux des tourments, plus purs que l'or du creuset. Enfin, ils furent reconduits à la ville de leur naissance, afin que ceux qui avaient été convertis par leur sainte vie et par leur constance en la foi de Jésus-Christ fussent ébranlés et ramenés au paganisme par leur mort. C'était l'intention des tyrans; mais Dieu en tira au contraire la gloire de son nom et celle des saints Martyrs, et honora la ville de Brescia, où ils furent baignés dans la pourpre de leur sang, du triomphe de leur mort et de la possession de leurs saintes dépouilles : ils y eurent la tête tranchée, hors de la porte qui conduit à Crémone, le 15 février, l'an 120 ou 122, selon Baronius; leur martyre, qui a été fort long, commença sous l'empire de Trajan et ne finit que sous celui d'Adrien.

Ils étaient représentés sur les monnaies de Brescia avec une croix entre eux deux, pour rappeler, non leur supplice qui ne fut pas celui de la croix, mais leur prédication. Leur véritable attribut est l'*épée* qui trancha le fil de leurs jours.

La ville de Brescia les honore comme ses patrons et conserve leurs précieuses reliques. Il existe dans la même ville un sanctuaire fort ancien qui est dédié sous leur invocation, et tous les *martyrologes* représentent saint Faustin et saint Jovite comme des modèles de l'union entre frères.

SAINT WANENG,

FONDATEUR DE L'ABBAYE DE FÉCAMP ET PATRON DE HAM EN PICARDIE

686. — Pape : Conon. — Roi de France : Thierry III.

Entrez par la porte étroite. *Matth.*, VII, 13.

Saint Waneng naquit sous Clotaire II, au commencement du VIIe siècle, dans le diocèse de Rouen. Il appartenait à une famille noble, mais plus illustre encore par ses vertus que par la gloire de ses ancêtres. Il fut élevé avec grand soin dans l'amour et la crainte de Dieu. Aussitôt qu'il fut en âge de se connaître, on le vit mettre en pratique dans sa conduite toutes les vertus chrétiennes. Il était aimé et estimé de tous ceux qui le connaissaient. Les jeux et les divertissements auxquels on le mêlait ne lui causaient aucun plaisir, et il fuyait ceux où il pouvait y avoir la moindre apparence d'offense de Dieu. Il suivit de bonne heure la profession des armes et se conduisit en bon chrétien dans cet état difficile et dangereux; il devint l'un des grands capitaines de son temps. On le voyait aussi ardent à combattre les ennemis de son pays qu'appliqué à faire la guerre aux ennemis de son salut. Il recherchait avec soin la compagnie des gens de bien, et se lia intimement avec saint Ouen, archevêque de Rouen, avec saint Vandrille, abbé de Fontenelle, qui étaient alors deux lumières de l'Eglise. Il contribua pour sa grande part à la construction de l'abbaye de Fontenelle et fournit à saint Vandrille une partie des choses qui lui étaient nécessaires pour mener à bonne fin cette importante fondation.

Saint Waneng avait toujours eu une grande propension pour la vie religieuse ; il la trouvait de beaucoup préférable à la sienne. Mais croyant que Dieu le voulait dans le monde, il résolut d'y vivre comme n'y étant pas et de consacrer à Dieu sa virginité. Il choisit pour patronne et pour protectrice sainte Eulalie de Mérida. De là est venu le culte que l'on rend à cette Sainte au pays de Ham ; de là vient qu'elle a été choisie pour patronne de Tugny, village situé à une lieue de cette ville. Saint Waneng ne put réaliser son dessein de rester vierge. Dieu lui fit connaître qu'il le voulait dans l'état du mariage, afin de servir d'exemple aux personnes mariées. En effet, il se montra le modèle des époux et respecta la chasteté conjugale à une époque où les grands ne connaissaient guère cette vertu. Dieu lui donna un fils qu'il appela Désiré. Dès que cet enfant fut en état de faire usage de sa raison, il lui apprit à préférer Dieu et ses commandements à toutes les choses de la terre. Et comme il savait que les exemples ont plus de force que les préceptes, il fut pour son fils un modèle de toutes les vertus chrétiennes et ne voulut auprès de lui que des personnes vertueuses. Plus tard, cet enfant alla s'enfermer dans l'abbaye de Fontenelle. A la grande satisfaction de son père qui avait tout fait pour lui inspirer le goût de la vie religieuse, Désiré fut un excellent et saint religieux et mérita plus tard après sa mort d'être rangé par l'Eglise au nombre des Saints.

Le soin que saint Waneng prenait de ses enfants ne l'empêchait pas de s'acquitter des devoirs d'un grand capitaine et d'un sage courtisan ; mais il savait se donner au monde sans se séparer de Dieu, et à cause de cela il fut hautement estimé et jouit de l'intimité de Clotaire qui était roi depuis 655. Il contribua par ses sages conseils à la paix du royaume, à l'amoindrissement de la puissance des maires du palais, à la diminution des impôts, et à la répression des abus qui s'étaient glissés dans l'Eglise. Le roi ayant donné à saint Waneng l'administration de la province de Caux, il montra dans son gouvernement un grand zèle pour la justice et une sagesse admirable. Il se crut obligé de donner l'exemple d'une sainte vie, et pour cela il se fit une loi de ne jamais se laisser aller à la raillerie, vice assez ordinaire de son temps ; de ne jamais prononcer de paroles qui pussent blesser la pudeur et l'honnêteté ; il évita les festins et les grands repas, dans lesquels règnent ordinairement l'avidité et l'intempérance ; il s'interdit le luxe dans ses habits et dans ses ameublements. En retour il distribuait libéralement aux pauvres ce que son économie lui faisait mettre de côté. Il consacra une partie de ses revenus à bâtir des monastères ; le plus célèbre fut celui de Fécamp, au pays de Caux, dans le diocèse de Rouen. Ce fut sainte Eulalie à laquelle, comme nous l'avons dit, il avait une dévotion toute particulière, qui dans une vision lui demanda de construire cette dernière abbaye. Après en avoir obtenu la permission du roi, il prépara tout ce qui était nécessaire pour élever cet édifice. Une seule chose l'arrêtait : il ne savait quel endroit choisir. Le ciel vint à son aide ; le lieu lui fut indiqué dans une vision à la suite de laquelle il recouvra une santé parfaite. Il était devenu tellement malade que, pendant quelques heures, on l'avait cru mort, et que l'on avait tout disposé pour son enterrement. Le roi et les grands du royaume félicitèrent à l'envi saint Waneng de sa guérison miraculeuse. Quant à lui, il s'occupait de mettre à exécution la grande entreprise que le ciel demandait de lui.

L'abbaye de Fécamp fut rapidement construite ; le roi la dota magnifiquement. On y assembla des religieuses qui furent placées sous la conduite de saint Ouen et de saint Vandrille. La première abbesse de ce monastère fut sainte Hildemarque ou Childemarque, qui, venue de Bordeaux où elle avait gouverné une communauté, vivait alors dans le diocèse de Rouen, peut-être à Fontenelle. Bientôt la nouvelle abbaye fut peuplée de saintes filles qui venaient s'y consacrer à Dieu par des vœux perpétuels. Ce lieu désert fut un véritable paradis habité par des anges visibles qui vivaient dans une entière séparation du monde et qui n'avaient de communications qu'avec Dieu par leurs prières et leurs cantiques. En peu de temps on compta dans cette abbaye jusqu'à trois cent soixante-six religieuses.

L'abbaye de Fécamp eut bientôt une perte douloureuse à déplorer, la perte de saint Vandrille, son sage directeur. Fontenelle pleurait la mort de son fondateur, et saint Waneng celle d'un ami dévoué qui, avec saint Ouen, avait toute sa confiance. C'était le moment où Ebroïn régnait en maître et où il faisait paraître son esprit altier, violent et sanguinaire. Celui qui fut d'abord l'objet de sa haine fut saint Léger, conseiller de la reine Bathilde. Ebroïn, depuis longtemps, détestait saint Léger qu'il avait toujours rencontré sur son chemin pour s'opposer à ses mauvais desseins. Après qu'il l'eut fait arrêter, maltraiter et mutiler d'une horrible façon, il ordonna qu'on le conduisît au château de saint Waneng, auquel il avait fait des recommandations comme à un de ses émissaires. Mais c'était bien mal connaître saint Waneng; car celui-ci, loin de se prêter aux desseins du tyran, traita saint Léger comme un martyr de Jésus-Christ et chercha à lui adoucir sa captivité autant qu'il était en lui. La vengeance d'Ebroïn n'était pas satisfaite, il tira saint Léger des mains de saint Waneng et le fit mettre à mort. Dieu vengea ce crime, car trois ans après il fut lui-même massacré.

Saint Waneng honora saint Léger comme martyr et se retira à l'abbaye de Fécamp, où il se mit au rang des serviteurs de la maison : voulant finir là ses jours, dans l'humilité et la prière, il se montra un parfait modèle d'obéissance. Le travail le plus pénible et le plus bas était celui qu'il choisissait de préférence et qu'il accomplissait avec le plus de joie. Il montrait à l'abbesse la même soumission qu'il eût montrée à Jésus-Christ. Il soupirait sans cesse après la fin de son exil, qui arriva le 9 janvier 686.

On représente saint Waneng, bardé de fer, revêtu d'un manteau rouge fleurdelisé, tenant une épée d'une main, et de l'autre une église.

RELIQUES ET CULTE DE SAINT WANENG.

Ce fut pendant les incursions des Normands que les reliques de saint Waneng furent apportées à Ham. Elles avaient d'abord été déposées dans un lieu appelé Mesnil-Saint-Waneng, hameau dépendant de la paroisse d'Esmery, sur le chemin de Roye, et éloigné de Ham de trois quarts de lieue. On croit que ce lieu avait appartenu à saint Waneng; il y possédait un château et y venait de temps en temps s'y livrer au divertissement de la chasse. Les Normands, ayant envahi le Vermandois, pillèrent le Mesnil, détruisirent la châsse de saint Waneng et jetèrent ses reliques dans les marais où les habitants les recueillirent précieusement et les conservèrent jusqu'au moment où elles furent transférées à Ham. Depuis ce temps les habitants du Mesnil ont toujours gardé le privilége de porter aux processions la châsse du saint Confesseur.

La ville de Ham a pris saint Waneng pour son patron, on ne sait au juste en quel temps. On célébra sa fête dans l'abbaye longtemps avant qu'on le fit dans la ville.

Ce fut seulement en 1516 que Hangest, évêque de Noyon, accorda la permission aux habitants, d'imiter le monastère et de faire l'office de saint Waneng. La ville d'Esmery avait aussi pris saint Waneng pour son patron; elle faisait sa fête en même temps que Ham, et en outre, le 23 septembre, elle célébrait une nouvelle fête, celle de la translation d'une relique insigne de ce Saint.

Terminons par une note sur l'état actuel des reliques de saint Waneng, que nous a adressée M. Jacob, curé-doyen de Ham.

Il ne se trouve plus qu'un fragment peu considérable de la côte de saint Waneng donnée par l'abbaye de Ham à Esmery-Hallon en 1696. La châsse de 1696 *non ignobilis operis*... a été conservée. Le fragment n'a d'autre authentique que cette suscription : *Saint-Waneng*. On peut invoquer à l'appui un témoignage public. Au rétablissement du culte, l'usage suspendu par la tourmente révolutionnaire de porter la châsse de saint Waneng aux processions a été rétabli. Pour lever tout doute, une relique insigne (*ileum*) a été octroyée sous Mgr Tirmarche, aujourd'hui évêque d'Adras, pour enrichir la châsse de saint Waneng.

Voici le procès-verbal de ce don : L'an 1843, le 24 du mois de mai, en présence des membres du conseil de fabrique de la paroisse de Ham et de plusieurs habitants de la ville a été faite, sous la présidence de M. Tirmarche, curé-doyen de Ham, délégué à cet effet par Mgr l'évêque d'Amiens, l'ouverture de la châsse de saint Waneng, pour procéder à la reconnaissance de ses reliques et les transférer dans une châsse neuve.

Dans cette heureuse circonstance, M. le doyen de Ham, voulant condescendre aux vœux de M. Baudelocq, alors curé d'Esmery, ainsi que des fidèles de sa paroisse, a extrait un des ossements (*ileum*) pour en gratifier de nouveau la paroisse d'Esmery.

Procès-verbal en bonne forme a été fait et signé de cette translation du corps de saint Waneng, et mention s'y trouve faite de la donation de cette relique.

Le dit procès-verbal se trouve déposé dans la châsse de saint Waneng. — TIRMARCHE, *curé-doyen de Ham.*

Ce procès-verbal porte l'empreinte du cachet de la *Paroisse de Notre-Dame de Ham*. De plus le sceau épiscopal est empreint sur cire rouge.

Copié à Esmery-Hallon, le 4 février 1867, par moi, curé. — QUÉVAL, *curé d'Esmery.*

L'église de Notre-Dame de Ham, autrefois église de l'abbaye, possède presque en entier le corps de saint Waneng. Quelques ossements peu considérables en ont été seulement détachés à différentes époques pour enrichir les églises d'Esmery, Eppeville, Hombleux et Fécamp.

C'est à la piété et au dévouement du sacristain Bidet et d'un nommé Manteau, que la ville de Ham doit la conservation des précieuses reliques de son saint patron en 1793.

Témoins de l'enlèvement des châsses de saint Waneng et de saint Maur, ces deux fervents chrétiens recueillirent avec sollicitude les ossements sacrés, que les profanateurs avaient, sous leurs yeux, déposés dans la sacristie, et la nuit suivante ils les enterrèrent secrètement dans le cimetière avec les étoffes de soie qui les enveloppaient, et plusieurs reliquaires en bois, dont la présence au milieu des saintes reliques devait rendre impossible toute erreur, lorsqu'il serait permis de les rendre à la vénération des fidèles.

Un peu plus de deux ans après, le 20 janvier 1796, elles furent solennellement reconnues par le sieur Benard, curé de Notre-Dame de Ham, et par tous les principaux habitants de la ville, en présence de Louis-François Frémont, prêtre de Noyon, chargé de l'administration de ce diocèse, et qui les rendit au culte et à la vénération des pieux fidèles.

L'année suivante, le même Louis-François Frémont vint, avec le titre de vicaire-général, faire une nouvelle reconnaissance des précieuses reliques et les placer dans des reliquaires plus dignes que ceux où la nécessité des temps avait obligé de les déposer l'année précédente.

Enfin le 24 mai 1843, Mgr Tirmarche, alors curé de Ham, et depuis évêque d'Adras, fit une nouvelle translation des reliques de saint Waneng et de saint Maur, et les déposa avec la plus grande solennité dans des châsses gothiques garnies de glaces qui laissent voir la plus grande partie des ossements sacrés, et c'est dans ces châsses qu'elles restent exposées jusqu'à ce jour à la vénération des fidèles.

Nota. Les reliques de saint Maur que possède l'église de Ham sont assez considérables. La tradition est que ce sont les reliques du grand saint Maur, abbé. Mais il ne reste aucune preuve à l'appui de cette tradition. Si elle était fondée, ce serait un bien grand trésor qui, jusqu'ici, est resté à peu près caché. — JACOB, *chanoine honoraire d'Amiens, curé-doyen de Ham.* — Ham, le 24 juin 1867.

Nous avons tiré le peu que nous avons dit de saint Waneng, des Bollandistes et d'une vie publiée en 1700 et dont on ne connaît plus aujourd'hui que quatre exemplaires.

LE BIENHEUREUX JOURDAIN DE SAXE, DOMINICAIN

1237. — Pape : Grégoire IX. — Empereur : Frédéric II.

> De même que la vie du corps se soutient par le mélange de la nourriture et de la boisson, ainsi pour développer la vie de l'âme, il faut alternativement passer de l'oraison à l'étude des saintes Ecritures.
> Maxime du bienheureux Jourdain, rapportée par le *Brév. Dom.*

Parmi les héros célestes qui illustrèrent la famille naissante de saint Dominique, il ne faut pas oublier le bienheureux Jourdain. La Saxe regarde comme une gloire d'être sa patrie. Il naquit dans le XIIe siècle, de la famille des comtes d'Ebernstein, dont la piété égalait la noblesse. Après avoir commencé ses études en Allemagne, il les vint continuer à Paris. Il se rendit habile dans les sciences profanes et publia, dès sa jeunesse, quelques ouvrages de mathématiques. Il ne réussit pas moins dans l'étude de la théologie, à laquelle il se livra tout entier, comme à celle qui satisfaisait à la fois son esprit et son cœur. L'Ordre de Saint-Dominique, institué vers la fin de l'an 1216, avait reçu dans son sein un des plus grands serviteurs de Notre-Dame, frère Réginald; il prêchait avec tant de force, que l'on redoutait d'aller à ses sermons, dans la crainte de se laisser gagner par la grâce qui découlait de ses lèvres. Notre Bienheureux, qui l'entendit, fut touché et fit vœu au dedans de lui-même d'entrer dans son Ordre, pensant avoir trouvé le chemin sûr du salut, qu'il cherchait depuis longtemps. Il désira procurer le même bonheur à son compagnon inséparable, à l'ami de son âme, Henri de Cologne : tous deux firent vœu d'entrer le plus tôt possible dans l'Ordre des Frères Prêcheurs. Cependant, frère Réginald étant mort, ils différèrent leur prise d'habit jusqu'au temps du Carême, et ils gagnèrent dans l'intervalle un de leurs compagnons, frère Léon, qui succéda depuis à frère Henri dans la charge de prieur. Enfin, le jour étant venu, où l'Eglise, par l'imposition des cendres, avertit les fidèles de leur origine et leur rappelle qu'ils sont sortis de la poussière et qu'ils retourneront en poussière, ils se disposèrent à accomplir leur vœu. Ils se rendirent tous les trois au couvent de Saint-Jacques, au moment où les frères chantaient : *Immutemur habitu :* changeons d'habit. On ne s'attendait pas à leur visite; mais, quoique imprévue, elle ne laissa pas d'être opportune; ils dépouillèrent le vieil homme pour revêtir le nouveau, pendant qu'on chantait ce qu'ils faisaient. A la mort de Réginald, un religieux avait eu une vision merveilleuse; dans ce même cloître de Saint-Jacques, à Paris, il avait vu une source très-limpide qui, se répandant par les places de la ville, et, de là, par toutes les provinces, purifiait, abreuvait, réjouissait tout le monde, et, augmentant toujours, se jetait dans la mer : c'était notre Bienheureux. En effet, il succéda bientôt à Réginald, prêcha d'abord à Paris, puis dans tout l'univers, pendant vingt ans, entraîna plus de mille personnes dans son Ordre, se rendit partout agréable à Dieu, fut respectueux envers les prélats de l'Eglise romaine, porta le clergé et le peuple à la pénitence, les invitant à entrer dans le royaume de Dieu, jusqu'à ce qu'il achevât son cours terrestre, comme un grand fleuve dans la mer, qui fut pour lui la bienheureuse éternité. Il n'y avait que trois mois qu'il était novice, lorsque ses supérieurs l'appelèrent au premier Chapitre général de l'Ordre, qui se tint à Bologne aux fêtes de la Pentecôte 1220. A son retour en France, on le chargea d'expliquer l'Ecriture sainte aux jeunes religieux du couvent de Saint-Jacques, et d'annoncer la parole de Dieu dans la capitale du royaume très-chrétien. Dans le second Chapitre de son Ordre, tenu à Bologne en 1221, il fut élu prieur provincial de la Lombardie, et au troisième Chapitre qui suivit la mort de saint Dominique, on le choisit d'une voix unanime pour succéder au saint patriarche : il y avait deux ans et demi à peine qu'il était entré dans l'Ordre. Mais on ne saurait trop tôt mettre de telles lumières sur le chandelier; celle-ci éclaira bientôt la famille de saint Dominique et l'Eglise entière de l'éclat des plus belles vertus.

Il avait toujours eu pour les pauvres des entrailles de père; jamais aucun ne s'éloigna de lui les mains vides : il donnait à tous, mais surtout au premier qu'il rencontrait. Lorsqu'il étudiait la théologie à Paris, il s'était levé une nuit, selon sa coutume, et était parti avec précipitation pour l'office de la sainte Vierge à Notre-Dame; craignant d'être en retard, il n'avait pris que sa ceinture et son manteau sur sa chemise : un pauvre se présente qui lui demande l'aumône; ne trouvant rien autre chose à lui donner, il lui abandonna sa ceinture. Il était en avance, au lieu d'être en retard, comme il le craignait. Etant donc entré dans l'église, il se mit en prières devant un crucifix; comme il levait souvent les yeux dessus par dévotion, il le vit entouré de la ceinture qu'il venait de donner au pauvre par amour pour Jésus crucifié. Lorsqu'il fut entré en religion, cette charité devint telle, qu'il se dépouilla plus d'une fois dans les rues, pour couvrir les membres souffrants et nus de son Sauveur : de quoi les frères furent obligés de le reprendre et même de l'accuser dans un Chapitre général.

Quant aux frères, il était si bon pour eux, non-seulement en compatissant à leurs infirmités, en pourvoyant de tout son pouvoir à leurs nécessités, mais encore en pardonnant à la fragilité humaine, qu'il en gagna plus encore par les charmes de sa douceur, qu'il n'en corrigea par la sévérité, bien qu'il sût se servir de cette dernière selon les temps, les lieux et les personnes, l'ayant appris de Celui dont on apprend tout. Mais sa tendresse et sa compassion étaient principalement pour les infirmes et les tentés, les consolant souvent de sa présence, les ranimant par ses paroles, ses exemples, ses exhortations et ses prières. Il avait coutume, dès son arrivée dans un couvent, de visiter les malades, d'inviter les novices à sa table, et de faire venir ceux qui étaient tentés pour les consoler. Lorsqu'il vint à Bologne, il arriva que les frères lui parlèrent d'un novice qui était tenté de sortir du monastère; il avait, dans le siècle, mené une vie si mondaine, si délicate, pour les habits, les meubles, la nourriture, les jeux, en un mot, pour tout ce qui peut flatter la chair, qu'il ne savait ce que c'était que peine et affliction d'esprit. Aucune maladie, aucun sujet de mécontentement, aucun effort, si ce n'était pour l'étude, où il brillait beaucoup; il ne jeûnait que le vendredi saint; il ne s'abstenait guère de viande pendant la semaine que ce jour, qui rappelle la souffrance d'un Dieu privé de tout, et abreuvé de fiel et de vinaigre; il ne s'était jamais confessé; de tout ce qui se récite dans l'Eglise, il ne savait que l'oraison dominicale. Etant venu au couvent par curiosité, on l'y avait reçu, parce qu'il avait une franchise qui ne savait rien cacher; mais l'ennui lui fit bientôt regretter le monde : tout ce qu'il voyait, tout ce qu'il entendait, tout ce qu'il sentait lui semblait la mort; il ne pouvait plus ni manger ni dormir, et, bien qu'il ne se fût jamais mis en colère dans le siècle, la tentation l'avait rendu si irascible, qu'il voulait un jour frapper le sous-prieur qui l'avait fait entrer en religion. Notre Saint, l'ayant fait venir, se mit à le consoler; après quelques exhortations, il le conduisit à l'autel du bienheureux Nicolas, lui ordonna de se mettre à genoux et de réciter le *Pater noster*, parce qu'il ne savait aucune prière. Pour lui, posant les mains sur la tête du novice, il pria Dieu de toute la ferveur de son âme d'éloigner de lui toute tentation; pendant qu'il priait ainsi, il semblait au novice qu'une douceur secrète entrait peu à peu dans son âme, et que son cœur n'était plus le même, et, lorsque le Saint leva ses mains au-dessus de sa tête, il lui sembla, comme il l'a raconté depuis aux frères, que deux mains qui pressaient son cœur l'abandonnaient soudain, et que son âme restait dans une grande tranquillité et douceur; il se trouva si consolé, il devint si fervent, qu'il supporta, depuis, de grandes peines, et fit plusieurs choses utiles. Le Seigneur avait conféré au bienheureux Jourdain une grâce spéciale pour la prière, qu'aucun office parmi ses frères, aucune fatigue dans les voyages, aucune occupation, aucune sollicitude ne pouvaient lui faire négliger. Sa manière habituelle était de prier à genoux, les mains jointes, le corps droit, quelquefois assis : il répandait tant de larmes que ses yeux en devinrent malades : il se livrait aussi tout entier à la méditation, soit au couvent, soit en voyage, et il y sentait des douceurs merveilleuses. En voyage, il avait coutume de consacrer tout son temps à la prière et à la méditation, à moins qu'il ne récitât le saint office, ou qu'il n'eût, avec ses compagnons, quelque entretien sur des sujets utiles; encore avait-il des moments réglés pour cela, et il conseillait aux autres d'en faire autant; il se séparait souvent des frères : quelquefois il chantait en chemin, à haute voix et en pleurant : *Jesu, nostra redemptio,* ou *Salve Regina :* Jésus notre Rédemption, ou Je vous salue, Reine du ciel. Quelquefois, tout absorbé par des méditations et des joies intérieures, il s'égarait; mais on ne le vit jamais ni s'en troubler, ni s'en plaindre, ni accuser les frères; au contraire, il consolait les autres, lorsqu'ils s'en troublaient : « Soyez tranquilles, mes frères », leur disait-il; « un seul chemin mérite qu'on s'en occupe : c'est celui du ciel ». Il possédait à un haut degré les grâces qu'on appelle *gratuites,* surtout celle des miracles.

Une fois, allant de Lombardie en Allemagne, en compagnie de deux frères, et d'un clerc séculier qui, plus tard, devint frère, il rencontra un village nommé Ursace, dans les Alpes. Voici comment il fournit miraculeusement, à ses compagnons, les choses nécessaires dans une contrée déserte. Accablés de lassitude et mourant de faim, ils entrent dans une auberge et demandent qu'on leur dresse la table et qu'on leur serve à manger ; l'aubergiste répond : « Je n'ai plus de pain, car avant vous sont passés plusieurs voyageurs, et ils ont consommé toutes les provisions qu'ils ont trouvées ici, excepté deux pains que j'ai réservés pour ma famille et moi; mais que sont deux pains pour tant de personnes? » Les frères répliquent : « Servez-nous ce que vous avez, car nous sommes pressés par le besoin ». On apporte donc les deux petits pains, et le bienheureux Jourdain, les ayant bénis, se met à faire de larges aumônes aux pauvres accourus de tous côtés; l'hôte et les frères, tout inquiets, lui disent : « Que faites-vous donc? avez-vous oublié qu'on ne peut se procurer du pain ici, et qu'on a fermé la porte exprès pour empêcher les pauvres d'entrer? » Notre Saint, pour toute réponse, ordonne de laisser la porte toute grande ouverte, et il continue ses aumônes; il donne à chacun de ses pauvres, qui étaient au nombre de trente, une portion si abondante, qu'elle eût pu suffire à tous ensemble; lui-même apaise sa faim ainsi que celle de ses trois frères, et ce qui reste est suffisant pour le repas de l'hôte et de sa famille qui, à la vue de ce miracle, s'écrièrent : « Cet homme est vraiment un Saint ». Dans un voyage en Thuringe, il guérit une femme d'un flux de sang, et, dans le village d'Aren, un prêtre abandonné des médecins. Une autre fois, passant par les Alpes, il rendit l'usage d'un œil à un forgeron qui l'avait perdu par l'ardeur du feu.

En prêchant la parole de Dieu, il avait tant de persuasion et de chaleur qu'on trouverait difficilement son semblable : cette prérogative, cette grâce spéciale que Dieu lui avait donnée ne brillait pas seulement dans ses discours publics, mais encore dans ses entretiens les plus intimes; en quelque lieu qu'il fût, avec quelque personne qu'il conversât, il laissait échapper de sa bouche, ou plutôt de son cœur, des paroles si enflammées, il s'expliquait par des exemples si appropriés, si efficaces, il parlait si bien à chacun selon sa condition, il se pliait tellement au goût de chacun, que tout le monde avait soif de sa parole.

Il jetait surtout les filets de son éloquence dans les villes où la jeunesse étudiait ; il allait à cet effet passer le Carême à Paris ou à Bologne, et, grâce à son zèle, les couvents de ces deux villes ressemblaient à des ruches où entraient continuellement de nouvelles abeilles, et d'où sortaient de célestes essaims pour les autres provinces. Il était si sûr d'attirer les étudiants dans son Ordre, qu'en arrivant il faisait préparer d'avance des habits de novices, et le succès dépassait tellement ses espérances, qu'on ne savait plus où prendre des habits pour les jeunes gens qui se présentaient. Le jour de la Purification, il reçut une armée d'écoliers de Paris ; il y eut ce jour-là beaucoup de larmes versées, car d'un côté les frères pleuraient de joie, et les séculiers de douleur, de voir ainsi arracher au monde la fleur des familles. Un jour de fête, après le sermon, il recevait dans son Ordre un écolier, et plusieurs autres étaient témoins de la cérémonie ; s'adressant à cette assistance, il s'écria : « Si quelqu'un d'entre vous allait seul à une fête, à un grand festin, est-ce que les autres seraient assez insouciants pour qu'aucun d'eux ne voulût l'accompagner ? Eh bien ! vous voyez, mes amis, que ce jeune homme est invité par l'autorité de Dieu à un grand festin : le laisserez-vous entrer tout seul ? » Chose merveilleuse ! sa parole fut si puissante que soudain un écolier, qui jusque-là n'avait pas eu la moindre idée d'entrer en religion, s'avance et dit : « Maître, je viens, à votre voix, m'associer à celui-ci, au nom de Jésus-Christ » ; et tous deux reçurent l'habit en même temps. Une de ses plus belles conquêtes fut un jeune seigneur allemand, plus remarquable encore par son innocence que par la noblesse de son origine et par ses richesses. Son gouverneur et ses condisciples, le voyant près de quitter le monde à la voix de notre Bienheureux, se firent les ministres de Satan pour le tenter ; ils ne craignirent pas de renfermer avec lui, dans sa chambre, une personne très-belle selon la chair, qui, par les plaisirs sensuels, devait détourner l'âme du saint jeune homme de son pieux dessein ; mais il fut vainqueur, ou plutôt ce fut Notre-Seigneur qui triompha en lui, et il entraîna même depuis son gouverneur à sa suite dans la famille de saint Dominique. Mais son père, riche et puissant, n'avait point d'autre enfant ; informé de sa démarche, il en fut triste jusqu'à la mort, et vint, avec une nombreuse escorte, d'Allemagne à Padoue, dans la ferme résolution ou d'enlever son fils, ou de tuer le bienheureux Jourdain. En arrivant dans cette ville, il rencontra notre Saint, qu'il ne connaissait pas, et lui demanda, avec un visage en courroux et d'une voix menaçante, où il pourrait trouver maître Jourdain. Lui, se rappelant de son Dieu, qui dit aux Juifs : « C'est moi », répondit aussi avec un visage joyeux et un cœur plein d'humilité : « C'est moi qui suis maître Jourdain ». Ce calme, cette douceur, cette franchise, et sans doute aussi la grâce de Dieu qui accompagnait ces paroles, frappèrent le seigneur allemand : il descend de cheval, se jette aux pieds du Bienheureux, et lui confesse avec larmes le mauvais dessein qu'il avait conçu contre lui.

Les hommes n'étaient pas seuls à se laisser prendre aux charmes que Dieu donnait à la parole de son serviteur. Un jour que les frères le devançaient dans un voyage, au sortir de Lausanne, une belette vint à passer devant eux ; les frères s'étant arrêtés autour du trou où elle avait disparu, le Bienheureux, qui survint, leur dit : « Pourquoi vous arrêtez-vous ici ? » — « C'est », dirent-ils, « qu'une jolie, une charmante petite bête est entrée dans ce trou ». Alors, se penchant vers la terre, il s'écria : « Sors, belle petite bête, afin que nous puissions te voir ». Celle-ci, sortant aussitôt sur le bord de son trou, leva ses petits yeux pour contempler le saint homme, qui la fit monter sur une de ses mains, et, avec l'autre, la caressa sur la tête et sur le dos ; elle le laissa faire. Alors il lui dit : « Maintenant, retourne dans ta petite maison, et que béni soit Dieu ton Créateur ! » Elle obéit à l'instant et disparut.

Il était si humble qu'il fuyait la pompe du siècle et tous les honneurs qu'on lui offrait avec beaucoup de sagesse et de prudence. Un jour qu'il approchait de Bologne, toute la ville, au bruit de son arrivée, voulait s'avancer en procession au-devant de lui ; mais il allongea humblement le pas pour tromper la foule, et, faisant le tour de la ville, il parvint, à travers des sentiers détournés, à la maison des Frères Prêcheurs sans qu'on s'en aperçût. Ayant une fois reçu un soufflet d'un domestique, il offrit à l'instant l'autre joue, selon le conseil du Sauveur. C'était surtout dans les Chapitres généraux qu'éclataient son humilité et sa patience. Un jour qu'on l'invitait à s'excuser, il répondit humblement : « Est-ce qu'on doit écouter les excuses d'un brigand ? » Tout le monde fut édifié de cette parole. Le pape Grégoire IX, qui avait pour lui beaucoup de considération, l'ayant retenu à dîner un jour qu'il devait quitter Rome, il ne put partir que tard de cette ville. Surpris par la nuit, il demanda l'hospitalité dans le lieu où il était parvenu : on le rebuta, et il ne put trouver à loger avec ses compagnons que chez une pauvre femme. Elle n'avait que de la paille à leur offrir ; le Bienheureux s'en réjouit en disant à ceux qui l'accompagnaient qu'ils rentraient dans l'humble état dont ils faisaient profession. Lorsqu'il eut perdu un œil, à la suite d'une grande maladie, il dit aux frères assemblés en Chapitre : « Mes frères, remerciez Dieu, qui m'a délivré *d'un ennemi;* mais priez-le, si cela lui plaît et m'est utile, qu'il daigne me conserver l'autre ».

Que dirai-je de son recueillement continuel ? La vie intérieure l'occupait uniquement ; les choses extérieures étaient pour lui comme n'étant pas, au point qu'on lui faisait prendre un vêtement pour un autre sans qu'il s'en aperçût : comme il arriva un jour à un grand du monde, qui, par dévotion, obtint de lui le cordon de ses souliers, et, en échange, lui fit accepter les siens ; le Bienheureux ne vit pas qu'ils étaient dorés, et il osa paraître ainsi parmi les frères.

Il avait une dévotion singulière pour Notre-Dame, la bienheureuse Vierge Marie ; il savait que cette Etoile de la mer s'était chargée de diriger en particulier le vaisseau dont il était le pilote. Voici un exemple des faveurs qu'il en obtint :

Une nuit, un frère (c'était sans doute notre Saint), s'étant levé pour prier au bas de son lit, vit la bienheureuse Vierge, accompagnée de jeunes filles célestes, traverser le dortoir et asperger les frères et les cellules avec de l'eau bénite que portait une des jeunes filles. En passant devant la cellule d'un certain frère elle ne l'aspergea point. Celui qui était témoin de cette action courut se jeter aux pieds de Notre-Dame pour lui dire : « De grâce, dites-moi qui vous êtes, et pourquoi vous n'avez point aspergé ce frère ». Elle répondit : « Je suis la Mère de Dieu, et je suis venue visiter ces frères. Je n'ai point aspergé celui-ci, parce qu'il n'est point assez couvert ; dis-lui donc qu'il se couvre, car j'aime votre Ordre d'un amour spécial, et ce qui, entre autres choses, m'est surtout agréable, c'est votre habitude, quoi que vous fassiez ou disiez, de le commencer et de le finir par ma louange. Aussi, j'ai obtenu de mon Fils que personne ne puisse longtemps rester dans votre Ordre en état de péché mortel, sans qu'on le couvre, qu'il se repente ou qu'on le chasse, de peur qu'il ne trouble mon Ordre favori ». Saint Dominique et le frère Raon eurent la même vision ; il faut entendre que la promesse de la sainte Vierge regardait les commencements de l'Ordre encore dans toute la ferveur de son origine, mais non le temps de relâchement. Le Bienheureux raconta aussi dans un Chapitre ce que vit un frère plein de dévotion pour la sainte Vierge, et tout le monde supposa qu'il parlait de lui-même. A la fête de la Purification, lorsqu'on commençait à chanter l'invitatoire *Ecce venit*, ce frère vit une belle dame s'avancer avec son fils vers l'autel et prendre place sur un trône préparé pour elle; de là elle regardait affectueusement les frères tournés vers l'autel, selon la coutume, et, lorsqu'ils s'inclinèrent au *Gloria Patri*, cette Reine céleste, prenant la main de son Fils, fit avec cette main le signe de la croix sur eux et sur tout le chœur.

Le serviteur de Dieu gouvernait avec sagesse depuis quinze ans l'Ordre des Frères Prêcheurs, lorsque le désir de visiter les Saint-Lieux, ainsi que les couvents des Dominicains établis en ces contrées, le détermina à s'embarquer. La traversée fut heureuse, et il put satisfaire sa piété en parcourant cette partie de la terre qui a eu l'incomparable privilége d'être honorée par la présence visible du Sauveur; il eut aussi la consolation d'y travailler à la conversion des infidèles et à la correction des mœurs chrétiennes. Après quelques mois qu'il sanctifia par tout le travail du zèle et les exercices de la piété, il songea à revenir en Europe et s'embarqua avec deux frères et vingt-neuf autres personnes. A peine le vaisseau qui le portait s'était-il éloigné de la côte, qu'une horrible tempête l'assaillit et finit par le faire couler bas, le 15 février 1237. Le Bienheureux, ses compagnons et presque tous les passagers périrent. Les corps de ces saints naufragés furent jetés par la mer sur le rivage, et chaque nuit l'ont vit des lumières célestes s'arrêter au dessus. Ce prodige attira les habitants du pays; il sentirent en approchant un parfum d'une telle force, que ceux qui ensevelirent les saints corps en conservèrent les traces à leurs mains pendant dix jours; cette suaves odeur s'étendit bien plus loin. Les Domicains de Ptolémaïde vinrent recueillir avec respect ces précieuses dépouilles et les ensevelirent dans leur église. Ce naufrage fut révélé à un frère de Limoges. Notre Bienheureux apparut à une sainte religieuse de Brabant, nommée Lutgarde, pour la consoler dans ses sécheresses et lui annoncer qu'elle serait bientôt appelée dans le sein de la gloire dont il brillait avec les Prophètes et les Apôtres. De nombreux miracles s'opérèrent par son intercession après sa mort. On l'a toujours honoré comme Bienheureux, et le pape Léon XII approuva son culte le 10 mai 1826, et permit à l'Ordre de Saint-Dominique de célébrer sa fête.

ÉCRITS DU BIENHEUREUX JOURDAIN DE SAXE.

Le bienheureux Jourdain avait composé quelques commentaires et des sermons qui ne sont pas parvenus jusqu'à nous. Il est aussi l'auteur d'une petite chronique ou relation des commencements de l'Ordre des Frères Prêcheurs. On lui attribue l'office de saint Dominique qu'on chante encore dans les églises de cet Ordre. En le composant, il voulut satisfaire sa dévotion envers cet illustre patriarche, qu'il avait beaucoup aimé et dont il procura la canonisation en 1234.

On a publié en 1866 des lettres du bienheureux Jourdain, au nombre de cinquante-quatre. Ce qui se révèle partout dans ses lettres, c'est l'amour de la jeunesse chrétienne, la tendresse de son cœur pour toutes les âmes qu'il avait connues et affectionnées dans le monde; c'est surtout sa profonde et indissoluble amitié pour Henri de Cologne qu'il avait rencontré aux écoles de Paris et qu'il détermina à entrer en même temps que lui dans les rangs des fils de saint Dominique. Henri mourut tout jeune au couvent de Cologne, cinq ans à peine après son entrée en religion. On ne peut rien lire de plus touchant que la lettre dans laquelle Jourdain exhale sa douleur à l'occasion de ce trépas; cette lettre est adressée à la bienheureuse Diane Dandolo, de Bologne, fille spirituelle de saint Dominique et bienfaitrice insigne de l'Ordre naissant (1225).

Les historiens de ce saint ami de Dieu nous ont conservé plusieurs de ses réponses qui sont très-spirituelles.

Un séculier lui fit un jour cette question : Maître, le *Pater* a-t-il autant de mérite dans notre bouche, nous qui sommes laïques et qui n'en connaissons pas la valeur, que dans celle des clercs qui savent ce qu'ils disent ? Autant, lui répondit Jourdain, qu'une pierre précieuse qui a toujours son prix dans la main de celui qui ne sait pas ce qu'elle vaut.

Nous avons tiré cette vie d'Humbert et d'autres auteurs qu'on peut voir dans les *Acta Sanctorum*, Feb., tome II.

SAINTE GÉORGIE OU GEORGETTE DE CLERMONT (VIe siècle).

En l'an 500 vivait à Clermont, en Auvergne, une sainte fille appelée Géorgie. Pour n'être point détournée de la fidélité qu'elle avait promise à Dieu par le mariage auquel ses parents la poussaient, elle se retira dans une solitude assez proche de la ville où toute son occupation était de jeûner, de prier, de mortifier son corps pour en faire un *reliquaire de la virginité.*

Lorsqu'elle fut sortie de ce monde et pendant qu'on portait son corps en terre, son corps, « plus pur qu'un beau lis », une grande troupe de colombes « aussi blanches que de blancs cygnes », l'accompagnèrent à l'église et se logèrent sur le toit jusqu'à ce qu'on eût achevé l'office divin et mis dans le sein de la terre cette relique virginale : après, elles reprirent leur vol si haut dans les airs qu'on les perdit de vue. C'était sans doute une légion d'anges descendus du ciel pour honorer les obsèques de cette épouse de Jésus-Christ qui avait vécu dans une pureté semblable à la leur.

Extrait des *Saincts d'Auvergne*, par Messire Jacques Branche, qui a écrit d'après Grégoire de Tours, *de Gloria Martyrum*, ch. 34.

SAINT QUINIDE OU QUINIZ [1], ÉVÊQUE DE VAISON (vers 578).

Quinide, vulgairement Quiniz, naquit à Vaison, ville de la province Narbonnaise, de parents pleins de piété. Un oracle divin fit entrevoir ce qu'il serait un jour, même avant qu'il fût né. Lorsque sa mère le portait dans son sein, étant venue à Arles pour la fête de saint Genêt, au milieu d'une multitude nombreuse qui affluait de tous côtés, comme elle prolongeait sa veille et sa prière devant les portes fermées de l'église, elle entendit un admirable concert que faisaient les anges et vit la porte s'ouvrir miraculeusement d'elle-même. Pendant qu'elle était en extase devant cette vision, un des anges, se détachant de la multitude des autres, s'approcha d'elle et lui prédit qu'elle donnerait le jour à un fils qui serait un jour évêque de la ville de Vaison et le docteur éminent de tout le peuple. Tout le cours de la vie de saint Quinide montra combien l'ange avait dit vrai ; dès son enfance, on vit briller les lueurs précoces de sa sainteté naissante.

Formé aux lettres et admis à la cléricature, conservant la gravité dans sa conduite, la pureté dans sa vie, toujours en prières, toujours occupé à scruter la loi divine, il enrichit tellement son âme de vertus, qu'il remplit de la célébrité de son nom non-seulement sa patrie et les villes voisines, mais les régions lointaines. Voulant fuir les applaudissements populaires, il mena la vie anachorétique dans le diocèse d'Aix, où la renommée de ses miracles dure encore aujourd'hui. Quand il fut de retour, saint Théodose, son évêque, l'ordonna diacre et le députa au cinquième concile d'Arles, tenu en 552. Il le choisit ensuite pour coadjuteur et se déchargea sur lui du fardeau de son diocèse, que son grand âge ne lui permettait plus de porter. Saint Théodose étant mort quelque temps après, Quinide gouverna seul l'église de Vaison et le fit avec toute la vigilance d'un pasteur également charitable et zélé. Mommol, comte d'Auxerre, général de l'armée française, l'ayant traité de la manière la plus indigne sous prétexte qu'il ne lui avait pas rendu tous les honneurs qu'il se croyait dus pour la victoire remportée en Dauphiné sur les Lombards, il souffrit tous ces mauvais traitements avec une patience héroïque ; mais Mommol ne fut pas plus tôt sorti de Vaison qu'il se sentit attaqué d'un mal violent. Ses gens, qui le voyaient condamnés par les médecins, eurent recours au saint évêque et l'apportèrent tout mourant à ses

1. *Alias* Quenin, Clinidius, Cinidius, Quinidius.

pieds. Quinide pria pour sa guérison et l'obtint sur l'heure. Il assista, peu de temps après, au quatrième concile de Paris, qui se tint en 572, dans l'église des apôtres Saint Pierre et Saint Paul, dite depuis de Sainte-Geneviève, et mourut le 15 février 578 ou 579. Sa fête est marquée en ce jour dans les martyrologes d'Adon et d'Usuard, ainsi que dans le martyrologe romain. La ville de Vaison l'a choisi pour son second patron.

Propre d'Avignon et Godescard. — Voir la vie de saint Quinide dans Bollandus.

SAINT SÉVÈRE,

PRÊTRE, HONORÉ AU DIOCÈSE DE TRÈVES (VIe siècle).

Saint Sévère, prêtre, d'une vie admirable, vivait dans la province d'Italie nommée Valérie, aujourd'hui Abruzze-ultérieure. Ce que la piété et les exercices spirituels lui laissaient de temps, il le donnait à la culture de ses champs pour ne pas s'engourdir dans le repos. Tous les fruits et tout le gain que lui procurait ce travail étaient pour les pauvres et pour quiconque était dans le besoin. Telle était l'opinion et la gloire de sa sainteté, que les infirmes accouraient en foule autour de lui pour obtenir la grâce de la guérison, et que ceux qui ne pouvaient l'approcher se contentaient d'un morceau de pain ou de tout autre aliment qui, bénit par lui, leur rendait la force et la santé.

Mais voici une grâce bien extraordinaire que Dieu accorda à ses prières. Il était par hasard occupé à tailler sa vigne lorsqu'on vint le chercher pour conférer le sacrement de pénitence à un moribond ; il resta quelque temps et attendit qu'il eût expédié sa besogne. Il accourut ensuite, mais le malade venait d'expirer ; lorsqu'il arriva, à cette vue, il frissonna, et, se jetant par terre, il s'accusait avec une voix lamentable et des gémissements d'être le meurtrier de cette âme, et il implorait la divine miséricorde ; tout à coup le mort se mit à respirer et à se préparer à la pénitence. Un spectacle si inopiné frappa les assistants d'admiration et excita dans le cœur de Sévère une joie qui fit couler ses larmes. Le malade ayant achevé sa confession et passé encore sept jours dans les œuvres de pénitence, inclina de nouveau, mais avec une espérance meilleure, sa tête dans la mort.

Ses reliques furent transportées par Rutbert, archevêque de Trèves, avec le secours de l'empereur Othon Ier, d'Italie au monastère de Méinfeld, non loin de Coblentz, et déposées dans une église dédiée à saint Martin. Les miracles opérés par ses reliques attirant un grand concours de peuple, le bourg prit bientôt les dimensions d'une ville ; une église fut construite en l'honneur de saint Sévère, et un collége assez nombreux de chanoines y fut installé. Egbert, archevêque de Trèves, le fonda à cause de la renommée toujours croissante des miracles qui attiraient en ce lieu des multitudes de tous les pays, jusque du fond de l'Aquitaine.

Propre de Trèves.

SAINT SIGEFRIDE, VULGAIREMENT SAINT SIFROY,

ÉVÊQUE ET APÔTRE DE SUÈDE (1002).

Saint Anschaire avait prêché l'Evangile aux Suédois en 830 ; mais ces peuples étaient ensuite retombés dans l'idolâtrie. Olas Scobcong, leur roi, qui voulait rétablir la religion chrétienne dans ses Etats, s'adressa à l'Angleterre pour avoir des missionnaires, et pria le roi Edred de lui en procurer. Ce prince jeta les yeux sur un saint prêtre d'York, nommé Sigefride, et le succès justifia la bonté du choix. Sigefride fut à peine arrivé en Suède qu'il se mit à combattre le paganisme avec un zèle merveilleux. Il prêcha d'abord à Wexiow, dans la Gothie méridionale, où il fonda un siége épiscopal ; il parcourut ensuite le Sud-Gothland, le Westro-Gothland, et plusieurs autres provinces qu'il gagna toutes à Jésus-Christ. Jamais missionnaire ne se montra plus fidèle imitateur des Apôtres. Notre Saint était d'une charité et d'un désintéressement qui faisaient honorer son ministère des païens eux-mêmes. Voici un trait qui prouvera jusqu'où il portait ces deux vertus. Trois de ses neveux, qu'il avait laissés à Wexiow pendant qu'il annonçait l'Evangile dans d'autres provinces, furent inhumainement assassinés par des idolâtres. Le roi indigné d'une action aussi noire, qui pouvait avoir de dangereuses suites si elle restait impunie, résolut de condamner les meurtriers à mort. Le Saint, informé de ce qui se passait, intercéda pour eux et le fit avec tant d'instance qu'il obtint qu'on leur laisserait la vie. Le prince les condamna toutefois à une grosse amende au profit de Sigefride ; mais il ne fut pas possible de déterminer ce dernier à rien recevoir, quoiqu'il fût dans une extrême pauvreté et qu'il eût un très-pressant besoin d'argent pour assurer la fondation de la nouvelle église.

Notre Saint mourut vers l'an 1002, et fut inhumé dans la cathédrale de Wexiow, où son tombeau devint célèbre par un grand nombre de miracles. Le pape Adrien IV, qui avait lui-même travaillé avec beaucoup de zèle à la conversion de la Norwége et de plusieurs autres contrées du Nord, le canonisa vers l'an 1158. Les Suédois ont considéré saint Sigefride comme leur apôtre, tant qu'ils ont été catholiques. Ceux des habitants du pays qui ont conservé la vraie foi l'honorent encore d'une manière spéciale. On trouve dans un supplément, imprimé à Paris vers 1832 et contenant les offices des saints de Pologne et de Suède, un office de saint Sigefride, Sigfridus, avec des hymnes propres. En Suède, on célèbre sa fête le 25 février : à Milan, elle est fixée au 15 du même mois.

Dans les anciens calendriers de Suède, le 15 février était marqué par une crosse et une hache : la crosse indiquait saint Sigefride, et la hache rappelait le meurtre de ses trois neveux, Unamann, Sunamann et Vinamann, venus avec lui pour évangéliser la Suède et dont il recueillit pieusement les restes : c'est pourquoi on le représente portant trois têtes. Parfois ces têtes sont dans un baquet posé sur la main de l'évêque. Ailleurs, le Saint voit trois têtes qui lui parlent du fond du tombeau. Cette dernière manière rappelle que les meurtriers avaient si bien caché les corps de leurs victimes, qu'il fallut un miracle pour que saint Sigefride les découvrît [1].

XVIe JOUR DE FÉVRIER

MARTYROLOGE ROMAIN.

La naissance au ciel de saint Onésime, au sujet de qui saint Paul écrivit à Philémon, et qu'il ordonna ensuite évêque d'Ephèse après saint Timothée, lui confiant le ministère de la prédication. Il fut amené à Rome enchaîné, lapidé pour la foi du Christ, et d'abord enseveli en cette ville ; mais, plus tard, son corps fut reporté au lieu où il avait été ordonné évêque. Ier s. — A Cumes, dans la Campanie, la translation de sainte Julienne, vierge et martyre, qui fut d'abord fouettée avec beaucoup de rigueur à Nicomédie, sous l'empereur Maximien, par son père, nommé Africain, ensuite diversement tourmentée par le préfet Evilatius, qu'elle n'avait pas voulu épouser, puis jetée dans une prison, où elle combattit visiblement contre le démon ; enfin, ayant surmonté la flamme des brasiers et l'ardeur des chaudières bouillantes, elle eut la tête tranchée, et acheva ainsi son martyre. 299. — En Egypte, saint Julien, martyr, avec cinq mille autres. 309. — A Césarée, en Palestine, les saints martyrs égyptiens Elie, Jérémie, Isaïe, Samuel et Daniel, qui, pour avoir assisté de leur plein gré les confesseurs condamnés aux mines de Cilicie, furent pris à leur retour, cruellement tourmentés par le président Firmilien, et enfin frappés avec le glaive, sous l'empire de Galère Maximien. 309. — Après eux, saint Porphyre, serviteur de Pamphile, martyr, et saint Séleucus, de Cappadoce, souvent vainqueurs dans des combats réitérés, et qui, ayant été mis de nouveau à la question, remportèrent, l'un par le feu, l'autre par le glaive, la couronne du martyre. 309. — A Arezzo, en Toscane, le bienheureux Grégoire X, de Plaisance, qui, d'archidiacre de Liége, fut proclamé souverain Pontife. Il célébra le douzième concile de Lyon, où les Grecs furent reçus dans l'unité de la foi, les différends des princes chrétiens, arrangés, et le recouvrement de la Terre-Sainte, résolu. Il gouverna très-saintement l'Eglise. 1276. — A Brescia, saint Faustin, évêque et confesseur. 350.

1. Père Cahier, *Caractéristiques*, p. 765.

MARTYROLOGE DE FRANCE, REVU ET AUGMENTÉ.

A Nîmes, Toulouse, Amiens et Pampelune, saint Honnêt ou Honeste *(Honesius)*, prêtre et martyr, que saint Saturnin convertit en passant par Nîmes et qui fut plus tard l'apôtre de la Navarre. Saint Honnêt, qui avait eu pour maître saint Saturnin, eut pour disciple saint Firmin d'Amiens. Il évangélisa en particulier Pampelune, ancienne colonie de Pompée *(Pompeiopolis)*[1]. IIe s. — Au diocèse de Toul, saint SIMÉON, septième évêque de Metz, célèbre par ses grands miracles. Vers 194. — A Clermont, en Auvergne, saint Tigride, prêtre, qui remplit très-saintement l'office d'archidiacre sous saint Allyre, son frère et son évêque. Vers 388. — A Bourges, saint Tetrade, que l'on croit avoir été évêque de cette ville. 509. — A Rouen, la fête de sainte Austreberte, dont la naissance au ciel est marquée au martyrologe romain le 10 février[2]. — Au diocèse de Tours, la fête de saint Avence[3], confesseur. — Au diocèse de Fréjus, la fête de saint ARMENTAIRE, évêque et confesseur, dont la naissance au ciel est le 30 janvier. Ve s. — Au diocèse de Périgueux, saint Antime, abbé de Brantôme[4].

MARTYROLOGES DES ORDRES RELIGIEUX.

Martyrologe de Saint-Basile. — A Alexandrie, sainte Euphrosine, vierge de l'Ordre de Saint-Basile, dont le jour natal est le 1er janvier.

Martyrologe des Frères Prêcheurs. A Arezzo, en Toscane, saint Grégoire X, de Plaisance, etc.

Martyrologe de l'Ordre Romano-Séraphique. — A Riéti, dans l'Ombrie, les obsèques de la bienheureuse Philippe Maréria, vierge, qui, dédaignant l'union charnelle du mariage, se retira dans la solitude ; ensuite, ayant construit un monastère près de cette ville, elle y embrassa, avec quelques compagnes, la règle stricte des Clarisses, et, sous la direction du bienheureux Roger de Todi, elle devint un modèle de toutes les vertus, et s'envola enfin vers son céleste Epoux, illustre par des miracles opérés avant et après sa mort. Le Siége apostolique favorisa son culte en 1806, par la concession d'un office et d'une messe en son honneur[5]. 1236.

Martyrologe de l'Ordre Séraphique. — A Arezzo, en Toscane, saint Grégoire X, de Plaisance. — Saint Onésime, etc.

Martyrologe des Carmes chaussés et déchaussés. — La mémoire des Saints dont les corps et les reliques sont gardés dans les églises de notre Ordre.

Martyrologe des Capucins. — Saint Marcel, pape et martyr, dont le jour natal est le 16 de janvier, et dont la fête se célèbre chez nous aujourd'hui. — Saint Onésime, etc.

ADDITIONS FAITES D'APRÈS LES BOLLANDISTES ET AUTRES HAGIOGRAPHES.

A Valladolid, en Espagne, le décès du vénérable Louis Dupont, jésuite[6]. — A Terni, en Ombrie, les saints Procule, Ephèbe et Apollonius, martyrs, d'origine athénienne ; ils furent arrêtés et mis à mort au moment où ils venaient de rapporter à Terni le corps de saint Valentin, évêque de cette ville. Vers 273. — A Gand, en Belgique, saint Corneille, martyr romain, dont les reliques ont été données à cette ville en 1651[7]. — A Vérone et à Bologne, deux autres saintes du nom de

1. Honeste, prêtre de Nîmes, ayant parlé librement et fortement contre le culte des faux dieux, à Pampelune, au milieu d'une assemblée nombreuse de païens, jeta dans cette ville les fondements de la vraie religion par la conversion d'un assez grand nombre d'idolâtres. Parmi ces convertis se trouvaient Firme, Faustin et Fortunat, citoyens considérables et des premiers de la ville. Ils furent confirmés dans la foi par saint Saturnin, évêque de Toulouse, et baptisés par lui. Honeste obtint de Firme son fils Firmin pour faire son éducation ; il lui enseigna les lettres divines et humaines, et quand il fut vieux et brisé, son jeune disciple le remplaçait dans le ministère de la prédication. Honeste exhorta Firmin à aller porter l'Evangile dans les contrées les plus reculées de la Gaule, lui faisant espérer en retour la palme du martyre qu'il mérita lui-même bientôt après. On conserve encore aujourd'hui de ses reliques aux Clarisses et aux Ursulines d'Amiens, à l'Hospice et à Saint-Pierre-de-Roye, à l'église de Davenescourt. *Propre d'Amiens.* — 2. Voir ce jour.

3. Saint Avence, confesseur, est nommé au martyrologe romain le 4 février, sous le nom de saint Aventin : c'est l'évêque de Troyes, en Champagne, dont nous avons donné la vie. Les traditions locales à Tours veulent que saint Avence ou Aventin ait accompagné, jusque sur les bords de la Loire, saint Loup et saint Germain partant pour la Grande-Bretagne, et qu'il y ait vécu dans la retraite, jusqu'au retour des prélats, en un lieu nommé la Celle-Saint-Avence. — Voir au 4 février.

4. Saint Antime, dit le *Propre de Périgueux*, paraît avoir été un des premiers abbés de Brantôme. Or, cette abbaye fut fondée, en 769, par Charlemagne ; elle fut détruite par les Normands peu après l'année 817.

5. Voir dans notre *Palmier Séraphique*, t. II, la vie détaillée de la bienheureuse Philippa.

6. Voir sa vie au 16 février, dans le volume consacré aux Vénérables.

7. Voir sa vie au 16 septembre.

Julienne, vierges et martyres. Toutes deux sont différentes de sainte Julienne de Nicomédie louée par le martyrologe romain. Les restes de cette dernière étaient depuis 600 à Cumes, lorsque des reliques d'une Sainte du nom de Julienne furent apportées d'Outre-Mer. Celle de Bologne était une vierge romaine. Son corps reposait dans l'église des Bénédictins, laquelle fut, en 1510, donnée aux pauvres *clarisses*. — En Orient, saint Flavien, anachorète, qui resta enfermé soixante ans dans la même cellule. Probablement sous le règne de Valens. — A Syracuse, en Sicile, saint Eulalius, évêque : il donna l'hospitalité à saint Fulgence de Ruspe fuyant l'Afrique. Après l'an 503. — A Verden, en Westphalie, saint Taucon ou Tatta, évêque et martyr, auparavant abbé en Ecosse. Etant allé prêcher l'Evangile en Allemagne, il fut évêque de Verden. Quelques mauvais chrétiens ne purent supporter d'être repris de leur conduite scandaleuse : ils se jetèrent sur lui avec fureur et l'un d'eux lui porta un coup de lance dont il mourut. 815.

Ste JULIENNE DE NICOMÉDIE, VIERGE ET MARTYRE

299. — Pape : Saint Marcellin. — Empereur : Dioclétien.

Les œuvres de la grâce sont comme un jardin de délices et de bénédictions. *Eccli.*, XL, 17.

Parmi les saints martyrs qui ont souffert à Nicomédie pendant la cruelle persécution de Dioclétien, on a toujours remarqué une illustre vierge, appelée Julienne, qui, dès ses plus tendres années, embrassa le christianisme, quoique ses parents, et surtout son père, nommé Africain, fussent extrêmement zélés pour le culte des faux dieux. Etant en âge de se marier, elle fut recherchée par un jeune noble nommé Evilatius [1], à qui ses parents la promirent sans la consulter. Mais la sainte fille, pour gagner du temps et trouver un prétexte de rompre son mariage, fit dire sous main à son prétendant qu'elle ne consentirait jamais à l'épouser avant qu'il eût d'abord obtenu de l'empereur la dignité de préfet de la ville, c'est-à-dire de premier magistrat de la judicature. Cette condition sembla rude à Evilatius ; néanmoins il était si passionné pour Julienne, que, pour lui complaire, il employa tout son crédit et acheta bien cher cet office ; ensuite il l'en fit avertir, l'assurant qu'elle serait mariée à un préfet comme elle le désirait. La Sainte, ne sachant plus comment se défaire de ses poursuites, lui fit savoir qu'elle était chrétienne, et qu'elle n'épouserait jamais un homme d'un autre religion que la sienne ; ainsi elle le suppliait d'embrasser la foi de Jésus-Christ, afin qu'il pussent vivre ensemble dans une sainte union et dans une conformité de croyance. Evilatius fut extrêmement troublé de ce message, et en avertit le père de Julienne ; celui-ci parla d'abord à sa fille avec tout l'artifice que l'amour paternel et le zèle des faux dieux lui put fournir, s'efforçant de l'engager à épouser le nouveau préfet ; mais voyant qu'il ne gagnait rien, il y ajouta les menaces et les terreurs ; puis il en vint aux fouets, à la prison et aux fers ; enfin, connaissant que la résolution de sa fille était inébranlable, et qu'elle ne consentirait jamais au mariage si son époux n'était chrétien, il la mit entre les mains de son prétendant pour gouverner son esprit ainsi qu'il le jugerait à propos.

Evilatius, en qualité de préfet, la fit aussitôt comparaître à son tribunal ; quoiqu'il fût tout bouillant de colère, néanmoins la beauté qu'il aimait encore éblouit tellement ses yeux, qu'il sentit en lui-même un rude combat

1. Ou Eluze.

d'amour et d'indignation ; mais l'amour, triomphant de la fureur, il lui parla doucement, l'exhortant à le prendre pour mari, et l'assurant qu'il ne l'empêcherait pas d'être chrétienne, et que lui-même se ferait chrétien, si cela se pouvait accorder avec le respect qu'il portait aux édits des empereurs. Il ajouta qu'il lui conseillait en époux ce qui lui était le plus avantageux, parce que, si elle ne le voulait pas croire, elle serait condamnée à mort. La vierge, prévenue des bénédictions de son Epoux céleste, n'eut d'oreilles ni pour ces ordres ni pour ces menaces ; elle répondit avec une générosité chrétienne que, quand elle devrait être brûlée toute vive ou dévorée par des bêtes sauvages, elle ne changerait point de résolution. Le préfet, irrité jusqu'à la rage par cette réponse, la fit cruellement fouetter d'une façon toute extraordinaire, car il commanda qu'elle fût suspendue en l'air par quatre courroies, et, en cet état, il la fit battre si longtemps à coups de nerfs de bœuf et de verges d'osier vert, que les bourreaux se lassèrent. Et cependant ce tyran lui disait, en l'insultant, que ces coups n'étaient que l'ombre de ce qu'il lui ferait souffrir ; mais elle répliqua qu'elle espérait que Dieu lui donnerait la force et le courage de souffrir tous les supplices, et qu'il serait plus tôt las de frapper qu'elle de souffrir. Ensuite elle fut suspendue en l'air par les cheveux, ce qui dura si longtemps, qu'il n'y en eût pas un qui ne fût arraché ; ses yeux s'obscurcirent et ses sourcils montèrent jusqu'au front, tandis qu'on lui brûlait les flancs avec des gerbes de paille allumée. Enfin ce même juge lui fit percer les mains avec un fer chaud et la renvoya en prison.

Elle n'y fut pas plus tôt qu'elle se mit en prières ; et, pendant son oraison, le démon se présenta à elle sous la forme d'un ange de lumière et dit que le préfet avait préparé des tourments bien plus horribles ; mais que Dieu ne voulait pas qu'elle les endurât, et, qu'au sortir de la prison, elle devait obéir à la volonté des empereurs et ne point faire difficulté de sacrifier. La sainte prisonnière s'aperçut bien que ce conseil venait d'un esprit des ténèbres et non pas d'un ange de lumière. C'est pourquoi elle pria Dieu de la fortifier toujours dans ses combats et de lui découvrir la qualité de celui qui la voulait tromper sous le masque d'un ange. Et alors elle entendit une voix du ciel qui lui dit : « Julienne, aie bon courage ; je suis avec toi ; arrête celui qui te parle, je te donne puissance de lui faire dire son nom ». Cette voix fut aussitôt suivie d'un miracle, car la vierge se trouva saine et libre ; et, s'étant relevée de terre, elle aperçut un démon enchaîné à ses pieds ; elle le traita comme un esclave et lui demanda qui il était, pourquoi il était venu là, et qui l'avait envoyé. Le démon répondit qu'il était un des principaux ministres de Satan, qui l'avait envoyé afin de la séduire comme il en avait trompé une infinité d'autres. A ces paroles, l'innocente vierge le garrotta derechef et le chargea de coups ; cet infâme monstre fit voir qu'il les sentait et se plaignit de ce que, après avoir triomphé de tant de fidèles, il se voyait maintenant vaincu par une fille.

Cependant le préfet, dont la passion n'était pas guérie, commanda que Julienne, si elle était encore en vie, fût amenée devant son tribunal. Elle y vint aussitôt, traînant après elle son ennemi enchaîné, et parut aussi saine que si elle n'avait rien souffert, et avec une beauté qui était au-dessus de tout ce qu'on peut imaginer. Evilatius, étonné et persistant toujours en sa fureur, fit chauffer un four et ordonna que la sainte vierge fût jetée dedans. Mais le feu perdit sa force ; et par ce nouveau miracle, le peuple qui était présent fut si touché qu'il commença à crier qu'il n'y avait point d'autre Dieu que le Dieu de Julienne ; plus de cinq cents personnes embrassèrent la religion chrétienne et furent mises à mort par le commandement du préfet. Il y eut aussi cent trente femmes qui firent de même et ne se montrèrent pas moins vigoureuses que les hommes. Tout cela ne servit qu'à animer de plus en plus la rage de ce juge cruel. Il fit encore jeter la vierge dans une grande chaudière pleine d'huile bouillante ; mais elle y trouva du rafraîchisement, et cette liqueur toute enflammée rejaillit sur les bourreaux et les ministres de l'injustice. Enfin, le préfet ne sachant plus que faire, la condamna à avoir la tête tranchée ; le démon, la voyant aller au supplice, excitait les exécuteurs à la tuer vivement pour être délivré de ses mains ; mais la sainte vierge, le regardant d'un visage sévère et terrible, le fit trembler de crainte, et aussitôt il disparut : ce qui montre la puissance de la croix de Notre-Seigneur Jésus-Christ. Alors Julienne, consolée en son âme, offrit d'abord à Dieu le sacrifice de ses lèvres par la prière ; et après, celui de sa vie, présentant la tête au bourreau, qui lui donna le coup de la mort. C'est ainsi que son esprit s'envola au ciel pour y recevoir les deux couronnes de Vierge et de Martyre. Il n'est pas certain si c'est aujourd'hui le jour de sa mort ou celui de sa translation.

RELIQUES ET CULTE DE SAINTE JULIENNE.

Une vertueuse dame, nommée Sophie, passant quelque temps après par Nicomédie, prit ses reliques pour les porter à Rome ; mais le navire ayant été poussé par la tempête aux côtes d'Italie, elles furent déposées au territoire de Pouzzoles, où on lui érigea un beau mausolée. Pour le malheureux préfet Evilatius, il fut châtié par la main de Dieu et paya, dès cette vie, la peine due à sa cruauté ; comme il s'était embarqué, le vaisseau périt par la tempête, et tous ceux qui étaient dedans furent submergés : lui seul, pour augmenter la rigueur de sa mort, fut poussé par les vagues au bord d'un désert, où il fut dévoré sans doute par les bêtes sauvages.

Il est fait mémoire de sainte Julienne dans tous les martyrologes, particulièrement dans le romain, où l'on peut voir, par les doctes remarques de Baronius, quels auteurs ont traité plus expressément de sa vie. Saint Grégoire le Grand, écrivant à Fortunat, évêque de Naples, parle de ses reliques dans les épîtres 84 et 85 du VIIe livre. Ces précieuses dépouilles rendirent sa mémoire fort célèbre en plusieurs villes de France, comme à Sens, à Reims, à Autun, à Soissons, à Limoges ; et particulièrement à Paris, où l'on voyait son chef sacré en l'église paroissiale de Saint-Jacques-du-Haut-Pas, dont elle est reconnue pour patronne. Il en reste quelque chose à Notre-Dame de Longpont, près Paris. La ville de Bruxellles, en Flandre, en possède aussi des ossements considérables. On l'invoque principalement contre les maladies contagieuses. Les diocèses de Versailles, de Chartres, de Cologne, d'Autun et d'Ajaccio font l'office de sainte Julienne le 16 février. Il existe au Val-Saint-Germain, près de Dourdan, diocèse de Versailles, autrefois diocèse de Chartres, une église où le culte de sainte Julienne est très-ancien et très-célèbre. On y vient de toutes parts l'invoquer contre la fièvre, les maladies pestilentielles, et pour l'heureuse délivrance des femmes en couches.

Un martyrologe poétique a résumé ainsi les supplices qu'elle endura et les diverses manières dont on l'a représentée :

Fusa viget plumbo ; ludit suspensa capillis :
Robur ferventi mersa resumit aqua.
Virgo, palam forti cum dæmone prælia gessit,
Nec cessit donec victa trophæa tulit [1].

Le plomb fondu la laisse intacte : elle est balancée dans l'espace, suspendue par les cheveux : elle puise de nouvelles forces dans l'eau bouillante où elle est plongée. Faible vierge, elle lutte visiblement contre une puissance de l'enfer et en triomphe : elle ne cesse de vivre qu'au moment où sa main a cueilli la dernière palme.

1. Brautius.

SAINT GRÉGOIRE X, PAPE

De 1271 à 1276. — Empereurs : Interrègne, Rodolphe de Hasbourg. — Roi de France : Philippe III, *le Hardi*.

Nous avons vécu en ce monde avec la simplicité du cœur et la sincérité de Dieu ; non selon la sagesse de la chair, mais selon la grâce de Dieu.
IIe aux Cor., I, 12.

Thébald ou Théobald, depuis Grégoire X, naquit à Plaisance, de la noble famille des Visconti. On remarqua en lui, dès sa jeunesse, une vertu peu commune et une application extraordinaire à l'étude ; il acquit surtout une connaissance parfaite du droit canon. Ayant entendu parler de la sainteté de Jacques de Pécoraria, cardinal-évêque de Préneste, il alla le trouver et se mit humblement à son service. Il en eut d'autant plus de joie que le cardinal lui parut encore plus saint que ne le disait la renommée. Il le suivit dans la légation de France, l'an 1239, sous le pape Grégoire IX. Il y fut successivement chanoine de Lyon et archidiacre de Liége. Il refusa l'évêché de Plaisance, que lui offrait le pape Innocent IV. Il revenait de Rome, quand l'archevêque de Lyon, Philippe, le supplia instamment de rester auprès de lui pendant le concile général, afin de lui apprendre comment se conduire à l'égard du pape et des cardinaux. Le pieux archidiacre de Liége passait une partie de son temps à l'Université de Paris, pour s'y perfectionner dans les sciences convenables à son état. Le roi saint Louis lui témoignait une affection et une vénération si grandes, que beaucoup s'étonnaient qu'un si excellent roi honorât tant un ecclésiastique qui n'occupait point une haute dignité. Mais le saint roi savait bien ce qu'il faisait. Il avait appris de lui et vu lui-même tant de choses merveilleuses, qu'il le regardait comme un temple de Dieu et un sanctuaire de l'Esprit-Saint. Le cardinal-légat Ottobon, passant en Angleterre pour rétablir la paix entre le roi et les barons, emmena l'archidiacre Théobald avec lui, à cause de son grand amour pour la paix et de sa grâce particulière pour y amener les autres.

Saint Louis et les barons de France s'étant croisés pour la seconde fois, le pieux Théobald regarda comme une honte pour les clercs et les prélats de ne pas suivre l'exemple des laïques. Il prit donc la croix avec beaucoup de dévotion, et se rendit en Palestine. Le prince Edouard d'Angleterre et sa sœur Béatrix, comtesse de Bretagne, l'y reçurent avec beaucoup de joie. Et de fait sa présence n'y fut pas inutile. Il ranima le courage des pusillanimes, apaisa les différends et confirma un grand nombre dans leur sainte résolution.

C'était en 1271. Tout à coup l'on apprit en Palestine que le saint archidiacre de Liége avait été élu pape. Il y avait près de trois ans que la chaire apostolique était vacante, les cardinaux assemblés à Viterbe n'ayant pu s'accorder sur le choix d'un pontife. Ennuyés, à la fin, de ne pouvoir rien terminer, ils eurent recours à un compromis, et les six cardinaux, auxquels tous les autres avaient remis leurs pouvoirs, élurent unanimement notre Saint, le 1er septembre 1271. Le nouveau pape reçut l'acte de son élection à Ptolémaïde ou Saint-Jean-d'Acre, y acquiesça le 27 octobre, et prit le nom de Grégoire X. La nouvelle de son élection donna bien de la joie aux chrétiens de la Terre-Sainte ; ils espéraient qu'il leur enverrait un grand secours. Lui-même, dans un sermon qu'il fit au moment de partir, s'écria avec le Psalmiste : « Si je t'oublie, ô Jérusalem ! que ma main droite soit mise en oubli ! Que ma langue s'attache à mon palais, si je ne te garde pas dans mon souvenir, si je ne mets pas Jérusalem au commencement de toutes mes joies ! »

La première chose que le nouveau pape, saint Grégoire X, eut à faire, ce fut de répondre, comme chef de l'Eglise catholique, et d'envoyer des nonces au grand khan des Tartares, à l'empereur de la Chine, Koublaï ou Chi-Tsou. Ce puissant monarque, de l'avis de ses princes, envoya au Pape les deux frères vénitiens Paolo, avec un seigneur de l'empire chinois, nommé Gogak. Ces trois ambassadeurs devaient demander au Pontife romain cent hommes savants et bien instruits dans la loi chrétienne, qui pusse montrer que la foi des chrétiens doit être préférée à toutes les sectes diverses, qu'elle est l'unique voie du salut et que les dieux des Tartares sont des démons qui en imposent aux Orientaux : l'empereur, ayant beaucoup entendu parler de la foi catholique, mais voyant avec quelle témérité les savants de la Tartarie et de la Chine soutenaient leur créance, ne savait de quel côté pencher, ni quelle voie embrasser comme la véritable. Il pria, de plus, les ambassadeurs de lui apporter un peu d'huile de la lampe qui brûlait à Jérusalem devant le Seigneur, persuadé qu'elle ne lui serait pas peu utile, si le Christ était le Sauveur du monde.

Après trois ans de voyage, le seigneur tartare étant demeuré en route pour maladie, les deux autres ambassadeurs arrivèrent à Saint-Jean-d'Acre. Y ayant appris la mort du pape Clément IV, ils s'adressèrent à l'archidiacre Théobald, qui faisait les fonctions d'internonce apostolique en Palestine. Il leur conseilla d'attendre qu'il y eût un nouveau pape. Dans l'intervalle, ils allèrent à Venise, leur patrie, et, après deux ans d'attente, repassèrent à Saint-Jean-d'Acre, avec le fils de l'un d'eux, le célèbre Marc Paul, qui a écrit l'histoire de leur voyage. Le nonce Théobald leur donna des lettres avec une exposition de la foi chrétienne. A peine s'étaient-ils mis en route, que Théobald, devenu le pape Grégoire X, les rappela, leur donna d'autres lettres pour le suprême empereur des Tartares, et leur adjoignit deux Frères Prêcheurs, Nicolas et Guillaume de Tripoli. Ils furent reçus avec une extrême bienveillance par l'empereur des Tartares et de la Chine. Ils lui présentèrent les lettres du nouveau Pape, ainsi que l'huile de la lampe du saint Sépulcre, qu'il fit placer dans un lieu honorable. C'est ce que témoigne Marc Paul, qui était présent.

Saint Grégoire X s'embarqua au milieu de l'hiver, à Ptolémaïde. Le prince Edouard d'Angleterre le fournit abondamment de toutes choses. L'empereur grec, Michel Paléologue, se plaignit amicalement de ce qu'il n'avait point passé à Constantinople, où il eut été reçu avec la pompe et la joie les plus grandes. Enfin, il arriva heureusement au port de Brindes, le 1er janvier 1272. Son arrivée répandit la joie dans toute l'Italie et dans toute la chrétienté. A Bénévent, le roi Charles de Sicile vint à sa rencontre l'accompagna par tout son royaume, et lui servit d'écuyer. A Cépérano, il trouva plusieurs cardinaux qui venaient au-devant de lui, entra avec eux à Viterbe, le 10 février, y revêtit le manteau papal, et prit solennellement le nom de Grégoire, tant à cause de sa dévotion pour saint Grégoire le Grand, que parce que sa fête était proche.

Etant encore sur les terres du roi de Sicile, il reçut une députation des plus grands de Rome, qui le priaient instamment d'y venir. Mais il considéra qu'à Rome il pourrait trouver d'autres affaires qui le détourneraient de celle de la Terre-Sainte, à laquelle il voulait donner ses premiers soins. Il alla donc droit à Viterbe, où résidaient les cardinaux et la cour de Rome. Là, sans se donner le temps de se reposer après un si long voyage, et fermant la porte à toutes les autres affaires, il travailla uniquement, pendant huit jours, au secours de la Terre-Sainte, qu'il avait laissée réduite à l'extrémité. Il engagea Pise, Gênes, Marseille et Venise, à fournir chacune trois galères armées, douze en tout ; et, pour subvenir aux frais de la guerre, il donna ordre au recouvrement des legs pieux destinés à cet effet qui étaient considérables ; puis il envoya en France l'archevêque de Corinthe, avec une lettre au roi Philippe, où il parle avec effusion de saint Louis, qu'il témoigne avoir aimé de tout son cœur ; il rappelle au fils le zèle de son père pour la délivrance de la Terre-Sainte. Il ajoute : « Quand nous y étions, nous avons conféré avec les chefs de l'armée chrétienne, avec les Templiers, les Hospitaliers et les grands du pays, sur les moyens d'en empêcher la ruine totale. Nous en avons encore traité depuis avec nos frères les cardinaux, et nous avons trouvé qu'il faut y envoyer à présent une certaine quantité de troupes et de galères, en attendant un plus grand secours, que nous espérons lui procurer par un concile général ».

Saint Grégoire X fut sacré à Rome, dans la basilique de Saint-Pierre, le 27e jour de mars, qui, cette année 1272, était le troisième dimanche de Carême. Il fut reconduit avec pompe de la basilique de Saint-Pierre au palais de Latran ; le roi Charles de Sicile marchait à sa droite, faisant les fonctions d'écuyer ; au repas qui eut lieu ensuite, le même prince voulut servir au Pape le premier plat. A la fin de la solennité, le roi fit au Pape l'hommage et le serment de fidélité qu'il devait pour le royaume de Sicile.

Deux jours après, le Pape fit expédier une lettre circulaire à tous les évêques, pour leur faire part de son ordination, suivant la coutume. Cette lettre fut suivie de près d'une autre, également adressée aux évêques, pour la convocation d'un concile général. Le saint Pape en marque principalement trois causes : le schisme des Grecs, le mauvais état de la Terre-Sainte, dont il avait été témoin oculaire, les vices et les erreurs qui se multipliaient dans l'Eglise. « Voulant donc », dit-il, « remédier à tant de maux par un conseil commun, nous vous demandons de vous trouver le 1er mai de l'an 1274 au lieu que nous vous indiquerons dans le temps convenable. Nous voulons qu'en chaque province demeurent un ou deux évêques pour exercer les fonctions épiscopales, et que ceux qui demeureront envoient des députés au concile, aussi bien que les Chapitres, tant des cathédrales que des collégiales. Cependant vous examinerez et mettrez par écrit ce qui a besoin de correction pour l'apporter au concile ». La bulle est du dernier jour de mars 1272.

Pour prendre soin du spirituel dans la Terre-Sainte, le pape Grégoire donna le titre de patriarche de Jérusalem à frère Thomas de Lentini, en Sicile, dominicain, précédemment évêque de Bethléem. Il le fit encore son légat en Arménie, en Chypre, dans la principauté d'Antioche, les îles voisines et toute la côte d'Orient ; il lui recommanda surtout de travailler à la réformation des mœurs des chrétiens latins de ces provinces. Voici comme il lui en parle dans une de ses lettres : « Vous savez par vous-mêmes les crimes énormes qui s'y commettent, et que les malheureux esclaves de la volupté, s'abandonnant aux mouvements de la chair, ont attiré la colère de Dieu sur Antioche et tant d'autres lieux que les ennemis ont détruits. Il est étonnant que nos frères soient si peu touchés de ces exemples, qu'ils continuent les mêmes désordres, sans s'en repentir, jusqu'à ce qu'ils périssent eux-mêmes ».

En attendant le concile général qui devait se tenir à Lyon, le pape Grégoire travaillait à pacifier les villes d'Italie. Sa sainte vie était bien propre à gagner les cœurs. Tous les jours il lavait les pieds à plusieurs pauvres avec une humilité qui tirait les larmes des yeux de tous les assistants. Il avait des officiers pour aller à la découverte des malheureux et leur distribuer ses aumônes. Il ne fit jamais qu'un repas par jour, uniquement pour soutenir la faiblesse du corps, non pour aucun plaisir. A table, il était si attentif à la lecture, qu'en sortant il n'aurait pu dire ce qu'il avait mangé. Tout le temps que lui laissaient les affaires, il le consacrait à la prière et à la contemplation. De son vivant, on rapporte de lui ce miracle : Etant à Lyon pendant une inondation de la Saône, il vit de sa fenêtre une pauvre femme tombée dans le fleuve et submergée dans les flots, à tel point que des mariniers partis à son secours s'en revinrent sans aucun espoir ; mais, dès le premier moment, le saint pontife avait prié la Miséricorde divine, qui a soutenu saint Pierre marchant sur les flots, et sauvé trois fois saint Paul du naufrage, de tendre une main secourable à cette pauvre femme et de la délivrer d'une mort aussi fâcheuse. Bientôt la femme reparaît sur les eaux ; les mariniers surpris retournent à son secours et la sauvent dans leur barque, n'ayant pas plus de mal que si elle n'avait pris qu'un bain. Le Pape envoya un de ses chambellans interroger la femme, qui lui raconta qu'elle avait été délivrée par un personnage vénérable qu'elle ne connaissait pas.

A cette tendre charité pour les pauvres, Grégoire X joignait une fermeté invincible envers les grands coupables. Le roi Edouard d'Angleterre lui avait demandé justice du meurtre commis sur la personne de Henri d'Allemagne, son cousin, par Gui de Montfort. Voici comment le saint Pape lui rendit compte, le 29 novembre 1273, de ce qui s'était passé en cette affaire : « Quand nous fûmes venus à Florence, Gui de Montfort nous envoya sa femme et plusieurs autres personnes demander instamment la permission de venir en notre présence, assurant qu'il était prêt à obéir à nos ordres ; mais nous voulûmes prendre du temps pour éprouver la sincérité de son repentir. Au sortir de Florence, environ à deux milles, il se présenta à nous, accompagné de quelques autres, tous nu-pieds, en tunique, la corde au cou, prosternés à terre et fondant en larmes. Comme plusieurs de notre suite s'arrêtèrent à ce spectacle, Gui de Montfort s'écria qu'il se soumettait sans réserve à nos commandements, et demandait instamment d'être emprisonné en tel lieu qu'il nous plairait, pourvu qu'il obtînt son absolution. Toutefois, nous ne voulûmes pas alors l'écouter ; nous ne lui fîmes aucune réponse ; au contraire, nous adressâmes une réprimande à ceux qui l'accompagnaient, comme prenant mal leur temps. Mais ensuite, de l'avis de nos frères, nous avons mandé à nos cardinaux-diacres, résidant à Rome, de lui assigner en quelque forteresse de l'Eglise romaine un lieu pour sa prison, et de le faire garder pendant notre absence par les ordres du roi Charles de Sicile ». Gui de Montfort se soumit à tous les ordres du Pape, qui, l'année suivante, en tempéra la sévérité en permettant au patriarche d'Aquilée de le rendre à la communion des fidèles, mais sans préjudice du reste de sa peine.

Saint Grégoire X étant arrivé à Lyon, le roi Philippe de France l'y alla visiter, et lui laissa pour sa garde une troupe choisie de gens de guerre, commandée par Imbert de Beaujeu, son parent. Ce monarque avait remis au Pape le comtat Venaissin, qui avait été cédé au Saint-Siége sous le pontificat de Grégoire IX, et que néanmoins Alphonse, comte de Toulouse, dont le roi Philippe venait d'hériter, avait retenu jusqu'alors.

Cependant les prélats et les ambassadeurs arrivaient de toutes parts à Lyon pour le Concile. Il s'y trouva cinq cents évêques, soixante-dix abbés et mille autres prélats. Parmi les cardinaux, on distinguait saint Bonaventure, évêque d'Albano, et Pierre de Tarentaise, évêque d'Ostie, depuis pape sous le nom d'Innocent V. Saint Thomas d'Aquin avait reçu ordre du Pape de s'y trouver, mais il mourut en chemin. Le Concile, deuxième de Lyon, s'ouvrit le 2 mai 1274, après un jeûne de trois jours. Le 24 arrivèrent les ambassadeurs de l'empereur grec, Michel Paléologue, pour travailler à la réunion des Grecs schismatiques avec l'Eglise romaine, ce qui eut lieu le jour de saint Pierre et de saint Paul, 29e de juin.

Le 4 juillet vit un spectacle plus étonnant encore, des Tartares arrivant au Concile. C'étaient seize ambassadeurs du khan Abaga, arrière-petit-fils de Gengiskhan. Le pape saint Grégoire X, pour leur faire honneur, voulut que les officiers des cardinaux et des prélats allassent au-devant d'eux. On les lui amena dans son appartement, où se trouvaient les cardinaux, pour parler des affaires du Concile. Cette ambassade n'avait pour but qu'un traité d'alliance avec les chrétiens contre les musulmans. Après le Concile, on lut la lettre du khan dans la quatrième session; le Pape répondit à ce prince qu'il enverrait ses légats en Tartarie pour traiter avec lui, non-seulement des propositions qu'il faisait, mais d'autres affaires touchant son salut. Un des ambassadeurs tartares reçut le baptême dans le Concile. Saint Grégoire X publia plusieurs constitutions importantes qui font partie du droit canon. Un article défend à l'évêque nommé d'un diocèse de s'ingérer à l'administrer sous couleur quelconque, jusqu'à ce que sa nomination soit confirmée par le Saint-Siége. Le 17 juillet, le saint Pontife termina le Concile en donnant sa bénédiction à tous les assistants. Il congédia les ambassadeurs grecs, comblés de présents et enchantés de la manière honorable et cordiale dont ils avaient été reçus. Il congédia de même les ambassadeurs tartares, avec des lettres pour le khan Abaga. Il adressa des lettres et des admonitions aux chrétiens d'Europe, pour les obliger à gouverner chrétiennement leurs peuples. A Lausanne, il eut une entrevue avec le nouveau roi des Romains, Rodolphe de Habsbourg, qui lui prêta serment comme défenseur de l'Eglise romaine et futur empereur.

Le saint Pape s'en retournait ainsi à Rome, faisant le bien partout, lorsqu'il tomba malade à Arezzo, en Toscane, et mourut le 10 janvier 1276, après avoir tenu le Saint-Siége trois ans, neuf mois et quinze jours. Il mourut comme il avait vécu, en Saint. Quand il sentit approcher sa dernière heure, il demanda le crucifix, baisa dévotement les pieds du Sauveur, les arrosant de ses larmes, adressa la Salutation angélique à la Sainte Vierge, recommanda son âme à Dieu et rendit si tranquillement l'esprit, qu'il avait l'air de s'endormir d'un doux sommeil. Sa fête est marquée au 16 février dans le martyrologe romain de Benoît XIV.

Tous les historiens parlent de Grégoire comme d'un saint. Les Grecs eux-mêmes, dans le concile qu'ils tinrent à Constantinople après sa mort, l'appellent un homme bienheureux et très-saint : si toutefois, ajoutent-ils, on doit l'appeler un homme, et non pas un ange. Nous devions donc l'ajouter au recueil du Père Giry.

SAINT ONÉSIME, DISCIPLE DE SAINT PAUL (Ier siècle).

Onésime servait d'abord un homme de sainte vie nommé Philémon. Après avoir entendu une prédication de saint Paul, il s'attacha à ses pas et quitta Philémon ; saint Paul le baptisa après l'avoir instruit et l'eut pour serviteur dans sa prison. L'apôtre captif ne tarda cependant pas à renvoyer Onésime à Philémon en le lui recommandant ; celui-ci le reçut comme son frère et lui donna la liberté. Devenu évêque d'Ephèse, il succéda à Timothée et survécut à saint Ignace. Comme il prêchait partout l'Evangile avec zèle, le proconsul le fit arrêter et torturer ; ne pouvant le vaincre, il l'envoya à Tertulle, gouverneur de la ville de Rome ; ce gouverneur était animé contre lui d'une haine particulière, parce qu'il avait converti la femme d'un de ses amis et lui avait persuadé de garder la virginité. Après avoir mis sa personne à l'épreuve, il le jeta en prison, et dix-huit jours durant lui fit subir toutes sortes de tortures, puis le chassa de Rome avec ses compagnons. Arrivé à Pouzzoles, saint Onésime recommença de prêcher l'Evangile et obtint de nombreuses conversions. Tertulle l'apprenant, l'envoya arrêter, le fit ramener à Rome. Après l'avoir fait cruellement fouetter, il le menaça de lui couper les membres s'il ne voulait pas sacrifier. Comme il refusa, on l'étendit sur le dos, on lui rompit les jambes et les cuisses avec des leviers et il fut lapidé.

Il est le patron des serviteurs et domestiques. Son attribut est le bâton ou barre avec lequel on lui rompit les jambes, ou bien encore la *lapidation*.

SAINT SIMÉON, ÉVÊQUE DE METZ (194).

Saint Siméon était originaire de l'île de Crète ; le sang d'Israël coulait dans ses veines : il siégea trente ans : c'est tout ce qu'on sait de lui. Ce saint évêque, honoré dans l'ancienne liturgie du diocèse de Metz, ayant été omis dans le nouveau Propre par un oubli bien regrettable, nous allons insérer la note suivante, due à M. Noël, curé de Briey, qui expliquera comment l'abbaye de Senones, tant illustrée par Dom Calmet, s'est trouvée en possession d'un si riche trésor.

Saint Siméon, évêque de Metz, était inhumé, comme la plupart de ses prédécesseurs, dans la crypte de Saint-Clément. Angelrame, un de ses successeurs sur le siége de Metz, ayant soumis à son église l'abbaye de Senones, dont il était abbé, ses religieux, exempts jusque-là de la juridiction épiscopale, en murmurèrent. L'évêque, tout-puissant à la cour de Charlemagne, dont il était archichapelain, voulant toutefois regagner par sa bienveillance l'affection de ses religieux, leur fit présent du corps de saint Siméon, déjà illustré par ses miracles. Mais les moines de Senones, mécontents de la conduite d'Angelrame, refusèrent de recevoir les reliques du Saint dans leur église. L'évêque de Metz les déposa dans une chapelle qu'il fit bâtir sur une colline qui domine le monastère au midi, et qu'on voyait encore au siècle dernier. Dieu y fit éclater sa puissance et les mérites du Saint par tant de miracles, dit le moine Richer, ancien chroniqueur de Senones, qu'enfin les religieux transportèrent solennellement le corps de saint Siméon dans leur église, dédiée à saint Pierre et à saint Paul, où il demeura jusqu'à la destruction de l'abbaye, dans une châsse d'argent. La tête et un bras étaient conservés séparément dans des reliquaires d'argent qui en avaient la forme. Tous les ans, le 25 octobre, on faisait à Senones mémoire de cette translation. Il faut lire dans la chronique de Richer, religieux de Senones, qui vivait au XIIIe siècle, le sommaire des nombreux miracles opérés au tombeau de saint Siméon, et qui l'ont rendu un des plus grands thaumaturges des Vosges.

Chron. Richer, lib. II, et 1, 2, 4.

SAINT ARMENTAIRE, ÉVÊQUE D'ANTIBES (Vᵉ siècle).

Armentaire, nommé aussi Armataire et Hermentaire, gouverna l'église d'Antibes vers le milieu du vᵉ siècle. On croit qu'il fut l'un des dix-neuf évêques qui envoyèrent, par une députation, une supplique au pape saint Léon pour obtenir la restitution des droits de l'église d'Arles, et auxquels ce Pape fit réponse, en envoyant à Ravenius, évêque d'Arles, sa lettre à Flavien, et demandant qu'il confessât la foi commune par son propre suffrage et par celui des évêques voisins. La mémoire de saint Armentaire jouit d'un culte très-antique dans l'église de Grasse, où fut transféré, au XIIIᵉ siècle, le siége épiscopal d'Antibes. La ville de Draguignan, du diocèse de Fréjus, l'honore comme son patron ; dans le territoire de cette ville, on remarque une église décorée depuis plusieurs siècles du titre de prieuré de l'Ordre de Saint-Benoît : les peuples du voisinage s'y rendent en dévotion pour vénérer les reliques du Saint et pour implorer sa protection auprès de Dieu, protection dont ils ont plus d'une fois éprouvé l'efficacité.

Propre de Fréjus.

XVIIᵉ JOUR DE FÉVRIER

MARTYROLOGE ROMAIN.

A Rome, la passion de saint Faustin, que quarante-quatre autres chrétiens suivirent dans la gloire. — En Perse, la naissance au ciel de saint POLYCHRONE, évêque de Babylone, qui, dans la persécution de Dèce, ayant eu la bouche meurtrie de coups de pierres, étendit les mains, leva les yeux au ciel et rendit son âme à Notre-Seigneur. 251. — A Concordia, les saints martyrs Donat, Secondien et Romule, avec quatre-vingt-six autres chrétiens, qui participèrent au même triomphe [1]. 303. — A Césarée, en Palestine, saint Théodule, vieillard, de la maison du président Firmilien, qui, excité par l'exemple des martyrs, et confessant courageusement Jésus-Christ, fut cloué à une croix et par un noble triomphe mérita la palme du martyre. 309. — Au même lieu, saint Julien de Cappadoce, lequel, pour avoir baisé les corps des martyrs qui venaient d'être exécutés, fut dénoncé comme chrétien, et conduit au président qui le fit brûler à petit feu. — Au pays de Thérouane, saint SILVIN, évêque de Toulouse [2]. Vers 718. — En Irlande, saint Fintan, prêtre et confesseur [3]. VIᵉ s. — A Florence, le bienheureux ALEXIS FALCONIERI, un des sept fondateurs de l'Ordre des Servites, qui, à l'âge de cent dix ans, ayant été consolé par la présence de Jésus-Christ et des Anges, se reposa dans une sainte mort. Fin du XIIIᵉ s.

MARTYROLOGE DE FRANCE, REVU ET AUGMENTÉ.

A Trèves, saint Bonose ou Venoux, évêque, enterré à Saint-Paulin, sous l'autel de saint Clément [4]. 381. — A Ratzbourg, en Danemark, saint EVERMODE, évêque, disciple de saint Norbert. 1168.

1. Concordia est une ancienne colonie romaine fondée par César : elle est située sur la mer Adriatique, entre Aquilée et Altino. François Barbarano écrit, dans son *Histoire ecclésiastique de Venise*, que ces Martyrs étaient originaires de cette dernière ville, et qu'étant soldats, c'est pendant leur séjour à Concordia qu'ils furent mis à mort pour la foi : ils sont les principaux patron de Concordia.

Aux noms de Donat, Secondien et Romule, divers martyrologes ajoutent ceux de Solonus, Chrysanthe, Eutichius, Juste, Cordius, Silvain. Néomède et Polycrate.

2. Nous dirons plus loin qu'il n'est pas probable que saint Silvin ait été évêque de Toulouse.

3. Abbé d'Ednech, dans la province de Lagenie, en Irlande, il faisait observer dans sa communauté une règle fort sévère. Ses religieux cultivaient la terre. Il eut de nombreux disciples, dont le plus célèbre fut saint Comyale. On place sa mort au milieu du VIᵉ siècle.

4. Saint Bonose, évêque de Trèves. Il gouvernait ce diocèse dans les temps difficiles où l'empereur

— A Clermont, en Auvergne, saint Loupien, confesseur. — A saint-Denis, en France, saint Fulrad, abbé et archichapelain ou grand-aumônier du roi Pépin, qui contribua beaucoup à l'avénement de la seconde race au trône de France. 784. — A Landernau, diocèse de Quimper, saint Guevroc ou Kirec, confesseur originaire de la Grande-Bretagne, et disciple de saint Tugduald [1]. 585. — A Cologne, la translation de saint Bénigne, martyr. — A Verdun, saint Pulchrone, évêque de cette ville, dont l'entrée au ciel est le 30 avril [2]. 470. — En Franche-Comté, décès du B. Frovin, moine de Bellevaux, premier abbé du monastère cistercien de Salem, au diocèse de Constance, compagnon de saint Bernard et témoin de ses miracles pendant la prédication de la croisade en Allemagne. 1165. — Encore à Verdun, saint Firmin, évêque [3].

MARTYROLOGES DES ORDRES RELIGIEUX.

Martyrologe de saint Basile. — A Rome, saint Agathon, pape, de l'Ordre de Saint-Basile, illustre par sa sainteté et sa doctrine, et qui se reposa en paix le 10 janvier [4], etc.

Martyrologe des Chanoines réguliers : chez ceux de Latran. — Saint Daniel, diaçre du clergé régulier, qui, ayant été arrêté à cause de la prédication de la foi chrétienne, fut attaché avec des clous entre deux planches, et remporta la palme du martyre. Son corps, longtemps caché, découvert par révélation d'en haut, et par la guérison d'un aveugle, fut retrouvé à Pavie, le 3 janvier.

Martyrologe de l'Ordre des Prémontrés. — A Ratzbourg, saint Evermode, qui, avec saint Norbert, détruisit à Anvers l'hérésie de Tachelin, devint évêque de Ratzbourg, et, remarquable par ses vertus, par le don des langues et ses miracles, s'envola vers le Seigneur

Martyrologe de Saint-Benoît. — L'octave de sainte Scholastique, vierge, sœur de notre Père saint Benoît.

Martyrologe des Cisterciens. — L'octave de sainte Scholastique, vierge.

Martyrologe de l'Ordre Romano-Séraphique. — Saint Hilaire, évêque de Poitiers, qui s'envola au ciel, le 13 de janvier.

Martyrologe de l'Ordre Séraphique. — Le bienheureux Antoine de Stronconio, confesseur, de l'Ordre des Mineurs, de l'observance régulière, illustre par sa renommée de chasteté, comme par le don des miracles et de prophétie, qui s'endormit dans le Seigneur, à Assise, en Ombrie, le 7 février 471 [5].

Martyrologe des Carmes chaussés et déchaussés. — Saint Vincent, diacre et martyr, dont la fête se célèbre le 17 février.

Martyrologe de Saint-Augustin. — L'octave de saint Guillaume.

Martyrologe de l'Ordre des Servites. — A Florence, le bienheureux Alexis Falconieri, confesseur, un des sept fondateurs de l'Ordre des Servites, qui se reposa dans une sainte mort près de l'église dédiée à l'Annonciation de la bienheureuse vierge Marie, soixante-dix ans après s'être consacré à Dieu, et de son âge le cent dixième, en présence de Notre-Seigneur et des Anges qui se montrèrent sous une forme visible.

Martyrologe des Capucins. - Saint Raymond de Pennafort, confesseur, de l'Ordre des Frères Prêcheurs, dont la naissance au ciel arrive le 7 de janvier, mais se célèbre aujourd'hui dans notre Ordre.

ADDITIONS FAITES D'APRÈS LES BOLLANDISTES ET AUTRES HAGIOGRAPHES.

En Orient, sainte Marianne, vierge, sœur de l'apôtre saint Philippe ; elle le suivit dans ses pérégrinations apostoliques, assista à son crucifiement, et l'ensevelit de ses mains. Ier s. — A

Constance favorisait de tout son pouvoir l'arianisme. Il eut le bonheur de préserver son troupeau de cette funeste hérésie et d'augmenter le nombre de ses ouailles par la conversion d'un grand nombre d'idolâtres. Il montra aussi un grand zèle et une fermeté inébranlable sous le règne persécuteur de Julien l'Apostat, et mourut dans un âge avancé, le 17 février 381.

1. Saint Guevroc ou Kirec fut d'abord mis, par saint Tugduald, à la tête d'une colonie de douze religieux, qui s'établirent dans le lieu nommé depuis Loc-Kirec, à dix lieues de Treguier. Il vécut ensuite deux ans dans la solitude au pays de Léon. Le bruit de sa sainteté parvint aux oreilles de saint Paul, alors évêque de Léon, qui le pressa vivement de venir l'aider dans l'administration de son diocèse. Le pieux Solitaire vit dans l'appel de son évêque une marque de la vocation divine; mais, en changeant de situation, il ne changea rien à sa sainte manière de vivre. Puissant en œuvres et en paroles, il prêchait le peuple, et plus d'une fois des miracles vinrent confirmer la vérité de ses paroles. Ayant guérit une jeune fille qui avait été saisie d'un tremblement universel, celle-ci, par reconnaissance, fit don au saint homme d'une maison qu'elle possédait pour la construction d'une chapelle en l'honneur de la Mère de Dieu : c'est l'origine de la célèbre église de Creisker, qui subsiste encore à Saint-Paul-de-Léon. L'édifice actuel est du XIVe siècle. Il est surtout remarquable par son clocher à flèche, le plus beau en ce genre que possède la France : il fit l'admiration du célèbre ingénieur Vauban. Quand au monastère de Loc-Kirec et aux relique de saint Guevroc, le tout a disparu depuis longtemps.

2. Voir sa vie à ce jour. — 3. V. au 4 mai. — 4. V. à ce jour. — 5. V. la notice, au 7 février.

Terni, en Ombrie, les saints Saturnin, Castule, Magne, Luce, Rogat, Jean et plusieurs autres martyrs convertis par saint Valentin. Quelques-unes de leurs reliques sont à Bologne. Vers l'an 273. — A Rome, sainte Constance, vierge, fille de Constantin le Grand. Nous avons raconté sa guérison miraculeuse et sa conversion dans la vie de sainte Agnès. Elle s'était consacrée à Dieu avec plusieurs jeunes romaines, lorsqu'un vaillant général romain, encore païen, Gallican, la demanda en mariage. Constantin désirait ne pas déplaire à un homme dont il estimait les services : Constance conseilla à son père de donner sa parole, mais de différer la conclusion du mariage jusqu'au retour d'une expédition de Gallican contre les Sarmates. Le général laisserait ses deux filles au palais de l'empereur et prendrait avec lui comme otages deux serviteurs de Constance : Jean et Paul. Gallican accepta toutes ces propositions. Les deux filles du général, touchées des vertus de la pieuse princesse se convertirent à la vraie foi. Les deux serviteurs — deux futurs martyrs — réussirent dans leur mission, qui était d'amener le général au même but. Alors Constance déclara son vœu de chasteté perpétuelle, et l'embarras se dénoua de lui-même. Gallican, devenu un fervent chrétien, quitta les choses du siècle, et consacra sa vie aux œuvres de charité jusqu'au jour où il mourut glorieusement en confessant la foi sous Julien l'Apostat. Sainte Constance s'envola au ciel vers 346. — Gand, saint Eusèbe, martyr romain, dont les reliques furent données à cette ville en 1651. — En Italie, saint Chrysantien et ses quatre-vingt-dix compagnons, martyrs à Aquilée ; saint Faustin et ses quarante-quatre compagnons, martyrs; trente-neuf autres martyrs, nommés Janvier, etc. — En Irlande, saint Loman et saint Fortchern, évêques d'Athryma. Le premier établit cet évêché de concert avec l'illustre saint Patrice, dont il était le neveu. Le second, son successeur, après avoir avoir abdiqué l'épiscopat, fonda, pour s'y retirer, le monastère de Kill-Fortchern. ve s. — A Luna, ancienne ville d'Italie, dont il n'existe plus que des ruines, saint Habet-Deus, évêque, martyrisé par les Vandales ariens. Le siége épiscopal de Luna a été transféré à Sarrano, Vers l'an 500. — En Angleterre, saint Finan, évêque de Lindisfarne. An 661. — Crémone, en Italie, un autre saint Silvin, évêque. 763. Dans l'île de Sardaigne, saint Benoît évêque. Il avait été moine bénédictin du Mont-Cassin. Vers l'an 1100. — A La Cava, en Italie, saint Constable, abbé du monastère de ce lieu [1]. An 1214.

SAINT POLYCHRONE, MARTYR

251. — Pape : Saint Corneille. — Empereur : Dèce.

> Je vous donnerai des paroles et une sagesse à laquelle vos ennemis ne pourront résister et à laquelle il leur sera impossible de contredire. *Luc*, XXI, 25.

Saint Polychrone, dont le martyrologe romain fait aujourd'hui mémoire, fut évêque de Babylone, en Chaldée ou en Perse, où il florissait dans le IIIe siècle, sous l'empire de Dèce. Cet empereur, s'étant rendu maître de ce pays par la force des armes, persécuta cruellement les chrétiens; et, sachant que Polychrone en était le Père, et comme le chef, il le fit prendre avec Parménius, Elymas et Chrysotèle, prêtres, Luc et Muce, diacres. Tous ces Saints furent conduits au temple des idoles, pour leur offrir de l'encens et pour reconnaître leur divinité ; mais Polychrone, prenant la parole pour tous les autres, répondit : « Pour nous, nous nous offrons nous-mêmes en sacrifice à Notre-Seigneur Jésus-Christ, et nous ne nous inclinerons jamais devant le démon, ni devant ces idoles, qui sont travaillées par les mains des hommes ». L'empereur, transporté de colère, les fit jeter en prison et remit leur affaire au jugement d'un de ses préteurs, appelé Apollo Valérien.

Celui-ci, faisant comparaître les Martyrs devant son tribunal, s'adressa

1. Les estampes italiennes ont souvent représenté saint *Constable* apparaissant avec de nombreux défenseurs sur les murs de Salerne et éloignant des côtes une *flotte* de pirates qui voulaient aborder pour piller le monastère de La Cava. Le saint abbé était mort, et les forbans avouèrent eux-même qu'en approchant ils avaient été témoins de cette apparition.

au saint Evêque et lui parla en ces termes : « Es-tu ce Polychrone sacrilége qui méprise les dieux et les commandements des princes? » Le saint prélat ne lui répondit rien; l'empereur, qui assistait à cet interrogatoire, dit au clergé de Polychrone : « Quoi! votre prince se tait? » Alors le prêtre Parménius répondit : « Notre Père ne s'est pas tu sans raison, mais il l'a fait pour obéir au commandement de Notre-Seigneur Jésus-Christ, qui a dit à ses Apôtres : Gardez-vous de jeter des perles devant les pourceaux, de crainte que, les foulant aux pieds, ils ne se jettent sur vous-mêmes [1] ». Le tyran, entendant cela, fut vivement irrité ; il commanda qu'on arrachât la langue à celui qui avait parlé de la sorte : ce qui fut exécuté, et néanmoins le prêtre, quoiqu'il eût la langue coupée, ne laissa pas de crier au saint prélat : « Mon bienheureux Père Polychrone, priez pour moi, parce que je vois le Saint-Esprit qui règne en vous et qui, scellant votre bouche sacrée, répand dans la mienne une douceur de miel ». Dèce commanda à Polychrone de sacrifier aux dieux, afin de jouir, par ce moyen, de son amitié et de se rendre digne de ses faveurs; mais, comme le saint Evêque ne lui répondait pas un mot, il le fit frapper si cruellement sur la bouche, que ce bienheureux Martyr, élevant les yeux au ciel, rendit l'âme à Dieu dans les douleurs de ce supplice. Dèce fit jeter son corps devant le temple de Saturne; la nuit suivante, deux illustres seigneurs persans, Abdon et Sennen, qui étaient secrètement chrétiens, l'enlevèrent et l'ensevelirent avec honneur auprès de la ville de Babylone.

Pour les autres Saints, prêtres et diacres, l'empereur les fit traîner après lui, chargés de fers et de chaînes; mais comme elles se brisèrent toutes d'elles-mêmes, ce prince, attribuant ce miracle aux prestiges de l'art magique, les fit tourmenter sur le chevalet; tandis que l'on étendait leurs membres, ils criaient à Parménius qu'il priât Notre-Seigneur de leur donner la patience. Alors, ce saint prêtre, bien que privé de la langue, répondit : « Que Dieu, le Père de Notre-Seigneur Jésus-Christ, vous donne la consolation de son divin Esprit, qui règne par tous les siècles »; et ils répondirent : « Ainsi soit-il ». Dèce, entendant cela, s'irrita plus que jamais, et commanda qu'on les jetât dans le feu; mais ce fut sans effet, et l'on entendit une voix du ciel qui disait : « Venez à moi, humbles de cœur ». Enfin, ils furent décapités, et leurs corps jetés à la voirie; on les fit garder par des soldats, et défense très-expresse fut faite de leur donner la sépulture; mais cela n'empêcha pas les courageux seigneurs Abdon et Sennen de leur rendre les mêmes devoirs qu'ils avaient rendus au saint évêque Polychrone : ce qui leur mérita à eux-mêmes la couronne du martyre.

Le martyre de saint Polychrone et de ses compagnons est rapporté par Surius, en son quatrième tome, au 10 août; et le cardinal Baronius en fait une ample mémoire en ses *Remarques* sur le martyrologe, le 17 février, jour auquel saint Polychrone endura la mort pour Jésus-Christ. Le vénérable Bède, Usuard et Adon ne l'ont pas oublié en leurs *Catalogues des Saints*. Il y a diverses opinions touchant l'année de son triomphe ; Baronius le marque en l'année 253. Bollandus veut que ce soit l'an 251.

1. Matth., VII, 6.

SAINT SILVIN, ÉVÊQUE RÉGIONNAIRE

718. — Pape : Grégoire II. — Roi de France : Chilpéric II.

Nous n'avons point ici-bas de demeure permanente ; nous cherchons celle que nous devons habiter un jour. *Ad Heb.*, XIII, 14.

Vers l'an 718, mourait de la mort des justes, près du monastère d'Anchy-les-Moines, non loin d'Hesdin, saint Silvin, qui jeta sur le VIIe siècle un vif éclat par la grandeur de sa sainteté. Un certain évêque nommé Anténor, homme très-religieux, mais peu versé dans la littérature, s'efforça de recueillir les mémoires sur la vie de Silvin, désirant l'honorer après sa mort comme il l'avait fait pendant sa vie ; il voulut conserver à la postérité tout ce qu'il avait appris de la sainteté de ce personnage. Cet ouvrage demeura dans l'oubli jusqu'au temps de Leutwithe, abbesse d'Auchy. Cette femme retrouva au milieu des archives la vie de saint Silvin ; après l'avoir parcourue, elle s'aperçut de beaucoup de fautes et d'incorrections de langage. Pleine de dévotion pour saint Silvin, elle fit corriger le style d'Anténor, tout en conservant le sens des détails. Cet auteur primitif était contemporain et disciple du saint évêque. Nous allons donner ici la traduction de cette vie composée par Anténor et corrigée par un auteur anonyme du IXe siècle.

« De notre temps » — nous traduisons textuellement l'ancienne légende — « de notre temps s'est élevé par la permission divine, aux contrées du Midi, un exemple de justice et d'admirable sainteté dans la personne d'un nommé Silvin, évêque et confesseur de Jésus-Christ. Il a été placé entre un âge qui n'est plus et un âge qui n'est point encore, pour réunir en lui les mérites des Saints qui l'ont précédé et devenir le modèle de ceux qui devaient le suivre.

« La noble terre de Toulouse donna le jour à Silvin ; le pays de Thérouanne le posséda. Il fut illustre par sa naissance, plus illustre par sa foi et sa sainteté selon l'ordre de Dieu. Ayant paru au temps du premier roi Charles (Martel) et de Chilpéric, il vécut jusqu'à la bataille de Vincy entre Charles et Rainfroi, maire du palais, dans laquelle se fit un horrible carnage et où Rainfroi pri la fuite.

« Dans sa jeunesse, il épousa une jeune fille ; mais revenu à lui-même et dirigé par les conseils de la suprême sagesse, il renonça à cette alliance, pour imiter dans une chasteté parfaite le Fils de la Vierge, à qui plaît tout ce qui est pur. Il céda au souvenir de cette parole de l'Evangile : « Celui qui quittera sa maison, ses frères, ses sœurs, son père, sa mère ou son épouse pour mon nom, recevra le centuple ici-bas et la vie éternelle ensuite ».

« Conduit par la main divine, pour augmenter le mérite de sa sainteté et sauver un grand nombre d'âmes, il se rendit dans la partie de l'Occident, au pays de Thérouanne, où il gagna à Dieu beaucoup de peuple.

« Il recevait assidûment dans sa maison les étrangers et les pèlerins comme Jésus lui-même, lavant leurs pieds, les nourrissant, les habillant selon ses facultés.

« Il se plaisait à répandre son bien dans le sein du pauvre. Sans s'embarrasser du lendemain, docile au précepte de l'Evangile, qui dit « qu'à chaque jour suffit sa malice », il méprisa le monde et vécut en s'élevant au-dessus de toutes les choses périssables de la terre, aimant Dieu de toutes ses forces et n'aspirant qu'à l'immortalité. Il usait seulement d'un cheval dans ses voyages, non pour se délasser, mais à cause de la faiblesse de son corps, qui parvint à une extrême vieillesse.

« Il entreprit plusieurs pèlerinages pour l'amour du Tout-Puissant, visitant les tombeaux des Saints, y répandant des prières, ne voulant laisser aucun juste sans l'intéresser au terme de son voyage ici-bas, sans chercher un soutien dans ses prières : persuadé qu'il faut s'entourer du secours des autres pour parvenir à l'éternelle gloire, puisqu'il est écrit qu'il est difficile à l'homme seul de se sauver.

« Non-seulement il visita dans ses pèlerinages les provinces qui sont bornées par l'Océan, mais encore il traversa les mers et se rendit dans cette terre où notre Sauveur Jésus-Christ prit la forme humaine et passa sa vie. Après avoir parcouru divers lieux, il parvint à cette montagne du Golgotha appelée Calvaire, où notre Sauveur fut crucifié par les Juifs infidèles et les soldats romains. Il vint ensuite sur les bords du Jourdain où le Seigneur fut baptisé, sanctifiant notre baptême ; il se lava dans les eaux du fleuve, joyeux et reprenant une nouvelle vie, heureux d'avoir pu accomplir un désir qui était le plus ardent de son cœur !

« Il honorait avec une grande vénération les temples des Saints, faisant brûler des flambeaux dans leur enceinte, y célébrant les sacrés mystères et y offrant le sacrifice de la prière. Il aimait les prêtres, respectait les moines, veillait sur les vierges pour leur apprendre à conserver jusqu'à la fin le trésor de la chasteté de l'esprit et du cœur ; il prêchait tous les jours en présence du clergé et du peuple de la manière la plus parfaite, exhortant tous les pécheurs à la pénitence, et implorant sans cesse pour leurs péchés la miséricorde divine. En qualité de ministre de Jésus-Christ, il écoutait la confession des peuples, leur donnait des conseils, les instruisait dans les voies du salut, les exhortait à n'abandonner jamais les sentiers de la justice, disant à tous que le joug du Seigneur était doux et léger, qu'il n'y avait rien de plus utile que de le servir, lui qui donnait un éternel royaume à ceux qui l'aiment de tout leur esprit, de tout leur cœur et de toutes leurs forces ; que c'était une véritable folie d'obéir à Satan, qui ne peut promettre à ses serviteurs qu'une peine éternelle et des feux qui ne s'éteindront jamais.

« Il consacra à Dieu tout ce qu'il posséda, et jamais il n'attribua à son mérite le bien qu'il opéra, mais à la bonté divine. A la place des biens périssables de la vie, il s'attacha à ceux de l'éternité. Il construisit sur ses domaines, à la gloire de Dieu tout-puissant et du Saint dont il portait le nom, deux églises, l'une en un lieu appelé Maunice, l'autre à Saint-Remy-Campaigne, dans l'Artois, afin que les louanges de Dieu y fussent perpétuellement célébrées.

« Il racheta plusieurs chrétiens captifs dans les contrées lointaines ; il donna aussi la liberté à plusieurs esclaves, après les avoir instruits des principes de la foi et marqués du signe de la croix. Silvin avait pour habitude, quand les malades allaient à lui, de prier Dieu pour eux au fond de son cœur et de guérir leurs âmes ; puis il leur offrait des bains et d'autres remèdes bénits, tels que l'huile sanctifiée ; et après leur avoir donné la sainte communion, il les renvoyait dans leur demeure dans un état plus satisfaisant que si jamais ils n'eussent été atteints par la maladie.

« Il pratiqua de grandes austérités. Pendant quarante ans il ne prit d'autre pain que le pain eucharistique, se contentant de quelques herbes et de quelques fruits. N'ayant jamais porté de vêtements somptueux, il n'en usa quelquefois de précieux que dans l'oblation du saint sacrifice. Il était vêtu d'habits simples et grossiers, observant cet oracle de l'Esprit-Saint : « Ne vous habillez pas magnifiquement » ; et cet autre : « Ceux qui sont mollement vêtus habitent le palais des rois ». Il combattit pour son prince avec le cilice et la cendre, et non avec des ornements mêlés d'or et de pierreries. Il ne prenait jamais son sommeil sur un lit préparé, mais sur du bois ou sur la terre nue. Pour pouvoir asservir son corps, il le traitait comme un esclave inutile : il entourait pendant plusieurs jours ses membres de cercles de fer, macérant sa chair par ces instruments dévorés par la rouille ; il agissait ainsi au souvenir de Jésus-Christ qui expira sur sa croix, attaché par des clous de fer sur le bois de son sacrifice. On le vit porter à Rome d'énormes pierres et les déposer comme un trophée devant les portes de la basilique de Saint-Pierre.

« Il désira souvent, pour rendre à Dieu ce qu'il en avait reçu, remporter la couronne du martyre ; mais les persécutions ayant cessé, il ne trouva personne, au milieu des triomphes de la foi dans l'Eglise, qui pût lui donner la mort. Il aspira aussi à la vie solitaire et à la contemplation de Dieu par l'abandon des choses humaines. Ses continuelles infirmités mirent des bornes à ses désirs : il devint l'égal des martyrs par les tourments auxquels il soumit ses membres, et son étonnante abstinence le plaça au rang des héros du désert.

« Nous devons maintenant raconter comment cette âme bienheureuse quitta la prison de son corps pour entrer dans le séjour de la gloire. Vers la fin de sa vie, il se sentit saisi par la maladie et consumé par la fièvre. Plus son corps était accablé, plus il exaltait son créateur, soutenu par ces paroles de l'Apôtre : « Lorsque je suis infirme, alors je suis puissant ». Quand il sentit sa fin approcher, il fit célébrer devant lui les saints mystères et chanter les psaumes, recevant le corps du Seigneur en se marquant du signe de la croix.

« Il avertit ceux qui l'entouraient d'avoir toujours dans leur pensée le jour de leur mort, de fuir le péché et d'avancer saintement dans les sentiers de la vie. Habitué à louer son rédempteur dans les jours de son existence, il persévéra dans ces sentiments jusqu'à sa mort. Le soir du samedi, il vit une troupe d'anges courir au-devant de lui. Fortifié par cette céleste vision, il dit à haute voix à tous les assistants : « Les anges viennent à nous ! les anges viennent à nous !... » et il rendit aussitôt l'esprit. Personne ne forma le plus léger doute sur son entrée dans les cieux par les mains des anges qui étaient venus le prendre. Le jour du sabbat ou du repos auquel il mourut, marqua le repos éternel dont il jouit dans la gloire.

« Un grand nombre de prêtres, de clercs et de saintes femmes assistèrent à ses funérailles. Le chant des hymnes sacrées était interrompu par les pleurs qu'on répandait sur la mort d'un aussi saint pontife. Ses serviteurs et ses familiers pleuraient encore plus que les autres, disant que jamais ils ne trouveraient un aussi fidèle protecteur. Les peuples versaient des larmes sur la terre, et les anges se réjouissaient dans le ciel ; les premiers croyaient avoir perdu un père, et ils retrouvaient un protecteur.

« On députa un courrier au monastère de Centulle[1], assez peu éloigné d'Auchy, où saint Silvin faisait sa résidence habituelle, pour inviter les moines à assister à ses obsèques. Les religieux de Centulle répondirent à cette invi-

1. Aujourd'hui Saint-Riquier.

tation. Ainsi le saint évêque Silvin descendit au tombeau accompagné de tous les Ordres auxquels il avait donné pendant sa vie de si touchants exemples. Le saint pontite fut enseveli dans le monastère d'Auchy au chant des hymnes, à l'odeur des aromates, et avec la plus grande vénération.

« Après l'office des morts, le seigneur Adalscar et Assiglia (Ognies), son épouse, issue de la noble race des Francs, donnèrent un grand festin à ceux qui avaient assisté aux obsèques, afin de réparer les forces des voyageurs. Ils construisirent dans le monastère d'Auchy une basilique en l'honneur de la Mère de Dieu. Avant l'arrivée de saint Silvin, ce monastère avait été élevé par eux pour leur fille Sicherde, qui y prit le saint habit religieux. Après la mort de Silvin, Sicherde orna cette église de couronnes[1] et de lampes ; elle enrichit le tombeau du Saint d'or et de pierres précieuses, fit enchâsser dans l'or et l'argent le bâton recourbé qui soutenait ses pas chancelants dans sa vieillesse, et le plaça dans cette sainte demeure ».

On rapporte plusieurs miracles que saint Silvin a faits durant sa vie et après sa mort ; on remarque surtout une femme aveugle qui recouvra la vue, des énergumènes délivrés, et une infinité de malades guéris. Ces divers miracles ont donné lieu à autant de représentations diverses du Saint.

On l'a aussi peint avec un flambeau à la main, pour signifier qu'il ralluma celui de la foi dans la Morinie.

PATRIE ET RELIQUES DE SAINT SILVIN.

Telle est la vie authentique de saint Silvin composée, comme nous l'avons déjà dit, par Anténor, son disciple, et retouchée, au IXe siècle, par les soins de Leuthwithe, abbesse d'Auchy. Il n'est point question dans cette vie de la promotion de Silvin à l'épiscopat. Il faut supposer que, puisque l'auteur lui donne la qualité d'évêque, il fut élevé à cette dignité à Rome, après son retour de la Terre-Sainte. Les auteurs ont beaucoup varié sur ce qui regarde cet évêque. Molanus le fait naître à Thérouanne ; une ancienne vie manuscrite lui donne l'Ecosse pour patrie ; les uns l'ont fait descendre de Pépin et de Plectrude ; les autres l'ont fait évêque de Thérouanne, et aussi de Toulouse. D'après M. Salvan qui croit être l'écho du sentiment généralement reçu, Silvin naquit dans le territoire de Toulouse[2].

Des preuves plausibles font penser aux Bollandistes qu'il naquit à Doesbourg, en Brabant. Cette ville, l'une des plus anciennes du pays, portait dans les premiers siècles le nom de *Thosa*, ce qui a pu la faire confondre avec *Tholosa*. Il est un mot, un seul, de la légende que nous voulons relever — il ne l'a pas encore été — comme allant à l'appui de cette dernière opinion : « Conduit par la main divine », dit Anténor, « il se rendit dans la *partie* de l'*Occident*, au pays de Thérouanne ». Pourquoi cette expression *partie* et cette autre *Occident ?* Thérouanne n'est pas à l'Occident de Toulouse, mais au Nord, tandis qu'elle est à l'Ouest de Doesbourg. Ce mot *partie*, indique bien que Silvin habitait le pays dont Thérouanne dépendait, c'est-à-dire la Gaule-Belgique. Il fut évêque régionnaire, c'est-à-dire n'ayant aucun siége particulier, mais destiné par le Siége apostolique à prêcher l'Evangile en divers lieux. On fixe sa mort au 15 février 718.

A l'époque de l'insurrection des Normands, au IXe siècle, le corps de saint Silvin fut transporté au château d'Héristal, près de Liége, de là au château de Dijon en Bourgogne, puis dans l'abbaye de Bèze, où ses reliques demeurèrent en partie. En 951, Arnould, premier comte de Flandre, fit transporter le corps de saint Silvin du monastère de Bèze à Saint-Omer, dans l'abbaye de Sithieu ou de Saint-Bertin. L'histoire assez curieuse de cette dernière translation nous a été rapportée par Jean Ipérius, abbé de Saint-Bertin. « En ce temps », dit-il, « Arnould l'Ancien apporta en ce lieu le corps du bienheureux Silvin d'Auchy ; il le reçut à titre de gage, et à cette condition que, si au jour marqué, et avant que les cloches du monastère n'indiquassent l'heure de Prime, il n'était point racheté, le corps du Saint demeurerait à Saint-Bertin. Au jour fixé, les moines d'Auchy vinrent avec le prix convenu pour racheter le sacré dépôt ; mais ils s'arrêtèrent le soir à Thérouanne, et le lendemain ne partirent qu'un peu tard. Comme ils s'approchaient de Sithieu, ils entendirent sonner pour Prime les cloches de Saint-Bertin ; ils pressèrent aussitôt leurs chevaux, arrivèrent au couvent, et offrant le prix convenu, ils

1. Il s'agit ici de couronnes de métal (ordinairement à six côtés, pour symboliser les six attributs de Dieu), que l'on suspendait aux voûtes de l'église et qui étaient destinées à recevoir des cierges allumés aux jours de solennité religieuse. Plusieurs de nos églises de campagne possèdent encore des couronnes de ce genre. — 2. Cf. *Hist. gén. de l'Eglise de Toulouse*, tome Ier.

réclamèrent le corps du saint évêque, tout en prétendant qu'on avait devancé l'heure de la sonnerie pour Prime. L'abbé répondit qu'il était déjà tard, que personne ne s'était rendu coupable d'une pareille fraude. Après avoir demandé quel était celui qui avait sonné les coups de Prime, on se rendit au clocher, et l'on vit les cloches s'agiter d'elles-mêmes par miracle, Dieu faisant connaître ainsi que le bienheureux Silvin avait choisi cette maison pour le lieu de son perpétuel repos. Témoins de ce prodige, les moines d'Auchy revinrent à leur monastère ». Telles sont les paroles d'Ipérius. D'après une autre version, les moines de Saint-Bertin se levèrent ce jour-là plus tard qu'à l'ordinaire, et quoique les cloches eussent sonné Prime, il fut reconnu que personne ne les avait agitées. Quoi qu'il en soit de ce miracle, le monastère d'Auchy ne put recouvrer le corps de saint Silvin.

Mais le 5 août 1516, le Père Antoine de Berges, célèbre abbé de Saint-Bertin, fit la visite solennelle du corps de saint Silvin. On éleva le même jour, dans une procession solennelle, le corps de saint Tron et de saint Libert ; la messe fut chantée, au son des orgues et des cloches, en l'honneur de saint Silvin cru évêque de Toulouse. Après la messe, les portes du chœur ayant été fermées à cause du concours immense de peuple, l'abbé montra les saintes reliques. Sur les instances d'Olivier, abbé d'Auchy, on ouvrit la châsse de saint Silvin ; une suave odeur s'exhala aussitôt. On vit alors le saint corps en son entier, et l'abbé ayant détaché l'os maxillaire inférieur pour en faire hommage aux religieux d'Auchy, l'abbé Olivier se prosterna, revêtu de ses ornements sacrés, et ayant reçu ce précieux trésor au milieu des larmes de toute l'assemblée, le porta comme un riche trophée à Auchy, où saint Silvin était mort.

Les continuateurs de Godescard ajoutent que, depuis, le corps de saint Silvin fut porté à Senlis, où on le conserva dans l'église collégiale de Saint-Fraimbault jusqu'à la fin du XVIIIe siècle.

LE BIENHEUREUX ALEXIS FALCONIERI,

UN DES SEPT FONDATEURS DE L'ORDRE DES SERVITES

XIIIe siècle.

> Regardez comme un signe très-probable de votre salut si vous persévérez à invoquer Marie chaque jour.
>
> B. Alain de la Roche, *Part.* IV, *serm.* I, c. 24.

Le mont Sénario, éloigné de Florence d'environ neuf milles, a été ainsi appelé à cause de la bonté de l'air et de son agréable température, comme qui dirait *Mons sani aeris ;* mais il mérite encore mieux ce nom par l'atmosphère de grâce et de paix qu'y respirent les âmes depuis que la Reine du ciel en a fait la demeure de ses serviteurs : je veux parler de l'Ordre des Servites, une des plus belles fleurs qui se soient épanouies dans le jardin de l'Eglise. Saint Philippe Béniti n'en est point la tige, comme le démontre bien le R. P. Hélyot ; cet Ordre reconnaît pour fondateurs sept marchands de Florence nommés, par les anciens écrivains, Bonfils Monaldi, Bonagiunta Monetti, Amédée Amidei, Manetto del l'Antella, Uguccioni, Sostegno di Sostegni et Alexis Falconieri ; mais il y a apparence que quelques-uns changèrent leurs noms en renonçant au monde, suivant la pratique des religieux, comme le remarque le Père Giani, dans ses *Annales,* où il les nomme Bonfils Monaldi, Jean Monetti, Benoît del l'Antella, Barthélemy Amédée, Ricouère-Lippe Uguccion, Gérardin Sostegni et Alexis Falconieri. Ils sortaient, pour la plupart, des meilleures familles de Toscane. Tous sept s'étaient enrôlés sous la bannière de la sainte Vierge, et faisaient partie d'une société qui, sous le titre de *Laudesi,* avait pour but de chanter les louanges de cette sainte Mère de Dieu, de réciter son office et de l'honorer par toutes sortes de moyens. Ils se trouvaient, pour remplir cette obligation, dans leur oratoire, le jour de l'Assomption de Notre-Dame, l'an 1233, et parmi eux on remarquait Alexis Falconieri, dont nous célébrons aujourd'hui la fête : la sainte Vierge apparut à chacun d'eux et les exhorta à renoncer au monde pour embrasser un genre de vie plus parfait. Ils se communiquent les uns aux autres cette vision merveilleuse, et fidèles à la voix de leur reine, ils s'unissent et commencent par vendre leurs biens et les distribuer aux pauvres: ce qu'ils ne font, néanmoins, qu'après avoir consulté l'évêque de Florence, Aringo. Ce saint prélat les ayant confirmés dans leur bon dessein, et exhortés à ne point différer d'obéir aux ordres du ciel, leur permet d'avoir un oratoire et un autel pour y faire célébrer la messe dans le lieu qu'ils jugeront à propos; il se déclare leur protecteur, et, comme ils ne veulent plus vivre que d'aumônes, il leur permet de la demander dans la ville et aux environs; après quoi ils se retirent d'abord dans une chétive maison, hors les murs de la ville, en un lieu appelé le Champ-de-Mars, soit qu'elle leur eût été donnée ou qu'ils l'eussent achetée. Ce fut là que, se dépouillant de leurs habits mondains et de la robe sénatoriale qui les avait fait respecter comme membres de la République, dont ils avaient rempli les premières dignités, ils s'habillent comme le font ceux qui n'aspirent plus qu'à être membres de la cité céleste; ils se revêtent d'un habit pauvre de couleur de cendre, et, non plus chevaliers de la terre, mais du ciel, ils arment leurs corps de haires, de cilices, de chaînes de fer, pour se mettre en état de soutenir les combats que le démon doit leur livrer; Bonfils Monaldi, comme le plus ancien, commanda cette généreuse troupe. Pour mieux réussir dans leur projet d'étendre le règne de Jésus-Christ sous la protection de sa sainte Mère, ils reviennent vers l'évêque de Florence recevoir sa bénédiction et de nouvelles instructions. Ils ne sont pas plus tôt entrés dans la ville que le peuple les regarde avec admiration, surpris de voir des personnes riches et opulentes fouler ainsi aux pieds les dignités et la richesse, ne plus rechercher d'autre trésor que la pauvreté, d'autre grandeur que l'humilité. On fut plus surpris encore lorsqu'on entendit les enfants qui étaient à la mamelle s'écrier, en les montrant au doigt : « Voilà les serviteurs de la Vierge! » Ce prodige fit que l'évêque Aringo leur conseilla de ne point changer ce nom, qui leur avait été donné miraculeusement, et qui leur fut confirmé, lorsque, retournant à Florence pour y recevoir les aumônes dont ils vivaient, les enfants les appelèrent encore. Ils demeurèrent environ un an dans leur première retraite; mais le monde qu'ils fuyaient les y suivit, attiré par l'éclat de leur sainteté; cela les fit résoudre à chercher une solitude pour y être plus cachés aux hommes.

Le mont Sénario, dont nous avons parlé en commençant, leur parut favorable à leur dessein; l'évêque Aringo leur donna une partie de cette montagne, qui appartenait à son église. Ces saints fondateurs commencèrent par y faire bâtir une église dont la première pierre fut posée par l'évêque de Florence, qui voulut encore en cette occasion leur donner des marques de son estime; aux environs de cet oratoire, ils bâtirent de petites cellules de bois séparées les unes des autres. Ayant choisi la pauvreté de la Croix pour leur partage, ils vivaient là dans un si grand mépris du monde et une si grande innocence de mœurs, qu'ils paraissaient plutôt des anges sur la terre que des hommes. Ils n'eurent d'abord aucune inquiétude ni pour le boire, ni pour le manger, ni pour le vêtement, contents des racines et des herbes que leur fournissait la montagne : leur principale nourriture était d'ailleurs de chanter les louanges de la sainte Vierge. Mais Bonfils Monaldi, qui, en qualité de supérieur, était obligé de veiller à la conservation de ses frères, voyant qu'ils ne pouvaient résister à de si grandes austérités, crut qu'il fallait avoir recours aux aumônes des fidèles pour les faire subsister, et il envoya à Florence Jean Monetti et notre bienheureux Alexis Falconieri. Ce dernier faisait profession d'une particulière humilité, qui l'empêcha de recevoir les Ordres sacrés lorsque ses compagnons en eurent obtenu la permission ; il ne voulait jamais être employé qu'aux offices les plus bas ; aussi reçut-il comme une faveur l'ordre de faire la quête à Florence ; il retournait tous les jours au mont Sénario, éloigné de plus de deux lieues de Florence. Comme il était souvent impossible de faire ce chemin deux fois le jour par des temps fâcheux, les Servites obtinrent, aux portes de Florence, un petit hospice où ils demeurèrent deux ou trois, et qui est devenu depuis le célèbre monastère de l'Annonciade de Florence. Le cardinal Geoffroy de Châtillon, qui faisait la fonction de légat du pape Grégoire IX, dans la Toscane et dans la Lombardie, voulut visiter les solitaires du mont Sénario. Pendant le séjour qu'il y fit, il modéra un peu leurs grandes austérités ; s'étant aperçu qu'il y en avait qui gardaient un très-étroit silence pendant un long temps, d'autres qui passaient plusieurs mois dans des grottes affreuses, d'autres qui ne voulaient manger que des racines, il leur conseilla de n'avoir tous qu'une même observance et des exercices uniformes. Profitant de cet avis, ils prièrent l'évêque de Florence de leur prescrire une règle. Pendant que ce prélat délibérait là-dessus, la sainte Vierge, qui avait déjà favorisé ses nouveaux serviteurs de plusieurs visions, leur apparut encore, en leur montrant un habit noir qu'elle leur commanda de porter en mémoire de la passion de son Fils ; elle leur présenta aussi, dit le Père Archange Grani, la Règle de saint Augustin. C'est en mémoire de cette apparition, arrivée le vendredi saint de l'an 1239, que les religieux de cet Ordre ont coutume de faire, ce jour-là, une cérémonie qu'ils appellent *les funérailles de Jésus-Christ* ; le lendemain, jour du samedi saint, ils en font une autre qu'ils appellent *le couronnement de la sainte Vierge*. Ils reçurent donc des mains de l'évêque un habit tel que le désirait leur divine Mère, avec la Règle de saint Augustin. Tels furent les merveilleux commencements de l'Ordre des Servites, qui fit de grands progrès sous le gouvernement de saint Philippe Béniti. Nos saints fondateurs, après avoir remporté de nombreuses victoires sur le démon et le monde, sous la bannière de Marie, allèrent recevoir de sa main la couronne due à leurs mérites.

Le culte du bienheureux Alexis Falconieri a été approuvé par le pape Clément XI, le 1er décembre 1717, et celui de ses six compagnons, le 3 juillet 1725.

On représente les sept fondateurs de l'Ordre des Serviteurs de Marie à genoux devant une image de Notre-Dame des Sept-Douleurs. On les reconnaît encore au chiffre de l'Ordre, qui consiste en un grand M formé par un lis à trois branches fleuries ou deux branches qui retombent des deux côtés de la tige centrale.

On pourra voir les auteurs qui ont écrit sur l'origine de l'Ordre des Servites dans le Père Hélyot, qui nous a beaucoup servi pour cet abrégé.

SAINT ÉVERMODE, ÉVÊQUE DE RATZBOURG (1168).

Après avoir fondé le premier monastère de son Ordre dans la forêt de Coucy, au diocèse de Laon, saint Norbert en confia la direction à Hugues de Cambrai, son disciple bien-aimé, et alla évangéliser les peuples et chercher de nouveaux compagnons de ses travaux apostoliques. Pendant le Carême de l'année 1121, il vint à Cambrai, auprès de l'évêque Burchard, son ami, et, sur son invitation, il prêcha plusieurs fois la parole de Dieu au peuple. Après le premier sermon qu'il prononça, un homme très-distingué par sa piété, ses qualités et la pénétration de son esprit, s'attacha au saint fondateur en qualité de disciple. Il s'appelait Evermode. Les auteurs ne disent point s'il était né à Cambrai ou dans les environs, ou si une circonstance quelconque l'avait amené dans cette ville lors du passage de saint Norbert. Peut-être que comme le Bienheureux Hugues, dont il a été parlé plus haut, faisait-il partie du clergé de Cambrai. La supposition paraît d'autant plus fondée, qu'on voit Evermode suivre aussitôt son maître, et annoncer comme lui la parole de Dieu dans différentes contrées de ce diocèse. Avant la fin du Carême, saint Norbert le conduisait dans son monastère de Prémontré avec douze autres disciples.

Saint Evermode, après avoir pratiqué fidèlement toutes les vertus religieuses dans la solitude de Coucy, suivit saint Norbert à Magdebourg, et fut nommé prévôt de l'église de Sainte-Marie de cette ville, puis évêque de Ratzbourg, en Danemark. On ne connaît point le détail de ses actions. Quelques auteurs seulement rapportent que des Frisons ayant été faits prisonniers par Henri, comte de Ratzbourg, le vénérable évêque lui demanda leur délivrance et ne put l'obtenir. Le jour de Pâques venu, les prisonniers furent amenés, chargés de chaînes, dans l'église, pour y assister aux offices solennels. Le pontife prenant de l'eau bénite, s'approcha d'eux et des autres assistants, et les aspergea en prononçant cette parole des Ecritures : *Dominus solvit compeditos*, « le Seigneur délivre ceux qui sont enchaînés ». Au même moment, les chaînes tombèrent des mains des captifs et ils furent délivrés. On a conservé longtemps ces chaînes des prisonniers dans le trésor de l'église de Ratzbourg, comme un témoignage de ce fait extraordinaire.

M. L'abbé Destombes.

XVIIIe JOUR DE FÉVRIER

MARTYROLOGE ROMAIN.

A Jérusalem, la naissance au ciel de saint SIMÉON, évêque et martyr, que l'on dit avoir été fils de Cléophas et proche parent du Sauveur. Ordonné évêque de Jérusalem après saint Jacques, le frère du Seigneur, il souffrit de nombreux supplices dans la persécution de Trajan, et consomma son martyre, tandis que tous les assistants et le juge lui-même admiraient avec quel courage et quelle constance ce vieillard de cent vingt ans avait enduré le supplice de la croix. 107 ou 109. — A Ostie, les saints martyrs Maxime et Claude, frères, et Prépédigne, femme de Claude, avec leurs deux fils, Alexandre et Cuthias, d'une naissance illustre, qui furent arrêtés par ordre de Dioclétien et déportés ; ensuite, ayant été condamnés aux flammes, ils offrirent eux-mêmes à Dieu un si cruel supplice comme un sacrifice d'agréable odeur. Leurs reliques avaient été jetées dans le fleuve, mais les chrétiens les ayant cherchées avec soin et trouvées, les ensevelirent près de la même ville. 295. — En Afrique, les saints martyrs Lucius, Sylvain, Rutule, Classique, Secondin, Fructule et Maxime [1]. — A Constantinople, saint FLAVIEN, évêque, qui, soutenant avec vigueur la foi catholique, à Ephèse, fut outrageusement battu à coups de pieds et de poings, par la faction de l'impie Dioscore, puis traîné en exil, où il mourut trois jours après. 449. — A Tolède, saint Hellade, évêque et confesseur. 631.

MARTYROLOGE DE FRANCE, REVU ET AUGMENTÉ.

Dans l'abbaye de Saint-Riquier, saint ANGILBERT, vulgairement saint Inglevert, secrétaire et confident de Charlemagne, qui quitta les grandeurs du monde et les premières dignités de l'Etat, auxquelles sa noblesse, sa vertu et sa singulière prudence l'avaient élevé, pour se faire religieux en ce monastère, dont il fut ensuite abbé. 814. — A Clairvaux, saint Sylvain, disciple de saint Ber-

1. Les Bollandistes ajoutent les saints Damase, Paul et Martial.

nard, religieux d'une pureté angélique et d'une dévotion si admirable, qu'en participant aux saints mystères il avait le visage luisant comme le soleil, et les habits blancs comme la neige. — De plus, à Metz, saint Légonce ou Léonce, douzième évêque de ce siége et successeur de saint Phronime [1].

MARTYROLOGES DES ORDRES RELIGIEUX.

Martyrologe de Saint-Basile. — A Constantinople, saint Flavien, évêque, de l'Ordre de Saint-Basile.

Martyrologe des Chanoines réguliers. — A Coïmbre, au monastère de Sainte-Croix, saint Théotône, confesseur, qui, après avoir deux fois fait le pèlerinage des lieux saints à Jérusalem, fonda le monastère de Sainte-Croix, et rétablit en Portugal la discipline régulière des chanoines de Latran ; il s'envola au ciel tout brillant de mérites et de vertus, à l'âge de quatre-vingts ans [2]. 1166.

Martyrologe de Saint-Benoît et de la Congrégation de Vallombreuse. — A Tolède, saint HELLADE, évêque et confesseur, qui, après qu'il eût été élevé à la dignité sublime de l'épiscopat, donna encore de plus grands exemples de vertu qu'il n'avait fait étant moine. 632.

Martyrologe des Cisterciens. — Saint Hilaire, évêque et confesseur, dont la naissance au ciel est rapportée le 14 janvier. — De plus, anniversaire solennel pour les évêques, les abbés et les autres supérieurs défunts de l'Ordre Cistercien.

Martyrologe des Frères Prêcheurs. — A Pistoie, en Toscane, le bienheureux Laurent de Ripafratta, confesseur de notre Ordre, qui s'élevant par degrés aux contemplations les plus hautes, brilla de l'éclat de toutes les vertus religieuses. Saint Antonin de Florence l'ayant eu pour instituteur de sa vie régulière, connut parfaitement toute sa sainteté, qu'il exalta par de grandes louanges. 1457.

Martyrologe de l'Ordre Romano-Séraphique. — Saint Marcel, pape et martyr, dont la naissance au ciel est rapportée au 16 janvier. — Près de la ville de Saint-Séverin, dans la Marche d'Ancône, le bienheureux Bentivoglio, confesseur et prédicateur excellent, qui brilla par ses miracles et par ses œuvres, et par le don d'oraison et de contemplation.

Martyrologe de l'Ordre Séraphique. — Saint André Corsini, évêque et confesseur, dont la mémoire est honorée le 4 février.

Martyrologe de Saint-Augustin. — Dans la ville de Sainte-Croix, en Toscane, la bienheureuse CHRÉTIENNE ORINGA, vierge de notre Ordre, laquelle, étant encore jeune fille, obligée de fuir pour garder son vœu de virginité, traversa à pied sec la rivière de Juxia. Ayant ensuite fondé le monastère de Sainte-Marie-la-Neuve, sous la règle de saint Augustin, elle s'envola au ciel le 4 de janvier, glorieuse par sa sainteté et ses miracles. 1310.

Martyrologe de l'Ordre des Servites. — L'octave des sept bienheureux fondateurs de l'Ordre des Servites.

Martyrologe des Capucins. — Sainte Martine, vierge et martyre, dont la fête est célébrée par l'Eglise le 30 de janvier.

Martyrologe des Carmes déchaussés. — Saint Raymond de Pennafort, confesseur, dont la naissance au ciel est le 7 de janvier.

ADDITIONS FAITES D'APRÈS LES BOLLANDISTES ET AUTRES HAGIOGRAPHES.

A Lentini, en Sicile, une glorieuse cohorte de martyrs, qui furent égorgés par des soldats dans la citadelle de Menée, où ils s'étaient réfugiés. An 255. — A Patare, en Lycie, les saints LÉON et PARÉGORE, martyrs. — A Brescia, en Italie, saint Epiménée ou Pimène, prêtre et martyr [3]. — Et ailleurs, les saints martyrs Marcel, Macrobe, Géminus, Romulus, Silvina, Carsique et Fructule.

1. Il fut inhumé dans la crypte de saint Clément, sépulture ordinaire des premiers évêques de Metz, et depuis transféré dans l'abbaye du même nom, lorsqu'elle fut rebâtie dans l'enceinte de la ville après le siége de 1552. L'évêque, Etienne de Bar, ayant demandé son corps pour en faire présent au prieuré bénédictin de Luchesin, qui dépendait de l'abbaye de Saint-Georges (diocèse de Constance), les religieux de Saint-Clément refusèrent de se dessaisir d'un dépôt si précieux. — Voir au 16 mars, dans la légende de saint Julien de Lescar, son disciple.

2. Notre saint Bernard lui envoya son bâton en signe d'amitié et de vénération. Il avait d'abord été prieur de Notre-Dame de Viseo. Son culte a été approuvé par Benoît XIV. *Propre de Portugal.*

3. Il y avait, au XVIIe siècle, à Brescia, un célèbre monastère de filles dédié à sainte Julie, qui avait été fondé, au VIIIe siècle, par Gorgone, femme de Didier, roi des Lombards. C'est dans ce monastère que se trouvaient les reliques de saint Epiménée. On lisait sur le reliquaire l'inscription suivante : « Le 16 des calendes de janvier 1600, ont été transférées ici les reliques des vierges et martyres Julie, Pistie, Helpis, Agape, et Sophie leur mère ; de deux innocents ; des saints Epiménée le Juste, Hippolyte, et Concorde, leur nourrice, martyrs ; du bienheureux Obicius, confesseur, etc. »

— A Rome, les saintes Constance Augusta, Attique et Artémie, vierges, dont les deux dernières, filles de saint Gallican, furent converties par la première. Elles firent élever une basilique en l'honneur de sainte Agnès. IVe s. — En Irlande, saint Culan, évêque. — En Angleterre, saint Colman, évêque de Lindisfarne, et auparavant moine bénédictin. Il prit part aux controverses de son temps sur la célébration de la Pâque. Vers la fin de ses jours il abdiqua l'épiscopat pour revenir en Irlande, sa patrie, et y bâtir des monastères. An 676.

SAINT SIMÉON, ÉVÊQUE DE JÉRUSALEM ET MARTYR

107 ou 109. — Pape : Saint Evariste. — Empereur : Trajan.

> La plus vénérable de toutes les vieillesses n'est pas celle qui compte le plus d'années ; mais celle qui, à ses cheveux blancs, joint l'honneur d'une vie sans reproche et sans faiblesse ; car, dit encore le Seigneur, il est trois choses que je déteste par-dessus toutes : un pauvre orgueilleux, un riche vaniteux et un vieillard fat et insensé.
>
> *Sap.*, IV, 8 ; *Eccli.*, XXV, 4.

Saint Siméon eut pour père Cléophas, autrement dit *Alphée*, frère de saint Joseph, et pour mère, Marie, qui eut le bonheur d'accompagner la très-sainte Vierge au Calvaire. Les plus habiles interprètes pensent qu'il est le même que ce Simon, frère de saint Jacques le Mineur, de saint Jude et de Joseph, dont il est parlé dans l'Evangile [1]. Il naquit huit ou neuf ans avant le Sauveur ; et l'on ne peut douter qu'il ne se soit mis de bonne heure à sa suite avec son père, sa mère et ses trois frères. Il ne paraît pas moins certain qu'il reçut le Saint-Esprit le jour de la Pentecôte avec la sainte Vierge et les Apôtres, et qu'il était du nombre de ceux qui sont désignés sous le titre général de *frères du Seigneur* [2].

Lorsque les Juifs eurent massacré, en 62, saint Jacques le Mineur, premier évêque de Jérusalem, saint Siméon eut le courage de leur reprocher cette horrible cruauté [3]. Il n'ignorait pas le danger auquel il s'exposait ; mais il était animé de cet esprit de force qui rend supérieur à tout sentiment de crainte. Quelque temps après, les Apôtres et les disciples, s'étant assemblés à Jérusalem pour donner un successeur à saint Jacques, élurent Siméon tout d'une voix. On croit qu'il avait auparavant aidé son frère dans le gouvernement de son église.

Les Romains, lassés des révoltes continuelles des Juifs, résolurent enfin de détruire Jérusalem ; ils se mirent donc en marche pour exécuter leur dessein : mais Dieu, qui voulait sauver ses serviteurs, les avertit miraculeusement [4] de sortir d'une ville sur laquelle il allait déployer ses vengeances de la manière la plus formidable. Les chrétiens, dociles à la voix du ciel, partirent avec leur évêque et se retirèrent dans la petite ville de Pella, située au-delà du Jourdain. Ceci arriva l'an 66 de Jésus-Christ et avant que Vespasien eût formé le siége de Jérusalem. Les fidèles repassèrent le Jourdain après la ruine de cette malheureuse ville et vinrent habiter au milieu de ses débris. On y vit bientôt refleurir l'Eglise [5]. Dieu s'en déclara visiblement le

1. Matth., XIII, 55. — 2. *Act.*, I, 14. — 3. S. Epiph., *hæres.*, LXXVIII, c. 14. — 4. Euseb., l. III, c. 5 ; S. Epiph., *hæres.*, XXIX, c. 7; *hæres.*, XXX, c. 2.

5. S. Epiph., l. *de Pond. et Mensur.*, c. 15 ; Euseb., *Dem.*, l. III, c. 5.

protecteur, et il la glorifia par tant de prodiges qu'un grand nombre de juifs embrassèrent le christianisme. Les choses restèrent en cet état jusqu'aux dernières années d'Adrien, qui fit entièrement raser Jérusalem.

La joie qu'avait saint Siméon de voir tous les jours les disciples de Jésus-Christ se multiplier, fut troublée par la naissance de deux hérésies : celle des Nazaréens et celle des Ebionites. Les Nazaréens se rapprochaient en plusieurs points des juifs et des chrétiens, quoique dans le fond ils détestassent les uns et les autres. Ils regardaient à la vérité Jésus-Christ comme le plus grand des Prophètes ; mais ils niaient en même temps qu'il fût Dieu. Ils observaient les jours du sabbat et du dimanche, et faisaient un alliage monstrueux des cérémonies de l'ancienne et de la nouvelle loi [1]. A toutes ces erreurs, les Ebionites en joignaient d'autres qui leur étaient particulières : ils enseignaient, par exemple, que le divorce était licite et qu'on pouvait se livrer sans scrupule à des crimes infâmes. L'auteur de cette dernière secte dogmatisa d'abord dans le village de Cocabe, au-delà du Jourdain ; il passa depuis en Asie, et vint jusqu'à Rome. Les hérétiques, jusqu'alors timides, n'osèrent répandre leurs erreurs en public durant l'épiscopat de saint Siméon, qui vécut plus longtemps qu'aucun des disciples du Seigneur. Mais Dieu ne l'eut pas plus tôt retiré de ce monde qu'on vit sortir de l'enfer une multitude effroyable de doctrines impies qui attaquèrent ouvertement la pureté de la foi [2].

La Providence avait permis que notre Saint échappât aux recherches que Vespasien et Domitien firent faire de tous ceux qui étaient de la race de David : mais Trajan, par une détestable raison d'Etat, persécuta non-seulement les chrétiens comme ennemis de ses dieux, mais aussi tous les Juifs qui descendaient de la race de David, parce qu'il avait ouï dire qu'un prince devait naître dans cette famille royale, qui délivrerait son peuple de la servitude et se rendrait redoutable à toute la terre.

Siméon, âgé de cent vingt ans, fut donc accusé et amené devant le tribunal d'Atticus, personnage consulaire et lieutenant de l'empereur. L'accusation fut fondée sur deux chefs : l'un était sa religion, l'autre sa naissance. Atticus entra en conférence avec Siméon, pour lui persuader de renoncer à la foi de Jésus-Christ et d'obéir à César ; mais, voyant qu'il travaillait en vain, il le fit fouetter plusieurs fois, et l'exposa à d'autres cruels tourments, que le saint vieillard souffrit avec un tel courage et avec tant de résolution, que le juge et les assistants étaient surpris de voir un corps usé par les années résister à des douleurs si atroces. Mais Dieu, qui avait donné à un si grand nombre d'innocentes vierges et à de petits enfants la force d'endurer la rigueur des éléments et de mépriser les peines que la rage des barbares inventait tous les jours pour les persécuter ; Dieu donna à ce vénérable vieillard le courage de souffrir constamment et de mourir enfin sur une croix comme le Sauveur. Sa mort arriva le 18 février, l'an de Notre-Seigneur 107 ou 109, sous l'empire de Trajan.

C'est à sa mort que se terminent les temps dits apostoliques, c'est-à-dire que saint Siméon passe pour le dernier survivant de ceux qui avaient eu le bonheur de voir Jésus-Christ sur la terre.

Dieu permit que les dénonciateurs du disciple de son Fils tombassent eux-mêmes dans les filets qu'ils lui avaient tendus. Les juges romains trouvèrent ou feignirent de trouver qu'ils étaient aussi de la race royale : ils

1. Il paraît, par le récit de saint Epiphane, que l'hérésie des Nazaréens prit naissance à Pella.

2. Euseb., l. III, c. 32.

payèrent de leur tête le crime de leur naissance, mais sans avoir la consolation de mourir pour Jésus-Christ, comme saint Siméon.

Les Grecs honorent sa mémoire le 27 avril, et les Latins le 18 février.

Quelques églises d'Occident, celles de Brindes et de Bologne, en Italie, celle de Bruxelles, en Belgique ; celle de Torrelaguna, près de Madrid, possèdent, dit-on, quelques-unes de ses reliques.

Nicéphore Calixte a écrit son martyre, et le martyrologe romain, avec les autres, fait mémoire de lui.

SAINT FLAVIEN, PATRIARCHE DE CONSTANTINOPLE

449. — Pape : Saint Léon Ier, *le Grand.* — Empereur : Théodose II, *le Jeune.*

> En règle générale, la persécution est la part des justes ; il ne faut pas s'en plaindre, puisque le ciel s'achète à ce prix. *Matth.*, v, 10.

Flavien, prêtre et trésorier de l'église de Constantinople, en fut élu archevêque en 447, après la mort de saint Procle. Cette élection déplut à l'eunuque Chrysaphius, chambellan de l'empereur Théodose le Jeune. Ce ministre, prévenu contre Flavien, conçut dès lors le dessein de le perdre. Il engagea le faible empereur, de l'esprit duquel il s'était absolument rendu maître, à lui demander quelque présent pour son ordination. Le saint pasteur, conformément à ce qui se pratiquait alors dans l'Eglise, envoya au prince des eulogies ou pains bénits, en signe de paix et de communion. Chrysaphius, qui avait ses vues, lui fit dire qu'il devait envoyer un présent d'une autre espèce. Flavien, ennemi déclaré de tout ce qui avait même l'apparence de la simonie, répondit avec fermeté que les revenus de l'Eglise étaient destinés à d'autres usages, et qu'ils devaient être uniquement employés à la gloire de Dieu et au soulagement des pauvres. L'eunuque, irrité d'une réponse aussi généreuse, résolut de ne plus garder de mesure et de mettre en œuvre tous les ressorts imaginables pour faire déposer Flavien ; mais comme il le savait protégé de Pulchérie, sœur de l'empereur, qui avait toute l'autorité, il travailla d'abord à éloigner cette princesse des affaires. Il persuada ensuite à Théodose, par le moyen de l'impératrice Eudoxie, d'exiger de l'archevêque qu'il ordonnât Pulchérie diaconesse. Le refus que fit Flavien de se prêter à leurs intrigues parut un crime aux ennemis qu'il avait à la cour ; et ils ne manquèrent pas de le peindre avec les plus noires couleurs. Notre Saint ayant ensuite condamné les erreurs d'Eutychès, parent de Chrysaphius, ce dernier devint furieux et se porta à tous les excès où peut tomber un homme qui suit les mouvements de la haine la plus implacable.

Eutychès était prêtre et abbé de trois cents moines, près de Constantinople. Il s'était fait une sorte de réputation par une vie réglée ; mais, en réalité, ce n'était qu'un ignorant et un orgueilleux fort entêté de ses propres idées. Un zèle outré contre Nestorius, qui niait l'unité de personne en Jésus-Christ, le jeta dans l'erreur opposée, et il en vint jusqu'à enseigner qu'il n'y a en Jésus-Christ qu'une seule nature. Eusèbe de Dorylée, autrefois son ami, l'accusa dans un concile assemblé par Flavien en 448. Les Pères de ce concile firent à l'accusé plusieurs citations auxquelles il ne répondit point; il comparut cependant à la fin, mais il entra suivi de deux officiers de la cour et d'une troupe de soldats. Les évêques lui ayant demandé compte de sa foi sur le point dont il était question, il déclara qu'il ne reconnaissait qu'une nature en Jésus-Christ; et comme on voulait lui montrer l'impiété de sa doctrine, il répondit qu'il n'était point venu pour disputer, mais seulement pour rendre compte de sa foi. Le concile lui dit aussitôt anathème et le déposa. Flavien prononça la sentence, qui fut souscrite par trente-trois évêques et par vingt-trois abbés, dont dix-huit étaient prêtres. Eutychès, se voyant condamné, dit tout bas à ses gardes qu'il en appelait aux évêques de Rome, de Jérusalem et d'Egypte. Il écrivit en même temps une lettre captieuse au pape saint Léon pour le prévenir contre le concile de Constantinople; mais cette lettre ne produisit pas l'effet qu'il en attendait. Saint Léon ne donna point dans le piége; il fut instruit du véritable état des choses par Flavien, qui lui envoya une relation exacte de tout ce qui s'était passé. Il écrivit ensuite à notre Saint une fort belle lettre, où il expliquait avec autant de clarté que de solidité le dogme combattu par le nouvel hérésiarque. Cette lettre fut insérée depuis dans les actes du concile de Chalcédoine, qui condamna solennellement les erreurs d'Eutychès.

Cependant l'empereur, sollicité par Chrysaphius, ordonna la révision des actes du concile assemblé par Flavien à Constantinople, et il se tint pour cet effet un synode au mois d'avril de l'année suivante. Il fut composé de trente évêques, dont dix avaient assisté au concile de Constantinople. Thalassius de Césarée y présida, attendu que Flavien aurait été regardé comme juge et partie. L'examen que l'on fit tourna à la confusion d'Eutychès, et ne servit qu'à mettre dans un plus grand jour la justice des procédés de l'archevêque de Constantinople. Ce dernier, ayant été ensuite accusé par ses ennemis de favoriser le nestorianisme, se justifia pleinement, en présentant à l'empereur une profession de foi où il condamnait la doctrine impie de Nestorius et d'Eutychès. Chrysaphius, dont les projets avaient été déconcertés, ne se rebuta point; il fit jouer d'autres ressorts pour parvenir à ses fins. Il écrivit à Dioscore, patriarche d'Alexandrie, homme d'un caractère impétueux et violent, pour lui promettre son amitié et sa protection s'il voulait prendre la défense d'Eutychès et se liguer avec lui contre Flavien et Eusèbe de Dorylée. Lorsqu'il se fut assuré du patriarche, il travailla à gagner l'impératrice Eudoxie, et il y réussit d'autant plus aisément que cette princesse était charmée d'avoir une occasion de mortifier Pulchérie, qu'elle savait attachée au saint archevêque. L'intrigue étant bien nouée, on persuada à l'empereur de faire assembler un concile à Ephèse, afin, disait-on, de terminer toutes les disputes. Théodose, séduit, ne pensa plus qu'à la convocation de ce concile, dont on lui avait exagéré la prétendue nécessité; il manda à Dioscore de venir y présider, et d'amener avec lui dix métropolitains de sa dépendance, dix autres évêques, et l'archimandrite Barsumas, qui était entièrement dévoué aux ennemis de Flavien. Les autres patriarches et le pape saint Léon furent aussi invités au concile, mais ce dernier ne reçut que fort tard la lettre de l'empereur : il envoya toutefois quatre légats pour le représenter. Ces légats étaient Jules, évêque de Pouzzoles, René, prêtre, qui mourut en chemin, Hilaire, diacre, et Dulcitius, notaire. Ils étaient porteurs d'une lettre à Flavien, dans laquelle saint Léon démontrait l'ignorance d'Eutychès et établissait la doctrine catholique de la manière la plus solide et la plus lumineuse.

Ce fut le 8 août de l'année 449 que se fit l'ouverture du concile d'Ephèse, connu dans l'histoire ecclésiastique sous le nom de *brigandage*, à cause des violences qui s'y commirent. Il s'y trouva cent trente évêques d'Egypte et d'Orient. Eutychès vint aussi à Ephèse avec deux officiers de l'empereur et une troupe de soldats. Il fut aisé de voir, dès le commencement du concile, que tout s'y ferait par cabale et qu'Eutychès y avait un parti puissant. Les légats du Pape n'eurent pas même la liberté de lire les lettres dont ils étaient porteurs. Enfin, après de longues contestations, Dioscore prononça une sentence de déposition contre Flavien et Eusèbe de Dorylée. Les légats de saint Léon protestèrent contre cette sentence, et le diacre Hilaire entre autres dit à haute voix *Contradicitur* (on fait opposition). Ce mot latin fut inséré dans les actes du concile. Lorsque Dioscore commença à lire la sentence, plusieurs évêques se jetèrent à ses pieds et le conjurèrent dans les termes les plus pressants de ne point passer outre; mais loin de se laisser fléchir, il se leva et appela les commissaires de l'empereur. Les portes ayant été aussitôt ouvertes, Proclus, proconsul d'Asie, entra avec une compagnie de soldats qui tenaient des chaînes, des bâtons et des épées. La plupart des évêques, effrayés à la vue d'un tel spectacle, souscrivirent à tout ce que Dioscore et ceux de son parti voulurent; il n'y eut que les légats du Pape qui, toujours inébranlables, protestèrent jusqu'à la fin contre ces violences inouïes. Un d'entre eux fut mis en prison. Le diacre Hilaire, après s'être sauvé avec beaucoup de peine, prit la route de l'Occident, et arriva enfin à Rome. Pour Flavien, il en appela au Saint-Siége de la sentence prononcée contre lui, et remit l'acte de son appel aux légats du Pape. Dioscore en fut si irrité [1], qu'il se jeta sur le Saint avec Barsumas et plusieurs autres personnes de son parti [2]. Ils le renversèrent par terre, et le maltraitèrent si rudement à coups de pieds qu'il en mourut peu de temps après à Epipe, où il avait été exilé [3].

L'impie Dioscore ne s'en tint pas là : il eut encore l'insolence, de concert avec deux évêques d'Egypte, d'excommunier le pape saint Léon ; mais Dieu ne permit pas que le triomphe de l'injustice durât longtemps. L'empereur ayant enfin ouvert les yeux, Chrysaphius, l'auteur de tant de maux, fut disgracié, puis condamné à mort. Eudoxie fut elle-même obligée de se retirer à Jérusalem. Le rappel de Pulchérie à la cour produisit cette heureuse révolution. L'année suivante, cette princesse étant montée sur le trône après la mort de Théodose [4], ordonna que le corps de notre Saint fût solennellement transféré à Constantinople, et inhumé avec les archevêques ses prédécesseurs. Saint Léon, informé de tout ce qui s'était passé à Ephèse, avait écrit à Flavien pour le consoler, mais celui-ci était mort quand la lettre arriva. Il avait aussi écrit en sa faveur à Théodose, à Pulchérie et au clergé de Constantinople. Le concile général tenu à Chalcédoine en 451 mit Flavien au nombre des Saints et des martyrs, et rendit de grands honneurs à sa mémoire ; il rétablit aussi Eusèbe de Dorylée sur son siége [5]. Le pape Hilaire, qui avait été légat de saint Léon à Ephèse, avait une telle vénération pour le saint archevêque de Constantinople, qu'il fit représenter son martyre dans l'église qu'il fonda en l'honneur de la croix du Sauveur.

Le martyre de saint Flavien arriva au mois d'août de l'année 449 ; néanmoins l'Eglise n'en célèbre la fête qu'en celui de février, pendant lequel se

1. Evagr., l. II, c. 11. — 2. *Conc. Calced. act.* 4.

3. Epipe était près de Sardes, en Lydie, comme nous l'apprenons de la chronique de Marcellin.

4. Cédrénus dit que Théodose mourut pénitent.

5. Le même concile condamna Dioscore, qui mourut en 454, à Gangres, où il était exilé, mais sans avoir rétracté les erreurs d'Eutychès et sans avoir expié ses autres crimes par la pénitence.

fit cette translation de son corps dont nous avons parlé. Le martyrologe romain et le ménologe des Grecs en font mention au 18 de ce même mois, où l'on peut voir les doctes remarques du cardinal Baronius. Une bonne partie de ses reliques ont été apportées en Italie. Un de ses bras se conserve religieusement dans l'église cathédrale de Récanati, dans la Marche d'Ancône, et son chef sacré avec plusieurs ossements considérables reposent à Julia-Nova, dans le royaume de Naples.

Tiré des conciles et des histoires de Cédrénus, d'Evagre, de Théophane, etc. Voir Baronius, les Bollandistes, t. III, fév., p. 71; Fleury, l. XXVII et XXVIII; Quesnel, sur les œuvres de saint Léon, t. II, *diss.* 1; le Père Cacciari, sur les œuvres du même Père, réimprimées à Rome en 1755, t. III, *diss.* 4, *de Eutychiana hæres*, l. I, c. 2, p. 322; c. 8, p. 383; c. 9, p. 393.

LA B. ORINGA, DITE CHRÉTIENNE DE SAINTE-CROIX

1310. — Pape : Clément V. — Empereur d'Allemagne : Henri VII.

> Serviteurs, obéissez ; ne servez pas vos maîtres devant eux seulement ; mais servez-les avec affection, regardant en eux le Seigneur et non les hommes.
> *Aux Ephés.*, VI, 5, 6 et 7.

Ce fut à Sainte-Croix, petite ville de Toscane près de Florence, que naquit Oringa, connue plus tard sous le nom de Chrétienne de Sainte-Croix. Ses parents étaient pauvres et, dès son enfance, elle gardait les troupeaux. Mais tout en gardant les bœufs et les vaches, elle savait fort bien élever son âme, et converser avec le roi des cieux. Ses moyens, pour atteindre ce noble but, étaient la prière et la méditation. Pendant que les animaux confiés à sa garde broutaient l'herbe des champs, son âme s'entretenait avec Dieu, et trouvait en lui une nourriture céleste. Or, quand un enfant, ou un adolescent, ou une jeune personne fréquente des personnes d'un rang élevé, ayant des manières distinguées, il devient bientôt comme elles poli et distingué ; car l'âme, le cœur et le caractère se façonnent aisément sur l'âme et le caractère de ceux qui nous entourent et dont nous fréquentons habituellement la société. Donc, nécessairement, quand une personne ingénue, vivant loin du monde et des corruptions du siècle, converse uniquement avec Dieu, elle doit recueillir de cette divine conversation quelque chose de saint et d'angélique. C'est ce qui eut lieu pour sainte Chrétienne. Elle était si chaste et si pure que, quand elle entendait une parole indécente, elle éprouvait des envies de vomir ; et tel était l'effet de ce vertueux dégoût, que quelquefois elle en devenait malade. Elle prit donc l'habitude, quand elle était obligée d'être quelque part où se tenaient des discours impurs, de se boucher les oreilles, quoique souvent cette conduite dût lui attirer des railleries. Elle aimait à être seule ; mais quand elle était obligée de sortir, elle baissait constamment les yeux, pour ne pas voir des choses qui eussent pu troubler la pureté de son âme. Elle était très-belle, et elle fit juste le contraire de ce que font la plupart des jeunes filles en pareil cas : au lieu de se parer, elle employait des moyens artificiels pour ternir la peau de son visage, et pour en masquer la beauté. D'ailleurs ses paroles et tout son être étaient si graves et si réservés, que personne n'eût osé, en sa présence, se permettre un acte licencieux, comme cela n'arrive que trop souvent quand de jeunes libertins se trouvent avec des jeunes personnes belles et légères.

Devenue orpheline de bonne heure, elle tomba sous la tutelle de ses frères. Quand elle fut en âge, ils voulurent la forcer à se marier ; mais les mauvais traitements qu'ils lui firent subir ne purent changer ses résolutions. Oringa demeura fidèle à l'engagement qu'elle avait pris de n'avoir d'autre époux que Jésus-Christ. Pour accomplir plus sûrement ce dessein, elle s'enfuit. Mais voilà que devant elle se présente une rivière ; pleine de confiance, la jeune fille avance quand même et avec le secours de Dieu la traverse à pied sec. Pleine de confiance en Dieu qui venait de la sauver, la pauvre fille continua sa route sans trop savoir où elle allait. Egarée au milieu d'une vaste prairie, les ténèbres de la nuit vinrent l'y surprendre ; elle s'endormit en méditant les vérités éternelles, au milieu des parfums des fleurs dont la plaine était émaillée ; — fleur elle-même plus suave et plus pure que toutes les autres. — Un lièvre timide vint se réfugier près d'elle, comme pour lui dire : Pauvre colombe, livre-toi avec moi aux soins de la Providence. Le lendemain Oringa suivit les traces de son compagnon nocturne, qui lui servit de guide pour la mener dans sa voie. Cette voie allait à Lucques. Arrivée à la ville, elle se mit au service d'un homme vertueux à qui elle ne demanda qu'une nourriture commune et un vêtement grossier, puis un peu de liberté ; cette liberté, elle l'employa à commencer cette vie de pénitence qu'elle mena jusqu'à sa mort. Elle marchait pieds nus et ne prenait de nourriture que la grosseur d'une noix, juste assez pour ne pas se laisser mourir de faim. Quoique ne sachant ni lire ni écrire, elle étonnait les plus savants par la sagesse de ses réponses sur les questions les plus élevées de la religion, car l'Esprit-Saint éclairait son esprit des plus vives lumières.

Le démon alors se mit à la tenter : rien ne lui ouvre, comme l'orgueil, l'entrée d'une âme. Oringa se réfugia aux pieds de l'archange saint Michel, auprès de qui elle trouva un puissant secours contre son farouche ennemi. Dans sa reconnaissance, la pieuse vierge voulut accomplir un pèlerinage au Mont-Gargan, consacré à ce chef des milices célestes. S'étant mise en route avec quelques compagnes, elles furent détournées de leur chemin par des misérables qui méditaient de les surprendre et qui essayèrent d'attenter à leur honneur. L'Archange invoqué leur apparut sous la forme d'un jeune diacre, les délivra de les agresseurs, les ramena sur le chemin véritable, les fit reposer près d'une fraîche source, leur servit des mets exquis pour les fortifier, puis disparut, les laissant dans la joie de leur cœur achever leur course.

Sa sainteté avait attiré à Oringa la sympathie des habitants de Lucques ; ce qui fit beaucoup souffrir son humilité ; elle résolut de se soustraire par la fuite à l'estime publique. Elle partit pour Rome, et dans cette ville elle fit connaissance d'une veuve riche et pieuse, nommée Marguerite, qui la prit à son service. Oringa fut contrainte de laisser ses vieux habits pour en acheter de plus beaux, à cause du rang de sa maîtresse ; mais quelques jours après, ayant rencontré une jeune femme presque nue, elle lui donna ces habits qu'elle n'avait acceptés que par obéissance, et reprit ceux qu'elle avait laissés. On ne lui en fit aucun reproche, car déjà elle avait su se faire estimer et aimer de Marguerite, qui en avait fait sa compagne et son amie.

A quelque temps de là, la Bienheureuse conçut le désir d'aller visiter le tombeau de saint François d'Assise. Elle s'y rendit, accompagnée de sa maitresse ; comme elle priait, elle eut une extase, et Dieu lui ordonna de retourner dans son pays et d'y fonder un monastère. Elle obéit, mais eut à surmonter bien des difficultés; son courage croissant avec les obstacles, le monastère fut bientôt construit et peuplé d'une foule de vierges, à qui la Bienheureuse donna la règle de saint Augustin.

Cependant elle ne voulut jamais prendre la direction de la maison; elle aspirait à être regardée comme la dernière des religieuses. Son amour pour les pauvres était si grand, qu'un jour elle donna la dernière pièce de monnaie qui restait à la maison. On raconte que dans un temps de disette où les pauvres mouraient de faim, elle disposa en leur faveur d'un champ que le monastère possédait, et qui était ensemencé de fèves; cet exemple toucha les cultivateurs qui se montrèrent plus charitables.

Dieu, pour récompenser dès cette vie sa servante, lui accorda le don de prophétie et le don des miracles. A l'âge de soixante-dix ans, elle fut frappée d'apoplexie; elle en demeura malade pendant trois ans, et son côté droit fut complétement paralysé. Mais tel était son amour pour le divin Sauveur, et telle était pour elle la tendresse de ses filles spirituelles, que chaque jour elles la portaient à l'église au moment de l'élévation. L'heure de sa mort étant enfin venue, son visage s'illumina tout à coup, et rayonna de gloire, et dans ses yeux brilla la douce joie qui anime les enfants lorsque, après une longue séparation, ils revoient leur mère. Durant sa vie, elle avait été généralement regardée comme une Sainte. Son véritable nom était Oringa; mais à cause de sa vie exemplaire, le peuple l'appela Christiana, c'est-à-dire *Chrétienne;* et ce nom lui est resté. Quand elle fut morte, son corps fut exposé à la vénération publique, et il y eut une affluence très-considérable. Son visage conserva même après la mort la beauté merveilleuse qu'on avait remarquée à sa dernière heure; et en outre on ne vit chez elle aucun commencement de putréfaction, quoiqu'elle ne fût ensevelie que le dixième jour. On dit qu'une personne de mauvais renom, poussée par la curiosité, s'étant aussi présentée dans la foule, la Sainte se couvrit le visage de sa robe. Par d'autres miracles encore, Dieu fit voir combien était grande devant lui cette fidèle servante.

Son corps fut exempt de corruption jusqu'en 1514, où il fut consumé dans un incendie. Le culte que l'on rend à la Bienheureuse Chrétienne de Sainte-Croix a été approuvé par le pape Pie VI.

De tous les états, celui de domestique est peut-être le plus commun. Les hommes l'estiment peu; et celui que le sort a condamné à cette humble condition s'imagine souvent que Dieu l'a placé au-dessous des autres hommes. Mais Dieu juge tout autrement. Le Seigneur Jésus lui-même a dit : « Quiconque veut être grand parmi vous doit être votre serviteur, et quiconque veut être parmi vous le premier, doit être votre serviteur; de même que le Fils de l'homme n'est pas venu pour être servi, mais pour servir ».

Beaucoup s'imaginent qu'il est difficile de servir Dieu dans l'état de domesticité; mais, en y bien réfléchissant, on voit qu'il n'y a peut-être aucun état où il soit plus facile de servir Dieu et de faire son salut, que celui-ci. Oui, mon cher lecteur, si Dieu, en vous donnant un enfant, vous demandait : Voulez-vous qu'il soit un jour *roi* ou *domestique*? je vous le dis en vérité : mille fois sur une, il vaudrait mieux pour votre enfant d'être domestique, que d'être roi.

Dans cet état, la vie est plus simple et les tentations moins nombreuses et moins fortes que dans les autres. Dans cet état, l'on peut atteindre à un haut degré de sainteté, comme on le voit en sainte Chrétienne et en plusieurs autres Saints. Peut-être ne vous sera-t-il pas donné de parvenir aussi loin qu'elle en cette voie ; mais en tout cas, si vous êtes domestique, vous pourrez facilement, si vous le voulez, mener une vie pieuse et méritoire devant Dieu. Par exemple, quand vous filez, quand vous lavez, quand vous faites cuire les aliments de vos maîtres, ou que vous allez travailler aux champs, ou que vous gardez les bestiaux, qui vous empêche d'élever votre âme vers Dieu? Toujours et partout le bon Dieu est près de vous ; il vous aime et il vous estime plus que vous ne pensez ; il est toujours prêt à écouter vos prières, à prêter une oreille attentive même à vos soupirs; toujours il est prêt à y répondre avec une bonté paternelle. — Cette société n'est-elle pas de votre goût ? et ne vous semble-t-il pas qu'elle est au moins aussi noble et distinguée que celle des personnes riches et somptueuses que vous voyez parfois parader dans le monde? Oui, encore une fois : la pauvre servante qui, le samedi soir, est assise silencieuse dans sa chambrette, raccommodant ses habits et pensant à Dieu, est plus grande et plus précieuse devant lui, que le grand du monde qui, vêtu d'or et de soie, et suivi par de nombreux laquais, se rend avec pompe à ces réunions frivoles où s'échangent des compliments mensongers, où se goûtent des plaisirs dangereux.

Sans doute, il n'est que trop vrai que vous êtes obligé, par votre état, de travailler beaucoup pour peu d'argent. Mais nous allons vous indiquer le moyen de vous faire donner des gages infiniment plus élevés. Ce moyen, c'est de servir Dieu dans la personne de vos maîtres, en vous soumettant humblement et avec une pieuse résignation à sa sainte volonté, et, en portant votre croix avec joie, jusqu'à ce qu'il lui plaise de la reprendre. Si vous faites cela, Dieu vous récompensera magnifiquement; il estimera vos humbles services autant que l'hôpital fondé par un millionnaire, ou que les fonctions sacerdotales remplies par votre curé, ou que les soins donnés gratuitement aux pauvres par un médecin charitable. Vous êtes très-pauvre? Nous le croyons ; et cependant nous vous le disons : vous pouvez, comme sainte Chrétienne, malgré votre pauvreté, faire quelquefois l'aumône à un plus pauvre que vous. Le peu que vous donnerez sera compté plus aux yeux de Dieu que les écus du riche ; car votre obole de billon sera pour lui comme une pièce d'or; parce que Dieu pèse les cœurs et les intentions plus que les faits et les œuvres extérieures.

Toutefois, aucun état n'est entièrement exempt de tentations. Peut-être vous trouvez-vous dans une maison où votre innocence court risque de faire naufrage, attaquée qu'elle est par des promesses trompeuses, ou même par des présents. Peut-être êtes-vous en condition chez des maîtres sans religion, ou qui par cupidité vous chargent tellement d'ouvrage qu'il vous est impossible, même les dimanches et les fêtes, d'assister régulièrement au service divin. Dans ce cas, songez que le plus malheureux des êtres, c'est un domestique qui a perdu *Dieu,* le souverain bien. Dans cette vie il n'a devant lui que la honte, la misère et le désespoir ; et dans l'autre monde, que la mort éternelle, qui est le dernier et le plus horrible de tous les maux. Si vous restez dans une telle maison, vous courez risque de perdre votre innocence et votre religion. Quand même vous auriez mille écus de gages, hâtez-vous de vous en aller ailleurs, et quand même vous devriez vous trouver sans place, quittez cependant. Faites ce sacrifice à Dieu ; il ne manquera certainement pas de prendre soin de vous et de vous récompenser. Sainte Chrétienne a quitté la maison paternelle pour échapper à un mariage honnête et avantageux; et plus tard elle renonça à une position honorable, pour aller visiter les sanctuaires de Rome. A plus forte raison devez-vous renoncer à votre emploi, quand on demande de vous la perte de votre vertu, ou qu'on veut vous empêcher de pratiquer votre religion. Sainte Chrétienne n'était qu'une pauvre fille, ignorée du monde; mais parce qu'elle a été fidèle à Dieu jusqu'à la fin, Dieu aussi l'a récompensée fidèlement, en l'admettant à la félicité éternelle : soyez fidèles comme elle, et vous aurez un jour la même récompense.

L'attribut de sainte Chrétienne est le lièvre : on a vu plus haut le pourquoi.

Nous avons emprunté ces pieuses réflexions à la vie de sainte Chrétienne par M. l'abbé A. Stolz.

SAINT ANGILBERT, ABBÉ DE SAINT-RIQUIER

814. — Pape : Léon III. — Empereur : Louis le Débonnaire.

Quidquid amat Dominus, cum toto corde relegit,
Pauperibus largus, debilibus medicus.
Généreux envers les pauvres, secourable aux faibles et aux affligés, il a aimé de tout son cœur tout ce qu'aime le Seigneur.
Epitaphe de saint Angilbert.

Parmi les Saints qui ont illustré le siècle de Charlemagne, l'Ordre de Saint-Benoît en a fourni deux très-célèbres, qui ont puissamment aidé ce grand monarque de leurs conseils. Le premier de ces deux célèbres personnages est saint Benoît, abbé d'Aniane, dont nous avons donné la vie le 11 de ce mois ; et le second est saint Angilbert, abbé de Saint-Riquier, dont il faut maintenant découvrir le mérite.

On ne sait rien de précis sur le lieu et la date de la naissance d'Angilbert : ce qu'il y a de probable, c'est qu'il vint au monde vers l'an 740. Il avait cinq ans de moins que le célèbre diacre anglo-saxon Alcuin et deux ans de plus que Charlemagne. Il appartenait à la haute noblesse franque, et la meilleure preuve de cette assertion, c'est qu'il fut élevé dans le palais de Pépin le Bref. On sait que cet honneur était brigué par les plus puissants leudes, qui espéraient ainsi assurer l'avenir de leurs enfants et leur ouvrir plus facilement la carrière des honneurs.

Pépin le Bref, ainsi que ses deux enfants, Charles et Carloman, chérissaient tendrement Angilbert et le considéraient : le premier, comme son propre fils, et les deux autres, comme leur frère bien-aimé.

Le jeune Angilbert se faisait distinguer par la finesse de son esprit, l'aménité de son caractère, la supériorité de son éducation libérale, l'étendue de ses connaissances et un ensemble de qualités naturelles qui éveillaient partout la sympathie autour de lui. On prenait plaisir à admirer en sa personne les nobles proportions du corps et la beauté d'une physionomie où se reflétait l'éclat de la vertu.

Les conseils des princes, ceux de ses parents et de ses amis déterminèrent Angilbert à prendre la tonsure cléricale ; mais il ne quitta point le palais. Quand Charlemagne succéda à Pépin le Bref (768), il continua à honorer de son intimité le digne héritier d'une famille qui avait été alliée avec la sienne et qui avait rendu à ses ancêtres des services considérables.

Angilbert prit des leçons d'Alcuin, qui l'appelle son élève, et fit partie, sous le nom d'*Homère*, de la célèbre académie palatine.

Le roi Charles appréciait si bien la prudence consommée de son favori qu'il l'emmenait toujours avec lui dans ses fréquents voyages, qu'il l'admettait à tous ses conseils et qu'il l'investit des hautes fonctions d'archichapelain et de silentiaire. Cette dernière qualité équivalait sans doute à celle d'un secrétaire d'Etat, dont les délicates négociations impliquent souvent l'obligation du silence.

Quant à l'apocrisiaire ou archichapelain, qu'on appelait encore primicier des chapelains, il était chargé de la direction des affaires ecclésiastiques; c'était une espèce de ministre des cultes. Hincmar nous apprend que cette fonction était remplie plutôt par des diacres et des prêtres que par des évêques.

Nous ne voyons pas de difficulté à reconnaître Angilbert pour un des secrétaires de Charlemagne. Ce prince, dans une de ses lettres, l'appelle son *auriculaire* [1], et nous verrons qu'il lui confia diverses missions importantes.

Angilbert, inspiré par sa vocation aussi bien que par les conseils du roi, embrassa le sacerdoce, et vit alors s'ouvrir devant ses mérites un avenir encore plus brillant.

C'est en 790 qu'on fixe généralement la retraite d'Angilbert à Centule ; mais il faut évidemment reculer cette date, et voici pourquoi : Charlemagne, en 789, date incontestée, fit un capitulaire qui défend aux *évêques, abbés et abbesses*, d'avoir des couples de chiens, des faucons, des éperviers et des jongleurs. Or, Alcuin, dans une lettre à Adélard que tous les critiques datent de 790, s'exprime en ces termes : « Je crains qu'Angilbert ne soit fâché de la lettre qui défend les spectacles..... Je vous ai écrit autrefois à ce sujet avec le plus vif désir du salut de mon cher fils, espérant gagner par votre entremise ce que je ne pouvais obtenir par moi-même ». Et plus tard, quand Alcuin apprend qu'Angilbert s'est corrigé de son travers, il écrit à Adélard : « C'était vraiment une chose étonnante pour moi qu'un esprit si sage ne comprît pas qu'il faisait une chose répréhensible, *opposée à sa dignité*, et qu'on ne pouvait excuser en aucune manière ».

Il alla se prosterner aux pieds de l'abbé, au milieu du chapitre, et là, tout baigné de larmes, sollicita humblement l'habit monastique. Malgré la joie qu'éprouvèrent les religieux d'une pareille conversion, ils ne dérogèrent point aux sages prescriptions de la règle, et ce n'est qu'après le temps exigé pour la probation que le postulant fut admis dans les rangs des moines dont il égala bientôt, et souvent surpassa les vertus. Les plus dures austérités n'avaient rien d'effrayant pour la faiblesse de sa constitution; ce n'était point l'éclat des parures, la douceur d'un lit moelleux, l'abondance des mets, la délicatesse des vins, la prolongation du sommeil qui faisaient ses délices ; c'étaient les larmes qu'il versait sur le souvenir du passé, les prières qu'il exhalait nuit et jour, les lectures qui excitaient la componction de son âme, les saintes rigueurs qu'il exerçait contre lui-même, et le sacrifice quotidien qu'offrait à Dieu son esprit contrit et humilié. Aussi la grâce descendit bientôt dans cette âme avide de souffrances et lui procura l'ineffable consolation de la paix.

1. Auriculario Homero (*Opera Caroli M.*, dans la *Patrol. latine*, t. XCVIII, col. 999). Ce terme, qui indique qu'on a l'oreille du prince, est fort usité dans le sens de confident aux VIIIe et IXe siècles.

Quand l'abbé Symphorien se fut endormi du sommeil des justes [1], les religieux, par un choix unanime, désignèrent Angilbert pour son successeur. Selon l'usage des abbayes royales, cette élection fut soumise au roi, qui s'empressa de l'approuver, en témoignant une grande joie. Le nouvel abbé, suivi d'un nombreux cortége, lui fut présenté après son ordination. Charlemagne lui promit largesses et protection, et l'encouragea à persévérer dans la carrière de la perfection et du dévouement.

Le roi sut utiliser les talents d'Angilbert au profit de l'Eglise et de l'Etat. Son biographe ne nous dit rien à ce sujet, mais nous savons par d'autres sources que l'abbé de Saint-Riquier accomplit trois missions importantes à Rome.

Félix, évêque d'Urgel, fut condamné par le concile de Ratisbonne, en 792, au sujet des erreurs qu'il professait sur le mystère de l'Incarnation. Angilbert fut chargé de conduire auprès du pape Adrien le prélat repentant, qui abjura, entre les mains du souverain Pontife, l'hérésie qu'il devait plus tard arborer de nouveau.

Charlemagne et divers évêques des Gaules, trompés par une mauvaise traduction des actes du concile de Nicée, rédigèrent à l'adresse du Pape, immédiatement après le concile de Francfort (794), un mémoire destiné à préciser la croyance de l'Eglise des Gaules relativement au culte des images. C'est l'écrit qu'on désigne sous le nom de *Livres Carolins* et dont la paternité est restée un peu contestée. Angilbert, recommandé par une lettre d'Alcuin, alla porter ce document, ainsi que les actes du concile de Francfort, au pape Adrien. Nous avons sa réponse à Charlemagne où il parle en ces termes de l'abbé de Saint-Riquier : « Nous avons reçu gracieusement l'abbé Angilbert, ministre de votre chapelle, ce cher confident qui a été élevé avec vous dans le palais, presque dès son enfance, et qui a été admis à tous vos conseils. En votre considération, nous lui avons témoigné beaucoup d'amitié, l'écoutant favorablement, et lui découvrant comme à vous-même les projets que nous formons pour l'exaltation de la sainte Eglise romaine et pour celle de votre puissance royale ».

Le troisième voyage d'Angilbert eut un autre motif. Léon III, aussitôt après son élection, envoya des légats à Charlemagne, pour lui porter les clés de la Confession de Saint-Pierre et l'étendard de la ville de Rome, double symbole qui confirmait ses droits de protecteur de l'Eglise et de patrice des Romains. Il priait en même temps le roi de lui envoyer quelques seigneurs de sa cour, pour recevoir, en son nom, le serment de fidélité et de soumission du peuple romain [2]. Charlemagne, dans une lettre qu'il adresse à son *auriculaire* [3], le charge, en accomplissant cette mission, de transmettre ses conseils au nouveau Pontife.

Angilbert fut chargé en même temps de remettre au Saint-Siége une large part des trésors que Herric, duc de Frioul, avait rapportés de Pannonie, après sa victoire sur les Avares. Léon employa ce riche tribut à décorer les églises de Rome et le palais de Latran. On voit encore aujourd'hui, dans ce dernier monument, une mosaïque qu'il fit exécuter à cette occasion [4].

C'est probablement en revenant de ce voyage qu'Angilbert porta une lettre d'Alcuin à Paulin, patriarche d'Aquilée, avec qui il était en relations

1. Ce ne fut pas plus tard qu'en 789 ; nous avons dit pourquoi plus haut.

2. Eginard, *Annal.*, ad ann. 796 ; Aimoinus, *de Gest. Franc.*, c. 86. — 3. *Concil. gallic.*, II, 207.

4. Cette mosaïque a été souvent mal décrite et mal interprétée. Saint Pierre, assis dans sa *cathedra*, donne à Charlemagne, agenouillé à sa gauche, l'étendard de Rome, et au pape Léon, agenouillé à sa droite, l'*orarium* ou étole.

affectueuses. Un autre de ses amis, Théodulphe, évêque d'Orléans, se rendit à la cour pendant cette absence d'Angilbert, et, à cause de ce désappointement, condamna sa muse au silence[1].

Ni ses fonctions diplomatiques, ni ses fréquentes résidences à la cour, ne pouvaient détourner Angilbert de l'intérêt qu'il portait à son abbaye. Il sut profiter des favorables dispositions de Charlemagne pour reconstruire le monastère de Saint-Riquier. — « Si vous me mettez à même », disait-il au roi, « de réaliser mes projets et de faire fleurir la discipline et la régularité, tout le bien que je pourrai faire vous sera réputé, et c'est à vous que la plupart des récompenses devront échoir ». — C'est probablement vers 796 que, grâce à la munificence du prince, Angilbert métamorphosa les anciennes constructions de bois en une merveille d'art et de splendeur. Les plus habiles ouvriers furent conviés à mettre en œuvre le bois et la pierre, le verre et le marbre. Charlemagne envoya de nombreux chariots à Rome pour en rapporter des colonnes de marbre, et en même temps il expédia des légats en diverses contrées, et jusqu'en Orient, pour obtenir des reliques.

Angilbert nous a laissé un écrit où il raconte l'emploi qu'il fit des générosités royales. C'est là un document trop précieux, au point de vue de l'art et de la liturgie monumentale, pour que nous ne lui empruntions pas quelques détails.

Le plan général, gravé dans quelques ouvrages, nous offre un grand cloître triangulaire, avec un préau qu'arrose la rivière du Scardon ; au nord, la principale église, dédiée au Sauveur et à saint Riquier ; au midi, l'église de la Vierge et des saints Apôtres ; à l'orient, la petite église dédiée à saint Benoît et à tous les saints abbés. L'ensemble dénote une imitation de l'architecture romaine et la connaissance des œuvres de Vitruve. Mais la pensée chrétienne se révèle dans cette forme triangulaire, dans ce nombre 3 qui apparaît dans les églises, les oratoires, les ciboriums, les ambons, etc. C'est un hommage rendu au mystère de la sainte Trinité, comme Angilbert nous l'apprend lui-même.

Les deux autels du Sauveur et de saint Riquier, décorés de bas-reliefs, s'abritaient sous un *ciborium* soutenu par de riches colonnes venues d'Italie. C'est peut-être au moment de leur érection, ou bien quand on éleva les colonnes qui devaient supporter le dôme de la tour orientale, qu'arriva l'événement suivant rapporté par Hariulfe. Une colonne qu'on essayait de dresser s'échappa des mains des ouvriers et fut brisée en deux morceaux. La tristesse et le découragement s'étaient emparés des moines ; mais Angilbert, recourant à ses expédients accoutumés, se réduisit à l'abstinence, et, revêtu d'un cilice, passa toute la nuit en prières. Pendant ce temps-là, un ange tout brillant de lumière descendit dans l'église, et, en passant la main sur les tronçons brisés de la colonne, lui rendit son intégrité et toute sa beauté primitive. Quand les ouvriers arrivèrent le lendemain matin, ils furent tout surpris de trouver le monolithe, non-seulement intact, mais dressé sur sa base, ce dont ils rendirent grâces à la toute-puissance de Dieu.

Quelques écrivains se sont trompés en mentionnant une quatrième église, dédiée aux saints Archanges. C'étaient de simples oratoires, munis chacun d'un seul autel, consacrés à saint Michel, à saint Raphaël et à saint Gabriel. Ils étaient situés au haut des trois tours qui donnaient entrée dans le monastère, selon un usage qui paraît venir d'Orient et fait allusion aux

1. Dulce melos canerem tibi, ni absens, dulcis Homere,
Esses. Sed quoniam es, hinc mea musa tacet.

missions que les anges accomplissent en traversant les airs, ainsi qu'à la garde tutélaire dont ils sont investis.

On doit remarquer que la chapelle de Saint-Michel se trouvait dans la tour occidentale. A des époques postérieures, c'est toujours également de ce côté que nous voyons établi le culte du saint Archange, parce qu'il est le conducteur des âmes et que le parvis occidental était consacré aux sépultures.

C'est en 798, mais à diverses époques de l'année, qu'eurent lieu la dédicace des trois églises et la consécration des trente autels. La cérémonie principale réunit le 1er janvier, dans l'église du Sauveur, douze évêques consécrateurs, sous la présidence de Maginard, archevêque de Rouen.

Angilbert, qu'on a surnommé à bon droit le *second fondateur de Saint-Riquier*, n'avait pas songé seulement à la splendeur matérielle de l'abbaye, qui n'eut peut-être pas d'égale au IXe siècle. Les reliques des Saints étant considérées comme le plus précieux trésor des églises, il avait envoyé des émissaires en solliciter dans toutes les parties de la chrétienté, et spécialement à Rome, à Constantinople, à Jérusalem, en Italie, en Germanie, en Gaule et en Bourgogne. Grâce à l'intervention de Charlemagne, les papes Adrien et Léon III, les archevêques, les évêques, les abbés avaient répondu à cet appel. Il serait trop long d'énumérer ici toutes les reliques qu'Angilbert obtint par ce moyen.

On évaluait à quinze mille livres, c'est-à-dire à plus de huit millions de notre monnaie actuelle [1], les richesses liturgiques des trois églises.

Angilbert enrichit la bibliothèque du monastère de plus de deux cents volumes. Un des plus précieux manuscrits était l'évangéliaire, écrit en lettres d'or sur vélin pourpre, donné à Angilbert par Charlemagne, vers 793, et qui se trouve aujourd'hui à la bibliothèque communale d'Abbeville [2].

Angilbert institua la prière perpétuelle, le *laus perennis*, dans l'église de Centule. Trois groupes de religieux y chantaient ensemble l'office divin, à l'imitation des louanges éternelles que font retentir dans les cieux les trois hiérarchies angéliques. Cent moines et trente-trois enfants se réunissaient en face de l'autel du Sauveur ; même nombre au milieu de l'église, même nombre dans la partie orientale. Après les heures canoniales, un tiers de chaque chœur se retirait et revenait plus tard remplacer un autre tiers sortant. Un des buts de cette psalmodie perpétuelle était le salut du roi et la prospérité de son règne et de sa famille. On priait à la même intention et à celle du Pape, aux deux messes conventuelles qu'on célébrait le matin et à midi, ainsi qu'aux trente messes basses quotidiennes.

Il ne nous reste plus qu'un petit nombre de faits à mentionner dans la vie d'Angilbert. Il aurait contribué à obtenir la canonisation de saint Salve, évêque d'Angoulême, assassiné près de Valenciennes le 26 juin 798. Il aurait uni ses vœux pour cela à ceux de Charlemagne, quand le pape Léon se rendit en 799 à la cour de Paderborn.

Ce qui est plus certain, c'est que Charlemagne, cette même année, alla célébrer les fêtes de Pâques à Saint-Riquier. Alcuin s'y trouvait alors, et il

1. M. Guérard *(Polypt. d'Irminon)* calcule que la livre d'alors équivalait à 563 francs.

2. Ce manuscrit, l'un des plus rares de l'Europe, contient une préface exégétique, le texte des quatre Evangiles, deux lettres de saint Jérôme au pape Damase et l'indication des Evangiles pour les jours fériés. Les dyptiques d'argent, incrustés d'or et de pierreries, qui lui servaient de couverture, ont disparu et ont été remplacés par une humble tapisserie. Cent quatre-vingt-huit feuillets de vélin pourpre, divisés en deux colonnes, sont écrits en lettres d'or; quatre grandes miniatures figurent les quatre Evangélistes avec les animaux apocalyptiques qui leur servent d'attribut. Les autres pages sont entourées d'encadrements dont les arabesques sont fort remarquables. M. le comte L. de Belleval a publié la description de ce précieux monument littéraire dans les *Mém. de la Soc. d'émul. d'Abbeville* (année 1838, p. 275).

fut sollicité par son ancien élève d'*annoter* et d'*embellir* une légende de saint Riquier, écrite, disait-on, en style trop simple. Le célèbre abbé de Tours ayant paru étonné de la brièveté de cette légende, il lui fut répondu qu'on en possédait bien une autre plus longue, mais qu'on ne voulait point y toucher, parce que son style peu châtié la rendait plus compréhensible pour le peuple. Ce fait, à lui seul, suffirait pour démontrer l'existence d'une langue rustique qui n'était autre chose qu'un patois de la langue latine.

L'année suivante (800), Angilbert suivit Charlemagne à Rome et assista, le jour de Noël, à ce couronnement qu'il avait peut-être contribué à préparer. Ce fut le jour même de cette cérémonie qu'il obtint du Pape, en faveur de son abbaye, un privilége, sollicité d'ailleurs par l'évêque Jessé qui se trouvait à Rome. Le monastère de Saint-Riquier devint exempt de l'ordinaire, ainsi que la ville de Centule et les terres voisines.

Angilbert fut l'un des quatre abbés qui, en 811, souscrivirent le testament de Charlemagne.

Il ne devait survivre que de vingt-deux jours à ce monarque ; car il mourut le 13 février 814. Selon le vœu qu'il avait exprimé, on l'inhuma devant le portail de l'église de Saint-Sauveur, où sa pierre tombale devait être foulée aux pieds des passants.

Les sculptures de l'église de Saint-Riquier ont multiplié l'image de saint Angilbert. On le voit, au portail, agenouillé devant le Père éternel ; et plus loin, tenant la crosse et un livre ; à un contre-fort de la tour, agenouillé en costume de prince devant l'abbé Symphorien, qui reçoit ses vœux monastiques. Sous les voussures, des groupes représentent la mission que Charlemagne lui donne pour le Saint-Siége ; la réception que lui fait le Pape, assisté d'un cardinal ; la guérison qu'un boiteux obtient par son intercession.

Il reposa en ce lieu l'espace de vingt-huit ans, après lesquels il fut trouvé sans corruption, et transporté dans un lieu plus honorable. Il s'est encore fait d'autres translations de ce précieux dépôt, dans lesquelles Dieu a toujours fait paraître, par quelque événement extraordinaire, combien la bienheureuse âme qui avait animé ce corps lui était agréable.

Il n'a jamais été canonisé, et les religieux n'ont pas fait sa fête avant l'abbé d'Aligre, au XVIIe siècle. Une des chapelles de l'église de Saint-Riquier est actuellement consacrée à saint Angilbert.

CULTE DE SAINT ANGILBERT.

Nous n'osons pas entreprendre de donner ici le récit des miracles que Dieu a faits par les mérites de saint Angilbert, tant pendant sa vie qu'après sa mort, parce que le nombre en est trop grand ; il nous suffira de dire que l'auteur de sa Vie en a composé trois livres, auxquels nous renvoyons le lecteur ; on sera édifié de voir toutes les merveilles que Dieu a voulu opérer par l'intercession de ce grand Saint, et comment la divine Providence a pris plaisir à donner des preuves de la vérité de toutes ces opérations miraculeuses.

Renseignements donnés par M. Fricourt, curé de Saint-Riquier :

I. *Le monastère.* — Fondé par saint Riquier lui-même, rebâti avec la plus grande magnificence par saint Angilbert, il a subsisté jusqu'en 1790, après avoir été détruit et reconstruit plusieurs fois. En 1790, vendu par la nation, une grande partie des bâtiments fut détruite. Acheté en 1822 par M. Pudé, prêtre, qui y fonda une institution ecclésiastique, il devint, à la suppression de Saint-Acheul, le petit séminaire du diocèse d'Amiens, qui y est toujours ; on a reconstruit les bâtiments détruits sur les plans anciens : le monastère est donc ce qu'il était avant la révolution. Quant à l'église abbatiale, réservée lors de la vente de la maison conventuelle, elle sert au culte de la paroisse. C'est un magnifique édifice aux vastes proportions, supérieur à plus de cinquante cathédrales de France. XIIIe, XIVe, XVe siècles.

II. *Les reliques.* — Saint Riquier fut d'abord inhumé dans sa solitude de la forêt de Crécy, puis rapporté six mois après par l'abbé Olciade, son successeur, dans l'église du monastère qu'il avait bâti. Retirés du second sépulcre, où ils avaient été déposés par Angilbert vers 800, ses restes furent placés dans une châsse précieuse et conservés avec soin. Nous possédons toujours son glorieux chef et tout le corps, à l'exception de quelques parcelles données à diverses époques.

Quant à saint Angilbert, inhumé d'abord à la porte de l'église qu'il avait fait bâtir, transporté, vingt-huit ans après, à l'entrée du chœur, il y reposa jusque vers 1670. Alors, l'abbé d'Aligre l'ayant fait exhumer, il plaça ses restes sacrés dans une châsse. Nous les possédons encore ; il est difficile de voir si le corps est entier, car les ossements qui ont probablement passé par le feu sont par morceaux.

Ces reliques ont été conservées, en 1790, par le curé de la paroisse.

III. — *Le culte.* — Le culte de saint Angilbert ne paraît pas avoir été très-répandu, bien qu'au XIIe siècle un grand nombre de miracles se soient opérés à son tombeau.

Nous avons emprunté cette vie à l'*Hagiographie du diocèse d'Amiens*, par M. l'abbé Corblet, en l'abrégeant considérablement. Il faut lire, dans ce savant critique, la réfutation de tout ce que l'on a écrit jusqu'ici de mal fondé sur le mariage du moine Angilbert avec une fille de Charlemagne, de son gouvernement en Ponthieu, de la prise du voile par Berthe, sa prétendue femme, etc.; t. II, p. 102 et suiv. — On trouvera dans la *Patrologie latine* de M. Migne, t. CI, les quelques écrits de saint Angilbert.

SAINT HELLADE, ÉVÊQUE DE TOLÈDE (632).

Hellade succéda à Avanius sur le siége épiscopal de Tolède. Il avait un rang considérable à la cour et un haut emploi dans le gouvernement, ce qui ne l'empêchait pas d'accomplir le vœu et l'œuvre d'un religieux sous l'habit d'un séculier. Dès que les affaires lui laissaient quelque loisir, il s'enfuyait seul et sans aucun appareil au monastère d'Aguilar, et là il se livrait à toutes les occupations des moines, jusqu'à porter du bois au four avec eux et confondu dans la foule. Aussitôt que la chose fut possible, il quitta le monde et vint s'enfermer définitivement dans ce même monastère, où il habitait déjà depuis si longtemps par ses désirs. Devenu moine, il fut le modèle de ses frères et il dota largement le monastère. Lorsqu'il fut appelé à l'épiscopat, la vieillesse avait déjà beaucoup affaibli son corps ; néanmoins, dans sa nouvelle position, il donna de plus grands exemples encore qu'il n'avait fait étant moine. Il mit autant de discrétion à gouverner le monde qu'il avait employé de courage à le mépriser. Il était si miséricordieux envers les pauvres, ses aumônes étaient si abondantes, que son cœur paraissait comme la source d'où la chaleur et la vie s'écoulaient dans les membres et les entrailles des pauvres pour les ranimer. Il n'écrivit point : il aima mieux agir.

C'est saint Ildefonse, son successeur, qui parle ainsi, puis il ajoute : Revenant dans le même monastère aux derniers moments de sa vie, il m'ordonna diacre ; il mourut vieux, il tint dix-huit ans le gouvernement de son église, sous les rois Sisiteut, Suntillan et Sisenand. Il a été tenu pour bienheureux, et il est entré en possession de la gloire céleste, plein d'années et de mérites. 632.

Annales de Baronius.

SAINT LÉON ET SAINT PARÉGORE DE PATARE, EN LYCIE (IIIe s.).

Saint Parégore venait de répandre son sang pour Jésus-Christ ; saint Léon, qui avait été le témoin de son combat, se trouvait partagé entre la joie que lui causait le bonheur de son ami et la douleur de n'avoir pu encore le partager. Un jour qu'il avait pris son chemin par le temple de la Fortune, il le vit illuminé d'un grand nombre de flambeaux. Touché de l'aveuglement des païens, il éteignit ces flambeaux et les foula aux pieds. Amené devant le gouverneur, celui-ci le supplia vainement d'avoir pitié de son grand âge et de dire seulement que les dieux sont grands. Une sentence fut prononcée contre lui, qui portait qu'il serait attaché par le pied et traîné sur les pierres jusqu'au lieu du supplice. On jeta son corps dans une fondrière au bas d'un rocher, mais il ne fut point endommagé dans cette chute. Il y a plus ; ce lieu, qui était auparavant un affreux précipice dont la vue seule effrayait les voyageurs, devint entièrement praticable ; le terrain s'affermit et l'on y pouvait marcher sans courir le moindre danger. Les fidèles recueillirent le corps du serviteur de Jésus-Christ pour l'enterrer; ils remarquèrent sur son visage une couleur vermeille, mêlée d'une certaine majesté et d'un doux sourire. Les Grecs honorent saint Léon en ce jour.

Acta Sanctorum

XIXe JOUR DE FÉVRIER

MARTYROLOGE ROMAIN.

A Rome, la naissance au ciel de saint Gabin [1], prêtre et martyr, frère de saint Caïus, pape, qui, après avoir été longtemps détenu en prison par l'empereur Dioclétien, acheta, par une mort précieuse, les félicités célestes. 296. — En Afrique, les saints martyrs Publius, Julien, Marcel. — En Palestine, la mémoire de saints moines et de plusieurs autres martyrs [2], qui furent cruellement massacrés pour la foi de Jésus-Christ, par les Sarrasins, sous Alémondare, leur chef. Vers 508. — A Jérusalem, saint Zambdas [3], évêque. 304. — A Soles, saint AUXIBE, évêque. 102. — A Bénévent, saint Barbat [4], évêque, très-renommé pour sa sainteté, qui convertit les Lombards et leur chef à la foi de Jésus-Christ. 682. — A Milan, saint Mansuet [5], évêque et confesseur. Vers 700.

MARTYROLOGE DE FRANCE, REVU ET AUGMENTÉ.

Saint Livier, martyr en Lorraine, dont on fait la fête aujourd'hui dans le diocèse de Nancy [6]. — A la Cambre, monastère de religieuses de Cîteaux, près de Bruxelles, saint BONIFACE, évêque de Lausanne, qui avait professé la théologie à Paris. 1265. — Au diocèse d'Autun, la fête de saint LOUP, vulgairement LEU, dont l'entrée au ciel est marquée le 27 janvier. — Au diocèse de Fréjus, saint Vallier, évêque d'Antibes et martyr. Ce Saint souffrit le martyre, à la fin du Ve siècle, sous un roi des Goths. Sa fête se célèbre dans tout le diocèse de Fréjus. Un village de l'arrondissement de Grasse porte le nom de Saint-Vallier. — Au diocèse de Rhodez, saint GEORGES, évêque de Lodève. 884. — A Troyes, la canonisation de saint Frobert [7].

1. Saint Gabin était fils de Maxime, père de Dioclétien; il se maria et eut de son mariage une fille nommée Suzanne; sa femme mourut et lui se fit prêtre. Il combattit les païens par ses écrits. Suzanne fut demandée en mariage par Dioclétien pour son fils d'adoption Galère-Maximin. Le négociateur de cette affaire, nommé Claude, fut converti par Suzanne avec toute sa famille : celle-ci fut martyrisée sur la voie d'Ostie. Gabin et Suzanne furent mis en prison. Suzanne souffrit le martyre le 11 août 296 ; son père mourut de faim et de soif après être resté un an en prison. Son corps se trouve à Lyon, dans l'église des Jésuites. Il a été donné à M. d'Alincourt, notre ambassadeur, par le pape Paul V. Les Ursulines d'Amiens possèdent une de ses reliques.

2. Les saints moines dont il est ici question furent tués dans les mêmes incursions des Sarrasins dont il est fait mention dans les Actes de saint Jean le Silenciaire (13 mai), rapportés par Métaphraste ; dans la vie de saint Sabas, par le même (5 décembre); dans les Actes de saint Euthyme, encore rapportés par le même auteur (20 janvier). Cette persécution seule des Sarrasins fit périr beaucoup de saints moines en divers lieux et à divers jours; et l'on ne devra pas s'étonner si l'on trouve encore plus loin, plusieurs fois, des moines tués par les Sarrasins. On saura qu'Alémondare, le chef de ces barbares, finit par se convertir à la foi de Jésus-Christ, comme l'atteste, liv. XVII, ch. 35, l'historien Nicéphore.

3. Saint Zambdas est compté le trente-neuvième évêque de Jérusalem; il succéda à Hyméneus et siégea au temps de l'empereur Dioclétien.

4. Saint Barbat assista au concile tenu à Rome sous le pape Agathon, l'an de Notre-Seigneur 680 ; il y souscrivit, comme on le voit par les actes de ce concile. On le représente faisant abattre un arbre. Bien des croyances païennes avaient répandu et consacré le culte des arbres; en sorte que plus d'un missionnaire eut à lutter contre ce respect voué à divers doyens des forêts. Les Lombards, qui venaient du nord de l'Europe, avaient porté leurs superstitions en Italie. Leur duc, Reumwald, pratiquait au dehors le christianisme, mais sa femme, Theudrade, était restée païenne. L'évêque Barbat ordonna de déraciner un grand arbre qui était l'occasion de ces pratiques superstitieuses, et changea en calice une vipère d'or qui était honorée dans le palais de Theudrade.

5. Saint Mansuet est nommé dans les actes de l'Eglise de Milan. Il florissait aussi du temps de saint Agathon : il assista au même concile de Rome et y souscrivit; les actes en font foi. Nous avons, ajoute Baronius, une lettre manuscrite très-savante et très-digne de l'évêque d'un si grand siége, adressée par saint Mansuet à l'empereur Constantin III.

6. Voir sa notice au 25 novembre. — 7. Voir sa vie au 8 janvier.

MARTYROLOGES DES ORDRES RELIGIEUX.

Martyrologe des Camaldules. — Saint Hilaire, évêque et confesseur, dont on célèbre la mémoire le 14 de janvier.

Martyrologe de Vallombreuse. — Saint Fabien, pape et martyr, dont il est fait mention le 20 février.

Martyrologe Cistercien. — Au monastère de Sainte-Marie-de-la-Cambre, près de Bruxelles, saint Boniface, évêque de Lausanne, qui, ayant vaillamment défendu la liberté de l'Eglise, contre l'empereur Frédéric, prit, dans le même monastère, l'habit de l'Ordre Cistercien, et, glorieux par ses miracles, s'envola au ciel.

Martyrologe des Frères Prêcheurs. — A Cordoue, en Espagne, le bienheureux ALVAREZ, confesseur, de l'Ordre des Frères Prêcheurs, fondateur du monastère de la *Scala Cœli* (l'échelle du ciel). 1420.

Martyrologe de l'Ordre Romano-Séraphique. — Près de Noto, en Sicile, saint CONRAD, confesseur, du Tiers Ordre, qui, brillant par la noblesse de sa race et par l'éclat de ses vertus, fut encore illustre par le don de prophétie et par des miracles opérées avant et après sa mort.

Martyrologe de l'Ordre Séraphique. — A Noto, en Sicile, saint Conrad, confesseur, du Tiers Ordre de Saint-François, célèbre par son mépris des choses humaines, par l'austérité de sa vie et par ses nombreux miracles.

Martyrologe des Carmes chaussés. — Saint Raymond de Pennafort, confesseur, dont il est fait mention le 7 de janvier.

Martyrologe de Saint-Augustin. — Saint Raymond de Pennafort, confesseur, dont la fête arrive le 7 de janvier.

Martyrologe de l'Ordre des Servites. — A Mantoue, la bienheureuse ELISABETH PICENARDI, vierge, du Tiers Ordre des Servites, illustre par l'innocence de sa vie, par son humilité, par le don d'oraison, de prophétie et des miracles, qui, étant dans une délicieuse contemplation, et voyant Jésus et sa Mère au milieu des chœurs des anges, s'endormit ainsi doucement dans le Seigneur. 1468.

Martyrologe des Capucins. — A Noto, en Sicile, saint Conrad, confesseur, du Tiers Ordre de Saint-François, notre Père, qui, brillant par la noblesse de sa race et par l'éclat de ses vertus, fut encore illustre par le don de prophétie et par des miracles fameux, opérés avant et après sa mort jusqu'à notre temps. 1351.

Martyrologe de Saint-Jérôme. — Saint Polycarpe, évêque et martyr, dont la mémoire est honorée le 26 janvier.

ADDITIONS FAITES D'APRÈS LES BOLLANDISTES ET AUTRES HAGIOGRAPHES.

En Afrique, les saints Marube, Julien, Baracée, Tullius, Lampase, Maïule, Jules, Paul et Maximille, martyrs avec les saints Publius, Julien et Marcel, mentionnés ci-dessus. — En Irlande, saint Odran, martyr, qui fut serviteur et cocher de saint Patrice. ve s. — En Orient, saint Rabule, solitaire et abbé, qui fonda des monastères en Phénicie et à Byzance. Vers l'an 530. — En Palestine, saint Conon, prêtre, abbé du monastère de Penthucla. Vers l'an 555. — A Valcabado, en Espagne, saint Béat, prêtre, qui combattit vigoureusement l'hérésie d'Hélipand, archevêque de Tolède, la même que celle de Nestorius. 798.

SAINT AUXIBE, ÉVÊQUE DE SOLES, EN CHYPRE

Fin du Ier siècle.

> De même que l'art est la juste ordonnance des ouvrages, ainsi la prudence est la juste ordonnance des actes ; or, la prudence est la science des Saints.
> Saint Thomas d'Aquin, 1, 2. *Quæst.* 58, art. 2. *Prov.*, IX, 10.

Saint Auxibe naquit à Rome, de parents fort riches, mais adonnés au culte des faux dieux. Il parut comme une rose au milieu des épines, car

Dieu l'avait doué d'un naturel honnête et doux, et surtout fort porté à la chasteté. Ses parents, voyant de si belles dispositions en lui, souhaitaient qu'il s'avançât dans les plus hautes charges et les premières dignités de l'empire. Aussi, quand il fut en âge de prendre un parti, ils lui présentèrent les plus avantageux de la ville. Mais Auxibe, qui avait souvent entendu parler de Jésus-Christ, et n'aspirait plus qu'au christianisme, ne voulut jamais entendre leurs propositions. C'est pourquoi, pour s'y soustraire absolument, il résolut de prendre la fuite. Il s'embarqua donc secrètement, se rendit à Rhodes, et de là en Chypre, dans un village appelé le Port, à quatre lieues de la ville de Soles. L'historien de sa vie dit qu'il y rencontra saint Marc, parent de saint Barnabé, qui lui donna le sacrement de baptême et celui de la confirmation ; et qu'après l'avoir instruit des mystères de notre religion et de la manière d'annoncer la parole de Dieu, il le sacra prêtre et évêque, afin qu'il prêchât plus librement l'Evangile. Il lui conseilla néanmoins de ne point faire d'abord paraître qu'il était chrétien, afin de s'insinuer plus aisément dans l'esprit des habitants qui étaient extrêmement zélés pour le culte de leurs dieux, mais de faire en sorte, par ses bons discours et par la sainteté de sa vie, qu'ils se disposassent peu à peu à recevoir la doctrine de Jésus-Christ. Il entra donc, avec ces instructions, en la ville de Soles, par la porte qui regardait le couchant : il y avait un temple de Jupiter, dans lequel logeait un sacrificateur. Celui-ci, voyant passer Auxibe, et jugeant qu'il était étranger, le fit entrer chez lui, le traita fort humainement et lui fit bonne chère ; et, comme il s'informait du sujet de son voyage, Auxibe lui fit réponse qu'il était romain, et qu'ayant résolu de voir du pays, sa curiosité l'avait porté à visiter la ville de Soles, qu'il savait être un séjour fort divertissant et très-agréable.

Le prêtre l'invita à loger chez lui pendant son séjour ; le Saint accepta, voyant l'obligeance et la franchise de cet idolâtre, sans néanmoins faire paraître qu'il fût chrétien, selon le conseil de saint Marc. Mais il fit si bien, par sa sainte vie, qu'il persuada à son hôte de détester les sacrifices des faux dieux pour adorer le véritable qui a fait le ciel et la terre. Auxibe, encouragé par la conversion de ce prêtre, et reprenant un nouveau zèle après un si heureux succès, pour publier le nom de Jésus-Christ, allait et venait dans la ville, catéchisant en secret et sans bruit ceux qu'il voyait disposés à recevoir la vérité, et, après ses visites et ses exhortations, il se retirait dans le temple avec le sacrificateur.

Cependant saint Marc, ayant appris le martyre de saint Barnabé, arrivé dans l'île de Salamine, alla trouver l'apôtre saint Paul, auquel il raconta tout ce qui était arrivé dans l'île de Chypre, et comment, par cette mort, elle allait être privée d'évêque. Le saint Apôtre, qui prenait un soin spécial de toutes les églises où il avait prêché l'Evangile, soit par lui-même ou par ses disciples, écrivit à Héraclide, archevêque de l'île, et lui donna pouvoir de sacrer évêques ceux qu'il jugerait les plus propres. Il lui commanda d'établir, entre autres, Epiphane, évêque de Paphos ; Tichique, évêque de Naples, et Auxibe, évêque de Soles ; il l'avertissait, néanmoins, de ne pas consacrer de nouveau Auxibe, parce qu'il avait déjà été sacré par saint Marc ; Héraclide, ayant reçu cet ordre de saint Paul, chercha partout Auxibe, qu'il trouva enfin dans le temple de Jupiter ; et, lui faisant connaître les intentions de l'Apôtre, il lui dit qu'il était temps de paraître et de monter sur le chandelier, afin d'éclairer ce peuple aveugle et couvert des ténèbres de l'idolâtrie. Le tirant donc de ce lieu, il le conduisit à la ville où il lui marqua une place pour y bâtir une église.

Auxibe, mettant aussitôt courageusement la main à l'œuvre, fit, en peu de temps, bâtir cette église ; l'ayant dédiée, il se prosterna à terre, fit sa prière à Dieu avec abondance de larmes, et lui demanda la grâce, la force et le courage de prêcher sa parole à ce peuple idolâtre pour le convertir, lui faire connaître son erreur, et le conduire à la foi de Jésus-Christ, Sauveur de tous les hommes. Après cette oraison fervente, il s'en alla sur la place publique : il y trouva une grande multitude de peuple, et se mit à prêcher hautement l'Evangile et à expliquer les principaux mystères de notre foi, la vérité d'un Dieu créateur du ciel et de la terre et la divinité de Jésus-Christ.

Une grande partie de ce peuple qui l'écoutait se rendit à la force des paroles de salut qui sortaient de sa bouche ; les merveilles qu'il opérait sur les malades et sur les possédés qu'il délivrait au nom et par la vertu de Jésus-Christ, par le seul signe de la croix, ne servirent pas peu à convertir ces idolâtres : ils reconnurent ainsi la vérité de la doctrine que leur prêchait Auxibe. Sa réputation croissait de jour en jour et se répandait de tous côtés ; elle arriva jusqu'à Rome, où le Saint avait laissé un de ses frères, Thémistagore, qui avait épousé une honnête dame nommée Timo. Ce frère fut même si touché des merveilles que Dieu opérait par le moyen d'Auxibe, qu'il résolut de se faire chrétien comme lui. Il vint donc avec sa femme et les sœurs de sa femme le trouver à Soles, où ils embrassèrent tous la foi de Jésus-Christ et reçurent ensuite le baptême. Auxibe fit aussi son frère diacre et sa belle-sœur diaconesse ; suivant l'usage de ce temps-là, il l'établit pour servir toujours à l'église, selon sa condition, après, néanmoins, que les deux époux se furent séparés l'un de l'autre de leur consentement mutuel.

Parmi ceux qui s'adressèrent au saint évêque, il y en eut un nommé *Auxibe* comme lui, du village de Solopotamie, qui fut imitateur de ses vertus et de son zèle, comme il lui était semblable de nom ; depuis qu'il fut baptisé, il ne le quitta jamais, mais vécut avec lui dans une si grande sainteté, qu'il mérita d'être nommé par lui-même son successeur.

Enfin, ce saint prélat, après avoir gouverné cinquante ans l'église de Soles avec une admirable piété, et conservé inviolablement sa virginité, se voyant proche de la mort, assembla le clergé de Soles, et l'exhorta à conserver la foi qu'il leur avait annoncée, à servir fidèlement l'Eglise, à garder les traditions qu'ils avaient reçues de lui et à honorer celui qu'il avait choisi pour évêque en sa place. Ensuite il prit la main de cet Auxibe, qu'il laissait pour son successeur, et lui dit : « Mon frère, Dieu, dans son infinie bonté, vous a élu prêtre ; ayez soin du troupeau de Jésus-Christ, qu'il a racheté de son sang ». Puis il donna le baiser de paix à toute la compagnie, et, le troisième jour après, qui fut le 19 février, ayant recommandé son troupeau à Dieu et donné sa bénédiction à tout le peuple qui était accouru pour le voir, il rendit son âme à Dieu à la fin du premier siècle, ou au commencement du second. Son corps fut mis dans un tombeau qu'il s'était lui-même préparé de son vivant ; au dehors, il avait fait graver ces mots : « Je vous conjure de ne pas ouvrir ce coffre, jusqu'après la mort de mon frère Thémistagore ».

Mais l'humble Thémistagore, se jugeant indigne d'être enterré avec un frère si saint, conjura le clergé de ne le point ouvrir pour lui. Le jour de sa mort, plusieurs infirmes furent miraculeusement guéris de leurs maladies, et il se fit un grand concours de peuple en ce lieu, pour honorer ses saintes reliques, à cause des miracles que Dieu opérait en faveur des personnes qui recouraient à lui.

Sa vie a été écrite par Métaphraste, et elle est rapportée dans Lipoman et dans Surius. Bollandus en donne une traduction faite sur un manuscrit grec, tiré de la Bibliothèque du roi. Le martyrologe romain et le ménologe des Grecs font mention de lui le 19 février, ainsi que le cardinal Baronius en ses doctes *Remarques.*

SAINT BONIFACE, ÉVÊQUE DE LAUSANNE

1265. — Pape : Urbain IV.

Vous étiez agréable à Dieu, et c'est pour cela que vous avez été mis à l'épreuve. *Tob.*, XII, 13.

Saint Boniface naquit de parents chrétiens, à Bruxelles, qui dépendait alors du diocèse de Cambrai. Un jour que sa mère, le portant encore dans son sein, se rendait à l'église, elle rencontra un vénérable vieillard à la figure angélique qui lui dit : « Le fils que vous allez mettre au monde sera illustre par sa science et sa doctrine, aimé de Dieu et des anges ». Après ces paroles il disparut. Quand l'enfant vint au monde, on lui donna le nom de Boniface. A mesure qu'il grandit, il crût en sainteté et en vertus. Ce qui brillait surtout en lui, c'était un grand amour pour la pureté ; cet amour allait si loin que quand ses parents l'embrassaient il s'essuyait ou se lavait la figure. On le mit de bonne heure aux études et il s'y fit bien vite remarquer par de brillantes qualités naturelles. A dix-sept ans, il se rendit à l'Université de Paris, car les Pays-Bas n'avaient pas d'université à cette époque. Il se distingua tellement qu'il fut appelé à enseigner aux autres ce qu'il avait si bien appris lui-même. Il mettait tous ses soins à vivre conformément aux maximes de Jésus-Christ. Il aimait l'humilité, passait de longues heures à converser avec son Dieu, mettait dans ses paroles une extrême réserve, se montrait courageux dans les tribulations, ardent à corriger ses défauts, ennemi de l'oisiveté, des hérétiques et des incrédules, et, les jours de fête, il passait son temps à étudier ou à prier.

Les vertus de saint Boniface lui méritèrent les honneurs du sacerdoce. Elevé à cette dignité, il en remplit les devoirs avec fidélité et une grande piété ; il était si vivement pénétré du regret de ses fautes qu'il n'offrait jamais le saint sacrifice sans verser des larmes abondantes. Pour empêcher son corps de se révolter contre lui, il le macérait par les jeûnes, les veilles, les prières et des mortifications de tout genre. Il portait un rude cilice et autour des reins une ceinture de crins piquants, remplie de nœuds.

Il y avait sept ans que Boniface enseignait à Paris la théologie avec beaucoup de réputation, lorsqu'il s'éleva, entre les professeurs et les écoliers, une dissension qui causa beaucoup de scandale et dans laquelle il se trouva innocemment enveloppé. Voyant que les élèves négligeaient de venir prendre ses leçons, il abandonna ces disciples rebelles, quitta la ville et le royaume, et partit pour Cologne, où il fut reçu avec les plus grands honneurs. Le diocèse de Cologne ne possédait pas encore d'université [1], mais il y avait des écoles de théologie dans les collégiales et dans les couvents de religieux. On offrit à Boniface une chaire de professeur, qu'il accepta avec les sentiments d'une respectueuse humilité. Il l'occupa pendant deux ans, c'est-à-dire jusqu'en 1232.

1. Elle n'y fut érigée qu'en 1388 par l'archevêque Frédéric III, comte de Sarwerden.

Le grand nom de Boniface était parvenu jusqu'en Suisse. Il fut nommé, sans sa participation, à l'évêché de Lausanne [1]. Là il fit fructifier les talents que le Seigneur lui avait confiés. Les préceptes que sa bouche annonçait, il les confirmait par l'exemple de sa vie, et leur donnait ainsi un nouveau degré d'évidence. Il joignait à l'instruction publique les exhortations particulières, et ne laissait échapper aucune occasion pour encourager aux bonnes œuvres. La confession, la prière, l'étude, la lecture des saintes Ecritures, telles étaient les occupations habituelles du prélat.

Néanmoins tout le temps de son épiscopat ne fut qu'un temps de trouble et de persécution, parce qu'il s'éleva fortement contre le vice et qu'il ne voulut aucune composition avec l'iniquité. La Suisse était alors soumise à l'empire d'Allemagne; et l'empereur Frédéric II, quoique chrétien de nom, agissait en ennemi de la religion chrétienne. Comblé de bienfaits par le Saint-Siége, il n'eut pour le Pape que de l'ingratitude. Les déceptions et les parjures de cet empereur, son alliance avec les Sarrasins, les persécutions qu'il fit éprouver aux évêques, sa haine pour l'Eglise, et une foule d'autres crimes forcèrent Grégoire IX et Innocent IV à l'excommunier.

Boniface fut aussi victime d'une persécution excitée par cet empereur. Les anciens biographes, sans dire dans quelle année ou sous quel Pape la chose se passa, en parlent en ces termes : « Une grande querelle s'étant élevée entre le Pape et l'empereur Frédéric, le Saint-Père assembla en concile quelques évêques, parmi lesquels se trouva Boniface, évêque de Lausanne. D'après le conseil de ce dernier, ainsi que des autres évêques, on dressa contre l'empereur une sentence d'excommunication que le Pape confirma et prononça. Frédéric, ayant appris qu'il était exclus de la communion de l'Eglise, envoya deux cents soldats à Lausanne pour tuer Boniface. Celui-ci, sortant de la ville avec deux cavaliers, sans savoir qu'on lui tendait des piéges, fut attaqué à l'improviste par ces soldats, attaché à un cheval et emmené. Cependant un des cavaliers fit tête aux soldats de l'empereur avec une si grande intrépidité et une telle confiance en Dieu qu'il parvint à délivrer de leurs mains le saint pontife. Pas un d'entre eux n'entra dans la ville ; il semblait que Dieu lui-même les eût terrassés ».

Les chagrins, les persécutions et les scandales sans cesse renaissants commencèrent à accabler notre Saint. Voyant qu'au lieu de faire du bien dans son diocèse, il ne recueillait que la haine des méchants, et découvrant d'ailleurs tous les jours de nouvelles entreprises contre la sûreté de sa personne, il se rendit à Rome pour demander au Saint-Père qu'il lui fût permis de se démettre de son évêché. Le Pape, qui connaissait les grandes qualités de Boniface, le remit à un an pour lui accorder sa demande. Mais enfin il céda à ses instances réitérées.

Après avoir obtenu cette grâce, il pria Dieu pour savoir dans quel endroit il lui serait donné de terminer ses jours en paix. Il passa de Rome dans le Brabant et se rendit à Bruxelles. Il visita ensuite, vers 1242, l'abbaye de la Cambre [2], où quelques-unes de ses parentes avaient pris le voile. L'abbesse

1. Lausanne, sur le bord septentrional du lac de Genève, était le siége d'un ancien évêché suffragant de Besançon. Les premiers évêques se nommèrent *prælati ecclesiæ Aventicæ*. Avenche était une ancienne ville, capitale du pays des Helvétiens ou Suisses : ce n'est plus aujourd'hui qu'un infime village dont l'aspect fait peine, tant tout y parle de ruines et de désolation. On y voit encore l'enceinte de l'amphithéâtre romain, où, sans doute, sont morts des chrétiens, et les restes d'un aqueduc où les animaux vont s'abreuver. Avenche fut détruite par Attila. Calvin ayant établi sa nouvelle doctrine à Genève et dans tous les pays des environs, les habitants de Lausanne chassèrent, en 1538, leur évêque, Sébastien de Mont-Faucon, qui se retira à Fribourg, où ses successeurs ont fait leur résidence depuis ce temps-là.

2. La Cambre *(Camera B. M. Virg.)* était une belle et riche abbaye de Bernardines, située dans une

et toute la communauté le reçurent avec une sainte joie et avec les marques du plus grand respect ; il y fixa son séjour, et Dieu manifesta par plusieurs miracles la sainteté de son serviteur.

Les religieuses, alors qu'il offrait le saint sacrifice de la messe, virent souvent les anges l'assister dans cet acte auguste. Il apparut un jour à un cardinal qui était tombé gravement malade à Paris, et le rendit à la santé en faisant sur son front le signe de la croix. Le ciel lui fit voir plusieurs fois des événements qui s'accomplissaient loin de lui.

Lorsque saint Louis livrait aux Sarrasins un combat naval pour la défense de la sainte ville de Jérusalem et du tombeau de Notre-Seigneur, l'évêque Boniface entendit dans sa prière une voix du ciel qui lui dit : « Sois assuré que le roi de France sera livré dans les mains des idolâtres, que plusieurs de son peuple périront et que d'autres tomberont en esclavage ». Ce qui lui avait été prédit arriva. Saint Louis entreprit en 1248 la guerre contre les Sarrasins et les défit en plusieurs batailles ; mais en 1250, son armée se trouvant considérablement réduite par les fatigues, les maladies et le manque de vivres, il perdit une bataille et fut fait prisonnier.

De même, lorsque le comte de Flandre faisait la guerre aux Hollandais, saint Boniface entendit dans sa prière une voix du ciel qui lui dit : « Apprends que le comte de Flandre sera fait prisonnier aujourd'hui et que ses troupes essuieront une grande défaite ». La prédiction s'accomplit, dit son ancien biographe. Jean de Leyde, dans sa chronique des Pays-Bas, en parle ainsi : « Avant que les Flamands livrassent bataille, l'évêque Boniface pria pour le succès de leurs armes ; il entendit une voix du ciel qui lui dit : Il faut que les orgueilleux soient humiliés. Apprenez que le fils de la comtesse de Flandre sera fait prisonnier aujourd'hui, et que les Flamands essuieront une grande défaite ».

Une chose troublait profondément le bienheureux Boniface, c'était la pensée de ses fautes ; il se demandait sans cesse si Dieu les lui avait pardonnées. Le ciel eut pitié de ses tourments, et dans une vision lui fit voir que tous ses péchés étaient effacés. Il désirait vivement depuis longtemps voir la sainte Vierge : cette bonne mère accéda à ses désirs et se montra à lui. Le bienheureux Boniface se jetant à ses pieds, la conjura de le sanctifier. Marie lui répondit en souriant : « Je t'ai sanctifié et je te sanctifierai toujours », et elle disparut. Une autre fois, dans l'octave de saint Jean-Baptiste, il désirait ardemment recevoir quelque consolation de la sainte Vierge ; elle lui apparut une seconde fois, magnifiquement vêtue, entourée d'un cortége de vierges comme elle brillamment habillées. Saint Jean-Baptiste couvert de vêtements éclatants l'accompagnait, et saint Boniface passa une nuit à converser avec cette sainte compagnie. Qui peut dire les joies que lui procura un semblable entretien ? Une nuit de Noël, qu'il ne pouvait, à cause de sa faiblesse, assister à l'office, il en fut très-affecté et s'en plaignit amoureusement à Marie, qui lui apparut tenant entre ses bras son enfant enveloppé de langes ; elle le posa sur le lit du malade et il put le contempler à son aise. Il eut encore d'autres visions auxquelles nous ne voulons pas nous arrêter. Nous avons hâte de parler de ses miracles qui furent nombreux et éclatants.

vallée, à une demi-lieue au S.-E. de la porte de Namur, à Bruxelles. La fondation de ce monastère date de l'année 1201. L'église était fort ornée dans l'intérieur ; les bâtiments vastes et commodes. Il s'y trouvait un grand-nombre de religieuses, ainsi que de demoiselles élevées dans la piété et dans la connaissance de tout ce qui était convenable à leur sexe. Les bâtiments de cette abbaye servent aujourd'hui à un dépôt de mendicité. Presque partout les anciens couvents servent à cacher les plaies de la société moderne.

Une jeune fille attaquée d'une infirmité subite était grièvement malade et souffrait d'atroces tortures. La mère, pleine de foi, prit des cheveux de saint Boniface et les mit sur sa fille qui s'endormit d'un paisible et profond sommeil, et se réveilla complètement guérie. Le Saint délivra à l'aide du signe de la croix un homme possédé du démon. Il rendit également la santé à un épileptique, à un énergumène, à deux religieuses brûlées par la fièvre, et l'usage de la parole à un homme dont le démon liait le larynx afin qu'il lui fût impossible de confesser ses péchés.

Cependant le moment était venu où Dieu voulait récompenser son serviteur de ses travaux : il tomba en une maladie grave qui devait le conduire au tombeau, il perdit l'usage de ses mains ; malgré cela il voulut continuer d'offrir le saint sacrifice de la messe ; les anges l'aidèrent et le servirent dans cette redoutable fonction. Comme il approchait du terme de sa vie, il fit demander l'Evangile de saint Jean, il l'embrassa et posant ses mains sur ce livre sacré : « Voilà », dit-il, « le livre selon les maximes duquel j'ai vécu, je crois tout ce qu'il renferme et désire mourir dans cette croyance ». Dieu ne tarda guère à exaucer ses désirs ; il mourut plein de mérites et de bonnes œuvres. Il avait gouverné pendant dix ans l'église de Lausanne et en avait passé dix-huit dans le monastère de la Cambre, servant Dieu jour et nuit dans la sainteté et dans la justice. Il expira le 19 des calendes de février 1265, et fut enterré à la Cambre où ses reliques restèrent déposées jusqu'à la grande révolution française.

Sa grande dévotion à la Sainte Vierge l'a quelquefois fait représenter agenouillé devant une image de Notre-Dame ; mourant, il tient un livre entre ses mains : c'est par allusion à la profession de foi qu'il prononça sur l'Evangile selon saint Jean.

RELIQUES DE SAINT BONIFACE.

A l'époque de la Révolution, les reliques de saint Boniface furent transportées à l'église paroissiale de Notre-Dame de la Chapelle, à Bruxelles, où elles se trouvent encore en grande partie. Il y a quelques années, une nouvelle et magnifique châsse reçut ces précieux ossements, et la translation en fut faite par le cardinal-archevêque de Malines en personne. L'accroissement considérable qu'a pris le faubourg d'Ixelles, où se trouve l'église de Notre-Dame de la Chapelle, y a nécessité la création d'une nouvelle paroisse il y a environ vingt ans, et elle a été placée sous le patronage de saint Boniface qui, par sa retraite à la Cambre, devint habitant d'Ixelles et demeura dix-huit ans sur le territoire de cette populeuse et riche commune. On y a construit une jolie église en style gothique, où l'on admire notamment la chaire de vérité ; les panneaux de la cuve reproduisent divers épisodes de la vie du Saint, traités avec un grand talent.

Nous avons emprunté aux *Acta Sanctorum* ce que nous avons dit de saint Boniface. Les derniers détails nous ont été envoyés de Bruxelles.

SAINT CONRAD DE PLAISANCE, CONFESSEUR

1351. — Pape : Clément VI. — Empereur d'Allemagne : Charles IV.

Le Seigneur conduit le juste par des voies droites, et partout il lui montre le royaume de Dieu.
Sap., x, 10.

Dieu est admirable en ses Saints ; mais lorsqu'il les conduit par des voies impénétrables aux yeux du monde, on ne peut se lasser de louer sa sagesse et sa miséricorde. Le bienheureux Conrad ne songeait guère à embrasser le chemin de la perfection chrétienne par la pratique des conseils évangéliques, quand il s'y vit comme forcé par une occasion que Dieu fit naître.

C'était un seigneur qui vivait paisiblement en sa maison avec sa femme et sa famille dans la ville de Plaisance. Il n'avait point d'autre occupation que l'exercice de la chasse : un jour, le gibier s'étant retiré dans des ronces au milieu des champs, il commanda à ses valets d'y mettre le feu pour le faire lever ; mais une bouffée de vent étant survenue, poussa la flamme plus loin qu'il ne le voulait, au grand dommage des blés d'alentour et même des autres lieux de la province, qui furent tous ravagés par le feu.

Conrad, surpris d'un si fâcheux accident, entra avec ses gens à petit bruit dans la ville, sans faire paraître qu'il fût cause de cet embrasement ; un pauvre homme de la campagne fut pris et fait prisonnier, parce qu'il fut soupçonné d'en être l'auteur. On le présenta devant le juge criminel qui, l'ayant interrogé et le trouvant toujours sur la négative, le fit mettre à la question afin d'en tirer de plus fortes preuves pour le condamner. Ce malheureux, manquant de courage et de constance, et craignant plus les tourments que la perte de la vie et de l'honneur, avoua le fait dont néanmoins il était innocent, et fut aussitôt condamné à mort. On le conduisit donc à la potence, et chacun y courut pour le voir. Ce bruit s'étant répandu par toute la ville, Conrad est averti de l'exécution qui va se faire en la personne de cet innocent, pour un crime dont lui-même était l'auteur. Alors, pressé par la loi de la justice et de la charité qui n'était pas tout à fait éteinte dans son cœur, il déclara publiquement l'innocence de ce pauvre homme, expliqua comment l'accident était arrivé, et offrit de réparer le dommage qui s'en était suivi : ainsi la vérité fut connue, l'innocent délivré, et Conrad obligé de satisfaire.

Pour en venir à bout, il vendit tous ses biens, tant meubles qu'immeubles, se réduisit à la dernière pauvreté et dédommagea ses voisins de toutes les pertes qu'il leur avait causées. Ensuite, sa femme qui avait consenti à la vente de sa dot pour cette réparation, prit le voile dans un monastère de la ville de Plaisance, et lui se retira dans un pays éloigné, où il prit l'habit de Saint-François, que l'on appelle *de la pénitence ;* puis il s'en alla à Rome pour visiter les Lieux Saints. De là il passa en Sicile et se fixa près de Noto, où il demeura quarante ans comme en solitude, partie dans l'hôpital de Saint-Martin, et partie sur une montagne voisine, pour y faire une véritable et sérieuse pénitence. Son occupation la plus ordinaire était la prière et la mortification de son corps, auquel il n'épargnait aucune espèce d'austérité ; la terre nue lui servait de lit, et une pierre de chevet ; le pain et les herbes crues faisaient toute la diversité de ses mets ; on pouvait dire qu'il se nourrissait plutôt de ses larmes que de pain : celui dont il usait était d'ailleurs si grossier, qu'il ne lui flattait guère plus les sens que s'il eût été de cendre. Tout cela, néanmoins, n'empêcha pas le démon de lui susciter souvent de furieuses tentations de la chair et de la gourmandise ; mais il les surmontait toutes en augmentant ses austérités et en prolongeant le temps de ses prières. Il triompha ainsi de lui-même, au point que, lorsque ses amis lui faisaient présent de quelques légumes, il n'y touchait que quand ils avaient acquis une saveur désagréable. Un jour qu'il se sentait pressé de manger plus qu'à l'ordinaire, il se dépouilla tout nu et se roula si longtemps parmi les épines, que le sang coula de toutes les parties de son corps : voilà comment il réprimait ses désirs.

Dieu récompensa cette grande vertu par le don de prophétie et la grâce des miracles, qui le firent admirer et respecter, non-seulement du peuple, mais aussi des prélats et des personnes les plus illustres; mais nous passons ces merveilles sous silence pour venir à son précieux décès. Ayant eu révélation qu'il était proche, il reçut les derniers sacrements, et, après avoir déclaré à son confesseur qu'il voulait être enterré dans l'église de Saint-Nicolas, et lui avoir prédit que les habitants de Noto et ceux d'Avola auraient de grands différends pour son corps, il se jeta aux pieds d'un crucifix. En cet état, étant environné d'une admirable clarté, il rendit son âme à Dieu, l'an 1351, en présence de son confesseur, qui fut quelque temps sans savoir s'il était mort, parce que son corps demeurait toujours à genoux, comme s'il eût été animé. Dès qu'il eut trépassé, les cloches des deux villes dont nous avons parlé sonnèrent d'elles-mêmes pour avertir le peuple de la mort du serviteur de Dieu ; et, après plusieurs contestations entre les habitants de l'une et de l'autre, son corps fut porté en l'église de Saint-Nicolas, à Noto. Depuis, il a été levé de terre et placé dans une châsse d'argent, où le Saint a brillé jusqu'aujourd'hui par plusieurs miracles et par de grandes faveurs accordées aux fidèles. C'est pourquoi le souverain pontife Léon X a permis d'honorer sa mémoire en cette ville : ce que Paul III a étendu à Plaisance, à toute la Sicile et à d'autres lieux. Enfin le pape Urbain VIII a permis, par un bref du 13 septembre 1625, à tous les religieux de l'Ordre de Saint-François, de l'insérer dans leur calendrier.

Voici les diverses manières dont on a représenté saint Conrad de Plaisance :

1° Dans la plupart de ses images, des *cerfs* et autres animaux de chasse s'échappent près de lui devant un incendie qui éclate ;

2° On donne à saint Conrad, comme indice de sa profession de chasseur, un *épieu* ou *demi-pique ;*

3° Des *rets* indiquent aussi sa passion pour la chasse ;

4° *Des oiseaux voltigent autour de lui.* On raconte qu'en se rendant chez l'évêque de Syracuse pour vivre solitaire, il y fut accueilli par une nuée de ces charmantes petites créatures qui semblaient se réjouir de sa venue.

Saint Conrad de Plaisance est le principal patron de Noto, où sa mémoire est encore en grande vénération. On l'y invoque particulièrement contre les *hernies*, parce que, vivant et mort, il en guérit plusieurs ; sa fête est regardée comme amenant à coup sûr des guérisons presque sans nombre de cette infirmité.

Un auteur de sa vie, du commencement du XVIIe siècle, le chanoine Campi, de Plaisance, a écrit beaucoup de choses édifiantes et curieuses sur saint Conrad. On nous saurait peut-être gré de donner l'extrait d'une pièce de vers où différents patronages populaires se trouvent associés à celui de Conrad, le grand chasseur, le charitable hospitalier et le fervent ermite; mais ceci nous entraînerait trop loin : voir, à défaut de l'ouvrage original, le Père Cahier, *Caractéristiques,* t. II, p. 611.

S. LOUP, VULGAIREMENT LEU, ÉV. DE CHALON-SUR-SAONE (610).

On croit que saint Loup naquit à Boyer, d'une famille illustre, dans le cours du VIe siècle. Il possédait dans ce village des domaines considérables qu'il donna à saint Vincent de Châlon. Il est probable qu'il succéda à saint Flavius qui vivait encore en 591. Elu évêque de Châlon, aux acclamations du clergé et du peuple, il se distingua par l'ardeur de sa charité, par son abstinence, son amour pour la prière, sa libéralité, et le soin qu'il prit de réformer son diocèse, et d'y établir une école pour l'étude des saintes Ecritures. Les miracles qu'il opéra pendant sa vie et après sa mort, attestent sa haute sainteté. Tandis qu'après avoir consacré de longues heures à la prière, il donnait à ses membres fatigués un moment de repos, un horrible incendie éclata au couchant de la ville. Bientôt les flammes dévorent la moitié de Châlon. Les secours humains ne peuvent les arrêter : les Châlonnais implorent l'intercession de leur saint évêque. Il se lève aussitôt, vient au-devant des flammes et apaise leur fureur par la vertu du signe de la croix.

Le légendaire de saint Vincent de Châlon rapporte que, dans une grande sécheresse, saint Loup, touché de compassion en voyant ses cultivateurs de Boyer en proie à une soif ardente, se mit en prières, enfonça son bâton dans le sol, et en fit jaillir une source abondante. Cette fontaine, continue notre auteur, est un monument de la charité du saint évêque, et plusieurs malades y ont trouvé leur guérison. On montrait aussi à Boyer sa celle, ou modeste demeure, située près d'un oratoire. L'accès en avait été interdit aux femmes pendant la vie du Saint, et longtemps après sa mort elles n'osèrent y pénétrer.

Toute sa vie fut remarquable par une austère régularité. Il passait la plus grande partie de la nuit dans une chapelle dédiée au pape saint Sylvestre, dont un bras y était conservé. Cet oratoire, situé à gauche de l'église mère, vis-à-vis l'autel de Saint-Vincent, était constamment éclairé en l'honneur de la précieuse relique.

Ce bon Pasteur mourut au milieu de son peuple désolé, donnant à tous les plus salutaires conseils. Après avoir reçu la divine Eucharistie, il rendit son âme à Dieu le 27 janvier. Il avait demandé qu'on l'ensevelît dans l'église du monastère de Saint-Pierre, aux portes de la ville. Cette abbaye avait été élevée par son prédécesseur. On y porta le corps du Saint au milieu d'une foule innombrable. Quand le cortége passa devant les prisons de la ville, le cercueil devint tout à coup si lourd, qu'on ne put continuer la marche funèbre, avant que les prisonniers eussent été mis en liberté. Ce miracle est l'origine du privilége dont jouirent longtemps les évêques de Châlon de délivrer un prisonnier à leur choix, le jour de la fête de saint Loup [1]. Le corps du Saint fut inhumé à droite de l'autel de Saint-Pierre.

L'an 878, le pape Jean VIII permit à Gerbold, évêque de Châlon, de relever ses saintes reliques, et de les exposer à la vénération publique, justifiée d'ailleurs par de nombreux miracles.

L'an 1552, le corps de saint Loup fut profané par les Huguenots, qui pillèrent l'abbaye de Saint-Pierre et les autres églises de la ville. Le chef seul fut conservé, on le voit encore dans l'église de Saint-Vincent, derrière le maître-autel, au fond de l'abside.

Saint Loup est le patron de Boyer.

Extrait du *Légendaire d'Autun.*

SAINT GEORGES, ÉVÊQUE DE LODÈVE (884).

Né d'une noble famille, dans le diocèse de Rodez, saint Georges fit, dès sa jeunesse, de grands progrès dans l'étude des belles-lettres, de la théologie et dans l'exercice des vertus chrétiennes. En peu de temps, par ses connaissances et son mérite, dit l'historien de sa vie, il surpassa presque ses maîtres ; *ut suis etiam magistris eruditior haberetur.* Sa piété et l'austérité de sa vie ne le rendaient pas moins recommandable que son savoir : il était un modèle de toutes les vertus. Sa charité était vive, ses mœurs étaient graves ; l'esprit de mortification lui était particulièrement cher, et ses vertus étaient rehaussées et embellies par une modestie solide.

1. Mgr l'évêque d'Autun a exercé ce beau privilége quand il a béni la nouvelle prison cellulaire de Châlon, en 1844.

Dieu voulut régner dans l'âme de ce jeune et vertueux chrétien d'une manière souveraine. Il lui inspira donc le goût de la vie monastique. Saint Georges, obéissant à cette voix secrète de la grâce, dit adieu au monde et aux brillantes espérances du siècle, et pour servir le Seigneur avec plus de ferveur encore et faire des progrès plus rapides dans la voie de la perfection, il se retira dans le monastère de Sainte-Foi de Conques, alors l'un des plus florissants de la chrétienté, après avoir brisé généreusement les liens qui l'unissaient à sa noble famille.

A Conques, saint Georges grandit tout à la fois et en âge et en vertu. Aussi, ayant pris l'habit et la règle de Saint-Benoît, il fut successivement appelé aux divers ordres, et enfin ordonné prêtre.

En ce temps-là, vers l'année 862, les Normands avaient ravagé le monastère de Conques, dispersé les religieux et entassé ruines sur ruines, et l'abbé du monastère, pour se dérober à la fureur de cette cruelle invasion, s'était réfugié à Toulouse, auprès de Raymond, qui était en même temps comte de Rodez. Or, la Providence disposa toutes choses de telle manière, en ces conjonctures, que Raymond se sentit porté à fonder à Vabres dans le diocèse de Rodez, un monastère, et qu'ayant placé à la tête des religieux l'abbé de Conques, qui s'était réfugié près de lui, celui-ci crut ne pas pouvoir mieux faire pour organiser cette fondation, que de s'adjoindre saint Georges lui-même, qu'il avait connu au monastère de Conques, et qui lui semblait l'homme le plus capable de l'aider à faire fleurir l'esprit religieux et les vertus monastiques dans cette nouvelle famille de moines. C'est là que saint Georges passa une quinzaine d'années, le premier entre tous les frères par sa fidélité à la règle, par son amour de la pénitence, par sa ferveur dans l'oraison. Doux, humble, appliqué au travail, montrant l'esprit de désintéressement et de pauvreté partout et toujours, en un mot un miroir vivant de toutes les vertus, dit l'historien de sa vie. *Aliosque virtutes optime edocens.*

Une vie si sainte, jointe à un renom de science bien établi, rendit le nom de saint Georges populaire jusque chez tous les peuples voisins. Aussi arriva-t-il que le clergé de la ville de Lodève l'appela d'une voix unanime au siége épiscopal qui venait de vaquer. Saint Georges, bien qu'affaibli par l'âge et les austérités de toute sa vie, se résigna à accepter le fardeau de l'épiscopat, qui tombait comme du ciel sur ses épaules, et il gouverna saintement pendant quelques années le diocèse de Lodève, remplissant en toutes circonstances les devoirs d'un bon pasteur, tant qu'enfin, plein de jours et de mérites, il s'endormit doucement dans le Seigneur, vers l'an 884.

Le corps saint de ce digne pontife fut déposé dans l'église de Saint-Geniès, que saint Fulcran, l'un de ses glorieux successeurs sur le siége épiscopal de Lodève, fit rebâtir, d'après un plan grandiose, dans le courant du Xe siècle, et qui porte aujourd'hui le nom d'église Saint-Fulcran. Là, ces restes vénérés ont reçu les témoignages de la confiance et de l'amour des fidèles sans interruption, jusqu'à nos malheureuses guerres de religion où les calvinistes, guidés par un aveugle fanatisme, les jetèrent aux vents après avoir saccagé la ville.

La fête de saint Georges est fixée au 19 février, dans le diocèse de Rodez.

Nous devons cette notice à l'obligeance de M. le chanoine Bousquet, secrétaire général de l'évêché de Rodez.

LE BIENHEUREUX ALVAREZ DE CORDOUE (1420).

Alvarez de Cordoue, né vers le milieu du XIVe siècle, prit l'habit de Saint-Dominique en 1368. Son attrait pour les austérités lui faisait ajouter à la sévérité de la règle des pratiques très-rigoureuses. Il portait le cilice avec une chaîne de fer qui lui servait de ceinture. L'humilité, la charité, l'esprit d'oraison, telles étaient les principales vertus qu'on admirait en lui, et qui éclatèrent aux yeux du peuple lorsqu'il se livra au ministère de la prédication. Après avoir donné des missions dans les royaumes d'Andalousie et de Castille et ramené à Dieu une grande multitude de pécheurs, il passa en Italie et de là en Palestine, où les efforts de son saint ministère ne furent pas moins consolants. De retour en Castille, l'an 1405, il y reprit l'œuvre qu'il avait si heureusement commencée. Après la mort de Henri II, roi de Castille, la reine Catherine, sa veuve, le choisit pour son confesseur, lui donna toute sa confiance, et le fit son conseiller intime. Il profita de sa position influente à la cour pour faire honorer la piété et la religion. Les fonctions qu'il exerçait auprès de la reine lui devenant tous les jours plus difficiles, il obtint d'en être déchargé, et cette princesse, en le congédiant, le mit en état de bâtir un couvent de son Ordre, se chargeant de contribuer à tous les frais de cet établissement. Alvarez le fit construire sur une montagne à deux lieues de Cordoue, et lui donna le nom de *Scala-Cœli*, c'est-à-dire Echelle du ciel, mais il refusa la riche dotation que la reine et le jeune roi Jean II, son fils, voulaient y attacher. Lorsqu'il s'y fut retiré, il vit bientôt arriver un grand nombre de religieux et de novices qui se présentaient pour vivre sous sa conduite. Il contribua beaucoup à l'extinction du schisme d'Occident par les efforts qu'il fit pour détacher de Pierre de Lune les partisans nombreux qu'il conservait en Espagne. Digne imitateur de saint Vincent Ferrier, il faisait dans l'Andalousie ce que cet homme apostolique faisait dans différents royaumes, et ses missions ne finirent qu'avec sa vie. Il mourut le 19 février 1420, et divers miracles attestèrent sa sainteté. Bientôt on l'invoqua comme Bienheureux, et son tombeau devint célèbre par le concours des pèlerins qui venaient réclamer son intercession. Son culte a été autorisé par Benoît XIV qui l'a étendu à tout l'Ordre de Saint-Dominique.

Année dominicaine.

LA BIENHEUREUSE ÉLISABETH PICENARDI (1468).

Elisabeth eut pour parents deux nobles habitants de Mantoue, nommés Léonard Picenardi et Paule Nuvoloni. Cette dernière s'occupa avec soin de l'éducation d'Elisabeth et la forma de bonne heure à la pratique des vertus chrétiennes ; la pieuse enfant aimait à se retirer dans une petite cellule, et là elle méditait la parole de Dieu ; ses seules récréations étaient d'aller de la maison de ses parents à l'église de Saint-Barnabé, où elle se faisait remarquer par sa piété. Ses qualités et ses vertus attirèrent bientôt les regards et de nombreux partis se présentèrent ; mais Elisabeth, qui avait consacré à Dieu sa virginité, les refusa tous, et, avec la permission de son père, s'étant retirée chez une sœur qu'elle avait, elle entra dans le Tiers Ordre des Servites.

Dès lors elle mena un genre de vie bien plus parfait encore. Sa prière était continuelle, et elle mortifiait son corps de toutes les manières ; chaque jour elle se confessait et recevait la sainte Eucharistie. L'exemple de ses vertus attira un certain nombre de jeunes filles qui voulurent se mettre sous sa conduite ; Elisabeth les édifia, et les forma si bien à la piété, qu'elles voulurent entrer dans le Tiers Ordre. Une vie si parfaite lui mérita les faveurs du ciel. On assure que jamais elle ne pria en vain la Sainte Vierge ; on la regardait comme une excellente avocate auprès de Dieu et de Marie. L'estime dont on l'entourait et les grâces particulières qu'elle recevait de Dieu, n'amoindrirent aucunement son humilité ; elle voulait toujours se faire passer pour la plus criminelle et la plus méprisable des créatures. A l'âge de quarante ans, elle fut atteinte d'une maladie d'entrailles qui la conduisit au tombeau ; elle mourut le 19 février 1468. Son corps, selon son désir, fut porté à l'église de Saint-Barnabé, et il s'y opéra un grand nombre de miracles. Ses reliques furent, après plusieurs translations, déposées en 1779 dans la chapelle de la famille Picenardi, dans le diocèse de Crémone, en un lieu nommé le Champ des Tours : elles y sont encore maintenant conservées avec respect.

XXe JOUR DE FÉVRIER

MARTYROLOGE ROMAIN.

A Tyr, en Phénicie, la mémoire des bienheureux martyrs (Dieu seul connaît leur nombre), qui, sous l'empereur Dioclétien, furent mis à mort par le gouverneur militaire, Veturius, avec des supplices nombreux, et se succédant les uns aux autres. Premièrement, ils furent déchirés par tout le corps à coups d'étrivières, ensuite livrés à toutes sortes de bêtes féroces dont la vertu divine les délivra sans lésion ; enfin la rigueur du fer et du feu ayant été employée, ils consommèrent leur martyre. Ceux qui animaient cette troupe glorieuse à poursuivre la victoire étaient les évêques Tyrannion, Sylvain, Pélée et Nil, et le prêtre Zénobe, qui, par un heureux combat, gagna avec eux la palme du martyre. 304 et 310. — Dans l'île de Chypre, les saints martyrs Potame et Némèse[1]. — A Constantinople, saint Eleuthère[2], évêque et martyr. 490. — En Perse, la naissance au ciel de saint SADOTH, évêque, et de cent vingt-huit autres, qui, sous Sapor, roi des Perses, ayant refusé d'adorer le soleil, acquirent de brillantes couronnes par une mort cruelle. 342. — A Catane, en Sicile, saint Léon, évêque, qui brilla par ses vertus et ses miracles. VIIIe s. — Le même jour, saint EUCHER, évêque d'Orléans, que Dieu releva d'autant plus par l'éclat des miracles, que ses envieux l'opprimèrent davantage par leurs calomnies. 738. — A Tournai, en Belgique, saint ELEUTHÈRE, évêque et confesseur. 531. — A Thérouanne, le bienheureux Didier, trente-troisième évêque de cette ville. Après avoir gouverné son église pendant vingt-deux ans, il alla mourir dans un monastère près de Mons. 1194.

MARTYROLOGE DE FRANCE, REVU ET AUGMENTÉ.

A Liége, saint Eucher, aussi évêque et confesseur. — Au même lieu, saint Falcon, frère et successeur du précédent[3]. — A Autun, saint Gal, prêtre. — En Irlande, saint Bolcain, évêque, qui avait passé une grande partie de sa vie en France. Vers 600. — A Tarbes, la fête de saint VALÈRE ou VALLIER, évêque de Conserans, dont l'entrée au ciel est marquée le 15 juillet. 504. — A Alger, saint POSSIDONIUS, évêque de Calame. — A Roubaix, la bienheureuse THÈCLE. IXe s.

MARTYROLOGES DES ORDRES RELIGIEUX.

Martyrologe de Saint-Basile. — A Constantinople, saint Antoine, évêque, de l'Ordre de Saint-Basile, qui florissait au temps de l'empereur Léon VI ; sa naissance au ciel est le 12 février. IXe s.

Martyrologe de Vallombreuse et de Cîteaux. — Saint Canut, roi et martyr, mentionné le 7 de janvier et le 16 février.

Martyrologe des Frères Prêcheurs. — L'octave de sainte Catherine Ricci.

Martyrologe de l'Ordre Romano-Séraphique. — Saint Raymond de Pennafort, confesseur, dont le jour natal est le 20 février.

Martyrologe de l'Ordre Séraphique. — A Bourges, la bienheureuse Jeanne de Valois, autrefois reine de France, par laquelle a été institué, sous la règle des dix vertus de la bienheureuse Vierge Marie, l'Ordre de la très-sainte Annonciation, qui est placé sous l'obédience et la direction des Frères Mineurs. Elle s'envola au ciel le 4 février.

Martyrologe des Carmes chaussés. — Saint Maur, abbé, dont la mémoire est rapportée le 15 de février.

Martyrologe de l'Ordre des Servites. — Saint Ildefonse, évêque de Tolède et confesseur, dont la naissance au ciel est célébrée le 22 février.

Martyrologe des Capucins. — Saint Ignace, dont le jour natal tombe le 1er de ce mois, mais qui est honoré par nous aujourd'hui.

ADDITIONS FAITES D'APRÈS LES BOLLANDISTES ET AUTRES HAGIOGRAPHES.

En Angleterre, sainte Mildrède, vierge et abbesse de Minstrey[4]. VIIe s. — A Rome, les saints Victor, Corona, et leurs vingt compagnons, martyrs[5]. — A Avila, en Espagne, sainte Paule, surnommée Barbate, c'est-à-dire barbue, vierge. On raconte que, fuyant les poursuites d'un libertin et prête à tomber entre ses mains, elle fut sauvée par un changement miraculeux qui s'opéra dans sa

1. Les Bollandistes ajoutent saint Didyme. Les reliques de saint Némèse sont à Bologne, en Italie.

2. Saint Eleuthère fut le huitième évêque de Byzance. Il fut élu en 484 par les catholiques pour remplacer Acace, qui favorisait les Eutychiens.

3. Saint Eucher et saint Falcon ou Faucon furent évêques de Maëstricht. Le premier mourut en 495, et le second en 512. Les Bollandistes se demandent, sans trancher la question, si ce n'est pas de ce dernier que la petite ville de Montfaucon (Meuse, à 34 kilom. sud-est de Montmédy) a pris son nom.

4. Elle était fille de Merwald, prince des Merciens et d'Ermenburge. Son frère Mervin et ses deux sœurs Milburge et Milgithe sont également nommés dans les calendriers des Saints d'Angleterre. Or, un certain Egbert, roi de Kent, avait fait assassiner deux princes, ses neveux, dans l'île de Thanet. Le comte Thunor, qui s'était chargé de cette exécrable commission, enterra les deux corps sous le trône même du roi. Mais Egbert, croyant voir une lumière sortir de leur tombeau, fut saisi d'une crainte extraordinaire; il rentra en lui-même et voulut payer aux parents de ses victimes l'amende prescrite par les lois. Il fit donc venir de Mercie la sœur des princes assassinés et lui donna quarante-huit charrues de terre dans l'île de Thanet. La princesse les employa à fonder le monastère de Minstrey, dont sainte Mildrède fut la deuxième abbesse. — Londres compte deux églises du nom de Sainte-Mildrède.

5. Le Bréviaire de Toul de 1535 faisait mémoire de saint Victor et de sainte Corona.

personne et la rendit entièrement méconnaissable : son surnom lui serait venu de la barbe qui couvrit son visage dans cette circonstance. IVe s. — En Irlande, saint Olcan ou Bolcan, évêque, qui fut baptisé par saint Fabrice. 500. — A Bethléem, en Palestine, sainte Pauline ou Paule la Jeune. Son père était fils de cette grande sainte Paule surnommée l'ancienne, louée par saint Jérôme, et frère de sainte Eustochie, non moins exaltée par ce grand docteur ; sa mère Læta était aussi de l'une des premières familles de Rome : ces deux nobles époux gémissaient de n'avoir pas d'enfants : par leurs prières, ils obtinrent du ciel celle qui devait être sainte Pauline. Quand elle fut grande, on l'envoya à Bethléem où vivait dans la plus haute sainteté, à la tête d'une troupe de vierges, sa tante Eustochie. La vénérable Paule était morte quand la jeune Pauline arriva : elle n'avait pas eu la consolation de presser contre son sein maternel la fille de son fils tant regretté. A l'école de sa vertueuse tante, la petite-fille des consuls devint une des gloires de l'Eglise. Après la mort de la vierge Eustochie, Pauline continua les traditions de son illustre famille, et embauma l'Orient du parfum suave de ses vertus. 400. — En Angleterre, le bienheureux Ulric ou Ulfric, prêtre et solitaire. Il avait été d'abord un prêtre mondain. Violemment tourmenté par les démons, dont une Sainte le délivra, il se fit remarquer ensuite par ses macérations et son austérité. Il prédit la mort du roi d'Angleterre Henri Ier, et accomplit de son vivant un grand nombre de miracles. Mathieu Pâris a écrit sa Vie. An 1154. — En Orient, saint BESSARION, solitaire de Scété. Fin du IVe s.

S. ÉLEUTHÈRE, ÉVÊQUE DE TOURNAI ET MARTYR

531. — Pape : Boniface II.

> **Qui suis-je pour aller enseigner les fils d'Israël ? Le Seigneur lui répondit : Je serai avec toi.**
> *Exod.*, III, 11.

Eleuthère, ou *Lehire*, selon l'ancienne appellation, vit le jour à Tournai en 454 ou 456. Serenus, son père, et Blanda, sa mère, étaient d'une noble origine et jouissaient d'une grande aisance. Serenus comptait parmi ses ancêtres Hirénée, qui fut un des premiers habitants de Tournai qui embrassa le christianisme à la voix de saint Piat, et qui donna le terrain sur lequel s'éleva dans la suite l'église de Notre-Dame.

Eleuthère avait reçu de Dieu un si heureux naturel, qu'il fit autant de progrès dans les lettres que dans la piété. Il fut élevé avec saint Médard, depuis évêque de Noyon, qui lui prédit qu'il serait un jour évêque de Tournai. La prédiction se vérifia en 486, lorsque Eleuthère, âgé de trente ans environ, fut élu pour succéder à l'évêque Théodore.

Déjà avant la mort de Théodore, la violence des païens avait obligé les principaux chrétiens de Tournai de se réfugier à Blandain, village situé à une lieue de Tournai, où les parents d'Eleuthère avaient des propriétés.

Les Tournaisiens avaient beaucoup dégénéré depuis la mort de leur apôtre saint Piat. Leur foi s'éteignait de jour en jour, soit par le commerce et la violence des païens, soit par les désordres des rois francs, qui étaient encore idolâtres et qui faisaient leur résidence à Tournai. Tel était l'état de l'église de cette ville, lorsque saint Eleuthère en fut fait évêque. Les premières années de son épiscopat furent pour lui un temps de troubles et de rudes épreuves. Son troupeau se trouvait mêlé, d'une part avec les Francs maîtres du pays et encore païens, et d'autre part avec divers hérétiques qui répandaient parmi le peuple des doctrines contraires au dogme de l'Incarnation de Jésus-Christ. Ce fut pour Eleuthère un sujet de redoubler sa vigilance pastorale et ses travaux. Il arracha un grand nombre de Francs aux superstitions du paganisme, et défendit de vive voix et par écrit le mystère de l'Incarnation contre les hérétiques.

Son zèle pour gagner des âmes à Jésus-Christ le porta plus d'une fois à pénétrer secrètement dans Tournai, où il prêchait l'Evangile à des familles délaissées et à des hommes qui avaient reconnu la vanité des idoles. Telles étaient ses occupations ordinaires, quand un événement singulier, mais que Dieu fit servir au salut d'un grand nombre, vint lui rouvrir, ainsi qu'aux autres exilés, les portes de sa ville natale. Voici en quels termes le rapportent les auteurs :

La fille du gouverneur de Tournai, païenne comme son père, avait conçu une secrète affection pour le jeune et vertueux Eleuthère, avant qu'il eût été banni avec sa famille. Jamais elle n'avait communiqué ce sentiment à personne ; mais un jour elle se transporta à Blandain pour en faire l'aveu à saint Eleuthère lui-même. L'esprit de Dieu avertit son serviteur de ce danger qu'il ignorait et auquel il allait être exposé. Aussitôt donc que cette fille païenne fut en sa présence : « Malheureuse », lui dit-il, « n'avez-vous point entendu dire que Satan osa tenter le Seigneur, et que celui-ci lui répondit : Retire-toi ; oses-tu bien tenter ton Seigneur et ton Dieu ? A l'exemple de mon Sauveur et au nom de la sainte et indivisible Trinité, je vous commande de vous retirer et de ne plus revenir en ce lieu ». En entendant ces mots, la jeune fille tomba comme frappée de la foudre et expira sur-le-champ. Le gouverneur, désespéré d'une mort si imprévue, mais reconnaissant la puissance du Dieu d'Eleuthère, promit de se faire chrétien, s'il rendait la vie à sa fille. L'évêque consentit à prier pour elle, et demanda humblement à Jésus-Christ qu'il lui plût de faire ce miracle pour la conversoin de tant de malheureux idolâtres. Après plusieurs jours passés dans le jeûne et la prière, il se rendit au lieu où le cadavre avait été enterré, ordonna de soulever la pierre ; puis il appela trois fois la jeune fille, lui commandant de se lever au nom de Jésus-Christ ressuscité d'entre les morts. Dans le même instant elle sortit du tombeau sous les yeux d'une multitude de spectateurs et demanda à recevoir le baptême. Malgré un prodige si éclatant, le père résistait encore, sans doute par la crainte qu'il avait des autres païens : c'était le motif ordinaire de ces sortes de résistances à la grâce. Une contagion subite éclata alors parmi eux et fit d'épouvantables ravages. Dans leur aveuglement, les idolâtres attribuèrent ce châtiment du ciel aux artifices de saint Eleuthère, qu'ils traitaient de magicien ; et ayant tenu conseil entre eux, ils résolurent de le faire périr. La nuit venue, une troupe armée alla s'emparer de l'évêque et l'amena devant le gouverneur, qui ordonna de le battre de verges, puis de le jeter en prison. Mais l'ange de Dieu vint l'y visiter, fit tomber ses chaînes, et ouvrant la porte devant lui, le ramena à Blandain. La patience admirable et les prières du saint confesseur de la foi apaisèrent enfin le Seigneur et attirèrent ses miséricordes sur ce peuple si longtemps rebelle. Changé subitement par un effet de la grâce, le gouverneur alla lui-même trouver saint Eleuthère et le pria de revenir à Tournai. Le Saint accueillit cette demande avec joie, et rentrant dans la ville, il en prit possession au nom de Jésus-Christ, et la régénéra presque aussitôt par le baptême de onze mille païens. Ce beau jour fut consacré par une fête solennelle, qui se célèbre encore chaque année (26 décembre 496).

La conversion de Clovis coïncida avec cet événement.

Peu de temps après, un nouveau miracle augmenta encore l'allégresse et occasionna de nouvelles conversions : ce fut la guérison de l'aveugle Mantilius, opérée le jour de Noël.

La conversion de Clovis, en 496, ayant rendu le temps plus calme, Eleuthère en profita pour rétablir à Tournai le siége épiscopal, fixé depuis quelques années au village de Blandain. Il fit trois fois le voyage de Rome pour s'éclaircir sur les moyens propres à remédier aux maux de son église. La dernière fois qu'il en revint, il rapporta les reliques de saint Etienne, premier martyr, et de sainte Marie l'Egyptienne.

Le retour du Saint au milieu de son troupeau excita partout la joie la plus vive. Le clergé et le peuple, sortis de la ville par la porte Nervienne, étaient allés à sa rencontre, et déjà le cortége descendait la colline du mont Sacré, aujourd'hui le mont Saint-André, lorsque, du haut de cette éminence, le vénérable évêque apparut, tenant élevées dans ses mains les précieuses reliques qu'il portait. Deux cercles de lumière se formèrent au même instant autour de lui sous les yeux du peuple, qui poussait des cris d'admiration ; puis tous se mirent en marche vers la basilique de Notre-Dame en chantant des hymnes et des cantiques. Sur la route, un grand nombre de malades ou d'estropiés furent guéris, et un muet, bien connu des habitants, recouvra l'usage de la parole.

Clovis se distingua par le succès de ses armes et par la protection qu'il accorda à la religion ; mais il souilla sa mémoire par des actes de perfidie et de violence. La légende de saint Eleuthère nous offre une protestation publique de la part du clergé contre les moyens barbares par lesquels le vainqueur de Tolbiac tâcha d'étendre et de consolider sa domination. Clovis vint un jour à Tournai ; à peine arrivé, il se rendit à l'église pour remercier Dieu de ses victoires. Eleuthère l'attendait sur le seuil : « Seigneur roi », lui dit-il, « je sais pourquoi vous venez à moi ». Etonné de ces paroles, Clovis protesta qu'il n'avait rien de particulier à dire à l'évêque. « Ne parlez pas ainsi, ô roi », reprit saint Eleuthère, « vous avez péché et vous n'osez l'avouer ». Alors le vainqueur s'émut, ses yeux se mouillèrent de larmes, il avoua qu'il se sentait coupable et pria le pieux évêque de célébrer la messe pour lui et d'implorer du ciel le pardon de ses crimes. Eleuthère se mit en prières et y resta toute la nuit, arrosant le sol de ses pleurs. Le lendemain, pendant qu'il célébrait la messe, et au moment où il se préparait à recevoir l'hostie sainte, une lumière éclatante se répandit dans l'église, et un ange lui apparut : « Eleuthère », lui dit-il, « serviteur de Dieu, tes prières sont exaucées » ; et en même temps il lui remit un écrit où était tracé le pardon accordé aux fautes royales qu'il n'est pas permis de divulguer. Absous par la clémence divine, Clovis rendit grâces à Dieu et au saint évêque, et fit des dons considérables à l'église de Tournai. Les courageuses remontrances d'Eleuthère, le repentir public du prince, l'ange apportant du ciel le pardon des crimes politiques, sont au moins, si l'on tient à contester la certitude de ces faits, une admirable peinture des sentiments populaires de cette époque.

Pour extirper les dernières racines des doctrines hérétiques qui désolaient son diocèse, Eleuthère réunit vers l'an 520 un synode, dans lequel il paraît avoir prononcé un discours sur le mystère de l'Incarnation. Son zèle à maintenir le dépôt de la foi dans sa pureté lui coûta la vie. Un jour, en sortant de l'église, il fut assailli par une bande d'hérétiques qui se jetèrent sur lui et l'accablèrent de coups. Le Saint survécut peu de jours à ses blessures ; sa mort arriva en 531, le 20 février, jour auquel l'Eglise honore sa mémoire.

L'illustre ami d'Eleuthère, saint Médard, évêque de Noyon, s'était empressé de venir à Tournai à la nouvelle des violences auxquelles on s'était porté contre lui. Après avoir répandu des larmes abondantes sur son corps inanimé, il se mit en devoir de lui rendre les honneurs de la sépulture. « Lui-même célébra les sacrés mystères, pour remercier Dieu de ce qu'il avait daigné admettre saint Eleuthère dans le séjour de la gloire ». Les cérémonies achevées, on transporta le corps dans l'église de Blandain, où il resta jusqu'à la fin du neuvième siècle. A cette époque, une pieuse dame, qui habitait le lieu appelé Roubaix [1], eut une révélation, dans laquelle saint Eleuthère lui commanda d'aller de sa part auprès d'Heidilon, évêque de Tournai et de Noyon, pour lui dire de lever de terre son corps et de le transporter à Tournai. Cette sainte femme remplit la mission qui lui était confiée, et l'évêque, avec son clergé, se hâta d'accomplir cette volonté du ciel qui lui était manifestée.

En 1247 ces reliques furent mises dans une nouvelle châsse, la même que la cathédrale possède encore aujourd'hui. Cette châsse, ouvrage d'orfévrerie de la plus grande délicatesse, a été faussement attribuée à saint Eloi, argentier de Dagobert.

Pendant les guerres de religion du XVIe siècle, le Chapitre de Tournai préserva de la profanation les reliques de saint Eleuthère en les envoyant à Douai (1566). Menacées de nouveau pendant la Révolution française, elles furent mises à l'abri dans une maison particulière de Tournai ; elles y restèrent jusqu'en 1801, époque à laquelle Mgr Hirn en fit la translation solennelle à la cathédrale.

On représente saint Eleuthère 1° recevant la confession de Clovis ; 2° avec une église sur la main pour rappeler qu'il fut, sinon le fondateur, au moins le restaurateur du siége épiscopal de Tournai. Il est figuré avec cet attribut par une statuette qui se voit encore aujourd'hui sur l'élégante châsse du Saint, dans la belle église romane de Notre-Dame de Tournai ; 3° avec une verge ou un fouet, symbole des fléaux que la dureté de cœur des Tournaisiens, avant leur conversion, leur attira.

ÉCRITS DE SAINT ÉLEUTHÈRE.

On a attribué divers écrits à saint Eleuthère. Ce sont : 1° Une profession de foi sur le mystère de la sainte Trinité ; 2° un sermon sur le même sujet ; 3° trois autres sermons sur l'Incarnation, la Nativité du Sauveur et l'Annonciation ; 4° une prière que le Saint fit au lit de mort pour obtenir de Dieu le maintien de la foi dans la ville de Tournai. Dans le sermon sur l'Annonciation, il y a un assez beau passage sur la virginité et une touchante prière à la Sainte Vierge : le texte de ce dernier sermon avec une traduction française a été publié à Tournai, en 1839, sous le titre de *Nouveau Bouquet à Marie*.

Nous avons composé cette vie de saint Eleuthère d'après Mgr de Ram et M. l'abbé Destombes. Nous avons, ainsi que nos devanciers, consulté les Bollandistes, qui ont inséré une vie du Saint écrite au IXe siècle ; D. Rivet, *la France littéraire*, t. III ; Cousin, *Hist. de Tournai ;* M. Barthélemy, *Annales hagiologiques de la France*, t. VI.

1. Voir la vie de la bienheureuse Thècle à ce jour, page 607.

SAINT EUCHER, ÉVÊQUE D'ORLÉANS

687-738. — Papes : Sergius Ier; Grégoire III. — Roi de France : Thierry III; Interrègne.

> C'est dans la retraite que l'âme se retrempe comme l'acier au contact de l'eau : c'est là que Dieu parle à nos cœurs. *Osée*, II, 14.

Orléans, l'une des plus belles et des plus riches villes de France, et qui, du temps de nos premiers rois, était capitale d'un royaume, a servi de berceau au bienheureux Eucher, illustre par la noblesse de ses parents; elle eut, plus tard, l'honneur de l'avoir pour pasteur et évêque. Sa mère en eut révélation lorsqu'elle le portait dans son sein. Etant un jour revenue de l'église, où elle passait des journées entières en prières, comme elle prenait chez elle quelque repos, elle aperçut, auprès de son lit, un homme vénérable, vêtu de blanc, et dont les yeux étaient tout éclatants de lumière ; il lui dit : « Dieu soit avec vous, ô bien-aimée du Seigneur ! vous portez en votre sein un fils que Dieu a choisi de toute éternité pour être évêque de cette ville ». La vertueuse mère, reconnaissant à ces circonstances que celui qui lui parlait était un ange, le pria de bénir la petite créature qu'elle enfermait dans son sein : ce qu'il fit. Elle donna aussitôt avis de cette vision à son mari, et l'un et l'autre attendirent avec joie le moment de cet heureux enfantement. Eucher naquit en 687. Ses parents, pour le faire baptiser, attendirent qu'il pût répondre lui-même, et pour faire honneur à sa vocation annoncée par un ange, ils voulurent que ce sacrement lui fût administré par quelque saint évêque. Ils allèrent donc le présenter au bienheureux Ansbert, évêque d'Autun, qui le baptisa, fut en même temps son parrain, et lui donna la confirmation (692).

Dès l'âge de sept ans (694), Eucher étudia les lettres. Il y fit de grands progrès, et laissa même derrière lui ceux qui avaient le double de son âge. Il se rendit habile dans l'intelligence des Ecritures, des canons sacrés et des écrits des Pères. On croit qu'il entra dans le clergé, sous l'évêque Léodeber, et qu'il se distingua dans quelque emploi subalterne de l'église d'Orléans. Mais, comme les vérités divines de l'Ecriture faisaient la matière continuelle de ses méditations, il pesa les paroles où saint Paul dit que les biens du monde ne sont qu'une figure qui passe, et qu'ils sont fous devant Dieu ceux qui les aiment ; il renonça au siècle, et résolut de vivre sur la terre comme n'en étant plus : il se retira en l'abbaye de Jumièges, au diocèse de Rouen (714). Il travailla avec tant de ferveur à sa perfection, et parvint à une si éminente sainteté qu'un de ses oncles, nommé Suavaric, évêque d'Orléans, étant décédé, il fut désiré de tout le clergé et de tout le peuple de la ville pour lui succéder. Ils envoyèrent donc des députés vers le prince Charles-Martel, qui gouvernait alors le royaume de France en qualité de maire du palais. Ils demandaient le religieux Eucher pour évêque ; ils l'obtinrent au grand contentement de toute la ville, mais non pas du Saint, qui fondit en larmes à cette nouvelle, prévoyant très-bien les périls où cette suprême dignité l'exposerait, et soupçonnant qu'elle lui serait plutôt une charge qu'un véritable honneur (717).

Ses premiers soins, dès qu'il se vit élevé sur le trône épiscopal, furent de visiter les églises de son diocèse, de veiller sur son clergé et de distribuer le pain de la parole de Dieu à son peuple ; il le faisait avec tant d'onction, de grâce et d'amour, que chacun s'estimait honoré de lui pouvoir rendre quelque service, et de lui marquer son obéissance. Aussi le bruit de sa sainteté se répandit par toutes les provinces de la France, de sorte que le prince Charles avait pour lui la plus grande estime ; mais cela n'empêcha pas l'envie et la médisance de troubler son repos, à l'occasion que nous allons rapporter.

Les Sarrasins d'Afrique ayant passé la mer et s'étant rendus maîtres d'une partie des Espagnes, descendirent en France au nombre de quatre cent mille combattants. Déjà la Guyenne, la Touraine et le Poitou avaient été dévastés, et ces barbares étaient à la veille de forcer la ville de Tours et d'y ruiner la célèbre église de Saint-Martin, qui était, en ce temps-là, une des plus fréquentées et des plus riches de toute la chrétienté. Charles, prince des Francs, attaqua cette nombreuse troupe d'infidèles dans la plaine de Saint-Martin le Bel, entre Amboise et Bléré, en Touraine, d'autres disent près de la ville de Poitiers, à Vouglé. Ce grand héros fit perdre aux Sarrasins plus de trois cent soixante mille hommes, n'ayant perdu, de son côté, que quinze cents chrétiens : ce qui lui acquit le surnom de Martel, pour avoir battu et comme martelé ces hordes de Barbares. Cette entreprise et plusieurs autres que ce prince eut sur les bras pour défendre les églises, lui firent croire qu'il pouvait se servir de quelques biens ecclésiastiques et des revenus du clergé pour récompenser la noblesse qui l'avait suivi à la guerre. Il s'en empara violemment. Quelques évêques ne purent souffrir ce procédé, entre autres saint Eucher, évêque d'Orléans, qui se plaignit, non pas de l'action du prince, que la nécessité publique semblait autoriser, mais bien des concussions que faisaient les commissaires dans la levée de ces impôts. Ce fut là un prétexte de plaintes contre ce bienheureux prélat : ses ennemis l'accusèrent d'être un homme remuant, séditieux, ennemi du bien de l'Etat, qui ne faisait que contrôler ceux qui avaient le maniement des affaires. Pour mieux piquer au vif le prince Charles, ils peignirent Eucher comme un homme ennemi de sa famille (ils dirent sans doute de sa dynastie), et qui favorisait le parti de Rainfroi, maire du palais de Childéric. Et comme c'est l'ordinaire des princes de se rendre trop crédules à de semblables rapports, Charles, passant par Orléans, au retour de sa victoire (733), commanda à l'évêque de le suivre à Paris, d'où il l'envoya, avec tous ses parents, en exil en la ville de Cologne, en Allemagne[1]. Par une conduite admirable de la divine Providence, il y fut reçu avec un tel empressement, du clergé et du peuple, qu'il semblait être au milieu de son diocèse et de ses propres biens. Le prince en fut instruit, le fit aller au pays de Liége, et commanda au duc Robert de le tenir auprès de sa personne et de veiller sur ses actions, de crainte qu'il n'excitât quelque sédition. Dieu qui avait fait trouver grâce à Joseph devant Pharaon, fit que le duc Robert, qui n'ignorait par les mérites du saint Prélat, le prit en si grande vénération, qu'il le nomma son aumônier, pour distribuer ses libéralités aux pauvres. Eucher, néanmoins, n'usa guère de ce pouvoir; mais il demanda pour toute grâce, à Robert, de se pouvoir retirer, avec les religieux, en l'église de Saint-Trond : ce qui lui fut accordé. Alors le saint

1. La vraie cause de l'exil de saint Eucher fut la haine de quelques gens de guerre qui étaient à la suite de Charles Martel lorsqu'il revint par Orléans. Ces gens, plus vaillants qu'équitables, convoitèrent les grands biens qu'Eucher avait hérités de ses ancêtres : ils poussèrent Charles à l'exiler avec sa famille pour s'emparer de leur fortune. D. BOUQUET.

évêque, oubliant toutes les choses de ce monde, ne s'occupa plus qu'à prier et à remercier Dieu de l'avoir délivré de la charge d'un diocèse qu'il lui avait auparavant donné, et de lui faire l'honneur de souffrir pour la justice. Il passa six ans en ce lieu à édifier le monastère, tellement que les religieux, à son exemple, et animés par la ferveur qu'ils voyaient en lui, méprisaient les choses de la terre et n'avaient plus de pensées ni de désirs que pour le ciel.

Enfin, il plut au Tout-Puissant de couronner les mérites de son fidèle serviteur par une heureuse mort : Dieu lui en fit sentir les approches par une maladie, qui, détachant peu à peu son âme de ce corps mortel, la conduisit en la gloire qui ne finira jamais. Ce fut le 20 février, l'an de Notre-Seigneur 738.

Son corps fut déposé en l'église de la même abbaye, où Dieu a honoré sa mémoire par de nombreux miracles. On remarque entre autres merveilles, que des cierges, mis à son sépulcre, brûlèrent longtemps sans se consumer, et que l'huile des lampes se multiplia sensiblement et même guérit plusieurs malades. Des aveugles y recouvrèrent l'usage de la vue, des boiteux le pouvoir d'aller droit, et des possédés y reçurent du soulagement en leurs misères.

On a représenté saint Eucher 1° partant pour l'exil ; 2° près d'une tombe d'où sort une vipère et dont le couvercle porte les armes de France, ou bien encore devant un bûcher allumé au milieu duquel paraît un personnage couronné. Ce sont deux manières de dire que la damnation de Charles-Martel, qui avait injustement disposé des biens de l'Eglise, fut révélée à Eucher. Mais il est permis de ne pas accorder une grande valeur à cette vieille légende.

Le martyrologe romain fait mémoire de saint Eucher le 20 février. On peut voir les auteurs qui traitent de lui dans les *Remarques* de Baronius, à ce même jour. Charles de la Saussaye, dans les *Annales particulières de l'Eglise d'Orléans,* rapporte qu'un notable ossement d'un bras de ce saint Evêque y fut envoyé solennellement de l'abbaye de Saint-Trond, l'an 1606.

SAINT SADOTH, ÉVÊQUE DE SÉLEUCIE ET CTÉSIPHON[1] (342).

Lorsque la persécution éclata en 341, Sadoth se cacha avec une partie de son clergé, pour attendre que Dieu lui fît connaître sa volonté. Ayant été favorisé d'une vision dans sa retraite, il assembla ses prêtres et ses diacres pour leur en faire part : « J'ai vu en songe », leur dit-il, « une échelle tout environnée de lumière dont le sommet touchait au ciel ; saint Siméon, brillant de gloire, y était appuyé. M'ayant aperçu au bas de l'échelle, il m'a appelé d'un air riant. Montez, Sadoth, m'a-t-il dit, montez et ne craignez rien. Je montai hier, c'est aujourd'hui votre tour : ce qui me paraît signifier que mon saint prédécesseur ayant enduré la mort l'année dernière, je dois la souffrir cette année ». Sapor le fit en effet arrêter avec cent vingt-huit personnes de son église. On les conduisit en prison, on leur fit souffrir des maux incroyables durant l'espace de cinq mois entiers. On les en tira trois fois pour les étendre sur le chevalet. On leur liait les jambes avec des cordes qu'on serrait si fortement qu'on entendait craquer leurs os. Lorsqu'ils eurent été condamnés à mort, on les lia deux à deux pour les conduire hors de la ville. Cette sainte troupe marcha au supplice en chantant des hymnes et des cantiques (342).

1. En persan *Schia,* roi, et *Dustès,* ami. Schiadustès, ami du roi.

SAINT BESSARION, SOLITAIRE DE SCÉTÉ (Fin du IVe siècle).

Illustre par sa charité, son humilité et le don des miracles, il vécut à la manière des oiseaux du ciel, sans demeure fixe. Un jour qu'il avait donné son manteau à un pauvre, l'intendant de la justice vint à passer. « Qui vous a donc ainsi dépouillé, mon Père ? » lui demanda-t-il. — « C'est celui-ci », répondit le Saint, en lui montrant le livre des Evangiles. Le prêtre de Scété avait voulu séparer de la communauté un frère coupable d'une certaine faute : comme on le chassait de l'église, le Saint se leva et sortit en disant : « Moi aussi, je suis un pécheur ! » Et cependant, son historien assure qu'il avait conservé l'innocence baptismale. Mais quelle sincère humilité ! quelle délicate charité ! Son disciple Dulas, en faveur duquel il avait un jour changé l'onde amère en eau douce, voulut en emporter une provision pour la route. « Le Dieu qui est ici », lui dit-il, « est partout ; ne vous chargez donc pas inutilement ». Il fallait user de surprise pour obtenir de lui quelque prodige qui éclatât devant le prochain. On apportait les possédés endormis dans l'église. On le priait de les réveiller, et en même temps il les guérissait. Un père apporta son fils paralytique devant la cellule de Bessarion et s'en alla. L'enfant abandonné se mit à pleurer. Le Saint sortit, et ignorant son mal, lui dit de s'en aller chercher son père : ce qu'il fit aussitôt.

Vies des Pères du désert.

SAINT POSSIDIUS OU POSSIDONIUS, ÉVÊQUE DE CALAME (Ve siècle).

Saint Possidius, évêque de Calame en Numidie, fut un des plus célèbres disciples de saint Augustin. Elu évêque de Calame en 397, il eut beaucoup à souffrir de la part des Donatistes qui l'expulsèrent de sa maison épiscopale en 404, et le traitèrent avec tant de cruauté qu'il faillit en perdre la vie : mais il ne se vengea d'eux qu'en demandant leur grâce à l'empereur.

L'an 408, des païens qui célébraient une des fêtes de leurs dieux, dansèrent devant l'église, à laquelle ils mirent ensuite le feu après avoir tué un ecclésiastique à coups de pierres, et blessé plusieurs autres qui n'échappèrent à la mort que par la fuite.

Ceux des païens qui n'avaient point trempé dans cet excès, craignant qu'on ne les enveloppât dans la punition des coupables, écrivirent à saint Augustin afin qu'il s'interposât en leur faveur. Possidius, de son côté, intercéda pour les coupables et l'empereur se contenta, pour toute punition, de faire briser les idoles des païens, avec défense d'offrir des sacrifices ou de célébrer des fêtes superstitieuses. L'an 411, Possidius assista avec saint Augustin, saint Alype et d'autres évêques d'Afrique à la fameuse conférence tenue à Carthage et qui porta un coup mortel au parti des Donatistes.

Lorsqu'on apporta dans la province, vers l'an 416, les reliques de saint Etienne, premier martyr, découvertes près de Jérusalem l'année précédente, l'évêque de Calame en obtint une partie pour son église. Il eut la douleur de voir son église épiscopale entièrement ruinée par les Vandales de la Numidie, l'an 429, ce qui l'obligea de se retirer à Hippone, que les barbares vinrent assiéger bientôt après.

Il ferma les yeux à saint Augustin, qui mourut l'année suivante et dont il écrivit la Vie.

Comme Calame n'était plus qu'un monceau de ruines, il ne put retourner vers son troupeau, qui était détruit ou dispersé ; mais on ignore le lieu et l'année de sa mort. Les Italiens prétendent qu'ayant passé en Italie il mourut à la Mirandole, et cette ville ainsi que celle de Reggio l'honorent comme leur patron ; comme il avait établi à Calame des clercs qui suivaient la règle instituée par saint Augustin, les chanoines réguliers le comptent parmi un des plus illustres Pères de leur Ordre.

Propre d'Alger ; — Souvenirs de l'Eglise d'Afrique, par le Père Cahier ; — Voir, pour plus de détails, au 17 mai.

S. VALLIER, ÉVÊQUE DE CONSERANS, AU COMTÉ DE FOIX (504).

Saint Valère, comme nous l'apprend saint Grégoire de Tours dans le livre de *La gloire des confesseurs,* fut le premier évêque de Conserans. Le même historien raconte qu'un ancien oratoire, construit primitivement sur son tombeau, ayant été ruiné par l'injure du temps, on oublia en quel lieu reposait le corps du Saint. Il ajoute que ce lieu fut découvert miraculeusement à l'évêque Théodore, qui érigea au même endroit une superbe basilique.

Parmi les prélats de la Gaule qui souscrivirent à la lettre synodale envoyée à saint Léon, pape, un évêque figure sous le nom de Valère. Quelques-uns doutent s'il s'agit là de l'évêque de Conserans ou d'un autre Valère, évêque de Javoux. Des hommes érudits opinent pour ce dernier.

Propre de Tarbes.

LA BIENHEUREUSE THÈCLE DE ROUBAIX (IXe siècle).

A l'époque où les Normands exerçaient leurs ravages et portaient en tous lieux le pillage et l'incendie, vivait à Roubaix la pieuse et bienheureuse Thècle. Ce sont les titres que lui donne Cousin dans son *Histoire de Tournai,* et que répète après lui Raissius dans son *Auctuaire des Vies des Saints belges,* par Molanus. Cette dame était aussi distinguée par sa naissance et ses richesses que par ses éclatantes vertus et les œuvres de piété et de charité qu'elle pratiquait sans cesse. Sa conduite paraissait d'autant plus admirable, qu'elle vivait ainsi parmi des concitoyens retombés pour la plupart dans leurs anciennes erreurs et dans toutes les superstitions du paganisme.

Dieu, dans sa miséricorde, voulut récompenser la pieuse Thècle de sa fidélité à la religion, et la guérir en même temps d'une manière extraordinaire de la cécité, qu'elle supportait avec une inébranlable patience depuis plusieurs années. Une nuit donc, pendant son sommeil, elle vit paraitre en sa présence un vénérable vieillard, d'un port majestueux et d'une douce gravité. Ses cheveux étaient blancs, et les ornements dont il était revêtu d'une couleur semblable et très-éclatante. Ce vieillard était l'évêque saint Eleuthère. Ayant appelé la vénérable Thècle par son nom, il lui ordonna de dire de sa part à Heidilon, évêque de Tournai et Noyon, d'aller à Blandain lever de terre ses reliques qu'il trouverait près de l'autel de Saint-Pierre. La vénérable Thècle, qui craignait quelque illusion, hésita d'abord et recourut à la prière pour connaître d'une manière certaine la volonté de Dieu. Le saint évêque lui apparut de nouveau une seconde et une troisième fois. Ne doutant plus alors des desseins du ciel, elle se fit conduire auprès de l'évêque Heidilon, à qui elle raconta fidèlement tout ce qui s'était passé. Le prélat reçut avec une grande joie cette communication, la fit connaître aux principaux membres de son clergé, et se disposa avec eux à lever de terre les reliques de son saint et vénérable prédécesseur. Ayant donc convoqué plusieurs prélats et abbés et une grande partie de son clergé, il se rendit avec eux au village de Blandain. Un grand nombre d'idolâtres qui habitaient Roubaix se rendirent aussi à Blandain pour assister à la cérémonie. Dieu permit que la pieuse Thècle y recouvrât la vue. D'autres guérisons extraordinaires furent aussi opérées en cette circonstance, comme le rapportent plusieurs graves auteurs. Cette cérémonie eut lieu un dimanche, 18 septembre, vers l'an 881.

On ne sait rien de plus sur la vie de la pieuse Thècle. On voit seulement qu'elle obtint de l'évêque de Tournai quelques hommes apostoliques pour prêcher la foi à Roubaix et dans les environs, et y détruire le culte des idoles. C'était surtout sur une éminence au sud-est de la ville, et aujourd'hui connue sous le nom de Hameau de Barbieux, que les idolâtres se réunissaient pour adorer leurs fausses divinités.

Cette sainte femme, après avoir rendu à toute la contrée les plus grands services par sa piété et ses vertus, reçut la sainte communion des mains de l'évêque Heidilon lui-même, et remit peu après son âme à son Créateur. Son corps fut inhumé à Blandain, dans l'église où avait été précédemment déposé celui de saint Eleuthère ; mais dans la suite il fut transporté dans une chapelle de la même église.

Vie des Saints de Cambrai et d'Arras, par M. l'abbé Destombes.

XXIe JOUR DE FÉVRIER

MARTYROLOGE ROMAIN.

En Sicile, la naissance au ciel de soixante-dix-neuf saints martyrs, qui, ayant passé par divers tourments sous Dioclétien, méritèrent de recevoir la couronne destinée à ceux qui confessent Jésus-Christ. IVe s.—A Adrumète, en Afrique, les saints martyrs Vérule, Secondin, Sirice, Félix, Servule, Saturnin, Fortunat et seize autres, qui furent couronnés du martyre dans la persécution des Vandales, pour la confession de la foi catholique [1]. IVe s. — A Scythopolis, en Palestine, saint Sévérien, évêque et martyr [2]. Vers 452. — A Damas, saint Pierre Mavimène, qui, ayant dit à des Arabes qui l'étaient venus voir malade : « Quiconque n'embrasse pas la foi chrétienne catholique est damné comme votre faux prophète Mahomet », fut par eux mis à mort. 743. — A Ravenne, saint Maximien, évêque et confesseur. 556. — A Metz, saint FÉLIX, évêque. 128. — A Brescia, saint Patère, évêque [3]. VIIe s.

MARTYROLOGE DE FRANCE, REVU ET AUGMENTÉ.

A Senones, dans les Vosges, saint GUNDELBERT, qui s'étant démis de l'évêché de Sens (Senonæ), se retira dans un désert des Vosges, près de la rivière de Rabode, et y bâtit, sous l'invocation de la Sainte Vierge et de saint Pierre, un monastère qu'il appela Senones en mémoire de la ville épiscopale qu'il avait quittée. La fondation est de l'année 661. — A Artonne, en Auvergne (arrondissement de Riom), sainte Vitaline, vierge, dont la béatitude céleste fut révélée à saint Martin de Tours, qui visita son tombeau [4]. 390. — A Nivelle, en Brabant, saint PÉPIN, maire du palais des rois d'Austrasie, père de sainte Gertrude, prince d'une piété extraordinaire, qu'il répandit heureusement dans toute sa famille. 640. — A Strasbourg, la fête de saint GERMAIN et de saint RANDAUD, massacrés à Granfeld par des impies. 670. — A Biblisheim, au diocèse de Strasbourg, la vénérable Gonthilde, vierge, abbesse de ce lieu. 1131. — A Tours, la fête de saint Project ou Prix, évêque et martyr, mentionné le 25 janvier [5]. — A Cambrai, la fête de saint EMEBERT, dont l'entrée au ciel est marquée le 15 de janvier. 668.

MARTYROLOGE DES ORDRES RELIGIEUX.

Martyrologe de Saint-Basile. — A Palerme, saint Convulde, de l'Ordre de Saint-Benoît, avec Eustoche, Infant, et d'autres moines du même Ordre : après avoir beaucoup souffert sous Genséric, roi arien, il s'endormit dans le Seigneur au sein d'une heureuse vieillesse. Les corps de ces Saints furent ensevelis avec honneur dans l'île d'Egile, dans la mer Tyrrhénienne.

Martyrologe de Saint-Benoît, des Camaldules, de Vallombreuse et de Cîteaux. — Saint Raymond de Pennafort, confesseur, mentionné le 23 janvier.

Martyrologe des Frères Prêcheurs. — A Rome, sur la voie Flaminienne, le bienheureux Valentin, prêtre et martyr, qui, après beaucoup de miracles et de guérisons, fut meurtri à coups de bâton et puis décapité, sous l'empereur Claude. — De même, à Savigiano, en Piémont, le bienheureux Aimon Taparelli, confesseur, de notre Ordre, qui, célèbre par la sainteté de sa vie, par sa doc-

1. Les Bollandistes ajoutent saint Joconde, saint Julien et saint Alexandre.

2. Sévérien, évêque de Scythopolis, en Palestine, ayant voulu prendre la défense de la foi contre l'impie Théodose, qui avait usurpé le siége de Jérusalem, fut victime de son zèle. L'intrus qui, à la tête d'une troupe de soldats, exerçait les plus cruelles violences contre tous ceux qui restaient attachés aux décisions du concile de Chalcédoine, fit saisir Sévérien par ses sicaires, qui le massacrèrent sur la fin de l'année 452 ou au commencement de l'année suivante.

3. Saint Patère est nommé dans les tables de l'Eglise de Brescia : il y figure comme le vingt-troisième évêque de ce siége.

4. Voir sa vie au 13 août. — 5. Voir sa vie à ce jour.

trine et par beaucoup de travaux endurés pour la conservation de la foi catholique, fut appelé au royaume céleste le jour de la fête de l'Assomption de la Mère de Dieu, dont il avait été le serviteur très-zélé [1]. 1495.

Martyrologe de l'Ordre Romano-Séraphique.— A Brescia, sainte Angèle de Mérici, vierge, du Tiers Ordre de notre père saint François, et institutrice de la compagnie de Sainte-Ursule, qui, célèbre par la sainteté de sa vie, s'envola vers son Epoux céleste le 27 janvier, et brilla par la gloire de ses miracles ; comme elle éclatait par de nouveaux prodiges, Pie VII la mit au nombre des Saints en 1807 [2].

Martyrologe de l'Ordre Séraphique. — Saint Raymond de Pennafort, confesseur, mentionné le 23 janvier.

Martyrologe des Carmes Chaussés. — Saint Blaise, évêque et martyr, dont on fait la fête le 3 février.

Martyrologe de l'Ordre des Servites. — Saint Raymond de Pennafort, confesseur, dont l'entrée au ciel se célèbre le 7 janvier.

Martyrologe des Capucins. — Saint Hilaire, évêque et confesseur, dont l'Eglise universelle célèbre pieusement la fête le 14 de janvier.

ADDITIONS FAITES D'APRÈS LES BOLLANDISTES ET AUTRES HAGIOGRAPHES.

A Antioche, saint Flavien, premier du nom, patriarche de ce siége et ami de saint Jean Chrysostome. C'est lui qui obtint de l'empereur Théodose qu'il pardonnerait aux habitants d'Antioche, coupables d'avoir renversé ses statues. — En Toscane, saint Anthime, évêque de Terni et de Spolète : on l'invoque dans cette contrée contre la grêle. Vers 176. — A Apamée, en Syrie, les saints Maurice et Photin, son fils, Théodore, Philippe et soixante-sept autres soldats, martyrs, dans la persécution de Maximien. — En Sicile, les saints Claude, Sabin et Maxime, martyrs. An 303. — Encore en Sicile, soixante-dix-neuf martyrs, crucifiés sous Dioclétien. 303. — A Rome, sainte Irène, vierge, sœur du pape saint Damase [3]. An 379. — A Jérusalem, saint Zacharie, patriarche de cette ville, qui suivit en Perse, comme captif, le bois de la vraie Croix. An 631. — En Grèce, saint Timothée, anachorète. Vers le VIIIe s. — A Amastris, en Paphlagonie, saint Georges, évêque de cette ville ; saint Taraise, patriarche de Constantinople, le tira de force d'un monastère pour l'élever à cette dignité. Il mit en fuite, par ses prières, les Sarrasins qui dévastaient son diocèse. Commencement du IXe s. — En Perse, saint Daniel, prêtre, et sainte Verda ou Rose, martyrs sous Sapor II. 344.

SAINT PÉPIN, DUC DE BRABANT

580-640. — Papes : Pélage II ; Séverin. — Rois de France : Clotaire II ; Sigebert II.

Bienheureux le riche qui a été trouvé sans tache et ne s'est point attaché à l'or. *Eccli.*, XXXI, 8.

Ce saint duc était fils du prince Carloman et de la princesse Emegarde. Il fut maire du palais sous Clotaire II, Dagobert Ier et Sigebert II, rois de France, et exerça cette grande charge, qui était peu différente de l'autorité royale, avec une rare prudence. Il ne se pouvait rien ajouter à sa fidélité pour son roi, ni à son amour pour le peuple. Il embrassait, avec une cons-

1. Le bienheureux Aimon mourut à cent ans. Son père était comte de Lagnasco. Prédicateur des rois et des peuples, sa vie ne fut qu'une longue série de dévouements et de sacrifices aux intérêts de l'Eglise et au salut des âmes. Son culte a été approuvé, il y a quelques années, par Sa Sainteté Pie IX.

2. Voir sa vie au 31 mai.

3. C'est pour sa sœur que le grand Pape écrivit son livre de la *Virginité;* il composa également son épitaphe, où l'on ne sait ce qu'il faut admirer le plus de la tendresse du frère ou de la sublime résignation du saint. « Elle n'avait pas encore vu deux fois douze hivers », dit-il ; « chez elle la vertu avait devancé les années. O ma sœur..... quelle preuve de ton amour tu m'avais donnée en fuyant le monde..... Je souffre, je l'avoue, de perdre en toi le charme de ma vie. Souviens-toi de nous, maintenant que te voilà auprès de Dieu ». — V. *AA. SS.*, au 21 février.

tance invincible, les justes intérêts de l'un et de l'autre, sans souffrir que, pour favoriser le peuple, on fit tort aux droits du roi ; ni que, sous prétexte des droits du roi, l'on opprimât et accablât le peuple, parce qu'il préférait les volontés de Dieu à celles des hommes, et savait qu'il défend de favoriser les puissants au préjudice des faibles. Ainsi, il rendait au peuple ce que la justice voulait qu'on lui rendît, et à César ce qui appartenait légitimement à César. Il n'en faut point de meilleure preuve que son désir d'avoir pour associé, dans sa conduite, saint Arnoul, évêque de Metz ; il ne faisait rien sans son conseil, connaissant son éminente vertu et sa grande capacité dans le gouvernement de l'Etat ; et, après la mort de saint Arnoul, il prit pour collègue, dans l'administration des affaires, un autre grand saint, Cunibert, archevêque de Cologne. On peut assez juger avec quelle ardeur il embrassait les choses justes, puisqu'il choisissait des hommes si excellents et si incorruptibles pour être les directeurs de ses conseils et les fidèles témoins de ses actions.

Le roi Clotaire II ne se contenta pas de mettre entre les mains de cet excellent prince la première charge de son Etat, en le faisant maire du palais : il l'honora aussi de toute sa confiance, et lui donna tout le pouvoir qu'un grand ministre peut espérer. Ayant résolu d'associer son fils Dagobert à une partie de sa puissance, et de partager avec lui ses Etats, en le mettant, dès son vivant, en possession du royaume d'Austrasie, il choisit, parmi tous les grands de sa cour, cet homme admirable pour lui confier entièrement la conduite de ce jeune prince, qui devait n'agir que d'après ce conseiller (622). Pépin s'acquitta si dignement de cette charge, qu'il n'oublia rien de ce qui pouvait imprimer dans l'esprit de Dagobert la crainte de Dieu et l'amour de la justice : il lui mettait souvent devant les yeux cette belle parole de l'Evangile : « Le trône d'un roi qui rend justice aux pauvres ne sera jamais ébranlé ». Ainsi, ce fut par sa prudence que Dagobert gouverna si bien et si heureusement, non-seulement l'Austrasie, mais aussi tous les Etats que son père lui laissa en mourant. Son frère Caribert, et plusieurs grands les lui ayant disputés, cette faction fut bientôt dissipée par la valeur de Pépin, qui n'était pas moins généreux dans la guerre que juste et sage dans la paix ; et Dagobert, après s'être maintenu dans le droit qui lui appartenait, gagna de telle sorte le cœur de tous ses sujets par sa libéralité, sa justice, sa douceur et toutes les autres qualités dignes d'un grand roi, qu'il égala et surpassa même la réputation des plus illustres de ses prédécesseurs ; son règne eût été des plus beaux, s'il eût toujours suivi les avis d'un si saint et si habile maître.

Mais, comme rien n'est plus difficile que de conserver son esprit pur au milieu de la corruption du siècle, et son corps chaste au milieu des plaisirs qui accompagnent la prospérité et la souveraine puissance, ce roi se plongea dans la volupté, et il eut recours à des moyens injustes pour satisfaire à ses dépenses folles et désordonnées. Pépin en eut le cœur tout percé de douleur, l'en reprit sévèrement, et lui reprocha son ingratitude envers Dieu ; ce prince reçut d'abord si mal les avis de Pépin, qu'il pensa même à le faire mourir, étant poussé à cela par quelques grands de sa cour qui haïssaient le Saint, et portaient envie à sa vertu. Mais Dieu, qui est le protecteur des justes, délivra Pépin de ce péril. Le roi comprit enfin la justesse de ses remontrances et eut plus de vénération que jamais pour le mérite et la vertu d'un si grand ministre ; et, pour lui en donner une preuve non équivoque, il mit entre ses mains son fils Sigebert, qu'il envoya régner en Austrasie sous sa conduite (633). Ainsi Sigebert étant roi de nom, et Pépin gouvernant en effet le royaume, l'Austrasie se trouva délivrée des grandes incursions des Barbares qu'elle souffrait auparavant. Il les réprima, les resserra dans leur pays ; et, après la mort du roi Dagobert, il eût mis Sigebert en possession de tous ses Etats, si son père ne l'eût obligé, dès son vivant, de se contenter de l'Austrasie et de laisser le royaume de France à Clovis, son puîné.

Ce saint duc mourut le 21 février de l'an 640, dans son château de Landen, en Brabant ; l'affliction que toute l'Austrasie en conçut fut si extraordinaire, qu'elle ne le pleura pas moins que l'un de ses meilleurs rois : car sa vie était toute sainte, sa réputation sans tache, sa sagesse et sa conduite admirables ; et on pouvait le nommer, avec vérité, le protecteur des lois, le soutien des faibles, l'ennemi de la division, l'ornement de la cour, l'exemple des grands, le conducteur des rois et le père de la patrie. Son corps, qui fut d'abord déposé au lieu où il mourut, fut depuis transféré au monastère de Nivelle. Au reste, il faut prendre garde de ne le point confondre avec deux autres Pépin, dont le nom est célèbre dans nos histoires : le premier fut Pépin d'Héristal, aussi maire du palais et père de Charles-Martel ; le second, Pépin le Bref, fils du même Charles-Martel, et le premier de nos rois de la seconde race : car saint Pépin, dont nous parlons, est plus ancien que tous les deux, et fut l'aïeul de Pépin d'Héristal, par sa fille, sainte Begghe, qui, ayant épousé Ansegise, fils de saint Arnoul, lui donna ce fils pour le bien de la France et le soutien de cette grande et illustre monarchie.

Il nous reste à remarquer que la maison de saint Pépin n'était qu'une compagnie de Saints et de Saintes : car sa femme, nommée Itte, ou Ideburge, sœur de saint Modoald, archevêque de Trèves, après avoir vécu saintement dans le mariage, à l'exemple de son mari, ne s'occupa, quand elle fut veuve, qu'à pratiquer toutes sortes de bonnes œuvres ; et elle reçut enfin, des mains de saint Amand, le voile sacré de religieuse dans le célèbre monastère de Nivelle, qu'elle-même avait fait bâtir : elle y passa le reste de ses jours dans une si grande perfection, qu'elle offrait à toutes les religieuses qui y demeuraient un rare exemple de vertu.

L'aînée de leurs filles, la grande et illustre sainte Gertrude, abbesse de ce même monastère, fut si éminente en sainteté, qu'on peut la considérer comme une des plus belles lumières de la religion ; et sa sœur, sainte Begghe, a l'honneur d'être l'heureuse tige d'où est sortie la seconde lignée des rois de France.

S. GERMAIN DE GRANFELD, ET S. RANDOALD

OU RANDAUD, MARTYRS

618-670. — Pape : Vitalien. — Rois d'Austrasie : Sigebert II et Childéric II.

> Trois choses sont nécessaires à des religieux : vivre comme s'ils étaient sourds, muets et aveugles.
> Cassien. Lib. IV *de Cœnob. instit.*

Germain, fils d'un riche sénateur de Trèves, fut élevé sous les yeux de Modoald, évêque de la même ville. Sa jeune âme, comme si elle n'eût fait que suivre sa pente naturelle, tendait par instinct à se détacher de la terre. A peine eut-il atteint l'âge de dix-sept ans, qu'il distribua aux pauvres tous les biens dont il pouvait disposer, pour aller vivre sous la conduite de saint Arnould, évêque de Metz, qui s'était fait ermite à Romberg, près de Remiremont, en Lorraine. Le maître, charmé de l'innocence et de la ferveur de son disciple, s'intéressa particulièrement à sa perfection. Germain, qui goûtait de plus en plus combien le joug du Seigneur est doux, engagea Numérien, son frère, à embrasser le même genre de vie. Après cette espèce de noviciat, ils se retirèrent tous les deux dans le monastère que saint Romaric[1] venait de fonder à Remiremont, par le conseil de saint Arnould, son ami. La règle qu'on y suivait était celle de Luxeuil ou de saint Colomban. Profondément humble, il recherchait partout la dernière place ; les emplois les plus vils étaient ceux de son choix. On le voyait, lui le fils d'un seigneur, élevé dans le luxe, aller à la forêt et rapporter du bois sur ses épaules.

Cependant son désir de la perfection était si grand qu'il cherchait partout le moyen de le satisfaire. Ayant entendu dire que Luxeuil brillait entre tous les monastères des Gaules, par le nombre et la ferveur de ses membres, il espéra y trouver plus de facilité pour atteindre son but, et résolut de s'y rendre. En effet, l'abbaye de saint Colomban était alors à son plus haut point de splendeur : sous le bienheureux Walbert, six cents, d'autres disent neuf cents moines, louaient et servaient Dieu d'un seul cœur et d'une seule voix. Plusieurs religieux de Remiremont, tendrement attachés à Germain, voulurent le suivre, et tous ensemble passèrent à Luxeuil. L'histoire ne mentionne que saint Chuane et Numérien, frère du Saint. Saint Walbert vit avec allégresse cette nouvelle troupe d'élus augmenter la multitude de ses disciples ; aucun des nouveaux venus ne démentit les espérances qu'il avait fait concevoir. Germain, en particulier, et son jeune frère, déployèrent un nouveau zèle dans les exercices de la pénitence. Leur obéissance et leur mortification étaient exemplaires, et telle était l'estime qu'ils avaient su inspirer, que, Walbert ayant proposé d'élever Germain au sacerdoce, d'une voix unanime toute la communauté applaudit au choix. Mais cette dignité ne fit que l'affermir davantage dans la sainte humilité.

Cependant saint Walbert pensait à répandre au dehors l'abondance des grâces dont son abbaye était le foyer. Sur ces entrefaites, un riche seigneur, le duc Gondoin, qui songeait précisément à fonder un monastère, instruit des intentions du Saint, lui envoya dire de venir le trouver, qu'il mettrait à sa disposition un lieu convenable pour l'exécution de son dessein. Walbert se rendit, en effet, chez le duc, qu'il confirma dans son projet. L'endroit que Gondoin destinait au futur établissement était une vallée agréable et fertile, que le Saint, à cause de son étendue, nomma *Grande-Vallée*[2]. Une rivière poissonneuse l'arrosait, mais l'entrée en était difficile, à cause des rochers qui l'obstruaient. Walbert agréa ce choix.

Rentré à Luxeuil, il chercha parmi ses compagnons un homme capable de faire prospérer le nouveau monastère, et n'en trouva pas de plus convenable que Germain, qui, depuis treize ans, embaumait la solitude de l'odeur de ses vertus, et ne se distinguait pas moins par sa science que par sa sainteté. Par obéissance, l'humble moine accepta la charge qui lui était imposée. Et telle était l'idée qu'avait Walbert de la haute capacité de Germain, qu'il le chargea en même temps de la conduite de deux autres abbayes, éga-

1. Voir sur saint Romaric, le 8 décembre.

2. *Grandem Vallem ;* en français, *Grandvilliers, Moutier-Grandval ;* en allemand, *Granfeld* ou *Munsterthal,* au diocèse de Bâle.

lement filles de Luxeuil, Saint-Ursanne [1] et Saint-Paul-en-l'Ile [2]. Il s'appliqua avec zèle à ses fonctions, et fit fleurir la discipline monastique au sein des trois établissements qui lui étaient confiés, sans toutefois négliger leurs intérêts temporels. On cite, en particulier, les travaux qu'il fit exécuter pour rendre plus facile l'entrée de Granfeld, et la basilique dédiée à saint Maurice, qu'il y fit construire. Il dota aussi d'une vaste église le monastère de Saint-Ursanne.

Mais au moment où tout prospérait au gré de ses vœux, le pieux protecteur de Granfeld mourait, et laissait pour successeur un homme animé de sentiments bien différents. Boniface [3] sembla prendre à tâche de détruire tout ce que Gondoin avait fait. Il commença par exercer des vexations contre les habitants de la vallée, sujets du monastère, sous prétexte qu'ils avaient toujours été rebelles envers son prédécesseur. Ceux-ci eurent beau protester de leur innocence, la persécution n'en continua pas moins son cours. Germain prit en main la défense de ses sujets, il ne réussit qu'à s'attirer la haine de Boniface. Un arrêt de proscription fut lancé contre les habitants de la vallée : quel que fût leur âge ou leur ancienneté de possession, on les contraignit de partir pour l'exil. Ils résistèrent. Alors le cruel seigneur fait venir un corps d'Allemands, et paraît un jour subitement, à leur tête, à l'entrée de Granfeld.

De toutes parts, les Allemands se répandent, mettent le feu aux édifices, et en massacrent les habitants. La vallée entière est un théâtre de désolation. Le saint abbé, ému jusqu'au fond des entrailles, verse un torrent de larmes amères, et s'écrie, les yeux et les mains élevés vers le ciel : « Voyez, Seigneur, voyez ! et ne nous abandonnez pas ; car nous sommes livrés à de cruels ennemis ! » Comme il s'avançait pour rentrer au monastère avec Randoald, un de ses disciples qu'il avait appelé pour l'aider à soustraire aux profanations les reliques et les livres du monastère, il voit un groupe de soldats furieux s'élancer vers lui. Il cherche à les adoucir. « Mes enfants », leur dit-il, « ne souillez pas vos mains de si horribles forfaits : épargnez les serviteurs de Dieu ». Mais les soldats, insensibles à ses prières, commencent par lui arracher ses vêtements. Voyant bien que son heure approchait, il dit à Randoald : « Pardonnons, mon frère, et gardons notre paix, car nous recueillerons aujourd'hui le fruit de nos travaux ». Lorsqu'il fut dépouillé de ses habits, il s'écria avec l'accent de la joie : « Je vous rends grâces, ô bon Pasteur ! de ce que vous ne m'avez pas jugé indigne de votre récompense ; daignez me recevoir avec mon frère dans la compagnie de vos Saints ». Aussitôt une voix du ciel répondit : « Venez, fidèle ministre, les cieux vous sont ouverts. Mes anges applaudissent à votre triomphe, et vont vous introduire dans la Jérusalem céleste ». En ce moment un soldat, plus furieux que les autres, le perce d'un coup de lance, et Randoald après lui. Ils expirent tous deux sur-le-champ. Leurs corps ne furent retrouvés que dans la nuit suivante ; un des moines parvint même à sauver des mains des soldats le cingulon de saint Germain, qui fut conservé comme une précieuse relique, et opéra dans la suite plus d'un miracle. Comme Granfeld était au pouvoir de l'ennemi, on fut obligé de transporter les deux corps à Saint-Ursanne, où la nouvelle de la mort de Germain remplit tous les cœurs de tristesse. Il fut enseveli avec honneur dans l'église qu'il y avait fait construire.

Ce martyre eut lieu la veille de la fête de la Chaire de saint Pierre, le 17 février 670. Germain était âgé d'environ cinquante ans. Il en avait passé

1. Ou Ursicin. Voyez la vie de ce saint. — 2. En allemand *Sanct-Paul zu Werd*.
3. Appelé aussi Cathicus. Quelques historiens ont voulu distinguer ces deux personnages.

treize à Luxeuil, et seize ou dix-huit à Granfeld. Son corps fut ramené de Saint-Ursanne, et inhumé dans l'église de son monastère ; il y resta jusqu'à l'an 1477, où il fut relevé avec celui de saint Randoald, et placé sous le maître-autel de la même église. Quand éclata la persécution calviniste, les reliques des deux martyrs furent transportées à Delemont ou Telsberg, au canton de Berne, où s'étaient établis des chanoines, successeurs des moines de Granfeld [1]. De nombreux miracles perpétuèrent la mémoire de saint Germain. Les diocèses de Bâle et Strasbourg célèbrent la fête des saints martyrs Germain et Randoald sous le rite double, le 21 février.

Saints de Franche-Comté; Saints d'Alsace, etc.

SAINT GUNDELBERT[2], ARCHEVÊQUE DE SENS,

FONDATEUR DE L'ABBAYE DE SENONES

Entre 640 et 720. — Papes : Saint Eugène Ier ; Vitalien. — Roi de Bourgogne et de Neustrie : Clotaire II. — Roi d'Austrasie : Childéric II.

D'après le moine Richer, en sa chronique [3], Gundelbert, de nation franque, mérita par sa science et ses vertus l'honneur de monter sur le siége archiépiscopal de Sens, au duché de Bourgogne. Il se livra tout d'abord avec un zèle d'apôtre aux fonctions de son éminente dignité, ne cherchant, en tous ses actes, autre chose que la gloire de Dieu, la propagation de l'Evangile et la sanctification de ses ouailles. Mais les troubles suscités par les intrigues de Frédegonde et de Brunechilde, selon les uns, et, selon d'autres, par les combats sanglants que se livraient les rois Théoderic et Théodebert, paralysant ses efforts, il remit en d'autres mains sa houlette pastorale, disposa de son patrimoine et, suivi de quelques clercs, il s'éloigna pour se livrer, dans le calme de la solitude, à la prière et à la méditation des vérités éternelles.

Parvenu jusqu'aux montagnes des Vosges, il s'arrêta et résolut de se fixer dans un lieu hérissé de forêts, absolument inhabité et arrosé par une petite rivière que la rapidité de son courant a fait nommer *Rabodo*. Informé que ce lieu était du domaine de Childéric II, roi d'Austrasie, il alla demander à ce prince la permission d'y élever une demeure, ce qu'il obtint avec l'abandon complet d'une superficie de terrain à laquelle Dom Calmet [4] donne quinze lieues (60 kilomètres) de circonférence. Le diplôme qui assure à Gundelbert cette royale concession est de l'an 661. Bientôt les nouveaux solitaires, à la suite de leur chef, eurent abattu des arbres séculaires, mis en culture un espace de terrain qu'ils rendirent fertile, et construit un monastère auquel le saint archevêque donna le nom de la ville qu'il avait habitée : SENS, en latin *Senonæ*, dont on a fait en français *Senones*.

Dans son XIXe opuscule, intitulé : *De l'abdication de l'épiscopat*, adressé au pape Nicolas II [5], saint Pierre Damien s'exprime ainsi sur notre

1. L'incendie de l'église de Granfeld arrivé le 8 juin 1571 et l'invasion de la réforme avaient obligé ces chanoines à se transporter à Délemont.

2. *Alias* : Gondebert, Gombert. — 3. Liv. IV, p. 193. — 4. *Notice de la Lorraine*, édit. de 1840, t. II, p. 329. — 5. *S. Pet. Dam. Opera*, t. II, col. 456, édit. Migne.

Saint : Que dirai-je de Gundelbert, cet illustre archevêque de Sens ? Brûlant d'un céleste désir, il quitta l'Eglise qui lui avait été confiée, pour construire, dans un lieu nommé *Grandiavium* [1], le monastère de Senones, qu'il appela ainsi du nom du diocèse qu'il avait auparavant administré.

Le temps et le lieu du trépas de saint Gundelbert sont restés longtemps indéterminés ; encore aujourd'hui ne les connaît-on que par approximation. Richer se restreint à dire : « Mais parce qu'on ne treuve rien de certain de sa sépulture, j'ay mieux aimé n'en rien escrire que d'en susciter chose douteuse à la postérité, obstant qu'aucuns tiennent qu'il repose avec autres de ses compagnons saints au lieu de Moyenvic ». Jean Ruyr répète la même chose, à peu près dans les mêmes termes, au livre IV (IIe partie) des Sainctes Antiquités de la Vosge ; mais au chapitre VII de la 3e partie « selon que les Autheurs ou Manuscrits » le lui ont fourni, il assigne environ l'an 720 pour celui de la mort du saint fondateur de Senones. Enfin, Dom Calmet [2] rapporte, d'après Richer, qu'on tient que « ce saint prélat étant allé en pèlerinage à Moyenvic, pour y visiter les reliques des saints Pient, Agent et Colombe, y décéda et y fut inhumé. Mais », continue-t-il, « nous n'avons aucun monument certain de ce fait ». Il paraît fort extraordinaire qu'un personnage de ce mérite, archevêque d'un grand siége, fondateur d'un célèbre monastère, père d'un grand nombre de religieux, soit demeuré inconnu jusqu'au point qu'on ignore où il est mort et le lieu de sa sépulture. Cela prouve beaucoup mieux la grande retraite, l'extrême désintéressement, le peu de curiosité et d'amour-propre de ces saints solitaires, que leur indifférence pour leur père et fondateur [3].

Nous devons cette notice à M. l'abbé Guillaume, chan. hon., aum. de la chapelle ducale, à Nancy.

SAINT FÉLIX, ÉVÊQUE DE METZ (128).

Félix fut, après saint Clément, père et apôtre de l'église de Metz, dont il avait été l'actif coopérateur, le troisième évêque de ce siége. Il posséda toutes les vertus épiscopales, et s'illustra par de saintes veilles. Il gouverna son église pendant quarante-deux ans, triompha de beaucoup de persécutions et parvint enfin à la patrie céleste. Il fut enseveli dans la crypte de l'oratoire que saint Clément avait construit en l'honneur de saint Pierre, prince des Apôtres.

Bientôt, pour honorer la mémoire du bienheureux prélat, fut érigée, sous son nom, une basilique, dans laquelle éclatèrent des signes de la puissance divine. La vénération du peuple pour saint Félix ne fit qu'augmenter avec le temps, et, au XIe siècle, l'empereur saint Henri voulut enrichir de ses reliques la basilique de Wurtzbourg qu'il avait construite, où elles sont honorées très-religieusement. An 128.

Propre de Metz.

1. Dom Calmet pense que l'on doit écrire *Grandem Ripum* et traduire *Grand-Rupt*. — 2. *Notice de la Lorraine*, édit. de 1840, t. II, p. 329.

3. Une des gloires de l'abbaye bénédictine de Senones fut d'avoir pour abbé, au XVIIIe siècle, Dom Augustin Calmet. Ce savant religieux fut le restaurateur de son abbaye, dont il répara les bâtiments et agrandit considérablement la bibliothèque. On connaît les immenses travaux de Dom Calmet et surtout ses commentaires sur les livres saints. Peu d'hommes ont écrit autant que lui et fait de la plus vaste érudition un si noble usage.

L'abbaye de Senones, rebâtie entièrement au XVIIIe siècle, par les abbés Pierre Alliot et Aug. Calmet, existe encore, à l'exception de l'église. Elle est, presque dans son intégrité, la propriété de la compagnie industrielle des usines de *Saint-Maurice de Senones*, représentée par M. Fréd. Seillières. Les bâtiments claustraux sont devenus des ateliers. L'hôtel abbatial est habité par M. Seillières. L'église, qui formait un côté du cloître, a été démolie au commencement de ce siècle. On a rebâti l'église paroissiale à la place d'une autre aile, il y a dix ans. Moyenmoutiers, rebâti pendant la deuxième partie du XVIIIe siècle, a conservé sa belle église, la grande aile de façade et ses dépendances ; il a perdu deux ailes du cloître s'appuyant sur le flanc de l'église et sur une extrémité de l'aile de façade. L'église est paroissiale et le monastère est devenu la *blanchisserie* des usines de Senones. L'abbé J. F. Deblaye (8 janvier 1872).

SAINT ÉMÉBERT, ÉVÊQUE DE CAMBRAI (668).

Saint Emébert, nommé aussi Ablebert, naquit dans la ville de Ham, de parents aussi distingués par leur piété que par leur noblesse; son père était le comte Witger, et sa mère sainte Amelberge. Il eut aussi pour sœurs quatre Saintes, qui sont : sainte Reinelde, sainte Pharaïlde, sainte Ermentrude et sainte Gudule. Après les années de son enfance, qu'il passa dans la crainte de Dieu, ce fut un jeune homme remarquable par la beauté de sa figure, par les grâces de sa parole, par la douceur de son âme, par son humilité, son obéissance, sa dévotion et l'intégrité de ses mœurs, montant tous les jours de vertus en vertus et progressant dans la soumission à Dieu.

Aimant la solitude, il évitait la compagnie des hommes du monde, et se rendait agréable à Dieu par la componction du cœur, par les oraisons, les veilles, les jeûnes et les larmes. Cependant Vindicien, évêque de Cambrai, prélat agréable à Dieu, rendit à son Créateur son âme ornée des fruits de ses bonnes œuvres. Après son départ de ce monde, Emébert, par la disposition de Dieu, fut élevé sur son siége. Il fut, dans cette dignité, comme le flambeau placé sur le candélabre, et répondit à la sainteté de sa naissance. Comme il visitait son diocèse, répandant la semence du Verbe divin pour le plus grand bien des âmes, et voulant se livrer plus librement à la contemplation, il se retira pour quelque temps dans son pays natal; ce fut là que Dieu, le voulant enfin récompenser, lui envoya une légère fièvre qui abattit les forces de son corps. L'heure de l appel étant donc venue, il termina sa carrière au bourg de Ham, où il fut enseveli. Il fut plus tard transféré à Maubeuge et déposé dans l'église de la Mère de Dieu et de sainte Aldegonde, vierge. On a fait d'inutiles recherches en 1637 pour retrouver son corps.

Propre de Cambrai.

XXIIe JOUR DE FÉVRIER

MARTYROLOGE ROMAIN.

LA CHAIRE DE L'APÔTRE SAINT PIERRE, à Antioche, où les disciples commencèrent à être appelés chrétiens. — A Hiérapolis, en Phrygie, le bienheureux Papias, évêque de cette ville, qui fut disciple de saint Jean dans sa vieillesse, et condisciple de saint Polycarpe. IIe s. — A Salamine, dans l'île de Chypre, saint Aristion, qui, comme l'atteste le même Papias, fut l'un des soixante-douze disciples du Christ [1]. — En Arabie, la mémoire de plusieurs saints martyrs, qui furent cruellement massacrés sous l'empereur Galère-Maximien. Vers 304. — A Alexandrie, saint Abyle, second évêque de cette ville après saint Marc, qui remplit la dignité du sacerdoce avec une grande réputation de vertu [2]. 97. — A Vienne, saint PASCHASE, évêque, célèbre par sa science et par la sainteté de sa vie. 312. — A Cortone, en Toscane, sainte MARGUERITE, du Tiers Ordre de Saint-François, dont le corps, resté miraculeusement sans corruption pendant plus de quatre siècles, et exhalant une suave odeur, reçoit en cette même ville de très-grands honneurs. 1297.

1. Les Actes de saint Barnabé rapportent que saint Aristion, accompagné du diacre Timon, travailla dans l'île de Chypre à la prédication de l'Evangile. (V. *Les Boll.*, 22 février et 11 juin.) Le ménologe des Grecs, au 8 septembre, et plusieurs manuscrits anciens portent qu'après avoir accompli de grands travaux apostoliques, il fut éprouvé par le feu, et martyrisé à Alexandrie, où il avait rempli les fonctions épiscopales. D'autres disent que sa mort arriva le 8 des Calendes de mars, et que son corps repose à Salamine, dans l'île de Chypre. — On fait la fête de saint Aristion, l'un des soixante-douze disciples du Seigneur, le 21 de février. Les auteurs ecclésiastiques ont coutume d'assigner à ce témoin de Jésus-Christ un rang distingué parmi les disciples du Sauveur : ils le placent ordinairement avant saint Jean l'Ancien.

2. Le premier successeur de saint Marc avait été saint Anianus.

MARTYROLOGE DE FRANCE, REVU ET AUGMENTÉ.

A Longchamps, près de Paris, la bienheureuse Isabelle, vierge, sœur de saint Louis, fondatrice de cette abbaye, sous l'institut de Sainte-Claire. 1270 [1].

MARTYROLOGES DES ORDRES RELIGIEUX.

Martyrologe de Saint-Benoît. — La Chaire de saint Pierre, à Antioche, où les disciples ont commencé à être appelés chrétiens. — A Faënza, saint Pierre Damien, cardinal et évêque d'Ostie, qui, ayant accompli beaucoup de travaux pour l'Eglise de Dieu, et s'étant rendu célèbre par sa sainteté, sa doctrine et ses miracles, s'endormit en paix ; le pape Léon XII l'a déclaré docteur de l'Eglise.

Martyrologe de l'Ordre Romano-Séraphique. — A Cortone, en Toscane, sainte Marguerite, qui, par l'impulsion divine, ayant pris avec une extrême dévotion l'habit du Tiers Ordre, lava, par une admirable pénitence et par d'abondantes larmes, les souillures de sa vie passée, et qui, illustre par ses vertus et ses miracles, fut mise au rang des Saints, par le souverain pontife Benoît XIII.

ADDITIONS FAITES D'APRÈS LES BOLLANDISTES ET AUTRES HAGIOGRAPHES.

En Orient, le patriarche Mathusalem [2]. — Chez les Grecs, sainte Anthuse et ses douze serviteurs, martyrs ensemble. Epoque incertaine. — A Antioche, saint Galle, consul, martyr. IIe ou IIIe s. — En Afrique, les saints Victorin, Eucire, Paul, Donat, Fortunat, et vingt-huit autres, mentionnés ensemble dans plusieurs anciens martyrologes, sans désignation d'époque. — A Nicomédie, en Bithynie, cet illustre théâtre de martyres sans nombre, les saints Eutère, Palatin, Victorine, Paule, Emérita, Antonine, Dativa, Rogatienne, Antiga, Urbana, Maxima, Marine, Matrone et Pérégrine, sa fille ; Sécundula, Justa, Castula, Florent, Victor, Marcelline, Casta, Donatula, Libosa, Flavie, Dota, Furnata, Lucien, Arni, Reine, Cyriaque, Galatius, Valère, Gorgien, dont les noms seuls ont été sauvés de l'oubli. Ces confesseurs du nom de Jésus-Christ ont probablement été mis à mort sous Dioclétien qui se plaisait à ensanglanter la ville où il résidait. — A Cyr, en Syrie, les saints Thalasse et Limnée, anachorètes ; le second était le disciple du premier. Ve s. — En Syrie également, saint Baradate, autre anachorète, qui vécut enfermé dans une cellule moins haute que sa taille, couvert tout entier d'une tunique de peau ouverte seulement à l'endroit du nez et de la bouche. Il raisonnait mieux qu'Aristote et ceux qui se perdent dans les labyrinthes de sa philosophie, dit Théodoret, son historien. Hélas ! ne sait-on pas combien est préjudiciable à l'âme l'enflure de l'esprit ? 460. — A Ravenne, en Italie, saint Maximien, évêque de cette ville, qui bâtit et consacra plusieurs églises, notamment celle de Saint-Vital de Ravenne. 556. — En Bithynie, saint Athanase, confesseur. Il fut persécuté, exilé et maltraité par l'empereur d'Orient, Léon, en haine des saintes images, qu'il vénéra fidèlement jusqu'à sa mort. IIe s. — A Bassano, dans la province de Vicence, la bienheureuse Jeanne-Marie Bonomi, religieuse de l'Ordre de Saint-Benoît et abbesse du monastère de Saint-Jérôme, qui fut béatifiée par Pie VI, le 2 juin 1783. Dès l'âge de sept ans, elle était favorisée de visions et du don de prophétie. Devenue religieuse à quinze ans, on lui vit des stigmates qui tantôt étaient sanglants, tantôt lumineux. Pendant trois ans, elle fut affligée d'une lèpre si horrible que ses compagnes lui rendaient à peine les services indispensables. Plus d'une fois, elle fut traitée de folle visionnaire, mais elle ne voyait dans toutes les faveurs qui lui étaient accordées, comme dans toutes les afflictions qui lui arrivaient, que la miséricorde et la volonté de Dieu. Elle croyait de toute son âme à la réalité des biens futurs, et cette croyance était son soutien : aussi cherchait-elle à établir cette vertu fondamentale dans les pensionnaires de la maison et dans les novices dont elle fut longtemps chargée. 1670.

1. Voir sa vie au 31 août.

2. Mathusalem, le huitième patriarche depuis Adam, était fils d'Enoch, dont nous avons parlé au troisième jour de janvier. Il naquit l'an du monde 687, qui était le soixante-cinquième de l'âge de son père. Il eut Lamech, père de Noé, à l'âge de 187 ans, et mourut âgé de 969 ans, peu de jours avant le déluge. Les Grecs célèbrent la mémoire de Mathusalem le 19 de décembre, ou plutôt le dimanche avant Noël, avec celles des autres Justes de l'Ancien Testament. D'autres le mettent à la semaine de la Septuagésime, avec les autres patriarches du premier âge du monde, ou sur la fin de janvier, comme fait Pierre Natal. Il est marqué au 4 de janvier dans le calendrier Julien. Mais il est mis au 22 de février dans quelques martyrologes des Latins, où l'on a supposé que ce jour était celui de sa mort.

LA CHAIRE DE SAINT PIERRE A ANTIOCHE

59. — Pape : Saint Pierre. — Empereur : C. Caligula.

> Pierre est l'organe du collège des Apôtres, l'axe et la clef de voûte de la société.
> Saint Chrysostome, *hom.* LV *in cap.* XVI *Matth.*

Cette fête a été instituée en mémoire de la prédication de saint Pierre, lorsque les Apôtres eurent appris la volonté du Père céleste touchant le lieu où chacun d'eux était appelé pour la publication de l'Evangile. Le pays de Syrie étant échu à saint Pierre, il établit sa chaire, et porta la parole de Dieu dans Antioche, capitale de la province : cela arriva sans doute par une conduite singulière de la Providence divine, afin que le premier vicaire de Jésus-Christ, comme pasteur de l'Eglise universelle, prêchât, en quelque manière, par toute la terre, en annonçant la vérité aux trois nations qui étaient les plus considérables dans le monde : aux Hébreux, aux Grecs et aux Latins. Il avait déjà exercé cette fonction pastorale dans la Judée ; il passa donc à Antioche, où il fit la même chose à l'égard des Grecs l'espace de sept ans ; après quoi, il prit le chemin de l'Italie, afin d'annoncer aux Latins la doctrine de son maître, et d'exercer, par ce moyen, la charge de pasteur universel des âmes.

Les fruits de sa prédication furent si grands en cette ville d'Antioche, que (nous l'apprenons des *Actes des Apôtres*) le nom de chrétiens y fut pour la première fois donné aux fidèles ; avant on les appelait Nazaréens, ou on leur donnait des noms dictés par l'amour ou la haine.

L'institution de cette fête est fort ancienne, et plusieurs saints personnages en ont fait mémoire dans tous les siècles de l'Eglise. Saint Ignace, en l'épître qu'il écrit aux Magnésiens ; Yves, évêque de Chartres, dans un sermon ; le concile de Tours, qui fut célébré du temps du pape Pélage (566) ; et, avant tous ces auteurs, saint Clément, pape, au dixième livre de ses *Récognitions*, traite de ce qui arriva à saint Pierre en la ville d'Antioche.

SAINTE MARGUERITE DE CORTONE

1249-1297. — Papes : Innocent IV ; Boniface VIII. — Empereurs d'Allemagne : Frédéric II ; Adolphe de Nassau.

> Je vous dis qu'il y aura plus de joie dans le ciel pour un pécheur qui fait pénitence que pour quatre-vingt-dix-neuf justes qui n'ont pas besoin de pénitence.
> *Luc*, XV, 10.

La bienheureuse Marguerite de Cortone, ainsi appelée du lieu de sa sépulture, naquit au bourg de Liviano, au diocèse de Chiusi, en Toscane, vers le milieu du XIIIe siècle. Mal partagée des biens de la fortune, elle perdit sa mère de bonne heure, et son père en se remariant lui fournit malheureusement le prétexte de croire qu'elle était libre de se conduire comme elle l'entendrait. Les piéges de la beauté, de l'âge sans expérience et de l'abandon lui firent accepter les attentions du monde comme un triomphe enivrant.

Elle resta neuf ans unie à un homme riche de Monte Pulciano, qui lui fournissait abondamment de quoi satisfaire son penchant pour le luxe et les plaisirs. Elle en eut un fils, qui entra plus tard dans l'Ordre des Frères Mineurs. Cependant, au milieu de sa vie coupable, elle avait une compassion singulière pour les pauvres. Il lui arrivait des accès de dévotion où elle disait à la vue de certains lieux : « Qu'il ferait bon prier ici ! que cet endroit est charmant, pour mener une vie pénitente et solitaire ! » Rentrée dans sa chambre, plus d'une fois elle déplorait son état misérable. Et quand les habitants la saluaient, elle les blâmait, disant que, connaissant sa vie criminelle, ils ne devaient pas même lui adresser la parole. Un jour que ses compagnes lui reprochaient sa parure, disant : « Qu'en sera-t-il de toi, vaniteuse Marguerite ? » elle leur répondit : « Il viendra un temps où vous m'appellerez Sainte, lorsque je le serai vraiment, et vous viendrez me visiter avec un bâton de pèlerin ».

En l'année 1277, son séducteur fut tué dans une occasion que les historiens ne disent point ; mais cette mort rendit la vie de l'âme à Marguerite.

Une petite chienne qu'elle aimait beaucoup, ayant suivi ce seigneur, revint au logis après quelques jours d'absence. En arrivant, elle se mit à faire plusieurs cris ; et, prenant sa maîtresse par la robe, elle la tirait comme pour la conduire en quelque endroit. Marguerite, étonnée de cela, se laissa mener jusqu'à une pile de bois qui était près de là ; elle fut épouvantée lorsqu'elle y trouva caché le corps de son amant étendu mort et déjà plein de vers qui le rongeaient. Ce triste spectacle fit une telle impression sur son esprit que, la grâce sollicitant efficacement son cœur, elle eut horreur de s'être abandonnée à une créature qui n'était que corruption, et résolut de changer tout à fait de vie et de faire pénitence de ses crimes. Dans cette pensée, elle alla se jeter aux pieds de son père, comme un autre enfant prodigue, et lui demandant pardon, avec des torrents de larmes, de ses désordres passés, elle le supplia de la recevoir chez lui, afin qu'elle pût expier, le reste de ses jours, les déréglements de sa mauvaise vie. Quelque indigné que fût ce bon père de la conduite scandaleuse de sa fille, il ne put s'empêcher de l'embrasser avec tendresse, et de la recevoir en sa maison, où elle commença sérieusement à faire pénitence.

Marguerite était si touchée de ses péchés, et la ferveur de sa contrition était si grande, qu'elle ne cessait de pleurer et de pousser des soupirs jusqu'au ciel pour attirer sur elle la miséricorde de son Dieu. Elle s'adressait quelquefois aux Saints du paradis, et leur demandait, avec d'étranges agitations, quel était l'état de son âme, et si, après tant de crimes, Jésus-Christ la recevrait en sa grâce. D'autres fois, se mettant une corde au cou, elle allait à l'église, où, au milieu de la solennité des divins mystères, elle demandait pardon devant tout le peuple du scandale qu'elle avait donné. Cette conduite déplut fort à sa belle-mère ; et elle fit tant auprès de son mari, qu'il chassa de sa maison, comme une folle et une insensée, la sainte pénitente. Ce fut une terrible épreuve pour elle ; car, d'une part, le démon lui suggérait de retourner à ses premières débauches, où elle aurait tout ce qu'elle pourrait désirer, au lieu qu'en cet état de pénitence, tout le monde, et son père même l'abandonnaient ; d'ailleurs, elle se voyait belle, bien faite, encore jeune, et en état de jouir longtemps des plaisirs de la vie. Comme elle était agitée de cette tentation, elle entendit, au milieu de son cœur, une voix qui lui disait d'aller en la ville de Cortone, au couvent des religieux de Saint-François, où elle apprendrait ce qu'elle devrait faire pour l'expiation de ses péchés.

La fidèle pénitente, obéissant à cette voix du ciel, se rendit aussitôt au lieu qui lui avait été marqué ; et là, se jetant aux pieds d'un confesseur, elle lui déclara le misérable état de sa vie et les grandes miséricordes que Dieu avait exercées sur elle ; ensuite elle demanda instamment l'habit du Tiers Ordre, qu'on appelle *de la pénitence* ; les religieux le lui refusèrent d'abord par prudence, pour éprouver sa vocation, et de crainte de profaner leur saint Ordre par la réception d'une personne qui avait mené une vie si scandaleuse ; mais, au bout de trois ans, elle mérita cette grâce par sa persévérance, et vit enfin l'accomplissement de ses pieux désirs.

L'amour divin, qui avait pris la place de l'amour profane, embrasa le cœur de la bienheureuse Marguerite ; elle eut toute sa vie autant d'aversion pour toutes les choses de la terre, qu'elle avait eu d'ardeur auparavant pour en goûter les délices. Tout son empressement était de se rendre agréable à Jésus-Christ par la pratique des vertus. Son plaisir était d'affliger son corps par de nouvelles mortifications. Elle avait tant d'horreur de sa beauté, qui avait servi à la perdre, qu'elle se frappait le visage avec une pierre, ou se le frottait avec du grès broyé afin de se rendre difforme. Elle couchait sur la dure et n'avait qu'une pierre ou un morceau de bois pour chevet. Elle passait les nuits entières dans les veilles, dans les prières et dans la contemplation des vérités célestes. Ses larmes, qui étaient quelquefois de sang, devinrent si fréquentes, que ses yeux semblaient sortir de leur orbite ; elle soupirait, elle sanglotait sans cesse ; on eût dit à tout moment qu'elle allait expirer de douleur. Elle se frappait et se donnait la discipline si souvent et si longtemps avec des cordes nouées et d'autres instruments de pénitence, que sa chair, traitée auparavant avec tant de délicatesse, en était devenue noire et livide ; et elle était ravie de voir en cet état un corps qui lui avait servi à offenser tant de fois son divin Sauveur. Elle s'accoutuma peu à peu à l'abstinence, en sorte qu'un morceau de pain et un peu d'eau suffisaient pour sa réfection ; rarement elle y ajoutait quelques noix ou des herbes crues. La bienheureuse pénitente affaiblit si fort son corps par ces austérités, qu'elle ne ressentit plus aucun mouvement déréglé de la sensualité, ni même le moindre désir mauvais.

Elle n'aima plus que les pauvres sur la terre ; le fruit de son travail et les aumônes qu'on lui faisait étaient pour eux ; elle transforma en infirmerie une maison où elle soignait les malades.

Cependant, quoiqu'elle eût triomphé de la sorte de son ennemi domestique, qui est la concupiscence, l'ennemi du dehors, qui est le démon, ne laissa pas de l'attaquer pour tâcher d'ébranler sa constance ; car, empruntant une figure étrangère, il lui apparut un jour, et, feignant de la vouloir consoler, il lui dit : « Pourquoi, Marguerite, te tiens-tu ainsi renfermée dans une cellule ? Pourquoi te fais-tu mourir par des pénitences indiscrètes ? N'est-ce pas assez, pour te sauver, que tu pratiques ce que font les autres pénitents de l'Ordre ? » Mais, bien loin de se laisser aller au relâchement par ces artifices, la Sainte inventait tous les jours de nouvelles austérités ; et, comme Jésus-Christ lui avait fait connaître que les tentations lui devaient tenir lieu du martyre qu'elle désirait ardemment, elle était toujours disposée à les combattre. Le démon employa d'autres stratagèmes pour lui faire abandonner sa pénitence : tantôt il se montrait à elle en des figures horribles, d'autres fois il se présentait sous des formes agréables, afin de la faire tomber dans le péché ; et, enfin, il lui disait toujours qu'elle ne persévérerait pas, que la grâce lui manquerait dans le cours de ses mortifications, et que Dieu la délaisserait. Mais le même Dieu, dont les yeux sont sans cesse arrêtés sur les justes, et dont les oreilles sont toujours attentives à leurs prières, consola et fortifia sa fidèle servante par ces amoureuses paroles : « Ne crains pas, ma fille, je suis avec toi dans l'affliction ; je t'en délivrerai afin que tu sois glorifiée. Suis fidèlement les conseils de ton directeur, et par le secours de mes grâces, tu triompheras de tous tes ennemis ».

L'humilité avait jeté de si profondes racines dans son cœur, qu'elle ne pouvait souffrir qu'on eût la moindre considération pour elle ; c'est pourquoi, s'étant aperçue qu'on commençait à avoir quelque estime pour sa vertu, afin de détruire ces sentiments avantageux, elle sortait en pleine rue et criait aux habitants de Cortone : « A quoi songez-vous, mes amis, de retenir dans l'enceinte de vos murs une détestable créature comme moi ; ignorez-vous quelle vie honteuse j'ai menée ? » Une autre fois, elle se faisait traîner, la corde au cou, par la ville de Monte Pulciano, et une autre femme criait après elle : « Voici cette Marguerite qui a perdu tant d'âmes ; voici cette pécheresse qui a profané votre ville ». Si ses confesseurs n'eussent arrêté son zèle, elle eût bien fait d'autres extravagances, s'il faut ainsi nommer ces actes de vertu qui passent pour folie aux yeux des hommes, mais qui, aux yeux de Dieu, sont des effets d'une sublime sagesse, animée du divin amour. Aussi, Dieu les récompensait par d'insignes faveurs ; car, pour relever les mérites de la bienheureuse pénitente, il la rendait si redoutable aux esprits de l'enfer, qu'ils étaient contraints de crier, par la bouche des possédés, qu'ils ne pouvaient pas même souffrir l'air où respirait Marguerite. Nous ne disons rien des visites de son ange gardien, des révélations admirables et des visions extraordinaires qu'elle avait sans cesse dans ses prières et dans ses méditations, où Notre-Seigneur Jésus-Christ lui parlait avec une familiarité qui n'est pas concevable. Il lui révéla bien des secrets là-dessus. Un jour, la veille de la fête de sainte Claire, elle l'entendit lui dire : « Bénies soient toutes les peines que j'ai souffertes pour ton âme ; bénis soient l'Incarnation et tous mes travaux. Aujourd'hui le nombre des bons est petit en comparaison de celui des mauvais ; mais quand je n'aurais dans tout l'univers qu'un seul véritable enfant, je bénirais encore à cause de lui les peines que j'ai supportées ». Comme sa dévotion était particulièrement pour la Passion du même divin Sauveur, elle recevait beaucoup de consolations à la méditer ; mais ces consolations étaient suivies d'un si grand désir de souffrir afin d'avoir part aux souffrances de son Dieu, qu'elle portait une espèce d'envie aux personnes qu'elle voyait dans l'affliction. Elle s'approchait tous les jours des sacrements de pénitence et d'Eucharistie, après y avoir été invitée par Jésus-Christ même, et elle y goûtait des douceurs qu'on ne peut exprimer. Ces douceurs, néanmoins, étaient diminuées dans la mesure de ses conversations et de ses épanchements avec les créatures. Nous passons sous silence le don de prophétie, la grâce des miracles, la vertu de délivrer les possédés et de guérir de diverses maladies, dont elle fut favorisée durant les vingt-trois ans de sa pénitence.

Cette fréquente méditation de la Passion du Sauveur et de ses autres mystères, inspirait à Marguerite une immense charité pour le salut des âmes, soit en ce monde, soit en l'autre. L'exemple de sa vie sainte et pénitente, joint à l'efficacité de ses prières et de ses austérités continuelles, convertit un grand nombre de personnes, qui vinrent quelquefois de pays éloignés lui témoigner leur reconnaissance, ou se recommander à ses prières. Les âmes du purgatoire elles-mêmes, par la permission divine, entraient avec elle dans cette mystérieuse correspondance pour solliciter ses pieux suffrages. Comme elle priait un jour pour deux artisans qui lui étaient apparus, et lui apprirent qu'ils avaient été tués par des voleurs, sans pouvoir se confesser, mais cependant ayant du regret de leurs fautes, le Sauveur lui répondit : « Dites aux Frères Mineurs qu'ils se souviennent des âmes des défunts ; elles sont en si grande multitude que l'esprit de l'homme peut à peine l'imaginer, et cependant elles sont peu secourues par leurs amis ». Marguerite apprit par révélation que sa mère avait été délivrée du purgatoire après dix ans ; que son père en avait été tiré pareillement, mais après y avoir enduré des peines bien plus grandes. Un jour qu'elle priait pour sa défunte servante, l'ange gardien lui dit : « Elle demeurera en purgatoire pendant un mois, mais y souffrira des peines légères, à cause des colères où elle est tombée par zèle ; après quoi elle sera transportée parmi les chérubins ». Le Sauveur lui dit encore un jour de Purification de la Sainte Vierge : « Les trois défunts pour lesquels vous avez prié ce matin, d'après l'opinion de leurs juges, ne sont nullement damnés ; mais ils souffrent des tourments si extrêmes, que, s'ils n'étaient visités par les bons anges, ils se croiraient damnés, parce qu'ils se trouvent tout proches de ceux qui le sont réellement. Comme parmi les religieux il y a des cellules distinctes, il en est de même pour les peines du purgatoire : les uns sont purifiés dans d'épaisses ténèbres, les autres dans de rapides torrents, les autres dans la glace, les autres dans des feux dévorants, etc. »

Cette admirable servante de Jésus-Christ, persévérant de la sorte dans l'exercice d'une rude mortification, connut, par une lumière céleste, que l'heure de sa mort était proche, et qu'elle serait assistée, en ce précieux moment, de toutes les âmes qui avaient été délivrées, par ses prières, des flammes du purgatoire. Ainsi, la bienheureuse Marguerite, accablée sous l'excès de ses austérités et consumée par les ardeurs du saint amour, après avoir reçu les divins Sacrements, et toute transportée et transformée en Dieu, rendit son âme le 22 février 1297. Son corps, qui exhalait une suave odeur, fut enterré dans l'église des Cordeliers de Cortone, où il s'est fait tant de miracles à son tombeau, qu'on ne compte pas moins de dix morts ressuscités. C'est pourquoi le pape Léon X, sur des informations déjà faites par le cardinal des Ursins, légat en Italie, sous Clément V, accorda aux habitants de Cortone de célébrer la fête de cette bienheureuse pénitente le même jour qu'elle était décédée ; et Urbain VIII, l'an 1624, fit le décret de sa béatification, et donna à tout l'Ordre de Saint-François la permission d'en faire l'office. Enfin, Benoît XIII la canonisa en 1728. Son corps s'est conservé jusqu'à présent sans aucune corruption ; il est à Cortone, dans l'église des religieuses de Saint-François, laquelle a quitté le nom de Saint-Basile pour prendre celui de Sainte-Marguerite.

Sainte Marguerite de Cortone a été représentée 1° suivant son chien qui la guide vers le cadavre de son amant ; 2° tenant une croix à la main, pour rappeler soit sa pénitence, soit les faveurs qu'elle reçut du ciel en méditant la Passion ; 3° contemplant, effrayée, une tête de mort ; 4° recevant la visite de son ange gardien ; 5° à genoux, voyant Jésus-Christ dans le ciel[1] ; 6° s'élevant de terre pendant une extase ; 7° avec une épée contre sa poitrine, pour exprimer les douleurs du Calvaire, dont, à sa demande, elle fut éprouvée. A

1. T. v, f° 46, coll. du Cabinet des Estampes, à Paris.

gauche de la gravure se voit un chien assis qui tient dans sa gueule une tête de mort[1].

La mémoire de la bienheureuse Marguerite de Cortone est célébrée en Italie. Ferrarius n'a pas oublié de l'insérer dans le *Catalogue des Saints qui ne se trouvent pas dans le martyrologe romain*. Artus du Moustier en fait aussi mention dans le martyrologe des religieux de Saint-François. Sa vie, composée par le R. P. Juncta de Bévagna, son confesseur, et approuvée par l'Inquisition de Toscane, est rapportée par le docte Bollandus, au troisième tome de février. Le R. P. Wadding parle aussi de notre Sainte au second tome des *Annales des Frères Mineurs*.

SAINT PASCHASE, ÉVÊQUE DE VIENNE (312).

Il monta sur le siége de Vienne après saint Simplide. Ce fut sous son épiscopat qu'eut lieu le martyre de la légion Thébéenne, fait glorieux qui intéresse particulièrement l'église de Vienne. Le voisinage du Rhône offrit une sépulture toute prête pour la sainte Légion. Paschase ayant été averti par un ange, alla, précédé de son clergé, recueillir sur le rivage du fleuve la tête et le tronc du corps de saint Maurice qui avaient été jetés à Agaune et que le courant des eaux avait amenés jusqu'à Vienne. « Le corps était séparément », dit la vieille chronique, « et la tête posée dessus son bouclier ». L'évêque transporta ces précieuses reliques en l'église métropolitaine des saints Machabées qui prit dès lors le nom de Saint-Maurice. Depuis ce temps, la ville de Vienne est sous la protection de cet illustre martyr et le reconnait pour son patron. Cette tradition de l'abordage des reliques de saint Maurice à Vienne se trouvait autrefois peinte dans l'antique chapelle des cloîtres dédiée sous son nom.

Paschase, que Dieu avait conservé à son église pendant la persécution de Maximien, vit se lever l'aurore du beau jour qui devait bientôt donner à l'Eglise quelques jours de paix, sous le règne de Constantin. Il s'appliqua surtout à former des disciples dignes de l'Evangile. On fixe sa sainte mort à l'année 312.

Charvet, *Histoire de la sainte Eglise de Vienne;* Lelièvre, *Histoire de l'antiquité et sainteté de la cité de Vienne*, etc.

XXIIIe JOUR DE FÉVRIER

MARTYROLOGE ROMAIN.

En l'année bissextile, on n'annonce point la vigile de saint Matthias, apôtre, parce qu'elle est transférée au vingt-quatrième jour. — La vigile de saint Matthias, apôtre. — A Faënza, saint PIERRE DAMIEN, cardinal, évêque d'Ostie, célèbre par sa science et sa sainteté. 1072. — A Sirmich, le bienheureux SERENUS, solitaire et martyr, qui, s'étant avoué chrétien, fut arrêté par l'ordre de l'empereur Maximien, et eut la tête tranchée. 307. — Au même lieu, la naissance au ciel de soixante-douze martyrs, qui consommèrent leur triomphe en la susdite ville, et conquirent ainsi les royaumes immortels. — A Rome, saint Polycarpe, prêtre, qui, avec saint Sébastien, convertit plusieurs infidèles à la foi de Jésus-Christ, et les conduisit, par ses exhortations, à la gloire du martyre. IVe s. — A Astorga, sainte MARTHE, vierge et martyre, qui fut mise à mort sous l'empereur Dèce et le proconsul Paterne. 252. — A Constantinople, saint LAZARE, moine, qui pour avoir peint de saintes images, fut tourmenté par de cruels supplices, d'après le commandement de Théophile, empereur iconoclaste, et eut la main brûlée d'un fer chaud; mais, guéri par la vertu de Dieu, il peignit de nouveau les images effacées par ce prince impie, et enfin il reposa en paix. Vers 860. —

1. Klauber fecit. Voir, à la Bibliothèque Mazarine, le no 4778 (G) de l'*Iconographia sancta*.

A Brescia, saint Félix, évêque. Vers 652. — A Séville, en Espagne, saint Florent, confesseur. 485. — A Todi, sainte Romaine, vierge, qui, ayant été baptisée par le pape saint Sylvestre, mena une vie toute céleste dans les antres et les cavernes, et brilla par la gloire de ses miracles. 324. — En Angleterre, sainte Milburge, vierge, fille du roi des Merciens[1]. VIIe s.— L'année bissextile, on dit deux fois : Le sixième jour d'avant les calendes de mars, et deux fois la même lune, savoir : le 24 et le 25. Le premier de ces deux jours, c'est-à-dire le 24, on dit ainsi : le six des Calendes de mars, de la lune le... ou simplement le 24 février, de la lune le... Ensuite : la vigile de saint Matthias, apôtre. De même, la mémoire de plusieurs saints Martyrs et Confesseurs, et saintes Vierges. ℟. Nous en remercions Dieu. Le second de ces jours, c'est-à-dire le 25, ainsi : le six des Calendes de mars, de la lune le... En Judée, etc., comme en la lecture suivante, ou tout simplement le 25e jour de février, de la lune le... En Judée, etc.

MARTYROLOGE DE FRANCE, REVU ET AUGMENTÉ.

Ce même jour, sainte Livrade ou Libérate, honorée comme vierge et martyre en l'église bâtie sous son nom par Charlemagne, en Agenois ; autour de cette église s'est formée la ville du même nom[2]. — Saint Vétérin, disciple de saint Martin et missionnaire, confesseur, patron de Gennes, sur la Loire, en Anjou, dont les reliques, portées à Tournus, furent dans la suite transférées à Corbigny, en Nivernais, puis détruites par les huguenots en 1563. — A Faremoutier, en Brie, sainte Artongathe, vierge. Elle était fille du pieux roi de Kent Erconbert et de sainte Serburge. Quand elle mourut, les anges vinrent chercher son âme en chantant des hymnes. VIIe s. — Saint Méraut, abbé, dont le corps est à Saint-Georges de Vendôme, et un ossement au Val-de-Grâce, à Paris. IXe s. — A Bénévent, saint Milon, évêque, originaire d'Auvergne[3]. 1070. — A Trèves, la mémoire de saint Celse, évêque et confesseur, dont le corps fut trouvé par saint Egbert, un de ses successeurs, en 978, et transféré, avec beaucoup d'honneur, en l'église de Saint-Eucaire, où il a brillé par beaucoup de miracles. — A Mayence, saint Willigise, archevêque de cette ville. 1011.

MARTYROLOGES DES ORDRES RELIGIEUX.

Martyrologe des Chanoines réguliers. — La vigile de saint Matthias, apôtre. — Saint Abyle, confesseur, qui, étant d'abord clerc de l'église d'Alexandrie, et s'étant distingué par l'observance de la vie régulière, fut ensuite élevé à la chaire épiscopale de cette métropole, et s'endormit le 22 février dans une sainte mort.

Martyrologe de Saint-Benoît. — La vigile de saint Matthias, apôtre (omis les années bissextiles). — Le même jour, saint Pierre Damien, cardinal, évêque d'Ostie et docteur de l'Eglise, mentionné le 22 février.

Martyrologe des Camaldules. — La vigile de saint Matthias, apôtre. — A Faënza, saint Pierre Damien, qui ayant embrassé l'institut monastique au monastère d'Avellane, et l'ayant merveilleusement propagé, fut un modèle admirable de doctrine et de pénitence ; fut ensuite nommé cardinal par le pape Etienne IX et évêque d'Ostie, et qui, s'étant acquitté de beaucoup de missions apostoliques, sortit saintement de cette vie. Le pape Léon XII le déclara docteur de l'Eglise universelle.

Martyrologe de l'Ordre Romano-Séraphique. — La vigile de saint Matthias, apôtre (année commune). — La Chaire de saint Pierre, à Antioche, dont il est question la veille de ce jour.

Martyrologe de l'Ordre Séraphique. — La vigile de saint Matthias, apôtre. — Sainte Marguerite de Cortone, qui, ayant été divinement rappelée du sentier de perdition dans la voie du salut, prit l'habit du Tiers Ordre de Saint-François, et par une admirable pénitence, ainsi que par des larmes abondantes, lava jusqu'à la fin les souillures de sa vie passée ; elle s'envola au ciel, toute brillante de vertus, la veille de ce jour ; le souverain pontife Benoît XIII la mit au rang des Saints.

Martyrologe des Capucins. — La vigile de saint Matthias, apôtre. — A Cortone, en Toscane, sainte Marguerite, du Tiers Ordre de notre père saint François, dont le corps, resté merveilleusement sans corruption pendant plus de quatre siècles, exhalant une odeur suave, et honoré par plu-

1. Elle était sœur de sainte Mildrède et abbesse de Wenloch, au comté de Shropp. L'abbaye de Wenloch ayant été ruinée par les Danois, les religieux de Cluny bâtirent un monastère à la même place ; en 1101 ils découvrirent les reliques de sainte Milburge sous les ruines de l'ancienne église : la translation qu'ils en firent fut accompagnée de plusieurs miracles. VIIe s.

2. Voir le 28 janvier.

3. Saint Milon, évêque de Bénévent, était originaire d'Auvergne. Après être entré dans l'état ecclésiastique, il fut nommé chanoine de Paris, et il était doyen du chapitre, lorsque sa réputation de mérite et de sainteté, qui s'était répandue au loin, le fit élire évêque de Bénévent, l'an 1074. Saint Etienne de Grandmont, qui était alors son disciple, le suivit dans son diocèse, pour continuer son éducation. Saint Milon l'ordonna diacre, et il se proposait de l'élever au sacerdoce et de l'employer dans l'administration de son diocèse ; mais il mourut deux ans après son élévation à l'épiscopat, en 1076.

sieurs miracles, est honoré en ce lieu avec une grande piété. Benoît XIII ordonna qu'il serait honoré dans tout l'univers catholique, et, après avoir examiné les mérites de son insigne pénitence et ses vertus, la mit solennellement au rang des Saints.

ADDITIONS FAITES D'APRÈS LES BOLLANDISTES ET AUTRES HAGIOGRAPHES.

En Ecosse, saint BOISIL, prieur de Mailros. 664. — En Afrique, les saints Crescon, Zénon, Ménandre, Carinien, Arion, Hippolyte, Diodore, Ménélante, Athore, Pierre, Lambèse, Lucien, Félix, et trente-cinq autres, martyrs. — A Smyrne, les saints Erote, Carpophore, Géronce, martyrs, mentionnés dans les martyrologes après saint Polycarpe, et probablement ses contemporains. — En Asie, les saints martyrs Sinon, Hérule, Cuscume, Ménalippe, Zénon, Sinerte, Sirique, et autres, dont Dieu seul connaît le nom. — Chez les Grecs, sainte Thée, martyre. — En Pannonie, les saints Sénérote, Antigone, Rutile, Libius, Rogatien, martyrs, mentionnés dans le martyrologe de saint Jérôme. — A Ancône, saint Primien, évêque grec dont le siége est inconnu, et martyr. Ses reliques furent retrouvées en 1370 par Jean, évêque d'Ancône, qui en fit faire la translation solennelle. Vers le IVe s. — En Syrie, les saints Zébinas, Polychrone, Moïse et Damien, Jean Moïse, Antiochus, Antoine ou Antonin, tous anachorètes. Au Ve s. — En Palestine, saint Dosithée, religieux du monastère de Saint-Séridon, au territoire de Gaza, et disciple de saint Dorothée. Il poussa l'obéissance à un degré fort rare. Vers 530.

SAINTE MARTHE D'ASTORGA, VIERGE ET MARTYRE

252. — Pape : Saint Luce Ier. — Empereurs romains : Gallus et Volusien.

Cette pieuse fille vivait à Astorga, ville d'Espagne, sous l'empire de Dèce, très-cruel persécuteur du nom de Jésus-Christ, et ennemi juré de tous ses serviteurs. Ses perfections naturelles, admirablement relevées par la grâce de Dieu, ravissaient les cœurs de tous ceux qui avaient le bonheur de la voir. Aussi un gouverneur, nommé Paterne, étant envoyé en ces pays-là de la part de l'empereur, pour y faire perquisition des chrétiens, afin de les contraindre d'adorer les idoles et de renoncer au vrai Dieu et à Jésus-Christ, jeta les yeux sur cette jeune fille ; et, ravi d'une si grande beauté, il employa tous les moyens de persuasion pour la faire condescendre à révérer les statues de ses fausses divinités, suivant les ordres de l'empereur, lui assurant qu'elle serait comblée de bonheur si elle le faisait. Mais Marthe qui, dès ses plus tendres années, avait la foi du vrai Dieu vivement imprimée dans l'âme, répondit que « pour quoi que ce fût, elle ne ferait jamais l'injure au Créateur, de rendre aux ouvrages des hommes, tels que sont les idoles, l'honneur qui n'est dû qu'à lui seul ; ainsi, il pouvait bien éprouver sur son corps, s'il le voulait, tous les tourments que sa cruauté lui suggérait, afin de lui ôter la vie ; mais jamais il ne lui ôterait du cœur, ni la foi, ni l'amour de Jésus-Christ ».

Le gouverneur, étonné d'une telle constance, et voyant qu'il n'avançait nullement par ses paroles, eut recours à la violence pour arracher, s'il était possible, un consentement et une soumission que la douceur n'avait pu obtenir. Il commanda que la Vierge fût dépouillée, et qu'après l'avoir étendue sur le chevalet, on la battît avec des bâtons noueux : elle fut bientôt sur le point de rendre l'âme. Néanmoins, le tyran ne voulut point la laisser expirer en ce supplice ; mais, pour l'éprouver encore une fois par de belles paroles, il lui fit offre de lui donner son propre fils en mariage, si elle voulait se rendre aux ordres du prince qui la rendrait heureuse. La Sainte répondit à cette proposition artificieuse, qu'ayant pris pour époux Jésus-Christ, fils du Dieu immortel, elle ne donnerait jamais ni son corps, ni son cœur à un homme mortel, et qu'il pouvait bien décharger sur elle les restes de sa rage, mais qu'il ne tirerait jamais rien d'elle qu'un généreux refus. A ces paroles, le gouverneur, tout transporté de colère, et ne pouvant plus la souffrir en sa présence, commanda qu'elle fût décapitée ; son âme, ornée des deux couronnes de la virginité et du martyre, s'envola au ciel pour s'unir à l'Agneau sans tache qui est l'unique Epoux des vierges.

Cela fut exécuté en la ville d'Astorga, le 23 février, vers l'an 252. On jeta son corps dans un cloaque, afin de le priver des honneurs de la sépulture que les chrétiens rendaient ordinairement aux corps des martyrs ; mais, ni la puanteur de ce lieu, ni la crainte du gouverneur, n'empêchèrent une courageuse femme de l'en retirer et de l'ensevelir honorablement en un lieu décent, où il a été conservé pour la consolation des fidèles, qui y éprouvent l'assistance de la Sainte.

Le martyrologe romain parle avec honneur de sainte Marthe, vierge et martyre, comme aussi le cardinal Baronius en ses *Remarques*, où il renvoie le lecteur au deuxième tome du *Trésor des Sermons*. C'est de là que nous avons tiré ce récit.

SAINT SERENUS OU CERNEUF, JARDINIER, MARTYR

307. — Pape : Saint Marcel. — Empereur romain : Galère.

Divinum, bonus, in clientes evoca rorem.
Bon jardinier, appelez sur nous la rosée divine.
Hymne des Matines de l'office de saint Cerneuf.

Serenus, grec de naissance, quitta ses biens, ses amis et sa patrie, pour aller servir Dieu dans la solitude, c'est-à-dire pour vivre dans le célibat et dans les exercices de la prière et de la pénitence[1]. Il vint à Sirmium, en Pannonie, où il acheta un jardin qu'il cultivait lui-même et dont les fruits et les légumes fournissaient à sa subsistance. La persécution s'étant allumée, il se cacha, dans la crainte d'être arrêté ; mais au bout de quelque temps, il revint à son jardin. Un jour qu'il était occupé à son travail, une femme, accompagnée de deux jeunes filles, entra comme pour se promener. « Que cherchez-vous ? » lui dit Serenus en l'apercevant. — « Je suis enchantée de votre jardin », répondit-elle, « et je suis venue dans le dessein de m'y promener ». — « Une femme de votre condition », répliqua Serenus, « ne se promène point à pareille heure[2] ; vous devriez être actuellement chez vous. Il est certain qu'un autre motif que celui de la promenade vous amène ici. Je ne suis pas tel que vous le pensez ; ainsi sortez au plus tôt, et soyez désormais plus attentive à garder la retenue qu'exige votre sexe ».

1. D'après les leçons de l'*Office propre* de l'église Saint-Cerneuf de Billom (piqûre in-18, 1846), saint Serenus était moine à Constantinople, ou mieux Byzance, puisque cette ville ne prit son nouveau nom qu'en 330, lorsqu'il fut obligé de quitter le couvent où il vivait pour fuir la persécution. Nous doutons qu'il y ait eu des monastères au su et au vu des païens, à Constantinople, avant Constantin : il nous semble plus naturel de laisser dans l'ombre les commencements du Saint que de les imaginer.

2. On était à la sixième heure du jour ou à midi. Personne ne sortait alors parmi les Romains, comme cela se pratique encore en Italie.

Cette femme, piquée des remontrances du Saint, se retira couverte de confusion, et bien résolue de se venger ; elle écrivit donc à son mari, qui était dans les gardes de l'empereur Maximien, pour se plaindre à lui d'une prétendue violence que Serenus lui avait faite. Le mari, ayant reçu cette lettre, va trouver l'empereur et lui demande justice pour son honneur outragé. « Seigneur », lui dit-il, « pendant que notre vie se consume à votre service, nos femmes séparées de nous se trouvent exposées à l'insolence d'un corrupteur ». Le prince lui donne un rescrit adressé au gouverneur de la province, auquel il est enjoint de faire donner à ce mari insulté toutes sortes de satisfactions. Le mari part pour Sirmium, présente le rescrit au gouverneur et le prie de venger l'outrage qu'il a reçu en la personne de sa femme. « Eh! quel est l'insolent », dit le gouverneur, « qui a osé attenter à l'honneur d'une femme dont le mari aborde de si près la personne de l'empereur ? » — « C'est », répondit l'officier, « un misérable jardinier nommé Serenus ». Le gouverneur l'envoya chercher aussitôt ; et lorsqu'il fut arrivé, il commença par lui demander son nom. « Je m'appelle Serenus », répondit-il. — LE GOUVERNEUR. « Quelle est votre profession ? » — SERENUS. « Je suis jardinier ». — LE GOUVERNEUR. « Comment avez-vous eu l'audace d'insulter la femme d'un officier de cette distinction ? » — SERENUS. « Jamais il ne m'est arrivé d'insulter aucune femme ». — LE GOUVERNEUR. « Qu'on lui donne la question pour lui faire avouer le crime qu'il a commis dans son jardin ». — SERENUS. « Je me souviens qu'une dame vint, il y a quelque temps, dans mon jardin à une heure indue, dans le dessein, disait-elle, de s'y promener. Il est vrai que je pris la liberté de lui remontrer qu'il n'était pas décent à une personne de son sexe et de sa qualité de sortir de chez elle à pareille heure ». Ce discours ouvrit les yeux au mari sur la conduite de sa femme ; il sortit couvert de confusion, sans presser davantage le gouverneur de le venger d'un homme dont il voyait l'innocence.

Cependant le gouverneur, frappé de la réponse de Serenus, vit que c'était un homme de bien ; et considérant d'ailleurs que loin de se rendre coupable, il avait repris cette femme avec une généreuse liberté, il le soupçonna d'être chrétien. Il continua donc de l'interroger pour s'éclaircir sur ce point. « Qui êtes-vous », lui dit-il, « et quelle est votre religion? » — « Je suis chrétien », repartit Serenus sans hésiter un moment. — LE GOUVERNEUR. « Où vous êtes-vous caché, et comment avez-vous pu vous dispenser de sacrifier aux dieux ? » — SERENUS. « Il a plu au Seigneur de me réserver pour ce temps-ci. Il semblait m'avoir rejeté comme une pierre peu propre à entrer dans son édifice ; mais il a la bonté de me reprendre aujourd'hui pour m'y placer. Au reste, je suis prêt à souffrir tout pour son nom, afin qu'il me reçoive dans son royaume avec ses Saints ». — « Eh bien », lui dit le gouverneur en colère, « puisque vous avez voulu éluder par la fuite les édits des empereurs et que vous vous êtes caché afin de ne pas sacrifier aux dieux, pour réparation de ces crimes, vous aurez la tête tranchée ». A peine cette sentence eut-elle été prononcée que le Saint fut enlevé et conduit au lieu du supplice, où il eut la tête tranchée le 23 février 307.

Les reliques de saint Serenus furent quelques temps après apportées à Billom par Juvénal, évêque d'Auvergne. Le lieu où elles furent d'abord déposées s'appela Jardin-Saint-Cerneuf. Plus tard, elles furent placées dans l'église Notre-Dame : elles ont péri par le malheur des temps. Néamoins la mémoire de saint Serenus ou Cerneuf, comme on dit en Auvergne, est restée célèbre à Billom. Il y avait autrefois, dans cette ville, une église collégiale du nom de Saint-Cerneuf : c'est aujourd'hui l'église paroissiale.

On invoque saint Serenus pour le beau temps. Est-ce un jeu de mots ou est-ce en souvenir de sa profession de jardinier pour laquelle il avait besoin d'un temps *favorable?* Nous préférons cette dernière explication.

L'ancien Martyrologe attribué à saint Jérôme, et publié à Lucques par Florentinius, joint notre Saint à soixante-deux autres chrétiens qui souffrirent à Sirmium en différents temps; mais les autres Martyrologes, et surtout le romain, n'en comptent que cinquante-deux.

Tiré de ses Actes sincères, publiés par D. Ruinart.

SAINT LAZARE, RELIGIEUX ET PEINTRE

860. — Pape : Nicolas Ier. — Empereur d'Orient : Michel III.

Lazare quitta de bonne heure le Caucase, où il était né, pour embrasser la vie contemplative dans un monastère de Constantinople. Durant les heures qu'il ne consacrait point à la dévotion, il apprit la peinture, étude dont on s'occupait généralement dans les couvents, depuis que les Iconoclastes avaient déclaré la guerre aux images. L'empereur Théophile, grand fauteur de ces hérétiques (829), déclara particulièrement la guerre à tous les peintres chrétiens, qu'il résolut de faire mourir, s'ils ne crachaient eux-mêmes sur les saintes images et ne les foulaient aux pieds. Notre Saint, qui excellait en l'art de peindre, était donc l'un de ceux qui furent arrêtés pour ce sujet. Dès que l'empereur l'eut vu, il s'efforça de le gagner par de belles paroles, afin qu'il se rangeât de son parti; mais, voyant qu'il perdait son temps et sa peine, il eut recours à ses violences ordinaires, et fit tourmenter ce religieux avec tant de cruauté, que, ne le croyant plus en état de pouvoir vivre, il le fit jeter dans un cloaque. Mais, peu de temps après, le confesseur de Jésus-Christ, ayant recouvré quelque peu de force et de santé, recommença à travailler à ses ouvrages ordinaires et à peindre des images; Théophile lui fit appliquer des lames de fer ardentes sur les paumes des mains, ce qui lui consuma toute la chair et le fit tomber demi-mort. Alors la divine Providence, qui voulait réserver ce bon peintre pour servir encore son Eglise, permit que Théophile, gagné par les prières de sa femme, l'impératrice Théodore, et de ses favoris, fit sortir notre Saint de prison. Etant délivré de la sorte, il se tint quelque temps caché à Constantinople, dans une église de saint Jean-Baptiste, que l'on appelait la Terrible; là, ce pieux peintre, quoique extropié des mains, ne laissa pas de faire une image du saint précurseur; elle a duré longtemps, et Dieu s'en est servi pour faire beaucoup de miracles.

Quelques années après, cet empereur mourut misérablement de la dyssenterie à la suite d'une bataille qu'il avait perdue contre les Sarrasins (842); et Michel III, son fils, lui succéda à l'empire. Ce prince ayant rétabli, par le soin de sa mère, le culte des saintes images, le religieux Lazare se remit plus que jamais à travailler à de beaux ouvrages, parmi lesquels on remarque une excellente image de Notre-Seigneur Jésus-Christ, qu'il posa sur une colonne d'airain. Supplié par la sainte impératrice Théodore de pardonner à son mari défunt et de prier Dieu pour son âme, pour qu'il lui fît miséricorde, il lui répondit qu'il n'était plus temps de fléchir la justice de Dieu.

Néanmoins, plusieurs auteurs rapportent que cette pieuse princesse sollicita instamment le patriarche Méthodius et les autres évêques assemblés pour célébrer l'anniversaire d'une fête appelée Orthodoxie, de prier Dieu pour l'empereur son mari, et que les prélats le firent avec une telle ferveur, qu'ils obtinrent de la miséricorde divine la rémission de tous ses crimes. On peut voir là-dessus Bollandus en la vie de sainte Théodore, au 11 de ce mois.

Michel, persuadé du mérite de notre Saint, l'an troisième de son empire, l'honora d'une célèbre ambassade d'obédience vers le pape Benoît III, nouvellement élu, et le chargea de lui présenter de sa part un livre des Evangiles, couvert d'or massif et enrichi de pierres précieuses; un calice de semblable matière et plusieurs autres ornements d'église en étoffes fort rares : ce qui montre combien Dieu sait honorer ses serviteurs, et quelle récompense il donne, même dès ce monde, à ceux qui ont enduré quelque peine pour sa gloire et pour la justice.

On ne sait rien des autres actions de saint Lazare, sinon qu'il passa le reste de sa vie dans un grand repos. Les Grecs, dans leur Ménologe, disent qu'il mourut en chemin, dans un second voyage qu'il fit à Rome. On n'en peut déterminer l'année : il est probable que ce fut vers l'an 860. Il est parlé, dans le Ménologe, au 17 octobre, d'une translation des reliques d'un saint Lazare, de la ville de Chietti à Constantinople, sous l'empereur Léon VI. Il y en a qui croient que ce sont les reliques de saint Lazare, frère de sainte Madeleine, et non pas celles de notre Saint.

Ce martyr du culte des images a été représenté : 1° en train de *peindre* dans une chapelle ; 2° dans sa prison, venant de peindre Notre-Dame : le bourreau lui brûle la main droite avec un fer rougi au feu. Un soldat le tient par l'épaule ; mais on voit bien au calme du Saint que cette précaution est inutile. Il est, avec saint Luc et sainte Catherine de Bologne, un des patrons des peintres.

Le martyrologe romain parle avec honneur de saint Lazare, le 23 février, comme aussi Zonare et Cédrène; et le cardinal Baronius en ses *Remarques*, et aux quatorzième et quinzième tomes de ses *Annales* (édition de Bar-le-Duc).

SAINT PIERRE DAMIEN, CARDINAL-ÉVÊQUE D'OSTIE

DOCTEUR DE L'ÉGLISE

988-1072. — Pape : Alexandre II. — Empereur d'Allemagne : Henri IV.

Ce grand homme a pris naissance à Ravenne, ville d'Italie. Il ne fut pas plus tôt né, que la divine Providence lui ménagea des croix.

Lorsque Pierre était encore à la mamelle, son frère aîné témoigna à sa mère beaucoup de chagrin de voir une si nombreuse famille pour partager si peu de biens qu'ils avaient ; cette mère, qui avait mille embarras, mille tourments dans ses affaires domestiques, fut sensiblement affectée des reproches que son fils aîné lui faisait ; elle se laissa aller à une espèce de désespoir, et perdit le courage et la tendresse qu'elle devait avoir en qualité de mère pour élever le jeune enfant qu'elle nourrissait. Sa rigueur envers lui fut telle qu'elle lui refusa son lait, et qu'elle l'abandonna sans vouloir davantage lui donner la nourriture dont il avait besoin.

Mais Dieu qui pourvoit, dit le Prophète, aux nécessités des petits oiseaux qui invoquent son nom par leurs cris, quand ils sont abandonnés de ceux qui leur ont donné la vie, écouta aussi les soupirs et les petits cris du jeune Pierre Damien ; et son corps était déjà tout livide et moribond, lorsque la Providence divine suscita une femme étrangère qui, se revêtant de l'amour et de la tendresse d'une véritable mère, prit autant de soin de ce petit enfant, que s'il eût été le fruit de son propre sein.

Lorsqu'il fut dans un âge plus avancé, il perdit toute espérance de posséder des biens temporels, en perdant son père et sa mère, qui moururent et le laissèrent destitué de tout secours ; un de ses frères, néanmoins, sous prétexte de charité et de compassion, voulut bien le prendre en sa famille ; mais, loin de lui être favorable, il n'eut pour lui que des duretés, le faisant travailler comme un mercenaire, et lui refusant les choses les plus nécessaires à la vie ; on l'obligeait d'aller nu-pieds, on le chargeait de coups, il n'était qu'à demi vêtu, et on n'eut point honte de l'envoyer aux champs garder les bestiaux comme le dernier des valets. Pierre Damien souffrait tout cela avec une patience admirable, ne se plaignant de rien et recevant tout de la main de Dieu, qu'il respectait en la conduite de ses parents, quelque dureté qu'ils exerçassent envers lui.

A mesure qu'il avançait en âge, il croissait aussi dans la vertu ; plus il connaissait le monde et ses faux attraits, plus il le fuyait. Il méprisait, dans une grande liberté d'esprit, les biens de la terre, estimant plus la pauvreté que les richesses. On raconte qu'ayant un jour trouvé par hasard une pièce de monnaie, il en ressentit d'abord une petite joie dans l'espoir d'acheter quelques friandises ; mais, faisant une seconde réflexion dans le même moment, et considérant que le plaisir qu'il voulait se procurer passerait en un instant, il alla aussitôt donner sa pièce d'argent à un prêtre, afin qu'il dît quelques messes pour le repos de l'âme de son père.

Après être demeuré assez longtemps sous la rude conduite de celui de ses frères dont nous avons parlé, un autre de ses frères, nommé Damien, touché de compassion de le voir dans un état si déplorable, le retira chez lui, et, remarquant en lui de belles dispositions pour les sciences, le fit étudier. Ce frère, alors archiprêtre de Ravenne, embrassa depuis l'état monastique. On croit que ce fut par reconnaissance pour tous ses soins que notre Saint prit dans la suite le surnom de Damien. Il eut en effet pour lui toute la tendresse d'un père. Il l'envoya d'abord à Faenza, puis à Parme. Ses maîtres furent surpris de la vivacité et de l'étendue de son esprit : il devint en peu de temps l'objet de l'admiration de tout le monde, et sa réputation augmenta de telle sorte, qu'un grand nombre de jeunes gens le prirent pour leur maître en se déclarant ses disciples ; il eut un facile accès dans la maison des grands, et les personnes d'esprit se faisaient un plaisir singulier de se trouver en sa compagnie ; il acquit du bien par son travail et son mérite, et il en avait assez pour prendre un honorable parti dans le monde, s'il eût voulu répondre aux avances qu'on lui faisait.

Les honneurs et les plaisirs se présentaient continuellement à ses yeux ; mais Dieu, qui avait pris de lui un soin particulier dès le berceau, ne permit pas qu'il s'éloignât du chemin de la vertu. Il se munissait des armes des Saints pour calmer ses passions et les soumettre aux lois de la raison et de la grâce. Il portait d'ordinaire, pour cet effet, un rude cilice sous ses habits, d'ailleurs assez soignés, pour mieux cacher ses austérités; il s'exerçait, étant encore dans le siècle, à la pratique des jeûnes, des veilles et de la prière. Quand il se sentait attaqué de quelque tentation contre la pureté, il se plongeait le corps dans des eaux à demi glacées pendant la nuit, jusqu'à ce qu'il eût obtenu le calme qu'il souhaitait.

Il se plaisait beaucoup à visiter les lieux consacrés au Seigneur; une de ses principales dévotions était de réciter et de méditer les psaumes de David. Il donnait aux pauvres une grande partie de ses biens : il les conviait souvent à sa table et les servait lui-même, comme étant les membres de Jésus-Christ. Quoiqu'il menât une vie fort innocente dans le monde, il résolut d'embrasser la vie monastique, mais hors de son pays, de peur d'en être détourné par ses parents et ses amis. Comme il était dans cette pensée, il rencontra deux ermites Camaldules du désert de Font-Avellane, dont il avait ouï parler; s'étant ouvert à eux, ils le fortifièrent dans son dessein, et comme il témoigna vouloir se retirer avec eux, ils lui promirent que leur abbé le recevrait. Il leur offrit un vase d'argent pour porter à leur abbé, mais ils dirent qu'il était trop grand et qu'il embarrasserait dans le chemin, et il demeura fort édifié de leur désintéressement. Pour s'éprouver, il passa quarante jours dans une cellule semblable à celles des ermites; puis, ayant pris son temps, il s'arracha des bras des siens et se rendit à Font-Avellane, où, suivant l'usage, on le mit entre les mains d'un des frères, pour l'instruire. Celui-ci, l'ayant mené à sa cellule, lui fit ôter son linge, le revêtit d'un cilice et le ramena à l'abbé, qui le fit aussitôt revêtir d'un cuculle. Pierre s'étonnait qu'on lui donnât l'habit tout d'abord sans l'avoir éprouvé et sans le lui avoir fait demander; mais il se soumit à la volonté du supérieur, quoique alors la prise d'habit ne fût point séparée de la profession. Quand il se vit revêtu de l'habit religieux, il fit paraître une si grande ferveur, que tous ceux qui demeuraient avec lui le prenaient pour exemple et réformaient leur conduite sur la sienne, quoiqu'ils fussent déjà fort avancés dans le chemin de la perfection. Il n'eut pas de peine à s'accommoder à toutes les règles qu'on pratiquait dans la sainte maison qu'il avait choisie, quoique la manière de vivre y fût très-austère : car on y jeûnait d'ordinaire quatre jours de la semaine au pain et à l'eau, et les autres jours on ajoutait seulement un peu de légumes; l'usage du vin y était inconnu. En tout temps, on était obligé d'aller nu-pieds au milieu même des déserts remplis d'épines; les religieux vivaient deux à deux dans des cellules séparées les unes des autres. Ils s'exerçaient jour et nuit dans toutes sortes de saintes pratiques, telles que les macérations corporelles, les adorations, les génuflexions, les prostrations, la psalmodie, les oraisons et autres semblables dont les Saints se sont toujours servis pour entretenir la ferveur de l'esprit, et rendre aussi, de cette manière, le double culte extérieur et intérieur qui est dû à Dieu.

La coutume des religieux de Font-Avellane était de réciter le Psautier pendant la nuit; mais Pierre Damien, dont la piété n'avait point de bornes, prévenait le temps auquel on éveillait ses frères, pour augmenter ses oraisons en augmentant ses veilles. L'excès de ses mortifications alla si loin qu'il en devint malade : il fut attaqué d'une insomnie dont il eut beaucoup de peine à guérir. Cette maladie lui apprit par la suite qu'il ne faut pas toujours suivre l'ardeur de son zèle et qu'on doit user de discrétion dans les exercices de piété; mais enfin Dieu lui rendit la santé qu'il n'avait perdue qu'en s'efforçant de lui donner des témoignages d'un plus parfait amour.

Après que cet illustre Solitaire eut passé plusieurs années dans une vie cachée et inconnue, pendant laquelle il acquit de grandes grâces et un grand fonds de doctrine dans la connaissance des saintes Écritures, il plut à la divine Providence de mettre ce beau flambeau sur le chandelier. Son supérieur lui ordonna d'abord de faire des exhortations aux religieux de sa communauté. Il s'acquitta de ce devoir avec tant de succès et d'applaudissements, que le bruit s'en répandit par tous les monastères voisins : les abbés d'alentour demandaient comme une grâce, au supérieur de Font-Avellane, de vouloir bien permettre que ce fervent religieux vînt demeurer pendant quelque temps chez eux, afin qu'il fît part aux autres Solitaires du pain de la parole de Dieu, qu'il annonçait avec tant d'onction et d'éloquence. Il alla, en effet, dans les monastères d'alentour distribuer les rares talents dont Dieu l'avait favorisé, et il n'édifiait pas moins par la sainteté de ses exemples, que par la force de ses prédications et de ses discours pleins de zèle. C'est ainsi qu'il demeura deux ans à Pompose, dont le vertueux Guy était abbé.

Le sage supérieur de ce vrai religieux remarquant qu'il n'avait pas moins de prudence et de discrétion dans sa conduite que de doctrine et de vertu, l'établit d'abord économe de l'ermitage ou du monastère où il demeurait ; ensuite il le déclara son successeur ; ainsi, après la mort de ce digne abbé, que Pierre Damien appelait, par respect et par amitié, son maître et son père, il fut obligé de se charger de ce fardeau, et de porter le poids du supériorat, pour lequel il avait toujours eu un grand éloignement. Il s'acquitta de tous ses devoirs, en cette nouvelle charge, avec le succès qu'on en pouvait espérer. Ses soins étaient universels : ils s'étendaient également sur le spirituel et sur le temporel ; et comme le zèle de la gloire de Dieu et du salut des âmes croissait en son cœur à mesure qu'il avançait en vertu et en âge, il trouva moyen, sans quitter son premier troupeau, d'établir un grand nombre d'autres monastères dans des lieux solitaires qu'il allait choisir lui-même dans les déserts.

Il entreprenait de pénibles voyages pour aller visiter ceux qui habitaient ces nouvelles solitudes, afin de les soutenir dans la première ferveur qu'il leur avait inspirée ; il recevait une infinité de postulants de tout âge et de toutes conditions, qui se faisaient une gloire et un mérite de mener une vie pénitente et cachée sous la direction d'un si saint personnage. Parmi les disciples d'une vertu éminente qu'il forma et qui devinrent ensuite des lumières de l'Eglise, on cite saint Rodolfe, évêque de Gubbio (26 juin) ; saint Dominique l'Encuirassé (14 octobre), et saint Jean de Lodi qui a écrit sa vie (7 septembre).

Il avait l'esprit si étendu, et en même temps le cœur embrasé d'une charité si universelle, qu'il ne se contentait pas de pourvoir aux besoins spirituels des monastères qu'il avait établis ; mais il aidait encore, par ses instructions et ses conseils, par écrit et de vive voix, les autres maisons, soit d'hommes, soit de femmes, qui regardaient ses avis comme des oracles, et recevaient ses décisions comme venant du Saint-Esprit; de sorte qu'il devint comme le père commun d'une grande partie de l'Italie.

Les souverains Pontifes ne voulurent pas être privés des admirables conseils d'un homme pour lequel on avait tant d'estime. Tous ceux qui occupèrent le siége de Rome, pendant la vie de Pierre Damien, trouvèrent de grands avantages à avoir des rapports avec lui. Lorsque le schisme des papes Sylvestre III et Jean XX fut éteint, vers l'année 1044, et que Grégoire VI fut légitimement élu, le saint abbé lui écrivit plusieurs lettres : dans l'une d'elles il lui témoigne la joie qu'il avait reçue en apprenant son exaltation au souverain pontificat, et lui fait aussi connaître avec quelle ardeur et quel zèle il doit travailler à rendre à l'Eglise la paix et sa première splendeur. Baronius croit que cette épître est d'un si grand poids, qu'elle seule peut servir d'un puissant témoignage pour prouver la validité de l'élection de Grégoire VI; d'autant plus, dit-il, que le saint abbé n'était point d'humeur à avoir de fausses complaisances qui l'engageassent à donner de vaines louanges et à flatter les grands, n'épousant jamais que les intérêts de la vérité, reprenant avec une grande fermeté ceux qui étaient coupables, et se déclarant toujours l'ennemi de ceux qui n'étaient pas dans les intérêts de l'Eglise.

Il ne fut pas moins estimé de Léon IX, qui lui adressa de grandes louanges dans une lettre de félicitations sur le zèle qu'il faisait paraître contre les hérétiques. Victor II et Etienne IX entretinrent pareillement une étroite amitié avec ce saint solitaire; ce fut le pape Etienne qui, ayant découvert une étendue d'esprit et une capacité extraordinaires dans ce vertueux personnage, lui fit offrir l'évêché d'Ostie pour lui donner lieu d'exercer le grand zèle dont il paraissait animé. Le serviteur de Dieu, qui avait une extrême opposition pour toutes les dignités, et qui préférait la douceur de la solitude et l'humble qualité de religieux à tous les titres de grandeurs, aux plus hautes prélatures ecclésiastiques, refusa absolument l'honneur qu'on voulait lui faire. Toute la cour de Rome fit de grandes instances pour lui faire accepter ce qu'on lui offrait.

Enfin, le Pape lui fit un devoir d'obéir et d'accepter l'évêché qu'il lui donnait; ce sage Pontife lui mit en même temps l'anneau pastoral au doigt et la crosse en la main; l'humble abbé n'osa pas résister davantage : il se soumit, par pure obéissance, aux volontés de celui qui tenait la place de Jésus-Christ, et il a avoué, depuis, que Dieu lui avait fait connaître, trois ans auparavant, la dignité à laquelle il se voyait élevé (1057).

Il reconnut bientôt le poids de la charge qu'on venait de lui imposer, parce que ses grandes lumières et la foi vive dont il était animé lui en firent voir les obligations aussi grandes qu'elles étaient; il se défiait beaucoup de ses forces, mais il avait une parfaite confiance en Dieu, espérant recevoir de Jésus-Christ, souverain Pasteur et Lumière de tous les prélats, les secours dont il avait besoin pour bien conduire son troupeau. Il commença donc à prendre un grand soin de l'Eglise qu'on venait de lui confier; il se fit donner une connaissance parfaite des affaires de son diocèse; il n'épargna ni ses biens, ni sa santé, pour se rendre utile à ses enfants spirituels. Quand il prêchait, il s'accommodait aux jours et aux heures de son peuple : on l'a vu souvent, après avoir supporté de violents accès de fièvre pendant la nuit, se lever de grand matin, pour aller entendre des confessions, ou pour prêcher, ou pour aller chanter des messes solennelles, ou pour faire d'autres semblables fonctions pastorales, qu'il croyait être de son devoir. Il était toujours prêt à sacrifier sa santé et à donner sa vie même pour le salut des âmes qui lui étaient confiées. Ses prédications étaient accompagnées d'une grande onctions et soutenues d'une profonde doctrine, qu'il savait tempérer selon la portée de ses auditeurss; personne ne s'ennuyait de l'entendre, quoique son zèle lui fît quelquefois passer plusieurs heures en chaire.

Ce vigilant Pasteur ne fuyait pas quand il voyait venir le loup : il allait au contraire l'attaquer dans sa retraite et lui donner la mort avant qu'il vînt fondre sur son bercail, retranchant, par le glaive de l'excommunication, ceux qui voulaient introduire des erreurs dans l'esprit de ses diocésains. Il était le fléau des hérétiques, et il savait si efficacement réprimer leur audace et leur témérité, que les autres prélats l'envoyaient prier avec instance de venir à leur secours, pour les aider à dissiper les pernicieuses doctrines qui s'étaient glissées dans leurs églises.

La qualité de cardinal, dont le souverain Pontife l'avait aussi honoré, l'obligea d'étendre son zèle au-delà des limites de son évêché : il regardait les intérêts de tous les pasteurs particuliers comme les siens propres : il exhortait tous les évêques à entretenir une parfaite union dans leurs diocèses; mais s'il jugeait que la paix fût si nécessaire dans les églises particulières, il était bien plus persuadé qu'il fallait qu'il y eût une parfaite intelligence dans le Sacré Collége, qui devait travailler avec le souverain Pontife à la paix de l'Eglise universelle; c'est pour cela qu'il ne manqua pas de s'opposer avec générosité aux prétentions de l'antipape Benoît X, qui se fit nommer souverain Pontife, après la mort d'Etienne IX (1058); il soutint, avec un zèle incomparable, l'élection légitime de Nicolas II.

Ce fut au temps de ce Pape que l'église de Milan se trouva infectée de deux grands désordres : c'était une chose toute publique et d'un usage commun que d'acheter des bénéfices à prix d'argent; on n'avait plus d'égard à la capacité ni aux bonnes mœurs, qui sont pourtant les seules qualités dont il faille tenir compte, selon les saints Canons, dans la distribution des bénéfices : on achetait même l'ordination; l'autre désordre était que les prêtres, foulant aux pieds la sainteté de leur état et les lois ecclésiastiques, osaient contracter des mariages avec autant de pompe et d'éclat que les séculiers.

Une grande division s'éleva dans l'église de Milan, entre le clergé et le peuple, à l'occasion des scandales dont nous venons de parler. Les Milanais, cherchant le remède à ces maux, eurent recours au pape Nicolas II. Le souverain Pontife jeta les yeux sur le prudent prélat, Pierre Damien : il l'envoya sur les lieux. Il y fut reçu du peuple comme un ange envoyé du ciel; mais, quand il eut déclaré le sujet de sa légation, le clergé, dont les membres malades ne voulaient pas recevoir de guérison, s'éleva insolemment contre les desseins de ce sage médecin; les chefs les plus intéressés du parti blâmèrent le remède dont il voulait se servir et publièrent partout que l'église de Milan ne devait pas être soumise aux lois de l'Eglise romaine, qu'ils ne faisaient que ce que leurs prédécesseurs avaient fait, et que l'église que saint Ambroise avait autrefois gouvernée ne devait rendre raison de sa conduite à personne.

Le saint Légat usa de sa prudence ordinaire dans une affaire de cette importance, où il était question de faire revenir de plein gré des esprits égarés, pour les remettre dans la voie du salut; il leur fit connaître, par un grand nombre de puissantes raisons, quelle était l'étendue de l'autorité du Saint-Siége, sur toutes les églises; il leur prouva clairement le pouvoir qu'il avait de réformer les mœurs et la doctrine de ses enfants quand il avait raison de le faire, et il les fit tomber d'accord qu'ils étaient dans l'erreur et hors de la voie du salut. Il y eut d'autres difficultés bien plus grandes à surmonter pour appliquer le remède convenable à tant de maux; mais la Sagesse divine lui suggéra des moyens pour y bien réussir, et, après avoir fait ce que les circonstances du temps et les saints Canons de l'Eglise exigeaient en pareil cas pour mettre ordre aux déréglements présents, il s'attacha avec plus de soin à pourvoir à l'avenir. Pour cet effet, il fit souscrire l'archevêque et tous ses officiers à une déclaration en bonne forme, par laquelle ils protestaient de bonne foi qu'ils n'exigeraient plus jamais rien dans la collation des bénéfices en quelque manière que ce fût; ils jurèrent sur les saints Evangiles qu'ils ne violeraient jamais la parole qu'ils donnaient : de plus, le saint Prélat imposa une pénitence à tous ceux qui étaient évidemment en faute, et ensuite il les réconcilia avec l'Eglise ; il observa, en toute cette affaire, de n'admettre et de ne conserver aucun de ceux qui étaient convaincus de n'avoir ni la capacité, ni les bonnes mœurs requises pour se bien acquitter de leur office : c'est ainsi que ce sage Prélat remédia à deux des plus grands maux qui puissent s'introduire dans l'Eglise.

Les affaires importantes auxquelles les souverains Pontifes l'employaient ne l'empêchaient pas de s'occuper continuellement des pratiques de la charité envers les pauvres : il pourvoyait avec une grande exactitude à tous leurs besoins, il faisait donner des vêtements à ceux qui étaient nus, et distribuer du pain à ceux qui n'avaient pas de quoi s'en procurer ; il allait visiter les malades dans les hôpitaux ; il lavait tous les jours les pieds à douze pauvres qu'il choisissait dans la multitude de ceux qui venaient entourer son palais épiscopal pour en recevoir la charité ; il faisait dresser des tables en sa maison pour leur donner à manger ; aux uns il donnait des sommes d'argent ; aux autres il fournissait des meubles pour leur pauvre logement, et à d'autres il donnait ce qu'il voyait leur être le plus nécessaire pour le moment présent. Sa charité ne se bornait pas à soulager seulement ceux qui étaient dans la ville : il entrait dans les besoins extrêmes des pauvres de la campagne, que l'infirmité ou la nécessité empêchait de venir lui représenter leurs misères ; il envoyait, à cet effet, dans les villages, une personne craignant Dieu, prudente et choisie de sa main, à laquelle il confiait et ses aumônes et ses intentions, qui étaient de distribuer avec discrétion, à chaque famille, ce qui lui serait nécessaire ; ainsi les pauvres trouvaient, dans la personne de ce bon Pasteur, les secours qu'ils auraient pu attendre d'un véritable père.

Il exerçait les devoirs de charité dans les lieux où il passait, en faisant ses voyages, comme dans sa ville épiscopale et dans son propre diocèse ; il exhortait même les personnes riches qui l'entouraient à se laisser toucher de compassion, voyant la misère des pauvres, et il se servait fort à propos de la force de son éloquence pour leur persuader qu'ils étaient obligés de partager les biens qu'ils possédaient en abondance, avec ceux que la divine Providence en avait dépourvus, afin qu'ils pussent exercer leur charité et gagner le ciel par ce moyen ; mais si ce vigilant Prélat avait tant de soin de pourvoir aux besoins de ceux qui étaient pauvres par nécessité, il n'avait pas moins de bienveillance pour les pauvres volontaires, c'est-à-dire pour ceux qui, ayant pu posséder des biens dans le monde, s'en étaient privés volontairement pour suivre les conseils salutaires de Jésus-Christ dans la retraite ; il les regardait comme les véritables pauvres et leur faisait de grandes aumônes, pour leur faciliter les moyens de servir Dieu plus tranquillement dans leur solitude.

L'Eglise jouissait alors d'une assez grande paix ; mais elle fut traversée par les intrigues ou l'ambition de Cadaloüs, évêque de Parme, qui, à la mort du pape Nicolas II, se fit déclarer souverain Pontife, par cabale, disputant ainsi ouvertement la première dignité de l'Eglise avec Alexandre II, élu selon les saints Canons. Pierre Damien eut, en cette rencontre, une nouvelle occasion de faire paraître l'affection qu'il avait pour le Saint-Siége ; il écrivit à l'antipape deux lettres extrêmement fortes, dans lesquelles il lui fait voir l'excès de son ambition, le scandale qu'il causait dans toute l'Eglise et le crime dont il se rendait coupable ; il le menace, avec une fermeté apostolique, des foudres prochaines de la vengeance de Dieu, le souverain Juge ; il écrivit aussi au roi de Germanie, Henri IV, qui soutenait cet antipape : il l'exhorte à contribuer, en tout ce qu'il pouvait, à rendre la paix à l'Eglise ; il adressa aussi des lettres à saint Annon, pour lors archevêque de Cologne, auquel il donne de justes louanges, pour s'être déclaré contre Cadaloüs et l'avoir frappé des anathèmes ecclésiastiques ; il exhorte enfin le prince Henri, dont nous venons de parler, à terminer entièrement la cause par la convocation d'un Concile, qu'il devait procurer pour cet effet.

Ce Concile fut assemblé : on y fit, devant l'empereur, une savante enquête sur l'affaire en question ; l'illustre cardinal Pierre Damien y prit une grande part, et tout le Concile lui donna une approbation si universelle, que l'antipape fut condamné et l'élection d'Alexandre II approuvée.

Au milieu de ces grandes affaires, il faisait de fréquentes réflexions sur la douceur de la solitude, et soupirait après cet heureux repos dont il jouissait autrefois dans les déserts qu'on lui avait fait quitter ; il fit connaître à Alexandre, qui tenait alors paisiblement le siége de Rome, l'inclination qu'il avait à se retirer, alléguant, pour obtenir cette grâce, son âge avancé, ses infirmités, toutes ses forces diminuées et beaucoup d'autres raisons que sa piété et le désir de la solitude lui firent exposer. Il obtint enfin de ce Pontife, quoique avec grande peine, ce qu'il n'avait pu obtenir de Nicolas II, son prédécesseur. L'histoire, néanmoins, remarque qu'il demeura toujours évêque d'Ostie et cardinal, et qu'il ne fut déchargé que des grands soins et des charges de ces hautes dignités. Il alla donc retrouver ses religieux dans le désert, au monastère de Font-Avellane : il y demanda la plus pauvre de toutes les cellules ; il jeûnait presque tous les jours au pain et à l'eau ; le pain dont il usait n'était fait que de son ou d'orge ; il ne voulait boire que de l'eau à demi corrompue et exposée longtemps à l'air ; le plat ordinaire, dans lequel cet humble cardinal mangeait, était le même que celui où il lavait les pieds aux pauvres ; il couchait sur des planches fort dures, et quoique son corps, exténué par une infinité de travaux, fût encore chargé et entouré de cercles de fer construits à sa manière, il ne laissait pas de prendre tous les jours la discipline et de se meurtrir le corps, avec des instruments très-austères, que l'esprit de pénitence lui faisait inventer.

Quand il faisait des exhortations à ses religieux au Chapitre, et qu'il les avait repris de leurs fautes, il descendait lui-même de son siége, et, se prosternant humblement par terre, il s'accusait de toutes ses imperfections ; ensuite, ne croyant pas que l'exercice de la flagellation fût une action indigne des qualités qu'il portait, puisque Jésus-Christ lui-même, le premier et le plus grand modèle de toute perfection, avait bien voulu la souffrir sur son saint corps, il se châtiait très-sévèrement en présence de ses religieux, par ce genre de mortification qui a été d'un si fréquent usage parmi les Saints.

Après cette rude et humiliante pratique de pénitence, qui était un puissant exemple pour animer ses religieux à la vertu, on voyait ce vénérable prélat se relever de la posture humiliée qu'il avait prise, et aller se remettre en sa place où il continuait à donner des avis salutaires, tantôt en général et tantôt en particulier, faisant toucher du doigt les fautes journalières où chacun tombait, bien persuadé que, sans ce détail, les exhortations et les réprimandes demeurent sans effet.

Il disait à ses disciples qu'il était à propos de bien connaître ses forces pour savoir ce qu'on pouvait faire pour le ciel, et qu'il était malséant, à un soldat de Jésus-Christ, d'ignorer jusqu'où il pouvait avancer dans le chemin de la vertu et dans les voies de la pénitence et de la mortification, d'autant que l'on peut souvent beaucoup plus faire qu'on ne se l'imagine. Il ne pouvait souffrir qu'on manquât de respect à Dieu, surtout dans la prière publique. S'étant aperçu, un jour qu'il passait par Besançon, que les chanoines de la cathédrale restaient assis pendant l'office divin, son zèle s'enflamma et lui mit la plume à la main : il adressa à l'évêque de Besançon un traité où il prouve qu'on ne peut s'asseoir que pendant les leçons.

Plus ce fervent prélat approchait de sa fin, plus il voulait augmenter le nombre de ses mortifications. Il passait, sur la fin de sa vie, les saintes quarantaines, sans user d'autre aliment que d'un peu d'herbes cuites et à l'eau ; il ne prenait même aucune nourriture pendant les trois jours qui précédaient le Carême. On croit que ce fut lui qui inspira de prendre le vendredi de la semaine pour honorer d'une manière spéciale le mystère de la Croix et de la Passion du Sauveur, qui mourut en ce jour : il exhortait à observer le jeûne ce jour-là et à faire quelque mortification corporelle en mémoire des douleurs que Jésus-Christ avait souffertes pour nous; cette dévotion, qui s'observe assez communément encore aujourd'hui, fut approuvée d'abord du ciel par quelques événements que l'on croit miraculeux, et ensuite par l'usage commun de tous les fidèles.

Lorsque le saint Cardinal dont nous parlons jouissait ainsi du bonheur de la retraite, et qu'il cachait avec bonheur l'éclat de la pourpre sous les voiles d'une profonde humilité et d'une austère pénitence, le souverain Pontife, qui avait tant de fois connu, aussi bien que ses prédécesseurs, la grande expérience qu'il avait pour le maniement des affaires les plus considérables et les plus épineuses, le nomma pour aller en France en qualité de légat apostolique. Il obéit aveuglément à cet ordre, et se mit en chemin ; il se rendit d'abord à l'abbaye de Cluny, où on l'attendait pour régler de grandes affaires ; ensuite, poursuivant son chemin, il visita les archevêques de Reims, de Sens, de Tours, de Bourges et de Bordeaux, pour terminer, dans tous ces diocèses, des difficultés et des différends dont on avait prié le souverain Pontife d'être le juge. S'étant parfaitement acquitté de toute sa mission en France, il prit le chemin de l'Allemagne pour aller réconcilier le roi Henri IV avec Berthe, son épouse, que ce prince voulait répudier ; il s'opposa, avec une grande fermeté, à cette séparation : il déclara au roi qu'il userait contre lui de la sévérité des saints Canons de l'Eglise, si ce monarque poursuivait son entreprise : il menaça des censures ecclésiastiques l'évêque de Mayence, qui avait promis d'acquiescer à cette séparation ; enfin, il dit au roi qu'il ne le jugeait pas digne de la couronne de l'empire, qu'Henri espérait bientôt recevoir, s'il donnait un si mauvais exemple à ses sujets, et s'il causait un si grand scandale parmi tous les peuples. Dieu donna une si grande bénédiction à la juste sévérité du saint Légat, que tous les princes de l'empire et le roi même se désistèrent du dessein qu'on avait formé ; Henri conserva son épouse, et il en eut un prince qui devint son successeur.

L'impératrice Agnès, mère d'Henri, prit le saint Cardinal pour directeur de sa conscience, et elle lui fit une confession de tous les péchés de sa vie depuis sa plus tendre jeunesse. Comme elle avait un peu favorisé le parti de l'antipape Cadaloüs, elle alla à Rome implorer le pardon de sa faute sur les saints tombeaux des Apôtres : elle retourna ensuite en Allemagne ; mais, comme elle avait commerce de lettres avec le pieux Cardinal dont nous parlons, il lui persuada, pour de bonnes raisons, de venir à Rome : ce qu'elle exécuta, et elle y finit sa vie en odeur de sainteté.

L'histoire du célèbre personnage dont nous décrivons la vie fait encore mention de quelques autres légations dont le Saint-Siége l'honora ; il se transporta en la ville de Florence, pour détruire l'hérésie des Simoniaques qui causaient d'extrêmes désordres en cette église, et pour éteindre en même temps un grand schisme qui était arrivé entre le peuple et le clergé; toutes ces affaires furent heureusement terminées dans un concile de plus de cent évêques, tenu à Rome, contre les Simoniaques, à la sollicitation du grand Prélat qui en avait fait connaître la nécessité au pape Alexandre II.

Enfin, la dernière action qui couronna tous les travaux du célèbre Cardinal, fut la légation dont le Pape le chargea pour Ravenne, afin d'y réconcilier le peuple qui avait voulu soutenir injustement jusqu'alors l'archevêque excommunié pour de grandes raisons. Cet infatigable pasteur accepta cette mission, quoiqu'il fût dans un âge fort avancé, et qu'il ne lui fût plus aisé de faire des voyages; comme il était de Ravenne et qu'il se souvenait qu'il avait reçu la vie et le baptême en cette ville, il se faisait un plaisir d'aller rendre un bon office à cette église, en reconnaissance de la qualité d'enfant de Dieu qu'il y avait reçue.

Il réussit dans cette affaire comme dans toutes les autres; il réconcilia le peuple après lui avoir fait voir son erreur; il rendit la paix à la ville et à tout le diocèse, il reçut mille bénédictions d'un si bon office, et, après s'être heureusement acquitté de cette dernière mission, il reprit le chemin de Rome. Mais le temps auquel Dieu avait résolu de récompenser ses travaux étant arrivé, il fut attaqué d'une fièvre ardente dans le chemin proche de la ville de Faënza, qui n'est éloigné que d'une demi-journée de Ravenne, d'où il était parti; il fut reçu avec une extrême joie par les religieux d'un monastère dédié à la Sainte Vierge, lequel était situé aux portes de la ville. Il fit paraître en sa maladie tous les actes de vertu qu'on pouvait attendre d'un homme qui vivait depuis si longtemps dans les exercices continuels de la charité, de la pénitence et de l'oraison; il ne fut malade que neuf jours, et le neuvième, qui était le jour de la fête de la *Chaire de Saint-Pierre,* il se fit réciter devant lui tout l'office de cette fête, par une dévotion spéciale qu'il avait au prince des Apôtres; et, après avoir ainsi satisfait sa piété et avoir mis ordre à tout ce que la sagesse et la charité exigeaient de lui en cette extrémité, il rendit paisiblement sa belle âme à Dieu, le 23 février de l'année 1072.

On a représenté saint Pierre Damien : 1° avec une discipline à la main, pour exprimer l'ardeur avec laquelle il s'adonnait à la mortification; 2° sous les costumes divers de cardinal, d'ermite et de pèlerin; dans ce dernier cas, on lui met un diplôme ou une bulle à la main pour rappeler les diverses légations dont il fut chargé par les Papes. Il est le patron de Fonte-Avellane et de Faenza. On l'invoque contre les maux de tête, probablement en sa qualité d'homme d'étude.

CULTE ET ÉCRITS.

Comme on savait partout quel était le mérite de cet incomparable Prélat, et le danger de mort où il se trouvait, on avait mis des gardes à l'entour du monastère où il était tombé malade, de peur que ses religieux ne vinssent enlever son précieux corps. Toute la ville de Faënza étant avertie, se rendit au lieu où était ce saint dépôt; on le transporta dans l'église consacrée à la Mère de Dieu; il y vint un si grand concours de peuple de tous les lieux voisins, qu'on ne pouvait entrer dans l'église; tout le monde s'empressait de baiser les pieds du pieux défunt, ou de faire toucher quelque chose à son corps par dévotion. On lui éleva un fort beau mausolée; on plaça son tombeau au haut du chœur de cette église, vis-à-vis le milieu de l'autel, là où il a reçu, pendant un très-long temps, les vœux de tous les peuples qui sont venus vénérer sa mémoire et implorer son secours. On pourra voir dans sa Vie, qui est à la tête de ses ouvrages, le récit de plusieurs grands miracles que la brièveté ne nous permet pas de rapporter ici.

Le pape Léon XII a donné à saint Pierre Damien le titre de Docteur de l'Église et a étendu à toute la catholicité le culte qu'on lui rendait dans l'Ordre des Camaldules, ainsi que dans les diocèses de Ravenne et de Faënza. Il a un office double dans le Bréviaire romain.

Ses écrits, remplis de piété et d'érudition, ont été publiés à Rome en 3 vol., en 1606, 1608 et 1615; en 4 vol., à Lyon, en 1623; en un seul vol. in-folio à Paris, en 1663; à Venise, en 4 vol., 1743.

Le premier volume contient les *lettres*, distribuées en huit livres. Le tome II contient les *Sermons*, au nombre de 75, disposés selon l'ordre des fêtes. Ils sont suivis de quelques biographies de saints. Le IIIe vol. comprend les opuscules : *De la foi catholique; Antilogue contre les Juifs; Traité de l'office divin*, etc., il y en a en tout 60. Le tome IVe et dernier contient des prières, des hymnes, des proses attribuées à Pierre Damien, puis des extraits tirés des œuvres de ce Père par un anonyme, de ses disciples et de la règle des chanoines de Pierre *de Honestis*, clerc de Ravenne, que quelques-uns ont confondu avec Pierre Damien.

Le cardinal Maï a publié une excellente *Exposition de la Messe* composée par saint Pierre Damien. Cet opuscule et d'autres additions se trouvent dans la *Patrologie* de M. l'abbé Migne.

Nous avons composé cette vie d'après son disciple, Jean de Lodi, et Henschenius.

SAINT BOISIL,

PRIEUR DE L'ABBAYE DE MAILROS OU MELROS [1] (664).

Boisil était, au rapport du vénérable Bède, un homme d'une vertu éminente et doué de l'esprit prophétique. On ne parlait de toutes parts que de la sainteté de sa vie; ce qui porta saint Cuthbert, lorsqu'il quitta le siècle, à préférer le monastère de Mailros à celui de Lindisfarne. Dès la première fois que Boisil le vit, il dit à ceux qui étaient présents : *Voilà un serviteur de Dieu.* Il s'appliqua à lui donner l'intelligence des divines Ecritures et à le perfectionner dans la pratique de toutes les vertus.

Boisil parlait souvent des trois personnes de l'adorable Trinité, et lorsqu'il prononçait le saint nom de Jésus, il le faisait avec une dévotion si tendre et quelquefois avec une telle abondance de larmes que les auditeurs en étaient attendris. Comme sa charge le mettait dans le cas d'instruire les frères, il s'en acquittait avec tout le zèle et toute l'édification possibles. Il ne se bornait pas à l'instruction des frères; il allait encore prêcher dans les villages, imitant l'exemple de Jésus-Christ, qui faisait ses délices de converser avec les pauvres.

Le vénérable Bède rapporte plusieurs prédictions de notre Saint, une entre autres de la peste qui ravagea l'Angleterre en 664. Saint Cuthbert fut aussi attaqué de ce redoutable fléau, mais il n'en mourut point. Boisil l'ayant vu après son rétablissement, lui dit : « Dieu vous a guéri, mon frère, et votre dernier moment n'est point encore arrivé. Pour moi, je mourrai dans sept jours; ainsi nous n'avons plus que ce temps pour nous entretenir ». — « Mais », répondit saint Cuthbert, « que pourrai-je lire dans un si court espace ? » — « L'évangile de saint Jean », répondit notre Saint. « Sept jours suffiront pour le lire et pour faire nos réflexions ». Le plaisir que saint Boisil prenait à la lecture de l'Evangile selon saint Jean venait d'un ardent amour pour Jésus-Christ et d'un grand désir d'allumer en lui de plus en plus le feu de la divine charité. Le disciple retint de son maître cette solide dévotion, et l'on a trouvé dans son tombeau une copie latine de l'Evangile selon saint Jean [2].

Le septième jour étant arrivé, le Saint fut attaqué de la peste, comme il l'avait prédit. Plus il voyait approcher son dernier moment, et plus il se réjouissait de la proximité de sa délivrance. Il répétait souvent et avec une ferveur extraordinaire, ces paroles de saint Etienne : *Seigneur Jésus, recevez mon esprit.* Sa bienheureuse mort arriva l'an 664.

Les reliques de saint Boisil furent portées à Durham en 1030, à côté de celles de saint Cuthbert, son disciple.

Bède dit que notre Saint s'intéressa du haut du ciel en faveur de son pays et de ses amis; qu'il apparut deux fois à l'un de ses disciples, et qu'il le chargea d'avertir saint Egbert que la volonté de Dieu était qu'il passât dans les monastères de saint Colomb pour y enseigner la vraie manière de célébrer la Pâque [3].

1. Cette abbaye, située dans une grande forêt sur le bord de la Tweed, était, au VIIe siècle, du royaume des Anglo-Saxons du Northumberland, lequel s'étendait à l'orient de l'Ecosse jusqu'à la mer. On y suivait primitivement la règle de saint Colomb; mais on y adopta dans la suite celle de Cîteaux.

2. Cette copie était dans les mains du comte de Lichtfield. Il en fit présent à Thomas Philips, chanoine de Tongres.

3. Ces monastères étaient celui de l'île de Kolm-Kill, où fut la sépulture des rois d'Ecosse, jusqu'à Malcolm III, et celui de Magis, dans les îles Orcades. Ils avaient été bâtis par l'évêque Colman.

SAINT WILLIGISE, ÉVÊQUE DE MAYENCE (1011).

Saint Willigise naquit à Strominge de Schonenbourg, village de Saxe. Pendant que sa mère le portait dans son sein, il lui apparut sous la figure d'un soleil qui éclairait la terre. Ce signe annonçait quelles seraient un jour sa doctrine et sa vertu. En effet, devenu archi-chapelain d'Othon II, puis archevêque de Mayence, il fut la lumière de l'empire et de l'Eglise. Il fut le précepteur d'Othon III, gouverna l'Etat pendant la minorité de ce prince, et fut appelé par les peuples le *Père de l'Empereur et de l'Empire*. Othon III n'ayant pas d'enfant, le saint archevêque lui conseilla, pour éviter les discordes intestines, de remettre l'élection de son successeur à certains princes de la Germanie, en admettant aussi le suffrage du pontife romain Grégoire V. Le règne de saint Henri II fut le fruit de ce sage conseil. Willigise s'appliqua avec un égal soin à donner des prélats capables aux églises d'Allemagne : celle de Worms lui dut Burchard, son disciple ; celle d'Hildesheim, Gothard ; celle de Prague, Adelbert. Il avait bâti l'église métropolitaine de Mayence, qui fut brûlée le jour même de la consécration ; il se remit à l'œuvre pour la relever, mais, prévenu par la mort, il laissa ce soin à son successeur, saint Bardon. Il bâtit encore à Mayence l'église de Saint-Etienne, premier martyr. Il agrandit à ses frais le monastère de Saint-Victor. Il mourut dans un âge avancé, l'an 1011, et fut enseveli à Saint-Etienne.

Outre qu'elle l'a adopté pour un de ses patrons, la ville de Mayence à conservé la *roue* de saint Willigise dans ses armoiries, pour rappeler que l'évêque était fils d'un *charron* Par une conséquence toute naturelle, les charrons d'Outre-Rhin l'ont choisi pour le protecteur spécial de leur profession. Les artistes qui ont représenté ce saint évêque lui ont aussi mis une église sur la main, par allusion à la cathédrale de Mayence, qu'il recommença deux fois.

L'église de Saint-Etienne, où il fut enseveli, conserve encore aujourd'hui une de ses chasubles.

Propre de Mayence.

FIN DU TOME DEUXIÈME.

TABLE DES MATIÈRES

JANVIER

XXVIIe JOUR.

XXVIIIe JOUR.

XXIXe JOUR.

XXXe JOUR.

XXXIe JOUR.

FÉVRIER

PREMIER JOUR. Pages.

IIe JOUR.

IIIe JOUR.

IVe JOUR. Pages.

Ve JOUR.

VIe JOUR.

VIIe JOUR.

VIIIe JOUR. Pages.

IXe JOUR.

Xe JOUR.

XIe JOUR.

XIIe JOUR.

Pages.

XIIIe JOUR.

XIVe JOUR.

XVe JOUR.

XVIe JOUR. Pages.

XVIIe JOUR.

XVIIIe JOUR.

XIXe JOUR.

XXe JOUR. Pages.

XXIe JOUR.

XXIIe JOUR.

XXIIIe JOUR.

TABLE ALPHABÉTIQUE

FIN DES TABLES DU TOME DEUXIÈME.

Bar. — Typographie des Célestins. — Bertrand.

Bar-le-Duc. — Typographie des Celestins. — Bertrand.

www.ingramcontent.com/pod-product-compliance
Lightning Source LLC
LaVergne TN
LVHW010516100826
845148LV00001B/17